临沂大学年鉴

LINYI UNIVERSITY YEARBOOK

2021 卷

《临沂大学年鉴》编辑部　编著

中国海洋大学出版社
·青岛·

《临沂大学年鉴（2021卷）》编审委员会

主　　任： 王焕良　张书圣

副 主 任： 刘占仁　黄富峰　孙常生　张立富　马凤岗　池福安
　　　　　　张洪东　崔晓红　郑秀文　谭文清　袁荣开　张思峰
　　　　　　白金山

委　　员： 杨洪杰　张思峰　白金山　刘建华　王焕全　邱建龙
　　　　　　朱文玉　任庆大　石少广　李中国　吕惧金　赵光怀
　　　　　　付厚利　王　梁　张立梅　赵　勇　姜兆梓　孙建成
　　　　　　赵　雍　管士亮　高东兴　冯焕顺　杜金中　马彦明
　　　　　　孙令民　李敬华　彭文修　张根柱　李殿勇　隋长虹
　　　　　　赵长芬　刁玉柱　李洪杰　来　涛　张洪高　滕向农
　　　　　　王秀庭　尹德辉　周忠元　于建波　戴俊潭　孙　涛
　　　　　　傅尊伟　高立晟　高希龙　王　振　孙成通　张春国
　　　　　　张安彩　张问银　朱登元　王　梁　黄永亮　张兴林
　　　　　　李庆波　刘　强

《临沂大学年鉴（2021卷）》
编 辑 部

主　　　编：崔晓红　　谭文清

副 主 编：白金山　　杨洪杰　　彭文修

执行副主编：冉利强　　李　琳　　王耀辉　　鲁运庚

编　　　辑：房玉莼

编　　　务：王金铭　　赵东龙　　郑明璋

《临沂大学年鉴（2021卷）》
撰稿人员

孙　彬	陈梦奇	王　彪	姜　洁	王金铭	张奎华	徐秀梅	刘德华
杜继奎	宋仪农	周振金	张红军	朱凤春	贾瑞宝	尹　瑜	张鑫鑫
李艳丽	孙建民	刘　婧	朱春晓	谭　磊	荣晓飞	段会玲	隋　群
宋丽群	张　静	董新矫	冯遵华	李　焕	冉利强	金银芳	董怀杰
李子月	张光远	沈克东	胡向辉	罗亚海	王晓磊	李昱朋	李月婷
杨晓玲	马学永	吴祥彦	孔丽娟	魏秀春	王恒斌	王永龙	刘　佳
马　军	徐　波	徐守芳	王海为	孟星辰	杨　倩	赵　敏	杜庆栋
魏明吉	刘文敏	孟宪华	李　丹				

编 辑 说 明

1.《临沂大学年鉴(2021卷)》共设学校概况、重要文件、特载、专记、大事记、党建与思想政治工作、教学与科研工作、交流与合作、管理服务与综合保障、学院工作、媒体看临大、表彰与奖励、附录、后记等14个部分。

2. 本书所载资料的时限为2020年1月1日至12月31日期间学校发生的重大事件和发展的基本情况。

3. 本书由各学院、各部门、各单位撰（供）稿，经部门（单位）负责人审核和校领导审阅，由档案馆统编，确保年鉴资料真实性、准确性、权威性。

4. 本书编辑人员坚持实事求是的科学态度，力求语言简明扼要，数据全面、准确、翔实。

5. 本书编写期间，得到了学校领导、各学院、各部门领导以及参与年鉴撰写人员的鼎力相助和大力支持，在此谨表谢忱。对于书中存在的不足、缺陷与遗憾，敬请批评指正。

编 者

2020年10月

2月9日，学校领导到安保防疫值班岗指导慰问。自新冠肺炎疫情发生以来，临沂大学党委高度重视疫情防控工作，带头执行各项防控规定。全校上下步调一致，形成了抗击疫情的强大合力。

4月29日，学生返校报到场景演练，为复学返校作好充分准备。

1月26日，学校党委高度重视疫情防控工作，成立疫情处置工作领导小组（指挥部）。在抗击疫情阻击战中，张兴林、张远明、张淳三位教授带着各自科研团队，快速研发出快速检测新冠病毒试剂盒、智能防疫喷雾消毒机器人和便携式免洗专杀冠状病毒消毒液三种抗疫利器，为疫情防控作出积极贡献。

4月20日，临沂大学乡村振兴学院奠基仪式举行，这是全省高校第一个实体建制的乡村振兴学院，为深化城校融合发展、完善校地共建机制搭建了重要平台。

6月20日上午,临沂大学在沂蒙大讲堂举行2020届毕业典礼暨学位授予仪式。受疫情影响,毕业典礼采取"线上+线下"模式举行,400余名毕业生代表在现场参加典礼仪式,其余毕业生通过网络直播方式参加"云典礼"。

7月17日,根据《教育部办公厅关于公布2020年通过普通高等学校师范类专业认证的专业名单的通知》(教师厅函〔2020〕8号),小学教育专业通过普通高等学校师范类专业第二级认证,实现了我校专业认证零的突破。

7月24日,临沂大学与临沂市人民医院共建创新创业实践基地揭牌,双方就面向医学检验技术本科专业、生物医学工程硕士研究生的人才培养、实习就业和肿瘤标志物检测技术、装备及诊疗一体化等课题开展合作达成协议。

7月31日上午,临沂市人才工作创新项目集中揭牌仪式在临沂应用科学城举行,我校参与共建了沂蒙创新研究院和沂蒙博士创业园(临沂大学科技园),进一步推进校地、校企合作,推动更多科研成果在"家门口"转化,推动"城校融合"发展再上新台阶。

8月26日上午,临沂大学2020年暑期领导干部读书班开班。校党委书记王焕良作动员讲话。学校领导、全体中层正副职干部参加读书学习。

9月10日,《山东省教育厅关于公布山东省产教融合研究生联合培养示范基地立项建设名单的通知》(鲁教研字〔2020〕3号)公布了2020年山东省产教融合研究生联合培养示范基地立项建设名单,我校"小学卓越教师校地协同培养基地"正式获批,这是我校首次获批的省级研究生联合培养示范基地。

9月17日,教育部办公厅公布2020年全国普通高校中华优秀传统文化传承基地名单,我校音乐学院申报的柳琴戏项目成功入选,成为26个全国普通高校中华优秀传统文化传承基地之一,实现我校教育部科研平台零的突破。

9月23日至25日,山东省高等教育管理科学研究会2020年学术年会在我校举行,来自全省100余所高校的230余名专家学者参加会议。

传承红色基因,青春筑梦临大。10月4日上午,2020级新生开学典礼暨军训总结表彰大会在我校南体育场举行。2020级新生军容整齐,步调一致,口号嘹亮,器宇轩昂地接受庄严检阅。

10月15日,省委教育工委常务副书记,省教育厅党组书记、厅长邓云锋和临沂市委书记王安德来我校调研指导工作。市委常委、秘书长范连生,副市长张玉兰陪同调研;省教育厅有关处室负责同志,学校党委班子成员和有关部门、单位负责同志参加调研。

10月30日,党的十九届五中全会胜利闭幕后,我校作为革命老区大学,以走在前列的政治自觉深入学习宣传贯彻五中全会精神,掀起学习宣传热潮。学校党委书记王焕良作了题为"学习贯彻党的十九届五中全会精神 奋力推动学校高质量发展"的宣讲。

11月5日,山东教育发布、大众日报客户端等平台发布了党委书记王焕良的视频访谈录,本次访谈是山东省教育厅与大众日报联合发起的"高质量发展看山东·高校行"专访。

11月17日，第四届中华职业教育创新创业大赛全国总决赛结束，我校创新创业学院"兵回沂蒙山 文旅桃花源"项目获应用型本科组一等奖，跻身全国八金之一，成为山东唯一获得全国金奖的项目，实现了我校在国家级创新创业类大赛中历史性突破。

11月21日，临沂大学与古巴比那尔德里奥大学举行合作协议签约仪式。我校党委副书记、校长张书圣与古巴比那尔德里奥大学校长约克·马约尔·埃尔南德斯签署合作备忘录。

11月24日,由延安大学、井冈山大学、河北师范大学、临沂大学主办的第五届"三山一坡"高校联盟弘扬革命精神研讨会在我校举行。

12月18—19日,第十九届山东省高校环境学科建设发展研讨会在我校举行。与会专家学者就我省环境学科一流专业建设、专业认证、学科评估、课程改革、创新创业共同体建设等进行交流研讨。

12月24日上午,临沂市委书记王安德来校作党的十九届五中全会精神报告,围绕全会提出的"十四五"时期经济社会发展必须遵循的五大原则,结合自身经历和工作实践与大家深入交流。

6月22日,学校党委书记王焕良以""中国之治"彰显"中国优势""为题为全校党员干部上党课,重温党的光辉历史,探寻抗击疫情中"中国之治"所彰显的"中国优势"。

12月4日下午，学校在校友中心召开"十四五"规划编制工作推进会议，听取编制工作进展情况汇报，调度下一步工作。学校党委副书记、校长张书圣出席会议并讲话。

10月4日，学校党委副书记、校长杨波以"不忘初心，砥砺前行，造就新时代计算机类专业人才"为题，给信息科学与工程学院全体新生上了一堂别开生面的专业教育思政课。

10月29日,我校党委副书记刘占仁一行到平邑县地方镇,看望我校第四批省派驻村第一书记,调研考察第一书记帮扶工作情况。平邑县委常委、宣传部部长张以刚陪同走访调研。

10月30日,临沂大学科技园与沂蒙博士创业园首批入驻项目集中签约、"1+N"金融平台授信暨"沂蒙惠才卡""人才联名卡"发放仪式在北城新区应用科学城人才学术交流中心举行。临沂大学党委委员、副校长孙常生出席仪式。

9月16日,学校在校友中心会议室召开2020级本专科生迎新、军训暨入学教育工作协调会。学校党委委员、副校长张立富出席会议并讲话。

7月14日,临沂大学与临沂第九中学教学实践基地共建签约仪式举行。校党委委员、副校长马凤岗,兰山区教育工委副书记、区教体局副局长李公德,临沂第九中学校长孙静出席。

6月29日,我校举办山东根据地金融史学术研讨会暨山东根据地北海银行博物馆藏品捐赠仪式,来自省内外相关领域的30多位专家学者应邀参加活动。校党委委员、副校长池福安出席仪式。

6月23日,临沂大学党委委员、纪委书记、山东省监察委员会驻临沂大学监察专员张洪东为纪委监察党支部全体党员讲授党课。

12月22日下午,学校在办公楼第二会议室召开部门工会主席会议,学校党委委员、副校长崔晓红出席会议。

11月24日上午,白城师范学院副校长梅泽民一行4人来我校考察交流。我校党委委员、副校长郑秀文会见了梅泽民一行并进行座谈交流。

8月31日,学校党委委员、组织部部长张思峰到历史文化学院检查开学第一天教学秩序运行情况,听取学院开学自查情况汇报。

12月9日早上,学校举行纪念一二·九升旗仪式。学校党委委员、宣传部(新闻中心)部长白金山出席仪式,学校学生工作部(武装部)、团委等相关部门负责人,各学院党委副书记、辅导员、2020级全体学生参加活动。

目 录

学校概况

学校概况……………………………………3
组织机构……………………………………5
临沂大学议事协调机构……………………15
2020年度统计公报…………………………23

重要文件

中共临沂大学委员会办公室关于调整完善学校新冠肺炎疫情处置工作领导小组（指挥部）组织架构的通知……………………………………29
中共临沂大学委员会 临沂大学关于印发2020年工作要点的通知……………………31
中共临沂大学委员会关于深入开展"解放思想、改革创新"大讨论的通知………………36
中共临沂大学委员会关于进一步完善会议制度提高会议质量的意见………………………37
临沂大学校长办公室印发《临沂大学关于制定硕士研究生培养方案的指导意见》等文件的通知……39
关于印发《2020年春季学期开学工作方案》的通知……………………………………49
临沂大学新冠肺炎疫情日常防控工作方案………53
临沂大学校长办公室关于印发《临沂大学深化课程思政建设实施方案》的通知………………67
中共临沂大学委员会关于印发《临沂大学"十四五"发展规划编制工作方案》的通知…………70
临沂大学校长办公室关于印发《临沂大学本科专业人才培养方案管理办法（修订）》的通知……………………………………73
中共临沂大学委员会关于印发《巩固深化"不忘初心、牢记使命"主题教育成果的实施方案》的通知……………………………………75

特 载

在临沂大学"不忘初心、牢记使命"主题教育总结大会上的讲话………………………81
在临沂大学党委扩大会议暨应对新型冠状病毒感染肺炎疫情防控专题会议上的讲话………86
在临沂大学2020年暑期读书班动员会上的讲话……………………………………88
在临沂大学2020年暑期读书班工作部署会上的讲话……………………………………90
在临沂大学2020年全面从严治党暨平安校园建设工作会议上的讲话……………………93
坚守初心 强化监督 为推进学校高质量发展提供纪律保障……………………………98

专 记

临沂大学六届四次教代会（工代会）………105

大事记

临沂大学2020年十大新闻…………………129
2020年大事记………………………………134

党建与思想政治工作

党委办公室（校长办公室）工作……………155
纪检监察工作………………………………155
组织工作……………………………………157
宣传思想文化工作…………………………157
统战与侨台事务工作………………………158
学生工作……………………………………161
共青团工作…………………………………163

工会、妇委会工作……164
离退休干部工作……165

教学与科研工作

本（专）科生教育工作……169
教学质量监督与评估工作……184
研究生教育与学科建设……185
国际教育交流学院……192
继续教育学院……193
创新创业学院……195
发展规划处（政策研究室）……196
社会科学研究……197
自然科学研究……206
临沂大学学报……219

交流与合作

国际交流与合作……223
社会服务与校友联络……225

管理服务与综合保障

人事人才工作……231
校园基础建设……232
网络信息工作……234
图书情报……235
档案管理……236
财务管理……237
资产管理……239
审计工作……240
后勤管理……241
治安综合治理……241

学院工作

马克思主义学院……247
商学院……248
物流学院（商贸物流研究院）……249
法学院……250
教育学院（教师教育学院）……251
体育与健康学院……253
音乐学院……255
美术学院……256
文学院……257
外国语学院……259
传媒学院……260
历史文化学院……261
数学与统计学院……264
物理与电子工程学院……265
化学化工学院（生化分析研究所）……267
药学院……268
机械与车辆工程学院……269
材料科学与工程学院……271
自动化与电气工程学院……275
信息科学与工程学院……277
土木工程与建筑学院……278
资源环境学院（水土保持与环境保育研究所）……279
生命科学学院……281
农林科学学院……282
费县校区……283
沂水校区……285

媒体看临大

2020年媒体看临大……289

表彰与奖励

学校和教职工2020年获国家（部）、省（厅）及校级以上荣誉奖励名录……301
2020年学生获校级及以上表彰奖励登名册……308
2020年校级以上团学活动比赛获奖情况……309

附 录

中共临沂大学委员会 临沂大学关于表彰2019年度平安校园建设先进单位、先进个人的决定……317

临沂大学关于表彰2020届优秀毕业生的决定…317

临沂大学关于表彰2020届毕业生奖学金获得者的决定……318

中共临沂大学委员会关于表彰2020年"十佳辅导员"的决定……318

中共临沂大学委员会关于给予苗智刚、刘德强同志脱贫攻坚嘉奖的决定……318

临沂大学关于表彰2019-2020学年优秀学生、优秀学生干部和先进班集体的决定……319

临沂大学关于表彰2019-2020学年奖助学金获得者的决定……319

临沂大学2020届毕业生考取硕士研究生情况统计表(共计1967名)……321

临沂大学2020届毕业生名录(11562名)………371

后 记

后记……757

学校概况

学 校 概 况

临沂大学是山东省属普通高校，山东省特色名校，山东省应用型本科高校建设首批支持高校，国家发改委"产教融合"项目重点建设高校，坐落在历史文化名城、商贸物流之都、滨水生态之城、红色旅游城市、全国文明城市——山东省临沂市。

学校前身是1941年中国抗日军政大学第一分校支持建设的滨海中学，后多次迁徙合并，校名几度更迭，历经滨海建国学院、临沂第一师范学校、临沂教师进修学校、临沂教育学院、临沂师范专科学校、临沂师范学院等发展阶段，2010年经教育部批准更名为临沂大学。学校建校80年来，根植琅琊文化沃土，传承红色基因，弘扬沂蒙精神，培育临大特质，为党和国家培养了35余万名优秀毕业生，熔铸形成了浓厚红色基因和鲜明办学特色。

学校是沂蒙革命老区唯一的综合性大学，占地约6000亩，在沂水、费县设分校区，校舍面积114余万平方米，固定资产27亿元，教学科研仪器设备总值5亿元，馆藏纸质文献369万册，中外文电子图书218万种，电子期刊6万余种，中外文数据库35个，为山东省首批教育信息化试点单位、山东省节水型高校，荣获"全国绿化模范单位"称号。2020年，学校综合实力居中国大学排行榜289位，居世界大学排名中心（Center For World University Rankings）世界大学排名第1943位。

学校设有24个学院、5个校级研究机构、5个教辅机构和5个直属机构。开设83个本科专业，涵盖11大学科门类，其中国家级特色专业2个、国家级一流专业建设点7个、省级一流专业建设点18个；现有国家一流课程5门、国家级精品资源共享课2门，国家级虚拟仿真实验教学示范中心1个。获批山东省创新创业典型经验高校、教育部卓越小学教师培养计划实施院校。

学校设有1个硕士授权一级学科（化学）、2个硕士专业学位授权类别（教育、电子信息）。在沂蒙文化、教师教育、肿瘤诊疗、智慧物流、资源环境与现代农业、新能源新材料、古生物学等学科领域形成了比较优势和鲜明特色。化学学科入选山东省高水平学科培育学科。建有5个省重点学科、2个省重点实验室、2个省工程实验室、4个省工程研究中心、1个山东省高校人文社科研究基地。在中生代恐龙演化和鸟类起源研究方面发表在Nature，Science杂志有5篇论文，"自然指数"曾两度跃居全国高校前十。

临沂大学面向全国招生，全日制在校生44 605人，其中硕士研究生211人、本科生28 167人、专科生12 632人。现有教职工2690人，其中，专任教师2025人。具有博士学位的教职工707人，有国家级、省部级高层次人才56人次，博士生导师19人、硕士生导师172人，全国优秀教师2人，山东省教学名师6人；现有省部级以上学科带头人组建团队34个，建有山东省首批科技领军人才创新工作室和山东省高校优势学科人才团队，入选教育部创新团队支持计划。

学校坚持融入临沂、依靠临沂、服务临沂、贡献临沂，实施城校融合发展，对接山东省八大发展战略和临沂市主导产业，集中打造12个应用型专业（群），获批5个山东省高水平应用型立项建设专业（群）。校地联合成立全省高校首个实体建制的乡村振兴学院。

学校强化开放办学，与23个国家的80余所高校建立校际合作关系，是中国—中东欧国家高校联合会、中俄（山东）国际教育合作联盟会员单位。在几内亚与科纳克里大学建立孔子学院。与50多所国内外高校开展学生互换项目。

学校彰显革命老区大学办学优势，获批首批全国高校思想政治理论课教师社会实践研修基地、山东省沂蒙精神研究基地、山东省高等学校党员干部教育培训基地、山东省大中小学红色文化传承研究指导中心，承办全国高校党建组织员、山东省"第一书记"和全省大学生选调生等培训工作，发起成立"三山一坡"高校联盟，"高质量发展看山东·高校行"进行了重头报道。

立足新发展阶段，学校将以习近平新时代中国特色社会主义思想为指导，全面贯彻党的教育方针，秉承"明义、锐思、弘毅、致远"的校训和"实"的校风，按照"一二三五六"的总体思路，坚守为党育人、为国育才，聚焦内涵式高质量发展，朝着建设"区域一流、省内一流的高水平综合性应用型大学"的奋斗目标迈进。

供稿人：孙　彬
审核人：陈江华

组织机构

学校领导班子

党委书记：王焕良

党委副书记、校长：张书圣
（任职于 2020 年 10 月 23 日）

党委副书记、校长：杨波
（离职于 2020 年 10 月 23 日）

党委副书记：刘占仁

党委委员、副校长：孙常生

党委委员、副校长：张立富

党委委员、副校长：马凤岗

党委委员、副校长：池福安

党委委员、纪委书记：张洪东
省监委驻临沂大学监察专员

党委委员、副校长：崔晓红
（任职于 2020 年 10 月 23 日）

党委委员、副校长：郑秀文
（任职于 2020 年 10 月 23 日）

党委委员：张思峰
（任职于 2020 年 9 月 10 日）

党委委员：白金山
（任职于 2020 年 9 月 10 日）

学校领导人任职情况表

(2020年1月1日至12月31日)

现任职务	姓名	是否年内离职（年 月 日）	是否年内任职（年 月 日）	是否女性	民族
党委书记	王焕良	否	否	否	汉族
党委副书记、校长	张书圣	否	是（2020年10月23日）	否	汉族
党委副书记、校长	杨波	是（2020年10月23日）	否	否	汉族
党委副书记	刘占仁	否	否	否	汉族
党委委员、副校长	孙常生	否	否	否	汉族
党委委员、副校长	张立富	否	否	否	汉族
党委委员、副校长	马凤岗	否	否	否	汉族
党委委员、副校长	池福安	否	否	否	汉族
党委委员、纪委书记、监察专员	张洪东	否	否	否	汉族
党委委员、副校长	崔晓红	否	是（2020年10月23日）	是	汉族
党委委员、副校长	郑秀文	否	是（2020年10月23日）	否	汉族
党委委员	张思峰	否	是（2020年9月10日）	否	回族
党委委员	白金山	否	是（2020年9月10日）	否	汉族

临沂大学机构设置表

党政管理机构	1. 党委办公室（校长办公室）
	2. 纪委办公室、监察处（合署）
	3. 组织部（党校）
	4. 宣传部（新闻中心）
	5. 统战部
	6. 学生工作处（就业指导中心、武装部）
	7. 团委
	8. 工会（女工委、计生办）
	9. 离退休人员工作处
	10. 保卫处
	11. 发展规划处（政策研究室）
	12. 教务处（教师发展中心）
	13. 教学质量监督与评估办公室
	14. 科学技术处
	15. 社会科学处
	16. 社会服务处

临沂大学机构设置表

(续表)

党政管理机构	17. 人事处（教师工作部）
	18. 国际交流与合作处
	19. 招生办公室
	20. 研究生工作处（学科建设办公室）
	21. 财务处
	22. 审计处
	23. 资产管理处
	24. 后勤管理处
	25. 基建处
教辅机构	1. 图书馆
	2. 网络中心
	3. 创新创业学院
	4. 档案馆
	5. 学报编辑部
教学机构	1. 商学院
	2. 物流学院
	3. 法学院
	4. 马克思主义学院（沂蒙干部学院）
	5. 教育学院（教师教育学院）
	6. 体育与健康学院
	7. 音乐学院
	8. 美术学院
	9. 文学院
	10. 外国语学院
	11. 传媒学院
	12. 历史文化学院
	13. 数学与统计学院
	14. 物理与电子工程学院
	15. 化学化工学院
	16. 药学院
	17. 机械与车辆工程学院

临沂大学机构设置表

(续表)

教学机构	18. 材料科学与工程学院
	19. 自动化与电气工程学院
	20. 信息科学与工程学院
	21. 土木工程与建筑学院
	22. 资源环境学院
	23. 生命科学学院
	24. 农林科学学院
	25. 国际教育交流学院
	26. 继续教育学院
	27. 临沂大学乡村振兴学院
	28. 沂水校区
	29. 费县校区
科研机构	1. 生化分析研究所
	2. 水土保持与环境保育研究所
	3. 地质与古生物研究所
	4. 沂蒙文化研究院
	5. 临沂大学商贸物流研究院

临沂大学中层干部名单

机构名称	姓名	性别	现任职务
党委办公室（校长办公室）	牟海善	男	党委办公室主任、校长办公室主任
	杨洪杰	男	党委办公室副主任、校长办公室副主任
	刘林	男	党委办公室副主任、校长办公室副主任
纪委、监察专员办公室（合署）	李刚	男	纪委副书记
	李培苍	男	纪委副书记
	赵雍	男	纪委、监察专员办公室（合署）综合处处长（正处级）
	申端春	男	纪委、监察专员办公室（合署）纪检监察室主任（副处级）
	王晓凌	女	纪委、监察专员办公室（合署）案件管理室主任（副处级）
组织部（党校）	张思峰	男	党委委员、组织部部长
	孙涛	男	组织部副部长

(续表)

机构名称	姓名	性别	现任职务
组织部（党校）	来涛	男	组织部副部长、教师工作部副部长
宣传部 （新闻中心）	白金山	男	党委委员、宣传部（新闻中心）部长（主任）
	董勤岭	男	宣传部副部长、教师工作部副部长
	赵长芬	女	宣传部副部长
统战部	刘建华	男	统战部常务副部长（正处级）
学生工作部（就业指导中心、武装部）	王统永	男	学生工作部部长、学生工作处处长、就业指导中心主任
	黄科一	男	副处级组织员
学生工作部（就业指导中心、武装部）	任芳	女	学生工作部（处）副部（处）长
	冯焕顺	男	学生工作部（处）副部（处）长、就业指导中心副主任
	蒲洪发	男	学生工作部（处）副部（处）长
团委	王忠慧	女	团委书记
	石少广	男	团委副书记
工会、妇委会 （合署）	李彤光	男	工会主席
	张茹	女	工会副主席、妇委会副主任（兼）
离退休人员工作处	史松波	男	离退休人员工作处处长
	赵亮	男	离退休人员工作处副处长
	孙彦玲	女	副处级组织员
保卫处	颜骁	男	保卫处处长
	张申	男	保卫处副处长
发展规划处 （政策研究室）	李中国	男	发展规划处（政策研究室）处长（主任）
	魏元栋	男	发展规划处（政策研究室）副处长（副主任）
	徐树建	男	发展规划处（政策研究室）副处长（副主任）
教务处（教师发展中心）	吕慎金	男	教务处（教师发展中心）处长（主任）
	朱凤春	男	教务处副处长
	高进峰	男	教务处副处长、教师工作部副部长
	马晓春	女	教务处副处长
研究生工作处 （学科建设办公室）	付厚利	男	研究生工作处处长、研究生工作处（学科建设办公室）主任
教学质量监督与评估办公室	赵光怀	男	教学质量监督与评估办公室主任
	闵凡信	男	教学质量监督与评估办公室副主任
	孙琦	男	教学质量监督与评估办公室副处级干部
科学技术处	申洪源	男	科学技术处处长
	高振强	男	科学技术处副处长
	周建伟	男	科学技术处副处长

(续表)

机构名称	姓名	性别	现任职务
社会科学处	张立梅	女	社会科学处处长
	卢中华	男	社会科学处副处长
社会服务处	赵勇	男	社会服务处处长
	王德欣	女	社会服务处副处长
人事处（教师工作部）	邱建龙	男	人事处处长、教师工作部部长、组织部副部长
	隋群	女	人事处副处长、教师工作部副部长
	王振海	男	人事处副处长、教师工作部副部长
国际交流与合作处	姜兆梓	男	国际交流与合作处副处长（主持工作）
招生办公室	李伟	男	招生办公室主任
	高希龙	男	招生办公室副主任
	王琳	女	招生办公室副处级干部
财务处	高东兴	男	财务处处长
	孙建成	男	财务处副处长
审计处	李殿勇	男	审计处处长
	王阔之	男	审计处副处长
资产管理处	姜秀全	男	资产管理处处长
	李漠	男	资产管理处副处长
	张金宝	男	资产管理处副处长
	彭福峰	男	资产管理处副处长
后勤管理处	韩维同	男	后勤党委书记
	马彦明	男	后勤管理处副处长（主持工作）
	吴涛	男	后勤管理处副处长
	韩广强	男	后勤管理处副处长
基建处	孙令民	男	基建处处长
	丁磊	男	基建处副处长
	杜金中	男	基建处副处长
图书馆	刘强	男	图书馆党委书记
	徐兴余	男	图书馆馆长
	韩敬友	男	图书馆副馆长
	胡荣娜	女	图书馆副馆长
网络中心	高立晟	男	网络中心主任
	管士亮	男	网络中心副主任

(续表)

(续表)

机构名称	姓名	性别	现任职务
创新创业学院	彭文修	男	创新创业学院院长
	彭洪君	男	创新创业学院副院长
档案馆	任世忠	男	档案馆馆长
	冉利强	男	档案馆副馆长
	王晓真	女	档案馆副馆长
	王斌	男	副处级干部
学报编辑部	张根柱	男	学报编辑部主任
商学院	孔霞	女	商学院党委书记
	刁玉柱	男	商学院副院长（全面负责学院行政工作）
	闫青峰	男	商学院党委副书记
	王连合	男	商学院副院长
	吴作凤	女	商学院副院长
	李庆胜	男	商学院副院长
物流学院	李洪杰	男	物流学院党委书记
	刁科凤	女	物流学院院长
	李晓东	男	商贸物流研究院执行院长、物流学院党委副书记（兼）
	张兆伦	男	物流学院党委副书记
	郭京英	女	物流学院党委专职组织员
	张松涛	男	物流学院副院长
法学院	王立国	男	法学院党委书记
	郑美虹	女	法学院党委专职组织员
	姚建涛	女	法学院院长
	杨克	女	法学院副院长
马克思主义学院 (沂蒙干部学院)	徐东升	男	马克思主义学院党委书记
	王宏坤	男	马克思主义学院党委副书记
	张秀军	男	马克思主义学院党委专职组织员
	费聿辉	男	马克思主义学院副院长
教育学院 (教师教育学院)	任庆大	男	教育学院（教师教育学院）党委书记
	张洪高	男	教育学院（教师教育学院）院长
	刘元兴	男	教育学院党委副书记
	赵金霞	女	教育学院副院长
	薄存旭	男	教育学院副院长

(续表)

机构名称	姓名	性别	现任职务
体育与健康学院	奚凤兰	女	体育与健康学院党委书记
	杨涛	男	体育与健康学院院长
	李洪波	男	体育与健康学院副院长
	赵光勇	男	体育与健康学院副院长
音乐学院	许崇波	男	音乐学院党委书记
	蔡相国	男	音乐学院党委副书记
	王秀庭	男	音乐学院副院长
	冯丽娜	女	音乐学院副院长
美术学院	朱文玉	男	美术学院党委书记
	尹德辉	男	美术学院院长
	王慧	女	美术学院党委副书记
	赵凤远	男	美术学院副院长
	季超	男	美术学院副院长
文学院	解克萌	女	正处级组织员
	周忠元	男	文学院院长
	谢成才	女	文学院党委副书记
	周云钊	男	文学院副院长
	李鹏	男	文学院副院长
外国语学院	于建波	男	外国语学院党委书记
	谢楠	女	外国语学院院长
	金光伟	男	外国语学院党委副书记
	王明琦	女	外国语学院副院长
	苏鑫	女	外国语学院副院长
传媒学院	王焕全	男	传媒学院党委书记
	戴俊潭	男	传媒学院院长
	王钧	男	传媒学院党委副书记
	孙世友	男	传媒学院党委专职组织员
	李鸣钊	男	传媒学院副院长
历史文化学院	滕向农	男	历史文化学院党委书记
	魏本权	男	历史文化学院院长
	王红坤	女	历史文化学院党委副书记
	周静	女	历史文化学院副院长
	魏秀春	男	历史文化学院副院长
数学与统计学院	江兆林	男	数学与统计学院党委书记

(续表)

(续表)

机构名称	姓名	性别	现任职务
数学与统计学院	傅尊伟	男	数学与统计学院院长
	朱庆峰	男	数学与统计学院党委副书记
	李英奎	男	数学与统计学院副院长
物理与电子工程学院	赵宗金	男	物理与电子工程学院党委书记
	赵小情	女	物理与电子工程学院党委副书记
	王永龙	男	物理与电子工程学院副院长
	李道勇	男	物理与电子工程学院副院长
化学化工学院	郭金亭	男	化学化工学院党委书记
	李雪梅	女	化学化工学院院长、生化分析研究所所长（兼）
	孟沂	男	化学化工学院党委副书记
	宋兴良	男	化学化工学院副院长
	夏其英	女	化学化工学院副院长
药学院	林秋华	女	药学院党委书记
	王振	男	药学院院长
	辛沂	男	药学院党委副书记
	刘凤志	男	药学院副院长
	张海娟	女	药学院副院长
机械与车辆工程学院	卢世伟	男	机械与车辆工程学院党委书记
	孙成通	男	机械与车辆工程学院院长
	吕维明	男	机械与车辆工程学院党委副书记
	孙绍龙	男	机械与车辆工程学院副院长
	韩虎	男	机械与车辆工程学院副院长
	张成茂	男	机械与车辆工程学院副院长
材料科学与工程学院	张春国	男	材料科学与工程学院党委书记
	刘春远	男	材料科学与工程学院党委副书记
	王常春	男	材料科学与工程学院副院长
	徐守芳	女	材料科学与工程学院副院长
自动化与电气工程学院	赵志民	男	自动化与电气工程学院党委书记
	张燕	女	自动化与电气工程学院党委专职组织员
	张安彩	男	自动化与电气工程学院副院长（主持工作）
	李敬华	男	自动化与电气工程学院党委副书记
	刁述妍	女	自动化与电气工程学院副院长
信息科学与工程学院	牛祥春	男	信息科学与工程学院党委书记
	张问银	男	信息科学与工程学院院长
	冯炀	男	信息科学与工程学院党委副书记

(续表)

机构名称	姓名	性别	现任职务
信息科学与工程学院	傅德谦	男	信息科学与工程学院副院长
土木工程与建筑学院	陈学营	男	土木工程与建筑学院党委书记
土木工程与建筑学院	颜春晓	男	土木工程与建筑学院党委副书记
土木工程与建筑学院	朱登元	男	土木工程与建筑学院副院长
土木工程与建筑学院	崔玉理	男	土木工程与建筑学院副院长
资源环境学院	卢金荣	男	资源环境学院党委书记
资源环境学院	王梁	男	资源环境学院副院长、水土保持与环境保育研究所副所长（主持工作）
资源环境学院	梁仁君	男	资源环境学院副院长
生命科学学院	黄永亮	男	生命科学学院党委书记
生命科学学院	王学斌	男	生命科学学院院长
生命科学学院	何茂华	男	生命科学学院党委副书记
生命科学学院	全先庆	男	生命科学学院副院长
生命科学学院	王孝理	男	生命科学学院副院长、地质与古生物研究所所长（兼）
农林科学学院	刘玉清	男	农林科学学院党委书记
农林科学学院	胡晓平	女	农林科学学院党委副书记
农林科学学院	丰培金	男	农林科学学院副院长
农林科学学院	刘文	女	农林科学学院副院长
国际教育交流学院	隋长虹	女	国际教育交流学院副院长（主持工作）
国际教育交流学院	王宝祥	男	国际教育交流学院副院长
继续教育学院	谢瑞迎	男	继续教育学院院长
继续教育学院	巩庆毅	男	继续教育学院副院长
继续教育学院	金学勇	男	继续教育学院副院长
沂水校区	张国庆	男	沂水校区党委书记
沂水校区	李云成	男	沂水校区校长
沂水校区	宋国华	男	沂水校区党委副书记
沂水校区	马学亮	男	沂水校区副校长
沂水校区	王升丽	女	沂水校区副校长
沂水校区	许宗刚	男	沂水校区副校长
费县校区	孙成明	男	费县校区党委书记
费县校区	张忠年	男	费县校区校长
费县校区	张茂坤	男	费县校区党委副书记
费县校区	张学勤	男	费县校区副校长
费县校区	陈怀元	男	费县校区副校长
费县校区	王瑞华	女	费县校区副校长

(续表)

临沂大学议事协调机构

临沂大学新型冠状病毒肺炎疫情处置工作领导小组（指挥部）

组　长（总指挥）：
　　王焕良　杨　波
副组长（副总指挥）：
　　刘占仁　孙常生　张立富
　　张书圣　马凤岗　池福安
　　张洪东
成　员：牟海善　李　刚　张思峰
　　　　任庆大　王统永　史松波
　　　　颜　骁　邱建龙　郑秀文
　　　　孔　霞　高东兴　韩维同
　　　　张国庆　孙成明　马彦明
　　　　姜兆梓　隋长虹

领导小组下设办公室，张立富同志兼任办公室主任，牟海善同志兼任办公室副主任。

领导小组下设 10 个工作组：

（一）综合协调组
组　长：牟海善
成　员：杨洪杰　刘　林　陈江华
　　　　王　玮　何　冰
联络员：田　建

（二）党建思政组
组　长：张思峰
成　员：刘建华　解克萌　董勤岭
联络员：李艳东

（三）疫情防治组
组　长：马彦明
成　员：申洪源　李中国　王　振
　　　　韩广强　吴　涛　张兴林
　　　　尤源波（师苑卫生所）
联络员：董新矫

（四）教学运行组
组　长：郑秀文
成　员：邱建龙　赵光怀　李　伟
　　　　姜兆梓　隋长虹　高进峰
　　　　马晓春
联络员：卞青山

（五）学生工作组
组　长：王统永
成　员：邱建龙　隋长虹　任　芳
　　　　冯焕顺
联络员：庞晓东

（六）安全稳定组
组　长：颜　骁
成　员：史松波　赵　勇　孔　霞
　　　　韩维同　徐兴余
　　　　姜兆梓　蒲洪发　张　申
　　　　朱凤春　周建伟
联络员：王宝枝

（七）综合保障组
组　长：姜秀全
成　员：高东兴　孙令民　高立晟
　　　　马彦明　张金宝
联络员：张金宝（兼）　董新矫

（八）宣传舆情组
组　长：任庆大
成　员：王忠慧　赵长芬　董勤岭
　　　　任　芳
联络员：王金铭

（九）校区工作组
组　长：张国庆（沂水校区）
　　　　孙成明（费县校区）
成　员：校区班子成员
联络员：李庆波（沂水校区）
　　　　王昌民（费县校区）

（十）监督问责组
组　长：李　刚　张思峰
成　员：李培苍　赵　雍　申端春
　　　　来　涛
联络员：任永明

校园应急处置"突击队"

总指挥：张立富
成　员：任庆大　王统永　颜　骁
　　　　马彦明　杨洪杰　蒲洪发
　　　　张　申　刘　鹏　张金庆
　　　　王晓燕　董新矫
　　　　尤源波（师苑卫生所）
联络员：杨洪杰（兼）

临沂大学学位评定委员会

主　席：杨　波
副主席：张书圣（常务）
　　　　马凤岗
委　员：（按姓氏笔画排序）
　　　　申洪源　刘恩允　刘敬权
　　　　李中国　李雪梅　邱建龙
　　　　张　驰　张立梅　张问银
　　　　张兴林　张安彩　张洪高
　　　　张福成　辛化伟　武传坤
　　　　周忠元　郑秀文　傅尊伟

学位评定委员会办公室设在研究生工作处（学科建设办公室），负责学位评定委员会的日常工作，邱建龙兼任办公室主任。

临沂大学第二届学术委员会

主　任：张书圣
副主任：张福成　李中国
委　员：刁玉柱　王　振　王学斌
　　　　王洪伟　尹德辉　付厚利
　　　　吕慎金　刘敬权　孙成通
　　　　李中国　杨　涛　邱建龙
　　　　张书圣　张立梅　张问银
　　　　张学成　张福成　陈　丽
　　　　周忠元　郑秀文　姚建涛
　　　　徐树建　郭英姝　彭　程
　　　　傅尊伟　谢　楠　戴俊潭
秘　书：邱建龙（兼）

临沂大学专业学位研究生教育指导委员会

主　任：张书圣
副主任：邱建龙（常务）李中国
委　员：（按姓氏笔画排序）
　　　　申洪源　刘恩允　李中国
　　　　李雪梅　邱建龙　张立梅
　　　　张兴林　张洪高　傅尊伟
　　　　王惠勇（外聘）
　　　　宋玉良（外聘）
　　　　张　建（外聘）

高　翔（外聘）

秘　书：张奎华

临沂大学教学指导委员会

主　任：马凤岗

副主任：郑秀文（常务）

　　　　蒋学华

委　员：（排名不分前后）

　　　　刁玉柱　王学斌　王统永
　　　　王　振　王晓丽　尹得辉
　　　　孔繁金　申洪源　付厚利
　　　　吕慎金　刘恩允　刘敬权
　　　　许汝贞　孙成通　王　梁
　　　　李云成　李中国　李同胜
　　　　李　伟　刁科凤　李雪梅
　　　　杨　涛　邱建龙　张立梅
　　　　张问银　张忠年　张洪高
　　　　陈　丽　陈建国　周忠元
　　　　赵光怀　赵　勇　胡顺波
　　　　姚建涛　徐传胜　郭晓宁
　　　　曹光杰　彭文修　傅尊伟
　　　　谢　楠　戴俊潭　魏本权
　　　　张安彩　王秀庭

委员会办公室设在教务处，郑秀文兼任办公室主任。

临沂大学教材使用审查委员会

主　任：马凤岗

委　员：（排名不分前后）

　　　　刁玉柱　王学斌　王　振
　　　　王晓丽　尹德辉　申洪源
　　　　付厚利　吕慎金　刘敬权
　　　　刁科凤　孙成通　李云成
　　　　张安彩　李雪梅　杨　涛
　　　　邱建龙　张立梅　张问银
　　　　张忠年　张洪高　周忠元
　　　　郑秀文　姚建涛　王秀庭
　　　　谢　楠　戴俊潭　魏本权

秘　书：马晓春

学校教材使用审查委员会下设"马工程"重点教材使用审查委员会

主　任：郑秀文

副主任：张立梅

委　员：（排名不分前后）

　　　　刁玉柱　马晓春　尹德辉
　　　　李云成　张忠年　张洪高
　　　　周忠元　姚建涛　谢　楠
　　　　戴俊潭　魏本权　刁科凤
　　　　王秀庭

临沂大学语言文字工作委员会

主　任：马凤岗

副主任：郑秀文　任庆大　王统永
　　　　王忠慧　周忠元

委　员：（按姓氏拼音排序）

　　　　崔玉理　崔沂峰　刁述妍
　　　　冯焕顺　冯丽娜　丰培金
　　　　费聿辉　韩　虎　季　超
　　　　姜兆梓　李道勇　李鸣钊
　　　　梁仁君　刘凤志　马　静
　　　　邱春林　全先庆　石少广
　　　　王常春　王瑞华　王升丽
　　　　王振海　吴作凤　夏其英
　　　　赵长芬　赵光勇　赵金霞
　　　　朱凤春　周　静　周云钊

学生代表1人

委员会办公室设在教务处，郑秀文兼任办公室主任。

临沂大学体育运动委员会
（2017年5月31日）

主　任：马凤岗

副主任：牟海善　王统永　王忠慧
　　　　李彤光　郑秀文　杨　涛

委　员：任庆大　颜　骁　王立斌
　　　　姜秀全　孙令民　高立晟
　　　　闫青峰　张兆伦　赵光勇
　　　　王　斌　王宏坤　刘元兴
　　　　蒲洪发　蔡相国　王　慧
　　　　谢成才　金光伟　王　钧
　　　　王红坤　朱庆峰　赵小情
　　　　孟　沂　辛　沂　吕维明
　　　　刘春远　李敬华　冯　炀
　　　　颜春晓　尉海东　何茂华
　　　　胡晓平　宋国华　张茂坤

体育运动委员会下设办公室，办公室设在体育与健康学院，杨涛兼任办公室主任。

临沂大学图书馆工作委员会

主　任：马凤岗

副主任：徐兴余

委　员：任　芳　徐树建　彭洪君
　　　　马晓春　闵凡信　高振强
　　　　卢中华　隋长虹　孙建成
　　　　李　漠　管士亮
　　　　薄存旭（教育学部）
　　　　宋希芝（人文学部）
　　　　李　振（理学部）
　　　　徐淑琼（工学部）
　　　　张松涛（社科学部）
　　　　王轲道（农学部）
　　　　学生代表若干

图书馆工作委员会办公室设在图书馆，曹如国任办公室主任。

《临沂大学学报》编辑委员会

主　任：张书圣

副主任：池福安　张根柱

主　编：张根柱

委　员：（按姓氏拼音排序）

　　　　池福安　戴俊潭　刁科凤
　　　　刁玉柱　付厚利　傅尊伟
　　　　江兆林　李雪梅　李中国
　　　　刘恩允　刘敬权　刘占召
　　　　吕慎金　王秀庭　邱建龙
　　　　申洪源　孙成通　孙世军
　　　　王晓丽　王孝理　王学斌
　　　　王　振　魏本权　谢　楠
　　　　杨　涛　姚建涛　尹德辉
　　　　张　弛　张福成　张根柱
　　　　张洪高　张立梅　张书圣
　　　　张松涛　张问银　赵　勇
　　　　赵光怀　郑秀文　周忠元

临沂大学校友工作委员会

主　任：李　喆　杨　波

副主任：孙常生

委　员：牟海善　任庆大　王德欣
　　　　王统永　王忠慧　郑秀文
　　　　赵　勇　李　伟　王立斌

张　燕　郑美虹　王立国
徐东升　白金山　奚凤兰
许崇波　朱文玉　牛祥春
于建波　王焕全　滕向农
张国庆　赵志民　郭金亭
林秋华　卢世伟　张春国
赵宗金　李洪杰　陈学营
卢金荣　黄永亮　刘玉清
彭文修　孙成明

委员会下设校友工作办公室，赵勇兼任办公室主任，王德欣兼任办公室副主任。

临沂大学校园治安综合治理委员会

主　任：李　喆
副主任：张立富
委　员：牟海善　李　刚　张思峰
　　　　任庆大　刘建华　王统永
　　　　王忠慧　李彤光　史松波
　　　　颜　骁　刘恩允　郑秀文
　　　　赵光怀　邱建龙　申洪源
　　　　李中国　赵　勇　孔　霞
　　　　姜兆梓　李　伟　高东兴
　　　　李殿勇　姜秀全　马彦明
　　　　韩维同　孙令民　刘　强
　　　　高立晟　彭文修　任世忠
　　　　张根柱　张　燕　李洪杰
　　　　李晓东　王立国　徐东升
　　　　白金山　奚凤兰　许崇波
　　　　朱文玉　牛祥春　于建波
　　　　王焕全　滕向农　江兆林
　　　　赵宗金　郭金亭　林秋华
　　　　卢世伟　张春国　赵志民
　　　　郑美虹　陈学营　卢金荣
　　　　黄永亮　刘玉清　隋长虹
　　　　谢瑞迎　张国庆　孙成明

委员会办公室设在保卫处，颜骁兼任办公室主任。

临沂大学保密委员会

主　任：杨　波
副主任：刘占仁　张立富
成　员：牟海善　李　刚　张思峰
　　　　任庆大　刘建华　王统永

颜　骁　刘恩允　郑秀文
申洪源　李中国　孔　霞
李　伟　高东兴　姜秀全
刘　强　高立晟　任世忠
姜兆梓

保密委员会下设办公室，牟海善兼任办公室主任。

临沂大学校园建设规划与管理委员会

主　任：孙常生
副主任：牟海善　任庆大　刘恩允
　　　　孙令民　马彦明
委　员：王统永　李彤光　颜　骁
　　　　郑秀文　邱建龙　申洪源
　　　　李中国　赵　勇　孔　霞
　　　　李　伟　高东兴　姜秀全
　　　　高立晟　付厚利　李云成
　　　　张忠年　杜金中

委员会办公室设在基建处，孙令民兼任办公室主任。

临沂大学预算管理委员会

主　任：杨　波
副主任：张书圣
委　员：牟海善　王统永　李彤光
　　　　刘恩允　郑秀文　申洪源
　　　　李中国　赵　勇　孔　霞
　　　　李　伟　高东兴　李殿勇
　　　　姜秀全　马彦明　孙令民
　　　　孙建成　李云成　张忠年
　　　　吴作凤　尹　波

委员会办公室设在财务处，高东兴兼任办公室主任。

临沂大学绿化委员会

主　任：张立富
副主任：牟海善　孙令民　王统永
　　　　马彦明
委　员：董勤岭　蒲洪发　张　茹
　　　　张　申　杜金中　高进峰
　　　　孙建成　李　漠　闫青峰
　　　　张兆伦　王　斌　王宏坤
　　　　刘元兴　赵光勇　蔡相国
　　　　王　慧　谢成才　金光伟

王　钧　王红坤　朱庆峰
赵小情　孟　沂　辛　沂
吕维明　刘春远　李敬华
冯　炀　颜春晓　尉海东
何茂华　胡晓平　陈怀元
黄传国　董新矫

委员会办公室设在后勤管理处，马彦明兼任办公室主任。

临沂大学消防安全管理委员会

主　任：杨　波
副主任：张立富
委　员：牟海善　李培苍　张思峰
　　　　任庆大　刘建华　王统永
　　　　王忠慧　李彤光　史松波
　　　　颜　骁　刘恩允　郑秀文
　　　　赵光怀　邱建龙　申洪源
　　　　李中国　赵　勇　孔　霞
　　　　姜兆梓　李　伟　高东兴
　　　　李殿勇　姜秀全　马彦明
　　　　韩维同　孙令民　徐兴余
　　　　高立晟　彭文修　任世忠
　　　　张根柱　刁玉柱　刁科凤
　　　　李晓东　姚建涛　张立梅
　　　　张洪高　杨　涛　王秀庭
　　　　尹德辉　周忠元　谢　楠
　　　　戴俊潭　魏本权　傅尊伟
　　　　王晓丽　李雪梅　王　振
　　　　孙成通　刘敬权　张安彩
　　　　张问银　付厚利　王　梁
　　　　王学斌　吕慎金　隋长虹
　　　　谢瑞迎　李云成　张忠年

委员会办公室设在保卫处，颜骁兼任办公室主任。

临沂大学食品安全委员会

主　任：张立富
副主任：王统永　韩维同　马彦明
委　员：刘　林　董勤岭　蒲洪发
　　　　张　茹　张　申　孙建成
　　　　李　漠　韩广强　闫青峰
　　　　张兆伦　王　斌　王宏坤
　　　　刘元兴　赵光勇　蔡相国
　　　　王　慧　谢成才　金光伟

王　钧　王红坤　朱庆峰
赵小情　孟　沂　辛　沂
吕维明　刘春远　李敬华
冯　炀　颜春晓　尉海东
何茂华　胡晓平　陈怀元
黄传国

委员会办公室设在后勤管理处，马彦明兼任办公室主任，韩广强兼任办公室副主任。

临沂大学爱国卫生运动委员会

组　　长：张立富
副组长：牟海善　任庆大　马彦明
委　　员：刘　林　董勤岭　陈怀元
　　　　蒲洪发　张　茹　张　申
　　　　孙建成　李　漠　韩广强
　　　　闫青峰　张兆伦　王　斌
　　　　王宏坤　刘元兴　赵光勇
　　　　蔡相国　王　慧　谢成才
　　　　金光伟　王　钧　王红坤
　　　　朱庆峰　赵小情　孟　沂
　　　　辛　沂　吕维明　黄传国
　　　　刘春远　李敬华　冯　炀
　　　　颜春晓　尉海东　何茂华
　　　　胡晓平

委员会办公室设在后勤管理处，马彦明兼任办公室主任。

临沂大学关心下一代工作委员会

主　任：孙常生
副主任：谢亚非（常务）
　　　　王明福　闫洪昊　王统永
　　　　史松波
委　　员：牟海善　张思峰　任庆大
　　　　王忠慧　赵光怀　赵　勇
　　　　孔　霞　张国庆　孙成明
　　　　董勤安　周建华　伏广存

委员会秘书处设在离退休人员工作处，史松波、董勤安兼任秘书长，孙彦玲、刘化英任副秘书长，李明辉任秘书处办公室主任。

临沂大学劳动人事争议调解委员会

主　任：马凤岗
副主任：李彤光　孔　霞

成　　员：刘　林　来　涛　张　茹
　　　　李英奎　隋　群　刘　鹏
　　　　李同胜

委员会办公室设在人事处，李英奎兼任办公室主任。

临沂大学党的建设工作领导小组

组　　长：王焕良
副组长：杨　波　刘占仁（常务）
　　　　张洪东
成　　员：牟海善　李　刚　张思峰
　　　　解克萌　任庆大　刘建华
　　　　王统永　王忠慧　李彤光
　　　　史松波　颜　骁　邱建龙
　　　　孔　霞

领导小组办公室设在组织部，张思峰兼任办公室主任。

临沂大学党委巡察工作领导小组

组　　长：李　喆
成　　员：杨　波　刘占仁　马凤岗
　　　　张洪东　张思峰　孔　霞

领导小组下设办公室，张思峰兼任办公室主任。

临沂大学党风廉政建设和反腐败工作协调小组

组　　长：张洪东
副组长：张思峰
成　　员：牟海善　李　刚　李培苍
　　　　孔　霞　李殿勇　高东兴

协调小组办公室设在纪委、监察专员办公室（合署）综合处。

临沂大学意识形态和思想政治工作领导小组

组　　长：王焕良
副组长：杨　波　刘占仁（常务）
成　　员：牟海善　张思峰　任庆大
　　　　刘建华　王统永　王忠慧
　　　　颜　骁　郑秀文　李中国
　　　　孔　霞　邱建龙　张立梅
　　　　解克萌　史松波　韩维同
　　　　刘　强　张　燕　李洪杰

王立国　徐东升　白金山
奚凤兰　许崇波　朱文玉
牛祥春　于建波　王焕全
滕向农　江兆林　赵宗金
郭金亭　林秋华　卢世伟
张春国　赵志民　郑美虹
陈学营　卢金荣　黄永亮
刘玉清　张国庆　孙成明

领导小组办公室设在党委宣传部，任庆大兼任办公室主任。

临沂大学网络安全与信息化领导小组

组　　长：杨　波
副组长：刘占仁　张立富
成　　员：牟海善　任庆大　刘建华
　　　　王统永　王忠慧　颜　骁
　　　　郑秀文　孔　霞　姜兆梓
　　　　高东兴　姜秀全　马彦明
　　　　孙令民　徐兴余　高立晟
　　　　徐东升　白金山　王焕全
　　　　赵志民　卢世伟　张问银
　　　　黄永亮　张国庆　孙成明

领导小组办公室设在网络中心，高立晟兼任办公室主任。

临沂大学舆情管理工作领导小组

组　　长：刘占仁
成　　员：牟海善　张思峰　任庆大
　　　　刘建华　王统永　王忠慧
　　　　李彤光　史松波　颜　骁
　　　　郑秀文　孟凡胜　高立晟
　　　　韩维同　刘　强　张　燕
　　　　郑美虹　王立国　徐东升
　　　　白金山　奚凤兰　许崇波
　　　　朱文玉　牛祥春　于建波
　　　　王焕全　滕向农　张国庆
　　　　赵志民　郭金亭　林秋华
　　　　卢世伟　张春国　赵宗金
　　　　李洪杰　陈学营　卢金荣
　　　　黄永亮　刘玉清　彭文修
　　　　孙成明

领导小组下设办公室，任庆大兼任办公室主任，颜骁（兼）、董勤岭任办公室副主任。

临沂大学信息公开工作领导小组

组　　长：刘占仁
副组长：牟海善　李培苍
成　　员：张思峰　任庆大　刘建华
　　　　　王统永　王忠慧　李彤光
　　　　　史松波　颜　骁　刘恩允
　　　　　郑秀文　赵光怀　邱建龙
　　　　　申洪源　李中国　赵　勇
　　　　　孔　霞　姜兆梓　李　伟
　　　　　高东兴　李殿勇　姜秀全
　　　　　马彦明　韩维同　孙令民
　　　　　徐兴余　高立晟　彭文修
　　　　　任世忠　张根柱　刁玉柱
　　　　　刁科凤　李晓东　姚建涛
　　　　　张立梅　张洪高　杨　涛
　　　　　王秀庭　尹德辉　周忠元
　　　　　谢　楠　戴俊潭　魏本权
　　　　　傅尊伟　王晓丽　李雪梅
　　　　　王　振　孙成通　刘敬权
　　　　　张安彩　张问银　付厚利
　　　　　王　梁　王学斌　吕慎金
　　　　　隋长虹　谢瑞迎　李云成
　　　　　张忠年

　　领导小组办公室设在党委办公室（校长办公室），牟海善兼任办公室主任。

临沂大学思想政治理论课建设领导小组

组　　长：李　喆　杨　波
副组长：刘占仁　马凤岗
成　　员：任庆大　王统永　王忠慧
　　　　　郑秀文　赵光怀　李中国
　　　　　孔　霞　王立斌　徐东升
　　　　　张立梅

　　领导小组下设办公室，任庆大兼任办公室主任，张立梅兼任办公室副主任。

临沂大学全面深化综合改革领导小组

组　　长：李　喆

副组长：杨　波　刘占仁
成　　员：孙常生　张立富　张书圣
　　　　　马凤岗　池福安　张洪东

　　领导小组下设办公室，刘占仁兼任办公室主任，牟海善、刘恩允任办公室副主任。

临沂大学新旧动能转换工作领导小组

组　　长：杨　波
副组长：孙常生　张立富　张书圣
　　　　　马凤岗　池福安
成　　员：（按姓氏笔画排序）
　　　　　刁玉柱　王　振　王立斌
　　　　　王忠慧　王学斌　王统永
　　　　　王晓丽　尹德辉　孔　霞
　　　　　申洪源　付厚利　吕慎金
　　　　　任庆大　刘恩允　刘敬权
　　　　　江兆林　孙令民　孙成通
　　　　　牟海善　李中国　李晓东
　　　　　李雪梅　杨　涛　邱建龙
　　　　　张立梅　张问银　张思峰
　　　　　张洪高　周忠元　郑秀文
　　　　　赵　勇　姜秀全　姚建涛
　　　　　高东兴　彭　程　傅尊伟
　　　　　谢　楠　谢瑞迎　颜　骁
　　　　　戴俊潭　魏本权

　　领导小组下设办公室，孙常生兼任办公室主任。

临沂大学人才工作领导小组和人才工作小组

（一）临沂大学人才工作领导小组

组　　长：李　喆
副组长：杨　波
成　　员：刘占仁　孙常生　张立富
　　　　　张书圣　马凤岗　池福安

　　领导小组办公室设在组织部，张思峰任办公室主任。

（二）临沂大学人才工作小组

组　　长：杨　波
副组长：张书圣　马凤岗
成　　员：牟海善　张思峰　刘恩允
　　　　　郑秀文　邱建龙　申洪源
　　　　　李中国　赵　勇　孔　霞
　　　　　高东兴　姜秀全

　　工作小组办公室设在人事处，孔霞兼任办公室主任。

临沂大学国家安全人民防线领导小组

组　　长：李　喆
副组长：杨　波　刘占仁
　　　　　张立富（常务）
成　　员：牟海善　李　刚　张思峰
　　　　　任庆大　刘建华　王统永
　　　　　王忠慧　李彤光　史松波
　　　　　颜　骁　郑秀文　孔　霞
　　　　　高立晟　姜兆梓

　　领导小组办公室设在党委办公室，牟海善兼任办公室主任。

临沂大学抵御和防范校园传教渗透工作专门协调机制

组　　长：刘占仁　党委副书记
副组长：刘建华　统战部部长
成　　员：牟海善　党委办公室主任
　　　　　任庆大　宣传部部长
　　　　　王统永　学生工作部部长
　　　　　王忠慧　团委书记
　　　　　孔　霞　教师工作部部长
　　　　　史松波　离退休人员工作
　　　　　　　　　处处长
　　　　　颜　骁　保卫处处长
　　　　　邱建龙　研究生工作处
　　　　　　　　　处长
　　　　　姜兆梓　国际交流与合作
　　　　　　　　　处副处长（主持工作）
　　　　　隋长虹　国际教育交流学
　　　　　　　　　院副院长（主持工作）

　　专门协调机制办公室设在党委统战部。

办公室主任：刘建华（兼）
副主任：任　芳　学生工作部副部长
　　　　张　申　保卫处副处长
成员（兼联络员）：各党委副书记

临沂大学扫黑除恶专项斗争工作领导小组

组　　长：张立富
副组长：牟海善　王统永　颜　骁
成　　员：张思峰　李培苍　孔　霞
　　　　　姜秀全　马彦明　孙令民
　　　　　韩维同　张　燕　李洪杰
　　　　　李晓东　王立国　徐东升
　　　　　白金山　奚凤兰　许崇波
　　　　　朱文玉　牛祥春　于建波
　　　　　王焕全　滕向农　江兆林
　　　　　赵宗金　郭金亭　林秋华
　　　　　卢世伟　张春国　赵志民
　　　　　郑美虹　陈学营　卢金荣
　　　　　黄永亮　刘玉清　隋长虹
　　　　　谢瑞迎　张国庆　孙成明

领导小组办公室设在保卫处，颜骁兼任办公室主任。

临沂大学统一战线工作领导小组

组　　长：李　喆
副组长：刘占仁
成　　员：牟海善　张思峰　任庆大
　　　　　刘建华　王统永　王忠慧
　　　　　史松波　颜　骁　郑秀文
　　　　　邱建龙　申洪源　李中国
　　　　　孔　霞　姜兆梓　隋长虹
　　　　　马彦明　解克萌　张　燕
　　　　　李洪杰　李晓东　王立国
　　　　　徐东升　白金山　奚凤兰
　　　　　许崇波　朱文玉　牛祥春
　　　　　于建波　王焕全　滕向农
　　　　　江兆林　赵宗金　郭金亭
　　　　　林秋华　卢世伟　张春国
　　　　　赵志民　郑美虹　陈学营
　　　　　卢金荣　黄永亮　刘玉清
　　　　　隋长虹　谢瑞迎　张国庆
　　　　　孙成明

领导小组办公室设在统战部，刘建华兼任办公室主任。

临沂大学民族宗教工作领导小组

组　　长：刘占仁
副组长：牟海善　张思峰　任庆大
　　　　　刘建华　王统永　颜　骁
成　　员：（按姓氏笔画排序）
　　　　　于建波　王立国　王忠慧
　　　　　王焕全　牛祥春　孔　霞
　　　　　卢世伟　卢金荣　史松波
　　　　　白金山　朱文玉　刘　强
　　　　　刘玉清　江兆林　许崇波
　　　　　孙成明　李洪杰　邱建龙
　　　　　张　燕　张国庆　张春国
　　　　　陈学营　林秋华　郑秀文
　　　　　郑美虹　赵志民　赵宗金
　　　　　姜兆梓　徐东升　奚凤兰
　　　　　郭金亭　黄永亮　韩维同
　　　　　解克萌　滕向农

领导小组办公室设在统战部，刘建华兼任办公室主任。

临沂大学离退休工作领导小组

组　　长：孙常生
副组长：牟海善　张思峰　史松波
成　　员：任庆大　刘建华　王统永
　　　　　王忠慧　李彤光　孔　霞
　　　　　高东兴　韩维同　孙令民
　　　　　颜　骁

领导小组办公室设在离退休人员工作处，史松波兼任办公室主任。

临沂大学研究生招生组织机构

（一）临沂大学研究生招生工作领导小组
组　　长：杨　波
副组长：刘占仁　张立富
　　　　　张书圣（常务）
成　　员：邱建龙　李　刚　颜　骁
　　　　　李雪梅　张洪高　张立梅
　　　　　张安彩　张问银　胡晓丽

领导小组下设办公室，胡晓丽任办公室主任。

（二）临沂大学研究生招生自命题工作领导小组
组　　长：杨　波
副组长：刘占仁　张立富
　　　　　张书圣（常务）
成　　员：邱建龙　李　刚　颜　骁
　　　　　李雪梅　张洪高　张立梅
　　　　　张安彩　张问银　胡晓丽

领导小组下设办公室，胡晓丽任办公室主任。

（三）临沂大学研究生考试保密工作领导小组
组　　长：张书圣
副组长：邱建龙
成　　员：颜　骁　姜秀全　马彦明
　　　　　高立晟　李雪梅　张洪高
　　　　　张立梅　张安彩　张问银

（四）临沂大学研究生招生突发偶发事件应急处置工作领导小组
组　　长：张立富
副组长：牟海善　颜　骁　邱建龙
成　　员：任庆大　马彦明　高立晟
　　　　　李雪梅　张洪高　张立梅
　　　　　张安彩　张问银　刘　鹏

临沂大学研究生奖助学金评审领导小组

组　　长：张书圣
副组长：邱建龙　高东兴
成　　员：李雪梅　张立梅　张洪高
　　　　　张问银　张安彩　张奎华

临沂大学招生工作领导小组

组　　长：杨　波
副组长：张立富　马凤岗
成　　员：牟海善　任庆大　王统永
　　　　　颜　骁　郑秀文　李　伟
　　　　　高东兴　姜秀全　高立晟
　　　　　姜兆梓　马彦明

招生工作领导小组下设办公室，李伟任办公室主任，高希龙任办公室副主任。

临沂大学创新创业教育工作领导小组

组　　长：杨　波
副组长：马凤岗
成　　员：（按姓氏笔画排序）
　　　　　王忠慧　王统永　牟海善
　　　　　李中国　郑秀文　赵　勇
　　　　　高东兴　姜秀全　傅尊伟
　　　　　彭文修

各二级学院教学副院长

领导小组办公室设在创新创业学院，彭文修兼任办公室主任。

临沂大学大学生征兵工作领导小组和征兵工作站

（一）征兵工作领导小组

组　长：李　喆

副组长：张立富

成　员：牟海善　王统永　郑秀文
　　　　任庆大　颜　骁　李　伟
　　　　高东兴　王忠慧　闫青峰
　　　　张兆伦　王　斌　王宏坤
　　　　刘元兴　蔡相国　王　慧
　　　　谢成才　金光伟　王　钧
　　　　王红坤　朱庆峰　赵小情
　　　　孟　沂　辛　沂　吕维明
　　　　刘春远　李敬华　冯　炀
　　　　颜春晓　何茂华　胡晓平
　　　　许宗刚　张茂坤　李艳斌
　　　　尉海东

（二）征兵工作站

站　长：王统永

成　员：任　芳　闫青峰　张兆伦
　　　　王　斌　王宏坤　刘元兴
　　　　蔡相国　王　慧　谢成才
　　　　金光伟　王　钧　王红坤
　　　　朱庆峰　赵小情　孟　沂
　　　　辛　沂　吕维明　刘春远
　　　　李敬华　冯　炀　颜春晓
　　　　何茂华　胡晓平　许宗刚
　　　　张茂坤　王晓林　李艳斌
　　　　尉海东

临沂大学学生资助管理工作领导小组

组　长：杨　波

副组长：张立富

成　员：牟海善　王统永　王忠慧
　　　　郑秀文　邱建龙　赵　勇
　　　　高东兴　李殿勇　马彦明
　　　　闫青峰　张兆伦　王　斌
　　　　王宏坤　刘元兴　蔡相国
　　　　王　慧　谢成才　金光伟
　　　　王　钧　王红坤　朱庆峰
　　　　赵小情　孟　沂　辛　沂
　　　　吕维明　刘春远　李敬华
　　　　冯　炀　颜春晓　何茂华
　　　　胡晓平　许宗刚　张茂坤
　　　　李艳斌　尉海东

学生资助工作领导小组下设学生资助管理中心，挂靠在学生工作处，组成人员如下。

主　任：任　芳

副主任：李春举

成　员：吕　培　蒋吉才　张　智

临沂大学科技成果转化工作领导小组

组　长：孙常生

成　员：赵　勇　申洪源　李中国
　　　　高东兴　姜秀全　李殿勇

办公室主任：赵　勇

临沂大学外事工作领导小组

组　长：李　喆

副组长：杨　波　池福安

成　员：（按姓氏笔画排序）
　　　　王统永　王忠慧　孔　霞
　　　　申洪源　牟海善　刘恩允
　　　　刘建华　任庆大　张思峰
　　　　李中国　李　伟　邱建龙
　　　　郑秀文　姜兆梓　高东兴
　　　　颜　骁

办公室主任：姜兆梓（兼）

临沂大学采购工作领导小组

组　长：张书圣

成　员：高东兴　姜秀全　郑秀文
　　　　李中国　孙令民　王晓凌
　　　　马彦明　张金宝

采购工作领导小组下设办公室，张金宝兼任办公室主任。

临沂大学国有资产管理领导小组

组　长：张书圣

成　员：牟海善　赵　雍　郑秀文
　　　　李中国　赵　勇　孔　霞
　　　　马彦明　姜秀全　孙令民
　　　　韩维同　高东兴　徐兴余
　　　　高立晟　李云成　张忠年

领导小组办公室设在资产管理处，彭福峰任办公室主任。

临沂大学内部控制建设领导小组

组　长：杨　波
　　　　党委副书记、校长

副组长：张书圣（常务）
　　　　党委委员、副校长（分管财务）
　　　　池福安
　　　　党委委员、副校长（分管审计）

成　员：牟海善　李培苍　王统永
　　　　李彤光　刘恩允　郑秀文
　　　　申洪源　李中国　赵　勇
　　　　孔　霞　李　伟　高东兴
　　　　李殿勇　姜秀全　马彦明
　　　　孙令民　高立晟　李云成
　　　　张忠年　孙建成

领导小组办公室设在财务处，高东兴兼任办公室主任。

临沂大学防汛工作领导小组

组　长：杨　波

副组长：张立富

成　员：牟海善　李　刚　张思峰
　　　　任庆大　刘建华　王统永
　　　　王忠慧　李彤光　史松波
　　　　颜　骁　刘恩允　郑秀文
　　　　赵光怀　邱建龙　申洪源
　　　　李中国　赵　勇　孔　霞
　　　　姜兆梓　李　伟　高东兴
　　　　李殿勇　姜秀全　马彦明
　　　　韩维同　孙令民　徐兴余
　　　　高立晟　彭文修　任世忠
　　　　张根柱　刁玉柱　刁科凤
　　　　李晓东　姚建涛　张立梅
　　　　张洪高　杨　涛　王秀庭
　　　　尹德辉　周忠元　谢　楠
　　　　戴俊潭　魏本权　傅尊伟
　　　　王晓丽　李雪梅　王　振
　　　　孙成通　刘敬权　张安彩
　　　　张问银　付厚利　王　梁

王学斌　吕慎金　隋长虹
谢瑞迎　李云成　张忠年

委员会办公室设在保卫处，颜骁兼任办公室主任。

临沂大学突发公共卫生事件应急处置（传染病防控）领导小组

组　长： 张立富
副组长： 王统永　韩维同　马彦明
成　员： 刘　林　董勤岭　蒲洪发
　　　张　茹　高进峰　张　申
　　　孙建成　李　漠　韩广强
　　　闫青峰　张兆伦　王　斌
　　　王宏坤　刘元兴　黄传国
　　　赵光勇　蔡相国　王　慧
　　　谢成才　金光伟　王　钧
　　　王红坤　朱庆峰　赵小情
　　　孟　沂　辛　沂　吕维明
　　　刘春远　李敬华　冯　炀
　　　颜春晓　尉海东　何茂华
　　　胡晓平　陈怀元

领导小组办公室设在后勤管理处，马彦明兼任办公室主任。

临沂大学档案工作委员会和档案鉴定工作领导小组

（一）临沂大学档案工作委员会

主　任： 池福安
委　员： 牟海善　赵　雍　张思峰
　　　任庆大　刘建华　王统永
　　　王忠慧　李彤光　史松波
　　　颜　骁　刘恩允　郑秀文
　　　赵光怀　傅尊伟　李中国
　　　赵　勇　孔　霞　孟凡胜
　　　李　伟　谢瑞迎　王立斌
　　　李殿勇　姜秀全　孙令民
　　　高东兴　徐兴余　高立晟
　　　刁科凤　任世忠　张根柱

档案工作委员会办公室设在档案馆，任世忠兼任办公室主任。

（二）临沂大学档案鉴定工作领导小组

组　长： 池福安
副组长： 任世忠
成　员： 牟海善　任庆大　郑秀文
　　　李中国　赵　勇　王立斌
　　　徐兴余　颜　骁　王晓真
　　　冉利强

领导小组办公室设在档案馆，任世忠兼任办公室主任。

2020 年度统计公报

临沂大学 2020 年高等教育基层统计报表

类别			2020 年	备注
招生数（人）	五年一贯制前三年		599	
	专科		4961	
	本科		8940	
毕业生数（人）	五年一贯制前三年		2232	
	专科		4322	
	本科		7036	
预计毕业生数（人）	五年一贯制前三年		1555	
	专科		4572	
	本科		7255	
在校生（人）	五年一贯制前三年		3521	
	专科		12 667	
	本科		28 204	
成人招生（人）	专科	函授	2029	
		业余	0	
	本科	函授	9084	
		业余	64	
成人毕业生（人）	专科	函授	3918	
		业余	0	
	本科	函授	3331	
		业余	91	
成人在校生（人）	专科	函授	6453	
		业余	0	
	本科	函授	13 688	
		业余	104	

2020 年度统计公报

(续表)

类别		2020 年	备注
外国留学生（按学历）（人）	毕业生	39（2020 年）	
	在校生	72（共 83）	
	硕士研究生招生	166	
	硕士研究生在校生	211	
教师（人）	教职工	2675	
	专任教师	2117	
教师（人）	博士研究生学位专任教师数	684	
	硕士研究生学位专任教师数	1057	
	正高	290	
	副高	743	
	中级	1197	
	初级	172	
	未定职称	273	
	聘请校外教师	302	
学校产权校舍情（平方米）	一、教学科研及辅助用房	587 200.44	
	其中：专用科研用房	36 435.6	
	二、行政办公用房	51 938.26	
	三、生活用房	436 062.14	
	学生宿舍（公寓）	378 018.71	
	四、教工住宅	0	
	五、其他用房	22 738.33	
	非学校产权建筑面积（平方米）	301 486	
资产情况	占地面积（平方米）	1 333 469.37	

2020 年度统计公报

(续表)

类别			2020 年	备注
资产情况	图书（万）	其中：当年新增	9.072 8	
		合计	483.740 8	
	计算机数（台）	其中：平板电脑	400	
		其中：教学用计算机	13 320	
		合计	15 568	
	教室（间）	其中：网络多媒体教室	457	
		合计	1 118	
资产情况	固定资产总值（万元）	其中：教学、科研仪器设备资产值 其中：当年新增	2 084.07	
		合计	47 632.76	
		其中：信息化设备资产值 其中：软件	3 545.23	
		合计	19 350.21	
信息化建设情况	网络信息点数（个）			
	校园网出口总带宽（Mbps）			
	上网课程数（门）			
	电子邮件系统用户数（个）			
信息化建设情况	管理信息系统数据总量（GB）			
	数字资源量	其中：电子图书（册）	1 536 250	
		电子期刊（册）	55 477	
		学位论文（册）	204 006	
		音视频（个）	424 131	
	信息化培训人次（人次）		735	
	信息化工作人员数（人）		72	
专职辅导员情况	专职辅导员（人）		168	
心理咨询工作人员情况	心理咨询工作人员（人）		9	

供稿：发展规划处

重要文件

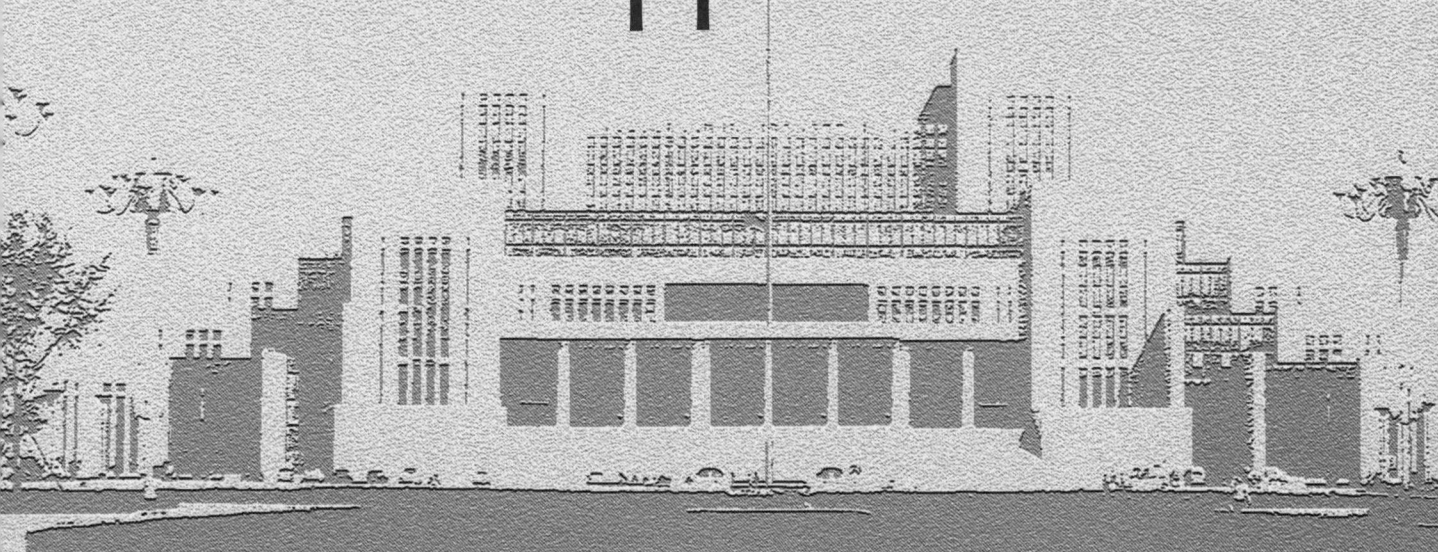

中共临沂大学委员会办公室
关于调整完善学校新冠肺炎疫情处置工作领导小组（指挥部）组织架构的通知

临大办发〔2020〕3号

各院级党委、各管理服务部门党支部：

根据省委、省教育厅关于新冠肺炎疫情防控工作有关通知精神，结合我校实际，经校党委研究，现对学校新冠肺炎疫情防控工作领导小组、指挥部组成人员和各工作组进行调整完善。现将有关情况通知如下。

一、领导小组（指挥部）成员

将我校领导小组、指挥部合并，名称调整为临沂大学新型冠状病毒肺炎疫情处置工作领导小组（指挥部），组成人员调整如下：

组　长（总指挥）：
　　王焕良　杨　波
副组长（副总指挥）：
　　刘占仁　孙常生　张立富
　　张书圣　马凤岗　池福安
　　张洪东
成　员：牟海善　李　刚　张思峰
　　　　任庆大　王统永　史松波
　　　　颜　骁　邱建龙　郑秀文
　　　　孔　霞　高东兴　韩维同
　　　　张国庆　孙成明　马彦明
　　　　姜兆梓　隋长虹

领导小组下设办公室，张立富同志兼任办公室主任，牟海善同志兼任办公室副主任。

二、领导小组工作机构与职责

原领导小组下设的防控指导组、安全保障组、教学管理组、舆情导控宣传组、监督检查组调整为以下10个工作组，分工负责疫情防控相关工作。

（一）综合协调组
组　长：牟海善
成　员：杨洪杰　刘　林　陈江华
　　　　王　玮　何　冰
职　责：负责统筹各工作组协同运转；负责防控会议的承办、服务工作；负责文件制发和信息、文电、机要工作；负责疫情防控信息收集、汇总、分析、报送和发布；负责安排学校防控应急值班；建立和落实各类人员情况每日报告制度；协调落实防控决策部署；负责校内外应急协调和督办落实工作；负责根据领导小组指示，牵头组织教学、学工、人事、保卫、后勤等部门制定开学工作预案；承办领导小组交办的其他工作。

联络员：田　建

（二）党建思政组
组　长：张思峰
成　员：刘建华　解克萌　董勤岭
职　责：做好疫情防控期间党建和思想政治工作，充分发挥基层党组织战斗堡垒和党员先锋模范作用；指导做好学生和教职工的思想稳定工作；承办领导小组交办的其他工作。

联络员：李艳东

（三）疫情防治组
组　长：马彦明
成　员：申洪源　李中国　王　振
　　　　韩广强　吴　涛　张兴林
　　　　尤源波（师苑卫生所）
职　责：组织制定各类人员疫情防治方案；统筹组织协调各单位做好假期间、返校入学以及开学后的疫情防治工作；负责疫情监测、预防与控制；组织开展健康教育，制作和普及预防常识和发热处置流程，制定临床诊断和疑似病例转运预案；负责采购和发放防控医疗设备和药品；负责协调患者医疗救治工作，加强门诊管理，落实预检分诊制度，指导开展发热隔离、医学观察等工作；加强食堂、教学楼、校园绿化等部位人员管理和监测；做好校园环境整治和公共区域消杀工作；加强疫情防控相关科技攻关，推动成果转化运用，助力疫情防控；承办领导小组交办的其他工作。

联络员：董新矫

（四）教学运行组
组　长：郑秀文
成　员：邱建龙　赵光怀　李　伟
　　　　姜兆梓　隋长虹　高进峰
　　　　马晓春
职　责：负责疫情防控期间调整安排教学计划和考试、测试、毕业审核等工作，确保"停课不停教、不停学"；调整安排专升本、艺术类专业、研究生等招生考试；做好实习实训环节的教学组织与管理工作；做好疫情防控期间师生因公出国出境交流的管理服务；承办领导小组交办的其他工作。

联络员：卞青山

（五）学生工作组
组　长：王统永
成　员：邱建龙　隋长虹　任　芳
　　　　冯焕顺
职　责：做好学生（含留学生）信息的全面摸排工作，精确建立健康台账；组织辅导员、班主任等做好学生心理辅导、思想引导和学业指导，特别要加强与湖北等疫情较重地区学生的联系；负责开展疫情防控期间心理咨询服务和危机干预工作，制定心理支持方案；做好毕业班学生的就业网上服务工作；承办领导小组交办的其他工作。

联络员：庞晓东

（六）安全稳定组

组　长：颜　骁

成　员：史松波　赵　勇　孔　霞
　　　　韩维同　徐兴余　姜兆梓
　　　　蒲洪发　张　申　朱凤春
　　　　周建伟

职责：制定疫情防控期间校园管控方案；加强校门管理，严防校外无关车辆、人员进入校园；加强校园巡逻，强化安全隐患排查整治；加强与驻地派出所、社区联防联控，强化人员管理；做实家属区（教授花园）的疫情防控工作；做好外来商家进校的管控工作；做好在职教职工（含外籍教师）及离退休人员信息统计和疫情防控工作；做好图书馆、科技大楼、学生公寓、食堂、实验室等重点区域的安全工作；加强对保安公司、宿舍等部位人员管理和监测；承办领导小组交办的其他工作。

联络员：王宝枝

（七）综合保障组

组　长：姜秀全

成　员：高东兴　孙令民　高立晟
　　　　马彦明　张金宝

职责：负责防控工作经费保障；负责消毒液、洗手液、口罩、温度计等有关保障器材物资的采购和分发；负责校园基本生活保障物资的供应，确保食堂等生活服务场所按需正常开放；负责网络、通信保障，为网络教学提供技术支撑和保障；承办领导小组交办的其他工作。

联络员：张金宝（兼）董新矫

（八）宣传舆情组

组　长：任庆大

成　员：王忠慧　赵长芬　董勤岭
　　　　任　芳

职责：负责疫情防控的宣传工作，弘扬正能量；做好专题网站、微信公众号、微博的信息发布和管理工作；做好相关卫生防控知识的宣传和普及；负责舆情监控，及时上报、妥善应对各类舆情；做好青年志愿者的教育引导与管理服务工作；承办领导小组交办的其他工作。

联络员：王金铭

（九）校区工作组

组　长：张国庆（沂水校区）
　　　　孙成明（费县校区）

成　员：校区班子成员

职责：在学校领导小组（指挥部）的领导下，负责做好校区疫情防控工作，健全完善疫情防控领导体制和防控机制，落实防控责任，排查风险隐患，制定工作预案；加强对教职工、学生的防控教育引导和管理服务工作；及时报告、妥善处置校区疫情防控信息。

联络员：李庆波（沂水校区）
　　　　王昌民（费县校区）

（十）监督问责组

组　长：李　刚　张思峰

成　员：李培苍　赵　雍　申端春
　　　　来　涛

职责：负责组织开展防控工作监督检查；负责监督监察各基层党组织担当作为、发挥作用情况，考察识别干部；负责各项防控措施落实情况的督查督办；负责执纪问责，对疫情防控工作中存在不敢担当、作风漂浮、落实不力、弄虚作假、失职渎职等行为的进行严肃问责；承办领导小组交办的其他工作。

联络员：任永明

三、成立校园应急处置"突击队"

总指挥：张立富

成　员：任庆大　王统永　颜　骁
　　　　马彦明　杨洪杰　蒲洪发
　　　　张　申　刘　鹏　张金庆
　　　　王晓燕　董新矫
　　　　尤源波（师苑卫生所）

联络员：杨洪杰（兼）

职责：在领导小组（指挥部）领导下，根据应急处置有关规定，负责处置可能出现的各种突发情况和问题。

中共临沂大学委员会办公室
2020年2月25日

中共临沂大学委员会 临沂大学
关于印发 2020 年工作要点的通知

临大发〔2020〕3号

各部门、各单位：

现将《中共临沂大学委员会、临沂大学 2020 年工作要点》印发给你们，请结合实际认真组织实施。

中共临沂大学委员会　临沂大学
2020 年 3 月 5 日

中共临沂大学委员会 临沂大学 2020 年工作要点

2020 年是全面建成小康社会、实现第一个百年奋斗目标的决胜之年，是"十三五"规划收官之年，也是省委确定的"重点工作攻坚年"。学校工作的总体要求是：高举中国特色社会主义伟大旗帜，以习近平新时代中国特色社会主义思想为指导，深入贯彻党的十九大和十九届二中、三中、四中全会精神，全面落实习近平关于教育的重要论述和全国全省教育大会精神，巩固"不忘初心、牢记使命"主题教育成果，按照"走在前列、全面开创"的目标要求，坚持稳中求进工作总基调，统筹推进新冠肺炎疫情防控和事业改革发展，加强党对教育工作的全面领导，落实立德树人根本任务，突出学科、专业和人才队伍三大重点，统筹调结构、强特色、提质量、促改革、保稳定五大战略，持续推进"五个一流"建设，实施六大攻坚工程，推进学校治理体系和治理能力现代化，加快高质量内涵式发展步伐，全面完成"十三五"规划目标，科学编制"十四五"发展战略规划，努力建设全国知名区域特色鲜明的创新创业型大学。

一、坚决打赢疫情防控阻击战，统筹推进事业改革发展

1. 抓紧抓实抓细各项防控工作。提高政治站位，深入学习习近平总书记关于疫情防控工作的重要讲话和指示批示精神，切实把思想行动统一到中央决策部署和省委要求上来。强化防控责任落实，压实领导责任、组织责任、岗位责任和个人责任，充分发挥党员领导干部示范引领作用，让党旗高高飘扬。以"战时"状态的要求，全面排查整改风险隐患，完善各类应急处置预案，切实把疫情防控工作抓紧抓实抓细，坚决阻断疫情向学校传播蔓延，坚决打赢疫情防控阻击战。

2. 统筹推进事业改革发展。深刻领会"打赢疫情防控人民战争、总体战、阻击战"这一主题，上好思政"第一课"，加强学生爱国主义教育、理想信念教育、生命教育、科学教育、道德教育和心理健康教育。统筹教育教学安排，强化网上教育教学平台建设，创新教育教学方式方法，提高教育信息化水平。着眼当前谋长远，坚持抓防控、谋发展"两不误、两促进""两手抓、两手硬"的原则，找准着力点结合点切入点，按照重点工作、常规工作和创新项目三个层次，统筹推进事业发展重点任务，圆满完成全年既定的目标任务。

3. 科学编制学校"十四五"发展战略规划。启动学校"十四五"规划编制工作，全面总结学校"十三五"规划完成情况，认真分析研判高等教育发展趋势和地方综合性大学发展定位，结合学校自身发展的历史方位和办学实际，围绕关键领域，深入调查研究，借力专家团队，凝聚各方共识，提出"十四五"发展目标、工作思路和重点任务，做好学校"十四五"总体规划和专项规划的编制工作。

二、实施"特色品牌创建"攻坚工程，不断提升学校党建工作质量

4. 巩固深化"不忘初心、牢记使命"主题教育成果。坚持把学习习近平新时代中国特色社会主义思想作为首要政治任务，深入学习党的十九大和十九届二中、三中、四中全会精神，将其纳入党委理论中心组学习，列入干部教育培训必修课程，作为学校思想政治教育和课堂教学重要内容，做好"学习强国"平台的推广使用，推动学习教育往深里走、往心里走、往实里走。坚持把"不忘初心、牢记使命"作为加强党的建设的永恒课题和全体党员、干部的终身课题，坚定不移用"四个意识"导航、用"四个自信"强基、用"两个维护"铸魂。建立落实"不忘初心、牢记使命"制度的具体措施，持续抓好主题教育整改任务落实，适时开展整改落实情况"回头看"，确保整改落实到位。

5. 打造宣传思想工作特色优势。坚持"内聚人心、外树形象"，围绕学校中心工作加强新闻宣传，积极选树办学治校、教书育人的先进典型，营造干事创业的浓厚氛围。将抗大精神与沂蒙精神融入思政教育体系，打造传承红色基因的特色

品牌项目。加强沂蒙文化研究院建设，争取获批教育部人文社科基地。推进校史馆、马克思主义学院学术展示馆建设，强化红色馆、溯园等场馆的思政教育功能，承办好全省思政教师社会实践研修班。加强学生思想政治教育工作，推进红色文化学院、红色班级建设，加强"易班"网络思想政治教育工作。

6. 筑牢意识形态工作坚强阵地。贯彻落实《关于加强高校意识形态工作体系建设的实施意见》，按照学校《落实党委意识形态工作责任制实施办法》，开展意识形态校内巡察，健全问责追责制度。扎实做好抵御宗教渗透和防范校园传教，有针对性做好少数民族学生思想政治工作。加强互联网信息管理，健全舆情会商和风险防控机制，做好网络舆情预判、监测和处置，正确引导网络舆论。

7. 打造基层党建示范典型。拓展"党建＋"工作模式，将抗大精神、沂蒙精神与党建工作有机融合，推动党建工作与教学、科研、管理、服务有机统一。增强基层组织政治功能和组织力，扎实推进基层党组织"对标争先"建设，培育建设全国、全省党建工作标杆院（系）、样板支部，推动基层党组织全面进步、全面过硬。落实教师党支部书记"双带头人"工程，力争达到100%；配齐配强专职组织员。

8. 建设高素质干部队伍。注重在疫情防控等重大任务、应对重大事件中考察和识别干部，树立重实干重实绩的鲜明用人导向。推进干部制度改革，优化知识、年龄结构，配齐配强中层干部。继续实施青年学者校内管理岗位挂职计划，发展年轻优秀干部发现培养和选拔使用机制，优化干部队伍梯队。完善干部日常管理监督体系，改进干部考核评价办法，激励干部担当作为、

干事创业，营造风清气正的政治生态。强化干部培训，举办党的十九届四中全会精神中层副职培训班，开展全校党支部书记轮训，分批分类组织开展中层干部培训工作，提升干部素质能力。

9. 驰而不息推进全面从严治党。召开全面从严治党专题会议，推进落实"两个责任"。完善全面从严治党"四责协同"机制，以整治形式主义、官僚主义为重点，更加精准有力纠治"四风"，让中央八项规定精神落地生根。规范校内巡察机制，深化校内巡察，适时开展巡察"回头看"，综合运用巡视巡察结果，充分发挥巡察的政治监督作用。支持纪委履行监督责任，深化纪检监察体制改革，推动更深层次、更高水平的"三转"。总结日常监督、专项监督成果，深化制度建设，提升运用监督执纪"四种形态"特别是"第一种形态"，使监督执纪问责实践及时转化为治理效能。一体推进不敢腐、不能腐、不想腐，进一步巩固和发展反腐败斗争压倒性胜利。

10. 提升统战、老干部和群团工作水平。落实《关于加强新时代高校党外知识分子工作的意见》，加强中青年党外后备干部队伍梯队建设，加强民族宗教、海外统战等工作。发挥关工委作用，助力学校人才培养工作。发挥教代会、工代会、团代会、学代会、妇委会以及离退休同志等在保障师生权益、推进学校建设中的重要作用。

三、实施"三全育人育全人"攻坚工程，不断提升人才培养质量

11. 优化"三全育人育全人"体系。落实学校党委三全育人工作会议精神，完善"三全育人"和"五育并举"培养体系。强化思政课程建设，推进第一课堂与第二课堂深度融合，提升思政课的针对性、时

代感和吸引力。加强专职思政队伍建设，确保专职思政课教师师生比达到1∶350。大力推进课程思政，构建"三全育人"新机制，每个专业打造3～5门课程思政示范课，提升专业育人水平。加强辅导员队伍建设，确保师生比达到1∶200；落实辅导员绩效考核与绩效工资。

12. 强化课程与教学质量建设。落实山东省一流本科课程建设计划，实施校级一流本科课程建设计划。着力打造优质专业核心课程，全校课程总数在4000门以上，其中，入围国家一流课程建设项目3～5项、省级一流课程建设项目10～20项。获批省级以上教学质量与改革项目40项，积极培育国家级、省级教学成果奖项目。强化本科课程评估工作，优化教学评价体系，加强主要教学环节质量监控，遴选打造一批"金课"。争取参与全省产教融合发展联盟建设，共建共享一批"双师型"师资、优质课程和实习实训资源。

13. 深化教育教学改革。主动对接招生改革政策，构建与高考改革相适应的招生宣传与招生录取体系。深化学分制改革，严格毕业出口考核。深化创新创业教育改革，以大学生学科竞赛为抓手，提升学生创新创业能力。完善研究生培养制度体系，强化研究生课程和导师队伍建设，不断提高研究生创新能力。加大继续教育网络课程资源和学习平台建设，提升办学质量，扩大办学规模。

14. 强化学生教育服务保障工作。实施学风建设"党委书记一把手工程"，以提高考研率、升本率和出国留学率为重要抓手，强化教风和学风建设。加强学生管理网络服务平台建设，完善学生资助体系及制度建设，毕业生初次就业率稳定在90%以上。深化国防教育特色

建设，做好应征入伍宣传服务工作。

四、实施"一流学科和专业"攻坚工程，不断提升核心竞争力

15. 强化一流学科建设。强化学科建设工作的"龙头"地位，构建校、院两级重点学科建设体系。提高化学、工程学、数学等ESI学科水平，培育建设1～2个山东省一流学科。加快推进学位点建设工作，力争新增5个硕士学位授予点，培育建设博士点。根据学校党委确定的"七个一"特色优势学科团队建设规划，按照国家级、省部级、校级三个层次强化学科团队建设，新增省部级及以上科研创新平台2个。提升科研创新能力，获批国家自然科学基金项目30项、省部级科研项目60项、国际合作研究项目2项、省部级以上科研奖励3项，自然科学类科研经费达到6500万元；获批国家社科基金项目10项、省部级科研项目45项、省社科优秀成果奖10项以上，人文社科类科研经费达到1000万元。

16. 强化一流专业建设。加大专业结构调整优化力度，完善专业建设预警和淘汰机制，本科专业逐步稳定在80个左右，制定实施专科专业优化调整方案。强化特色优势专业建设，推进专业认证工作，新增3个国家级和7个省级一流专业建设点。推进新工科、新医科、新农科、新文科专业建设，强化校企合作专业建设，力争入选一批省示范性产教融合"四新学院"。

17. 强化一流师资队伍建设。制定人才队伍建设中长期规划和年度计划，围绕特色优势学科和专业建设，大力引进首席专家、科学家和高水平博士，不断提高专任教师博士比。强化团队建设，完善创新团队遴选建设和激励制度体系，加大新进人才的融入和整合力度，打造一批高水平创新团队。实施校级教学名师和教学团队培育计划，重点培育2～3个省级以上教学名师及教学团队。强化师德师风建设，落实山东省教育厅印发的《2020年加强师德师风建设十大行动计划》，完善教师奖励和荣誉体系，建立师德考核负面清单制度，严格师德师风、教学管理与教学事故"一票否决制"。

五、实施"开放办学"攻坚工程，不断提升办学活力

18. 扎实推进城校融合发展。积极争取省市支持，推进实施省市共建临沂大学，建立健全城校融合发展协调运行机制。推进临沂发展研究院建设，全面融入服务地方创新发展。推动校企共建研发机构3～5个，启动校地高端人才共享工程等项目。修订科技成果转化管理办法，推动专利转化等科技成果转移转化，服务政府部门决策咨询。加强科技成果交易平台建设，推进大学科技园建设。加大对3个科技扶贫乡镇的扶持力度。紧密结合地方需求，打造高端培训品牌，更好服务地方新旧动能转换。

19. 扎实推进国际合作办学。全面推进国际化办学"六大计划"，优化激励机制，强化学院主体责任，鼓励各学院与国外高水平同类院校建立密切合作交流关系，推进中外合作研究生、本科生联合培养项目建设，新增一批学分互认国（境）外院校。推进中法商学院合作机构、中俄语言文化中心建设。办好孔子学院和世宗学堂，打造先进品牌。稳步增加师生公费与自费出国数量，扩大来校留学生规模。

20. 扎实做好理事会和校友工作。创新理事会运行方式，提升理事会运行质量。完善学校教育发展基金会配套激励机制，争取现金及物资捐赠1500万元以上。强化校友工作，设立校友工作办公室，成立临沂大学校友总会，成立一批区域、行业校友分会或校友联络处。启动80周年校庆筹备工作，组织开展"知校、爱校、荣校、兴校"主题教育活动。

六、实施"优化内部治理"攻坚工程，不断提升治理能力和治理水平

21. 深化管理体制机制改革。修订《临沂大学章程》，改革内部机构设置，梳理制定部门、岗位职责清单和负面清单，全面推进制度"废改立"工作，构建符合实际、独具特色、系统完备、运转高效的内部治理体系。深化"放管服"改革，明确校院权责边界，推进管理重心下移，激发内生发展动力。推进制度创新、机制优化和流程再造，以师生为中心简化办事流程，畅通网上渠道，实行"首接负责制"，实现"一次办好"，提高办事效率和服务水平。

22. 深化人事制度改革。深化岗位管理制度改革，一体推进管理服务岗位和专业技术岗位聘用改革，优化现行岗位管理制度，构建岗位分类管理体系。利用省事业单位公开招聘放权试点单位政策，对接省市需求，大力招才引智，坚持"一事一议、一人一策"，构建开放包容、灵活高效、务实管用的人才政策体系。完善人才激励机制，加大对高层次人才的支持力度。完成校聘教授特殊岗位考核，开展专业技术岗位第二聘期考核和第三聘期竞聘上岗，优化论文、专利等岗位聘任前置条件，树立正确的人才评价导向，完善"能上能下、动态调整"的岗位评聘机制。结合第三聘期专业技术岗位竞岗工作，扎实推进定编定岗工作，促进校内人员合理流动。

23. 深化绩效考核与分配改革。对标《山东省本科高校分类考核实施方案》，修订完善学校中层单位和领导班子考核体系，引导各学院（校区）创新发展、分类发展、特色发展，全面提高学校核心竞争力。深化绩效分配制度改革，优化绩效分配管理办法，完善校院两级分配机制，加大对学院创收的奖励力度，赋予学院更多分配自主权。

七、实施"增收提效"攻坚工程，不断提升综合保障服务水平

24. 多渠道增加办学收入。出台《关于推进财务增收节支的办法》，规范创收支出管理制度，优化政策激励，积极争取上级各类专项资金支持，力争完成12亿元预算收入目标，其中社会经费4.5亿元。不断改善办学条件，不断增加教职工收入。完善科研经费管理等相关制度，稳步推进学分制收费管理，争取部分专业学费自主定价试点。争取政府项目和资金支持，完善中央绿地通道等校园配套设施。牢固树立过"紧日子"思想，按照"压、控、保"原则，日常公用经费定额标准一律压减10%。

25. 全方位提升服务保障效能。加强预算管理，建立分级预算管理体系，提高资金使用效益。开展国有资产管理绩效评价，加强关键节点控制，完善大型仪器设备资源开放共享机制。加强设备周转库建设，用活用好网上商城，灵活运用预采购政策，提高科研设备采购效率。推进智慧后勤建设，以合同节水项目为切入点，加强耗能监管和整治力度。健全内部控制审计等管理制度，完善内控体系建设。推进实验实训大楼建设。协调推进大学片区中小学建设。

26. 系统化提高信息化水平。制定实施智慧化校园建设方案，优化学校信息化建设顶层设计，为制度创新和流程再造提供有力支撑。对标国家教育信息化发展战略，提升教育信息化水平。完善网上办事大厅建设，优化提升教学和学生管理、财务报销、招标采购、档案管理、图书管理等信息化管理水平，推进信息资源整合共享。

27. 立体化加强安全保障工作。优化安全工作体制机制，织密筑牢校园"大安全"网络。严格保密管理，开展经常性保密检查，加强对涉密人员、涉密载体、涉密网络和计算机的管理，抓好网络安全管理。完善校园安全立体化防控体系，强化校园安全监管工作，提高安全检查专业化程度，做好实验室、宿舍、网络、食堂等重点领域的安全隐患排查整改。

附件

2020年学校主要事业发展指标

分类	序号	指标项目		2020年指标	负责单位
师资队伍	1	人才引进（培养）	新增高水平人才（人）	5	人事处
	2		引进高水平博士（人）	70	人事处
	3	专任教师博士比		35%	人事处
	4	外派教师和管理干部国内外培训及挂职锻炼（人次）		200（其中国外培训、访学45人次）	人事处、组织部、教务处、国际交流与合作处
	5	工科专业"双师双能型"教师比例		40%	人事处、教务处
人才培养	6	省级及以上教学质量与教学改革项目（其中：国家级）（项）		40（3）	教务处、研究生工作处
	7	新增高水平专业数（其中：国家级）		10（3）	教务处
	8	新增创新创业教育通识课程（门）		30	创新创业学院、教务处
	9	新聘行业企业兼职创业导师（人）		外聘40；校内培养50	创新创业学院
	10	省级创新创业示范项目（个）		1	创新创业学院
	11	省级及以上大学生学科竞赛等获奖学生（人）		100	教务处、团委、创新创业学院
	12	省级及以上大学生创新创业训练计划项目（其中：国家级）（项）		120（60）	创新创业学院
	13	招收留学生（其中：学历留学生）（人）		200（60）	国际交流与合作处
	14	出国留学访学3个月以上学生（人）		180	国际交流与合作处
	15	初次就业率（9月1日）		90%以上	学生工作部（处）

(续表)

分类	序号	指标项目		2020年指标	负责单位
人才培养	16	应届毕业生深造率（升学、留学）		20%以上	学生工作部（处）、教务处、国际交流与合作处
学科建设与科学研究	17	新增硕士授权点（个）		5	研究生工作处（学科建设办公室）
	18	新增省部级及以上科研创新平台（个）		2	科学技术处 社会科学处
	19	省部级及以上科研立项（其中：国家级）（项）	科技类	90（30）	科学技术处
	20		社科类	55（10）	社会科学处
	21	科研经费（万元）	科技类	6500	科学技术处
	22		社科类	1000	社会科学处
	23	省部级以上科研奖励（项）	科技类	3	科学技术处
	24		社科类	10	社会科学处
	25	自然科学类高水平论文（篇）		600	科学技术处
	26	社会科学类高水平论文（篇）		60	社会科学处
学科建设与科学研究	27	出版专著（译著、编著、教学用书不计入内）（部）		35	社会科学处、科学技术处
	28	授权发明专利、PCT专利转化（项）		5	社会服务处
	29	新增国际合作研究项目（项）		2	科学技术处、社会科学处、国际交流与合作处
	30	技术开发、技术转让、技术咨询、技术服和技术培训等实际到账经费（万元）		1000	社会服务处
	31	进入政府决策咨询建议服务项目（项）		15	社会服务处
办学资源与效益	32	总收入（亿元）		12	财务处
	33	到账社会经费（亿元）		4.5	财务处
	34	吸纳社会现金、实物捐助（万元）		1500	社会服务处
	35	新增中外合作办学项目（项）		2	国际交流与合作处、教务处
	36	改革经验推广情况（次）		20	宣传部
	37	新增教学科研仪器设备值（万元）		1500	资产管理处、教务处、科学技术处、财务处

注：

1. 新增高水平人才：是指两院院士、长江学者特聘教授、国家杰出青年自然科学基金获得者、国家"特支计划"专家和省泰山学者工程专家、泰山产业领军人才工程专家、齐鲁文化名家工程专家、山东省有突出贡献的中青年专家等高水平人才数。

2. 省级及以上教学质量与教学改革项目：是指本科和研究生两个层次，含一流课程建设项目、教学名师、教学团队、教材立项建设项目、虚拟仿真实验教学项目等。

3. 新增高水平专业数：是指国家和省一流专业建设点、通过国际实质等效认证和教育部第二级认证的专业等高水平专业数量。

4. 省级及以上大学生学科竞赛等获奖学生：是指参加列入中国高等教育学会公布的普通高校学科竞赛排行榜（2015—2019）和"中国研究生创新实践系列大赛"的竞赛，获得国家级(全国性)决赛三等奖(铜奖)以上学生；以及参加大学生科技创新大赛，获得省级三等奖以上学生。

5. 改革经验推广情况：是指学校改革经验被省、国家有关部门以现场会、大会发言、简报等形式推广次数，以及被省内、国家级（或省外）媒体（报纸、杂志、网站、微博和微信客户端，同一事项被同一媒体的纸媒和电子媒体报道按一篇计算）宣传报道篇数。

中共临沂大学委员会办公室
2020年3月6日

中共临沂大学委员会
关于深入开展"解放思想、改革创新"大讨论的通知

临大发〔2020〕7号

各党委、机关党委各支部：

4月24日，省委书记刘家义在我省高等教育高质量发展座谈会上作了重要讲话，吹响了我省高等教育改革开放、创新发展的冲锋号。为全面贯彻落实座谈会精神，切实推动高等教育高质量发展，根据《中共山东省委教育工委 山东省教育厅关于认真学习贯彻全省高等教育高质量发展座谈会精神的通知》（鲁教工委函〔2020〕12号）要求，学校党委决定在全校深入开展"解放思想、改革创新"大讨论，现将有关事项通知如下。

一、总体要求

以习近平新时代中国特色社会主义思想为指导，贯彻落实省委"重点工作攻坚年"动员大会、全省高等教育高质量发展座谈会精神，结合省委关于加快高等教育高质量发展的有关部署要求，深入开展"解放思想、改革创新"大讨论，坚持问题导向，明确发展目标、改革路径和具体举措，聚焦突出学校优势特色，提出高质量发展的创新举措，推动思想再解放、改革再深入、工作再落实，全面开创全国知名区域特色鲜明的创新创业型大学建设的新局面。

二、活动安排

（一）时间安排：2020年5月8日至5月15日。

（二）参加人员：学校党委成员，全校中层正副职、党支部书记、教研室主任。

三、讨论内容

（一）围绕"分类建设问题"，深入讨论学校学科专业建设存在的问题，立足学校发展方位，进一步明确学科专业建设的总体思路、主攻方向和建设目标，进一步优化学科专业布局，凝练特色，争创一流，力争进入全省"双高"行列。

（二）围绕"加大投入和绩效管理问题"，深入讨论学校增收提效、绩效考核等方面存在的问题，主动适应我省高等教育拨款改革方向，进一步深化校内经费划拨和绩效分配改革，探索完善校院两级分配机制，优化对学院创收的激励机制，大幅提高自筹经费和争取竞争性经费能力。

（三）围绕"深化产学研融合问题"，深入讨论学校教学、科研政策导向和激励方面存在的问题，紧紧围绕国家、山东省和临沂市重大战略需求，进一步优化教学、科研奖励政策，探索加大科教融合、产教融合的创新举措，扩大校企合作办学，强化应用型学科建设，扎根沂蒙大地办学，主动融入临沂、依靠临沂、服务临沂，服务全省新旧动能转换，不断提高社会贡献率。

（四）围绕"加强教师队伍建设管理问题"，深入讨论学校人才队伍建设管理方面存在的问题，探索超常规培养和引进高层次人才、加快推进教师成长、深化去行政化改革、加大教师交流常态化制度化的有效举措，构建开放包容、灵活高效、务实管用的人才政策体系。

（五）围绕"加强和改善党对高校的全面领导"，深入讨论学校党的建设方面存在的问题，聚焦为党育人、为国育才，探索如何把党建和思想政治工作融入立德树人全过程，突出政治标准，加强各级领导班子建设，守牢意识形态主阵地，充分发挥基层党组织和党员作用，加快完善内部治理结构，用制度管人管事管权，构建符合实际、独具特色、系统完备、运转高效的内部治理体系。

四、方法措施

（一）开展学习讨论。各部门、单位要结合实际，认真制订学习计划，采取中心组理论学习、教职工政治学习、座谈会、研讨会等多种形式进行学习，各级领导干部要边学习边宣讲，组织开展专题交流研讨活动。

（二）深入查摆问题。各部门、单位要结合大讨论活动，认真查找、梳理制约学校和自身高质量发展的问题与短板，形成问题清单，理清问题根源，并提出改进的意见建议。问题清单请于5月14日前报党委办公室秘书科，邮箱：msk@lyu.edu.cn。

（三）推动成果转化。要聚焦制约高质量发展的核心问题和关键环节，制定推动高质量发展的新思路新举措，出台为改革创新提供依据和保障的制度，突破高质量发展项目，形成求真务实、真抓实干的浓厚氛围。

（四）强化组织领导。各部门、单位党政主要负责同志要靠上抓，加强组织领导，研究和调度各项工作进展，以本次大讨论为契机，切实推动高质量发展。各部门、单位学习讨论情况要及时报宣传部。组织部要对各单位学习讨论情况随时进行督导检查。

附件：制约高等教育高质量发展的问题清单（略）

中共临沂大学委员会
关于进一步完善会议制度提高会议质量的意见

临大发〔2020〕4号

各部门、各单位：

为贯彻落实中央八项规定精神，进一步改进作风，切实精简会议，提高会议质量，根据上级有关文件精神，结合工作实际，现就进一步完善会议制度、提高会议质量提出如下意见。

一、完善重要议事决策会议制度

（一）建立党委书记、校长定期沟通制度。党委书记和校长要相互尊重、相互支持，坚持经常沟通、及时沟通、诚恳沟通、充分沟通，重要工作随时沟通。日常工作中，党委书记和校长一般在每周一或周五上午上班后，就周工作安排做好沟通，根据需要，可请分管党委办公室（校长办公室）（以下简称办公室）工作的校领导和办公室主任参加。在党委会、校长办公会召开前，党委书记和校长要就会议重要决策事项做好沟通，做到准备不到位不研究、沟通不充分不上会、意见不一致不决策。

（二）建立周工作安排例会制度。一般每周一上午10:00—11:00召开周工作安排例会，对本周主要工作、重要会议、外事活动和校领导主要活动作出安排。例会一般由书记或校长主持，全体校领导和办公室主任参加，办公室有关工作人员列席。办公室要在上周日之前征求各位校领导和主要党政工作部门的意见，提出本周主要工作安排建议，会上由办公室主任汇报，与会校领导讨论完善后，形成安排意见，及时下发执行。

（三）建立重要会议定期安排制度。党委会、校长办公会和党委中心组学习一般安排在周四上午8:30—11:30召开。党委会一般隔周召开1次，特殊情况可随时安排。涉及"三重一大"、干部调整、干部处分和组织处理等事项，要先召开书记专题会，形成一致意见。校长办公会一般每周召开1次，特殊情况可随时安排。党委理论中心组学习一般隔周安排1次。根据议题内容，党委会和校长办公会可以分段先后进行，也可以合并召开。党委中心组学习同党委会或校长办公会可分段先后安排。

二、完善重要工作调度推进会议制度

（一）建立月工作调度会制度。一般在每月月底，安排召开1次重要工作调度会，全体校领导参加，办公室、组织部、纪委（监察专员办公室）、发展规划处等部门负责同志列席会议。会议一般由校长主持，每位校领导简要总结本月重点工作落实情况，提出下月重点工作计划。党委书记综合点评，并汇总大家意见，确定下月重点工作项目，明确责任分工抓好落实。

（二）建立重点工作推进会制度。根据全年工作计划，一般每学期安排召开2次重点工作推进会。参加人员范围：校党政领导，各部门、各单位、各学院（校区）主要负责同志。会议由校党委书记主持，每次可安排3名学院（校区）和3名部门（单位）负责同志发言，交流重点工作推进落实情况，班子成员做个别点评，校长做综合点评，最后由党委书记简要总结并就进一步推进重要工作落实提出要求。

（三）建立重点工作研讨会制度。每学期期末分别安排1次重点工作研讨会，全体校领导参加，办公室主任和发展规划处处长列席。会议由党委书记主持。每位校领导简要总结本学期重点工作推进落实情况，科学研判分析形势任务，提出暑期（寒假）和下学期（下半年或下一年）重点工作安排建议；校长综合大家意见，提出重点工作安排计划，经会议讨论形成意见，明确责任分工，安排部署落实。

三、规范重要专题会议和例行会议安排

（一）党委扩大会。每年年底安排召开校党委扩大会，由党委书记报告工作，总结全年工作，分析研判形势任务，提出新一年工作建议。

责任单位：党委办公室牵头，相关部门、单位配合。

（二）党委班子民主生活会。每年年底安排召开校党委班子民主生活会，党委班子和班子成员认真查摆剖析问题，深入开展批评和自我批评。按照上级要求，安排召开专题民主生活会。

责任单位：纪委、组织部牵头，党委办公室及相关部门、单位配合。

（三）党委（成员）履行全面从严治党责任述职会议。每年年底或次年年初安排召开。

责任单位：组织部牵头，党委办公室、纪委、监察专员办公室（合署）等配合。

（四）基层党组织书记述职（述廉）会议。每年年底或次年年初安排召开。

责任单位：组织部牵头，纪委、监察专员办公室（合署）综合处等配合。

（五）教代会（工代会）。每年开学前一周安排召开。

责任单位：工会牵头，办公室等相关部门、单位配合。

（六）全面从严治党专题会议。每年开学初安排召开。

责任单位：党委办公室，纪委、监察专员办公室（合署）综合处牵头，组织部、宣传部等配合。

（七）学生工作总结表彰会议。每年年底或次年年初安排召开。

责任单位：学生工作部（处）牵头，相关部门、单位配合。

（八）教学工作会议。每年5月安排召开。

责任单位：教务处牵头，相关部门、单位配合。

（九）平安校园建设总结表彰会议。每年开学初安排召开。

责任单位：保卫处牵头，相关部门、单位配合。

（十）庆祝"七·一"表彰会议。"七·一"前夕安排召开。

责任单位：组织部牵头，相关部门、单位配合。

（十一）庆祝教师节表彰会议。教师节前夕安排召开。

责任单位：人事处牵头，相关部门、单位配合。

（十二）老干部会议。重阳节前夕安排召开。

责任单位：离退休人员工作处牵头，相关部门、单位配合。

（十三）新生开学典礼暨军训动员大会。每年9月新生开学后安排召开。

责任单位：学生工作部（处）、教务处牵头，相关部门、单位配合。

（十四）学生毕业典礼暨学位授予大会。每年6月毕业生离校前安排召开。

责任单位：教务处牵头，学生工作部（处）、团委和相关部门、单位配合。

（十五）其他专题工作会议。按上级要求适时召开党代会、团代会（学代会）。根据工作需要安排召开党建工作会议、"三全育人"工作会议、科研工作会议、人才工作会议等。

四、严格会议组织管理

（一）提前精心谋划和筹备。落实中央八项规定精神和省委关于精简会议的要求，严格会议审批制度，会议一般应提前1～2周报学校办公室，由学校办公室统筹安排，能合并的合并，能不开的不开，严格控制会议数量和规模，提高会议效率和质量。

（二）高质量撰写会议材料。提交党委会、校长办公会的议题，会前要形成专门材料，一般包括议题申报表和议题汇报材料等，议题汇报材料要提出倾向性意见建议供领导决策。工作调度推进会，责任部门要起草会议报告，总结成绩，分析形势，作出部署安排。专题和例行会议，主管部门要起草会议领导讲话，讲话稿不宜过长，提倡说短话、开短会。主管校领导要对会议材料进行指导把关。会议相关材料一般应提前报办公室审核。

（三）会前充分调研和沟通。对拟研究讨论的重要事项，议题相关单位应深入开展调查研究，充分听取各方面意见，必要时要进行专家论证、合法合规性审查和风险评估。集体决定重大事项前，党委书记、校长和有关领导班子成员要个别酝酿、充分沟通，具体执行党委会、校长办公会议事规则。

（四）做好会议组织并抓好督促落实。校级重要会议的组织一般由学校办公室牵头，相关部门配合；专题会议一般由主管部门牵头组织，办公室协助落实。会议决策事项，主管领导、相关部门和单位要抓好落实，办公室要跟踪督查督办。

（五）严肃会议纪律。参会人员要严格按照会议通知要求参加会议，如因特殊情况不能按时参加，须提前按规定请假。会议期间须将通信工具置于无声状态，不得接听电话或擅离会场处理与会议无关的事务。严格执行会议保密和回避制度等会议制度。

中共临沂大学委员会
2020年3月5日

临沂大学校长办公室印发《临沂大学关于制定硕士研究生培养方案的指导意见》等文件的通知

临大校办发〔2020〕3号

各部门、各单位：

《临沂大学关于制定硕士研究生培养方案的指导意见》《临沂大学研究生中期考核与筛选实施办法（试行）》《临沂大学硕士学位授予工作实施细则（试行）》《临沂大学研究生指导教师遴选及管理办法（试行）》《临沂大学专业学位研究生专业实践工作实施办法（试行）》《临沂大学专业学位研究生实践基地建设与管理办法（试行）》已经学校教学指导委员会、学位评定委员会审议通过，现印发给你们，请结合实际贯彻执行。

临沂大学校长办公室
2020年4月16日

临沂大学关于制定硕士研究生培养方案的指导意见

为进一步规范研究生教育管理，提升教育质量，推动内涵发展，根据《中华人民共和国高等教育法》《中华人民共和国学位条例》《中华人民共和国学位条例暂行实施办法》等有关法律、法规和规定，结合学校实际，现就研究生培养方案制定工作提出如下意见。

一、指导思想

以习近平新时代中国特色社会主义思想为指导，全面贯彻党的教育方针，以立德树人作为研究生培养的根本任务，按照国家科技发展规划和经济建设对高层次人才知识结构、能力结构和综合素质的要求，科学设计和制定研究生培养方案，构建适应面宽、针对性强、培养模式各具特色、培养体系完备的研究生人才培养方案，培养具有创新意识、创新精神、创新能力、创业能力和实践能力的高层次人才。

二、基本思路

立足研究生教育基本活动，强调学科自主，创新培养模式；明确培养目标，优化课程体系与培养环节；保证资源配置，落实主体职责；强化培养全过程的监控与自我评估，保障培养质量；建立学位授权点内涵发展、自主保证和持续提升教育质量的运行机制。

三、基本原则

（一）坚持高质量人才培养

各学科、专业应当吸收、借鉴国内外先进的研究生培养经验和管理模式，完善和规范研究生培养过程。

（二）坚持分类、分层精准培养

学术学位研究生与专业学位研究生按培养目标分类培养，前者注重科研创新能力的培养，后者注重与职业发展衔接的实践应用能力的培养。

（三）坚持学科交叉培养

积极推动多学科交叉联合培养，拓宽研究生学术视野，激发创新思维，在课程体系建设、过程培养、导师指导等方面充分利用学科交叉的综合优势。

四、基本内容

培养方案内容包括学位类别、培养层次（类型）、培养目标和基本要求、研究方向、基本修业年限(学制)、课程设置与学分要求、培养方式、培养过程环节管理、毕业和授予学位标准等。各学科的培养方案要参照国务院学位委员会学科评议组编写的《一级学科博士、硕士学位基本要求》。专业学位研究生培养方案以教育部《关于做好全日制硕士专业学位研究生培养工作的若干意见（教研〔2009〕1号）》为指导，以国务院学位委员会审议通过的专业学位设置方案和各专业学位全国教育指导委员会制定的指导性培养方案为依据，按专业类别或专业领域制定。

（一）学位类别和培养层次（类型）

学位类别分学术学位和专业学位两种，其中，学术学位按一级学科制定培养方案、专业学位按类别（领域）制定培养方案。培养方案制定的研究方向或专业学位类别（领域）与硕士研究生招生专业目录中的招生方向一致。

（二）培养目标和基本要求

培养坚持马克思主义、毛泽东思想、邓小平理论、"三个代表"重要思想、科学发展观和习近平新时代中国特色社会主义思想，拥护中国共产党的领导，德智体美劳全面发展，适应经济社会发展需要的复合型高层次专业人才。各学位授权点根据自身实际与特点，确定个性鲜明、各具特色的培养目标，并围绕培养目标，在品德素质、知识结构、基本能力等方面制定更为明确、详细的基本要求。具体要求如下：

1. 热爱祖国，遵纪守法，品行端正，学风严谨，具有良好的职业道德、团结合作精神和坚持真理的科学品质，具有较强的敬业精神，积极为国家建设与文明进步服务；

2. 掌握本学科宽广的基础理论和系统的专业知识；

3. 具有从事科学研究工作、独立从事相关专业事务和管理工作能力；

4. 身心健康。

（三）研究方向

研究方向的设置既要具备相对稳定的研究领域，能及时把握学科发展前沿，又能满足国家经济社会发展对人才的需求，实现学术研究优势和人才培养特色双结合，打造学科竞争优势。鼓励在学科交叉和渗透、在国家经济社会发展急需的领域及时设置培养方向。每个培养方向应有学术带头人和结构合理的学术梯队，须有专属性课程的支撑、充足研究经费和资源的保障。

（四）基本修业年限（学制）

除另有规定外，全日制硕士研究生学制为2～3年，具体由各学位授权点根据实际自主设定。研究生在规定学制内不能完成学业的，可以申请延长修业年限，具体以学校有关研究生学籍管理规定为准。对提前完成培养计划、学位论文符合申请答辩要求的研究生，经过规定的审批程序可以提前答辩、毕业并申请学位，具体按学校有关规定执行。

（五）课程设置与学分要求

课程设置要紧紧围绕培养目标和学位授予基本要求。学术学位研究生课程设置应体现厚基础理论、重学术创新、博前沿知识，既要突出学术创新能力的培养，也要注重知识应用能力的培养。专业学位研究生的课程设置要充分反映职业领域对专门人才的知识与能力要求，以实际应用为导向，以满足职业需求为目标，以综合素养和应用知识与能力的提高为核心。

研究生培养实行学分制，课程学习阶段一般为1年。思想政治理论课和第一外语为公共学位课中的必修课。同等学力或跨一级学科入学的硕士研究生应在导师指导下补修现学专业大学本科主干课程。

1. 学术学位硕士研究生课程设置与学分要求

硕士研究生课程分为学位课程和非学位课程两大类，其中学位课程又分为公共学位课与专业学位课。学位课程为必修课，非学位课程为选修课。

学术型硕士应修总学分不低于40学分，课程学习不少于32学分。其中，学位课一般为18学分左右。一般以课内16学时为1学分。

（1）公共学位课（6学分）

中国特色社会主义理论与实践研究2学分；

自然辩证法概论（理工农类专业）1学分，马克思主义与社会科学方法论（人文社科类专业）1学分；基础英语3学分。

（2）专业学位课（12～16学分）

专业学位课程是硕士研究生了解本学科研究领域、掌握本学科基础理论和基本知识、领悟本学科精髓的核心课程，一般根据本学科专业主要研究方向的共同需要来设置，应具有一定的通用性和相对稳定性。

（3）公共选修课（2学分）

公共选修课是面向全体在校研究生开设的培养研究生综合素质的选修课程。

（4）专业选修课（8～18学分）

专业选修课应按本专业不同的研究方向进行设置，应能体现本学科专业的优势和特色，应注意结构的模块化和内容的滚动化，鼓励专题式教学内容的组合，加强内容的更新，体现学科发展的前沿。各学科专业在制定培养方案时，应充分考虑硕士研究生的发展需要，设置若干专业选修课程。

（5）其他培养环节

其他培养环节包括学术活动（学术讲座、讲习班、讨论班）、学位论文工作（文献阅读与开题报告、学位论文阶段性研讨与预答辩）、实践活动等。各学位授权点应按照学校有关规定，结合学位授权点实际，制定更为具体化、针对性、可操作的管理与考核要求。

（6）补修课程

适用于同等学力或跨一级学科入学的研究生，具体补修课程由学位点拟定，并由指导教师根据研究生实际情况选定，考核所获学分不计入总学分。

2. 专业学位硕士研究生课程设置与学分要求

专业型硕士应修总学分不低于32学分，课程学习不少于24学分，一般以课内16学时为1学分。具体课程设置和学分要求依据教育部新颁布的《硕士专业学位基本要求》和相关专业学位教育指导委员会指导性培养方案要求合理设置课程体系，并结合学校相关要求确定。

（六）培养方式

学术学位硕士研究生的培养主要采取课程学习、科研训练、学术交流相结合的方式，鼓励实行以导师为主的指导小组负责制。专业学位研究生的培养主要采取课程学习、专业实践、科研训练、学术交流相结合的方式，坚持校企合作培养，实行校内外双导师或导师组指导模式。

（七）培养过程环节管理

针对研究生培养过程各环节，包括对研究生开展科研与实务训练、实践教学、读书（学术、实践）报告、社会实践、开题报告、中期考核、预答辩（预审）、答辩等环节要求，各学位授权点应按照学校有关规定，结合学位授权点实际，制定更为具体化、针对性、可操作的管理与考核细则。

（八）学位论文

学位论文是硕士研究生培养工作的重要环节，是衡量研究生培养质量高低和能否授予学位的重要依据。硕士研究生要在导师或导师组的指导下，结合专业实践，通过文献信息检索阅读、调查与研究等，选择适当的课题，开展创新研究，并撰写学位论文，学位论文必须由硕士研究生独立完成，学位论文工作时间一般不少于1年。

各学科专业应依据学位标准和培养方向对学位论文选题、形式内容、创新性及学术水平提出明确要求。专业学位硕士研究生学位论文选题应来源于应用课题或现实问题，必须要有明确的职业背景和应用价值。

（九）毕业和授予学位标准

对照人才培养目标及基本要求，制定科学、合理、量化的毕业和授予学位标准，包括课程学分、培养过程环节、学位论文、科研成果等方面的要求。

五、修订周期

每3～5年由学校统一安排全面修订培养方案，期间允许适度微调。培养方案的修订应对前期研究生培养过程中取得的经验、存在的问题进行总结，及时将优秀的经验制度化，对存在的问题提出改进、提升方案及采取配套措施，作为新一轮培养方案修订的依据。

六、制定程序

培养方案的制定及3～5年一次的全面修订由各学院统一协调，需在前期进行充分调研（调研国内外3个及以上学校）、专家论证、公开公示、意见征求基础上，将培养方案初稿提交至研究生工作处进行格式审查，经学位评定分委员会审核，报学校学位评定委员会核准后实施。培养方案实施后，如有必要进行微调，由各学院统一协调，将微调后的培养方案提交至研究生工作处进行格式审查，经学位评定分委员会审核后，报研究生工作处备案。

七、培养方案共建共享

2个及以上学院共建，分别在不同学院招生及培养的学科或专业学位类别（领域）共享一套培养方案，培养方案制（修）订工作由学位授权点日常管理学院牵头组织。

八、在职攻读硕士学位研究生培养方案参照本意见制定

临沂大学
硕士研究生中期考核与筛选实施办法（试行）

第一条 为规范硕士研究生培养过程管理，优化培养机制，提高培养质量，根据《教育部国家发展改革委财政部关于深化研究生教育改革的意见》（教研〔2013〕1号）、《国务院学位委员会教育部关于加强学位与研究生教育质量保证和监督体系建设的意见》（学位〔2014〕3号）、《教育部办公厅关于进一步规范和加强研究生培养管理的通知》（教研厅〔2019〕1号）等文件精神，结合我校实际，制订本办法。

第二条 考核目的

硕士研究生中期考核，是在硕士研究生课程学习基本结束以后，进入学位论文研究之初，对其政治思想品德、课程学习、科研及实践创新能力、身心健康状况等方面进行的一次综合考核评定。及时发现研究生培养过程中可能存在的问题，对少数不宜继续攻读硕士学位者尽早做出妥善处理。

第三条 考核时间

中期筛选应安排在硕士研究生课程学习基本结束、学位论文开题之后进行，一般在第三学期完成。硕士研究生如延期参加中期筛选，须提出书面申请，经导师签署意见，所在学院分管院长审批，报研究生工作处备案。

第四条 考核内容

（一）思想品德方面：主要从政治素质、治学态度、道德修养、集体观念、组织纪律、诚实守信等方面考核研究生是否符合研究生培养目标的要求；

（二）课程学习方面：主要考核研究生执行培养计划情况，所修各门课程的成绩和完成学分情况；

（三）科研与实践创新能力方面：考核研究生是否具有独立在规定的时间内完成文献阅读、综述报告，发表论文的能力；论文开题报告主要考核研究生对本学科前沿、所研究领域的现状和发展动态等的掌握程度，对论文开题报告还需考核其先进性、实用性、可行性和创新性，专业实践重点考核实践的可行性、科学性和执行情况；

（四）身心健康方面：主要从研究生的身体和心理健康状况方面考核能否继续学习完成学业。

第五条 考核组织与要求

（一）中期筛选工作由各研究生培养单位组织实施，各培养单位成立中期筛选领导小组，负责组织本培养单位的研究生中期筛选工作。分管研究生工作的副院长、副书记应为领导小组的成员。

（二）研究生的中期筛选考核工作可按专业和研究生人数的多少，成立1个或若干个考核小组，负责本学科、领域研究生的中期筛选工作。考核小组由副高职称以上的专家和研究生秘书组成，不得少于5人，设组长1名，秘书1名。

第六条 考核程序

（一）硕士研究生按照《临沂大学研究生中期筛选表》要求如实填写有关内容。

（二）导师就研究生的思想品德、学术品行、课程学习、论文进展及科研和实践创新能力等情况进行审核并进行全面考评，并在研究生中期筛选表中签署综合考评意见。

（三）培养单位检查研究生的课程学习和开题报告情况，并对学术规范遵守情况进行考评。各考核小组负责组织汇报答辩，考核专家小组听取研究生个人汇报，重点考察其自学位论文开题以来在学术研究、论文撰写方面的进展情况，并就其学位论文的后续工作提出意见、建议和要求。

（四）考核小组根据研究生的汇报及所提交的材料，结合导师评语，经过充分讨论，按照考核标准对每位研究生的中期考核结果做出结论性评定意见，给出考核评定结果。考核过程应由考核小组秘书进行详细如实记录，记录表应由考核小组组长、成员、秘书签字，作为中期考核材料的一部分存档备查。

（五）中期筛选领导小组应对各学科、领域考核小组的筛选结果进行统一认定，并对认定的中期筛选结果进行公示。

（六）中期筛选结束1周内，各培养单位应将中期筛选结果报送研究生工作处。

（七）研究生中期考核材料由培养单位统一保存归档。

第七条 考核结果

（一）中期筛选结果根据考核情况按"优秀"（占考核总人数的15%）、"良好"（占考核总人数的55%）、"合格""不合格"4个等级评定。

（二）有下列情况之一者，中期筛选结果不能评定为"优秀"：

1.课程通过重修取得合格成绩的；

2.受到记过及以上纪律处分的。

（三）有下列情况之一者，中期筛选结果为"不合格"：

1.思想品德、学术品行不符合培养要求；

2.课程成绩和应修学分未达到培养方案规定要求，或1门学位课考试不合格且重修一次后仍不合格者；

3.课程考试虽均合格，但科研能力较差，无法完成学位论文者；

4.开题后学位论文工作无明显进展。

（四）中期考核成绩为"不合格"者，可在3个月后重新申请。考核仍"不合格"者，由中期筛选领导小组提出处理意见，经研究生工作处审核后，按照有关学籍管理规定处理。

第八条 本办法由研究生工作处负责解释。

第九条 本办法自公布之日起施行。

临沂大学
硕士学位授予工作实施细则（试行）

第一章 总则

第一条 根据《中华人民共和国学位条例》《中华人民共和国学位条例暂行实施办法》及国务院学位委员会有关文件精神，结合我校实际，制定本细则。

第二条 我校授予的硕士学位，必须按照经国务院学位委员会和山东省学位委员会批准的有权授予学位的学科、专业授予。

第三条 本细则适用学术学位研究生和专业学位研究生。

第二章 硕士学位授予基本条件

第四条 硕士研究生（以下简称硕士生）申请硕士学位应当符合下列条件：

（一）拥护中国共产党的领导、拥护社会主义制度，遵纪守法，品行端正，具有良好的学术道德和相应的学术水平；

（二）按培养计划要求修完全部课程，考试成绩合格，获得规定的总学分；

（三）完成硕士学位论文，通过学位论文答辩。

第五条 硕士生申请专业学位，除满足以上条件外，还需满足各专业学位全国教育指导委员会在专业学位硕士生指导性培养方案中所规定的其他授予学位条件。

第六条 对于有下列情况之一者，不受理其硕士学位申请：

（一）学习期间受记过及以上处分且未撤销者；

（二）学位论文有严重抄袭、剽窃他人成果等违反学术道德行为者；

（三）其他不符合授予硕士学位的情形。

第三章
硕士学位论文答辩申请及论文评阅

第七条 硕士学位论文应当符合以下基本要求：

硕士学位论文应能表明申请人掌握了本门学科坚实的理论基础和系统的专门知识，具有从事科学研究工作或独立担负专门技术工作的能力；论文选题和所研究的内容应有自己的新见解，在理论上或实践上对经济社会发展或本门学科发展有一定意义。

硕士学位论文必须是作者独立完成的一篇系统而完整的学术论文。读书报告、资料汇编、文献综述及翻译资料等均不能作为学位论文。

专业学位硕士生的学位论文选题应来源于应用课题或现实问题，必须要有明确的职业背景和应用价值。

第八条 学位申请人至少在论文答辩前2个月向指导教师提交学位论文，指导教师审查同意后，方可提出答辩申请。申请答辩的相关材料连同学位论文，经学位点负责人、学位评定分委员会审查同意后，报学校学位评定委员会办公室（以下简称校学位办）办理硕士学位申请手续。

第九条 硕士学位论文评阅

（一）硕士学位论文评阅人一般至少2名，其中1名应是校外同行专家，要严格按照要求匿名。论文评阅人应是在本学科领域学术造诣较深，近年来科研成绩突出、责任心强、学风端正且具有高级职称的专家。学位申请人的导师小组成员不得作为评阅人。

（二）硕士学位论文的评阅采用两种方式进行"双盲法"送审，即学校按一定比例抽选送审和学院送审。

学校送审：由研究生工作处以一定比例，按学科随机抽选论文进行匿名评审。评阅意见收集后，由研究生工作处反馈给各学院。若研究生未能按时提交送审论文，本次答辩申请无效。

学院送审：由学院负责将论文评阅材料寄送两位论文评阅人进行匿名评审，并负责收集、整理专家评阅意见。

第十条 学位论文送审评阅时间不得少于半个月，评阅人应于答辩前10天写出详细评语，填写《硕士学位论文评阅意见书》，供答辩委员会参考。评阅完成前，评阅人的姓名应对学位申请人保密，评阅人对论文的评语应密封传递。评阅人对研究生论文的学术评语，是评价研究生论文质量的重要依据。

（一）如评阅人的评语均为肯定，则论文进入答辩环节；

（二）如有评阅人认为学位论文基本合格，但需修改后才能答辩，则研究生须对所提问题进行相应修改或答复，经导师同意后论文进入答辩环节；

（三）如有1名评阅人评语为否定意见，则不能参加答辩，应增聘1名论文评阅人，如评语仍为否定的意见，则本次申请无效；

（四）如两名评阅人评语均为否定意见，则本次申请无效，申请人应在导师指导下，进行论文修改，3个月后重新申请答辩。

第四章　学位论文答辩

第十一条 学院应成立硕士学位论文答辩委员会。答辩委员会由3至5名本学科、专业领域或相近学科、专业领域具有高级专业技术职务的专家组成，其中硕士生指导教师不少于成员的半数，其中至少应有1名校外同行专家。硕士生指导教师不得担任本人所指导硕士生的学位论文答辩委员会委员。答辩委员会设主席1名（一般应是具有正高级专业技术职务的专家），秘书1名。

答辩委员会委员名单由学位申请人所在的学科组协商提出，经学位评定分委员会审核后，报校学位办备案；也可由学院学位评定分委员会直接提出，报校学位办备案。

答辩委员会要坚持实事求是的科学态度，充分发扬学术民主，严肃认真地组织论文答辩，审议论文是否达到授予学位水平；根据论文水平及答辩情况，对是否建议授予学位投票表决，并作出书面决议。

第十二条 硕士学位论文答辩由所在的学位评定分委员会组织，论文答辩应公开举行，答辩要有详细记录和现场照片。

未获通过的学位论文，答辩委员会成员经无记名投票，若半数以上成员认为论文经修改后再提交答辩时，可作出允许申请人在1年内修改论文，并重新答辩1次的决议。如果答辩委员会未作出此项决议，任何个人无权同意申请人修改论文和重新组织答辩。答辩仍未通过或逾期未申请者，不得再次答辩。

第十三条 硕士学位论文答辩应当依照下列程序进行：

（一）介绍答辩委员会主席。

（二）答辩委员会主席宣布开会，公布答辩委员会成员及秘书名单。

（三）学位申请人报告论文的主要内容。

（四）答辩委员提问，学位申请人答辩。经答辩委员会主席同意列席旁听者也可提问。

（五）休会，答辩委员会进行审议，对论文学术水平作出评语并对学位申请人的业务进行鉴定，最后以无记名投票方式就论文是否通过及是否建议授予学位进行表决，作出决议并填写硕士学位论文答辩委员会决议书，经主席及全体委员签字后，报学位评定分委员会审批。

（六）复会，由答辩委员会主席宣布答辩委员会对论文的评语和决议(票数不公布)。

（七）论文答辩人在答辩中，有权充分阐明自己的学术观点，在答辩委员会宣布评语、决议后，答辩人有不同的意见，可在10日内向答辩委员会及学院学位评定分委员会书面提出，意见副本同时送交校学位办备案。学院学位评定分委员会应在接到书面意见至分委员会作出决议之前，调查、了解情况，向答辩人作出书面说明并给出有关处理意见。

（八）答辩结束后，由秘书负

责整理答辩的材料并报送学位评定分委员会。

第五章 硕士学位的审定与授予

第十四条 经答辩委员会建议授予硕士学位的，由相应学位评定分委员会召开会议，根据本细则的有关规定和要求，逐个对申请者的政治思想表现、课程学习成绩和论文答辩情况等进行全面审核，作出是否同意建议授予学位的决议，经学位评定分委员会主席签字后，连同申请人的其他有关材料报校学位办。

校学位办汇总并审核各学位评定分委员会报送的名单及材料，报学校学位评定委员会审批。由学校学位评定委员会作出是否同意授予学位的决议，经学校学位评定委员会主席签字后生效。

第十五条 对答辩中有争议的问题，由学位评定分委员会提出初步处理意见，报学校学位评定委员会审核处理。

第十六条 学校向经学校学位评定委员会批准授予硕士学位的人员颁发硕士学位证书。

第六章 撤销学位

第十七条 对已经授予学位的，如发现其有与攻读学位相关的严重违反学术道德的行为，或其他原因确认学位错授，经学校学位评定委员会审议，可撤销其学位。作出撤销学位的决定后，校学位办应履行以下职责：

（一）将撤销学位的决定上报上级有关部门备案、除名；

（二）通知被撤销者及其所在单位，将撤销学位的决定归入其档案，并宣布和公示该学位证书无效；

（三）通知有关存放学位论文的单位，被撤销学位者的学位论文不能再陈列和在网上刊出。

第七章 附则

第十八条 在我校学习的外籍学生申请硕士学位，须参照本细则及国家关于外籍学生申请我国学位的相关规定办理。

第十九条 本细则经学校学位评定委员会通过，自公布之日起施行。

第二十条 本细则由学校学位评定委员会办公室负责解释。

临沂大学研究生指导教师遴选及管理办法（试行）

为加强学校硕士研究生指导教师（以下简称硕士生导师）队伍建设和管理，保证研究生培养质量，根据国家有关政策、法规和文件精神，结合学校实际，制定本办法。

第一章 总则

第一条 硕士生导师根据学位点建设和硕士研究生（以下简称硕士生）招生培养工作需要通过遴选产生。

第二条 硕士生导师分为学术学位硕士生导师和专业学位硕士生导师，按不同条件分别遴选。

第三条 各研究生培养单位拥有根据学科、学位点建设及人才培养的实际需要遴选导师的自主权。

第四条 遴选硕士生导师必须坚持思想与业务全面考察，既要突出学术水平和业务能力，更要注重职业道德和思想修养。

（一）有利于培养经济社会发展所需要的拔尖创新专门人才，有利于研究生培养质量的提高。

（二）有利于学校学科结构的调整和优化，有利于促进相关学科和学校整体学科水平的提高。

（三）"坚持标准、按需设岗、结构优化、动态管理"原则，有利于硕士生导师队伍的年龄结构、知识结构及学历结构的优化，提高硕士生导师队伍整体质量。

第二章 导师遴选

第五条 硕士研究生导师须拥护党的基本路线，忠诚党的教育事业，遵守国家法律和学校规章制度，以立德树人为己任，热爱研究生教育事业，具有良好的职业道德和学术素养，身体健康，工作稳定，能认真履行导师职责，并具备以下基本条件。

（一）学术学位硕士生导师

1. 年龄一般在55岁（含）以下，身体状况良好，保证有充裕的时间和精力指导硕士生。

2. 具有副教授及以上专业技术职务或具有博士学位。

3. 申请人在所申请学科领域具有坚实的理论基础和系统的专业知识，科研工作经验丰富，熟悉所从事学科国内外发展状况。外语水平较高，能指导研究生专业外语的阅读、写作。

4. 具有较稳定的科研方向。近3年有主持的省部级及以上科研项目，或主持经费数额较大的委托项目，能够提供充足的用于研究生培养的科研经费。

5. 具有较高的学术造诣。近3年作为第一作者或通讯作者，在国内外重要学术期刊上或学术会议上发表过所属学科专业研究方向相关的学术成果（含高水平专著、发明专利）；或有省部级及以上的教学、科研成果奖励（国家级额定位次，省部级一等奖前三位、二等奖首位）。

6. 近3年学校教学科研考核合格，无教学、培养方面的责任事故，能承担本学科硕士生教学任务。

7. 学术学位硕士生导师原则上不选聘校外兼职人员。

（二）专业学位硕士生导师

1. 年龄一般在 55 岁（含）以下，身体状况良好，保证有充裕的时间和精力指导硕士生。

2. 具有副教授及以上专业技术职务或具有博士学位。

3. 申请人科技实践能力突出，具备相应行业 1 年及以上工作经验或具有相关职业资格证书，能够提供足够的教学科研设施与场所等培养支撑条件。

4. 具有主持在研的应用类科研项目、经费数额较大的委托项目，能够提供充足的用于研究生培养的科研经费。

5. 近 3 年有以第一作者或通讯作者发表的学术论文，或以第一发明人取得的国际或国家发明专利授权等学术成果。

（三）申请专业学位硕士生合作导师的，应具有良好的思想政治素质和职业道德，具有本专业学位类别（领域）所对应或相近行业的副高级以上职称，或所属领域公认的人才称号或相当水平的技术（或管理）岗位职务，并具有 5 年及以上行业实际工作经验，有一定的科研能力和较强的分析与解决实际问题的能力，有一定的科研成果，能够胜任专业学位研究生指导工作。

第六条 硕士生导师首次遴选程序

（一）由研究生工作处每年度发布硕士生导师遴选工作通知。

（二）符合条件的教师，由本人提出申请，向所申请学位点依托单位提交《临沂大学硕士生指导教师资格申请表》，并提交表格所填内容的支撑证明材料，由所在学位点初审，初审通过者经学位点负责人签署意见后报本单位学位评定分委员会审核。

（三）各学位评定分委员会召开专门会议（到会人员应不少于全体委员人数的 2/3），根据遴选条件、学位点的推荐意见和本单位学位点建设及人才培养需要，对申请人的师德风貌、学术水平、申报材料等进行全面审查，并以无记名投票方式进行表决，同意票数达到全体委员人数的 2/3 以上方为通过。

（四）学位评定分委员会将通过的申请人名单及其简况表在全院范围内公示至少 5 个工作日。经公示无异议的新遴选硕士生导师名单及其简况表报校学位评定委员会办公室。

（五）校学位评定委员会根据学位评定分委员会评议结果，投票表决确定硕士生导师资格。被正式批准为硕士研究生指导教师的，由学校发文公布。

（六）校外合作导师的遴选由各专业学位类别（领域）所在学院根据该专业学位特点实际情况制定遴选标准及程序，经学院审核通过的校外实践导师，需妥善解决知识产权归属等问题，明确双方的责任、权利、义务等，并报研究生工作处备案。

第七条 续聘管理

（一）学校对硕士生导师实行动态管理，聘任资格满 3 年有效期后，由各学位评定分委员会对到期的硕士生导师进行续聘审核。续聘条件如下。

1. 热爱研究生教育事业，熟悉国家有关学位与研究生教育的政策法规，具有良好的职业道德和学术素养，以立德树人为己任，能认真履行导师职责。

2. 年龄离退休一般不少于 3 年，身体健康，保证有充裕的时间和精力指导硕士生。

3. 硕士生导师需达到首次遴选科研基本条件。

（二）专业学位硕士生校外合作导师，由各学位评定分委员会根据近 3 年导师的合作情况确定是否续聘。

（三）续聘程序、要求同首次遴选程序。

第八条 导师遴选的其他相关规定

（一）硕士生导师一般在 1 个学科专业领域指导研究生。学术型导师可自动当选为相近领域专业学位硕士生导师，其他情形，需重新申请。

（二）本办法所涉及的科研成果、科研项目及到账经费，均以学校科学技术处、社会科学处、财务处认定为准。

第九条 导师招生资格审核

（一）学校实行导师资格认定与年度招生资格审核相对分离制度。即获得导师资格是招收和培养研究生的基本条件，此外每年 6 月进行招生资格审核。

（二）导师招收研究生需符合申请学科及其所属学位评定分委员会对研究生导师资格的基本要求。

（三）新遴选的导师招收研究生需通过岗前培训，培训不合格或未参加岗前培训者不可招生。

（四）导师招收研究生需具备履行导师职责的条件和能力。能够提供充足的可用于培养研究生的科研经费、教学科研设施与场所等培养支撑条件，保障研究生培养质量。

第三章 导师职责

第十条 导师是研究生培养第一责任人，坚持教书和育人相统一，坚持言传和身教相统一，坚持潜心问道和关注社会相统一，坚持学术自由和学术规范相统一，以德立身、以德立学、以德施教。遵循研究生教育规律，创新研究生指导方式，潜心研究生培养，全过程育人、全方位育人，做研究生成长成才的指导者和引路人。

（一）研究生入学后，导师应在学术方面向学生详细介绍专业方向、当前的科研课题等。按照研究生培养方案的要求，结合研究生本人的特点及论文工作需要，指导研究生制定研究生个人培养计划，对专业方向、培养目标提出明确的要求。研究生个人培养计划由导师签署意见后报研究生工作处备案。

（二）导师全过程指导和培养研究生。检查培养计划执行情况，及时研究和解决培养过程中出现的问题；导师要配合研究生管理部门做好中期考核工作；要指导研究生了解和掌握本学科学术发展动态，加强科研训练，培养研究生的创新精神和实践能力。

（三）导师负责研究生学位论文的指导工作，包括指导研究生确定研究课题、制订论文计划等。在论文工作前，指导研究生选好论文题目，制订具体研究方案。在研究生撰写学位论文的整个过程中，导师应认真审查研究生学位论文的开题报告、定期检查论文的质量和进展情况。

（四）研究生完成论文工作后，导师要依据硕士学位论文要求进行审查，严格把关，并在学位论文的撰写过程中给予具体指导，认真审查实验数据和研究结果，引导学生开展深入的讨论，并反复多次审阅修改，最后作出学术评价。

（五）研究生申请答辩前，导师应先组织预答辩，征求意见，确保学位论文质量。

第四章 导师考核

第十一条 考核分年度考核与综合考评，年度考核与人事处绩效考核工作并轨，综合考评每3年一次，综合考查导师3年来在研究生培养和思想政治教育方面岗位履行情况。考核方式除导师自我总结外，引入学生评价与学院意见，考核工作由学院组织实施。考核结果作为下一年继续上岗及招生数额优先倾斜等的重要依据。

第十二条 年度考核和综合考评中，对不能切实履行导师职责，难以保证研究生培养质量的导师，将视情节轻重给予暂停招生、取消导师资格等处理。

（一）人事关系调离我校者，取消其招生资格。

（二）不符合上岗标准者，暂停招生。

（三）不能严格履行导师职责，不按期指导研究生；或对研究生疏于指导和管理，对研究生存在的问题听之任之，不及时向有关部门反映；或不主动配合各级部门认真解决，致使研究生人身受到伤害或受到学校处分。导师对上述情况之一负有不可推卸责任者，暂停招生1年。

（四）在学校学位论文评审或上级部门组织的学位论文抽检中，其指导的论文出现1篇"不合格"，则暂停指导教师相应类别研究生招生资格1年；如同一指导教师3年内有2次出现"存在问题学位论文"，则暂停相应类别研究生招生资格3年。

（五）研究生在科研活动中存在弄虚作假、抄袭剽窃等学术不端行为，导师失察并造成不良影响者，暂停招生直至取消其导师资格。

（六）导师到国内外进修、学习、访问，时间超过1年者，暂不安排招生。

（七）导师因健康原因不能继续履行导师职责者，保留其导师资格，不再安排招生。

（八）违反国家法律法规而受到处分者，取消其导师资格。

第十三条 取消研究生导师资格的审批手续，由学院提出报告，学位评定分委员会审核，研究生工作处汇总、复核，校学位评定委员会审定。

第五章 组织管理

第十四条 学院是导师管理的第一责任单位，负责导师资格条件初审、招生资格条件审核及导师日常管理工作，受理各类涉及导师和学生关系的申诉，配合学校有关职能部门开展师德师风、学术道德等方面的调查工作。研究生工作处是导师管理的归口管理部门，负责导师管理政策的制定及政策执行的督导。

第六章 附则

第十五条 各学院可以根据本办法制定实施细则，原则上不低于学校规定的基本条件。

第十六条 本办法自公布之日起施行。

第十七条 本办法由研究生工作处负责解释。

临沂大学专业学位研究生专业实践工作实施办法（试行）

为贯彻执行《教育部关于做好全日制硕士专业学位研究生培养工作的若干意见》（教研〔2009〕1号）和《教育部、人力资源和社会保障部关于深入推进专业学位研究生培养模式改革的意见》（教研〔2013〕3号）等文件精神，结合学校实际，制定本办法。

第一条 专业实践的目的。专业实践是培养和增强专业学位研究生专业技能，提高研究生综合素质的重要环节。专业学位研究生专业实践旨在使研究生将所学的基础理论、专业知识和基本技能综合运用于实践，为其具备较强的专业实践和研究能力，形成良好的职业素养奠定基础。

第二条 专业实践的组织。专业学位研究生专业实践工作在分管校长领导下，由研究生工作处总体协调，并对各学院专业实践工作提出指导性意见，由各学院具体组织实施。

第三条 专业实践的单位。各学院研究生专业实践原则上应按专业在设立的专业实践基地相对集中进行。

学校准许专业学位研究生自主联系专业实践单位。研究生提出申请并提供专业实践单位接收函，经导师和学院同意、研究生工作处审核批准后，自主实施专业实践。研究生应严格遵守专业实践单位和学校的规章制度，自我管理实习和生活，安全责任自负。

第四条 专业实践的指导。各学院选派专业学位专任导师，负责专业实践工作的具体落实。专业学位研究生的专业实践指导工作由校内导师、校外导师共同完成，双方导师商定执行专业实践计划的细则，分配专业实践任务。研究生在实践单位的专业实践主要依托校外导师指导进行。

各学院要强化校外导师在专业学位研究生培养工作中的作用。专业实践工作的校外指导教师、研究生师生比一般不超过1：5。

第五条 专业实践的内容。专业学位研究生的专业实践工作一般安排在入学后第三学期开始。

各学院根据专业学位研究生培养方案的要求确定具体的专业实践大纲和专业实践计划，报研究生工作处备案，同时送达专业实践单位。

专业学位研究生在专业实践过程中，按照培养方案规定环节完成各项专业实践项目，填写《临沂大学专业学位研究生专业实践报告书》。

第六条 专业实践的考核。校内、外指导教师根据《临沂大学专业学位研究生专业实践报告书》登记情况及所指导的各专业学位研究生在专业实践期间的表现，进行最终成绩考核。

考核成绩考核分为优秀、良好、合格、不合格。专业实践成绩不合格者，须重新参加专业实践，费用自理。凡未参加专业实践或专业实践成绩不合格者，不准毕业。专业学位研究生专业实践成绩记入成绩档案。

第七条 专业实践经费。专业学位研究生专业实践经费由各学院从学校每年划拨的培养经费中自主支付。

专业实践经费主要用于校内、外指导教师指导费、资料费、往返实践单位交通费、住宿费等，有关标准由各学院自行制定。专业实践经费要确保用于专业学位研究生的专业实践工作，严格按照财务管理规定使用，不得超标准、超范围开支。

第八条 本办法自公布之日起施行。

第九条 本办法由研究生工作处负责解释。

临沂大学专业学位研究生实践基地建设与管理办法（试行）

第一章 总则

为加强我校专业学位研究生专业实践基地建设，搭建高层次应用型人才培养的实践教学平台，切实保证专业实践落实到位、管理规范，根据《教育部、人力资源社会保障部关于深入推进专业学位研究生培养模式改革的意见》（教研〔2013〕3号）《教育部关于加强专业学位研究生案例教学和联合培养基地建设的意见》（教研〔2015〕1号）等文件精神，结合我校实际，制定本办法。

第二条 本办法所指的专业学位研究生实践基地是指研究生在学期间开展专业实践的场所。

第三条 研究生实践基地的建设与管理应遵循"按需设立，切实可行，责权明确，管理规范"的基本原则。

第四条 依据依托单位条件、可接收的专业类别数量和研究生数量，实践基地分为校级和院级两类。校级实践基地命名为"临沂大学研究生专业实践基地"，院级实践基地命名为"临沂大学××××学院研究生专业实践基地"。

第二章 实践基地的设立

第五条 实践基地应能满足以下基本条件。

（一）能够符合并满足相关专业研究生完成专业实践活动和实践教学任务的要求，在区域内具有行业代表性。

（二）具有一定数量且符合专业学位研究生指导教师基本条件的相关专业技术或业务人员，保证研究生进行专业实践。同时配备必要的专（兼）职管理人员，对研究生进行日常管理。

（三）具备研究生生活、学习、工作所需的基本条件，具有劳动保护和卫生安全等保障，建立安全管理机制，保证研究生专业实践过程中的人身安全。

（四）具有长期稳定合作培养研究生和拓展合作范围的潜力，保证长期稳定、规范和有效运行。

第六条 各学院设立校级实践基地，须根据专业学位研究生实践需要以及实践单位承担能力向研究生工作处提出申请，研究生工作处审核并经学校分管领导批准后实施。

校级实践基地申请及协议签订程序为：

（一）学院对拟设立的实践基

地进行论证、初审后，报研究生工作处审批；

（二）申请批准后，学院与实践基地依托单位草拟《临沂大学与×××共建"研究生实践基地"协议书》。协议书应符合国家法律法规和学校有关文件精神。协议期一般至少为3年。

第七条 院级实践基地由学院负责组织认定和实施，将建设方案、相关协议等文件报研究生工作处备案。每个招生专业（培养领域）应设立3个或3个以上的院级实践基地。

第三章 实践基地的建设与管理

第八条 各学院是研究生实践基地建设和管理的责任单位，负责研究生实践基地的建设、管理以及研究生实践活动的组织、考核等工作。

第九条 实践基地应有明确的建设目标，健全的规章制度，规范的日常管理，完善的档案材料，明确的责任人。

第十条 实践基地实行校内外双导师负责制，共同负责对研究生的指导与管理。

第四章 实践基地的经费管理与考核

第十一条 学校对审核批准设立的校级实践基地给予一定的经费支持。

第十二条 研究生工作处将定期对实践基地建设工作进行考核。考核分中期检查和终期评估两种形式。中期检查在实践基地建设1~2年时进行，终期评估在建设期满时进行。对不能保证实践质量的基地，要求予以整改，整改不合格的，将予以撤销。

第五章 附则

第十三条 各学院可根据本办法制定学院专业学位研究生实践基地建设及管理办法。

第十四条 本办法自公布之日起施行。

第十五条 本办法由研究生工作处负责解释。

临沂大学校长办公室

2020年4月16日

关于印发《2020年春季学期开学工作方案》的通知

临大防控字〔2020〕19号

临沂大学2020年春季学期开学工作方案

为扎实有序做好2020年春季学期开学工作，根据教育部和省委、省政府以及省委教育工委、省教育厅有关部署要求，特制定工作方案如下。

一、指导思想

深入贯彻习近平总书记关于统筹推进疫情防控和经济社会发展工作的系列重要讲话精神，落实党中央、国务院决策部署和省委、省政府以及教育部工作要求，按照山东省人民政府办公厅《山东省2020年春季学期开学工作方案》（鲁政办发电〔2020〕2号）、省委领导小组（指挥部）办公室《山东省高等学校2020年春季学期疫情防控工作指导手册》（第118号）和《山东省高等学校开学工作方案》（第425号）、临沂市领导小组（指挥部）办公室《关于做好驻临高等学校2020年春季学期开学条件核验工作的通知》（第293号）等文件要求，抓紧抓实抓细学校疫情防控工作，确保每一名师生安全健康，确保复学复课平稳有序。

二、工作原则

（一）坚持属地管理原则。在临沂市领导小组（指挥部）领导指导下，制定开学方案、日常防控方案和应急处置预案，完善联防联控机制，抓紧抓实抓细各项防控措施，构建防控常态化机制，经临沂市领导小组（指挥部）核验通过后，启动复学复课各项工作。

（二）坚持学校主体原则。学校认真履行疫情防控主体责任，严格党委书记校长"第一责任人"责任以及领导班子其他成员"一岗双责"，层层压实领导责任、组织责任、岗位责任和个人责任"四个责任"，将防控责任落实到每一个岗位、每一位人员。

（三）坚持错时错峰原则。综合考虑返校学生人数、生源地分布、区域疫情风险等级和防控能力等因素，根据临沂市领导小组（指挥部）统一部署，分生源分专业分年级确定学生返校名单和返校时间，分批次组织学校错时开学、错峰返校。

（四）坚持严防严控原则。严格按照省委领导小组（指挥部）有关工作规定和要求，统筹推进疫情防控和开学工作，严格按照本方案、日常防控方案和应急预案，落实疫情防控常态化举措，落实防控闭环措施，无死角、全链条做好开学返校各项工作，切实维护好师生员工的生命安全和身体健康。

三、错时错峰返校安排

（一）近期返校安排。根据教学实际需求，留学生、研究生和本专科毕业班学生自5月18日起至6月23日分4个批次返校复学，共计9789人，其中本科7128人、专科2551人、研究生78人、留学生32人（现在临沂30人、省外2人）。省外学生1260人，其中本专科生1238人、研究生20人、留学生2人（现在外省）。对留学生（现在外省）、省外学生（特别是湖北籍、黑龙江籍学生），安排先行返校复学，进行核酸和血清抗体检测；对省内学生，按照理工农医类专业学生、其他专业学生的顺序组织返校。毕业生返校后主要是办理毕业手续，一般5～10天后离校，实现错时错峰，避免碰头交叉。详见附件。（责任单位：教务处）

（二）推迟返校安排。毕业班学生不需要返校即可完成学习任务的，适当推迟返校时间。原则上中高风险等级区域的学生暂缓返校，目前在境外的学生暂不返校。非毕业班学生返校时间，待临沂市领导小组（指挥部）批复后另行发布。（责任单位：教务处）

（三）费县校区、沂水校区安排。费县校区待2017级"3+4"学生离校后，安排毕业班学生返校；沂水校区毕业班学生返校时间与校本部专科毕业班学生返校时间一致。具体时间由校区与驻地县委领导小组（指挥部）沟通确定。（责任单位：费县校区、沂水校区）

四、工作措施

（一）开学前准备工作

1. 加强师生员工摸排管控。开学前，全面排查掌握师生员工包括保洁、保安、餐饮服务等后勤工作人员及其他临聘员工的信息，逐一登记实行台账式管理，精准掌握每个人开学返校前14天旅居史、与境外或中高风险等级区域人员接触史和身体健康等情况，按照有关规定确认返校人员名单，与返校人员签订承诺书。保卫处负责统一制作发放教职员工进校通行证，校外人员进校须责任领导签字同意后办理入校许可。（责任单位：人事处、后勤管理处、学生工作部〔处〕、国际教育交流学院、保卫处）

全面摸排省内需返校师生员工中六类重点人群，指导其在返校前到居住地医疗或疾控机构进行核酸和血清抗体检测。重点人群须在检测合格后，凭检测证明返校报到。六类重点人群包括：①确诊病例、疑似病例、无症状感染者；②密切接触者；③因所在居民小区、农村居住区有确诊病例、疑似病例、无症状感染者而被封闭隔离者；④自外省返回或近14天内有外省旅居史者；⑤近14天有发热等症状未痊愈者；⑥本人及家庭成员与境外或湖北省人员有接触史者。检测结果每天16:30前报省委领导小组（指挥部）办公室教育复学工作组。（责任单位：人事处、学生工作部〔处〕、后勤管理处）

2. 做好开学条件准备。根据《山东省2020年春季学期疫情防控工作指导意见》和《山东省高等学校2020年春季学期疫情防控工作指导手册》要求，做好场所准备、食宿管理、培训演练、清洁消毒、物资储备、教学安排、联防联控等各项工作，确保具体责任到人、到岗。其中，按照《学校疫情防控日常物品配备标准》，储备可满足14天所需的日常防控物资。组织开展教职员工全员疫情防控知识培训和3次返校复学流程演习、应急处置演练。（责任单位：学校领导小组〔指挥部〕各成员单位）

3. 统筹做好教学计划。学生返校前，教务处、研究生处和国际教育交流学院提前调整教学安排。各教学单位按照学校春季学期教学工作调整方案做好各项教学工作，为复学衔接做好准备。（责任单位：教务处、研究生工作部〔处〕、国际教育交流学院）

4. 申请开学条件核验。向临沂市领导小组（指挥部）申请开学条件核验，根据核验组反馈整改意见在规定期限内完成整改。（责任单位：学校领导小组〔指挥部〕办公室）

（二）组织有序开学返校

1. 师生员工分类有序进校。组织教职员工提前到岗到位，组织学生有序返校。因个人原因申请暂不返校的，经学校同意后可暂不返校。（责任单位：人事处、学生工作部〔处〕）

2. 做好学生返校前培训与接站工作。学生返校前，通过发放给学生及家长的一封信、校内防控守则、召开网上班会等多种形式，对全体返校学生进行疫情防控和应急预防知识教育。提前发放开学流程图，告知注意事项、纪律要求及在校细则，指导学生做好返校途中防护。事先统计学生返程信息，校地联动，安排统一接站。（责任单位：学生工作部〔处〕）

3. 组织学生安全有序进校。返校当天，外省学生返校时按照临沂市统一安排接受核酸和血清抗体检测。检测结果出来前，安排学生在临沂大学体育场等待，不得随便离开。严格落实测温入校制度，在指定区域设置临时留观区，在出入口划定体温检测通道，安装隔离带，组织返校人员佩戴口罩、有序排队、保持安全间隔距离，依次进行体温检测并登记，发现体温异常人员，立即启动应急处置程序。与公安、交通、城管等临沂市主管部门对接，增派警力做好安全保卫工作，在学校门口及周边路段增设交警岗点，设置接送学生车辆临时停放区，加大疏导力度，保障学校周边交通畅通，避免学校门口车辆拥堵、人员聚集。（责任单位：后勤管理处、学生工作部〔处〕、保卫处）

（三）严格落实开学后常态化防控举措

1. 上好复学第一课。开学第一天，各学院负责组织对学生开展佩戴口罩、保持手部卫生等防疫知识和防控技能培训，明确校园疫情防控要求。充分用好疫情防控人民战争、总体战、阻击战形成的宝贵教育资源，加强爱国主义教育和思想政治引领，厚植家国情怀、增进爱国情感。（责任单位：宣传部，各学院、校区）

2. 签订防控承诺书。按照领导、组织、岗位、个人四级责任体系，层层签订防控承诺书。返校师生员工向学校签订承诺书，教职员工承诺减少社会交往、做好家庭和上下班途中防护；学生承诺遵守学校各项防控要求，如实、及时报送身体健康状况。（责任单位：人事处、学生工作部〔处〕、后勤管理处）

3. 构建常态化防控机制。开学后，根据学校日常防控方案，构建日常防控常态化机制，教育指导师生员工形成校园疫情防控常态化条件下的学习工作生活新模式。师生员工在校要采取必要的个人防护措施。固定活动空间，减少学生聚集，保持学习生活"1米线"。图书馆、实验室等公共场所实行人员限流。就餐实行餐饭打包、错时取餐、分开用餐等方式。设立健康状况台账，加强日常健康监测，落实测温入校制度，对师生员工实行晨午晚一日三检，严格请假报告和缺课追踪制度。详见学校疫情日常防控工作方案。（学校领导小组〔指挥部〕各成员单位，各学院、校区）

4. 抓好日常防控工作。对学生实行全封闭管理，尽量创造条件对教职员工全封闭管理。对校外住宿教职员工实行"两点一线"管理，通过定制公交、乘坐私家车、步行、骑行等方式实现"点对点"往返家校，按照"一天一出入"要求，在校内食堂就餐或配餐。保持保洁、保安、餐饮服务等后勤工作人员及其他临聘员工的相对稳定，尽量安排校内集中住宿。对在校师生收寄快递件

进行合理引导和安排。详见学校疫情日常防控工作方案。（责任单位：保卫处、后勤管理处）

5. 完善应急处置机制。联合定点医院、疾控机构、公安机关等进行突发疫情应急处置演练，形成第一时间有效处置机制。组织教职员工每天上班前在家检测体温并汇总，如体温出现异常，及时向学校请假并送发热门诊。在教室、宿舍、食堂、运动场等场所设置临时留观点，并配备相应防疫物资。发现体温异常人员，严格按照省委领导小组（指挥部）办公室《山东省高等学校突发新冠肺炎疫情应急处置办法》（第215号）要求，做好临时留观、转运诊治和善后处理等工作。详见学校疫情应急处置预案。（责任单位：应急处置工作领导小组办公室）

6. 统筹做好教学安排。学生入校后，及时开展学情评估，诊断学生线上学习成效，有针对性地制订后续教学计划，调整教学进度，帮助学生查缺补漏、答疑解惑，做好线上线下教学衔接，实现线上线下同步进行，将疫情对教学的影响降至最低。做好毕业生离校各项工作，创新方式，简化流程，确保毕业班学生顺利毕业。有序组织好教育教学活动，合理安排作息时间，积极稳妥开展校内文体活动，组织学生加强体育锻炼，促进学生身心全面发展。（责任单位：教务处、研究生工作部〔处〕、各学院、校区）

7. 做好在校留学生复学复课和防控工作。向在校留学生发放告知书，签订防控承诺书，上好留学生复学第一课。结合疫情发展状况和前期线上教学情况，合理调整教学方案，保障教学工作顺利展开。建立常态化防控体系，完善应急处置机制，落实各项防控措施，做好日常疫情防控工作。（责任单位：国际教育交流学院）

8. 做好服务保障和人文关怀。加强食堂、宿管、饮水等后勤服务管理，每日开展巡查检查，全力保障安全健康。开展心理健康教育和心理咨询服务，培育学生理性平和的健康心态。做好家庭经济困难学生资助工作。对因疫情防控需要暂不返校学生、在境外学生，加强思想引导、学业辅导和心理疏导。加强对疫情防控一线医务人员子女和学习、生活困难学生的关心关爱，"一生一案"做好指导辅导。（责任单位：后勤管理处、学生工作部〔处〕、团委）

五、工作保障

（一）落实学校主体责任。强化疫情防控和复学复课组织领导，压实压紧各级责任，细化完善开学工作方案，认真落实疫情防控措施，切实把学校疫情防控和返校复学工作抓实抓细。充分发挥各级党组织和党员作用，让党旗高高飘扬。

（二）积极服从属地管理。自觉接受临沂市领导小组（指挥部）领导和监督指导，做好开学方案、条件核验等各项工作。主动与临沂市领导小组（指挥部）办公室教育复学工作组成员单位沟通协调，完善部门联动机制，统筹抓好各项防控措施落实，共同做好开学复课各项工作。

（三）加强督导检查。学校纪委、监察专员办公室（合署）综合处和组织部在开学前后，组织对开学工作持续督导检查，及时发现问题、督促整改到位。对于责任落实不到位、工作出现严重问题的，依法依规严肃追责问责。

（四）营造良好舆论氛围。加大宣传力度，通过广播、报纸、宣传栏、新媒体等全面宣传有关政策措施，重点加强对开学后疫情防控知识的科普宣传，推广好的经验做法和典型人物事迹，维护正常教学秩序，营造良好办学氛围。及时做好舆情应对处置工作，有效回应社会关切。

附件 临沂大学2020年春季学期错时错峰返校工作方案

按照教育部、山东省和临沂市有关文件精神，制定本方案。

一、学生错时错峰返校安排

（一）工作原则

根据"错层次、错区域、毕业生优先"的原则安排返校。

（二）留学生、研究生、毕业班学生分批返校安排

批次	拟返校时间	不同籍贯人数		总人数
一	5月18日	留学生32人，现在省外2人、在临沂30人（在校外8人）		32人
二	5月20日	非山东户籍242人+20硕士	湖北10人，黑龙江6人	1106人
	5月21日	山东户籍786人+58硕士		

(续表)

批次	拟返校时间	籍贯		人数
三	6月2日	非山东户籍314人	湖北20人，黑龙江6人	2193人
	6月3日	山东户籍1879人		
	6月9日	非山东户籍360人	湖北24人，黑龙江9人	1936人
	6月10日	山东户籍1576人		
	6月16日	非山东户籍261人	湖北3人，黑龙江9人	273人
三	6月17日	山东户籍1710人		1710人
四	6月23日	山东户籍2490人，非山东户籍61人		2551人
五		其他年级学生，待毕业班学生离校后返校复学		

注：共计9789人，其中本科7128人、专科2551人、研究生78人，留学生32人（现在临沂30人、省外2人）。山东学生8499人（5951本＋2490专＋58硕）；省外学生1260人（1238人〔本专〕＋20人〔硕〕＋留学生2人），其中湖北57人、黑龙江30人。

二、学生返校工作流程

（一）统计返校学生名单信息

1. 通知学生返校时间。经批准学校开学时间确定后，由学院将返校时间批次、返校需具备的条件、学生返校应知应会、给学生和学生家长的一封信、学生承诺书、返校须知等及时通知到每一位学生。

2. 摸排确定返校学生名单。辅导员组织学生通过"今日校园"系统"辅导猫"填写返校学习前的健康卡，精准摸清每名学生返校前14天健康状况和旅行史，建立精准的健康台账，摸清学生返校前的健康状况。对身体健康且符合学校返校学习条件的学生，持有电子健康通行码（绿码），经学院研究审核确定返校名单，报学生工作部；学生如有体温高于37.3℃、干咳等症状，要暂缓返校；对于山东省内摸排出来的属于六类重点人群的学生，要在返校前到居住地或疾控机构进行核酸和血清抗体检测，检测合格后，持检测证明方可返校。

3. 收集学生返程具体信息。符合返校条件的学生收到学院返校通知后，填写返校交通信息，学院汇总后报学生工作部。

4. 不返校毕业学生安排。学生因特殊原因不能返校的，要提出书面申请，经学院研究批准后，可委托辅导员或其他同学协助办理毕业手续，本人不再返校。

（二）学生返程教育提醒与接站

1. 加强返程安全教育和提醒。各学院运用新媒体等手段，加强返程安全教育，组织对全体学生进行疫情防控和应急预防知识教育；提前给学生发放开学流程图，指导学生合理规划返程路线，确保学生做好旅途安全防护措施。

2. 带齐防控物品。返校前学生要自查症状、自测体温、自备口罩。出现相关症状、体温高于37.3℃的，要暂缓返校，并及时向辅导员汇报情况。通知返校学生自备在校期间必要的防控物品，比如口罩、温度计、必备的药品等。

3. 做好返程途中防控工作。乘坐公共交通工具时，学生务必全程佩戴口罩，注意手部卫生，减少接触公共物品或部位；留意周围旅客情况，避免与可疑人员近距离接触；自感（自测）体温高于37.3℃或出现可疑症状时，立即告知辅导员，并报告所乘车辆（飞机）工作人员，根据要求就诊就医，同时避免接触其他人员；妥善保存旅行票据信息。

4. 做好集中接站工作。校地联动，在临沂火车站、临沂火车北站、临沂火车东站、长途汽车站、机场设立接站点，教工志愿者做好接站服务工作。上车前，组织对学生进行检测体温、身份核验，在乘车过程中要求学生佩戴口罩。每次接送后，均对车辆进行消杀和通风。

（三）学生进校流程

1. 学生返校报到地点。设在学校南①号门，入校区域主要划分为学生下车区、排队等候区、体温检测区、行李消毒区、手部消毒区、身份核验区、足底消毒区等7个区域，每个区域均设明显标识。

2. 入校流程。①返校学生，在学校南1号门下车后，戴好口罩、拿好行李快速下车，间隔两米有序排队，家长及车辆尽快从南侧通道驶离。②学生经核验身份属实（出示返校通知书、一卡通〔或学生证、身份证〕、健康码〔绿码〕）、体温测量正常、信息登记完善、关键部位（行李、手部、足底）消毒后有序进入校园。辅导员在返校入口处现场指挥和组织返校学生入校。如发现学生体温高于37.3℃，引领学生至返校入口临时留观点，如重测体温、确认异常后，立即启动应急处置程序。

3. 外省学生入校前核酸和血清抗体检测。凡是外省返校学生，经测温、核实身份进校后，学校安排专用车辆送到学校体育场，由临沂市疾控机构统一进行核酸检测和血清抗体检测。血清抗体检测合格后，可进入学生宿舍等候，确认核酸检测合格后，可允许其离开宿舍。

临沂大学新冠肺炎疫情日常防控工作方案

依据《山东省高等学校开学工作方案》（第425号）等文件要求，制定本方案。

一、加强校园管理

（一）严格校园出入管理，坚决做到"五个一律"

1. 学生返校时需持能够证明返校批次学生的相关证件，以及有效期内的山东电子健康通行卡（通过微信公众号"健康山东服务号"或"爱山东"APP办理），口罩佩戴整齐，经体温测量正常、手部和行李消毒、核验身份属实、足底消毒后方可入校。（责任单位：保卫处）

2. 学生返校后实行封闭管理，严禁离开校园，因不可抗拒因素确需离校的学生需学院按程序审批，做好详细登记后方可离校。（责任单位：保卫处）

3. 教职员工实行全员管理。教职工需持疫情防控专用通行证，并出示山东电子健康通行码（绿码）；其他人员（餐厅、保安、物业、校园服务、经许可的快递和必需的校内经营者）要经学校疫情处置工作领导小组（指挥部）办公室批准后，交由保卫处发放通行证。对校外住宿教职员工实行"两点一线"管理，通过定制公交、乘坐私家车、步行、骑行等方式实现"点对点"往返家校，按照"一天一出入"要求，在校内食堂就餐或配餐。（责任单位：保卫处、后勤管理处）

4. 接送学生车辆和学生家长，一律不得进入校园。（责任单位：保卫处）

5. 因公来校人员，由接待单位向学校疫情处置工作领导小组（指挥部）办公室批准方可入校。保持保洁、保安、餐饮服务等后勤工作人员及其他临聘员工的相对稳定，尽量安排校内集中住宿。（责任单位：保卫处、后勤管理处）

（二）加强校内重点场所管理

1. 规范设置专门出入口。人员易聚集性场所，每个入口安排体温检测员和安全管理员，组织进入人员依次排队间隔2米、核实身份、检测体温。

（1）办公楼、图书馆、实验楼、教学楼、师生服务中心、学生餐厅（责任单位：后勤管理处、有关单位）

（2）本专科学生公寓（责任单位：学生工作部〔处〕）

（3）第二生活区留学生公寓B11号楼（责任单位：国际教育交流学院）

（4）第二生活区留学生公寓B14号楼（责任单位：国际交流与合作处）

2. 学生教室。学生一人一桌，每名学生前后左右间距不少于1米，对学生人数较多的班级分班教学、错时上课，调整教学时间和学生行进路线，避免人员聚集，做到学习、生活空间相对固定，接触人员清楚。（责任单位：教务处、相关学院）

3. 学生公寓实行封闭管理。严格执行《山东省高校学生公寓新冠肺炎疫情防控操作规程》。对符合要求的开展体温检测并验证。以宿舍为单位实行网格化管理，建立晚点名制度，严肃处理夜不归宿学生。保持室内空气流通，组织学生进行宿舍大扫除，净化美化生活环境。（责任单位：学生工作部〔处〕）

4. 图书馆实行线上预约进馆，减少进出通道，实行人员限流措施，控制馆内同时停留人数，增加座位间距。归还书刊消毒后归架，对馆藏书籍进行杀菌除尘清洁处理，对电梯、楼梯、自助借还机、电子阅览器、触摸屏等公共接触区域定时消毒。（责任单位：图书馆）

5. 实验室科学调配使用时间，实行人员限流措施，控制人员密度，保持室内通风，定期清洁消毒。使用过的实验物品及其他废物按规定分类放置在专用垃圾袋进行处理。涉及实验动物、微生物培养、细胞培养等类别的实验室，严格落实专人喂养、专人看护、专人管理制度。（责任单位：教务处、科学技术处）

6. 室内体育场馆疫情防控期间，严格落实实名登记、预约进馆，错峰入馆，减少进出通道，实行人员限流措施，控制同时在馆人数。（责任单位：体育与健康学院）

（三）设立健康状况台账，做好健康状况监控

落实疫情防控及时发现、快速处置、精准管控、有效救治"四早"措施，严格实行师生员工晨午晚检和"日报告""零报告"制度，规范使用"辅导猫"APP、"疫情防控平台""钉钉健康日报平台"等信息平台上报信息。落实请假报告和缺勤追踪制度，对缺勤缺课、迟到早退的，逐一核实原因，及时补测体温，做好记录。对体温超过37.3℃或有其他可疑症状的，经医生诊断具备送发热门诊条件的，立即启动突发疫情应急处置。其中：

（1）教职工（责任单位：人事处）

（2）外籍教师（责任单位：国际交流与合作处）

（3）普通本专科学生（责任单位：学生工作部〔处〕）

（4）研究生（责任单位：研究生工作部〔处〕）

（5）留学生（责任单位：国际教育交流学院）

（6）物业、餐饮、安保等工

人员（责任单位：各用工单位）

（四）规范日常行为

1. 教职工及校内务工人员：按照学校疫情防控有关规定科学做好安全防控，向学校签订承诺书，承诺减少社会交往、做好家庭和上下班途中防护；如实、及时报送身体健康状况。（责任单位：教师工作部、各用工单位）

2. 学生：（1）在校期间，自觉按照学校规定进行健康监测，公共场所自觉佩戴口罩，保持学习生活"1米线"，避免近距离接触；每天保持适量运动，选择人员较为稀疏的空旷开放空间进行室外运动；（2）签订承诺，承诺遵守学校各项防控要求，如实、及时报送身体健康状况。（责任单位：学生工作部〔处〕、研究生工作部〔处〕、国际教育交流学院）

（五）严控会议和活动

1. 严控会议活动。尽量采用网络方式召开线上会议，不召开大规模现场会议。如确需召开现场会议，应开小会、开短会，并落实防护措施。（责任单位：各召集单位）

2. 暂停聚集性校园活动。确需开展活动的，原则上在露天场地进行，注意保持间隔。参加体育艺术专业学习或训练备赛的应固定场所、固定人群，做好防护。在校内进行体育锻炼，严禁出现扎堆聚集现象。（责任单位：各举办单位）

（六）强化校园快递和外卖管理

合理设定快递收发集散点，控制各快递集散点人员聚集的数量，实行无接触配送管理，减少师生员工感染风险。禁止校外外卖进入校园。（责任单位：保卫处）

（七）改进疫情防控手段

校内服务尽量转为线上服务模式，全面推进"一网通办"，引导师生线上办理有关事项，减少线下聚集。（责任单位：网络中心）

（八）建立学生志愿督查制度

组建学生志愿督查服务队，监督学生疫情日常防控行为规范落实情况，并定期通报。（责任单位：团委）

（九）落实日常值班和领导带班制度

设立学校总值班室，畅通24小时值班电话（0539-7258000），落实好日常值班和领导带班制度。（责任单位：学校办公室）

二、确保饮食安全

（一）落实食堂操作规程

严格按照《山东省高等学校食堂新冠肺炎疫情防控期间操作规程》做好食堂基础保障、日常人员管理、食品安全管理、消毒保洁、宣传教育等工作。餐厅门口设佩戴标识的安全员值勤，如发现发热、咳嗽等呼吸道感染症状人员，立即报告餐厅场地联络员，按程序启动突发疫情应急处置。（责任单位：后勤管理处）

（二）做好就餐管理服务

严格执行《山东省高等学校食堂新冠肺炎疫情防控期间文明就餐规范》。根据学生就餐人数和食堂分布、规模等情况，延长食堂服务时间，合理安排学生错时、错峰就餐。合理制作固定菜式搭配套餐，师生员工用餐时即取即走，减少排队等候时间，打包食物至办公室、宿舍就餐，降低食堂的人群聚集密度。师生员工排队候餐保持1米以上距离。在食堂就餐的师生员工，尽量单独就座，不面对面就餐，间隔1米以上，减少不必要的交流谈话。鼓励使用可重复使用打包餐盒，自带餐具用餐。暂停自助餐。（责任单位：后勤管理处）

（三）严格卫生管理

餐厅中应配备足够的洗手液、烘干机，保证供水设施正常使用，引导师生员工餐前洗手并成为习惯；配备含乙醇的免洗洗手液、手消毒剂、一次性纸巾等。餐前、餐后参照《学校卫生清洁消毒手册》及时对餐厅进行清洁消毒，做好卫生用具的清洗消毒和定位保管。（责任单位：后勤管理处）

三、做好日常保洁与消杀

（一）落实清洁消毒制度

参照《学校卫生清洁消毒手册》，做好清洁消毒工作并记录。

1. 对室外环境以清洁卫生为主，预防性消毒为辅。

2. 对人员相对固定的办公和宿舍室内区域，包括桌面、地面、过道、门把手、电梯等，应每天使用含氯消毒剂喷洒或擦拭消毒至少1次，消毒后保证开门开窗通风30分钟。

3. 对人流量较大的教室、图书馆、实验实训室、校园公共卫生间等区域，包括桌面、地面、水龙头、门把手、电梯、公用垃圾桶等，应每天至少清洁和消毒2次，及时清倒废弃杂物。

4. 对办公室、食堂、图书馆、活动室、宿舍等室内场所，应每天开窗通风2次以上，每次不少于30分钟，保持空气流通，通风时注意保暖。

责任单位分工：

1. 后勤管理处：校园公共环境，办公楼、图书馆、实验楼、教学楼、师生服务中心公共区域，锐思区公共教学楼；学生餐厅；师苑卫生所；临时留观点、隔离观察区。

2. 学生工作部（处）：本、专科学生公寓。

3. 国际教育交流学院：第二生活区留学生公寓B11号楼。

4. 国际交流与合作处：第二生活区留学生公寓B14号楼。

5. 各学院：教室、办公场所。

6. 各单位：办公场所。

（二）严格垃圾分类处理

1. 严格落实垃圾收运消杀，日产日清。做到垃圾回收车及垃圾外运车每次进站、出站时进行消杀，对校内垃圾站、垃圾箱及废弃口罩容器每天消杀2次。（责任单位：后勤管理处）

2. 校内合理设置废弃口罩专用垃圾桶，每天专人清理，清理前用消毒液喷洒或浇洒垃圾至完全湿润，然后封口处理。（责任单位：后勤管理处）

3. 做好师苑卫生所、临时留观点、隔离观察区产生的垃圾的集中、消毒和清运工作，未清运的垃圾要置于有盖的桶内，每天用含氯消毒液喷洒垃圾桶内外表面。（责任单位：后勤管理处）

四、加强师生员工健康宣传教育

（一）开展健康教育与技能培训

将新冠肺炎及传染病防控知识与技能等纳入开学第一课内容，让学生和教职工掌握相应知识和技能，养成良好卫生习惯，做好自我防护。通过微信、校园网、钉钉平台等多种途径将相关知识技能信息推送给师生员工，提高师生员工对传染病的预防控制意识和应对能力。（责任单位：宣传部、后勤管理处、各学院）

（二）加强师生员工心理疏导

关注师生员工的心理状况，通过开展心理健康知识培训，开设网上心理咨询、公布心理咨询热线（0539-7258809）等方式给予适当心理援助。对未能及时返校的师生员工，更要做好心理疏导。（责任单位：学生工作部〔处〕）

五、严格日常巡查督察，压紧压实日常防控责任

学校疫情处置工作领导小组（指挥部）及督导检查专项工作组成员，深入教室、宿舍、餐厅、图书馆、实验室、校园出入口等，实地检查值班值守、健康检测、教学组织、人员管控、清洁消毒、饮食安全、后勤保障、舆论引导等情况，督促防控措施落实到位。严格落实相关部门、学院岗位职责，责任到岗、任务到人，强化阵地意识，做到严防死守。对防控措施不到位、处置不力造成严重后果的，严肃追责问责。对不按要求报告、隔离，拒不服从管理的师生员工一律严肃处理。（责任单位：纪委、监察专员办公室〔合署〕综合处、组织部）

临沂大学突发新冠肺炎疫情应急处置预案

为做好我校突发新冠肺炎疫情应急处置工作，根据教育部《教育系统应对学校突发新冠肺炎疫情处置预案》和省委领导小组（指挥部）《山东省高等学校突发新冠肺炎疫情应急处置办法》（第215号）、《关于做好发热师生员工应急处置规范诊疗流程的通知》（第369号）等文件精神，特制定本预案。

一、工作目标

为做好开学后新冠肺炎疫情防控工作，快速反应、及时控制和妥善处置校园突发新冠肺炎疫情，将危害降到最低程度，确保师生员工生命安全和身体健康，切实维护校园安全稳定。

二、基本原则

（一）以人为本，安全第一。始终把保护师生生命安全和身体健康放在第一位，对出现新冠肺炎症状或疑似症状者，全力迅速组织救治和集中管理。

（二）属地管理，快速反应。校园突发新冠肺炎疫情，遵循属地管理原则，在市委和市政府的统一领导下，及时采取应急响应措施，并第一时间报告省教育厅。

（三）联防联控，科学应对。突发新冠肺炎疫情，学校负责人立即深入一线，掌握情况，开展工作，控制局面，并迅速与市疫情处置工作领导小组（指挥部）和省教育厅联系，启动联防联控机制，形成快速有效的处置工作流程。

（四）即时监测，强化预防。学校建立即时监测制度，全面掌控开学后各中层单位应对新冠肺炎疫情防控工作，落实落细各项防范措施，做到早发现、早报告、早处理，尽力避免校内突发聚集性新冠肺炎疫情。

三、组织领导体系

（一）成立学校突发疫情应急处置工作领导小组。校党委书记、校长任组长，其他领导班子成员任副组长，相关单位主要负责人为成员（详见附件1）。具体职责如下。

1. 统筹指导学校突发新冠肺炎疫情的应急处置工作。

2. 制定学校突发新冠肺炎疫情应急处置预案，明确责任分工。

3. 及时收集分析疫情防控的相关信息，及时向各中层单位通报情况、发出预警。

4. 督促落实各项防控措施，全面掌握学校疫情防控情况，及时改进完善预防措施。

5. 组织实施对学校突发新冠肺炎疫情的应对处置，协调配合市疫情防控指挥部门进行救治、隔离等工作。

6. 及时向省教育厅等主管部门报告处置工作进展与结果，配合进行原因调查，根据突发疫情的性质进行责任认定和追究。

7. 总结推广疫情防控的好经验好做法和有效管用的应急预案。

（二）党委委员、副校长张立富同志为校本部突发疫情应急处置工作负责人，总体协调校本部突发

疫情应急处置工作。

（三）设立专项工作组。根据工作需要，领导小组下设综合协调、健康监测、留观转诊、学生管理、安全保卫、心理辅导、物资保障、后勤服务、舆情引导等9个专项工作组（详见附件2），具体职责如下。

1. 在学校突发疫情应急处置工作领导小组领导下，根据分工抓紧抓细抓实各项疫情防控措施，构建应急联动机制。

2. 根据学校突发新冠肺炎疫情应急处置预案，根据工作分工，细化应急处置预案并组织演练，协调落实各项防控措施和物资储备。

3. 新冠肺炎疫情突发后，根据学校突发疫情应急处置工作领导小组的指令，迅速反应，有序落实各项应急处置工作。

（四）各中层单位疫情防控应急处置职责

1. 具体负责本单位突发新冠肺炎疫情应急处置工作。

2. 根据学校突发新冠肺炎疫情应急处置预案，制定本单位应急处置预案，落实信息报告制度。

3. 新冠肺炎疫情突发后，根据学校应急处置工作领导小组的指令，做好师生安抚、家校沟通等工作，确保师生安全稳定和正常秩序。

（五）相关工作要求

1. 落实值班值守制度，学校突发疫情应急处置工作领导小组组长或副组长轮流带班，具体值班由综合协调组负责安排。各工作组成员要保持24小时待命，各专项组指定专人值班，保障24小时联络畅通。

2. 学校总值班电话（0539-7258000），在校内各场所及学校主网页等面向全体师生员工公开。

3. 各管理服务单位主要负责同志，各学院党委书记、院长对本单位负总责，全面落实各项应急处置措施；各学院党委副书记作为所在学院应急处置联络员（详见附件3）；各场地设疫情处置场地联络员，向全体师生公开联络员联系电话，保持联络畅通。

4. 辅导员建立学生健康台账，负责统计、报告每名学生返校时间、每日健康状况等信息，保持24小时联络畅通。发动学生党员、干部和志愿者在做好个人防护基础上协助开展应急处置有关工作。

四、应急处置启动

（一）开学返校体温监测异常

1. 学生返校前准备工作

（1）根据市疫情处置工作领导小组（指挥部）统一安排，研究制定学校错时错峰开学返校方案，科学确定学生返校具体时间、具体批次、具体数量和接站计划。

（2）健康监测组和安全保卫组根据返校学生情况及学校道路交通条件，统筹考虑自驾车到校学生和专车接站到校学生分通道进校以及学生住宿区域等因素，本着把风险隔离在人群密集区外的原则，科学设立专门返校入口，建立相应数量的体温监测点，安放指示牌，划定检测通道，并安装隔离带。同时，设置开学报到临时留观点。

（3）学生管理组负责组织辅导员提前联系每名学生，再次确认学生健康状况，通知具体返校时间，告知入校体温监测位置和应急处置程序，提醒返程和报到注意事项，指导做好个人防护，要求自备口罩并每天随身携带。

2. 学生开学返校当天

（1）学校突发疫情应急处置工作领导小组组长在校统筹协调，校本部应急处置工作负责人负责返校入口现场指挥，有关专项工作组、返校学生所在学院应急处置联络员及辅导员提前到达报到入口处，并做好相关准备工作。留观转诊组工作人员穿戴防护套装B，其他工作人员穿戴防护套装A。（详见附件4）

（2）学生管理组组织当天返校学生的辅导员在返校入口迎接学生，提醒学生佩戴口罩、有序排队，相互间隔2米；健康监测组工作人员依次检测体温；安全保卫工作人员负责维持秩序，适时引流、控制好人流量，同时加强周边交通安全管理。

（3）健康监测组发现体温高于37.3℃的学生，辅导员配合留观转诊组和安全保卫组工作人员立即将体温异常人员引领至返校入口临时留观点，并陪护安抚学生。健康监测组工作人员继续进行体温检测，确保学生有序返校。

（4）在临时留观点，留观转诊组对体温异常人员重测体温，确认体温异常后，具备送发热门诊条件的，启动突发疫情应急处置。同时报告校本部应急处置工作负责人张立富同志。

（5）报到期间，发现有未按时报到的学生，辅导员要及时电话联系。如了解到有自测（自感）体温异常或不适，立即询问学生目前所在位置，安抚学生并告知应对措施，同时第一时间报告学院联络员、校本部应急处置工作负责人张立富同志，根据不同情况，采取相应措施。（详见附件5）

（二）开学后健康监测异常

1. 健康监测组和安全保卫组组织工作人员在宿舍、教室、实验室、图书馆、餐厅等人群集聚场所入口处提前设置好体温监测点和检测通道，并安排工作人员穿戴防护套装A，逐一检测进入人员体温。安全保卫和留观转诊组工作人员提前在各场所划定临时留观点，并备好应急物品。

2. 师生员工进入以上各场所时，要佩戴口罩、相互间隔2米排队等待检测。工作人员要维护好现场秩序，如人员过于拥挤则立即暂停进入，及时组织疏散。

3. 工作人员检测到体温高于37.3℃的师生员工，立即引导至临时留观点等候，并在旁陪护安抚，同时报告所在场地联络员（详见附件4）通知留观转诊组（联系人：尹秀梅，15653971828）。如体温异常人员为学生，学生应同时联系辅导员。场地联络员组织工作人员登记在场人员个人信息后，继续开展体温检测工作，引导师生员工有序进出。

4. 辅导员接到学生电话后，报告所在学院联络员，并第一时间穿戴防护套装A赶赴现场，配合做好相关工作。

5. 留观转诊组工作人员穿戴防护套装B到达现场，对体温异常人员重测体温，确认体温异常后，具备送发热门诊条件的，启动应急处置，并报告校本部应急处置负责人张立富。

（三）开学后自测（自感）异常

1. 宿舍内自测（自感）异常

（1）学生每天早中晚各自测体温1次，及时上报辅导员，信息计入健康台账。

（2）学生自测体温高于37.3℃或出现咳嗽、乏力以及腹泻、结膜充血等可疑症状，立即佩戴口罩，并报场地联络员（详见附件4）和辅导员。

（3）场地联络员穿戴防护套装A第一时间赶至宿舍，将学生引导至临时留观点，并通知留观转诊组（联系人：尹秀梅，15653971828）。场地联络员告知宿舍内其他学生不要恐慌，暂时在宿舍等待并尽量相互远离。告知相对、相邻宿舍学生闭门隔离。

（4）辅导员立即上报学院联络员，两人穿戴防护套装A赶至临时留观点陪护安抚学生。

（5）留观转诊组工作人员穿戴套装B到达临时留观点，对学生进行体温复测并登记信息，复测体温异常（超过37.3℃），具备送发热门诊条件的，立即启动应急处置，并报校本部应急处置工作负责人张立富。学院联络员将情况报学校突发疫情应急处置工作领导小组办公室（联系人：牟海善，18815396609）。

（6）教职员工自测或自感不适的，执行上述流程。

2. 人员聚集性场所自感异常

（1）学生在教室、实验室、图书馆、餐厅等人员聚集性场所内自感不适，立即报告场地联络员和辅导员。

（2）场地联络员穿戴防护套装A第一时间赶至现场，将学生引导至临时留观点，并通知留观转诊组（联系人：尹秀梅，15653971828）。

（3）辅导员立即上报学院联络员，两人穿戴防护套装A赶至临时留观点，做好陪护安抚工作。

（4）留观转诊组穿戴套装B到达临时留观点，对学生进行体温复测并登记信息，确认体温异常（超过37.3℃），具备送发热门诊条件的，立即启动应急处置，并报校本部应急处置负责人张立富同志。学院联络员将情况报学校突发疫情应急处置工作领导小组办公室（联系人：牟海善，18815396609）。

（5）场地联络员返回现场，配合组织登记同一场所人员信息。如在餐厅，应登记周边5米内餐桌就餐人员和相关窗口工作人员信息；如在教室，应登记同教室人员信息；如在图书馆，应登记其周边5米内附近人员信息；如在实验室，应登记同实验室人员信息。

（6）教职员工在公共场所自感不适的，执行上述流程。

五、应急处置流程

（一）现场处置

1. 启动应急处置后，领导小组办公室（牟海善，18815396609）通知学生管理组（王统永，13563910799）、安全保卫组（颜骁，13695391588）和后勤服务组（马彦明，13853909066）等专项工作组组长，相关工作人员穿戴防护套装A第一时间到达现场；如涉外教或留学生的，同时通知翻译（王晓燕，13864948829）穿戴防护套装A第一时间到达现场。

2. 安全保卫组布设警戒线，维持秩序；留观转诊组启动与定点医疗机构的绿色通道（临沂市妇幼保健院大学城院区24小时值班电话，发热门诊：3212773；行政值班室：3212868），安排120救护车，将体温异常人员送至定点医疗机构发热门诊进一步检查。同时，留观转诊组工作人员和学生辅导员穿戴防护套装B前去协助。

3. 安全保卫组工作人员有序引导疏散现场人员。

（1）如在教室

任课教师提醒同学们，做好个人防护，注意佩戴口罩，勤洗手，减少人员接触，注意观察自身状况，并保持通讯畅通；一旦出现发热、咳嗽、乏力以及腹泻、结膜充血等症状时要第一时间上报辅导员或联络员。

任课教师与学生干部一起组织其他学生有序疏散到隔壁备用教室，在转诊患者未出检测结果前，原地等候，后勤保障组协调做好餐饮安排。

如转诊患者初诊为疑似新冠肺炎疫情患者，同教室的学生由任课教师会同场地联络员登记信息，联系专用车辆（田建，13854929866），将师生送至集中隔离观察区留观。

（2）如在餐厅

场地联络员组织现场工作人员

围绕学生周围 5 米内餐桌布设警戒线，维持秩序。

场地联络员组织现场工作人员对学生周边餐桌 8 位就餐人员登记信息；联系专用车辆（田建，13854929866），将 8 位同学送至集中隔离观察点留观。

学生工作组、餐厅工作人员一起组织学生有序离开餐厅，直至餐厅内学生全部离场。

4. 后勤服务组对患者学习、生活场所、临时留观点及途经路线彻底消毒。

（二）救治与隔离

1. 留观转诊组及时追踪可疑病例情况，一旦确诊为新冠肺炎或疑似病例，留观转诊组马上汇报学校突发疫情应急处置工作领导小组办公室（牟海善，18815396609）和校本部应急处置负责人张立富同志，并配合定点医院和市疾病预防控制中心做好救治与隔离工作。

2. 学校突发疫情应急处置工作领导小组办公室第一时间报告市疫情处置工作领导小组（指挥部）办公室和省教育厅；并将情况通报给学院联络员，学院学生联络员报告给学院负责人。

3. 学院联络员和辅导员及时了解病例身体健康状况，配合心理辅导组远程开展心理疏导；并负责联系病例近亲属，如实告知发病情况和处置举措，做好安抚慰问工作，积极帮助解决实际困难。

4. 综合协调组、留观转诊组、学生工作组和学院联络员、辅导员协助市疾病预防控制中心开展流行病学调查，确定密切接触者范围，在隔离观察区实施集中隔离医学观察。

5. 如转诊患者排除新冠肺炎，回校后由辅导员进行重点健康观察 14 天，在公共场所或与外界接触时佩戴口罩；及时向现场隔离的宿舍舍友及本楼层临近宿舍同学通报病例排除信息，提醒学生仍需做好个人防护和观察。

（三）善后处理

1. 留观转诊组联系市疾病预防控制中心，对该同学和密切接触者的宿舍、近 3 天上课的教室等驻留场所彻底消毒。

2. 舆情引导组加强舆情监测，按照规范做好对外信息发布和舆情应对处置工作。

3. 综合协调组每天了解患病和隔离观察人员情况，并上报学校突发疫情应急处置工作领导小组办公室、省教育厅。

4. 留观转诊组和联络员在适当范围内通报情况，开展健康教育，增强师生员工自我防护意识与能力。

5. 心理辅导组及时评估不同人群可能出现的心理状态，积极干预个体或群体心理危机苗头，开通心理支持热线（0539-7258809），提供心理健康服务，指导辅导员跟踪掌握学生心理状态。

6. 学生管理组协调教学部门制定隔离期间学生学习和教师授课安排，确保隔离观察学生"停课不停学"。

7. 密切接触者解除隔离后，返校复学；确诊者治愈出院，在隔离区按要求进行隔离观察。后勤保障组负责患病和隔离观察人员基本生活用品，做好隔离观察区的饮用水供应和膳食安排，做好生活垃圾（按医学废弃物）收集及转运。送餐、清洁等工作人员需穿戴防护套装 A。

9. 学校突发疫情应急处置工作领导小组负责市疫情处置工作领导小组（指挥部）和省教育厅提出的其他善后措施。

六、隔离观察区处置流程

（一）值班医护人员接到入住通知后，通知物业人员准备隔离房间并对场所开展预防性消毒。

（二）值班医护人员穿戴防护套装 B 接转医学观察对象，引导医学隔离观察对象进入隔离观察房间；核实信息并进行办理相关手续。

（三）隔离观察人员不得随意离开隔离房间，保持房门随时关闭，经常开窗通风，离开隔离房间时必须佩戴医用口罩。

（四）综合协调组安排相关单位工作人员将餐饮送到隔离区门外，隔离区的工作人员将餐饮送至隔离房间门口，观察对象戴口罩开门取餐。

（五）值班医护人员每天监测观察对象身体状况；物业工作人员日常清洁消毒。

（六）根据隔离期限，值班人员提出"解除集中隔离医学观察申请"，经学校突发疫情应急处置工作领导小组（指挥部）批准后解除隔离；解除隔离观察对象返回。

（七）留观转诊组联系市疾病预防控制中心，做好终末消毒。

七、聚集性疫情应急处置

14 天内出现 2 例及以上确诊或疑似病例时，学校在市疫情处置工作领导小组（指挥部）统一领导、统一指挥、统一协调下，全力做好应急处置相关工作。

八、信息报送与发布

建立畅通的信息报送渠道和严格的信息发布机制，完善快速应急信息系统。

（一）信息报送原则

1. 迅速。校内各单位在第一时间向学校突发疫情应急处置工作领导小组办公室报告；学校在第一时间向市疫情处置工作领导小组（指挥部）和省教育厅报告，不得延报。

2. 准确。信息内容要客观翔实，不得主观臆断，不得漏报、瞒报、谎报。

（二）信息报告

1. 责任报告人

师生员工，各场地联络员、辅导员，学院联络员，各专项工作组负责人。

2. 报告时限及程序

初次报告。学校出现新冠肺炎症状或疑似症状者，在2小时内向市疫情处置工作领导小组（指挥部）和省教育厅报告。

进程报告。在突发疫情处置过程中，学校每天将疫情发展情况报告市疫情处置工作领导小组（指挥部）和省教育厅。

结案报告。突发疫情结束后，应将疫情防控结果报告市疫情处置工作领导小组（指挥部）和省教育厅。

3. 报告内容

初次报告内容。疫情发生的时间、地点、人数、症状、可能的原因、已采取的措施等。

进程报告内容。病例诊断与治疗情况、病情变化情况、密接人员排查及隔离情况、疫情控制情况、造成疫情的原因、进一步的防控措施等。

结案报告内容。疫情处理结果（包括疫情性质与发生原因）、防控情况、责任追究情况等。

（三）信息发布

按照属地管理原则，由市卫生健康部门及时向社会发布新冠肺炎疫情信息，舆情引导组协助做好相关工作。其他任何人不得自行向社会发布疫情信息。

九、工作保障

（一）组织保障。坚持底线思维，各单位主要负责同志要靠前指挥、主动担当，依法依规统筹抓好学生返校复学和新冠肺炎疫情防控工作，抓紧制定完善本单位应急处置预案，宁可备而不用，不可用而无备。

（二）信息保障。各单位要完善突发疫情信息收集、报送、处理等各环节运行机制，确保信息报送安全畅通。学校总值班电话，及时受理有关突发疫情处置的咨询、举报和投诉。

（三）物资保障。后勤保障组做好各类应急物资储备。

（四）场所保障。后勤保障组做好应对突发新冠肺炎疫情隔离场所准备，在校内合适场所安排一定数量、符合相关规定要求的房间作为集中隔离观察区，安排专人负责，做好生活保障。

十、善后恢复

（一）及时整改。学校认真做好或积极协调有关部门做好患病师生的善后工作，对疫情中暴露出的问题和不足，认真研究整改，严防疫情复发。

（二）恢复秩序。因突发疫情而致暂时集体停课的，须对校内有关场所进行彻底清扫消毒，并根据疫情形势科学研判，有序安排复课。因疫情隔离或住院的师生，须在恢复健康并经市卫生健康部门确定无传染性后方可返校。

（三）调查追责。学校对突发疫情情况进行调查，并根据调查结果对导致事件发生的有关责任人和责任单位，依法依规追究责任。

十一、沂水校区、费县校区根据校区实际制定疫情应急处预案。

附：1. 突发疫情应急处置工作领导小组成员名单

2. 突发疫情应急处置工作专项工作组成员名单

3. 突发疫情应急处置工作学院联络员名单

4. 工作人员防护装备类型

5. 学生返校注意事项和应对措施

6. 学校突发疫情应急处置物品实物储备目录

7. 学生返校流程图

8. 教职工返校流程图

9. 餐厅就餐流程图

10. 突发疫情应急处置流程图

附1 突发疫情应急处置工作领导小组成员名单

组　　长：王焕良　杨　波
副组长：刘占仁　孙常生　张立富
　　　　张书圣　马凤岗　池福安
　　　　张洪东
成　　员：牟海善　张思峰　任庆大
　　　　王统永　颜　骁　邱建龙
　　　　郑秀文　孔　霞　韩维同
　　　　张国庆　孙成明　马彦明
　　　　姜兆梓　隋长虹

领导小组下设办公室，张立富同志兼任办公室主任，牟海善同志兼任办公室副主任。

附2 突发疫情应急处置工作专项工作组成员名单

1. 综合协调组
组　　长：牟海善
成　　员：杨洪杰　刘　林　田　建
　　　　王　玮　刘　鹏
联络员：杨洪杰，18853969006
　　　　（660202）

2. 健康监测组
组　　长：马彦明
成　　员：吴　涛　韩广强　蒲洪发
　　　　隋　群　朱凤春　韩敬友
　　　　周建伟
联络员：董新矫，17865396002
　　　　（662900）

3. 留观转诊组
组　　长：马彦明
成　　员：吴　涛　韩广强　冯焕顺
　　　　尤源波
联络员：尹秀梅，15653971828

4. 学生管理组
组　　长：王统永
成　　员：邱建龙　隋长虹　任　芳
　　　　冯焕顺　蒲洪发
　　　　各学院分管学生工作的党委副书记
　　　　张　磊　张金庆　庞晓东
　　　　李艳丽　栾晓瑜
　　　　各学院辅导员
联络员：张　磊，13583970045
　　　　（660807）

5. 安全保卫组
组　　长：颜　骁
成　　员：任　芳　张　申　吴　涛
　　　　张　磊　董新矫　程建刚
　　　　王守宝　王通远
联络员：张　申，18853960007
　　　　（661202）

6. 心理辅导组
组　　长：王统永
成　　员：蒲洪发　汪　飞　李树军
　　　　蒋晓虹　胡　青　王济荣
　　　　袁桂平　张怡斌　王逸尘
　　　　相　青
联络员：汪　飞，13518695865
　　　　（660812）

7. 物资保障组
组　　长：马彦明
成　　员：吴　涛　冯焕顺　董新矫
联络员：董新矫，17865396002
　　　　（662900）

8. 后勤服务组
组　　长：马彦明
成　　员：吴　涛　韩广强　董新矫
联络员：董新矫，17865396002
　　　　（662900）

9. 舆情引导组
组　　长：任庆大
成　　员：董勤岭　李　欣　王金铭
　　　　许彬彬　蒲洪发　高进峰
　　　　隋　群　刘　鹏　吴　涛
　　　　各学院党委副书记
联络员：李　欣，13969978836
　　　　（660607）

附3 突发疫情应急处置工作学院联络员名单

序号	学院	姓名	电话	短号
1	商学院	闫青峰	13518693766	663703
2	物流学院	张兆伦	13455917616	663803
3	法学院	陈梦奇	13518696065	663980
4	马克思主义学院	王宏坤	13665491897	665003
5	教育学院	刘元兴	13884904502	665103
6	体育与健康学院	李艳斌	13792991271	665208
7	音乐学院	蔡相国	13864948266	665303
8	美术学院	王慧	13583903399	665503
9	文学院	谢成才	17865396781	665603

(续表)

序号	学　院	姓　名	电　话	短　号
10	外国语学院	金光伟	13583918266	665703
11	传媒学院	王钧	13791557311	665803
12	历史文化学院	王红坤	13954970699	665903
13	数学与统计学院	朱庆峰	17861692220	666003
14	物理与电子工程学院	赵小情	13562936628	666103
15	化学化工学院	孟沂	13969917899	666203
16	药学院	辛沂	13969920608	666303
17	机械与车辆工程学院	吕维明	13869900918	666503
18	材料科学与工程学院	刘春远	13665397828	666603
19	自动化与电气工程学院	李敬华	13854920701	666703
20	信息科学与工程学院	冯炀	13792961209	666803
21	土木工程与建筑学院	颜春晓	13854919168	666903
22	资源环境学院	尉海东	13665490159	667008
23	生命科学学院	何茂华	15105397601	667103
24	农林科学学院	胡晓平	13655390106	667203

附4　**工作人员防护装备类型**

防护装备种类	体温监测人员（A套装）	留观转诊组和隔离区工作人员（B套装）
工作服	√	√
一次性外科口罩	√	
一次性帽子	√	√
一次性防护服		√
防水鞋套		√
医用手套	√	√
防护面罩		√（任选其一）
护目镜		
医用防护口罩（N95）		√

注意事项：
1. 脱卸时尽量少接触污染面。
2. 脱下的防护面罩、目镜等非一次性物品应直接放入盛有消毒液容器内浸泡；一次性物品应作为医疗废弃物处置。

附5　　　　　　　　　　　　　　**学生返校注意事项和应对措施**

返校阶段	注意事项	学生应对措施	学校应对措施
返校前	自查症状、自测体温、自备口罩。出现相关症状、体温高于37.3℃的，要暂缓返校	立即告知辅导员，并根据目前居住地防控要求，联系社区（疾控机构），居家隔离或到定点医疗机构发热门诊进一步诊治	辅导员负责持续关注学生健康情况，并报学院联络员，综合协调组汇总信息，每天上报省教育厅
旅途	做好途中防护，如乘坐公共交通工具，应全程佩戴口罩，注意保持手部卫生，减少接触公共物品或部位；留意周围旅客状况，避免与可疑人员近距离接触	自感（自测）体温高于37.3℃或出现可疑症状时，立即告知辅导员，并报告所乘车辆（飞机）工作人员，根据要求就诊就医，同时尽量避免接触其他人员；妥善保存旅行票据信息	辅导员负责持续关注学生健康情况，随时联系相关机构，为学生提供帮助，并报学院联络员。综合协调组汇总信息，每天上报省教育厅
到达学校所在城市	继续做好途中防护，如乘坐公共交通工具，必须全程佩戴口罩，注意保持手部卫生，减少接触公共物品或部位；留意周围旅客状况，避免与可疑人员近距离接触	自感（自测）体温高于37.3℃或出现可疑症状时，立即告知辅导员（班主任），并报告所乘车辆（飞机）工作人员，根据驻地规定到定点医疗机构发热门诊进一步诊治，同时尽量避免接触其他人员	辅导员接到电话后，立即询问学生目前所在位置，安抚学生并告知应对措施，同时第一时间报告学院联络员、校本部应急处置负责人，校本部应急处置负责人指派辅导员和留观转诊组穿戴防护套装B赶赴定点医疗机构发热门诊，了解情况，如明确为确诊或疑似病例，立即配合定点医疗和疾控机构做好救治与隔离工作，其他措施参考应急处置后续流程。如排除，则返校复学。综合协调组汇总信息，每天上报省教育厅

附6　　　　　　　　　　　　　　**学校突发疫情应急处置物品实物储备目录**

物品名称	数量（每千人）
护目镜（非一次性）	2个（任选其一）
防护面罩（非一次性）	
一次性防护服	4套
一次性医用外科口罩	20只
一次性医用防护口罩	4只
一次性帽子	4个
一次性防水鞋套	4双
一次性医用橡胶手套	8副
免洗手消毒液	2瓶

备注：低于千人时按千人准备。

附7　　　　　　　　　　　　　　学生返校流程图

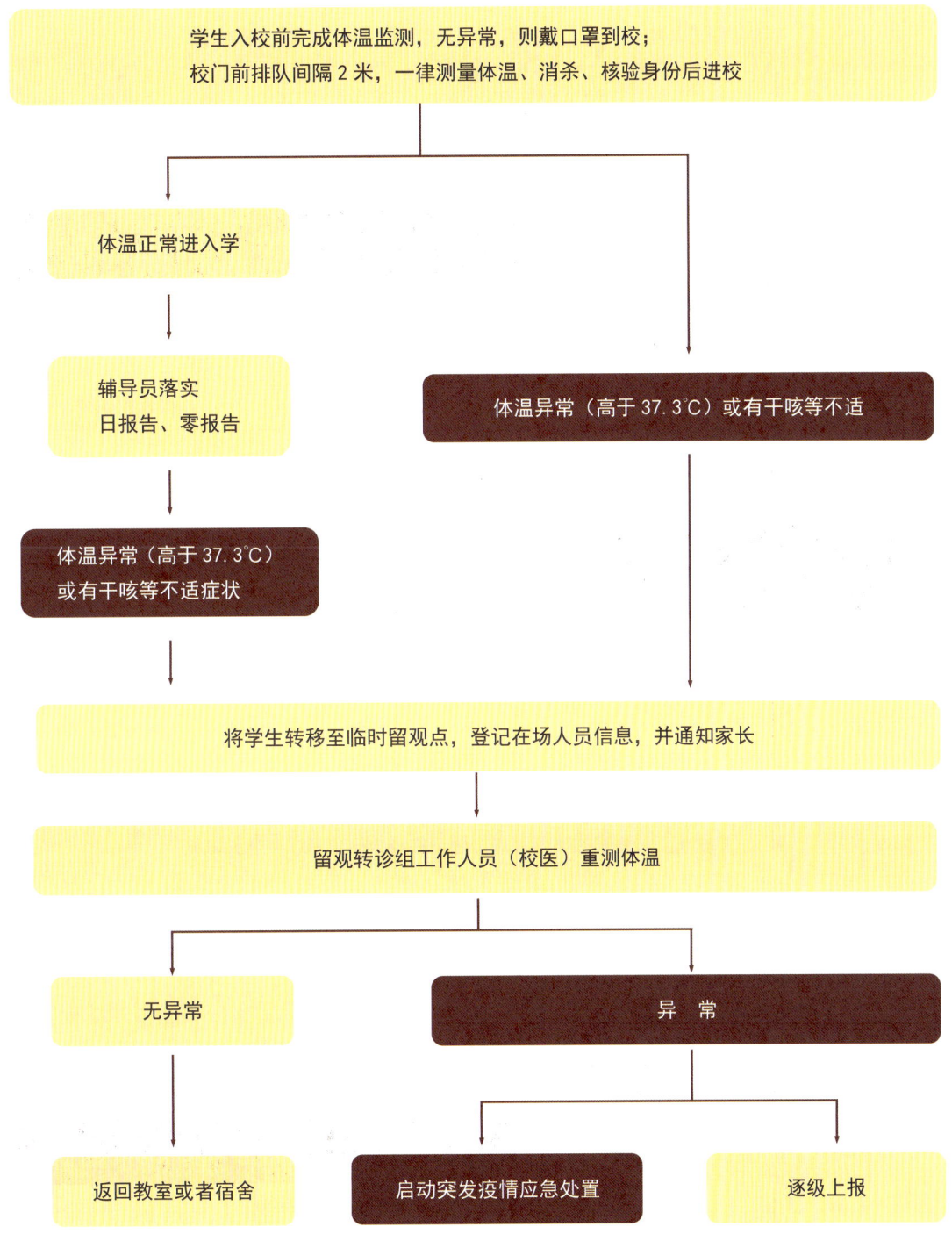

附8 教职工返校流程图

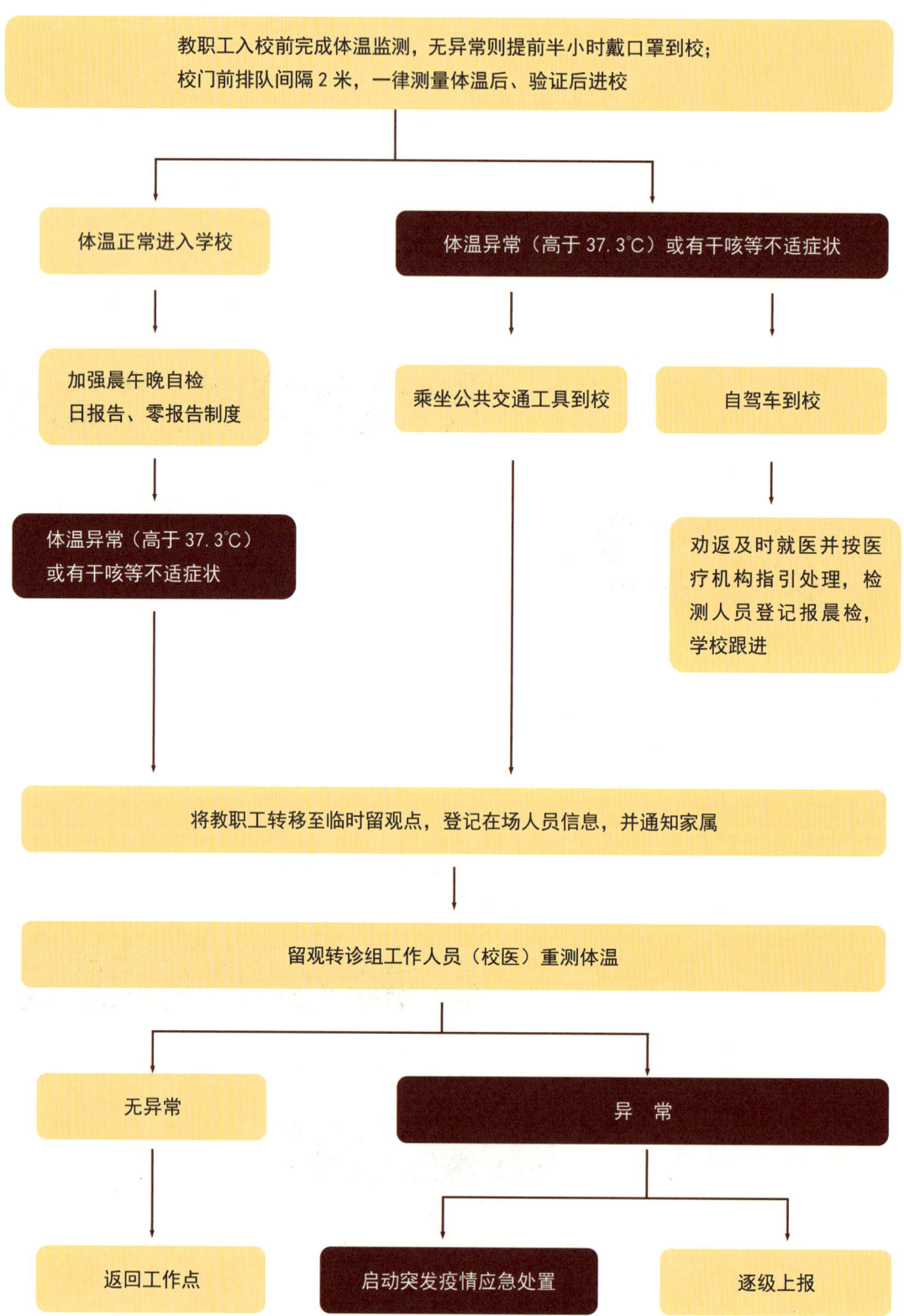

注：保洁、保安、餐饮服务等后勤工作人员及其他临聘员工执行本流程。

附9　　　　　　　　　　餐厅就餐流程图

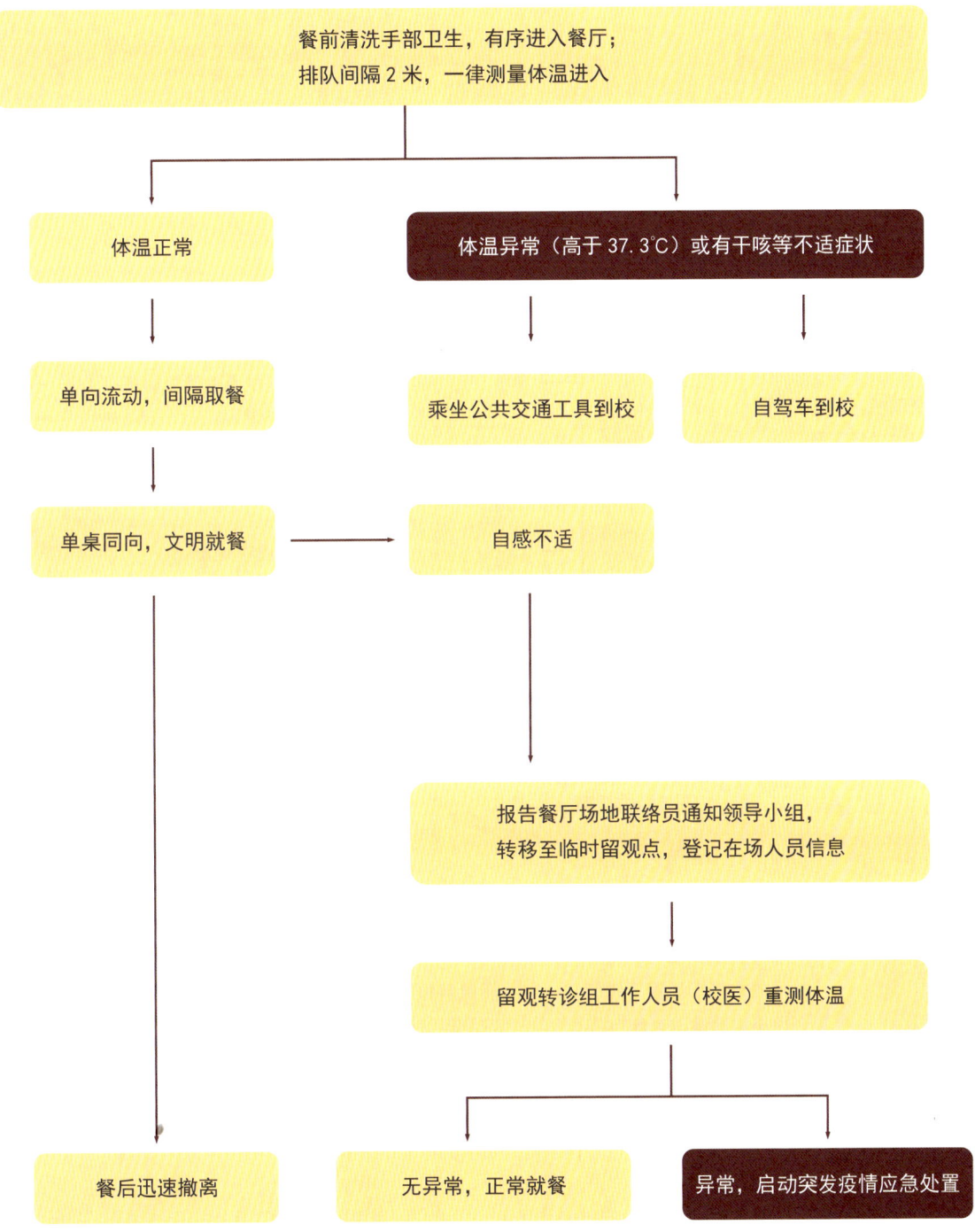

注：餐厅严格落实错时分散就餐制度，餐厅内定时清洁消毒、保持通风。

附10　　　　　　　　　　突发疫情应急处置流程图

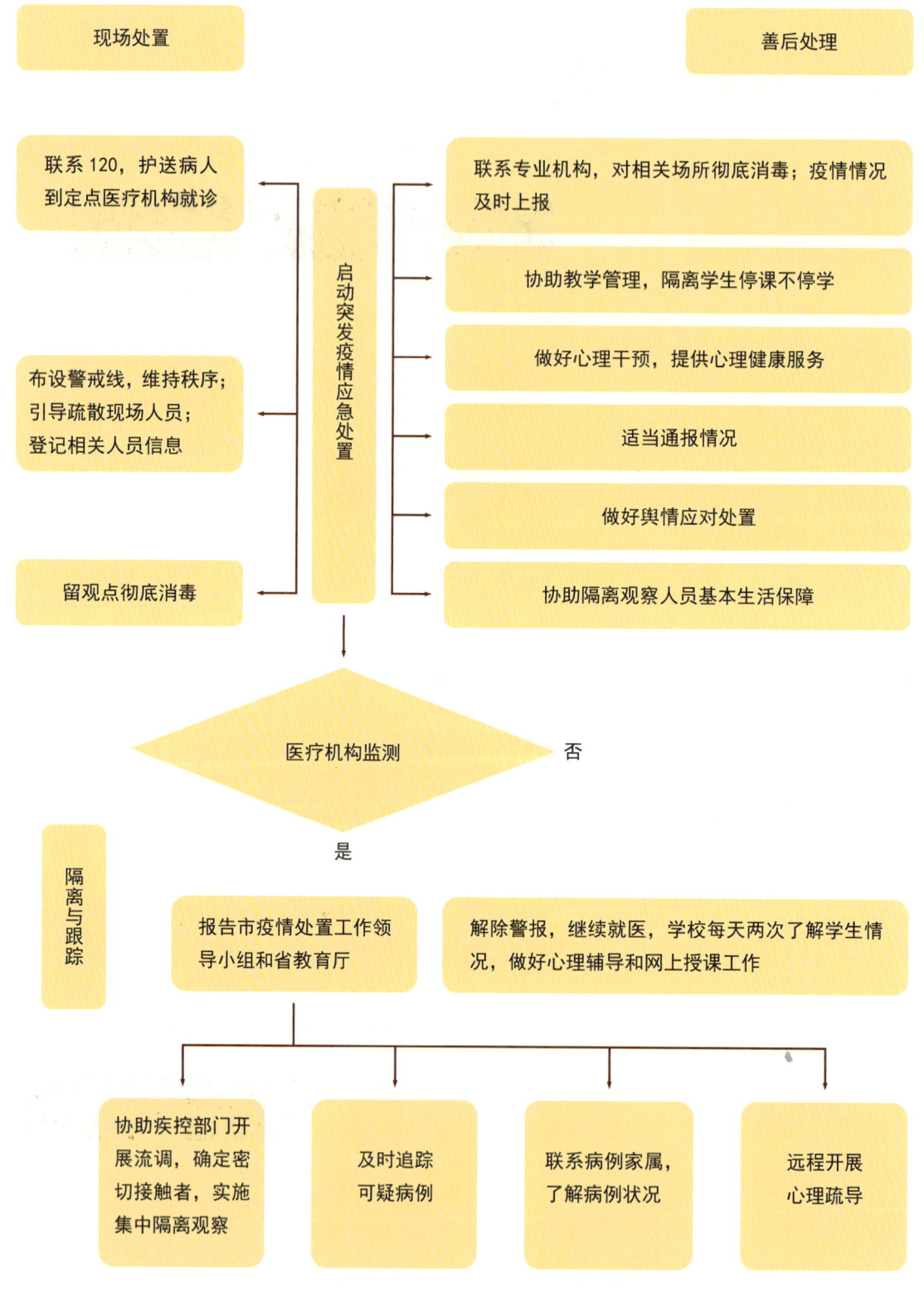

临沂大学校长办公室
关于印发《临沂大学深化课程思政建设实施方案》的通知

临大校办发〔2020〕9号

各部门、各单位：

《临沂大学深化课程思政建设实施方案》已经2020年第十二次校长办公会研究通过，现印发给你们，请结合实际贯彻落实。

临沂大学校长办公室
2020年6月11日

临沂大学深化课程思政建设实施方案

为深入贯彻全国全省高校思想政治工作会议精神，全面落实教育部等八部门《关于加快构建高校思想政治工作体系的意见》（教思政〔2020〕1号）《高等学校课程思政建设指导纲要》（教高〔2020〕3号）《中共山东省委 山东省人民政府关于加强和改进新形势下高校思想政治工作的实施意见》（鲁发〔2017〕19号）《中共临沂大学委员会关于加强三全育人育全人工作的实施意见》（临大发〔2019〕19号）等文件精神，深化学校课程思政建设，结合学校实际，制定本实施方案。

一、指导思想

以习近平新时代中国特色社会主义思想为指导，全面贯彻党的教育方针，落实立德树人根本任务，深入挖掘各类课程和教学方式中蕴含的思想政治教育资源，把课程思政融入课堂教学全过程，将价值塑造、知识传授和能力培养三者融为一体，促进专业课与思想政治理论课同向同行，努力培养德智体美劳全面发展的社会主义建设者和接班人。

二、建设内容

课程思政内容是课程思政建设的核心。要围绕坚定学生理想信念，以爱党、爱国、爱社会主义、爱人民、爱集体为主线，围绕政治认同、家国情怀、文化修养、宪法法治意识、道德修养等重点内容优化课程思政内容供给，着力优化课程思政以下五个方面的主要内容。

（一）推进习近平新时代中国特色社会主义思想"三进"，不断加强马克思主义理论教育，着力推动党的创新理论教育，增强学生对党的创新理论的政治认同、思想认同、情感认同，坚定"四个自信"。

（二）培育和践行社会主义核心价值观，教育学生深刻理解社会主义核心价值观的丰富内涵，准确把握其精神实质，引导学生把事业理想和道德追求融入国家建设，将社会主义核心价值观内化为精神追求，外化为自觉行动。

（三）加强中华优秀传统文化教育，大力弘扬以爱国主义为核心的民族精神，教育引导学生深刻理解中华优秀传统文化的思想精华和时代价值，完善大学生的道德品质，培育理想人格，展现中华文化的无穷魅力和时代风采。

（四）深入开展宪法法治教育，教育学生牢固树立法治观念，坚定走中国特色社会主义法治道路的理想和信念，深化对法治理念、法治原则、重要法律概念的认知，提高运用法治思维和法治方式维护自身权利、参与社会公共事务、化解矛盾纠纷的意识与能力。

（五）深化职业理想和职业道德教育，帮助学生了解相关专业和行业领域的发展态势，了解国家发展战略和行业需求，增强职业责任感，教育引导学生准确理解并自觉践行各行业的职业精神和职业规范。

三、建设目标

按照先建设后评选原则，通过试点先行、精准培育、逐步推广，分阶段有序推进，立项建设一批课程思政教学研究项目、培育一批课程思政示范课、树立一批课程思政教学名师和团队、建设一批课程思政实践育人基地，总结凝练一批课程思政建设新成果、新经验、新模式，积极打造学院有氛围、课程有示范、教师有榜样、成果有固化的课程思政建设典型，努力打造全面覆盖、类型丰富、层次递进、相互支撑的"临大"特色课程思政体系。

2020年6月，全面启动5类课程思政建设专项计划。

2021年9月，对课程思政立项建设项目进行验收、评价和总结，凝练推广课程思政建设经验和特色做法。认定30项左右课程思政教学改革研究项目，评选10名左右课程思政教学名师，建设20个左右课程思政教学团队，打造200门左右的课程思政示范课，物化一批课程思政教学研究成果，建设20个左右课程思政育人基地，全面推进全校课程思政建设。

2022年9月，实现所有学科课程思政育人全覆盖。

（注：各项目申报书请到教务处网页下载使用。）

四、建设计划

（一）实施课程思政教学改革研究计划

根据学校办学定位和学科专业特点，加强课程思政建设的重点、难点和前瞻性问题的教学改革研究。围绕课程思政建设内涵、建设标准、评价体系、课堂教学、实践教学、教师育人能力提升、学生综合素养提升等关键问题进行选题，积极开展课程思政教学改革研究，提升课程思政理论研究水平。

课程思政教学改革研究项目采用教师申报、学院立项建设、学校认定的方式进行，研究期限为1年。各教学单位每个本科专业每学年至少启动2项院级课程思政教学改革研究项目。学校依据项目成效，每年择优认定30项左右校级课程思政教学改革研究项目。

（二）实施课程思政示范课建设计划

课程是课程思政建设的基本载体。深入梳理各类课程教学内容，结合不同课程特点、思维方法和价值理念，分层分类建设课程思政示范课。深入挖掘课程思政元素，有机融入课程教学，达到润物无声的育人效果。

1. 通识课程（不含思政类课程）要注重弘扬中华优秀传统文化，在潜移默化中坚定学生理想信念，厚植爱国主义情怀，加强品德修养，增长知识见识，培养奋斗精神，提升学生综合素质。

2. 文学、历史学、哲学类专业课程。要注重在课程教学中帮助学生掌握马克思主义世界观和方法论，从历史与现实、理论与实践等维度深刻理解习近平新时代中国特色社会主义思想。要注重结合专业知识教育引导学生深刻理解社会主义核心价值观，自觉弘扬中华优秀传统文化、革命文化、社会主义先进文化。

3. 经济学、管理学、法学类专业课程。要注重在课程教学中坚持以马克思主义为指导，加快构建中国特色哲学社会科学学科体系、学术体系、话语体系。要帮助学生了解相关专业和行业领域的国家战略、法律法规和相关政策，引导学生深入社会实践、关注现实问题，培育学生经世济民、诚信服务、德法兼修的职业素养。

4. 教育学类专业课程。要注重在课程教学中加强师德师风教育，突出课堂育德、典型树德、规则立德，引导学生树立学为人师、行为世范的职业理想，培育爱国守法、规范从教的职业操守，培养学生传道情怀、授业底蕴、解惑能力，把对家国的爱、对教育的爱、对学生的爱融为一体，自觉以德立身、以德立学、以德施教，争做有理想信念、有道德情操、有扎实学识、有仁爱之心的"四有"好老师，坚定不移走中国特色社会主义教育发展道路。体育类课程要树立健康第一的教育理念，注重爱国主义教育和传统文化教育，培养学生顽强拼搏、奋斗有我的信念，激发学生提升全民族身体素质的责任感。

5. 理学、工学类专业课程。要注重在课程教学中把马克思主义立场观点方法的教育与科学精神的培养结合起来，提高学生正确认识问题、分析问题和解决问题的能力。理学类专业课程，要注重科学思维方法的训练和科学伦理的教育，培养学生探索未知、追求真理、勇攀科学高峰的责任感和使命感。工学类专业课程，要注重强化学生工程伦理教育，培养学生精益求精的大国工匠精神，激发学生科技报国的家国情怀和使命担当。

6. 农学类专业课程。要注重在课程教学中加强生态文明教育，引导学生树立和践行"绿水青山就是金山银山"的理念。要注重培养学生的"大国三农"情怀，引导学生以强农兴农为己任，"懂农业、爱农村、爱农民"，树立把论文写在祖国大地上的意识和信念，增强学生服务农业农村现代化、服务乡村全面振兴的使命感和责任感，培养知农爱农创新人才。

7. 艺术学类专业课程。要注重在课程教学中教育引导学生立足时代、扎根人民、深入生活，树立正确的艺术观和创作观。要坚持以美育人、以美化人，积极弘扬中华美育精神，引导学生自觉传承和弘扬中华优秀传统文化，全面提高学生的审美和人文素养，增强文化自信。

各教学单位围绕课程内容、教学方法、教学实施、实践教学等环节，撰写教学设计方案、编制教学案例、建设教学资源库，做好教学视频录制工作。每个专业每年至少建设5门课程思政示范课。学校依据各教学单位课程思政建设情况，在建设期内分批次认定每年200门左右的校级课程思政示范课。

（三）实施课程思政教学名师和教学团队遴选计划

学校每年通过学生评选、专家评议、教师教学观摩评价等形式，从校级课程思政示范课中遴选10门左右的优质示范课，授予其主讲教师"课程思政教学名师"荣誉称号。

积极培育课程思政教学团队。教学团队应形成体现"课程思政"理念的课程教学大纲、教学方案和课件等，明确思想政治教育的融入点、教学方法和载体途径；每门课程教学团队应精心撰写教学设计方案、录制体现课程思政理念的教学视频、编写课程思政示范案例集或教改论文，能够在其他课程中进行有效推广。

每个本科专业至少培育2~3个"课程思政教学团队"，并择优推荐参评"校级课程思政教学团队"。学校将根据各教学单位课程思政教学团队培育成效，遴选认定20个左右"校级课程思政教学团队"。

（四）实施课程思政实践育人基地建设计划

按照课程和学科属性，依托沂蒙丰富的文化资源和商贸物流优势，以沂蒙精神教育为主题，以提升学生的创新精神、创业能力和社会责任感为核心，积极开展现场教学，将实践纳入教学总体安排和课程管理，通过实践教学，将基地建设成促进文化传承创新、加强社会主义核心价值观教育的阵地。遴选建设20个左右课程思政育人基地，发挥基地的实践育人作用。

（五）开展课程思政"六位一体"系列主题活动

以提升课程思政建设成效为主线，结合教师思想政治理论学习状况，定期开展"六位一体"课程思政系列主题活动，并贯穿于课程思政建设的全过程，切实做到教师人人参与，真正做到课程思政"内容实起来，形式活起来"，全面提升课程思政的建设成效。

1. "课程思政、党员先行"为主题的党支部创新教育活动；

2. 课程思政专家、国家级教学名师参与的"课程门门有德育，教师人人讲育人"研讨交流活动；

3. 课程思政教师专题培训活动，组织骨干教师到国内课程思政示范高校进行现场观摩活动；

4. 课程思政教学名师和教学团队深入学院开展培训、指导和课堂教学展示等示范活动；

5. 课程思政优秀案例评选活动；

6. 课程思政优质课堂展示活动。

五、保障措施

（一）加强组织领导。学校成立由分管校领导任组长，教务处、宣传部、学生工作部（处）、校团委、人事处（教师工作部）等部门负责人和马克思主义学院等各学院（校区）院（校）长为成员的课程思政工作领导小组，全面领导课程思政工作，研究部署和组织实施具体课程教学建设和教学改革。领导小组办公室设在教务处，负责协调开展各项工作，具体工作由各教学单位组织实施。各教学单位落实课程思政建设的主体责任，遴选学科骨干教师组建课程思政教学专家组，负责推进课程思政建设工作，做实、做细课程思政建设工作。

（二）加强协同联动。各相关职能部门和各教学单位要各负其责，互相协同，形成"课程思政"建设的协同机制，定期开展调研和专项研讨，研究提出具体政策和措施，确保课程思政建设落到实处。

（三）强化工作考核。建立科学评价体系，定期对"课程思政"建设情况进行评价，建立常态化评价模式。把教师参与"课程思政"建设情况和建设效果作为教师考核评价、岗位聘用、评优奖励的重要依据；将各部门推进"课程思政"建设成效纳入学年绩效考核。

（四）提供经费支持。学校设立专项经费，通过项目形式对课程思政工作提供资助，并根据年度考核结果实施动态管理，确保专项建设项目顺利实施。鼓励各教学单位设立专项经费，保障课程思政工作有力推进。

临沂大学校长办公室

2020年6月19日

中共临沂大学委员会关于印发《临沂大学"十四五"发展规划编制工作方案》的通知

各部门、各单位：

经学校研究同意，现将《临沂大学"十四五"发展规划编制工作方案》印发给你们，请认真组织实施。

党委办公室 校长办公室
2020 年 7 月 6 日

临沂大学"十四五"发展规划编制工作方案

"十四五"是我国开启全面建设社会主义现代化国家新征程，向第二个百年奋斗目标进军的开局5年，也是我校建设全国知名区域特色鲜明的创新创业型大学"三步走"战略的关键5年。"十四五"规划关系学校未来5年的全局性和战略性部署，是指导学校改革发展的宏伟蓝图和行动纲领。为提高规划编制工作的科学性、前瞻性和可行性，切实发挥规划的指导作用，特制订本方案。

一、指导思想

以习近平新时代中国特色社会主义思想为指导，深入贯彻党的十九大及历次全会精神，全面落实习近平总书记关于教育的重要论述和全国全省教育大会精神，按照国家和山东省有关工作要求，全面总结评估学校"十三五"规划执行情况，深入分析学校发展面临的内外部环境，对标同类先进高校，围绕"到2025年，初步建成全国知名区域特色鲜明的创新创业型大学"的目标，明确"十四五"时期学校的发展思路和重大改革举措，全力推动学校实现高质量发展。

二、基本原则

编制"十四五"规划要坚持目标导向和问题导向，以落实立德树人根本任务为宗旨，适应、支撑和引领区域经济社会发展需求，形成高水平、高质量的事业规划体系。

（一）准确把握规划定位。各规划建设单位在编制规划过程中，要深入分析"十四五"期间国家、省和临沂市经济社会发展的新形势、新机遇，准确把握学校所处的发展阶段特征，坚持分类指导，科学预测需求；要认真研究确定发展目标，科学把握发展速度与节奏，目标既要鼓舞人心，又要符合实际，既要体现导向，又要可量化、可评测，要处理好规模、结构、质量、效益的关系，统筹事业科学发展。

（二）全面深化改革创新。坚持规划发展与规划改革并重，把改革创新作为推动发展的根本动力，着眼于学生创新精神和创业能力的培养，着眼于科技创新能力和社会服务能力的提升，着眼于体制机制创新和内部治理结构优化，着眼于学科专业结构优化和教育资源配置，全面深化综合改革，提升治理体系和治理能力现代化水平。

（三）切实做好调查研究。各规划编制工作的牵头单位要成立调研组，开展一系列专题研究，全面总结和评估"十三五"时期取得的成就、经验和存在的薄弱环节，分析面临的新情况和新问题，有针对性地提出"十四五"时期的工作思路，为科学编制"十四五"规划提供坚实的理论支撑和科学依据。要学习借鉴同类先进高校的发展经验和成功做法，选准一个或几个标杆学校加强基础调研和信息收集工作，进行解剖研究，在此基础上对我校的改革发展做出前瞻性的思考和预测。要密切关注国家、省、行业、区域的规划与改革动态，结合学校实际，提出一批对全局带动性强的重大项目工程。

（四）牢固树立科学编制思维。要坚持定性与定量目标相结合，切实增强目标体系设计的科学性，注重远近结合，既要树立国际视野，以5年为主，明确到2025年的重点任务目标、实现目标的方式方法、保障措施和支撑因素等，又要着眼于未来，合理规划布局，为可持续发展开拓空间。规划方案形成后，要积极主动听取社会各界、各方面的意见和建议，集思广益，群策群力，提高规划的科学性、系统性、前瞻性和可操作性。

三、规划体系

学校"十四五"规划由总体规划、专项规划和学院（校区）规划3部分组成。

（一）总体规划

《临沂大学"十四五"发展规划》。总体规划是指导学校改革发展的宏伟蓝图和行动纲领。

（二）专项规划

根据学校发展实际，确定制定以下8个"十四五"专项规划：

1. 学科建设规划；
2. 人才培养规划；
3. 科学研究规划；
4. 师资队伍建设规划；

5. 国际交流合作规划；
6. 校园建设规划；
7. 资源建设管理规划；
8. 财务运行保障规划。

专项规划为实现学校总体规划提供服务和支撑，应与总体规划有机结合。专项规划作为单独的规划文件，应为总体规划中至少1个目标的实现提供条件和保障。

（三）学院（校区）规划

各学院（校区）依据总体规划与专项规划，结合本单位实际，单独编制发展规划，并参与学校相关规划编制。

四、组织机构

（一）领导小组

成立临沂大学"十四五"规划编制工作领导小组，负责领导和协调规划编制的各项工作。

组　长：王焕良　杨　波
副组长：刘占仁（常务）
　　　　孙常生　张立富
　　　　张书圣
　　　　马凤岗　池福安　张洪东
成　员：学校相关职能部门和学院（校区）主要负责人

领导小组办公室设在发展规划处，刘恩允兼任办公室主任，负责规划编制的组织协调、方案的推进落实和各项规划的汇总审议，抓好节点进度，确保各项工作有条不紊开展。

（二）咨询小组

成立临沂大学"十四五"规划编制工作咨询小组，邀请部分高等教育专家和关心学校发展的社会各界人士、校友参加，对学校规划编制工作提供咨询和指导。

（三）工作小组

成立总体规划、专项规划、学院（校区）规划编制工作组。工作组在规划编制领导小组的统一领导下，负责对"十三五"规划执行情况进行总结，开展学习调研，提出"十四五"规划编制的基本思路，论证起草规划文本。各工作小组由校领导分管、职能部门牵头，相关部门参与，共同完成规划编制工作。

学院（校区）同时成立由党政主要负责人任组长的编制小组，负责本学院（校区）规划的调研、论证和编制。

五、任务分工

规划体系及起草小组分工表

规划体系		分管领导	牵头单位	协同部门
总体规划		刘占仁	发展规划处	规划编制领导小组各成员单位
专项规划	学科建设规划	张书圣	学科建设办公室	各相关职能部门
	人才培养规划	马凤岗	教务处	
	科学研究规划	张书圣 池福安	科学技术处 社会科学处	
	师资队伍建设规划	马凤岗	人事处	
	国际交流合作规划	池福安	国际交流与合作处 国际教育交流学院	
	校园建设规划	孙常生 张立富	基建处 网络中心	
	资源建设管理规划	孙常生	资产管理处 基建处	
	财务运行保障规划	张书圣	财务处 审计处	
学院（校区）规划		各学院（校区）		

注：1. 排名首位的牵头单位负责人作为第一责任人，负责专项规划文本的提交工作。
　　2. 校园建设规划包括校园基本建设规划和智慧校园建设规划，由基建处和网络中心分工负责。

六、工作步骤和进度安排

（一）总体规划和专项规划编制

1. 启动阶段：2020年7月初。召开动员部署会，组建学校"十四五"规划编制工作小组和专项规划、学院（校区）规划编制工作小组，确定规划编制工作方案，启动规划编制工作。

2. 前期准备与调研阶段：2020年7月底。开展规划前期课题研究，着重调研各领域存在的重点难点和瓶颈问题，各专项规划工作小组形成规划编制基本思路和规划框架，并向学校领导小组作专题汇报。

3. 确定总体思路阶段：2020年9月下旬。根据学校研究的意见，结合"十三五"规划执行情况和各单位建议，规划编制工作小组形成总体规划思路，报学校党委审定。

4. 规划文本起草阶段：2020年12月。各小组结合学校总体规划思路，起草并形成学校"十四五"总体规划和专项规划草案。其中，各专项规划于2020年11月底基本形成初稿，供总体规划编制参考。在各专项规划基础上，形成总体规划初稿。

5. 征求意见和论证修改阶段：2021年3月底。按照从下到上原则，通过各种形式，广泛征求社会各界及全校师生对总体规划与专项规划草案的意见和建议，并根据征求的意见建议进行修改完善后，提交学校教代会审议。

6. 规划审议与报批阶段：2021年4月。根据教代会审议意见，形成"十四五"总体规划审议稿，提交校长办公会审议，校党委审定，按程序报山东省教育厅审核备案。各专项规划经学校学术委员会或相关委员会审议后，报学校规划编制工作领导小组办公室备案。

7. 规划发布与宣传阶段：2021年5月。及时通过各种形式向校内外发布宣传"十四五"规划，组织传达学习，营造规划实施的良好氛围。

（二）学院（校区）规划编制

学院（校区）的编制工作与学校总体规划和专项规划同步开展，在广泛调研的基础上，形成规划草案，待学校总体规划和专项规划确定后，进行进一步修改完善，提交学院（校区）教代会审议、学院（校区）党政联席会审定、联系校领导审核，报学校规划编制工作领导小组办公室备案。

七、工作要求

（一）健全工作机制。各小组尽快制定内部工作方案，形成有效的工作协调机制。规划编制涉及面广，各部门要密切配合，加强合作和信息共享。

（二）强化规划衔接。在编制过程中，总体规划、专项规划与学院（校区）规划要有序衔接，确保三级规划指导思想、目标任务、政策措施协调一致。

（三）凝聚多方智慧。规划编制过程中，要提高透明度和社会的参与度，充分调动全校师生员工的主动性和积极性，通过开辟网站专栏、开设校报专题、刊登公开信、设立公开电话和公共邮箱等方式，利用学校官方微博、微信等新媒体，广泛征集各方面意见建议。

（四）充分发扬民主。对涉及全局的重大事项要开展不同层次的座谈会，深入征求师生意见建议，特别要注重吸纳专家教授的意见和建议，确保规划制定过程成为凝心聚力、统一思想、达成共识的过程，从而实现凝聚人心、振奋精神、促进发展。

附件：
1. 专项规划编写参考提纲
2. 学院（校区）发展规划编写参考提纲

附件1
专项规划编写参考提纲

一、"十三五"期间基本情况

（一）取得的主要成绩。对本领域"十三五"期间的发展情况、规划完成情况进行全面评估总结，客观评价发展实际水平。

（二）存在的主要问题。理清目前存在的难点问题、薄弱环节。

二、面临的形势分析

在深入调研的基础上，全面分析国家、全省和区域经济社会发展新形势、新要求，分析本事业领域目前面临的新情况、新任务，分析面临的机遇、主要的制约因素及挑战等。

三、指导思想与总体目标

（一）指导思想

（二）发展目标

明确"十四五"重要发展目标，坚持定性与定量目标相结合，对重要的监测与评价指标提出具体量化要求。

四、主要任务

围绕总体目标，提出"十四五"期间的主要任务、政策措施、实现路径。

五、保障措施

明确实现目标任务的主要组织保障、制度保障、经费保障、物质保障等。

附件2
学院（校区）发展规划编写参考提纲

一、发展形势分析

主要介绍学院（校区）的概况、"十三五"主要成绩及存在的问题、发展机遇与挑战分析等。

二、指导思想与发展目标

明确"十四五"时期总的指导思想、学院（校区）的发展目标定位以及主要的发展指标等。

三、主要任务

按照二级办学的要求，提出"十四五"期间学院（校区）在教育教学、学科建设、师资队伍建设、科学研究和平台建设、社会服务、国际交流与合作、实验室建设等方面的发展重点、主要任务指标、实现措施路径等，体现学院（校区）的发展特色。

四、保障措施

结合本学院（校区）发展实际，特别是要结合存在的问题，有针对性地提出各方面的保障措施。

临沂大学校长办公室
关于印发《临沂大学本科专业人才培养方案管理办法（修订）》的通知

临大校办发〔2020〕14号

各部门、各单位：

《临沂大学本科专业人才培养方案管理办法（修订）》已经2020年第20次校长办公会研究通过，现印发给你们，请结合实际贯彻执行。

临沂大学校长办公室
2020年10月14日

临沂大学本科专业人才培养方案管理办法（修订）

第一章 总则

第一条 人才培养方案是贯彻党和国家的教育方针、实现人才培养目标的重要保证，是学校组织和指导教学工作的基本遵循。为规范人才培养方案的内容制定（修订）、变更与实施，结合实际，制定本办法。

第二条 指导思想。以习近平新时代中国特色社会主义思想为指导，全面贯彻党的教育方针，落实立德树人根本任务。坚持"以人为本"，主动对接社会经济及行业需求，构建科学、合理的人才培养体系，培养基础理论扎实，富有创新精神和创业能力，具有沂蒙精神特质和国际视野的高素质应用型人才。

第三条 遵循高等教育教学基本规律和学校办学定位，并坚持以下原则。

（一）把握政治方向。坚持人才培养正确政治方向，贯彻国家和社会改革发展的重大战略，落实国家相关教育政策和改革要求。

（二）对接行业需求。多种渠道了解行业对人才培养的需求，明确本专业人才在知识、能力、素质和价值观上应达到的要求，使专业培养目标对接行业发展需求。

（三）对接专业认证。贯彻成果导向教育理念，使人才培养方案的课程体系支撑毕业要求，毕业要求支撑培养目标。

（四）以学生为中心。坚持以学生为中心，将满足学生学习需要、支持学生全面成长作为教育教学工作立足点。

（五）强化实践训练。完善实践培养体系，确保各类专业实践教学必要的学分（学时）。推进实践教学与第二课堂活动相结合的新模式，强化专业实践训练，提升学生创新实践能力。

第四条 本办法适用于我校全日制普通本科专业。

第二章 人才培养方案的主要内容

第五条 本科专业人才培养方案的主要内容包括：培养目标、毕业要求、学制、主干学科、授予学位、学分要求、课程设置及学分分配、毕业要求对培养目标的支撑关系、课程体系对毕业要求的支撑关系、教学进程计划、课程选读指导性说明等内容。

（一）培养目标。根据学校发展定位、社会经济发展需要以及相关领域发展趋势制定培养目标。培养目标应反映学生毕业后5年左右从业的专业领域、职业特征和具备的职业能力，要体现培养德智体美劳全面发展的社会主义建设者和接班人的教育目的。

（二）毕业要求。根据人才培养目标界定对本专业毕业生知识、能力、素质和价值观的明确要求，并将毕业要求细化为可观测和可衡量的指标点。

（三）课程体系。以毕业要求为依据，确定课程体系结构，每一门课程均应有效支撑毕业要求的达成。

（四）课程体系对毕业要求的支撑关系。每门课程均应纳入课程体系与毕业要求的关系矩阵，关系矩阵应体现课程体系对所有毕业要求的合理支撑，并明确每门必修课程对毕业要求指标点的支撑度。

（五）教学进程计划。教学进程计划是学生4年课程学习的总体安排，包括课程类别、课程性质、课程名称、课程编号、学分、学时数等项目。课程体系应符合知识逻辑和学生认知规律，各学期课程安排应遵循教学任务均衡原则。

第三章 人才培养方案的修订（制定）

第六条 人才培养方案的修订（制定）应遵循成果导向、持续改进的原则，并根据毕业要求达成度评价结果及其对培养目标的支撑情况适时修订，一般4年修订1次。具体程序如下。

（一）学校提出指导性意见。根据上级文件精神，教务处制定学校修订（制定）人才培养方案的指导性意见，经校长办公会研究同意后下发执行。

（二）教务处负责通识课程的论证与设置。教务处根据学校的指导性意见，组织专家论证、审定通识课程的设置，并根据学科属性和学院业务范围分配通识课程教学任务。

（三）学院负责修订（制定）人才培养方案。学院根据学校的指导意见，深入调研国家与区域经济发展需要，广泛征求专业教师、行业专家及用人单位等利益相关者的意见，确定人才培养目标，制定毕业要求，优化课程体系，使课程体系更精准地支撑毕业要求的达成。

（四）人才培养方案的论证与审批。第一，在广泛征求行业专家、用人单位和毕业生等多方意见的基础上，由学院教授委员会审核培养方案；第二，教务处统一组织专家论证新版培养方案；第三，学校审批，教务处提交学校教学指导委员会审议，报校长办公会批准后发布执行。

（五）学院修订（制定）教学大纲。根据新版人才培养方案要求，按照成果导向的理念，学院组织修订（制定）课程教学大纲。

第四章　人才培养方案的执行

第七条　专业人才培养方案一经学校批准，必须严格执行，不得随意改动，以保证人才培养方案实施的连续性、稳定性。人才培养方案的执行由教务处组织、协调和监督，各学院负责具体实施。

第八条　各学院要认真填写教学计划执行表，并于每学期结束前1周内将下学期的教学计划执行表通过教务管理平台输出打印，院长签字并加盖公章后报教务处备案，学校主管教学的校领导批准后执行。学院应认真核查教学执行计划表，确保其准确、合理，教务处汇总后存入学校档案馆。

第九条　人才培养方案实施过程中，教务处会同教学质量监督与评估办公室、学生工作部（处）和学院通过学生评教、教学检查、教学督导、教师评学、领导听课、师生座谈会等方式，加强教学质量监控。

第十条　在执行人才培养方案过程中，凡漏排、重排、错排课程及无故拖延排课进度者，按学校教学事故界定及处理有关规定对学院及相关责任人进行处理。

第五章　人才培养方案调整

第十一条　人才培养方案在执行过程中不可随意更改，确需调整的按相关程序进行论证、审批和备案。

第十二条　人才培养方案调整主要指课程调整，包括新增课程、取消课程、变更课程3种方式。其中，更改课程名称、开课学期、学时学分、课程属性等情况，均属变更课程的范畴。

第十三条　人才培养方案的调整须按以下程序报备。

（一）通识课程（含通识必修课程、通识选修课程模块）的调整，由教务处组织有关专家论证审定，报主管教学的校领导批准。

（二）专业课程的调整，由专业负责人提出申请，教授委员会审议论证，教学副院长审核、院长批准；学院应于每学期第11周前提出变更申请，并填写《临沂大学人才培养方案执行计划变更申请表》，经院长签字、学院盖章后，报教务处备案。

（三）专业课程有较大调整的，按照人才培养方案修订（制定）相关程序重新论证、审核。

第十四条　未经审批自行调整人才培养方案，或因工作疏忽未按计划执行人才培养方案，按学校教学事故界定及处理有关规定处理。

第六章　人才培养方案档案管理

第十五条　教务处和各学院要做好人才培养方案相关档案材料的管理和归档工作，保证培养方案相关档案材料的完整、准确。

第十六条　学院要指定专人负责本学院各专业人才培养方案的档案管理。档案管理人员调整时，须移交如下材料。

（一）学院各专业人才培养方案；

（二）学院各专业人才培养方案执行情况的原始资料；

（三）学院各专业人才培养方案的修订、论证、审批等原始材料；

（四）其他有关教学档案。

第七章　附则

第十七条　本办法由教务处负责解释。

第十八条　本办法自公布之日起执行，《临沂大学本科专业人才培养方案管理办法》（临大校办发〔2019〕27号）同时废止。

附件：

1.临沂大学人才培养方案执行计划变更申请表（略）

2.临沂大学人才培养方案调整审批表（略）

中共临沂大学委员会
关于印发《巩固深化"不忘初心、牢记使命"主题教育成果的实施方案》的通知

临大发〔2020〕16号

各党委、机关党委各支部：

《中共临沂大学委员会关于巩固深化"不忘初心、牢记使命"主题教育成果的实施方案》已经2020年第三十次校党委会研究通过，现印发给你们，请遵照执行。

中共临沂大学委员会
2020年12月3日

中共临沂大学委员会
关于巩固深化"不忘初心、牢记使命"主题教育成果的实施方案

为深入贯彻习近平新时代中国特色社会主义思想，全面贯彻党的十九大和十九届二中、三中、四中、五中全会精神，持续推动全校党员干部不忘初心、牢记使命，切实增强"四个意识"、坚定"四个自信"、做到"两个维护"，坚持为党育人、为国育才，为推动学校实现高质量发展而努力奋斗，根据中央有关意见，现制定巩固深化"不忘初心、牢记使命"主题教育成果实施方案如下。

一、强化理论武装

1. 落实中心组学习制度。认真落实党委理论学习中心组学习制度，原则上每月不少于1次集体学习，坚持全面系统学、突出重点学、持续跟进学、联系实际学，不断提升党员领导干部理论学习效果。（牵头单位：宣传部）

2. 扎实开展党员干部自学。党员领导干部要根据形势任务的要求，确定个人自学计划和内容，认真学习必要书目，做好学习笔记，撰写学习心得，不断提高自身思想理论水平。（牵头单位：宣传部）

3. 举办中层正副职读书班。学校党委每年至少举办1期中层正副职读书班，根据工作实际列出学习专题，进行集中学习研讨，不断提升干部素质能力，促进学校内涵发展。（牵头单位：组织部）

4. 坚持"三会一课"制度。党员领导干部每年至少到分管领域、联系学院等基层单位或所在党支部讲1次专题党课，党员要按时参加党员大会、党小组会和上党课，通过学典型案例、听理论宣讲，增强学习效果。（牵头单位：组织部）

二、提高党性修养

5. 深化党章学习。把党章作为党员、干部必修课，经常组织学习对照，内化于心、外化于行。把党章学习纳入党员、干部党性教育和领导干部任职培训重要内容。党委理论学习中心组每年安排1次党章集体学习。党支部每年组织1次党章专题学习交流。（牵头单位：组织部、宣传部）

6. 强化对党忠诚教育。坚持和完善重温入党誓词、党员过"政治生日"等政治仪式，通过主题党日等多种形式，教育引导党员、干部强化党的意识、党员意识。（牵头单位：组织部）

7. 加强党纪党规教育。加强党纪党规教育特别是政治纪律和政治规矩教育，不定期开展专题宣讲活动，督促党员、干部强化组织观念，做到"四个服从"。（牵头单位：纪委、监察专员办公室综合处，组织部）

8. 开展"四史"专题教育。开展党史、新中国史、改革开放史、社会主义发展史专题教育，纳入党委理论学习中心组学习和党员干部日常教育培训重要内容，作为党支部"三会一课"和主题党日的重要内容，让党员、干部知史爱党、知史爱国。（牵头单位：宣传部，组织部）

9. 开展革命传统教育。充分利用沂蒙老区红色资源、党性教育基地等，引导广大党员干部从红色文化中汲取力量，补足精神之"钙"，筑牢思想之"魂"，激发前行动力。（牵头单位：宣传部，组织部）

三、改进思政工作

10. 完善"三全育人"机制。全面落实立德树人根本任务，切实加强和改进思想政治工作，健全全员全过程全方位育人体制机制，完善"三全育人"和"五育并举"培养体系，不断提高思想政治工作实效性。（牵头单位：宣传部，教务处）

11. 打造特色育人品牌。传承红色基因、弘扬沂蒙精神，深入挖掘抗大精神、沂蒙精神的育人价值和育人要素，融入校园文化、人才培养、科学研究、社会服务、党性教育，培育"能吃苦、善创新、敢担当、乐奉献"的临大特质，打造和彰显革命老区大学的特色育人品牌。（牵头单位：宣传部）

12. 强化思政课程和课程思政建

设。严格落实党中央关于加强高校思想政治理论课建设的部署要求，不断提高思政课程质量，提升思政课的针对性、时代感和吸引力。推进课程思政，构建"三全育人"新机制，提升专业育人水平。（牵头单位：教务处，马克思主义学院）

13. 加强师德师风建设。强化师德师风建设，教育、引导和监督教师严守高校教师师德"七条红线"、研究生导师指导行为"十不得"，完善教师奖励和荣誉体系，建立师德考核负面清单制度，严格师德师风、教学管理与教学事故"一票否决制"。（牵头单位：教师工作部，研究生工作部）

14. 强化大学生思想政治工作。坚持把立德树人、规范管理的严格要求和春风化雨、润物无声的灵活方式相结合，把思想品德培养渗透融入大学生学习生活的各个环节，引导大学生正确认识时代责任和历史使命，勇做走在时代前列的奋进者和开拓者。（牵头单位：学生工作部）

15. 落实意识形态工作责任制。准确把握新时代意识形态工作新形势新要求，牢牢掌握意识形态工作的领导权、主动权、管理权和话语权，全面落实意识形态工作责任制，严格落实宗教管理政策，强化学生社团管理，加强全校党员干部师生意识形态工作教育引导，严格线上线下工作平台管理，筑牢意识形态工作阵地。（牵头单位：宣传部，统战部，团委）

四、推动担当作为

16. 健全应急工作机制。健全重大突发事件领导班子应急处置机制和党员、干部应急动员发挥作用机制，推动领导班子和领导干部坚守岗位、靠前指挥，引导党员、干部关键时刻冲得上去、危难关头豁得出来、重大斗争中经得住考验。（牵头单位：党委办公室，组织部）

17. 激励干部担当作为。加强治理能力和专业能力培训，强化实践锻炼，提高干部打硬仗、解难题、防风险的能力。健全干部担当作为的激励和保护机制，继续探索干部工作实绩纪实评价制度，把工作绩效作为评价干部的重要组成部分，树立能者上、优者奖、庸者下、劣者汰的选人用人导向。（牵头单位：组织部）

18. 发挥基层党组织和党员作用。扎实推进基层党组织"对标争先"建设，突出政治功能，提升组织力，推动基层党组织全面进步、全面过硬。建立党员先锋岗、责任区，推行设岗定责、承诺践诺，及时宣传表彰先进典型，发挥党员先锋模范作用。（牵头单位：组织部）

19. 加大党员干部问责力度。紧紧围绕抓好党中央、省委决策部署和学校中心任务落实强化监督，对不敢面对问题、触及矛盾，工作长期没有实质性进展、群众反映强烈的问题长期得不到解决的领导班子，对庸政懒政怠政的领导干部，对解决群众困难"推拖绕"的党员、干部，依规依纪依法予以问责。（牵头单位：纪委、监察专员办公室综合处）

五、开展经常性政治体检

20. 开展党员干部"四个对照"。全体党员、干部要经常对照习近平新时代中国特色社会主义思想和党中央决策部署，对照党章党规，对照人民群众新期待，对照先进典型、身边榜样，查找自身在政治、思想、组织、作风、能力、廉洁等方面存在的差距和不足。（牵头单位：组织部，纪委、监察专员办公室综合处）

21. 坚持领导班子"三个摆进去"。各级领导班子要针对巡视巡察、干部考核、专项督查等反馈的意见，联系本单位实际，把自己摆进去、把职责摆进去、把工作摆进去，重点围绕党委领导下的校长负责制落实情况等重大问题集体讨论、查找问题。（牵头单位：组织部，纪委、监察专员办公室综合处）

22. 经常性开展谈心谈话。各级领导班子成员之间、党支部委员之间要经常性开展谈心谈话，交流思想、相互提醒、相互帮助。（牵头单位：组织部，党委办公室）

23. 落实民主生活会、组织生活会制度。严格按照有关规定，认真组织召开民主生活会、组织生活会，探索对院级党委班子民主生活会加强监督的措施，切实把批评和自我批评开展起来。党员领导干部要以普通党员身份参加所在党支部或者党小组组织生活，虚心听取意见，带头开展批评和自我批评。（牵头单位：组织部，纪委、监察专员办公室综合处）

24. 确保问题整改到位。把民主生活会、组织生活会整改工作同党员、干部政治体检中查找出来的问题整改结合起来，针对检视查摆的问题，立查立改，从具体事、身边事、群众最不满意的事改起，整改情况在适当范围内公开，保证问题整改到位。（牵头单位：组织部，纪委、监察专员办公室综合处）

25. 开展常态化专项整治。根据上级党组织的部署安排，综合分析民意收集、信访反映、巡视巡察、调查研究等方面情况，组织开展专项整治。加强部门联动、上下互动，整体推进问题解决，对专项整治不力或搞形式走过场的严肃批评、督促改正。（牵头单位：党委办公室）

六、落实以师生为中心

26. 办实事做好事解难事。各级领导班子要聚焦解决师生最急最忧最盼的问题，制订年度工作计划，纳入教代会（工代会）范围，采取适当方式公开方案、进度和结果，接受群众评价和监督。（牵头单位：

党委办公室〔校长办公室〕，工会）

27. 大兴调查研究之风。各级领导班子要围绕贯彻落实党中央决策部署和当前正在做的事情，着眼解决实际问题，每年研究确定若干重点调研课题。班子成员要结合分管工作调研，自己撰写或主持起草调研报告。调研结束后，领导班子要研究问题症结，提出改革思路，制定工作对策，解决实际问题，切实增强工作的针对性和有效性。要坚持调研的问题导向，加强统筹，改进作风，对发现的问题能解决的马上解决，一时解决不了的要有时限。（牵头单位：党委办公室）

28. 落实联系师生制度。落实领导干部深入基层联系师生制度，建立基层联系点，联系时间一般不少于1年，各层级联系点一般不重复交叉。把工作重心下移到基层单位，全面了解基层单位工作状况和校情民意，主动进课堂、进班级、进宿舍、进食堂、进社团、讲座、进网络，自觉深入一线联系师生，体察校情、关爱学生、答疑解惑、解决问题，推动形成育人合力。（牵头单位：组织部，党委办公室）

29. 开展党员志愿服务。组织党员结合实际参加党组织开展的志愿服务活动，鼓励和引导在职党员到临大社区报到并开展志愿服务活动。把联系服务群众与经常性做好群众思想政治工作结合起来，在解决实际问题中教育引导群众、组织凝聚群众，保持党同人民群众的血肉联系。（牵头单位：组织部）

七、反对形式主义、官僚主义

30. 重点纠治突出问题。重点纠治贯彻落实党中央决策部署装样子、做选择、搞变通，维护群众利益不担当不作为特别是漠视人民群众生命安全和身体健康，发文开会不切实际，落实工作重"形"不重"效"、重"痕"不重"绩"，督查检查考核大范围要台账资料，多头重复向基层派任务要表格等问题。（牵头单位：党委办公室）

31. 构建长效整治机制。把形式主义、官僚主义问题纳入监督检查重要范围，通过明察暗访、监督举报、重点督办等形式，不定期开展监督检查，严肃查处形式主义、官僚主义典型问题。每年要对形式主义、官僚主义问题纠治情况进行自查，加强督促整改。对形式主义、官僚主义的新表现、新动向进行梳理，作为下一年度纠治重点任务，持续深化整治，防止反弹回潮。（牵头单位：纪委、监察专员办公室综合处，党委办公室）

32. 加强学生干部教育管理监督。加强对学生会、学生社团等学生组织的管理和监督，加强对学生干部的教育和引导，坚决防止班级和学生组织中的形式主义、官僚主义。（牵头单位：团委）

八、督促遵规守纪

33. 严明纪律和规矩。教育和监督党员领导干部严守党的政治纪律、政治规矩，严格执行廉洁自律准则、党内政治生活若干准则、重大事项请示报告制度、领导干部个人有关事项报告制度等，知敬畏、存戒惧、守底线。（牵头单位：纪委、监察专员办公室综合处，组织部）

34. 落实民主集中制。严格落实党委会、校长办公会和学院党委会、党政联席会议事规则及"三重一大"决策制度，实施重大事项和重要工作监督，落实领导干部插手干预重大事项记录制度，确保公正用权、依法用权、为民用权、廉洁用权。（牵头单位：党委办公室，纪委、监察专员办公室综合处）

35. 落实中央八项规定精神。继续加大对落实中央八项规定及其实施细则精神情况的监督检查，紧盯关键少数，深挖细查各种隐形变异现象，对顶风违纪现象从严查处。（牵头单位：纪委、监察专员办公室综合处）

36. 大力开展警示教育。抓住"关键少数"，压紧压实管党治党政治责任，对新任职党员领导干部及时开展廉政谈话。通过开展廉政专题报告、观看专题教育片、开展德廉知识测试等形式，推动廉洁警示教育常态化。探索运用教育新途径，开展"以案说纪""以画释纪"等系列活动，以案明纪、以案促改。（牵头单位：纪委、监察专员办公室综合处）

37. 注重家庭家教家风。反对特权思想和特权行为，全面规范领导干部配偶、子女及其配偶经商办企业行为，引导和督促领导干部主动规范、自我规范。组织开展家庭家教家风建设活动，保持共产党人的高尚品格和廉洁操守。（牵头单位：组织部，纪委、监察专员办公室综合处，工会）

中共临沂大学委员会办公室
2020年12月6日

特

载

在临沂大学"不忘初心、牢记使命"主题教育总结大会上的讲话

王焕良

（2020年1月13日）

尊敬的马安宁组长、王清玉副组长，尊敬的省委第六巡回指导组的各位领导，同志们：

根据中央和省委统一部署，今天我们召开临沂大学"不忘初心、牢记使命"主题教育总结大会，学习贯彻中央、省委主题教育总结大会精神，回顾总结学校主题教育开展情况，对巩固和深化主题教育成果进行安排部署。

1月8日，中央召开"不忘初心、牢记使命"主题教育总结大会，习近平总书记发表重要讲话，从新时代党和国家事业发展的全局和战略高度，充分肯定了主题教育取得的主要成效，对巩固拓展主题教育成果、不断深化党的自我革命、持续推动全党不忘初心使命作出了全面部署，提出了明确要求。习近平总书记的重要讲话，立意高远、视野宏大，思想深邃、内涵丰富，通篇贯穿着马克思主义立场观点方法，充分体现了新时代中国共产党人恪守党的性质宗旨的高度自觉，表明了推进党的自我革命、牢记初心使命的鲜明态度，彰显了我们党永葆先进性和纯洁性的坚定决心，为全面落实新时代党的建设总要求，确保我们党永葆旺盛生命力和强大战斗力提供了根本遵循。1月11日，省委召开"不忘初心、牢记使命"主题教育总结大会，刘家义书记发表重要讲话，回顾总结了全省主题教育开展情况，对标中央要求查找了差距，对进一步巩固和深化主题教育成果进行了安排部署。刘家义书记的讲话，站位高、思考深、高屋建瓴、用意深远，贯彻了习近平总书记关于主题教育的重要论述，落实了中央主题教育总结大会精神，对全省进一步提高政治站位，以永远在路上的精神，坚决落实好"六个必须"的要求，切实把"不忘初心、牢记使命"熔铸到血脉中、落实到行动上，提出了明确要求。我们要深刻学习领会，切实把思想和行动统一到习近平总书记的重要讲话和中央、省委的会议精神上来，结合实际抓好贯彻落实。

我校主题教育开展以来，在省委第六巡回指导组的有力指导督导下，全校各级党组织聚焦主题主线，按照"守初心、担使命、找差距、抓落实"的总要求，紧扣"理论学习有收获，思想政治受洗礼，干事创业敢担当，为民服务解难题，清正廉洁作表率"的目标，紧密结合学校实际，聚焦为党育人、为国育才这一根本要求，统筹推进学、研、查、改4项重点措施，坚持党委带头，坚持"规定动作"做到位、"自选动作"创特色，高标准、高质量、创造性开展了主题教育，圆满完成了各项工作任务。

一、强化举旗铸魂固本，提升了理论学习境界

（一）坚持聚焦主题学。把学懂弄通做实习近平新时代中国特色社会主义思想作为主题教育的首要任务，为党员干部配发《学习纲要》《选编》《摘编》等学习资料4500余份，组织党员干部制订学习计划，认认真真读原著、学原文、悟原理，自觉对标对表，及时校正偏差。深化学习交流，校级及中层班子按照8个专题安排，开展集体学习研讨367次。举办为期5天的专题读书班，全校中层以上干部集中封闭学习，68人次请假人员一律集中补课。通过集中学、封闭学和系统学、重点学，有效推动了学习往深里走、往心里走、往实里走，有效解决了学习不深入、落实不到底等问题，信仰之基更加牢固，精神之钙更加充足。

（二）坚持及时跟进学。将学习党的十九届四中全会精神及时纳入学习教育内容，分别开展校院两级理论中心组学习、省委宣讲团成员宣讲、高教研究专家专题报告等学习活动，组织89名领导干部参加全省专题学习班，深化了党员干部对国家制度和提高干部治理能力的认识，强化了理想信念和使命担当，大家越学认识越清晰，越学干劲越充足。

（三）坚持引领学生学。将学习教育向青年学生延伸，在团员青年中开展"不忘初心跟党走、牢记使命建新功"主题教育，与庆祝新中国成立70周年相结合，举办"共读一本书"、党史国史电视知识竞赛、爱国歌曲大合唱、参观网上展厅成就展等"五个一"系列活动，激发了广大青年学生爱党爱国热情，新华网作了典型报道。

二、强化传承红色基因，锤炼了政治忠诚品质

（一）突出传承红色基因。牢记革命老区大学的神圣使命，学校各级党组织充分运用沂蒙红色文化资源，突出传承抗大基因、弘扬沂

蒙精神特色，搭建线上线下学习实践平台，创新开展主题党日、志愿服务等"七个一"项目，创作排演了大型艺术党课《初心》、专题党课《青春榴火》和原创大型民族管弦乐《沂蒙史诗》，开展了"重走抗大路"等革命传统教育活动85次。"两种精神"成为办学治校的宝贵财富，已经内化为师生的思想认同和价值追求。

（二）**突出对标先进榜样。**邀请时代楷模王传喜、郭永怀事迹报告团作先进事迹报告，开展学习优秀校友伦学冬舍身救人事迹专题活动，观看《榜样4》《喜盈代村》等影视作品，开展学习榜样活动95次。通过学习先进榜样，广大党员干部增强了为党分忧、为国奉献、为民造福的责任感和使命感。

（三）**突出形势政策教育。**邀请临沂市委书记王玉君来校作思政和形势政策专题报告，开展形势政策教育74场次，引导师生更加清楚地认识当前国际国内形势，更好地保持战略定力，切实担起责任和使命，提高了应对各种风险挑战的意识和能力。

三、强化推动内涵提升，激发了担当作为干劲

（一）**聚焦为党育人、为国育才根本使命。**学习贯彻习近平总书记关于教育工作、关于红色基因传承等重要论述，聚焦立德树人根本任务，将深化"三全育人"改革作为集中攻坚项目，组织召开"三全育人"工作会议，制定"1+9"配套文件，构建全员育人、协同育人、特色育人"大思政"体系，《中国教育报》《山东教育》《大众日报》等媒体作了重头报道，彰显了革命老区大学的育人特色品牌。

（二）**聚焦作风建设突出问题。**认真落实省委确定的9项专项整治任务，梳理确定16个专项整治项目，制定印发了专项整治工作方案，开展了形式主义、官僚主义专项整治，整改问题现象21项，文件、会议同比减少1/3以上，干部作风明显好转，干事创业氛围不断浓厚。

（三）**聚焦内涵提升制约瓶颈。**围绕制约内涵发展的关键问题，对标"双一流"建设，聚焦学科、专业和人才三大重点，从优化结构、强化特色、提升质量入手，制定特色优势学科团队建设方案，明确七大重点建设学科领域，探索实施学科长制度，加大力度引进院士和首席专家，强力推进专业认证工作，国家和山东省一流专业建设点实现重大突破。在主题教育过程中，共查找问题870项，确定重点整改项目299个，及时通报整改情况，基本完成273个项目整改，有效破解了发展难题，释放了改革活力，厚植了特色优势。

（四）**聚焦加快治理体系和治理能力现代化。**贯彻党的十九届四中全会精神，深化内部治理改革，完善了学分制管理，启动了"一次办好"改革和智慧校园规划建设工作，研究制定领导班子成员经常性沟通协调制度、学院办校试点改革方案等16个制度性文件，我校被评为大众网2019年度山东最佳社会声誉高校。

四、强化解决师生急需，筑牢了服务师生宗旨

（一）**把师生关心关注作为第一信号。**校党委设立专门电话、专门邮箱、专门意见箱、专门征求意见表，召开各层面专门座谈会，畅通"五专通道"，集中座谈14次，个别交流500余人次，征集基层意见82条，并主动到政府部门、企事业单位、理事会单位和家长、校友等群体调研，形成调研报告9份，各中层正副职形成调研报告140份，召开调研成果交流会59场次，以学生为中心的办学理念更加深入人心，有力推动了"四个回归"。

（二）**把解决师生最急最忧最盼作为第一要求。**开展了漠视群众利益问题专项检查，梳理建立了"四个清单"，聚焦师生反映集中的后勤服务迟滞、财务报销烦琐、电动车充电不便、家属区出入口拥堵、个别路段路灯不明、离退休人员活动场所不足等16个问题，进行了即知即改。广大党员干部想师生之所想，急师生之所急，通过实实在在的行动，拉近了与师生的距离，切实让师生感到了组织的温暖。

（三）**把师生满意作为整改第一标准。**妥善解决了2012年以来1041名教师的备案遗留难题，筹集资金发放了2018年度考核奖励；在师生服务大厅安装了网上自助报销投递设备，切实解决了财务报销"排长队"问题；新增9处、590个充电桩，解决了学生电动车充电难问题；将进校车辆管理关口前移，成立校园交通疏导志愿服务队，缓解了高峰期部分路段拥堵问题；更新更换西南门路段22组校园路灯；改善学生考研学习条件等举措，切实增强了师生的获得感和幸福感。

五、强化净化政治生态，巩固了管党治党成果

（一）**着力推动思想政治受洗礼。**把政治建设摆在突出位置，组织广大党员干部对照党中央决策部署、对照党章党规、对照师生新期待、对照先进典型身边榜样，找差距、摆问题，把开好专题民主生活会和组织生活会作为检验主题教育成效、检验党员干部先进性纯洁性的重要标尺，撰写检视剖析材料198份，让广大党员干部经受了一次严肃的党内政治生活锻炼。

（二）**着力整改深层次问题。**针对高校重点整改的5个方面问题，结合学校实际，组织开展"5+1"问题专项检视查摆，形成专项报告33份，深化了问题整改，巩固了学校全面从严治党的成果，有力推动了全面从严治党向纵深发展。

（三）着力巩固良好政治生态。组织到临沂市沂蒙革命纪念馆、廉政教育馆等教育基地，开展教育活动63批次。通过深入开展廉政警示教育，让广大党员进一步认清了我是谁、为了谁、依靠谁的问题，进一步提高了依法依规依纪治校的思想认同和行动自觉，增强了忠诚干净担当的主动性和自觉性。

六、强化领导干部带头，确保了主题教育成效

（一）坚持以上率下。校党委开展"四个认领"，即每位校领导至少认领一个调研课题、一个重点任务、一个帮包院级党委、一个整改项目，并做到"五个带头"，即带头开展学习、带头调研交流、带头检视问题、带头整改落实、带头上党课，引领各级党员领导干部认真履行责任，结合学习教育、调查研究成果，讲专题党课152次，在各个层面统一了思想，凝聚了共识，激发了干劲。

（二）坚持分类指导督导。坚决防止上热中温下冷现象，坚持校院两级主题教育同谋划、同部署、同落实，将主题教育成效作为检验过硬党支部的标准，确保党员全跟进、实现全覆盖。抽调骨干力量组建工作专班，成立6个巡回指导小组，对全校主题教育统一标准、精心指导、严格把关，请师生参与、监督、评判，及时发现和解决问题，确保主题教育取得有序有效推进。

（三）坚持舆论宣传引导。充分利用传统媒体和新媒体，开辟专题、专栏，深入宣传党中央精神、省委部署和学校安排，及时反映主题教育的进展成效，推广典型案例35个，刊发基层动态91条，上报新闻素材75个，形成了主题教育的浓厚氛围。中央督导组来校调研时，对我校主题教育工作给予了充分肯定。

我校主题教育取得的显著成效，是李喆同志带领学校党委一班人和全校党员干部共同努力的结果。在此，向李喆同志表示由衷的敬意，向学校党委班子、各级党组织、广大党员干部表示衷心的感谢！

3个月来，省委第六巡回指导组的各位领导，始终坚持高标准、严要求，以高度负责的工作态度和敬业精神，深入学院、支部、师生，对我校主题教育给予了全面、及时、耐心、细致的指导，确保了我校主题教育成效，体现了对我们这所革命老区大学的关心厚爱。在此，让我们用热烈的掌声，向省委第六巡回指导组的各位领导致以崇高的敬意和由衷的感谢！

在充分肯定成绩的同时，也要清醒看到存在的问题。习近平总书记指出，有的领导干部理论学习不深、不透、不系统，学用脱节，运用党的创新理论推动工作的能力不足；有些问题的整改还没有到位，一些深层次矛盾和问题还没有从根本上破解；有的基层党组织建设还比较薄弱，联系服务党员群众的机制还不够健全顺畅；有的地方仍然存在形式主义、官僚主义，急于求成、急功近利，增加基层负担。刘家义书记指出了山东存在的问题，一是政治站位不高，标准要求不严；二是落实中央决策部署不到位；三是问题整改还没有到边见底；四是激励干部担当作为不力，存在精神懈怠。这些问题，在我们学校都有存在，有的还比较突出，主要表现在：一是学习贯彻习近平新时代中国特色社会主义思想仍然存在层层衰减现象，特别是在用党的创新理论教育、引领学生健康成长方面还存在薄弱环节；二是贯彻落实习近平总书记重要指示批示精神和党中央决策部署与实际工作结合不够紧密，在理论指导向立德树人实践转化上还不迅速、不到位、不彻底；三是干部队伍结构化矛盾在短时期内还难以消化，本领恐慌、无所适从、消极等待、过度依赖、不善创新等问题在干部队伍中还时有出现；四是有的形式主义、官僚主义顽疾尚未根除，影响党的先进性纯洁性的因素仍然存在，全面从严治党的任务仍然十分艰巨。

"不忘初心、牢记使命"主题教育，是党的十九大作出的重大部署，是习近平总书记亲自谋划、亲自指导、亲自推动的。通过深入开展主题教育，大家普遍感觉到，一是必须把不忘初心、牢记使命作为加强党的建设的永恒课题，作为全体党员干部的终身课题，常抓不懈。初心不会自然保质保鲜，稍不注意就可能蒙尘褪色，久不滋养就会干涸枯萎。我们要时刻牢记初心使命，时刻牢记我是谁、为了谁、依靠谁，时刻牢记只有把师生的利益维护好、学校才能发展好，聚焦为党育人、为国育才，强化特色优势，提升内涵质量，努力办好人民满意的大学。二是必须解决好思想建党、理论强党的问题。政治上的坚定来源于理论上的清醒，我们要坚持用党的创新理论武装头脑，聚焦习近平新时代中国特色社会主义思想，坚持持续深入学、及时跟进学、融会贯通学，努力做到学思用贯通、知信行统一，不断增强"四个意识"、坚定"四个自信"、做到"两个维护"，在思想上政治上行动上同以习近平同志为核心的党中央保持高度一致，确保中央、省委决策部署在我校落地开花，努力打造政治过硬、本领高强的干部队伍。三是必须把主题教育成果固化为制度成果，建立不忘初心、牢记使命的制度，推动"守初心、担使命，找差距、抓落实"形成常态、见到长效，把党员干部在主题教育中激发出的热情，更好转化为推动学校高质量发展的实际成效。四是必须坚持把压实责任作为重要保证，把主体责任扛起来，突出"关键少数"，带动"绝大多数"，充分发挥以上率下作用，一级抓一级，层层抓落实，以政治担当彰显初心使命。

同志们，习近平总书记强调，不忘初心、牢记使命，是加强党的建设的永恒课题，是全体党员、干部的终身课题。为贯彻落实好中央和省委总结大会精神，落实好"六个必须"的要求，进一步巩固主题教育成果，结合学校实际，我代表党委讲五点意见。

第一，要强化理论武装，进一步夯实政治根基。 各级党组织要把学习习近平新时代中国特色社会主义思想作为当前和今后最重要的政治任务，持续用力、抓深抓实，继续创新学习方式、丰富学习内容，及时跟进学习习近平总书记重要讲话文章和重要指示批示精神，发挥好理论中心组先学、带学、促学作用，拓展利用"沂蒙大讲堂"、专题读书班、专题辅导、专题教育、专题培训等渠道，用好用活"学习强国""灯塔—党建在线"等综合学习服务平台，在主动深入学、全面系统学、学用结合学上下功夫，引领全校党员干部师生自觉用习近平新时代中国特色社会主义思想武装头脑、指导实践、推动工作，用马克思主义中国化最新成果统一思想、统一意志、统一行动，持续增强"四个意识"，坚定"四个自信"，做到"两个维护"，绝对忠诚于以习近平同志为核心的党中央，绝对忠诚于党的信仰，绝对忠诚于党的事业，把不忘初心、牢记使命作为一辈子的追求，努力把初心使命变成锐意进取、开拓创新的精气神和埋头苦干、真抓实干的原动力。

第二，要提高政治站位，进一步抓好问题整改。 各部门各单位要对主题教育专项整治任务和检视查摆的问题，一项一项盘点梳理，深入分析研判整改情况，实事求是评估成效，适时开展整改情况"回头看"，对新发现的问题一并纳入整改，对整改效果不理想、师生不满意的要"回炉""补课"。各级领导班子和领导干部要自觉履职尽责，从自身存在的问题改起，主动示范引领，立好标杆、当好表率，在牵头协调、预判研判上下功夫，在加强指导、跟踪督查上下功夫，在工作回顾、巩固成效上下功夫，在完善制度、形成长效上下功夫，确保问题一个一个整改到位，以问题整改推进各项工作不断迈上新台阶。要强化担当作为，弘扬务实作风，对标先进，真抓实干，始终保持追求卓越的境界，始终保持迎难而上的担当，始终保持一干到底的激情，始终保持常抓不懈的韧劲，逢山开路，遇水架桥，营造干事创业的浓厚氛围，努力推动学校实现高质量发展。

第三，要聚焦根本任务，进一步提升育人质量。 作为革命老区大学，践行党的初心使命，就是要深入学习贯彻习近平总书记关于高等教育的重要论述，落实立德树人根本任务，坚持"三全育人"，着力解决好"培养什么人，怎样培养人，为谁培养人"这一根本问题，努力为党育人，为国育才。要传承抗大基因，弘扬沂蒙精神，将"两种精神"融入思政教育体系和人才培养全过程，深入挖掘育人资源，不断丰富育人载体，构建完善三全育人的体制机制，彰显革命老区大学的育人特色。要不断加强大学生思想政治教育，贯穿人才培养体系全过程，用"四个意识"导航，用"四个自信"强基，用"两个维护"铸魂，强化师德师风建设，把立德树人成效纳入考核重要指标，努力将临大学子培养成为坚定听党话、跟党走，德智体美劳全面发展的社会主义建设者和接班人。

第四，要勇于自我革命，进一步深化全面从严治党。 要坚持真理、修正错误，敢于正视问题、克服缺点，勇于刮骨疗毒、去腐生肌，以正视问题的勇气和刀刃向内的自觉不断推进党的自我革命。要认真落实全面从严治党责任制度，严格贯彻党委领导下的校长负责制，抓好学院党委会、党政联席会议制度执行情况的指导和监督，完善开门决策制度体系，强化党的民主集中制建设，严格程序科学决策，构建党委统一领导、党政分工合作、协调运行的工作机制。坚持新时代党的组织路线，健全党管干部、选贤任能的体制机制，调优调顺干部队伍，加大对优秀年轻干部的发现培养和选拔力度，加强干部梯队建设，优化干部队伍结构。进一步规范党内政治生活，严格执行党章党规，严明政治纪律和政治规矩，严格监督执纪问责，完善权力运行制约和监督机制，形成有权必有责、用权必担责、滥权必追责的制度安排。各级领导干部要模范遵守党的纪律和各项制度规定，正确处理好公与私的关系，努力做到公私分明、先公后私、大公无私，做到一切出于公心，一切以事业为重，一切按规矩办事，绝对不做违反纪律和规定的事，绝对不做不利于学校事业发展的事，绝对不做损害师生利益的事，带头营造学校风清气正的政治生态。要持之以恒纠治形式主义、官僚主义，坚决克服不愿担当、不敢担当、不会担当的问题，在有效应对重大挑战、抵御重大风险、克服重大阻力、解决重大矛盾中冲锋在前、建功立业。

第五，要构建长效机制，进一步提高治理能力。 深入贯彻落实党的十九届四中全会精神，围绕落实上级重大部署和攻坚克难重点任务，全面加强制度建设，把"当下改"与"长久立"结合起来，提高制度意识，强化制度执行，创新工作机制，再造办事流程，着力解决师生反映强烈的突出问题，构建起符合我校实际的系统完备、科学规范、运行高效的制度体系，推进学校治理体系和治理能力现代化，把办学治校的制度优势转化为治理效能，促进学校事业高质量发展。要形成不忘初心、牢记使命的制度，将学习教育固化为日常自觉，将调查研究固化为常态工作方法，将检视问题固化为问题导向，将整改落实固化为监督考核重点。要坚定走内涵式发展道路，着力破解制约内涵发展的体制机制障碍，继承和发扬学校各个办学时期形成的优良传统，一张蓝图绘到底，一茬接着一茬干，不断提高现代大学治理能力和办学治校水平。

同志们，习近平总书记告诫我们，不忘初心、牢记使命不是一阵子的事，而是一辈子的事。让我们在习近平新时代中国特色社会主义思想指引下，在省委省政府的坚强领导下，以主题教育为新的起点，始终做到初心如磐，切实担负起为党育人、为国育才重大使命，只争朝夕，不负韶华，努力办好人民满意的大学，向党和人民交出一份满意的答卷！

最后，让我们再次用热烈的掌声向省委第六巡回指导组的各位领导表示感谢！新春佳节来临之际，借此机会，我代表学校党委，向指导组各位领导、全校党员干部和广大师生，离退休老同志和海内外校友，致以新春的问候和美好的祝福！祝大家阖家幸福、万事如意、新春快乐！

谢谢大家。

在临沂大学党委扩大会议暨应对新型冠状病毒感染肺炎疫情防控专题会议上的讲话

王焕良

（2020年1月31日）

同志们：

今天是大年初七，先向大家拜个年！春节期间，新型冠状病毒感染的肺炎疫情暴发。大年初一，习近平总书记召开会议对防控工作作出超强部署，亲自部署、亲自指挥。李克强总理亲赴武汉考察指导防控工作。刘家义书记也对全省防控工作作出部署安排，省教育工委、省教育厅天天调度。疫情出现后，我校党委、行政高度重视，积极贯彻落实中央和省委部署，第一时间作出安排，特别是指挥部的同志们，第一时间到岗到位，迅速反应，周密部署，全面动员，科学防控，各项工作有条不紊，校园保持平安稳定，为学校筑牢了坚固防线。在此，我代表学校党委，向春节假期战斗在防控一线的同志们，表示崇高的敬意和衷心的感谢！

从目前情况来看，疫情还没有得到有效遏制，防控形势依然严峻。随着春节假期结束，教职员工陆续回校，特别是学生开学返校后，我们的防控形势将异常严峻。虽然我们已经采取了一系列防控措施，但仍然要提高十分的警惕。从全校情况来看，大多数部门和学院都已经发动起来，但仍有个别单位重视不够，有些防控措施落实还需进一步加强，联防联控体系还需要进一步完善，防控组织运行效率还需要进一步提高，等等。全校上下要坚决落实习近平总书记重要指示、党中央部署、省委和省委教育工委等系列部署，进一步提高政治站位，深刻认识当前疫情防控形势的严峻性、复杂性和疫情防控工作的重要性、紧迫性、艰巨性，切实增强"四个意识"、坚定"四个自信"、坚决做到"两个维护"，把广大师生生命安全和身体健康放在第一位，把疫情防控工作作为当前最重要的工作来抓，要做最坏的打算、最充分的准备，做到思想上高度重视、认识上高度统一、行动上高度自觉、措施上全面到位，万众一心、众志成城，坚决打赢疫情防控阻击战。

习近平总书记强调，生命高于一切，疫情就是命令，防控就是责任。我们完全有信心、有能力打赢这场疫情防控阻击战。我们的信心一是来自党的坚强领导；二是来自党的政治优势、组织优势和群众工作优势这三大优势；三是来自党的初心和使命；四是来自我们的能力。下一步，我们要重点做好以下几方面的工作。

一要强化组织领导，严格落实防控责任。 学校党委书记、校长是第一责任人，班子成员负有重要领导责任，指挥部的同志们要负起直接领导责任。学校指挥部要加强疫情排查，细化防控措施，加强指导协调，确保各项措施落实到位。指挥部可以根据疫情防控需要，及时抽调得力人手，充实到指挥部办公室，建立起强有力、高效率的指挥信息系统。各中层单位党政一把手要负起本单位防控第一责任，迅速成立领导组织，细化防控措施，落实责任到人。所有中层单位党政主要负责人必须到岗到位，落实责任，做到全校一盘棋，一切行动听指挥，全面进入"战时"状态。领导干部离开临沂必须严格履行请假报备程序。

二要全面摸排核查，建立师生信息档案。 要逐一落实每名师生的情况，详细了解他们的旅行史、接触史，特别是对返校的师生，要逐一摸清相关信息，建立翔实的旅程信息档案，确保全面摸清潜在传染源底数，全面建立有可疑症状人员台账。对发现有发热等不适症状或有接触史的人员，要按照规定做好隔离措施，指导到指定医院接受治疗。师生物业中心要协调做好教授花园的人员排查工作。正式开学之前，严禁学生提前返校，让学生安心在家隔离。要加强校园的封闭管理，原则上严禁外来人员入校，对必须进校的外来人员要严格检查登记。

三要提前谋划准备，做好各项工作预案。 要根据上级统一部署，迅速明确责任分工，加强部门协同，着手制定各项工作预案，包括开学推迟预案，开学后的行政管理系统运行预案、教师学生管理预案、教学调整预案、疑似病例出现后的应急预案等等，做好相应的资金、物资等储备准备等工作。要周密考虑，形成有效的应对措施、高效的处理流程，各项防控方案和工作预案要确保细之再细、实之再实、严之再严，确保万无一失，依法、科学、有序做好防控工作。各项预案要尽快制定完备，推迟开学等预案要及时通知师生。

四要统筹谋划部署，做好春季学期教学安排。 要把学生的需求放在第一位，充分评估疫情对教学造成的影响，研究制定教学调整方案，做好校历调整预案，统筹寒暑假尽量补足教学时间。要充分利用互联网和信息化教育资源为学生提供学习支持，指导学生安排好在家的学习和生活。要加强对教师的网络培训，提高教师运用网络开展教学的能力。

五要强化宣传引导，及时准确发布信息。 要通过学校微信公众号、校园网等权威媒介，及时发布各类防控信息和工作通知，及时公开透明回应社会和师生关切，营造良好舆论氛围。要坚定信心，勇于面对，做好师生心理辅导工作，做好疫情防控知识和科普知识宣传，引导师生正确认识和应对，提高师生的科学防护意识和能力。要规范信息发布机制，建立权威的信息发布渠道和规范的信息反馈平台，严禁未经审核私自发布和上报信息。要加强舆情监控和引导，做好推迟开学等可能引发的舆情研判，提前应对，传播正能量，抵制各类谣言，对造谣传谣者一律严惩。

六要加强党的领导，为打赢疫情防控阻击战提供坚强政治保证。 越是在紧急危难时刻，领导干部和共产党员越要冲在前、做在先，在防控疫情斗争中经受考验和锤炼。全校各级党组织和广大党员干部，要进一步提高政治站位，践行初心使命，在疫情防控斗争中挺身而出，经受住考验，切实做到守土有责、守土尽责，领导干部要靠前指挥，坚守防控第一线，密切联系和广泛发动师生，加强群防群控，让党旗在防控疫情第一线高高飘扬，引领动员广大师生共克时艰，彰显革命老区大学党员干部的政治品质。组织部门要在疫情防控第一线考察识别领导班子和领导干部，对表现突出的，要表扬表彰、大胆使用；对不敢担当、作风漂浮、落实不力的，甚至弄虚作假、失职渎职的，要严肃问责。纪检监察部门要在学校党委领导下，积极主动履职，有效发挥作用。相信在党中央的坚强领导下，我们众志成城、万众一心，一定能够打赢疫情防控这场阻击战。

在临沂大学2020年暑期读书班动员会上的讲话

王焕良

（2020年8月26日）

同志们：

经学校党委研究决定，从今天开始，利用三天时间，把学校党委成员、全校中层正副职集中起来，举办暑期领导干部读书班，主要任务是，深入学习习近平新时代中国特色社会主义思想，传达学习上级有关会议和文件精神，分析研判发展形势，研究部署下半年工作。

根据读书班安排，今天上午举行读书班开班仪式，由我作开班动员讲话，邀请厦门大学别敦荣教授作开班第一讲。

这个假期，大家都过得非常充实，一方面要统筹做好常态化疫情防控，一方面要扎实推进各项重点工作任务。杨波、书圣和福安同志带领工作专班，完成了高水平大学、高水平学科的申报材料撰写，做好了迎接省经济责任审计准备等工作。占仁同志带领办公室、组织部、宣传部、发规处等部门，开展了内部治理结构改革调研、意识形态专项巡察阶段性总结汇报、迎接省委专项巡视准备、筹备暑期读书班、开展杜绝餐饮浪费行动等工作。常生同志带领社会服务处与海信集团、临沂市人才工作集团等开展了合作项目洽谈对接，带领基建处积极推进实验实训大楼建设。立富同志带领学工、团委、后勤、保卫等部门，开展了疫情防控和校园安全、暑期社会实践、校园维修维护等工作。凤岗同志带领教务、招生等部门，加班加点，几乎没有休息一天，完成了上级交付的整改任务和招生工作。洪东同志带领纪检监察部门，积极开展干部教育和监督，确保了各项工作的有效推进。在此，我向大家的辛勤付出表示衷心的感谢！

下面，我结合本次读书班的目的、任务和要求，作一个简短的动员。

一、为什么举办读书班

举办暑期读书班，是我们的优良传统，也是抓学习的一项很好的制度安排。目的就是希望大家利用假期，静下心来读书学习，沉下心去思考谋划，把学习和工作有机结合起来，以学习的提高促进工作的进步。今年是一个特殊的年份，我们举办这次读书班，更具有特殊的意义。

（一）举办读书班，是适应新形势的迫切需要

当今世界处于百年未有之大变局，受中美关系和新冠肺炎疫情影响，全球大变局加速变化，国际经济、科技、文化、安全、政治等格局都在发生深刻调整，国内发展环境也经历着深刻变化。我们这次读书班，就是要通过学习、科学研判、准确把握当前面临的新形势、学校当前所处的发展阶段和历史方位、目前存在的突出问题和短板，增强机遇意识和风险意识，准确识变、科学应变、主动求变，及时研究新情况，作出新规划，谋划新举措。

（二）举办读书班，是学习新思想的迫切需要

今年以来，习近平总书记围绕巩固"不忘初心、牢记使命"主题教育成果、坚持和加强党的全面领导、贯彻新时代党的组织路线、学习"四史"、坚持人民至上的发展理念、加快推进高质量发展、科学应对新冠肺炎疫情、禁止餐饮浪费等，发表一系列重要讲话，作出一系列重要指示批示。近期，《习近平谈治国理政》（第三卷）、《习近平总书记关于力戒形式主义官僚主义重要论述选编》《习近平总书记教育重要论述讲义》等相继出版。理论创新每前进一步，理论武装就要跟进一步。我们必须提高站位，当好"三个模范"，走在前、作表率，坚持及时跟进学、全面系统学、融会贯通学、联系实际学，特别要学懂弄通做实习近平关于教育重要论述，用以武装头脑、指导实践、推动工作，不断增强"四个意识"、坚定"四个自信"、做到"两个维护"。

（三）举办读书班，是谋划新工作的迫切需要

下半年，谋划制定"十四五"发展规划是首要任务。受疫情影响，我们上半年很多工作推进受到影响，如何抢回时间，高质量完成下半年工作任务，是对大家的考验。教育部、教育厅明确要求，秋季开学后全面恢复教育教学秩序，这也是巨大挑战。我们还将面临着省委专项巡视、省经济责任审计等重要任务。举办这次读书班，就是希望大家在开学前，聚到一起，提前谋划好下半年的工作。学校党委下半年要重点做好6项工作：一是统筹推进常态化疫情防控和事业改革发展；二是全面落实从严治党责任，配合做好经济责任审计和省委专项巡视工作；三是以习近平新时代中国特色社会主义思想为指导，贯彻习近平总书

记关于制定"十四五"规划的重要指示精神,全员参与,科学编制学校"十四五"事业发展规划;四是千方百计引进高层次人才和团队,紧盯"双高"和硕士点等重点项目,争取重大突破;五是深化改革,调整优化管理机构和教学、科研组织体系,提高治理能力和治理水平;六是树立鲜明的选人用人导向,打造绝对忠诚、绝对可靠、绝对放心、绝对过硬、绝对干净的干部队伍。读书班结束的时候,杨波校长还要代表学校党委行政对下半年的工作进行总体部署,希望大家认真抓好贯彻落实。

二、这次读书班的主要任务

这次读书班,根据当前形势和工作实际,我们确定了三大重点任务,同时安排了三场高层次的专题辅导报告。

(一)谋划制定"十四五"发展规划

今年是"十四五"谋划之年,下半年我们各项规划都要形成初稿。最近,习近平总书记对"十四五"规划编制工作作出重要指示。本次读书班,我们特别邀请厦门大学高等教育发展研究专家别敦荣教授,围绕高等教育高质量发展,特别是科学谋划"十四五",为我们作专题辅导报告。希望大家提高站位和认识,把制定"十四五"发展规划作为当前重中之重,充分利用这次学习研讨的机会,着眼长远,把握大势,开门问策,集思广益,深入讨论"十四五"时期的办学思路、发展重点和实现路径,高质量完成"十四五"发展规划的制定工作。

(二)提高管党治党水平

全面从严治党是我们做好一切工作的根本前提和政治保证,办学治校必须与全面从严治党深度融合、同步推进。本次读书班,我们邀请省委党校张洪修教授,就全面从严治党作专题辅导。希望同志们深刻领会新时代加强党的领导的深刻意义,牢固树立抓好党建是最大政绩的理念,围绕发展抓党建,抓好党建促发展,为学校高质量发展提供坚实的政治保障和组织保障。

(三)推进高质量发展

我省以启动"双高"遴选为标志,进入了高等教育高质量发展的新阶段,对高校的评价体系、评价标准、拨款方式等都发生了深刻调整。面对新一轮竞争,我们必须克服传统依赖、经验依赖和领导依赖,调整发展思路和办学模式,把发展的重心从外延式发展真正转换到内涵式发展上来,对应"双高"遴选条件,调整内部考核评价机制,引导大家高质量发展、特色发展。我们这次邀请了青岛大学党委书记胡金焱同志,为我们作综合性大学高质量发展的辅导报告。胡书记是经济学领域的知名专家,历任山东大学副校长、青岛大学党委书记,山东大学、青岛大学都是全省各层次中最好的大学,相信胡书记一定能够给我们带来综合性大学改革发展的先进经验。8月17日至23日,我参加了省委举办的理论学习中心组读书班。这次读书班,我也传达读书班精神,并结合个人学习体会,与大家作一次深入交流。希望大家认真学习先进、对标先进,认真思考谋划如何打造一流、争创"双高",推动学校实现高质量发展。

三、怎样举办读书班

举办本次读书班是给全体领导干部的一次政治任务,学校党委办公室下发的通知,明确了有关要求,请同志们严格遵守。在此,我再强调三点。

(一)要统筹协调、严密组织。

本次读书班时间紧、内容多、任务重,涉及各个部门和学院(校区),请大家高度重视、全力支持。相关部门要认真做好会议组织,各部门、单位要按照通知要求,做好统筹安排,妥善处理好工作和学习关系,保证大家集中精力参加学习。各小组召集人要负起责任,组织好学习研讨,确保效果。

(二)要身先示范、改进会风。

会风就是作风。大家都是干部骨干,要以身作则、率先垂范,严格学习纪律,按时参加学习研讨活动,无特殊情况不得请假。组织部要加强会议纪律的监督检查,对违反会议纪律的,要记录在案,严肃通报批评。

(三)要聚焦主题、务求实效。

开学在即,我们挤出时间举办读书班,机会非常难得。大家一定要倍加珍惜,聚焦主题,坚持问题导向,静下心学习,沉下心思考,敞开心交流,集中大家智慧,找到突破口,拿出有效的措施,提高学习的新境界,开创事业发展的新局面。

谢谢大家!

在临沂大学 2020 年暑期读书班工作部署会上的讲话

杨 波

（2020 年 8 月 28 日）

同志们：

即将开始的新学期，是节点非常特殊、形势非常复杂、任务非常艰巨的一个学期。我们在新学期开学之前，举办这次暑期读书班，非常及时、非常必要、非常有意义。大家通过集体学习研讨，进一步认清了形势、明确了任务、鼓足了干劲，对做好下半年和今后的工作充满了信心。

下面，根据学校党委的安排，我代表学校党委、行政，就做好下半年工作进行再部署、再动员。

一、科学精准做好开学和秋冬季疫情防控工作，全面恢复教育教学秩序

当前，疫情还没有结束，防控形势依然严峻复杂。近日，教育部印发《关于做好2020年秋季学期教育教学和疫情防控工作的通知》，要求全面恢复教育教学秩序，科学精准做好校园疫情防控。秋季开学将是全面开学，既有老生，也有新生，一旦出现问题，困难将超乎想象，压力将异常巨大。要确保层层压实"四个责任"。根据教育部和教育厅部署，学校防控领导小组（指挥部）就做好秋季开学前有关工作下发了专门通知。各部门、各学院、各校区要进一步压实"四个责任"，严格按照通知要求，扎实做好开学准备和疫情防控工作。要加强监督问责，保障各项部署要求落实落细，对落实不力的要严格问责。要确保开学全面有序顺利安全。要按照"错区域、错层次、错时、错峰""属地统筹"等原则，科学周密安排好秋季学期开学工作，既要严格落实防控要求，该有的程序和环节一个都不能少，同时又要注意灵活应对，积极稳妥做好防控工作，确保全面恢复正常教育教学秩序。要确保做好开学后常态化疫情防控工作。要认真上好开学第一课，今年新生军训工作不再邀请部队参与，由学校自行组织，学生工作部等部门要根据疫情防控要求，科学谋划、严密组织，扎实做好新生开学教育和军训工作；全校各部门、各单位特别是教务、研究生、学工、外事、后勤、保卫等部门，要充分考虑全面开学后疫情防控的现实需要，充分考虑各种可能性，充分预估各种问题隐患，科学制定防控方案和应急预案，严格落实常态化疫情防控措施，合理设计错时错峰上下课和就餐等事宜，确保开学后校园平安有序。要做好留学生等重点人群、重点领域的防控工作。要严格校园进出口管理，按照上级部署要求，严防输入、严防疏漏，同时又要充分考虑全面开学后学生的现实需求，合理做好外卖、快递等管理和服务工作，满足师生的日常合理需求，充分体现人文关怀。要确保校园安全稳定。全面复学后，高校将成为社会关注的焦点，稍有风吹草动就可能引发重大舆情、造成重大影响。加之"疫后综合征"，给我们校园安全管理工作带来巨大压力。必须牢记生命至上、安全第一的理念，始终保持高度警惕，压实校园安全管理责任，看好自己的门、管好自己的人，加强对学生的心理健康教育，积极应对"疫后综合征"，做好对学生的思想引导、学业指导、心理疏导和人文关怀，确保开学后学生心理健康和思想稳定。要在开学前对校园进行一次彻底的安全隐患大排查，对存在的安全隐患进行彻底整改。要抓住校园安全重点领域和薄弱环节，提高人防、物防、技防水平，加强警校联动联防。要重点对新生加强安全教育，严防网贷等诈骗行为。新生开学后，还要对新生入学资格进行严格审查，坚决杜绝"假学生"。

二、科学制定"十四五"事业发展规划，明确未来发展方向

"十四五"时期是我国开启全面建设社会主义现代化国家新征程的第一个五年，谋划好"十四五"时期发展十分重要。近期，党中央正在组织制定"十四五"时期经济社会发展规划建议，习近平总书记作出重要指示。上半年，我们制定了《临沂大学"十四五"发展规划编制工作方案》，正式启动了"十四五"规划编制工作。下半年，我们要坚持高标准定位、高起点谋划，尽快拿出学校"十四五"总体规划和专项规划的草案。要强化开门问策。要加强调研，集思广益，把加强顶层设计和坚持问计于民统一起来，切实把社会期盼、师生智慧、专家意见、基层经验充分吸收到"十四五"规划编制中来。要加大宣传力度，把规划制定过程变成统一思想、提高认识、凝聚共识的过程。要强化核心引领。发展规划处要牵头尽快拿出学校"十四五"

规划核心指标，为各专项规划和学院规划提供指引和遵循。"十四五"规划是一个系统工程，涉及面广，内容繁杂，要按照分类发展的思路，对标国家"双一流"和山东省"双高"要求，强化学科的龙头地位，把学科、专业规划放在重中之重，以学科专业规划引领各项规划，构建符合学校实际的高质量发展体系。要强化协同推进。发展规划处要发挥协调作用，统筹总体规划与专项规划、各专项规划之间、学校规划与学院规划之间的关系，按照内在逻辑关系，科学有序推进规划制定工作，进一步优化规划体系，做好衔接配合。要强化战略研究。我们要科学研判、准确把握面临的新形势新任务新要求，站在国家战略、地方需求的高度，对标同类先进院校，加强战略研究，明确努力方向、发展重点和特色优势，通过前瞻性思考、全局性谋划、战略性布局、整体性推进，扎实做好"十四五"规划的编制工作。

三、深化教学改革，构建完善线上线下混合教学新模式

疫情给我们的教育教学带来巨大挑战，也为深化教育教学改革提供了重大机遇。要巩固线上教学成果。从上半年线上授课情况来看，我们探索了很多宝贵经验，取得了良好教学效果。疫情大背景下，在线教育虽是临危受命，但从教育教学的发展趋势来看，在线教育是未来的大方向，让学生足不出校就可以享受到全国甚至全世界最优质的课程资源，还能有效挤掉"水课"，倒逼教育教学改革。我们不能因为全面复学，就简单回复常态，而要抓住这个重要契机，深化教学改革，构建完善常态化的线上线下混合教学的新模式。要健全线上教学制度。教务部门要尽快研究制定在线开放课程学分认定管理办法，明确学分认定课程的质量标准、学分认定范围和认定办法，建立健全线上教学质量检测与考核机制，为线上教学提供政策引导和保障。要完善线上教学条件。要以学院为主体，相关部门全力配合，结合专业特点，推进教室、实验室等教学设施改造提升工作，为顺利推进线上教学提供便利条件。要提升线上教学能力。各专业要加强对网络教学资源的开发利用工作，积极引进国内外优质线上教学资源。在线考试不仅仅是技术运用，更多考验的是教师的智慧。我们的教师要积极主动求变应变，积极研究如何利用线上和线下教学的优势互补推动互动式学习，如何改革学业评价方式，探索非标准答案考试等，为学生线上学习提供更好的指导和服务。要深化教学综合改革。线上线下混合式教学，对传统教学模式而言，是全新的形态，必然引起连锁反应，对学校办学组织方式、办学机制改革、教学资源配置等都将带来全方位的变化，我们要坚持系统思维，提前谋划布局，在建设高效率和高质量课堂、建设教育共同体、提高资源配置效率等方面，进行系统的综合改革，推进我校教育教学质量再上新的台阶。

四、扎实推进"双高"创建工作，加快推进高质量发展

放假前，省教育厅下发了《关于组织申报山东省高水平大学和山东省高等学校高水平学科的通知》，我省将按照"筑高峰""冲一流""强特色"3种类型，对标国际国内一流，择优遴选，重点支持部分高校建设高水平大学；并在驻鲁本科高校中，遴选建设一批高峰学科或优势特色学科。经研究论证，我校组织申报了"强特色"类型的高水平大学和化学、地质学、教育学3个高水平学科。通过组织申报，我们深刻认识到，我们的重点方向必须聚焦、发展模式必须改革、办学结构必须优化，否则，我们很难在这一轮竞争中脱颖而出，甚至可能越拉越远。要科学谋划布局。我们要对标山东省"双高"遴选标准，坚持"高标准谋划、高质量发展、有重点推进、有特色打造"的思路，坚持有所为有所不为，强化重点，凝练特色，加大特色优势学科的支持力度，形成重点支持、动态调整的良性发展格局。要对标"双高"建设，深化资源配置机制改革，打通学科、学院壁垒，有效整合全校资源，打造特色和优势。要加大人才工作力度。创建"双高"，实现高质量发展，关键在人才。要改进人才引进办法，加大人才引进成本校院两级共担机制改革，按照学科规划和团队建设需要，优先引进学科带头人和首席专家等高层次人才，发挥学科带头人凝聚作用，以学科带头人为主导引进人才，构建学科带头人＋团队的建设模式。要深化人事制度改革，推进人才分类评价体系建设，强化各类人才特别是高层次人才的聘期考核和过程管理，加大对现有人才的支持力度，鼓励教师外出访学深造，激发现有人才的积极性。省教育厅正在研究制定高校职员制改革办法，我们要抢抓政策机遇，尽快启动专业技术岗位第二聘期届满考核与第三聘期竞聘上岗工作，构建能上能下的选聘机制，充分激发教职工活力。要加大科教融合力度。"双高"建设最终要落实到人才培养质量上，要强化学科对专业的支撑作用，强化教学本体研究，积极组织申报国家教学成果奖。要深化考核评价制度改革。发展规划处牵头，学科建设办公室、人事处、组织部等部门配合，对标"双高"建设标准和《山东省本科高校分类考核实施方案》，尽快修订出台学校中层单位考核办法，深化干部和人才考核评价制度改革；教务处、科学技术处、社会科学处要牵头改革教学、科研评价制度，引导学院科学发展、分类发展、特色发展。

五、优化开放办学格局，提升社会服务能力

构建"以国内大循环为主体、国内国际双循环相互促进的新发展格局"，是党中央准确分析判断当前形势作出的重要战略决策。新发展格局对经济社会全局各方面都将产生深刻影响，我们的开放办学战略必须顺势而为、积极应对，不断调整优化开放办学格局。同时，开放办学水平，也是"双高"建设的重要支撑。要继续推进国际化办学。我们要克服疫情的不利影响，科学研判国际形势，采取更加灵活多元的国际化办学策略，加大与"一带一路"国家的合作交流，稳妥推进国际合作办学，力争新增一批国际合作办学项目。要继续拓展与国内高水平大学的合作交流。我们开放办学，目光既要向外、也要向内，每个学院都要争取与一所国内同类先进院校建立对口学习和帮扶关系，深化合作交流，对标学习赶超。要积极与国内先进院校合作开发或共享线上课程，让学生享受到更多高水平大学的优质课程资源。要继续深化城校融合发展。要积极推进大学科技园、省校共建临沂大学等项目，深化产学研合作，积极与企业合作争取高层次项目和科技成果奖。要以80周年校庆为契机，充分发挥校友会、基金会、理事会等平台作用，与地方政府、社会各界和广大校友建立密切联系，尽快成立校友总会，搭建合作交流平台，与地方政府、企业深度融合，大力推进产教融合和产学研合作。要研究制定校友工作实施办法，提升校友工作水平。

六、深化内部治理结构改革，调优调顺生产关系

实现高质量发展，要提高生产力，也必然要求改变与生产力不相适应的生产关系。当前，我们面临的形势任务发生了深刻变化，必须深化改革，构建与高质量发展相适应的内部治理结构。要调整优化校部机关。今年暑期，我们启动了校部机关改革调研，组织部和人事处拿出了初步方案，要在此基础上进一步深入调研论证，广泛征求意见，按程序报备后执行。要推进制度创新和流程再造。办公室、组织部、发展规划处、人事处等单位要根据校部机关设置情况，尽快研究拿出机构编制、部门岗位职责、办事服务流程等优化方案，推进制度创新、机制重构和流程再造，进一步优化机构、理顺职能、调优人员，构建系统完备、科学规范、运行高效的治理体系。要大力推动学院办校改革。要强化学院的办学主体地位，强化"学院办大学"理念，继续深化放管服改革，教学、人事、财务等主管部门要出台系列针对性强、自主性高、导向性准的工作举措，全面激发学院办学的潜力、活力和动力。管理服务部门要从具体事务管理中跳脱出来，重点抓宏观、抓规划、抓制度、抓考核，设计好相对固定的路径、框架和规则，让学院能够自由地发挥。

七、强化问题导向，提升党建和思政工作水平

加强党的全面领导，提高党建和思政工作水平，打造特色品牌，是我们事业发展的根本保障。要抓好政治学习。要不断完善校院两级党委理论中心组学习制度，重视抓好基层政治学习工作，完善普通教职工的政治学习制度。要抓好基层党建。要牢固树立大抓基层的鲜明导向，充分发挥基层党组织在引领发展、服务大局、保障落实等方面的政治核心作用，推进党建与业务深度融合，力争打造一批全国、全省党建工作标杆院(系)、样板支部。要抓好意识形态工作。要继续开展意识形态专项巡察，坚持"一人有病、全校吃药"的原则，举一反三，深化整改。要高度关注网络舆情，严格会议等政治审查，确保政治安全。要加快推进专职辅导员和思政课专任教师引进选配工作，确保年底前达标。要尽快启动专职组织员选聘工作，确保年底前实现全覆盖。要全面做好迎接省委巡视和省经济责任审计工作。今年下半年，省委专项巡视组将来校巡视。省审计厅近期将对8所高校开展离任和任中经济责任审计，审计厅将委托市审计局来我校审计。省委巡视是政治巡视，是对增强"四个意识"、坚定"四个自信"、践行"两个维护"的一次全面政治体检。经济责任审计是对领导干部履职情况、依法依规治校情况的检验。这两项工作事关全局，全校上下务必高度重视，各相关部门和单位要按照上级要求与学校部署，全面细致做好迎接准备。

同志们，下半年工作任务繁重，时间不等人，要进一步强化担当、落实责任，继续发扬只争朝夕、共克时艰的精神，始终保持敢打敢拼、争分夺秒的干劲，不等不靠，主动作为，把因疫情失去的时间抢回来，确保圆满完成全年既定工作任务，力争"十三五"圆满收官。

谢谢大家。

在临沂大学 2020 年全面从严治党暨平安校园建设工作会议上的讲话

王焕良

（2020 年 5 月 28 日）

同志们：

受疫情影响，我们推迟了全面从严治党和平安校园建设工作会议。从上周开始，学生陆续返校复学，学校秩序开始全面恢复。在这个关键节点召开这次会议，十分必要，意义重大。

这次会议的主要任务是贯彻十九届中央纪委四次全会，省纪委十一届五次全会和全国、全省教育系统全面从严治党会议精神，总结 2019 年以来学校全面从严治党和平安校园建设工作，部署安排 2020 年工作任务，为决胜疫情大考和攻坚之年提供坚实保障。

习近平总书记在十九届中央纪委四次全会上的重要讲话，系统总结了新时代全面从严治党取得的历史性、开创性成就和全方位、深层次影响，对以全面从严治党新成效推进国家治理体系和治理能力现代化作出战略部署。省纪委十一届五次全会，围绕贯彻习近平总书记重要讲话精神，对坚定不移深化全面从严治党、落实管党治党责任、推动党风廉政建设和反腐败斗争向纵深发展提出明确要求。教育部、省教育厅也对教育系统全面从严治党工作作了部署安排。全校各级党组织和党员干部要认真学习领会，切实把思想和行动统一到中央和省委部署要求上来。刚才，杨波同志传达了中纪委、省纪委全会精神，洪东同志代表学校纪委、监察专员办公室作了工作报告。大家要认真抓好贯彻落实。

过去一年多来，在以习近平同志为核心的党中央坚强领导下，在习近平新时代中国特色社会主义思想指引下，全校各级党组织和广大党员干部强化政治担当，忠诚履职尽责，着力构建大党建、大思政、大安全体系，政治生态更加风清气正。把政治建设摆在首位，落实党对学校工作的全面领导，"两个维护"更加坚决有力。扎实推进"不忘初心、牢记使命"主题教育，为党育人、为国育才的初心使命更加坚定。传承红色基因，大力弘扬抗大精神和沂蒙精神，思政教育品牌不断彰显，意识形态阵地更加牢固。夯实基层党建，各级党组织的向心力凝聚力战斗力更加彰显。坚决纠治形式主义、官僚主义，深入推进纪检监察体制改革，严肃处理违纪违法案件，党风廉政建设更加扎实有效。高度重视安全稳定工作，全面推进政治安全、意识形态安全、校园安全建设，维护了校园平安稳定。特别是疫情暴发以来，全校广大党员干部，积极发挥示范引领和先锋模范作用，主动担当，冲锋在前，让党旗始终高高飘扬，取得了疫情防控的重大阶段性成果。在此，我代表学校党委，向全校广大党员、干部表示诚挚的慰问和衷心的感谢！

2020 年是"十三五"收官和"十四五"谋划之年，是决战全面建成小康社会和决胜脱贫攻坚之年，是省委确定的"重点工作攻坚年"，也是我校改革发展任务十分艰巨的一年。面临的形势越复杂、肩负的任务越艰巨，越需要党的坚强领导，越需要严字当头、从严治党，越需要平安稳定的校园环境。我们要以习近平新时代中国特色社会主义思想为指导，全面贯彻党的十九大和十九届二中、三中、四中全会精神，一以贯之、坚定不移推进全面从严治党向纵深发展，把"严"的主调长期坚持下去，为打赢疫情防控阻击战、完成收官任务提供坚强保证。

一、筑牢校园安全防线，坚决打赢疫情防控阻击战

疫情防控是当前最重要、最艰巨的政治任务。学生返校复学，意味着战斗真正打响。我们必须强化底线思维，坚持有疫防疫原则，把师生生命安全和身体健康始终放在第一位，确保校园平安稳定。

*一要压紧压实安全防控责任。*疫情防控是一次大考。我们疫情防控取得了重大阶段性成果，但仍然不同程度存在思想认识不到位、责任落实不到位、工作落实不到位的问题。习近平总书记强调："针尖大的窟窿能漏过斗大的风。"我们任何一个环节、任何一个细节出问题，都可能引发惨痛教训。我们要提高政治站位，压紧压实领导责任、组织责任、岗位责任和个人责任，特别要压实学院、校区的主体责任和书记、院长的第一责任，拧紧责任链条，做到守土有责、守土负责、守土尽责。各部门、各单位还要强化大局意识，全校一盘棋，疫情面前不分你我，疫情防控没有边界，要实现无缝管理，坚决防止本位主义和狭隘做法。要积极主动，加强衔接、密切配合，众志成城、联防联控、形成合力。

二要抓实抓好常态化疫情防控和应急处置工作。复学后，一定会面临很多困难，也一定会发生很多问题。我们既要做最坏的打算，又要坚定信心，做好应急预案，做好充分准备，落实落细落小常态化防疫各项措施，并根据形势需要及时调整，做到精准防控。常态化防疫，最大的敌人不是病毒，是我们自己。我们必须坚决克服麻痹思想、厌战情绪、侥幸心理、松劲心态，细之又细、慎之又慎。我们要强化预警，坚持日报告、零报告制度，遇到突发情况要坚持"四早"原则，早发现、早报告、早隔离、早治疗，按照规定流程处理。发生疫情要做到六个"第一时间"，领导干部第一时间到场指挥，第一时间报告情况，第一时间果断处置，第一时间管控现场，第一时间开展流行病学调查，第一时间控制舆情，决不能瞒报漏报迟报，要相信组织、依靠组织，上下联动、果断处置。

三要全力做好校园安全综合治理。当前，疫情防控是重中之重，但绝不能忽视校园安全综合治理，任何风吹草动都会引起社会高度关注。我们必须高度警惕，细化安全防控措施，实施网格化管理，落实安全管理责任，全力以赴，防火、防盗、防中毒、防溺水、防诈骗。有研究表明，"五一""十一"、假期和寒暑假开学后这段时间，是高校学生心理问题的高发期。当前，学生经过长期居家返校，又面临毕业、就业、考试等各种压力，各种问题都有可能出现。我们要高度警觉，严格落实请假报告和缺课追踪制度，做好重点学生的关心关爱工作，加强心理健康教育，强化境外返回师生的管理。要转变工作方式，尊重学生成长规律，体现人文关怀，密切与家长的联系沟通，让学生时刻感受到组织的温暖。

二、争当"三个模范"，把对党忠诚融入血脉灵魂

教育具有鲜明的政治属性，必须旗帜鲜明讲政治。我们是革命老区大学的党员干部，更要自觉提高政治标准和政治要求，努力争当"三个模范"。

一要争当学懂弄通做实习近平新时代中国特色社会主义思想的模范。 所有的干部必须具备的两个本领，第一是学习的本领，第二是干事的本领。为什么有的同志面对突如其来的疫情不知所措，为什么有的基层组织战斗力不强，为什么有的单位高质量发展总是找不到路子，根子就在于对习近平新时代中国特色社会主义思想没有真正学懂弄通做实。我们坚持及时跟进学、全面系统学、融会贯通学、联系实际学，就能够认清发展大势、把握发展趋势、保持发展定力、找准发展方向，否则就会学不懂，学不懂就弄不通，弄不通就做不实。中央要求建立"不忘初心、牢记使命"的制度，首先要建立学习制度。疫情发生以来，校党委班子带头，坚持每天学习4个"半小时"，紧跟中央部署，把学习习近平总书记重要讲话精神作为首要任务，确保了我们对形势的判断、措施的制定都与中央精神高度一致。全校广大党员干部也要把学习贯彻习近平新时代中国特色社会主义思想作为首要任务、硬性任务、长期任务，纳入各级党组织会议"第一议题"，纳入党支部"三会一课"、团支部学习、教职工培训、学生骨干培训的"首要内容"，着力解决学习不深入、思想不统一、行动跟不上的问题，在真学真懂真信中纠偏正向、笃定前行。各级领导干部要做到带头学、深入学、持久学，成为勤奋学习、善于思考的模范，解放思想、与时俱进的模范，学以致用、用有所成的模范。

二要争当践行"两个维护"的模范。"两个维护"，是新时代党建工作的"纲"和"魂"。践行"两个维护"，就要自觉讲政治，对国之大者做到心中有数。我们践行"两个维护"，核心是加强党对学校工作的全面领导，关键是落实党委领导下的校长负责制，学院也要强化党的全面领导。党政联席会代替党委会的现象，削弱了学院党委的政治核心作用，要坚决予以纠正。践行"两个维护"，要严格执行请示报告制度，重大问题该请示的请示，该汇报的汇报，绝不允许超越权限办事，搞独立王国，把党的纪律和规矩当儿戏。践行"两个维护"，要不折不扣地贯彻落实党中央的决策部署，把党的教育方针全面贯彻到工作的各个方面。习近平总书记对高等教育作出系列战略部署，比如办好人民满意的高等教育、深化"三全育人"、争创"双一流"等等，我们必须转化为具体思路和实际行动，坚决纠正做选择、搞变通、喊口号、装样子的问题，坚决查处阳奉阴违、弄虚作假、欺上瞒下行为，坚决防止温差、落差、偏差，切实推动习近平总书记重要指示、党中央各项决策部署在我校落地生根。

三要争当践行初心和使命的模范。 今年两会，"人民至上"成为热词。5月22日，习近平总书记在参加内蒙古代表团审议时强调，必须坚持人民至上，紧紧依靠人民，不断造福人民，牢牢根植人民。"人民至上"精辟概括了中国共产党人一以贯之的崇高追求。践行人民至上，就要把不忘初心、牢记使命作为加强党的建设的永恒课题和全体党员干部的终身课题，巩固深化主题教育成果，自觉加强思想淬炼、政治历练、实践锻炼、专业训练。我们践行人民至上，要聚焦为党育人、为国育才，落实好立德树人根本任务，培养德

智体美劳全面发展的社会主义建设者和接班人。要传承红色基因和红色文化，弘扬抗大精神和沂蒙精神，让红色基因代代相传，让沂蒙精神发扬光大。要深化"三全育人"改革，用好主课堂，守好主阵地，开发建设精品"思政课程"，大力推进"课程思政"建设，全面落实每门课程、每名教师、每个课堂的育人职责。要毫不放松抓好意识形态工作，扎实开展意识形态校内巡察，守住守好意识形态阵地。要提高防范和抵御政治风险的意识和能力，敢于亮剑、敢于斗争、善于斗争，及时关注师生的思想动态，强化思想引领。要重视加强思政队伍建设，学校党委最近通过了辅导员队伍建设实施办法和绩效考核办法，全面落实辅导员绩效考核工资，加大人才引进力度，确保年底前配齐专职辅导员和思政课专职教师，逐步配齐学院专职组织员。

三、夯实基层党建，打造攻坚克难的坚强战斗堡垒

我国疫情防控取得重大战略性成果，根本在于中国共产党的领导优势、中国特色社会主义的制度优势和我党群众工作的优势。我们要实现高质量发展，关键要靠党，要发挥党的政治优势、理论优势、组织优势、制度优势和群众工作优势。学校发展，重心在学院。我们要树立大抓基层的鲜明导向，切实增强基层党组织的政治功能和组织力。

一要在引领高质量发展上下功夫。今年，学校确定了六大攻坚计划，各中层单位也制定了重点工作和创新项目，任务明确了，关键是抓好落实。我们各级党组织要发挥组织领导作用，把责任扛起来，把精神提起来，把作风硬起来，把队伍带起来，把工作抓起来，把事业干起来；要强化政治引领作用，教育引导广大党员干部清醒认识学校所处的历史方位和面临的竞争态势，勇做泰山挑山工，以"坐不住、吃不香、睡不着、等不起、慢不得"的紧迫感、责任感、使命感，头拱地、往前冲，形成求真务实、干事创业的浓厚氛围。要充分发挥基层党委把方向、管大局、保落实的领导作用，坚持"高标准谋划、高质量发展，有重点推进、有特色打造"，聚焦突出优势特色，提前谋划"十四五"，明确发展方向，找准特色优势，形成战略规划，引领实现高质量发展。

二要在服务高层次人才上下功夫。学校和学院的发展，根本靠人才。一定意义上，我们大学里的人，大致有三类，一类是学校离不开的人，即高层次人才；一类是跟着高层次人才干的人，即团队成员；一类是为人才服务的人，即管理服务人员。我们现在有山无峰的现象突出，无山无峰的问题也较普遍，关键在于缺乏高层次人才和各级各类学科带头人。我们各级党组织必须牢固树立人才是"第一资源"理念，坚持党管人才原则，把人才工作作为当前最迫切、最重要的任务抓好抓实。相关部门要围绕学校战略规划，尽早做好顶层设计，制定人才队伍建设中长期规划。学院党委书记、院长，要拿出"三顾茅庐"的精神，在引好人才、用好人才、养好人才上想办法、出实招，要有"新思路、宽眼界、大举措"，超常规引进高层次人才；各级领导干部、各级党组织要当好"店小二"，提供"心贴心、保姆式"服务，真正让人才引得来、留得住、干得好、有奔头。人才难求，人才难得，人才宝贵。我们要做到"求贤若渴、爱才如命、惜才如金、唯才是用"，营造"尊重特点、鼓励创新、信任理解、宽容失败"的良好氛围，使临沂大学真正成为"各类人才创新创业的天堂和乐园"。我们今后考核基层党组织，也要把人才工作作为重点，看哪个学院人才引进的质量好，哪个学院为人才提供的服务好，哪个学院人才的满意度高。

三要在推进党建与业务融合上下功夫。要发挥好党建引领作用。党建与业务是相互融合、相互促进的关系，绝对不是"两张皮"。哪个学院党建抓好了，师生的精神面貌就好，干劲就足，事业发展得就好。哪个学院干部没干劲，师生埋怨多，留不住人，事业发展慢，原因可能是多方面的，但其中一个重要原因肯定是党建没抓好。学院定位不清晰、特色不鲜明、重点不突出，学院党组织要深刻反思是否发挥了把关定向作用；学院的风气不正、人心不稳，干部、教师出现违纪违法和师德失范现象，学院党组织要深刻反思是否发挥了政治引领和保障作用。我们的党建述职考核，也要实行"大党建"考核，不仅要重视党建规范化、标准化的考核，更要注重考核党建在引领和保障事业发展方面的成效。

四、持之以恒正风肃纪反腐，打造风清气正的政治生态

我们要牢记从严治党永远在路上、作风建设永远在路上、反腐倡廉永远在路上，以正视问题的自觉和刀刃向内的勇气，一体推进不敢腐、不能腐、不想腐，巩固发展反腐败斗争的压倒性胜利。

一要力戒形式主义、官僚主义。当前，形式主义、官僚主义存在的原因是多方面、深层次的，最根本的还是思想出了问题。很多干部为了不出事、宁可不干事，为了不担责、宁愿不负责。我们要坚持"三个有利于"标准，只要有利于强化党的全面领导、促进全面从严治党，有利于落实新发展理念、推动高质量发展，有利于践行以人民为中心的发展思想、维护人民群众根本利益，在严守党纪国法、保持清正廉洁的前提下，就鼓励大胆闯、大胆试、大胆改、大胆干。同时，要保持对干部和工作人员的宽容之心，坚持"三个区分开来"，该容的大胆容，该纠的坚决纠，为担当者担当，让履职者尽责，让广大党员干部放下包袱、放开手脚。对于形式主义、官僚主义的一些现实表现，如以会议落实会议、以文件落实文件的问题，只喊口号没有行动的问题，只签协议没有落实的问题，拿"不会干""干不好"当理由推诿扯皮的问题，喜欢"吹喇叭""抬轿子"的问题等，既要从思想认识上挖根源，也要从制度机制上找原因。我们要深化考核评价制度改革，真正体现干与不干不一样、干好与干坏不一样，让真干事的干部有成就感，让不干事的干部有危机感，通过清晰的导向，把干部从形式主义、官僚主义的桎梏"套路"中解脱出来，形成求真务实的新风正气。

二要把纪律和规矩挺在前面。我们党员干部做事，既要有情怀，也要讲规矩，要做到一切出于公心，一切以事业为重，一切按规矩办事，绝对不做违反纪律和规矩的事，绝对不做不利于学校事业发展的事，绝对不做损害师生利益的事。制度建设是党的根本性建设，是严明纪律和规矩的前提。制度好可以使坏人无法任意横行，制度不好可以使好人无法充分做好事，甚至走向反面。从实际情况看，我们制度建设还有很多问题：一是制度不健全，有些方面还存在制度空白；二是制度不科学，有的制度过于宽泛、牛栏关猫，有的制度断档脱节、跟不上形势，有的过于烦琐、不利于执行；三是制度执行不严格，很多部门文件发了，没有人去抓落实，也没有有效的监督，使得制度形同虚设，成为"稻草人"。我们要落实

党的十九届四中全会精神，推进制度创新和流程再造，构建符合实际、独具特色、系统完备、运转高效的内部治理制度体系，推动制度优势更好转化为治理效能。我们要严格制度执行，将制度执行情况纳入校内巡察和日常督查，适时开展专项检查，以严格的监督问责强化制度执行的刚性，确保权力运行规范。

三要构建完善"大监督"体系。党员干部遵规守纪，既需要内心的自觉和制度的约束，也需要有效的监督。我们要强化监督，但不能认为只是纪检监察部门的责任，所有的管理部门、领导干部都负有监督责任，都要履行职能监督职责。纪检监察机关要深化"三转"，强化"监督的再监督"。要把党委全面监督、纪检部门专责监督、党的工作部门职能监督、党的基层组织日常监督、党员民主监督等结合起来、融为一体，以党内监督为主，推动民主监督、审计监督、财会监督、舆论监督等有机贯通、相互协调，构建完善"大监督"体系。最近，学校党委完善了巡察工作体制机制，转发了学校纪委、监察专员办公室2020年纪检监察工作要点、廉政谈话工作方案和廉洁警示教育实施方案。我们要坚持抓早抓小、防微杜渐，提升运用监督执纪"四种形态"，精准运用"第一种形态"，经常开展谈心谈话、批评和自我批评，让"红红脸、出出汗"成为常态。大家要深刻理解严管就是厚爱，信任不能代替监督，要正确对待监督，主动接受监督，习惯在监督下工作和生活，决不能拒绝监督、逃避监督。

五、扛起管党治党根本政治责任，把全面从严治党向纵深推进

历史和现实告诉我们，不明确责任，不落实责任，不追究责任，全面从严治党是做不到的。我们要抓住责任落实这个牛鼻子，层层压紧压实管党治党责任，推动每一名党员干部履职尽责，把全面从严治党真正落到实处。

一要落实好主体责任。近日，中办印发了《党委（党组）落实全面从严治党主体责任规定》，对主体责任的总体要求、责任内容、责任落实、监督追责等作了具体规范，构成了明责、履责、考责、问责的闭环体系，这是健全全面从严治党责任制度的重要举措，为新形势下推动全面从严治党提供了重要制度遵循。主体责任是全面的、系统的，我们必须贯彻落实到管党治党全过程、各领域。各级党组织要把落实主体责任作为根本政治担当，把抓好党建作为最大政绩，书记要履行好"第一责任"，班子成员履行好"一岗双责"，做到分管工作到哪里，管党治党职责就延伸到哪里，切实履行好抓教育、抓监督、抓惩治、抓问责、抓制度的责任。要扎实开展党组织书记抓基层党建述职评议考核，各学院、校区党委书记要主动扛起责任，切实发挥作用，把管党治党责任层层压实拧紧。党办、组织、宣传、统战等党的工作机关，要分解任务、压实责任，一抓到底、务求实效，不能满足于开会了、发文了，防止主体责任虚化、空转，防止出现上热、中温、下凉现象。

二要发挥好监督责任。协助党委推进全面从严治党，是党章赋予纪检监察机关的重大任务。学校党委将坚定支持纪委深化"三转"，为纪检部门开展工作创造条件、提供保障。纪检监察部门要全面履行党章赋予的职责，协助党委抓好党风廉政建设的组织协调、督促指导和监督检查工作，要定期向学校党委报告工作，要当好党委的参谋助手。对党委作出的全面从严治党安排，要协助进行责任分解，加强统筹协调，对党组织履行全面从严治

党责任情况开展监督。要总结运用疫情防控期间督查检查工作的好经验好做法，建立健全跟踪督查、情况通报、信息反馈机制，通过约谈提醒、述责述廉、问责追责等方式，推动管党治党各项安排落到实处。

三要扎实做好巡视准备。下半年，省委将专项巡视高校。省委巡视工作，是对高校全面从严治党的一次政治体检，涉及管党治党、反腐倡廉的各个领域、各个环节，与每一个党员干部都密切相关。巡视是为了发现问题、解决问题。解决一个问题，就会前进一步，不解决问题必然会带来新问题。我们每个部门、每个岗位都要提高站位、提高认识，按照全面从严治党的要求，全面梳理学校党建工作，深入开展巡察"回头看"，主动发现问题、解决问题，即知即改、立行立改、全面整改，确保以最好的状态迎接省委专项巡视。

六、打好团结牌，学习并树立五种崇高情感

全面从严治党重在抓住领导干部这个"关键少数"，要发挥领导干部的导向、示范、推动作用，把思想和行动统一到习近平总书记的讲话精神上来，统一到中央的部署要求上来。

一是各级领导班子都要打好"团结牌"

习近平总书记指出：懂团结是真聪明，会团结是真本领。团结出凝聚力，出战斗力，出新的生产力，也出干部。在团结问题上，"一把手"更应带好头，起好表率作用。那些所谓的"孤家寡人"、包打天下的"超人"，是不能长久的。只有依靠"众人拾柴"和"三个臭皮匠"之力，靠大家帮衬，工作才能做好。

在一个班子中共事，是一种缘分，更是一种责任。我们要始终牢记毛泽东同志关于书记和委员之间的"谅解、支援和友谊，比什么都重要"的教导，正确对待自己，正确对待同志，正确对待组织，用真诚赢得大家的理解和信任，在合作中加深了解，在共事中增进团结，以坚强的党性、良好的作风、规范的制度和人格的魅力抓好班子自身建设。

一个手掌，摊开是"多个指头"，握紧是"一个拳头"。班子的团结就好比"指头"与"拳头"的关系。"一把手"只是其中一个"指头"，充其量是个"大拇指"。一个"指头"劲再大，其他"指头"如果不用力，也难以体现出"拳头"的合力。所以，"一把手"要充分调动班子成员的积极性，使他们各司其职、各负其责、各展其才，从而使这个领导集体攥紧"拳头"，打出"团结牌"，形成整体合力。

二是各级领导干部都要学习并树立五种崇高情感

习近平总书记强调，要以党的先进人物为榜样，培养和增强对人民群众的深厚感情，学习并树立五种崇高情感。

一要学习邓小平同志的情怀感。他说："我是中国人民的儿子，我深情地爱着我的祖国和人民。"

二要学习雷锋同志的幸福感。他只活了22年，但他说："什么是幸福？为人民服务是最大的幸福。"

三要学习孔繁森同志的境界感。他有一句名言："爱的最高境界就是爱人民。"

四要学习郑培民同志的责任感。他始终把"做官先做人，万事民为先"作为自己的行为准则。

五要学习钱学森同志的光荣感。他把群众的口碑当作自己无上的光荣。

只有学习并树立这五种崇高情感，才能心里装着群众，凡事想着群众，工作依靠群众，一切为了群众，切实解决好"相信谁、依靠谁、为了谁"的根本政治问题，努力为人民掌好权、用好权。

同志们，我们要更加紧密地团结在以习近平同志为核心的党中央周围，不忘初心、牢记使命，树牢"四个意识"，坚定"四个自信"，做到"两个维护"，以更高的政治站位、更强的责任担当、更严的纪律约束、更实的工作作风，把全面从严治党贯穿办学治校全过程，以全面从严治党和平安校园建设的扎实成效，为加快实现高质量发展提供坚强的政治和组织保障！

谢谢大家。

坚守初心 强化监督
为推进学校高质量发展提供纪律保障

——在临沂大学2020年全面从严治党暨平安校园建设工作会议上的报告

张洪东

（2020年5月28日）

同志们：

根据会议安排，我代表学校纪委、监察专员办公室回顾总结2019年全校纪检监察工作，部署2020年工作任务。

一、2019年工作回顾

（一）着力强化政治建设，做到"两个维护"更加坚决。一是深入学习贯彻习近平新时代中国特色社会主义思想。认真开展"不忘初心、牢记使命"主题教育，全年传达学习习近平总书记重要讲话、重要指示批示精神32次，引导广大党员干部始终以新思想武装头脑、指导实践、推动工作，带头做到"两个维护"。二是强化政治监督。牵头成立6个巡回指导组，对各基层党组织主题教育部署要求落实情况进行督导，推动工作有序有效开展。三是当好政治生态"护林员"。运用校内巡察、督导民主生活会、党建述职等方式，会同有关部门加强对基层党组织政治生活的监督检查，推动党内政治生活更加规范。

（二）着力加强组织协调，协助作用发挥更加有效。一是明确细化责任。协助校党委召开2019年党风廉政建设工作会议，将全年纪检监察重点任务细化分工、责任到人，压紧压实"两个责任"。二是严格执行重大事项请示报告制度。问题线索处置、立案审查调查决定、党纪政务处分等重要事项，严格按程序向省纪委监委请示汇报，重大问题及时报告；对于上级部署安排，第一时间向党委汇报，协助党委及时研判、推动解决党风廉政建设重点难点问题，2019年报告纪检监察工作4次，提出研究事项5项。三是强化风险防控。协助党委组织排查全面从严治党风险点31项，督促责任部门制定防控措施90条，有效防范和化解廉政风险。

（三）着力履行监督首责，开展日常监督更加精准。一是深化校内巡察。落实校党委部署安排，完成对8个单位的政治巡察，发现问题146个，总结提炼反馈、通报、移交、约谈、"回头看"、问责"六步督促法"，督促被巡察单位和各级党组织举一反三、整改落实。二是开展重点专项监督。围绕上级和学校工作部署，对事业单位人员招聘、研究生考试自命题、绩效工资分配、学生管理等重点领域、重要工作进行专门监督，制约权力运行更加规范。三是狠抓巡视发现问题整改。针对省委巡视高校反馈的突出问题，协助党委制定即知即改工作方案，针对查找的15个问题，制定整改措施，明确问题、责任、措施和完成时限，确保整改到位。四是严把选人用人廉洁关。严格开展廉政审查，更新完善214名领导干部的廉政档案，依规依纪回复党风廉政意见112人次，坚决防止"带病提拔""带病上岗""带病评优"。

（四）着力纠治"四风"，作风建设成果更加巩固。一是突出整治形式主义、官僚主义。督促各级党组织对照形式主义、官僚主义在学校的8种表现形式，深入开展自查自纠，连同校内巡察发现的作风建设方面的21个问题，督促立行立改。二是创新监督方式。紧盯重要节点和重大事项，通过组织谈话、发送廉政提醒短信、转发典型案例等方式强化提醒教育，从源头上遏制不正之风的发生。三是推进自身作风转变。结合"不忘初心、牢记使命"主题教育，按照"四不两直"要求，深入基层开展专题调研，征求意见建议92条，明确整改目标和改进措施，强化自身作风建设。

（五）着力加大执纪审查力度，维护群众利益更加有力。一是挺纪在前。召开全面从严治党专题报告会3次，组织200余名党员干部赴临沂市廉政教育馆接受现场教育，督促各级党组织观看廉政警示教育片27次，开展基层纪检委员专题培训，发送警示提醒短信7条。二是从严执纪问责。将查处侵害师生切身利益问题作为重中之重，对收到的9个问题线索进行认真核查，立案审查2件，约谈4人，函询3人，对1名副处级干部诫勉谈话，责令2个基层党组织主要负责人作出书面检查，收到查处一案、教育一片、震慑一批的效果。

（六）着力完善制度机制，纪检监察体制改革更加深入。一是积极推进内设机构和人员调整。在党委大力支持下，落实省属高校纪检监察体制改革要求，经省纪委监委审核同意，研究制定纪委、监察专员办公室职能配置、内设机构和人员编制有关规定，在全省高校中率先完成机构设置和人员调整，体现了革命老区大学"走在前列"的政治自觉。二是夯实推进改革的理论基础。组织纪检监察干部认真学习党章党规和监察法等法律法规，全面提升理论素质，提高适应能力。三是进一步深化"三转"。强化主业主责，退出8个议事协调机构，使执纪执法监督主业更加聚焦，做到工作"不越位"；积极探索紧紧依靠党委、密切联系职能部门，服务学校发展的新思路、新举措，推动更高水平、更深层次的"三转"，做到工作"到位""不缺位"。

（七）着力加强教育管理，纪检监察干部队伍建设更加规范。一是加强政治机关建设。创新实施"三步五法"理想信念教育，组织集体学习15次，领导干部上党课8次，开展庆祝中华人民共和国成立70周年等主题党日活动9次，党支部入选"山东党建工作样板支部培育创建单位"。二是强化业务本领。组织参加省、市、校级各类纪检业务培训148人次，与地方纪委互派1名干部挂职锻炼，开展30个典型案例分析研讨，全员参加全省纪检监察干部应知应会知识测试并取得平均95.2分的优异成绩，2人获评"全省纪检监察系统专业比武能手"。三是加强内部监督。严格按照全省纪检监察系统专项检查工作部署开展自查自纠，对查摆的21个问题，列出台账、销号管理，组织制定或修订纪律检查建议监察建议工作办法等制度文件4个，建设1处标准谈话室，规范了内部管理。落实谈心谈话制度，纪委负责同志与纪检干部逐一谈话，交流思想、解决难题，传递组织温暖，督促履职尽责。

一年来，校纪委、监察专员办公室在省纪委监委和学校党委的领导下，强化监督执纪问责，协助推进全面从严治党，学校政治生态持续好转，监督执纪成果已初步转化为学校治理效能，主要体现在以下几个方面。

一是党对党风廉政建设和反腐败工作的领导进一步加强。校党委高度重视党风廉政建设和反腐败工作，就校内巡察、案件审查调查等重要工作开展情况，定期听取纪委汇报，加强顶层指导、协调解决问题。对于纪委提出的工作意见建议，党委书记第一时间研究、第一时间推动实施；对于上级部署的专项监督和改革任务，党委书记亲自部署、亲自督促各部门各单位坚决落实、优先保障，强力推动纪检监察体制改革取得阶段性重要成效；针对违纪违规问题及日常监督发现的薄弱环节、廉政风险，亲自主持召开由责任单位主要负责人及分管校领导参加的专题通报会，落实责任、提出要求，严肃教育、严格问责。党委班子成员把党内职务作为第一职务，把管党治党作为首要职责，各负其责、各司其职，认真抓好分管领域的党风廉政建设。这表明，在临沂大学，校党委管党治党政治责任已落到实处、见到成效，党委、纪委同向发力、同频共振的工作机制已日趋成熟。

二是基层党组织履行全面从严治党政治责任更加到位。各基层党组织推进全面从严治党的主动性、自觉性明显提高，规范内部管理和自我监督的体制机制更加健全，进一步推动管党治党责任在基层落地落实。如，针对理工实训楼重大项目建设，基建、资产、财务、审计、保卫等部门坚持"刀刃向内"，主动开展内部监督，制定风险防控方案，签订廉政承诺书，设置举报箱，召开廉政建设专题会，以过硬措施预防廉政问题发生，为确保项目建设高效、资金管理规范、干部清正廉洁打下很好基础；针对事业单位人员招聘、绩效工资发放等舆情关注度高、涉及面广、关系职工切身利益的重大事项，人事、科技、社科、商学院等部门和单位正视存在的问题，主动接受监督，严明纪律、挺纪在前，健全机制、狠抓落实，确保工作公正公平公开、合法合纪合规，事业单位人员招聘未接到信访举报、未产生任何负面舆情，2019年度奖励性绩效发放平稳有序、反响良好，维护了学校发展稳定大局；针对校内巡察中发现的突出问题，文学院、档案馆、图书馆等进一步提高政治站位，不回避矛盾问题，狠抓整改落实，取得明显成效；等等。这表明，在临沂大学，各级党组织政治站位不断提高，管党治党自觉性更加强烈、责任更加明晰，校党委、基层党组织上下联动、一体推进的格局已基本形成。

三是党员干部遵规守纪更加自觉。以"不忘初心、牢记使命"主题教育开展为契机，广大党员干部学习贯彻习近平新时代中国特色社会主义思想更加主动，进一步强化了理论武装，坚定了做到"两个维护"的决心；认真遵守党纪国法和学校规章制度，遵守会议纪律和日常考勤制度更加自觉，政治纪律和政治规矩意识明显增强，今年学校信访举报有效线索数量同比下降17%，违纪违规处分处理人次同比下降66%，特别是针对奖励性绩效分配存在的问题，全体党员干部和教职工普遍提高了认识，自觉杜绝了类似现象的发生；对于接受组织谈话的党员同志，通过深入细致的思想政治工作，这些同志普遍提高了思想认识，积极主动配合工作，相信组织、感恩组织，自觉纠偏改错、努力工作。这表明，在临沂大学，作为革命老区的广大党员干部，身体里始终流淌着永不褪色的红色血液，始终传承着战火洗礼的革命基因，更讲政治、更守规矩，听党话、跟党走的初心是一以贯之的，奋力"走在前列"的梦想是一以贯之的。

虽然一年来取得了一些成效，但也要清醒认识到，与上级纪委和校党委要求相比，与广大师生的期盼相比，我们的工作仍存在一些差距和不足，主要表现为，政治监督的方式方法、手段措施还不够丰富，从政治角度审视、分析和解决问题的能力还需要提升；工作开展不平衡，预防措施用得多、惩治手段用得少，初核多、立案少；在精准实施日常监督，特别是"监督的再监督"方面，还没有形成规范化的制度机制，监督方式和方法需要进一步探索创新。对这些问题，我们将高度重视、认真解决。

二、2020年主要任务

2020年是"十三五"规划收官、"十四五"规划开局之年，面对新冠肺炎疫情防控阻击战取得重大战略成果新形势，统筹做好常态化疫情防控和学校事业发展新要求，以及学校开学复课的新情况，全面落实省纪委部署和校党委安排，做好今年纪检监察工作意义重大、使命光荣。今年工作的总体要求如下。

以习近平新时代中国特色社会主义思想为指导，深入贯彻党的十九大和十九届二中、三中、四中全会精神，巩固深化"不忘初心、牢记使命"主题教育成果，按照中央纪委、省纪委全会部署和校党委要求，持之以恒认真学习领会习近平新时代中国特色社会主义思想的精髓要义和实践要求，增强"四个意识"，坚定"四个自信"，做到"两个维护"，坚持稳中求进工作总基调，忠实履行党章和宪法赋予的职责，服务学校为党育人、为国育才的中心任务，协助党委推进全面从严治党，按照"一二三四五"的工作思路，压实管党治党政治责任，强化对权力运行的制约和监督，一体推进不敢腐、不能腐、不想腐，推动纪检监察工作高质量发展，为营造风清气正的学校政治生态提供坚强纪律保障。

（一）突出"一条主线"，不断健全完善学校监督体系。将2020年确定为纪检监察机关"制度建设年"，进一步完善党风廉政制度机制建设。一是统筹监督力量。落实党的十九届四中全会精神，把党委全面监督、纪委监委专责监督、党政工作部门职能监督、基层组织日常监督、党员民主监督等统筹结合起来，总结提炼日常监督、执纪审查、校内巡察、体制改革等成功经验和做法，提升监督科学化、规范化水平，推动制度优势更好转化为治理效能。二是深化纪检监察体制改革。落实上级部署和党委要求，继续推进纪检监察体制改革，做到机构到位、人员到位、责任到位、保障到位；落实改革新要求，认真履行纪律检查和国家监察两种职能，加强对党员干部的纪律监督，强化对行使公权力人员的监察监督，做到监督全覆盖。三是提高制度执行力。把监督制度执行融入纪检监察日常工作，坚决破除执行制度先紧后松、上紧下松、外紧内松等形式主义顽疾，严肃查处有令不行、有禁不止、执行不力等突出问题，增强制度的刚性约束。

（二）高扬"两种精神"，充分发挥纪检监察工作的育人功能。贯彻党委确定的"特色品牌创建"攻坚工程要求，高扬沂蒙精神和抗大精神"两种精神"，着力打造具有老区特色的纪检监察工作品牌。一是强化纪律教育。有效运用"两种精神"蕴含的廉政勤政思想，对照党的六大纪律，进一步强化底线思维，通过开展廉政专题报告、观看专题教育片、开展德廉知识测试、剖析典型案例等各种形式，持续强化纪律教育，督促党员干部遵规守纪。二是加强"两种精神"育人情况的监督检查。落实党委坚持"两种精神"育人的部署要求，督促各单位将"两种精神"融入教学、科研、管理工作实践，确保落地生根、深入人心。三是加强廉政文化研究。深入挖掘"两种精神"对全面从严治党的经验启示，加强廉政文化理论研究，积极探索用"两种精神"指导纪检监察工作新实践，凝练形成廉政文化研究新特色。

（三）深化"三个转变"，依规依纪依法履职尽责。首先，转职能，聚焦主责主业。把"两个维护"作为重要政治责任，把监督作为首要职责，把落实"两个责任"作为主要抓手，推动管党治党主体责任和监督责任贯通联动、一体落实。一方面，要聚焦"监督的再监督"，出台相关实施办法，督促各级党组织扛起从严治党主体责任；另一方面，要学会"弹钢琴"，既统筹全局，确保党委重大决策部署到哪里，监督检查就跟进到哪里，又落细落实，紧盯关键人、关键岗位、关键事项，强化精准监督。其次，转方式，依规依纪依法履职。切实践行法治思维，谋划工作、处理问题、执纪执法的每一个步骤都要合规合乎法；精准把握政策，坚持严管和厚爱结合、激励和约束并重，做到纪法约束有硬度、批评教育有力度、组织关怀有温度；更加注重程序，严格执行纪检机关监督执纪工作规则和监察机关监督执法工作规定，不断规范业务流程。最后，转作风，自觉接受群众监督。不断强化纪检监察机关内部监督，落实家访、谈心谈话制度，运用批评与自我批评思想武器，对存在的苗头性、倾向性问题及时"咬耳扯袖、红脸出汗"，坚决防止"灯下黑"。继续完善紧紧依靠党委、主动融入发展、共同推动工作的体制机制，使纪检监察工作契合高校特点，下沉基层、贴近实际、走进人心，有效解决"三转"不协调的问题。

（四）驱动"四驾马车"，持续正风肃纪反腐。 把"严"的主基调长期坚持下去，紧扣政治监督、日常监督、纠治"四风"、执纪问责四个着力点，一体推进不敢腐、不能腐、不想腐，巩固和发展反腐败斗争压倒性胜利。一是突出政治监督。充分发挥党风廉政建设与反腐败工作协调小组作用，巩固深化主题教育成果，不定期开展专项督查，着重解决贯彻落实习近平新时代中国特色社会主义思想和党中央决策部署不实不力问题；配合相关部门不断规范校内巡察机制，适时开展巡察"回头看"，用好巡视巡察成果，推动发现问题整改到位；严明政治纪律和政治规矩，配合有关部门深入开展意识形态校内巡察，聚焦"七个有之"，坚决反对对党不忠诚不老实、阳奉阴违的两面人，坚决纠正危害党中央权威和集中统一领导的行为；紧紧围绕习近平总书记关于高等教育的重要讲话和指示批示精神，结合学校建设发展实际，聚焦我校2020年"六大攻坚工程"，跟踪监督各单位推进落实情况，推动中央决策、省委部署和校党委要求落细落实。二是做细做实日常监督。落实习近平总书记指示批示精神，既抓疫情防控责任监督，又抓复工复学情况监督，严肃纪律，强化问责，督促各级党组织落实"四个责任"，统筹做好疫情防控和复工复学各项工作，确保学校改革发展稳定大局；协助党委压紧压实全面从严治党主体责任，与基层党组织主要负责同志进行廉政提醒谈话，督促坚决扛起管党治党政治责任，推动《党委（党组）落实全面从严治党主体责任规定》落实；聚焦聘期竞岗、招标采购、人才引进、项目建设等重点领域和关键环节，深入开展专项监督，运用纪律检查建议、监察建议等形式督促抓好问题整改，持续强化对公权力的监督；认真落实《纪检监察机关处理检举控告工作规则》，完成检举举报平台建设并充分发挥平台作用，畅通监督渠道，广泛听取师生群众的意见建议；有效运用监督执纪"四种形态"尤其是"第一种形态"，对苗头性、倾向性问题早发现、早预警、早处置，使"红脸出汗"成为常态，预防小问题变成大问题。三是持之以恒纠治"四风"。继续加大对形式主义、官僚主义作风的整治力度，紧盯关键少数，深挖细查各种隐形变异现象，对顶风违纪现象从严查处，久久为功、化风成俗；加强工作作风监督检查，对不担当、不作为、慢作为、假作为问题，加大查处力度，督促形成想干事、能干事、会干事、干成事、不出事的良好氛围。四是从严执纪问责。聚焦师生关注关心的重点领域、关键环节，持续加大审查调查力度，坚决整治师生身边的腐败问题和不正之风，切实维护人民群众根本利益；强化问责追责，对于失职失责问题，既追究党组织主体责任和主要负责人第一责任人责任，又倒追分管领导"一岗双责"和有关部门审核把关责任，既问责责任单位，督促采取有效措施及时挽回不良影响，又问责主管部门，督促完善制度堵塞漏洞，从源头上预防类似问题再次发生。

（五）提升"五种能力"，锻造敢于斗争善于斗争的纪检监察干部队伍。 牢牢把握纪检监察机关是政治机关的定位，坚持高标准、严要求，持续深化科学理论武装，真正学懂弄通做实习近平新时代中国特色社会主义思想，带头加强政治建设，带头增强履职本领，带头强化监督管理，全面深化纪检监察干部队伍建设，着重提升以下5种能力。一是政治能力。依托山东党建工作样板支部建设，不断强化理想信念教育，督促党员干部站稳政治立场，把握正确政治方向，始终保持高度的政治敏锐性和鉴别力，带头做到"两个维护"。二是业务能力。认真开展纪检监察应知应会业务知识学习，定期进行典型案例剖析，以业务理论指导工作实践，不断提升执纪执法的能力和水平。三是教育感化能力。坚持"惩前毖后、治病救人"原则，将思想政治工作贯穿监督执纪执法全过程，通过耐心细致的思想交流，促使审查调查对象思想转化，唤醒党员意识，传递组织温暖，在严格执纪的同时，努力营造激励干事创业的良好氛围。四是协调能力。充分认识党风廉政建设和反腐败工作是一项系统工程，仅靠纪检监察机关是不可能抓好的，要不断提升组织协调能力，提高沟通交流技巧，主动协调各单位各部门齐抓共管、凝心聚力，形成合力。五是管理育人能力。深入实施领导干部联系服务师生制度，全面掌握诉求，帮助解决关心关注的热点难点问题，加强对师德师风建设情况的监督，督促党员教师树立良好师德师风，营造崇德尚廉的良好育人环境。

同志们，站在实现"两个一百年"奋斗目标的历史交汇点，在临沂大学全面开创发展建设新局面的关键之年，让我们更加紧密地团结在以习近平同志为核心的党中央周围，在校党委坚强领导下，只争朝夕、不负韶华，扎实推进党风廉政和反腐败工作，不断夺取全面从严治党新胜利，为推动学校内涵式高质量发展提供坚强纪律保障！

专

记

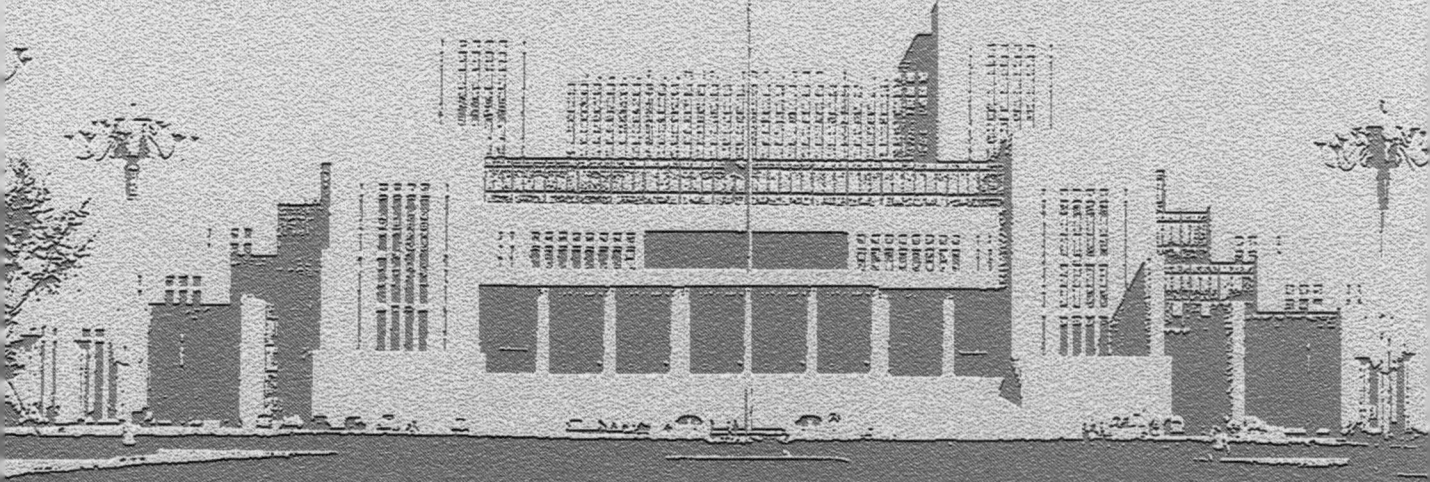

临沂大学六届四次教代会（工代会）

【倡议书】
不忘初心担使命 勠力同心谱新篇
——临沂大学六届四次教代会（工代会）倡议书

全体教职工：

阳春三月芳草绿，处处花开气象新。在疫情防控最吃劲的关键阶段，我们隔空相聚，以网络会议形式召开临沂大学六届四次教代会（工代会）。大会以习近平新时代中国特色社会主义思想为指导，坚持高质量内涵式发展主线，突出学科、专业和人才队伍三大重点，持续推进"五个一流"建设，实施"六大攻坚工程"，吹响了"调结构、强特色、提质量、促改革、保稳定"的铿锵号角，为我们下一步工作指明了方向，令人欣喜，催人振奋。

梦想照亮前方，奋进正当其时。2020年是全面建成小康社会和"十三五"收官之年，也是"十四五"谋划之年。圆满完成"十三五"规划目标，为"十四五"开好局、起好步，离不开广大师生的共同努力和奋斗。为此，我们全体代表向全校教职工发出如下倡议。

一、提高站位勇作为，谱写立德树人新篇章

善之本在教，教之本在师。我们临大人血脉中流淌着抗大精神和沂蒙精神的红色基因。作为革命老区大学，我们要不忘初心、牢记使命，聚焦为党育人、为国育才，坚持"走在前列"的目标定位，努力践行"能吃苦、善创新、敢担当、乐奉献"的临大特质，深化"三全育人"，强化"五育并举"，努力培养能够担当民族复兴大任的时代新人。

二、抢抓机遇迎头上，实现内涵提升新突破

百舸争流，奋楫者先。实现内涵式发展，是高等教育的新时代使命。在"双一流"建设的大背景下，我们要秉持战略思维，善于抢抓机遇，主动融入大局，积极参与竞争；要坚持创新思维，牢牢抓住学科、专业和人才队伍这三大重点，持续推进"五个一流"建设，积极投身"六大攻坚工程"，用创新的思路破解发展中的难题，不断提高发展质量和水平；要善于运用辩证思维，突出发展重点，打造特色和优势，实现重点突破，以昂扬的斗志和拼搏进取的精神状态推动学校内涵式高质量发展再上新台阶。

三、凝心聚力抓落实，开创事业发展新局面

一分部署，九分落实。我们要强化"全校一盘棋"意识，以大局为重、事业为重、师生为重，形成强大合力；要强化"家校共同体"意识，以校为家，爱校荣校，凝聚发展共识；要强化"工作最幸福"意识，增强职业认同，强化责任担当，赢得社会尊重，实现人生的价值，不断提高幸福感和获得感。

老师们、同志们，践行初心使命，聚焦根本任务，加快推进治理体系和治理能力现代化，努力实现高质量内涵式发展，是时代和历史赋予我们的光荣使命。当前，疫情形势依然严峻复杂，我们必须统筹推进疫情防控和学校事业发展，越是在艰难时刻，越需要我们斗志昂扬、齐心协力。让我们紧密团结在以习近平同志为核心的党中央周围，传承抗大基因、弘扬沂蒙精神，时不我待、只争朝夕，努力推动高质量内涵式发展，为开创创新创业型大学的新局面而努力奋斗！

临沂大学六届四次教代会(工代会)

【教代会(工代会)日程】

临沂大学第六届教代会(工代会)第四次会议日程

时　间	会议名称	会议内容	会议形式	主持人
3月2日上午	预备会议	1.通过增补的大会主席团成员、资格审查委员会主任、秘书长建议名单 2.资格审查委员会副主任张思峰作代表资格审查报告(书面) 3.通过大会主要议题	线上	孙常生
	第一次全体会议	1.校长杨波作学校工作报告(书面) 2.工会主席李彤光作工会工作报告(书面) 3.财务处处长高东兴作学校财务预决算报告(书面)	线上	孙常生
3月2日下午—3日上午	讨论	各代表团组织讨论学校工作报告、财务预决算报告、工会工作报告、临沂大学章程(修订)、临沂大学2020年工作要点、倡议书等	线上	各代表团长
3月3日下午	主席团会议	各代表团汇报讨论情况 通过有关决议草案	线上	王焕良
3月4日上午	第二次全体会议	1.提案工作委员会主任张立富作教代会提案工作报告(书面) 2.公布优秀提案名单 3.通过有关决议并分别进行表决 4.通过倡议书 5.党委书记王焕良讲话(书面)	线上	刘占仁

临沂大学六届四次教代会（工代会）

在临沂大学六届四次教代会（工代会）闭幕式上的讲话
（2020年3月4日）
王焕良

各位代表、同志们：

临沂大学第六届教代会（工代会）第四次会议，在各位代表的共同努力下，已圆满完成会议各项议程，即将胜利闭幕。

这次大会，是在我校深入贯彻党的十九大和十九届四中全会精神，巩固深化"不忘初心、牢记使命"主题教育成果，打好"十三五"收官战、谋划"十四五"战略发展的关键时期，召开的一次十分重要的会议。杨波校长作了一个非常好的报告，报告站位高远、求真务实，客观总结了过去一年的成绩，深刻分析了当前面临的新形势，对做好全年工作作了部署安排。大会听取并审议通过了学校工作报告和各专项报告，审议了学校党政工作要点和《临沂大学章程（修订案）》，对第六届三次教代会优秀提案进行了表彰，向全校教职工发出了《倡议书》。这次大会，受疫情影响，我们采取线上方式召开，这是一种工作创新。大会期间，代表们以高度的责任感、使命感和紧迫感，克服疫情带来的种种困难，在线上积极参与分团讨论，踊跃建言献策，体现了对党忠诚的政治站位和高度负责的主人翁精神。这次大会，以习近平新时代中国特色社会主义思想为指导，坚持高质量发展、内涵式发展理念，明确了全年工作的总体思路和重点任务，进一步统一了思想、凝聚了共识、提振了信心。会议开得非常成功，是一次高举旗帜、民主务实、团结奋进的大会。在此，我代表大会主席团和学校党委，向大家表示衷心的感谢并致以崇高的敬意！

2020年是全面建成小康社会的决胜之年，是"十三五"收官之年，也是我校内涵提升的关键一年，是一个具有标志性、转折性意义的年份，十分关键特殊。我们必须树立强烈的"收官"意识，沉下心来抓落实，俯下身子埋头干，确保圆满完成既定的目标任务，为"十四五"开局起步奠定良好的基础。

一、坚定信心，众志成城，坚决打赢疫情防控阻击战

当前，在以习近平同志为核心的党中央坚强领导下，全国上下同舟共济抗击疫情，疫情防控形势积极向好的态势正在拓展，但同时又要看到，疫情形势依然严峻复杂，防控正处在最吃劲的关键阶段，重大突发公共卫生事件I级响应仍未解除，境外输入的风险不断增大，决不能掉以轻心。我们高校师生流动性大、密集程度高，疫情防控难度大，特别是正式开学后将面临诸多新情况新问题，还有很多硬仗要打。我们一定要深入学习习近平总书记关于防控新冠肺炎疫情工作的重要讲话和指示批示精神，充分认识疫情防控工作的长期性、严峻性、复杂性和不确定性，把师生生命安全和身体健康放在第一位，把疫情防控作为最重要的工作，坚决克服麻痹思想、厌战情绪、侥幸心理、松劲心态，以必胜之心、责任之心、仁爱之心、谨慎之心，毫不放松地依法依规、抓紧抓实抓细各项防控工作。要勇做新时代泰山"挑山工"，做到防控工作越吃劲越上劲，不获全胜绝不轻言成功。

一要全面进入"开学战时"状态。虽然目前还没有正式开学，但我们要坚持"停课不停教、停课不停学"，全面进入"开学"状态。干部要到岗到位进入"工作"状态，教师要做好网上授课进入"教学"状态，学生要在家认真学习进入"学习"状态。教务部门要有序指导线上教育教学工作，确保教学质量和效果。

二要严格落实"四个责任"。要逐级压实领导责任、组织责任、岗位责任和个人责任，做到事到人、责到人、人盯人、盯死人，严防输入、严防感染。各级领导要率先垂范，靠上抓、亲自抓，深入一线抓，充分发挥带头作用；党员干部要勇当先锋打头阵，强化担当，严格履职，积极作为，充分发挥示范引领作用，每一名党员都要成为一面鲜红的旗帜，让党旗在疫情防控一线高高飘扬。

三要彻底排除各种风险隐患。疫情防控最大的问题是发现不了问题，最可怕的问题是发现但不解决问题。目前，我校疫情防控工作已经取得阶段性成果，但是千万不能大意，丝毫不能放松，要深入排查可能存在的各种风险隐患，要细之又细、严而又严，严防死守，"宁可十防九空、不可失防万一"，扎实做好堵漏洞、补短板、加强弱项工作。要高度重视做好留学生、在岗人员和家属区等重点人群、重点领域的防控工作，采取最硬的手段、最强的措施，织密筑牢疫情防控网，确保万无一失。

四要全面做好开学准备工作。要严格落实《山东省2020年春季学期疫情防控工作指导意见》和《指导手册》要求，切实做到师生状况精准摸排、教育教学贴心安排、人员培训、场所准备、环境消毒、饮食安全、防护物资、沟通协调等"八个到位"，为师生安全有序返校奠定良好基础。学校行政系统、学工系统、教务系统、外事管理服务系统、后勤保障系统、安全保卫系统要提前谋划，按照上级要求，制定正式开学的各项工作方案和预案，做好各方面的充分准备。宣传系统要制定全员培训方案，开展分层次、全覆盖的疫情防控培训，切实提高师生防控意识和防控能力。纪检和组织系统要加强督查检查，注重在疫情防控一线考察和识别干部，对防控措施落实不力、整改不到位的，要严肃追究问责。

五要统筹推进疫情防控和事业改革发展。 疫情防控形势越是严峻复杂，越要用全面、辩证、长远的眼光看待发展，越要增强信心、坚定信心。我们要坚持"两手抓、两手硬"，统筹兼顾、"弹好钢琴"，一手抓好疫情防控，一手抓好事业发展，做好各项日常工作，强化重点工作项目推进，确保全校正常高效运转，切实做到"两手抓、两手硬"，实现"两促进、双胜利"。

二、干字当先，实干为要，扎扎实实干出一番新事业

事业是干出来的，不干则一事无成。临沂大学走到今天，取得令人瞩目的成绩，都是我们一代代临大人共同干出来的。历史的接力棒到了我们手里，站在新的起点上，我们必须继续传承弘扬抗大精神和沂蒙精神，继续发扬革命老区大学特别能吃苦、特别能战斗、特别能奉献的优良传统，继续发扬肯干、能干、实干的优良作风，努力干出一番新事业，开创发展新局面。

一要形成干事创业的浓厚氛围。 伟大梦想不是等得来、喊得来的，而是拼出来、干出来的。不干，再好的蓝图也只是"一纸空文"，再好的规划也只是"海市蜃楼"。正所谓千般难万般难，畏难就会难上难；千条理万条理，实干才是硬道理。我们过去所有的成绩都是干出来的，面向未来，必须不忘初心、牢记使命，秉持"大道至简，实干为要"的信念和原则，以务实的态度、实干的作风，继续推进事业改革发展。干事创业的关键是抓落实。谁来干，谁来落实？首先是干部，尤其是领导干部。抓落实，要强担当。我们要把抓落实作为对干部的第一考验，充分发挥领导干部带头干的示范引领作用，一级做给一级看，一级领着一级干，层层压实落实责任。抓落实，要重实效。领导干部要坚决克服形式主义、官僚主义，少开会、少发文，开会讲短话、讲管用的话，深入基层一线，真正到教研室去、到实验室去、到教学科研一线去，真正摸清实际情况，切实解决实际问题，扎扎实实为师生办好事、办实事。抓落实，要看实绩。我们既要追求落实的具体行动，更要追求落实的实际成效。实干干得怎样，实效到底如何，必须用事实来说话，拿成果来表明，以成绩来检验。我们要牢固树立干事创业的鲜明导向，把想不想干、敢不敢干、能不能干、会不会干、干不干成作为衡量干部、评价人才的一把标尺，坚持在教学一线、科研一线、项目一线、日常工作一线和疫情防控一线识别检验干部，让优者上、庸者下、劣者汰，大胆使用"李云龙式"的干部，让真干事的干部有成就感，让不干事的干部有危机感，牢固树立"干与不干不一样""干好与干孬更不一样"的鲜明导向，努力营造干事创业的浓厚氛围。

二要保持永不懈怠的精神状态。 精神状态好坏决定事业成败。保持锐意进取、永不懈怠的精神状态，是我们党不断从胜利走向新的胜利的重要法宝。我们很多同志，都为学校改革建设发展作出了积极贡献，得到了大家的认同和尊重，实现了个人的成长和进步。相信大多数同志会再接再厉，追求更高的目标。但也有些同志会因此沾沾自喜，躺在过去的功劳簿上睡大觉。大家要牢记，昨天的太阳再好也晒不干今天的衣服，只有满怀豪情迎接今天的太阳，满怀希望憧憬明天的太阳，才能每天都享受美好的阳光，才能从胜利走向胜利，才能始终保持荣耀和荣光。大家还要牢记，英雄不问出处，不管以前干得怎么样，只要从现在开始，干好当前的工作，取得令人信服的成绩，就是好干部，就是好教师。当前，学校到了船到中流、人到半山的关键阶段，我们既要从昨天的成绩中走出来，也要从昨天的失落中走出来，轻装上阵，全力以赴，以积极的心态，干在当下，干好当前，共同走向美好的未来。

三要追求不甘平凡的工作成效。 我们不管在什么岗位、干什么工作，干就要干好，都要追求卓越，在平凡的岗位上干出不平凡的成绩，不留下任何遗憾。我们的干部，要会干事、能干事、善作善成，要敢于斗争、善于斗争、敢于胜利，多总结自己的成功经验，多吸取别人失败的教训，而不是成为让别人吸取教训的典型案例。当前，我校正处在抓内涵的关键阶段，人才培养、人才引进、学科专业建设、内部治理、社会服务、开放办学都面临着新的问题。怎么干，干成什么样，是摆在我们每个人面前的必答题。我们必须进一步解放思想、提高标准、提高要求，永远保持逢山开路、遇河架桥的精神，锐意进取，大胆探索，不断深化改革，不断创新机制，

四要坚持永不满足的学习劲头。 重视学习和善于学习，是我们党的优良传统和政治优势。我们依靠学习创造了历史，更要依靠学习走向未来。面对新形势、新任务，一定要善于学习，善于重新学习。我们要学习新思想新理论，把习近平新时代中国特色社会主义思想学懂、弄通、做实，不断强化理论武装，善于运用马克思主义的立场、观点与方法分析和解决问题；我们要学习新形势新政策，主动学习了解国家、省、市重大战略，及时掌握经济社会发展动向，善于把工作放在大局下思考、谋划和推进；我们要学习新经验新做法，主动向兄弟院校学习，向标杆榜样学习，向国内国外先进学习，不断开阔视野、提高境界；我们要学习新事物新知识，积极迎接产业革命的汹涌浪潮，主动研究高等教育的新问题新规律，不断增强工作能力，提高工作水平。我们还要在"大学习"基础上，大兴调查研究之风，聚焦学校发展的全局性、战略性和前瞻性问题，影响改革发展稳定的热点难点问题，俯下身子、沉到一线，听实话、察实情，有针对性地制订贯彻落实的思路举措、行动计划，把理论学习与工作实践结合起来，找准学校改革发展的立足点和发力点，推动学校实现更好更快的发展。

三、提高认识，狠抓落实，确保高质量完成既定目标任务

这次疫情，对学校而言，对每个人而言，都是一次大考，让我们停下来认真思考，我们应该干什么，应该怎么干。面对新一年的工作，我们要进一步提高认识，以更高的站位，更深的思考，更实的举措，抓好各项工作的落实，使我们各项事业实现更高质量的发展。

一要强化政治意识。政治问题，任何时候都是根本性的大问题。 只有站稳政治立场，才能保持"乱云飞渡仍从容"的政治定力。我们要发扬坚定听党话、跟党走的优良传统，坚决维护习近平总书记核心地位，维护党中央权威和集中统一领导。我们要巩固深化"不忘初心、牢记使命"主题教育成果，建立落实"不忘初心、牢记使命"制度的具体措施，持续深入用习近平新时代中国特色社会主义思想武装头脑，筑牢信仰之基，补足精神之钙，把稳思想之舵，做到学思用贯通、知行信统一，不断增强"四个意识"，坚定"四个自信"，做到"两个维护"，在思想上、政治上、行动上始终同以习近平同志为核心的党中央保持高度一致，把中央、省委的各项决策部署落到实处，确保政令畅通、令行禁止。我们要加强党对学校的全面领导，以政治建设为统领，落实立德树人根本任务，推动党建工作与抓发展、抓业务相统一，推动党建工作与中心工作深度融合，切实把党的领导贯穿办学治校、教书育人全过程。

二要强化宗旨意识。全心全意为人民服务是我党的根本宗旨，也是我党的初心和使命所在，回答了"为了谁，依靠谁，我是谁"的根本问题。 这次疫情防控战，习近平总书记提出，生命重于泰山，要把人民群众的生命安全和身体健康放在第一位，充分体现了我们党"一心为民"的宗旨意识。我们践行"不忘初心、牢记使命"，就是要坚持一切工作"以人民为中心"的思想，以人民群众满不满意作为衡量工作的最高标准。作为高校，我们践行初心和使命，就是要落实立德树人根本任务，着力解决好"培养什么人、怎样培养人、为谁培养人"这一根本问题，为党育人、为国育才，办好人民满意的大学。作为革命老区大学，我们更应该发扬"走在前列、全面开创"的政治自觉，强化"一切为了学生，为了学生一切"的办学理念，把学生成长成才作为根本使命，传承抗大基因，弘扬沂蒙精神，努力培养能够担当民族复兴大任的时代新人。作为沂蒙人民举全市之力建设的大学，我们还要牢记服务沂蒙的办学宗旨，在任何时候都要把服务沂蒙放在首位，建立密切的城校融合发展协调机制，扎根沂蒙大地，主动融入临沂、依靠临沂、服务临沂，不断提高服务能力，以实实在在的服务和贡献，推动实现校地共生共荣，赢得沂蒙人民的尊重和支持。

三要强化危机意识。所谓"危机"，就是危中有机、机中有危。 这次疫情，对我们来说，既是危机，也是机遇。我们经常喊"狼来了"，这次"狼"真的来了，我们是否做好了准备，我们是否能够把"狼"打跑？我们是否有强烈的危机意识，工作是否做到了超前谋划、未雨绸缪？我们必须始终保持高度警惕，既要高度警惕"黑天鹅"事件，也要时刻防范"灰犀牛"事件；既要打好防范和抵御风险的有备之战，也要打好化险为夷、转危为机的战略主动战。这次疫情，是一次真刀实枪的检验，从我们学校来看，暴露出一些问题，工作还存在一些短板，但也为我们改进工作指明了方向。我们要通过这次疫情防控，举一反三，进一步强化风险防控意识，树立底线思维，尽量预见可能发生的各种情况、各种困难、各种风险，进一步查摆我们学校面临的风险隐患，比如重大公共卫生突发事件、重大金融财政突发事件、重大意识形态和舆情突发事件、重大聚集伤害突发事件等，事先制定好防范化解的措施，通过制度建设堵住存在

的风险漏洞，加快推进治理体系和治理能力现代化，确保在风险挑战面前赢得主动。

四要强化创新意识。创新是第一动力。解决学校发展中的问题，根本靠改革，关键靠创新。不创新就要落后，创新慢了也要落后。我们要坚持把发展基点放在创新上，我们每一块工作，每一个岗位，都要努力激发内生动力，克服传统依赖、路径依赖、领导依赖，不等不靠，主动找到创新点，主动想出新办法，干出新成效。我们要坚持通过创新深化改革，强化问题导向，加快改革创新，机构不顺的要调优，职责不清的要调顺，制度不完善的要"废改立"，通过制度创新、机制优化和流程再造，构筑发展新优势。我们要坚持常规工作求创新，重点工作求突破，把常规工作做出亮点、做出特色，比如，人才培养要有新举措，学科专业要有新特色，人才引进要有新亮点，开放办学要有新机制，创收增收要有新办法，通过创新、创新再创新，推动各项工作不断实现新突破、取得新成效。创新是发展的动力，规范是成熟的标志。我们还要坚持创新与规范并重，既要让创新成为常态，也要处理好"有边界"创新和"无边界"创新的关系，及时把创新成果制度化、规范化，让创新与规范良性互动。

五要强化统筹意识。马克思主义告诉我们，抓工作、抓发展，要强化战略思维、系统思维和辩证思维，善于抓住主要矛盾和矛盾主要方面，学会"弹钢琴"，长短结合，远近结合，找准聚焦点和发力点，以点带面，协同推进。省委确定，今年是全省"重点工作攻坚年"。我们全年工作项目多、任务重，关键要抓住重点，理出层次，切忌"眉毛胡子一把抓"，不分先后主次、不分轻重缓急。我们每个部门、学院都要按照最多3个重点工作、最多2个创新项目的总体原则，把全年工作按照重点工作、常规工作和创新项目3个层次梳理出来，建立台账，制定措施，抓住重点，集中攻坚，力求在重点领域实现重大突破。学校发展的重心在学院。学院要善于在学校总体规划布局中，找准定位，聚焦方向，实现重点突破，形成示范引领和良性竞争的发展态势。

六要强化规矩意识。没有规矩，不成方圆。"规矩"是我党从胜利走向胜利的根本保证。强化规矩意识，作为党员干部，首先要强化政治规矩，以实际行动坚决做到"两个维护"，确保中央政令畅通、令行禁止，上级要求的要第一时间落实、不折不扣落实，做到政治上绝对可靠，对党绝对忠诚。对学校而言，就要强化"全校一盘棋"，只要是党委、行政决定的事情，必须坚决执行，做到行动一致听指挥，不能各行其是，更不能自以为是。强化规矩意识，要做到尊法、学法、守法、用法，要对党的政治纪律和政治规矩心存敬畏，坚持按制度和程序办事，每个部门和岗位都要明确应知、应会、应能，做到职责清、界限明、底线牢，自觉尊崇制度，坚决执行制度，严格按制度履行职责、行使权力、开展工作，坚决不碰红线、不越底线。强化规矩意识，要做到光明磊落、襟怀坦白、表里如一、言行一致，对党忠诚老实，对群众忠诚老实，绝对不做违反纪律和规矩的事，绝对不做不利于学校事业发展的事，绝对不做损害师生利益的事，营造学校风清气正的政治生态。

各位代表、同志们，临沂大学是临大人的大学，学校发展得好，我们每个人才会好。我们就是一个命运共同体、责任共同体，在校内没有你的、我的，都是我们的。广大教职员工是学校事业发展的主体力量，是学校真正的主人。希望各位代表充分发挥引领作用，进一步强化爱校荣校的家园意识，做到"知校、爱校、荣校、兴校"，真正把学校当成自己的家，把事业放在这里，把感情留在这里，不计较个人一时得失，像爱护眼睛一样爱护我们的学校，全心全意为学校发展贡献力量。我们的干部，要加快实现从管理向治理、再从治理向服务的转变，急老师之所急，想老师之所想，为教职工提供最好的服务保障，不断提高教职工的福利待遇，不断增强教职工的获得感和幸福感。我们要共同努力，把临沂大学办得更好，办成党和政府放心的大学，办成受人尊敬、人民满意的大学。

各位代表、同志们，实干成就梦想，奋斗赢得未来。让我们紧密团结在以习近平同志为核心的党中央周围，深入学习贯彻习近平新时代中国特色社会主义思想，始终保持奋斗的姿态、改革的锐气、实干的精神，不忘初心、牢记使命，只争朝夕、不负韶华，为全面开创创新创业型大学建设新局面而努力奋斗！

谢谢大家！

学校工作报告

——在临沂大学第六届教代会（工代会）第四次会议上

（2020年3月2日）

杨 波

各位代表，同志们：

现在，我代表学校向大会报告工作，请予审议，并请列席会议的同志提出意见。

一、2019年工作回顾

过去一年，是学校发展历程中非常重要的一年。全校上下在学校党委的坚强领导下，坚定不移贯彻习近平新时代中国特色社会主义思想，全面贯彻党的教育方针，以深入开展"不忘初心、牢记使命"主题教育为契机，强化担当，狠抓落实，不断破解发展瓶颈、释放改革活力、厚植特色优势，书写了高质量内涵式发展的奋进之笔，各项工作实现了新突破，取得了新成效。

（一）落实"三全育人"，人才培养质量持续提高

聚焦为党育人、为国育才，召开"三全育人"工作会议，构建了"三全育人育全人"体系，顺利通过省体育、美育工作专家评估，《中国教育报》等媒体作了重头报道。深化招生改革，录取新生12 083人，其中本科生7329人，首届硕士研究生45名，开启了办学新征程。强化教学中心地位，召开第七次本科教学工作会议，获批山东省一流课程24门，其中9门被推荐参评国家级一流课程。获批4项"山东省研究生教育质量提升计划"，教育硕士点首次评估获得优秀。实施"1381"创新创业训练计划，获批大学生创新创业训练计划项目国家级37项、省级94项，大学生获省级以上奖励1100余项，获评"2019年度全省创新创业典型经验高校"。完善学分制管理体系，取消"清考"和"补考"，课程全部实行"N+1+1"考试，加大学生学业挑战度，本科毕业生初次就业率91.6%、考研率16.9%。学生入伍226人，入选西部计划志愿者46人，108名师生援疆实习支教，居全省高校前列，践行了临大特质，彰显了临大学子风采。

（二）凝练特色优势，学科专业建设持续突破

强化学科引领作用，出台特色优势学科平台建设规划，确立"七个一"的学科建设特色方向。获批省教育厅"肿瘤标志物检测技术、装备及诊疗一体化协同创新中心"，立项经费1800万元，实现历史性突破。获批山东省高校"青创计划引育团队"5个、"青创科技计划团队"9个。打造特色优势专业，获批国家一流专业建设点3个、山东省一流专业建设点13个，3个专业获得国家专业认证受理。提升科研创新能力，获批省部级以上项目145项、各类经费近7000万元，其中国家自然科学基金项目21项，省重点研发计划19项，获批国际标准1项。获批省部级以上社科项目43项，其中国家社科基金项目9项，教育部人文社科项目、省社科规划研究项目位列省属高校前十；获山东省社会科学优秀成果奖11项，其中一等奖2项、二等奖6项，均创历史新高，位列省属高校第六。

（三）强化人才优先，师资队伍水平持续提升

坚持引育并举，引进学科带头人6人、博士102人，52名教师考取博士，新增省级以上人才称号4人、总数达到28人次，其中武传坤教授获批500万元的省重点研发计划项目，张兴林教授获批200万元的省自然基金重大基础研究项目，高层次人才效应不断彰显。规范岗位管理，完成756名教师岗位备案，101名校聘特岗人员通过提前考核，开展了专业技术岗位届中微调。启动定编定岗管理改革，51人按照人岗相适原则校内转岗。强化思政队伍建设，转岗思政课教师11人、新进2人，转岗辅导员31人、新进25人。8人次获得国家级、省级辅导员荣誉称号或奖励。52人次获得省级以上教学竞赛奖励。强化师德师风建设，开展了教职工"四个自信"教育实践活动，出台了教授、副教授从事课堂教学规定，评选表彰了学校"十大最美教师"和"十佳辅导员"。

（四）深化城校融合，社会服务能力持续增强

深入实施城校融合发展战略，与各县区、企事业单位开展合作项目64项，共建协同性应用型创新平台6个，成果转化4项，扎实开展了3个乡镇对口科技帮扶。承担委托类科技项目62项、经费1111万元，委托类社科项目32项、经费326余万元。参与临沂市2项山东省重大专项攻关项目，争取项目经费2560万元，科技服务能力不断提升。与41家理事单位合作开展技术研发和服务项目47项，项目经费538余万元，与16家理事单位开展合作，获得物资捐赠518余万元。大学基金会吸纳社会捐赠800余万元，获省财政捐赠配比资金309万元。积极拓展培训市场，培训1万余人次，累计创收1000余万元。

（五）完善顶层设计，开放办学格局持续优化

出台《推进国际交流与合作工作的实施意见》，全面推进"六大计划"，构建了"学校为主导、学院为主体、全员共同参与、项目点面结合"的大开放办学格局。与欧美8所大学建立友好合作关系，接待国（境）外高校来访团组17个，加大与东南亚高校的深度合作，达成合作培养博士生、硕士生项目3个，开放办学格局进一步优化。成立了学校欧美同学会（留学人员联谊会），教职工因公出国（境）78人次，获国家、省留学基金资助8人次。成立国际教育与交流学院，学生出国留学483人次，举办首届留学生本科班并招收学历留学生33人，均实现历史突破。孔子学院、世宗学堂建设取得显著成绩，办学影响力不断扩大。

（六）优化内部治理，基层办学活力持续迸发

贯彻党的十九届四中全会精神，深化"一次办好"改革，废止规范性文件18个，宣布失效文件12个，修改规范性文件25个，规范取消22个临时议事协调机构，优化了内部治理。强化制度执行，修订《督查督办工作实施办法》，完善"大督查"机制，组织中层单位公开承诺重点项目555项，开展了2次专项督查，有11项核心事业指标超额完成。修订中层单位及班子年度考核办法，完善了奖优罚劣、能上能下的考核体系。强化学院办校改革，深化绩效分配制度改革，赋予学院更多自主权，有效激发了基层活力。

（七）落实师生为本，综合保障水平持续改善

践行初心使命，完成16项师生最急最忧最盼的问题整改，筹集资金发放了2018年度省直机关事业单位绩效考核奖励，兑现了高层次成果奖励和引进人才费用，提高了教职工福利待遇，发放奖助学金2332.47万元，开展了"送西部大学生回家"沂蒙关爱行动和"助学树人、博爱沂蒙"等捐资助学活动，师生获得感不断提高。强化预算管理，年度总收入10.5亿元，采购仪器设备3106万元，完成政采基建项目8000万元，提高了资金使用效益。完善大学功能设施，理工实验实训楼开工建设，2栋学生宿舍楼即将投入使用，图书馆和科技大楼通过消防验收。推进节约型校园建设，获批教育部"能效领跑者示范建设试点"项目，争取海绵城市项目支持完成南大门改造提升，校园环境更加优美。

（八）高扬两种精神，特色文化品牌持续彰显

把抗大精神、沂蒙精神融入大学文化建设，实施"三馆一院"提升计划，完成红色馆提升，滨海建国学院旧址被列为"临沂市重点抗日战争遗址"，新建大型浮雕"水乳交融、生死与共""论语·沐春图"两处人文景观。实施红色基因铸魂工程，开展"重走抗大路"和"党史国史校史"电视竞赛等实践活动，创作排演艺术党课《初心》、原创舞剧《渊子崖》、专题党课《青春榴火》和大型民族管弦乐《沂蒙史诗》等，积极开展"高雅艺术进校园"等活动，荣获"泰山文艺奖"一等奖1项。获评首批"山东省新时代文明实践社科普及志愿服务队"、临沂市"全民阅读活动示范单位"。两种精神育人结出硕果，马克思主义学院荣获"全国教育系统先进集体"，"云飞支教队"和"守护家园、振兴生态"社会实践服务团受到团中央表扬，在山东省第四季"寻找青年'政治佳'"活动中获得7项"十佳"奖励，校国旗护卫队荣获全国学校升旗手交流展示"团体一等奖"和"全国高校十佳标兵升旗手"荣誉，临大特质不断彰显。

（九）强化党的领导，稳中向好态势持续巩固

坚持把加强党的全面领导，作为办学治校的根本保障，"双带头人"教师党支部从68%提升到95%，实现了党建与事业发展的相融互动。落实全面从严治党，强化廉洁从政，组织开展了十八大以来上级审计问题整改"回头看"，完成6项遗留问题整改。强化意识形态阵地建设和管理，严格哲学社会科学类学术活动、会议审批管理，加大了课堂教学纪律内巡内查力度。完成8个基层党组织的校内巡察。织密筑牢校园"大安全"网络，强化人防物防技防建设，确保了校园全年平安稳定。

这些成绩充分表明，我校高质量发展、内涵式发展的态势越来越明显，办学制度、办学文化越来越成熟。这些成绩的取得，是深入贯彻落实习近平新时代中国特色社会主义思想的结果，是各级党委政府、上级主管部门和老区人民鼎力支持的结果，更是全校广大师生团结一心、拼搏奋斗的结果。在此，我代表学校，向各级领导、社会各界，向全校广大师生、离退休老同志和广大校友，表示衷心的感谢和崇高的敬意！

今年春节，新冠肺炎疫情暴发，全校上下响应党中央号召，在学校疫情处置工作领导小组（指挥部）的有力领导下，众志成城，共克时艰，筑牢了疫情防控的坚固防线。在此，我代表学校，向奋战在疫情防控一线的同志们表示崇高的敬意！为广大师生员工听指挥、顾大局、讲奉献的优异表现点赞！

我们也清醒认识到，我们还面临不少困难和问题。一是发展不平衡不充分的结构性矛盾越来越凸显，

扶强扶优扶特的发展机制还不够完善，结构调整优化的难度还很大；二是内部治理体系与治理能力还不够优化，一些体制机制障碍仍然存在，治理专业化能力亟待提升；三是财政收支矛盾越来越突出，总体经费不足，创收能力不高，预算及执行科学化水平还有待进一步提高；四是办学内生动力需要进一步激发，主动作为、创新发展的氛围还需要进一步浓厚，开放办学水平有待进一步提高，服务新旧动能转换的成效还不明显；五是爱校荣校、以校为家的氛围还需要进一步浓厚，一些干部思想解放不够、担当精神不强、进取意识不足，一些教职工的职业敬畏感、荣誉感和奉献精神还需要进一步强化；等等。对这些问题，我们要采取更加有力有效的措施，切实加以解决。

二、2020年工作安排

2020年是全面建成小康社会、实现第一个百年奋斗目标的决胜之年，也是"十三五"规划收官之年和"十四五"规划的谋划之年。我们必须树立强烈的"收官"意识，既要踢好临门一脚，又要开好局、起好步。

做好2020年的工作，必须准确把握我们面临的新形势、新机遇和新挑战。从全国来看，高等教育正处在内涵发展的加速提升期，"双一流"建设加快推进，"六卓越一拔尖"计划2.0全面启动，正在掀起一场高等教育的"质量革命"，这为我们加快高质量内涵式发展提供了重大机遇。我省高等教育正处在非常重要的政策调整期，对本科高校实行更加严格的分类考核，对高校预算拨款将实行"基础拨款＋绩效拨款＋竞争性项目拨款"模式，从今年开始按专业招生、考核、拨款、招生等政策的重大调整，既是重大机遇，也是重大挑战。我校正处在非常关键的上升动荡期，已经进入硕士学位授予高校行列，但竞争态势更加激烈，正处在船到中流、人到半山的关键时期。

今年学校工作的总体要求是：高举中国特色社会主义伟大旗帜，以习近平新时代中国特色社会主义思想为指导，深入贯彻党的十九大和十九届二中、三中、四中全会精神，全面落实习近平关于教育的重要论述和全国全省教育大会精神，巩固"不忘初心、牢记使命"主题教育成果，按照"走在前列、全面开创"的目标要求，坚持稳中求进工作总基调，统筹推进新冠肺炎疫情防控和事业改革发展，加强党对教育工作的全面领导，落实立德树人根本任务，突出学科、专业和人才队伍三大重点，统筹调结构、强特色、提质量、促改革、保稳定五大战略，持续推进"五个一流"建设，实施六大攻坚工程，推进治理体系和治理能力现代化，加快高质量内涵式发展步伐，全面完成"十三五"规划目标，科学编制"十四五"发展战略规划，努力建设全国知名区域特色鲜明的创新创业型大学。

（一）践行初心使命，实施"三全育人育全人"攻坚工程，加快提高人才培养质量。 聚焦"为党育人、为国育才"，深化"三全育人"改革，突出"学科、专业和人才队伍"三大重点，抓牢基础，固守常态，强化革新，打造高水平人才培养体系。

优化"三全育人育全人"体系。落实学校"三全育人"工作会议精神，制定出台配套文件，完善"三全育人"和"五育并举"的人才培养体系。加大省重点马克思主义学院建设力度，强化思政课建设，推进第一课堂与第二课堂深度衔接融合，提升思政课的针对性、时代感和吸引力。加强专职思政队伍建设，确保年底专职思政课教师、专职辅导员师生比分别达到1∶350和1∶200。大力推进课程思政，构建"三全育人"新机制，每个专业打造3～5门课程思政示范课，提升专业育人水平。

强化课程与教学质量建设。落实山东省一流本科课程建设方案，实施校级一流本科课程建设计划，培育省级一流课程建设点。积极争取参与全省产教融合发展联盟建设，共建共享一批"双师型"师资、优质课程和实习实训资源。强化本科课程评估工作，优化课程评价体系，加强主要教学环节质量监控，遴选打造一批"金课"，培育建设一批国家级、省级精品在线开放课程。积极培育国家级、省级教学成果奖项目。

深化教育教学改革。吃透高考改革精神，构建与高考改革相适应的招生宣传与招生录取体系。完善应用型人才培养体系，深化学分制改革，完善选课、辅修专业等配套管理体系，完善学业预警、淘汰机制，全面推进学分制管理。深化创新创业教育改革，将创新创业教育融入各类课程和各个环节，提高大学生创新创业能力。强化教风学风建设，以提高考研率、升本率和出国留学率为重要抓手，不断提高人才培养质量。完善研究生培养制度体系，研究生培养质量达到同类院校先进水平。强化继续教育，加大网络课程资源和学习平台建设，提高办学质量，扩大办学规模。

（二）创新发展理念，实施"一流学科和专业"攻坚工程，加快推进高质量发展。

对标国家、省"双一流"建设，服务国家战略和地方需求，坚持扶强扶优扶特，加大特色优势学科和专业建设，寻找突破点，抢占制高点。

强化一流学科建设。服务山东省八大发展战略和临沂市主导产业，加快推进"七个一"特色优势学科建设，进一步凝练主攻方向，按照国家级、省部级、校级三个层次培育打造重点学科平台和团队，培育建设1~2个山东省一流学科。以特色优势学科和专业为依托，进一步整合优势资源，力争新增5个硕士学位授予点。围绕一流学科建设，打造高水平平台、团队，争取高层次成果，力争国家自然科学基金30项、省部级以上科研奖励3项、科研经费6500万元，建设2~3个省级工程中心或实验室；力争国家社科基金项目10项、省社科优秀成果奖10项、科研经费1000万元，不断提升科研竞争实力。

强化一流专业建设。强化特色优势专业建设，加大投入力度，力争新增一批国家级和省级一流专业建设点。扎实推进机械制造设计及其自动化、制药工程、软件工程和地理科学的专业认证工作，组织开展2021年度专业认证工作。优化调整专业结构，淘汰一批特色不鲜明、就业前景不好、市场需求不高的专业，建设一批新工科、新医科、新农科、新文科专业，力争入选一批省示范性产教融合"四新学院"。按照学校"以本科教育为主，积极发展研究生教育"的定位，制定实施专科专业优化调整方案，进一步优化专业和招生结构。抓住我省建设国家职业教育创新发展高地的契机，支持沂水、费县校区做大做强职业教育。

强化一流师资队伍建设。强化顶层设计，制订人才队伍建设中长期规划和年度计划，紧扣学科专业建设需求，按照"学科带头人+团队"建设模式，按计划重点引进高层次人才、团队和高水平博士。强化团队建设，完善高层次创新团队遴选建设和激励制度体系，打造一批高水平团队。实施校级教学名师和教学团队培育计划，加强教研室建设，打造2~3个省级以上教学名师和教学团队。强化师德师风建设，完善教师奖励和荣誉体系，建立师德考核负面清单制度，全面落实教授、副教授给本科生上课制度，严格师德师风、教学管理与教学事故"一票否决制"，引导教师潜心教书育人。

（三）开阔发展视野，实施"开放办学"攻坚工程，加快拓展优化办学空间。

坚持开放活校战略，大力推进开门办学，扎根沂蒙、融入沂蒙、服务沂蒙，积极服务地方新旧动能转换；强化"大开放"办学理念，不断开拓国际合作办学空间。

扎实推进城校融合发展。积极争取省市支持，推进实施省市共建临沂大学，建立健全城校融合发展协调运行机制。与地方企业、科研院所共建一批重点实验室、协同创新中心等科技创新平台，深度融入地方创新发展战略。积极推动临沂大学科技园建设，强化专利转化等科技成果转移转化。加大科技扶贫工作力度，校地协同建好乡村振兴学院，继续做好3个帮扶乡镇的科技扶贫工作。紧密结合区域行业发展需求，有针对性打造社会培训精品项目，做大培训市场，打造高端培训品牌。

扎实推进国际合作办学。全面推进国际化办学"六大计划"，优化激励机制，强化学院主体责任。加大与欧美发达国家高校、一带一路沿线国家高校的合作交流，巩固与日韩高校的合作优势，新增一批学分互认（境）外院校和研究生、本科生联合培养项目。推进与法国布雷斯特商学院合作机构、与俄罗斯别尔哥罗德国立工艺大学中俄语言文化中心建设，继续办好孔子学院和世宗学堂。扩大师生国际交流，争取国家、省公派出国留学奖学金，鼓励教职工国内外学术访问与交流。加强港澳台高校联络工作，促进与港澳台师生交流。

扎实做好理事会和校友工作。充分发挥校院两级理事会平台作用，召开学校理事会第三次会议，广泛吸纳社会资源支持学校发展，加强在人才联合培养、科研协同攻关等方面的合作。加强校友工作，成立临沂大学校友总会，改建青岛、上海、临沂市直等校友分会或校友联络处，成立江苏（南京）、广东（广州）等地校友分会或校友联络处，成立1~2个行业校友分会或校友联络处。支持学校教育发展基金会建设，完善配套激励机制，广泛吸纳社会资金办学。

（四）加大改革力度，实施"优化内部治理"攻坚工程，加快提升治理能力和治理水平。落实党的十九届四中全会精神，坚持问题导向，推进制度创新、机制优化和流程再造，构建符合实际、独具特色、系统完备、运转高效的内部治理体系。

深化管理体制机制改革。修订《临沂大学章程》，改革内部机构设置，梳理制定每个部门、岗位责任清单和负面清单，构建权责清晰、运行顺畅、充满活力的行政管理体系。深化"放管服"改革，完善校院两级办学体系，明确校院权责边界，进一步下放人事权、财务权等管理权限，激发内生发展动力。深化学部制改革，强化学部职能，打通学院壁垒。以师生为中心简化办事流程，畅通网上渠道，实行"首接负责制"，实现"一次办好"，提高办事效率和服务水平。

深化人事制度改革。深化岗位管理制度改革，一体推进管理服务岗位和专业技术岗位管理改革，优化现行岗位管理体系，有效激发管理服务队伍和专业技术队伍的积极性。完成特聘教师岗位考核，开展专业技术岗位第二聘期考核和第三聘期竞聘上岗，严格岗位聘期考核，优化论文、专利等岗位聘任前置条件，树立正确的人才评价导向，完善"能上能下、动态调整"的专业技术岗位评聘机制。结合第三聘期竞岗工作，扎实推动定编定岗工作，推动校内人员合理流动。

深化绩效考核与分配改革。对标《山东省本科高校分类考核实施方案》，修订完善学校中层单位和领导班子考核体系，引导各学院（校区）创新发展、分类发展、特色发展，全面提高学校核心竞争力。深化绩效分配制度改革，进一步优化绩效分配管理办法，完善校院两级分配机制，构建岗位优先、绩效优先、优劳优酬的分配制度。

（五）服务内涵发展，实施"增收提效"攻坚工程，加快提高综合保障服务水平。聚焦增加收入、节约开支、提高效益三个重点，拓宽资源收入渠道，强化效能管理，为学校内涵提升提供坚实保障。

多渠道增加办学收入。出台《关于推进财务增收节支的办法》，规范学校创收管理制度及激励政策，完成12亿元预算收入目标。完善科研经费管理等相关制度，稳步推进学分制收费管理，争取部分专业学费自主定价试点。争取海绵城市建设等政府项目支持，建设中央绿地东西通道和南北通道，完善校园设施。牢固树立过"紧日子"思想，按照"压、控、保"原则，日常公用经费定额标准一律压减10%。

全方位提升服务保障效能。加强预算管理，建立分级预算管理体系，提高资金使用效益。开展国有资产管理绩效评价，加强关键节点控制，完善大型仪器设备资源开放共享机制，强化对固定资产的有效管理。寻求政策支持，加强设备周转库建设，用活用好网上商城，灵活运用预采购政策，多措并举提高科研经费购置科研设备的效率。推进智慧后勤建设，以合同节水项目为切入点，加强耗能监管和整治力度。健全内部控制审计等管理制度，完善内控体系建设。

系统化提高信息化水平。制定实施智慧化校园建设方案，优化学校信息化建设顶层设计，为制度创新和流程再造提供有力支撑。对标国家教育信息化发展战略，提升教育信息化水平。完善网上办事大厅建设，优化提升财务报销、招标采购、教学和学生管理等服务系统，推动信息资源整合共享，让信息多跑路，让师生少跑腿。

立体化推进安全保障工作。优化安全工作体制机制，织密筑牢校园"大安全"网络。坚决维护意识形态安全，贯彻《关于加强高校意识形态工作体系建设的实施意见》，开展意识形态"校内巡察"，压实意识形态管理责任。完善校园安全立体化防控体系，强化校园安全监管工作，提高安全检查专业化程度，重点做好实验室、宿舍、网络、食堂等重点领域的安全隐患排查整改，筑牢校园安全"防火墙"。以新冠肺炎疫情防控为契机，完善各类应急处置预案，提高公共安全保障能力。

（六）高扬两种精神，实施"特色品牌创建"攻坚工程，加快打造革命老区大学主体文化。

抗大精神是我们的根，沂蒙精神是我们的魂。要践行初心使命，传承抗大基因，弘扬沂蒙精神，为学校改革发展提供强大精神动力。

打造思政教育品牌。将两种精神深度融入思政教育体系，启动大型话剧《沂蒙母亲》的排演工作，将民族管弦乐《沂蒙史诗》、舞剧《渊子崖》、歌舞剧《初心》打造成传承红色基因的精品项目。发挥我校思政教育基地作用，积极开展党性教育培训，承办好全省思政教师社会实践研修班，打造一流思政课教师实践研修基地。加强沂蒙文化研究院建设，争取获批教育部人文社科基地，深化沂蒙精神研究。推进临沂大学校史馆和马克思主义学院学术展示馆建设，积极申报教育部中华优秀传统文化传承基地及人文社科重点研究基地。

强化爱校荣校文化。启动80周年校庆筹备工作，以迎接80周年校庆为契机，组织开展"知校、爱校、荣校、兴校"主题教育系列活动，加强对广大师生的校史校情教育，引导师生增强主人翁意识和家园意识，将爱校、荣校、兴校的热情转化为实际行动。

浓厚干事创业氛围。深化"不忘初心、牢记使命"主题教育成果，自觉用习近平新时代中国特色社会主义思想武装头脑、指导实践、推动工作，增强"四个意识"，坚定"四个自信"，做到"两个维护"，以实际行动维护核心、诠释忠诚。树立正确政绩观，涵养"功成不必在我"和"功成必定有我"的情怀，坚持目标导向、问题导向和结果导向，确保圆满完成既定目标任务，为"十四五"开局奠定良好基础。

各位代表，同志们，汗水浇灌收获，实干笃定前行。让我们更加紧密地团结在以习近平同志为核心的党中央周围，在省委、省政府和学校党委的正确领导下，团结一心、埋头苦干，只争朝夕、不负韶华，努力推动高质量内涵式发展，为开创创新创业型大学的新局面而努力奋斗！

工会工作报告

——2020年3月2日在临沂大学第六届教代会（工代会）第四次会议上

李彤光

各位代表、同志们：

受第六届工会委员会委托，我向大会作工会工作报告，请予审议。

2019年工作回顾

2019年是中华人民共和国成立70周年，是全面建成小康社会、实现第一个百年奋斗目标的关键之年，是深入贯彻落实全国全省教育大会精神的开局之年，也是我校加快推动高质量发展的关键一年。一年来，校工会在校党委领导、行政支持和全体教职工的热情参与下，以习近平新时代中国特色社会主义思想为指导，坚持服务教职工，围绕学校中心工作，服务大局，立足四项基本职能，切实增强工会工作和工会组织的政治性先进性群众性，不忘初心、牢记使命，凝心聚力、改革创新，积极发挥工会桥梁纽带作用，认真履行职责，推进工会工作迈上新的台阶。

（一）坚持政治引领，切实加强党对工会工作的领导

1.加强理论学习，坚定道路自信。深入学习贯彻习近平新时代中国特色社会主义思想，积极推进工会系统深入开展"不忘初心、牢记使命"主题教育，组织教职工坚持系统全面学、持续跟进学、联系实际学，组织工会干部20余人次参加了各类业务培训和学习活动，切实把学习成果转化为推进新时代工运事业和工会工作的实际本领，进一步树牢"四个意识"、坚定"四个自信"、坚决做到"两个维护"，坚定不移走中国特色社会主义工会发展道路。

2.加强自身建设，增强内生动力。认真落实党中央关于深化群团改革的决策部署，创新工作方式方法，不断为新时代工会改革创新注入新动力。坚持在学校党委领导下，着力建设学习型、服务型、创新型工会组织，加大工会理论政策研究的力度，坚持对部门工会工作实行分类指导，及时总结宣传部门工会工作，为部门工会开展工作、发挥作用畅通渠道、创造条件。积极探索互联互通、联合打造平台等工会组织引领服务群众的工作模式，为部门工会开展活动创造必要条件。强化工会经费、专项资金管理，保障各级工会组织的正常运行和重点工作的顺利开展。

（二）坚持依靠方针，有序推进民主管理

4.落实教代会职能，深化学校民主管理。认真落实《学校教职工代表大会规定》，持续提升教代会质量，积极参与学校民主管理。完成六届三次教代会44件提案处理、落实和答复工作，确定立案16件、工作建议28件、评选优秀提案5件；提案工作委员会及时落实督办，倾听教职工的建议，关注教职工的心声，解决教职工的正确诉求，推进了一批学校改革发展和教职工切身利益重大事项的解决。指导各部门工会召开了二级教职工代表大会，不断丰富和完善全校教职工依法参与本单位民主管理与监督的内容及形式，增强了广大教职工的主人翁意识，在推进学校改革发展建设中发挥了积极作用。

5.完善长效机制，持续加强师德师风建设。组织教职工认真学习贯彻《习近平总书记关于工人阶级和工会工作重要论述》和山东省教育厅《关于加强师德师风建设的意见》，持续深入开展师德建设教育月活动，各部门工会开展讲座、座谈会等活动20余场次，不断改进做好师德教育的方式方法，进一步营造了尊师重教的浓厚氛围。

6.弘扬劳模精神，服务学校中心任务。充分发挥组织宣传引领作用，大力开展评先树优推荐工作，积极宣传2019年全国教育系统先进集体、山东省富民兴鲁劳动奖章获得者、山东省优秀教师、山东省高校青年教师教学竞赛获奖教师、山东省辅导员年度人物、临沂大学最美教师、临沂大学十佳辅导员先进事迹，弘扬劳模精神，带动更多的老师以德立身、以德立学、以德施教。2019年我校1名教授荣获山东省富民兴鲁劳动奖章。

（三）维护保障教职工权益，切实解难事做实事

7.继续扎实开展"送温暖、献爱心"活动。坚持完善校、院两级工会走访慰问伤病教职工、产期教职工和直系亲属亡故教职工制度长效机制，坚持重大节日看望慰问先进模范人物和特困教职工制度，把校党委、行政的温暖及时送到群众手中。完成近800万元的教职工传统节日福利发放工作，受到广大会员一致好评。

8.加强服务保障，为教职工排忧解难。完成对口帮扶、低保户、困难劳模办理补助申报、补助金发放和劳模津贴认定工作，申请补助累计7万余元。配合相关部门完成教职工子女适龄儿童入学工作，开

展了齐鲁工会APP认证工作。完成2020年教职工亲属的居民医疗保险缴费工作。我校1个家庭（失独特困家庭）接受中国计生协计生特殊家庭帮扶，学校连年被授予临沂市市直困难职工家庭结对帮扶活动优秀单位。

9. 组织教职工健康体检。开展劳模和女职工免费健康查体，组织全校近3500名在职教职工和离退休人员健康查体及女教职工妇科病普查，进一步改善提升了广大教职工健康理念。

（四）加强女职工权益保护，女工工作再上新台阶

10. 改革女工委设置，巾帼建功成效明显。根据上级女工工作改革精神，调整设置了新的女工委工作机构。紧紧围绕女教职工的生活、家庭、身心健康等重点工作，积极掌握女教工的思想动态，关心关爱大龄未婚女青年、女劳模和困难、单亲女职工、失独困难家庭职工，先后开展了"三八"节、优秀母亲课堂系列讲座、单身职工联谊、庆"六一"暨第一届"幸福家庭一起来"亲子活动等丰富多样的活动，切实增强了女工工作的吸引力凝聚力。

一年来，我校女教职工获得国家级科研项目立项7项、省部级22项，获批省部级以上课题19项，出版学术著作5部，其中高水平专著2部，发表高水平论文95篇，获专利101项，获省部级科研奖励10项、省级教学成果奖10项。获山东省教育工会女职工建功立业标兵岗1个、山东省教育工会女职工建功立业标兵1人、临沂市总工会临沂市文明和谐职工家庭1个、临沂市巾帼建功先进集体1个、临沂市直三八红旗集体6个、临沂市直三八红旗手13人。

11. 继续全面提供计生优质服务。根据国家计生政策的调整，创新工作思路与方法，提升服务质量，积极为我校近20名育龄妇女做好孕前优生优育检查。协助教职工完成了独生子女中考加分、结婚离婚孕情上报等116人次，完成了全年教职工子女入托费、医保费、独生子女父母奖励金等费用的日常审核、报销、发放工作。

（五）持续广泛开展文体活动，营造健康生活新风尚

12. 大力开展日常文体活动。以"全民健身"为主题，坚持校工会以大型、集中为主，部门工会以小型、分散为主的原则，先后组织开展了教职工篮球、健步走、乒乓球、羽毛球、越野、教职工广场舞等比赛活动，组织参加了田径运动会，开展了教职工工间操活动。大力支持各类教职工协会和各部门工会开展日常文体活动。一年来校院两级工会共组织活动90余次，吸引教职工3000余人次。通过文体活动的广泛开展，活跃了教职工的业余生活，提高了教职工身心素质，促进了教学科研工作。

13. 积极参与省市各类比赛交流。先后组织参加了山东省高校系统教职工气排球比赛、鲁南片区高校羽毛球比赛、"校长杯"全省教职工羽毛球比赛等比赛活动，获得优秀组织奖2项，促进了与兄弟高校的交流，扩大了学校的影响。组织教职工参加了"放歌新时代，共筑中国梦"庆祝新中国成立70周年合唱比赛，展示了教职工良好精神风貌。

工会过去一年的工作成绩，得益于学校党委的坚强领导，得益于校行政和各职能部门、各学院（校区）的鼎力支持，凝结着各基层工会、广大教职工的辛勤汗水和心血。在此，我代表校工会委员会向大家表示衷心的感谢！

各位代表，回顾过去一年的工作，工会在加强自身建设、规范民主管理、服务中心任务等方面取得了一定的成绩，但还存在一些不足，比如教代会巡视、听证制度作用发挥还不够；维护教职工权益、服务教职工的资源和手段还很有限；工作思路创新有待进一步提升等。我们一定要正视这些困难和问题，并不断加以克服和改进。要不断研究新情况，探索新方法，开展新实践，努力使我校工会工作再上新的台阶，更好地为教职工和学校发展服务。

2020年工作思路与目标任务

2020年是我国全面建成小康社会的决胜之年，是贯彻落实党的十九届四中全会精神的开局之年。工会工作的基本思路是：以习近平新时代中国特色社会主义思想为指导，全面贯彻落实党的十九届四中全会精神，紧紧围绕学校中心工作，积极履行竭诚为职工群众服务的基本职责，着力提高工会工作治理能力，团结动员全校广大教职工主动担当、奋发作为，为学校实现高质量内涵式发展再建新功业。

（一）强化思想引领，着力在履行工会政治责任上展作为

1. 加强政治引领。把旗帜鲜明讲政治作为工会组织第一要务，把牢工作方向，组织工会干部和全校教职工继续深入学习贯彻习近平新时代中国特色社会主义思想、习近平总书记关于工人阶级和工会工作的重要论述以及同中华全国总工会新一届领导班子成员集体谈话时的重要讲话精神，积极开展《宪法》《监察法》《工会法》等的学习宣传活动，强化教职工思想建设，引领教职工听党话、跟党走。

2. 完善党的领导工作机制。始终把工会置于党的领导之下，完善落实向学校党委和上级工会请示、报告工作制度，认真落实学校党委指示要求、上级工会决议和工作部署，把党的主张和任务转化成工会

的决议和教职工的自觉行动，继续在各级工会组织和广大工会干部中增强"四个意识"，坚定"四个自信"，坚决做到"两个维护"，始终同以习近平同志为核心的党中央保持高度一致，始终保持工会工作的正确政治方向。

（二）强化激发动力，着力在助推学校内涵发展上展作为

3.发挥宣传引导作用。用好工会舆论宣传阵地，不断创新思想政治工作方式方法，加快工会传统媒体与新媒体融合发展，提高思想引领水平，牢牢把握正确政治方向和舆论导向，大力弘扬沂蒙精神和劳模精神，广泛宣传学校决策部署，快速反映教职工思想动态和利益诉求，广泛传播工会组织的声音，有力团结动员广大职工听党话跟党走，为实现学校的快速发展汇聚更大力量。

4.加强师德师风建设。创新活动形式，继续开展师德建设教育月活动，组织动员广大教职工在教学科研管理服务第一线再建功立业。开展评先树优评选推荐活动，深入开展向先进标兵、劳动模范学习活动，大力弘扬社会主义核心价值观。大力倡导奉献精神，引导广大教师增强群体意识，发扬团队精神，做敬业爱生、立德树人，做敬业、勤业、精业、乐业的教师，做学生最欢迎、家长最放心、同行最佩服、社会最尊重的教师。

5.强化妇委会和计生服务工作。尊重女教职工的首创精神，关心女教职工的工作生活和身心健康，维护好女教职工合法权益和特殊权益，切实帮助女教职工解决实际问题，为育龄女教职工做好日常服务工作。开展好庆祝"三八"妇女节和"巾帼建功"系列活动，引导广大女教职工展示知识女性风采，积极为女教职工奉献聪明才智、成就事业搭建平台，助推学校内涵发展方面展作为。

（三）强化民主管理，着力在促进学校和谐稳定上展作为

6.坚持完善教职工代表大会制度。深入贯彻落实新修订的《山东省实施〈学校教职工代表大会规定〉办法》，加强教代会闭会期间的日常民主管理，继续加强调研工作，不断学习兄弟高校教代会制度的成功经验，创新教代会工作模式。做好闭会期间的教代会提案处理工作，结合教职工关心的热点问题，更好地开展好教代会代表对重点提案进行巡视活动和执行听证制度，促进学校民主管理进程。

7.持续做好权益保障服务工作。坚持以教职工为中心的工作导向，认真落实加强工会维权工作十条意见，切实增强维权工作实效。帮助教职工解决日常工作生活中最关心、最直接、最现实的利益问题。吃准吃透政策，主动积极作为，强化责任担当，切实保障教职工依法依规享有福利待遇，精准做好工会会员福利发放工作，组织动员教职工全力做好新型冠状病毒感染肺炎疫情防控工作。

8.广泛开展全民健身运动。筹建教职工文体协会和"临大教职工之家"。继续组织教职工参加学校运动会和上级工会组织的各项比赛，举办教职工篮球赛、健步走活动。举办教职工乒乓球、羽毛球和环校园长跑比赛。坚持开展女教职工广场舞和秧歌舞健身等日常活动。支持和鼓励部门工会组织好各项活动，为部门工会开展文体活动提供经费支持。鼓励支持教职工各类文体协会的成立和发展，支持各部门工会和各协会开展丰富多彩、喜闻乐见的群众性文体活动，推动教职工文体活动多样化、经常化、普及化。

（四）强化工作创新，着力在加强工会自身建设上展作为

9.加强干部队伍建设。进一步扩大培训范围，丰富培训内容，创新培训方式，整合培训资源，充实培训师资，建立长效机制，全面推进工会和女职工干部队伍建设，加快工会和女职工干部理论化、知识化、专业化进程，进一步提高工会和女职工干部的整体素质和精准服务能力。

10.加强工作体系建设。充分认识新时代工会工作的新要求，加强工运理论和工会工作研究，积极参加上级工会优秀调研成果和优秀社科成果评选活动，发挥主观能动性，强化服务意识，增强创新意识，积极探索新模式、新方法、新途径，推进"互联网＋工会"建设，探索与工会工作相适应的网络化、数字化、个性化工会工作体系建设。推进工会各项工作规范化、体系化、制度化，创造良好工作氛围，增强工会组织凝聚力，全面提高工会整体工作水平。

11.加强经费使用管理。坚持工会经费的正确使用方向，优化工会经费支出结构，严格控制一般性支出，将更多的工会经费用于为教职工服务和开展工会活动，维护职工的合法权益，增强工会组织服务职工的能力，不断开创我校工会工作新局面。

各位代表、同志们，学校党委寄予厚望，广大教职工充满期待。让我们在学校党委和上级工会的正确领导下，在学校行政的大力支持下，主动服务和融入学校中心任务，以高度饱满的工作热情，奋发进取的精神风貌，扎实有为的工作作风，凝聚新目标、激发新活力，团结带领广大职工为加快建设全国知名区域特色鲜明的创新创业型大学再立新功！

临沂大学六届三次教代会（工代会）提案工作报告

（2020年3月4日）

张立富

各位代表、同志们：

现在，我代表第六届教代会提案工作委员会，向大会报告六届三次教代会提案工作情况，请予以审议。

一、提案征集及处理情况

各位代表和全校教职工一直高度关注教代会提案工作，积极撰写提案、反映校情民意，提案水平和提案办理质量均有较大提高，相关职能部门都能够以负责任的态度，以服务大局和尊重民意的精神，积极给予回应，千方百计解决代表们提出的问题。

六届三次教代会共收到提案44件。提案工作委员会进行了认真整理、分类、登记，召开专题会议进行了审议，最终确定立案16件。从提案内容来看，内容比较集中，主要聚焦学校内涵建设、高质量发展和教职工普遍关心的热点问题，涉及教学科研、师资队伍建设、学生管理服务、综合改革、办学条件、行政管理与后勤服务保障等6个方面的内容，充分体现了广大代表高度的主人翁意识和大局意识；提案选题明确、案由充分、分析透彻、建议具体，具有较强的代表性，质量都非常高，充分反映了广大教职工的心声。经提案委员会认真遴选研究，共评选出5件优秀提案。

同时，提案工作也还存在一些需要改进的地方：一是从提案的内容来看，对学校深化改革、强化内涵建设的深入思考不够，富有建设性的方案少；二是从提案的规范来看，有一些提案注重表述现状和问题，而对建议、措施部分整体性思考不够充分；三是从提案的处理来看，有的部门思想还不够解放，一些具体措施或方案的针对性还不够强，在处理内容涉及多个部门的提案时，相互协调合作亟待加强。

二、提案办理及答复情况

提案工作委员会将确立的16件提案逐一落实责任部门及时办理，其他作为建议的提案分别送达有关职能部门，提请采纳、落实和答复。提案办理期间，学校领导多次听取工作汇报，调研提案办理情况，协调提案落实工作，针对提案反映比较集中的问题，确保了提案落实工作的有效推进。各承办部门均能对提案认真研究，正确对待，对能够解决的问题，都及时予以认真落实；对不能及时解决的问题，都实事求是作了解释说明。

从提案办理情况来看。截至目前，立案的16件提案已办理完毕14件，正在办理和计划办理2件，做到了事事有落实、件件有回音。

第一，在已办理完毕的14件提案中，教学科研方面4件，行政管理与后勤服务方面3件，师资队伍方面3件，学生管理方面1件，办学条件方面1件，综合改革方面2件。具体情况如下。

关于综合考虑学生人数、专业数量、教师数量拨付绩效的提案。学校2018年修订了《临沂大学绩效工资分配办法（试行）》，主要根据学生数和授课数等因素向学院切块划拨奖励性绩效工资，目的是激发二级办学活力，体现公平、兼顾效率，适度考虑学校投入与产出，突出教学中心地位，平衡教学科研贡献，切实提高全校各类人员收入分配水平，促进教师队伍、管理队伍、教辅工勤队伍协调发展。下一步，将根据山东高校绩效考核办法，结合实际，综合各方面意见，进一步修订完善绩效考核办法，进一步体现分类考核、绩效考核的原则。

关于思想政治理论课专任教师配备的提案。前期学校通过公开招聘补充了2名思想政治理论课专任教师，通过挖掘学校内部师资，调动部分相关专业教师到马克思主义学院工作。下一步结合缺岗情况，学校进一步优化岗位设置，继续公开招聘补充师资。

关于学院辅导员、办公室主任岗位配备的提案。学校历来高度重视辅导员、办公室主任及教学秘书等管理岗位的配置，2019年进行了两次初级岗位招聘，共招聘了25人予以补充。同时积极进行内部挖潜，先后有20余人转岗为辅导员，基本完成了辅导员新增任务。目前学校正在优化人员结构，增加人才派遣人员，都将持续优先配备到辅导员、办公室主任及教学秘书等岗位。

关于采购中国知网全网数据库的提案。图书馆已全库购买中国知网期刊文献。

关于增加我校教师健康体检项目和费用的提案。学校历来高度重视教职工身体健康和体检工作，已逐年增加体检费用，体检项目也相应逐渐增加。

关于设立和优化临沂大学捐赠基金的提案。学校重视捐赠的工作。学校于2018年成立了临沂大学教育发展基金会，研究起草了引进社会捐赠奖励办法、推进财务增收节支办法等，已获得山东省公益性社会组织公益性捐赠税前扣除资格。基金会成立以来，得到了社会各界大力支持，获得了省财政配比资金。待基金会规模发展壮大后，将探索实行资本有效运作，进一步盘活资金，用于支持学校事业发展。

关于优化和完善教务管理系统的提案。学校已梳理汇总了教务管理系统存在的问题和师生需求，当前正在同系统开发方进行沟通、设计，尽快完成系统的完善升级。

关于学生选课系统实现自主选择专业选修课的提案。学校教务系统内已经实现了学生自由选择专业选修课的功能，只需要学院在课程安排时设定为挂牌选课即可。

关于2019年专业技术岗位职称备案问题的建议。学校2019年启动了专业技术岗位备案工作，对2013年以来符合条件的校内专业技术岗位人员完成了岗位备案。

关于职称评聘有关建议的提案。受批复的岗位限制，学校实施了校内专业技术岗位竞聘，今后，学校将进一步深化人事制度改革，规范专业技术岗位竞聘和备案工作。

关于开展团员学习教育实践活动的提案。为教育引导青年学生坚定理想信念，校团委在全校各级团组织和广大团员青年中开展了十大类以"传承五四报国志，争做临大好青年——纪念五四运动100周年"系列活动，取得了很好的教育效果。

关于多媒体教学设备维护维修的提案。学校公开招标了两家公司全面负责全校多媒体设备的维护维修工作。今后将加大对维护维修工作的跟踪和监管，不断提高多媒体设备维护维修的水平和效益。

关于加快推进放管服改革的提案。学校已启动放管服和一次办好改革，并纳入"不忘初心、牢记使命"主题教育专项整改，将结合智慧化校园建设，对全校办公服务系统分期整合优化。目前已完成师生网上办事服务大厅一期工程，财务报销系统、人事系统、教务系统等都进行了优化升级，运行状态良好，极大方便了师生。

关于公共课程绩点计算同工同酬的提案。新修订的《临沂大学绩效工资分配办法（试行）》已经对大学体育课程等公共课的业绩点计算方法作了明确规定，充分考虑了各方面因素，体现了同工同酬、优劳优酬的原则。今后学校将进一步加强调研，综合各方面意见和建议，不断完善教学业绩计算办法。

第二，正在办理和计划办理的2件提案中，办学条件方面1件，行政管理与后勤服务方面1件。

关于进一步化解第二生活区住宿安全风险的提案。学生第二生活区学生公寓楼现状是已投入使用近15年，原有基础配套设施设备出现老化现象，原房间设计布局也存在部分不合理。目前，学生公寓楼已全部安装了智能电表系统、自来水加压泵房，漏电保护、宿舍高层缺水或断水问题已基本解决。对极少数窗户小、没有阳台和室内卫生间的宿舍将尽量不安排或少安排学生，调配较新的家具到此类房间。关于学生宿舍不足问题，已经提上学校重要议程，将结合校园建设规划调整工作稳妥解决。关于学生公寓和餐厅问题，已完成第二学生生活区未建设区域规划方案，待上级主管部门审批后，依财力情况适时立项建设。下一步，学校将积极推进学生公寓楼建设，从根本上消除安全隐患，不断改善学生住宿条件，不断提升学生住宿环境。

关于教学楼、学生宿舍全面全部安装监控的提案。学校高度重视安全问题，已将重点部位安装监控列入工作计划。

目前，六届三次教代会提案征集、答复及处理工作，在各代表团、各位代表和提案办理单位的共同努力下已基本结束。从提案答复情况来看，各承办部门能够在规定期限内办理并答复提案，答复率为100%。在此，我代表提案工作委员会对各位代表和提案办理单位所付出的辛勤劳动表示深深的敬意！

各位代表，教代会提案工作是教代会代表参与学校民主管理和实现民主监督职能的重要渠道，是表达民情、反映民意、履行教代会代表神圣职责的有效载体。让我们团结一心、埋头苦干，努力推动高质量内涵式发展，为开创创新创业型大学的新局面而努力奋斗。

谢谢大家！

临沂大学第六届教代会（工代会）第四次会议主席团成员名单

（共43名）

主席团成员（按姓氏笔画为序）：

于建波　马凤岗　王立国
王忠慧（女）　王焕全
王焕良　牛祥春　卢世伟
卢金荣　刘玉清　刘占仁
白金山　朱文玉　任庆大
刘恩允（女）　江兆林
刘　强　池福安　许崇波
孙成明　孙常生　牟海善
李彤光　李洪杰　杨　波
张书圣　张立富　张国庆
张春国　张思峰　张洪东
张　燕（女）　陈学营
林秋华（女）　郑美虹（女）
赵志民　赵宗金　徐东升
奚凤兰（女）　郭金亭
黄永亮　韩维同　滕向农

秘 书 长：孙常生
副秘书长：牟海善　张思峰　任庆大
　　　　　李彤光

临沂大学第六届教代会（工代会）第四次会议特邀代表名单

（共13名，按姓氏笔画排序）

王明福　朱纪祥　李传磊
李明开　李培江　杨树祥
杨燕钧　张义康　张克忠
胡文娟（女）　蒋绍椿
蒋　森　谢亚非

临沂大学第六届教代会（工代会）第四次会议代表、列席代表名单

（共575名，按姓氏笔画排序）

第一代表团
1. 代表（14人）
团　长：张　燕
副团长：张根柱
成　员：刁玉柱　王连合
　　　　尹　波（女）　齐春宇
　　　　闫青峰　许汝贞　张立华
　　　　张宗良　张根柱　徐丙臣
　　　　张　燕（女）戚　磊（女）
　　　　徐成龙　黄廷玉
2. 列席代表（4人）
　　　　刘艳平（女）吴作凤（女）
　　　　刘德道　李庆胜

第二代表团
1. 代表（13人）
团　长：李洪杰
副团长：牟海善
成　员：刁科凤（女）　王洪伟
　　　　田　建　刘　林　刘国栋
　　　　牟海善　李洪杰　李晓东
　　　　刘　磊（女）胡雪梅（女）
　　　　郭京英（女）董西梅（女）
　　　　郭状先
2. 列席代表（5人）
　　　　杨洪杰　张兆伦　张松涛
　　　　张晓敏　陈令军

第三代表团
1. 代表（9人）
团　长：王立国
副团长：李　刚
成　员：王中强　王立国　朱义亭
　　　　李　刚　李建春　李培苍
　　　　赵　雍　翟秀海
　　　　姚建涛（女）
2. 列席代表（8人）
　　　　王晓凌（女）　王　斌
　　　　申端春　闫朝东　邵长全
　　　　杨　克（女）蒋晓丽（女）
　　　　高纪平

第四代表团

1. 代表（9人）

团　　长：徐东升

副团长：刘建华

成　　员：王宏坤　王焕良　刘建华
　　　　　汲广运　张光远　费聿辉
　　　　　白海若（女）张立梅（女）
　　　　　徐东升

2. 列席代表（15人）

　　　　　王发龙　王守颂　朱洪涛
　　　　　刘　涛　李彦龙　杨志刚
　　　　　张秀军　张学强　陆玉胜
　　　　　苑朋欣　潘可礼
　　　　　孙芹丽（女）魏洪秀（女）
　　　　　孙海英（女）杨晋娟（女）

第五代表团

1. 代表（11人）

团　　长：白金山

副团长：郑秀文

成　　员：高进峰　王建民　白金山
　　　　　李同胜　初铭铜　张洪高
　　　　　栾兆云（女）马晓春（女）
　　　　　蒋晓虹（女）惠连晓（女）
　　　　　郑秀文

2. 列席代表（9人）

　　　　　朱凤春　薄存旭　马　军
　　　　　刘元兴　安　敏　李树军
　　　　　陈德云（女）赵金霞（女）
　　　　　马婷婷（女）

第六代表团

1. 代表（11人）

团　　长：奚凤兰

副团长：孔　霞

成　　员：王言群　王念辉　梁瑞林
　　　　　全　涛　李　磊　杨　涛
　　　　　宋程华　孟祥新
　　　　　王雪芹（女）孔　霞（女）
　　　　　奚凤兰（女）

2. 列席代表（10人）

　　　　　李洪波　王举涛　葛　男
　　　　　李英奎　陈庆杰　赵光勇
　　　　　盛昌繁（女）隋　群（女）
　　　　　杜志娟（女）李永红（女）

第七代表团

1. 代表（11人）

团　　长：许崇波

副团长：赵　勇

成　　员：王秀庭　吴云成　陈建国
　　　　　周　波　赵　勇　赵　峰
　　　　　蔡相国　许崇波
　　　　　冯丽娜（女）闫　妍（女）
　　　　　李虹庆（女）

2. 列席代表（5人）

　　　　　宋贵娟（女）绪红霞（女）
　　　　　尹　瑜　　杨　博
　　　　　王德欣（女）

第八代表团

1. 代表（14人）

团　　长：朱文玉

副团长：李彤光

成　　员：马笑雷　尹德辉　申海波
　　　　　朱文玉　刘东荣　刘希龙
　　　　　刘明虎　李彤光　初敬业
　　　　　张　茹（女）王　慧（女）
　　　　　季　超　房曙光
　　　　　徐晓慧（女）

2. 列席代表（4人）

　　　　　马铁骊（女）牛振江
　　　　　杜佩珊（女）赵凤远

第九代表团

1. 代表（11人）

团　　长：牛祥春

副团长：王统永

成　　员：马秀兰（女）王文营
　　　　　王统永　牛祥春　毛子成
　　　　　冯焕顺　张凡俊　周云钊
　　　　　周忠元　谢成才（女）
　　　　　蒲洪发

2. 列席代表（10人）

　　　　　牛嗣修　任　芳（女）
　　　　　刘　香（女）刘　梅（女）
　　　　　李明军　李　鹏
　　　　　宋希芝（女）张　泰
　　　　　赵佃强　黄科一

第十代表团

1. 代表（18人）

团　　长：于建波

副团长：邱建龙

成　　员：于建波　邢驰鸿（女）
　　　　　刘兰福　刘金侠（女）
　　　　　孙中华　李　芳（女）
　　　　　李昌真（女）肖杰村
　　　　　吴进珍（女）邱建龙
　　　　　吴祥彦（女）金光伟
　　　　　赵咏梅（女）贾永青
　　　　　郭　丽（女）郭晓宁（女）
　　　　　唐　文（女）谢　楠（女）

2. 列席代表（6人）

　　　　　王　平　　王明琦（女）
　　　　　苏　鑫（女）陈　新（女）
　　　　　孟凡茂　高德新

第十一代表团

1. 代表（13人）

团　　长：王焕全

副团长：李中国

成　　员：马　静（女）王　钧
　　　　　王焕全　王维义　孙士生
　　　　　李中国　李鸣钊　杨中举
　　　　　张立富　姜自立　姚玉杰
　　　　　焦　健（女）戴俊潭

2. 列席代表（11人）

　　　　　王美艺　卢中华
　　　　　白娟娟（女）吉　玲（女）
　　　　　朱　祎　孙世友　宋大平
　　　　　宋宝瑜　徐玉梅（女）
　　　　　彭秀坤　薛亚青

第十二代表团

1. 代表（8人）

团　　长：滕向农

副团长：任世忠

成　　员：王红坤（女）孔繁金
　　　　　任世忠　刘梅秀
　　　　　童贤彬　谢爱良　滕向农

　　　　魏本权

2. 列席代表（9人）
　　　　曾昭鹏　魏秀春　尤海涛
　　　　王晓真（女）王耀辉
　　　　左桂秋（女）冉利强
　　　　周　静（女）鲁运庚

第十三代表团
1. 代表（12人）
团　长：江兆林
副团长：申洪源
成　员：石少广　申洪源
　　　　朱庆峰　江兆林
　　　　杜彦武（女）
　　　　李　锋　吴清艳（女）
　　　　金银来　周建伟　姚金江
　　　　徐传胜　傅尊伟

2. 列席代表（16人）
　　　　马振明　王　颖（女）
　　　　田运波　任庆军　孙洪春
　　　　吴　艳（女）吴　越
　　　　张咸昭　陈怀堂
　　　　宓　玲（女）赵　平
　　　　姜自武　高振强
　　　　郭霄怡（女）谢焕田
　　　　薛　兵

第十四代表团
1. 代表（10人）
团　长：赵宗金
副团长：张思峰
成　员：王晓丽（女）孙长平
　　　　孙　涛　时长民　张思峰
　　　　陈　丽（女）赵小情（女）
　　　　赵宗金　蒋甲生
　　　　解克萌（女）

2. 列席代表（14人）
　　　　王永龙　王法社
　　　　牛　红（女）
　　　　卢伟涛　卢兆信　许长谭
　　　　李开才　李道勇　来　涛
　　　　张绍银　陈洪敏　崔光亮
　　　　韩荣苍　潘洪哲

第十五代表团
1. 代表（14人）
团　长：郭金亭
副团长：李　伟
成　员：王　雷　刘占仁
　　　　刘晓泓（女）李　伟
　　　　李雪梅（女）沈克东
　　　　郑向江　孟　沂
　　　　夏其英（女）徐文军
　　　　郭英姝（女）郭金亭
　　　　蒋艳夏蕾（女）戴志超

2. 列席代表（16人）
　　　　王爱香（女）王程宇
　　　　边海荣（女）曲宗金
　　　　吕庆淮　朱化雨　任　锐
　　　　庄会荣（女）李纪兴
　　　　余天桃（女）宋兴良
　　　　张　伟　孟令宗　赵文伟
　　　　徐庆彩（女）高希龙

第十六代表团
1. 代表（8人）
团　长：林秋华
副团长：颜　骁
成　员：王　振　李　振　颜　骁
　　　　张　淳　林秋华（女）
　　　　高振坤（女）郭绍芬（女）
　　　　程建刚

2. 列席代表（10人）
　　　　刘凤志　刘　林　李新朋
　　　　杨文强　况鹏群　辛化伟
　　　　辛　沂　张　申
　　　　张海娟（女）陈聪慧（女）

第十七代表团
1. 代表（11人）
团　长：卢世伟
副团长：谢瑞迎
成　员：左玉虎　卢世伟　谢瑞迎
　　　　孙成通　孙常生　李秋实
　　　　陈佩江　徐　波　韩　虎
　　　　徐淑琼　唐　燕（女）

2. 列席代表（13人）
　　　　王　锐　田相克　巩庆毅

　　　　吕维明　孙绍龙
　　　　李云芳（女）肖　松
　　　　张丹慧（女）张成茂
　　　　金学勇　麻晓飞　梁儒全
　　　　薛凯峰

第十八代表团
1. 代表（9人）
团　长：张春国
副团长：姜秀全
成　员：王常春　庄　斌　梁恕坤
　　　　刘春远　张永专　张春国
　　　　房永彬　姜秀全
　　　　徐守芳（女）

2. 列席代表（8人）
　　　　马登学　全　帅　刘敬权
　　　　李　漠　杨瑞宁　张金宝
　　　　崔　亮　彭福峰

第十九代表团
1. 代表（10人）
团　长：赵志民
副团长：赵光怀
成　员：王立斌　从兰美（女）
　　　　李正平　闫凡信　张兴强
　　　　孟凡胜　赵光怀　赵志民
　　　　蒋学华　韩秀芹（女）

2. 列席代表（17人）
　　　　丁兆锋　刁述妍（女）
　　　　王世文　王自刚　李洪忠
　　　　冯尚彩（女）李敬华
　　　　朱孔山　安　霆　孙　琦
　　　　杨　颖（女）张安彩
　　　　周厚春　赵同志　赵铭建
　　　　徐振如　郭春凤（女）

第二十代表团
1. 代表（12人）
团　长：郑美虹
副团长：刘恩允
成　员：王九如　王振海　冯　炀
　　　　刘恩允（女）　臧广良
　　　　张问银　陈国娟（女）
　　　　郑美虹（女）孟庆民

赵　慧（女）　胡顺波
傅德谦

2. 列席代表（8人）
　　王永芳（女）　王海峰
　　李　波　张德学　陈丙康
　　武传坤　徐树建　魏元栋

第二十一代表团
1. 代表（10人）
团　　长：陈学营
副团长：孙令民
成　　员：付厚利　刘加铸
　　孙令民　李　慧（女）
　　杨　倩（女）　陈学营
　　季朝文　徐世君　黄家顺
　　魏丽华（女）

2. 列席代表（7人）
　　丁　磊　朱登元　杜金中
　　郑国栋　郑家庆　崔玉理
　　颜春晓

第二十二代表团
1. 代表（10人）
团　　长：卢金荣
副团长：李殿勇
成　　员：马凤岗　王　梁　焦　伟
　　卢金荣　吕春光　李殿勇
　　赵　敏（女）　隽新美（女）
　　曹光杰　董玉良

2. 列席代表（11人）
　　黄力华　王轲道　王阔之
　　公维红（女）　史云飞
　　刘　艳（女）　李　宝
　　宋福成　姜永见　高　鹏
　　梁仁君

第二十三代表团
1. 代表（12人）
团　　长：黄永亮
副团长：高立晟
成　　员：王学斌　王学慧（女）
　　李　玲（女）　吴韶菊（女）
　　何茂华　张书圣　窦福良
　　张渝洁（女）　林光哲

高立晟　郭　颖　黄永亮

2. 列席代表（7人）
　　王孝理　王　岩（女）
　　邢晋祎　全先庆　李修岭
　　陈永亮　管士亮

第二十四代表团
1. 代表（9人）
团　　长：刘玉清
副团长：高东兴
成　　员：毕崇亮　吕慎金　霍宪起
　　刘玉清　刘振宁　李永洙
　　张桂玲（女）　胡晓平（女）
　　高东兴

2. 列席代表（14人）
　　丰培金　王立柱　秦四海
　　王瑞霞（女）　王　慧（女）
　　王　鑫（女）　刘　文（女）
　　关立增　孙建成　李广军
　　李　强　周元军　赵彦杰
　　类淑桐

第二十五代表团
1. 代表（13人）
团　　长：张国庆
成　　员：牛宏光　田　雨（女）
　　刘春生　李云成　李庆波
　　杨　波　宋国华　张国庆
　　陈长平　姜　楠（女）
　　神雅璇（女）　袁春雨
　　谭少波

2. 列席代表（7人）
　　马学亮　王升丽（女）
　　许宗刚　杨相玉　姜兆梓
　　隋长虹（女）　刘文敏（女）

第二十六代表团
1. 代表（13人）
团　　长：孙成明
副团长：任庆大
成　　员：王瑞华（女）　任庆大
　　刘　艳（女）　池福安
　　孙成明　孙保平　李守存
　　张茂坤　张忠年　陈怀元

孟凡蕾（女）　赵长芬（女）
谢森

2. 列席代表（5）
　　孙　健　李纪传　张学勤
　　袁中勇　董勤岭

第二十七代表团
1. 代表（10人）
团　　长：刘　强
副团长：王忠慧
成　　员：王芙蓉（女）
　　王忠慧（女）　刘金元
　　刘　强　陈爱香（女）
　　徐兴余　徐　娟（女）
　　黄汝伦　曹如国
　　谢瑞霞（女）

2. 列席代表（4人）
　　胡荣娜（女）　韩敬友
　　房凯杰（女）　洪磊（女）

第二十八代表团
1. 代表（8人）
团　　长：韩维同
副团长：史松波
成　　员：尹秀梅（女）　史松波
　　杜继奎　吴涛　张洪东
　　赵应权　彭文修　韩维同

2. 列席代表（9人）
　　马彦明　刘化英（女）
　　孙彦玲（女）　张衍新
　　陈继诚　邵卫东　赵亮
　　彭洪君　韩广强

关于征集六届四次教代会（工代会）提案的通知

各代表团：

我校六届四次教代会将于2020年2月23日召开。根据《临沂大学教职工代表大会实施细则》的规定，会议筹备期间需向各位代表征集提案，广大教职工可向教代会代表提出意见和建议。为进一步提高教代会提案质量，充分发挥教代会代表在推进学校改革、发展、建设和构建和谐校园中的作用，现将提案征集有关工作通知如下：

一、提案征集工作的目的及意义

1. 教代会提案是全校教职工通过教代会参与学校民主管理的重要形式，是学校工作决策民主化、科学化的重要渠道，也是代表行使民主权利的重要内容。

2. 各代表团要高度重视提案征集工作，大力宣传提案征集工作的目的和意义，以习近平新时代中国特色社会主义思想为指导，围绕学校工作大局和教职工普遍关心的重大问题，参照征集提案参考题选，发挥特长，深入调研，选准议题，认真撰写和提交高层次、高质量的提案，为加快转型提升，努力开创创新创业型大学建设新局面献计献策。

二、提案征集时间和方式

1. 征集时间：2020年1月10日—2月20日。

2. 征集方式：教代会提案管理系统。

3. 登录方式：打开临大工会主页（http://gh.lyu.edu.cn），在网站左下角导航，找到"教代会提案系统"并输入六位的员工号进入（初始密码为123456，登录后请修改密码），详见《教代会电子提案流程使用说明》。

三、提案征集的范围及要求

1. 有关学校改革、发展、稳定以及和谐校园创建等方面的建议和方案。

2. 关于转型发展、内涵提升、特色创建等方面的建议和方案。

3. 关于教育教学、人才队伍、科学研究、学科建设、开放办学、校园文化建设等方面的建议和方案。

4. 关于资源建设、协同创新、智库建设等方面的建议和方案。

5. 关于提高管理服务效益等方面的建议和方案。

6. 关于教职工普遍关心的其他方面的建议和方案。

提案须由一名正式代表提出，两名正式代表附议，代表团长审核通过方为有效。

四、提案征集的基本原则

1. 严肃性。经过认真的调查研究，广泛征求教职工意见，反映的问题真实可信、实事求是。

2. 代表性。反映较多部门或个人的意见和要求，提案的落实将对学校工作大局或大多数教职工的工作生活产生积极的影响。

3. 全局性。正确处理国家、集体和个人三者之间的关系，站在学校建设和发展大局的高度观察、分析问题，具有全局性和前瞻性，提出的意见和建议不宜过小也不宜过大，应符合学校的整体利益。

4. 规范性。提案必须一事一案，不能一事分成多案，也不能一案提出多个问题，所提建议和措施简明扼要，具有科学性和可操作性。

五、提案内容要求

提案须包括以下三部分。

提案名称（案名）：即要求解决的问题。

内容（提案案由）：即提出提案的理由、原因（依据）或调研情况。

建议或措施：即提出解决问题的建议或措施。

六、提案的审理和评选

1. 代表提出的提案由教代会提案工作委员会商议确定是否立案。对符合提案要求的提案，给予正式立案，并进入提案处理程序。对不符合立案要求但具有积极意义的提案，作为意见、建议送相关部门和单位参考落实。

2. 提案工作委员会将从正式立案的提案中评选优秀提案。

联系人：王乐相。

联系电话：7258100，661000。

第六届提案工作委员会
办公室(校工会)
2020年1月6日

大事记

临沂大学 2020 年十大新闻

一、学校掀起学习宣传贯彻党的十九届五中全会精神的热潮

党的十九届五中全会胜利闭幕后，学校发扬革命老区大学的政治自觉，深入学习宣传贯彻五中全会精神。学校党委第一时间下发《关于认真学习宣传贯彻党的十九届五中全会精神的通知》，明确了学习内容、工作要求、时间进度、责任部门，为全校组织开展学习打下扎实基础；两次召开理论学习中心组扩大会专题学习五中全会精神；学校党委班子成员走进联系、分管的部门单位进行宣讲。

各学院党委书记、院长走进党支部、教研室、学生班级，部门负责人走进所在支部，为所联系的青年师生宣讲100余场次，学校各级党、团组织精心组织学习，采取理论学习中心组集体学习、教职工政治学习、党团课、座谈会、研讨会等多种形式进行学习。学校各部门各学院积极营造浓厚的学习氛围，充分利用校报、校园网、校园广播、微信等宣传阵地，组织开展立体化的宣传活动。全校上下把学习宣传活动与科学制定学校"十四五"规划紧密结合，推动全会精神在师生心中往深里走、往实里落。

二、我校师生齐心协力战疫情，返校复学工作平稳有序进行

学校党委高度重视疫情防控工作，成立疫情处置工作领导小组（指挥部），建立完善疫情联防联控机制，抓紧抓实各项防控措施，各职能部门靠前服务、各学院及时调整教学计划和毕业生工作安排，学校返校复学工作扎实有序开展，统筹推进疫情防控和教育教学"两不误""两促进"。

学校创新形式线上顺利召开六届四次教代会，线上征求"十四五"规划意见建议、"云上"学术会议、考研服务、就业百日攻坚战、空中双选会等活动推进事业稳步发展。

学校精心部署学生返校复学各个环节，党委组建近30支教师党员志愿服务队，"点对点"迎接返校学子。校园消防安全整治工作取得突破性进展，后勤处、安全保卫处等部门教职工用行动默默守护大家的健康和安全；"云上+线下"教学相结合，教学秩序井然，得到了上级领导、返校学生及家长的高度肯定。在抗击疫情阻击战中，我校张兴林、张淳、张远明三位年轻教授带着各自科研团队，快速研发出快速检测新冠病毒试剂盒、便携式免洗专杀冠状病毒消毒液和智能防疫喷雾消毒机器人三种抗疫利器，为疫情防控作出积极贡献。

三、"高质量发展看山东·高校行"走进临沂大学

由山东省教育厅与大众日报联合发起的"高质量发展看山东·高校行"走进我校,校党委书记王焕良接受专访,介绍了我校红色文化育人新成效。11月5日,山东教育发布、大众日报客户端等平台以"临沂大学:与城市共生共荣 同频共振谋发展"为题,展示了我校内涵式高质量发展典型案例。

学校党委与临沂市委联合申请的"创新引才留才用才机制,深入推进校地人才融合"党委书记人才工作项目得到省委肯定并取得突破性进展;引进高层次人才和团队,专职辅导员和思政课教师基本达到配比要求,与临沂市联合开展"才聚沂蒙"行动,让人才享受地方人才优惠激励政策。录取新生12 640人,本科生突破9000人,硕士研究生166人,成人招生录取新生11 504人,创历年新高;本科毕业生初次就业率达91.39%,深造率达27%;

研究生考取率为21.23%。32人入选西部计划志愿者,学生入伍242人,入伍人数翻一番,被评为"山东省征兵工作先进单位";在第四季"寻找青年'政治佳'"活动中荣获佳绩。与古巴比那尔德里奥大学等3所国外大学建立友好合作关系,与国外高校实现博士生联合培养项目1个;实现国际学生学历教育新突破,化学化工学院留学生研究生班招生。财务报销系统首次实现网上审批办理;纪检监察体制改革、人才培养质量达成情况评价、国有资产管理绩效评价等工作走在省内高校前列。贯通校园中央绿化道路,理工实验实训楼加快建设,科技大楼工程荣获2020年度国家优质工程奖。

四、教育部2020年全国普通高校中华优秀传统文化(柳琴戏)传承基地落户我校

9月17日,教育部办公厅公布2020年全国普通高校中华优秀传统文化传承基地名单,我校音乐学院申报的柳琴戏项目成功入选,成为26个全国普通高校中华优秀传统文化传承基地之一,实现我校教育部科研平台零的突破。

我校2020年获批国家社科基金项目7项、教育部人文社科项目9项、山东省社科规划研究项目35项,新立项横向课题56项;到位课题经费共计1575万元;获山东省第三十四届社会科学优秀成果奖9项,获奖数量列省属高校第6位。发表高水平论文32篇,出版专著31部,获批山东省高等学校社科类"青创科技计划团队"1个,获批最高人民检察院行政民事公益诉讼检察研究基地、中国散文创作与研究中心、山东省高校法治人才培养基地、齐鲁法治文化建设研究基地、首批山东省语言文字推广基地等。

五、小学教育专业通过普通高等学校师范类专业二级认证

根据《教育部办公厅关于公布2020年通过普通高等学校师范类专业认证的专业名单的通知》（教师厅函〔2020〕8号），临沂大学小学教育专业通过普通高等学校师范类专业第二级认证，实现了我校专业认证零的突破。

学校积极推进专业认证工作，机械设计制造及其自动化、制药工程顺利完成中国工程教育认证现场考查，标志着我校工程教育认证取得重大进展，位居全省同级同类高校首位；地理科学完成专家进校认证现场考查。学校以新工科、新农科和新文科建设为引领，探索"专业+微专业"人才培养模式改革，开设20个微专业，新增2个省级一流专业建设点，推荐10个专业参评国家级一流专业建设点。5门课程被评为国家级一流本科课程，中央电视台"书法在校园"栏目报道我校书法学专业建设特色和成效。在第八届山东省师范类高校学生从业技能大赛中获一等奖7项、二等奖19项、三等奖13项，在第四届中华职业教育创新创业大赛中获金奖。9000余名学生参加了各级各类学科竞赛，938人次获得省部级三等奖以上奖项394项。

六、临沂大学乡村振兴学院挂牌成立

4月20日，临沂大学乡村振兴学院签约奠基仪式举行，这是全省高校第一个实体建制的乡村振兴学院，为深化城校融合发展、完善校地共建机制搭建了重要平台。

学校牢固树立校地命运共同体理念，始终坚持融入临沂、依靠临沂、服务临沂、贡献临沂，与临沂市建立水乳交融、共生共荣的校地关系，构建城市与高校融合发展、协同创新机制，谱写了城校融合发展新篇章。学校与临沂市高新区、临沂人才工作集团达成协议，三方共建大学科技园，大学科技园在孵企业共计95家，其中教师创办15家，学生和校友创办30家。学校与奥德集团有限公司、山东省节能技术研究院签订智慧能源产业三方战略合作协议，推进智慧能源科技攻关。完成科技成果转化项目53项，其中专利转让41项，教师创办学科性公司4家，进入政府决策的建议咨询服务项目8项。学校荣获"山东省产教融合示范单位"称号，自动化（嵌入式方向）专业被评为"山东省产教融合示范性品牌专业"，4人被评为产教融合领军人物、创新创业先锋及专业（学科）骨干带头人。

七、我校获批山东省乡村生态规划与治理技术工程实验室

6月22日，山东省发展和改革委员会发布《关于公布2020年认定山东省工程实验室（工程研究中心）名单的通知》（鲁发改高技〔2020〕809号），我校资源环境学院申报的"山东省乡村生态规划与治理技术

工程实验室"正式获批,这是我校获批的第二个山东省工程实验室。

我校2020年获批国家自然科学基金项目28项、山东省自然科学基金项目62项,委托类科研项目立项68项;到位经费共计3903万元;收入SCI、EI论文286篇,获授权发明专利38项;获省自然科学奖1项、科技进步奖2项,实现了临沂大学以第一单位获得山东省自然科学奖和科技进步奖的历史性突破;获山东省高校科学技术奖6项、临沂市科技进步奖4项。获批2020年山东省高等学校"青创科技计划"4项。

2020年认定山东省工程实验室名单

	实验室	所属单位
1	山东省预埋槽道工程实验室	山东天盾矿用设备有限公司
2	山东省高性能聚合物合金技术工程实验室	威海联桥新材料科技股份有限公司
3	山东省抗体药物工程实验室	瑞阳制药有限公司
4	山东省智能康复工程实验室	山东大学齐鲁医院
5	山东省乡村生态规划与治理技术工程实验室	临沂大学
6	山东省油系针状焦工程实验室	山东益大新材料股份有限公司
7	山东省多糖衍生物绿色合成技术工程实验室	山东一滕新材料股份有限公司
8	山东省节能环保工程机械润滑油工程实验室	山东源根石油化工有限公司
9	山东省蛋白质药物工程实验室	科兴生物制药股份有限公司
10	山东省心血管病中医精准诊疗工程实验室	山东中医药大学
11	山东省树枝状及超支化聚合物工程实验室	威海晨源分子新材料有限公司
12	山东省绿色营养宠物食品工程实验室	乖宝宠物食品集团有限责任公司

八、学校获批山东省产教融合研究生联合培养示范基地

《山东省教育厅关于公布山东省产教融合研究生联合培养示范基地立项建设名单的通知》(鲁教研字〔2020〕3号)公布了2020年山东省产教融合研究生联合培养示范基地立项建设名单,我校"小学卓越教师校地协同培养基地"正式获批,这是我校首次获批的省级研究生联合培养示范基地。

学校贯彻全国研究生教育会议精神,以提升研究生教育质量为核心,深化改革创新,整合优势资源,集中打造重点,9个硕士专业学位授权类别、3个硕士授权一级学科顺利通过山东省学位办审核。新遴选校内外研究生导师213名。研究生招生计划从45个增加到168个。我校图书馆与山东科技大学联合培养图书情报专业硕士研究生。学校立项建设校级研究生教育质量提升计划项目29项,申报山东省研究生教育提升计划3项、重点教改项目1项、研究生创新成果奖1项。制定了《临沂大学学位授予信息管理办法》《临沂大学硕士学位论文写作规范(试行)》等11个文件,不断加强研究生教育的制度建设,提高研究生培养质量。

九、山东省高等教育管理科学研究会 2020 年学术年会在我校举行

9月23日至25日，山东省高等教育管理科学研究会2020年学术年会在我校举行，来自全省100余所高校的230余名专家学者参加会议。与会专家学者聚焦新时代高等教育分类背景下的高校发展，积极探讨交流全省高校科学谋划"十四五"、争创高水平大学和学科，实现分类发展、特色发展和高质量发展的新路径和经验，推动我省高等教育内涵发展、特色发展和高质量发展。

我校积极举办线上线下学术会议，营造了浓厚的学术氛围，提升学校影响力。其中承办了中国工业与应用数学学会油水资源数值方法2020年学术研讨会、中国会计学会会计信息化专业委员会2020年度学术研讨会，协办了中国优选法统筹法与经济数学研究会网络科学分会；承办了山东社科论坛"全面建成小康社会与巩固脱贫成果机制研讨会"、山东省大数据研究会大数据专业建设委员会成立大会、第十九届山东省高校环境学科建设发展研讨会、第22届省高校化学化工学院（系）院长（主任）书记会议暨山东化学化工学会第八届理事会第二次会议、第三届山东省新旧动能转换国家战略"现代物流与智能技术"专题论坛、山东省会计学会会计教育专业委员会2020年年会、山东根据地金融史学术研讨会、山东省高等学校安全保卫协会常务理事会议等。

十、第五届"三山一坡"高校联盟弘扬革命精神研讨会在我校举行

11月24日，为深入学习贯彻习近平总书记关于弘扬沂蒙精神重要讲话和党的十九届五中全会精神，由延安大学、井冈山大学、河北师范大学、临沂大学主办的第五届"三山一坡"高校联盟弘扬革命精神研讨会在我校举行。本届研讨会的主题是"弘扬革命精神，为党育人，为国育才"，会议就中国共产党革命精神的理论研究和育人实践经验进行了学术交流，《光明日报》等媒体进行了报道。

由我校发起的"三山一坡"高校联盟成立5年以来，成员间密切交流合作，不断扩大"三山一坡"的聚合效应，持续深化中国革命精神的系统性研究，产出了一大批研究成果，产生了广泛积极的影响。

我校把沂蒙精神融入人才培养体系，推进全员、全过程、全方位传承红色基因，出台《临沂大学深化课程思政建设实施方案》，启动五类课程思政建设专项计划，立项建设313项课程思政示范课程和教学改革研究项目，实现思想政治教育与专业教育有机统一，打造了校本特色鲜明、育人成效显著的革命老区大学德育体系。

7月，山东省大中小学红色文化传承研究指导中心落户我校，成为我校打造红色基因传承"齐鲁样板"、建设沂蒙精神研究传承高地的重要成果。

2020 年大事记

一月

8 日 临沂大学来华留学生本科班开学典礼在校友中心会议室举行，校党委委员、副校长池福安教授出席。此届来华留学生本科班共有33名同学，分别来自孟加拉国、几内亚等11个国家，18名学生学习国际经济与贸易专业，15名学生学习计算机科学与技术专业。他们第一学年在国际教育交流学院学习以汉语为主的通识课，第二学年及以后到商学院、信息科学与工程学院学习专业课。按照学习计划，这批学生将于2023年7月获得临沂大学的本科毕业证书和学士学位证书。

9 日 我校在"逐梦新时代，学习正当时——寻找青年'政治佳'"（第四季）活动中荣获佳绩。经评比，我校崔正浩、邢琦元的《重走抗大路，砥砺报国志》获"十佳视频和MV"奖项；吴付法老师的《无手机课堂》、张明瑞老师的《红色闽东行》获"十佳优秀思政课"奖项；赵丽燕、王召涵、闫彤的《传承抗大基因，弘扬沂蒙精神》、王诗璇的《让青春闪耀祖国的星河》、临大壹号支农科技团《三下乡：临大壹号支农科技队在行动》获"十佳h5和图片"奖项；高伟的《党建引领，助推老区发展》获"十佳理论文章"奖项。我校在此次活动中获优秀组织奖。仪式现场，展播了我校师生创作的思政课短视频《红色闽东行》。

10 日 滨海建国学院旧址在莒南县王家坊前村正式立碑。学校党委书记李喆，党委委员、副校长池福安，莒南县委副书记赵冰出席活动。

为延续学校文脉，传承抗大基因、弘扬沂蒙精神，用"两种精神"办学育人，我校通过查阅大量历史资料，综合诸多专家学者对滨海建国学院办学旧址的详细考证，向临沂市人民政府递交了论证材料，临沂市人民政府批复莒南县王家坊前村一带为滨海建国学院主要办学点之一，并将之列为临沂市重点抗日战争遗址。滨海建国学院王家坊前村办学旧址的确立，见证着我校的曲折发展历程，是加强爱国主义教育的又一重要基地，必将起到唤起民族记忆、加强党史国史校史教育的重大作用。

10 日 学校在沂蒙大讲堂三楼报告厅召开干部大会，宣布省委关于调整临沂大学党委主要负责人的决定。省委决定：王焕良同志任临沂大学党委委员、书记。

11 日 我校化学化工学院生化分析研究所高中锋教授关于可视化传感新方法的最新研究成果 *Manipulating the hydrophobicity of DNA as a universal strategy for visual biosensing* 在国际著名学术期刊 *Nature* 杂志子刊 *Nature Protocols*（影响因子11.334）上发表，标志着我校在生命分析化学研究领域取得了重大突破。

13 日 学校召开"不忘初心、牢记使命"主题教育总结大会，学习贯彻中央、省委主题教育总结大会精神，回顾总结学校主题教育开展情况，对巩固和深化主题教育成果进行安排部署。省委第六巡回指导组组长马安宁，校党委书记王焕良出席会议并讲话。校长杨波主持会议，指导组副组长王清玉，成员王纪祥、雷岚、王化军、王燕飞，学校领导刘占仁、孙常生、张立富、张书圣、马凤岗、池福安、张洪东出席会议。

16 日 全省高校财务工作座谈会在我校召开。省教育厅财务处处长吴建华、副处长齐鲁、省财政厅科技教育处章亚斌等出席座谈会，齐鲁主持。会议总结了2019年全省高校财务工作，充分肯定了各预算单位在2019年财务工作上取得的显著成效，从当前经济形势分析、拓宽资金筹集渠道、做好项目库建设、做好财务分析结果运用、做好绩效评价工作、学习和宣传好最新财务政策、提升财务工作水平、重视审计工作等9个方面，对全省高校2020年财务工作提出了增收节支建议。会议还对本科高校预算拨款制度改革进行了详细的政策解读。

12—18 日 寒假伊始，春节将至，学校走访慰问系列活动有序开展。学校领导杨波、刘占仁、孙常生、张立富、张书圣、马凤岗、池福安、张洪东分别带队走访，为离退休老同志、建档立卡学生、退役复学学生以及校友代表，送去了慰问金和慰问品，送去了学校党委和全校师生的关怀与温暖，并致以节日祝福。

27 日 按照中央和省委要求，在前期方案和部署基础上，1月26日，临沂大学成立由党委书记和校长任组长的应对新型冠状病毒感染的肺炎疫情防控工作领导小组，并成立指挥部。1月27日，根据领导小组要求，指挥部召开第一次会议，传达学习习近平总书记重要指示精神和中央、省委有关部署要求，就学校疫情防控工作进行全面部署。指挥部总指挥张立富、张书圣、马凤岗出席会议。会议由马凤岗主持。

30 日 面对新型冠状病毒感染的肺炎疫情，我校张兴林教授带领"微生物与宿主健康研究团队"齐心协力进行技术攻坚，联合中拓生物有限公司，以国家疾控中心公布的2019-nCoV基因组序列为基础，成功研制"2019新型冠状病毒核酸检测试剂盒系列产品"。

31日 学校党委书记王焕良主持召开党委扩大会议暨疫情防控专题会议，对新型冠状病毒感染的肺炎疫情防控进行再动员、再部署。学校领导杨波、刘占仁、孙常生、张立富、张书圣、马凤岗、池福安、张洪东出席会议，学校疫情防控工作指挥部成员和有关部门负责人列席会议。

二月

4日 临沂大学组织师生收听收看了全省教育系统新型冠状病毒感染的肺炎疫情防控工作视频会议。会后召开疫情控制领导小组暨指挥部专题会议，及时研究落实省教育厅视频会议精神。学校党委班子成员、学校情防控工作领导小组和指挥部成员参加了会议。

8日 根据教育部和省教育厅有关要求，全省普通高等学校（含高职院校）推迟了2020年春季学期开学时间。为尽量减少延迟开学对教学的影响，保证整个学期教学任务的圆满完成，学校广泛调动各教学单位和广大教师力量，扎实推进2020年春季学期本科教学各项准备工作，确保"停课不停教、停课不停学"。

9日 学校后勤服务保障部门积极响应新型冠状病毒感染的肺炎疫情防控工作，率先行动，联防联控、严防死守，坚持"守好门、盯准人、净环境、稳人心"，奋力抗击新冠病毒肺炎疫情，为全校师生生命安全和健康牢牢筑就校园安全防线。

9日 校党委书记王焕良主持召开新冠肺炎疫情防控工作调度会，传达学习中央全面依法治国委员会第三次会议精神和教育部疫情防控工作视频会议精神，听取疫情防控工作落实情况汇报，研究部署当前和下一阶段疫情防控工作。学校疫情防控工作指挥部总指挥张立富、张书圣、马凤岗出席会议，指挥部主要成员参加会议。

10日 疫情防控，责任重大。为阻断疫情向校园蔓延，确保学生生命安全和身体健康，学校学生工作部（处）、校团委、研究生工作部（处）、国际教育交流学院等根据上级主管部门的文件精神和学校防控工作的要求，扎实做好疫情防控工作，为学生生命安全和身体健康保驾护航。

15日 为进一步落实学校新冠肺炎疫情防控工作调度会议精神，2月15日上午，学校党委副书记、校长杨波，党委委员、副校长张立富、池福安带队到学校南门、北门、校医院、物业管理中心等疫情防控点位，检查督导有关单位对学校党委疫情防控决策部署和工作要求执行情况、防控工作举措落实情况。

19日 根据省委省政府外籍人员疫情防控工作的部署安排，临沂市政府外事工作办公室主任张剑一行来我校检查指导外籍人员疫情防控工作。学校党委副书记、校长杨波，党委委员、副校长池福安会见了张剑一行。

20日 山东省教育厅总督学刘欣堂带队督查组一行，来我校督查新冠肺炎疫情防控工作。学校领导王焕良、杨波、孙常生、张立富、张书圣、马凤岗、张洪东和学校疫情防控工作指挥部有关成员参加了活动。督查组一行先后到学校南门、学生公寓、校医院等进行现场检查督导，深入了解校园封闭管理、学生宿舍管理、学校医院管理、卫生防疫消毒、人员值班值守和留学生管理等方面的疫情防控措施落实情况。督察组一行还听取了我校疫情防控工作情况汇报，检查了我校疫情防控工作的相关档案材料，详细了解我校疫情防控工作领导组织体系、师生信息摸排、教学工作安排、应急预案制定和防控物资储备、宣传教育引导、基层党组织作用发挥、强化监督考察和领导带班值班、责任落实以及日报告、零报告情况。督查组对我校疫情防控工作给予高度肯定，并就有关工作进行了现场指导。

22日 中国高等教育学会《高校竞赛评估与管理体系研究》专家工作组发布了2015—2019年全国普通高校学科竞赛排行结果。全国共有1172所本科院校进入2015—2019年全国普通高校学科竞赛排行榜（本科），我校位居第265名，较2019年2月发布的2014—2018年普通高校学科竞赛评估结果跃升了15位。

24日 临沂大学2020年春季学期线上教学如期进行。学校领导王焕良、杨波、刘占仁、孙常生、张立富、张书圣、马凤岗、池福安、张洪东，通过网上办公，分别对所联系的学院进行教学信息调研和督导，重点对当天533门"线上"课程进行检查。检查情况表明，"线上"课堂秩序良好，达到了预期教学效果。

25日 2019年"丝路新世界·青春中国梦"全国大学生暑期社会实践专项行动社会实践成果遴选结果公示，"临沂大学福建省小微企业投融资调研服务团"在全国1400余个实践团队中脱颖而出，荣膺全国优秀团队。

26日 当前，新冠肺炎疫情防控进入最吃劲的关键阶段，我校先后收到了山东仁瑞生物科技有限公司、山东圣翔节能科技有限公司和山东齐鲁融媒乡村振兴研究院有限责任公司三家企业单位的无私捐赠，使学校疫情防控物资储备进一步得到加强保障。

27日 校党委书记王焕良深入26个学院，检查新冠肺炎疫情防控工作和新学期教学运行情况。纪委书记、省监委驻临沂大学监察专员张洪东陪同。

27日 学校党委委员、副校长池福安到费县校区检查新学期疫情防控工作、线上教学运行情况。

三月

2日 临沂大学六届四次教代会（工代会）以网络会议形式召开。大会以习近平新时代中国特色社会主义思想为指导，坚持高质量内涵式发展主线，突出学科、专业和人才队伍三大重点，统筹调结构、强特色、提质量、促改革、保稳定五大战略，持续推进"五个一流"建设，实施"六大攻坚工程"，努力建设全国知名区域特色鲜明的创新创业型大学。学校领导王焕良、杨波、刘占仁、孙常生、张立富、张书圣、马凤岗、池福安、张洪东，本届会议正式代表、列席代表、特邀代表等550余人，通过网络参加会议。

4日 学校召开新冠肺炎疫情防控开学前外事工作统筹协调会，党委委员、副校长池福安主持会议并讲话，学校新冠肺炎疫情防控外事工作相关单位负责人参加会议。

4日 山东省人民政府官网发布了《关于评定伦学冬为烈士的批复》。批复指出，经审核，2019年7月27日，伦学冬同志在烟台经济技术开发区因抢救落水男孩牺牲。根据《烈士褒扬条例》（国务院令第718号）有关规定，伦学冬牺牲情形符合烈士评定条件，特评定伦学冬为烈士，其家属享受烈属有关待遇。

伦学冬，教育学院小学教育专业2007届毕业生，在校期间加入中国共产党，曾担任班级生活委员，学习成绩优秀，乐于助人；毕业后到济南市商河县郑路镇褚集小学任教。伦学冬生前任商河褚集小学教导处副主任、三年级二班班主任、语文老师。去年暑期，在烟台经济技术开发区因抢救落水男孩牺牲，年仅35岁。

4日 临沂大学六届四次教代会（工代会）完成会议各项议程后闭幕。大会审议通过了《学校工作报告》《工会工作报告》《学校财务预决算报告》《教代会提案工作报告》和《临沂大学章程（修正案）》，对第六届三次教代会优秀提案进行了表彰，向全体教职工发出了《不忘初心担使命，勠力同心谱新篇》倡议书。

5日 山东润通科技有限公司总经理、信息科学与工程学院2004级校友华伟，向母校捐赠了一套通道式体温筛检系统，助力学校新冠肺炎疫情防控工作。

7日 省委办公厅近日发出通知，在全省部署开展"进企业、进项目、进乡村、进社区"攻坚行动。学校党委高度重视、迅速行动，党委书记王焕良要求抽调精干力量组建工作组，积极投身到企业、项目、乡村、社区的疫情防控、复工复产、脱贫攻坚、维护稳定等各项工作中去，确保把省委"四进"攻坚精神落到实处，在统筹推进疫情防控和经济社会发展工作中敢于担当、勇于奉献，为打赢疫情防控阻击战贡献临大力量。经上级同意，学校成立以党委委员、副校长孙常生为省派临沂市临沂大学工作组组长的5人工作组入驻高新技术开发区开展工作。

9日 学校组织广大师生收看教育部社科司与人民网联合举办的"全国大学生同上一堂疫情防控思政大课"直播，并结合工作和学习在线交流了心得、畅谈了感想。

10日 临沂市市长孟庆斌来校调研疫情防控工作，市委常委、秘书长范连生，市政府秘书长解红日，市教育局、市卫健委负责同志陪同。学校领导王焕良、杨波、刘占仁、张立富、马凤岗、池福安和学校疫情防控工作指挥部有关成员参加活动。

11日 为抗击新冠肺炎疫情，助力帮扶村坚定打赢疫情防控阻击战，临沂大学派驻地方镇第一书记徐树建、孙保平、刘德强、于爱水和孙会兵等坚守岗位，铁肩担当，做好疫情输入的"守门员"、村民情绪的"疏导员"、疫情前线的"服务员"和经济发展的"指导员"。

12日 学校党委理论学习中心组举行2020年第一次集体学习，学习近平总书记关于新冠肺炎疫情防控的重要讲话、重要指示批示精神和《之江新语》（习近平著）重要篇目。校党委书记王焕良主持并讲话。

12日 在第42个植树节到来之际，我校开展"多一片绿叶 多一份温馨"植树活动，学校领导王焕良、杨波、刘占仁、张立富、张书圣、马凤岗、池福安、张洪东和相关部门负责人、教职工代表参加活动。

17日 我校新学期学生工作会议在校友中心会议室举行，安排部署近期疫情防控、就业推进等重点工作和2020年全年学生工作。校党委委员、副校长张立富出席会议并讲话。会议由学工部部长王统永主持。

17日 学校党委副书记、校长杨波，党委委员、副校长池福安到费县校区调研新冠肺炎疫情防控工作和全面开学准备工作，校区班子成员参加活动。

20日 中共山东省纪委办公厅发出通报，对在2019年度全省纪检监察系统专业大比武活动中评选出的402名"专业比武能手"予以通报表扬。我校纪委、监察专员办公室（合署）案件管理室主任王晓凌（挂职罗庄区纪委）被评为"监督检查类"能手，综合处宣传教育科科长韩勇被评为"综合业务类"能手。

20日 为进一步做好新冠肺炎疫情防控，提高全校师生员工防控知识和技能水平，做好全面开学准备工作，临沂大学通过线上线下相结合的方式，对全校师生员工进行了疫情防控知识和基本技能培训。通过系统培训，广大师生员工普遍认为收获很大，既学习了有关疫情的基本知识，更掌握了疫情防控的基本技能，为全面正常开展工作和学生返校复学打下了坚实基础。

21日 山东省第五批齐鲁文化英才评选揭晓，共有理论、新闻、出版、文艺、文化经营管理、文化专门技术等领域30名优秀专业人才入选。经选拔推荐、评审研究、考察公示，我校音乐学院副院长王秀庭教授入选文艺界文化英才。

24日 沂水县委书记薛峰、代理县长赵明等一行4人来我校考察交流。我校党委书记王焕良，党委副书记、校长杨波，党委委员、副校长张立富会见了薛峰一行，并在学校第一会议室进行了座谈交流。

25日 临沂大学工业设计与智能制造研究院与山东中科智能设备有限公司共同研制出ZK-R280A智能防疫喷雾消毒机器人，目前已实现了量产。这是继张兴林团队研发的快速检测新冠病毒试剂盒和张淳教授团队研发的便携式免洗专杀冠状病毒消毒液后，我校研发的又一科技抗疫"利器"。

27日 学校在校友中心会议室召开本科专业建设暨校级一流本科专业遴选研讨会，落实学校2020年重点工作，科学谋划好学校"一流专业"攻坚工程。会议由教务处处长郑秀文主持。

27日 学校开展学生宿舍疫情防控演练，进一步提高新冠肺炎疫情应急处置能力，为学生返校前的疫情防控做好全面准备，校党委委员、副校长张立富出席活动并对应急处置关键环节进行指导。

31日 山东海纳教育科技有限公司向我校捐赠消毒液等价值约合12万元人民币的疫情防控物资。学校党委委员、副校长孙常生，海纳教育科技有限公司董事长蒋云峰出席捐赠仪式。仪式由社会服务处处长赵勇主持。

27—31日 临沂大学2020年春季网络招聘会成功举行。招聘会吸引了来自北京、上海、天津、广东、江苏、河北、山东等13个省、直辖市、自治区的569家用人单位参与，涵盖教育业、卫生和社会工作、信息传输软件和技术服务业、批发和零售业、租赁和商务服务业等19大行业门类，提供职位2321个，招聘需求26 759人，共有34 483人次关注，毕业生成功投出简历4000余份，初步达成就业意向的1000余人，签约人数500余人。

四月

1日 我校资产管理业务功能完成碎片化升级并成功对接网上办事大厅，为资产管理工作提供了高效、便捷的通道。

1日 临沂大学与临沂高新区战略合作推进会在高新区管委会举行。我校党委书记王焕良，"四进"工作组组长、校党委委员、副校长孙常生，市政府党组成员、高新区党工委书记、管委会主任刘纪民，党工委副书记、管委会副书记刘佗出席，区领导张自华、王永、崔荣军、李道勇参加，会议由刘佗主持。

2日 清明节前夕，我校组织全体青年团员开展缅怀先烈、观礼云升旗主题团日活动暨"国旗下成长"云端升旗仪式。此次主题活动由临沂大学团委联合共青团临沂市委、临沂市委宣传部等单位共同举办，我校传媒学院青年教师鲁晴主持。

2日 校党委书记王焕良一行赴沂水县，考察调研县域经济社会情况，推进校地深度融合发展。党委委员、副校长张立富参加调研。沂水县委书记薛峰陪同考察并举行座谈交流。

8日 "凤展沂蒙·乐业临沂"高校毕业生网络招聘专项行动启动暨临沂经济技术开发区政校企合作推进会，在经开区投资创业服务中心一楼会议中心举行。学校党委委员、副校长张立富，临沂市委常委、政法委书记王行华，人大常委会副主任、市总工会主席刘淑秀，副市长、市政府党组成员刘贤军，市政府党组成员、临沂经济技术开发区党工委书记、管委会主任陈一兵等出席。

9日 学校党委委员、副校长马凤岗，池福安一行到费县校区调研疫情防控和复学返校准备工作。费县校区党委书记孙成明、校长张忠年参加调研。

10日 学校在校友中心会议室召开一流本科重点专业建设工作推进会，重点部署一流本科重点专业建设工作。校党委委员、副校长马凤岗出席会议并讲话。会议由教务处处长郑秀文主持。

13日 宝源防水材料股份有限公司向我校捐赠4万元人民币和价值6万元的防护口罩，助力学校疫情防控工作。校党委委员、副校长池福安，寿光市台头镇党委书记贾立生，寿光市防水协会会长郑家玉，宝源公司董事长赵光宝出席捐赠仪式。仪式由社会服务处处长赵勇主持。

15日 校党委书记王焕良，党委委员、副校长马凤岗一行到费县校区，检查指导当前疫情防控和学生返校复学准备工作，并对进一步做好复学准备各项工作提出指导意见和要求。

16日 学校党委委员、副校长马凤岗到物流学院检查教学工作，并就专业技术岗位届终考核及新一聘期竞聘上岗开展调研。

16日 我校与临沂人才工作集团合作对接座谈会在第一会议室举行。校党委委员、副校长孙常生，市委组织部四级调研员、市委人才发展服务中心、市人才工作集团负责人钱震出席座谈会。双方交流了校地人才共享的想法，在建立校地联合人才引进机制、推进我校现有应用型科技人员对接企业研发、推进高层次人才校地双向交流、创新创业合作等方面达成了合作共识。

17日 学校在办公楼402会议室组织召开社科年度重点工作项目落实推进会，就平台建设、高层级项目申报、高水平成果评奖、高质量成果研发、科研到位经费、国际交流合作项目等工作进行研讨。学校党委委员、副校长池福安出席会议并讲话，社会科学处处长李中国主持会议。

17日 我校在校友中心会议室召开校园规划修编工作部署会。党委委员、副校长孙常生出席会议并讲话。会议由基建处处长孙令民主持。

17日 我校在沂蒙大讲堂三楼报告厅召开疫情防控工作调度会，分析研判当前疫情防控形势，研究部署抓紧抓实抓细常态化疫情防控工作。校党委书记、学校疫情防控工作领导小组组长王焕良，党委委员、副校长、学校疫情防控工作领导小组副组长兼办公室主任张立富出席会议，会议由校党委办公室（校长办公室）主任、学校疫情防控工作领导小组办公室副主任牟海善主持。

18日 教育学院党委工作案例《践行"沂蒙精神"，建设基层铁军》入选由中共中央组织部党员教育中心和教育部思想政治工作司组织编写的《基层党组织书记案例选编》（高校版）。教育学院党委工作案例通过严制度明责任，创新基层党建工作的形式、内容和载体，探索了以沂蒙精神为"魂"的新时代党支部班子建设新路径，引领党支部班子成员传承红色基因、践行沂蒙精神，不忘初心使命，提升工作能力，打造了一支政治强、作风正、能战斗的基层党建工作"铁军"，在学院事业发展中发挥了坚强的战斗堡垒作用。学院党委被授予山东省党建工作标杆院（系）。

20日 我校举行临沂大学乡村振兴学院签约奠基仪式。省委教育工委副书记、省教育厅党组副书记、副厅长白皓，省教育厅总督学、省派蒙阴乡村振兴服务队队长刘欣堂，临沂市副市长张玉兰，蒙阴县委书记王皓玉、常务副县长刘玉华，青岛理工大学党委副书记、临沂校区党委书记李国华，临沂职业学院党委书记徐化国、院长刘磊，我校党委书记王焕良，党委委员、副校长孙常生出席仪式。

22日 由共青团中央青年发展部、中国青年创业就业基金会、共青团山东省委主办，我校和智联招聘承办的2020届毕业生空中双选会成功举行。此次空中双选会共有国企山东福瑞达生物科技有限公司、大型民企利群集团等在内的168家知名企业"云端"招贤，提供就业岗位744个，740余名毕业生在线应聘，线上投递简历630余份。空中双选会改变了传统线下招聘模式，为学生搭建了与企业的交流平台。学生可根据个人信息匹配精选岗位，快捷筛选不同企业规模、性质、行业及岗位。用人单位和求职毕业生可实现岗位发布、简历投递、线上交流、视频面试、线上签约。

22日 临沂大学学位评定委员会2019—2020学年第二次全体会议通过钉钉网络平台举行。学校学位评定委员会主席、党委副书记、校长杨波，学位评定委员会副主席、党委委员、副校长张书圣、马凤岗出席会议。会议由杨波主持。会议听取了研究生工作处关于新调入教师的硕士研究生导师资格认定工作的汇报，经会议审议并表决，学位评定委员会对3位硕士研究生导师资格认定予以通过。会议审议了有关学生学士学位撤销事宜。

23日 在第25个"世界读书日"到来之际，学校图书馆面向全校广大师生开展以"书香助力战疫，阅读通达未来"为主题的线上读书节系列活动，云端助力"停课不停学"，营造多读书、读好书的书香氛围。本次线上读书节创新阅读方式，借助网络平台，通过线上阅读、线上展示、网络培训、在线课程等形式，策划设计了讲战"疫"故事、年度好书推介、线上读书沙龙、数据库专题培训（直播讲座）、红色资源线上读、馆员摄影作品展、数字资源知识竞赛、年度"阅读之星"公示等10个系列共20项活动。

24日 临沂大学与奥德集团有限公司、山东省节能技术研究院签订智慧能源产业三方战略合作协议。山东省节能技术研究院党委书记杨光来、院长綦升辉，奥德集团董事局主席林凡连、副总裁林祥星，临沂市产业技术研究院工会主席邵明明，我校党委书记王焕良，党委委员、副校长孙常生出席仪式。仪式由奥德新能科技集团总经理、智慧能源研究院院长綦安训主持。

27日 学校在办公楼第二会议室召开2020年审计工作联席会暨审计整改"回头看"工作推进会。学校党委委员、副校长池福安主持会议并讲话。

27日 在第101个五四青年节来临之际，沂水校区与共青团沂水县委、沂水县人民医院共同开展"绽放战疫青春·坚定制度自信"主题"云团课"活动，邀请"最美逆行者"援鄂战士——沂水县人民医院护士冯珊珊讲述抗疫故事，为同学们带来一场深刻动人的团课。

28日 山东省教育厅公布了2020年度山东省高等学校"青创科技计划"立项支持名单，我校推荐的4个创新团队全部成功获批，立项总经费58万元。我校化学化工学院郭英姝教授为负责人的生物纳米分析化学创新团队、资源环境学院刘波教授为负责人的沂蒙山区果树智能化灌溉创新团队、数学与统计学院石少广教授为负责人的数学与科学计算创新团队、马克思主义学院杨志刚教授为负责人的新时代中华孝文化传承与发展研究创新团队，成功获批。

28日 临沂大学物流学院与山东顺和商贸集团有限公司（以下简称顺和集团）校企合作签约暨大学生就业基地揭牌仪式在顺和集团会议室举行。学校党委委员、副校长池福安，顺和集团董事长赵玉玺等出席仪式，并为"临沂大学就业基地"揭牌。

28日 学校在沂蒙大讲堂三楼会议室召开全校中层单位主要负责人会议，研究部署党风廉政建设、师德师风建设和疫情防控工作。校党委书记王焕良，学校党委委员、副校长马凤岗，党委委员、纪委书记张洪东出席会议，会议由马凤岗主持。

29日 学校组织开展了疫情防控应急演练。在家的校领导，临沂市疾控中心、兰山区公安分局大学派出所、临沂市妇幼保健院相关专家和负责人出席活动。

30日 山东省教育厅、中国教育工会山东省委员会近日公布了山东省第六届"超星杯"高校教师教学比赛（信息化教学比赛）获奖人员名单和优秀组织奖获奖单位，我校5个团队榜上有名，许作萍、丁林花、薛琳团队获一等奖，武У颖、刘玉慧、侯宗香和赵国英、刘慧、程磊两个团队获二等奖，王开祥、董艳雪、谢颖团队获三等奖，张树亮、马蕾、公静团队获优秀奖。同时，学校获优秀组织奖。

30日 由教育部思想政治工作司主办、国家教育行政学院承办的"共抗疫情显担当，爱国力行育新人"全国高校辅导员网络培训落下帷幕。我校全体在岗专职辅导员参加了网络培训，全部完成培训任务，并顺利通过考核。

五月

7日 学校党委副书记、校长杨波，党委委员、副校长孙常生到理工实验实训楼工程基地施工现场，实地调研指导基地项目建设。天元建设集团有限公司项目负责人陪同调研。

8日 学校在沂蒙大讲堂三楼报告厅召开中层单位负责人会议，传达学习全省高等教育高质量发展座谈会精神，部署学校疫情防控和复学复课工作。校党委书记王焕良出席并讲话。会议由党委副书记刘占仁主持。

9日 中国管理科学研究院武书连主持的"2020中国大学评价"大学排行榜公布，我校综合实力居全国高校第289位（较2019年上升16位），山东省高校第19位。

13日 在2020年临沂市总工会、市妇联组织的优秀评选中，我校张兴林教授被授予"临沂市五一劳动奖章"，校团委被授予"临沂市十佳女职工建功立业标兵岗""临沂市五一劳动奖状"，王雪芹家庭被授予"临沂市文明和谐职工家庭"，张少云博士被授予"临沂市巾帼建功标兵"。

13日 学校在第三会议室召开会议，深入学习贯彻习近平总书记关于哲学社会科学重要讲话精神，研讨高校文科实验室和重点研究基地建设工作。校党委委员、副校长池福安出席会议。会议由社科处处长李中国主持。

14日 学校在校友中心会议室召开2020年春季学期教学工作会议。学校党委委员、副校长马凤岗出席会议并讲话。会议由教务处长郑秀文主持。

15日 根据中共山东省委教育工委、省教育厅《关于认真学习贯彻全省高等教育高质量发展座谈会精神的通知》要求，学校于5月8—15日组织开展了"解放思想、改革创新"大讨论，以习近平新时代中国特色社会主义思想为指导，贯彻落实省委"重点工作攻坚年"动员大会、全省高等教育高质量发展座谈会精神，坚持问题导向，明确发展目标，聚焦特色优势，提出改革路径和新举措，推动思想再解放、改革再深入、工作再落实，推进学校高质量发展再上新台阶。

17日 学校组织广大师生收看山东省战疫特别节目"开学第一课"（高校版），学习我省在疫情防控工作中涌现的先进典型和感人事迹。师生们纷纷表示，深受鼓舞，"开学第一课"中"美丽逆行者""美丽坚守者""美丽保障者""美丽志愿者""美丽教育者"的事迹十分感人，要以他们为榜样，增强打赢疫情防控阻击战的信心和决心。

18日 学校召开常态化疫情防控与返校复学工作动员部署会，全面部署返校复学、常态化疫情防控和统筹推进事业改革发展工作。校党委书记王焕良主持会议并讲话，党委副书记、校长杨波部署学生返校复学工作。学校领导刘占仁、张立富、张书圣、马凤岗、池福安、张洪东出席会议。

20 日 临沂小龙人教育信息咨询有限公司向我校教育发展基金会捐赠 20 万元助力学校发展。学校教育发展基金会理事长、校党委委员、副校长孙常生，小龙人教育信息咨询有限公司董事长钱炳君、总经理韩战胜等出席捐赠仪式。仪式由社会服务处处长赵勇主持。

20 日 临沂大学迎来了 2020 年春季学期首批返校学子。临沂市副市长张玉兰，临沂市有关部门负责人，我校在校的学校领导，来到报到现场看望了学生。

21 日 在学校的统筹安排下，根据分期分批错峰返校的工作方案，我校 70 名硕士研究生顺利返校复学。

22 日 临沂大学 2020 年春季学期"开学第一课"在沂蒙大讲堂报告厅举行，邀请临沂市疾病预防控制中心消毒与媒介生物防治专家薛海滨、我校党委书记王焕良，对首批返校复学学生进行卫生健康教育和爱国主义教育。本次"开学第一课"在沂蒙大讲堂三楼报告厅设主会场，在一楼报告厅和相关学院设分会场，以视频会议形式同步收听收看授课。"开学第一课"由学校党委委员、副校长马凤岗主持。

22 日 学校党委委员、副校长池福安到马克思主义学院，实地调研人文社科平台建设、高层级项目申报、高水平成果评奖等社科年度重点工作项目落实推进情况。

23 日 学校在第二会议室召开学生返校复学工作交流会议，听取各学院在学生返校复学过程中发现的问题，传达山东省和学校关于学生返校复学新要求。学校党委委员、副校长张立富出席会议并讲话。会议由学生工作部部长王统永主持。

25 日 曙光星云公司总裁张岳平、副总裁王传奎等一行 5 人来我校，就校企合作事宜进行洽谈交流。我校党委副书记、校长杨波在第一会议室会见了张岳平一行并进行了座谈。

25 日 校党委书记王焕良到物理与电子工程学院，调研疫情防控、学生返校复学和学院高质量发展等工作。校党委办公室（校长办公室）、组织部负责人，物理与电子工程学院班子成员、教师代表参加调研。

26 日 我校土木工程与建筑学院付厚利教授负责的海绵城市工程技术研究团队以临沂大学为投标主体，成功竞得临沂市海绵城市政府采购项目"临沂市海绵城市建设评估项目"，项目总经费 78 万元。该项目的研究成果将有效指导临沂市海绵城市建设，为打造生态宜居临沂市建设作出积极贡献。

27 日 我校美术学院与临沂佳画电子商务有限公司签署战略合作协议书，并举行临沂大学创新创业实践基地授牌仪式。临沂大学党委委员、副校长张立富，河东区委副书记徐光、河东区统战部部长侯素云、市文旅局副局长张广田、佳画公司总经理李连晓出席仪式，仪式由侯素云主持。

28 日 青岛智诚灵动营销策划有限公司董事长王成莹等一行 4 人来我校考察交流并捐赠图书。我校党委书记王焕良，党委委员、副校长马凤岗会见了王成莹一行并进行了座谈。

28 日 临沂大学召开 2020 年全面从严治党暨平安校园建设工作会议，贯彻十九届中央纪委四次全会，省纪委十一届五次全会和全国、全省教育系统全面从严治党会议精神，总结 2019 年以来学校全面从严治党和平安校园建设工作，部署安排 2020 年工作任务，为决胜疫情大考和攻坚之年提供坚实保障。学校领导王焕良、杨波、刘占仁、孙常生、张立富、张书圣、马凤岗、池福安、张洪东出席会议。

28 日 教育部高等教育教学评估中心下发《关于公布 2020 年师范类专业认证受理专业名单的通知》，正式公布了全国参加第二级认证的 74 个师范类专业名单，其中，我校资源环境学院地理科学专业成功入选。2020 年度全国认证受理的地理科学专业中仅有临沂大学和陕西师范大学入选。

30 日 为庆祝第四个全国科技工作者日，由临沂市科协主办，临沂大学资源环境学院、山东省农业科技园区规划设计工程技术研究中心、临沭县科协、临沭县郑山街道共同承办的沂蒙科技论坛—县域农业农村高质量发展论坛成功举行，来自临沂大学资源环境学院教师代表、全市农业农村经济发展行业的科技人员 100 余名参加本次论坛。

六月

2 日 沂水校区迎来了 2020 年春季学期首批返校学子。在沂水县疫情处置工作领导小组（指挥部）的统一安排部署下，县公安局、县教育和体育局、县综合行政执法局、县人民医院派工作组到场进行全面保障工作，校区领导班子及各部门负责人到报到现场指导返校工作。

2 日 寿光市政协主席、党组书记武治强，寿光市委政法委四级调研员王维春等一行 7 人来我校，就高科技成果转化等相关事宜进行考察交流。我校党委书记王焕良会见了武治强一行，党委委员、副校长池福安主持召开座谈会并陪同考察。

3日 临沂大学党委委员、副校长张立富，党委委员、纪委书记、省监委驻临沂大学监察专员张洪东到沂水校区，就校区疫情防控与学生返校复学、党风廉政建设、就业工作、共青团工作等进行调研。校区党委书记张国庆，校长李云成陪同调研并参加座谈会。张国庆主持座谈会。

3日 我校与郯城县人民政府、深圳市德健阳科技有限公司签署三方共建山东芯创微电子产业研究院合作协议暨揭牌仪式，在郯城高科技电子产业园孵化中心举行。我校党委书记王焕良，党委委员、副校长孙常生，郯城县委书记刘连栋、深圳市德健阳科技有限公司董事长杨洪文等出席仪式。

5日 山东省财政重点支出项目绩效评价专家组侯盼盼一行6人莅临我校，就2019年省财政重点支出项目进行绩效评价。校党委委员、副校长孙常生会见了侯盼盼一行，并主持召开座谈会。

5日 学校在第二会议室召开2020届毕业生就业工作专题会议。学校党委委员、副校长张立富出席会议并讲话。会议由学工部部长王统永主持。

9日 学校中层副职党的十九届四中全会精神专题学习班开班。校党委书记王焕良出席并讲话，校党委副书记刘占仁主持。

10日 学校在校友中心会议室召开2020年招生宣传工作会议，研究部署疫情防控期间招生宣传工作。学校党委委员、副校长马凤岗出席会议并讲话。

11日 临沂大学党委委员、副校长孙常生到沂水校区就学生返校复学后常态化疫情防控、工会工作及社会服务工作进行调研。校区党委书记张国庆、校长李云成参加调研。

11日 临沂大学与马来西亚新纪元大学学院博士联合培养签约仪式举行。我校党委委员、副校长张书圣，马来西亚新纪元大学学院副校长张亮出席。仪式由研究生工作处处长邱建龙主持。

12日 为庆祝临沂大学79周年华诞，学校在羲之广场举行校庆日升旗仪式。学校领导杨波、刘占仁、孙常生、池福安、张洪东出席升旗仪式。

12日 教育部思想政治工作司对第七届全国高校廉洁教育活动暨"携手打击腐败"公益广告作品征集活动结果进行了公示，我校美术学院朱虹熹的书法作品《却赠檄文》、美术学院王建元的绘画作品《百舸争流千帆竞》成功入选书画摄影类入围作品（全国30项）。临沂大学成为山东省唯一获得2项入围作品的高校。

12日 全校中层副职党的十九届四中全会精神专题学习班圆满完成各项任务，在沂蒙大讲堂三楼报告厅举行结班仪式。校党委副书记刘占仁主持结班仪式并讲话。

14日 世界大学排名中心发布了2020年CWUR世界大学排名。我校再次入围2000所大学榜单，排名第1943位，较2019年（1994位）提升51位，大陆高校第246位。

15日 青岛理工大学党委书记王亚军，党委副书记、校长谭秀森，党委副书记、临沂校区党委书记李国华等一行8人来我校，就校园规划建设等进行考察交流。我校党委书记王焕良，党委副书记、校长杨波，党委委员、副校长张立富会见了王亚军一行，并举行座谈。

16日 我校美术学院、商学院与绿爱小镇战略合作签约暨临沂大学创新创业实践基地授牌仪式在绿爱小镇举行。我校党委委员、副校长张立富，原党委副书记、教育部评估专家谢亚非，山东省社会保险事业中心主任、省民营企业高质量发展服务队临沂二队队长于军，原兰山区人大常委会主任、区关工委主任谢华东，绿爱控股股份有限公司董事长郭建波、公司总裁迟炳海等出席仪式，仪式由绿爱小镇招商运营负责人葛阳主持。

16日 学校在第三会议室召开人文社科研究基地培育建设论证会，进一步推动我校人文社科基地建设。学校党委委员、副校长池福安出席会议。会议由社科处处长李中国主持。

18日 学校学位评定委员会主席、党委副书记、校长杨波通过钉钉网络平台主持召开学校学位评定委员会2019—2020学年第三次会议。学位评定委员会副主席、党委委员、副校长张书圣、马凤岗出席会议。

19日 学校在沂蒙大讲堂一楼报告厅召开2020年上半年意识形态工作校内巡察动员部署会暨工作组培训会议。学校党委副书记刘占仁出席会议并讲话。会议由学校意识形态和思想政治工作领导小组办公室主任、宣传部部长任庆大主持。

19日 山东省副省长、省政府党组成员、省公安厅厅长范华平带领省"六保""六稳"督导组，来我校调研指导毕业生就业创业工作。校党委书记王焕良，党委委员、副校长张立富参加了调研。

20日 临沂大学在沂蒙大讲堂举行2020届毕业生毕业典礼暨学位授予仪式，送别11000余名毕业生。受疫情影响，毕业典礼采取"线上+线下"模式同时举行，400余名毕业生代表在现场参加典礼仪式，其余毕业生通过网络直播方式参加"云典礼"。学校领导王焕良、杨波、刘占仁、孙常生、张立富、张书圣、马凤岗、池福安、张洪东出席典礼并为毕业生代表颁发学位证书。

20日 在"七一"建党节即将来临之际，校党委书记王焕良赴平邑县我校第一书记帮包村，走访了村里老党员和生活困难党员代表，送去节日的问候和慰问金，看望了我校徐树建、于爱水、孙会兵、孙保平、刘德强5位省派驻村第一书记。平邑县委副书记、县长陈士贤，县委副书记（挂职）王明科等陪同。

21日 曲阜师范大学党委书记戚万学一行来我校考察交流人事制度改革、学科建设、人文社科发展等工作。学校党委书记王焕良，校党委副书记、校长杨波，校党委委员、副校长池福安会见了戚万学一行。

22日 临沂市智能网联汽车工程技术研究中心揭牌暨山东英亮教育科技有限公司捐资助学产学研合作签约仪式在我校体育场举行。我校党委委员、副校长孙常生，临沂市政协原副主席王秀君，山东英亮教育科技有限公司总经理陈亮出席仪式。仪式由我校机械与工程学院党委书记卢世伟主持。

23日 学校党委委员、副校长池福安带领校内专家组到音乐学院进行专项调研，就2020年中华优秀传统文化基地申报工作进行交流座谈。音乐学院党委书记许崇波、副院长（主持工作）王秀庭教授参加调研。

24日 临沂大学"互联网+"大学生创新创业大赛推进会暨"青年红色筑梦之旅"活动启动仪式举行。党委委员、副校长马凤岗出席并作动员讲话。会议由创新创业学院院长彭文修主持。

25日 在"七一"前夕，根据省委开展"我来讲党课"活动要求，6月18—24日，学校领导王焕良、杨波、刘占仁、孙常生、张立富、张书圣、马凤岗、池福安、张洪东为全校党员干部上党课，进一步增强"四个意识"、坚定"四个自信"、做到"两个维护"，汲取继续前进的信念力量。

25日 我校在学生食堂开展了"师生情·母校味"迎端午送粽子活动，欢度一年一度的传统节日端午节。

29日 学校邀请青岛大学商学院党委书记王功勇、院长王庆金，分别以"怎样当好学院党委书记""怎样当好院长"为主题，为我校党委书记、院长作专题报告。报告会由党委副书记刘占仁，党委委员、副校长马凤岗分别主持。

29日 我校在山东根据地北海银行博物馆举办山东根据地金融史学术研讨会暨山东根据地北海银行博物馆藏品捐赠仪式，来自省内外相关领域的30多位专家学者应邀参加活动。校党委委员、副校长池福安，山东根据地北海银行博物馆馆长邓强出席仪式。仪式由学校社科处处长李中国主持。

30日 沂水校区2020届毕业典礼举行，校区领导班子参加典礼仪式。80名毕业生代表在主会场参加典礼仪式，其他毕业生通过网络直播方式参加"云典礼"。

30日 "七一"前夕，校党委书记王焕良，党委副书记、校长杨波分别走访慰问了姚承宪、岳纯修、訾忠、武善江等离退休老党员、老领导，向他们送去节日祝福和慰问品。

七月

1日 山东省大中小学红色文化传承研究指导中心在临沂大学揭牌成立。山东省委教育工委副书记、省教育厅党组副书记、副厅长冯继康，省教育厅（省委教育工委）思想政治工作处（学校宣传教育处）副处长仇宝艳、于恬，省教育厅（省委教育工委）学校组织处副处长卢瑞霞，临沂市人民政府副市长张玉兰，市委教育工委常务副书记、市教育局局长陈海玲，临沂大学党委书记王焕良，党委副书记、校长杨波，党委副书记刘占仁，党委委员、副校长池福安共同出席揭牌仪式。仪式由池福安主持。

1日 省委教育工委副书记，省教育厅党组副书记、副厅长冯继康一行来校，就马克思主义学院建设、基层党组织建设、大学生心理健康教育等进行调研。校党委书记王焕良，党委委员、副校长张书圣、池福安参加调研。

2日 市委组织部常务副部长魏勇、临沂人才工作集团负责人钱震一行5人来校，就落实高端人才"共引、共育、共享"方面的合作事宜进行探讨。校党委书记王焕良，党委委员、副校长孙常生、马凤岗出席会见并座谈。

2日 学校召开党的建设工作领导小组会议。党委书记、学校党的建设工作领导小组组长王焕良主持会议并讲话，领导小组全体成员参加了会议。

3日 学校召开党建示范创建和质量创优工作座谈会。校党委书记王焕良出席并讲话。会议由校党委副书记刘占仁主持。

5日 学校党委委员、副校长张书圣带领专家教授团到罗庄区开展临沂市科技经济融合发展暨临沂大学专家教授罗庄行活动。临沂市科协副主任徐爱铎，罗庄区委常委、宣传部长王兆艳，罗庄区科协主席蔡明清，罗庄区工信局副局长王继祥及相关街镇、企业负责同志陪同。

6日 我校正式启动2019—2020学年第二学期线上期末考试。本学期考试共4428场次，线上考试2326场次，其中采用钉钉线上考试1196场，腾讯会议265场，雨课堂178场。

7日 青岛大学党委常委、副校

长于红波一行来校考察后勤服务保障工作。校党委书记王焕良，党委委员、副校长张立富出席会见并座谈交流。

8日 海信集团党委副书记、总裁贾少谦一行来校访问。临沂市政协委员、市中小企业维权协会会长赵英进陪同。校党委书记王焕良，党委副书记、校长杨波，党委委员、副校长孙常生、张书圣、马凤岗参加会见并座谈交流。

9日 为进一步优化人才培养结构，为高校毕业生创造更多再学习机会，增强学生就业创业能力，我校认真贯彻落实《教育部办公厅关于在普通高校继续开展第二学士学位教育的通知》精神，在国家急需的应急技术与管理、电子信息、网络空间安全、集成电路、能源动力、生物与医药等相关领域，积极申报第二学士学位专业。经各学院申报、学校评审、教育部批准，我校有28个专业获批开展第二学士学位教育。

9日 潍坊学院党委委员、副校长朱献武一行5人来访，考察我校图书馆工作。校党委委员、副校长马凤岗会见了朱献武一行。

10日 体育与健康学院举行院史编写启动仪式。校党委委员、副校长池福安出席并讲话。仪式由体育与健康学院院长杨涛主持。

11日 学校党委委员、副校长张书圣带领专家教授团到郯城高科技电子产业园（以下简称产业园）开展临沂市科技经济融合发展暨临沂大学专家教授郯城行活动。临沂市科协党组书记、主任徐勤夫，副主任徐爱铎，郯城县委常委、宣传部长郝玉芳，高科技电子产业园管委会主任王纪伟及企业负责人陪同。

12日 临沂大学新文科建设研讨会在校友中心会议室举行。山东省社会科学界联合会党组副书记、副主席、一级巡视员周忠高，第十三届全国政协常委，山东大学儒学高等研究院执行院长兼《文史哲》杂志主编，山东大学校务委员会副主任王学典，我校党委委员、副校长池福安出席了会议。研讨会由社会科学处处长李中国主持。

13日 学校在第二会议室召开暑期学生安全和疫情防控工作会议，学校党委委员、副校长张立富出席会议并讲话。会议由学生工作部部长王统永主持。

14日 我校六届四次教代会（工会代）提案工作会议在第二会议室举行。学校党委委员、副校长、六届教代会提案工作委员会主任张立富出席会议。会议由党委办公室（校长办公室）主任、六届教代会提案工作委员会副主任牟海善主持。

15日 临沂大学乡村振兴学院课程体系建设工作部署会议在第三会议室召开。校党委委员、副校长孙常生出席会议并讲话。乡村振兴学院筹备组负责人高振强主持会议。

16日 学校党委副书记、校长杨波到沂水校区调研，并就校区未来发展规划工作进行指导。沂水校区党委书记张国庆、校长李云成陪同调研。

17日 机关党委"临大先锋"党员志愿服务队成立暨招生宣传志愿服务活动启动仪式在沂蒙大讲堂一楼报告厅举行，党委副书记刘占仁出席并为志愿服务队授队旗。仪式由党委组织部部长张思峰主持。

17日 学校召开全校领导干部会议，传达贯彻上级有关部署要求，总结全校今年上半年工作，安排部署学校暑假和近期重点工作。校党委书记王焕良讲话，党委副书记刘占仁主持。学校领导孙常生、张立富、池福安、张洪东出席。

20日 学校在施工现场召开理工实验实训楼工程建设推进会，梳理工程开工以来的工作，明确下一步的工作目标。学校党委委员、副校长孙常生出席会议并讲话。会议由基建处处长孙令民主持。

23日 山东省人民政府征兵办公室、山东省教育厅联合发文，对全省征兵工作进行通报表彰，我校荣获"全省大学生征兵工作先进单位"，我校武装部国防教育科科长王晓林获"全省大学生征兵工作先进个人"称号。

24日 临沂大学与临沂市人民医院共建创新创业实践基地揭牌。学校党委书记王焕良，党委委员、副校长张书圣，临沂市人民医院党委书记衡雪源，党委副书记、院长李凤鸣，党委委员、副院长车峰远出席揭牌仪式。仪式由车峰远主持。

27日 学校在第二会议室召开临沂大学校史编纂工作推进会，校党委委员、副校长池福安出席会议。会议由档案馆馆长任世忠主持。

30日 在"八一"建军节即将来临之际，校党委书记王焕良，党委委员、副校长张立富一行到临沂军分区驻地走访慰问。临沂市委常委、临沂军分区政委郑忠华，临沂军分区司令员王秀联热情接待并进行了会谈。

31日 临沂市人才工作创新项目集中揭牌仪式在临沂应用科学城举行，我校参与共建了沂蒙创新研究院和沂蒙博士创业园（临沂大学科技园）。临沂市委书记王安德、我校党委书记王焕良分别致辞。我校党委委员、副校长孙常生出席活动。

八月

1日 山东电视台"新闻联播"播出"庆祝八一建军节——临沂大学300多名大学生递交参军入伍登记表"，报道了我校深入挖掘沂蒙精神育人价值，将国防教育纳入教学大纲，把爱国拥军的种子深植学子们的心田。

2日 根据《教育部办公厅关于公布2020年通过普通高等学校师范类专业认证的专业名单的通知》（教师厅函〔2020〕8号），我校小学教育专业通过普通高等学校师范类专业第二级认证，此次认证结论有效期为6年，自2020年7月起至2026年6月止。

3日 学校召开建校80周年校庆筹备工作推进会，校党委委员、副校长、校庆筹备委员会副主任兼校庆工作办公室主任孙常生主持会议并讲话。

4日 山东电视台公共频道以"产学研结合赋能乡村振兴"为题，报道了我校发挥人才和智力优势，积极探索服务乡村振兴的实践与经验。

6日 山东省社会科学界联合会公布了2020年度山东社科智库沙龙调研咨询项目，我校申报的"基于'双链'融合的山东现代物流业发展路径研究"和"山东省儿童福利事业可持续发展调查与研究"获批重点项目。

7日 全市民主党派工作现场会走进民革临沂大学支部。市委常委、统战部部长边峰，我校党委副书记刘占仁，市各民主党派主委、副主委、秘书长、副秘书长，兰山、河东、罗庄区委常委、统战部部长出席现场会。

8日 我校体育与健康学院1978级校友返回母校，举行毕业40周年联谊会，学校党委委员、副校长马凤岗出席活动。体育与健康学院1978级校友王三强、吴东霞主持活动。

11日 学校党委委员、副校长张书圣带领专家教授团到兰山区开展临沂市科技经济融合发展暨临沂大学专家教授兰山行活动。临沂市科协党组成员、副主任徐爱铎，兰山区委常委、区政府党组成员刘金波等陪同。

14日 我校资源环境学院黄力华教授团队成功中标临沂市建设用地土壤污染状况调查报告评审项目，中标价206万元，这是我校横向课题的重大突破。

19日 山东省高等学校安全保卫协会一届七次常务理事会议在我校举行。来自全省30多所本科院校的安全保卫负责人齐聚一堂，共商全省高校安全工作未来发展之路。

26日 临沂大学2020年暑期领导干部读书班开班。校党委书记王焕良作动员讲话。学校领导、全体中层正副职干部参加读书学习。

26日 我校物流学院协办的中国优选法统筹法与经济数学研究会（以下简称中国"双法"研究会）网络科学分会第一届学术年会"疫情背景下的网络科学"通过线上腾讯会议系统及线下物流学院设主会场相结合的形式顺利召开。我校党委委员、副校长池福安教授，中国"双法"研究会原理事长、顾问徐伟宣教授，副理事长李建平教授，分会副理事长石磊教授出席开幕式并致辞，开幕式由浙江大学王明征教授主持。

28日 临沂大学2020年暑期领导干部读书班顺利结班。校党委副书记、校长杨波部署新学期工作，学员代表交流学习心得体会。校党委副书记刘占仁主持结班仪式。学校领导、全校中层正副职参加结班仪式。

29—30日 由临沂大学、山东大学联合承办的中国工业与应用数学学会油水资源数值方法2020年学术研讨会在我校举行。中国工业与应用数学学会油水资源数值方法专业委员会主任、山东大学芮洪兴教授，学校党委委员、副校长张书圣教授出席会议。会议由数学与统计学院院长傅尊伟教授主持。

31日 学校领导王焕良、杨波、刘占仁、孙常生、张立富、张书圣、马凤岗、池福安、张洪东分别带领检查组，到各学院检查开学第一天教学秩序运行情况，深入课堂听课，确保新学期开好局。

九月

1日 刘会远先生图书捐赠仪式暨沂蒙党史座谈会在学校第二会议室举行。老一辈无产阶级革命家谷牧的次子、中国地理学会世界地理专业委员会副主任、深圳市九藤文化教育基金会理事长刘会远先生，学校党委书记王焕良，党委委员、副校长池福安，学校原党委副书记、关工委副主任王明福出席。仪式由池福安主持。

1—2日 在中国人民抗日战争暨世界反法西斯战争胜利75周年来临之际，学校党委书记王焕良，党委委员、副校长孙常生走访慰问了我校抗战时期参加革命工作的訾忠、张霭堂、岳纯修、姚承宪、倪训坡5位老同志，送去学校党委的温暖和关怀。

3日 山东立信华创信息科技咨询有限公司、临沂赛捷信息技术有限公司等7家爱心企业向我校捐赠测温门、消毒水、医用口罩等疫情防控物资及助学金，捐赠仪式在我校科技大楼举行。学校党委委员、副校长池福安出席。仪式由信息科学与工程学院党委书记郑美虹主持。

3日 全国政协常委、中国书法家协会主席苏士澍一行来我校调研指导书法学专业建设工作，我校党委委员、副校长张立富会见了苏士澍一行，并在校友中心会议室举行座谈。

4日 临沂大学与临沂市人民检察院共建民事、行政、公益诉讼检察综合研究基地（下称综合研究基地）揭牌。学校党委委员、副校长池福安，临沂市人民检察院检察长蒋万云出席揭牌仪式。仪式由临沂市人民检察院专职检委会委员张玉红主持。

6日 临沂大学迎来2020级研究生新生。学校党委委员、副校长张书圣和相关部门负责人来到迎新现场，了解研究生新生报到情况，看望迎新工作人员和志愿者，共同迎接2020级研究生新同学入校。

9日 学校在校友中心会议室召开2020年发展党员工作会议，部署本年度发展党员和基层党建重点工作。学校党委副书记刘占仁出席会议并讲话。会议由组织部部长张思峰主持。

9日 学校举行庆祝2020年教师节暨表彰大会，学校领导王焕良、杨波、刘占仁、孙常生、张立富、张书圣、池福安、张洪东出席大会。大会由校党委副书记、校长杨波主持。

10日 在第36个教师节到来之际，市委书记王安德来我校调研并走访慰问教学科研一线教师，代表市委、市政府向全市广大教学科研人员致以节日问候和崇高敬意。市领导姜仕礼、张玉兰参加活动。我校校领导王焕良、杨波、刘占仁、孙常生、张立富、张书圣、池福安、张洪东陪同。

11日 随着新疆、吉林最后两个省份的投档录取任务完成，我校2020年招生工作圆满结束。今年是山东省实施新高考改革的开局之年，我校招生录取工作喜迎开门红，实现了生源质量、招生计划双提升。今年我校共录取新生12 475人，其中本科9175人（普通本科、专升本、3+4贯通培养转段、3+2贯通培养转段和第二学位）。

12日 我校在临沂市青少年示范性综合实践基地举行2020级新生军训自训教官开训仪式。我校党委委员、副校长张立富为自训教官团授旗，检阅训练成果，为自训教官颁发慰问品。

13日 中国作协"到人民中去"职业道德教育与文学社会服务实践活动在临沂开班。中国作协文学工作者职业道德委员会副主任、四川作协主席阿来在我校图书馆报告厅为我校师生作文化公益讲座。我校党委委员、副校长池福安出席活动。

14日 我校在校友中心召开2021年预算编制工作部署会议，党委委员、副校长张书圣主持会议并讲话。

15日 临沂市人民医院党委副书记、纪委书记张玉军带领统战部、民主党派基层组织负责人一行9人，就统一战线工作来我校考察交流。我校党委副书记刘占仁会见了张玉军一行，并在第二会议室进行了座谈交流。

16日 我校在沂蒙大讲堂一楼报告厅举行2020年度山东移动希望工程奖学金捐赠暨发放仪式。我校党委委员、副校长张立富，山东省青少年发展基金会资助部部长董晓峰，中国移动山东公司临沂分公司副总经理孙云艳等出席仪式，并为获奖学生颁发奖学金。仪式由学工部部长王统永主持。

16日 中央电视台CCTV-11播出《书法在校园·临沂大学》，6分钟时长报道了我校书法学专业建设特色和发展成绩。

16日 学校党委书记王焕良先后到美术学院、音乐学院、自动化与电气工程学院调研，深入了解学院发展情况、发展规划、迎新准备和疫情常态化精准防控情况，对学院实现高质量发展提出了希望和要求。

19日 我校迎来了2020级首批本科新生，学校领导王焕良、杨波、刘占仁、张立富深入迎新现场检查指导迎新工作，迎接新生和家长的到来，慰问迎新一线教职工和志愿者。

20日 西北农林科技大学校友会名誉会长、原校长孙武学带队到我校考察交流。学校党委委员、副校长孙常生参加会见并座谈交流。

20—22日 我校机械设计制造及其自动化专业顺利完成教育部认证专家组现场考查工作。本次认证专家组由贵州大学教授赵津任组长，西安工业大学教授闫莉、中国科学院等离子物理研究所高级工程师吴磊、江苏大学教授江浩斌、机械工业出版社高等教育分社副社长冯春生、山东理工大学教师侯庆来为成员。

22日 山东省高等教育发展研究中心首席专家、山东省教育厅原巡视员宋承祥，济南大学高等教育研究院副院长王希普一行来校开展学科建设状况专题调研，学校党委副书记、校长杨波，党委委员、副校长张书圣出席会议，会议由研究生工作处（学科建设办公室）处长（主任）邱建龙主持。

23—25日 山东省高等教育管理科学研究会2020年学术年会在临沂大学举行，来自全省100余所高校的230余名专家学者参加会议。

26日 我校美术学院"老三届"作品汇报展开幕仪式在校友中心会议室举行。临沂市原副市长、临沂大学美术学院理事会理事长慕增利，中国美术家协会理事、原山东省美术家协会常务副主席朱全增，泉州信息工程学院创意设计学院院长、博士生导师段邦毅，我校党委委员、副校长孙常生等出席开幕式。开幕式由美术学院党委书记朱文玉主持。

29日 临沂大学与卓高集团在济南签署产学研合作协议，双方共建"产学研合作基地""实习基地""就业基地"。我校党委委员、副校长孙常生，济南市槐荫区兴福街道党工委副书记周新标、卓高集团董事长张宏强等出席仪式。

29日 教育部办公厅发布通知，公布2020年全国普通高校中华优秀传统文化传承基地名单，我校音乐学院申报的柳琴戏项目成功入选。此次遴选经过高校自主申报、省级教育行政部门推荐、专家遴选与公示等环节，最终共有26个基地被教育部认定为2020年全国普通高校中华优秀传统文化传承基地。

30日 为庆祝新中国成立71周年，我校在沂蒙大讲堂三楼报告厅举办"我是沂蒙精神传承人"主题演讲比赛决赛。学校党委委员、副校长张立富，学工部、传媒学院负责人为获奖选手颁奖，临沂市文产办主任朱伟、沂蒙精神研究中心干部赵阳应邀观看比赛。

十月

1日 在国庆中秋双节来临之际，我校"秋意浓浓，花香满溢"庆国庆贺中秋发放月饼仪式暨插花比赛在第二生活区餐厅前广场举行。学校党委委员、副校长张立富，团委、后勤处、国际交流教育学院、餐饮公司负责人，到活动现场为学生发放月饼并观看插花比赛。

3日 《山东省教育厅关于公布山东省产教融合研究生联合培养示范基地立项建设名单的通知》（鲁教研字〔2020〕3号）公布了2020年山东省产教融合研究生联合培养示范基地立项建设名单，我校教育学院申报的"小学卓越教师校地协同培养基地"正式获批。这是我校首次获批的省级研究生联合培养示范基地，是研究生教育领域省级教学平台建设的一个新突破。

4日 2020级新生开学典礼暨军训总结表彰大会在我校南体育场举行。临沂市委常委、临沂军分区政委郑忠华，临沂市副市长张玉兰，兰山区武装部部长王志胜；学校党委班子成员王焕良、杨波、刘占仁、孙常生、张立富、张书圣、马凤岗、池福安、张洪东、张思峰、白金山出席并主席台就座。党委委员、副校长马凤岗主持会议。

4日 我校优秀校友、全国最美教师、贵州省黔西南布依族苗族自治州望谟县实验高中副校长刘秀祥回母校，在我校2020级新生开学典礼暨军训总结表彰大会上作题为"相信奋斗的力量"的事迹报告。学校党委书记王焕良，党委委员、副校长张立富会见了刘秀祥。

5日 学校在校友中心会议室召开体育工作部署会。校体委主任、党委委员、副校长马凤岗出席会议并讲话。会议由校体委副主任、党办（校办）主任牟海善主持。

9日 菏泽学院党委委员、副院长周广彦一行4人来我校考察交流校园绿化建设工作。我校党委书记王焕良，党委委员、副校长张立富会见了周广彦一行并举行座谈。

10日 山东社科论坛"全面建成小康社会与巩固脱贫成果机制研讨会"在我校举行。中国社会科学院哲学研究所党委书记、副所长王立胜，山东省社科联党组副书记、副主席、一级巡视员周忠高，临沂市社科联党组书记、主席段华，全国人大代表、兰陵县代村党委书记、村委会主任王传喜，中科院地理研究所副研究员、自然资源部杰出青年科技人才、中国扶贫协会扶贫先进个人李裕瑞，我校党委书记王焕良，党委委员、副校长池福安出席开幕会。开幕会由池福安主持。

12日 山东省大数据研究会大数据专业建设委员会成立大会暨大数据专业建设论坛会在临沂举行，旨在发挥省大数据研究会连接政、产、学、研界的纽带作用，为大数据专业建设提供智力和产业支撑。山东省大数据研究会会长、山东大学金融研究院副院长石玉峰教授，我校党委委员、副校长张书圣教授，临沂市大数据局副局长王志琦，河东区委书记隽新阳、河东区副区长李秀出席会议。

13日 《中共山东省委教育工委山东省教育厅关于公布2020年度"山东学校思政课教师年度人物""山东高校辅导员年度人物"评选结果的通知》（鲁教工委函〔2020〕27号）公布，我校马克思主义学院孙海英老师荣获"山东学校优秀思政课教师"荣誉称号，外国语学院辅导员刘丽萍荣获"山东高校优秀辅导员"荣誉称号。

14日 由省委宣传部、省委教育工委、省委讲师团组织的"五支队伍"进校园推动学校思政课建设宣讲志愿服务活动走进临沂大学，在沂蒙大讲堂举行宣讲会。学校思政课教师、各学院团委书记和学生代表共300余人参加活动。

15日 省委教育工委常务副书记、省教育厅党组书记、厅长邓云锋和临沂市委书记王安德来我校调研指导红色基因传承工作。市委常委、秘书长范连生，副市长张玉兰陪同调研；省教育厅有关处室负责同志，学校党委班子成员和有关部门、单位负责同志参加调研。

16日 学校在校友中心会议室召开第二轮意识形态工作校内巡察动员部署会议。学校意识形态和思想政治工作领导小组常务副组长、党委副书记刘占仁出席会议并讲话。会议由校党委委员、宣传部部长白金山主持。

16日 学校举办了以"不忘初心、翰墨书香"为主题的网上书画展，展示了临沂大学离退休老同志的书法、绘画、手工艺术品制作等30多幅（件）作品。

17日 临沂大学"百团大战"新学期社团联合招新活动在羲之广场举行，共有153个学生社团设摊进行特色展示，公开招募新社员。活动当天吸引超过1万余人次驻足，共8200余名同学找到了自己的目标社团，成为众多社团成员中的一分子。我校党委委员、副校长张立富出席活动并现场指导。

20日 由临沂大学主办、泰鲁城投集团承办的2020年全国大众创业万众创新活动周山东分会场系列活动之一"李超群优秀创业案例经验分享会"在沂蒙大讲堂举行。分享会前，我校党委委员、副校长孙常生会见了李超群，并为其颁发临沂大学创新创业导师聘书。

22日 省文化和旅游厅艺术顾问、原副厅长、一级巡视员张桂林，省档案馆副馆长王宪东，省艺术研究院院长林凡军等一行5人来我校，就北海银行档案史料研究工作进行调研，市委副秘书长、市档案馆馆长宋成明等陪同调研。我校党委委员、副校长池福安会见了张桂林一行并进行座谈。

22—23日 由中国会计学会会计信息化专业委员会主办，山东财经大学、临沂大学、奥德集团有限公司共同承办的中国会计学会会计信息化专业委员会2020年度学术调研活动在我校举行。上海国家会计学院副书记、副院长，中国会计学会会计信息化专业委员会主任委员刘勤教授，副主任委员朱卫东教授、胡仁昱教授，山东财经大学副校长綦好东教授，我校党委委员、副校长池福安教授，山东财经大学会计学院院长王爱国教授，我校商学院副院长（主持工作）刁玉柱教授等30余位专家出席活动。

24日 临沂大学趣味运动会在北田径场开幕。学校党委委员、副校长、校体委主任马凤岗，学校党委委员、宣传部部长白金山，校体委会副主任、党委办公室（校长办公室）主任牟海善，学工部部长王统永，校团委书记王忠慧，工会主席李彤光，教务处处长郑秀文，体育与健康学院院长杨涛出席开幕式。开幕式由牟海善主持。

24日 山东环境科学学会第七次会员代表大会暨2020年学术年会在济南召开。经过换届选举，我校党委委员、副校长张书圣教授当选为山东环境科学学会第七届副理事长，我校资源环境学院副院长（主持工作）王梁当选为学会常务理事。

28日 "君和瑞扬奖助学金"捐赠仪式在生命科学学院会议室举行。北京君和瑞扬投资管理有限公司董事长肖利富，山东鑫海科技股份有限公司财务总监马建国，学校党委委员、副校长张立富出席捐赠仪式。捐赠仪式由生命科学学院党委书记黄永亮主持。

29日 为纪念中国人民志愿军抗美援朝出国作战70周年，学校开展走访慰问抗美援朝志愿军老同志活动。学校党委委员、副校长孙常生走访慰问了我校抗美援朝老战士、离退休教职工姚承宪，为他颁发并佩戴了"中国人民志愿军抗美援朝出国作战70周年"纪念章。离退休人员工作处负责人陪同走访。

29日 山东科技大学计算机与工程学院与我校图书馆联合培养图书情报专业硕士研究生开班仪式在图书馆举行，山东科技大学计算机科学与工程学院网信系主任、硕士生导师徐建国教授，我校图书馆馆长徐兴余参加活动。

30日 临沂大学科技园与沂蒙博士创业园首批入驻项目集中签约、"1+N"金融平台授信暨"沂蒙惠才卡""人才联名卡"发放仪式在北城新区应用科学城人才学术交流中心举行。市政协副主席谭庆功，临沂大学党委委员、副校长孙常生，市融资担保集团党委书记、董事长徐峰，招商银行济南分行副行长陈伟等出席仪式。仪式由市委组织部副部长李玉法主持。

30日 鲁东大学党委常委、组织部部长姜茂徐一行5人来我校考察校内巡察工作。我校党委副书记刘占仁，党委委员、组织部部长张思峰会见了姜茂徐一行并座谈交流。

十一月

2日 学校2020年研究生质量提升工程建设项目评审会在办公楼第三会议室召开。学校党委委员、副校长张书圣出席会议。会议由研究生工作处处长邱建龙主持。

2日 学校在校友中心会议室召开常态化疫情防控工作部署会。学校疫情防控处置工作领导小组（指挥部）办公室主任、党委委员、副校长张立富，学校党委委员、组织部部长张思峰，宣传部部长白金山出席会议。

4日 山东省委教育工委委员、省教育厅党组成员、省纪委监委驻省教育厅纪检监察组组长杨洁德一行来我校调研并进行座谈交流。学校党委班子成员王焕良、杨波、刘占仁、孙常生、张书圣、张思锋、白金山，市教育局党组成员、副局长刘发舜陪同调研并出席座谈会。

5日 临沂市高等教育发展工作领导小组副组长赵爱华来我校调研。学校党委书记王焕良，党委委员、副校长张立富、张书圣会见了赵爱华一行并举行座谈交流。

7日 新时代文明实践文艺志愿服务走进临沂大学暨山东省青年舞团、临沂市青年舞团专场舞蹈演出在我校成功举办。学校党委委员、副校长张立富，山东省舞蹈家协会主席孙晓茹，山东省青联常委、山东省舞蹈家协会副主席、山东青年政治学院舞蹈学院院长傅小青，临沂市文联主席刘思通出席活动并观看演出。

7日 我校召开中层以上干部会议，宣布省委关于临沂大学校长职务调整的决定。省委决定：张书圣同志任临沂大学党委副书记、校长。杨波同志不再担任临沂大学党委副书记、校长职务。

7—8日 第十二届山东省大学生科技节暨第十四届"南方测绘杯"山东省大学生测量技能大赛在我校举办。学校党委委员、副校长马凤岗，山东省测绘地理信息学会理事长丁新华，山东省测绘地理信息中心主任、本届竞赛裁判长于立国，广州南方测绘科技股份有限公司济南分公司总经理成德桂等出席开幕式。开幕式由我校资源环境学院副院长（主持工作）王梁主持。

11日 中国科学院院士周向宇应邀为我校师生作线上学术报告。报告会前，学校党委副书记、校长张书圣向周向宇院士表示欢迎，介绍了周院士的学术成就。报告会由数学与统计学院院长傅尊伟教授主持。

11日 第八届山东省师范类高校学生从业技能大赛决赛成绩发布，我校参赛选手获得一等奖7项、二等奖19项、三等奖13项，继2018年参赛成绩取得突破以来连创新高。

12日 内江师范学院副校长刘博带领内江市体育局、自然资源和国土规划局、建工集团责任有限公司，同济大学建筑设计研究院（集团）有限公司成都分公司负责人，来我校考察体育场馆建设。我校党委委员、副校长张立富，宣传部部长白金山参加会见。张立富陪同考察了体育场、溯园，白金山主持座谈会。

13日 教育部师范类专业认证专家组顺利完成对我校地理科学师范类专业二级认证的现场考查。本次认证专家组由西安文理学院韩权任组长，沧州师范学院陈西峰、云南师范大学陈亚颦、河南大学赵威、山西省孝义第二中学郭玉海、南京农业大学王亦凡、华南师范大学贾照娜为成员。

13—15日 山东省会计学会会计教育专业委员会2020年年会暨第21届山东省高校会计教师联谊会和会计学术联盟第二届"齐鲁会计论坛"在我校召开。会议由山东省会计学会会计教育专业委员会和会计学术联盟联合主办，临沂大学商学院承办，山东能源临沂矿业集团有限责任公司协办。

16日 中国非遗传承研培计划柳琴戏表演人才研修班开班仪式在我校音乐学院举行。学校党委委员、副校长池福安，临沂市文化和旅游局党组成员、四级调研员魏强，临沂市柳琴戏传承保护中心副主任、国家一级演员、柳琴戏省级传承人、研修班授课专家刘桂红，音乐学院副院长（主持工作）、教育部中华优秀传统文化（柳琴戏）传承基地主任王秀庭出席仪式。

17日 第四届中华职业教育创新创业大赛全国总决赛结束，我校创新创业学院"兵回沂蒙山，文旅桃花源"项目获应用型本科组一等奖，跻身全国八金之一，成为山东唯一获得全国金奖的项目，实现了我校在国家级创新创业类大赛中历史性突破。同时王君普老师等被评选为"优秀指导教师"。

19日 学校党委副书记、校长张书圣到沂水校区调研，并就校区未来发展规划工作进行指导。沂水校区党委书记张国庆、校长李云成陪同调研。

20日 《大众日报》理论版刊发了校党委书记王焕良理论文章《弘扬沂蒙精神 谱写新时代党群关系新篇章》。

20日 学校党委副书记、校长张书圣到化学化工学院调研学科建设、人才队伍建设等工作，并对学院制定"十四五"发展规划进行指导。科学技术处负责人、化学化工学院班子成员陪同调研。

21日 临沂大学与古巴比那尔德里奥大学合作协议签约仪式在我校举行。我校党委副书记、校长张书圣，古巴比那尔德里奥大学校长约克·马约尔·埃尔南德斯出席仪式并代表双方签约。我校党委委员、副校长崔晓红主持。中国石油大学（华东）外国语学院院长毛浩然教授特邀出席。

21日 临沂大学与马来西亚新纪元大学学院联合培养博士班开班仪式通过线上举行。我校党委副书记、校长张书圣教授，马来西亚新纪元大学学院校长莫顺宗教授出席开班仪式并讲话。我校党委委员、副校长郑秀文教授主持仪式。马来西亚新纪元大学学院国际教育学院院长郑诗傧，中国石油大学（华东）外国语学院院长毛浩然，曲阜师范大学外国语学院院长秦洪武，曲阜师范大学王广成、任明华等专家教授参加活动并指导博士研究生论文开题。

23日 学校党委党的建设工作领导小组召开会议，专题学习关于加强高校党的政治建设的有关文件精神，听取领导小组办公室有关贯彻落实措施和工作台账的汇报。党委书记、党的建设工作领导小组组长王焕良主持会议并讲话，领导小组全体成员参加会议。

24日 为深入学习贯彻习近平总书记关于弘扬沂蒙精神重要讲话和党的十九届五中全会精神，由延安大学、井冈山大学、河北师范大学、临沂大学主办的第五届"三山一坡"高校联盟弘扬革命精神研讨会在临沂大学举行。本届研讨会的主题是"弘扬革命精神，为党育人，为国育才"。

25日 省妇联印发《关于表彰山东省三八红旗手标兵、山东省三八红旗手、山东省三八红旗集体的决定》，我校马克思主义学院孙海英教授喜获"山东省三八红旗手"称号。

25日 工程教育认证专家组顺利完成对我校制药工程专业的现场考查工作。本次认证专家组由华东理工大学宋恭华任组长，中国药科大学姚文兵、上海医药集团股份有限公司谢建树、合肥工业大学张洪斌、河南科技大学王玉猛为成员。

27日 山东省政协副主席、山东师范大学党委书记唐洲雁到临沂大学宣讲党的十九届五中全会精神。在家的学校党委班子成员出席宣讲会。宣讲会由学校党委副书记刘占仁主持。

30日 教育部中华优秀传统文化（柳琴戏）传承基地揭牌仪式暨中国非遗传承人群研培计划柳琴戏表演人才研修班结业汇报演出在我校艺术中心大剧院举行。学校党委书记王焕良，党委委员、副校长张立富，党委委员、宣传部部长白金山；中国音乐学院刘勇教授，上海音乐学院徐欣教授；柳琴戏省级传承人、临沂市柳琴戏传承保护中心副主任刘桂红，临沂市柳琴剧团副团长梁福生和徐州市演艺集团演员臧玉玲三位国家一级演员出席活动。

30日 教育部发布了《关于公布首批国家级一流本科课程认定结果的通知》，共认定5118门课程为首批国家级一流本科课程。其中，教育部2019年新认定一流本科课程3559门，原2017年、2018年国家精品在线开放课程和国家虚拟仿真实验教学项目共1559门。我校《笔墨时空——解读中国书法文化基因》《小学数学教学技能训练》《数学分析》《税务会计》《管理运筹学》等5门本科课程榜上有名。

十二月

1日 临沂大学与春光科技集团产学研合作协议签约仪式在高新区管委会举行。临沂大学党委委员、副校长孙常生，市政府党组成员、高新区党工委书记、管委会主任刘纪民，高新区党工委委员、组织部部长崔荣军，春光集团总裁韩卫东、副总裁宋兴连等出席签约仪式。仪式由崔荣军主持。

1日 依据《国家优质工程奖评选办法》，2020—2021年度第一批国家优质工程奖评审工作顺利结束并公布入选工程名单，我校科技大楼工程榜上有名。此工程曾获2018年山东省建筑质量"泰山杯"奖。

2日 学校召开党的十九届五中全会精神宣讲会，校党委书记王焕良作宣讲报告。学生工作部、团委全体人员，各学院党委副书记、团委书记、全体辅导员，青马班全体学员和青年学生代表，共300余人参加本次报告会。报告会由党委委员、宣传部部长白金山主持。

4日 为进一步推进学校"十四五"规划编制工作，学校在校友中心召开会议，听取编制工作进展情况汇报，调度下一步工作。学校党委副书记、校长张书圣出席会议并讲话，党委委员、副校长孙常生主持会议。

5日 临沂大学第四次学生代表大会在沂蒙大讲堂举行。学校党委班子成员张立富、张思峰、白金山，临沂团市委副书记于珊珊出席开幕式。开幕式由校团委书记王忠慧主持。

6日 商学院第一届理事会第四次会议暨沂蒙红商研究院成立大会在校友中心会议室举行。中国社会科学院哲学研究所党委书记、中国社会科学院大学哲学院院长、商学院第一届理事会理事长王立胜，我校党委委员、副校长孙常生出席仪式并为沂蒙红商研究院揭牌。商学院理事会负责人以及各理事单位代表参加。会议由商学院党委书记、第一届理事会常务副理事长张燕主持。

7日 学校学位评定委员会2020—2021学年第二次全体会议在办公楼第三会议室召开。学校党委副书记、校长张书圣教授，党委委员、副校长马凤岗教授、郑秀文教授出席会议。会议由张书圣教授主持。

9日 学校举行纪念一二·九升旗仪式。学校党委委员、宣传部（新闻中心）部长白金山出席仪式，学校学生工作部（武装部）、团委等相关部门负责人，各学院党委副书记、辅导员、2020级全体学生，共10000余人参加活动。

10日 由省教育厅组织举办的首届全省学校思想政治课教学比赛圆满结束。经过激烈角逐，我校马克思主义学院张玲老师获得本科"概论组"一等奖、王淑彩老师获得本科"基础组"二等奖。

10日 学校在办公楼第一会议室召开年终督查工作部署会。校党委副书记刘占仁主持会议并讲话。学校督查工作组成员参加会议。

11日 临沂大学2020年冬季长跑比赛举行。学校党委委员、副校长、临沂大学体育运动委员会主任马凤岗到比赛现场指导工作。学校体委会成员参加活动。

12日 经过几个月的紧张施工，校园中央绿地道路（明义北路、文心路）全线贯通并正式通车。

13日 中国散文创作与研究中心成立大会在我校校友中心会议室举行。中国作家协会主席团委员、中国散文学会书记、副会长叶梅，中国作家协会会员、中国散文学会副会长周振华，山东省作家协会副主席、创联部主任陈文东，中国作家协会会员、山东省作家协会原副主席苗长水、王兆山，中国作家协会会员、中国散文学会副秘书长高振、董彩峰，中国散文学会会员、中国电力作家协会作家王旭平，我校党委委员、副校长崔晓红等出席会议。会议由我校发展规划处处长李中国教授主持。

11—13日 由山东化学化工学会主办，我校承办的第22届山东省高等院校化学化工学院（系）院长（主任）、书记会议暨山东化学化工学会第八届理事会第二次会议在我校召开。本次会议的主题是"弘毅求真、锐思未来"。我校党委副书记、校长张书圣，党委委员、副校长郑秀文，山东省化学化工学会秘书长刘宝胜出席开幕式。开幕式由我校化学化工学院党委书记郭金亭主持。

14日 淮阴师范学院党委书记朱汉清，党委常委、副校长施军、李仁和，党委常委、宣传部部长管爱花等一行9人来访，就科学编制"十四五"发展规划等进行考察。学校党委书记王焕良，党委委员、副校长孙常生、池福安会见了来宾一行并座谈交流。

16日 山东省科技厅公布了2020年山东省重点研发计划（软科学）项目，全省共11项重大项目、26项重点项目、195项一般项目获得立项。我校资源环境学院王梁教授申报的"山东省三大经济圈人才生态环境建设与重点产业协同发展研究"获批重大项目，这是我校首次获批山东省重点研发计划（软科学）重大项目，实现了历史性突破。

16日 临沂市海绵城市项目验收专家组对我校中央绿地海绵城市道路项目进行验收。学校党委委员、副校长张立富向专家组作了项目情况介绍。专家组审阅了相关材料，听取了汇报，进行了问询，考察了现场，认为我校将海绵城市理念融入到校园环境建设中，实现了海绵城市项目建设预期目标，一致同意项目通过验收。

17日 我校与西班牙巴塞罗那自治大学签署合作备忘录，双方将致力于推动建立互利合作平台，交流教学资源、办学经验等，通过师生交流、科研合作推动两校间的交流合作与事业发展。

17日 学校在第二会议室召开国有资产管理领导小组及采购工作领导小组会议。学校党委委员、副校长郑秀文出席并主持会议。

18日 "光明行"慈善助学活动启动仪式在我校举行。临沂市人大常委会副主任、民进临沂市委主委冯安，市人大常委会原副主任、慈善总会会长徐福田，市慈善总会副会长莫凤玲，市人大财经委副主任委员、市慈善总会副会长厉建仁，临沂光明眼科医院院长刘明华；我校党委书记王焕良，党委委员、副校长张立富出席活动。仪式由张立富主持。

19日 物流学院理事会2020年年会暨临沂大学政府绩效评价研究中心揭牌仪式举行。学校党委委员、副校长孙常生，物流学院理事会副理事长、山东顺和集团党委书记、董事长赵玉玺出席会议。物流学院理事会负责人以及各理事单位代表参加会议。会议由物流学院党委书记李洪杰主持。

18—19日 第十九届山东省高校环境学科建设发展研讨会在我校举行。学校党委副书记、校长张书圣，党委委员、副校长池福安出席研讨会开幕式。会议由我校资源环境学院副院长王梁（主持工作）主持。

21日 学校"以画释纪"廉洁警示教育作品展在图书馆开展。本次展览是学校2020年廉洁警示教育的重要活动，主题为"碰不得的红线"。学校党委委员、纪委书记、监察专员张洪东到现场观看展出并指导工作。

22日 山东省教育厅发布《山东省教育厅 山东省语言文字工作委员会关于加强山东省语言文字推广基地建设工作的通知》（鲁教语函〔2020〕16号），公布首批山东省语言文字推广基地名单，我校成功入选，全省共16家单位入选。

22日 "沂蒙关爱行动——助西部学子回家过年"捐助仪式在我校校友中心会议室举行。临沂市关工委主任朱绍阳、副主任钱迎伟、副秘书长兼办公室主任陈玉忠，兰山区关工委主任谢华东，区委常委、宣传部部长王辉，区慈善总会负责人马学印，我校党委书记王焕良，党委委员、副校长、关工委主任孙常生，关工委常务副主任谢亚非、副主任王明福，校党委委员、宣传部部长白金山等出席会议。幸福树四点半学校校长李燕、山东永恒建设集团有限公司董事长尤如峰等爱心人士应邀参加活动。会议由谢亚非主持。

23日 学校召开2020年度党组织书记履行全面从严治党责任和抓基层党建暨党风廉政建设工作述职评议会。学校党委班子成员出席会议。党委书记王焕良作点评讲话，党委副书记刘占仁主持会议。

24日 临沂市委书记王安德来校作党的十九届五中全会精神报告。临沂市委常委、秘书长范连生，我校党委班子成员王焕良、张书圣、刘占仁、孙常生、张立富、马凤岗、池福安、张洪东、崔晓红、郑秀文、

大事记

张思峰、白金山出席报告会。报告会由学校党委书记王焕良主持。

24日 根据山东省教育厅、省教育招生考试院统一工作部署，我校成人高等学历教育招生录取工作圆满结束。今年共录取新生11 504人，其中，专升本6782人、高起本463人、高升专4259人，录取总人数创我校历史新高，录取人数位居我省同类院校前列。新生报到后，我校成人高等教育在校生规模将达到3.7万余人。

25日 临沂大学2020年学团工作总结表彰大会在沂蒙大讲堂三楼报告厅召开。校党委班子成员王焕良、张书圣、刘占仁、孙常生、张立富、马凤岗、池福安、张洪东、崔晓红、郑秀文、张思峰、白金山，广东省一心公益基金会长河慈善基金专项基金代表续元亮、山东建诚建设集团有限公司行政经理杨秀平、正直驾校分校校长曾国范、山东鲁运实业集团总经理张虎出席会议并为获奖者颁奖。

25日 山东省职工教育协会、山东省校企合作指导委员会2020年度工作会议在济南召开，对2020年山东省产教融合示范单位（基地）、示范性品牌专业、先进个人进行了表彰，我校荣获"山东省产教融合示范单位"称号，自动化（嵌入式方向）专业被评为"山东省产教融合示范性品牌专业"，韩虎等4人分别被评为产教融合领军人物、创新创业先锋及专业（学科）骨干带头人。

26日 第三届沂蒙精神文学奖征文启动仪式举行。本届沂蒙精神文学奖由山东省沂蒙文化研究会、临沂大学、山东省作家协会文学馆共同主办。山东省沂蒙文化研究会会长葛文学，临沂市政协主席徐涛，贵州省仁怀市委常委、宣传部部长赵军，我校党委书记王焕良，党委委员、副校长马凤岗等出席，并共同开启开启柱。

27日 临沂市反恐怖宣传教育进校园启动仪式在我校举行，临沂市公安局党委委员、刑科所所长蔡纯良，临沂市公安局反恐支队队长尹传友，兰山公安分局党委委员张红磊，我校党委委员、副校长张立富出席仪式。

28日 上海现代服务业发展研究院长三角产城融合研究中心副主任乐强毅、联席主任李青春等一行9人来我校，在第二会议室就推动临沂市与上海现代服务业相关合作事宜与驻临沂各高校进行洽谈。我校党委委员、副校长孙常生主持会议并讲话。

29日 临沂大学2021新年音乐会—大型民族管弦乐《沂蒙史诗》在艺术中心大剧院举行。学校党委班子成员王焕良、张书圣、刘占仁、孙常生、张立富、马凤岗、池福安、张洪东、崔晓红、郑秀文、白金山，学校理事会理事、校友代表，各部门学院负责人与退休干部、师生代表300余人现场观看了演出，音乐会还通过学习强国、闪电新闻、临沂大学官方微博、抖音进行了直播，4万余人观看。

30日 我校在第二会议室举行工科学院建设调度会。校党委副书记、校长张书圣教授出席会议并讲话，会议由党委委员、副校长郑秀文教授主持。

年鉴编辑部供稿
责任编辑：房玉菀

党建与思想政治工作

党委办公室（校长办公室）工作

【部门简介】党委办公室（校长办公室）是校党委、行政的综合办事机构，担负着参谋、协调、服务等重要职能，围绕学校中心工作，做好文秘、信息、督查、综合事务管理、机要保密及领导交办的其他工作。下设行政科、秘书科、机要科、督查督办科、信息科、法律事务科等科室。2020年，党委办公室（校长办公室）统筹疫情防控与事业发展，充分发挥牵头抓总、综合协调和参谋助手等职能，为学校各项事业健康快速发展提供坚强保障。

【新冠肺炎疫情防控工作】充分发挥临沂大学新型冠状病毒肺炎疫情处置工作领导小组（指挥部）办公室职能，牵头制定疫情防控方案、应急处置预案和开学工作方案，推动"四个责任"落实落地，做好学校防控应急值班，积极开展疫情防控信息收集、汇总、分析、报送和发布工作，制发疫情防控文件31个，专项督查9次，组织应急演练3次。成立了全校信息员队伍，严格执行日报告、零报告制度。认真做好校内外应急协调和督办落实工作，确保各项疫情防控措施抓紧抓实，取得疫情防控重大阶段性成果。

【制度建设与公文管理】落实新时代教育评价改革部署，牵头对学校更名以来的961个相关制度文件进行了对照检查，提出了整改意见，其中，废止8个、修订28个。落实精文简会要求，审核编发学校各类公文247个，及时编发党委会、校长办公会纪要53个，转办上级公文2400余份。根据省委办公厅、省政府办公厅《关于切实改进作风提高公文办理效率和质量的通知》要求，负责对学校公文办理工作认真开展了自查整改，梳理形成了向省委、省政府请示报告重大事项清单。

【会议管理】组织制定《关于进一步完善会议制度提高会议质量的意见》，完善重要议事决策、重要工作调度和重要专题工作推进等会议制度。实行会议服务外包，提高了会议服务效率和质量。落实精简会议要求，加强会议审批管理，提高会议组织服务能力，全年协调组织全校会议58场次，校级大型会议6场，部门召集会议52场，视频会议14场，会议质量明显提高。

【综合协调保障】深入贯彻落实中央八项规定精神和省委有关规定，做好各项综合协调保障工作，规范公务接待和公车管理。协调组织国内外接待90余团次，组织或协助开展各类重要活动130余次。提升办公自动化系统，优化办文、用印、会议申请和合同审核等流程，基本实现"一网通办""一次办好"，提高办事效率，提升服务水平，切实为师生办实事，办好事。缮盖各类印章1700余项，撰写各类会议材料90余件，完成各类合同审核500余项，出具公函、介绍信、证明等180余件。

【保密工作】强化保密意识，规范保密管理，严格保密工作流程，接收办理密级文件195份，密码电报86份，机要信件转递468份，分发各类文件资料2650余份。

【督查督办与信访工作】强化督查督办职能，对60项学校重点工作、245项中层单位重点工作和创新项目进行跟进督查；对2项上级工作部署、会议决议、领导交办、民生热点等事项开展了督查督办。及时认真受理师生各类信访电话、信件，接待来访师生群众共计70余人次，处理省市信访系统转办信访件41件，处理省市12345热线转办事项805件。

【专项工作】根据上级要求和学校党委部署，牵头组织开展"解放思想、改革创新"大讨论，形成《制约学校高质量发展的问题清单》，推动省高等学校高质量发展座谈会精神有效落实。组织起草了形式主义官僚主义突出问题专项整治方案，开展了漠视侵害师生利益、公文办理、报表材料和APP过多过泛等问题专项整治，整改问题43项。

供稿人：孙 彬
审核人：陈江华

纪检监察工作

【部门简介】临沂大学纪委、监察专员办公室设有综合处、案件管理室、纪检监察室、案件审理室4个内设机构，现有工作人员12人，其中纪委书记、监察专员1人，纪委副书记2人，副处级干部4人，科级干部3人，党风廉政建设巡察员1人，档案管理员1人。另外，在沂水校区、费县校区派驻纪委书记2人。

【协助推进全面从严治党】协助学校党委召开2020年度全面从严治党工作会议，制发年度工作要点，

全面落实中央纪委、省纪委部署要求；向党委专题报告纪检监察工作或提出工作建议11项，成立党风廉政建设和反腐败工作协调小组，强化党对党风廉政建设的组织领导。紧盯"关键少数"，对全校56名中层单位党政主要负责人开展廉政谈话，压紧压实管党治党政治责任；开展基层党组织纪检机构建设专题调研，提升党内监督效能；主动加强与党委的沟通汇报，纪委工作要点和有关重点任务实施方案均以校党委名义转发，党委主体责任和纪委监督责任协同联动、一体落实的工作机制日益完善。

【突出政治监督】一是开展党中央重大决策部署贯彻落实情况的专项检查，围绕制止餐饮浪费、新生入学资格审查、毕业生就业帮扶政策落实等开展专项监督检查4次。二是严格落实中央统筹推进疫情防控和事业发展部署要求，开展新冠肺炎疫情防控专项监督，印发工作通知2个，深入基层开展专项检查40余次，发现突出问题19项，及时向党委汇报，跟踪抓好整改。三是认真完成省委交办的政治任务，按照校党委要求，成立工作专班，强化协调联动，协助做好省"6.30"专案调查取证工作，得到省纪委、地方纪委的充分肯定。

【强化日常监督】一是聚焦重大事项、重点工作开展监督，制定实施《重大事项和重要工作监督实施办法（试行）》，日常监督规范化、制度化水平进一步提高；对理工实验实训楼建设、事业单位人员招聘、消防安全整治等重大事项实施事前事中事后全程监督，及时发现问题、纠正偏差，确保权力在法治的轨道上运行。二是严把选人用人廉洁关，加强对选人用人情况的监督。在第三任期干部换届等关键节点，严格廉政审查，更新完善217名领导干部的廉政档案，依规依纪回复党风廉政意见136人次，防止"带病提拔""带病上岗"。

【改进工作作风】一是协助党委制定出台整治形式主义官僚主义专项工作方案，督促各级党组织深入查找形式主义、官僚主义问题34个，跟踪监督整改情况，确保整改责任落实到位。二是营造干事创业浓厚氛围，印发《落实疫情防控工作责任制严肃追责问责暂行办法》，通过短信、公众号等发送警示提醒信息7条，坚决整治疫情防控中不担当、不作为、慢作为等不正之风。

【从严执纪问责】一是保持高压态势，严肃查处违规违纪行为。全年给予12人党纪政务处分，给予7人组织处理，责令2个基层党组织作出书面检查。二是完善制度机制，针对执纪审查中发现的突出问题，向有关责任部门发送纪律检查建议、监察建议3件，同时抄送分管校领导，责成健全制度、堵塞漏洞。三是强化纪律教育，制定实施《廉洁警示教育实施方案》，组织收看警示专题片2次，开通"临大清风"微信公众号，开辟"以案说纪"专栏，转发典型案例70余个，联合基层党委开展了"以画释纪"廉洁作品展，组织科级以上党员干部现场接受教育。

【深化体制改革】一是建章立制，将2020年定为"制度建设年"，出台纪检监察干部监督、保密管理、内部会议、廉政信息报送等一系列配套制度。二是深化纪检监察体制改革，在费县、沂水校区实行派驻监督，设专职纪委书记。三是探索激励干部担当作为的新途径。做好对受处分干部的跟踪回访工作，让犯错误的同志真心悔错改错，看到希望和出路。四是强化条件保障，按照省纪委的要求，高效高质量完成了内网建设，率先实现了与省纪检监察内网的互联互通。

【加强队伍建设】一是突出党建引领，以山东党建工作样板支部创建为契机，以党的建设与业务工作融合发展为创新点，深入学习领会习近平新时代中国特色社会主义思想，组织开展学习研讨28次，领导干部带头上党课3次，凝练形成"三步五法创样板"专项成果。二是派员参加上级纪委业务培训8次，选派1人到临沂市河东区纪委双向学习锻炼，开展业务研讨及知识测试30余次，纪检干部履职能力持续提升，工作作风更加优良。

供稿人：陈梦奇
审核人：李培苍

组织工作

【党员和支部情况】 组织部下设30个基层党委，195个党支部；共有党员3823人，其中教工党员（含离退休党员）2300人，学生党员1479人，女党员1949人，预备党员822人，少数民族党员37人。

【党建与组织工作】 2020年，组织部党建工作注重强担当、抓落实，大力推动党建工作与中心工作深度融合，不断增强基层党组织政治功能和组织力，为学校高质量内涵式发展提供了坚强的组织保证。

落实党建工作责任，制定了《贯彻落实关于加强高校党的政治建设的若干措施工作台账》《巩固深化"不忘初心、牢记使命"主题教育成果工作方案》《党支部建设规范提升工作方案》。调整了学校党的建设工作领导小组组成人员。

强化党员干部教育培训，制定了《党员教育培训工作方案》，充分运用网络学习资源，采取线下线上相结合的方式，完成1670名入党积极分子、801名党员发展对象、748名预备党员及29名专兼职组织员的学习培训工作。组织完成了2021年应届毕业生拔尖选调工作，共15人入选。

制定了《疫情期间加强党组织建设和党员教育管理的通知》和《关于坚决贯彻落实习近平总书记重要指示精神在打赢疫情防控阻击战中积极主动履职有效发挥作用的通知》，组织全体党员签订了承诺书。

继续推行基层党建工作创新"书记项目"，指导和推进基层党组织书记抓党建工作突破项目31项。健全完善党员"双报到"为民服务制度，先后到临大社区开展志愿服务活动16余次。

严格规范党员发展程序，确保发展党员质量，2020年全年共发展801名党员。

供稿人：王 彪
姜 洁
审核人：张思峰

宣传思想文化工作

【部门简介】 宣传部主管学校的思想政治工作、德育工作及其队伍建设；制订和组织实施党委中心组学习计划；负责校园精神文明建设、校园文化建设；负责普法宣传工作；牵头制订和组织实施学校哲学和社会科学发展规划；负责对内、对外宣传工作；负责学校网站、广播电台、新媒体的管理和电影院的监管工作；编辑出版《临沂大学报》；负责学习材料和报刊的订阅、发放工作；负责学校舆论引导和舆情信息工作。

【对外宣传力度加强】 对外宣传紧紧围绕学校党委"强化特色、突出红色、办出成色"的总体要求，积极策划、主动设计，一年来在"学习强国"、《光明日报》、新华社、《中国教育报》《大众日报》《山东教育报》、山东卫视、山东教育电视台、人民网、大众网、齐鲁网、省教育厅"战线联播"等国家和省级主流媒体、平台刊发稿件100余篇。在《临沂日报》《沂蒙晚报》《鲁南商报》、临沂电视台、琅琊新闻网等市级媒体刊发稿件150余篇，大众日报学生记者团落户我校，有效宣传了学校的办学理念、发展特色和成就，营造了良好的外部舆论环境。荣获中国教育报社教育新闻宣传先进单位。

【对内宣传走深走实】 对内宣传围绕学校内涵建设、疫情防控、党的十九届五中全会精神宣讲等内容广泛展开，建设了"新冠肺炎疫情防控"专题网站，深入学习"习近平谈治国理政"专题网站。"返校时刻""倡节俭·树新风""最美教师""十佳辅导员""落实·行动""本网评论"等专栏刊登文章60余篇，在校内外产生了很好的反响。搭建"做深"校报、"做实"网站、"做强"广播、"做精"电视、"做快"微博、"做活"微信、"做巧"QQ、"做暖"贴吧、"做新"头条、"做奇"抖音"十位一体"的立体阵地；网站刊发各类新闻1000多篇；微博、微信、QQ、今日头条、抖音等新媒体平台发表各类图文7573条，总阅读量2900多万，荣获2020年度省教育厅"山东教育政务新媒体优秀奖""山东本科高校新媒体宣传奖"等多个奖项，影响力位居省内高校排行榜前十名。

【校园文化建设深入推进】 深入推进校园文化"临大精神"建设，举办了弘扬沂蒙精神图片展，举行了书香校园、沂蒙大讲堂、爱国主义歌曲合唱比赛等校园文化特色活动。开展"最美教师""师德标兵"评选，1人获评山东高校十大师德标兵，实现了该项目零的突破。统筹协调沂蒙精神乐舞剧三部曲、渊子崖、沂蒙史诗等剧目的排演工作，完成了红色馆改造提升。完成了学校办公楼的文化建设和校园文化设施的维护工作。开展了《临沂市文明行为促进条例》集中宣传月活动。深入开展文明校园创建活动，积极组织师生参与临沂文明城市创建工作，获批第二届省级文明校园提名单位。

【意识形态工作强化管控】进一步压紧压实各级党委意识形态工作主体责任，落实了意识形态工作的相关要求，落实了意识形态工作的通报、报告、考核和督查制度，组建了意识形态（舆情）应急处置专家团队，进一步完善了网络舆情风险防控和会商机制，建立了意识形态（舆情）风险预判月报制度，举办了"高校舆情应对与校园传播"专题报告，开展了舆情会商5次。对全校30个基层党委开展了意识形态工作校内巡察，加强意识形态阵地管理，有效维护了校园意识形态领域安全。

【思想政治工作扎实推进】强化理论武装，牵头组织学校党委理论中心组开展集体学习13次。统筹各单位开展了新冠肺炎防控知识学习与培训工作。在全校广大教师中深入开展了"强学习、提站位、深反思、促整改"专题教育活动和"四个自信"教育实践活动，举办了庆祝新中国成立70周年宣传教育活动。牵头开展了"不忘初心、牢记使命"主题教育学习各项活动。做实"学习强国"学习平台的推广使用，学员总数超过1.5万余人。坚持立德树人，组织召开了"三全育人"工作会议，牵头拟定了"1+9"三全育人工作配套文件，初步构建了科学化、特色化、一体化"三全育人"工作体系。开展了师生思想状况调研，召开了思想政治理论课教师座谈会。深入实施弘扬沂蒙精神"三五七"工程，认真开展红色基因传承"六大工程"，育人特色进一步彰显。举行了"五支队伍"进校园推动学校思政课建设宣讲志愿服务活动。主办了第五届"三山一坡"高校联盟弘扬革命精神研讨会，山东省大中小学红色文化传承研究指导中心落户我校。积极开展文明校园创建工作，获第二届省级文明校园提名单位。

供稿人：杨雪燕

审核人：白金山

统战与侨台事务工作

【部门简介】党委统战部深入学习贯彻习近平新时代中国特色社会主义思想与习近平总书记关于加强和改进统一战线工作的重要思想，准确把握中央、省委对统战工作的新部署新要求，认真履行统战工作主体责任，努力开创学校统战工作新局面。

【思想政治引领】强化政治引领，广泛凝聚共识，组织开展党的十九届五中全会精神学习交流会；创办"同心讲堂"，2020年先后召开2期专题报告会，为增进政治共识、凝聚人心力量筑牢根基；重视和加强理论研究，获批省委统战部统战理论政策研究重点课题1项，获临沂市统战理论政策研究优秀成果特等奖1项、二等奖1项。

【基层组织建设】发展民主党派成员2人，民盟支部获批民盟山东省委特色支部，协助民盟基层委员会成立并建设"盟员之家"办公室。

全市民主党派工作现场会在民革支部召开，临沂市委常委、统战部部长边峰莅临指导，全市各民主党派主委、副主委、秘书长、副秘书长，兰山、河东、罗庄区委常委、统战部部长出席现场会；省委统战部组织全省民主党派工作研讨班学员和驻济高校统战部部长来民革支部现场观摩。

【党外代表人士队伍建设】加大党外代表人士培训使用力度，选派6名党外代表人士参加省、市委统战部举办的培训学习；推荐2人任市知联会副会长和副监事长；1人被选拔至厅级岗位任职；民革1人在省直选派万名干部下基层助力乡村振兴工作中表现突出，记个人三等功；民盟1人在盟省委常委（扩大）会议上作经验介绍；致公党1人获"山东省民族团结进步模范个人"称号。

【同心抗击疫情】响应党的号召，积极参与疫情防控，党外知识分子捐款3万多元；共有8条关于疫情防控的意见建议被全国人大、山东省政协、民革山东省委采用，1条意见被中央统战部《零讯》杂志采用。欧美同学会副会长张兴林团队仅用7天时间研制出"2019新型冠状病毒核酸检测试剂盒系列产品"，并通过了国家食药监局技术检测认证；无党派人士张远明主持研制出ZK-R280A智能防疫喷雾消毒机器人，以实际行动贡献统战智慧和力量。

【建言资政，服务社会工作】积极引导统战成员建言献策服务社会，1份调研报告获临沂市委书记批示；民盟基层委员会撰写的调研报告《大力实施创新驱动战略，打造临沂民盟大学生创业园2.0升级版》以呈阅件形式报送民盟中央主席丁仲礼。1人获民盟山东省委反映社情民意信息工作突出贡献奖。协助民盟基层委员会到沂水县开展"乡村振兴"专题调研、民革支部到河东区开展"特色旅游发展、健康养老产业建设"专题调研；民盟2人作为特邀观察员，分别参加2期临沂电视台大型直播问政节目——《问政临沂》。

【宗教工作】严格落实民族宗教工作主体责任，抵御境外渗透，严防校园传教。配合宗教工作自查督查"回头看"和专项行动，邀请市委统战部来校作宗教政策法规宣讲，在全校党支部开展宗教政策法规专题学习。

【海外统战工作】加强对归国留学人员的团结引领服务工作，推荐2人任市欧美同学会副会长，选派1人参加省欧美同学会举办的全省归国留学人员代表人士研修班，完成欧美同学会会员信息库建设，组织完成港澳台侨情普查工作。

名录：

临沂大学统战工作领导一览表

姓名	性别	民族	党派	职务	备注
刘占仁	男	汉族	中共党员	临沂大学党委副书记、统战部部长	2019年5月—2020年8月分管；2020年8月至今兼任统战部部长
刘建华	男	汉族	中共党员	临沂大学党委统战部部长、常务副部长	2017年1月—2020年8月任统战部部长；2020年8月至今任统战部常务副部长

附：

2020年驻校各级人大代表及政协委员

驻校临沂市第十三次党员代表大会代表（1人）

李雪梅　女　化学化工学院院长、教授（中共党员）

驻校第十三届全国人大代表（1人）

王学斌　男　生命科学学院院长、教授（民革）

驻校第十九届临沂市人大代表（1人）

王焕良　男　党委书记、教授（中共党员）

陈志笃　男　沂水校区副教授（无党派）

驻校第十九届临沂市兰山区人大代表（2人）

朱登元　男　土木工程与建筑

学院副院长、教授（中共党员）

张海娟　女　药学院副院长、副教授（九三学社）

驻校第十五届临沂市政协委员（13人）

杨　波　男　党委副书记、校长、教授（中共党员）

王学斌　男　生命科学学院院长、教授（民革）

马晓春　女　教务处副处长、教授（民革）

张庆阳　男　音乐学院副教授（民革）

刘恩允　女　发展规划处处长、教授（民进）

周　波　男　音乐学院副教授（民进）

刘　鹏　男　办公室法律顾问、讲师（民盟）

郭春凤　女　教学质量监督与评估办公室教学督导员、教授（九三学社）

吴成军　男　商学院副教授（九三学社）

高德新　男　外国语学院教授（致公党）

禹香兰　男　商学院讲师（致公党）

隋长虹　女　国际交流与合作处副处长、副教授（知联会）

孙成明　男　费县校区党委书记（中共党员）

驻校第十届沂水政协委员（2人）

唐丰霖　男　沂水校区副教授（民革）

孔　娜　女　沂水校区讲师（无党派）

驻校第十届费县政协委员（1人）

蒋吉才　男　费县校区副教授（九三学社）

2020年驻校各民主党派负责人及成员

中国国民革命委员会
（18人；在职16人，退休2人）
民革临沂市委主委：王学斌
民革临沂市委副主委：马晓春
民革临沂大学支部主委：张庆阳
副主委：刘绍静
委　员：李桂民　韩　莉
成　员：王文房　高海波　刘乃美
　　　　虞召朋　张世爱　张华昌
　　　　唐丰霖　吴　艳　郭伟博
　　　　冯尚彩　胡　伟　李桂荣

中国民主同盟
（36人；在职24人，退休12人）
民盟临沂市委副秘书长：刘　鹏
民盟临沂大学总支主委：王　梁
副主委：公　静　齐春宇
委　员：孟庆民　孙运强
成　员：徐丙臣　赵志昆　陈苏民
　　　　许　华　李信利　赵兰凤
　　　　呼永刚　牟小建　商　蕾
　　　　董西梅　程　磊　郑　敏
　　　　韩凌芸　李叶萌　尤海涛
　　　　刘　悦　张　弛　韩文霞
　　　　朱孔伟　毛红旗　李实志
　　　　张纯铎　吴同瑗　张万立
　　　　龚生贞　桑万顺　刘云霞

　　　　肖淀洋　胡家康　刘伯唐

中国民主建国会成员
（2人；在职2人）
刘　慧　杜庆贵

中国民主促进会
（21人；在职14人，退休7人）
民进临沂市委委员：刘恩允
民进临沂大学总支主任：周　波
副主委：李洪彩　解学花
委　员：郝继伟　刘忠梅
成　员：鲁运庚　王永友　袁德禄
　　　　张德学　黄立宇　季朝文
　　　　孙　勇　高　佳　张海霞
　　　　韩小菲　孙钶心　常　璞
　　　　钱勤来　孙文彬　刘玉英

中国农工民主党
（9人；在职8人，退休1人）
农工党临沂市委教育总支第一支部
主　委：陈佩江
委　员：霍宪起
成　员：刘德福　陈美蓉　杨修一
　　　　李秋实　李永红　戴乐平
　　　　李传宝　杨修一

致公党
（12人；在职11人，退休1人）
致公党临沂市总支部副主委：
　　　　高德新
致公党临沂大学支部主委：王言群
副主委：禹香兰　宋东明
成　员：路国正　陈德云　薛玉龙
　　　　郭　丽　庄春梅　高翠娟
　　　　顾　瑶　张　超

九三学社
（18人；在职14人，退休4人）
九三学社临沂大学支社主委：
　　　　张海娟
副主委：吴成军
委　员：朱凤春　郑国栋
成　员：廉玉姬　郭春凤　刘瑞轩
　　　　马笑雷　谢宝东　蒋吉才
　　　　耿　芸　王宝霞　张丹慧
　　　　史晓委　李亚蒙　高金付
　　　　杜洪珊　王惠华

共计：116人（在职89人，退休27人）

2020年学校党外知识分子联谊会第二届理事会
（46人，常务理事14人，理事46人）
知联会会长：王晓丽

知联会副会长：夏其英　隋长虹
　　　　　　　李英奎　张国伟
知联会秘书长：王茂广　赵　峰
常务理事：王升丽　王美艺
　　　　　王晓丽　冉利强　冯丽娟
　　　　　朱利凯　李英奎　辛化伟
　　　　　张国伟　陈令军　赵金霞
　　　　　夏其英　崔玉理　隋长虹
理　事：马文霞　马登学　王升丽
　　　　王守颂　王秀庭　隋长虹
　　　　王学慧　王彦华　王美艺
　　　　王晓丽　王晓洁　王　倩
　　　　王　霞　井文倩　尹秀梅
　　　　左文艳　冉利强　冯丽娟
　　　　邢驰鸿　曲元刚　吕　利
　　　　朱利凯　刘文莱　刘玉慧
　　　　刘兰福　刘艳平　刘艳琴
　　　　刘　霞　孙超超　杜金中
　　　　李英奎　李宝惠　杨树国
　　　　辛化伟　宋军良　张利芹
　　　　张国伟　陈令军　林德平
　　　　赵金霞　赵　峰　胡　青
　　　　夏其英　高　梅　崔玉理
　　　　蒋艳夏蕾

2020年学校归侨侨眷联谊会
（20人，委员会7人，会员13人）

主　席：王立斌
副主席：张国庆　王晓凌（兼秘书长）
常　委：廉玉姬　王宏坤　李　旸
　　　　李汉军
会　员：马彦明　蒋晓丽　陈继诚
　　　　邢宝英　李昌真　周　华
　　　　林光哲　曹善东　刘建秋
　　　　王晓丽　刘　楠　薛玉龙
　　　　王纪明

2020年学校欧美同学会
（留学人员联谊会）
（会员116人，常务理事18人，理事53人）

会　长：邱建龙
副会长：谢　楠　张兴林　张　弛
　　　　辛化伟
秘书长：孙国栋
副秘书长：禹香兰　王美艺
常务理事（按姓氏笔画排序）：
　　　　王明琦　王　振　王振海
　　　　王晓丽　公　静　朱利凯
　　　　刘振宁　邱建龙　辛化伟
　　　　张兴林　张　弛　季　超
　　　　周建伟　孟令宗　隋长虹
　　　　谢　楠　廉玉姬　蒋艳夏蕾
理事（按姓氏笔画排序）：
　　　　于明江　王永龙　王明琦
　　　　王美艺　王　振　王振海
　　　　王晓丽　王常春　王德聪
　　　　公　静　朱利凯　刘光永
　　　　刘振宁　刘　悦　刘梅秀
　　　　刘彩霞　闫朝东　安　敏
　　　　孙国栋　李修岭　吴希媛
　　　　吴清艳　邱建龙　辛化伟
　　　　张永专　张兴林　张安彩
　　　　张　弛　张　静　苗晓东
　　　　季　超　周建伟　周　莹
　　　　郑　韦　孟令宗　禹香兰
　　　　姜　洁　姜洋洋　徐钱立
　　　　席云龙　桑　莉　隋长虹
　　　　葛　男　蒋李斌　蒋艳夏蕾
　　　　傅德谦　焦　晶　谢　楠
　　　　廉玉姬　颜　峰　刘敬权
　　　　胡顺波　陈德云　高翠娟

供稿人：张奎华
审核人：刘建华

学生工作

　　一年来，学生工作高举中国特色社会主义伟大旗帜，坚持以习近平新时代中国特色社会主义思想为指导，全面贯彻落实习近平总书记关于教育的重要论述，特别是在全国教育大会、全国高校思想政治工作会议、学校思想政治理论课教师座谈会上的重要讲话精神，紧密围绕立德树人根本任务和学校中心工作，以促进学生全面发展为目标，突出思想引领，创新服务体系，学生工作成效持续提升。

　　【辅导员队伍建设】出台了《辅导员队伍建设实施办法》《辅导员绩效考核办法》；参加了全国第七期普通高等学校辅导员网络培训班等3个培训班，实现辅导员培训全覆盖。开展辅导员优秀工作案例评选活动，获省级以上奖励4项；组织"十佳辅导员"评选活动，1人获"山东高校优秀辅导员"荣誉称号。公开招聘了43名事业编专职辅导员，完成师生比1：200的要求。

　　【大学生思想政治教育】深化入学教育、毕业教育，邀请我校优秀校友、全国最美教师刘秀祥来校作成才事迹报告，纪念"一二·九"全国大学生爱国运动85周年举行升旗仪式，组织开展学习宣传党的十九届五中全会精神报告会，开展

爱国主义教育活动、线上疫情防控主题教育活动、勤俭节约主题教育活动等，上好"开学第一课"，组织了"文明修身月"活动，实施了早操制度。

【学生荣誉】评选2019年山东省高等学校优秀学生39名、山东省高等学校优秀学生干部21名、山东省高等学校先进班集体10个；评选校级优秀学生1342人、校级优秀学生干部751人、校级先进班集体77个；评选2020届师范类省级优秀毕业生126名，非师范类省级优秀毕业生449名。

【学生资助】2020—2021学年认定家庭经济困难学生6690人，办理生源地信用助学贷款3080人共计2352.7175万元，完成1156名生源地信用助学贷款毕业生信息确认的审核工作。2020年度我校共评选国家类奖助学金、学校奖学金、特别奖助学金等各类奖助学金22项，总金额3194.56万元，获奖助17730人次，其中国家类奖助学金7项6635人次，2318.47万元；学校奖学金4项10487人次，767.11万元；特别奖助学金11项608人次，108.98万元（具体名单见《关于表彰2019—2020学年奖助学金获得者的决定》临大校发〔2020〕28号）。设立勤工助学岗位889个，发放勤工助学补助2582人次，共计62.2088万元（不包括11月和12月份）；发放临时困难补助32人8.35万元；开展了建档立卡贫困家庭学生的核查工作，2020年7月份至12月份，已经根据核查结果和学生反馈情况补发了2批建档立卡减免学费资金和助学金共计914962.5元，399人次；新冠疫情防控期间，为湖北省184名学生发放生活补助金9.2万元，为湖北省41名我校在册家庭经济困难学生发放生活补助金4.1万元，为741名建档立卡贫困家庭学生发放网络学习及物资补助7.41万元，共计20.71万元。

【国防教育与人民武装】承办了"临沂市征兵宣传进校园活动"，参军入伍学生243人；成立了临沂大学新生军训教官队并完成2020级万名新生军事训练工作，入伍人数242人，位居省属高校前列，被省征兵办公室和省教育厅评为"山东省征兵工作先进单位"；王晓林同志获评"大学生征兵工作先进个人"；军事理论教师李磊获2020年度山东省普通高等学校军事理论课优秀教师。

【公寓管理】新冠疫情以来，制定了公寓疫情防控学生疏散方案，开展学生公寓疫情防控演练10余次。制定了《疫情防控期间学生公寓管理制度》。学生公寓洗衣机全部换为全新滚筒洗衣机，并升级了开水器。2020年共完成了711间房屋渗漏维修、20处不锈钢护栏换新、161间宿舍卫生间门换新。集中采购电风扇867台、排气扇851台。完成第二生活区A2楼、B10楼楼顶渗漏维修工程，第二生活区4栋公寓楼楼内监控施工。

结合"消防安全宣传月"，开展了学生公寓消防安全培训与应急疏散演练活动，以"关注消防安全，落实消防安全，生命安全至上，共

享安全和谐"为主题,开展了消防安全宣讲及承诺签字活动。围绕"文明修身,共创和谐校园"的主题,开展了临沂大学第七届宿舍文化节活动,开展了"文明修身、和谐校园"系列主题教育活动,评选并表彰了化学化工学院《彩虹宿舍》等38篇公寓优秀征文、化学化工学院《水光之下》等40幅"强责任重担当,共建文明家园"优秀海报、传媒学院《坠落之前》等19个"讲述公寓故事,传播公寓声音"优秀微视频以及化学化工学院等12个宿舍文化节先进工作单位。

【大学生心理健康教育】组织全体副书记、辅导员进行"大学生返校后的疫情防控和心理健康教育专题网络培训";组织2020级新生心理健康教育报告会和组织班级心理委员进行疫情下心理防护和心理工作技能培训;上半年学生复学后组织开展学生心理健康普查,下半年组织开展老生心理健康自检和新生心理健康普查,并对结果进行分析、反馈、谈心谈话、回访、评估等,建立大学生心理危机预警档案,定期跟踪回访心理危机干预高危个体,确保四级预警体系科学高效运转;开通了临沂大学疫情防控心理咨询热线;利用网络平台,有效组织开展"5.25"大学生心理健康节,普及了"新冠疫情知识和疫情下心理调适知识",制作了"新冠疫情下心理调适"的微课;指派中心专兼职教师外出参会和培训学习6人次。

学校获得山东省高校心理健康教育工作精品项目一项;获得山东省学生心理健康节暖心战"疫"优秀成长辅导案例一项;获得山东省学生心理健康节"云讲堂"心理健康教育微课大赛三等奖两项。文学院提报的作品获得第三届全国高校心理情景剧剧本大赛百佳;在山东省高校支援留英学子定点帮扶计划中2位教师被聘为抗疫辅导员。

【学生就业】临沂大学2020届毕业生共11 562人,师范类毕业生2 576人,占毕生总数的22.28%;非师范类毕业生8 986人,占77.72%。共有10 486名2020届毕业生实现就业,总体就业率90.69%。其中,师范生实现就业2507人,总体就业率97.32%;非师范生实现就业7979人,总体就业率88.79%。

2020届毕业生深造率27%,研究生录取率为20.06%,升本率38.93%。新增高质量就业基地10个,启用"互联网+就业"智慧平台,共举办网络招聘会14场、举办宣讲会200余场,提供岗位147 800余个。

【学生事务】为提高学生学习的积极性,促进学风建设,制定学校考研工作实施方案,组织了考研工作推进会,评选表彰了2020届考研工作"标兵单位"4个、"先进单位"11个。完善上线使用了"辅导猫"APP,每日统计学生健康状况,动态掌握学生健康、出行等信息;进一步完善网上办事服务大厅学生服务功能,明确办事指南,推进学生荣誉、奖助学金、勤工助学、困难补助等线上申请和学生事务一站式服务。

供稿人:徐秀梅
审核人:王焕全

共青团工作

【部门简介】临沂大学团委设有组宣部、社会实践部、综合科3个内设机构,工作人员共3人,其中,书记1人,科级干部2人。2020年临沂大学共青团紧密围绕学校中心工作,按照上级团组织的工作部署,以习近平新时代中国特色社会主义思想统领共青团工作,牢牢把握共青团"三个根本性问题",认真履行引领凝聚青年、组织动员青年、联系服务青年的职责,拓宽思路,创新载体,全校共青团各项工作有了新进展。

【有担当,信仰指引"中国梦"】开展"青春心向党·建功新时代""我与祖国共奋进——国旗下演讲"特别主题团日活动千余场次;开展了"传承红色基因,践行沂蒙精神,讲好临沂故事——致全国临沂籍高校在校大学生的倡议书"活动。举办新生"我是沂蒙精神传承人"主题演讲比赛。开展了临沂大学"党史国史校史"电视竞赛、薪火相传视频大赛等主题教育活动20余场。举办"与信仰对话"名人名家报告会。举办校院两级"骄子论坛"成长报告会。

【有修养,德才兼备"文化梦"】组织开展"爱国心·报国情·强国志"征文活动、校园十佳歌手大赛等10余项大型文化活动。举办"星动夜跑"品牌活动。制定完善《临沂大学学生社团管理条例》;继续开展百团大战和社团文化节,社团共举办活动2700余次。

【有作为,知行共抒"实践梦"】暑期"三下乡"社会实践活动,组建了6支团中央国家级重点服务团队、3支国家级重点服务团队和4支山东省重点服务团队及117支校级重点团队,其中,"索尼梦想教室——七彩梦想邮递员"专项活动,获得团中央全国优秀团队称号;打造"感知沂蒙 优选临沂"社会实践品牌。与共青团临沂市委签订校地合作框架协议；组织青年教师聚焦全市高质量发展、乡村振兴等重点工作开展专题调研。

【有品质，青春奉献"公益梦"】为刘秀祥所在的贵州望谟县山区的孩子们捐赠1737件衣物和书籍、玩偶、运动器械等用品，筹集6间希望小屋的资金。举办志愿服务西部计划专项宣讲会，2019、2020年西部计划共有1467人报名，分别有38名和32名毕业生入选服务新疆维吾尔自治区、新疆生产建设兵团、西藏自治区、青海省等地区西部计划，8人入选山东计划志愿者；做好义务献血工作，荣获山东省无偿献血优秀组织单位。

【有追求，志存高远"成才梦"】省级"挑战杯"课外学术科技作品竞赛中获得二等奖五项，三等奖十项；外国语学院的"一点刷剧APP"项目进入了国赛直通车选拔赛。举办"青鸟计划 才聚沂蒙"智慧云梦想课堂暨网络直播招聘会，第一期有4.33万人观看，第二期有8.73万人观看；开展了"千校万岗 就业有位来"空中双选会；与共青团临沂市委共同打造了临沂籍青鸟学子流动服务站。

【有新意，乘风破浪"时代梦"】全年累计发布原创微信图635篇，全年总阅读量达294 628次。制作拍摄了全国高校"青春，为祖国歌唱"网络拉歌活动，点击率突破30余万。在"我的好老师"短视频比赛中获特等奖1项、一等奖2项、三等奖1项、优秀奖1项；在山东大学生短视频征集活动中荣获"教育创新奖""优秀组织奖"，学生郭旺所拍摄作品获"风采作品奖"；在寻找青年"政治佳"（第4季）活动中有7项作品在决赛中获奖，并获"优秀组织单位"称号。

【有力量，强基固本"青春梦"】严格落实"三会两制一课"制度；开展基层团支部"活力提升"工程；举办"先锋班"；举办了红色文化微团课评选活动，评选出了12件优秀作品；组织推荐优秀团员2810人。继续推进共青团、学生会改革，组织召开了校第三次学代会，完成了学委会的换届工作。6名团干部参加省、市级共青团干部培训班，1名团干部赴南开大学挂职锻炼；开展了临沂大学第13、14、15期"青年马克思主义者培养工程"；4名学生骨干参加团省委"青年马克思主义者培养工程"后，在校内进行专题交流，将省内最新的共青团、学生会工作经验进行了校内推广。

供稿人：周振金
审核人：石少广

工会、妇委会工作

一年来，校工会、妇委会在上级工会和校党委领导、行政支持及全体教职工的热情参与下，认真学习贯彻习近平新时代中国特色社会主义思想，坚持服务教职工，围绕学校中心工作，服务大局，立足四项基本职能，切实增强工会工作和工会组织的政治性、先进性、群众性，在思想引领、民主管理、师德建设、维护权益、服务民生、自身建设等方面取得了积极进展和显著成效。

【教代会工作】学校于2020年3月2日召开了第六届教代会暨工代会第四次会议，指导各部门工会召开了二级教代会。征集提案22件，经提案工作委员会审议研究，立案10件，评选了优秀提案5件。提案答复率达100%。

【师德建设及表彰】大力弘扬劳模精神，做好评先树优工作，获省市级奖励共10多项。在2020年工会和妇女工作优秀评比中，孙海英教授被授予"山东省三八红旗手"称号，张兴林教授被授予"临沂市五一劳动奖章"，校团委被授予"临沂市十佳女职工建功立业标兵岗""临沂市五一劳动奖状"，蒋晓虹家庭被授予"临沂最美家庭"称号，张少云博士被授予"临沂市巾帼建功标兵"称号，物流学院物流管理系、信息科学与工程学院公共教学部被授予"临沂市直巾帼文明岗"称号，杨雪燕、闫晓、张明瑞、孙贵英、陈磊五位老师被授予"临沂市直巾帼建功标兵"称号。

【持续加强党风廉政建设】一是强化组织领导。成立了工会主席任组长的党风廉政建设工作领导小组，强化对党风廉政建设工作的组织领导。二是加强学习教育。组织全校工会组织认真学习贯彻习近平新时代中国特色社会主义思想和党的十九届五中全会精神，深入开展警示教育和岗位廉政教育。落实学校纪监委要求，通过集中学习各级党风廉政会议精神、法律法规、各类文件以及观看反面典型警示教育片等多种形式的廉政教育活动，不断提升党员干部廉政意识；严格落实廉洁自律各项规定，做到工会困难帮扶、助学、送温暖等各项政策公开透明，集体研究，工会的财务管理、经费支出合理规范。三是强化主体责任。把反腐倡廉建设纳入年度总体规划和日常工作中。把执行党风廉政建设责任制情况作为各项工作和活动的重要内容，加强日常督促检查，确保工作有人抓、问题有人管、责任有人担。坚持"一岗双责"，层层落实党风廉政建设责任。四是加强制度建设。加强考勤考绩管理，严肃上班纪律，规范请销假制度；严格要求职工必须按照制度办事，做到明纪律，严规矩。

【服务教职工方面】组织全校在职和离退休职工健康体检，开展劳模和女职工免费健康查体；组织校、院两级工会走访慰问伤病、产期、直系亲属亡故和特困教职工，看望慰问先进模范人物。举办了教职工海信福利惠购活动，开展了教职工暑期健康疗养活动，配合相关部门完成教职工子女适龄儿童入学工作，完成教职工福利招标和发放工作，对省部级劳模进行调查摸底补助申请及结对帮扶工作和完成2020年居民医疗保险缴费通知等工作。

【女工工作】一是妇委会开展了庆祝"三八"节、"优秀母亲课堂"系列活动和第二届幸福家庭一起来线上亲子活动；组织女教职工和女学生参加全省高校纪念"三八"国际妇女节110周年暨"争做最美巾帼奋斗者助力疫情防控阻击战"女职工、女学生艺术作品征集评选活动；组织参加全国第七届"书香三八"读书活动；组织参加市直机关单身职工联谊活动；学校工会、妇委会、团委、学生会在两个生活区餐厅门前开展了倡导、践行"光盘行动"的签名活动；关心关爱大龄未婚青年，女劳模，困难、单亲女职工，失独困难家庭职工。二是积极做好教职工孕前优生优育检查、人口与计划生育服务手册，独生子女中考加分等事宜以及子女入托费、独生子女父母奖励金等费用的日常审核、报销、发放工作。

供稿人：宋仪农
审核人：任庆大

离退休干部工作

【部门简介】离退休人员工作处现有工作人员16人，其中，处长1人，副处长2人，工作人员12人。截止到2020年12月31日，共有离退休人员731人，其中，党员478人、离休人员12人、副厅级以上干部12人。设离退休工作处党委1个，班子成员7名，其中，4名为离退休人员；党委下设20个党支部，其中，行政党支部1个，离退休人员党支部19个。

【年度工作】以疫情防控为前提，以党的建设为主线，以弘扬正能量、发挥好作用为目的，转变工作方式，提质增效，做好老干部疫情防控、党组织建设、文化养老、管理服务、作用发挥工作，做好老干部管理服务工作。

（一）做好疫情防控工作

1. 完善沟通渠道。 19个老年党支部建立了微信群，把本支部全体党员和联系的非党员群众全部纳入微信群，及时摸排老同志情况，宣传疫情防控要求和防控知识。

2. 全体党员做出"抗击新冠疫情承诺"。 开展了"抗击新冠疫情党员承诺"活动，激发了党员同志在疫情防控阻击战中履职尽责、冲锋在前、勇于担当的主动性和积极性。

3. 离退休支部书记以身作则，行动在前。 在摸查情况、宣传防疫知识、稳定老同志思想情绪、关怀老同志生活等方面，19个离退休党支部书记发挥了重要作用。

4. 奉献爱心、自愿捐款、共克时艰。 在离退休党员中开展了"支持新冠肺炎疫情防控工作自愿捐款活动"，全体党员踊跃捐款，慷慨解囊、捐款总额达91460元，他们以实际行动诠释了一名老党员的初心与使命。

（二）文化养老丰富多彩

紧扣建党99周年，拓展活动载体，创新活动方式，采取网上展示、小范围活动等灵活方式开展征文、文艺表演、书画摄影展、百科知识竞赛、学习"两会"精神读书笔记展览等活动。同时注重培养骨干力量，发挥带动作用，丰富活动内容，扩大参与面，广泛发动吸引老同志，弘扬正能量。

（三）拓展困难学生资助平台

与兰山区关工委等联合开展"沂蒙关爱行动——助西部学子回家过年"活动，对100名西部困难学生每人发放2000元助学金，已连续3年资助西部困难学生。

（四）完善工作制度

经过充分论证广泛调研，修订完善了《临沂大学关于进一步加强和改进离退休干部工作的实施意见》，制定了《临沂大学教职工荣誉退休制度实施办法》。

供稿人：杜继奎
审核人：朱文玉

教学与科研工作

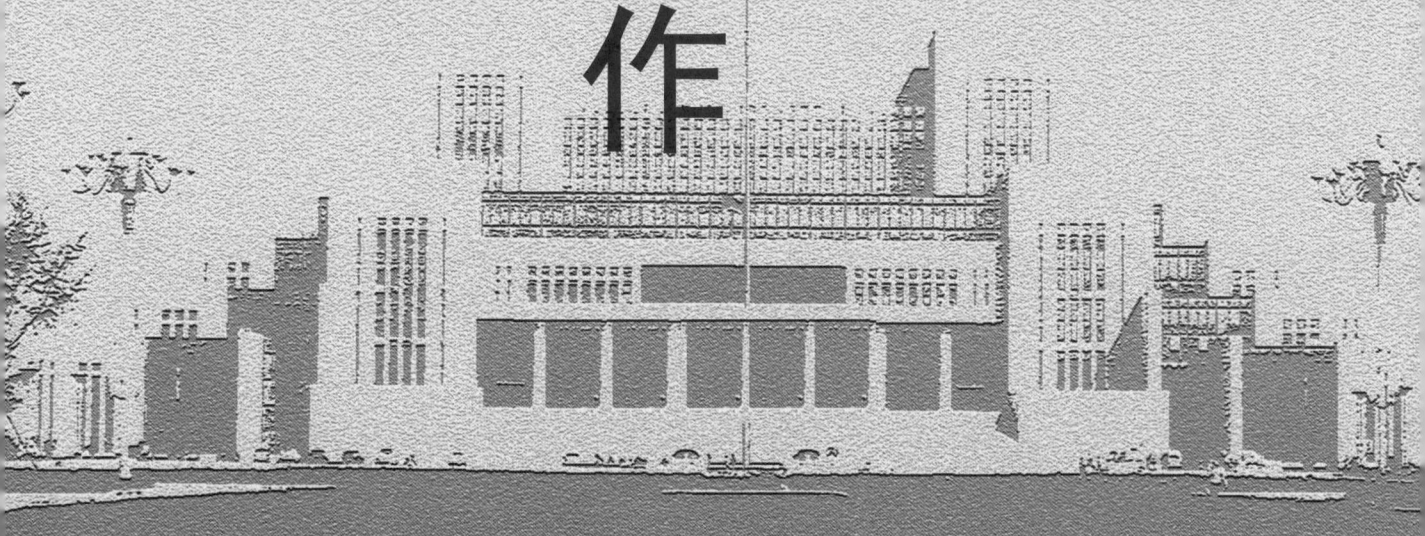

本（专）科生教育工作

【人才培养】 2020年新冠肺炎疫情，学校党委高度重视，积极响应落实教育部"停课不停教・停课不停学"要求，提前谋划、精心部署，加速了课堂教学改革，有1601门课程实施在线教学，参与线上授课教师1642人，参与学习学生人数达38580人，参与学习学生人次数达4839264人次，学生线上参与率达99.75%；收集了在线教学经典案例300余项，在2020年山东省优秀共享课程和优秀教学案例评选中，我校7项成果获奖，其中一等奖3项、二等奖2项、三等奖2项。疫情期间还实施了大规模在线考试，2020年上半年期末考试共涉及273515人次，整个期末考试共4428场次，安排线上考试2326场次。

主动适应高质量发展需求，促进学科专业交叉融合和产学研用协同发展的多样化人才培养模式改革，满足学生个性化发展需求，按照"立足岗位，紧贴应用"基本原则，2020开设《中学体育教学》等20个微专业，主要目的是让学生快速达到工作岗位技能要求，解决专业设置与用人单位岗位需求之间不能精准衔接的问题。

以学生为中心，满足学生个性化、多样化的学习和发展需求，增加跨学院、跨专业选修课程，深化学分制改革。除专业核心课程、通识必修课程、专业限选课程外，其他课程原则上可以任选，2020年推出82门专业选修课程，供全校学生选修。

【普通本（专）科生专业设置】 截至2020年底，学校共设有95个本科专业，47个专科专业。涵盖经济学、法学、教育学、文学、历史学、理学、工学、农学、管理学、艺术学10大学科门类，形成了结构合理、门类齐全、优势互补、交叉渗透的本科专业体系。

2020年在校学生38970人，其中本科28335人，专科10635人。2020年有7170人获得学士学位，有186人获得辅修学位。

【专业建设】 开展一流专业攻坚计划，国家一流专业建设点和山东省一流专业建设点实现重大突破，2020年新增动物医学、生物科学2个专业入选山东省一流专业建设点，10个专业被推荐到教育部参加国家一流专业建设点遴选。全面推进专业认证工作，目前地理科学专业顺利完成教育部师范专业二级认证专家组进校考查工作，制药工程专业、机械设计制造及自动化专业顺利完成工程教育认证专家组进校考查工作。

优化专业结构，构建专业动态调整机制。落实《临沂大学本科专业优化调整工作方案》，构建能上能下、能进能出的专业动态调整机制，2020年招生本科专业83个（含贯通培养）。

【教学质量工程建设】 全面开展一流本科课程建设，树立课程建设新理念，推进课程改创新，持续强化课程建设。2020年有"数学分析"等5门课程被认定为国家一流课程，"儿童心理学"等20门课程被认定为省级一流课程，对已被认定为国家级、省级一流课程给予配套建设经费，对课程的实际应用和推广，教学效果和学生评价，教学模式改革等进行过程跟踪监测，并组织多种形式的培训、讲座等对其建设成效和改革成果定期展示和共享。

【深化思政育人】 全面贯彻党的教育方针，出台《临沂大学深化课程思政建设实施方案》（临大校办发〔2020〕9号的通知），要求把课程思政融入课堂教学全过程，将价值塑造、知识传授和能力培养三者融为一体，促进专业课与思想政治理论课同向同行。2020年立项建设校级"课程思政"示范课程项目173项、"课程思政"教学改革研究项目140项，获批山东省思政课教学项目1项。

【教师教学发展】 利用教师培训、教学沙龙、教学竞赛等活动形式对全校中青年教师进行教学信息化培训，提升青年教师教学能力和水平。在全校教师中推广"雨课堂"智慧教学系统，对全校教师进行了线上培训和线下实操培训，鼓励老师全面使用"雨课堂"教学平台上课。培训教师慕课、翻转课堂等新的教学技术和方法，助力教师实现信息化教学，提升服务学生的水平。先后组织2020年新进教师教学能力提升培训，培训新进教师60余人；利用讲座、报告、教学沙龙等活动组织培训活动近50场次，培训教师6000多人次。我校马克思主义学院张玲老师在山东省教育厅组织举办的首届全省学校思想政治课教学比赛中获得本科"概论组"一等奖，王淑彩老师获得本科"基础组"二等奖。我校青年教师在2020年山东省青年教师教学比赛中获得二等奖2名、三等奖3名、优秀奖6名。

【教育教学实习】 2020年，教育教学校外实习、实训基地保持2019底的458个。上半年原定计划1163名同学到全省各地市中小学进行支教实习和原定计划选派的52名学生到新疆喀什地区麦盖提县支教实习，受突如其来的新冠疫情影响，山东省教育厅面向2020年参加全省实习支教的师范生开放了山东教师教育网，开启了线上观摩评课活动，各学院也迅速响应及时调整实习方案，将师范生的支教实习改为网上进行，通过师范生的线上观摩评课、撰写教案、自行录制讲课或说课视频，指导教师通过QQ、微信等通信工具督促学生及时完成学习任务，解答学生在学习、模拟实习等过程中的疑难问题，也圆满完成了支教实习任务。2020下半年，克服新冠疫情困难，组织安排了英语（师范类）和数学与应用数学（师范类）两个专业的79名同学去菏泽牡丹区教育局、临沂河东区教体局等15个教体局34所中小学进行了支教实习，学生的教学能力得到迅速提升。

【学科竞赛】 我校大学生参加学科竞赛人数、获奖层次和获奖数量逐年提高。2020年参加各级各类大学生学科竞赛、技能大赛1.2万余人次，获得各类奖项总计1864余项，其中国家级、省级奖励928项（因疫情原因，2020年获得各类奖项数量较2019年有所减少）。在全国大学生数学建模、蓝桥杯全国软件和信息技术专业人才大赛、中国机器人大赛暨RoboCup机器人世界杯中国赛、中国大学生计算机设计大赛、"东华科技－恒逸石化杯"第十四届全国大学生化工设计竞赛、全国大学生市场调查与分析大赛、CADA概念艺术设计奖等比赛中等多个国内外有重大影响的赛事中均取得优异成绩，位居2016-2020年全国普通高校学科竞赛排行榜（本科）第212名，较之2014-2018年全国普通高校学科竞赛评估结果跃升了53位。在第八届山东省师范类高校学生从业技能大赛中获得一等奖7项，二等奖19项，取得了优异的成绩。

【实验室与设备管理工作】

（一）实验室安全工作

实验室安全工作常抓不懈，2020年主要从五个方面着力抓好实验室安全工作：一是继续完善实验室管理制度建设，继续完善《临沂大学实验室安全体系建设工作要点》《临沂大学实验室安全工作档案目录》，作为我校实验室安全体系建设以及实验室安全管理、检查与考核的主要依据。二是持续加强对师生进行实验室安全知识与技能的培训，落实实验室安全准入制度，对2020年入校的全体教师、研究生、本专科生进行了实验室安全知识与技能的培训与考核，考核成绩合格者方可进入实验室工作学习。举行了化学泄露、气体泄漏演练，结合"消防安全月"活动，进行了报警、灭火、逃生、指挥、紧急救助等应急演练；对于演练中出现的问题，及时进行纠正。通过实验室安全讲座，让师生学习实验室逸气、泄露与化学品着火、溅射等突发事件的应急处置措施。三是将实验室安全单位自查与学校抽查工作常态化。层层落实实验室安全责任，对实验室管理人员、实验技术人员进行了任期内实验室安全责任履职情况的检查。2020年10月为迎接山东省对教学、科研实验室危险化学品安全管理专项检查，梳理了学校教学实验室安全管理工作，进行了2020年临沂大学教学科研实验室危险化学品安全管理专项检查工作总结。四是抓好实验室安全隐患的整改落实工作山东省教育厅2020年年10月份对、我校实验室安全的现场检查，结合药学院制药工程专业认证工作，进一步规范了实验室危废品、药品试剂存放管理，对部分实验室照明灯具进行了防爆改造，部分实验室增加了气体报警器等设备，规范完善所有存放危废的容器、药品试剂、相关设施、存放区专用标识、各种提示，配齐了各类药品、试剂专用柜，对各类高压气瓶分别配备相应的气瓶柜，对消防器材定期进维护更新。五是认真落实《临沂大学实验室安全应急预案》，抓好安全应急处置防范工作。2020年应急做好疫情防控工作，确保实验教学顺利进行。针对突如其来的疫情，为切实做好疫情防控工作，制定了各实验场所人员行走路线，实验室日常消毒规范和场地联系人等实验室文化，各实验楼、实验室购置了测温仪、消毒液、消毒酒精等消毒、防护用品，做好实验室日常消毒，确保师生实验安全。

（二）实验室管理与实验教学信息化

学校实验室信息化资源和平台建设工作初见成效，目前已经建有临沂大学实验室采购管理-Max(TM)财务进销购管理系统、固定资产管理系统、仪器设备共享管理系统、实验室安全知识培训与考试系统、临沂大学 实验室与实践教学综合服务平台（内含实验室综合管理管理、实验教学管理系统）。基本实现了实验管理与实验教学信息化、现代化。逐步加强信息技术与实验室安全工作的融合，今后应进一步把实验室安全管理的技术防控手段融合到数字化校园系统中。

（三）实验室建设与设备购置

教学实验室建设根据专业建设、实验教学的需求，结合实验室建设发展规划，优先考虑山东省高水平应用型专业（群）、认证专业、国家级省级一流专业建设点、新上专业教学实验条件建设。确定2020年度实验教学仪器设备的年度购置计划（1000万元），实现了物流学院智慧物流中心、机械与车辆工程学院智能制造实习实训平台、教育学院师范生教师技能虚拟仿真训练系统，资源环境学院地理科学虚拟仿真实验室、微课制作室；资源环境学院地学专业教学实验室和药学院制药工程实验室建设。

科技大楼通风改造项目顺利进行。为彻底解决科技大楼实验室安全，学校筹措经费282万元，用于科技大楼药学院、材料科学与工程学院等教学实验室和科技大楼9楼、12楼、16楼和18楼科研实验室通风改造，2020年底通风项目施工完工，顺利验收，科技大楼教学实验室和科研室通风得到根本改善。

【招生工作】 招生办公室是学校的职能管理部门之一。有教职工6人，设主任1人，副主任1人。主要职责是：组织制定学校招生章程、招生方案等并监督实施；牵头做好年度招生计划的编制和申报工作；负责与上级招生考试主管部门的沟通、联络和协调，做好招生录取等工作；会同教务、宣传等部门制定招生宣传方案并组织落实；推进落实招生制度改革，不断提高生源质量；组织艺术类专业技能招生报名、测试工作；负责自主进行的招生考试的外出命题、评委聘请、考试安排等工作；负责艺术类专业及特殊类型的考务考试和考生信息安全保密工作；负责校企合作专业等学历教育的国内合作办学工作，指导学院合作办学的有关事宜；完成学校和上级部门交办的其他工作。

（一）招生计划情况

2020年本专科招生计划13 074人。

1.本科9174人。含普通本科5762人、专升本2543人、初中起点贯通培养3+4转段379人、高中起点贯通培养3+2转段296人、第二学位录取194人。

2.专科3300人（校本部990人，费县校区540人，沂水校区1770人）。

3.招收五年制专科计划600人。

（二）招生录取情况

招生工作自7月2号开始至8月10日结束。

我校普通高考本科招生专业（或专业类）共76个，专科专业共31个，共录取13 107人。

本科层次实际录取9 188人。含普通本科5 762人、专升本2 557人（含参军立功免试升本14人）、初中起点贯通培养3+4转段379人、高中起点贯通培养3+2转段296人、第二学位录取194人。

专科层次实际录取3 319人。其中，普通专科3 300人，3+4贯通培养未成功转段，转入专科学习者19人。

初中起点五年制专科录取600人。

附：

生源结构总体情况

	生源区域	地域	比例	性别情况	性别	比例	民族分布	民族	比例
本科		山东	86.24%		男	39.11%		汉族	98.17%
		省外	13.76%		女	60.89%		其他	1.83%
专科		山东	86.24%		男	32.09%		汉族	99.18%
		省外	13.76%		女	67.91%		其他	0.72%

山东省内17地市录取生源分布情况

地市	总人数（万人）	2019年 人数	2019年 比例	2020年 人数	2020年 比例
临沂	1 003.94	1520	18.94%	1139	14.56%
潍坊	908.62	810	10.09%	875	11.18%
青岛	871.51	689	8.58%	673	8.60%
泰安	549.42	513	6.39%	618	7.90%
济南	811.25	573	7.14%	593	7.58%
济宁	808.19	601	7.49%	583	7.45%

(续表)

地市	总人数（万人）	2019 年		2020 年	
		人数	比例	人数	比例
聊城	578.99	521	6.49%	538	6.88%
德州	556.82	398	4.96%	511	6.53%
菏泽	828.78	618	7.70%	498	6.37%
淄博	453.06	312	3.89%	353	4.51%
滨州	374.85	338	4.21%	332	4.24%
烟台	696.82	287	3.58%	295	3.77%
日照	280.11	253	3.15%	248	3.17%
枣庄	372.93	275	3.43%	235	3.00%
东营	203.53	194	2.42%	192	2.45%
威海	280.48	124	1.54%	141	1.80%

（说明：该表不含专升本及贯通培养学生。）

临沂市各县区录取生源分布情况

县区	人口数（万人）	2019 年		2020 年	
		录取人数（人）	所占比例	录取人数（人）	所占比例
兰山	112.8	354	23.29%	230	20.19%
沂南	91.1	170	11.18%	130	11.41%
罗庄	61.1	133	8.75%	111	9.75%
河东	74.7	109	7.17%	104	9.13%
兰陵	130.3	150	9.87%	103	9.04%
郯城	94.1	94	6.18%	96	8.43%
莒南	101.6	143	9.41%	91	7.99%
沂水	113.9	76	5.00%	65	5.71%
费县	83.1	57	3.75%	57	5.00%
平邑	102.4	82	5.39%	54	4.74%
临沭	63.6	96	6.32%	49	4.30%
蒙阴	55.1	64	4.21%	49	4.30%

2、整体生源质量

山东省文理类本科录取最低分情况

层次	科类	录取最低分	省一段线	高于省线分数
本科	普通文理类	503	449	54

(续表)

层次	科类	录取最低分	省一段线	高于省线分数
本科	校企合作类	490	449	41
	中外合作类	487	449	38
	公费师范生	519	449	70
	体育类公费师范生	609	561	48
	体育类	572	561	11
	定向西藏就业	510	449	61
专科	普通文理类	459	150	309
	校企合作类	408	150	258
	体育类	562	457	105

山东省艺术体育类本科录取最低分情况

省份	科类	招生专业	录取最低分	备注
山东	艺术类	播音与主持艺术	496.28	按综合成绩录取
山东	艺术类	广播电视编导	502.03	按综合成绩录取
山东	艺术类	美术学类	544.23	按综合成绩录取
山东	艺术类	书法学	514.65	按综合成绩录取
山东	艺术类	数字媒体艺术	543.01	按综合成绩录取
山东	艺术类	舞蹈表演(健美操方向)	165.00	按专业成绩录取
山东	艺术类	舞蹈表演(体育舞蹈,男)	155.60	按专业成绩录取
山东	艺术类	舞蹈表演(体育舞蹈,女)	157.60	按专业成绩录取
山东	艺术类	舞蹈表演（舞蹈啦啦操方向）	156.60	按专业成绩录取
山东	艺术类	舞蹈学	158.52	按专业成绩录取
山东	艺术类	音乐学(民族器乐方向)	79.13	按专业成绩录取
山东	艺术类	音乐学（师范类）	80.93	按专业成绩录取
山东	体育类	社会体育指导与管理	588.47	按综合成绩录取
山东	体育类	社会体育指导与管理(中外合作办学)	572.33	按综合成绩录取
山东	体育类	体育教育（师范类）	591.77	按综合成绩录取

山东省文理类专科录取最低分情况

科类	专业名称	录取数	最低分
文理类	英语教育（师范类，就读于费县校区）	60	473.00

(续表)

科类	专业名称	录取数	最低分
文理类	法律事务	80	472.00
文理类	语文教育（师范类，就读于费县校区）	120	471.00
文理类	动物防疫与检疫	30	470.00
文理类	社会工作	30	468.00
文理类	学前教育（师范类，就读于费县校区）	80	467.00
文理类	公共文化服务与管理	60	466.00
文理类	建筑工程技术	60	466.00
文理类	物理教育（师范类）	40	465.00
文理类	会计（就读于沂水校区）	300	464.00
文理类	工商企业管理（就读于沂水校区）	120	462.00
文理类	国际经济与贸易（就读于沂水校区）	120	462.00
文理类	计算机网络技术（就读于沂水校区）	50	461.00
文理类	旅游管理（就读于沂水校区）	80	461.00
文理类	市场营销（就读于沂水校区）	100	460.00
文理类	电子信息工程技术（就读于沂水校区）	80	459.00
文理类	软件技术（就读于沂水校区）	50	459.00
文理类	教学教育（师范类，就读于费县校区）	140	459.00

省外文理科录取最低分情况

省（市）	理科控制线	录取最低分	理科线上分值	文科控制线	录取最低分	文科线上分值
黑龙江	301	443	142	356	464	108
辽宁	359	490	131	472	554	82
河北	415	539	124	465	551	86
河南	418	516	98	465	554	89
湖北	395	493	98	426	452	26
陕西	350	434	84	405	498	93
新疆	317	401	84	370	473	103
广东	410	494	84	430	455	25
贵州	384	462	78	463	532	69
四川	443	516	73	459	520	61
甘肃	372	445	73	439	447	8
福建	402	474	72	465	492	27

(续表)

省（市）	理科控制线	录取最低分	理科线上分值	文科控制线	录取最低分	文科线上分值
云南	440	509	69	480	522	42
江西	463	519	56	488	541	53
安徽	435	491	56	499	542	43
广西	353	404	51	381	465	84
内蒙古	333	368	35	439	525	88
吉林	336	369	33	371	498	127
湖南	464	495	31	526	541	15
重庆市	411	432	21	443	532	89
江苏	313	331	18	284	335	51
山西	449	507.1	58.1			
天津	476	524.1	48.1			
浙江	495	531	36			

备注：
1. 线上分值＝录取最低分－本科控制线
2. 山西、天津、浙江专业不分文理。

2020年招生录取特点

通过以上分析，我校今年高考招生录取工作主要有以下几个特点。

【生源质量持续提升】 随着我校办学实力及社会美誉度的提升，我校在省内、外招生形势大好。我校在全国25个省（直辖市、自治区）招生，其中，23个省份录取最低分在当地省份本科线50分以上，其中河北、河南、新疆、黑龙江、辽宁、吉林等省份录取最低分超过当地省份本科线100分以上，河北省文理类、内蒙古文史类超当地省份一本线上。普通专科录取最低分在一段线上10分。

【校企合作凸显成效】 积极创新校企合作模式，充分利用合作企业及社会优质教育资源，全面推进人才培养、科研平台、师资队伍"三打通"和专业、课程、平台、师资"四共建"，全面提高人才培养质量。我校校企合作专业获得了广大考生认可，今年与我校普通本专科专业的差距进一步缩小，有3个校企合作本科专业录取最低分超普通本科专业录取最低分，3个校企合作专科专业录取最低分超一段线，校企合作专业品牌逐步凸显。

【专业结构优化调整】 紧紧围绕学校2020年重点工作部署，科学合理编制招生计划，用足用好招生计划，引领学院做好学科、专业规划，引导鼓励学院建设一流学科、一流专业。招生专业主动对接经济社会多元需求，服务新旧动能转换需要，优化调整学科专业结构。调整一批特色不鲜明、就业前景不好、市场需求不高的专业。并逐步压缩本部专科生规模，逐步向沂水、费县校区分流。

【教学改革研究项目】 2020年校级"课程思政"教学项目313项，其中教学改革研究项目140项，示范课程项目173项。

2020年山东省一流本科专业建设点

序号	专业名称	专业类别
1	动物医学	动物医学类
2	生物科学	生物科学类

2020 年山东省青年教师教学比赛

序号	教师姓名	获奖等级
1	丁洁	二等奖
2	许作萍	二等奖
3	尤丽娜	三等奖
4	邢元平	三等奖
5	李静	三等奖
6	王芳芳	优秀奖
7	王曦	优秀奖
8	闫朝东	优秀奖
9	张少云	优秀奖
10	陆寒	优秀奖
11	姜晓蕾	优秀奖

2020 年国家级一流本科课程

序号	课程名称	课程团队其他主要成员	课程负责人	类别
1	小学数学教学技能训练	杨成艳、赵春凤、孙百娥	李同胜	线下
2	数学分析	傅尊伟、郭政、吴艳、吴越	石少广	线下
3	税务会计	商蕾	何洲娥	线下
4	管理运筹学	李宗营、陈雷、黄宝安、陈东萍	王洪伟	线下
5	笔墨时空——解读中国书法文化基因		房彬	线下

2020 年省级一流本科课程

序号	课程名称	课程团队其他主要成员	课程负责人	类别
1	CIS 策划与设计	王维义、王美艺、姚丽霞	王越	线上线下混合式
2	采购管理	张少云、刘国栋	张晓敏	线下
3	程序设计语言基础	李国强、刘鸣涛、刘海涛、王开祥	董艳雪	线上线下混合式
4	创业基础	彭洪君、张树亮、曹松荣、高帅	于春杰	社会实践
5	单片机原理及应用	刘夫江、杜茜	张德伟	线下
6	第二语言习得理论	王相帅、汤欣、王建欣	马秀兰	线下
7	动物福利与健康	王慧、李富宽、高倩、王振南	吕慎金	线下
8	儿童心理学	张文娟、周莹、张世爱、初铭铜	赵金霞	线下

(续表)

序号	课程名称	课程团队其他主要成员	课程负责人	类别
9	计算机网络	杨自芬、张兴、康梅娟	符广全	线上线下混合式
10	气象学与气候学	高华中、王立志、郭媛媛、张慧	王轲道	线下
11	汽车理论	韩广伟、李志鹏	陈佩江	线下
12	人体及动物生理学	刘京贞、周振金、岳臻	王学斌	线下
13	数据结构	薛琳、许作萍、刘志强、谢颖	丁林花	线上线下混合式
14	土木工程施工与组织	于献彬、付厚利	朱登元	线下
15	药理学	李英明、李春雷	李振	线下
16	仪器分析	田露、刘晓泓、密丛丛、王晓蒙	王爱香	线下
17	遗传学	邱奉同	闫丽	线下
18	国家计算机二级Office高级应用	郝计奎、李宗璞、曹云鹏、王振海	王瑾	线下
19	实用文体写作	王淑芹、刘丙芬、张国伟	朱祎	线下
20	孕期女性体育健康促进评定虚拟仿真实验教学项目	孟祥新、张红品、王雪芹、杨涛	丁焕香	虚拟仿真

临沂大学2020年山东省教学改革研究项目

序号	项目编号	项目名称	项目负责人	类别	学院
1	SDS2020B16	沂蒙精神融入大中小学思想政治理论课一体化探索与实践	张立梅	思政重点	马克思主义学院
2	Z2020044	基于四融合、四提升的"新一代信息技术+现代商贸物流"工科专业群升级改造的探索与实践	王振海	重点	信息科学与工程学院
3	Z2020072	新工科背景下"一二三四五"多维协同的智能制造人才培养模式研究与实践	韩虎	重点	机械与车辆工程学院
4	M2020025	"校企协同、专创一体"的涉农专业大学生双创能力培养机制研究与实践	李永洙	面上	农林科学学院
5	M2020016	"三协同、一交叉、四驱动"新工科专业课程体系优化与教学内容改革创新研究与实践	丛兰美	面上	自动化与电气工程学院
6	M2020258	新工科背景下基于"工匠精神"培养的课堂教学手段与方法研究——以"高分子物理"为例	马登学	面上	材料科学与工程学院
7	M2020231	省属本科高校应用转型期教师教学能力提升研究与实践	李中国	面上	教育学院
8	M2020023	"四全"媒体传播环境下地方高校传媒类专业"全维课堂"建设研究	杨中举	面上	传媒学院
9	M2020099	互联网+体育教育专业技能课程教学模式重构与应用研究	陈庆杰	面上	体育与健康学院
10	M2020054	地方大学电子商务专业"一体两翼"应用型人才培养体系的构建与实践	曹松荣	面上	物流学院
11	M2020295	沂蒙精神融入地理学类课程思政教学案例库建设研究	宋红丽	面上	资源环境学院

2020本专科分专业学生数

学院	专业名称	人数
材料科学与工程学院	材料科学与工程（本科）	60
传媒学院	播音与主持艺术（本科）	86
传媒学院	广播电视编导（本科）	137
传媒学院	广告学（本科）	46
传媒学院	视觉传达设计（广告策划与设计方向）（本科）	40
传媒学院	数字媒体艺术(3D影视技术方向)（本科）	39
传媒学院	数字媒体艺术（本科）	39
传媒学院	新闻学（本科）	65
传媒学院	播音与主持（专科）	34
传媒学院	广播影视节目制作（专科）	36
传媒学院	广告设计与制作（专科）	113
传媒学院	新闻采编与制作（专科）	56
法学院	法学（本科）	140
法学院	社会工作（本科）	28
法学院	社会工作（银发产业经营与管理方向）（中外合作本科）	64
法学院	法律事务（专科）	168
法学院	社会工作（专科）	31
法学院	法学（专升本）	60
费县分校	小学教育（费县分校师范）	382
费县分校	学前教育（费县分校师范）	187
化学化工学院	化学（免费本科师范）	70
化学化工学院	化学工程与工艺（本科）	29
化学化工学院	应用化学（本科）	51
化学化工学院	应用化工技术（专科）	42
化学化工学院	化学工程与工艺（专升本）	48
机械与车辆工程学院	车辆工程（本科）	68
机械与车辆工程学院	飞行器制造工程（本科）	34
机械与车辆工程学院	机械电子工程（本科）	43
机械与车辆工程学院	机械设计制造及其自动化（本科）	137
机械与车辆工程学院	汽车服务工程（高职本）	43

(续表)

学院	专业名称	人数
机械与车辆工程学院	机电一体化技术（专科）	58
机械与车辆工程学院	机械制造与自动化（专科）	97
机械与车辆工程学院	汽车运用与维修技术（校企合作专科）	41
机械与车辆工程学院	汽车运用与维修技术（专科）	32
机械与车辆工程学院	数控技术（专科）	37
机械与车辆工程学院	机械设计制造及其自动化（专升本）	80
教育学院	教育技术学（本科师范）	21
教育学院	小学教育（免费本科师范）	193
教育学院	应用心理学（本科师范）	18
教育学院	学前教育（高职本）	94
教育学院	小学教育（专升本师范）	40
历史文化学院	历史学（本科师范）	39
历史文化学院	旅游管理（本科）	28
历史文化学院	文化产业管理（本科）	39
历史文化学院	公共文化服务与管理（专科）	106
历史文化学院	旅游管理（专升本）	118
马克思主义学院	思想政治教育（本科师范）	39
美术学院	动画（本科）	41
美术学院	服装与服饰设计（服装表演与形象设计方向）(本科)	26
美术学院	环境设计（本科）	50
美术学院	美术学（本科师范）	78
美术学院	视觉传达设计（本科）	60
美术学院	书法学（本科）	93
美术学院	动漫制作技术（中外合作专科）	29
美术学院	美术教育（专科师范）	50
美术学院	艺术设计（中外合作专科）	34
农林科学学院	园林(3+2本科)	38
农林科学学院	园林（本科）	27
农林科学学院	园艺（本科）	32
农林科学学院	动物医学（高职本）	37
农林科学学院	园林（高职本）	46
农林科学学院	畜牧兽医（专科）	23

(续表)

学院	专业名称	人数
农林科学学院	动物防疫与检疫（专科）	14
农林科学学院	园林技术（专科）	28
农林科学学院	动物医学（专升本）	80
商学院	会计学(3+2本科)	75
商学院	工商管理（本科）	115
商学院	国际经济与贸易（本科）	167
商学院	会计学（本科）	182
商学院	会计学（金融外包方向）（校企合作本科）	99
商学院	金融工程（本科）	61
商学院	国际经济与贸易（高职本）	82
商学院	市场营销（校企合作专科）	89
商学院	国际经济与贸易（专升本）	60
商学院	会计学（专升本）	81
生命科学学院	生物技术（本科）	54
生命科学学院	生物科学（本科师范）	50
生命科学学院	食品科学与工程（本科）	37
生命科学学院	农业生物技术（专科）	23
生命科学学院	食品生物技术（专科）	34
生命科学学院	生物科学（专升本）	60
数学与统计学院	数学与应用数学（本科师范）	56
数学与统计学院	数学与应用数学（免费本科师范）	41
数学与统计学院	信息与计算科学（本科）	42
体育与健康学院	社会体育指导与管理（本科）	81
体育与健康学院	社会体育指导与管理（高尔夫方向）（中外合作本科）	23
体育与健康学院	体育教育（本科师范）	100
体育与健康学院	舞蹈表演（健美操方向）（本科）	40
体育与健康学院	舞蹈表演（啦啦操方向）（本科）	44
体育与健康学院	舞蹈表演（体育舞蹈方向）（本科）	21
体育与健康学院	体育教育（专科师范）	38
土木工程与建筑学院	房地产开发与管理（本科）	29
土木工程与建筑学院	建筑学（本科）	53
土木工程与建筑学院	土木工程（本科）	126

(续表)

学院	专业名称	人数
土木工程与建筑学院	房地产经营与管理（中外合作专科）	54
土木工程与建筑学院	房地产经营与管理（专科）	56
土木工程与建筑学院	建筑工程技术（专科）	92
土木工程与建筑学院	土木工程（专升本）	52
外国语学院	阿拉伯语（本科）	30
外国语学院	朝鲜语（本科）	28
外国语学院	俄语（本科）	29
外国语学院	法语（本科）	46
外国语学院	商务英语（本科）	123
外国语学院	西班牙语（本科）	48
外国语学院	英语（本科师范）	52
外国语学院	英语（免费本科师范）	62
外国语学院	商务英语（校企合作专科）	94
外国语学院	商务英语（专科）	205
外国语学院	应用西班牙语（专科）	35
文学院	编辑出版学（本科）	80
文学院	汉语国际教育（本科师范）	38
文学院	汉语言文学（本科师范）	109
文学院	汉语言文学（免费本科师范）	50
物理与电子工程学院	电子信息工程（本科）	47
物理与电子工程学院	电子信息工程（物联网方向）（校企合作本科）	53
物理与电子工程学院	电子信息科学与技术（本科）	50
物理与电子工程学院	电子信息科学与技术（集成电路方向）（校企合作本科）	43
物理与电子工程学院	物理学（本科师范）	29
物理与电子工程学院	电子信息工程技术（专科）	54
物流学院	物流管理(3+2本科)	44
物流学院	电子商务（本科）	58
物流学院	物流工程（本科）	34
物流学院	物流管理（本科）	56
物流学院	物流管理（冷链物流方向）（校企合作本科）	40
物流学院	电子商务（专科）	159
物流学院	物流管理（校企合作专科）	38

(续表)

学院	专业名称	人数
物流学院	物流管理（专科）	55
物流学院	物流工程（专升本）	79
信息科学与工程学院	计算机科学与技术（本科师范）	29
信息科学与工程学院	计算机科学与技术（移动智能开发方向）（校企合作本科）	65
信息科学与工程学院	软件工程（软件外包方向）（校企合作本科）	88
信息科学与工程学院	软件工程（项目管理方向）（校企合作本科）	41
信息科学与工程学院	通信工程（本科）	44
信息科学与工程学院	通信工程（物联网方向）（校企合作本科）	38
信息科学与工程学院	通信工程（智能信息处理方向）（校企合作本科）	43
信息科学与工程学院	网络工程（本科）	39
信息科学与工程学院	网络工程（物联网方向）（校企合作本科）	41
信息科学与工程学院	信息工程（本科）	30
信息科学与工程学院	计算机网络技术（校企合作专科）	103
信息科学与工程学院	计算机网络技术（专科）	56
信息科学与工程学院	计算机应用技术（校企合作专科）	42
信息科学与工程学院	软件技术（专科）	59
信息科学与工程学院	计算机科学与技术（专升本）	60
药学院	药学（本科）	34
药学院	制药工程（本科）	55
药学院	药学（高职本）	44
药学院	制药工程（高职本）	40
药学院	药品生产技术（专科）	73
沂水分校	工商企业管理（沂水分校）（专科）	110
沂水分校	国际经济与贸易（沂水分校）（校企合作专科）	20
沂水分校	国际经济与贸易（沂水分校）（专科）	93
沂水分校	会计（沂水分校）（校企合作专科）	79
沂水分校	会计（沂水分校）（专科）	215
沂水分校	旅游管理（沂水分校）（校企合作专科）	20
沂水分校	旅游管理（沂水分校）（专科）	38
沂水分校	市场营销（沂水分校）（专科）	52
沂水分校	小学教育（沂水分校师范）	466
沂水分校	学前教育（沂水分校师范）	210
音乐学院	舞蹈学（本科）	26

(续表)

学院	专业名称	人数
音乐学院	音乐学（本科师范）	70
音乐学院	音乐学（民族器乐方向）（本科）	34
音乐学院	音乐学（音乐艺术管理方向）（本科）	31
音乐学院	舞蹈表演（专科）	34
音乐学院	音乐教育（中外合作专科）	32
资源环境学院	测绘工程（本科）	38
资源环境学院	地理科学（本科师范）	58
资源环境学院	环境工程（本科）	31
资源环境学院	人文地理与城乡规划（本科）	40
资源环境学院	自然地理与资源环境（本科）	31
自动化与电气工程学院	电气工程及其自动化（本科）	155
自动化与电气工程学院	轨道交通信号与控制（本科）	46
自动化与电气工程学院	自动化（本科）	40
自动化与电气工程学院	自动化（嵌入式软件外包方向）（校企合作本科）	62
自动化与电气工程学院	电气自动化技术（专科）	97
自动化与电气工程学院	电气工程及其自动化（专升本）	81

2020 年获得学士学位与双学位一览表

学　院	主修专业学位授予人数	辅修学位授予人数
材料科学与工程学院	60	1
传媒学院	437	43
法学院	290	5
化学化工学院	198	1
机械与车辆工程学院	397	9
教育学院	365	8
历史文化学院	224	5
马克思主义学院	39	0
美术学院	340	5
农林科学学院	259	6
商学院	913	19
生命科学学院	198	5
数学与统计学院	139	2
体育与健康学院	293	3

(续表)

学　院	主修专业学位授予人数	辅修学位授予人数
土木工程与建筑学院	258	2
外国语学院	406	9
文学院	276	5
物理与电子工程学院	220	2
物流学院	308	17
信息科学与工程学院	507	1
药学院	169	5
音乐学院	152	4
资源环境学院	197	7
自动化与电气工程学院	385	6

供稿人：朱凤春
审核人：吕慎金

教学质量监督与评估工作

【部门简介】按照教育部高等教育要实行"管、办、评"相对分离的原则，2014年8月，为加强教育质量建设保障体系和教学评估，加强教师整体教育教学素质的培养提高，建立系统化的教学质量监督保障体系，学校成立"教育质量评估与教师发展中心"，2016年12月，更名为"教学质量监督与评估办公室"，内设教学质量监督科、教育质量评估科、教学质量督导科3个科室，主要承担教学运行质量监督、教育质量评估等主要职能，组织开展以提高本科教学为主的高等教育质量建设、评价及研究等。现有专职教学质量管理人员6人，校级专职教学督导员20人，学院兼职教学督导队伍160余人，学生信息员403人。

【日常教学质量监测】以校院两级教学管理与教学督导队伍、学生信息员队伍为主体，通过开学前备听评审检查、新学期第一天教学运行状态检查、日常教学运行秩序检查、教学督导听（看）课、期中教学检查、期末考试巡视、毕业论文（设计）和试卷专项检查等形式形成教学质量监控无缝隙、无死角的日常教学监督体系。修订《临沂大学教学督导工作条例》（临大校办发〔2020〕15号）；针对疫情期间线上教学实际，探索实施线上课堂教学督导模式；对拟参加各类认证专业的课堂教学进行全覆盖监测与督导，确保认证专业课堂教学质量。2019—2020学年校级教学督导员共听课5673学时。

【课堂教学质量评价】修订《临

沂大学教师课堂教学质量评价办法》（临大校办发〔2020〕16号），组织学生每学期开展网上评教工作，本科生参与评教28 765人次。2019—2020学年两个学期的测评中，评教课程覆盖率均为100%，学生参评率99.78%。学生评教结果成为各学院开展教师教学评价的重要依据，学校以学院为单位形成教师课堂教学质量排行榜。学校在2020年第三聘期竞聘上岗中进一步强化了教学工作量和教学质量评价的权重，坚持教学工作一票否决制。

【学生满意度调研】 学校建立学生学习满意度调研工作机制，通过问卷方式定期开展对在校生和应届毕业生的专业教学满意度调研。

2020年11月，学校对2018、2019级本科生开展了"专业教学满意度调查"，调查结果显示，有近90%的学生对所学专业满意度较高，学生对专业课程满意度为85.06%，比2019年调研数据提升了8个百分点。有96.93%的学生认为通过学习可以自我提升，高度认可学校的人才培养体系。

2020年5—6月，学校对2020届本科毕业生开展了"专业教学满意度调查"。调查结果显示，学生对教学质量总体满意度高，其中满意度最高的项目为图书资源、教师师德和敬业精神、校园文化氛围、任课老师教学工作水平四个项目。

【学生职业发展调研】 2020年，学校委托第三方机构（麦可思数据有限公司），围绕毕业生的职业领域、职业发展以及培养目标合理性、课程体系合理性等主题，对2015届本科毕业生开展职业发展状况与人才培养质量跟踪评价，按照师范类、工科类和其他类三种专业类型分别形成学校人才培养质量跟踪评价报告。

【监测数据填报和质量报告编制】 根据教育部和省教育厅的相关通知要求，学校依托高等教育质量监测国家数据平台和校内教学基本状态数据库，组织完成高等教育质量监测国家数据平台2020年度数据采集与填报工作，形成并及时反馈学校教学基本状态数据分析报告，作为学校下一步改进教学工作的基本依据。在此基础上，完成2019—2020学年学校本科教学质量年度报告和本专科专业人才培养状况报告，并按照要求向社会公开。

【教学质量信息反馈与改进】 学校通过日常教学督导、常规教学检查、专项教学检查等措施加强教学重点环节的质量监测，利用会议、简报等形式建立完善的教学质量信息反馈机制，各类信息数据被用于专业建设、课程建设、教学改革等教学建设中。编发《教学质量监督评估》简报5期，通过部门联动、问题跟踪等方式，形成质量信息反馈与改进的良性循环机制。

【专业认证深入推进】 学校按照认证要求构建了面向产出的教学质量评价体系，制定《临沂大学人才培养质量达成情况评价管理与实施办法（试行）》（临大校办发〔2020〕1号）《临沂大学关于建立毕业生跟踪反馈机制的意见（试行）》（临大校办发〔2020〕17号）。2020年，学校工程教育认证和师范类专业认证均取得了新突破。小学教育专业以优异成绩通过师范类专业第二级认证，机械设计制造及其自动化、地理科学、制药工程3个专业接受工程教育认证专家组现场考查。11个工科专业申报2021年工程教育认证，其中5个专业获得认证受理；11个师范专业按照认证标准全面开展自评自建，完成认证申请书撰写和专家评审。

供稿人：贾瑞宝
审核人：赵光怀

研究生教育与学科建设

【部门简介】 临沂大学研究生工作部（处）（学科建设办公室）是学校学位与研究生教育、学科规划建设工作的职能部门，下设研究生招生办公室、研究生培养科、学位评定委员办公室、学科建设科和学部秘书科等科室。

研究生培养体系正逐步建立和完善。近年来，不断深化研究生教育改革与实践，完善培养机制，优化教学内容，规范培养环节，不断改善教学科研环境与条件，突出研究生创新意识和科研能力培养，培养质量不断提高。临沂大学现有1个化学硕士学位授权一级学科，3个硕士专业学位授权类别，其中教育硕士专业学位下设小学教育、学科教学（思政）2个授权领域，工程硕士专业学位下设生物医学工程1个授权领域。积极与山东师范大学、青岛科技大学、曲阜师范大学等高校在物理与电子工程、化学化工、生命科学、资源环境等专业开展硕士、博士联合培养工作。

研究生管理以"明义、锐思、弘毅、致远"的校训为理念，践行"实"的校风，传承抗大基因，弘

扬沂蒙精神,培养学生弘扬沂蒙精神和培育学生的临大特质,探索研究生教育管理体制,完善高质量研究生培养模式,推进以科学研究为主导的导师负责制,推动"三全育人"培养模式创新,建立了系统、科学、规范的管理制度与运行机制。

【研究生招生教学工作】2020年我校圆满完成首届研究生招生工作目标,经过初试考核和复试筛选,最终录取硕士研究生168人,报到率100%。

自2月24日线上开学以来,临沂大学2020年春季学期研究生线上教育教学及管理培养工作进展顺利。各学院坚持"学生培养不放松,科研质量有保障",积极落实各项研究生教育教学工作。5月20-21日,在学校的统筹安排下,根据分期分批错峰返校的工作方案,我校70名硕士研究生顺利返校复学。9月6日,临沂大学迎来2020级研究生新生,共报到173人,其中自主培养166人,联合培养7人。另外,该学期还将有20名联合培养研究生到校学习。

【研究生培养工作】

1. 加强制度建设,提升管理规范化水平。制定、修订并发布了《临沂大学关于制定硕士研究生培养方案的指导意见》《临沂大学研究生中期考核与筛选实施办法(试行)》《临沂大学专业学位研究生专业实践工作实施办法(试行)》《临沂大学专业学位研究生实践基地建设与管理办法(试行)》《临沂大学研究生教育质量提升工程项目管理办法》《临沂大学研究生奖助学金管理办法(修订)》等文件,进一步提升了研究生教育规范化管理水平。

2. 规范课程建设,推进教育教学改革。为确保研究生培养质量,学校高度重视研究生教育教学改革与课程建设工作,积极推行案例教学,切实加强研究生课程体系建设和规范管理,充分调动研究生课程授课教师和研究生指导教师的积极性,充分调动教育专业学位任课教师及管理人员研发教学案例的积极性,鼓励教师积极参与省级研究生教育创新项目申报。在2020年山东省教育厅组织的"山东省研究生质量提升计划和创新计划项目"的申报和评选中,我校张立梅教授主持申报的"中国特色社会主义理论与实践研究"获批教育优质课程建设项目,陈向勇教授主持申报的"线性系统理论"教学案例库建设与实践探索获批教学案例项目,2019级研究生孟艳菲的论文《FePt基纳米复合材料的设计合成及其在纳米催化医学领域的应用研究》获批优秀成果奖(学术学位),为我校研究生培养质量提升夯实了基础。

3. 深入推进专业学位研究生培养模式改革。学校落实国家产教融合战略,探索校地协同育人机制,加强专业学位研究生实践基地建设和联合培养基地建设。2020年,共确定10个专业学位研究生校级实践基地,"小学卓越教师校地协同培养基地"获批山东省产教融合研究生联合培养示范基地。

【学科建设工作】2020年,在学校党政的带领下,在各学院、各部门的大力支持下,学科建设办公室按照学科建设规划和年度工作目标,扎实开展各项工作,推进学科建设步伐,提升学科建设内涵,促进我校学科建设水平进一步提升。

1. 加强工作落实。准确研究生工作部(处)(学科建设办公室)职责定位,创建我校学科建设、学位点建设、研究生教育的工作一体化体系,打牢夯实组织机构基础,促进学科建设各项工作的有效开展。

2. 加强特色学科团队建设。根据《临沂大学特色学科团队建设规划与实施方案》,进一步强化沂蒙文化、肿瘤诊疗、智慧物流、教师教育、资源环境与现代农业、新能源新材料、古生物学共七大重点发展的学科领域的建设,推进一流学科建设。积极培育化学学科申报省高水平学科。

3. 学校多次召开学科建设推进会,加强调研,强化学科建设龙头地位。通过会议的召开既交流了经验,又查摆了问题,明确了后续发展的目标与思路,对我校学科建设

将起到积极推动作用。通过调研，继续协助学院做好学科建设规划与优化，在"面"上形成"一学院一学科一专业"的学科专业一体化布局，即每一个学院，优先建设一个一级学科；该优先建设的重点学科至少支撑一个省级及以上本科一流专业，至少支撑一个研究生培养专业。

4. 推进学位授权点申报。根据国务院学位委员会关于博士硕士学位授权审核工作安排，我校启动2020年新一轮新增博士硕士学位授权申报工作。通过几轮筛选申报，推荐上报省教育厅硕士学位授权点13个，通过省学位办审核12个（学硕3个，专硕9个），上报国家学位办，等待复核。12个学位点分别为马克思主义理论、数学、控制科学与工程（学硕3个）、应用统计、体育、汉语国际教育、应用心理、土木水利、生物与医药、农业、药学、旅游管理（专硕9个）。

5. 加强师资队伍建设，提升办学实力。坚持引育并举，延揽高层次人才。截至2020年12月31日，共遴选出具有研究生招生资格的教师223人（名单见附件：《关于公布2019年硕士研究生指导教师遴选及认定结果的通知》临大校办发〔2020〕4号、《关于公布2020年硕士研究生指导教师遴选结果的通知》临大校办发〔2020〕20号）。

附

临沂大学校长办公室
关于公布硕士研究生指导教师的通知
临大校办发〔2018〕22号

各部门、各单位：

经学院推荐，研究生处组织审核，校学位委员会硕士研究生指导教师遴选工作专家评议组审议通过，学校决定聘任郑秀文等18人为我校学术学位硕士研究生指导教师，张淳等25人为我校专业学位硕士研究生指导教师，陈中杰等20人为我校专业学位硕士研究生校外指导教师。现将有关人员名单（排名不分先后）公布如下：

一、学术学位硕士研究生指导教师名单
化学（校内18人）
张书圣 郑秀文 张 振 杨文荣 李雪梅 郭英姝
郝冬梅 孟令宗 王晓丽 王 振 徐守方 宋昕玥
时鹏飞 张怀荣 刘丽赟 张品华 杨文强 蒋艳夏蕾

二、专业学位硕士研究生指导教师名单
工程硕士（生物医学工程）（校内10人）
张 淳 宋兴良 李 琼 夏其英 胡善文 李学明
孙英男 高中峰 陈岚岚 张振华
工程硕士（生物医学工程）（校外8人）
李宝生 李 胜 车峰远 刘继国 窦明晓 王丽娟
邓幻波 朱彦熹
教育硕士（校内15人）
李中国 张洪高 徐传胜 李同胜 陈德云 刘恩允
赵霞霞 邹吉林 石少广 徐东升 张立梅 费聿辉
周思元 孙海英 杨志刚
教育硕士（校外12人）
陈中杰 孙艳霞 于江美 卢英苗 李健梅 王红梅
宋玉良 高 翔 林化雷 于然丰 宫国琴 王瑞超

临沂大学校长办公室
2018年12月10日

临沂大学校长办公室
关于公布2020年硕士研究生指导教师
遴选结果的通知
临大校办发〔2020〕20号

各部门、各单位：

根据《临沂大学研究生指导教师遴选暂行办法（试行）》（临大校办发〔2020〕3号）有关规定，经个人申请、学院学位评定分委员会审核、学校学位评定委员会评定，确定了我校2020年硕士研究生指导教师名单（按姓氏排序），现予公布：

一、专业学位硕士研究生指导教师
（一）教育硕士——学科教学（思政）（24人）
陈三营 丁瑞兆 郭 星 孔 伟 李鹏程 刘 慧
刘梅秀 刘 涛 陆 寒 陆玉胜 罗亚海 马秀兰
王春梅 王 倩 王文峰 杨 超 杨晋娟 杨 克
姚建涛 苑朋欣 张红云 张学强 赵佃强 赵长芬
（二）教育硕士——小学教育（25人）
安 娟 安 敏 曹彦杰 胡 青 胡秀俊 李凤玮
李树军 李永联 马婷婷 孟样新 苗守艳 宋红丽
唐 文 王立忠 王秀庭 王雪芹 王玉秋 魏秀春
邢晋伟 张 笛 张 伟 张文娟 张玉磊 周 莹
朱家华
（三）电子信息——计算机技术（31人）
曹云鹏 陈 晓 崔玉理 郭 锋 郭 颖 韩 虎
江晓雨 李道勇 李建福 李 伟 李晓乐 刘鸣涛
刘前进 刘 霞 吕 利 潘洪哲 任晓营 时长民
史云飞 王东超 王永芳 肖 松 于本福 张德伟
张林涛 张 明 张 鹏 张 鑫 赵 艳 朱孔伟
朱利凯
（四）电子信息——控制工程（29人）
安 莛 藏京京 陈 雷 丛兰美 何宁慧 贾传洋
李 帅 李晓东 梁儒全 亓 琳 钱守武 石建辉
宋东明 孙熙震 王海龙 王 南 王 宁 王永龙
王永贞 吴磊磊 邢明明 杨伟冬 尹国安 张贵彬
张建宝 张松涛 张远明 郑彦鹏 朱登元
二、学术型硕士研究生指导教师
化学（56人）
崔光亮 崔 亮 崔晓玉 戴圣杰 戴志超 高翠娟
高中锋 郭绍芳 郝春香 胡芳东 胡雪萍 黄力华
黄 训 姜晓蕾 康大成 李法强 李 辉 李 琼
李修岭 李云志 刘云国 刘振宁 曲家金 邱凤丽
宋兴良 隋智海 孙爱德 孙英男 田浩廷 田 露
王程宇 王德鹏 王芳芳 王 梁 王书海 王树才
王晓豪 王孝理 王 莹 武庆炎 夏其英 辛化伟
辛 杰 颜文超 杨 柳 殷克涛 于秀玲 张 波
张 淳 张桂芝 张兴林 张振华 赵志龙 郑淑珍
周金川 祝洪洋
三、校外合作硕士研究生指导教师
（一）教育硕士——学科教学（思政）（10人）
鲍圣峰 陈海玲 傅石灵 李志国 刘国梅 刘宗国
全宗旭 许 光 许琳琳 张剑峰
（二）教育硕士——小学教育（11人）
邓 娜 冯维峰 郭光余 刘相俊 牛纪英 王德君
王鄂晓 张淑琴 赵洪军 赵 芹 郑玲玲
（三）电子信息——计算机技术（10人）
耿贵宁 管绍朋 郭 洋 蒋本帅 李战军 刘金全
孟 琦 杨启东 杨 喆 叶 刚
（四）电子信息——控制工程（17人）
丁庆发 范 永 高文彬 韩宝东 胡海清 李克旭
李 阳 李战军 李正杰 石运华 王立峰 王兴超
王秀强 魏孝新 徐 冰 张 杰 张宗兴

临沂大学校长办公室
2020年10月26日

供稿人：尹 瑜
审核人：付厚利

临沂大学研究生 2020 级在校名单

序号	姓名	性别	学科领域	学生类型	院 系	导师姓名
1	白新娜	女	化学	全日制学术型硕士	化学化工学院（生化分析研究所）	李雪梅
2	白振钰	女	化学	全日制学术型硕士	化学化工学院（生化分析研究所）	宋兴良
3	陈开秀	女	化学	全日制学术型硕士	化学化工学院（生化分析研究所）	时鹏飞
4	陈廷婷	女	化学	全日制学术型硕士	化学化工学院（生化分析研究所）	张书圣
5	付豪	男	化学	全日制学术型硕士	化学化工学院（生化分析研究所）	宋兴良
6	公晶	女	化学	全日制学术型硕士	化学化工学院（生化分析研究所）	张书圣
7	韩汶秀	女	化学	全日制学术型硕士	化学化工学院（生化分析研究所）	张怀荣
8	李凤艳	女	化学	全日制学术型硕士	化学化工学院（生化分析研究所）	宋昕玥
9	李金泽	男	化学	全日制学术型硕士	化学化工学院（生化分析研究所）	高中锋
10	李苹	女	化学	全日制学术型硕士	化学化工学院（生化分析研究所）	宋兴良
11	李文鑫	女	化学	全日制学术型硕士	化学化工学院（生化分析研究所）	郭英姝
12	李兴帅	男	化学	全日制学术型硕士	化学化工学院（生化分析研究所）	张兴林
13	刘白雪	女	化学	全日制学术型硕士	化学化工学院（生化分析研究所）	杨文强
14	刘艳霞	女	化学	全日制学术型硕士	化学化工学院（生化分析研究所）	辛化伟
15	刘盈燕	女	化学	全日制学术型硕士	化学化工学院（生化分析研究所）	时鹏飞
16	马明惠	女	化学	全日制学术型硕士	化学化工学院（生化分析研究所）	李雪梅
17	任林林	男	化学	全日制学术型硕士	化学化工学院（生化分析研究所）	宋昕玥
18	芮琦	女	化学	全日制学术型硕士	化学化工学院（生化分析研究所）	王晓丽
19	沈美琪	女	化学	全日制学术型硕士	化学化工学院（生化分析研究所）	张书圣
20	宋晗	女	化学	全日制学术型硕士	化学化工学院（生化分析研究所）	王振
21	宋小菊	女	化学	全日制学术型硕士	化学化工学院（生化分析研究所）	夏其英
22	宋晓辉	男	化学	全日制学术型硕士	化学化工学院（生化分析研究所）	孟令宗
23	孙丽	女	化学	全日制学术型硕士	化学化工学院（生化分析研究所）	郭英姝
24	孙帅琦	女	化学	全日制学术型硕士	化学化工学院（生化分析研究所）	孟令宗
25	唐巍纳	女	化学	全日制学术型硕士	化学化工学院（生化分析研究所）	郑秀文
26	田丰	男	化学	全日制学术型硕士	化学化工学院（生化分析研究所）	张书圣
27	田晴晴	女	化学	全日制学术型硕士	化学化工学院（生化分析研究所）	孙英男
28	王家才	男	化学	全日制学术型硕士	化学化工学院（生化分析研究所）	王振
29	王钰涵	女	化学	全日制学术型硕士	化学化工学院（生化分析研究所）	刘丽赏
30	吴谛	女	化学	全日制学术型硕士	化学化工学院（生化分析研究所）	郭英姝
31	熊雪帆	女	化学	全日制学术型硕士	化学化工学院（生化分析研究所）	李琼
32	徐菲菲	女	化学	全日制学术型硕士	化学化工学院（生化分析研究所）	张书圣
33	颜丙银	女	化学	全日制学术型硕士	化学化工学院（生化分析研究所）	张书圣
34	姚美	女	化学	全日制学术型硕士	化学化工学院（生化分析研究所）	张怀荣
35	张慧敏	女	化学	全日制学术型硕士	化学化工学院（生化分析研究所）	郑秀文
36	张世浩	男	化学	全日制学术型硕士	化学化工学院（生化分析研究所）	刘丽赏
37	张鑫	女	化学	全日制学术型硕士	化学化工学院（生化分析研究所）	夏其英
38	赵蕾	女	化学	全日制学术型硕士	化学化工学院（生化分析研究所）	张书圣

(续表)

序号	姓名	性别	学科领域	学生类型	院 系	导师姓名
39	赵飘	女	化学	全日制学术型硕士	化学化工学院（生化分析研究所）	张书圣
40	赵钦国	男	化学	全日制学术型硕士	化学化工学院（生化分析研究所）	李雪梅
41	赵亭磊	男	化学	全日制学术型硕士	化学化工学院（生化分析研究所）	蒋艳夏蕾
42	周鑫	男	化学	全日制学术型硕士	化学化工学院（生化分析研究所）	郗冬梅
43	朱科晓	女	化学	全日制学术型硕士	化学化工学院（生化分析研究所）	刘丽赏
44	诸葛霄	女	化学	全日制学术型硕士	化学化工学院（生化分析研究所）	郗冬梅
45	陈梓匀	女	小学教育	全日制专业学位硕士	教育学院（教师教育学院）	李中国
46	范鸿燕	女	小学教育	全日制专业学位硕士	教育学院（教师教育学院）	陈德云
47	葛立凤	女	小学教育	全日制专业学位硕士	教育学院（教师教育学院）	刘恩允
48	公绪霞	女	小学教育	全日制专业学位硕士	教育学院（教师教育学院）	赵金霞
49	郭念琪	女	小学教育	全日制专业学位硕士	教育学院（教师教育学院）	李中国
50	胡学敏	女	小学教育	全日制专业学位硕士	教育学院（教师教育学院）	张洪高
51	李涵	女	小学教育	全日制专业学位硕士	教育学院（教师教育学院）	李中国
52	李文秀	女	小学教育	全日制专业学位硕士	教育学院（教师教育学院）	张朝珍
53	刘彦萱	女	小学教育	全日制专业学位硕士	教育学院（教师教育学院）	刘恩允
54	刘莹	女	小学教育	全日制专业学位硕士	教育学院（教师教育学院）	石少广
55	陆庆娜	女	小学教育	全日制专业学位硕士	教育学院（教师教育学院）	李中国
56	王富磊	女	小学教育	全日制专业学位硕士	教育学院（教师教育学院）	徐传胜
57	魏丽婷	女	小学教育	全日制专业学位硕士	教育学院（教师教育学院）	周忠元
58	徐伟	女	小学教育	全日制专业学位硕士	教育学院（教师教育学院）	陈德云
59	徐晓香	女	小学教育	全日制专业学位硕士	教育学院（教师教育学院）	刘恩允
60	袁洁	女	小学教育	全日制专业学位硕士	教育学院（教师教育学院）	张洪高
61	张晴晴	女	小学教育	全日制专业学位硕士	教育学院（教师教育学院）	邹吉林
62	张瑞	女	小学教育	全日制专业学位硕士	教育学院（教师教育学院）	邹吉林
63	张雅男	女	小学教育	全日制专业学位硕士	教育学院（教师教育学院）	李同胜
64	张玉玲	女	小学教育	全日制专业学位硕士	教育学院（教师教育学院）	张洪高
65	赵慧	女	小学教育	全日制专业学位硕士	教育学院（教师教育学院）	李同胜
66	郑磊	女	小学教育	全日制专业学位硕士	教育学院（教师教育学院）	张洪高
67	周美红	女	小学教育	全日制专业学位硕士	教育学院（教师教育学院）	李中国
68	朱焕	女	小学教育	全日制专业学位硕士	教育学院（教师教育学院）	李同胜
69	崔灿	男	学科教学(思政)	全日制专业学位硕士	马克思主义学院（沂蒙干部学院）	李彦龙
70	黄蒙	女	学科教学(思政)	全日制专业学位硕士	马克思主义学院（沂蒙干部学院）	孙海英
71	李婧	女	学科教学(思政)	全日制专业学位硕士	马克思主义学院（沂蒙干部学院）	徐东升
72	刘瑞雪	女	学科教学(思政)	全日制专业学位硕士	马克思主义学院（沂蒙干部学院）	张立梅
73	刘文成	女	学科教学(思政)	全日制专业学位硕士	马克思主义学院（沂蒙干部学院）	张立梅
74	苏新宇	女	学科教学(思政)	全日制专业学位硕士	马克思主义学院（沂蒙干部学院）	张立梅
75	孙硕	女	学科教学(思政)	全日制专业学位硕士	马克思主义学院（沂蒙干部学院）	徐东升
76	滕钊慧	女	学科教学(思政)	全日制专业学位硕士	马克思主义学院（沂蒙干部学院）	费聿辉
77	王可欣	女	学科教学(思政)	全日制专业学位硕士	马克思主义学院（沂蒙干部学院）	杨志刚
78	夏晓凤	女	学科教学(思政)	全日制专业学位硕士	马克思主义学院（沂蒙干部学院）	杨志刚

(续表)

序号	姓名	性别	学科领域	学生类型	院系	导师姓名
79	徐云霞	女	学科教学(思政)	全日制专业学位硕士	马克思主义学院（沂蒙干部学院）	李彦龙
80	杨大洲	男	学科教学(思政)	全日制专业学位硕士	马克思主义学院（沂蒙干部学院）	孙海英
81	袁艺闻	女	学科教学(思政)	全日制专业学位硕士	马克思主义学院（沂蒙干部学院）	孙海英
82	张鹏	男	学科教学(思政)	全日制专业学位硕士	马克思主义学院（沂蒙干部学院）	徐东升
83	张悦	女	学科教学(思政)	全日制专业学位硕士	马克思主义学院（沂蒙干部学院）	费聿辉
84	晁喜斌	男	计算机技术	全日制专业学位硕士	信息科学与工程学院	武传坤
85	陈辉	男	计算机技术	全日制专业学位硕士	信息科学与工程学院	王振海
86	丁丽姣	女	计算机技术	全日制专业学位硕士	信息科学与工程学院	荆长强
87	冯兆阳	男	计算机技术	全日制专业学位硕士	信息科学与工程学院	傅德谦
88	高潇	女	计算机技术	全日制专业学位硕士	信息科学与工程学院	张问银
89	巩坪	女	计算机技术	全日制专业学位硕士	信息科学与工程学院	王九如
90	侯维辉	男	计算机技术	全日制专业学位硕士	信息科学与工程学院	邱建龙
91	霍东岳	女	计算机技术	全日制专业学位硕士	信息科学与工程学院	康与云
92	姜鹏坤	男	计算机技术	全日制专业学位硕士	信息科学与工程学院	张问银
93	李继涛	男	计算机技术	全日制专业学位硕士	信息科学与工程学院	曲宗金
94	李盟	女	计算机技术	全日制专业学位硕士	信息科学与工程学院	胡顺波
95	李清清	女	计算机技术	全日制专业学位硕士	信息科学与工程学院	王海峰
96	李慎睿	男	计算机技术	全日制专业学位硕士	信息科学与工程学院	邱建龙
97	李晓雪	女	计算机技术	全日制专业学位硕士	信息科学与工程学院	张问银
98	李盈旭	男	计算机技术	全日制专业学位硕士	信息科学与工程学院	高中锋
99	李兆帅	男	计算机技术	全日制专业学位硕士	信息科学与工程学院	邱建龙
100	刘国帅	男	计算机技术	全日制专业学位硕士	信息科学与工程学院	武传坤
101	刘娈琦	女	计算机技术	全日制专业学位硕士	信息科学与工程学院	王海峰
102	密翔	男	计算机技术	全日制专业学位硕士	信息科学与工程学院	傅德谦
103	戚庆厚	男	计算机技术	全日制专业学位硕士	信息科学与工程学院	赵斌
104	戚媛	女	计算机技术	全日制专业学位硕士	信息科学与工程学院	张问银
105	齐庆雯	女	计算机技术	全日制专业学位硕士	信息科学与工程学院	杨成东
106	沈廷达	男	计算机技术	全日制专业学位硕士	信息科学与工程学院	武传坤
107	宋鹏飞	男	计算机技术	全日制专业学位硕士	信息科学与工程学院	杨文强
108	孙崇然	男	计算机技术	全日制专业学位硕士	信息科学与工程学院	王九如
109	王百洋	男	计算机技术	全日制专业学位硕士	信息科学与工程学院	康与云
110	王磊	男	计算机技术	全日制专业学位硕士	信息科学与工程学院	武传坤
111	王振	男	计算机技术	全日制专业学位硕士	信息科学与工程学院	曲宗金
112	王志惠	女	计算机技术	全日制专业学位硕士	信息科学与工程学院	傅德谦
113	肖雄	男	计算机技术	全日制专业学位硕士	信息科学与工程学院	邱建龙
114	谢儒雯	女	计算机技术	全日制专业学位硕士	信息科学与工程学院	刘丽赏
115	徐雨豪	男	计算机技术	全日制专业学位硕士	信息科学与工程学院	王振海
116	杨传海	男	计算机技术	全日制专业学位硕士	信息科学与工程学院	杨成东
117	杨钥	女	计算机技术	全日制专业学位硕士	信息科学与工程学院	胡顺波
118	姚继鹏	男	计算机技术	全日制专业学位硕士	信息科学与工程学院	张淳

(续表)

序号	姓名	性别	学科领域	学生类型	院系	导师姓名
119	张付春	男	计算机技术	全日制专业学位硕士	信息科学与工程学院	胡顺波
120	张子浩	男	计算机技术	全日制专业学位硕士	信息科学与工程学院	张振华
121	赵静	女	计算机技术	全日制专业学位硕士	信息科学与工程学院	张书圣
122	郑贵悦	女	计算机技术	全日制专业学位硕士	信息科学与工程学院	赵斌
123	周雨凡	女	计算机技术	全日制专业学位硕士	信息科学与工程学院	江兆林
124	朱帅禛	男	计算机技术	全日制专业学位硕士	信息科学与工程学院	赵斌
125	常超	男	控制工程	全日制专业学位硕士	自动化与电气工程学院	邱建龙
126	陈雨君	男	控制工程	全日制专业学位硕士	自动化与电气工程学院	邱建龙
127	程文	女	控制工程	全日制专业学位硕士	自动化与电气工程学院	刘兆栋
128	冯琪轩	女	控制工程	全日制专业学位硕士	自动化与电气工程学院	张安彩
129	付振兴	男	控制工程	全日制专业学位硕士	自动化与电气工程学院	陈佩江
130	郭勇	男	控制工程	全日制专业学位硕士	自动化与电气工程学院	张淳
131	韩庆伟	男	控制工程	全日制专业学位硕士	自动化与电气工程学院	李振兴
132	何鑫	男	控制工程	全日制专业学位硕士	自动化与电气工程学院	李振兴
133	胡顺伟	男	控制工程	全日制专业学位硕士	自动化与电气工程学院	邱建龙
134	胡唯一	男	控制工程	全日制专业学位硕士	自动化与电气工程学院	张成茂
135	黄皓阳	男	控制工程	全日制专业学位硕士	自动化与电气工程学院	杨颖
136	贾田元	男	控制工程	全日制专业学位硕士	自动化与电气工程学院	陈向勇
137	焦煜	女	控制工程	全日制专业学位硕士	自动化与电气工程学院	庞国臣
138	李宁	男	控制工程	全日制专业学位硕士	自动化与电气工程学院	张安彩
139	刘华伟	男	控制工程	全日制专业学位硕士	自动化与电气工程学院	邱建龙
140	刘利涛	男	控制工程	全日制专业学位硕士	自动化与电气工程学院	杨颖
141	彭金	女	控制工程	全日制专业学位硕士	自动化与电气工程学院	夏其英
142	任佳和	男	控制工程	全日制专业学位硕士	自动化与电气工程学院	张安彩
143	宋庆军	男	控制工程	全日制专业学位硕士	自动化与电气工程学院	刘志
144	孙桂萍	女	控制工程	全日制专业学位硕士	自动化与电气工程学院	张安彩
145	王冠正	男	控制工程	全日制专业学位硕士	自动化与电气工程学院	赵峰
146	王明宇	女	控制工程	全日制专业学位硕士	自动化与电气工程学院	邱建龙
147	王尧	男	控制工程	全日制专业学位硕士	自动化与电气工程学院	张成茂
148	王志鹏	男	控制工程	全日制专业学位硕士	自动化与电气工程学院	邱建龙
149	魏鹤	女	控制工程	全日制专业学位硕士	自动化与电气工程学院	张振华
150	严东峰	男	控制工程	全日制专业学位硕士	自动化与电气工程学院	邱建龙
151	杨祥朋	男	控制工程	全日制专业学位硕士	自动化与电气工程学院	张兴林
152	姚秀荣	男	控制工程	全日制专业学位硕士	自动化与电气工程学院	陈向勇
153	于志晓	女	控制工程	全日制专业学位硕士	自动化与电气工程学院	王梁
154	袁宝星	男	控制工程	全日制专业学位硕士	自动化与电气工程学院	黄力华
155	张菲菲	女	控制工程	全日制专业学位硕士	自动化与电气工程学院	郑秀文
156	张鸿资	男	控制工程	全日制专业学位硕士	自动化与电气工程学院	庞国臣
157	张佳璐	女	控制工程	全日制专业学位硕士	自动化与电气工程学院	刘兆栋

(续表)

序号	姓名	性别	学科领域	学生类型	院系	导师姓名
158	张思远	男	控制工程	全日制专业学位硕士	自动化与电气工程学院	邱建龙
159	张云超	男	控制工程	全日制专业学位硕士	自动化与电气工程学院	辛化伟
160	赵浩东	男	控制工程	全日制专业学位硕士	自动化与电气工程学院	邱建龙
161	赵明星	男	控制工程	全日制专业学位硕士	自动化与电气工程学院	刘志
162	赵琰	男	控制工程	全日制专业学位硕士	自动化与电气工程学院	郭明
163	朱洁	女	控制工程	全日制专业学位硕士	自动化与电气工程学院	刘兆栋
164	庄立伟	男	控制工程	全日制专业学位硕士	自动化与电气工程学院	孟令宗
165	庄新海	男	控制工程	全日制专业学位硕士	自动化与电气工程学院	张星慧
166	邹文琪	女	控制工程	全日制专业学位硕士	自动化与电气工程学院	刘兆栋

国际教育交流学院

【部门简介】国际教育交流学院始建于2019年6月，是承担国际学生招收和培养、汉语国际推广和学生出国留学服务工作的学校直属机构，下设招生办公室、汉语国际推广办公室、学生管理办公室3个科室。现有教职工15人，包括8名管理人员和7名专职教师。学院有校聘特岗教授1人、副教授4人、讲师2人、助教1人。

【国际学生教育教学工作】2020年，在校国际学生共计129人，其中，本科专业学生80名，语言进修生31名，交换生18名。栾晓瑜老师获"临大最美教师"称号。学院教师获山东省社科规划项目立项1项，山东省艺术基金课题重点1项，出版专著、教材各1部，发表CSSCI期刊论文1篇。学院荣获学校2020年平安校园建设"先进单位"荣誉称号。

【孔子学院教育教学工作】2020年是科纳克里大学孔子学院运行的第三年，学院有中外方院长各1人、公派汉语教师3人、志愿者5人、兼职汉语教师13人。

截至年底，各类学生总数2204人，其中注册学生1339人，学分课学生850人，中文专业学生150人，共分52个班次。学院开设课程15门，在几内亚全国共建成11个教学点。松福尼亚大学开始筹建中文系，设立了中文师范专业、中文翻译专业和中文商贸专业。几内亚师范大学在外语学院下设中文系，招收了90名中文专业学生。

2020年，参加汉语水平考试HSK考试70人，HSKK考试11人，通过率74.1%。2020年秋季，3名学生获得中外语言交流合作中心国际中文教师奖学金。

供稿人：李子月
审核人：隋长虹

继续教育学院

【部门简介】临沂大学继续教育学院为学校直属机构，承担学校成人高等学历教育教学、管理和非学历教育工作。负责本单位的党建、党风廉政建设，教职工的思想政治教育和安全稳定工作，做好本单位队伍建设、岗位职责研究、工作流程设计、"一次办好"等工作；制定继续教育工作的发展规划和规章制度并组织实施；组织实施全校成人教育工作，制订招生计划，开展招生宣传、录取、教学管理、毕业审核及档案管理等工作；负责成人高等教育专业建设；负责函授站（教学点）的设置、监督、检查及管理；开展面向在校生和社会的各类职业证书培训及机关企事业单位的职业培训工作；开展出国留学培训工作；与企业合作开展职业教育及培训；组织全国计算机等级、TOEFL、GRE、成人教育学士学位外语等考试工作；开展在职研究生培养工作等工作。

【党建与思想政治工作】一年来，继续教育学院在学校党委、行政的正确领导下，深入贯彻党的十九大和十九届四中、五中全会精神，科学把握继续教育发展的新常态，适应新形势，抢抓新机遇，砥砺奋进、开拓进取，成人学历教育与培训工作不断取得新成绩。坚持抓党建促工作，以强党建促创新。在疫情防控不减压的形势下，支部网络政治理论学习常态化制度化，党员每天自觉学习"学习强国"，深入学习领会习近平总书记关于应对新冠肺炎疫情工作的系列重要讲话和批示指示精神，坚决贯彻党中央关于疫情防控各项决策部署，落实"坚定信心、同舟共济、科学防治、精准施策"总要求，统筹做好疫情防控和全年重点工作，注重"质量、规范、效益"，充分发挥党员的先锋模范作用。

【成人学历教育】2020年依托学校办学资源、人才优势，以服务区域经济社会发展、提高学生就业、创业创新能力为着力点，努力做大做强成人学历教育工作。

1. 扩大了成人招生规模。通过加大招生宣传力度、拓展新的联合办学点等措施，努力拓展生源渠道，实现了招生规模稳步增长；我校2020年成人招生录取人11 177人（具体见附表）招生人数实现了年27.7%递增。2020年12月底在校生达2万余人，学费收入近4000万元。

2. 学籍、学历管理的制度化、规范化和现代化。及时做好新生入学报到和学籍网上注册工作，同时依据毕业生学历电子注册要求，做好了7000余名成人毕业生毕业网上注册、证书办理及档案发放等工作。

3. 组织完成了8117名全省成人学士学位外语考试工作。

【职业培训工作】由于疫情防控的严峻形势，停止了托福和GRE考试，下半年成功组织了一次全国计算机等级考试，考试人数达2800人。

附：

2020年成人招生录取统计表

专业名称	层次	学习形式	录取数
金融工程	专升本	函授	58
法学	专升本	函授	258

(续表)

专业名称	层次	学习形式	录取数
教育技术学	专升本	函授	111
学前教育	专升本	函授	624
小学教育	专升本	函授	2470
汉语言文学	专升本	函授	529
英语	专升本	业余	54
数学与应用数学	专升本	函授	102
应用化学	专升本	函授	40
机械设计制造及其自动化	专升本	函授	80
车辆工程	专升本	函授	35
电气工程及其自动化	专升本	函授	154
计算机科学与技术	专升本	函授	262
土木工程	专升本	函授	703
药学	专升本	函授	172
工商管理	专升本	函授	408
会计学	专升本	函授	722
小学教育	高中起点本科	函授	138
汉语言文学	高中起点本科	函授	63
计算机科学与技术	高中起点本科	函授	57
土木工程	高中起点本科	函授	76
会计学	高中起点本科	函授	129
建筑工程技术	高职（专科）	函授	523
机械制造与自动化	高职（专科）	函授	93
机电一体化技术	高职（专科）	函授	235
计算机应用技术	高职（专科）	函授	342
会计	高职（专科）	函授	812
工商企业管理	高职（专科）	函授	606
市场营销	高职（专科）	函授	315
学前教育	高职（专科）	函授	557
小学教育	高职（专科）	函授	599
法律事务	高职（专科）	函授	177

供稿人：董怀杰
审核人：苗智刚

创新创业学院

【部门简介】创新创业学院为教辅机构，现有成员8人。主要职责：制订并落实创新创业教育总体规划，会同教务部门制定教学计划和人才培养方案。负责组织开展创新创业教育课题研究，开发建设创新创业教育通识课程。负责创新创业教育师资队伍建设，面向全校教师开展创新创业教育培训，指导各学院开展创新创业教育。负责规划、建设、管理大学生创新创业中心（园区）、创客基地、工作室、创业孵化园等各类创新创业平台。负责制定鼓励与扶持大学生创新创业的政策并组织实施。负责全校大学生创新创业培训和大学生创新创业项目、各类创业计划大赛、创业实践活动的组织、管理与服务。负责为学生创新创业项目成果的孵化与转化提供服务。负责创新创业竞赛经费、项目经费、创新创业师资培训等经费管理。会同教务部门负责学生创新创业学分认定、创新创业奖学金评选等工作。负责学校创新创业人才培养情况的统计与考核。

【创新创业教育工作】进一步持续推动创新创业教育课程改革，规范课程教学，优化更新课程内容，积累优质课程资源。新增1门"创新创业与职业素养"选修课程；2020年秋季在全校推广使用校本教材《创业基础》；"创业基础"课程被评为山东省社会实践一流课程建设项目。

【创新创业师资队伍建设】组织30名教师参与省人社厅培训机构举办的创新创业专项培训班、组织39人参加暑期课程教学研讨会，提高了师资队伍整体教学水平。现有创新创业教育专职教师39人，创新创业兼职导师226人。培育出创新创业国赛评委、山东省创新创业十大导师各1名。

【创新创业奖学金评选】完成2020届毕业生的创新创业奖学金评选、2020届本科毕业生创新创业实践学分认定及置换、2019—2020学年大学生创新创业奖学金的评定。其中，2020届毕业生548人次和非毕业生1620人次，创新创业类奖学

金总金额81.22万元；完成6000余人本科毕业生创新创业实践学分认定，61人实现创新创业实践学分置换。

【大学生创业指导服务】 持续提供大学生创业指导咨询服务，甄选创业项目入驻大学生创业园；成功孵化电子商务、传媒、信息服务等创业项目26个，部分项目已取得较好的经济效益，起到了标杆引领示范效果。山东双创活动周"创业经验分享交流会"成功在我校举办。

【创新创业大赛组织】 组织的"互联网+"大学生创新创业大赛校赛、山东省大学生科技创新创业大赛校赛参赛项目数及参与数创历史新高。其中"互联网+"大赛全校报名1101项，参与学生6126人，在校生参赛率达18%，全校评选获奖项目101个，发放奖金76400元。山东省大学生科技创新大赛校赛共报名105项，参与学生525人，有6个项目进入省赛网评，其中"莓好蓝图：产业益农助力乡村振兴"获得"建行杯"第六届山东省"互联网+"大学生创新创业大赛铜奖。

"兵回沂蒙山，文旅桃花源"项目参加第四届中华职业教育创新

创业大赛获一等奖，跻身全国应用型本科高校八强，是山东省唯一获得本届全国一等奖的项目。该项目获奖标志着我校创新创业教育在应用型方向的有效突破。

【大学生创新创业训练计划项目开展】 圆满完成2020年项目的立项及中期检查工作，新立项校级大学生创新创业训练计划项目308项，比2019年增加10%，超额完成了省级以上大学生创新创业训练计划项目突破120个的目标，其中校级重点项目213项，一般项目95项，重点项目中获得省级立项97项，国家级立项35项。完成以往到期项目及延期项目的结题工作。

供稿人：李　焕
审核人：李敬华

发展规划处（政策研究室）

【部门简介】 发展规划处（政策研究室）成立于2006年，下设有政策研究科、规划科、统计与信息科3个科室。本部门现有职工6人，其中，处长（主任）1人，副处长（副主任）2人，科长3人。

【年度工作】 2020年发展规划处贯彻落实党的十九大、全国全省高校思想政治工作会议精神，主动分析研判国内外高等教育、区域经济社会发展等最新动态，不断加强对学校重大改革、决策的研究、论证，为学校科学决策提供依据、咨询、建议和方案。

（一）修订《临沂大学章程》

《临沂大学章程》是办学治校的根本遵循。进入新时代，党和国家对高等教育事业提出了新使命、新任务、新要求，学校也已开启研究生教育新篇章，为适应新的发展环境，学校启动章程的修订工作，落实高等教育特色发展、分类管理的基本要求，将学校改革和发展的成果、经验固定下来，形成我校长期稳定的制度和传统。修订工作前后历时近一年时间，并严格按照程序进行，经教代会讨论、校长办公会审核、党委会审定后，于2020年5月报山东省教育厅申请核准。

（二）"十三五"总结与"十四五"编制工作

及时统计学校"十三五"事业发展核心指标完成情况，总结成绩、汲取经验、分析差距，全面总结学校"十三五"期间取得的主要成就，撰写分析报告。明确了学校"十四五"的发展基础，把制定"十四五"规划作为重中之重工作。2020年4月启动"十四五"发展规划前期调研工作；7月份，学校印发了规划编制工作方案，成立了以书记和校长为组长的领导小组，以及规划起草小组，明确了时间安排和工作要求，并召开了专题会议启动编制工作。王书记对高质量编制"十四五"规划作了进一步指示和要求，并邀请厦门大学别敦荣教授围绕科学谋划"十四五"作了专题辅导报告；10月，在学校主页开辟"我为临沂大学'十四五'建言献策"专栏，面向校内外征求建议，共收集意见建议300余条。11月，张书圣校长主持召开了工作推进会，对未来发展思路提出了指导性意见，同时结合学校未来发展需要和编制过程中发现的问题，对子规划体系进行了调整；12月，李中国处长带领规划编写小组成员，开展了由校内外各利益相关者参加的一系列座谈会，力求"十四五"发展规划在最大范围内征求意见、形成共识，在此基础上，完成了对规划文本的第一次修改完善。

（三）高等教育基层统计报表工作

牵头完成有关事业发展指标与数据统计方面的工作。认真做好全校教育基本信息收集、汇总，高等教育基层统计公报和中等职业教育统计公报上报工作（见附表）。

（四）山东省本科高校分类考核工作

牵头完成我校2020年山东省本科高校分类考核材料报送工作。认真做好指标分析、任务分工、数据采集等内容，填报系统数据，撰写《临沂大学2020年绩效考核自评报告》，将支撑材料整理成册上报，考核结果为良好。

（五）其他工作

牵头完成省教育厅交办的我校教育综合改革台账报送与跟进总结工作、"高等教育数据统计核查"自查工作、"五权下放"政策落地情况自查工作、高校政务公开自查整改工作、对照《评价改革方案》学校规章制度和文件清理工作、2020年我校高等教育事业发展基本数据统计填报工作等事项，配合完成学校申报山东省"双高"工作、应用型本科高校工作等。

供稿人：张红军
审核人：李中国

社会科学研究工作

【部门简介】社会科学处主要工作职责是：1.负责制定学校人文社会科学研究管理制度并组织实施；2.负责组织各级各类人文社会科学科研项目的申报，对获批项目实施监督、检查和管理；3.负责各级各类人文社会科学平台的组织申报、评估与管理。组织与企事业单位、社会团体联合开展项目研发以及联合共建研究中心（基地）等；4.负责人文社会科学成果认定，组织各级各类人文社会科学成果奖励申报，做好知识产权保护工作；5.负责校

内人文社会科学类科研机构的备案管理工作；6.负责社科类实验室（基地）的规划、建设，指导相关学院、研究院（所）做好社科类实验室（基地）的运行、开放和安全等日常管理工作，推进资源共享；7.负责协调组织和管理人文社会科学类学术交流活动；8.协助财务处、审计处检查监督人文社会科学类科研经费的使用情况；9.完成学校和上级部门安排的其他工作任务。

2020年社会科学处共有工作人员6人，分别为处长李中国，副处长卢中华，处长助理朱洪涛，科长张润芝、顾美和，教辅岗连振娟。

【提高站位，优化管理服务流程】在学校党委行政的科学领导下，不忘初心，牢记使命，提高站位，勇于担当，不断优化我校人文社科管理服务的流程，构建了"2+3+3"服务流程体系。该体系针对人文社科领域的项目和奖励申报两项基本工作，组建了2个专门小组，目标到人，责任到人，资源到人；落实了项目和奖励管理的3个工作流程，即重点培育、系统提升、细化到点；整个服务过程注重3个精准发力，即精准聚焦战略方向、精准到重点人物、精准到关键环节。

【抓紧关键，强化科研平台建设】我校人文社科研究平台一直是个弱项，缺乏国家级、教育部平台成为学校发展的重要瓶颈。2020年，在王焕良书记、池福安副校长的直接指导下，社科处与音乐学院紧密配合，我校获批了"教育部中华优秀传统文化（柳琴戏）传承基地"，自此临沂大学有了教育部的科研平台。与此同时，社科处积极优化人文社科研究平台建设，围绕着"沂蒙文化、教师教育、商贸物流、乡村振兴"4个基本点，大力整合全校的相关资源，力争取得更多更好的成果。

【履职尽责，高质量完成学校安排的重点工作项目】在积极做好本职工作的同时，积极参与到学校发展重点工作项目，先后高质量完成了"山东省高水平大学建设""山东省高等学校高水平学科建设""山东省应用型本科高校建设""山东省省属本科高校定量考核"等学校重点工作中涉及社科处的具体项目。

【2020年国家、省级科研项目】社会科学工作部分：我校2020年度获批国家社科基金项目7项，其中一般项目5项，后期资助项目1项，思政专项1项，批准经费145万。

获批省部级课题45项，其中，教育部人文社科项目9项，位列全国高校77名，山东高校第5名；获批19项2020年度山东省社科规划研究专项，位列山东高校第5名、省属高校第4名。获批市厅级课题96项。纵向课题批准经费共计355.2万元。设立临沂大学沂蒙精神研究专项10项、疫情防控专项10项。完成240余项课题的结题工作。

2020年我校获山东省第三十四届社会科学优秀成果奖9项，获奖数量名列省属高校第6位。发表高水平论文32篇，出版专著31部。

【2020年横向课题】2020年新立项横向课题56项，到位横向课题经费共计1 135.91万元，社会服务能力不断提升。

【科研平台与团队建设情况】2020年我校获批教育部中华优秀传统文化（柳琴戏）传承基地1个，获批教育厅全省教育系统文化传承（教育）工程山东省大中小学红色文化传承指导中心，获批山东省高等学校"青创科技计划团队"社科类1个。

承办山东省高等教育管理科学研究会2020年学术年会，来自全省100余所高校的230余名专家学者参加会议。承办山东社科论——全面建成小康社会与巩固脱贫成果机制研讨会，来自全国40多所高校和科研院所的60余位专家学者参加会议；会同相关学院先后举办"临沂大学新文科建设研讨会""第五届'三山一坡'高校联盟弘扬革命精神研讨会""山东省会计学会会计教育专业委员会2020年年会"等学术会议，邀请北京大学、山东大学等高校专家学者举办社科类学术会议30余场。

供稿人：李艳丽
审核人：张立梅

附表1 2020年国家、省级社科立项课题一览表

项目类别	课题名称	主持人	单位	课题编号	批准经费（万元）
国家社会科学基金项目	百岁老人的"沂蒙精神"社会记忆研究	杨克	法学院	20BDJ076	20
国家社会科学基金项目	中国共产党乡村振兴亲历程与经验研究	孔繁金	历史文化学院	20BDJ090	20
国家社会科学基金项目	晚清荀学与社会变革研究	牛鹏修	文学院	20BZX071	20
国家社会科学基金项目	结构化理论视角下我国幼儿体育健康教育模型的建构与应用研究	王雪芹	体育与健康学院	20BTY003	20
国家社会科学基金教育学项目	县域基础教育治理现代化的基本标准与实现路径研究	薄存旭	教育学院	BHA200144	20
国家社科基金高校思政课研究专项	革命文化资源提升高校思政课教学效果研究	刘慧	马克思主义学院	20VSZ057	20
国家社科基金后期资助项目	关系视角的社会工作本土实践与理论建构	杨超	法学院	20FSHB011	25
教育部人文社科研究项目	医患会话中身份构建的人际语用学研究	郭丽	外国语学院	20YJA740015	10
教育部人文社科研究项目	先秦仪式装饰艺术的功能演变及审美特征研究	张玉磊	美术学院	20YJA760107	10
教育部人文社科研究项目	中俄音乐互研文献整理与研究（1989-2019）	王德聪	音乐学院	20YJC760094	8
教育部人文社科研究项目	长江经济带水环境承载力评价及区域协同提升研究	胡阿芹	商学院	20YJC630038	8
教育部人文社科研究项目	关系主义视角下的社会工作整合性实践模式研究	杨超	法学院	20YJC840035	8
教育部人文社科研究项目	基于知识跟踪的学生学习发展评价研究	刘春志	教育学院	20YJA880029	10
教育部人文社科研究项目	高校治理主体多元化视域下教师建言行为的机制建构与实践研究	胡青	教育学院	20YJC880031	8
教育部人文社科研究项目	美国高校在线学位项目的走向及对我国的启示研究	李凤玮	教育学院	20YJC880040	8
教育部人文社科研究项目	供应链中断风险管理研究	张松涛	物流学院	20YJAZH131	10
全国高校古籍整理研究项目	《一见赏心编》校点	周忠元	文学院	2045	3
山东省社科规划研究项目	马克思的意识形态斗争思想及其当代价值研究	陆寒	马克思主义学院	20CKSJ03	3
山东省社科规划研究项目	守正与多元：新时代文明实践中心建设"山东路径"研究	赵家春	沂水校区	20CKSJ04	3
山东省社科规划研究项目	"三全育人"理念下通识教育实践路径研究	魏可媛	教育学院	20CKSJ15	3

(续表)

项目类别	课题名称	主持人	单位	课题编号	批准经费（万元）
山东省社科规划研究项目	统筹型行政体制研究	李宜春	历史文化学院	20CZZJ02	3
山东省社科规划研究项目	供应链金融模式下山东省物流企业的价值评估研究	焦晶	商学院	20CJJJ11	3
山东省社科规划研究项目	鲁南地区新时代文明实践与乡村振兴协同发展研究	陈鸿	费县校区	20CJJJ12	3
山东省社科规划研究项目	齐鲁传统文化与乡村旅游融合发展机制研究	尤海涛	历史文化学院	20CJJJ13	3
山东省社科规划研究项目	山东省高校精准扶贫困生创新路径研究	周莹	教育学院	20DJYJ02	3
山东省社科规划研究项目	明代赴朝山东华侨华人研究	刘冉冉	历史文化学院	20CLSJ01	3
山东省社科规划研究项目	美国非理性小说叙事对文化认同的建构研究（1830-1860）	唐文	外国语学院	20CWWJ10	3
山东省社科规划研究项目	中国纪录片跨文化传播研究	李光	传媒学院	20CXWJ09	3
山东省社科规划研究项目	山东城市公共体育服务承载力提升研究	葛男	体育与健康学院	20DTYJ01	3
山东省社科规划研究项目	基于德育视角下高校音乐课程思政实践研究	胡原原	音乐学院	20CWYJ06	3
山东省社科规划研究项目	文化传承视域下沂蒙文创产品开发及推广研究	季超	美术学院	20CWYJ07	3
山东省社科规划研究项目	沂蒙音乐文化视域下兰陵民歌的解构研究	宋贵娟	音乐学院	20CWYJ08	3
山东省社科规划研究项目	新时代意识形态安全的语言逻辑研究	丁瑞兆	马克思主义学院	20CXSXJ03	3
山东省社科规划研究项目	习近平总书记关于教育扶贫的重要论述实证研究	李中国	教育学院	20CXSXJ04	3
山东省社科规划研究项目	新时代山东省民主党派参政议政实践研究	陈德云	教育学院	20CRCJ04	1
山东省社科规划研究项目	山东革命题材电影与红色基因传承研究（1949-2019）	荆婧	历史文化学院	20CDSJ08	2
山东省社科规划研究项目	党史视域下沂蒙精神的形成、升华和发展研究	赵佃强	文学院	20CDSJ09	2
山东省社科规划研究项目	山东省红色基因的家庭传播形态研究	王淑芹	传媒学院	20CDSJ10	2
山东省社科规划研究项目	沂蒙红色文化融入地方高校意识形态风险防控研究	王守颂	马克思主义学院	20CYMJ03	2
山东省社科规划研究项目	新时代沂蒙精神传承与弘扬的文化生态研究	刘艳琴	文学院	20CYMJ04	2
山东省社科规划研究项目	沂蒙精神的多维传播路径研究	李洪彩	传媒学院	20CYMJ11	2
山东省社科规划研究项目	新时代大学生思想行为特点及变化规律研究	刘潇	费县校区	20CSZJ18	2

(续表)

项目类别	课题名称	主持人	单位	课题编号	批准经费（万元）
山东省社科规划研究项目	沂蒙精神主题文艺精品融入课程思政路径研究	耿耘	音乐学院	20CSZJ19	1
山东省社科规划研究项目	新时代大学生网络表达的话语分析及教育应对研究	张明瑞	教育学院	20CSZJ20	1
山东省社科规划研究项目	课程思政视域下的人文学科育人本位回归研究	马秀兰	文学院	20CSZJ21	1
山东省社科规划研究项目	全媒体视域下沂蒙红色音乐传播研究	王颖	音乐学院	20CLYJ14	1
山东省社科规划研究项目	体育文化与革命老区红色旅游资源融合建设研究	赵光勇	体育与健康学院	20CLYJ15	1
山东省社科规划研究项目	"鲁南五大调"表演艺术传承与创新研究	刘长龙	音乐学院	20CLYJ16	1
山东省社科规划研究项目	"沂蒙精神"图像在红色旅游中的资源开发与应用研究	于静波	美术学院	20CLYJ17	1
山东省社科规划研究项目	"三全育人"视阈下地方高校外语课程思政融合研究	贾永青	外国语学院	20CWZJ12	2
山东省社科规划研究项目	中国共产党学习制度的建构及历史演进	张立梅	马克思主义学院	20CXSXJ16	3
山东省社科规划研究项目	沂蒙精神特有称谓挖掘与整理	刘长飞	法学院	20CWTJ27	3

附表 2 2020年度社科横向科研项目一览表

课题编号	主持人	单位	课题名称	合作单位	总经费（万元）
SKHX2019020	李晓东	山东省商贸物流研究院	医疗用品逆向物流智能化追溯管理系统的研制开发与示范	临沂永洁环保废物处置有限公司	25
SKHX2020001	曹松荣	山东省商贸物流研究院	章丘物流园区总体规划项目	济南东欣物流有限公司	30
SKHX2020002	姚建涛	法学院	公证员素质提升的校地合作模式研究	山东省临沂市兰山公证处	10
SKHX2020003	孙海燕	商学院	后疫情时代木材市场消费需求变化探究	临沂平传装饰材料有限公司	7
SKHX2020004	于明江	法学院	探究老龄化背景下威海市休闲体育发展模式	山东省威海市三冠体育文化传播有限公司	5
SKHX2019024	尤海涛	历史文化学院	沂水县许家湖虾产业园发展规划	临沂市伟农农业有限公司	5
SKHX2020006	张少云	物流学院	企业物流运营成本分析与优化研究	上海中梦国际贸易有限公司	30

(续表)

课题编号	主持人	单位	课题名称	合作单位	总经费（万元）
SKHX2020011	史云飞	资源环境学院	临沂市建设用地节约集约利用评价	临沂土地管理中心	36
SKHX2020013	姜自立	传媒学院	数字艺术精品课程建设与教材研发	烟台市芝罘区时光坐标职业技能培训学校有限公司	3.2
SKHX2020009	袁小珺	法学院	探究网络支付公司权益保护模式	金运通网络支付股份有限公司	50
SKHX2020012	魏鹏	马克思主义学院	企业文化的建立与推广	临沂智博教育信息咨询有限公司	4
SKHX2020014	李明	传媒学院	新媒介视域下网红直播带货营销模式探究	内蒙古草原深处文旅有限公司	4
SKHX2020015	姚建涛	法学院	探究临沂市民营企业权益保护模式	山东省三禾律师事务所	30
SKHX2020007	张少云	物流学院	院企专业深度对接模式研究	临沂市邦太物流有限公司	20
SKHX2020017	蔡卫东	美术学院	深圳正玖集团在临沂当地的文化拓展业务计划及企业文化建设提升	深圳正玖投资有限公司	50
SKHX2020010	刘香	文学院	李庄社区志（续志）	山东顺和商贸集团有限公司	25
SKHX2020008	高中玲	体育与健康学院	生态文明视域下我国田园综合体"体育+"建设现状、困境、破解研究	中鹏（山东）体育产业有限公司	20
SKHX2020018	王琳	传媒学院	沂蒙具有特殊贡献的100位"红"商口述史影像志研究	临沂明泰资产管理有限公司	15
SKHX2020019	崔沂峰	物流学院	物流企业转型升级发展及竞争力提升研究	临沂致胜物流有限公司	10
SKHX2020020	尤海涛	历史文化学院	小白羚牧场旅游发展规划	山东白羚乳业有限公司	7
SKHX2020021	尤海涛	历史文化学院	鹤壁市淇滨区大赉店镇美丽乡村规划编制方案	中国科学院城市环境研究所	16.5
SKHX2020016	张红品	体育与健康学院	海川商贸员工健康状况评估及对策研究	临沂海川商贸有限公司	25
SKHX2020022	任世忠	档案馆	企业文化及其内涵在于支持会展设计VI系统设计中的应用——以山东南利装饰股份有限公司为例	山东南利装饰股份有限公司	3
SKHX2020023	公静	商学院	《临沂市人民政府办公室关于支持会展业创新发展的意见》实施情况第三方评估	临沂市人民政府办公室	20
SKHX2020024	张崇良	商学院	《临沂市人民政府办公室关于大力拓展消费市场加快塑造内需驱动型经济新优势的意见》实施情况第三方评估	临沂市人民政府办公室	20
SKHX2020025	李晓东	山东省商贸物流研究院	临沂市"十四五"商城转型升级发展规划	临沂商城管理委员会	57

(续表)

课题编号	主持人	单位	课题名称	合作单位	总经费（万元）
SKHX2020026	姜楠	沂水校区	健康护航 筑爱行动——我们的青春不任"性"	中国计划生育协会	1
SKHX2020020	尤海涛	历史文化学院	小白羚牧场旅游发展规划	山东白羚乳业有限公司	7
SKHX2020021	尤海涛	历史文化学院	鹤壁市淇滨区大赉店镇美丽乡村规划编制方案	中国科学院城市环境研究所	16.5
SKHX2019034	徐伟华	沂水校区	青春期的家长培训课程体系研究	山东懂爱教育咨询有限公司	4
SKHX2020027	吴信凤	商学院	友发新能源公司内部控制制度建设咨询	临沂友发新能源有限公司	15
SKHX2020024	张宗良	商学院	《临沂市人民政府办公室关于大力拓展消费市场加快塑造内需驱动型经济新优势的实施方案》实施情况第三方评估	临沂市人民政府办公室	20
SKHX2020023	公静	商学院	《临沂市人民政府关于支持会展业创新发展的意见》实施情况第三方评估	临沂市人民政府办公室	20
SKHX2020028	李晓乐	商贸物流研究院	临沂加快建设国家物流枢纽及"一带一路"综合实验区研究	临沂商城管理委员会	62
SKHX2018010	王秀庭(同妍)	音乐学院	中国非遗传承人群研修计划（柳琴戏）	文化和旅游部	90
SKHX2019008	赵家春	沂水校区	学前儿童家长教育"模块化"课程开发研究	北京世纪华园教育科技有限公司	3
SKHX2019030	杨晓玲	美术学院	田园综合体 logo	曹婷婷（山东樱之菡旅游开发有限公司）	5
SKHX2020034	李兆云	教务处	平邑县亚俗田园综合体总体规划	平邑县宏达食品有限公司第一分公司	30
SKHX2020035	刘传玉	商学院	临沂市应急物资储备体系建设十年规划（2020-2030）	临沂市应急管理局	10
SKHX2020036	徐元绍	学报编辑部	农产品的赋值创意及销售渠道研究	费县明烨商贸有限公司	20
SKHX2020037	吴成军	商学院	基于战略思维视角的水表制造企业转型研究	临沂市联翔水表制造有限公司	3
SKHX2020032	何洲娥	商学院	预算单位项目绩效目标编制研究	沂水县财政局	7.2
SKHX2020040	王作灿	体育与健康学院	企业体育文化对现代企业发展作用及建设路径研究	临沂深蓝网络科技有限公司	30
SKHX2020042	赵起	商学院	最优进货量项目开发研究	澳多美（上海）投资有限公司	1.2
SKHX2020039	刘希龙	美术学院	颜真卿书风创作与研究	山东沂蒙草业有限公司	30

(续表)

课题编号	主持人	单位	课题名称	合作单位	总经费（万元）
SKHX2019016	刘承琨	教育学院	中小学教师职前培训的内容与路径研究	日照市东港区师苑教育信息咨询有限公司临沂分公司	5
SKHX2020043	赵光勇	体育与健康学院	足球俱乐部运行机制及创新模式研究	临沂市华鹏足球俱乐部	30
SKHX2020041	李金	法学院	执业律师综合素质提升研究	山东矩量律师事务所	3
SKHX2020044	李久德	体育与健康学院	体育器械及体育设施相关设计研究	山东华师科技工程有限公司	10
SKHX2017012	李树军	教育学院	企业EAP方案的设计与实施研究	临沂市总工会	25
SKHX2020030	李玉增	历史文化学院	大学生生活能力构建与专项职业能力培训提升研究	临沂市荟园职业培训学校	3
SKHX2020045	耿耘	音乐学院	沂蒙红色文化团队建设	临沂蓝泰环保科技有限公司	15
SKHX2016001	牛振江	美术学院	新疆喀什地区麦盖提县央塔克乡双语小学孔子雕像、浮雕墙的创作与安装	山东港湾建设集团有限公司	59
SKHX2020046	宋伟	美术学院	少匠传媒企业文化提升研究	少匠（山东）传媒有限公司	50
SKHX2020031	祝国庆	体育与健康学院	企业篮球队运行机制及竞训模式创新研究	平邑鞠福生物科技有限公司	50
SKHX2020028	李晓东	商贸物流研究院	临沂加快建设国家物流枢纽及"一带一路"综合实验区研究	临沂商城管理委员会	62
SKHX2020048	张玉磊	美术学院	沂蒙文化视域下的景观装饰艺术研究	山东嘉邦置业有限公司	80
SKHX2020033	朱海艳	体育与健康学院	基于大数据分析的山东青少年体质健康促进研究	山东新明德教育科技有限公司	50
SKHX2020029	王念辉	体育与健康学院	基于瑜伽食观的孕期女性瑜伽课程的研发	山东心悦瑜伽有限公司	30
SKHX2020049	李艳丽	法学院	临沂市医疗器械租赁行业现状分析	临沂秉正医疗设备租赁有限公司	10
SKHX2020050	王汉筠	商学院	扩大临沂居民消费需求问题研究	临沂飞豹国际物流有限公司	1.5
SKHX2018018	李云成	沂水校区	初等教育阶段教学模式改革的多元创新研究	山东亚特兰蒂斯进出口有限公司	5
SKHX2020052	尹波	商学院	财务风险评价体系研究	临沂亚特兰蒂斯进出口有限公司	2
SKHX2020051	朱义亭	法学院	环境风险防范机制校企合作模式研究	临沂锦康装饰工程有限公司	10

(续表)

课题编号	主持人	单位	课题名称	合作单位	总经费（万元）
SKHX2020025	李晓东	商贸物流研究院	临沂市"十四五"商城转型升级发展规划	临沂商城管理委员会	57
SKHX2018021	魏本权	历史文化学院	《沂蒙革命根据地全史》（通史卷）	中共临沂市委宣传部	64.9
SKHX2020053	张立梅	社科处	全面建成小康社会与巩固脱贫成果机制研讨会	山东省社会科学界联合会	1
SKHX2020047	付羚羚	文学院	多媒体融合背景下临沂民俗文化的产学研一体化推广策略研究	珠海市丁威迪文化创意有限公司	15
SKHX2020055	何洲娥	商学院	预算单位项目绩效评价研究	沂水县卫生健康局	5
SKHX2020056	何洲娥	商学院	关于第三方预算绩效管理工作评估服务费的申请	沂水县农业农村局	1.96
SKHX2020054	李信利	物流学院	沂水县行政审批服务局项目预算绩效管理评价服务采购	沂水县行政审批服务局	5
SKHX2019033	胡青	教育学院	青少年犯罪的影响因素、预警机制及干预研究	临沂市兰山区人民法院	33.276
SKHX2020038	薛亚菁	传媒学院	家居产品短视频运营分析	临沂市圣德兰家居有限公司	18

自然科学研究工作

【部门简介】 2020 年,科学技术处根据《临沂大学第三任期中层单位内设机构岗位设置及选聘方案》调整了人员及岗位设置。调整后科学技术处下设项目科、成果科、平台与团队建设科、档案管理科 4 个科室,主要负责组织各级科技类项目、科技平台的申报与管理,各级各类科技成果奖励申报,专利等知识产权管理,科研平台的规划建设与管理等工作。

科学技术处在学校党委、行政和各部门的关心支持下,与各部门、学院密切合作,在 2020 年度以培养学术带头人、依托科研项目培育高水平成果为目标,积极探索和创新科研管理方法,提升科技服务水平,在科研经费、成果培育等方面取得了一定成绩。

【科研项目】 以人才队伍建设为依托,以制度创新为保障,在 2020 年获批国家自然科学基金项目 28 项,项目总数位列省属高校第 15 名,获批经费 1034 万。其中,面上项目 11 项,面上项目立项数量与往年相比大幅增加。获批省部级科研项目 66 项,总经费 961 万元,其中,山东省自然科学基金项目 62 项,立项数为我校历年新高,项目数较去年同期增长 77%。市厅级项目 9 项,总经费 118 万元。委托类科研项目 100 项,到位经费 1882 万。

2020 年国家级科研项目见附表 1。

2020 年省部级科研项目见附表 2。

2020 年横向课题见附表 3。

【科技创新平台】 2020 年,临沂大学获批山东省乡村生态规划与治理技术工程实验室,该实验室是我校获批的第二个省级工程实验室,获批 6 个临沂市工程实验室和 2 个临沂市重点实验室。

2020 年获批科研平台一览表见附表 4。

【科研成果】 2020 年我校获山东省自然科学奖二等奖 1 项,科技进步二等奖 1 项、三等奖 1 项。这是临沂大学首次以第一完成单位获得山东省自然科学奖和科技进步奖,也是学校实施人才强校,推动团队建设,注重内涵发展取得的又一标志性成果。

同时获山东省高校科学技术奖 6 项,其中二等奖 2 项、三等奖 4 项;临沂市科技进步 5 项;社会力量奖 6 项。发表收入论文 SCI、EI 473 篇,授权发明专利 47 项、实用新型专利 263 项、软件著作权 68 项、省级地方标准 2 项、植物品种权 1 项,出版专著 15 部。

2020 年获校级及以上表彰奖励登记表见附表 5。

供稿人:张鑫鑫
审核人:王 梁

附表1　2020年国家级科研项目立项

序号	项目名称	项目编号	项目来源	项目类型	起止时间	项目经费（万元）	申报人
1	基于Fe-Pt异核双原子活性位点协同催化体系构建及其在仿纳米催化医学领域应用探索	22075122	国家自然科学基金委	面上项目	2021.01.01—2024.12.31	64	郑秀文
2	基于核酸扩增技术的适配体功能化新型拉曼纳米标签的构建及其在环境中痕量重金属离子检测的应用	22076073	国家自然科学基金委	面上项目	2021.01.01—2024.12.31	64	张书圣
3	多模式协同精准捕测水相中病原体富集的新方法研究	22076074	国家自然科学基金委	面上项目	2021.01.01—2024.12.31	63	孙英男
4	拟南芥AtRKDs基因调控卵细胞命运决定的分子机制研究	32070344	国家自然科学基金委	面上项目	2021.01.01—2024.12.31	58	刘振宁
5	新型转录抑制因子家族GmAITRs对大豆抗逆性的调控	32071938	国家自然科学基金委	面上项目	2021.01.01—2024.12.31	59	王树才
6	叶水苇高原碱遗传多样性保护及其高温胁迫适应性机制研究	32072979	国家自然科学基金委	面上项目	2021.01.01—2024.12.31	58	刘云国
7	基于高维分数阶傅利叶变换反演的函数空间变理论及其应用	12071197	国家自然科学基金委	面上项目	2021.01.01—2024.12.31	52	傅尊伟
8	拟齐次系统及其扰动系统的中心问题与极限环分支	12071198	国家自然科学基金委	面上项目	2021.01.01—2024.12.31	51	李锋
9	土壤有机碳组分和微循环组生物对不同森林恢复方式地上／地下碳输入途径和数量的响应特征及机制研究	32071630	国家自然科学基金委	面上项目	2021.01.01—2024.12.31	58	王芸
10	柴达木深钻揭示的中中新世至早期和大降温对亚洲内陆干旱化的影响	42071111	国家自然科学基金委	面上项目	2021.01.01—2024.12.31	56	韩文霞
11	秸秆粉碎还田对棕壤坡地细沟发育过程的影响机理	42077061	国家自然科学基金委	面上项目	2021.01.01—2024.12.31	57	刘前进
12	低标度度量子化学方法及其在离子液体与碳纳米管相互作用中的应用	22003021	国家自然科学基金委	青年科学基金项目	2021.01.01—2023.12.31	24	李云志
13	高速旋转黏弹性薄板的非线性振动特性与共振机理分析	12002142	国家自然科学基金委	青年科学基金项目	2021.01.01—2023.12.31	24	张登博
14	大豆蛋白激酶GmCIPK8调控ROS稳态响应干旱胁迫的分子机制研究	32001459	国家自然科学基金委	青年科学基金项目	2021.01.01—2023.12.31	24	崔晓玉
15	小G蛋白基因BjROP10响应CLV信号调控油菜心发数发育的分子机制	32001575	国家自然科学基金委	青年科学基金项目	2021.01.01—2023.12.31	24	徐平
16	黄淮麦茬稻区粳稻产量差形成的生理机制及栽培调控研究	32001468	国家自然科学基金委	青年科学基金项目	2021.01.01—2023.12.31	24	王德鹏
17	基于DNA为靶标的抗菌肽虚拟组合设计—筛选与抑菌机制研究	32001699	国家自然科学基金委	青年科学基金项目	2021.01.01—2023.12.31	24	王芳芳
18	超声波辅助因尼制因尔酱酱囟中N-亚硝胺降解及其产物与肌球蛋白烷基化作用机制研究	32001723	国家自然科学基金委	青年科学基金项目	2021.01.01—2023.12.31	24	康大成
19	迟缓爱德华氏菌侵入宿主细胞过程中关键毒力因子的分离、鉴定和功能研究	32002435	国家自然科学基金委	青年科学基金项目	2021.01.01—2023.12.31	24	隋智海

(续表)

序号	项目名称	项目编号	项目来源	项目类型	起止时间	项目经费（万元）	申报人
20	山东济南龙口中中新世植物群及其对气候变化的响应研究	42002010	国家自然科学基金委	青年科学基金项目	2021.01.01—2023.12.31	24	许贺
21	基于计算流体力学的孔子鸟空气动力学性能模拟与飞行能力研究	42002016	国家自然科学基金委	青年科学基金项目	2021.01.01—2023.12.31	24	郭颖
22	Markov 链中一类拟 Toeplitz 矩阵之逆和广义逆的 Gohberg-Semencul 型分解及其应用	12001257	国家自然科学基金委	青年科学基金项目	2021.01.01—2023.12.31	24	郑彦鹏
23	有机半导体中手性诱导自旋选择效应的场调控机理研究	12004149	国家自然科学基金委	青年科学基金项目	2021.01.01—2023.12.31	24	杨柳
24	基于植物源杀虫活性成分金雀花碱为先导的新颖杀虫剂的设计合成和活性及构效关系研究	22007043	国家自然科学基金委	青年科学基金项目	2021.01.01—2023.12.31	24	于秀玲
25	基于多源遥感数据的冰冻圈要素特征对中国桂被春季物候影响研究	42001373	国家自然科学基金委	青年科学基金项目	2021.01.01—2023.12.31	24	朱利凯
26	包膜缓释节胶氯化钾对棉田土壤钾素形态转化及生物有效性的调控机制	42007091	国家自然科学基金委	青年科学基金项目	2021.01.01—2023.12.31	24	耿计彪
27	基于系发生学的苔纲植物活性化学成分研究	82003636	国家自然科学基金委	青年科学基金项目	2021.01.01—2023.12.31	24	周金川
28	基于 Lanchester 方程的混沌动态博弈系网络化建模与控制	12026235	国家自然科学基金委	天元基金	2021.01.01—2022.12.31	10	陈向勇

附表 2　2020 年省部级科研项目立项

序号	项目名称	项目编号	项目来源	项目类型	起止时间	项目经费（万元）	申报人
1	基于循环型分裂方法的大规模 Toeplitz 和 CUPL-Toeplitz 线性系统的迭代算法研究	ZR2020MA051	山东省自然科学基金委	面上项目	2021.01—2023.12	10	江晓雨
2	二维 WS2 掺杂轻质元素诱导强室温铁磁性的研究	ZR2020MA074	山东省自然科学基金委	面上项目	2021.01—2023.12	10	孙媛媛
3	曲面几何结构对量子效应调控的研究	ZR2020MA091	山东省自然科学基金委	面上项目	2021.01—2023.12	10	王永龙
4	双金属贵点单原子负载型催化剂构建新策略及其抗肿瘤活性研究	ZR2020MB003	山东省自然科学基金委	面上项目	2021.01—2023.12	10	郑秀文
5	基于等压法和量热法构建硼酸钠盐因水体系多硼物种固液平衡的热力学模型研究	ZR2020MB051	山东省自然科学基金委	面上项目	2021.01—2023.12	10	孟令宗
6	高比能锂二次电池负极上抑制锂枝晶生长的研究	ZR2020MB082	山东省自然科学基金委	面上项目	2021.01—2023.12	10	李法强
7	聚苯乙烯纳米塑料转运过程肾毒性机制研究	ZR2020MB095	山东省自然科学基金委	面上项目	2021.01—2023.12	10	秦鹏飞
8	一氧化氮对 PCV2 诱导的线粒体损伤的调控机制研究	ZR2020MC019	山东省自然科学基金委	面上项目	2021.01—2023.12	10	刘传敏

(续表)

序号	项目名称	项目编号	项目来源	项目类型	起止时间	项目经费（万元）	申报人
9	氮沉降背景下昆仑山草地生态系统中的氮去向	ZR2020MC040	山东省自然科学基金委	面上项目	2021.01—2023.12	10	李磊
10	新型转录抑制因子NtAITRs在调控烟草抗逆性中的作用及机制	ZR2020MC089	山东省自然科学基金委	面上项目	2021.01—2023.12	10	李桂民
11	EGCG-肌原纤维蛋白加成对蛋白氧化及亚硝胺形成的抑制机理	ZR2020MC208	山东省自然科学基金委	面上项目	2021.01—2023.12	10	李玲
12	早白垩基干鸟类颌骨形态及功能研究	ZR2020MD026	山东省自然科学基金委	面上项目	2021.01—2023.12	10	王岩
13	磁性荧光双功能纳米印迹复合材料制备及其对水体中藻毒素的识别与检测	ZR2020MD077	山东省自然科学基金委	面上项目	2021.01—2023.12	10	米兴良
14	鲁中南花岗岩发育土壤剖面结构对典型人工林根系吸水水源的影响	ZR2020MD102	山东省自然科学基金委	面上项目	2021.01—2023.12	10	吴元芝
15	沂蒙山区典型土壤完全氨氧化微生物多样性及其功能研究	ZR2020MD104	山东省自然科学基金委	面上项目	2021.01—2023.12	10	王欣丽
16	中美黄土记录对比：年代学制约与沉积速率变化	ZR2020MD116	山东省自然科学基金委	面上项目	2021.01—2023.12	10	苗晓东
17	石墨烯-MoS2纳米片异质结的甲苯气敏性能及敏感机理研究	ZR2020MF025	山东省自然科学基金委	面上项目	2021.01—2023.12	10	梁士明
18	基于区块链的动态博弈访问控制关键技术研究	ZR2020MF029	山东省自然科学基金委	面上项目	2021.01—2023.12	10	赵斌
19	5G环境下基于区块链的大规模智能终端访问控制关键问题研究	ZR2020MF058	山东省自然科学基金委	面上项目	2021.01—2023.12	10	张同银
20	高精度航空重力梯度测量误差补偿与数据处理技术研究	ZR2020MF089	山东省自然科学基金委	面上项目	2021.01—2023.12	10	钱学武
21	城市路网节点交通流复杂特性及交通调控策略研究	ZR2020MG019	山东省自然科学基金委	面上项目	2021.01—2023.12	10	肖松
22	奇异积分及相关算子弱型极限行为的若干问题	ZR2020QA006	山东省自然科学基金委	青年基金	2021.01—2023.12	15	侯宪明
23	Markov链中一类CUML-Toeplitz矩阵之逆和广义的Gohberg-Semencul型分解及其应用	ZR2020QA035	山东省自然科学基金委	青年基金	2021.01—2023.12	15	郑彦鹏
24	非线性光学材料三元金属硒化物A-Ga-Te（A=Li、Na、K）高压相变与性质的理论研究与性质的理论研究	ZR2020QA060	山东省自然科学基金委	青年基金	2021.01—2023.12	13	王友春
25	基于稀有气体修饰荧的聚合氮的高压理论设计	ZR2020QA061	山东省自然科学基金委	青年基金	2021.01—2023.12	15	魏杰
26	有机半导体中手性诱导自旋选择效应的机理研究	ZR2020QA062	山东省自然科学基金委	青年基金	2021.01—2023.12	15	杨柳
27	基于铁、铜催化的吲哚选择性反应构建不饱和环的螺环和并环化合物研究	ZR2020QB013	山东省自然科学基金委	青年基金	2021.01—2023.12	15	孔令凯
28	Hofmann型自旋交叉-荧光双功能材料的设计合成与协同作用机理研究	ZR2020QB031	山东省自然科学基金委	青年基金	2021.01—2023.12	15	刘福玲
29	MOFs材料在烃类裂解气吸附分离中的应用基础研究	ZR2020QB032	山东省自然科学基金委	青年基金	2021.01—2023.12	15	刘秀洋

(续表)

序号	项目名称	项目编号	项目来源	项目类型	起止时间	项目经费（万元）	申报人
30	共价有机框架材料在光催化中的应用	ZR2020QB038	山东省自然科学基金委	青年基金	2021.01—2023.12	15	魏玉峰
31	基于cryptophane-E@乙基纤维素的荧光猝灭型有机铵离子光纤传感器研究	ZR2020QB039	山东省自然科学基金委	青年基金	2021.01—2023.12	15	李昱
32	联萘酚衍生物在溶液中圆偏振发光机制的多尺度模拟研究	ZR2020QB076	山东省自然科学基金委	青年基金	2021.01—2023.12	15	李云志
33	基于P450酶催化用水中典型多环芳烃类污染物的应用研究	ZR2020QB088	山东省自然科学基金委	青年基金	2021.01—2023.12	15	姜玲
34	多信号比率荧光探针用于化学性肝损伤和肝癌的发病过程检测	ZR2020QB159	山东省自然科学基金委	青年基金	2021.01—2023.12	15	杨雷
35	新型萘酰亚胺唑类多靶点化合物的设计合成及其相关抗微生物作用研究	ZR2020QB167	山东省自然科学基金委	青年基金	2021.01—2023.12	15	张慧珍
36	基于肿瘤微环境调控下双模可视化光疗（PDT/PTT）抗肿瘤应用研究	ZR2020QB170	山东省自然科学基金委	青年基金	2021.01—2023.12	15	胡尊富
37	代谢工程改造解脂耶氏酵母合成苹果酸的关键问题研究	ZR2020QC007	山东省自然科学基金委	青年基金	2021.01—2023.12	15	刘晶晶
38	典型抗生素在人工湿地中的分布与去除	ZR2020QC050	山东省自然科学基金委	青年基金	2021.01—2023.12	14	王文侠
39	中国小长蝽属的DNA条形码研究	ZR2020QC053	山东省自然科学基金委	青年基金	2021.01—2023.12	15	张海光
40	TOE1/TOE2与ZFP8互作参与调控拟南芥表皮毛发育的分子机制研究	ZR2020QC063	山东省自然科学基金委	青年基金	2021.01—2023.12	15	刘一华
41	大豆蛋白激酶GmCIPK8介导的ROS代谢响应干旱胁迫作用机制研究	ZR2020QC123	山东省自然科学基金委	青年基金	2021.01—2023.12	15	崔晓玉
42	番茄SlWRKY80基因响应番茄黄化曲叶病毒侵染的分子机理研究	ZR2020QC156	山东省自然科学基金委	青年基金	2021.01—2023.12	15	黄莹
43	控释氯化钾钾素释放同步玉米钾素吸收的机制研究	ZR2020QC163	山东省自然科学基金委	青年基金	2021.01—2023.12	15	杨修一
44	基于ROS介导的NLRP3/焦亡信号通路探讨植物乳杆菌对猪肠上皮细胞炎性损伤的保护机制研究	ZR2020QC179	山东省自然科学基金委	青年基金	2021.01—2023.12	15	周振金
45	小尾寒羊首选干草长度采食行为的适应与生理机制研究	ZR2020QC184	山东省自然科学基金委	青年基金	2021.01—2023.12	15	王振南
46	基于消费级无人机的城市三维绿量快速估算研究	ZR2020QD018	山东省自然科学基金委	青年基金	2021.01—2023.12	15	翟秋萍
47	上泥盆统玉通组石松植物的根系研究	ZR2020QD023	山东省自然科学基金委	青年基金	2021.01—2023.12	15	秦敏
48	驱动土壤难溶态镉转化功能菌株的筛选及其对土壤修复研究	ZR2020QD120	山东省自然科学基金委	青年基金	2021.01—2023.12	15	郝晓东
49	泥石流冲击力沿沟口迎流面分布的时空特征研究	ZR2020QD126	山东省自然科学基金委	青年基金	2021.01—2023.12	15	于献彬

(续表)

序号	项目名称	项目编号	项目来源	项目类型	起止时间	项目经费（万元）	申报人
50	体温响应可降解聚合物血管支架的4D打印及其受限条件下的热-力耦合机制研究	ZR2020QE092	山东省自然科学基金委	青年基金	2021.01—2023.12	15	李兴建
51	基于焊缝组织设计的Cf/SiC复合材料连接及接头高温可靠性研究	ZR2020QE176	山东省自然科学基金委	青年基金	2021.01—2023.12	15	章强
52	燃煤飞灰过程中钠、钙协同机制对沉积层形成特性的多尺度研究	ZR2020QE200	山东省自然科学基金委	青年基金	2021.01—2023.12	14	王永贞
53	装配式薄壁中空夹层钢管混凝土框架节点抗震耗能研究	ZR2020QE245	山东省自然科学基金委	青年基金	2021.01—2023.12	14	尹国安
54	基于深度学习的多图像特征融合与模态转换的婴儿脑部MRI配准研究	ZR2020QF011	山东省自然科学基金委	青年基金	2021.01—2023.12	15	张林涛
55	融合压缩感知的图像数据安全技术研究	ZR2020QF014	山东省自然科学基金委	青年基金	2021.01—2023.12	15	王慧
56	内外部视角下员工"责任式"创造力的触发、平衡及动态机制研究	ZR2020QG018	山东省自然科学基金委	青年基金	2021.01—2023.12	12	徐振亭
57	新型双靶向及pH敏感仿脂蛋白结构纳米载体同步传递紫杉醇及白藜芦醇治疗多药耐药肿瘤研究	ZR2020QH325	山东省自然科学基金委	青年基金	2021.01—2023.12	15	陈聪慧
58	古昆虫学	ZR2020YQ27	山东省自然科学基金委	优秀青年基金	2021.01—2023.12	40	陈军
59	基于单原子催化的电致化学发光型生物传感芯片的研究	ZR2020KB008	山东省自然科学基金委	重点项目	2021.01—2023.12	30	张怀荣
60	猪瘟病毒E2蛋白亚单位疫苗的产业化开发及应用研究	ZR2020KC004	山东省自然科学基金委	重点项目	2021.01—2023.12	30	王鑫
61	品质型辣椒胞质雄性不育三系配套技术新模式的创制及应用研究	ZR2020KC040	山东省自然科学基金委	重点项目	2021.01—2023.12	30	闫丽
62	分子印迹荧光传感可控构建及对环境雌激素多元检测性能研究	ZR2020KE002	山东省自然科学基金委	重点项目	2021.01—2023.12	30	徐守芳
63	山东省三大经济圈人才生态环境建设与重点科技产业协同发展研究	2020RZB01082	山东省科技厅	山东省重点研发计划软科学重大项目	2020.12—2021.12	12	王梁
64	大棚黄瓜秸秆原位还田及农机农艺融合技术研究与示范	2019GNC21240	山东省科技厅	山东省重点研发计划（特派员专项）	2019.12—2020.12	10	陈之群
65	大棚黄瓜新品种"LD1901"选育及示范推广	2020ZDYF01	山东省科技厅	山东省重点研发计划（特派员专项）	2020.12—2021.12	15	闫丽
66	高校低毒除虫菊绿色杀虫剂产品研发及产业化	2020KJZL01	科技部	科技助力经济2020重点专项子课题	2020.07—2021.06	22	马宏卿

附表 3　2020 年度临沂大学委托项目情况一览表

序号	课题编号	主持人	单位	课题名称	合作单位
1	HX200001	李法强	材料科学与工程学院	民用复合早强材料的研究及应用	柞禾科技有限公司
2	HX200002	傅德谦	信息科学与工程学院	渣土车大数据基础框架研发	山东劳兰电子科技有限公司
3	HX200003	荣福成	资源环境学院	攀枝花西区格里坪分散式风电项目地形图测绘	成都翰涛天图科技有限公司
4	HX200004	陈之群	创新创业学院	临沂市科技支撑乡村产业振兴技术集成与示范应用	临沂市生产力促进中心
5	HX200005	邢明明	机械与车辆工程学院	新型自定位智能调焦激光标刻一体化关键技术与样机研制	聊城易捷自动化设备有限公司
6	HX200006	丁磊	资源环境学院	费县城乡公交交通一体化工程地质条件调查	费县交通运输局
7	HX200007	张伟	土木工程与建筑学院	河道生态综合治理防护施工技术研究	中铁十四局集团有限公司
8	HX200008	张贵彬	土木工程与建筑学院	柴里煤矿一水平六采区浅部提高开采上限可行性合作研究	山东科技大学科技开发公司
9	HX200009	张贵彬	土木工程与建筑学院	鲁西南矿区迈松病微生物快速检测方法及其DNA质控样品的研制	山东科技大学科技开发公司
10	HX2000010	刘云国	生命科学学院	基于基因扩增的食品、化妆品致病微生物快速检测方法及其DNA质控样品的研制	广东华宝轻质量检测服务中心有限公司
11	HX2000011	张慧	资源环境学院	乌兹别克斯坦树木年轮芯样本重金属示分析	中国气象局乌鲁木齐沙漠气象研究所
12	HX2000012	刘敬权	材料科学与工程学院	高效化学吸除甲醛碳纳米/高分子复合材料的研发和产业化	山东兴鲁生物科技有限公司
13	HX2000013	霍凭起	农林科学学院	临沭县姚官村村庄规划	山东天人规划设计有限公司
14	HX2000014	武历颖	机械与车辆工程学院	基于物联网及其视觉技术的车辆路况信息共享平台开发	汽车运输安全保障技术交通行业重点实验室
15	HX2000015	陈鹏程	自动化与电气工程学院	货运电梯系统	临沂鼎弘液压装备有限公司
16	HX2000016	赵斌	信息科学与工程学院	西岗镇智慧乡镇顶层规划设计	滕州市西岗镇人民政府
17	HX2000017	陈鹏程	自动化与电气工程学院	别墅电梯系统	临沂鼎弘液压装备有限公司
18	HX2000018	黄力华	资源环境学院	临沂市畜禽养殖禁养区分布图划定	临沂市畜牧发展促进中心
19	HX2000019	张成富	机械与车辆工程学院	基于三维CAD的连接器标准库资源中末端检测设备和云端数据服务平台合研发	山东龙立电子有限公司
20	HX2000020	傅德谦	信息科学与工程学院	热泵机组冷热联供系统中末端检测设备和云端数据服务平台合研发	临沂智慧新能源研究院

教学与科研　213

(续表)

序号	课题编号	主持人	单位	课题名称	合作单位
21	HX2000021	郭颖	生命科学学院	有翼恐龙飞行模型设计与复原体构建	山东大学
22	HX2000022	王书海	化学化工学院	纳米功能性纹理的制备工艺	模德模具有限公司
23	HX2000023	李帅	机械与车辆工程学院	微通道散热铝型材研发	山东豪门铝业有限公司
24	HX2000024	张慧	资源环境学院	应对气候变化建设基础数据收集	国家气候中心
25	HX2000025	王丽晨	生命科学学院	山东省棉花产业化及高效种植实验	山东省棉花生产技术指导站
26	HX2000026	孟令宗	化学化工学院	人体血液尿液中舒芬太尼及代谢物得LC/MS/MS定性定量分析方法的研究	青岛市公安局刑警支队
27	HX2000027	李帅	机械与车辆工程学院	工业铝型材挤压材料、工艺及模具研发	山东豪门铝业有限公司
28	HX2000028	韩文霞	资源环境学院	高原风化剥蚀历史及气候环境效应	中科院青藏高原研究所
29	HX2000029	石建辉	机械与车辆工程学院	高温板带钢射流冲击冷却仿真研究	临沂发恒智能科技有限公司
30	HX2000030	孙成通	机械与车辆工程学院	智能机械装备研发	临沂友谊机械有限公司
31	HX2000031	王慧	农林科学学院	大蒜皮对肉羊生长及免疫力的影响研究	临沂市农业科学院
32	HX2000032	王春梅	自动化与电气工程学院	多功能智能扫地机器人的设计与研发	山东涵镜商贸有限公司
33	HX2000033	王九如	信息科学与工程学院	美欧俄网络安全战略与政策实现路径和应用效果研究	中关村移动互联网产业联盟
34	HX2000034	刘鸣涛	信息科学与工程学院	基于微信小程序的企业客户信息管理系统	上海盛派机械科技有限公司
35	HX2000035	郑亚琴	创新创业学院	功能性蓝莓饮料开发与利用研究	山东圣安达饮料科有限公司
36	HX2000036	宋小园	土木工程与建筑学院	沂蒙嘉园项目BIM技术服务	临沂润佳建筑劳务分包有限公司
37	HX2000037	葛朝晖	药学院	不同炮制方法对金银花品质影响的研究	山东健华药业有限公司
38	HX2000038	王立斌	化学化工学院	山东烟区蜩蟟种群动态调控及应用研究	山东临沂烟草有限公司
39	HX2000039	王梁	资源环境学院	莒南省农业高新技术产业开发区总体规划	莒南县科技局
40	HX2000040	傅德谦	信息科学与工程学院	基于大数据的物联网平台关键技术研发	临沂金诺视讯数码科技有限公司
41	HX2000042	史云飞	资源环境学院	基于胞腔复型链的地下水三维建模与可视化关键技术研究	河北省地质资源环境监测与保护重点实验室
42	HX2000043	刁玉柱	商学院	成品油零售企业连锁运营制度建设	唐山郎卓石油化工股份有限公司

(续表)

序号	课题编号	主持人	单位	课题名称	合作单位
43	HX2000044	付厚利	土木工程与建筑学院	临沂市海绵城市建设评估项目	临沂市住房和城乡建设局
44	HX2000045	霍芃起	农林科学学院	李官镇现代农业产业园总体规划	临沂市兰山区李官镇人民政府
45	HX2000046	刘云国	生命科学学院	具有抑菌保鲜功能的蜜源性蜜桃涂膜保鲜剂的研制	临沂市农业科学院
46	HX2000047	任晓营	生命科学学院	华北寒武系第三统（古丈阶）与芙蓉统（排碧阶）界线研究	现代古生物学和地层学国家重点实验室
47	HX2000048	吴作凤 张宗良	商学院	临沂"一带一路"综合试验区建设工作成效第三方成效评估	临沂市政府办公室
48	HX2000049	郭绍芬	药学院	植物源功能性液体肥料研发	山东新港生物科技有限公司
49	HX2000050	任晓营	生命科学学院	关于对承包土地的地质条件调查及环境保护与治理	上海众冉实业有限公司
50	HX2000051	王振乾	机械与车辆工程学院	一种摆动式水刺头的开发	山东昌诺新材料科技有限公司
51	HX2000052	史云飞	资源环境学院	三三维一体化地质资源空间数据在线发布系统开发	河北省地矿局第六地质大队
52	HX2000053	王振	药学院	胰腺癌早期诊断试剂盒开发	青岛诺信诺生物科技有限公司
53	HX2000054	王晓杰	机械与车辆工程学院	液化气储罐更换跟踪服务及质量监测	兰陵县荣晓液化气有限公司
54	HX2000055	郭锋	信息科学与工程学院	基于LoRawan电力智能终端系统	山东合正科技发展有限公司
55	HX2000056	黄力华	资源环境学院	临沂市重点行业企业用地初步采样调查项目	临沂市生态环境局
56	HX2000057	韩照清	农林科学学院	临沂地区猪场主要疫病流行病学调查	山东中巴农牧发展有限公司
57	HX2000058	黄力华	资源环境学院	临沂市三线一单编制项目	生态环境部环境规划院
58	HX2000059	王梁	资源环境学院	兴国县蔬菜产业发展规划	兴国县农业农村局
59	HX2000060	赵斌	信息科学与工程学院	滕州市善南街道办事处技术服务	滕州市善南街道办事处
60	HX2000061	于磊	资源环境学院	基于航磁资料研究二连盆地构造区划特征及铀成矿前景	泰安环宇地质勘查有限责任公司
61	HX2000062	陈向勇	自动化与电气工程学院	现代物流与智能技术高峰论坛	山东省科学技术协会
62	HX2000063	沈群鹏	药学院	《中医药-北沙参》国际标准制定	中国中医科学院中医基础医学研究所
63	HX2000064	于本福	土木工程与建筑学院	"路改桥"方案在京沪高速改扩建中的基坑安全性研究	中化学交通建设集团有限公司
64	HX2000065	于禄鹏	资源环境学院	鹤庆-洱源断裂的光释光年代	云南三木工程技术咨询有限公司

(续表)

序号	课题编号	主持人	单位	课题名称	合作单位
65	HX2000066	于禄鹏	资源环境学院	敦煌阳关断裂光释光年代学研究	中国地震局兰州地震研究所
66	HX2000067	于禄鹏	资源环境学院	青藏高原活动断裂与地震灾害光释光年代学研究	防灾科技学院
67	HX2000068	于禄鹏	资源环境学院	宝墩遗址光释光年代学研究	中国科学院地质与地球物理研究所
68	HX2000069	徐波	机械与车辆工程学院	智能型煤矿安全探测机器人的研制	山东尔多新材料有限公司
69	HX2000070	赵东龙	档案馆	磨菇养殖与大棚蔬菜耦合栽培有机高效农业种植技术研究	临沂中运菌业有限公司
70	HX2000071	史晓委	药学院	植物多糖在糖尿病患者全营养配方食品中的应用与产品开发	山东广博科技创新服务有限公司
71	HX2000072	董艳雪	信息科学与工程学院	公安视频监控中的人脸识别技术应用研究	山东吴盾警用装备有限公司
72	HX2000073	邸学进	自动化与电气工程学院	新型亚克力迷你字制作工艺的改进	临沂丰石广告有限公司
73	HX2000074	亓琳	机械与车辆工程学院	织物印染缺陷在线视觉检测与质量管理系统研制	青州钜大水射流科技有限公司
74	HX2000075	孙运强	化学化工学院	高固含量水性聚氨酯胶粘剂的研发	山东佳潤新材料有限公司
75	HX2000076	何莉洋	自动化与电气工程学院	临沂市沂水县城市配电网规划设计	成都初方电力设计有限公司
76	HX2000077	于禄鹏	资源环境学院	若尔盖盆地黄土的释光年代学	陕西师范大学
77	HX2000078	冯尚彩	资源环境学院	中药材质量标准研究	上海上药华宇药业有限公司
78	HX2000079	于磊	资源环境学院	沂蒙红色文化传承与开发利用前景调查	曲阜师范大学
79	HX2000080	王莹	生命科学学院	李官镇黄金桃主要病毒病害调查	禾雨农机服务农民专业合作社
80	HX2000081	安娟	资源环境学院	土壤理化性状等分析化验	中国水利水电科学研究院
81	HX2000082	安娟	资源环境学院	黄土理化性质分析	西北农林科技大学
82	HX2000083	左玉虎	机械与车辆工程学院	便携式远程发射车辆定位装置	山东安宇千方电子有限公司
83	HX2000084	王九如	信息科学与工程学院	临沂市信息化创新应用课题研究项目	中共临沂市委网络安全和信息化委员会办公室
84	HX2000085	王梁	资源环境学院	山东东阿省级农业高新技术产业开发区详细规划编制	东阿省级农业高新技术产业开发区筹委会
85	HX2000086	王梁	资源环境学院	山东东阿省级农业高新技术产业开发区实施方案编制	东阿省级农业高新技术产业开发区筹委会
86	HX2000087	杨伟苓	自动化与电气工程学院	高/低压柜用铜连接组件成型工艺设计	山东凯瑞电气有限责任公司

(续表)

序号	课题编号	主持人	单位	课题名称	合作单位
87	HX2000088	王鑫	农林科学学院	杭州博日科技股份有限公司动物疫病检测试剂性能评价测试	杭州博日科技股份有限公司
88	HX2000089	刘云国	生命科学学院	瓜子营养和风味相关物质的分析与评价	山东小炒旺食品有限公司
89	HX2000090	刘忠梅	土木工程与建筑学院	费县国土综合整治和生态修复研究	北京师范大学
90	HX2000091	孙运强	化学化工学院	聚氨酯高吸水泡沫的研发	宿迁嘉禾塑料金属制品有限公司
91	HX2000092	张蓓蓓	资源环境学院	临沂市十四五农业农村现代化发展规划合作协议书	临沂市农业农村局
92	HX2000093	黄力华	资源环境学院	临沂市建设用地土壤污染状况调查报告评审项目	临沂市生态环境局
93	HX2000094	黄力华	资源环境学院	临沂国际生态城生态指标编制项目	临沂市生态环境局
94	HX2000095	张成茂	机械与车辆工程学院	基于青少年兴趣的航模科普系列活动研究	临沂市河东区科学技术协会
95	HX2000096	杨伟苓	自动化与电气工程学院	高台阶硬岩工程爆破破碎控制技术	青海安鑫工程爆破服务有限公司
96	HX2000097	李秋实	机械与车辆工程学院	多用途小型数控雕刻机改进研究	山东多达智能电子有限公司
97	HX2000098	姜自武	数学与统计科学学院	基于大数据的烤烟水肥精准管模式研究	中国烟草总公司山东省公司
98	HX2000099	牛建蕊	农林科学学院	青年科技人才科研能力提升	临沂市农业科学院
99	HX2000100	綦钧	机械与车辆工程学院	智能道闸设计与研究	山东美宁智能电子有限公司
100	HX2000101	杜煜	自动化与电气工程学院	一种便于散热的配电柜研究	临沂技博教育咨询有限公司

附表4　2020年临沂大学科研创新平台一览表

序号	中心名称	类别	级别	批准部门	批准文号	批准时间	负责人	依托院所
1	山东省乡村生态规划与治理技术工程实验室	山东省工程实验室	省级	山东省发展和改革委员会	鲁发改高技〔2020〕809号	2020.6.22	王梁	资源环境学院
2	临沂市化学电源与储能技术工程实验室	临沂市工程实验室	市级	临沂市发展和改革委员会	临发改高技〔2020〕297号	2020.12.16	李法强	材料科学与工程学院
3	临沂市数学建模与智能计算工程实验室	临沂市工程实验室	市级	临沂市发展和改革委员会	临发改高技〔2020〕297号	2020.12.16	吴清艳	数学与统计学院
4	临沂市先进增材制造工程装备工程实验室	临沂市工程实验室	市级	临沂市发展和改革委员会	临发改高技〔2020〕297号	2020.12.16	张远明	机械与车辆工程学院
5	临沂市数据分析与智能计算工程实验室	临沂市工程实验室	市级	临沂市发展和改革委员会	临发改高技〔2020〕297号	2020.12.16	傅德谦	信息科学与工程学院

(续表)

序号	中心名称	类别	批准部门	批准文号	批准时间	负责人	依托院所
6	临沂市隧道与城市地下空间工程实验室	市级	临沂市发展和改革委员会	临发改高技〔2020〕297号	2020.12.16	王海龙	土木工程与建筑学院
7	临沂市园林植物资源评价与综合应用工程实验室	市级	临沂市发展和改革委员会	临发改高技〔2020〕297号	2020.12.16	类淑桐	农林科学学院
8	临沂市工业物联网安全重点实验室	市级	临沂市科学技术局	临科字〔2021〕3号	2021.01.15	武传坤	信息科学与工程学院
9	临沂市功能高分子材料重点实验室	市级	临沂市科学技术局	临科字〔2021〕3号	2021.01.15	徐守芳	材料科学与工程学院

附表5　2020年获校级及以上表彰奖励登记表

序号	获奖人员	项目名称	奖项名称	获奖等级	授奖单位	授奖时间
1	陈之群	"沂州海棠"新品种的选育及示范推广	全国商业科技进步奖	三等奖	中国商业联合会	2020.12
2	张贵彬	近松散含水层采动水砂溃突涌灾变机理及防治关键技术	中国职业安全健康协会科学技术奖	三等奖	中国职业安全健康协会/中国煤炭学会	2020.12
3	王海龙	近松散含水层采动涌水溃砂灾致机理及防治关键技术	中国煤炭工业协会科学技术奖	三等奖	中国煤炭工业协会/中国煤炭学会	2020.11
4	郗冬梅	核酸功能化纳米探针的构建及在肿瘤活性物质检测中的应用研究	山东省高等学校科学技术奖	三等奖	山东省教育厅	2020.11
5	郑燕	中国道虎沟生物群和缅甸琥珀生物群昆虫多样性及演化意义	山东省高等学校科学技术奖	二等奖	山东省教育厅	2020.11
6	秦鹏飞	基于抗氧化酶分子探讨污染物诱发细胞氧化损伤机理	山东省高等学校科学技术奖	三等奖	山东省教育厅	2020.11
7	张乐荣	基于多功能靶向纳米药物载体的肿瘤诊疗一体化研究	山东省高等学校科学技术奖	二等奖	山东省教育厅	2020.11
8	李锋	几类散合方程的分支分析及应用研究	山东省高等学校科学技术奖	三等奖	山东省教育厅	2020.11
9	李振兴	非线性复杂网络的动力学分析与同步控制	山东省高等学校科学技术奖	三等奖	山东省教育厅	2020.11
10	王学斌	本色青芥辣的制备工艺及产业开发	山东省食品科学技术学会科学技术发明奖	一等奖	山东省食品科学技术学会	2020.10
11	刘云国	食品及动植物产品DNA分子鉴定技术	山东省食品科学技术学会科学技术奖	三等奖	山东省食品科学技术学会	2020.10
12	杨波	农产品冷链物流全程可视化管理系统研发与产业化示范	山东省科技进步奖	三等奖	山东省人民政府	2020.9
13	吕慎金	农牧生态循环养羊模式集成、优化与推广	第七届淮海科学技术奖	二等奖	淮海科学技术奖委员会	2020.9
14	张书圣	肿瘤标志物检测技术、装备及诊疗一体化研究	山东省自然科学奖	二等奖	山东省人民政府	2020.9

(续表)

序号	获奖人员	项目名称	奖项名称	获奖等级	授奖单位	授奖时间
15	郭绍芬	金银花产业化开发关键技术创新及应用	山东省科技进步奖	二等奖	山东省人民政府	2020.9
16	张成雷	汽车工厂智能设计产业化应用研究	中国物流与采购联合会科学技术奖	三等奖	中国物流与采购联合会	2020.9
17	韩鑫	基于物联网的生鲜农产品冷链物流公共信息平台开发与产业化应用项目	中国物流与采购联合会科技进步奖	二等奖	中国物流与采购联合会	2020.9
18	张斌	基于NB技术的低功耗无磁计量智能远传水表的研制	临沂市科学技术奖	三等奖	临沂市人民政府	2020.7
19	吕慎金	种养结合一体化生态循环养羊模式研究与示范	临沂市科学技术奖	二等奖	临沂市人民政府	2020.7
20	杨燕	沂蒙黑山羊品系培育及配套技术示范与推广	临沂市科学技术奖	二等奖	临沂市人民政府	2020.7
21	王振海	复杂背景条件下基于SIFT特征的多目标跟踪研究	临沂市科学技术奖	二等奖	临沂市人民政府	2020.7
22	王莹	瓜类主要病毒的防控技术研究与示范	临沂市科学技术奖	三等奖	临沂市人民政府	2020.7
23	许作洋	山东省第六届"超星杯"高校教师信息化教学比赛	山东省第六届"超星杯"高校教师信息化教学比赛一等奖	一等奖	山东省教育厅	2020.4

临沂大学学报

《临沂大学学报》是山东省教育厅主管、临沂大学主办的国内外公开发行的综合性学术理论刊物,双月刊,144页。前身为《临沂师专学报》,创刊于1975年,内部发行。1992年由季刊改为双月刊。1995年,经国家新闻出版署批准,面向全国发行。1998年加入"中国期刊网",在海内外发行。2000年合并《临沂教育学院学报》更名为《临沂师范学院学报》,2011年更名为《临沂大学学报》。

【年度工作】

(一)论文结构有了明显改变

2020年,学报所刊文章总体上强调"层次性、学术性、前沿性、服务性"的编辑特点,在精选外稿的基础上,注重增加高层次优质稿件。内容涵盖多学科,专业性强,前沿性突出。稿件所涉学科范围较广,具有较强的理论性和操作性。2020年度6期学报顺利出版,共刊发99篇学术论文,基金论文占比69%。作者结构方面,刊发博导、硕导、教授、博士的稿件占全部稿件的85%以上。其中,外稿72篇,内稿26篇,外稿占73%。在所刊发的文章中,内外稿比例保持和往年均衡,并重点刊发了校内一批专家教授等的文章,在社会上引起了较大反响,扩大了我校学术影响力,提高了学校美誉度。

(二)特色栏目建设影响力进一步增强

学报坚持把"栏目建设"当作"学科建设"来抓,坚持"以优质栏目立刊,以特色栏目兴刊"。本年度,学报在继续巩固"沂蒙精神/红色文化论坛""沂蒙文化研究""文学地理学批评"等学术栏目的基础上,进一步提升"沂蒙文化研究"栏目质量,对沂蒙历史文化名人及沂蒙文化历史事件进行深入探索,体现了鲜明的区域特色。下一步,学报将结合区域社会经济文化研究的优势,进一步提升特色栏目的品牌影响力。通过有关学术栏目的建设,我们与学界的知名专家学者建立了密切联系,同时也带动了我校相关学科的研究队伍建设。

2020年,我们按时保质出版了6期学报,每逢双月10号出版。由于我们的工作认真、仔细,2020年的学报年审工作均顺利通过。在山东省委宣传部2020年度期刊社会效益评价考核工作中,《临沂大学学报》评为优秀。

供稿人:金银芳
审核人:张根柱

交流与合作

国际交流与合作

【部门简介】国际交流与合作处（国际教育交流学院）的历史沿革为：1992年9月学校在人事处设外事科，后更名为外事办公室；2000年9月外事办公室划归学校办公室；2003年9月学校设立外事处（国际交流学院）；2009年更名为国际合作处（国际交流学院）；2011年9月更名为国际交流与合作处（国际教育交流学院）；2017年3月国际交流与合作处（国际教育交流学院）增设至国际合作科、境外合作科、外国专家科、招生管理科、教学科、留学生管理科等6个科室；2019年6月国际教育交流学院单独设院，国际交流与合作处下设交流与合作科、事务科、外国专家科等3个科室。

主要工作职责：在校党委、校行政的领导下，作为全校国际交流工作的职能部门，认真贯彻执行党和国家关于外事工作的方针、政策和规定，制定外事工作规章制度、发展规划，报学校批准后组织实施；负责国外来访团组及人员的接待工作和后续项目的跟进落实；负责外籍教师（专家）聘请和管理工作；负责制订学校团组出访计划以及相关具体工作的实施，负责因公派出人员的材料审核、报批，协助办理出国手续，并做好出国前教育及出国后的管理工作；负责中外合作办学工作，协助相关单位做好项目申报、规划和实施；负责孔子学院的申请与合作建设工作；负责学生出国留学的组织宣传、相关手续办理等工作；负责外事公文、函件、资料和档案的收集和管理工作，档案材料收集要齐全完整，及时归档；完成上级部门和学校交办的其他工作任务。

【对外交流】受新型冠状肺炎疫情影响，本年度未派遣校厅级团组因公出访。与古巴、马来西亚、西班牙等国家的4所高校签署合作协议，接待国内外友好学校4个来访团组。

【外聘教师】2020年度我校共聘请国外文教专家22人，港澳台教师1人，覆盖全校10个学院，提升了我校国际化办学水平。

【合作办学】引进国外课程50余门；中外合作办学专业5个，其中，本科专业2个，专科专业3个，在校生718人。

【师生互访】受新型冠状肺炎疫情影响，本年度仅派遣因公赴美访学教师1人次。学生出国留学访学114人次。

【外事接待】2020年1月9日，韩国祥明大学对外协力处处长郑丞宰一行来访；6月11日，马来西亚新纪元大学学院副校长张亮一行来我校就联合培养博士生项目进行访问洽谈；9月25日，北京交通大学威海校区管委会副主任白延雷一行来我校交流中外合作办学经验；11月5日，卡塔赫纳理工大学国际处负责人王岩一行来我校跟进交流两校共建孔子学院事宜。

附：**临沂大学 2020 因公出国（境）人员统计表**

序号	姓名	单位	职务/校内岗位	所赴国家（地区）	出国（境）性质
1	陈德云	教育学院	教授	美国	访学

临沂大学 2020 年聘请国（境）外文教专家一览表

序号	姓名	国籍	护照号码	学历	工作学院
1	SAVVATEEVA OLGA	俄罗斯	530393489	硕士	外国语学院
2	RATAY RETIRO JONEL	菲律宾	P0285575B	硕士	机械与车辆工程学院
3	USACHEVA OLGA	俄罗斯	530345122	博士	音乐学院
4	ELGENDY EID ABDELSAMIE IBRAHIM ABDELSAMIE	埃及	A21936501	博士	外国语学院
5	LEE KYOUNG TAE	韩国	M20328850	博士	土木工程与建筑学院
6	NA IN SOO	韩国	M72477930	博士	外国语学院
7	LEE MI KYUNG	韩国	M70008050	博士	美术学院
8	KIM HEEJEONG	韩国	M57931462	硕士	美术学院
9	GUITIAN RISCO AZALEA	西班牙	AAJ191207	硕士	外国语学院
10	MENA RODRIGUEZ SANTIAGO ALONSO	墨西哥	G23768964	硕士	外国语学院
11	SAVVATEEVA NADEZDA	俄罗斯	718478662	硕士	外国语学院
12	LEE JIN EUNG	韩国	M07375231	硕士	体育与健康学院
13	MIAO XIAODONG	美国	531697265	博士	资源环境学院
14	AN HYUN SUK	韩国	M30144453	硕士	世宗学堂
15	LEE SANG SUB	韩国	M09907528	硕士	世宗学堂
16	KIM MIKYUNG	韩国	M00506561	硕士	土木工程与建筑学院
17	LEYVA MARIÑO ROSA ADELA	古巴	J151214	博士	外国语学院
18	ESCALONA GRÁSS JOSÉ LUIS	古巴	J413327	硕士	外国语学院
19	LEE DONGHUN	韩国	M33098111	硕士	法学院
20	AMRO MOHAMED HAMDY ABDELAZEZ AHMED	埃及	A23586339	博士	农林科学学院
21	HEBA MAHMOUD ABDELMOTAAL ISMAIL	埃及	A23585222	博士	农林科学学院
22	CHEN SIN MIN	埃及	A40308926	硕士	传媒学院
23	吕晓娟	台湾	4468655	学士	体育与健康学院

供稿人：刘　婧
审稿人：姜兆梓

社会服务与校友联络

【部门简介】社会服务处负责制订学校服务地方工作的计划规划，并组织实施、统筹推进政产学研用工作，开拓与地方合作交流渠道，搭建校地、校企双向互动的交流与合作平台，引导和组织校内各单位为地方提供文化教育、科学成果、人才智力等方面的支撑；负责学校科技成果转化、大学科技园区建设工作，为教学科研人员成果转化、产品孵化提供各方面的服务和支持；负责组织实施学校对外科技扶贫工作；负责临沂大学校友会、临沂大学教育发展基金会和理事会的日常管理与运行。

【成果转化】2020年，转化科技成果56项，合同经费90.05万元。其中，专利转让44项，教师创办学科性公司4家，进入政府决策的建议咨询服务项目8项。2020年6月，我校作为牵头建设单位，联合临沂市高新区、临沂人才工作集团三方共建临沂大学科技园，目前在孵企业共计95家，其中，临沂大学教师创办学科性企业16家，学生和校友创办公司30家。在此基础上顺利完成了省级大学科技园的申报工作。

【理事会工作】校院两级理事会工作取得实效，有力支持了学校发展，理事会的平台作用得到凸显。我校与理事单位开展合作项目20项，经费267万元；收到理事单位现金及物资捐赠1 004.391万元。

【社会合作】切实发挥城校融合办公室的校地桥梁纽带作用，深入推进城校融合发展实施方案，积极服务临沂市经济社会高质量发展和山东省新旧动能转换重大工程。主动参与临沂市"一带一路"综合试验区建设，承担其中3个项目的建设；与郯城县人民政府、深圳市德健阳科技有限公司签约三方共建山东芯创微电子产业研究院，建立产学研合作基地和创新创业实践基地；在高新区与春光集团建立产学研战略合作关系，合作共建磁电产业研究院；与沂水县就建立全面战略合作关系达成共识；积极参与山东省发改委和临沂市政府等主办的山东省创新创业活动周各项筹备工作；与海信集团、卓高集团、奥德集团、佳画电子商务有限公司、临沂小龙人教育信息咨询有限公司等地方企业建立了合作关系并达成一批合作项目。特别是与临沂人才工作集团合作共建了沂蒙创新研究院，搭建了吸引人才、留住人才、用好人才的创新平台，构建了校地人才"共引、共育、共享"机制。

【科技扶贫】持续同临沂市蒙阴县垛庄镇、兰山区汪沟镇、兰陵县下庄街道等3个对口重点扶贫乡镇保持沟通。先后9次前往认领的3个乡镇实施帮扶工作。开展辣椒种植、玉米-小麦种植、生物肥、废弃物利用、电子商务等8个方面的技术讲座；对4个合作社的农副产品

种植及加工进行指导；对3个批次的苹果、甜瓜、酥梨等进行可溶性固形物、硬度、酸度进行检测，为农民的农副产品质量水平提供参考；先后4次对蒙阴县垛庄镇开源村、兰陵县下庄街道办事处高沙窝村进行实地勘察，编制乡村整治规划和梨园规划。

认真贯彻落实全省脱贫攻坚工作部署，根据乡镇的需求逐步向乡村振兴战略过渡。2020年4月，临沂大学乡村振兴学院在蒙阴县岱崮镇奠基。6月份，协助校领导开展课程研发工作，一期课程涉及党性教育、人民调解员、农林牧渔技术、企业管理、中小学教育、规划与生态等领域。11月，撰写全国百所乡村振兴人才培养优质校推荐材料，包括学校情况、工作背景、前期基础、工作方案、附件等材料，92页5.9万字。

【社会培训】2020年由于新冠疫情的影响，学校禁止校外人员入校，农林学院、教育学院、商学院等学院通过校外办班、网络授课、小班授课等形式开展培训工作。截止到11月份，培训收入依然达到249万元。

【校友会工作】校友会发布了临沂大学80周年校庆公告(第一号)；起草了《临沂大学80周年校庆方案》；参加了全国高校校友工作第二十七次研讨会和山东省高等教育管理科学研究会高校校友工作委员会2020年年会，在我省校友工作年会上，协助我校党委书记作了"创新校友工作 凝聚校友力量"的主题报告；起草了《临沂大学关于进一步加强校友工作的意见》（征求意见稿）；完成了临沂大学校友会注册的前期工作；指导地方校友组织进行了换届工作，青岛校友会召开换届大会。

【基金会工作】本年度我校教育发展基金会筹集到现金捐赠1170余万元，物品捐赠价值3580余万元；到位2019年度捐赠配比资金576万元；2020年度申请了捐赠配比资金295万元；申请了非营利组织免税资格；申请了2020年度公益性社会组织公益性捐赠税前扣除资格；完成了2019年度基金会工作报告的上传工作；完成了在"慈善中国"要求的本基金会信息公开工作；参加了临沂市民政局组织的关于开展慈善组织专项检查工作；配合山东省审计厅组织完成了对基金会的审计。基金会捐赠了735万元修建学校中央绿地道路，现已顺利开通。

附：**省属本科高校捐赠收入省财政配比资金项目申请汇总表**

编号	捐赠项目名称	捐赠方名称	接受捐赠所通过的基金会名称	捐赠金额（万元）	捐赠用途
1	临沂大学教育事业发展	华为技术有限公司	临沂大学教育发展基金会	25	非指定用途
2	临沂大学教育事业发展	希杰荣庆物流供应链有限公司	临沂大学教育发展基金会	10	非指定用途
3	临沂大学教育事业发展	山东鑫海科技股份有限公司	临沂大学教育发展基金会	100	非指定用途
4	临沂大学教育事业发展	朱全增	临沂大学教育发展基金会	10	非指定用途
5	临沂大学教育事业发展	段邦毅	临沂大学教育发展基金会	10	非指定用途
6	临沂大学教育事业发展	临沂市大江雕塑艺术工作室	临沂大学教育发展基金会	10	非指定用途

(续表)

编号	捐赠项目名称	捐赠方名称	接受捐赠所通过的基金会名称	捐赠金额（万元）	捐赠用途
7	临沂大学教育事业发展	山东恒瑞木业有限公司	临沂大学教育发展基金会	10	非指定用途
8	临沂大学教育事业发展	临沂品达网络科技有限公司	临沂大学教育发展基金会	100	非指定用途
9	临沂大学教育事业发展	北京君和瑞扬投资管理有限公司	临沂大学教育发展基金会	10	非指定用途
10	临沂大学教育事业发展	青云部落网络科技（苏州）有限公司	临沂大学教育发展基金会	10	非指定用途

供稿人：孙建民

审核人：赵　勇

管理服务与综合保障

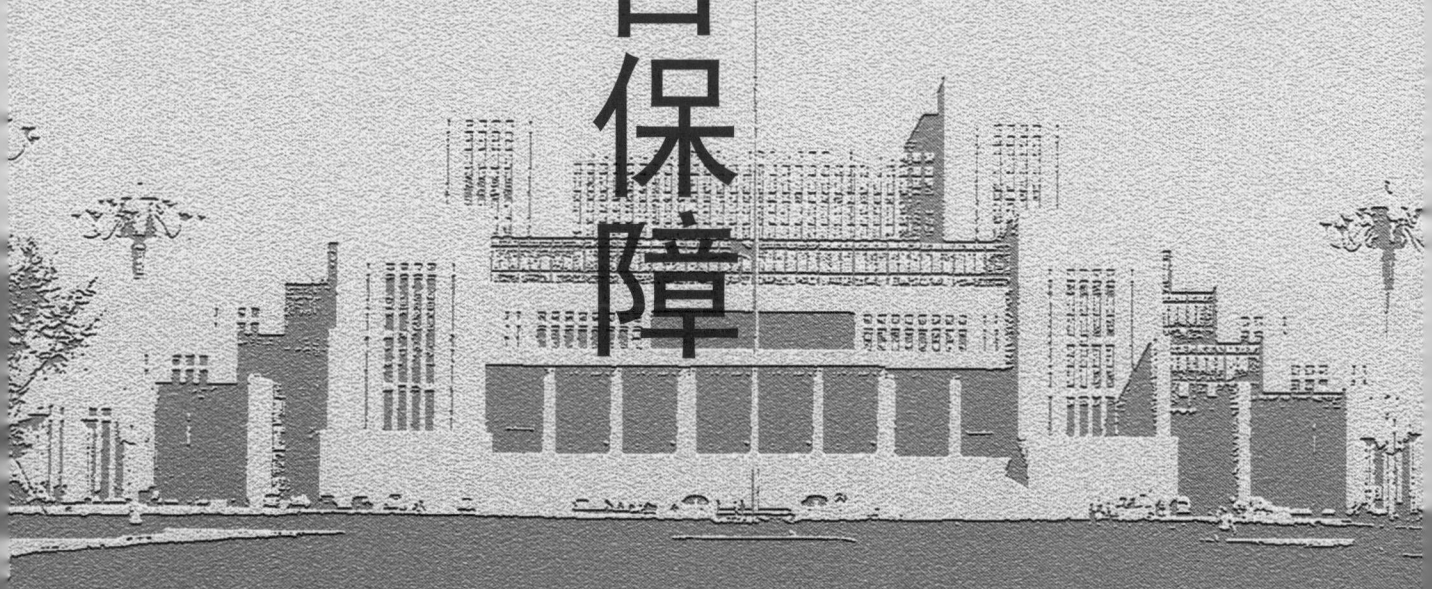

人事人才工作

【部门简介】 临沂大学人事处设有人才科、师资科、岗位管理科、工资社保科、档案科、师德建设科6个内设机构。工作人员共13人，其中，正处级干部1人，副处级干部2人，科级干部5人。2020年临沂大学人事处紧密围绕学校中心工作，深化制度改革，优化岗位设置，夯实师德建设，扎实推进人才兴校、人才强校、质量立校，全校人事人才各项工作有了新进展。

【年度工作】

（一）加大人才引进力度，强力推进人才强校工作

继续实施"百名博士教授引进计划"，全年引进博士47人，其中，高层次人才4人，新增省级以上人才称号4人。探索人才引进成本校院两级承担机制，落实城校联合引才育才政策，确立了临沂大学党委书记人才工作项目"创新引才留才用才机制，深入推进校地人才融合"，精准对接临沂市"十优"产业需求，与临沂市密切合作，为临沂市高质量发展提供强有力的人才保证和智力支撑。加强思政课教师队伍和辅导员队伍建设，招引转多措并举，全年招聘40名硕士研究生辅导员和2名博士研究生辅导员，10名思政课教师，圆满完成了专职辅导员配备任务，思政课教师配备已基本达标。完成紧缺专业初级岗招聘，引进了音乐、体育、美术、传媒等12名专业课教师。加大现有人才培养力度，遴选中青年学术骨干访学进修18人。

（二）深化岗位管理制度改革，为人才发展提供坚实基础

组织校聘教授特殊岗位第一聘期考核和第二聘期上岗工作，168名优秀教师竞聘至校聘教授特殊岗位；组织了校聘教授考核工作，共有205人申请本次考核，其中，在岗人员160名，申请特岗绩效人员45名，共有101人通过考核，13名考核通过人员聘任到新岗位。出台《临沂大学专业技术岗位第二聘期期满考核暨第三聘期竞聘上岗实施方案》，开展了专业技术岗位考核和竞聘工作，新增教授62人（其中，三级教授12人）、副教授113人。

（三）加强师德师风建设，严把教师选聘考核师德关

起草了《临沂大学教师师德失范行为负面清单及处理办法》，营造尊师重教的良好教学生态。选树师德典型，开展了"临大最美教师"评选活动。深入了解学校师德师风状况，教师工作部开展了师德师风建设专题调研，了解院系工作开展存在的问题，不断推进我校师德师风建设。建立了师德投诉举报平台，及时掌握师德信息动态，及时纠正不良倾向和问题。

（四）优化岗位设置管理，促进学校发展

根据《关于深化高等学校岗位管理制度改革的若干意见》（鲁人社规〔2018〕7号）、《关于优化事业单位岗位设置管理有关事项的通知》（鲁人社发〔2020〕15号）文件精神，结合学校实际工作和长远发展需要，按照有利于学校发展的生员比计算岗位总量，向重点学科专业、重点人才团队倾斜，优化专业技术岗位比例，岗位总量提高了14%，专业技术岗位主系列高级岗比例达到48%，有力解决了多年来学校岗位设置总量尤其是高级岗位数量不足的难题，为学校发展留出了足够空间。优化学校内设机构，严格按照程序将内设机构调整方案上报备案，增设乡村振兴学院、信息处，更名8个，调整挂牌6个，招生办公室不再单独设置，挂靠教务处。

（五）完善绩效工资内部分配，深化教育评价改革

严格贯彻落实山东省教育厅《关于完善高等学校绩效工资内部分配办法的指导意见》及《深化新时代教育评价改革总体方案》要求，在2020年奖励性绩效工资分配中要求各二级单位向教师、教学倾斜，提高教学工作在绩效工资中的比重，本年度学校奖励性绩效工资实际分配总量在绩效工资总量中达到70%。

（六）保障教职工切身利益，贯彻落实工资社保政策

做好在职及离退休人员工资发放、审批调整、社保缴纳等工作。全年处理薪级晋升、新聘用人员工资审批、转正定级、关键指标修改、减资等业务2600余人次；严格按程序审批人员退休手续，及时办理离退休人员养老金调整、独生子女费发放、养老金清算工作；按时缴纳各类社会保险，办理参保人员变动236人次，积极为教职工办理异地住院报销、生育待遇和工伤待遇申报等业务。

供稿人：刘德华

审核人：隋　群

校园基础建设

【部门简介】基建处是学校基本建设管理的职能部门，代表学校具体行使校园基本建设的实施与管理职能，负责校园建设总体规划的制订、工程项目实施的管理与监督。内设规划报建管理科、工程造价管理科、施工监督管理科、技术合同(修缮)管理科。

【年度工作】2020年，基建处主要建设了理工实验实训楼项目，完成了留学生宿舍楼竣工验收和部分既有建筑维修改造，科技大楼获得国家优质奖。

（一）理工实验实训楼建设项目

1. 建筑概况

临沂大学理工实验实训楼工程，总建筑面积45035.4平方米，3~5层，框架结构，主要用于理工科实验实训，包括土木工程学院、机械学院、自动化电气学院、材料学院、生命科学学院、药学院、物流学院等的实验实训场所。

2. 发改委批复

2018年9月29日，临沂大学理工实验实训楼建设项目已经山东省发展和改革委员会同意建设，详见鲁发改社会〔2018〕1090号，项目总投资23729万元。

3. 投资、经费来源

2019年4月16日，《山东省教育厅关于下达教育现代化推进工程2019年中央预算内投资计划的通知》鲁教投资〔2019〕5号下达了临沂大学理工实验实训楼建设项目2019年中央预算内投资7100万元。其他部分由学校自筹。

4. 规划、建设手续办理情况

2019年9月30日办理《建设工程规划许可证》（建字第371302201900196号）。

2020年2月28日办理《施工许可证办理》（编号371301202002280201）。

5. 工程勘察、设计、监理、工程施工相关情况

该项目由山东建大建筑规划设计研究院设计、山东地矿开元勘察施工总公司勘察、临沂市建设工程监理有限公司监理、天元建设集团有限公司施工。工程施工中标价18769.5万元，工程监理中标价67.2万元，施工工期为2019年11月21至2021年11月21日。

6. 工程施工进展情况

2019年11月21日，施工单位进场整理场地；2019年12月5日，规划定位放线；2020年2月10日，搭建临时设施；2020年3月28日开挖基槽；至今完成主体工程和部分装饰工程，完成施工工程造价10926.75万元。

（二）留学生宿舍楼项目

1. 建筑概况

建筑面积11807.6平方米，地上6层，建筑高度22.55米，剪力墙结构，屋顶为斜屋面。共有房间176间（每间可以满足4人入住）。

2. 发改委立项批复

2017年9月26日，山东省发展和改革委员批复同意建设临沂大学留学生宿舍楼项目，详见鲁发改社会〔2017〕1120号《山东省发展和改革委员会关于临沂大学留学生宿舍楼项目可行性研究报告的批复》。按照批复意见和要求，临沂大学留学生宿舍楼项目总建筑面积1.1万平方米，项目总投资4438万元。

3. 投资、经费来源

该项目发改委批复后，省财政资金相继支持400万元和900万元。其他资金由学校自筹。

4. 规划、建设手续办理情况

2018年9月30日办理了《建设工程规划许可证》（建字第371302201800191号）。

2020年3月20日办理了《施工许可证办理》（编号371301202003200101）。

5. 设计、勘察、监理、施工情况

该项目由临沂市规划建筑设计研究院设计、山东地矿开元勘察施工总公司勘察、临沂致诚监理咨询有限公司监理、天元建设集团有限公司施工。工程施工中标价3169.7万元，工程监理中标价17.55万元，

施工工期 2018 年 10 月 4 日至 2019 年 12 月，2020 年 6 月 10 日竣工验收。

（三）科技大楼工程荣获国家优质奖

临沂大学科技大楼于 2013 年 12 月 10 日开工，2016 年 12 月 30 日竣工验收。2019 年荣获泰山杯奖项，2020 年获得工程建设项目绿色建造设计水平评价三等奖。2020 年启动国家级优质工程验收工作，获得 2020—2021 年度国家优质工程奖。

序号	参建方式	单位名称
1	建设单位	临沂大学
2	设计单位	华南理工大学建筑设计研究院
3	监理单位	临沂市建设工程监理公司
4	勘察单位	山东正元建设工程有限责任公司
5	施工总承包单位	天元建设集团有限公司
6	质监单位	临沂市建设安全质量监督管理处

（四）维修工程

完成图书馆、音乐学院、文学院、传媒学院、化学化工学院、明义 5 号楼、锐思 2 号楼、学生公寓 A2 楼屋面漏水维修，维修金额 218.59 万元。

附：

校园建设统计表留学生宿舍楼

建筑名称	建筑面积（m²）	楼层	省发改委立项（鲁发改社会〔2017〕1120 号）	勘察单位	设计单位	监理单位	施工总承包单位	开工时间	竣工时间
留学生宿舍楼	11 807.6	2 栋楼及连廊；地上 6 层；高度 22.75 米；框剪结构；抗震设防 8 度	4438 万元	山东地矿开元勘察施工总公司	临沂市规划建筑设计研究院	临沂致诚监理咨询有限公司	天元建设集团有限公司	2018 年 10 月	2019 年 12 月

理工实验实训楼

建筑名称	建筑面积（m²）	楼层	省发改委立项（鲁发改社会〔2017〕1120 号）	勘察单位	设计单位	监理单位	施工总承包单位	开工时间	竣工时间
理工实验实训楼	45 035.4	7 栋楼及连廊；地上 3~5 层；高度 23.25 米；框架结构；抗震设防 8 度	23729 万元	山东地矿开元勘察施工总公司	山东建大建筑规划设计研究院	临沂市建设工程监理有限公司	天元建设集团有限公司	2019 年 11 月	2021 年 11 月

供稿人：张　静
王世英
审核人：杜金中

网络信息工作

【部门简介】 临沂大学信息处成立于2020年底,为临沂大学处级行政管理服务部门,主要承担临沂大学智慧校园规划、建设、运行、管理以及教育与科研计算机网临沂市节点的建设、管理和服务工作。现有教职工10人,其中副处长1人,科长3人,工作人员6人。内部机构设置网络科、信息科、网络教学技术支持科,内设2个技术部门:系统研发部、网信人才培育部。

【校园网络设施】 学校校园网主干带宽达万兆,网络核心交换设备具备100G的升级能力,实现了虚拟化和极简化。校园网外联出口3个,总带宽4000 Mbps,其中,中国联通1000 M、中国移动1000 M、中国教育科研网1000 M主链路和1000 M备份链路;教育科研网实现了IPv4/IPv6双栈接入;学校主页全新改版,门户网站、各部门网站进行了HTTPS安全访问协议升级,实现了学校门户网站及各院系一二级网站的https访问,实现IPv4/IPv6双栈运行,升级后用户访问我校上述系统的安全性得到有效提升。通过实施等级保护,更好地保障了学校主页和网站群的安全性;完成了学生宿舍网络改造:对42座学生宿舍楼的网络汇聚层进行千兆改造,实现了学生宿舍区网络核心的万兆升级。网络接入信息点数量24 035个。共享通信运营商资源实现WLAN(LYU)楼内全覆盖及沂蒙大讲堂广场、图书馆广场、艺术中心广场、体育场馆等主要室外公共场所的覆盖。费县、沂水两分校分别以千兆链路和IPv4/IPv6双栈方式接入本部校园网,实现两分校共享本部网络资源。校外师生通过VPN虚拟专用网访问内部网络资源。

【数字化校园建设情况】 数字化校园系统在统一信息门户、统一身份认证平台、统一数据库和统一数据标准的基础平台上,运行了办公自动化、迎新、离校、人事、科研、就业、学工、招生、校友、国际交流、网站群、综合分析查询等多个业务系统。实现了与图书、邮件、资产、财务、一卡通、教务系统、教学基本状态数据库以及网络教学平台等多个系统的集成。本年度,完成了锐思1号楼多媒体教室的云桌面建设,提高了教育教学环境稳定性和安全性,改善了教育教学方式多样化,增强了教学终端使用体验。2020年应用系统及系统运维项目27个,实际投入建设资金450多万元。数字校园软件系统及开发、集成、运维投入累计达2200余万元,管理信息系统数据总量2532 GB。2个超融合数据中心全面建成并投入运行,主要的业务系统已实现全面迁移。推进实施软件正版化工程。学校为"山东省教育信息化示范单位"。

【网络信息安全情况】 基本完成了校园网信息安全设施建设,实现了校园网及网络信息的安全管控,达到了国家网络安全策略和标准规范要求。本年度,部署日志审计、数据库审计、上网行为管理3台网络安全设备,并通过网络实名认证系统、网络信息安全审计系统、校园网安全评测系统、校园网防火墙、教育网安全云防护、网页防篡改、堡垒机、DeepSpar硬盘镜像系统(DDI)、网络应用及入侵防御系统(WAF),以及校园网安全策略,已构建起了功能较为完善的校园网信息安全硬件防护体系;开展教育系统"网络与信息安全"技术演练,落实和处理网络与信息安全实践20余件;为疫情期间党和国家重大节点创造良好的网络安全运行环境;实施了数据中心IDC同城灾备,完成人事系统、图书系统、资产系统、网上办事大厅、OA系统等关键系统的数据灾备工作,目前各大系统的定时备份机制正常有序平稳运行。

供稿人:荣晓飞

审核人:管士亮

图书情报

【部门简介】 图书馆由本部总馆和沂水校区、费县校区分馆组成，总建筑面积为7.18万平方米；在职职工99人，读者总数41800人，阅览座位8531个；采用先进的RFID智能化管理系统，实现了图书准确定位、自助借还、高效盘点和错置图书的快速查找，达到了有线无线网络全覆盖；年内完成并启动读者培训中心和创客空间，成功打造一楼"牛振江雕塑艺术馆"、四楼"俄罗斯绘画珍藏馆"和休闲朗读区；图书馆新网站上线运行。美育空间和育人环境日趋成熟。

【资源建设】 截止到2020年底，图书总量达到491.89万册，当年新增图书5.77万册，生均纸质图书119册；续订期刊558种；继续完善"中小学教材教案资源库"建设，各种教材教案课件增至4.6万册（盒），为机械设计制造及其自动化专业、地理科学专业认证提供保障；年内挖掘、整理红色革命文献1.85万册，创建了"山东省革命根据地图书馆"，丰富了沂蒙红色馆藏；2020年接受社会各类图书捐赠1.95万册，获赠书画作品220幅；在数据库资源上，中外文数据库总量达到35个，其中，外文数据库12个，自建特色数据库4个；试用数据库62个；电子图书总量312.40万种，电子期刊14.03万种；与广州大学分享178个数据库使用权等。

【读者服务】 图书馆全年开馆355天，周开放102小时；电子资源7*24小时开放；全年书刊外借量为3.45万册，入馆读者239万人次，数据库访问量1001万次；查收查引查重论文3498篇，文献传递21107篇，数据库全年总使用量1001万次，查收查引1500篇，论文下载284万篇，出版《学科分析报告》3期，发布ESI学科分析报告4个。积极开展新时代文明实践志愿服务，赴临大社区、新时代药业、费县校区、兰山区方城镇石桥村送书下乡，开展社科普及教育和群众性文化宣传活动。

【阅读推广】 针对疫情，举办了以"书香助力战疫，阅读通达未来"为主题的"4.23线上读书节"，开展讲战疫故事、年度新书线上推、线上读书沙龙、"方言·图书馆"创意短视频、数据库利用直播讲座、"灾难与生命"主题数字图书展、红色资源线上读、馆员摄影作品展等10项活动，极大丰富了师生居家学习。下半年，开展专家报告会12场，举办真人图书馆8期，换书大集14期，书韵荣军12期；举办建国70周年美术展、郑汉农书法展、蔡卫东美术展和"非遗文化进校园"等系列文化活动14次。

【交流合作】 与国家图书馆、山东大学图书馆、广州大学图书馆等建立良好的馆际合作关系；年内与山东科技大学计算机科学与工程学院联合开展图书情报硕士研究生培养，培训图书情报学专业硕士研究生10名；与临沂市社科联、档案馆、史志办等联合开展项目合作研究，创建临沂社科文库；与市美术家协会、校友中心举办老三届校友书画展和美院学生海报插图设计作品展等。

【学术科研】 年内图书馆获批山东省艺术科学重点课题、教育专项课题4项，临沂市社科课题1项，发表学术论文11篇，获实用新型专利6项，出版学术著作2部；获得山东省图书馆学会二等奖和临沂市社科联三等奖各1项。

供稿人：冯遵华
审核人：孙令民

附： **2020年图书文献资源建设情况统计表**

年资源建设经费（万元）				年内新入藏资源					馆藏总量			生均纸质图书（册/生）
经费总计	中文报刊	数据库	图书	中文报纸（份）	中文期刊（种）	图书（万册）	电子图书（万册）	电子报刊（万册）	图书及过刊（万册）	电子期刊（万种）	电子图书（万种）	
797.42	21.00	577.42	199.00	9.00	558.00	5.77	6.00	2.58	491.89	14.03	312.40	119.00

档案管理

【部门简介】档案馆始建于2009年,归口学校办公室,之前为综合档案室。2016年,学校组建临沂大学档案馆,包括校史馆、博物馆、名人馆,正处级建制。设置综合服务部、业务指导部、保管利用部、信息技术部、校史年鉴编辑部和书画研究室5个业务部室。在职人员17人,其中,馆长1人,副馆长2人,业务人员14人。正高级职称人员2人,副高级职称人员6人,中级职称人员7人,初级职称人员2人。

【党建与思想政治工作】抓党建促工作,抓学习促落实。认真组织学习贯彻习近平新时代中国特色社会主义思想和十九届五中全会精神,通过形式多样的主题党日、党课、集中、分散学习等,达到了凝心聚力、统一思想的政治保障作用。

【疫情防控工作】严格防控措施,消除疫情影响。认真贯彻落实学校疫情防控工作要求,采取切实可行的工作措施,严防严控。设置隔离栏、健康通行码、防护宣传牌,购置测温枪和消毒液等防护用品。坚持特事特办,有效防控,保证了工作的顺利进行。

【立卷归档工作】坚持到馆立卷和上门指导相结合,督促指导归档部门按时完成2020年归档任务。按照山东省档案工作科学化管理规范,共收集整理党群、行政、教学、科研等各类文书档案3087卷,文件34 257件,声像档案531卷,并编制了档案检索工具。档案收集齐全完整,做好了质量检查、档案交接、入库上架等工作。完成了"不忘初心、牢记使命"主题教育重大活动整理归档工作,根据山东省档案局下发文件要求,组卷127卷,整理归档文件1372件。

【查询利用服务工作】严格遵守档案查借阅管理制度,不断提高服务质量。主要对学位认证、出国留学、干部提拔、公务员(事业编)、入伍提干、补办毕业(学位)证明提供档案支撑材料。面对紧急任务,重点工作,全体档案人员以高度的责任心,全天候24小时值班,随叫随到,圆满完成了基建消防、审计、"6.30专班"等专项工作的档案查询利用服务工作。今年共接待各类人员4500余人次,查借阅各类资料10 500余卷,复印资料2万余份。

【场馆提升工作】完成了校史馆建设项目的文案撰写和《校史馆建设方案》。整理图片100件,为2021年校史馆建设做准备。完成了博物馆等展馆的运行维护工作;遴选2020级兼职讲解员70名,聘请专职教师培训,进行校园文化宣讲团换届,全年接待参观人员24 717人次;统计制作了展馆实物档案目录,编印了《临沂大学自然博物馆纪念册》;高仿文史馆实物档案近100件。

【档案信息化建设】认真完成档案管理系统的运行与维护。根据档案信息化管理的要求,完成了档案的数字化扫描上传工作,扫描上

传40余万页，大大方便了档案的查询。

【校史年鉴工作】《临沂大学校史（2011—2021）》出版协议和出版合同已经学校审核、签订。编稿已撰写到目，大事记已完成，附录表格部分完成80%，剩余部分留待补充2021年新发生资料；完成《临沂大学年鉴（2019卷）》编纂出版工作；由档案馆考证拟稿，经临沂市人民政府批准，将滨海建国学院旧址确立为临沂市重点抗日战争遗址，遗址石碑树立在莒南县大坊前村；传承抗大基因——抗大一分校档案征集200余件，包括抗大一分校校友登记表、罗荣桓、罗生特、萧华、抗大一分校军事教员范希才、女生指导员陈奋与滨海中学相关的资料，填补了校史空白，形成临沂大学传承抗大基因特色档案。

【科研工作】入选2020年全国档案工作者年会征文1篇；《山东根据地时期沂蒙美术研究》获2020年度临沂大学"沂蒙精神研究"专项课题；发表论文完成科研项目20余项，科研经费到位近20万元。

【获奖荣誉】《临沂大学年鉴》（2019卷）获省档案学优秀成果二等奖；《沂蒙解放区红色连环画研究与教育应用研究》获省艺术科学重点课题山东省艺术教育专项课题优秀成果奖二等奖；《沂蒙红色美术育人研究——以临沂大学沂蒙红色美术育人为例》获临沂市第二十六次社会科学优秀成果奖三等奖。

供稿人：冉利强
审核人：彭文修

财务管理

【部门简介】临沂大学财务工作实行党委领导下的校长负责制，财务处是全校唯一的财务管理机构，在校长领导下，采取"统一领导，集中管理"方式，牵头管理、组织协调全校财务工作，办理会计核算业务，内设绩效管理科、财务信息科、收费科、核算科、预算科、档案管理室、综合办公室（窗口岗）。2020年财务处共有教职工17人，其中，高级职称4人，中级职称4人，初级职称2人，副教授1人。其中，注册会计师3人。

【年度工作】

（一）收入支出预算安排情况

临沂大学2020年预算总收入973 078 700.00元（包括2020年结转和结余75 888 700.00元）。其中，预算基本支出322 558 700万元，项目支出650 520 000万元。

（二）收入支出预算执行情况

2020年决算资金来源995 593 312.14元，其中，年初结转和结余74 972 076.91元，用事业基金弥补收支差额2 340 135.79元。决算总支出901 520 346.23元；年末事业基金（科研经费提取管理费部分）支出5 548 001.91元，项目支出结转94 072 965.91元。

1. 收入支出与预算对比分析

2020年收入决算数较年初预算数增加24 421 099.44元，其中，财政拨款增加21 257 700.00元，事业收入增加11 353 439.36元，其他收入减少8 190 039.92元（疫情期间退房租，培训收入减少）。

2.收入支出结构分析

2020年,财政拨款收入550 117 700.00元,占比60%;事业收入346 353 439.36元,占比38%;其他收入21 809 960.08元,占比2%。

3.支出按经济分类科目分析

(1)"三公五项"经费支出情况:2020年,临沂大学贯彻中央八项规定,厉行节约,反对浪费,严格控制"三公五项"支出,"三公五项"经费总额较去年降低8 183 470.72元,且未使用"财政补助收入"安排"三公五项"经费,使用学校其他收入安排的"三公五项"支出项目如下。

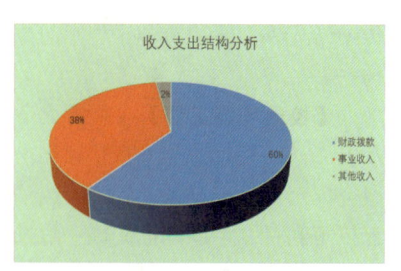

收入支出结构分析

"三公五项"支出情况

项目	2019年				2020年			
	预算金额（万元）	实际支出（万元）	节余（万元）	节余率	预算金额（万元）	实际支出（万元）	节余（万元）	节余率
因公出国（境）费用	90.00	55.08	34.92	38.80%	90.00	0.91	89.09	98.99%
公务接待费	128.00	36.11	91.89	71.79%	128.00	21.70	106.30	83.05%
公务用车运行维护费	14.00	13.99	0.01	0.06%	14.00	13.99	0.01	0.09%
会议费	100.00	27.72	72.28	72.28%	100.00	12.80	87.20	87.20%
培训费	1000.00	521.43	478.57	47.86%	868.00	332.26	535.74	61.72%

因公出国（境）团组情况:本年度本单位使用公共预算财政拨款安排的出国（境）团组0个。使用自有资金（其他资金）安排的出国（境）团组1个,全年因公出国（境）累计1人次。

公务用车购置及保有情况:本年度本单位使用公共预算财政拨款购置公务用车0辆,年末公共预算财政拨款开支运行维护费的公务用车保有量车6辆,年末自有经费（其他资金）开支运行维护费的公务用车保有量车4辆,使用自有资金（其他资金）支出的车辆维修维护费139 879.8元。

公务接待情况:本年度本单位使用自有资金（其他资金）支出的国内公务接待270批次,1952人次,共216,971.99元;外事接待7批次,35人次,共3880元。

(2)会议费支出情况:临沂大学2020年会议费年初预算100万元,实际支出12.8万元,较预算节约87.2万元,2020年未用财政资金安排会议费支出。

会议费支出情况

项目	2019年				2020年			
	预算金额（万元）	实际支出（万元）	节余（万元）	节余率	预算金额（万元）	实际支出（万元）	节余（万元）	节余率
会议费	100.00	27.72	72.28	72.28%	100.00	12.80	87.20	87.20%

(3)培训费支出情况:临沂大学2020年培训费年初预算为868万元,实际支出332.26万元,较预算节约535.74万元。

培训费支出情况

项目	2019年				2020年			
	预算金额（万元）	实际支出（万元）	节余（万元）	节余率	预算金额（万元）	实际支出（万元）	节余（万元）	节余率
会议费	1000.00	521.43	478.57	47.86%	868.00	332.26	535.74	53.57%

4. 财政拨款收入、支出分析

2020年临沂大学财政拨款资金来源为550 117 700.00元。基本支出465 325 600.00元，项目支出84 792 100.00元。2020年本年政拨款资金支出550 117 700.00元，年末无财政结转结余。

(三) 年末结转和结余情况

1. 临沂大学2020年结转资金

临沂大学2020年项目结转94 072 965.91元，比上年增加19 100 889元，均为科研项目结转94 072 965.91元。

2. 结转原因分析及消化结转和结余的对策

科研项目资金来源共131 325 516.27元，其中：年初结转和结余计74 972 076.91元，本年新增资金56 353 439.36元，本年科研项目支出37 252 550.36元，科研项目管理费（结余分配）5 548 001.91元，项目结转科研项目结转94 072 965.91元。科研经费项目属于学校各类横向课题项目的汇总数据，项目较多，结题时间不一致，资金结转额度较大。

(四) 事业单位财务分析指标

(1) 预算收入和支出完成率，衡量事业单位收入和支出总预算及分项预算完成的程度年终执行数不含上年结转和结余收入数。

计算公式为：

预算收入完成率＝年终执行数÷年初预算数×100％＝993 253 176.35÷973 078 700.00×100％＝102％

预算支出完成率＝年终执行数÷年初预算数×100％＝901 520 346.23÷973 078 700.00×100％＝92.65％

年终执行数不含上年结转和结余支出数

(2) 人员支出、公用支出占事业支出的比率，衡量事业单位事业支出结构。

计算公式为：

人员支出比率＝人员支出÷事业支出×100％＝579 032 509.5÷901 520 346.23×100％＝64.23％

公用支出比率＝公用支出÷事业支出×100％＝51 032 140.38÷901 520 346.23×100％＝5.66％

(3) 人均基本支出，衡量事业单位按照实际在编人数平均的基本支出水平。

计算公式为：

人均基本支出＝（基本支出－离退休人员支出）÷实际在编人数＝603 472 034.41÷2461＝245214.15

(4) 财政拨款依存度，衡量部门（单位）对财政拨款的依赖程度。

财政拨款依存度＝财政拨款收入÷收入总额×100％＝550 117 700.00÷918 281 099.44×100％＝60％

供稿人：朱春晓
审核人：孙建成

资产管理

【部门简介】资产处是学校国有资产主管部门，主要负责学校房地产、仪器设备、家具设备、无形资产管理和政府招标采购等工作，内设综合科、资产科、房产科、设备科、家具科、招标科、采购科等7个科室。

【资产概况】临沂大学固定资产总值276 856.01万元，其中教学科研仪器设备资产值47 632.76万元，折合在校生46 969.8人，生均教学科研仪器设备值10 141.15元。（以上数据来自高等教育基层统计报表，截止时间为2020年8月31日）

无形资产总值3 424.66万元。2020年新增固定资产18 363.66万元，其中，新增教学科研仪器设备1 231.31万元；处置资产1 257.32万元。

学校总占地面积3 720 737.61平方米（5 581.11亩），产权占地面积为3 393 883.61平方米（5 090.83亩）。学校总建筑面积为1 097 939.17平方米，其中教学行政用房面积（教学科研及辅助用房＋行政办公用房）为639 138.7平方米，在校学生数44 675人，生均教学行政用房为14.31平方米。学校实验室及实习场所面积147 829.31平方米，生均实验室、实习场所面积为3.31平方米。(以上数据来自高等教育基层统计报表，截止时间为2020年8月31日）

【制度建设】结合我校实际，修订完善《临沂大学资产管理制度汇编》，推进我校国有资产管理工作制度化、规范化。加强政策宣传，不断加强资产管理员培训工作，进一步提高国有资产管理水平和工作效率。

【仪器设备】

1. 完成验收的仪器设备总额为2 387.23万元，共计2700余台件，含40万以上仪器设备3台。

2. 完成2019—2020学年度临沂大学10万元以上大型仪器设备使用效益评价工作，形成使用效益评价报告。通过大型仪器设备共享平台预约使用共253次，设备共享水平及能力得到进一步提高。

【资产处置】处置资产1 257.32万元，共计2 510件套，含10万元以上设备9件。保持资产处置常态化、制度化、规范化。

【招标采购管理】

1.完善政府采购项目申报制度，做实做细项目立项调研论证，制定切实可行的设备采购方案，编报科学合理的采购计划，并及时推进，确保及时配备到位，减少零星购置，节省资金。

2.2020年政府采购预算11 356.80万元，其中财政拨款预算8 450.80万元。

3.完成2021年预采购项目申报30个，总预算约5 885万元。

【资产年报】根据《行政单位国有资产管理暂行办法》（财政部令第35号）、《事业单位国有资产管理暂行办法》（财政部令第36号）和《行政事业单位国有资产报告制度》等有关规定，完成2020年资产月报12次；完成2020年度行政事业性国有资产报告编制工作。

供稿人：段会玲
审核人：高东兴

审计工作

【部门简介】审计处为学校内部审计机构，设综合审计科、财务审计科、工程审计科。审计处以服务学校事业发展为中心，以预算执行及财务收支审计、经济责任审计、工程项目审计为重点，发扬"信念坚定、业务精通、作风务实、清正廉洁"的审计精神，发挥审计监督"免疫系统功能"，大力推进公共资金、国有资产、国有资源和领导干部履行经济责任审计全覆盖，促进学校完善治理，实现目标。

【经济责任审计】配合上级审计机关做好学校领导履行经济责任情况审计。制定工作方案，修订述职报告，完善支撑材料，提供内部审计成果，及时传达审计信息，加强与业务部门合作边审边改、即知即改，确认审计发现问题，完成了《审计报告》征求意见等全部审计过程。

【财务审计】完成科研经费审签42项，审签金额410万元，没有发现科研经费使用的违规问题。

【工程审计】强化过程控制，服务学校重点工作项目。委派专职审计人员全程参加理工实验实训楼跟踪审计，建立制度，修订职责，发挥审计监督职能，强化全过程造价控制，加强变更审核，严把工程进度拨款，累计跟踪隐蔽工程、材料进场验收20余项，完成现场签证46项。完成修缮、小型建设工程跟踪及结算审计45项，审定额873万元，审减额58万元。完成合同审核42项，完成预算审核37项。正在进行留学生公寓楼结算审计、消防工程跟踪审计。

【"回头看"自查】按照《中共山东省委审计委员会关于开展审计查出问题整改情况"回头看"的通知》（鲁审委发〔2019〕1号）要求，学校成立工作组，由审计处牵头对党的十八大以来上级审计机关审计查出问题的整改情况进行了全面自查，自查发现在我校接受山东省审计厅实施的3次专项审计中，共发现问题42项，已完成问题整改39项，剩余3项的整改正在有序推进中。

【内部审计自查】完成山东省审计厅部署的内部审计工作情况自查。针对学校2018年以来贯彻落实加强内部审计工作相关政策规定的举措、内部审计管理体制和制度建设、审计重点关注内容和职责履行、内部审计项目质量控制、审计整改和成果运用情况等进行了全面自查，向学校相关部门提出4条建议。自查发现审计处能够完善监督方式，关口前移，抓早抓小，强化审计结

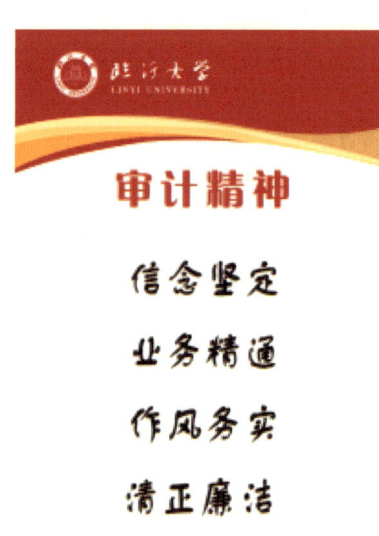

果运用，规范、全面完成了上级和学校安排的工作任务。

【审计文化建设】落实审计署第11号令，以审计精神立身，以创新规范立业，以自身建设立信，修订审计职责，完善内审制度，增强监督合力。审计人员参加国内审协会、山东省教育审计学会组织业务培训18人次，提升了专业能力，推进了队伍建设。

【表彰奖励】审计处获"2020年度山东省教育审计先进集体"；王诗梦被评为"2020年度全省教育审计优秀信息员"；滕秀勇被评为"2020年度全省教育审计先进工作者"。

供稿人：谭　磊
审核人：赵　雍

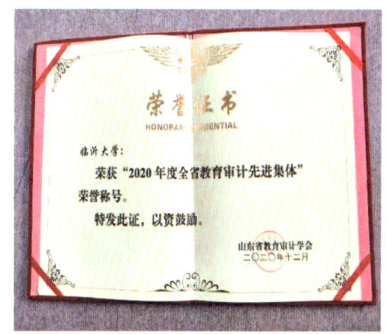

后勤管理

【部门简介】后勤管理处作为学校后勤管理的职能部门，主要负责校园绿化与保洁、水电暖运行、物业与节能、餐饮服务与医疗卫生等方面的管理工作。现有职工26人，其中，处长1人，副处长2人，科级干部7人。内设运行控制与质量标准保障科、公共卫生科、饮食管理与食品安全科、校园环境与绿化管理科、楼宇管理科、能源管理科、节能管理科。

【年度工作】

（一）以契约化管理为抓手，深化后勤服务社会化管理制度建设，实现考核评价标准化，全力提升后勤服务与保障水平。修订完善了《临沂大学后勤保障监督管理办法及考核评价标准》和《突发公共卫生事件应急预案（修订版）》，调整设立临沂大学食品安全委员会。

（二）统筹做好常态化疫情防控工作，积极打造平安校园。圆满完成春季复学46项核检中的23项疫情防控工作任务，及时修订完善了《临沂大学发热病人处置流程》、消杀通风、外来务工人员排查等26项流程和制度；在做好常规服务保障的同时，为春季高考、山东省学术论坛、"三山一坡"等十几项重大活动做好了疫情防控服务各项工作。被山东省学校后勤协会评为"山东省高校后勤系统新冠肺炎疫情防控工作先进集体"，荣获山东省"省级卫生先进单位"荣誉称号。

（三）内合外联，增收节支，积极推进建设绿色生态校园。争取政府海绵城市建设奖补资金建设中央绿地道路735万元，建设了中央绿地明义北路和文心路，12月上旬通车。争取服务外包单位和校友资金投入，建设了学校后勤物业服务中心，修建了阳光服务大厅停车位，完成植树节绿化项目等，进一步改造提升校园环境文化氛围。全年共募集资金1000余万元。

（四）完善节能监管平台建设，积极创建节约型高校。积极推进智慧后勤建设，加强校园耗能监管力度，以合同节水项目为切入点，初步测算节水率为30%，该项目已经通过省水利厅、教育厅、省机关事务管理局复核验收，拟上报水利部参加国家评选。

（五）严守安全底线，努力打造平安后勤。把食品安全、消防安全、用电安全和生产安全作为后勤工作的生命线，将校园内全部餐饮网点全部纳入检查范围，规范学生食堂及校内餐饮网点食品原材料集中采购，加强从业人员参加健康卫生培训，主动寻求政府主管部门和执法机关支持，不定期开展安全大检查，发现问题即知即改，切实消除用水用电、节能、消防及餐饮网点食品安全隐患。

（六）压实监管责任，努力提升师生卫生医疗条件。加强与属地大岭社区中心医院合作，主动创造条件让政府通过社区医院落实的疫情防控等医疗卫生普惠政策在学校落地落实。

撰写人：董新矫
审核人：马彦明

治安综合治理

【部门简介】保卫处是在学校党委和行政的领导下，维护校园治安稳定和消防安全的职能部门，依据国家有关法律法规和学校规章制度履行职责。内设政治保卫科、治安一科、治安二科、消防科、户籍科5个科室，具体负责治安、交通、消防、门禁管理、集体户口等日常管理工作。

【持之以恒抓党建，凝聚合力谋发展】常态化、制度化、规范化开展党建、党风廉政建设工作，强化理论学习，严格落实"三会一课"制度，全年召开支委会14次、支部党员大会19次、党员集体学习21次、党课学习2次、主题党日活动2次、培养入党积极分子1名；督促班子成员落实"一岗双责"，注重政治引领，加强理想信念教育和党性教育，提升服务和奉献意识，抗疫期间组织党员干部坚守一线。

【加强疫情防控措施，全力保障校园安全】在新冠病毒肺炎疫情防控方面，保卫处严格贯彻落实上级和学校新冠肺炎疫情处置工作领导小组根据疫情发展制定的相关措施及要求，制订并不断完善保卫处《分时段疫情防控工作预案》。学生开学前，严把学校大门第一道防线，"外防输入，内防反弹"，校外人员与车辆无特殊原因一律禁止进入校园，最大限度保证校园安全。组织保卫处及安保队员进行了5次防控实战演练，助力21批次老生复学复课、3批次新生入学。学生复学后，及时调整安保力量，严格管控校园出入口及重点区域，在大学生活动中心西侧拉了双道警戒线，对三处校园隔离带（墙）损坏处进行了整治，对校内教职员工、后勤保障服务人员、校外来访人员及临时用工人员等各类人员的入校程序做了进一步规范等。

【加强校警联动工作，建立警情互通机制】加大与临沂市国安支队、驻地公安大学派出所等部门沟通联系力度，建立完善疫情联防联控机制，开展警情与校园环境的会商活动6次，深入分析疫情对校园稳定的影响，针对意识形态、反恐防爆、疫情防控等重点领域开展专项研判，列出风险清单，并制订工作预案；学生复学、新生入校期间，积极协调大学派出所和交警大队，每天出动近50名干警维护现场和疏导交通；加强与学校周边街道、社区的联系，确保了校园及周边环境安全稳定。

【推动落实校园网格化安全管理工作，逐步形成校园立体化防控体系】与校内各二级单位签订《校园管理综合治理责任书》和《消防安全责任书》，明确了消防科消防管理人员的责任分工，调整修订了校园各场所的消防责任人、管理人、信息员和重点场所的消防管理人，消防安全的网格化建设更加规范；摄像头维修维护152个，更换70个，新增A6/A7楼宇两座、文心潭的监控摄像头17个，协助餐厅等实体单位增加电子监控设备，积极引进人脸识别系统8套、高空瞭望监控系统1套和无人机1架，为提升校园智慧化立体化治安防控提供了强大的科技支撑。

【加强安全教育管理，扎实开展消防培训活动】继续推行《互联网+大学安全教育》新生入学前安全教育课程，考试通过率99%；完成全年消防培训活动20余次，培训师生达1.6万人次以上，新生参与培训达100%。

【加强反恐防暴，维护校园及周边安全稳定】配足配齐防暴器材，成立反恐防暴维稳处置工作领导小组，组建校园110反恐防暴小分队，加强24小时巡逻值守。全国两会期

管理服务与综合保障 243

间,结合疫情防控,及时启动敏感期安全稳定工作机制,强化风险摸排、风险管控、校园巡检和应急处置等工作落实。

【创新工作理念,提升服务意识】为让教职工"少跑腿、好办事",启用车辆通行授权网上审批系统。承办省级会议1次,完成行业考试、上级部门和兄弟单位来校参观交流等近50项活动的安保工作。

【注重岗位研究,提高思想理论水平】在山东省高等学校安全保卫协会举办的征文活动中,保卫处两篇文章分别获得省级二、三等奖;在"高校安全稳定工作案例征集"活动中,临沂大学成为唯一一所获推2篇文章的高校。

供稿人:宋丽群
审核人:冯焕顺

学院工作

马克思主义学院

【学院概况】马克思主义学院建于2011年,下设政治系、红色文化与沂蒙精神教研部、毛泽东思想和中国特色社会主义理论体系概论教研部、中国近现代史纲要教研部、马克思主义基本原理教研部、思想道德与法律基础教研部与形势政策教研部共7个系部,拥有山东省沂蒙精神研究基地、山东省大中小学红色文化传承研究指导中心、山东省马克思主义群众观研究中心、中国特色社会主义理论体系理论研究中心、临沂大学中国共产党革命精神与文化资源研究中心、传统文化与德育研究中心、中国近现代社会研究所等7个教学研究机构,拥有山东省思想政治理论课名师工作室1个,开设有思想政治教育专业1个本科专业。学院现有教职工86人,专任教师82人。其中,教授12人,副教授30人,讲师28人,助教12人;具有博士学位17人,硕士学位48人。聘请兼职和客座教授35人。普通在校生206人,其中,本科生187人,研究生19人。2020年毕业生39人,本科生39人。

【党建与思想政治工作】组织了《习近平谈治国理政》(第三卷)、党的十九届五中全会精神专题学习。制定了《马克思主义学院红色班级建设方案》,成立了"临大马院马克思主义理论宣讲团"。1人被评为山东省"三八红旗手",1人被评为临沂市"弘扬沂蒙精神好党员",1人被评为临沂市"最美沂蒙精神传承人"。获临沂市"我来讲党课"竞赛一、二、三等奖各1项。《大众日报》对2位教师工作事迹进行专题报道。

【教学工作】思想政治教育专业已推至教育部参评国家一流专业。获批省级教改项目2项,省级思政金课2门,获校级教改项目4项。获"山东学校优秀思政课教师"称号1人,山东省思政课教师比赛二等奖1人,"临沂大学2020最美教师"1人,临沂大学青年教学能手一等奖1人、三等奖2人。

【科研与学术交流】新立项国家社科项目1项、省部级课题4项、市厅级项目5项,各类项目到位总经费36万元。收入CSSCI及其扩展版论文5篇,在其他刊物发表论文10篇,其中,在《大众日报》等具有较大影响力的报纸上发表理论文章5篇,出版著作6部。获山东省社科优秀成果奖2项,市厅级优秀科研成果奖9项。新获批山东省高校青创团队1个。筹办并召开"三山一坡"高校联盟弘扬革命精神研讨会。

【学科建设与研究生教育】获批马克思主义理论一级学科硕士点。新获批省级平台山东省大中小学红色文化传承研究指导中心。硕士生导师新增14人,校外合作导师新增10人,新增临沂大学专业学位研究生校级实践基地2个。2020年招收教育硕士学科教学(思政)研究生15名。

【师资队伍建设】师资队伍结构进一步优化。招考思政课教师10人,通过校内挖潜转入思政课教师队伍10人。中共中央党校刘学侠教授等8名专家受聘为学院兼职教授。

【学生工作】学生参加山东省首届高校思政短视频大赛,获二等奖1项、三等奖1项、优秀奖3项,单位获突出成果贡献奖。2020届毕业生中,考研14人,考取事业编7人,签约大型国企2人,自主创业1人,高质量就业率61.54%。获山东省师范类学生职业技能大赛二等奖2项、三等奖1项。

【其他工作】疫情防控常态化条件下,组织了两期培训班,积累了新形势下的工作经验。完成马克思主义学院展示馆建设。获学校"2020届考研工作先进单位"、2019年度平安校园建设先进单位表彰。

供稿人:张光远
审核人:赵长芬

商学院

【学院概况】商学院建于2003年，下设有经济系、国际经济与贸易系、金融系、工商管理系、会计系5个系，开设有国际经济与贸易、金融工程、工商管理、会计学4个本科专业和会计学（金融外包方向）校企合作本科专业。学院现有教职工93人，专任教师77人。其中，校聘特岗教授2人，教授6人，副教授23人，讲师52人，助教5人；具有博士学位18人，硕士学位36人。普通在校生1981人，其中，本科生1981人。2020年毕业生1102人，其中，本科生1013人，专科生89人。

【党建与思想政治工作】抓党建促发展，圆满完成重点工作和创新项目。2020年，商学院以深入学习贯彻习近平新时代中国特色社会主义思想和党的十九届五中全会精神为统领，在全力进行疫情防控，全面配合学校党委校内巡察"回头看"，做好党员发展、教育培训、"三会一课"、党风廉政建设等常规工作的同时，课程思政案例库建设工程有序推进，沂蒙红商研究院顺利揭牌。

【教学工作】"税务会计"课程获批立项国家级线下一流课程，"创业基础"获批省级一流实践课程。获批教育部产学研协同育人项目1项，校级教学质量工程项目5项。获批校级课程思政示范项目16项。出版《创业基础》教材1部。学生获得省级以上学科竞赛奖19大项，其中，国家级15大项（含优秀奖1项）。

深化与济南网融服务有限公司的专业共建，在培养方案修订、实训条件改善及课程研发等方面取得一定成效。新建临沂市统计局、临沂城投集团、临沂财经投资集团、临沂融资担保集团等教学实习和就业基地7个。

【科研与学术交流】承办山东省会计学会会计教育专业委员会2020年年会、山东省社科论坛——全面建成小康社会与巩固脱贫成果机制研讨会、中国会计学会会计信息化专业委员会2020年度学术调研活动。

获批纵向课题6项，其中，教育部课题1项，市社科项目5项，申报省级课题4项。科研经费合同额120万元。承担临沂市政府督查室第三方评估项目3项，均获临沂市市长批示。发表论文5篇，其中收入CSSCI 2篇，其他层次论文3篇。出版专著6部。获批国家实用新型发明专利2项，软件著作权1项。荣获山东省社科奖二等奖1项，临沂市社科奖3项，山东省世界经济学会优秀论文奖、山东省会计学会优秀论文奖各1项。

【学科建设与研究生教育】以"经济与社会统计"研究方向，与数学与统计学院共同申报应用统计专业硕士。在博硕士生导师聘任、研究生联合培养、智库建设等方面，与马来西亚博特拉大学（2021年QS世界大学排名132位）、北京联合大学、曲阜师范大学、北京物资学院等开展合作，新增硕士研究生导师2人。

走访北京联合大学、上海海事大学、南京信息工程大学、山东财经大学、青岛大学、济南大学、山东理工大学等高校的研究生培养基地。

【师资队伍建设】2020年商学院新增教授2人，特聘教授2人，副教授3人。获批临沂大学校级教学名师1人。人才引进方面，对接高层次团队1个、第六层次人才2人、青年博士5人。

【学生工作】2020 届毕业生共 1011 人，123 人继续深造。其中考取复旦大学、吉林大学、中央财经大学等高校硕士研究生 81 人，出国留学 5 人，考取专升本 39 人。深造率 13%，完成指标。考研率创历史最高，专升本率增幅高达 71.3%。学生获得省级以上学科竞赛奖 19 大项，其中，国家级 15 大项（含优秀奖 1 项）。

【社会服务工作】成立沂蒙红商研究院。2020 年积极参加各项社会服务活动，进一步深化城校融合，承担临沂市政府督查室第三方绩效评估项目 3 项。开展罗庄财金投资集团、临房置业等培训项目。组织华盛江泉集团青干班选拔面试。与浙江大学、青岛大学达成联合开展高级管理培训（EDP）意向。

【国际交流与合作】对接英国格林威治大学和考文垂大学，马来西亚博特拉大学、泰国格乐大学，在联合培养领域加强交流。

供稿人：沈克东
审核人：刁玉柱

物流学院（商贸物流研究院）

【学院概况】物流学院建于 2011 年，下设有物流管理、物流工程、电子商务 3 个系，开设有物流管理、物流工程、电子商务、物流管理（冷链物流方向）、物流工程（智慧物流方向）5 个本科专业。学院现有教职工 50 人，专任教师 38 人。其中，校聘特岗教授 3 人，教授 9 人，副教授 12 人，讲师 12 人，助教 5 人；具有博士学位 16 人，硕士学位 22 人。聘请兼职和客座教授 24 人，外聘教师 10 人。普通在校生 1574 人，其中，本科生 1242 人，专科生 332 人，另有合作培养研究生 4 人。2020 年毕业生 563 人，其中，本科生 311 人，专科生 252 人。2020 年毕业合作培养研究生 1 人。

【党建与思想政治工作】学院党委坚持"围绕发展抓党建，抓好党建促发展"的工作思路，不断加强领导班子和党员干部自身建设，切实提高党组织的创造力、凝聚力和战斗力。认真组织并顺利通过了学校党委组织的"意识形态工作校内巡察"和政治巡察"回头看"工作。抓好党建工作规范，培育"学生党员卓越培养工程"品牌，提升党建工作质量。开展"牢记使命、砥砺奋进""走在前列，我是一面旗帜"

优秀党员系列宣传报道，营造了团结和谐、干事创业的事业发展氛围。

【教学工作】王洪伟主持的"管理运筹学"获批国家级一流本科课程，张晓敏主持的"采购管理"获批山东省一流课程，曹松荣获批山东省教学改革项目 1 项，刘慧获山东省高校青年教师教学比赛优秀奖，张少云、李信利、崔沂峰、刘国栋获教育部产学研协同育人项目共 5 项，建设山东省高等学校在线开放课程 1 门、创新创业通识课程 1 门。

【科研与学术交流】张松涛获批教育部人文社会科学一般研究项目 1 项、联合上海海事大学合作获批山东省人文社科沙龙调研咨询重点研究项目 1 项，李信利获批山东省金融应用重点研究项目 1 项，承担政府、企业委托项目 7 项，批准经费共计 230.5 万元。卢中华获山东省优秀社会科学优秀成果二等奖 1 项；发表收入 SCI 的 6 篇，出版专著 1 部，授权国家发明专利 1 项、实用新型专利 5 项。协办中国优选法统筹法与经济数学研究会网络科学分会第一届学术年会"疫情背景下的网络科学"，邀请 25 位知名专家以线上、线下相结合的方式作学术报告，45 人次参加线上线下各类培训及学术交流会议。

【师资队伍建设】校内调增博士 1 人：吉玲；副教授 1 人：丁瑞兆；张丽萍、张明珠、崔润言在职攻读博士研究生；国外访学 1 人：胡向辉。

企业挂职1人：曹松荣。

【学生工作】开展"三三一学生成长工程"，强化思想引领，推进全方位育人，提高人才培养质量。2020年，学生参加学科竞赛获国家级一等奖2项、三等奖3项，省部级奖项29项。学生发表论文13篇、自主创办公司10余个。学生考研工作取得新突破，考研率达23.4%，同比增长4.8%，且有近40%学生考取985、211等名校，学风品牌建设效果初显。获批国家级大学生创新创业项目1项、省级大学生创新创业项目2项。

【社会服务工作】完成临沂市"十四五"商城转型升级发展规划、临沂加快建设国家物流枢纽及"一带一路"综合实验区研究2项政府委托规划项目，获批企业委托横向立项课题5项，总批准经费214万元。吸纳社会捐赠资金10万元、社会捐助物资10.01万元。建设产学研基地2个：国家物流枢纽山东顺和集团产学研基地、致胜物流产学合作基地。

【国际交流与合作】国外访学教师1人：胡向辉；在读留学生2人：韩国郑在恩、俄罗斯乔治。2名同学到国外攻读硕士学位：梁鑫（日本宇都宫大学）、张鹏飞（英国卡迪夫大学）。

供稿人：胡向辉
审核人：刁科凤

法学院

【学院概况】法学院建于2003，下设有法律系、社会工作系两个系，拥有教育部大学生校外实践教育基地、全省政法干部培训基地、齐鲁法治文化建设研究基地、山东省知识产权培训基地、临沂市人大常委会立法研究与服务基地、临沂市兰山公证处培训教育基地和社会法研究中心、教育政策与法律法规研究中心、银发产业政策与服务研究中心、法律援助中心、大学生创新创业指导中心等教学研究机构，开设有法学、社会工作、银发产业经营与管理3个本科专业和法律事务、社会工作2个专科专业。学院现有教职工50人，专任教师38人，其中，校聘特岗教授2人，教授3人，副教授11人，讲师24人，助教3人；具有博士学位8人，硕士学位41人。普通在校生1418人，其中，本、专科生1418人；2020年毕业生496人，其中，本科生293人，专科生203人。

【党建与思想政治工作】积极探索"党建+"模式，开展了"党建+"青年教师教学能力提升、"党建+"学生考研能力提升、"党建+"志愿服务（社会服务）3个重点项目；社工系党支部获首批"双带头人"教师党支部书记工作室培育创建单位。评选了法学院第三届党员先进个人、第四届师德标兵。

【教学工作】获批校教学改革面上项目3项、课程思政教学改革项目9项、示范课程11项，学院课程思政立项21项。法学专业获批校一流专业培育单位。获得全国"学宪法、讲宪法"演讲比赛一等奖1项，全国"学宪法、讲宪法"知识竞赛二等奖1项，模拟法庭大赛二等奖1项。

【科研与学术交流】获国家社科基金一般项目1项，国家社科后期资助项目1项，教育部课题1项，省社科规划项目2项，市厅级项目2项，到位经费51万。签署横向课题5项，到位经费71万元。发表论文18篇，其中收入CSSCI的论文2篇；出版专著2部、教材1部；获得山东省社科优秀成果奖1项，省法学优秀成果奖二等奖1项、三等奖2项，临沂市社科成果奖7项，其他奖项2项。

【学科建设与研究生教育】获批最高人民检察院"民事、行政、公益诉讼综合研究基地"和山东省政法委"全省法学院校法治人才培养基地"两个学科平台。

【师资队伍建设】获学校青年教师讲课比赛二等奖1人，三等奖2人，4位老师参加山东省青年教师职业能力提升培训班。入选山东省理论工程人才"百人工程"1人。

【学生工作】1个学生班级获评山东省高等学校先进班集体称号，1个团支部获临沂市红旗团支部，1名辅导员获临沂市优秀共青团干部称号。1名辅导员获山东省辅导员工作论坛一等奖。2020届学生考研率27.8%，获考研工作先进单位。

【社会服务工作】接受临沂市知识产权事业发展中心培训经费20万元；共建沂蒙知识产权公共服务平台，接受捐赠实物57.783万元；接受临沂市慈善总会捐赠酒精消毒液价值2万元，接受其他社会捐赠现金6.331万元。被聘为政府法律顾问、劳动争议调解员、社会稳定风险评估专家、法治副校长等21人（次），参加立法咨询听证活动20余次、《民法典》和宪法日宣讲等20余场次。

【国际交流与合作】韩国高校3名语言类教师、6名专业类教师通过网络为中外合作办学本科专业的学生讲授8门韩国语言类课程、18门专业基础核心课程。2018级2名合作办学专业学生申请2+2境外双学位留学项目。学院就疫情期间保障授课及授课质量、在外方留学学生的安全防疫等工作与外方相关部门、工作人员进行近10次网络会议，减轻了疫情对国际授课的影响，保障了我院在外方留学学生的安全。为学生作国际交流合作留学形势报告2次。

供稿人：罗亚海
审核人：来　涛

教育学院（教师教育学院）

【学院概况】教育学院（教师教育学院）前身系1941年由中共滨海区委和抗大一分校共同创建的滨海建国学院设立的师范部。1941年5月13日，师范部在莒南县朱边镇开学，直到20世纪80年代，延伸为教育心理教研室（1991—1996年属于教务处管理），1996—1999年成立教学基础部。2000年7月，原临沂师范专科学校高等教育研究室、基础部、中学教学研究室和原临沂教育学院教育系合并，成立了临沂师院教育与管理科学系和教育科学研究所。2003年，成立教育与管理科学系。2006年成立教育科学学院。2009年，成立教育学院（教师教育学院）至今。教育学院下设小学教育、学前教育、心理学、教育技术学等4个学系，拥有国家一流本科专业建设点、教育硕士授权点、应用心理硕士授权点、山东省教师教育基地、山东省重点学科、山东省社会科学普及教育基地、山东省产教融合研究生联合培养示范基地等教学科研平台；开设有小学教育、学前教育、应用心理学、教育技术学等4个本科专业。学院现有教职工 74 人，专任教师 61 人，其中，校聘特岗教授 9 人，教授 18 人，副教授 24 人，讲师 14 人，具有博士学位（含在读）22 人，硕士学位 38 人；聘请兼职教授、客座教授 8 人，国内外聘教师 13 人。普通在校生 1862 人，其中，本科生 1827 人，研究生 35 人，2019 年本科毕业生 366 人。

【党建与思想政治工作】教育学院现有党支部 4 个，其中，教职工党支部 3 个，学生党支部 1 个，党员 121 人，其中，教工党员 49 人，学生党员 72 人。教育学院党委工作案例《践行"沂蒙精神"，建设基层铁军》入选由中共中央组织部党员教育中心和教育部思想政治工作司组织编写的《基层党组织书记案例选编》（高校版）。

2020 年 6 月 30 日教育学院党委与北城小学党总支开展结对共建暨庆"七一"主题党日活动，建立党支部共建基地。

小学教育党支部书记胡秀俊"不忘初心，牢记使命，做新时代硬核党员"党课在"我来讲党课"优秀党课活动中获校级、市级一等奖，当选省属高校学习贯彻党的十九届五中全会精神宣讲团专家。教工党员蒋晓虹教授家庭荣获临沂市"最美家庭"称号，学生王伟科获得"泰山好人"称号并荣获山东省"青春贡献奖"称号。

【教学工作】王玉秋教授、初铭铜教授、李同胜教授指导学生参加山东省师范类高校学生从业技能大赛分别获一等奖、二等奖。王玉秋教授获得第八届山东省师范生从业技能大赛优秀辅导教师一等奖，初铭铜获二等奖。李爱娟副教授指导学生参加第三届"iTeach"全国大学生数字化教育应用创新大赛获得三等奖。王海啸同学获第四届中华职业教育创新创业大赛全国现场总决赛一等奖。

【科研与学术交流】获批全国教育科学"十三五"规划国家社科基金项目 1 项，教育部人文社会科学一般项目 3 项，山东省社会科学规划项目 6 项，山东省教育科学"十三五"规划项目 6 项；张洪高等 4 位老师的科学研究获横向课题资助，项目经费合计 82.6 万元。王玉秋教授科研成果获得 2020 年度山东省高等学校人文社会科学优秀成果奖一等奖；薄存旭、魏可媛等 5 位老师分别荣获山东省社会科学优秀科研成果二、三等奖。2020 年度共发表学术论文 23 篇，其中，高水平论文 6 篇；出版学术专著 3 部。

2020 年，在国内外疫情防控形势十分严峻的条件下，学院教师的学术交流并未受影响。陈德云教授赴美国波士顿学院做访问学者，为期 1 年；杜若菲老师赴马来西亚攻读博士学位；邹吉林等 4 位老师参加了在首都师范大学举办的第二届线上校园欺凌国际学术会议。

【学科建设与研究生教育】完成了应用心理专业硕士学位授权点的申报工作；成功获批山东省产教融合研究生联合培养示范基地。赵金霞教授的"心理发展与教育"获批研究生教育校级优质课程项目；李同胜教授的《小学数学课程与教材研究》、张朝珍教授的《课程与教学论》获批校级研究生精品教材建设项目；马婷婷老师获批研究生课

程思政教学改革项目，曹彦杰等4位老师获批研究生教育教学改革研究项目。

【师资队伍建设】 新增教授3名，副教授5名；引进高水平博士2人，招聘紧缺专业教师2人；新增小学教育专业硕士研究生校内导师24人，校外导师11人。胡青副教授获评2020年临沂大学教学名师；在2020年青年教师讲课中，李凤玮获得一等奖"青年教学能手"，李永婷和张涵分别荣获三等奖；李同胜教授赴清华大学参加硕士生导师培训。

【学生工作】 以"同心战'疫'共克时艰，'师'志不渝爱国力行"为主题举办了第四届教师素养文化节。学生在第八届山东省师范类高校学生从业技能大赛中表现突出，其中，小学教育专业2017级5班孙文杰荣获小学英语推荐组一等奖，小学教育专业2017级4班周昱含荣获小学数学推荐组二等奖，小学教育专业2017级9班张迪荣获小学语文推荐组二等奖。

辅导员胡秀俊、傅春长获评山东省大中专学生志愿者暑期"三下乡"社会实践优秀指导教师。2017级小学教育专业公费师范生王伟科在疫情防控工作中表现突出，被中共泰山区委授予疫情防控"泰山好人"荣誉称号，在由团省委、省学联、省青年志愿者协会联合发起的山东省大学生"青春贡献奖"评选中荣获"青春贡献奖"称号。

【社会服务工作】 举办了5期省高师培训项目，完成中小学等培训班12期，实现社会服务创收120余万元。2020年5月20日临沂小龙人教育信息咨询有限公司向临沂大学教育发展基金会捐赠20万元助力教育学院人才培养。应用心理系与兰山区人民法院联合发起"青橙计划"，并在教育学院开展3期回访帮教系列活动。

【国际交流与合作】 陈德云教授获批国家留学基金委资助赴美国波士顿学院Lynch教育学院访学1年，庄清扬、孙晓涵、王慧、杨成艳等4名教师成功申请国外高校博士研究生；与马来西亚博特拉大学教育及培训有限公司洽谈了联合培养教育管理博士事宜。

供稿人：王晓磊

审核人：魏元栋

张洪高

体育与健康学院

【学院概况】 2020年，体育与健康学院设有体育教育、社会体育、体育舞蹈3个系和公共体育教学部，拥有体育硕士专业学位授权点，开设有体育教育、社会体育指导与管理、社会体育指导与管理（高尔夫方向，中韩合作）、舞蹈表演（健美操、啦啦操、体育舞蹈3个方向）4个本科专业和体育教育专科专业。学院现有教职工86人，其中，教授9人，副教授25人，博士10人，硕士研究生51人，硕士生导师8人，博士生导师2人。全日制在校生1196余名，其中，本科生1084人，专科生112人。2020届毕业生347人，其中，本科生310人，专科生37人。

体育与健康学院建于1958年。学院确立了"教学立院、科研强院、人才兴院、特色亮院"的办学理念，教学科研成绩突出，人才培养质量稳步提升。组建了"山东农村体育研究中心""运动与健康促进研究中心""学校体育教育研究中心""体育教育训练学科团队"4个校级科研平台。学科建设卓有成效，获国家社科基金课题5项、教育部社科基金课题4项、国家体育总局社科研究课题2项、省级课题18项、国家发明专利6项、省部级科研成果奖3项、市厅级科研成果奖60项、出版学术专著40余部、发表高层次论文100余篇，其中CPCI收录50余篇，EI收录20余篇，CSSCI期刊50余篇。专业建设硕果累累，获教育部产学合作协同育人项目1项、省精品课程1门、省级一流本科课程1门、省本科教学改革项目1项、省课程思政教学改革研究项目1项、国家级大学生创新创业项目13项、省级大学生创新创业项目 10 余项、全国首届高校微课教学比赛优秀奖 1 项、省级优秀教材二等奖 1 项、省高等学校课程联盟优秀教学案例三等奖 1 项。学生考研率多年保持在 20% 以上。

学院拥有配套齐全的现代化教学场馆与设施。建有大型体育场、综合教学训练馆、高尔夫练习场、教学与实验大楼；建有高尔夫模拟训练室、体质健康测试、运动生理学、运动心理学、体育保健康复等实验室，教学实验设备值 1000 余万元。学院建有国家体育总局"体育文化研究基地""中国木球培训基地""中国大学生高尔夫训练基地""国家一级社会体育指导员培训基地"和"体育硕士联合培养基地"。学校被国家体育总局授予"全国啦啦操实验高校"，并获"全国木球项目推广贡献奖"。学院特色体育发展迅速。健美操、啦啦操、木球、体育舞蹈、高尔夫等代表队在国内外比赛中共获奖牌 283 枚，其中金牌 105 枚、银牌 102 枚、铜牌 76 枚。技巧啦啦队参加 2012 年美国奥兰多世界啦啦操锦标赛，取得"国家杯"集体技巧啦啦操第八名；木球队代表国家出征 2012 年马来西亚世界杯木球赛，获男子团体第四名和男子双打第四名的优异成绩。2014 年获全国高校体育教育专业学生基本功大赛二等奖、山东省高校体育课程建设检查评估优秀等级。

学院先后被评为"山东省全民健身活动先进单位""临沂市先进基层党组织"、临沂大学"优秀单位""十佳文明单位""学生工作十佳单位""考研先进单位"和"学科竞赛先进单位"等荣誉称号。

【党建与思想政治工作成绩凸显】加强领导班子和党风廉政建设，认真履行党委主体责任，夯实班子成员"一岗双责"；强化政治建设，严格落实管党治党责任。学院现有体育教育、社会体育、体育舞蹈、公共体育 4 个教工党支部和 1 个学生党支部，党员 107 人，其中，教工党员 63 人，学生党员 44 人。2020 年全年组织中心组学习 12 次，党员集体学习 20 次，党课 16 讲，发展党员 26 人，各类主题党日活动 56 次。以"示范、标杆党支部"创建为抓手，积极推进示范党支部创建活动。社会体育党支部书记工作室荣获 2020 年"双带头人"教师党支部书记工作室培育创建单位。积极开展"党建+"工作模式，创新党建特色品牌。通过主题党日活动，抗疫期间组织全体党员共捐款 22 888 元。严格落实意识形态工作责任制，较好完成了 2020 年下半年学校意识形态巡察工作。

【人才培养质量显著提升】学院坚持"以教风、学风建设为引领，以升学、高质量就业为突破口"的人才培养理念，深化"三全育人"改革，成效显著。2020 届毕业生考取研究生 67 人，考取率达 22.1%，专升本 24 人，升本率 63%；考取公务员、事业编 20 人，西部计划 1 人；在学校"互联网+"大学生创新创业大赛中，学生获一等奖 1 项，二等奖 1 项，实现了多年本项赛事"零"的突破；获大学生创新创业项目省级 5 项、校级重点 1 项、一般项目 2 项，学生发表论文 2 篇；获省级以上学科竞赛一等奖 4 项、二等奖 4 项。圆满完成学校群体竞赛和大学生体质健康标准测试工作，学生身心健康素质逐年提升。

【学科专业建设取得新突破】以"一流学科""一流专业"建设为引领，积极推进内涵提升。获批国家社科基金课题 1 项、省部级社科基金课题 2 项，各类课题到位经费 124 万元；发表高水平论文 3 篇，北大核心期刊论文 1 篇；获市厅级社科优秀成果二等奖 1 项、三等奖 2 项；2020 年申报体育硕士授权点以优秀等级通过教育厅审核和专家评审。"一流专业"建设获得新突破，获省级教学改革项目 1 项、省级一流虚拟仿真实验课程 1 门，实现了学院无省级教学质量工程项目的突破。体育教育专业获校级一流专业重点建设培育项目；获校级教学质量工程项目 3 项、校级"课程思政"教学示范课程 8 门、"课程思政"教学改革项目 3 项；"体育社会学"课程获"山东省高等学校课程联盟 2020 年春季学期优秀教学案例"三等奖。

【学生工作取得新成就】以学生为中心，以学风建设为主线，以高质量就业为目标，以安全稳定为保障，全面落实立德树人根本任务，学生工作取得优异成绩。获"临沂市红旗团委""学生工作十佳单位""考研工作先进单位""就业工作先进单位"、学校"军训工作先进单位""征兵工作先进单位"等荣誉，李艳斌获山东省暑期"三下乡"社会实践优秀指导教师，陈士强获校级"十佳辅导员"，孙贵英获得临沂市直机关巾帼建功先进个人，1 个团队获山东省暑期"三下乡"社会实践优秀团队，3 名学生获山东省暑期"三下乡"社会实践优秀个人。

【师资队伍建设取得新进展】坚持引育并举，加强师资队伍建设。引进高水平博士 1 人、硕士师资 2 人，外出攻读博士学位 2 人，教师参加国内外各类学习培训共 15 人次；王雪芹、李久德 2 位教师晋升教授，朱海艳、王念辉、王举涛 3 位教师晋升副教授。陈亮获校级"学科竞赛优秀指导教师"、王雪芹获校级十大"最美教师"。

【社会服务工作取得新成效】不断加强校地、校企合作，探索校地

音乐学院

【学院概况】 音乐学院建于1945年，现有音乐学、舞蹈学2个本科专业，音乐教育（中韩合作）、舞蹈表演2个专科专业。教学场所建筑面积35 000余平方米。其中，有琴房301间，钢琴300余台，电钢琴教室3间；舞蹈练功房8口；排练厅4口；50台件MIDI作曲教室1座；现代化数字录音棚1座；音乐厅1座；配置一流的1000余座大剧院一座。

音乐学院下设有声乐教研室、钢琴教研室、舞蹈教研室、理论教研室、器乐教研室5个教研室，拥有教育部中华优秀传统文化（柳琴戏）传承基地、山东省戏曲艺术重点研究基地、俄罗斯音乐研究所等12个教学研究机构。学院现有教职工78人，专任教师70人，其中，校聘特岗教授1人，教授3人，副教授14人，讲师34人，助教13人；具有博士学位8人，硕士学位49人。聘请兼职和客座教授16人，国内外聘教师13人，外籍教师4人。普通在校生1089人，其中，本科生751人，专科生338人。2020年毕业生227人，其中，本科生161人，专科生66人。

【党建与思想政治工作】 在学校党委行政的领导下，学院全面贯彻党的十九大和十九届二中、三中、四中、五中全会精神，坚持立德树人根本宗旨，将沂蒙精神融入育人全过程，彰显党性锤炼和专业教育的有机融合，坚持为党育人、为国育才。坚持"党建+"工作机制创新，将艺术党课和红色文艺创演活动与学院党建工作有机结合，用音乐上党课，用艺术讲政治，创新党员教育机制，形成了党建特色，增强了学院党建工作合力，提升了学习效果和党员理论水平。通过氛围塑造、典型示范、灵魂洗礼、制度规范，形成"横向协同、纵向联动"的教师队伍师德师风培养工作新格局。基层党组织政治功能和组织能力不断提升，全体教职工干事创业的氛围显著提升。

【教学工作】 强化教风学风建设，严抓课堂质量与过程管理。疫情期间全面实施在线授课。将原创沂蒙精神主题文艺作品融入课程教学实践，创新"两性一度"课程建设，立项校级教学质量工程项目精品课堂2门，学生学习评价改革课程2门，校级教学改革研究项目2项，"课程思政"教学改革研究项目2项，课程思政示范课程4门，形成了红色育人品牌。指导2020年大学生创新创业项目9项，其中，省级项目3项。学生表演作品获第九届临沂市"沂蒙文艺奖"一等奖2项，三等奖1项，包括民族管弦乐《沂蒙赞颂》获音乐类一等奖，民族舞剧《渊子崖》舞蹈类一等奖，舞台剧《初心》获戏剧类三等奖；学生获山东省大学生合唱艺术节一等奖1项；山东省大学生艺术展演学生荣获一等奖7项，二等奖3项，学校获优秀组织奖。青年教师在2020年度教学比赛中获一等奖1项，三等奖4项等，有力支撑了音乐学省级一流专业建设点。

【科研与学术交流】 科研项目立项共计22项，包括国家级项目1项（国家级非物质文化遗产保护资金2018中国非遗传承人群研培计划），教育部项目1项，山东省社会科学规划项目5项，市厅级15项，累计到位经费72万元。获批全国普通高校中华优秀传统文化传承基地（柳琴戏）1项，教师发表学术论文21篇，出版专著6部；获得软件著作权3项。科研获奖4项。

【学科建设与研究生教育】 加强了学科平台孵化能力建设，新获批教育部"全国普通高校中华优秀传统文化（柳琴戏）传承基地"，持续加强了中国文艺评论基地、山东省戏曲艺术重点研究基地、山东省社会科学普及教育基地等11个科研平台建设。持续加强在读博士管理与支持力度，积极培育艺术专硕、音乐与舞蹈学学术硕士点建设。学院教师队伍达到专业硕士点建设条

供稿人：李昱朋
审核人：滕向农

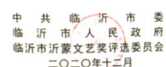

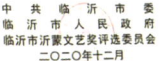

件，王秀庭教授受聘临沂大学硕士研究生导师，兼职聊城大学硕士研究生导师，并获批山东省第五批齐鲁文化英才。

【师资队伍建设】坚持引育并举理念，加强教师队伍建设。学院现有专任教师65人(俄罗斯外教1人)，博士学位教师9人，在读博士21人，山东省第五批齐鲁文化英才1人，校聘特岗（一级）1人。

【学生工作】强化学风建设"党委书记一把手工程"，全面实施了"学生综合素质评价"，突出思想政治教育育人、管理育人、服务育人，完善了学生成长成才工作机制。2020年毕业生227人，其中，本科生161人，专科生66人。学生出国留学67人，其中，本科国外升硕27人，国外专升本40人。升学、出国留学深造率20%以上，毕业生正式就业率达到93%，学生党支部荣获临沂市直机关先进基层党支部称号。尹瑜获山东省暑期三下乡优秀指导教师。

【社会服务与文化传承工作】围绕区域非遗与文旅融合需求，实施了2020年度"中国非遗传承人群研培计划柳琴戏表演人才研修班"，为社会培养了柳琴戏表演艺术人才25人。创新搭建艺术实践平台，积极推出文艺精品。推动了红色基因创造性转化与创新性发展和社会服务融合发展。舞剧《渊子崖》，将渊子崖精神结合新的时代条件发扬光大，推进沂蒙精神再弘扬，列入山东省委宣传部2020—2021年度山东省优秀文艺作品入库项目。学生参加中国文联、山东文联新时代文明实践学雷锋文艺志愿者服务队慰问演出2场。引领了区域音乐与舞蹈艺术创造性发展。

供稿人：李月婷
审核人：王秀庭

美术学院

【学院概况】美术学院建于1972年，下设有5个系、部（或教研室），拥有2个教学研究机构，开设有5个本科专业。学院现有教职工78人，专任教师65人，其中，校聘特岗教授1人，教授6人，副教授19人，讲师32人，助教7人；具有博士学位7人，硕士学位54人。国内外聘请教师6人，外籍教师5人。普通在校生1518人，其中，本科生1204人，专科生317人。2020年毕业生462人，其中，本科生348人，专科生114人。

【党建与思想政治工作】制定了党建工作清单，认真履行党建工作第一责任人职责，把党建工作列入重要议事日程，专题研究党建工作12次；党委中心组学习14次，全院共上党课35次。专题学习79次，主题党日活动38次，组织师生"我为党旗添光彩"系列活动6个子专题的活动。

以党支部规范化建设和"双带头人"建设为抓手，完善了有关制度，开展了廉政警示教育，先后建设示范党支部2个，先进基层党组织1个，优秀党员4人，优秀党务工作者1人，组织了院级第二届廉政作品大赛。

【教学工作】在省高校青年教师教学比赛中获三等奖1项，书法学专业成为学校一流培育专业；加强实习见习工作，扎实推进美术学师范认证。获批11项大学生创新创业训练计划项目，获批课程思政项目10项，入选"课程思政""专业思政"和课堂教学艺术典型案例10例。

【科研与学术交流】在2020年度美术学院教师中国美术家协会主办的展览中入展作品3件，新增中国美术家协会会员2人；获批教育部人文社科规划一般项目1项、山东省社科规划项目2项、山东省社科联项目1项、市厅项目8项，纵向经费14.7万元，委托经费37万元；发表论文14篇，实用新型专利1项，沂蒙文艺奖3项，临沂市社科优秀成果奖1项。

【学科建设与研究生教育】学院高度重视艺术专业硕士点申报与筹建工作，组织美术学国画、油画专业和书法学专业教师反复开展论证，深入项目申报要点，凝聚最优势的师资力量参与申报，与音乐学院、传媒学院等合作申报艺术专业硕士点，积累了申报经验，锻炼了教师队伍，为后续工作奠定了良好的基础。

【师资队伍建设】本年度新增3位教师在职攻读博士学位。

【学生工作】学生工作以思政教育为核心，以学风建设为主线，事务管理为基础，以创新工作项目"德育美育一体化创新实践"为依托，工作实行模块化管理，营造了"以美育人、以赛促学、以实践促成长"的良好氛围。组织开展美育实践活动12次，参与临沂市兰陵县长城镇姚村文化墙整改设计、临沂银河小学文化墙创作，先后开展"同心战'疫'""梦想起航""文明修身"等系列主题活动19次，网络双选会13场；学院初次就业率达90%，其中出国留学16人，升学36人，基层就业3人，入伍3人，自主创业120人，考研率比19年同比增长120%。学院先后被评为"心理文化节""毕业季""新生军训"优秀组织单位，学院团委被评为先进团委。

【社会服务工作】美术学院各专业开展城院融合工作，与临沂佳画电子商务有限公司签署战略合作协议，双方就地域美术资源的传承与创新、文创产品开发设计展开合作；积极参与临沂天泽木文化博物馆建设，结合馆藏木文化藏品进行文创产品设计开发，并以多种设计支持博物馆宣传推广；与山东世纪华园教育科技有限公司合作展开平邑县浸润行动，深度参与平邑县中小学美育教育。

【国际交流与合作】受疫情影响，取消了原计划的国际访问和学术交流。举办网上中美艺术家书画联合展览，促进了中美两国间的艺术交流，对传承、弘扬和推广中国文化提供了国际平台。

供稿人：杨晓玲
审核人：尹德辉

文学院

【学院概况】文学院始建于1958年，现设汉语言文学、汉语国际教育、编辑出版学3个本科专业，拥有古代文学、现当代文学、文艺理论、汉语国际教育、编辑出版学5个教研室。教职工48人，专任教师41人，其中，教授5人，副教授18人，讲师18人；具有博士学位24人，硕士学位17人。聘请兼职和客座教授12人。博士生导师1人，硕士生导师7人。现有中国文艺评论基地、中国散文创作与研究中心、山东省首批语言文字推广基地、辞书学等多个教学科研机构。普通在校生1125人，其中，本科生965人，专科生160人。2020年毕业生277人。

【党建与思想政治工作】学院始终以党的建设为引领，不断提高党建和思想政治工作质量，全面推进党的建设的各项工作。2020年度，文学院将党的建设与疫情防控工作紧密结合，坚持统筹推进疫情防控与事业发展。学习领会党的十九届五中全会精神和各级党委重要部署，开展了第一批意识形态工作校内巡察，培养入党积极分子103名，发展学生党员24名，教工党员1名。做好常态化疫情防控和各项党建工作，抓紧抓实抓细常态化防控措施，实现所有学生全面安全有序顺利返校复学。

【教学工作】按照立德树人的根本要求，继续深化教学改革，教学质量进一步提升。1门课程获批线下省级一流课程。课程思政建设全面铺开，获批校级"课程思政"教学改革研究项目5项、"课程思政"

教学示范课程7项，入选课程思政典型案例6项、专业思政典型案例2项。1名教师获山东省青年教师讲课比赛二等奖，2位青年教师分获学校青年教师讲课比赛二、三等奖。师范生教学能力有提升，获第八届师范生从业技能大赛二等奖1项、三等奖2项。

【科研与社会服务工作】文学院充分利用现有科研资源，积极开展科研项目攻关、科研成果培育等工作，广泛调动教职工科研热情，强化"三高"成果。发表高水平学术论文26篇，出版专著5部，获国家级社科基金课题1项，省部级课题4项，市厅级课题10项，横向课题2项，立项经费83.6万；获市厅级成果奖6项。注重社会合作互动互助。承担山东顺和集团《〈李庄社区志〉续编》撰写，合同经费25万元；获现金捐赠2万元，抗疫物资捐赠6.6万元。

【学科建设与研究生教育】汉语国际教育专业硕士顺利通过山东省学位办审批，以硕士学位授权点标准重点建设的中国语言文学学科，已接近硕士一级学科学位授予点要求。获批山东省首批语言文字推广基地，获批"中国散文创作与研究中心"。

【师资队伍建设】依据学科建设方向，优化人才结构，师资队伍建设进一步增强。通过院外人才引进、院内教师继续教育等途径，文学院

教师博士比例达到59%，其中1人进入博士后流动站工作学习，1人考取中国社会科学院大学博士，1人从马来西亚拉曼大学博士毕业。1名教师被马来西亚新纪元大学学院聘任为博士生导师，7名教师被曲阜师范大学、山东理工大学、临沂大学聘任为硕士研究生导师。现有兼职和客座教授20余人。

【学生工作】以专业素养为基础，以综合素质为目标，不断提升学生培养工作，取得显著成绩。"兵回沂蒙山，文旅桃花源"获第四届中华职业教育创新创业大赛金奖，"临大三下乡实践'品真理 讲四史'"获全国大学生暑期社会实践成果奖，"蒙山沂水千万重，千家万户语音同"荣获教育部推普脱贫优秀社会实践案例，"你还在后悔吗"荣获第三届全国高校心理情景剧大赛百佳奖。荣获第十五届全国大学生文学作品大赛一等奖30名。1人荣获山东省"青春贡献奖""山东青年五四标兵"。有36人考取国内硕士研究生，22名学生考取事业单位，6名学生加入西部计划，高质量就业率、学生考研率、出国率都较上年有显著提升。成功举办临沂大学第四届"中国诗词大会"、第七届国学达人大赛、临沂大学"爱国心·报国情·强国志"等主题征文活动等。

【国际交流与合作】加强国际交流合作，已取得初步成效。与马来西亚新纪元大学学院联合培养中华哲学博士研究生，已招收5人。完成与马来西亚拉曼大学本科生互换联合培养协议签约。王美雨教授长期在非洲几内亚科纳克里大学孔子学院任教，并取得突出成绩。

供稿人：马学永

审核人：周忠元

外国语学院

【学院概况】外国语学院建于1978年,下设有英语系、商务英语系、欧亚语系3个系和大学外语教学部,开设有英语、商务英语、俄语、西班牙语、朝鲜语、阿拉伯语6个本科专业。学院现有教职工159人,专任教师137人,其中,校聘特岗教授4人,教授9人,副教授33人,讲师72人,助教23人;具有博士学位22人,硕士学位106人。聘请兼职和客座教授40人,国内外聘教师8人,外籍教师10人。普通在校生2152人,其中,本科生1557人,专科生595人;合作培养研究生8人。2020年毕业生754人,其中,本科生418人,专科生336人。

【党建与思想政治工作】坚持以习近平新时代中国特色社会主义思想为指导,认真学习习近平关于教育的重要论述和疫情防控、"十四五"规划、2035年远景目标等系列重要讲话精神;积极开展党的十九届五中全会精神宣讲,统筹疫情防控和事业发展,认真履行党建主体责任和一岗双责,认真落实意识形态工作责任制,党员干部无违规违纪现象发生,无学生安全事故发生。坚持党建引领,用好疫情防控思政大教材,发挥支部战斗堡垒作用和党员先锋模范作用,为疫情防控作出积极贡献;实施党建"11313"工程,推动支部工作提质增效,全年发展学生党员48名,教工党员3人,培训入党申请人和入党积极分子500余人。学院被评为临沂大学2020年度绩效考核先进单位、临沂大学2020年度平安校园建设先进单位。欧亚语系教工党支部书记工作室获批2020临沂大学首批"双带头人"教师党支部书记工作室培育创建单位,陈新荣获2020临沂大学优秀党课二等奖。

【教学工作】英语系教学团队荣获2020年外研社"教学之星"大赛全国复赛一等奖。邢元平荣获山东省青年教师讲课比赛三等奖。建设"跨境电子商务""综合英语"两门网络课程并在智慧树平台上线。编写新时代大学英语系列教程4套。申报教育部产学研项目2项,获批校级教学质量工程项目17项。

在第八届山东省师范类高校学生从业技能大赛中,教授博士学科竞赛团队指导的学生分获一等奖1项、二等奖3项、三等奖2项,实现了历史性突破。在外研社"国才杯"大学生英语演讲比赛中,获省级一、二等奖各1项。在全国大学生英语竞赛中,获特等奖3项,一等奖10余项,二、三等奖200余项。

【科研与学术交流】获批教育部人文社科一般项目1项、山东省社科项目2项,发表高层次论文4篇,出版专著译著4部,获临沂市社科成果奖4项,多项省部级课题结项;以团队项目为核心,进行学术报告月系列活动,邀请鲁东大学亢世勇教授、北京理工大学李京廉教授、广州外语外贸大学黄忠廉教授等10余名专家来院学术交流;教师参加线上线下会议研讨百余人次。

【学科建设与研究生教育】凝练学科方向,强化学科引领,坚持学科与专业、科研与教学一体化发展,以英语专业省级一流专业建设为契机,积极培育英语翻译方向,产出一批译著。为外国语言文学一级学科硕士点申报搭建框架,与文学院共同申报并获批汉语国际教育专业硕士点。与马来西亚、古巴等国家高校联合培养博士8人,新增校内硕导2人、博导2人。建设校级研究生基础英语课程。

【师资队伍建设】2020年引进博士1名,新晋升副教授4名、教授1名、特岗教授1名。持续打造学术创新团队"汉语儿童语言获得与认知发展研究团队"和"医患会话语料库研究团队",并获得阶段性进展。聘任国内知名专家10余人为兼职教授。

【学生工作】"匠心培育工程"有力推进,学生出国留学人数全校第一,高质量就业率52.93%,本科毕业生考研率33.97%。获临沂大学2020年度学生工作考核十佳单位、临沂大学第七届宿舍文化节先进工作单位、2020年度学生征兵工作先进单位、2020年度学生事务管理工作先进单位、2020年度学生就业工作先进单位、2020年学生军训工作先进单位等荣誉称号。"临大外国语学院"新媒体账号荣获"2020年度临沂大学十佳微信公众号""2020年度临沂大学微信十佳图文"。"与星儿同行"社团新媒体账号荣获"2020年度临沂大学最具影响力公众号"。学生获奖省级以上297人次,校级以上143人次,国家级创新创业项目17项,国家级项目6项,省级项目5项,校级重点项目3项,一般项目3项。辅导员1人获"2020年度山东省高校优秀辅导员"荣誉称号,3人获省市级荣誉。

【社会服务工作】疫情期间,学院理事会单位捐赠口罩、消毒液等防疫物资;参加学院专业建设论证会,共商人才培养方案,对接地方需求;建设商务英语专业产学研基地2个;与文思海辉共建实习基地1个,与连云港贵科药业有限公司共建就业基地1个。

【国际交流与合作】多渠道推进青年教师学历提升,创新博士培养模式,与马来西亚、古巴、韩国等多所高校建立合作关系,签订合作框架协议。教师赴韩国、菲律宾、古巴等国家留学、访学10余人次,学生出国交流88人次。

供稿人:吴祥彦
审核人:于建波

传媒学院

【学院概况】传媒学院建于2009年,下设有新闻学系、广告学系、广播电视编导系、播音与主持艺术系、数字媒体艺术系5个系,拥有传播学研究中心、广播电视艺术与传播研究基地2个教学研究机构,开设有新闻学、广告学、广播电视编导、播音与主持艺术、数字媒体艺术5个本科专业。学院现有教职工71人,专任教师54人,其中,专任教师中校聘特岗教授1人,教授5人,副教授15人,讲师23人,助教11人。具有博士学位13人,博士在读12人,硕士学位22人。聘请兼职和客座教授10余人,国内外聘教师7人。普通在校生2014人,其中,本科生1480人,专科生534人。2020年毕业生690人,其中,本科生451人,专科生239人。

【党建与思想政治工作】推动党委履行主体责任,班子成员落实"一岗双责",完成四大重点项目和创新项目;实施"公共应急背景下舆情研判体系建设"书记项目,立足新闻专业研发网络舆情监控软件,实现舆情24小时不间断监控,为常态化疫情防控提供舆论支持;进一步规范发展党员和党员教育管理,修订了《传媒学院党员学习制度》《传媒学院"三会一课"规范》《传媒学院学生党员请销假制度》;开展各类社会实践活动10余项;发展党员40人,预备党员转正25人。

【教学工作】获批省级及以上教学质量与教学改革项目1项;新增创新创业教育通识课程2门;获批大学生创新创业项目5项,其中国家级1项;学生参加省级及以上学科竞赛获奖9项(国家级1项);省级及以上大学生创新创业训练计划项目4项;新增教学科研仪器设备价值15万元。

【科研与学术交流】发表学术论文26篇,其中,C刊2篇,C扩2篇;出版学术专著1部;立项科研课题23项,其中,省级3项,市厅级16项;获市厅级科研成果奖3项;纵、横向课题到位经费49.2万元,其中,纵向9万元,横向40.2万元。

【学科建设与研究生教育】获批省级教改项目1项,省部级教学项目8项,校级教改项目4项、"课程思政"教改项目10项;发表教研论文6篇;出版规划教材2部;建设校级"课程思政"教学示范课程12门；建设省级一流课程2门；省高校课程联盟优秀共享课程获奖2人；申报建设艺术专业硕士点1个。

【师资队伍建设】外派教师和管理干部国内外培训16人次；新聘行业企业兼职创业导师2人；获校青年教师讲课比赛一等奖、教学能手1人；聘请国内外学者、专家开设专题讲座10人次。

【学生工作】以考研为抓手，将学风建设与党建工作相融合，开展了"我是党员我带头"学风建设工程，大力推进学生考研工作；开展"接你回家""伴你起航""老师给我戴校徽"等活动，提升学生管理服务水平；2020届毕业生考取硕士研究生30人，考取公务员、事业单位、专升本等高质量就业256人，占比42.8%；毕业生正式就业率78.9%。

【社会服务工作】完成了"临沂商城40年发展口述史"拍摄工作；

开展2021年建党百年献礼片"寻找沂蒙'红'商"拍摄工作；积极争取社会捐助，吸纳社会现金、实物捐助25.5万余元。

【国际交流与合作】新增国际合作研究项目1项；与韩国等高校开展联合办学，为学生提供出国留学机会。

【其他创新性工作】与大众报业集团、齐鲁融媒、临沂日报等联合，建设临沂市"短视频与网络直播实训基地"，积极开展学生实践技能实训和社会培训服务；将党建工作与专业紧密结合，立足疫情防控常态化背景下舆情管控，建设公共应急管理中舆情信息研判体系，实现公共舆情24小时不间断监控与研判，扎实抓好新闻宣传和舆论引导。

供稿人：孔丽娟
审核人：戴俊潭

历史文化学院

【学院概况】历史文化学院建于2016年，下设有中国史、世界史、课程与教学论、文化产业管理、旅游管理5个教研室，开设有历史学、文化产业管理、旅游管理3个本科专业。学院现有教职工45人，专任教师38人，其中，校聘特岗教授2人，教授10人，副教授16人，讲师13人；具有博士学位18人，硕士学位21人；聘请兼职和客座教授5人。普通在校生951人，其中，本科生700人，专科生251人。2020年毕业生330人，其中，本科生224人，专科生106人。

2020年历史文化学院提出"历史＋文化＋旅游"新文科建设思路，新文科建设初有成效，历史学专业获批为省一流专业建设点，旅游管理专业硕士学位申请进展顺利，凝练形成"红色旅游学"特色学科方向。

【党建与思想政治工作】2020年，全院共有师生党员78名，其中，教工党员32名，学生党员46名（预备27名），设有2个教工党支部（包括历史系党支部和旅游管理系党支部，原文化产业管理与行政党支部9月份并入历史系党支部）、1个学生党支部。

学院党委坚持"围绕学院发展抓党建，抓好党建促发展"的理念，将党建工作与学院各项工作深度融合，在学院党委和党支部制度建设、提高全体党员的理论学习主动性与规范化、提高党员的先锋模范意识与作用、发挥基层党支部的战斗堡垒作用等方面，有较大提高。

落实党风廉政建设一岗双责，始终对"三重一大"事项决策、执行情况监督，落实人才引进、财务管理及各种风险点的工作跟踪和监督。把意识形态与红色文化育人相结合，突出"党建＋专业"特色。作为中心组学习的组织者，创新中心组学习形式，邀请魏本权等校内外专家为中心组作专题辅导。

【教学工作】2020年历史文化学院完成历史学师范专业认证申请书、自评报告初稿，通过学校组织的师范专业认证专家评审。本年开学初，历史文化学院研究成立了师范专业认证工作推进小组，由院长担任组长，分管教学工作副院长担任副组长，并由张建成博士任办公室主任，全力推进师范专业认证工作。为加强师范专业认证工作，组建成立了课程与教学论教研室，由童贤彬副教授担任教研室主任。到5月底，已经完成历史学师范专业认证自评报告及申请书初稿的撰写。9月中旬，历史学师范专业认证申请书提交教学评估与督导办公室进行校外专家评审。11月起，根据校外专家评审意见进行修改。目前省教育厅尚未发提交师范专业认证申请书通知，学院将根据学校安排按时推进。

2020年，学院教师发表教学论文8篇；获批校级教学改革项目1项，校级"课程思政"教学项目15项；获得校级讲课比赛三等奖1人（刘钦博士）；获批大学生创新创业项目5项，其中，国家级2项；新增1家师范类教学实习基地（临沂第十一中学）。

【科研与学术交流】 2020年，共获得国家社会科学基金项目1项、山东省社科规划项目4项、临沂大学沂蒙精神研究专项1项、山东社科智库沙龙重点调研咨询项目1项、横向项目3项，共到位科研经费87.5万元，涵盖了中国史、世界史和文化与旅游团队。临沂市社会科学成果奖三等奖1项。共发表学术论文18篇，其中，高水平论文4篇。

区域社会与文化研究团队完成"华夏文明与沂蒙文化"丛书出版计划，共出版学术著作9部。山东根据地研究团队圆满完成临沂市委宣传部委托项目《沂蒙根据地全史》的编纂工作，顺利结题，剩余经费30万元业已拨付到位；由李喆教授主持的山东省社科规划项目沂蒙精神专项"抗大一分校在沂蒙与沂蒙精神形成的关系研究（1940-1945）"（项目号19CYMJ01）结题成果《抗大一分校在沂蒙（1940-1945）》已经进入出版阶段。

受新冠疫情影响，2020年"请进来、走出去"的学术交流活动没有能够全面展开。"史学大讲堂"暂时中断，但各学科与国内同行的联系仍然活跃。世界史团队分别于10月17—18日、10月30—31日和11月13—15日参加了第四届全国世界史中青年学者论坛（河北师范大学承办，参加教师：李桂峰副教授）、山东省世界史研究会2020学术年会（菏泽学院承办，参加教师：魏秀春教授、李桂峰副教授、刘钦博士、陈建博士、刘鹏娇博士）和中国世界近代史研究会2020年会（上海师范大学承办，参加教师：魏秀春教授、刘钦博士）；山东根据地研究中心魏本权教授参加了11月在中国海洋大学召开的第二届华北根据地研究协作会议；文化产业管理学科魏本权教授、张勇博士参加了10月份在太原召开的文化产业管理学科高端论坛；2020年12月5—6日，魏本权教授应邀参加由江西理工大学主办的"百年回望：中国革命文化的实践演进与理论创新"研讨会，并作《从一隅之地到精神高地：概念史视域下的"沂蒙"》主题报告。旅游管理学科谢爱良教授参加了11月份在广州召开的《旅游学刊》2020中国旅游研究年会。

此外，全球儿童史团队魏秀春教授还应邀分别参加了由陕西师范大学医学与文明研究中心主办的"人类历史上的传染病与社会"系列线上公益讲座（4—5月份）、上海大学马斯托禁毒政策研究中心主办的线上"医疗社会史工作坊"第三期（11月25日），承担主持人或主讲人工作。

【学科建设与研究生教育】 2020年历史文化学院学科发展态势良好。旅游管理申请专业学位硕士授权点工作有望得到突破，目前已经获得山东省学位委员会审核通过。中国史、世界史学科力量进一步优化和壮大，历史学、文化产业管理和旅游管理专业的融合进一步加强。

中国史学科培育工作有序推进。世界史学科力量进一步充实，学科梯队逐步完善，年龄结构和学历结构进一步优化。目前已形成70后为主力，80后和90后青年学者有序跟进的良好态势。学科队伍已达10人，其中，具有博士学位的为7人，教授2人。在学校"全球儿童史"特色学科建设经费的支持下，世界史学科的潜能将会进一步得到激发。

旅游管理学科申请专业学位硕士授权点工作积极推进。学院成立由院长牵头、学科建设副院长负责和旅游管理骨干力量为主力的硕士学位申请工作专班，在研究生处的指导下，不断完善申请材料，数易其稿，目前获得山东省教育厅学位办审核通过。需要强调的是，在今年的申报工作中，旅游管理与历史学、文化产业管理的融合进一步加强，红色文化旅游成为三大学科方向之一，中国近现代史团队和文化产业管理团队共4位教师加入旅游管理专业学位硕士授权点教师队伍，成为红色文化旅游学的主要力量。

【师资队伍建设】 按照学校思想政治课教师队伍建设要求，2020年历史文化学院共有4名教师调整到马克思主义学院，其中，教授1人，副教授1人，讲师2人；具有博士学位教师2人。世界史教研室新引进高水平青年博士1人。在职攻读博士学位教师4人，分别为旅游管理教研室2人，文化产业管理教研室1人，管理服务人员1人。

在2020年12月第三任期专业技术职务竞岗中，历史文化学院共有2位教师分别获聘为校聘特岗教授二级和三级岗；2人新聘为教授四级岗，均为旅游管理专业教师；4人新聘为副教授三级岗，其中，2人为世界史教师，1人为文化产业管理教师，1人为旅游管理教师；2人分别从建筑与土木工程学院和图书馆调入旅游管理教研室和文化产业管理教研室。

截止至 2020 年 12 月 31 日，中国史教研室共有教师 7 人，其中，教授 2 人，副教授 4 人，讲师 1 人，具有博士学位教师 4 人；世界史教研室共有教师 9 人，其中，教授 1 人，副教授 3 人，讲师 5 人，具有博士学位教师 5 人，其中，80 后教师 2 人；课程与教学论教研室共有教师 3 人，其中，副教授 1 人，讲师 2 人，具有博士学位教师 2 人；文化产业管理教研室 7 人，其中，教授 2 人，副教授 2 人，讲师 3 人，具有博士学位教师 3 人；旅游管理教研室共 10 人，其中，教授 4 人，副教授 4 人，讲师 2 人，具有博士学位教师 3 人。

【学生工作】2020 年，学院学生管理工作荣获全校综合考核第二名，被评为"十佳单位"，获学校优秀就业服务组织一等奖。

"阅读+论坛"，书香浓郁。学院继续将"以'阅读+'为核心的学院学风涵育"作为学生综合素质培养的路径。开辟"溯园"读书会，引导学生把阅读当作课余爱好。春秋论坛作为第二课堂，先后邀请优秀校友刘秀祥、沂州古城项目负责人尤作祥、大众网临沂站记者滕立军、作家周朝军做客春秋论坛，拓展学生专业视野，延伸创意思维，提升学术气息。

学生考研率和升本率稳步提高。学院抓学风和班风建设，形成一套有效的考研方法体系，考研率升本率稳步提升。院领导、辅导员、学业导师齐上阵，分工清楚，服务周到，线上线下，专业解答，心理解压，调剂动员，模拟等均有成熟体系。2020 届本科毕业生 224 人，考取研究生 51 人，录取率达到 23%；专升本考取 56 人，录取率 53%。

红色文化育全人，发扬优良班风。2020 年，学院将红色文化育人列为学院创新项目，发挥在红色文化研究方面的研究、教学、育人优势，将红色文化贯穿"三全育人育全人"。12 月创建第二和第三个红色班级——孟良崮班（2019 级公共文化与管理 1 班）和抗大班（2019 级文化产业管理 1 班），传承红色基因，弘扬沂蒙精神，发扬优良学风班风，提升本院学子的思想觉悟和精神境界。

学生投身抗疫，成人成才。在抗疫过程中，学院 10 余名学生投身志愿者活动。其中，2016 级文化产业管理 1 班的甘方浩同学勇于担当，积极参与湖北省利川市的志愿活动；2016 级文化产业管理 1 班的马磊同学积极响应抗击疫情的号召，自愿参与诸城市的志愿者活动；2018 级公共文化服务与管理 2 班的杨利烨同学积极参与济南市的抗疫活动；2019 级历史学 1 班的罗香艳同学自愿参加江西省赣州市崇义县铅厂镇村委会组织的志愿活动。马磊同学的先进事迹被《潍坊日报》专题报道，并向学院发来表扬信，彰显了红色文化对大学进行思想政治教育的成果。

学生积极参加技能大赛，历练功夫。2020 年 10 月 16 日，举办"第三届愿景设计大赛"，传播规划理念，打造锦绣前程，2020 级同学积极参加。2020 年 12 月 11 日，学院举办第四届教师技能大赛，邀请临沂市中学历史学优秀教师王海迎、刘宁、曹瑜、赵同老师担任大赛评委，2018 级历史学 1 班同学参加比赛，朱玉洁、张天姿、张丽君、曲瑶、高梦若、仇腾瑶同学获得本次比赛前六名。2020 年 12 月 19 日，学院举办 2020 年第四届学院文创大赛，2019、2020 级旅游管理、文化产业管理、公共文化服务与管理专业共 41 个团队参加比赛，共评出特等奖 1 项，一等奖 2 项，二等奖 4 项，三等奖 10 项，其中"'步'止旅行——爱上这座城文创项目"荣获本次大赛特等奖，"'武动中华，豫你相约'创意策划方案""书法沉浸式体验馆策划方案"荣获本次大赛一等奖。

【社会服务工作】2020 年，历史文化学院分别与临沂卧虎山田园旅游区签约产学研合作基地（7 月 23 日）、与临沂市沂州国际旅行社签约"导游资格证书培训合作"协议（9 月 21 日）、与沂州古城举行就业基地签约挂牌仪式（11 月 26 日）、与临沂文旅集团于孟良崮红色教育基地签署全面合作战略协议（12 月 4 日），并邀请沂州古城总经理尤作详来我校沂蒙大讲堂为我院师生举行"沂州古城文化和旅游融合发展"专题报告会（11 月 6 日）。

2020 年暑期，旅游管理团队与青岛大学旅游与地理科学学院合作，完成"乡村旅游发展模式（临沂区域）"的调研。旅游管理系原党支部书记于爱水副教授，挂职平邑县地方镇玉河村第一书记，成绩显著。

旅游管理团队分别完成"鹤壁市淇滨区大赉店镇美丽乡村规划"项目评审（9 月 15 日，到位经费 16.5 万元，主持人尤海涛）、"小白羚牧场旅游发展规划"项目汇报评审（11 月 27 日，到位经费 7 万元，主持人尤海涛）。

世界史团队分别赴临沂市教育局、临沂市河东区天使国际学校、临沂市郯城县、临沂市平邑县、潍坊安丘市等地调研中小学儿童、婴幼儿福利事业，并向山东省社科联提交"山东省学龄儿童与婴幼儿福利事业报告"一份。

供稿人：魏秀春
审核人：孙　涛

数学与统计学院

【学院概况】数学与统计学院建于2016年，下设有数学系、统计系、大数据系、大学数学部和实践技能部，拥有数学与科学计算研究所、应用数学研究所、智能决策与管理工程技术研究中心、刘洪大数据研究中心、组合优化研究所、微生物数据分析与统计研究中心等6个院属研究机构，开设数学与应用数学、信息与计算科学、统计学、数据科学与大数据技术4个本科专业和数学教育1个专科专业。数学与统计学院现有教职工71人，专任教师62人，其中，校聘教授特殊岗位16人，教授15人，副教授24人，讲师24人；具有博士学位教师32人，在读博士2人，青年教师均具有硕士以上学位。普通在校生1229人，其中，本科生1130人，专科生99人。

【党建与思想政治工作】数学与统计学院党委坚持把正确的思想政治方向放在首位，认真贯彻落实中央、省委和学校党委重大决策部署，扎实落实"主体责任""一岗双责"，认真组织学习贯彻习近平新时代中国特色社会主义思想和党的十九届四中、五中全会精神，学习贯彻全国全省高校思想政治会议精神和全国全省教育大会精神，认真组织开展"不忘初心、牢记使命"教育学习和党员"学习强国"学习工作，认真落实党政联席会、党委会、"三会一课"等制度，党支部建设逐步得到强化，党员发展工作进一步规范，完成了校内意识形态领域巡察工作，扎实落实反馈问题整改，班子成员廉洁勤政，带头在全院上下营造了风清气正、积极向上的良好氛围。

【教学工作】按照学校的办学定位和学分制改革的需要，完善了各本科专业的培养方案，加强创新创业课程和师范类技能课程的建设。2020年数学与应用数学专业获批山东省一流专业建设点，"数学分析"课程认定为国家级一流本科课程。

2020年突如其来的新冠疫情，影响了学院正常的教学计划。数学与统计学院按照学校统一要求部署，组织学生通过网络自主学习、线上线下混合式教学、直播授课等方式开展教学活动。保证延迟开学期间教师不停教、学生不停学、质量不放松，集中资源、搭建平台、创新方式，多举措抓好教育教学工作，努力做到疫情防控不放松、教学标准不降低。

数学与统计学院以教育部《高等学校课程思政建设指导纲要》为指导，以"课程思政"为载体，探索"知识传授与价值引领相结合"的有效途径。把价值观培育和塑造，通过"基因式"融入课程，将思政教育贯穿于教学全过程，将教书育人的内涵落实在课堂教学主渠道，让所有课程都上出"思政味道"、突出育人价值，让立德树人"润物无声"。2020年获批学校拟立项建设"课程思政"教学改革研究项目3项、教学示范课程项目5项。

【科研与学术交流】数学与统计学院获批国家自然科学基金面上项目2项，山东省自然科学基金青年项目2项。获批山东省高校青创科技团队1个。获批教育部科技发展中心高校产学研创新基金1项。学院教师发表SCI收录高水平论文34篇，参与获得湖北省自然科学三等奖1项、山东省高校科学技术二等奖1项、临沂市社科优秀成果一等奖1项。

成功举办山东省大数据专业建设委员会成立大会、中国工业与应用数学学会油水资源数值方法2020年学术研讨会等国内外学术会议。邀请到中国科学院周向宇院士和国家杰青、四川大学张伟年教授等40余位专家学者线上、线下讲学，作学术报告60余场次，极大提升了数学与统计学院在社会上的声誉和知名度。

山东省大数据局批复我院"山东省大数据人才培训示范基地（首批）"，为我院承担全市大数据人才培养培训、教学实践实训、知识普及等项目搭建了平台。成功获批临沂市数学建模与智能计算工程实验室等市级平台。与临沂市烟草公司合作获批中国烟草总公司山东省公司科技重大专项和重点项目（基于大数据的烤烟水肥精准管控模式研究）。

【学科建设与研究生教育】2020

年，数学与统计学院努力克服缺少线下授课的短板，以多种方式开展学科与技能竞赛培训工作，继续保持了良好的成绩。在"高教社杯"全国大学生数学建模竞赛中，我院荣获国家一等奖1项、二等奖2项；在（第36届）美国国际大学生数学建模竞赛（MCM）与交叉学科建模竞赛（ICM）中，获得二等奖3项，三等奖13项；在大学生数学竞赛中获得国家一等奖3项，二等奖10项，三等奖21项。在Mathorcup高校数学建模挑战赛中获得一等奖2项，二等奖4项。在第八届山东省师范类高校从业技能大赛中获得二等奖5项，三等奖1项。

数学与统计学院数学一级学科硕士点和应用统计专业硕士点通过山东省学位委员会审核，推荐到教育部。

【师资队伍建设】强力推进人才强院工作。积极实施博士人才引进政策，引进博士1人；强化现有人才培养培育，石少广教授作为负责人获批山东省高等学校青创科技计划。

进一步加强师资队伍建设，根据学校文件要求组织了专业技术岗位第二聘期竞聘工作，各有1名教师新晋升教授三级岗和四级岗，3名教师新晋升副教授三级岗。

【学生工作】数学与统计学院学生管理工作彰显品牌。

一是做好青年学生引路人，始终将学生思想政治教育和价值引领放在首要位置。注重理论与实践教育相结合，每年开展主题团课、主题团日等理论学习30余次；在2020年的暑期社会实践中组队22支，获评省级三下乡优秀指导教师1人，优秀学生2人；扩大"云思政"的影响力，仅微信公众号累计阅读量达8.2万。助力学生成长成才，2020届毕业生共139人，初次就业率达100%，高质量就业率76%，在学校就业服务组织评选中获得一等卓越奖。

二是成为青年学生知心人。知班情，继续加强党团组织建设，2020年培育了2个校级活力团支部，2个校级优秀班集体，在新生军训工作中获评军训先进单位。知学情，不断夯实优良学风。知家情，注重家校联动，通过电话、微信、QQ和微信公众号等形式打通数学与统计学院与学生家长交流沟通的"最后一公里"。

三是当好青年学生热心人。持续关注学生身心健康，举办了十佳歌手、趣味运动会等文体活动，在校排球赛中取得第六名；重视心理健康教育，坚持每周2次宿舍走访，在学校心理健康节中获得一等奖2项、二等奖2项、三等奖2项。

【社会服务工作】数学与统计学院与临沂市第三十中学、临沂市第九中学以及山东春季教育培训中心共建实习基地，与亿云信息技术有限公司共建产学研基地。

山东省大数据局批复我院"山东省大数据人才培训示范基地（首批）"，为我院承担全市大数据人才培养培训、教学实践实训、知识普及等项目搭建了平台。主持建设山东省特级教师工作坊，将通过示范引导、动研究、成果培育等多种方式，为全省基础教改革与发展培育一支优秀的青年教师队伍。

【国际交流与合作】数学与统计学院与韩国水原大学合作共建"大数据与人工智能研究中心"，与韩国水原大学联合培养博士研究生，现有在读博士研究生11人。成功举办阿里云大数据与人工智能高级研修班、最优控制与反问题计算研讨会。

供稿人：王恒斌
审核人：傅尊伟

物理与电子工程学院

【学院概况】物理与电子工程学院建于2016年11月，其前身最早为原临沂师专1974年设立的物理系，现设有物理学、公共物理、电子工程、电子信息科学与技术4个教研室和物理与电子实验教学中心，设有凝聚态物理研究所、高压物态研究中心、低维量子物理研究所、射频器件与电磁工程研究所、电子工程创新创业研究中心等科学研究机构，开设有物理学、电子信息科学与技术、电子信息工程、微电子科学与工程4个本科专业和物理教育、电子信息工程技术2个专科专业。学院现有教职工70人，专任教师60人，其中，校聘特岗教授5人，教授11人，副教授21人，讲师25人；具有博士学位46人，硕士学位11人。中国科协青年托举人才工程获得者1人，山东省杰青1人，山东省优青2人，山东省中青年学术骨干1人。普通在校生1136人，其中本科生1063人，专科生73人。合作培养博士研究生4人，硕士研究生5人。2020届本科毕业生222人，毕业联合培养硕士研究生2人。

【党建与思想政治工作】2020年，学院以习近平新时代中国特色社会主义思想为指引，全面贯彻党的教育方针，始终坚持党建对学院事业发展的统领。持续推进学院"11333"施工路线，实现了"抓重点、带全盘"，为学院事业的全面推进奠定了坚实的基础。凝练"党建+校企政合作平台"书记项目，在校企政三方共建"山东芯创微电子产业研究院""山东磁性材料与电子元器件产业研究院"及博士工作站。

获年度平安校园建设"先进单位"。

2020年教工新增入党积极分子1人、大学生入党积极分子党员95名，学院党委发展教工党员1人、学生党员20人，现有党员共76名，其中教工党员39名，学生党员37名。

【教学工作】圆满完成本年度201门本科专业课程、30门专科专业课程的教学工作以及毕业生的实习实训、毕业论文评审等工作。专业结构逐步优化，电子信息工程入选省一流建设专业。教学质量工程成绩显著，我院教师获第四届全国高校电子信息类专业青年教师授课竞赛二等奖1项、第五届全国高校工程应用技术教师大赛三等奖1项；"单片机原理与接口技术"获山东省高校课程联盟2020春季优秀教学案例二等奖。学院教师指导学生完成的论文《霍尔效应实验的改进和扩展》，在2020年《物理实验》杂志创刊40周年庆祝活动中，从2000—2019年发表的3628篇文章中脱颖而出，被评选为百篇优秀论文。大学生创新创业训练项目17项，其中，国家级4项、省级3项；组织学生300余人次参加各类学科竞赛，115人次获奖，其中，国家级奖项3项、省级奖项33项；学生第一作者发表学术论文5篇，第一位次获发明专利1项。2020届毕业生有1名同学考取北京大学硕士研究生。

【科研与学术交流】获批省部级以上科研立项7项，计划资助经费175万元，其中，国家自然科学基金2项，山东省自然科学基金项目5项，横向课题项目1项。发表学术论文40篇，其中，收入SCI论文36篇，发表教学研究论文19篇，获国家发明专利1项。

学院邀请教育部新世纪优秀人才、山东理工大学特聘教授刘波，山东理工大学景强副教授到学院学术交流；40余人次以线上会议的形式参加"第三届世界顶尖科学家论坛""拓扑材料、物理与器件"中-英物理学会联合专题会议等教学、学术、管理会议。

【学科建设与研究生教育】低维物理、高压物理、量子物理、微纳光学等几个学科方向逐步增强。低维物理、高压物理、量子物理3个方向的研究团队与5所高校拥有联合培养硕士研究生和博士研究生。

【师资队伍建设】学院引进高水平博士1名，第五层次高水平人才1名（中国科协"青年人才托举工程"人才工程获得者），有1名教师脱产攻读博士学位。学院现有博士46人，专任教师博士比超过75%；工科专业"双师双能型"教师由61%增加到71%。

强化学科建设，打造特色团队。针对电子科学与技术硕士点培育和电子信息专业硕士点建设，持续整合学院师资与科研平台资源，提升了物理电子学、电路与系统两个研究团队建设水平。

【学生工作】毕业生正式就业率100%，高质量就业率91.7%，列全校前三名。毕业生考取研究生46人，其中，10人考取985、211高校，电子信息科学与技术专业2016级本科01班学生钱文冰考取北京大学研究生。创新创业活动荣获省部级团体奖23项，学生参与发表论文23篇，学生自主创业37人。

荣获"体育道德风尚奖"、军训工作"先进单位"、学生就业工作"先进单位"、阳光体育运动"十佳先进单位"等校级荣誉。

【社会服务工作】召开了年度理事会会议，新增理事单位20家。完成校企政共建"山东芯创微电子产业研究院"及微电子实习基地、"山东磁性材料与电子元器件产业研究院"及博士工作站项目；学院9位博士受聘担任企业科技副总，春光磁业公司捐赠学生奖学金10万元。

供稿人：王永龙

审核人：高立晟

化学化工学院（生化分析研究所）

【学院概况】化学化工学院的前身是 1958 年成立的临沂大学师范专业理化科，1964 年与学校一起撤销。1972 年在成立临沂师范专科学校时设立理化科。1973 年单独设立化学科，1975 年更名为农业化学系。1977 年更名为化学系，1987 年随学校迁至原临沂大学老校区。1999 年在与原临沂师范专科学校和临沂教育学院合并组建临沂师范学院时，由原两校化学系合并组建为化学与环境科学系。2003 年更名为化学系。2006 年化学系改建为化学化工学院。2013 年 8 月随学校迁至临沂大学新校区。1999 年开始招收本科生，2019 年开始招收全日制硕士研究生。下设有化学系、应用化学系、化学工程与工艺系、医学检验技术系 4 个系，无机化学、有机化学、分析化学、物理化学、化学工程、教学教法、应用化学、医学检验技术 8 个教研室，1 个化学实验教学示范中心。现有化学一级学科硕士学位授权点和生物医学工程专业硕士学位授权点，设有化学、应用化学、化学工程与工艺、医学检验技术 4 个本科专业和 1 个应用化工生产技术专科专业。学院现有教职工 112 人，专任教师 91 人，其中，校聘特岗教授 24 人、教授 15 人，副教授 35 人，讲师 38 人，助教 1 人；具有博士学位 77 人，硕士学位 22 人。聘请兼职教授 1 人。普通在校生 1398 人，其中，本、专科生共 1301 人，研究生 97 人。2020 年毕业生 250 人，其中，本科生 199 人，专科生 42 人，研究生 9 人。

【党建与思想政治工作】2020 年学院党委深刻领会"打赢疫情防控人民战争、总体战、阻击战"这一主题，上好思政"第一课"，加强师生爱国主义教育、理想信念教育、生命教育、科学教育、道德教育和心理健康教育。2020 年上半年疫情期间学生返校率位列前茅。2017 级于志彬同学不畏风险、逆风而行，用实际行动贡献自己的青春力量，彰显了临大学子的责任与担当。

进一步贯彻落实"不忘初心、牢记使命"主题教育，通过党委会、党委理论学习中心组学习、谈心谈话、风险提示和责任监督等形式督促班子成员认真履行分管责任和"一岗双责"等形式，认真履行管党治党职责。全院上下形成了风清气正、共谋发展的良好氛围。在加强思想引领的同时，学院重视对全体师生思想舆论和风险排查，做到了及时排查。基层党支部建设已经形成制度化、规范化、标准化。学院党建工作取得了较大成绩，期间，化学化工学院党支部贯彻党中央决策部署，扎实开展"向共和国勋章科学家学习""不忘初心，礼赞祖国""学深悟透，践行有力"等主题党课活动，全体党员的角色意识、作用发挥得到较大提升。党支部书记全部实现博士化，"双带头人"作用逐渐凸显。

【教学工作】学院强化教学中心地位，以专业认证和一流专业建设为抓手，促进教学质量的提升。"仪器分析"获批山东省线下一流课程，获批山东省高等学校课程思政教学改革研究项目 1 项，山东省高等学校课程联盟优秀教学案例一等奖 1 项；校级"课程思政"教学改革研究项目 6 项，"课程思政"示范课程项目 11 项，校级本科教学改革研究项目 4 项（1 项重点项目），精品课堂 2 门、学生学习评价改革课程 3 门、新工科研究与实践项目 1 项；1 名教师获得校级"青年教学能手"称号；发表教学研究论文 10 余篇。

【科研与学术交流】2020 年学院获批国家自然科学基金 4 项，山东省自然科学基金 11 项，青创科技计划 1 项，临沂市新冠专项 1 项，横向课题 5 项，总经费 507 万元。发表论文 95 篇，其中，收入 SCI 论文 71 篇；获批发明专利 11 项，实用新型专利 28 项。张书圣教授团队获得山东省自然科学奖二等奖 1 项，实现临沂大学省级自然科学奖的突破；获得中国商业联合会科学技术奖三等奖 1 项；山东省高等学校科学技术奖 3 项。承办了第 22 届山东省高等院校化学化工学院院长书记会议，进一步提升了学院的影响力。

【学科建设与研究生教育】生物与医药专业学位通过山东省学位办审核，化学学科入选山东省高水平学科培育学科。化学学科进入 2020 软科中国最好学科排名，位于第 93 位，位列山东省属高校前 5 位。获批山东省研究生教育教学改革研究项目 1 项；获批临沂大学 2020 年研究生质量提升工程建设项目 3 项，研究生教育教学改革研究项目 3 项。

【师资队伍建设】2020年,学院积极推进师资队伍素质提升工程。学院的师资队伍在数量、思想素质和学术水平、学历、专业、年龄和学缘结构等方面取得了可喜的成绩。引进高水平博士6人,学院现有博士78人,专任教师博士比达到85%。完成专业技术岗位第三聘期聘任工作,新晋教授三级岗1人,教授四级岗3人,副教授8人。8人聘为第二聘期校聘特殊岗位二级教授,10人聘为校聘特殊岗位三级教授,18人被新聘为硕士生导师。新增山东省高等学校青创科技计划创新团队1个。王爱香老师被评为山东省教学名师;姜晓蕾老师获得校"青年教学能手"称号。高中锋教授受邀担任国际SCI期刊 Technology in Cancer Research & Treatment 副主编。

【学生工作】学院考研就业工作再创历史新高。2020年,学院考研率达到61%,名列全校首位,化学与工艺专业创造了考研、就业"双百神仙班";2020届本科毕业生全部一次性就业。获得2020年"东华科技－恒逸石化杯"第十四届全国大学生化工设计竞赛二等奖1项;获得山东省师范类高校学生从业技能大赛初中组一等奖1项,二等奖3项,三等奖1项,实现获奖总数新突破。获批省级大学生创新创业训练项目6项。1名研究生获国家奖学金。

【社会服务工作】与临沂市人民医院、临沂市肿瘤医院、山东麦德盈华科技有限公司建立校研究生实践基地3个。

【国际交流与合作】首次成班制招收学历留学生,录取首批16名研究生,提升了国际化办学层次,实现了历史性突破。

供稿人:刘　佳
审核人:高希龙

药学院

【学院概况】药学院建于2014年,下设有制药工程、药学、中药学、基础教学4个教研室,拥有教授委员会、教学督导委员会、学位评定委员会3个教学研究机构,开设有制药工程、药学、中药学3个本科专业。学院现有教职工50人,专任教师38人,其中,校聘特岗教授10人,教授5人,副教授14人,讲师16人;具有博士学位32人,硕士学位15人。普通在校生1106人,其中,本科生975人,专科生131人;合作培养研究生15人。2020年毕业生246人,其中,本科生173人,专科生73人。

【党建与思想政治工作】一年来,学院强化党建引领,凝练专业特色,扎实推进"三全育人"。深入学习贯彻十九届四中、五中全会和全国教育大会精神,充分履行职责,健全制度,以党支部建设为抓手,推进学院重点工作和创新项目。着力发挥政治引领、规范组织生活、团结凝聚师生、促进学校中心工作等方面的主体作用,疫情防控取得阶段性胜利。凝练专业特色,发挥

内涵式党建育人功能,学院党委"党建＋制药工程专业认证"项目成效显著。

【教学工作】面对新冠疫情,全院师生停课不停教、停课不停学,通过在线课堂的方式完成了教学计划中的授课任务,教学工作真正做到了"形式有变化、进程不延误、质量不降低"。

制药工程专业工程教育认证受理,认证报告通过认证专家审核。按照认证要求,制药工程专业相关实验室实现标准化建设。

12月23—25日制药工程专业通过国际实质等效工程教育专业认证专家组现场考察。申报制药工程专业获批国家一流本科专业建设点。

获批大学生创新创业训练计划项目共11项,其中,省级3项,校级重点8项,校级一般6项。

【科研与学术交流】获批国家自然科学基金青年基金项目2项;

山东省自然科学基金项目3项；校企合作项目立项3项；获批临沂市地方标准项目4项；临沂大学2020年疫情防控专项3项；获批山东省科技进步奖二等奖1项；临沂市第十六届自然科学优秀学术成果奖（高校组）三等奖2项；发表科研论文48篇；获批授权发明专利6项，授权实用新型专利12项。

派出12人次参加国内学术交流会议，邀请烟台大学药学院王洪波教授为学院师生作报告。

【学科建设与研究生教育】 进一步凝练学科方向，形成了5个相对稳定的科研团队，购置187万的科研仪器设备，进一步完善了科研硬件条件；研究生教育稳步推进，在积极抓好现有在校研究生培养的同时，积极申报药学专业硕士点，药学专业硕士学位通过山东省学位办审核。

【师资队伍建设】 学院重视教师队伍的外引内培工作。引进第六层次教授1人，高水平博士A类1人，选派教师10人到鲁南制药集团股份有限公司、山东罗欣药业集团股份有限公司、深圳华大海洋科技有限公司参加工程实践。

【学生工作】 学院高度重视人才培养工作，将优良学风建设贯穿于人才培养全过程，教风淳朴，课堂教学秩序规范有序，学风浓厚。疫情期间停课不停学，学院采取线上教学方式，按时完成各项教学任务。2020年考研录取率24%，专升本录取率47%，用人单位对我院毕业生评价满意度98%以上。培训入党积极分子94人，发展学生党员23人，学生党员总数为62人。学生参加各类竞赛活动获得省级以上奖励17项，其中省级一等奖9项，二等奖4项，三等奖4项。学生以第一作者发表论文10篇。

【社会服务工作】 充分发挥学科优势和师资资源，与山东健华药业有限公司、山东新港生物科技有限公司、山东广博科技创新服务有限公司等医药相关企业开展产学研合作，到位经费62.6万元。新冠疫情期间张淳教授团队快速研发出便携式免洗专杀冠状病毒消毒液，为疫情防控作出积极贡献。

【国际交流与合作】 学院加强与俄罗斯太平洋国立医科大学的合作交流，针对药学（中外合作办学）专业的相关事宜，双方进行初步协商。

供稿人：马　军
审核人：王　振

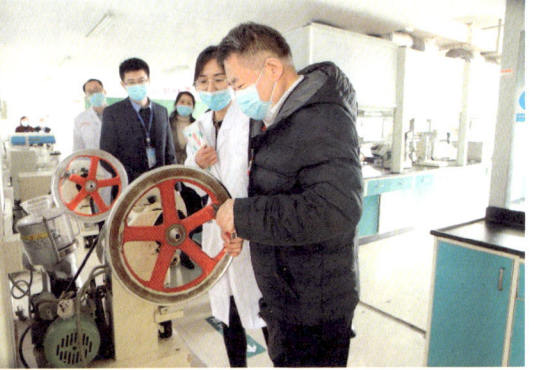

机械与车辆工程学院

【学院概况】 机械与车辆工程学院建于2016年，下设有机械工程系、机械电子系、飞行器制造工程系、车辆工程系4个系，开设有机械设计制造及其自动化、机械电子工程、飞行器制造工程、车辆工程、汽车服务工程5个本科专业。学院现有教职工75人，其中，教授12人，副教授18人，高级实验师2人，高级工程师1人；博士28人，硕士生导师10人。辽宁省百千万人才层次人才1人，宁波市"3315计划"海外高层次创新人才1人，江西省中青年骨干1人，服务沂蒙首席专家1人。普通在校生2024人，其中，本科生1575人，专科生449人。2020年毕业生606人，其中，本科生368人，专科生238人。

【党建与思想政治工作】 党支部建设逐步得到强化，党员和教职工的政治、业务学习进一步规范，党员发展工作取得了成绩；完成校内意识形态领域巡察和回头看工作，反馈问题整改落实到实处；班子成员党风廉政建设成绩显著；获平安校园建设先进单位。

【教学工作】 机械设计制造及其自动化专业工程教育专业认证顺利通过专家进校考查，获批山东省一流专业；车辆工程获批校级一流专业；新上智能制造工程专业；高水平应用型专业群建设顺利通过年度和中期验收。获批1门省级一流课程，1门省级高校在线联盟课程，1项省级教改重点项目（学院首次），3项教育部协同育人项目；获批11门校级课程思政示范课程，7门课程思政教改项目，1门校级精品课堂，1门学生学习评价改革课程；获批3项校级教学改革项目，1项校级新工科项目，1项虚拟仿真实验项目；获得校级青年教师教学能手1人，青年教师讲课比赛二等奖、三等奖2人。成功举办了"临工杯"第三届极限对抗大赛。

【学科建设与科学研究】2020年，我院教职工公开发表学术论文35篇，其中SCI、EI收录论文18篇；市厅级以上科研获奖2项；授权国外发明专利2项、国内发明专利1项、实用新型专利和软件著作权20项。获批国家自然科学基金青年基金1项，山东省自然科学基金面上项目1项，科研经费150余万元；我院工业设计与智能制造研究院科研团队成功研制智能防疫喷雾消毒机器人，为疫情防控贡献了临大力量；学院积极开展校企合作，获批临沂市两个工程实验室，"临沂市数控机械智能制造工程实验室"和"临沂市先进增材制造与装备工程实验室"。

【师资队伍建设】引进第三层次人才1名，高水平博士2名。先后组织10余名教师到企业实践进修，提高了双师型教师的比例。

【学生工作】本科毕业生考研率达到29.1%，高质量就业率达到69.3%。专科考取专升本133人，专升本率49.6%，高质量就业率77.6%。学生共参与学科竞赛赛事28项，获得国家级奖项15项，其中，二等奖8项，三等奖7项；省部级奖项81项，其中，一等奖10项，二等奖43项，三等奖28项。20名学生在国家级期刊发表论文，1名学生在SCI期刊发表论文一篇，2名学生在省级期刊发表论文，35名学生自主创业。

【社会服务工作】学院紧紧围绕区域经济发展、产业规划和企业的实际需要，创新产学研合作途径，积极推进教授博士下基层活动，联合开展重大科研项目攻关。与临沂机械友谊有限公司合作项目"智能机械装备研发"，经费60万元，到位经费10万元。与山东豪门铝业有限公司合作项目"工业铝型材挤压材料、工艺及模具研发"，到位经费110万元。与临沂众为智能科技有限公司合作项目"临沂众为智能运维系统开发"，到位经费10万元。其他企业委托横向课题7项。产学研合作横向课题总到位经费230余万元。

【国际交流与合作】学院积极推进与国外高校合作办学项目，为国际化办学开辟新的途径。

供稿人：徐　波
审核人：孙成通

材料科学与工程学院

【学院概况】材料科学与工程学院建于2017年1月，下设有材料科学、新能源材料2个系，4个科研团队，开设有材料科学与工程专业（分高分子材料、无机非金属材料、金属材料3个方向培养）、新能源材料与器件2个本科专业。学院现有教职工31人，专任教师23人，其中，校聘特岗教授3人，教授2人，副教授3人，讲师15人；具有博士学位23人，硕士学位6人。聘请兼职和客座教授3人，国内外聘教师1人，外籍教师1人。普通本科在校生525人，2020届本科毕业生60人。

【党建与思想政治工作】材料学院围绕学院中心工作，将党建全面融入各项工作之中，为学院发展掌舵护航。在教学、科研和学生管理等各项工作中，党员冲在最前面，推进学院各项工作全面发展。学院建成标杆示范党支部1个，荣获优秀党务工作者、优秀党员等称号3人，新发展优秀青年博士教工党员1人，被临沂市委表彰为"学习强国"学习应用先进组织。

学院围绕教学抓党建，打造名师育高徒。教师全面提升师德素养、教学水平和学术素质，努力成为名师，为学生成才提供全面指导。在课堂上，党员教师发挥最大的热情将知识传授给学生，同时联系自身科研特色，给学生们展示一个个奇妙的新材料世界。

学院围绕科研抓党建，凸显优势求超越。学院党委会同行政采取"人人进团队"，使每个人都有发展的支撑点；加强服务社会能力，寻求与企业合作。在与企业合作的过程中，了解企业真正需要的是什么，使科研接地气。目前学院与鑫海科技校企合作，合作资金400万，同时与裕禾科技、泰和水处理等签约合作。

围绕学生抓党建，全程育人求实效。材料学院党委通过落实学业导师制，给学院每位学生配备学业导师。学业导师均为博士、博士党员，这些党员博士除在课堂上传道授业解惑，还将对学生的关怀延伸到课堂外。在学生专业选择、考研指导、就业分析、读书推荐、政治立场、日常生活、心理健康等方面进行全方面指导。学生在遇到困难时心有所依、事有所解、情有所诉，实现三全育人。

【教学工作】

1. 强化课堂教学管理，打造优良教风学风。一年来，教学、团学管理人员在每天课前10分钟都会到每个教室检查教师到岗、学生出勤情况，教师均能提前到岗，学生出勤率基本能达100%，教学秩序良好。

2. 以服务新旧动能转换为目标，优化学院专业结构。为更好地服务新旧动能转换重大工程，积极对接临沂1400万吨高端不锈钢基地建设，学院2021年与山东鑫海科技股份有限公司联合申报科学与工程材料（金属材料方向，校企合作），目前已经招收2019级、2020级共79名学生。

为此，山东鑫海科技股份有限公司每年将投入100万元用于学院金属材料实验室建设。在此基础上，学院正在和该公司进行积极探讨，争取尽快成立产业学院。

3. 以工程教育专业认证为目标，大力加强一流专业建设。积极推进学院一流课程和一流专业建设，2020年5月，教务处已公布我院材料科学与工程专业入选学校一流专业（培育）。

4. 优化专业课程体系，聚力"金课"锻造工程。充分发挥学院专任教师博士多的优势，按照学分制的实施要求，多为学生提供足够的课程供选择，努力做到"一课多人"和小班化授课，"材料科学基础""材料力学""机械设计基础"等课程，同时有3位老师讲授，另有多门课程同时两人授课。目前学院所有专业课均实行小班授课。

学院积极开展专业思政及课程思政建设。2020年我院有6门课程入选课程思政典型案例，1门课程入选课堂教学艺术典型案例，2个专业入选老师专业思政案例。

5. 以加强青年教师教学基本功和能力训练为着力点，努力提高教师的教学水平。针对学院青年教师教学经验不足的问题，学院以青年教师讲课比赛为抓手，切实提高我院青年教师教书育人水平。2020年，有1位老师获得青年教师讲课比赛一等奖，荣获青年教学能手称号，2位老师分别获得二等奖和三等奖。

同时，积极组织教师参与教学改革与研究项目的申报。2020年，马登学老师主持的"新工科背景下基于'工匠精神'培养的课堂教学手段与方法研究——以'高分子物理'为例"获得省级教改项目立项，实现突破。

6. 以学业导师指导为引领，以学科竞赛、科研创新为抓手，增强

学生实践技能。学院一直鼓励学生参加各类学科竞赛，倡导学生积极参与教师的科研工作，树立创新教育理念，促进教学与科研的有机结合。2020年获全国金相大赛二等奖1项，三等奖2项。

【科研与学术交流】1. 项目：2020年我院获批7项山东省自然科学基金，其中，重点项目1项、青年项目4项、面上项目2项，总立项经费110万元，立项数和经费数创我院历年新高，取得历史性新突破。与山东兴鲁生物科技有限公司签订1项横向课题，就高效化学吸附甲醛碳纳米/高分子复合材料的研发和产业开展研究。

2. 论文：发表高水平论文29篇，其中SCI一区论文6篇。

3. 专利：发明专利1项，实用新型专利11项。

4. 科研获奖：临沂市自然优秀成果奖一等奖。

5. 平台建设：获批临沂市电化学与储能材料工程实验室。

6. 学术交流：受新冠疫情影响，学术交流活动减少。在满足疫情防控条件下，邀请国家杰青、青岛大学夏延致教授团队、泰山学者产业领军人才吴国清教授、中科院理化技术研究所贺军辉研究员等来学院交流10余人次。

【学科建设与研究生教育】与青岛大学材料科学与工程学院、环境科学与工程学院签订联合培养研究生协议，我院李法强、崔亮、颜文超遴选为我校硕士生导师。目前我院有博士生导师4人，硕士生导师9人。

我院以学科竞赛、科研创新为抓手，增强学生实践技能。学生参加国家级、省级金相大赛获二等奖3项，三等奖3项等。

【师资队伍建设】2020年引进高水平博士1人，学院专任教师达到23人，博士比保持100%，学缘结构进一步优化。

专业带头人和中青年骨干教师培养成效明显。现有院级专业带头人培养对象3人，院级中青年骨干教师培养对象4人。

【团学工作】学院党委通过"123361"学生思想引导、学风塑造和常规素质养成管理服务举措体系，帮助学生树立1个立德树人学习目标；规划大学学习生活方案、未来职业生涯规划方案2个方案；掌握辩证思维、历史思维、法律思维3种思维方式；坚持学生成长过程中只为成功想办法理念、每天进步一点点理念、分清"敌友"是学习的首要问题的理念3个成长理念；践行敬畏学校、敬畏课堂、敬畏规范、敬重老师、敬重父母、敬重学生身份等6个敬畏学风塑造系列活动；

倡导"离开（赖床）床、（适度）离开手机、离开电脑（游戏）"；"进到教室、进到体育场、进到图书馆"；每个同学凝练1个自己的专业素质展示模型等三离三进一凝练常规素质养成模型。建设了我院"红色沂蒙精神育人为特色主打，又红又专新工匠素质打造携手共进，德智体美劳全面素质系统养成"的育人环境，将党建工作全面融入立德树人工作。

思想引领方面：坚决贯彻学校党委领导，以党建带团建，按照学联大会精神，完善学生会、班级、团支部、社团等学生组织建设，每周按时开展团课，对学生进行爱国主义教育和社会主义核心价值观引领。连续三年被评为"红旗团委"或"先进团委"。在疫情暴发初期，我院组织全院学生，线上学习"全国大学生同上一堂疫情防控思政大课"。

5月下旬，我院疫情期间实现学生全部学习科目安全有序地进行线下考试。坚持落实开展"坚持疫情防控、安全健康、爱国卫生"团学例会，在全院掀起学习党的十九届五中全会会议精神的热潮。

学风建设方面：确保辅导员每天进教室，每周进宿舍，以学业预警为抓手，做到每个学生每周量化清晰，形成良好学习氛围。上半年疫情期间，学院党委主动担当，辅导员积极配合，学生返校率达到90%，是全校唯一开展线下考试的学院，有效保证了教学质量。本年度学生有50余人次发表学术论文，30余人参加大学生创新创业训练项目，在国家级学科竞赛中有6人获二等奖、三等奖。成功组织开展临沂大学第二届金相技能大赛，开展材料学院学风推进、考研动员报告会。先后组织开展了以"学习刘秀祥先进事迹"和"拜访陈心万革命前辈，追寻红色记忆"为主题的团课活动。为我院培养德智体美劳全面发展的学生提供了浓厚的育人氛围。

就业创业：加强学生职业生涯规划指导，学业导师制的优势凸显，2020届毕业生高质量就业率达86.67%，其中，考研率43.33%，名列我校前3名，被评为考研先进单位，我院高质量就业绩点并列全校第一位，非师范类高质量就业率全校第一。坚持开展"百日攻坚"毕业生就业服务交流会，同时我院领导定期到企业看望实习学生，为毕业生拓宽就业渠道。

体育美育：连续3年获学校体育运动会道德风尚奖，军训先进组织单位和先进连队等称号。积极组织学生参与拔河跳绳比赛、篮球赛、排球赛、足球赛、羽毛球赛、冬季长跑、趣味运动会等各类体育活动及校园歌手大赛、主持人大赛、朗诵演讲比赛、迎新晚会等各类文艺活动。顺利开展材料科学与工程学院2020年度表彰大会暨山东鑫海科技股份有限公司奖助学金捐赠仪式。极大丰富了同学们的课外活动，展现出我院学生健康、积极、团结合作、蓬勃向上的整体风貌。

志愿服务：学院共有3个学生社团，定期到荣军医院、儿童福利院等地组织志愿服务。协助临沂市青年志愿者协会顺利开展临沂市2020年第十届放鱼节志愿服务活动。在我院党委的指导下，3个党支部全体老师和学生志愿者一同开展了临"疫"不惧，"材"显担当的防"疫"、抗"疫"活动。

学生创新实践活动成果初显。材料学院学生依托高水平师资优势，注重结合专业特点，积极开展学生社会实践、专业实践创新活动，其中，校级以上学科竞赛获奖60余人次；5个团队获大学生创新创业项目立项（含2项国家级项目）；大学生金相技能大赛全国二等奖1人次，三等奖2人次；15名同学荣获国家励志奖学金；山东省政府励志奖学金2人次；校本学业奖学金获奖120余人次；获创新创业奖学金二等奖6人次、三等奖7人次；1名同学获评山东省优秀学生；获评临沂市优秀共青团员1人次；获评优秀学生干部10人次；临沂大学优秀学生18人次。2020年度志愿服务服务方面，在做好有效防疫工作前提下，坚持开展荣军医院送温暖、社区发放口罩、普及宣传防疫知识、协助临沂市青年志愿者协会顺利开展临沂市2020年第十届放鱼节等志愿服务活动。

【社会服务工作】尽管今年的疫情防控形势紧张，学院领导和老师们在积极防护和保护下，仍然深入到40多家企业考察调研，取得了一系列合作意向。

我院理事会理事长单位山东鑫海科技股份有限公司捐助奖助学资金15万元，理事单位山东润通科技股份有限公司、山东小犀实业有限公司、山东中鲁管业有限公司、山东合创宏新材料科技有限公司给学院捐赠疫情防控物资折价6.6万元。

供稿人：徐守芳
李 丹
审核人：张春国

附：

2020—2021学年创新创业奖学金获奖情况统计表

赛事名称	主办单位	赛事级别	获奖等次	获奖日期	奖励性质	学号	姓名	评定等级
第十二届山东省大学生科技节——山东省大学生物理竞赛	山东省教育厅，山东省委员会等	省部级B	一等奖	2020.12	个人	201925010122	王景南	二等
"徕卡杯"全国大学生金相技能大赛	教育部高等学校材料类专业教学指导委员会	国家级B	三等奖	2020.10	个人	201925020331	王玉君	一等
第七届山东省大学生高分子实用技术大赛	山东省科学技术协会、山东省教育厅、共青团山东省委员会、山东省发展和改革委员会、山东省工业和信息化厅、山东省人力资源和社会保障厅	省部级B类	三等奖	2020.11	团体	201807050122	张玉晗	二等
第七届山东省大学生高分子实用技术大赛	山东省科学技术协会、山东省教育厅、共青团山东省委员会、山东省发展和改革委员会、山东省工业和信息化厅、山东省人力资源和社会保障厅	省部级B类	三等奖	2020.11	团体	201807050322	王月鑫	二等
第七届山东省大学生高分子实用技术大赛	山东省科学技术协会、山东省教育厅、共青团山东省委员会、山东省发展和改革委员会、山东省工业和信息化厅、山东省人力资源和社会保障厅	省部级B类	三等奖	2020.11	团体	201907050221	马明珠	二等
第七届山东省大学生高分子实用技术大赛	山东省科学技术协会、山东省教育厅、共青团山东省委员会、山东省发展和改革委员会、山东省工业和信息化厅、山东省人力资源和社会保障厅	省部级B类	三等奖	2020.11	团体	201807050315	张伟刚	二等
全国大学生金相技能大赛	教育部高等学校材料类专业教学指导委员会	国家级A	三等奖	2020.10	个人	201807050313	刘德蓉	一等
全国大学生金相技能大赛	教育部高等学校材料类专业教学指导委员会	国家级A	二等奖	2020.10	个人	201807050332	李增	一等

2019—2020学年国家励志奖学金获奖学生名单

序号	姓名	学号	专业班级	专业人数	学年学习成绩	专业排名	成绩排名比例	辅导员
1	焦金苗	201707050221	材料科学与工程2017级02班	23	94.08	1	1/23	李丹
2	陈世宁	201707050316	材料科学与工程2017级03班	38	88.45	7	7/38	李丹
3	张超	201707050226	材料科学与工程2017级02班	38	91.16	5	5/38	李丹
4	刘德蓉	201807050313	材料科学与工程2018级03班	37	91.13	1	1/37	李丹
5	胡兆兴	201807050233	材料科学与工程2018级02班	37	87.65	4	4/37	李丹
6	唐新宇	201807050116	材料科学与工程2018级01班	31	89.11	2	2/31	李丹
7	徐文莉	201807050227	材料科学与工程2018级02班	40	87.41	8	8/40	李丹
8	王景南	201925010122	新能源材料与器件2019级01班	39	91.36	1	1/39	徐伟
9	李修臣	201907050204	材料科学与工程2019级02班	40	86.79	4	4/40	徐伟
10	付茂青	201925020305	材料科学与工程2019级校企班	40	85.65	7	7/40	徐伟
11	马静	201925010116	新能源材料与器件2019级01班	39	87.08	7	7/39	徐伟
12	赵治翔	201925010135	新能源材料与器件2019级01班	39	84.79	9	9/39	徐伟
13	苏芸	201925010119	新能源材料与器件2019级01班	39	84.26	10	10/39	徐伟
14	王涵	201907050110	材料科学与工程2019级01班	40	80.49	7	7/40	徐伟
15	侯普昌	201925010107	新能源材料与器件2019级01班	39	83.57	11	11/39	徐伟

自动化与电气工程学院

【学院概况】自动化与电气工程学院建于2011年，原用名汽车学院，2016年8月更名为自动化与电气工程学院，下设有自动化系、电气工程系、轨道交通系、电子电气实验教学中心共4个教学系。学院拥有电子信息（控制工程方向）专业硕士学位点1个，设有电气工程及其自动化、自动化、自动化（嵌入式软件外包方向）、轨道交通信号与控制、机器人工程5个本科专业（方向）和电气自动化技术1个专科专业。拥有山东省"十三五"高等学校复杂系统与智能计算实验室、临沂市先进智能控制工程技术研究中心、临沂市智能电气工程技术研究中心、临沂市智能控制技术研究院4个科研与社会服务平台。学院现有教职工62人，专任教师45人，其中，校聘特岗教授8人、教授4人、副教授20人、讲师11人、助教2人；具有博士学位22人、硕士学位22人。普通在校生1789人，其中，本科生1563人、专科生196人、研究生30人。2020年毕业生481人，其中，本科生384人、专科生97人。

【党建与思想政治工作】贯彻落实中央、省委、学校党委决策部署，带领全体师生全力开展疫情防控工作，确保春季学期线上教学高质量进行，顺利实现秋季学期全面复学复课，统筹协调常态化疫情防控与学院事业同步推进，获学校2020年度平安校园建设先进单位称号。

发挥学院党委政治核心作用，书记项目——党员示范岗创建活动成效显著。2个支部的党课获得临沂大学"我来讲党课"活动二等奖。学院宣传阵地建设有力提升，文化育人氛围日益浓厚，班主任队伍不断充实提升，志愿活动亮点纷呈。高质量完成年度组织发展工作。发展党员38名，新增入党积极分子144名；完成学生党支部换届工作。

【教学工作】电气工程及其自动化专业被推荐申报国家级一流专业；自动化专业获批校级一流本科培育专业，获评山东省产教融合示范性品牌专业；电气工程及其自动化和自动化2个专业获批第二学士学位教育并招生；获批山东省教改项目面上项目1项。

获山东省自动化学会教学成果奖本科高校类一等奖1项，获全国高等院校工程应用技术教师大赛二等奖1项、三等奖2项。

获批校级教学质量工程项目4项、"课程思政"教学改革研究项目6项、"课程思政"教学示范课程项目5项；获临沂大学第八届优秀指导教师2人；大学生创新创业训练项目立项23项。获临沂大学"互联网+"大学生创新创业大赛金奖1项，银奖4项。

学生参加2020年"星辉杯"山东省智能制造大赛、中国机器人大赛暨ROBOCUP机器人世界杯中国赛、全国大学生电子设计大赛等学科竞赛，获一等奖4项、二等奖13项、三等奖15项；2位教师荣获优秀指导教师称号。

获评产教融合专业（学科）骨干带头人称号1人，获青年教师教学比赛一等奖、教学能手2人，二等奖1人。

与美国罗克韦尔自动化公司共建"临沂大学自动化与电气工程学院罗克韦尔工业自动化联合实验室"，获罗克韦尔自动化公司捐赠2600余万元实验设备。

【科研与学术交流】获批国家自然科学基金青年项目1项、山东省自然科学基金2项；合计获批经费59万元。获山东省高等学校科学技术成果奖2项、临沂市自然科学优秀学术成果奖2项。

教师以第一作者或通讯作者发表学术论文91篇，其中SCI收录37篇；获授权专利37项，2人分别受聘知名学术期刊 Neural Processing Letters , Journal of Applied Mathematics and Informatics(JAMI) , 副主编。

邀请西安交通大学赵广社、高新兴物联副总裁张则宝、北京工商大学赵峙尧等多位知名专家来院讲学；承办了2020年第三届山东省新旧动能转换国家战略"现代物流与智能技术"专题论坛；牵头申报中国科

协海智计划临沂工作基地-临沂大学工作站并成功获批，实现了零的突破。

【学科建设与研究生教育】 首批30名电子信息专业控制工程研究生入校就读；申报了控制科学与工程学科硕士学位授权点；获评研究生优质课程1项；获批专业学位研究生教学案例库1项，研究生教育教学改革研究项目1项，研究生课程思政教学改革研究项目1项；2个专业学位研究生校级实践基地获得立项建设；19位老师被聘为电子信息专业硕士研究生导师。

【师资队伍建设】 组织多名教师到国网新能源云技术有限公司进修培训，提高教师的职业教学能力，师资队伍结构进一步优化，"双师双能型"教师达到37人。积极主动到省外高校招聘高层次人才，引进高水平博士1人，与6名高层次人才达成引进意向。

【学生工作】 扎实做好学生新冠肺炎防控和常态化疫情防控工作。

加强学生考研、专升本组织、服务工作。2020届本科毕业生考研108人，考研率从22%上升到28%。学院被评为2020年度考研先进单位。专升本考取51人，考取率52%。

开展了丰富多彩的文体活动、心理健康教育活动。获学校趣味运动会总成绩第五名，获"我的舞台我的剧"比赛第一名，获"携手战疫情，五四爱国行"主题微团课校级一等奖，获"我是沂蒙精神传承人"新生演讲比赛校级三等奖，获军训先进单位称号。

学院团委被评为红旗团委，院学生会被评为优秀学生会，1人获五四青年奖章，1人获优秀青年工作者称号。获大中专学生暑期"三下乡"社会实践活动优秀学生市级2人、省级3人，优秀指导教师市级1人、省级1人。

【社会服务工作】 与9家企业签订了校企合作协议，达成横向课题6项，合计到位经费88万元。成功召开理事会一届四次年会，吸纳南瑞电力、恒和电力等公司10余万元捐赠用于专业建设和研究生培养。与恒和电力合作申报科研项目1项；与3家公司达成实验实训基地共建协议；聘请6位企业工程师为兼职教师。与砚台岭社区、海信集团校地企三方合作研发社区智慧助老服务项目；成立学科性公司2个，自主研发的工业用货梯、养殖大棚自动控制系统已投放市场；与5家企业共同发起成立"临沂市电气工程学会"，拓宽科技成果转化的渠道。

【国际交流与合作】 积极争取国家留学基金委、省教育厅的政策支持，认真组织青年骨干教师申报公派留学项目，2位青年教师获批国家留学基金委、1位青年教师获批山东省政府公派留学项目支持。

供稿人：王海为

审核人：张安彩

信息科学与工程学院

【学院概况】 信息科学与工程学院建于1992年。下设有计算机工程、软件工程、通信工程、网络工程、公共教学部、信息技术实验教学中心四系一部一中心，开设有计算机科学与技术软件工程、通信工程、网络工程个本科专业。学院现有教职工96人，专任教师83人，其中，校聘特岗教授3人，教授8人，副教授29人，讲师42人，助教1人；具有博士学位24人，硕士学位48人。聘请兼职和客座教授5人，国内外聘教师6人。普通在校生2286人，其中，本、专科生2229人，研究生41人，合作培养研究生4人、博士生4人。2020年毕业生778人，其中，本科生518人，专科生260人。

【党建与思想政治工作】

1. 深入学习习近平新时代特色社会主义思想。以习近平新时代中国特色社会主义思想为引领，紧紧围绕学校发展目标和中心工作，科学谋划，学院党建与思想政治工作、内涵建设均取得很好的成绩。

2. 强化组织建设，增强战斗力。认真贯彻落实民主集中制原则和学院党委会、党政联席会议制度，不断加强班子自身建设。

3. 不断加强思想建设，树牢"四个意识"、坚定"四个自信"、做到"两个维护"。组织党委理论中心组学习13次，开展了6个专题调研，2次党员思想状况调研。

4. 认真履行意识形态工作领导责任。把意识形态工作纳入重要议事日程、党建工作责任制，定期分析研判意识形态领域情况和问题。加强宣传思想阵地建设，各类报告会、学术交流会、讲座、论坛等均履行政治审查。

5. 全面落实从严治党责任。依据各岗位工作职责及权限范围，经过认真细致梳理，把我院重大事项决策、大额资金使用、干部选拔推荐、教职工岗位竞聘及评先树优、学生奖助学金评定及组织发展等6项工作列为防控重点，积极推进工作。

【教学工作】 面向新工科，以工程教育认证为抓手，以教学质量工程项目为依托，以产教融合、校企协同为载体，以教育教学信息化和线上线下校内校外一体化教学模式创新改革为手段，不断强化师资队伍提升，不断推动专业升级改造，专业建设获得新突破。

积极推进软件工程国家一流专业建设工作和省级计算机科学与技术专业一流专业建设，同时积极加强通信工程和网络工程专业建设。计算机科学与技术专业获批国家一流专业建设点，计算机科学与技术、软件工程、通信工程3个专业通过工程教育认证受理。获批人工智能新工科专业。

获批省级教学质量工程项目2项，教学改革项目5项，教育部产学合作协同育人项目16项，山东省优秀共享课程1门，"课程思政"校级教学改革研究项目8项，"课程思政"校级教学示范课程8门；5门课程获批山东省一流课程，发表教研论文33篇，出版教材1部。在智慧树平台（山东省在线开放课程平台）上线MOOC课程5门。获山东省第七届高校青年教师教学比赛二等奖1项，省级在线课程一等奖1项。研究生教学改革项目5项。

在ACM国际程序设计大赛、全国数学建模大赛、全国互联网+创新创业大赛、全国物联网设计大赛等大赛中屡获佳绩，共获国家级奖项12项，省级89项，国家级大学生创新项目6项。学生考研率19.8%，总体就业率97.17%，其中，高质量就业率83.5%，居于全校第三。

【科研与学术交流】 获批山东省自然科学基金4项，以学院为第一单位发表SCI索引的学术论文31篇、EI索引的学术论文3篇。获批发明专利2项、实用新型专利58项，软件著作权22项。获省级奖项2项，市厅级奖项2项。

【学科建设与研究生教育】 顺利完成第一届电子信息专业硕士研究生41人的招生录取，开始研究生培养工作，同时进行了新增研究生导师遴选工作。

组织力量申报并获批临沂市工业互联网安全技术工程实验室、临沂市大数据分析与智能计算工程实验室等学科平台，为突破省级平台打下坚实基础。

【师资队伍建设】 全职引进硕士辅导员1人；新增电子信息专业学位类别硕士研究生导师14人，校外导师7人；博士教师比例达到了25.77%。

【学生工作】 本年度紧紧围绕学校、学院中心工作，上半年重点抓好了新冠肺炎疫情防控各项工作，有序组织学生抗疫复学。充分发挥辅导员、团委学生会、党员学生骨干力量，落实"辅导猫打卡""疫情日报告零报告"制度，利用网络宣传教育、志愿服务活动等形式，做好疫情防控的各项工作。下半年，组织开展了2020级新生军训及入学教育工作，同时在全院学生中推行了"爱国主义""文明修身""厉行节约反对浪费"3项主题教育活动，以班级、团支部为载体，逐项逐步推进，组织学生积极参与"我是沂蒙精神传承人"主题演讲比赛、诗词大会、爱国主义电影展播、书香校园读书节活动等。积极推进疫情下学生就业工作，2020年度学生总体就业率97.17%，其中，高质量就业率84.45%，居全校第三位；考研率17.9%，专升本率61.8%。人才培养成效显著，学生学科竞赛获奖质量提升，获国家级奖项12项，省奖89项，国家级大学生创新项目6项。

【社会服务工作】委托项目立项8项，经费70余万元。成功入围教育部科技发展中心"高校涉农特色产业科技成果项目"库两个项目（赵斌——扶贫攻坚大数据平台、傅德谦——鸭产品品牌营销服务平台）。召开学院理事会每一届第四次会议。

【国际交流与合作】招收并开始培养计算机国外留学生学历班。

【其他创新性工作】1. 第一届硕士研究生顺利招生，办学层次上新台阶。

2. 计算机科学国际留学生本科班正式开班，国际人才培养开拓新局面。

3. 新工科专业改造，网络空间安全校企合作专业首届招生。

4. 成功申报了人工智能新专业。

5. 我院荣获山东省科技进步三等奖。

供稿人：孟星辰
审核人：张问银

土木工程与建筑学院

【学院概况】土木工程与建筑学院建于2011年8月，下设有土木工程、建筑学、房地产开发与管理、城市地下空间工程4个系，拥有建筑结构鉴定与加固、岩土工程、建筑材料、房地产4个院属研究所，开设有土木工程、建筑学、房地产开发与管理、城市地下空间工程4个本科专业。学院现有教职工61人，专任教师48人，其中，校聘特岗三级教授4人，教授8人，副教授16人，讲师23人，助教6人；具有博士学位23人，硕士学位28人。聘请兼职和客座教授9人，国内外聘教师4人，外籍教师3人。普通在校生1565人，其中，本科生1163人，专科生402人。2020年毕业生463人，其中，本科生260人，专科生203人。

【党建与思想政治工作】深入学习党的十九大，十九届四中、五中全会精神及习近平新时代中国特色社会主义思想，进一步落实党风廉政建设及意识形态工作责任制。以人才培养为中心，坚持"立德树人"，积极开展"示范党支部"建设。深入开展"以党建为引领，强化师德师风建设"主题教育活动。本年度组织党委中心组集体学习16次，举办大学生思想政治教育和师德师风建设专题报告会9场，结合主题教育活动，学院班子成员、党支部书记积极为师生讲党课，本学年共讲党课15次。完成书记项目1项、学院重点项目3项、创新项目1项。被学校评为"平安校园建设"先进单位；学生"考研工作"先进单位。

【教学工作】2020年学院突破土木水利专业硕士点，2022年开始招生；获批山东省一流本科课程建设项目1项（土木工程施工与组织）；获批教育部产学合作协同育人项目7项；发表教学类论文5篇。获批省级、国家级大学生创新创业项目7项，完成学校指标任务100%；申报国家一流课程2门，按照工程教育专业认证要求，土木工程专业已经提交认证申请；学生参加各类竞赛获奖20余项。

【科研与学术交流】2020年土木工程与建筑学院较好完成了科研任务指标。其中，新立项山东省自然科学基金3项，临沂市社科1项，校级2项，横向项目10项，实到经费235万元。发表学术论文23篇，获临沂市科学技术奖1项，出版著作2部，授权发明专利2项，实用新型专利26项。

【学科建设与研究生教育】土木

水利专业获批专业硕士学位授权推荐，实现了办学层次的提升。学院重视应用型平台建设，学院目前有8个学科科研团队，新获批临沂市文旅康居生态社区工程技术中心、临沂市物流枢纽工程技术研究中心2个临沂市工程研究中心。

【师资队伍建设】土木工程与建筑学院目前有教师61名，其中，新引进高水平博士1名，现有博士学位教师22名，博士学位教师比例为46%；新晋升教授2名，新晋升副教授6名，现有教授5名，副教授17名，专任教师48名，高级职称教师比例46%。

【学生工作】2020届毕业生高质量就业率达到51%以上，初次就业率99.7%。本科考取研究生共58人，专升本81人，出国留学升本13人，应征入伍6人。

【社会服务工作】2020年土木工程与建筑学院社会服务工作获得了新突破，捐赠款419.5万元，其中，海绵城市建设支持资金735万元（与后勤处协作完成）。

【国际交流与合作】2020年我院与韩国合作房地产专业13人升本韩国留学。

供稿人：杨倩
审核人：朱登元

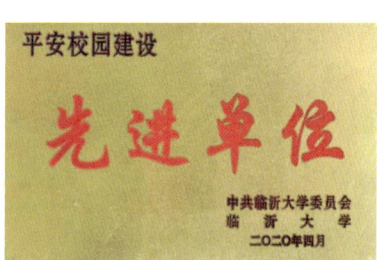
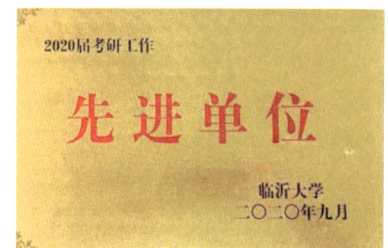
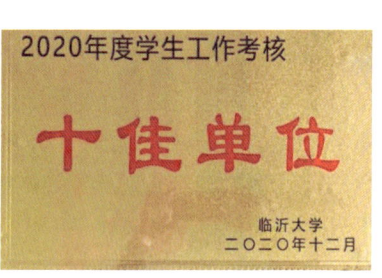

资源环境学院（水土保持与环境保育研究所）

【学院概况】资源环境学院（水土保持与环境保育研究所）始建于2011年，设有地理、环境工程、测绘、人文地理与城乡规划4个教学系；建有山东省水土保持与环境保育重点实验室、山东省乡村生态规划与治理技术工程实验室、山东省农业科技园区规划设计工程技术研究中心、山东省农业科技园区特色产业协同创新战略联盟、山东省高校青年创新团队3个等省级平台，建有临沂市市级工程技术研究中心4个、工程实验室1个；开设有地理科学、自然地理与资源环境、人文地理与城乡规划、环境工程、测绘工程、地理信息空间工程6个本科专业，其中，地理科学为国家一流专业、山东省高水平应用型重点专业建设群。学院现有教职工78人，专任教师63人，其中，校聘特岗教授15人，教授19人；副教授25人，讲师19人，具有博士学位56人，硕士学位9人；聘请兼职和客座教授5人，国内外聘教师5人，外籍教师1人；普通在校生982人，其中，本科生976人，合作培养研究生6人。2020年毕业生203人，其中，本科生198人，研究生3人。

【党建与思想政治工作】认真落实党建主体责任，深入学习习近平新时代中国特色社会主义思想和党的十九大精神，树立"四个意识"，坚定"四个自信"，坚决做到"两个维护"。以党的政治建设为统领，巩固"不忘初心、牢记使命"主题教育成果，坚持一手抓疫情防控，一手抓事业发展。加强党风廉政建设，落实校内意识形态巡察落实整改，落实一岗双责。获批校级书记项目1项，获批双带头人工作室建设项目1个，获校级"我来讲党课"比赛三等奖1项；与山东省临沂生态环境监测中心开展党建共建活动，联合举行了庆"七一"党员学习知识竞赛活动，开展主题党日讲党课活动。发展党员22名。学院领导班子获学校2020年度考核优秀。

【教学工作】地理科学专业顺利通过教育部师范类专业二级认证进校考查工作；获批山东省本科教学改革研究项目1项；获批教育部产学合作协同育人项目1项；获批15项大学生创新创业训练计划项目，其中，国家级3项，省级5项，校级7项；获批校级创新创业教育示范项目2项，校级优秀指导教师1人；获校级青年教师讲课比赛一、二、三等奖各1项，1人获"青年教学能手"荣誉称号；获批2020年校级新农科研究与改革实践项目1项；获批2020年校级新工科研究与实践项目1项；获批校级课程思政研究项目17项。

承办了第十四届"南方测绘杯"山东省大学生测量技能大赛。在校内建设了占地近40亩的临沂大学地理园，集教学、科研、科普、培训、劳动实践等于一体。

【科研与学术交流】获批国家自然科学基金项目5项、省部级项目8项、山东省高等学校青创科技计划项目1项、山东省重点研发计划（软科学）重大项目1项、横向课题17项，到位总经费653元；发表论文73篇（SCI、EI、CSSCI期刊论文37篇）、

出版学术专著2部、发明专利2项、授权实用新型专利15项；获中国商业联合会科学技术奖1项、山东省高等学校科学技术奖1项。

开展了系列学术交流活动。成功举办2020年泰山科技论坛、沂蒙科技论坛、第十九届山东省高校环境学科建设发展研讨会。

【学科建设与研究生教育】获批山东省乡村生态规划与治理技术工程实验室、省高校青年创新团队1个；新增硕士生导师9人；3名联合培养研究生顺利通过硕士学位答辩。

【师资队伍建设】1人获中国高被引学者，1人荣获山东省优秀科技工作者（记二等功），1人获临沂大学"最美教师"荣誉称号；2人完成国外访学，1人进行国内访学；引进高水平博士3人；1人为西宁柔性引进人才；完成了专业技术岗位第二聘期考核和第三聘期聘任工作。

【学生工作】获省级及以上学科竞赛奖项16项，学生发表论文13篇，获批专利3项；2020届毕业生总体就业率90.4%，考研率39.89%，列全校第5名；荣获2020年临沂大学考研先进单位、学生军训工作先进单位，学院团委被评为临沂市五四红旗团委；获全国大学生环保科技活动优秀团队1支、优秀志愿者1人，获评山东省优秀班集体1个、临沂大学优秀班集体2个、临沂大学红旗团支部2个。组织发展21人入党，确定入党积极分子87人。

【社会服务工作】召开一届四次理事会；获社会捐赠70余万元；3人到临沂市环保局挂职锻炼，3人为临沂电视台"问政临沂"特邀观察员；为4个省级农业科技园区和2个省级农高区进行验收评估；联合山东环境科学学会申报山东省绿色产业与环境安全创新创业共同体获批省级创新创业共同体建设。

开展临沂市建设用地土壤污染状况调查报告等项目评审；举办沂蒙乡村振兴高峰论坛；为国家农业科技园区产业融合培训班授课，在全国各地开展乡村振兴、环境工程等报告讲座20余次。

【国际交流与合作】2人完成在德国、澳大利亚境外访学任务。

供稿人：赵　敏
审核人：王　梁

生命科学学院

【学院概况】 生命科学学院建于 1959 年，下设有生物科学、生物技术、食品科学与工程 3 个系，植物生理生态、动物生理生化、细胞遗传发育、微生物与生物工程、食品科学与工程 5 个教研室；拥有地质与古生物学、植物遗传与分子育种研究、食品加工与质量安全、沂沭河流域生态学和生物学教育研究等 5 个教学研究机构，开设有生物科学、生物技术、食品科学与工程 3 个本科专业和食品生物技术、农业生物技术 2 个专科专业。学院现有教职工 77 人，专任教师 66 人，其中，校聘特岗教授 6 人，教授 15 人，副教授 23 人，讲师 30 人，助教 3 人；具有博士学位 47 人，硕士学位 19 人。聘请兼职和客座教授 10 人，国内外聘教师 10 人。普通在校生 1021 人，其中，本科生 889 人，专科生 132 人；合作培养研究生 19 人。2020 年毕业生 271 人，其中，本科生 201 人，专科生 70 人。

【党建与思想政治工作】 认真组织学习习近平总书记关于疫情防控、教育工作、制止餐饮浪费等重要指示精神，学习十九届五中全会精神和学校有关政策文件精神等，统筹疫情防控和学院事业发展。党委中心组年度集体学习 12 次，党员、职工理论学习 21 次，党课 10 讲，团课 40 余期，党团教育活动 100 余项；发展党员 21 名，预备党员转正 34 名，培养入党积极分子 52 名；接受意识形态校内巡察，并及时整改；开展党建示范创建和质量创优工作，1 个支部被评为"双带头人"教师党支部书记工作室培育单位，1 人被评为临沂市学习强国先进个人，学院被评为平安校园建设先进单位。

【教学工作】 针对疫情防控形势，实施了线上线下相结合的教学模式，有效运用蓝墨云班课、雨课堂、翻转课堂、钉钉、QQ 等教学平台和教学模式，教学工作有序开展，效果良好。严格执行学校的教学管理制度，定期召开系主任、教研室主任会议，研究教学问题。专业和课程建设质量更加优化。在全校青年教师教学比赛中，获得一等奖 1 名，三等奖 3 名。

【科研与学术交流】 获批"生物与医药"专业硕士点，培育建设与申报山东省高水平学科"地质学"；14 名教师被遴选为硕士研究生导师。引进高水平博士 4 名。发表学术论文 95 篇，其中高水平论文（SCI）56 篇。立项科研项目 35 项，其中，国家自然科学基金项目 8 项，全校排名第一；省自然科学基金项目 10 项，其中，省优青 1 项。获山东省高校优秀科研成果奖二等奖 1 项、三等奖 1 项，科研水平大幅提升。

【学科建设与研究生教育】 生物科学专业获批山东省一流本科专业，向学校提报了生物科学专业"普通高等学校师范类专业认证申请书"。食品科学与工程专业按照工程教育专业认证要求启动建设。2 门课程获批山东省一流本科课程，3 门课程获批校级教学质量工程项目，8 门课程获批校级"课程思政"教学示范课程项目，5 个课题获批校级"课程思政"教学改革研究项目。1 个课题获批省级新农科研究与改革实践项目，1 个课题获批校级本科教学改革研究项目。发表教学研究论文 13 篇。与新疆大学等多所院校联合培养研究生 19 人。

【师资队伍建设】 引进高水平博士 4 名。14 名教师被遴选为硕士研究生导师。部分教师分流到学校其他工作岗位。学院现有教师 77 人，其中，高级职称 40 人，具有博士学位的 47 人，初步形成了较为合理的年龄、职称、学历、学缘梯队。1 名教师代表学校参加山东省高校青年教师教学比赛；1 名教师获学校青年教学能手称号。

【学生工作】 2 名教师获暑期三下乡优秀指导教师，2 名教师荣获辅导员优秀工作案例三等奖，1 名教师获学校优秀党课三等奖，1 名教师获山东省青少年规划课题立项。50 余人次学生参加国家级、省级科技竞赛并获奖，学生以第一作者发表论文或申请专利 4 项。山东省青少年规划课题立项。

【社会服务工作】 与临沂市市场监督管理局、临沂市营养健康协会等，开展全市食品生产安全监管业务培训等，到账经费 5.2 万元；进行食品深加工、食品检测、食品营养分析、食品质量提升等方面服务项目 10 余项，经费 30 余万元。吸收社会捐赠 10 万元，新增产学研基地 3 个，社会服务能力和办学影响进一步扩大。学院被评为学校学生综合管理先进单位。

【国际交流与合作】 学院重视国际交流与合作，鼓励教师通过访学和学术交流提高科研能力和学术水平。受疫情影响，外出访学教师人数有所下降，2020 年我院有 2 位教师外出访学。线上交流与合作明显加强，我院教师通过视频会议等形式与国外高校专家进行学术交流 6 次，进一步加强我院办学影响力。

供稿人：黄永亮

王学斌

审核人：杜庆栋

农林科学学院

【学院概况】农林科学学院建于2002年,下设有动科动医系、园林园艺系,拥有动物行为福利与健康养殖、微生物与宿主健康研究所、分子病原学研究室、美丽乡村规划设计研究所、城乡绿化与生态保护研究中心、园艺植物生物学6个研究团队,设有动物医学、动物科学、园林、园艺4个本科专业。学院现有教职工90人,专任教师73人,其中,教授5人,校聘特岗教授12人,副教授26人,讲师28人,助教2人;具有博士学位59人,硕士学位27人。聘请兼职和客座教授6人,外籍教师2人。普通在校生1573人,其中,本科生1273人,专科生300人;合作培养研究生2人。2020年毕业生325人,其中,本科生260人,专科生65人。

【党建与思想政治工作】学院现有党支部5个,其中教工党支部2个,学生党支部3个;党员145人,其中,教工党员66人,学生党员79人。学院坚持将党建工作与中心工作一起谋划,夯实责任体系,构建党委书记负总责、分管领导直接抓、支部书记具体抓,层层传导责任和压力的党建工作格局。坚持把"不忘初心、牢记使命"作为加强党的建设的永恒课题和全体党员、干部的终身课题,以党委理论中心组学习、"三会一课"、学习强国等平台为依托,深入学习习近平新时代中国特色社会主义思想、党的十九大、十九届四中及五中全会精神,引导广大党员始终把理想信念铭记于心、见之于行。坚持把意识形态工作摆上重要日程,建设以党委委员为主体,支部书记和辅导员班主任为两翼,向教师党员、学生党员、主要学生干部延伸的意识形态工作队伍,形成全覆盖的意识形态工作体系,管好意识形态阵地。坚持推进党支部标准化建设,不断提升党支部工作水平;坚持抓防控、谋发展两不误,统筹推进事业改革发展。学院2020年新发展预备党员29人,转正预备党员34人;举办了第19期入党积极分子培训班,培训入党积极分子61人;新增入党申请人153人。

【教学工作】专业建设:动物医学专业获批校级一流本科重点建设专业,并入围山东省一流本科专业建设点;园林专业为校级一流本科重点培育专业。

教学质量与改革工程项目建设:获批省级教学项目4项,其中,一流专业1个、山东省高等学校在线开放课程上线课程1门、入围山东省本科教学改革研究项目立项名单1项;获批校级本科教学改革研究项目2项(校级重点1项、校级面上1项)、校级"课程思政"教学项目11项(校级教学改革研究项目4项、教学示范课程项目7项);校级新农科研究与改革实践项目立项2项,立项创新创业教育示范课程5项。

大学生创新创业训练及教学成果:获批大学生创新创业训练项目18项,其中,国家级1项、省级项目7项、校级项目10项;有4名在校生自主创业。省级及以上大学生学科竞赛共获奖7项,其中获国家B类二等奖2项,省级B类一等奖1项、二等奖2项、三等奖2项。学生发表核心期刊3篇、国家级和省级期刊5篇;3名学生获评省级社会实践优秀学生。

学科竞赛:省级及以上大学生学科竞赛共获奖7项,其中,获国家B类二等奖2项,省级B类一等奖1项、二等奖2项、三等奖2项。

【科研与学术交流】2020年度获批国家自然基金4项,其中,1项面上项目,3项青年基金;获批山东省自然基金项目6项,其中,重点项目1项,青年基金5项;山东省农业厅农业重大应用技术创新项目1项;获批其他各级各类项目12项。立项经费共计478万元。获中国产学研合作促进会奖励1项,中国商业联合会奖励1项,淮海科学技术奖委员会奖励1项,其他科技奖励6项;获批专利18项,软件著作权7项,地方标准4项。2020年论文发表数量82篇,其中,发表在SCI一区8篇,二区5篇,高水平中文论文26篇,论文发表数量和质量有较大幅度增长。平台建设方面,新增1个市级学科平台。

【学科建设与研究生教育】农业硕士点(畜牧、农艺与种业2个领域)入围山东省2020年硕士点学位授权审核推荐名单。与新疆大学联合培养硕士研究生2名。

【师资队伍建设】新增博士教师5人,博士辅导员1人,硕士辅导员3人;拟引进泰山学者青年专家1人。新晋升教授2人,副教授7人,1人荣获国务院特殊津贴待遇、山东省优秀科技工作者和临沂市五一劳动奖章等荣誉和称号。

【学生工作】学生工作紧紧围绕疫情防控、就业和学风建设积极开展,先后被学校评为"考研工作标杆单位""军训工作先进单位",学院团委被评为"临沂市五四红旗团委""临沂大学红旗团委"。2018级动物科学本科01班获评"山东省优秀班集体";暑期社会实践服务队获评"山东省暑期'三下乡'社会实践活动优秀服务队";多位辅导员获"新生军训优秀辅导员""平安校园建设先进个人""优秀青年工作者""山东省社会实践优秀指导教师"等荣誉称号。2020届本科毕业生考研升学率达53%,专科毕业生升学率达72%。2020届毕业生高质量就业率达77%,总体就业率达93%。

【社会服务工作】2020年共开展各类农技人员培训1179人次,其中,畜牧兽医技术培训323人,平邑县苗木种植人员培训338人,现代农业技术培训250人,渔业技术推广人员培训268人。

国家发布新冠肺炎疫情后,学院微生物与宿主健康团队研制出三种核酸检测试剂盒,并于2020年1月27日通过国家食药监局技术检测认证。试剂盒为山东省科研教育系统的抗疫成果,山东省科技厅、教育厅以及多家媒体进行了重点报道,省教育厅和临沂市委市政府主要领导给予了充分肯定。目前已完成20余万人次检测,为疫情防控作出了重要贡献。

【国际交流与合作】与埃及农业科学院开展交流,为申报国家自然基金委国际合作项目(中国-埃及)建立基础。

【其他创新性工作】通过校企合作方式,筹备建设临沂大学附属动物医院,动物医院面积1900余平方米,一期投资1500余万元。所有投资全部由企业负责,并由企业承担全部法律责任。企业无偿提供场所,供学院建设教室、动物疫病防控研究室。2020年已完成装修设计,正在安排装修施工,设备采购基本完成。

供稿人:魏明吉
审核人:张兴林

费县校区

【校区概况】费县校区成立于1951年,自1997年起,相继合并了临沂幼儿师范、郯城师范、莒南师范、临沂师范等4所师范学校;2007年6月,学校整建制并入到临沂师范学院;2010年11月,临沂师范学院更名为临沂大学,学校随之更名为临沂大学费县校区(初等教育学院)。校区目前设有学前教育系、初等教育系2个系,主要招收高中起点语文教育、数学教育、英语教育、学前教育师范专业和计算机网络技术专业学生,接收日照师范学校等4所合作办学学校"3+2"阶段专科学生。校区现有教职工183人,其中,博士、硕士109人;教授1人,副教授81人,讲师84人,助理讲师4人。普通在校生6244人,其中,专科段学生3022人,中专段学生3222人。2020年毕业生564人。

【党建和思想政治工作】

1.坚决打赢疫情防控阻击战。校区把做好疫情防控作为最重要的工作和最紧迫的政治,把师生生命安全和身体健康始终放在第一位,牢牢守住校园疫情防控安全线,严格按照上级春节开学和防疫工作要求,落实疫情防控措施,在全校先行先试,4月顺利实现"春考"学生复学,为临沂大学复学防疫工作创造了成功经验,并向全校推广。

2.党建工作进一步加强。本年度,党委书记、副书记上党课6次,支部书记上党课12次,开展主题党日活动10次。严格党员发展程序和标准,发展党员24人,其中,学生党员23名,教师党员1名;培训、培养入党积极分子166名。在全校"我来讲党课"优秀主题党课评选活动中,校区2人荣获三等奖。

3.大学生思政工作不断创新。配齐专职辅导员队伍,新选聘专职辅导员8名,专职辅导员达到15名,有2名专职辅导员获"学校十佳辅导员"称号。举办系列主题文艺作品展活动,致敬防疫英雄;组织校区专职辅导员等19人参加了暑期红色教育培训工程;组织全体专职辅导员网络培训,举办"青年马克思主义者培养工程"培训班,积极开展"青年大学习"活动。

【人才培养工作】

1.教学质量不断提高。信息化教学实现重要突破。根据线上教学实施方案,教师采取QQ群语音在线教学、微信群在线教学、对分易互动直播、中国大学慕课、钉钉直播等形式进行教学,上学期,共计开展线上教学活动14周,讲授课程累计1260门次,上课学生50204人次,线上上课率达到99.7%,有效保障了疫情状态下的教学质量。在学校举办的青年教师讲课比赛中,校区取得一等奖1人、二等奖2人、三等奖3人的好成绩。

学生职业技能水平不断提升。新增高中起点英语教育、学前教育、计算机网络技术专科专业3个,制定了专业人才培养方案。成功申报临沂大学思政课程教学改革项目5项。在全校师范生从业技能选拔比赛中,5名同学获得一等奖,其中,学前教育专业在比赛中包揽前四名;11名同学获得二、三等奖;1名同学在山东省师范类高校学生从业技能大赛中获得二等奖,实现新突破。在临沂大学举办的"我是沂蒙精神传承人"演讲比赛中,校区获二等奖。学生升学就业成绩显著。专升本录取人数较去年增加20人,教师编过关人数较去年增加12人。

2. 学生管理工作成效显著。校区积极构建了以"坚持一条主线、把握两项要求、凝练三大特色、突出四个融入、抓实五项工作"为主要内容的"一二三四五""大思政"工作体系，强化了"三全育人"与"五育并举"的协同育人格局，旗帜鲜明强化了党对思想政治工作的领导，守正创新凝练了思政育人校本特色。

学生各类组织健康有序发展。校区加强学生社团建设和管理，新成立了学生会、团委会、学生公寓自律委员会，召开了学生代表大会，充实和完善学生社团20余个，通过举办集体朗诵、书法比赛、板报比赛、微视频大赛、抗疫系列作品展等形式，弘扬沂蒙精神、抗疫精神和社会主义核心价值观，校区团委连续三年获得学校"红旗团委"称号。

校区安全稳定工作不断加强。校区继续实行校园封闭管理，多次召开安全工作会议、公寓管理会议，突出舆情监控和意识形态安全教育。对校区监控系统重新布线安装监控头197个，举办了3次消防演练，聘请校外专家做3场专题法制报告会，依托公寓管理平台，全方位多角度推进学生倡导正能量、树立新风尚，确保校园生活秩序平安，共评出优秀舍长60人，文明宿舍60个，文明标兵126人，"平安校园""和谐校园""文明校园"建设得到有效提升。

3. 专业招生规模实现突破。2020年校区共计招生1075人，其中新增高中起点专科专业3个共475人，初中起点"3+2"专业600人，进一步优化了办学结构，提升了办学层次。自学助考招生实现新突破，2020年共招生986人，实现创收300余万元，为校区发展提供了有力的保障。

【科研工作方面】科研工作取得重大突破。社科类科研业绩点由上一学年的3000点上升为11225点，在大学26个二级单位中排名第9；自然科学类业绩点6250点，在21个单位中排名14。自然科学核心期刊发表论文6篇，其中，SCI 2区文章1篇。出版专著6部。获立省级带资科研项目1项，厅级带资项目1项，市级带资项目1项。限额申报临沂市社科研究课题3项并获准立项；获立艺术科学重点课题6项，"传统文化与经济社会发展专项"6项，"艺术教育专项"6项。组织申报结项50余项。

【办学条件建设】1. 校区财务收入增加，运转健康。2020年校区通过学生缴费、自考、联合办学等方式共计收入6211万元，较去年增加400万元，有效地保障了校区健康运转。

2. 条件建设得到加强，资产增值100余万元。除去部分参军入伍、退学学生外，学费催缴工作圆满完成。新建电子阅览室1口，微格教室1口，改建语音室1口。进一步加强校区资产的管理调配，新增部分打印机、微机室电脑、馆藏图书、学生课桌椅等，办学条件得到改善。

3. 后勤服务质量提升，物业管理得到强化。投资120余万元完成学生公寓1—4号楼的线路、门窗等设施及附小楼四楼学生公寓的维修改造工作。完成近6000平方米的路面硬化、维修等工作。完成宏伟餐饮公司的招标工作。加强了对相关餐厅、超市的日常监管工作，确保了食品安全；物业的监管工作进一步加强，维修服务水平和服务质量不断提高，校区面貌整体情况有较大提升。

【社会服务工作】1. 加强与国际间高校的交流与合作。年内有11名同学签订留学协议，有6名学生签订了留学意向书，新增菲律宾合作学校1所，保持了国际交流合作的良好势头。

2. 拓展合作办学规模。新增联合培养学生企业1家；新增合作机构2家，为学生发展搭建了良好的平台。

3. 积极开展理事会工作。本年度，理事会捐款、实物到账合计59万元，有力保障了校区事业发展。

供稿人：孟宪华
审核人：刘　强

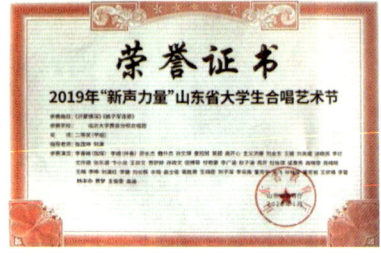

沂水校区

【校区概况】 沂水校区前身为山东省沂水师范学校，始建于1948年7月，是红色政权在山东解放区建立的第一所师范学校。2007年6月，学校整建制并入到临沂师范学院；2010年1月，临沂师范学院职业教育学院在沂水校区挂牌；2010年11月，临沂师范学院更名为临沂大学，学校随之更名为临沂大学沂水校区。

校区历经两次整体搬迁：1948年始建于新泰鳌阳镇，1951年迁址于沂水城阳，2010年再迁于沂水县城南岜山南坡现址。学校现占地829.88亩，建筑面积7.8万平方米。

2020年，沂水校区进行内设机构调整，将原来的3个系（小学教育系、学前教育系、经管系）调整为5个系：原来的小学教育系、学前教育系和高职的社会体育专业，合并为教育系；原来的经管系分成4个系，分别是管理系，设经管系工商企业管理专业、市场营销专业、旅游管理专业；经济系，设经管系国际经济与贸易专业；计算机系（信息中心），设电子信息工程技术、计算机网络技术、软件技术专业；会计系，设会计专业。

沂水校区现有教职工224人，其中，教授1人，副教授84人；有博士5人，在读博士3人；省级优秀教师4人，省级教学能手2人，沂蒙名师2人，市级教学能手26人。在校生4986人，教学班117个。2020年毕业生1303人，其中，师范类学生676名，高职高专627人。

【综合改革】 2020年是全面建成小康社会的决胜年，是"十三五"规划的收官年，也是校区转型发展的关键年。在这个发展的重要时期，校区党委确定2020年为"制度建设落实年"，召开动员大会、推进会，对制度进行废改立工作，并将全部制度汇编成册，共梳理制度126项，其中，新建33项，修订26项，保留58项，废止9项，最终将96项编辑成册，印制了校区规章制度汇编，强化了师生学制度、用制度意识，促进了依法依规治校。深化绩效分配制度改革，继续实行校内特岗聘用制度，完成第三任期专业技术岗位竞聘上岗，推动校内人才选拔和流动。

【党建与思想政治工作】 校区以习近平新时代中国特色社会主义思想为指引，围绕践行沂蒙精神、抗疫精神等组织学习、开展系列活动40余次。全力做好"发挥抗疫精神在基层党建中的思想引领作用"书记党建创新项目；邀请北京八路军山东抗日根据地研究会鲁中分会副会长高源来校作沂蒙精神报告；举行"传承沂蒙精神，开拓砥砺前行"主题党日活动，邀请临沂市最美乡医张德庆来校作报告；邀请"最美逆行者"援鄂战士——沂水县人民医院护士冯珊珊开展"绽放战疫青春·坚定制度自信"主题"云团课"活动；同美术学院联合举办"俭以养德"师生书展；做好了大学对校区的意识形态巡察和廉政谈话工作。校区融媒体中心拍摄的抗"疫"手语《只要平凡》短视频被"学习强国"推送。在大学公布的"我来讲党课"活动中两件作品分获"优秀党课"一、二等奖，一名教师及其作品入选党员教育培训师资库和全校党员教育资源库，并推送省级评选。

【教学工作】 校区顺利通过省县两级返校复学核验工作，做好了疫情下的停课不停学、网络招聘、云端毕业典礼等工作。

疫情期间，线上开课143门，线上任课教师200余人。一名教师在线开放课程被24所高等院校选用，累计选课达4599人次。克服疫情带来的不利影响，紧抓专升本工作不放松，不断推进教学质量提升，确保专升本工作取得佳绩，充分体现了校区优异的教学质量水平。2020届经管系毕业生通过录取线人数342人，升本比例为54.55%，较去年增长了近10个百分点。学前教育系毕业生22人报名参加专升本考试，最终全部录取，创下了专升本录取率100%的历史佳绩。一名同学在校期间获自考本科学历后，直接考取研究生，开创了校区专科毕业即读研究生的先河。在全国大学生英语竞赛、数学建模竞赛各类竞赛方面实现了新突破，50余人次获省级比赛一、二、三等奖。在全国大学生暑期社会实践专项行动社会实践成果评选中，校区1支队伍获"全国优秀团队"。

【科研与学术交流】 校区形成以年轻博士为核心的研究团队5个。立项中国计生协青春健康高校项目1项，省社科规划研究项目1项，省教育科学规划课题1项，山东省艺术科学重点课题等8项，市社科课题3项。立项临沂大学课程思政教学改革研究项目4项，课程思政示范课程4项。结项山东省艺术教育专项课题等18项。到位科研经费9.2万元。获省教育科学研究优秀成果奖等12项。获国内发明专利2项。发表SCI论文3篇，社科七类论文5

篇。出版著作2部。

【师资队伍建设】加大人才引进和培养力度，鼓励、支持教职工在职提升学位、学历层次。目前，校区博士及在读博士共8名；加强双师型教师队伍建设，面向社会聘请优秀教师11名，引进校企合作教师12名；鼓励教师外出学习培训，促进教师专业发展，20余人次参加各类研讨培训；积极开展教学比赛，20名教师在青年教师教学比赛中获奖，一名教师参加省高校青年教师教学比赛获二等奖，取得了校区参加省赛第一次进决赛、第一次获奖的突破；严格落实听评课制度，组织13组评委对84位教师进行听课，推动整体教学水平的提高。另外，评选2020年校区"十佳教师"。

【学生工作】校区辅导员工作逐步走向规范化，形成了专兼职结合的辅导员队伍；一名教师荣获临沂大学年度十佳辅导员。广大学子品学兼优，902人次获国家奖学金、省政府奖学金等；251人次、6个班集体获大学表彰。密切关注师生身心健康，针对疫情期间师生的心理健康问题，以心理辅导工作为切入点，协同校区青春健康同伴社，创建校区德育工作特色，建立"校""班""舍"三级工作体系，邀请吕霞、邓谨乔两位专家来校作心理辅导报告，举办学生心理状况普查、同心战"疫"网上主题班会等活动，增强师生心理健康意识；在国际禁毒日和世界艾滋病日，联合沂水团县委、沂水县禁毒大队，开展以"疫情防控在前，禁毒使命在肩"为主题的线上线下禁毒宣传教育活动及"以爱防艾·齐心抗毒——走进沂水县禁毒防艾教育基地"活动等提高学生禁毒防艾意识。

【社会服务工作】选派1名同志参加山东省乡村振兴服务队，3名同志参加省四进工作组，2名同志到沂水县妇联、沂水团县委挂职。加强与地方合作，积极推动临沂大学与沂水县建立全面战略合作关系，深入开展社会服务活动。与沂蒙亲情旅游集团签约，成立沂蒙亲情旅游商学院。与山东海纳教育科技有限公司、济南智博教育培训学校、临沂学仕教育信息咨询有限公司、临沂天一专升本教育信息咨询有限公司进行校企合作办学，推动专升本工作健康顺利发展。与文思海辉、蓝海职业学校、北京典蒙教育咨询有限公司临沂分公司、临沂亿康教育咨询有限公司、蓝海集团、新迈尔北京科技有限公司等签订联合办学协议或战略合作协议。举行柘木产业研讨会，北京中医药大学中药学院党委书记刘雯华一行6人来校参加，并开展支部共建活动。

【后勤教辅工作】争取到位社会捐资65万元。对承包期满的食堂、超市等重新招标。新建智能充电车棚2处，建成充电位50个。彻底解决校区职工宿舍区建设历史遗留问题，100余户办理不动产证。协调解决老家属区部分楼顶漏水维修问题。继续推进省委审计组回头看整改工作，完成了校区建成建筑物规划验收测绘工作。以省消防安全专项行动为契机，完成了对建筑物安全、消防设施等的全面排查、整改工作。完成智慧校园一期工程建设，新增监控设施61台，建设监控室，建成校园综合监控管理平台、安全防控云平台。

【招生工作】2020年新生报到1550人，报到率87.6%；与五所中职学校联合培养的初中起点五年制专科700个招生计划招生圆满完成。举办校区专场网络招聘会1场，吸引参会企业120家，提供招聘岗位9198个，毕业生关注5179人次，达成签约、就业意向岗位523个。

供稿人：刘文敏
审核人：李庆波

媒体看临大

2020年媒体看临大

对外宣传紧紧围绕学校党委中心工作和学校发展的新形势、新要求，准确把握新形势下宣传工作的重点和规律，凝心聚力，不断创新，努力构建学校宣传工作新格局。一年来在《光明日报》《中国教育报》《大众日报》《山东教育报》、学习强国、新华社、中国教育新闻网、山东省教育厅新闻网、山东卫视、山东教育电视台、人民网、大众网、齐鲁网等国家和省级主流媒体、平台刊发稿件200余篇。在《临沂日报》《沂蒙晚报》《鲁南商报》、临沂电视台、鲁网、在临沂琅琊新闻网等市级媒体刊发稿件50余篇，大众日报学生记者团落户我校，有效宣传了学校的办学理念、教育质量和发展特色，较好地展示了学校形象，扩大学校知名度和美誉度，营造了良好的外部舆论环境。荣获中国教育报社教育新闻宣传先进单位。

时间	出处	标题
2020-01-08	临沂日报	临沂大学药学院教学实习基地落户漱玉平民大药房
2020-01-08	沂蒙晚报	临大艺术类专业计划招生1135名
2020-01-10	搜狐教育	滨海建国学院旧址正式立碑
2020-01-10	新浪教育	踏寻历史足迹 传承抗大精神——滨海建国学院旧址正式立碑
2020-01-10	齐鲁壹点	临沂大学滨海建国学院旧址正式立碑，被列为市重点抗日战争遗
2020-01-20	中国教育报	临沂大学：助西部学子回家过年
2020-01-29	山东省教育发布	战疫情！临大学子手写祝福，为爱发声！
2020-01-30	学习强国	临沂大学张兴林团队成功研发新型冠状病毒核酸检测试剂盒
2020-01-31	大众网·海报新闻	临沂大学科研团队成功研发3种新型冠状病毒核酸检测试剂盒，即将发往武汉
2020-01-31	山东省教育发布	战疫情！临大科研团队成功研发3种核酸检测试剂盒，即将发往武汉
2020-02-22	学习强国	战"疫"思政，高校辅导员的硬核责任
2020-02-24	山东省教育发布	战疫情！山东高校在行动！（十二）线上开学第一课
2020-02-24	齐鲁网	叮铃铃～临大线上直播课开播啦
2020-02-25	学习强国	开课啦！临沂大学万人同上思政第一课
2020-03-08	山东教育报	临沂大学召开"云端"教代会 五百七十五名代表"隔空相聚"成"群友"
2020-03-09	山东省教育厅	临沂大学：打好新冠病毒攻防战，15分钟内可获得检测结果
2020-03-09	中国教育新闻网	临沂大学：在"隐形战场"打好新冠病毒攻防战15分钟内可获得检测结果
2020-03-18	山东省教育发布	春日里的山东高校这么美！你的母校，花开了（一）
2020-03-23	闪电新闻	高校云赏花｜去临沂大学赴一场春天的约会
2020-03-23	齐鲁网	高校云赏花｜去临沂大学赴一场春天的约会
2020-03-25	山东卫视	校园春花烂漫 一如青春美丽
2020-03-27	山东省教育厅	临沂大学"百日攻坚"行动打好就业战"疫"
2020-03-28	临沂日报	临沂大学又一科技抗疫"利器"智能防疫消毒机器人诞生
2020-03-28	琅琊新闻网	又一抗疫"利器"诞生！临沂大学研发的智能消毒机器人诞生

(续表)

时间	出处	标题
2020-03-29	腾讯网	骄傲！临沂大学研发出"智能防疫机器人"
2020-03-29	闪电新闻	消毒效率是人工10倍！临沂大学成功研发智能防疫机器人
2020-03-30	山东教育报	临沂大学实施"百日攻坚"就业服务行动
2020-03-30	中国教育新闻网	临沂大学：智能防疫喷雾消毒机器人诞生
2020-03-31	齐鲁壹点	云赏花，用镜头带你看临沂大学的花海
2020-03-31	齐鲁壹点	@临沂大学学子：哇，好漂亮啊！母校这么美你知道吗？
2020-03-31	齐鲁壹点	轻风拂面，繁花盛开！春天的临沂大学处处都是风景
2020-04-02	沂蒙晚报	临大："百日攻坚"行动打好就业战役
2020-04-02	临沂日报	省派临沂大学"四进"工作组：小小服务卡，帮扶暖到家
2020-04-07	齐鲁网	临沂大学：四个"强化"实现疫情防控和教育教学双促进
2020-04-07	闪电新闻	临沂大学：四个"强化"实现疫情防控和教育教学双促进
2020-04-07	鲁南商报	临大教授支招："疫"考下，实体书店怎么走？
2020-04-08	学习强国	战"疫"一线｜临沂大学：四个"强化"实现疫情防控和教育教学双促进
2020-04-13	临沂新闻	临大研发智能消毒机器人
2020-04-20	山东教育电视台	临沂大学乡村振兴学院签约暨奠基仪式举行
2020-04-20	齐鲁网	37秒｜山东首个实体建制的乡村振兴学院在临沂蒙阴岱崮镇签约奠基
2020-04-20	鲁网	37秒｜山东首个实体建制的乡村振兴学院在临沂蒙阴岱崮镇签约奠基
2020-04-21	闪电新闻	临沂大学乡村振兴学院在临沂市蒙阴县岱崮镇签约奠基
2020-04-21	临沂市人民政府	临沂大学乡村振兴学院签约奠基
2020-04-21	沂蒙晚报	临大艺术类招生1135名
2020-04-21	临沂日报	临沂大学乡村振兴学院签约奠基
2020-04-21	山东教育新闻网	临沂大学2020年公开招聘69名工作人员
2020-04-23	沂蒙晚报	临大乡村振兴学院落地岱崮
2020-04-23	齐鲁网	世界读书日｜一年阅读500册书，临大阅读之星 书香满屏！
2020-04-26	临沂日报	临沂大学签署智慧能源产业三方战略合作协议
2020-04-26	山东省教育厅	临沂大学新工科服务智慧能源产业发展
2020-04-30	大众日报	丰盈生命的心灵导师——记临沂大学马克思主义学院教师杨志刚博士
2020-05-06	沂蒙晚报	临大开展"硬核"防疫演练
2020-05-06	山东教育发布	临沂大学疫情防控应急处置全景演练来啦！
2020-05-07	教育部	丰盈生命的心灵导师——记临沂大学马克思主义学院教师杨志刚博士
2020-05-07	大众日报	丰盈生命的心灵导师——记临沂大学马克思主义学院教师杨志刚博士
2020-05-07	临沂新闻	临沂大学组织开展春季学期疫情防控应急演练

(续表)

时间	出处	标题
2020-05-09	山东教育卫视	临沂大学组织开展疫情防控应急演练
2020-05-09	学习强国	经验典型 | 临沂大学费县校区：给宅家大学生穿上"思想防护服"
2020-05-11	齐鲁网	提升16名，2020年临沂大学位居中国大学排行榜289位
2020-05-13	沂蒙晚报	2020年临沂大学在中国大学排行榜上升16位
2020-05-13	沂蒙晚报	临沂大学首次入围2019中国高被引学者榜单
2020-05-13	环境与生活	王梁：用智慧描绘美丽乡村未来
2020-05-13	大众日报	开学寄语 | 临沂大学书记、校长：在风雨中成长，在奋斗中圆梦！
2020-05-20	沂蒙晚报	临沂大学今日起分批错时错峰返校复学
2020-05-20	山东教育发布	山东这些高校宣布复学返校时间！（之三）
2020-05-20	在临沂	实时播报 | 初中高中和大学！今天，临沂这些学校开学复课啦！
2020-05-20	大众报业·海报新闻	临沂大学迎来2020年春季学期首批返校学子
2020-05-20	新浪教育	临沂大学迎来2020年春季学期首批返校学子
2020-05-20	山东省教育发布	临沂大学：精心呵护返校学子一路"绿灯"进校园
2020-05-20	闪电新闻	97秒 | 现场！临沂大学2020年春季学期首批学子返校
2020-05-20	齐鲁网	97秒 | 现场！临沂大学2020年春季学期首批学子返校
2020-05-21	沂蒙晚报	临沂大学迎来2020年春季学期首批返校学子
2020-05-21	临沂日报	临沂大学迎来2020年春季学期首批返校学子
2020-05-21	齐鲁网	2020520，临大学子，回家！
2020-05-22	齐鲁网	临沂大学：按下重启键 党委书记王焕良讲授"开学第一课"
2020-05-22	新浪教育	临沂大学：按下重启键 党委书记王焕良讲授"开学第一课"
2020-05-22	在临沂	临沂大学：按下重启键 党委书记王焕良讲授"开学第一课"
2020-05-25	大众日报	临沂大学复学
2020-05-25	学习强国	临沂大学返校学生共上"开学第一课"
2020-06-05	大众网	阔别校园150个日夜的重逢 临沂大学教师私家车接毕业学子返校
2020-06-08	大众网	传媒学院：我来您接，我走您送！老师，谢谢您！
2020-06-10	山东省教育发布	没有毕业照，毕业生泪奔离校！还有这些感人横幅…
2020-06-12	齐鲁网	临沂大学举行建校79周年"云端升旗"仪式
2020-06-14	中国大学生在线	才女宿舍，学霸天团正式出道！
2020-06-15	临沂新闻	资源环境学院副院长（主持）王梁做客《问政临沂》
2020-06-15	山东教育发布	毕业季 | 临大MV云端接唱，此刻《启程》
2020-06-15	山东教育第一媒体	愿每一个启程 都能奔向远方 | 临沂大学毕业季首发MV云端接唱，此刻《启程》
2020-06-15	齐鲁网	5分钟 | 超好听！临沂大学毕业季MV云端接唱临大版《启程》

(续表)

时间	出处	标题
2020-06-16	沂蒙晚报	临沂大学 再现"学霸宿舍"
2020-06-16	沂蒙晚报	100%报研率，100%就业率……临沂大学这个"神仙班级"火了
2020-06-16	中国高校之窗	临沂大学在2020世界大学榜单中提升51位
2020-06-16	海报新闻	临大毕业季MV云端接唱：此刻《启程》特别首发，全程泪目！
2020-06-16	大众网	临大毕业季MV云端接唱：此刻《启程》特别首发，全程泪目！
2020-06-16	学习强国	校园文化｜超好听！临沂大学毕业季MV云端接唱临大版《启程》
2020-06-16	琅琊新闻网	临沂大学再现"学霸宿舍"6名女生全部考上双一流高校研究生
2020-06-16	齐鲁网	临沂大学一女生宿舍6人全部考入双一流高校
2020-06-17	中国高校之窗	临沂大学举行高质量发展座谈会
2020-06-18	大众日报	她赋予思政课爱的内涵
2020-06-18	山东卫视	【一部好片】此刻《启程》云端接唱祝福毕业生
2020-06-20	中国高校之窗	临沂大学2020年普通高等教育招生章程
2020-06-20	齐鲁网	临沂大学举行2020届毕业生毕业典礼暨学位授予仪式
2020-06-20	新浪教育	临沂大学举行2020届毕业生毕业典礼暨学位授予仪式
2020-06-20	大众网	临沂大学举行2020届毕业生毕业典礼暨学位授予仪式
2020-06-24	中国教育报	阳光体育 育阳光青年——临沂大学探索实践"体教融合"促进大学生健康发展
2020-06-26	闪电新闻	云端毕业季｜转身就到散场！临沂大学毕业季主题曲催泪发布
2020-07-01	学习强国	校园文化｜云端毕业季：转身就到散场！临沂大学毕业季主题曲催泪发布
2020-07-01	山东教育卫视	马凤岗接受采访，谈高校绩效工资分配
2020-07-02	在临沂	1个省字号中心落户临沂大学，全省仅3个
2020-07-02	大众网	1个省字号中心落户临大，全省仅3个！
2020-07-02	新浪教育	1省字号中心落户临大！山东省大中小学生红色文化传承研究指导中心落户临沂大学
2020-07-02	山东省教育厅	1个省字号中心落户临大，全省仅3个
2020-07-02	齐鲁网	1个省字号中心落户临沂大学，全省仅3个！
2020-07-02	齐鲁壹点	给力！省大中小学红色文化传承研究指导中心在临沂大学揭牌
2020-07-03	山东卫视	【一部好片】《余香》愿前途似海 来日方长
2020-07-03	沂蒙晚报	省大中小学红色文化传承 研究指导中心落户临大
2020-07-05	齐鲁网	权威发布！临沂大学2020年面向全国25个省（市、自治区）计划招生12 000人
2020-07-06	新浪教育	权威发布！临沂大学2020年面向全国25个省（市、自治区）计划招生12 000人
2020-07-06	齐鲁壹点	权威发布！ 临沂大学今年招生12 000人
2020-07-06	大众网	权威发布‖12 000人，临沂大学2020年招生简章
2020-07-07	大众网	临沂大学物理与电子工程学院祝全体2020年高考生金榜题名

(续表)

时间	出处	标题
2020-07-11	沂蒙晚报	临沂大学 2020 年招生计划来啦！
2020-07-13	大众日报	临沂大学农林科学学院 以"智"为本，助力乡村振兴"强筋壮骨"
2020-07-13	闪电新闻	临沂大学："三监督一强化"助力学校疫情防控
2020-07-20	中国高校之窗	菏泽学院党委书记衣玉琛一行来临沂大学考察
2020-07-21	山东教育发布	招生季 | 临沂大学"拍了拍"你 招生简章了解一下
2020-07-24	中国高校之窗	临沂大学与临沂市人民医院共建创新创业实践基地
2020-07-27	山东教育卫视	大学的扶贫担当：赋能乡村振兴
2020-07-30	山东卫视	临沂大学：国防课堂夯实学子拥军爱国情
2020-08-02	山东新闻联播	庆祝八一建军节：临沂大学 300 多名大学生递交参军入伍登记表
2020-08-04	鲁网	临沂大学召开校史编纂工作推进会
2020-08-05	新浪山东	临沂大学与临沂市共建人才工作创新项目
2020-08-05	光明日报	临沂大学 80 周年校庆公告（第一号）
2020-08-05	山东卫视	临沂大学：产学研结合 赋能乡村振兴
2020-08-10	中国教育报	临沂大学 80 周年校庆公告（第一号）
2020-08-14	中国高校之窗	临沂大学与临沂市共建人才工作创新项目揭牌仪式举行
2020-08-15	中国高校之窗	临沂大学 2020 年第二学士学位招生简章
2020-08-16	大众日报	临沂大学：以理论武装凝聚高质量发展合力
2020-08-19	齐鲁网	临沂大学三个专业投档比均为 100% 美术学类最低分 544.23 分
2020-08-20	齐鲁网	541，超一段线 92 分，临沂大学 2020 年本科录取分数线、投档最低位次出来了
2020-08-25	沂蒙晚报	临沂大学王敏：考研成绩优异圆梦上海
2020-08-25	山东教育发布	叮咚！临沂大学醉美新版通知书上线，展信愉快！
2020-08-25	齐鲁网	叮咚！临沂大学醉美新版通知书上线，展信愉快！
2020-08-28	山东农科电视台	【开学进行时】时隔八个月 临沂大学迎来首批返校学子
2020-08-28	山东生活电视台	时隔 8 个月 临沂大学迎来首批返校学子
2020-08-28	山东农科电视台	【厉行节约 反对浪费】临沂：开学树新风 大学餐厅推出半份菜
2020-08-31	山东教育发布	开学季 | 返校 ing！临沂大学，我们回来啦
2020-09-01	沂蒙晚报	再见你，真好
2020-09-01	沂蒙晚报	我们开学啦！
2020-09-01	中国高校之窗	临沂大学开学第一天：前进的脚步永不停歇
2020-09-02	齐鲁网	临沂大学 2020 年专科录取分数线出炉，录取通知书今日发出！
2020-09-04	大众日报	马克思主义学院院长共话思政课
2020-09-07	新浪山东	临沂大学喜迎 2020 级研究生

(续表)

时间	出处	标题
2020-09-07	齐鲁壹点	老师和志愿者齐上阵！临沂大学2020级研究生报到太暖心
2020-09-10	新浪教育	临沂大学2020年十大最美教师
2020-09-11	中国高校之窗	临沂市委书记王安德来临沂大学调研并走访慰问一线教师
2020-09-11	爱临沂	王安德到临沂大学调研：深化产教融合 实现高校和地方共赢发展
2020-09-11	临沂市人民政府	王安德到临沂大学调研时强调：深化产教融合 强化校企合作 努力实现高校和地方共赢发展
2020-09-12	大众网	市委书记王安德到临沂大学调研并走访慰问一线教师
2020-09-12	齐鲁壹点	临沂大学即将迎来12475名新学子！快来看看录取线是多少
2020-09-12	大众网	12475，开门红，临沂大学2020级小萌新！
2020-09-12	海报新闻	12475，开门红，临沂大学2020级小萌新！
2020-09-16	山东教育卫视	临沂大学：让每一个学生都成为普通话的推广
2020-09-16	CCTV	《翰墨戏韵》20200916 苏士澍到临沂大学调研
2020-09-16	新浪教育	临沂大学发布2021年硕士研究生招生简章
2020-09-19	齐鲁壹点	今起秉持临大人的风骨，书写无悔的青春华章
2020-09-20	齐鲁壹点	小萌新为美丽校园注入活力！临沂大学迎来12000余名新生报到
2020-09-21	中国教育之窗	临沂大学喜迎2020级新生
2020-09-22	中国教育之窗	临沂大学喜获全国高校心理情景剧百佳奖
2020-09-23	临沂日报	临沂大学迎来12 475名"小萌新"
2020-09-25	临沂日报	山东省高等教育管理科学研究会2020年学术年会在临沂大学开幕
2020-09-25	琅琊新闻网	山东省高等教育管理科学研究会2020年学术年会开幕式举行
2020-09-28	中国高校之窗	山东省高校教育管理科学研究会2020年学术会年在临沂大学举行
2020-09-28	中国高校之窗	临沂大学美术学院老三届作品汇报展开幕
2020-09-29	临沂新闻	山东省高等教育管理科学研究会2020年学术年会开幕式举行(9.24)
2020-09-29	山东教育卫视	山东省高等教育管理科学研究会2020年学术年会在临沂大学举行
2020-10-04	山东教育发布	临大：两周军训，一辈子的回忆！
2020-10-05	闪电新闻	35秒 | 超燃！临沂大学2020新生军训方阵组字表白祖国
2020-10-07	临沂新闻	临沂大学举行2020级新生开学典礼暨军训总结表彰大会
2020-10-09	山东省教育厅	临沂大学高标准高质量做好大学生征兵工作
2020-10-12	山东教育报	蒙山沂水千万重 千家万户语音通——临沂大学"推普下乡，助力脱贫"实践活动纪实
2020-10-14	学习强国	"五支队伍"进高校 | 心中有信仰 脚下有力量——"五支队伍"进校园推动学校思政课建设宣讲志愿服务活动走进临沂大学
2020-10-16	山东教育卫视	"全面建成小康社会与巩固脱贫成果机制研讨会"在临沂大学举办
2020-10-19	山东教育发布	深化新时代教育评价改革 | 方案出台，老师，同学这样说！
2020-10-21	临沂日报	临沂大学主办2020年全国大众创业万众创新活动周山东分会场

(续表)

时间	出处	标题
2020-10-26	大众网	留住最美瞬间！临大传媒学院开展社区"双报到"活动
2020-11-05	山东教育发布	高质量发展·访谈录｜王焕良：深化城校融合，助推地方新旧动能转换
2020-11-05	大众日报	系列海报｜以梦为马，不负韶华！我在临大等你……
2020-11-05	大众日报	高质量发展典型案例｜临沂大学：与城市共生共荣 同频共振谋发展
2020-11-05	大众日报	会客厅·书记校长访谈录｜王焕良：深化城校融合，助推地方新旧动能转换
2020-11-06	大众日报	高质量发展看山东·高校行｜大学校园里"养羊"，这位"羊教授"想干啥？
2020-11-06	大众日报	高质量发展看山东·高校行｜黄豆如何变黄金？"教授博士下沂蒙"给出答案
2020-11-06	大众日报	高质量发展看山东·高校行｜革命老区大学如何上好沂蒙精神通识课？
2020-11-06	大众日报	高质量发展看山东·高校行｜临沂大学独一无二的气质是怎么炼成的
2020-11-06	山东省教育厅	临沂大学深化城校融合 推动高质量发展
2020-11-07	大众日报	临沂大学党委书记王焕良：深化城校融合，助推地方新旧动能转换
2020-11-10	中国高校之窗	山东省委决定：张书圣同志任临沂大学党委副书记、校长
2020-11-11	中国高校之窗	临沂大学7项成果获评山东省优秀共享课程和优秀教学案例
2020-11-11	光明网	山东又一大学迎来新校长！
2020-11-13	中国高校之窗	临沂大学地理科学师范类专业顺利完成教育部师范类专业认证专家组现场考察工作
2020-11-13	中国高校之窗	临沂大学学子在第八届山东省师范类高校学生从业技能大赛中再获佳绩
2020-11-16	中国高校之窗	山东省会计学会会计教育专业委员会2020年年会在临沂大学召开
2020-11-16	海报新闻	临沂大学历史文化学院"主题党日"助力"乡村红色文化振兴"
2020-11-18	齐鲁网	临沂大学2021年公开招聘高层次人才
2020-11-18	海报新闻	临沂大学2021年公开招聘高层次人才
2020-11-18	大众网	临沂大学2021年公开招聘高层次人才
2020-11-20	大众日报	弘扬沂蒙精神，谱写新时代党群关系新篇章
2020-11-20	新华社	五中全会精神在基层｜逐梦扬帆 奋斗有我——临沂大学青年学子践行五中全会精神
2020-11-20	山东教育发布	扬帆起航 奋斗有我——临沂大学青年学子践行五中全会精神
2020-11-23	中国高校之窗	临沂大学获第四届中华职业教育创新创业大赛全国现场总决赛第一名
2020-11-23	临沂日报	学习贯彻党的十九届五中全会精神 在深化城校融合中推动高质量发展
2020-11-23	凤凰新闻	临沂大学参加第四届中华职业教育创新创业大赛喜获金奖
2020-11-24	中国高校之窗	临沂大学与古巴比那尔德里奥大学签署合作协议
2020-11-24	山东省教育厅	临沂大学"三个坚持"助推教师教育高质量发展
2020-11-24	齐鲁网	38秒｜第五届"三山一坡"高校联盟弘扬革命精神研讨会在临沂大学召开
2020-11-24	闪电新闻	38秒｜第五届"三山一坡"高校联盟弘扬革命精神研讨会在临沂大学召开
2020-11-25	新浪山东	第五届"三山一坡"高校联盟弘扬革命精神研讨会在临沂大学举行

(续表)

时间	出处	标题
2020-11-25	齐鲁壹点	共议弘扬革命精神！"三山一坡"高校联盟再聚临沂大学
2020-11-25	大众网临沂	第五届"三山一坡"高校联盟弘扬革命精神研讨会在临沂大学举行
2020-11-25	海报新闻	第五届"三山一坡"高校联盟弘扬革命精神研讨会在临沂大学举行
2020-11-25	中国文明网	"三山一坡"再聚首 共议"弘扬革命精神"
2020-11-25	山东教育发布	在临沂大学，除了撸猫，还能撸到小羊
2020-11-26	临沂新闻	第五届"三山一坡"高校联盟弘扬革命精神研讨会举行
2020-11-27	山东教育卫视	临沂大学与古巴比那尔德里奥大学签署合作协议
2020-11-27	山东教育卫视	第五届"三山一坡"高校联盟弘扬革命精神研讨会在临沂大学举行
2020-11-27	山东卫视	第五届"三山一坡"高校联盟弘扬革命精神研讨会在临沂召开
2020-11-27	光明日报	"三山一坡"再聚首 共议"弘扬革命精神"
2020-12-01	山东教育卫视	临沂大学与马来西亚新纪元大学学院联合培养博士班开班
2020-12-08	中国教育报	临沂大学为沂蒙山区乡村振兴提供智力支持
2020-12-10	新浪山东	2020年度山东教育盛典荣耀榜单盛大发布 临沂大学荣获多项荣誉
2020-12-15	大众网	临沂大学传媒学院党员教师赴临沭县曹庄镇朱村参观学习
2020-12-15	鲁网	临沂大学马克思主义学院教授，硕士研究生导师孙海英：培育具有沂蒙精神特质的新时代大学生
2020-12-17	大众网	临沂大学与沂南县人民政府共建短视频与网络直播基地
2020-12-19	大众网	临沂大学历史文化学院第一届理事会第四次会议暨溯园读书会开幕
2020-12-20	山东教育新闻	临大学子：双创教育 让学生手握出彩"金钥匙"
2020-12-21	山东教育卫视	临沂大学：双创教育 让学生手握出彩"金钥匙"
2020-12-22	山东新闻联播	省领导到各地各单位宣讲党的十九届五中全会精神
2020-12-22	大众日报	写给5年后的我·临沂大学记者团 | 五年之约，静等花开
2020-12-23	鲁网	临沂大学开展"沂蒙关爱行动——助西部学子回家过年"捐助活动
2020-12-24	新浪山东	"沂蒙关爱行动——助西部学子回家过年"捐助活动在临沂大学开展
2020-12-24	齐鲁壹点	助西部学子回家过年！临沂大学这个关爱活动暖意浓
2020-12-24	齐鲁网	沂蒙关爱行动助力临沂大学100名西部学子回家过年
2020-12-25	大众网	"沂蒙关爱行动——助西部学子回家过年"捐助活动在临沂大学开展
2020-12-25	山东教育新闻网	高质量发展论坛 | 王焕良：实施城校深度融合 推动区域综合性大学高质量发展
2020-12-28	山东教育卫视	临沂大学开展"沂蒙关爱行动——助西部学子回家过年"捐助活动
2020-12-30	学习强国	临沂大学2021新年音乐会
2020-12-30	琅琊新闻网	精彩花絮|临沂大学新年音乐会盛装来袭
2020-12-30	大众网	临沂大学举办2021新年音乐会——大型民族管弦乐《沂蒙史诗》
2020-12-30	齐鲁壹点	临沂大学新年音乐会精彩上演，8个乐章"红透"舞台

(续表)

时间	出处	标题
2020-12-30	大众网临沂	临沂大学举办2021新年音乐会—大型民族管弦乐《沂蒙史诗》
2020-12-31	学习强国	山东相册丨临沂大学新年音乐会——《沂蒙史诗》：一场震撼心灵的"红色"视听盛宴

表彰与奖励

学校和教职工 2020 年获国家（部）、省（厅）及校级以上荣誉奖励名录

序号	获奖单位	获奖人员	奖项名称	授奖单位	获奖时间
1	临沂大学	张贵彬	中国职业安全健康协会科学技术奖三等奖	中国职业安全健康协会	2020
2	教育学院	薄存旭	山东省第34届社会科学优秀成果奖二等奖	省社科联	2020
3	社科处	卢中华	山东省第34届社会科学优秀成果奖二等奖	省社科联	2020
4	社会服务处	魏可媛 赵勇	山东省第34届社会科学优秀成果奖二等奖	省社科联	2020
5	社科处	李中国	山东省第34届社会科学优秀成果奖三等奖	省社科联	2020
6	马克思主义学院	张立梅	山东省第34届社会科学优秀成果奖三等奖	省社科联	2020
7	马克思主义学院	苑朋欣	山东省第34届社会科学优秀成果奖三等奖	省社科联	2020
8	教育学院	张朝珍	山东省第34届社会科学优秀成果奖三等奖	省社科联	2020
9	教育学院	张世爱	山东省第34届社会科学优秀成果奖三等奖	省社科联	2020
10	法学院	杨超	山东省第34届社会科学优秀成果奖三等奖	省社科联	2020
11	教育学院	薄存旭	山东省社会科学优秀成果奖二等奖	山东省社会科学优秀成果奖评选委员会	2020
12	教育学院	魏可媛 赵勇	山东省社会科学优秀成果奖二等奖	山东省社会科学优秀成果奖评选委员会	2020
13	教育学院	张朝珍	山东省社会科学优秀成果奖三等奖	山东省社会科学优秀成果奖评选委员会	2020
14	教育学院	张世爱	山东省社会科学优秀成果奖三等奖	山东省社会科学优秀成果奖评选委员会	2020
15	教育学院	李中国	山东省社会科学优秀成果奖三等奖	山东省社会科学优秀成果奖评选委员会	2020
16	费县校区	张茂坤	山东省大学生合唱比赛甲组二等奖 指导老师	山东省教育厅	2020
17	费县校区	张茂坤	山东省大学生合唱比赛优秀教学实践成果奖	山东省教育厅	2020
18	费县校区	刘潇	山东省大学生合唱比赛甲组二等奖 指导老师	山东省教育厅	2020

(续表)

序号	获奖单位	获奖人员	奖项名称	授奖单位	获奖时间
19	费县校区	刘潇	山东省大学生合唱比赛优秀教学实践成果奖	山东省教育厅	2020
20	传媒学院	武斌	第八届全国高校数字艺术设计大赛优秀指导教师奖	工业和信息化部人才交流中心	2020.01
21	美术学院	刘峰	《白沙阳光》入选"大美罗帅"全国画家走进海南罗帅美术展	海南省青年美术家协会	2020.01
22	商学院	何洲娥	省级一流课程	山东省教育厅	2020.01
23	音乐学院	音乐学院	2019"新生力量"山东省大学生合唱艺术节，省部级优秀组织奖	中共山东省委宣传部、中共山东省委教育工委、共青团山东省委	2020.01
24	音乐学院	李宁	山东省第六届大学生艺术展演优秀指导教师 获一等奖	中共山东省委高校工委、山东省教育厅	2020.01
25	音乐学院	李梦婷	2019年"新声力量"山东省大学生合唱艺术节一等奖，优秀实践教学成果奖，优秀伴奏奖	山东省教育厅	2020.01
26	临沂大学	王秀庭	山东省第五批齐鲁文化英才	中共山东省委宣传部、中共山东省委组织部、山东省人力资源和社会保障厅	2020.02
27	传媒学院	王越	《CIS策划与设计》山东省线上线下混合式一流课程	山东省教育厅	2020.03
28	临沂大学	王晓凌	2019年度山东省纪检监察系统监督检查类"专业比武能手"	中共山东省纪委办公厅	2020.03
29	临沂大学	韩勇	2019年度山东省纪检监察系统综合业务类"专业比武能手"	中共山东省纪委办公厅	2020.03
30	学生工作部（处）（武装部）	徐秀梅	山东省暑期"三下乡"社会实践优秀指导老师	中共山东省委宣传部、山东省文明办、山东省教育厅	2020.04
31	学生工作部（处）（武装部）	学生工作部（处）（武装部）	山东省暑期"三下乡"社会实践优秀指导老师	中共山东省委宣传部、山东省文明办、山东省教育厅	2020.04
32	临沂大学团委	刘丽萍	寻找青年"政治佳"十佳优秀思政课	山东省教育厅、共青团山东省委	2020.04
33	临沂大学团委	刘丽萍	2019年山东省"三下乡"暑期社会实践优秀指导教师	中共山东省委宣传部；山东省文明办；山东省教育厅；共青团山东省委；山东省学生联合会	2020.04
34	教育学院	傅春长	山东省大中专学生志愿者暑期"三下乡"社会实践活动优秀指导教师	山东省委高校工委	2020.04
35	教育学院	胡秀俊	山东省大中专学生志愿者暑期"三下乡"社会实践优秀指导者	山东省委宣传部、山东省委高校工委、山东省教育厅等	2020.04
36	临沂大学	李丹	山东省暑期"三下乡"优秀指导教师	山东省委宣传部、山东省教育厅	2020.04
37	临沂大学	陈士强	2019年山东省大中专学生志愿者暑期"三下乡"社会实践活动 优秀指导教师	山东省教育厅等	2020.04

(续表)

序号	获奖单位	获奖人员	奖项名称	授奖单位	获奖时间
38	美术学院	张娉	"三下乡"社会实践优秀指导教师	中共山东省委宣传部、山东省文明办、山东省教育厅（省委教育工委）、共青团山东省委、山东省学生联合会	2020.04
39	资源环境学院	李学坤	山东省大中专学生志愿者暑期"三下乡"社会实践活动优秀指导教师	中共山东省委宣传部、山东省文明办、山东省教育厅（省委教育工委）、共青团山东省委、山东省学生联合会	2020.04
40	自动化与电气工程学院	高艳艳	山东省大中专学生志愿者暑期"三下乡"社会实践活动优秀指导教师	中共山东省委宣传部、山东省文明办、山东省教育厅（省委教育工委）、共青团山东省委、山东省学生联合会	2020.04
41	音乐学院	王开祥	山东省第六届"超星杯"高校教师教学比赛（信息化教学比赛）三等奖	山东省教育厅	2020.04
42	临沂大学	凌春华	2019年山东省暑期"三下乡"社会实践优秀指导教师	共青团山东省委	2020.04
43	临沂大学		山东省大学生征兵工作先进单位	山东省人民政府征兵办公室　山东省教育厅	2020.05
44	临沂大学	王晓林	山东省大学生征兵工作先进个人	山东省人民政府征兵办公室　山东省教育厅	2020.05
45	美术学院	张娉	入围"多彩2020"全国女画家作品展	山东省美术家协会、济南市美术馆、山东省女书画家协会	2020.05
46	资源环境学院	苗晓东	2019年中国高倍引学者	Elsevier	2020.05
47	临沂大学	房霞	山东高校校报2019年好新闻奖消息类一等奖	山东高校校报研究会	2020.05
48	临沂大学	房霞	山东高校校报2019年好新闻奖通讯类一等奖	山东高校校报研究会	2020.05
49	统战部	禹香兰	山东省民族团结进步模范个人	山东省人民政府	2020.06
50	教育学院	胡秀俊	全省高校辅导员2019年度优秀工作案例二等奖	中共山东省委教育工委	2020.06
51	美术学院	汤亚丽	山东省艺术科学重点课题山东省艺术教育专项课题优秀成果奖三等奖	山东省文化厅	2020.06
52	音乐学院	彭善霞	2020年山东省青少年素质教育成果电视展播	山东省关心下一代工作委员会	2020.06
53	临沂大学财务处	田芳	中国教育会计学会普通课题优秀奖	中国教育会计学会	2020.07
54	临沂大学财务处	胡顺超	中国教育会计学会普通课题优秀奖	中国教育会计学会	2020.07

(续表)

序号	获奖单位	获奖人员	奖项名称	授奖单位	获奖时间
55	财务处	陈卫东	中国教育会计学会普通课题三等奖	中国教育会计学会	2020.07
56	传媒学院	陈蔚	《抵达》获首届吴伯箫散文奖全国散文新作品大赛活动一等奖	山东省散文学会 济南市吴伯箫研究会	2020.08
57	美术学院	尤丽娜	山东省第七届"超星杯"高校青年教师教学比赛	山东省教育厅	2020.08
58	音乐学院	彭善霞	第四届青少年民族器乐大赛 优秀辅导教师	临沂市音乐家协会	2020.08
59	临沂大学(第一单位) 青岛大学	张书圣 毕赛 周宏 刘静 张怀荣	山东省自然科学二等奖	山东省人民政府	2020.09
60	临沂大学团委	刘丽萍	第十二届"挑战杯"山东省大学生创业计划竞赛"优秀指导教师"	共青团山东省委、山东省教育厅、山东省科学技术协会、山东省学生联合会	2020.09
61	临沂大学团委	刘丽萍	山东高校优秀辅导员	山东省委教育工委、山东省教育厅	2020.09
62	临沂大学	李法强	山东省第五届创业大赛 创新组一等奖	山东省创业大赛组委会(山东省人厅部、发改委、工信厅、科技厅等十二个部门)	2020.09
63	传媒学院	王越	山东省高等学校课程联盟优秀教学案例一等奖	山东省教育厅	2020.09
64	临沂大学	彭洪君	山东省十大创业导师	山东省人社厅	2020.09
65	沂水校区	崔文强	第十二届山东省大学生科技节优秀指导教师	山东省教育厅	2020.09
66	沂水校区	李军	第十二届山东省大学生科技节优秀指导教师	山东省教育厅	2020.09
67	沂水校区	袁春雨	第十二届山东省大学生科技节优秀指导教师	山东省教育厅	2020.09
68	音乐学院	彭善霞	2020年齐鲁器乐大赛 优秀指导教师	山东省音乐家协会	2020.09
69	马克思主义学院	孙海英	"山东学校优秀思政课教师"	中共山东省委、教育工委、山东省教育厅	2020.09
70	临沂大学	谢成才	教育部推普脱贫优秀案例	教育部	2020.09
71	临沂大学	李中国	山东省社会科学优秀成果三等奖	山东省社会科学优秀成果奖评选委员会	2020.10
72	美术学院	杨树国	山东省第七届社科界人文艺术作品大赛美术类入围奖	山东省社会科学界联合会 山东省文学艺术界联合会	2020.10

(续表)

序号	获奖单位	获奖人员	奖项名称	授奖单位	获奖时间
73	美术学院	汤亚丽	2020年全国大学生第九届海洋文化创意设计大赛银奖指导老师	自然资源部宣传教育中心、中国海洋大学、中国海洋发展基金会、自然资源部北海局	2020.10
74	美术学院	高文兵	山东省第二届综合绘画青年提名展	山东省美术家协会	2020.10
75	美术学院	高文兵	第四届全国大学生网络文化节指导教师	教育部思想政治工作司中央网信办社会工作局	2020.10
76	临沂大学	张兴林	淮海科学技术奖科技英才奖	淮海科学技术奖委员会	2020.10
77	沂水校区	刘中华	全国大学生数学建模竞赛山东赛区一等奖	中国工业与应用数学学会、山东省教育厅高等教育处、全国大学生数学建模竞赛山东赛区组委会	2020.10
78	沂水校区	于然秀	第十二届山东省大学生科技节优秀指导教师	山东省教育厅	2020.10
79	沂水校区	于然秀	第十六届全国职业院校沙盘模拟经营大赛山东省赛二等奖指导教师	中国高等教育学会高等财经教育分会	2020.10
80	马克思主义学院	苑朋欣	山东省第34届社会科学优秀成果奖三等奖	山东省社科联	2020.10
81	临沂大学	宣传部	2020年度高校教育新闻宣传先进单位	中国教育报期刊社	2020.10
82	临沂大学	马勇	第九届山东省大学生化工过程实验技能竞赛优秀指导教师	山东省科学技术委员会、山东省教育厅、共青团山东省委、山东省发展和改革委员会、山东省经济和信息化委员会、山东省人力资源和社会保障厅	2020.10
83	临沂大学	牟善良	第九届山东省大学生化工过程实验技能竞赛优秀指导教师	山东省科学技术委员会、山东省教育厅、共青团山东省委、山东省发展和改革委员会、山东省经济和信息化委员会、山东省人力资源和社会保障厅	2020.10
84	资源环境学院	刘磊	2020年山东省大中专志愿者暑期"三下乡"社会实践优秀指导教师	山东省委宣传部、共青团省委	2020.11
85	临沂大学团委	王亚超	2020年山东省暑期"三下乡"社会实践活动优秀指导教师	中共山东省委宣传部、山东省文明办、中共山东省委高校工委、共青团山东省委、山东省教育厅和山东省学生联合会	2020.11
86	教育学院	王玉秋	第八届山东省师范生从业技能大赛优秀辅导教师一等奖	山东省教育厅	2020.11
87	教育学院	初铭铜	第八届山东省高校师范类专业学生从业技能大赛二等奖	山东省教育厅	2020.11

(续表)

序号	获奖单位	获奖人员	奖项名称	授奖单位	获奖时间
88	教育学院	胡秀俊	省属高校学习贯彻党的十九届五中全会精神宣讲团专家	中共山东省委教育工委	2020.11
89	临沂大学	李法强	第四届中国创翼创新创业大赛创翼之星奖	人力资源和社会保障部全国人才流动中心第四届中国创翼创新创业大赛组委会	2020.11
90	临沂大学	李因文	第九届山东省大学生化工过程实验技能竞赛优秀指导教师优秀指导教师	山东省科学技术协会、山东省教育厅、共青团山东省委员会、山东省发展和改革委员会、山东省经济和信息化委员会和山东省人力资源和社会保障厅	2020.11
91	临沂大学	彭洪君	中国职业教育创新创业大赛全国金奖	中华职教社	2020.11
92	临沂大学商学院	何洲娥	国家级一流课程	教育部	2020.11
93	沂水校区	朱敬华	第十一届山东省大学生数学竞赛优秀指导教师	山东省教育厅	2020.11
94	马克思主义学院	孙海英	"山东省三八红旗手"	山东省妇联	2020.11
95	学生工作部（处）（武装部）	潘伟	2020年度山东广播电视台优秀融媒体通讯员	山东广播电视融媒体资讯中心	2020.12
96	物理与电子工程学院	王涛	2018—2022年教育部高等学校工程图学课程教学指导分委员会华东地区工作委员会委员	教育部高等学校工程图学课程教学指导分委员会	2020.12
97	统战部	张弛	2020年度反映社情民意信息工作突出贡献奖	民盟山东省委	2020.12
98	美术学院	曹彦明	山东省第六届大学生艺术展演优秀实践教学成果奖一等奖1项、三等奖1项	山东省教育厅	2020.12
99	教育学院	王玉秋	2020年度山东省高校人文社会科学优秀成果一等奖	山东省教育厅	2020.12
100	临沂大学财务处		山东省教育会计学会先进集体	山东省教育会计学会	2020.12
101	临沂大学审计处	王诗梦	山东省教育审计学会优秀信息员	山东省教育审计学会	2020.12
102	临沂大学财务处	胡顺超	山东省教育会计学会先进个人	山东省教育会计学会	2020.12
103	临沂大学财务处	朱春晓	山东省教育会计学会先进个人	山东省教育会计学会	2020.12
104	临沂大学财务处	陈艳丽	山东省教育会计学会优秀信息员	山东省教育会计学会	2020.12

(续表)

序号	获奖单位	获奖人员	奖项名称	授奖单位	获奖时间
105	创新创业学院	李焕	2020年山东省暑期"三下乡"社会实践优秀指导教师	共青团山东省委	2020.12
106	临沂大学	李中国	山东省高等学校优秀科研成果奖一等奖	山东省教育厅	2020.12
107	美术学院	张娉	同源——第二届中国画作品展入会资格	中国美术家协会	2020.12
108	临沂大学	张兴林	国务院特殊津贴	中华人民共和国人力资源和社会保障部	2020.12
109	临沂大学	张兴林	山东省优秀科技工作者	山东省人力资源和社会保障厅、山东省科学技术协会	2020.12
110	临沂大学审计处	滕秀永	2020年度全省教育审计先进工作者	山东省教育审计学会	2020.12
111	临沂大学审计处		2020年度山东省教育审计先进集体	山东省教育审计学会	2020.12
112	图书馆	鲁思爱	第二届全国"图书馆杯"主题图像创意设计星级设计奖	中国图书馆学会	2020.12
113	物流学院	董占峰	大学生暑期社会实践先进个人	共青团省委	2020.12
114	临沂大学	郭绍芬 郑亚琴 冯尚彩 王慧 丁文静 付晓 史晓委 况鹏群 庞朝征	金银花产业化开发关键技术创新及应用,山东省科技进步二等奖	山东省人民政府	2020.12
115	音乐学院	闫妍 薛一凡 王德聪	山东省大学生艺术展演《创沂蒙·柳琴戏艺术实践工作坊》	山东省教育厅	2020.12
116	音乐学院	刁金玲 李虹庆	山东省大学生艺术展演二等奖群舞作品《红船》	山东省教育厅	2020.12
117	音乐学院	音乐学院	山东省第六届大学生艺术展演活动优秀组织奖	山东省教育厅	2020.12
118	音乐学院	陈建国 蔡明君 辛潇轩	山东省第六届大学生艺术展演活动优秀创作奖,器乐类一等奖《铁血丰碑》	山东省教育厅	2020.12
119	音乐学院	李宁 马元龙	山东省第六届大学生艺术展演活动优秀创作奖,戏剧朗诵一等奖《战火硝烟》	山东省教育厅	2020.12
120	音乐学院	苏恩华 刘丹琦	山东省第六届大学生艺术展演活动艺术表演奖(合唱)一等奖《舍得舍不得》	山东省教育厅	2020.12

(续表)

序号	获奖单位	获奖人员	奖项名称	授奖单位	获奖时间
121	音乐学院	李芳琴 王秀庭 朱树龙	山东省第六届大学生艺术展演活动戏剧朗诵一等奖《走娘家》	山东省教育厅	2020.12
122	音乐学院	刘丹琦 苏恩华	山东省第六届大学生艺术展演活动艺术表演奖（合唱）一等奖《那是一个谁》	山东省教育厅	2020.12
123	音乐学院	蔡明君	山东省第六届大学生艺术展演活动器乐类二等奖《龙腾虎跃》	山东省教育厅	2020.12
124	音乐学院	辛潇轩	第六届山东省大学生艺术展演一等奖	山东省教育厅	2020.12
125	临沂大学	音乐学院	山东省第六届大学生艺术展演活动优秀案例奖一等奖《临沂大学中华优秀传统文化（柳琴戏）传承与美育育人实践》	山东省教育厅	2020.12
126	马克思主义学院	张玲	首届全省学校思想政治理论课教学比赛一等奖	山东省教育厅	2020.12
127	马克思主义学院	王淑彩	首届全省学校思想政治理论课教学比赛二等奖	山东省教育厅	2020.12
128	安全保卫处		山东省首届"抵制传销 净化校园"文化作品征集活动优秀组织奖	山东省市场监督管理局、山东省教育厅、山东省公安厅	2020.12
129	临沂大学	宣传部	2020年度山东最具影响力高校政务新媒体榜	山东省互联网传媒集团	2020.12

2020年学生获校级及以上表彰奖励登名册

获奖名称号	数量（人次）	备注
国家奖学金	57	《关于表彰2019-2020学年奖助学金获得者的决定》临大校发〔2020〕28号
国家励志奖学金	1197	《关于表彰2019-2020学年奖助学金获得者的决定》临大校发〔2020〕28号
省政府奖学金	58	《关于表彰2019-2020学年奖助学金获得者的决定》临大校发〔2020〕28号
省政府励志奖学金	147	《关于表彰2019-2020学年奖助学金获得者的决定》临大校发〔2020〕28号
新疆西藏和青海海北籍少数民族大学生省政府励志奖学金	5	《关于表彰2019-2020学年奖助学金获得者的决定》临大校发〔2020〕28号
国家助学金	5157	《关于表彰2019-2020学年奖助学金获得者的决定》临大校发〔2020〕28号
学业奖学金	8837	《关于表彰2019-2020学年奖助学金获得者的决定》临大校发〔2020〕28号
出国（境）访学奖学金	21	《关于表彰2019-2020学年奖助学金获得者的决定》临大校发〔2020〕28号

(续表)

获奖名称号	数量（人次）	备　　注
国（境）外留学生奖学金	9	《关于表彰2019-2020学年奖助学金获得者的决定》临大校发〔2020〕28号
创新创业奖学金	1620	《关于表彰2019-2020学年奖助学金获得者的决定》临大校发〔2020〕28号
长河慈善助学金	50	《关于表彰2019-2020学年奖助学金获得者的决定》临大校发〔2020〕28号
建诚助学金	50	《关于表彰2019-2020学年奖助学金获得者的决定》临大校发〔2020〕28号
希望工程山东移动奖学金	120	《关于表彰2019-2020学年奖助学金获得者的决定》临大校发〔2020〕28号
"沂蒙关爱行动"送西部大学生回家过年助学金	100	《关于表彰2019-2020学年奖助学金获得者的决定》临大校发〔2020〕28号
"学习之星"奖学金	80	《关于表彰2019-2020学年奖助学金获得者的决定》临大校发〔2020〕28号
瀚文奖学金	111	《关于表彰2019-2020学年奖助学金获得者的决定》临大校发〔2020〕28号
罗客教育国（境）外交流奖学金	3	《关于表彰2019-2020学年奖助学金获得者的决定》临大校发〔2020〕28号
盘古优秀学生奖助学金	10	《关于表彰2019-2020学年奖助学金获得者的决定》临大校发〔2020〕28号
山东省高等学校优秀学生	39	《山东省教育厅关于公布2019年度高等学校优秀学生、优秀学生干部和先进班集体评选结果的通知》鲁教学字〔2020〕8号
山东省高等学校优秀学生干部	21	《山东省教育厅关于公布2019年度高等学校优秀学生、优秀学生干部和先进班集体评选结果的通知》鲁教学字〔2020〕8号
山东省高等学校先进班集体	10	《山东省教育厅关于公布2019年度高等学校优秀学生、优秀学生干部和先进班集体评选结果的通知》鲁教学字〔2020〕8号
校级优秀学生	1336	《临沂大学关于表彰2019-2020学年优秀学生、优秀学生干部和先进班集体的决定》临大校发〔2020〕27号
校级优秀学生干部	775	《临沂大学关于表彰2019-2020学年优秀学生、优秀学生干部和先进班集体的决定》临大校发〔2020〕27号
校级先进班集体	79	《临沂大学关于表彰2019-2020学年优秀学生、优秀学生干部和先进班集体的决定》临大校发〔2020〕27号
省级优秀毕业生（师范类）	126	《2020届山东省高校师范类优秀毕业生名单公示》鲁教学函〔2019〕12号
省级优秀毕业生（非师范类）	449	学校通过"山东高校毕业生就业信息网"上报名单
校级优秀毕业生	1150	《临沂大学关于表彰2020届优秀毕业生的决定》（临大校发〔2020〕15号）

2020年校级以上团学活动比赛获奖情况

历史文化学院

1. 比赛名称：山东省大中专志愿者暑期"三下乡"社会实践优秀个人

主办单位：团省委、省学联、省委宣传部、省文明办、省委高校工委、省教育厅

优秀学生　张雨馨

优秀个人　李　月

2. 比赛名称：山东省优秀共青团员

主办单位：团省委

优秀共青团员　李月

3. 比赛名称：2020年全国大学生组织管理能力大赛

主办单位：中国人生科学学会创新教育专业委员会

二等奖　于梦雪

二等奖　谭慧娟

4. 比赛名称：全国大学生职业发展大赛

主办单位：中国信息协会信息化发展研究院

二等奖　于梦雪

5. 比赛名称：第四届全国大学生环保知识竞赛

主办单位：中国生物多样性保护与绿色发展基金会、四川省生态文明促进会

优秀奖 张天姿

优秀奖 谭慧娟

6. 比赛名称：临沂市第八届"带着家乡历史上大学"公益实践活动

主办单位：临沂市文化和旅游局、临沂市教育局、共青团临沂市委

优秀志愿者 张天姿

7. 比赛名称：铁路春运志愿服务工作

主办单位：临沂市交通运输局

优秀志愿者 张天姿

8. 比赛名称：第五届全国大学生预防艾滋病知识竞赛

主办单位：中国预防性病艾滋病基金会

优秀奖 孙英硕

优秀奖 王岚

优秀奖 杨家欣

优秀奖 孙昱

优秀奖 高丽君

9. 比赛名称：全国大学生健康生活知识竞赛

主办单位：知了竞赛、SKG未来穿戴

特等奖 童奕颖

10. 比赛名称：第二届全国大学生文学知识竞赛

主办单位：知了竞赛、飞蚂蚁、全国各高校学生会社团

优秀奖 童奕颖

优秀奖 杨家欣

11. 比赛名称：2020英语批改网百万同题

主办单位：国家语委语言智能研究中心、全国高等学校大学外语教学研究会、中国高校英语写作教学联盟

优秀作品奖 童奕颖

优秀作品奖 孙昱

优秀作品奖 王亚楠

优秀作品奖 杨家欣

优秀作品奖 高丽君

优秀作品奖 杨露

优秀作品奖 蔡元元

优秀作品奖 周梦丽

优秀作品奖 谭慧娟

12. 比赛名称：教育杯英语作文写作

主办单位：山东省翻译协会、山东省教育出版社、山东高校联盟会、山东省新时代教育研究院、中科赋华教育公司、山东智慧译百信息技术有限公司

写作优秀奖 王亚楠

三等奖 王亚妮

13. 比赛名称：第四届普译奖全国大学生翻译比赛

主办单位：《海外英语》杂志

三等奖 伏文博

14. 比赛名称：全国大学生旧物利用知识竞赛

主办单位：锐思校园、飞蚂蚁

二等奖 谭慧娟

15. 比赛名称：全国大学生国家安全教育知识竞赛

主办单位：山东省学校安全研究与教育基地、山东省高等学校安全保卫协会

竞赛证书 谭慧娟

16. 比赛名称："批改网杯"全国大学生英语写作大赛

主办单位：全国高等学校大学外语教学研究会、中国学术英语教学研究会、中国高校英语写作教学联盟

优秀奖 王亚妮

17. 比赛名称：第二届全国高校创新英语挑战活动综合能力赛

主办单位：《海外英语》杂志

初赛优秀奖 张玮含

传媒学院

1. 比赛名称：2019年山东省大中专学生志愿者暑期"三下乡"社会实践活动

主办单位：中共山东省委宣传部、山东省文明办、山东省教育厅、共青团山东省委、山东省学生联合会

优秀学生 2017级播音与主持艺术专业1班毕鹏涛

2. 比赛名称：2020年山东省大中专学生志愿者暑期"三下乡"社会实践活动

主办单位：中共山东省委宣传部、山东省文明办、山东省教育厅、共青团山东省委、山东省学生联合会

优秀学生 张思雨

优秀学生 华小龙

优秀学生 楚京新

优秀学生 马鑫宇

优秀指导教师 公衍梅

优秀服务团队 追寻先烈足迹，传承红色基因——沂蒙红色文化暑期实践研修班

法学院

1. 比赛名称：临沂大学2019年度辅导员优秀工作案例

主办单位：中共临沂大学委员会学生工作部

二等奖 刘洋

2. 比赛名称：2020"互联网+"创新创业大赛

主办单位：教育部、中共统战局、中央网络安全和信息化委员会办公室、国家发展改革委员会、人力资源社会保障部、中国科学院、中国工程院、国家知识产权局、国务院扶贫开发领导小组办公室、共青团中央等

临沂大学校级铜奖 邴孟晗、

邢雪凝、王卓然、杜玉晗、徐梦飞、常远

3. 比赛名称：临沂大学"携手战疫情、五四爱国行""云"微团课大赛

主办单位：共青团临沂大学委员会

一等奖 张红宇、张家祎

4. 比赛名称：2019-2020学年度"创青春"创新创业大赛（校赛）

主办单位：共青团临沂大学委员会、临沂大学学生会

二等奖 姜彤彤、周小雨、战香、荆灿、时乐乐

5. 比赛名称：2020年山东省大中专学生志愿者暑期"三下乡"社会实践活动

主办单位：中共山东省委宣传部、山东省文明办、山东省教育厅、共青团山东省委、山东省学生联合会

优秀学生 徐树超、王亚楠

6. 比赛名称："2020年临沂市青鸟计划暑期实践"

主办单位：共青团临沂市委

市级荣誉证书 王越

美术学院

1. 比赛名称：2020年山东省大中专学生志愿者暑期"三下乡"社会实践

主办单位：中共山东省委宣传部、山东省文明办、山东省教育厅、共青团山东省委、山东省学生联合会

优秀团队 同心战疫·新时代志愿服务团

优秀学生 张佳瑜、王存瑶、侯爱英、王萌

优秀指导教师 张娉

2. 比赛名称：第四届全国大学生网络文化节

主办单位：教育部思想政治工作司 中央网信办网络社会工作局

二等奖 王祥

优秀指导教师 高文兵

物理与电子工程学院

1. 比赛名称：第四届中华职业教育创新创业大赛（国赛）

主办单位：中华职业教育社

金奖 刘旭

农林科学学院

1. 比赛名称：2020年暑期"三下乡"社会实践

主办单位：共青团临沂大学委员会

省级优秀学生 毕卓玉、张佺娟、李艺杰

省级优秀指导老师 杨猛、于维华

2. 比赛名称："我是沂蒙精神传承人"演讲比赛

主办单位：共青团临沂大学委员会

一等奖 任安迪

数学与统计学院

1. 比赛名称：2020年暑期"三下乡"社会实践

主办单位：共青团临沂大学委员会

省级优秀服务团队 同新筑梦云支教实践团

省级优秀学生 李鹏宇、高广钰

省级优秀指导老师 霍如雪

物流学院

1. 比赛名称："青春心向党"主题演讲比赛

主办单位：团委、教务处、文学院、传媒学院

三等奖 李志豪

2. 比赛名称：2020年山东省大中专学生志愿者暑期"三下乡"社会实践活动

主办单位：共青团山东省委

优秀学生：董占峰

药学院

1. 比赛名称：临沂大学2019年"创青春"

主办单位：共青团临沂大学委员会

校级三等奖 张恩乐

2. 比赛名称：2020山东省大中专学生志愿者暑期"三下乡"社会实践

主办单位：中共山东省委宣传部、山东省文明办、山东省教育厅、共青团山东省委、山东省学生联合会

优秀学生：孟原

化学化工学院

1. 比赛名称：临沂大学2019-2020学年度"创青春"创新创业竞赛（校赛）

主办单位：共青团临沂大学委员会、临沂大学学生会

三等奖 唐海清

2. 比赛名称：爱国心·报国情·强国志征文比赛

主办单位：共青团临沂大学委员会

二等奖 郭泺媛

3. 比赛名称：2020年山东省大中专学生志愿者暑期"三下乡"社会实践活动

主办单位：中共山东省宣传部、山东省文明办、山东省教育厅、共青团山东省委、山东省学生联合会

优秀学生 李涛

4. 比赛名称：2020全国大学生国防知识竞答活动

主办单位：大学生国防知识竞

答组委会

　　优秀奖　马菁坪

　　5. 比赛名称：第五届全国大学生预防艾滋病知识竞赛

　　主办单位：全国大学生预防艾滋病知识竞赛组委会

　　优秀奖　马菁坪

　　6. 比赛名称："感谢恩师·你我同行"大型公益活动"笔迹·念恩"公益征文大赛

　　举办单位：中国教师发展基金会、教学考试杂志社

　　优秀奖　马菁坪

教育学院

　　1. 比赛名称：临沂市青协优秀志愿者评选

　　主办单位：临沂市"优秀青年志愿先进集体"荣誉称号　梓琪志愿服务队

　　临沂市优秀青年志愿者　张宜秀

　　临沂市优秀青年志愿者　李逸飞

　　2. 比赛名称：泰安市泰山区疫情防控"泰山好人"称号评选

　　主办单位：泰山精神文明建设委员会、中共泰山区委宣传部

　　"泰山好人"称号　王伟科

　　3. 比赛名称：山东省大学生"青春贡献奖"选拔

　　主办单位：共青团山东省委、山东省学生联合会、山东省青年志愿者协会

　　青春贡献奖　王伟科

　　4. 比赛名称：山东省大中专学生志愿者暑期"三下乡"社会实践活动

　　主办单位：中共山东省委宣传部、山东省文明办、山东省教育厅、共青团山东省委、山东省学生联合会

　　"三下乡"实践活动优秀学生　尹晓倩

　　"三下乡"实践活动优秀学生　李乐

　　"三下乡"实践活动优秀学生　张宜秀

　　"三下乡"实践活动优秀服务队　梓琪志愿服务队

　　5. 比赛名称：抗击疫情优秀志愿者评选

　　主办单位：中共寿光市纪台镇委、中共界湖街道工委、沂水县圈里社区支部委员会、蒙阴县蒙阴街道东关社区居委会

　　疫情防控优秀志愿者　李璐

　　疫情防控优秀志愿者　潘怡静

　　疫情防控优秀志愿者　王明君

　　疫情防控优秀志愿者　任彤

马克思主义学院

　　1. 比赛名称：2019年山东省大学生暑期"三下乡"社会实践活动

　　主办单位：省委宣传部、团省委等五部门

　　优秀指导教师：丁瑞兆、吴付法

　　优秀学生　孙世龙、崔家凡

商学院

　　1. 比赛名称：山东省大中专学生志愿者暑期"三下乡"社会实践活动

　　主办单位：共青团临沂大学委员会、山东省教育厅、共青团山东省委团、中央学校部、团中央网络影视中心

　　优秀学生　胡厉雪

　　优秀学生　田秉泉

　　优秀学生　王新

　　优秀学生　刘昊源

　　优秀学生　张佳丽

　　优秀学生　赵钦耀

　　优秀报道奖　谢明星

　　2. 比赛名称：2019-2020学年度"创青春"

　　主办单位：共青团临沂大学委员会

　　一等奖　吕金梦

　　二等奖　厉昌艳、贾慧、谢格格、康佳、肖雨晴、刁立倩

　　三等奖　王俊婷、于小童、王姿懿、徐杰、公璐璐、张林静

　　3. 比赛名称：全国大学生文学作品大赛

　　主办单位：中国散文学会 全国大学生文学作品大赛组委会

　　一等奖　梁海璇

　　4. 比赛名称：2020年"工商银行杯"全国大学生金融科技创新大赛

　　主办单位：中国工商银行

　　山东省三等奖　李先兵、张佳倩

　　5. 比赛名称："2020年第二届全国高校创新英语挑战活动翻译赛"

　　主办单位：《海外英语》杂志

　　山东省三等奖　公萍萍

体育与健康学院

　　1. 比赛名称：2020年山东省大中专学生志愿者暑期"三下乡"社会实践活动

　　主办单位：中国山东省宣传部、山东省文明办、山东省教育厅、共青团山东省委、山东省学生联合会

　　优秀学生　李长旭、杨骏哲

　　优秀指导教师　李艳斌

　　2. 比赛名称：2020年青鸟计划社会实践活动

　　主办单位：共青团费县团委、费县公安局

　　优秀学生　杨硕、温延凯

　　3. 比赛名称：临沂市巾帼建功标兵

　　获奖人姓名：孙贵英

　　4. 山东省2019年"爱心传递"主题育人优秀工作案例

　　获奖人姓名：孙贵英

土木工程与建筑学院

1. 比赛名称："青春心向党"演讲比赛

主办单位：共青团临沂大学委员会、临沂大学教务处

优秀奖 薛玉鑫

2. 比赛名称："学四史 守初心 践使命"有奖知识竞答

主办单位：共青团临沂大学委员会

优胜奖 薛玉鑫

3. 比赛名称：让朗读照亮生活，中华经典诵吟大赛

主办单位：共青团临沂大学委员会、传媒学院

优秀奖 薛玉鑫

材料科学与工程学院

1. 比赛名称：临沂大学"四史"教育学习线上有奖竞答

主办单位：共青团临沂大学委员会

优胜奖 陈慧铸、陈晨、李珊珊

2. 比赛名称："携手战疫情，五四爱国行"微团课比赛

主办单位：共青团临沂大学委员会

一等奖 谷年振、徐红、董志凯、魏云倩

3. 比赛名称：临沂大学"秋意浓浓，花香满溢"国庆庆贺中秋插花大赛

主办单位：共青团临沂大学委员会、临沂大学学生会

二等奖 王梓怡、毕娣、顾佳琪、贾德浩

4. 比赛名称：临沂大学 2020 年"爱国心·报国情·强国志"征 文比赛

主办单位：共青团临沂大学委员会

二等奖 毕娣

5. 比赛名称：第十六届全国大学生文学作品大赛

主办单位：湖南科技学院赛区承办单位

二等奖 郑亚磊

6. 比赛名称："警惕艾滋 你我同行"主题创新设计大赛（校赛）

主办单位：共青团临沂大学委员会

二等奖 杨涵博

7. 2020 年山东省大中专学生志愿者暑期"三下乡"社会实践活动

主办单位：中共山东省委宣传部、山东省文明办、山东省教育厅、共青团山东省委、山东省学生联合会

优秀学生 王姝萱

优秀指导教师 徐伟

外国语学院

1. 活动名称：2020 年山东省大中专学生志愿者暑期"三下乡"社会实践活动

主办单位：山东省委宣传部、山东省文明办、山东省教育厅、共青团山东省委、山东省学生联合会

优秀指导教师 刘丽萍

优秀学生 张慧洁、董冰寒、徐秀南

2. 活动名称：首届临沂进口商品博览会志愿服务活动

主办单位：临沂市商务局、临沂进口商品博览会组委会办公室

优秀指导教师 刘丽萍、马卫华、徐琛

优秀志愿者 匡腾、高洪蕊、胡牧原、叶梓铭、彭程、朱宝琪、董冰寒、李静、邹雪芹、倪瑛、孙健、张昊、张璐、于振男、程曦、卜晓婕、广利彤、黄馨、侯珂、孙卉爽、王金娟、萧婷、魏梦婷、王家仪、王晓雪、于金凤、张慧洁、孙瑜、张双双、赵慧萌、张玉蕾、朱良婷、于桂云、刘丹、丁海鹏、孙悦、周洁、张文琪、郑平易、孙丕祥、王曦、武美慧、苏庆蕊、刘圣杰、高铭、刘雪、张欣荣、卢会文、程佳影、范茹、王亚洲、纪锐锐、刘小洁、刘明君、张钰莹、崔榆樾、殷梦微、王怡文、王心怡、岳乐莎

生命科学学院

1. 比赛名称：临沂大学第十届"新生杯"辩论赛

主办单位：共青团临沂大学委员会

辩论风尚奖

2. 比赛名称：第 16 届全国大学生文学作品大赛

主办单位：中国散文学会

一等奖 杨玉、蓝娅萃

二等奖 崔瑜、吴志华、洪淑英洁、夏嘉龙

三等奖 王珂、李子雁、王黛玉、张迪

3. 比赛名称：2020 年山东省大学生暑期三下乡社会实践活动

主办单位：临沂大学

优秀学生 吴志华、王昕宇

优秀指导老师 周振金

信息科学与工程学院

1. 比赛名称：2020 年山东省大中专学生志愿者暑期"三下乡"社会实践

主办单位：中共山东省委宣传部、山东省文明办、山东省教育厅、共青团山东省委、山东省学生联合会

优秀学生 王晓涵、吴雨航、郭铭霖

优秀服务队 顾佳韵、陈宣彤、肖超、崔新龙、王晓涵、李鉴峰、王恩淇、王楠

2. 比赛名称："品青春岁月，歌临大华章"摄影大赛

主办单位：临沂大学党委宣传部

一等奖 毛晓睿

3. 比赛名称：" 我读书，我快乐"世界读书日征文比赛

主办单位：临沂大学学生会

二等奖 毛晓睿

4. 比赛名称：青春助力X——让青春在疫情防控新常态下闪耀

主办单位：信息科学与工程学院

优秀服务队 翟长冰

5. 比赛名称：临沂大学2019-2020学年度"创青春"创新创业比赛

主办单位：共青团临沂大学委员会、临沂大学学生会

获奖人：刘树欣

6. 比赛名称：临沂大学2019-2020学年度绿叶奖晚会

主办单位：共青团临沂大学委员会、临沂大学学生会

获奖人 刘树欣

7. 比赛名称：临沂大学2020年"互联网+"大学生创新创业大赛

主办单位：创新创业学院

金奖 吴雨航

8. 比赛名称：第三届临沂大学极限对抗大赛（校级）

主办单位：临沂大学团委、临沂大学教务处、临沂大学创新创业学院、临沂大学机械与车辆工程学院

一等奖 贾庆成、李焱、张冠斌、郝昭龙、王永乐、冯学锐

资源环境学院

1. 比赛名称：2020年山东省大中专学生志愿者暑期"三下乡"社会实践

主办单位：中共山东省委宣传部、山东省文明办、山东省教育厅、共青团山东省委、山东省学生联合会

优秀学生 赵嘉铖

优秀指导教师 栾倩倩、刘磊

自动化与电气工程学院

1. 比赛名称：2020年"挑战杯"课外学术科技作品竞赛

主办单位：共青团中央、中国科协、教育部、中国社会科学院、全国学联

2020年"挑战杯"课外学术科技作品竞赛初赛晋级

赵立昊、张子浩、谭鑫、李晓洁、类杰

2. 比赛名称：2020年山东省大中专学生志愿者暑期"三下乡"社会实践

主办单位：团中央青年发展部、中国青年报社

省级优秀团队 省级优秀个人 杨成雨

3. 比赛名称：第七届创新创业大赛

主办单位：临沂大学

二等奖 袁立鹏

4. 比赛名称：2020年互联网+大学生创新创业大赛

主办单位：共青团山东省委、山东省教育厅、临沂大学

二等奖 类杰

5. 比赛名称：2020年临沂大学"互联网+"大学生创新创业大赛

主办单位：临沂大学教务处、学生工作部（处）、团委、研究生工作部（处）、科学技术处、社会科学处、创新创业学院等单位

银奖 许涛

费县校区

1. 比赛名称：山东省大学生合唱比赛

主办单位：山东省教育厅

甲组 二等奖

教学实践成果奖 张茂坤、刘潇

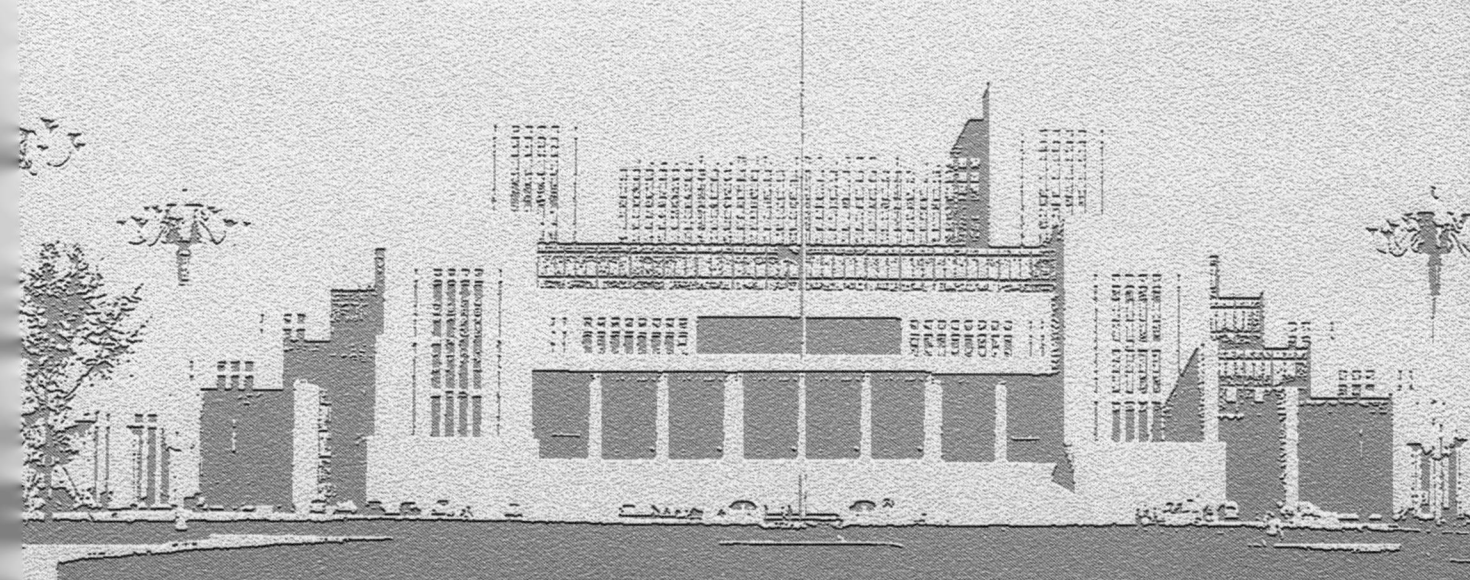

中共临沂大学委员会 临沂大学
关于表彰2019年度平安校园建设先进单位、先进个人的决定

临大发〔2020〕5号

2019年，我校牢固树立安全发展理念，弘扬生命至上、安全第一的思想，深入开展平安校园建设活动，层层落实校园管理综合治理目标责任制和消防安全责任制，进一步完善了大安全管理体系，确保了校园平安稳定，为创新创业型大学建设营造了安全和谐的校园环境，涌现出一批先进单位和先进个人。

为倡树典型、表彰先进，进一步强化平安校园建设，经研究，决定授予教育学院（教师教育学院）等10个教学单位和纪委（监察专员办公室）等10个管理服务部门"2019年度平安校园建设先进单位"荣誉称号；授予葛建山等55名教职工、赵雪等105名学生"2019年度平安校园建设先进个人"荣誉称号。

希望受表彰的先进单位和个人珍惜荣誉、再接再厉，不断取得新的成绩。希望全校师生以先进为榜样，牢固树立"安全第一"的理念，为营造平安文明和谐的校园环境作出新的贡献。

先进单位和先进个人名单如下。

一、2019年度平安校园建设先进单位

（一）教学单位（10个）
教育学院（教师教育学院）
马克思主义学院（沂蒙干部学院）
物理与电子工程学院
土木工程与建筑学院
外国语学院
物流学院
自动化与电气工程学院
历史文化学院（沂蒙文化研究院）
生命科学学院（地质与古生物研究所）
美术学院

（二）管理服务单位（10个）
纪委（监察专员办公室）
组织部、机关党委（合署）
教务处（教师发展中心）
党委办公室（校长办公室）
学生工作部（处）
宣传部（新闻中心）
财务处
团委
后勤管理处
工会（女工委、计生办）

二、2019年度平安校园建设先进个人

（一）教职工（55人）（略）
（二）学生（105人）（略）

中共临沂大学委员会办公室
2020年4月1日

临沂大学
关于表彰2020届优秀毕业生的决定

临大校发〔2020〕15号

2020届毕业生在校期间，深入贯彻习近平新时代中国特色社会主义思想，传承红色基因，弘扬沂蒙精神，刻苦学习，积极实践，勇于担当时代使命，努力成长成才，涌现出了一大批"能吃苦、善创新、敢担当、乐奉献"的优秀毕业生。经各学院（校区）组织评选、学校审核，决定授予惠晓雨等1150名同学"临沂大学优秀毕业生"荣誉称号。

希望受表彰的同学珍惜荣誉，戒骄戒躁，再接再厉，在今后的工作中不忘初心、牢记使命，锐意进取、建功立业，为母校争光；希望全校学生以先进为榜样，坚定理想信念，站稳人民立场，练就过硬本领，投身强国伟业，在实现中华民族伟大复兴中国梦的新长征路上，书写伟大时代的青春华章。

附件：临沂大学2020届优秀毕业生名单（略）

临沂大学
2020年6月19日

临沂大学 关于表彰 2020 届毕业生奖学金获得者的决定

临大校发〔2020〕17 号

我校 2020 届毕业生深入学习贯彻习近平新时代中国特色社会主义思想，努力践行社会主义核心价值观，传承抗大基因，弘扬沂蒙精神，勤奋好学，创新创业，涌现出了一大批优秀学子。经学院、校区组织评选、学校审批，周钘莹等 3602 名同学获评"学业奖学金"，谢勇等 548 名同学获评"创新创业奖学金"，现予表彰。

希望受表彰的毕业生珍惜荣誉，戒骄戒躁，在今后的工作中脚踏实地、勇于开拓，做出更大成绩；希望全校学生以先进为榜样，勤学惜时，奋勇争先，努力成长为德智体美劳全面发展的社会主义建设者和接班人。

附件：2020 届毕业生奖学金获得者名单（略）

临沂大学
2020 年 6 月 29 日

中共临沂大学委员会 关于表彰 2020 年"十佳辅导员"的决定

临大发〔2020〕11 号

一年来，全校广大辅导员深入学习贯彻习近平新时代中国特色社会主义思想，立足岗位，无私奉献，特别是面对突如其来的新冠肺炎疫情，不负重托，积极作为，涌现出一大批先进典型。为宣传推广优秀辅导员典型事迹，充分发挥优秀辅导员的示范引领作用，经研究，决定授予王丽丽等 10 位同志 2020 年临沂大学"十佳辅导员"荣誉称号，现予表彰。

希望受表彰的同志积极发挥表率示范作用，聚焦为党育人、为国育才，在学生教育管理服务中作出更大贡献。希望全校辅导员以先进典型为榜样，传承红色基因，弘扬沂蒙精神，不断提升素质能力，真正担负起立德树人的崇高使命。

2020 年临沂大学"十佳辅导员"名单（按姓氏笔画排序）：
王丽丽（历史文化学院）
刘 潇（费县校区）
张 娉（美术学院）
张茂坤（费县校区）
陈士强（体育与健康学院）
周振金（生命科学学院）
姜 楠（沂水校区）
徐 琛（外国语学院）
高艳艳（自动化与电气工程学院）
傅春长（教育学院）

中共临沂大学委员会办公室
2020 年 8 月 28 日

中共临沂大学委员会 关于给予苗智刚、刘德强同志脱贫攻坚嘉奖的决定

临大发〔2020〕14 号

为深入贯彻习近平总书记关于打赢脱贫攻坚战的系列重要指示精神，激励广大教职员工在脱贫攻坚工作中积极奉献、担当作为，根据《山东省人力资源和社会保障厅山东省扶贫开发办公室关于在全省事业单

位集中开展脱贫攻坚专项奖励的通知》（鲁人社函〔2020〕70号）要求，经研究决定，给予苗智刚、刘德强2名同志嘉奖。

希望受表彰的同志珍惜荣誉，再接再厉，在脱贫攻坚工作中再创佳绩、再立新功。全校各基层党组织和广大党员干部师生要以先进为榜样，不忘初心、牢记使命，情系困难群众，积极投身脱贫攻坚一线，为决战决胜脱贫攻坚贡献力量。

中共临沂大学委员会办公室
2020年11月30日

临沂大学
关于表彰2019—2020学年优秀学生、优秀学生干部和先进班集体的决定

临大校发〔2020〕27号

一年来，在学校党委、行政的正确领导和社会各界的大力支持下，全校广大学子深入贯彻习近平新时代中国特色社会主义思想，传承红色基因，弘扬沂蒙精神，坚持德智体美劳全面发展，刻苦学习，积极实践，涌现出一大批品学兼优的先进个人和学风优良、团结奋进的先进班集体。经研究，决定授予张梦洁等1336人"优秀学生"称号、吕金梦等775人"优秀学生干部"称号、国际经济与贸易专业2017级本科1班等79个班级"先进班集体"称号，并予以表彰。

希望受表彰的先进集体和个人珍惜荣誉，戒骄戒躁，再接再厉，在今后的学习、工作中不忘初心、奋发有为，争取更加优异的成绩；希望全校学生以先进为榜样，坚定理想信念，练就过硬本领，努力使自己成为可堪大用、能担重任的栋梁之才。

附件：2019—2020学年优秀学生、优秀学生干部和先进班集体名单（略）

临沂大学校长办公室
2020年12月22日

临沂大学
关于表彰2019—2020学年奖助学金获得者的决定

临大校发〔2020〕28号

一年来，全校广大学生努力践行社会主义核心价值观，传承红色基因，弘扬沂蒙精神，秉承"明义、锐思、弘毅、致远"的校训和"实"的校风，践行"临大特质"和"临大精神"，修德明志，勤奋好学，创新创业，涌现出一大批德才兼备、品学兼优的先进个人。

为树立典型，鼓励先进，充分发挥奖助学金的导向和激励作用，根据国家、省和学校各类奖助学金评定办法，经严格评审：吴欣妍等57人获得国家奖学金；高建元等58人获得省政府奖学金；窦敏静等1197人获得国家励志奖学金；沙欣等147人获得省政府励志奖学金；艾克拜尔·买塞地等5人获得新疆西藏和青海海北籍少数民族大学生省政府励志奖学金；陈晓辉等5157人获得国家助学金；栾仪婷等8837人获得学业奖学金；刘佩珊等21人获得出国（境）访学奖学金；郑在恩等9人获得国（境）外留学生奖学金；泥俊鑫等1620人次获得创新创业奖学金；段日昭等120人获得希望工程山东移动奖学金；韦启香等100人获得"沂蒙关爱行动"送西部大学生回家过年助学金；高晟伟等80人获得"学习之星"奖学金；王凤凤等50人获得长河慈善助学金；鞠淑婷等50人获得建诚助学金；李芙蓉等111人次获得瀚文奖学金；孙佳彬等3人获得罗客教育国（境）外交流奖

学金；高斐等10人获得盘古优秀学生奖助学金；张晓晴等44人获得张倩辉学霸教育考研奖学金；朱广琳等20人获得光明助学金；韩广玺等20人获得鲁运暖冬助学金。经研究，决定对以上获奖个人进行表彰。

希望受表彰者珍惜荣誉，戒骄戒躁，再接再厉，再创佳绩；希望全体同学以获得奖励的同学为榜样，刻苦学习，奋发进取，努力成为德智体美劳全面发展的社会主义建设者和接班人。

附件：2019—2020学年奖助学金获得者名单（略）

临沂大学校长办公室
2020年12月22日

临沂大学 2020 届毕业生考取硕士研究生情况统计表
（共计 1967 名）

马克思主义学院

序号	学号	姓名	性别	在校专业	录取院校	录取专业	备注
1	201619010105	陈鑫	男	思想政治教育	福建师范大学	马克思主义基本原理	全国重点马院
2	201619010106	杨文卷	女	思想政治教育	安徽师范大学	马克思主义中国化	
3	201619010110	姬晨曦	女	思想政治教育	陕西师范大学	马克思主义基本原理	211
4	201619010114	黄蒙	女	思想政治教育	临沂大学	学科思政	
5	201619010121	洪智	男	思想政治教育	湘潭大学	中共党史	
6	201619010124	黄森森	女	思想政治教育	湖南师范大学	政治学	211
7	201619010125	柳芃芃	女	思想政治教育	中国石油大学	马克思主义基本理论	211
8	201619010126	赵坤	男	思想政治教育	福建省委党校	马克思主义中国化	
9	201619010127	孙莹	女	思想政治教育	山东师范大学	马克思主义基本理论	全国重点马院
10	201619010131	隋晓慧	女	思想政治教育	华中师范大学	学科思政	211
11	201619010135	张东霞	女	思想政治教育	辽宁大学	马克思主义中国化	211
12	201619010137	娄成凤	女	思想政治教育	华中师范大学	马克思主义基本原理	211
13	201619010139	董敏	女	思想政治教育	哈尔滨理工大学	马克思主义基本理论	
14	201619010112	李丁	男	思想政治教育	福建省委党校	马克思主义基本理论	

商 学 院

序号	学号	姓名	性别	在校专业	录取院校	录取专业	备注
1	201604020105	姚佳妮	女	工商管理（本科）	浙江理工大学	会计（专硕）	
2	201604020120	张瑞	女	工商管理（本科）	北京林业大学	应用统计	
3	201604020213	聂琪	女	工商管理（本科）	东华理工大学	公共管理	
4	201604020226	王奥玉	女	工商管理（本科）	中南财经政法大学	中国近现代史基本问题研究	
5	201604020222	张怀伟	男	工商管理（本科）	江苏大学	哲学	
6	201604020211	张蕊	女	工商管理（本科）	中共黑龙江省委党校	领导科学	
7	201604020318	傅清明	男	工商管理（本科）	重庆工商大学	企业管理	
8	201608100115	马克华	女	工商管理（本科）	内蒙古工业大学	工商管理	
9	201604020336	陶文霞	女	工商管理（本科）	上海应用技术大学	管理科学与工程	

(续表)

序号	学号	姓名	性别	在校专业	录取院校	录取专业	备注
10	201604020314	王洪斌	男	工商管理（本科）	辽宁大学	图书情报（专硕）	
11	201604050122	孙洁	女	国际经济与贸易（本科）	浙江理工大学	应用经济学	
12	201604050114	王士超	女	国际经济与贸易（本科）	兰州交通大学	应用经济学	
13	201604050242	顾天华	女	国际经济与贸易（本科）	南京审计大学	法硕	
14	201604050210	尹思诺	女	国际经济与贸易（本科）	浙江工商大学	马克思主义理论	
15	201604050327	李建馨	女	国际经济与贸易（本科）	兰州财经大学	国际贸易学	
16	201604050332	王如意	女	国际经济与贸易（本科）	东北财经大学	国际贸易学	
17	201604050336	向子威	男	国际经济与贸易（本科）	上海应用技术大学	管理科学与工程	
18	201604050429	吴永丽	女	国际经济与贸易（本科）	北京农学院	国际商务	
19	201604050401	周树梅	女	国际经济与贸易（本科）	贵州大学	法律非法学	
20	201604060622	李兮	女	国际经济与贸易（高职本）	江苏师范大学	学科教学（思政）	
21	201604060629	李泳丽	女	国际经济与贸易（高职本）	沈阳体育学院	体育管理学	
22	201604100115	江妍妍	女	金融工程（本科）	新疆财经大学	人口资源环境经济学	
23	201604100104	刘宇	男	金融工程（本科）	北京物资学院	数量经济学	
24	201604100102	王艺霏	女	金融工程（本科）	中央财经大学	社会工作	
25	201604100209	卞晓辉	男	金融工程（本科）	天津财经大学	区域经济学	
26	201608080105	方云颖	女	会计学（本科）	山东财经大学	税务	
27	201617040128	姜少琦	女	会计学（本科）	山东科技大学	会计	
28	201617040110	李子彤	男	会计学（本科）	上海海事大学	会计学	
29	201617040140	王莉晴	女	会计学（本科）	浙江农林大学	会计专硕	
30	201617040106	闫晓丽	女	会计学（本科）	河北地质大学	会计专硕	
31	201615020125	杨雯	女	会计学（本科）	西北政法大学	法律（非法学）	
32	201617040109	赵晓伟	男	会计学（本科）	河海大学	会计专硕	
33	201617040216	霍连群	女	会计学（本科）	吉林大学	企业管理	
34	201617040217	姜欢	女	会计学（本科）	新疆财经大学	会计	
35	201617040327	吕素	女	会计学（本科）	长春大学	企业管理	
36	201617040317	王纪云	女	会计学（本科）	西北师范大学	旅游管理	
37	201617040309	徐行	女	会计学（本科）	复旦大学	马克思主义中国化	
38	201617040332	闫莉	女	会计学（本科）	桂林电子科技大学	财会综合	
39	201618020115	赵敏捷	女	会计学（本科）	哈尔滨商业大学	国际商务	
40	201617040318	朱建旭	男	会计学（本科）	南京信息工程大学	mpacc	
41	201617040421	方欣	女	会计学（本科）	湖北大学	学科英语	

(续表)

序号	学号	姓名	性别	在校专业	录取院校	录取专业	备注
42	201617040409	解竣杰	男	会计学（本科）	青岛大学	会计专硕	
43	201617040433	刘钊	女	会计学（本科）	石河子大学	审计专硕	
44	201617040404	卢雯	女	会计学（本科）	济南大学	会计	
45	201617120126	张莹	女	会计学（本科）	北京联合大学	会计专硕	
46	201617040403	朱厚宇	男	会计学（本科）	天津商业大学	会计学	
47	201617060502	李传旭	男	会计学（金融外包方向）（校企合作本科）	济南大学	会计专硕	
48	201617060532	李航	男	会计学（金融外包方向）（校企合作本科）	大连海洋大学	英语笔译	
49	201617060517	于心悦	女	会计学（金融外包方向）（校企合作本科）	美国埃默里大学	金融	
50	201617060626	贾平	男	会计学（金融外包方向）（校企合作本科）	山东工商学院	会计	
51	201617060605	李天文	男	会计学（金融外包方向）（校企合作本科）	上海海事大学	会计学	
52	201617060606	梁阔	男	会计学（金融外包方向）（校企合作本科）	东北财经大学	税务	
53	201617060628	刘慧	女	会计学（金融外包方向）（校企合作本科）	景德镇陶瓷大学	会计	
54	201617060634	徐鹏程	男	会计学（金融外包方向）（校企合作本科）	新疆大学	行政管理	
55	201617060608	延兴广	男	会计学（金融外包方向）（校企合作本科）	长春大学	金融	
56	201617060641	岳秀婷	女	会计学（金融外包方向）（校企合作本科）	江苏师范大学	教育学原理	
57	201817070524	唐紫莹	女	会计学（专升本）	中国海洋大学	会计专硕	
58	201817070527	王瑞圆	女	会计学（专升本）	云南师范大学	会计专硕	
59	201817070530	许文琪	女	会计学（专升本）	青岛科技大学	会计学	
60	201817070532	杨东芳	女	会计学（专升本）	聊城大学	教育专业	
61	201817070540	庄姣	女	会计学（专升本）	山东师范大学	学科历史	
62	201817070605	杜慧林	女	会计学（专升本）	山东理工大学	工商管理	
63	201817070606	段丽彦	女	会计学（专升本）	青岛科技大学	社会工作	
64	201817070609	华凯莉	女	会计学（专升本）	河北大学	社会保障	
65	201817070627	王孟迪	女	会计学（专升本）	云南财经大学	管理科学与工程	
66	201817070632	闫宏艺	女	会计学（专升本）	中国海洋大学	农业管理	
67	201804210309	高盼盼	女	会计学(3+2本科)	山东财经大学	税务硕士	
68	201804210321	聂静雯	女	会计学(3+2本科)	哈尔滨理工大学	会计专硕	
69	201804210334	张玥	女	会计学(3+2本科)	北京物资学院	会计学	
70	201804210411	蓝培意	女	会计学(3+2本科)	广东工业大学	会计专硕	
71	201804210415	刘晗	女	会计学(3+2本科)	西藏民族大学	会计学	
72	201804210421	孟辰	女	会计学(3+2本科)	北京联合大学	会计专硕	

(续表)

序号	学号	姓名	性别	在校专业	录取院校	录取专业	备注
73	201804090306	李淑玥	女	国际经济与贸易（专升本）	青岛大学	应用经济学	
74	201804090311	刘欣欣	女	国际经济与贸易（专升本）	贵州财经大学	税务	
75	201804090315	潘俐	女	国际经济与贸易（专升本）	青岛大学	应用经济学	
76	201804090322	王晓	女	国际经济与贸易（专升本）	中国石油大学（华东）	汉语国际教育	
77	201804090325	臧婷婷	女	国际经济与贸易（专升本）	山东建筑大学	小学教育	
78	201804090328	赵文璐	女	国际经济与贸易（专升本）	复旦大学	社会工作	
79	201804090401	陈豪	男	国际经济与贸易（专升本）	延边大学	中国少数民族经济	
80	201804090402	陈宏颖	女	国际经济与贸易（专升本）	长春工业大学	行政管理	
81	201804090420	孙启明	男	国际经济与贸易（专升本）	大连海事大学	法律硕士	

物流学院

序号	学号	姓名	性别	在校专业	录取院校	录取专业	备注
1	201617010105	吕恒蕊	女	电子商务	重庆师范大学	农业管理	
2	201617010120	成书童	男	电子商务	武汉理工大学	资产评估	
3	201617010128	陈兵	男	电子商务	江西科技师范大学	企业管理	
4	201617080110	吴金玉	女	物流管理	大连海事大学	国际商务	
5	201617080111	史琳	女	物流管理	天津财经大学	国际商务	
6	201617080112	陈梦雨	女	物流管理	延边大学	学前教育	
7	201617080114	付康杰	女	物流管理	鲁东大学	学科教学（生物）	
8	201617080118	游丽萍	女	物流管理	福州大学	物流管理	
9	201617080122	任峄林	女	物流管理	华侨大学	新闻与传播	
10	201617010102	高敏	女	电子商务	浙江农林大学	农业管理	
11	201617010104	王宁	男	电子商务	河海大学	社会工作	
12	201617080102	牛家学	男	物流管理	上海海事大学	交通运输	
13	201617080106	杜滢滢	女	物流管理	云南民族大学	英语笔译	
14	201617010207	常帅	男	电子商务	北京物资学院	物流工程与管理	
15	201617010209	李宝俊	女	电子商务	燕山大学	管理科学与工程	
16	201617010216	赵燕菲	女	电子商务	上海海事大学	物流工程与管理	
17	201617010219	郭亚男	女	电子商务	沈阳理工大学	国际贸易学	
18	201617080201	张玉凤	女	物流管理	重庆交通大学	交通运输	
19	201617080202	宋晓晨	女	物流管理	青岛理工大学	交通运输	

(续表)

序号	学号	姓名	性别	在校专业	录取院校	录取专业	备注
20	201617080203	崔敬朕	男	物流管理	石家庄铁道大学	交通运输	
21	201617080205	于龙	男	物流管理	大连交通大学	交通运输工程	
22	201617080214	谭海燕	女	物流管理	大连交通大学	交通安全与工程管理	
23	201617080222	张娣	女	物流管理	北京科技大学	马克思主义理论	
24	201617090327	崔露雨	女	物流管理	吉林大学	马克思主义中国化研究	
25	201617090328	陈波	男	物流管理	浙江海洋大学	交通运输	
26	201617090334	赵荣	女	物流管理	牡丹江师范学院	小学教育	
27	201617090318	靳竹喧	女	物流管理	长沙理工大学	交通运输	
28	201617010225	丁洪	女	电子商务	吉林大学	农林经济管理	
29	201617090308	任兼鑫	女	物流管理	东北林业大学	资源与环境	
30	201617090310	文香	女	物流管理	武汉科技大学	交通运输工程	
31	201617090313	赵元科	男	物流管理	河海大学	社会工作	
32	201617090315	王寒寒	女	物流管理	山东交通学院	交通工程	
33	201817130101	魏洪鑫	男	物流工程	四川农业大学	农业管理	
34	201617120102	程悦	女	物流工程	大连海事大学	交通运输	
35	201617120105	薛倩	女	物流工程	山东科技大学	交通运输工程	
36	201617120107	孙岩岩	女	物流工程	盐城工学院	机械	
37	201617120113	王美娟	女	物流工程	上海应用技术大学	管理科学与工程	
38	201817130202	田瑞雪	女	物流工程	北京师范大学	学科教学（思政）	
39	201817130204	董飞	女	物流工程	福州大学	社会工作	
40	201817130206	李昌昊	男	物流工程	山东农业大学	农业管理专硕	
41	201817130207	张丽	女	物流工程	南昌大学	社会医学与卫生事业管理	
42	201817130210	陶明	女	物流工程	山东理工大学	管理科学与工程	
43	201817130103	张东阳	男	物流工程	东北大学	物流工程与管理	
44	201817130104	杨亚亚	女	物流工程	华北理工大学	公共管理	
45	201817130106	陈雪	女	物流工程	济南大学	马克思主义理论	
46	201817130107	黄金凡	女	物流工程	天津工业大学	公共管理	
47	201817130110	杨树瑞	女	物流工程	北华大学	学科教学（数学）	
48	201817130114	梁鑫	女	物流工程	宇都宫大学		
49	201817130116	吕国华	女	物流工程	鲁东大学	中国史	
50	201817130120	张婉茹	女	物流工程	贵州大学	农村发展	
51	201817130122	王芹	女	物流工程	中南林业科技大学	管理科学与工程	

(续表)

序号	学号	姓名	性别	在校专业	录取院校	录取专业	备注
52	201817130126	翟夏菲	女	物流工程	青岛大学	系统科学	
53	201817130240	王泽	男	物流工程	浙江海洋大学	交通运输	
54	201817140405	安菁菁	女	物流管理	青岛农业大学	农村发展	
55	201817140411	钱晓雨	女	物流管理	北京信息科技大学	物流工程与管理	
56	201817140415	徐文璇	女	物流管理	上海海事大学	物流工程与管理	
57	201817140416	赵通通	男	物流管理	海南大学	农村发展	
58	201817130138	张成轩	男	物流工程	山东理工大学	工业工程与管理	
59	201817130211	孙鑫荣	男	物流工程	北京科技大学	物流与工业工程	
60	201817130212	程莹莹	女	物流工程	中南林业科技大学	管理科学与工程	
61	201817130214	许路	女	物流工程	北京印刷学院	机械工程	
62	201817130218	崔秀娟	女	物流工程	甘肃农业大学	农业管理	
63	201817130219	王丽	女	物流工程	南昌大学	工业工程与管理	
64	201817130223	孙帅	男	物流工程	贵州大学	农村发展	
65	201817130224	房盼盼	女	物流工程	沈阳农业大学	农业管理	
66	201817130225	田甜	女	物流工程	青岛大学	社会工作	
67	201817130227	吉荣凤	女	物流工程	山东师范大学	广播电视	
68	201817130228	殷萌	女	物流工程	上海海事大学	物流工程与管理	
69	201817140442	张鹏飞	男	物流管理	卡迪夫大学		
70	201817140422	顾姗姗	女	物流管理	辽宁工业大学	思想政治教育	
71	201817140428	王蕊	女	物流管理	青岛农业大学	农村发展	
72	201817140429	徐童霜	女	物流管理	海南大学	农业管理	

法学院

序号	学号	姓名	性别	在校专业	录取院校	录取专业	备注
1	201805120401	蔡倩	女	法学	福州大学	法律硕士	
2	201805120404	范奉娟	女	法学	南昌大学	法律硕士	
3	201805120408	何素华	女	法学	河南大学	法律硕士	
4	201805120411	姜树村	男	法学	新疆大学	法律硕士	
5	201805120413	焦慧	女	法学	广西民族大学	法律硕士	
6	201805120416	李晓敏	女	法学	西北政法大学	法律硕士	
7	201805120418	刘金鑫	女	法学	黑龙江大学	法律硕士	
8	201805120420	刘庆玲	女	法学	大连海事大学	法律硕士	

(续表)

序号	学号	姓名	性别	在校专业	录取院校	录取专业	备注
9	201805120421	刘同心	女	法学	湖南师范大学	宪法与行政法学	
10	201805120423	刘悦	女	法学	河北工程大学	法律硕士	
11	201805120424	孟珠	女	法学	南昌大学	法律硕士	
12	201805120430	孙瑞嘉	女	法学	山东师范大学	法律硕士	
13	201605020107	林慧芳	女	法学	山东政法学院	法律硕士	
14	201605020117	田柏林	男	法学	东北师范大学	法律硕士	
15	201805120434	王会芳	女	法学	黑龙江大学	法律硕士	
16	201805120435	王文慧	女	法学	东北财经大学	法律硕士	
17	201805120436	王鑫	女	法学	南昌大学	法律硕士	
18	201805120437	王星晨	女	法学	华中师范大学	法律硕士	
19	201805120438	王雪纯	女	法学	上海海事大学	法律硕士	
20	201805120439	王娅桐	女	法学	黑龙江大学	法律硕士	
21	201805120440	武雯	女	法学	黑龙江大学	法律硕士	
22	201805120442	徐雯	女	法学	浙江工商大学	法律硕士	
23	201805120444	阎航宇	男	法学	上海财经大学	法律硕士	
24	201805120445	杨柳青	女	法学	青岛大学	法律硕士	
25	201805120447	于晓华	女	法学	东北师范大学	法律硕士	
26	201805120448	臧乐乐	男	法学	湖南师范大学	宪法与行政法学	
27	201805120450	展晓娜	女	法学	上海财经大学	法律硕士	
28	201805120455	赵雪玉	女	法学	安徽大学	法律硕士	
29	201605020133	毛浪	男	法学	石河子大学	法律硕士	
30	201605020139	谷长帅	男	法学	辽宁大学	法律硕士	
31	201605020148	莫婉莹	女	法学	中国社会科学院大学	国际法学	
32	201605020204	张芷薇	女	法学	宁波大学	民商法学	
33	201605020207	董玥彤	女	法学	中南财经政法大学	知识产权法学	
34	201805120459	朱婷婷	女	法学	湘潭大学	法学理论	
35	201605020214	覃泳婵	女	法学	广西大学	法律硕士	
36	201605020220	苏文静	女	法学	昆明理工大学	法律硕士	
37	201605020224	张馨予	女	法学	大连海事大学	法律硕士	
38	201605020226	张凯	男	法学	吉林大学	法律硕士	
39	201605020232	王永芳	女	法学	外交学院	法律硕士	
40	201605020233	张娅琳	女	法学	青海民族大学	法律硕士	

(续表)

序号	学号	姓名	性别	在校专业	录取院校	录取专业	备注
41	201605020234	夏艺伟	女	法学	辽宁大学	法律硕士	
42	201605020302	孙强	男	法学	西北政法大学	法制史	
43	201605020303	刘孟林	女	法学	东北财经大学	法律硕士	
44	201605020305	孙淑婷	女	法学	新疆财经大学	法律硕士	
45	201605020308	王雪钰	女	法学	青海师范大学	法律硕士	
46	201605020310	吴阳壮	男	法学	南昌大学	法律硕士	
47	201605020311	胡颖	女	法学	淮北师范大学	法律硕士	
48	201605020312	张博	男	法学	云南民族大学	法律硕士	
49	201605020316	刘旭	女	法学	武汉大学	刑法学	
50	201605020320	左碧君	女	法学	华南理工大学	法律硕士	
51	201605020325	李盈	女	法学	沈阳师范大学	法律硕士	
52	201605020334	谢晖	女	法学	西北师范大学	法律硕士	
53	201605020105	张杨	女	法学	大连海事大学	法律硕士	
54	201605020127	董润泽	男	法学	广西民族大学	法律硕士	
55	201605020112	安苗方	女	法学	辽宁大学	法律硕士	
56	201605020125	姚钰霖	女	法学	辽宁师范大学	法学理论	
57	201605020338	秦雨	女	法学	东北财经大学	法律硕士	
58	201605020318	沈媛媛	女	法学	北京理工大学	法律硕士	
59	201605020235	谢婉茹	女	法学	宁波大学	法律硕士	
60	201605050231	侯典萌	女	社会工作	北京师范大学	社会工作	
61	201605050310	黄雅雯	女	社会工作	扬州大学	社会工作	
62	201605050320	朱怡瑾	女	社会工作	中南民族大学	社会工作	
63	201605040101	张可	女	社会工作	重庆大学	社会工作	
64	201605040108	王莉	女	社会工作	鲁东大学	社会工作	
65	201605040110	汤丽媛	女	社会工作	河海大学	社会工作	
66	201605040113	孙璇	女	社会工作	中央民族大学	社会工作	
67	201605040114	闫志超	女	社会工作	大连海事大学	社会工作	
68	201605040115	李泰生	男	社会工作	浙江师范大学	应用心理	
69	201605040117	张目杰	男	社会工作	南昌大学	社会工作	
70	201605040118	冯永蕾	女	社会工作	河海大学	社会工作	
71	201605040123	付琼	女	社会工作	南京理工大学	社会工作	
72	201605040126	庞迪	女	社会工作	吉林大学	社会工作	

(续表)

序号	学号	姓名	性别	在校专业	录取院校	录取专业	备注
73	201605050201	刘义红	女	社会工作	南京理工大学	社会工作	
74	201605050202	高艺洋	女	社会工作	青岛大学	社会工作	
75	201605050205	王佳洁	女	社会工作	大连海事大学	社会工作	

教育学院

序号	学号	姓名	性别	在校专业	录取院校	录取专业	备注
1	201811060811	李文秀	女	小学教育（专升本师范）	临沂大学	小学教育	
2	201811060807	胡学敏	女	小学教育（专升本师范）	临沂大学	小学教育	
3	201811060820	王丽真	女	小学教育（专升本师范）	聊城大学	小学教育	
4	201811060838	张文	女	小学教育（专升本师范）	山东师范大学	小学教育	
5	201811060839	张文倩	女	小学教育（专升本师范）	福建师范大学	小学教育	
6	201811060822	王帅	女	小学教育（专升本师范）	鲁东大学	小学教育	
7	201811060835	尹鑫	女	小学教育（专升本师范）	杭州师范大学	小学教育	
8	201811060804	董建爽	女	小学教育（专升本师范）	上海师范大学	小学教育	
9	201811060802	晁新月	女	小学教育（专升本师范）	天津师范大学	学科英语	
10	201811060817	孙梦月	女	小学教育（专升本师范）	聊城大学	教育学	
11	201811060832	杨莹	女	小学教育（专升本师范）	天津师范大学	心理健康教育	
12	201611070325	杜秋琳	女	学前教育（高职本）	吉林师范大学	教育学原理	
13	201611070230	窦坦硕	女	学前教育（高职本）	山东师范大学	学前教育	
14	201611120114	苗新煜	男	应用心理学（本科师范）	山东师范大学	发展与教育心理学	
15	201611140320	孙钰鹏	女	小学教育（免费本科师范）	鲁东大学	学科历史	
16	201611140219	袁洁	女	小学教育（免费本科师范）	临沂大学	小学教育	
17	201611140617	孔新宇	女	小学教育（免费本科师范）	曲阜师范大学	成人教育学	
18	201611070324	孙润雯	女	学前教育（高职本）	闽南师范大学	学前教育	
19	201811060837	余文静	女	小学教育（专升本师范）	南通大学	学科英语	
20	201811060825	王雯	女	小学教育（专升本师范）	大连大学	小学教育	
21	201811060833	姚梦珏	女	小学教育（专升本师范）	山东师范大学	学科语文	
22	201611030109	王美玲	女	教育技术学（本科师范）	华南师范大学	现代教育技术	211
23	201611030101	卓依琳	女	教育技术学（本科师范）	广州大学	现代教育技术	

(续表)

序号	学号	姓名	性别	在校专业	录取院校	录取专业	备注
24	201611140433	娄晓晴	女	小学教育（免费本科师范）	聊城大学	小学教育（非全日制）	
25	201611120101	吴美洁	女	应用心理学（本科师范）	闽南师范大学	应用心理	
26	201611030105	马汝汐	女	教育技术学（本科师范）	西北师范大学	教育技术学	
27	201811060801	曹现榆	女	小学教育（专升本师范）	河北科技师范学院	小学教育	
28	201611030119	王鑫	女	教育技术学（本科师范）	南京师范大学	现代教育技术	211

体育与健康学院

序号	学号	姓名	性别	在校专业	录取院校	录取专业	备注
1	201714060102	陈方顺	男	体育教育	吉林体育学院	体育教学	
2	201714060103	崔行涛	男	体育教育	吉林大学	体育教学	
3	201714060113	李彦稷	男	体育教育	华中师范大学	体育教学	
4	201714060116	刘如金	男	体育教育	华东师范大学	体育教学	
5	201714060120	沈富强	男	体育教育	沈阳体育学院	运动训练	
6	201714060122	孙宗臣	男	体育教育	扬州大学	体育教学	
7	201714060131	殷照金	男	体育教育	华侨大学	体育教学	
8	201714060119	任广喜	男	体育教育	上海师范大学	体育教学	
9	201714060105	段卫健	男	体育教育	佳木斯大学	社会体育指导	
10	201714060140	朱乘	女	体育教育	南京师范大学	体育教育训练学	
11	201714060112	李小龙	男	体育教育	天津体育学院	体育教学	
12	201714060201	曹丽芹	女	体育教育	东北师范大学	体育教学	
13	201714060203	崔元一	男	体育教育	山东体育学院	体育教学	
14	201714060211	李明杰	男	体育教育	山东体育学院	体育教学	
15	201714060218	庞德虎	男	体育教育	淮北师范大学	社会体育指导	
16	201714060226	王晓宇	女	体育教育	首都体育学院	体育教学	
17	201714060215	刘明凯	男	体育教育	哈尔滨师范大学	体育教学	
18	201714060224	王进	男	体育教育	北京师范大学（珠海）	体育教学	
19	201714060222	田夫豪	男	体育教育	沈阳体育学院	体育教学	
20	201714030103	陈冉冉	女	社会体育指导与管理	吉林体育学院	体育教学	
21	201714030107	丁维健	男	社会体育指导与管理	东北师范大学	体育教学	
22	201714030108	董启鹏	男	社会体育指导与管理	中北大学	体育教学	
23	201714030115	姜子成	男	社会体育指导与管理	华中师范大学	运动训练	

(续表)

序号	学号	姓名	性别	在校专业	录取院校	录取专业	备注
24	201714030116	节晨	男	社会体育指导与管理	浙江师范大学	体育教学	
25	201714030117	荆宝森	男	社会体育指导与管理	河南科技学院	体育教学	
26	201714030118	李傲	男	社会体育指导与管理	沈阳体育学院	运动训练	
27	201714030120	李积胜	男	社会体育指导与管理	河北科技师范学院	社会体育指导	
28	201714030122	李占胜	男	社会体育指导与管理	沈阳体育学院	运动训练	
29	201714030125	刘晨	女	社会体育指导与管理	山东师范大学	运动训练	
30	201714030126	刘恒	男	社会体育指导与管理	华中师范大学	体育教学	
31	201714030131	孟晴	女	社会体育指导与管理	鲁东大学	体育教学	
32	201714030132	商新伟	女	社会体育指导与管理	上海体育学院	体育教学	
33	201714030133	石佳敏	女	社会体育指导与管理	沈阳体育学院	运动训练	
34	201714030140	王楠	女	社会体育指导与管理	闽南师范大学	体育教学	
35	201714030141	王顺利	女	社会体育指导与管理	中国矿业大学	体育教学	
36	201714030142	王朔	男	社会体育指导与管理	首都体育学院	体育教学	
37	201714030144	王新硕	男	社会体育指导与管理	沈阳体育学院	运动训练	
38	201714030145	王莹莹	女	社会体育指导与管理	曲阜师范大学	体育教学	
39	201714030146	吴继振	男	社会体育指导与管理	西北师范大学	运动训练	
40	201714030143	王涛	男	社会体育指导与管理	西安体育学院	运动训练	
41	201714000227	魏博洋	男	体育学类（高尔夫）	河北师范大学	运动训练	
42	201714000222	平纪磊	男	体育学类（高尔夫）	重庆三峡学院	学科（体育）	
43	201714120102	董若璇	女	舞蹈表演（健美操）	哈尔滨体育学院	运动训练	
44	201714120113	曲婧	女	舞蹈表演（健美操）	哈尔滨体育学院	运动训练	
45	201714120115	沈姝彤	女	舞蹈表演（健美操）	渤海大学	体育教学	
46	201714120117	孙紫琦	女	舞蹈表演（健美操）	哈尔滨体育学院	运动训练	
47	201714120125	张琦	男	舞蹈表演（健美操）	广西师范大学	运动训练	
48	201714120128	钟雨	女	舞蹈表演（健美操）	山东体育学院	体育教学	
49	201714130205	付绪磊	男	舞蹈表演（啦啦操）	天津体育学院	体能训练	
50	201714130218	李新萍	女	舞蹈表演（啦啦操）	南京体育学院	运动训练	
51	201714130221	逄璐璐	女	舞蹈表演（啦啦操）	曲阜师范大学	运动训练	
52	201714130225	孙馨	女	舞蹈表演（啦啦操）	浙江师范大学	体育教学	

(续表)

序号	学号	姓名	性别	在校专业	录取院校	录取专业	备注
53	201714130229	王琳	女	舞蹈表演（啦啦操）	陕西师范大学	运动训练	
54	201714130232	王泽群	男	舞蹈表演（啦啦操）	天津体育学院	运动训练	
55	201714150316	闫雯雯	女	舞蹈表演（体育舞蹈）	中北大学	体育教学	
56	201714150312	刘芳君	女	舞蹈表演（体育舞蹈）	华南师范大学	体育教学	
57	201714150301	杜雨晴	女	舞蹈表演（体育舞蹈）	哈尔滨体育学院	运动训练	
58	201714150302	陈俊颖	女	舞蹈表演（体育舞蹈）	广州体育学院	运动训练	

音乐学院

序号	学号	姓名	性别	在校专业	录取院校	录取专业	备注
1	201613050117	李明鑫	女	音乐学	广西师范大学	音乐	
2	201613050110	赵莹莹	女	音乐学	南京艺术学院	音乐与舞蹈学	
3	201613050202	潘左萍	女	音乐学	南京艺术学院	音乐与舞蹈学	
4	201613070332	吴佳盈	女	音乐学	天津音乐学院	琵琶演奏	
5	201613070328	翟明月	女	音乐学	天津音乐学院	音乐表演	

美术学院

序号	学号	姓名	性别	在校专业	录取院校	录取专业	备注
1	201612060108	李天牧	男	服装与服饰设计	北京师范大学	体育教学	985、211
2	201612070114	陈泽廷	女	环境设计	青岛科技大学	公共艺术与景观设计	
3	201612080108	王晴	女	美术学	南宁师范大学	学科教学美术	
4	201612100121	王鑫	女	视觉传达设计	曲阜师范大学	艺术设计	
5	201612100229	朱文慧	女	视觉传达设计	山东工艺美术学院	视觉传达设计	
6	201612110101	王安达	男	书法学	新疆艺术学院	书法学	
7	201612110108	杨金可	男	书法学	曲阜师范大学	书法创作研究	
8	201612110109	王成威	男	书法学	湖南师范大学	美术	211
9	201612110123	王慧	女	书法学	首都师范大学	美术学	
10	201612110211	昌怡璇	女	书法学	华南师范大学	数字媒体与艺术创作	211
11	201612110415	陈苗苗	女	书法学	河北大学	书法学	
12	201612110411	于荣荣	女	书法学	聊城大学	美术（书法）	
13	201612110408	王帅	男	书法学	山东工艺美术学院	戏曲学研究	
14	201612020118	毛江旻	女	动画	南京艺术学院	油画	

		文学院					
序号	学号	姓名	性别	在校专业	录取院校	录取专业	备注
1	201602010105	张欢颜	女	编辑出版学	北京印刷学院	出版	
2	201602010108	代玉琳	女	编辑出版学	河南大学	出版	
3	201602010109	张翰林	男	编辑出版学	陕西师范大学	出版	
4	201602010110	干思雨	女	编辑出版学	安徽大学	出版	
5	201602010111	戴跃青	女	编辑出版学	上海理工大学	出版	
6	201602010124	王雪	女	编辑出版学	吉林师范大学	出版	
7	201602010127	尚春芳	女	编辑出版学	青岛科技大学	出版	
8	201602010129	刘轩	女	编辑出版学	西北政法大学	法律硕士（非法学）	
9	201602010132	郑宏秀	女	编辑出版学	安徽大学	出版	
10	201602010213	蒋诗芸	女	编辑出版学	黑龙江大学	图书情报	
11	201602010234	郭晴晴	女	编辑出版学	湖南师范大学	出版	
12	201602010218	李晓淼	女	编辑出版学	辽宁大学	汉语国际教育	
13	201602010236	陈琪	女	编辑出版学	吉林师范大学	出版	
14	201602010237	魏红敏	女	编辑出版学	北京印刷学院	出版	
15	201602010232	王富雪	女	编辑出版学	中国矿业大学	中国语言文学	
16	201602010220	魏雪婷	女	编辑出版学	东北财经大学	新闻与传播	
17	201602010214	陈宇鑫	男	编辑出版学	云南民族大学	出版专硕	
18	201602010106	王欣然	女	编辑出版学	中国传媒大学	出版专硕	
19	201602010114	王瑾	女	编辑出版学	北师港浸大UIC（北京师范大学-香港浸会大学联合国际学院）	影视与新媒体制片管理	
20	201602010133	刘召云	女	编辑出版学	安徽理工大学	环境科学与工程	
21	201602050143	李淑	女	汉语言文学	江苏师范大学	中国古代文学	
22	201602050154	王小迪	女	汉语言文学	山东师范大学	现当代文学	
23	201602050255	朱文锦	女	汉语言文学	天津师范大学	古代文学	
24	201605020216	赵淑月	女	汉语言文学	华侨大学	海外华文文学	
25	201602050234	唐露露	女	汉语言文学	上海师范大学	学科语文	
26	201602050130	武捷宇	女	汉语言文学	香港浸会大学	文学与比较研究	
27	201602050147	刘谭谭	女	汉语言文学	西藏民族大学	中国古代文学	
28	201602080311	张文豪	男	汉语言文学	西南政法大学	哲学	
29	201602050115	杨慧琳	女	汉语言文学	内蒙古师范大学	学科教学（语文）	
30	201602050232	余俊	女	汉语言文学	贵州师范大学	学科语文	
31	201602040116	左朋珍	女	汉语国际教育	北京外国语大学	汉语国际教育	

(续表)

序号	学号	姓名	性别	在校专业	录取院校	录取专业	备注
32	201602040130	孙利利	女	汉语国际教育	中国社会科学院大学	比较文学与世界文学	
33	201602040133	吕倩	女	汉语国际教育	北京语言大学	课程与教学论	
34	201602040136	吴旭	女	汉语国际教育	中国传媒大学	汉语国际教育	

外国语学院

序号	学号	姓名	性别	在校专业	录取院校	录取专业	备注
1	201606010104	梅光华	女	阿拉伯语专业	天津外国语大学	阿拉伯语语言文学	
2	201606010109	张晓晴	女	阿拉伯语专业	山东师范大学	马克思主义基本原理	
3	201606010113	高燕超	女	阿拉伯语专业	北京师范大学	马克思主义基本原理	
4	201606010114	贾纯琳	女	阿拉伯语专业	长安大学	马克思主义理论	
5	201606010119	尤晓雨	女	阿拉伯语专业	北京语言大学	阿拉伯语语言文学	
6	201606010121	刘慧	女	阿拉伯语专业	天津外国语大学	阿拉伯语笔译	
7	201606020107	秦雪怡	女	朝鲜语专业	青岛大学	汉语国际教育	
8	201606020108	崔佳雪	女	朝鲜语专业	天津师范大学	朝鲜语笔译	
9	201606020123	宋露钡	女	朝鲜语专业	宁波大学	汉语国际教育	
10	201606020124	王晨曦	女	朝鲜语专业	浙江工业大学	汉语国际教育	
11	201606020125	邢雅丽	女	朝鲜语专业	烟台大学	朝鲜语笔译	
12	201606020126	项敏洁	女	朝鲜语专业	天津外国语大学	朝鲜语口译	
13	201604020225	郑慧敏	女	朝鲜语专业	中国海洋大学	朝鲜语笔译	
14	201606030108	刘佳艺	男	俄语专业	新疆大学	法律（非法学）	
15	201606030113	顾婧冉	女	俄语专业	大连外国语大学	俄语语言文学	
16	201606030115	杨得雨	女	俄语专业	牡丹江师范学院	俄语笔译	
17	201606030129	韩明慧	女	俄语专业	辽宁石油化工大学	俄语笔译	
18	201606030121	于爱莲	女	俄语专业	河北大学	汉语国际教育	
19	201606030126	赵光艳	女	俄语专业	天津师范大学	马克思主义中国化研究	
20	201606030127	佟宝慧	女	俄语专业	兰州大学	汉语国际教育	
21	201606030128	董玉萍	女	俄语专业	黑龙江大学	俄语语言文学	
22	201606030130	陈明煜	女	俄语专业	长春师范大学	俄语语言文学	
23	201606040112	刘洋	男	法语专业	中国海洋大学	法语语言文学	
24	201606040218	杨美林	女	法语专业	天津外国语大学	法语笔译	
25	201606040201	师金钊	女	法语专业	吉林外国语大学	法语语言文学	
26	201606140102	朱传昊	男	商务英语专业	东北电力大学	会计	
27	201606140117	吕芳君	女	商务英语专业	鲁东大学	英语笔译	

(续表)

序号	学号	姓名	性别	在校专业	录取院校	录取专业	备注
28	201606140115	刘恺	女	商务英语专业	中国石油大学（华东）	外国语言文学	
29	201606140118	王天琪	女	商务英语专业	沈阳师范大学	高等教育学	
30	201606140121	刘双英	女	商务英语专业	渤海大学	汉语国际教育	
31	201606140123	刘柏华	女	商务英语专业	天津师范大学	学科教学（英语）	
32	201606140124	贾佳慧	女	商务英语专业	佳木斯大学	学科教学（英语）	
33	201606140125	崔佳欣	女	商务英语专业	中南财经政法大学	法律（非法学）	
34	201608120125	谯娜	女	商务英语专业	上海师范大学	英语笔译	
35	201606140201	潘睿	女	商务英语专业	黑龙江大学	英语笔译	
36	201606140208	贺淑慧	女	商务英语专业	东北财经大学	英语笔译	
37	201606140218	韩以晴	女	商务英语专业	山东财经大学	外国语言文学	
38	201606140224	舒欣	女	商务英语专业	吉林外国语大学	学科教学（英语）	
39	201606140212	闫欣月	女	商务英语专业	南京信息工程大学	英语笔译	
40	201606140216	毛宇	女	商务英语专业	杭州师范大学	英语笔译	
41	201608030119	马欣	女	商务英语专业	北京语言大学	英语笔译	
42	201617080123	安顺鑫	男	商务英语专业	大连外国语大学	英语语言文学	
43	201607050101	曹玥	女	商务英语专业	东北财经大学	英语笔译	
44	201606140305	滕德敏	女	商务英语专业	上海海事大学	外国语言学及应用语言学	
45	201606140314	薛树杰	女	商务英语专业	沈阳师范大学	汉语国际教育	
46	201606140322	滕蕊	女	商务英语专业	东北师范大学	英语语言文学	
47	201606140327	曾艺佳	女	商务英语专业	上海海事大学	英语笔译	
48	201606140404	韩广坤	男	商务英语专业	东南大学	英语笔译	
49	201606140409	孟璐萍	女	商务英语专业	辽宁大学	外国语言学及应用语言学	
50	201606140412	杨松	男	商务英语专业	吉林大学	外国语言学及应用语言学	
51	201606140420	宋志萍	女	商务英语专业	北京第二外国语学院	英语语言文学	
52	201606140424	赵琳娜	女	商务英语专业	辽宁大学	国际关系	
53	201606050105	许培培	女	西班牙语专业	大连外国语大学	汉语国际教育	
54	201606090102	丁娟娟	女	英语专业	福建师范大学	英语口译	
55	201606090104	刘朝霞	女	英语专业	华北电力大学（保定）	外国语言文学	
56	201606090105	张瑶	女	英语专业	北京第二外国语学院	汉语国际教育	
57	201606090106	李珍	女	英语专业	安徽大学	思想政治教育	
58	201606090108	丁琴琴	女	英语专业	重庆师范大学	特殊教育学	
59	201606090109	纪甜甜	女	英语专业	湖南师范大学	外国语言文学	

(续表)

序号	学号	姓名	性别	在校专业	录取院校	录取专业	备注
60	201606090110	杨毓珺	女	英语专业	鲁东大学	学科教学（英语）	
61	201606090111	武倩	女	英语专业	曲阜师范大学	学科教学（英语）	
62	201606090112	陈欣	女	英语专业	山东科技大学	英语笔译	
63	201606090121	李文雯	女	英语专业	中国矿业大学	英语笔译	
64	201606090206	罗云	女	英语专业	天津外国语大学	英语语言文学	
65	201606090213	蒋倩	女	英语专业	大连海事大学	英语笔译	
66	201606090215	于顺玮	女	英语专业	上海海事大学	思想政治教育	
67	201606090218	张雪	女	英语专业	福建师范大学	英语笔译	
68	201606090222	白金鑫	女	英语专业	安徽师范大学	汉语国际教育	
69	201606090223	高星	女	英语专业	湘潭大学	外国语言文学	
70	201606130301	王淑玥	女	英语专业	中国石油大学（华东）	外国语言文学	
71	201606130315	赵玉君	女	英语专业	山东师范大学	马克思主义中国化研究	
72	201606130329	高璐	女	英语专业	曲阜师范大学	英语笔译	
73	201606130419	张晓晓	女	英语专业	东北农业大学	英语语言文学	
74	201606140203	柳玫辰	女	商务英语专业	贵州师范大学	英语笔译	
75	201606090117	刘雨	女	英语专业	吉林外国语大学	学科教学（英语）	
76	201611120117	高宇	女	英语专业	贵州师范大学	外国语言学与应用语言学	

传媒学院

序号	学号	姓名	性别	在校专业	录取院校	录取专业	备注
1	201610090109	潘紫莹	女	新闻学	广西大学	新闻与传播	211
2	201610090125	郑珂	男	新闻学	新疆大学	新闻与传播	211
3	201610090107	李秋悦	女	新闻学	中国海洋大学	新闻与传播	985
4	201610090123	宋春雨	女	新闻学	南京师范大学	新闻传播学	211
5	201610090113	王富磊	女	新闻学	临沂大学	小学教育	
6	201610090205	徐可馨	女	新闻学	湖南大学	教育 学科教学（语文）	985
7	201610090202	屠纯洁	女	新闻学	复旦大学	文物与博物馆学	985
8	201610090207	韩红菊	女	新闻学	山东大学	新闻与传播	985
9	201610090220	梁淑莹	女	新闻学	华东政法大学	新闻与传播	
10	201610090225	陈杨	女	新闻学	云南大学	新闻与传播	211
11	201610090219	李添锦	女	新闻学	上海师范大学	法律（非法学）	
12	201610090212	朱孟洁	女	新闻学	吉林大学	新闻与传播	985

(续表)

序号	学号	姓名	性别	在校专业	录取院校	录取专业	备注
13	201610090224	张富玲	女	新闻学	浙江传媒学院	新闻与传播	
14	201610030131	龙飞宇	女	广告学	浙江师范大学	学科教学历史	
15	201610030139	刘彦萱	女	广告学	临沂大学	小学教育	
16	201610030124	王岩	女	广告学	牡丹江师范学院	学科教学（语文）	
17	201610030125	焦其婕	女	广告学	浙江师范大学	学科语文	
18	201610030111	郝振澳	男	广告学	长春师范大学	中国语言文学	
19	201610040127	庞洪祯	男	视觉传达设计	大连海洋大学	机械	
20	201610020323	蔺梓芊	女	广播电视编导	辽宁师范大学	戏剧与影视学	
21	201610020320	代日辉	女	广播电视编导	辽宁师范大学	戏剧与影视学	
22	201610020340	张路鸿	女	广播电视编导	云南艺术学院	艺术学理论	
23	201610020228	孙琦	男	广播电视编导	山东师范大学	广播电视	
24	201610020223	徐晓文	女	广播电视编导	山东师范大学	电影学	
25	201610020233	陈芳杰	女	广播电视编导	贵州财经大学	中国现当代文学	
26	201610020117	秦丽婷	女	广播电视编导	吉林艺术学院	戏剧与影视学	
27	201610020145	何庆元	女	广播电视编导	哈尔滨师范大学	广播电视	
28	281610020211	孟丽君	女	广播电视编导	北京城市学院	广播电视	
29	201610010106	李秀茹	女	播音与主持艺术	河北传媒学院	艺术学播音与主持艺术方向	
30	201610010209	黄小宸	女	播音与主持艺术	上海戏剧学院	社会表演学	

历史文化学院

序号	学号	姓名	性别	在校专业	录取院校	录取专业	备注
1	201804140301	包晓菲	女	旅游管理	浙江工商大学	马克思主义理论	
2	201804140401	毕恩梅	女	旅游管理	山东科技大学	马克思主义理论	
3	201804140404	董美娜	女	旅游管理	聊城大学	学科思政	
4	201804140305	范雪滨	男	旅游管理	新疆大学	法律（非法学）	
5	201804140206	韩金芳	女	旅游管理	大连海事大学	社会工作	
6	201804140207	胡文絮	女	旅游管理	湖南师范大学	职业技术教育（旅游服务方向）	
7	201804140309	姜庆华	女	旅游管理	山东财经大学	法律（非法学）	
8	201804140310	李丹丹	女	旅游管理	曲阜师范大学	教育学	
9	201804140410	李生慧	女	旅游管理	鲁东大学	学科历史	
10	201804140412	李艳茹	女	旅游管理	上海工程技术大学	公共管理	
11	201804140213	林童	女	旅游管理	湖南师范大学	职业技术教育（旅游服务方向）	

(续表)

序号	学号	姓名	性别	在校专业	录取院校	录取专业	备注
12	201804140415	刘思琪	女	旅游管理	沈阳大学	会计专硕	
13	201804140316	刘晓宇	女	旅游管理	河北工业大学	马克思主义理论	
14	201804140319	孟增荣	女	旅游管理	中南财经政法大学	法律硕士（非法学）	
15	20184140422	宋熙政	男	旅游管理	青岛大学	社会工作	
16	201804140224	王晓威	女	旅游管理	山东师范大学	思想政治教育	
17	201804140228	徐琦	女	旅游管理	山东师范大学	学科教学（思政）	
18	201804140432	杨钧斐	女	旅游管理	中国海洋大学	农业管理	
19	201804140334	翟雪宇	女	旅游管理	鲁东大学	现代教育技术	
20	201804140338	赵倩倩	女	旅游管理	上海海事大学	企业管理	
21	201804140237	赵晓丽	女	旅游管理	山东师范大学	职业技术教育学	
22	201804140340	朱静	女	旅游管理	贵州大学	法律（非法学）	
23	201702630136	李依霖	女	公共文化服务与管理	烟台大学	新闻与传播	
24	201602070103	何雪敏	女	文化产业管理	陕西师范大学	少数民族经济	
25	201602070119	姜帆	女	文化产业管理	山东师范大学	世界史	
26	201602070129	张洪艳	女	文化产业管理	山东师范大学	世界史	
27	201602070133	王文浩	男	文化产业管理	浙江理工大学	马克思主义理论	
28	201602070117	单宏琳	女	文化产业管理	青岛大学	思想政治教育	
29	201602070130	刘成程	女	文化产业管理	长春工业大学	马克思主义中国化研究	
30	201602070127	王晶晶	女	文化产业管理	江西理工大学	马克思主义理论	
31	201602060122	任豪杰	男	历史学	青岛大学	中国史	
32	201604110126	李明朴	男	旅游管理	浙江工商大学	马克思主义理论	
33	201604110111	刘峰	女	旅游管理	青岛大学	法律（非法学）	
34	201604110108	侯晓	女	旅游管理	青岛大学	法律（非法学）	
35	201604110106	仲昭燕	女	旅游管理	曲阜师范大学	地理学	
36	201804140402	曹晶晶	女	旅游管理	绍兴文理学院	中国现当代文学	
37	201804140232	袁雪	女	旅游管理	渤海大学	学科教学（历史）	
38	201804140429	薛笑笑	女	旅游管理	聊城大学	小学教育	
39	201804140431	杨婕	女	旅游管理	伊犁师范大学	学前教育	
40	201804140210	李晓梅	女	旅游管理	山东师范大学	职业技术教育（旅游服务方向）	
41	201804140315	刘鸣	男	旅游管理	上海师范大学	中国近现代史基本问题研究	
42	201804140327	肖瑶	女	旅游管理	山东师范大学	职业技术教育（旅游服务）	
43	201804140304	董潇铭	女	旅游管理	山东省委党校	中国近现代史基本问题研究	

(续表)

序号	学号	姓名	性别	在校专业	录取院校	录取专业	备注
44	201602070138	吴桐茵	女	文化产业管理	湖南工业大学	广播电视编导	
45	201602070106	何宁佳	女	文化产业管理	陕西科技大学	设计与艺术学院	
46	201602070112	李开贤	男	文化产业管理	中南民族大学	马克思主义民族理论与政策方向	
47	201804140317	刘尧尧	女	旅游管理	贵州大学	农村发展	
48	201804140439	周爽爽	女	旅游管理	大连海事大学	社会工作	
49	201602070122	李晓岚	女	文化产业管理	南京艺术学院	艺术学理论文化产业	
50	201602070109	魏兴美	女	文化产业管理	云南师范大学	思想政治教育	
51	201604110124	罗娟	女	旅游管理	云南师范大学	民俗学	

数学与统计学院

序号	学号	姓名	性别	在校专业	录取院校	录取专业	备注
1	201601080124	王雪	女	应用数学	贵州大学	基础数学	
2	201601080127	贾冉	女	应用数学	山东大学（威海分校）	基础数学	
3	201601080128	于悦	女	应用数学	中国石油大学（华东）	基础数学	
4	201601080136	赵晓凤	女	应用数学	湖北师范大学	基础数学	
5	201601080137	马云凤	女	应用数学	闽南师范大学	运筹学与控制论	
6	201601080139	山珊	女	应用数学	鲁东大学	应用数学	
7	201601080144	魏玉恒	男	应用数学	华北水利水电大学	应用数学	
8	201601080149	宋瑞兰	女	应用数学	东北师范大学	应用数学	
9	201601080150	高春晓	女	应用数学	绍兴文理学院	理论物理学	
10	201601080151	刘彦慧	女	应用数学	中国海洋大学	计算数学	
11	201601080154	王硕	女	应用数学	兰州大学	应用数学	
12	201601080155	牛泽旭	女	应用数学	江苏师范大学	运筹学与控制论	
13	201601110103	张雪	女	信息与计算科学	上海理工大学	概率论与数理统计	
14	201601110107	张钰珂	女	信息与计算科学	山东科技大学	数学	
15	201601110114	邹丹丹	女	信息与计算科学	聊城大学	数学	
16	201601110120	牛慧敏	女	信息与计算科学	大连海事大学	数学	
17	201601110121	周莉莉	女	信息与计算科学	西北大学	基础数学	
18	201601110122	张常晖	女	信息与计算科学	西北大学	基础数学	
19	201601110137	巩乾坤	男	信息与计算科学	上海海事大学	基础数学	
20	201601110139	崔玉娇	女	信息与计算科学	北京工业大学	数学	

(续表)

序号	学号	姓名	性别	在校专业	录取院校	录取专业	备注
21	201601110143	齐琪	女	信息与计算科学	青岛大学	概率论与数理统计	
22	201601110144	葛文标	男	信息与计算科学	辽宁科技大学	数学	
23	201601130231	张红星	男	应用数学（公费师范）	西北大学	科学技术史	

物理与电子工程学院

序号	学号	姓名	性别	在校专业	录取院校	录取专业	备注
1	201601010121	耿益民	男	电子信息工程专业	河北工业大学	电子科学与技术	211
2	201601010135	王明杰	男	电子信息工程专业	江苏大学	电子信息	
3	201601010136	尹相杰	男	电子信息工程专业	西安电子科技大学	仪器科学与技术	211
4	201601010126	于日龙	男	电子信息工程专业	哈尔滨工程大学	信息与通信工程	211
5	201601010127	孟庆虎	男	电子信息工程专业	山东科技大学	信息与通信工程	
6	201601010103	赵雯宇	男	电子信息工程专业	山东科技大学	信息与通信工程	
7	201601010113	王子强	男	电子信息工程专业	西京学院	智能硬件应用	
8	201601010123	陈雪	女	电子信息工程专业	山东建筑大学	电子信息	
9	201601010148	黄锦川	男	电子信息工程专业	辽宁石油化工大学	计算机系统结构	
10	201601010137	石承鑫	男	电子信息工程专业	上海电力大学	信息与通信工程	
11	201601010141	平佃元	男	电子信息工程专业	电子科技大学	电子科学与技术	
12	201601010115	葛韵琪	女	电子信息工程专业	电子科技大学	电子信息	
13	201601010106	林聪	男	电子信息工程专业	电子科技大学	电子科学与技术	
14	201601040243	谢扩鹏	男	电子信息工程专业（校企合作）	江西农业大学	农村发展	
15	201601040244	赵鑫春	男	电子信息工程专业（校企合作）	天津职业技术师范大学	信息与通信工程	
16	201601040240	李继涛	男	电子信息工程专业（校企合作）	临沂大学	电子信息	
17	201601040212	田清印	男	电子信息工程专业（校企合作）	山东理工大学	电子信息	
18	201601040215	张乔	男	电子信息工程专业（校企合作）	东北石油大学	电子与通信工程	
19	201601050108	张娟	女	电子信息科学与技术专业	曲阜师范大学	小学教育	
20	201601050128	陈敏	女	电子信息科学与技术专业	青岛大学	信号与信息处理	
21	201601050139	付阿敏	女	电子信息科学与技术专业	山东科技大学	信息与通信工程	
22	201601050110	曹猛	男	电子信息科学与技术专业	南昌大学	信息与通信工程	211
23	201601050149	钱文冰	男	电子信息科学与技术专业	北京大学	电子信息	985、211

(续表)

序号	学号	姓名	性别	在校专业	录取院校	录取专业	备注
24	201601050140	楚思磊	男	电子信息科学与技术专业	辽宁大学	法学（非法学）	211
25	201601050152	张增才	男	电子信息科学与技术专业	杭州电子科技大学	电子科学与技术	
26	201601050144	薄国豪	男	电子信息科学与技术专业	杭州电子科技大学	电路与系统	
27	201601050135	李岩	男	电子信息科学与技术专业	南京信息工程大学	电子信息	
28	201601050138	吕洪兵	男	电子信息科学与技术专业	合肥学院	化学工程与技术	
29	201601050148	杨洋	男	电子信息科学与技术专业	南京邮电大学	信号与信息处理	
30	201601050114	陈怀浩	男	电子信息科学与技术专业	山东农业大学	风景园林学	
31	201601070214	曹明腾	男	电子信息科学与技术专业（校企合作）	天津工业大学	电子与通信工程	
32	201601070222	卢太武	男	电子信息科学与技术专业（校企合作）	西安邮电大学	电子与通信工程	
33	201601070208	张翔	男	电子信息科学与技术专业（校企合作）	西北师范大学	电子信息	
34	201601100125	张首焱	男	物理学专业	山东大学	材料物理与化学	985、211
35	201601100114	王金今	男	物理学专业	吉林大学	光学	985、211
36	201601100123	苑轩豪	男	物理学专业	江苏师范大学	凝聚态物理	
37	201601100105	管文慧	女	物理学专业	华北电力大学	物理学	211
38	201601100126	杨希康	男	物理学专业	宁波大学	物理学	
39	201601100112	崔文颖	女	物理学专业	青岛大学	物理学凝聚态物理	
40	201601100104	杜殿臣	男	物理学专业	西北大学	凝聚态	211
41	201601100108	杨子江	男	物理学专业	上海理工大学	物理学	
42	201601100111	张芙玮	男	物理学专业	上海理工大学	凝聚态物理	
43	201601100119	孙梓源	男	物理学专业	山东师范大学	学科教学（物理）	
44	201601100121	王雪	女	物理学专业	济南大学	学科教学（物理）	
45	201601100124	宋加辉	男	物理学专业	西北师范大学	光学	
46	201601100109	姜汉周	男	物理学专业	宁夏大学	电子科学与技术	

化学化工学院

序号	学号	姓名	性别	在校专业	录取院校	录取专业	备注
1	201607020101	高雅欣	女	化学工程与工艺	山东大学	材料与化工	
2	201607020103	匡永琪	女	化学工程与工艺	河北工业大学	化学工程与技术	

(续表)

序号	学号	姓名	性别	在校专业	录取院校	录取专业	备注
3	201607020110	冯志浩	男	化学工程与工艺	河北工业大学	化学工程与技术	
4	201607020111	王琳	女	化学工程与工艺	太原理工大学	化学工程与技术	
5	201607020112	付楠楠	女	化学工程与工艺	华东理工大学	化学工程与技术	
6	201607020114	苏瑞	女	化学工程与工艺	中国石油大学北京	化学工程与技术	
7	201607020115	敬延雯	女	化学工程与工艺	南京工业大学	化学工程	
8	201607020117	李晨洁	女	化学工程与工艺	中科院福建物质结构研究所	物理化学	
9	201607020121	李畅	女	化学工程与工艺	南京工业大学	化学工程	
10	201607020122	徐慧婷	女	化学工程与工艺	河北工业大学	化学工程与技术	
11	201607020125	刘慧敏	女	化学工程与工艺	中国石油大学北京	化学工程与技术	
12	201607020127	刘澄虎	男	化学工程与工艺	中国石油大学（北京）	化学工程与技术	
13	201607040102	姜欣	女	应用化学	江苏师范大学	材料科学与工程	
14	201607040103	咸宁	男	应用化学	湘潭大学	有机化学	
15	201607040105	姜雪	女	应用化学	北京科技大学	化学	
16	201607040107	霍孟田	男	应用化学	长春理工大学	化学	
17	201607040110	唐巍纳	女	应用化学	临沂大学	化学	
18	201607040112	胡忠苇	女	应用化学	江苏师范大学	材料科学与工程	
19	201607040113	田晴晴	女	应用化学	临沂大学	化学	
20	201607040114	诸葛霄	女	应用化学	临沂大学	化学	
21	201607040116	张嘉静	女	应用化学	北京科技大学	化学	
22	201607040118	杜慧欣	女	应用化学	陕西师范大学	物理化学	
23	201607040122	孙小涵	女	应用化学	北京航空航天大学	化学	
24	201607040124	刘付鹏	男	应用化学	中国石油大学（华东）	材料化工	
25	201607040204	迟宏杰	男	应用化学	中国石油大学（北京）	化学	
26	201607040207	周雪梅	女	应用化学	曲阜师范大学	有机化学	
27	201607040211	李涵	女	应用化学	东华大学	分析化学	
28	201607040215	陈开秀	女	应用化学	临沂大学	化学	
29	201607040216	王冠宇	男	应用化学	江苏大学	化学	
30	201607040217	张维雪	女	应用化学	长江大学	资源与环境	
31	201607040218	张慧敏	女	应用化学	临沂大学	化学	

(续表)

序号	学号	姓名	性别	在校专业	录取院校	录取专业	备注
32	201607040220	吴谛	女	应用化学	临沂大学	化学	
33	201607040221	沈美琪	女	应用化学	临沂大学	化学	
34	201607040222	李凤艳	女	应用化学	临沂大学	化学	
35	201607040223	高培翔	男	应用化学	江南大学	材料科学与工程	
36	201607040225	马明惠	女	应用化学	临沂大学	化学	
37	201807070203	王鲁齐	男	化学工程与工艺	南京航空航天大学	化学	
38	201807070204	程波	男	化学工程与工艺	南京工业大学	材料与化工	
39	201807070206	张博文	男	化学工程与工艺	青岛科技大学	材料与化工	
40	201807070207	孙磊	男	化学工程与工艺	聊城大学	有机合成	
41	201807070209	邵雨晴	女	化学工程与工艺	山东师范大学	无机化学	
42	201807070211	丁利	女	化学工程与工艺	聊城大学	无机化学	
43	201807070212	宋玉洁	女	化学工程与工艺	河北工业大学	化学工程与技术	
44	201807070213	张艳珍	女	化学工程与工艺	西北大学	无机化学	
45	201807070214	刘露	女	化学工程与工艺	青岛科技大学	化学	
46	201807070215	申海方	女	化学工程与工艺	河北工业大学	化学工程与技术	
47	201807070216	吕丽娇	女	化学工程与工艺	广东海洋大学	海洋化学	
48	201807070217	李万芳	女	化学工程与工艺	济南大学	化学工程与技术	
49	201807070218	孔双双	女	化学工程与工艺	中国海洋大学	材料与化工	
50	201807070219	韩潇佳	女	化学工程与工艺	浙江工业大学	化学工程与技术	
51	201807070221	相楠	女	化学工程与工艺	青岛科技大学	化学工程与技术	
52	201807070222	田盼盼	女	化学工程与工艺	石河子大学	材料与化工	
53	201807070223	谷双双	女	化学工程与工艺	天津科技大学	海洋化学	
54	201807070224	王冉	女	化学工程与工艺	浙江理工大学	化学	
55	201807070225	周爱华	女	化学工程与工艺	南京工业大学	光学工程	
56	201807070301	孙旭	男	化学工程与工艺	华东理工大学	化学工程	
57	201807070302	曹珩珩	男	化学工程与工艺	石河子大学	材料与化工	
58	201807070303	吴玉龙	男	化学工程与工艺	华东理工大学	化学工程与技术	
59	201807070304	杨茂会	男	化学工程与工艺		有机化学	
60	201807070305	薛宗浩	男	化学工程与工艺	中国石油大学北京	化学工程与技术	

(续表)

序号	学号	姓名	性别	在校专业	录取院校	录取专业	备注
61	201807070306	刘启港	男	化学工程与工艺	青岛科技大学	材料与化工	
62	201807070310	徐胜男	女	化学工程与工艺	青岛科技大学	化学工程与技术	
63	201807070311	宋媛媛	女	化学工程与工艺	北京化工大学	化学	
64	201807070312	方慧	女	化学工程与工艺	华东师范大学	高分子化学与物理	
65	201807070313	徐彩萍	女	化学工程与工艺	聊城大学	材料科学与工程	
66	201807070314	李伟僮	女	化学工程与工艺	北京化工大学	化学	
67	201807070315	马秀云	女	化学工程与工艺	中国海洋大学	材料与化工（化学工程）	
68	201807070316	张立莹	女	化学工程与工艺	上海理工大学	化学	
69	201807070317	赵梅	女	化学工程与工艺	天津理工大学	材料与化工	
70	201807070319	赵静	女	化学工程与工艺	临沂大学	电子信息类	
71	201807070320	游祥婷	女	化学工程与工艺	中国石油大学（华东）	化学工程	
72	201807070321	李玉	女	化学工程与工艺	曲阜师范大学	化学	
73	201807070322	孙帅琦	女	化学工程与工艺	临沂大学	化学	
74	201807070323	朱文倩	女	化学工程与工艺	中国地质大学（北京）	材料与化工	
75	201807070324	贾璐	女	化学工程与工艺	扬州大学	化学	
76	201807070325	吴广如	女	化学工程与工艺	济南大学	材料与化工	
77	201607040208	刘明辉	男	应用化学	合肥工业大学	化学工程与技术	

药学院

序号	学号	姓名	性别	在校专业	录取院校	录取专业	备注
1	201620010106	贾耿	男	制药工程	中国海洋大学	生物与医药	
2	201620010108	耿溢佼	女	制药工程	石河子大学	小学教育	
3	201620010112	刘文静	女	制药工程	青岛大学	生物信息学	
4	201620010117	钟馥羽	女	制药工程	天津中医药大学	中药学专业	
5	201620010123	刘庆伟	女	制药工程	华东理工大学	药学	
6	201620010116	王靖洋	男	制药工程	南开大学	基础医学	
7	201620010124	袁丛丛	女	制药工程	天津科技大学	微生物与生化药学	
8	201620010126	薛雅儒	女	制药工程	浙江海洋大学	药学	
9	201620010128	赵璟璇	女	制药工程	哈尔滨医科大学	药学专业（药理学）	

(续表)

序号	学号	姓名	性别	在校专业	录取院校	录取专业	备注
10	201620010201	公晶	女	制药工程	临沂大学	化学	
11	201620010202	宋廷武	男	制药工程	福州大学	药物化学	
12	201620010203	吴荣桢	男	制药工程	山东第一医科大学	药物化学	
13	201620010212	王家才	男	制药工程	临沂大学	化学	
14	201620010217	邢晓艺	女	制药工程	浙江工业大学	药学专业	
15	201620010218	陶晓莎	女	制药工程	烟台大学	药物分析与质量控制	
16	201620010219	张鑫	女	制药工程	中国海洋大学	药物分析	
17	201620010220	房溪溪	女	制药工程	青岛大学	药理学	
18	201620010221	于金英	女	制药工程	浙江理工大学	生物化学与分子生物学	
19	201620010223	王延妮	女	制药工程	浙江工业大学	药学专业	
20	201620010226	孟杰	女	制药工程	辽宁大学	微生物学	
21	201620020104	薛俊萍	女	药学	烟台大学	药学	
22	201620020105	葛艳艳	女	药学	天津科技大学	生物与医药	
23	201620020106	杨艳鸿	女	药学	温州医科大学	药学专业（药物分析）	
24	201620020107	刘肇云	女	药学	天津中医药大学	药剂学	
25	201620020110	吴敏	女	药学	华东理工大学	药学专业（药物化学）	
26	201620020113	李宗超	女	药学	烟台大学	药学	
27	201620020114	褚召莉	女	药学	海南大学	药学专业	
28	201620020118	杨倩	女	药学	大连海洋大学	水产（水产医学）	
29	201620020119	刘艳霞	女	药学	临沂大学	化学专业	
30	201620020121	朱传涛	男	药学	郑州大学	药物化学	
31	201620020123	马永超	女	药学	烟台大学	药学	
32	201620020125	苏培文	男	药学	济南大学	生物与医药	
33	201620020129	张超越	女	药学	韩国淑明女子大学	生物	留学
34	201620020130	张敏	女	药学	大连医科大学	药物化学	
35	201620020128	郭建军	男	药学	哈尔滨医科大学	药理学	
36	201620020132	宋亚会	女	药学	遵义医科大学	药学专业（药物分析）	
37	201620020135	张丽娜	女	药学	温州医科大学	药学专业（生药学）	
38	201620030209	刘白雪	女	药学	临沂大学	化学	

(续表)

序号	学号	姓名	性别	在校专业	录取院校	录取专业	备注
39	201620030210	齐冉	男	药学	河北医科大学	药学专业（临床药学）	
40	201620030231	胡存玉	女	药学	天津中医药大学	药学专业（药物化学）	
41	201620030238	彭媛	女	药学	宁夏大学	功能材料与精细化学	
42	201620040308	申洁	女	制药工程	天津科技大学	生物工程	
43	201620040315	程士雪	女	制药工程	浙江工业大学	药学	
44	201620040328	闫小婷	女	制药工程	郑州大学	药学	
45	201620040334	孔庆楠	女	制药工程	哈尔滨医科大学	药学专业（药理学）	
46	201620040337	王庆佳	女	制药工程	青岛农业大学	微生物	

机械与车辆工程学院

序号	学号	姓名	性别	在校专业	录取院校	录取专业	备注
1	201603020110	郎咸伟	男	机械电子工程	山东科技大学	机械电子工程	
2	201603020113	赵萍	女	机械电子工程	山东建筑大学	材料与化工	
3	201603020117	王贺	男	机械电子工程	沈阳理工大学	材料与化工	
4	201603020120	杨占元	男	机械电子工程	青岛大学	机械电子工程	
5	201603020125	刘思语	女	机械电子工程	齐鲁工业大学	机械工程	
6	201603020129	尹宗琦	男	机械电子工程	大连理工大学	工程力学	
7	201603020132	张昆	男	机械电子工程	沈阳理工大学	控制科学与工程	
8	201603020133	闫婷婷	女	机械电子工程	河北工业大学	机械工程	
9	201603020135	李艳楠	女	机械电子工程	内蒙古科技大学	机械工程	
10	201603020138	刘先淼	男	机械电子工程	天津工业大学	机械工程	
11	201603020139	王鏊	男	机械电子工程	武汉科技大学	机械工程	
12	201603020141	方家吉	男	机械电子工程	浙江理工大学	电子信息（计算机技术）	
13	201616100136	李国帅	男	汽车服务工程	广西师范大学	职业技术教育	
14	201616100133	杨大洲	男	汽车服务工程	临沂大学	学科教学（思政）	
15	201603030118	刘圣乾	男	机械设计制造及其自动化	青岛理工大学	机械（专硕）	
16	201603030144	宋顺	男	机械设计制造及其自动化	太原理工大学	机械工程（学硕）	
17	201603030138	胡祺	男	机械设计制造及其自动化	湖南科技大学	机械工程（学硕）	
18	201603030129	刘更升	男	机械设计制造及其自动化	河北工业大学	机械专硕	
19	201603030116	李壮	男	机械设计制造及其自动化	河北工业大学	机械专硕	

(续表)

序号	学号	姓名	性别	在校专业	录取院校	录取专业	备注
20	201603030141	张鑫	男	机械设计制造及其自动化	河北科技大学	机械工程（学硕）	
21	201603030109	郝宏成	男	机械设计制造及其自动化	长春理工大学	机械专硕	
22	201603030127	杨骐睿	男	机械设计制造及其自动化	青岛科技大学	机械专硕	
23	201603030140	夏浩	男	机械设计制造及其自动化	中国矿业大学	机械工程（学硕）	
24	201603030134	陈钊	男	机械设计制造及其自动化	北京工业大学	机械工程（学硕）	
25	201603010118	季怀超	男	机械设计制造及其自动化	上海应用技术大学	机械（学硕）	
26	201603030119	孟晗	男	机械设计制造及其自动化	青岛科技大学	机械专硕	
27	201603030133	张涛	男	机械设计制造及其自动化	内蒙古农业大学	机械	
28	201603030136	何康	男	机械设计制造及其自动化	上海海事大学	机械	
29	201616010103	吴轲	男	车辆工程	沈阳航空航天大学	机械专硕	
30	201616010123	迟洪志	男	车辆工程	大连交通大学	车辆专硕	
31	201616010121	贾茹	女	车辆工程	长春工业大学	机械工程	
32	201616010130	张晓壮	男	车辆工程	燕山大学	车辆工程专硕	
33	201616010203	张强	男	车辆工程	青岛理工大学	车辆工程	
34	201616010204	黄林冲	男	车辆工程	温州大学	机械工程	
35	201616010217	明瑞	男	车辆工程	大连交通大学	车辆工程	
36	201616010231	申建国	男	车辆工程	武汉理工大学	能源动力	
37	201616010225	张小龙	男	车辆工程	辽宁科技大学	机械工程	
38	201616010223	沈学港	男	车辆工程	河海大学	力学专业	
39	201616010216	石少健	男	车辆工程	南京理工大学	车辆工程	
40	201616010226	孙伟	男	车辆工程	温州大学	机械工程	
41	201616010211	李清清	男	车辆工程	东华理工大学	机械	
42	201603010107	樊智贤	男	飞行器制造工程	沈阳航空航天大学	航空宇航制造工程	
43	201603010110	马雪	女	飞行器制造工程	北华大学	学科数学	
44	201603010114	姬忠伟	男	飞行器制造工程	山东科技大学	机械制造及自动化	
45	201603010116	郭伟	男	飞行器制造工程	贵州大学	专门史	
46	201603010117	王进	男	飞行器制造工程	东北农业大学	农业机械化工程	
47	201603010120	郑丽	女	飞行器制造工程	东华大学	材料加工工程	
48	201603010122	宁传鹏	男	飞行器制造工程	长春工业大学	电气工程	

(续表)

序号	学号	姓名	性别	在校专业	录取院校	录取专业	备注
49	201603010126	刘泗栋	男	飞行器制造工程	沈阳航空航天大学	航空宇航制造工程	
50	201603010131	李敏	女	飞行器制造工程	长安大学	机械工程	
51	201603010136	左家乐	男	飞行器制造工程	南昌航空大学	机械	
52	201603010138	任成林	男	飞行器制造工程	沈阳航空航天大学	航空宇航制造工程	
53	201803050201	毕文龙	男	机械设计制造及其自动化（专升本）	山东理工大学	机械工程	
54	201803050202	常智勇	男	机械设计制造及其自动化（专升本）	北京工业大学	机械	
55	201803050203	陈永广	男	机械设计制造及其自动化（专升本）	湖北工业大学	机械	
56	201803050205	高志杰	男	机械设计制造及其自动化（专升本）	哈尔滨工程大学	机械	
57	201803050209	李臣臣	女	机械设计制造及其自动化（专升本）	湖南科技大学	机械	
58	201803050211	李如杨	男	机械设计制造及其自动化（专升本）	山东科技大学	机械	
59	201803050212	李志成	男	机械设计制造及其自动化（专升本）	山东科技大学	机械	
60	201803050213	刘海燕	男	机械设计制造及其自动化（专升本）	宁波大学	机械	
61	201803050214	刘通	男	机械设计制造及其自动化（专升本）	山东农业大学	机械	
62	201803050216	卢希洁	女	机械设计制造及其自动化（专升本）	长安大学	机械	
63	201803050217	马硕	男	机械设计制造及其自动化（专升本）	河北工业大学	机械工程	
64	201803050221	钱保治	男	机械设计制造及其自动化（专升本）	山东科技大学	机械	
65	201803050322	时雪飞	男	机械设计制造及其自动化（专升本）	沈阳工业大学	机械	
66	201803050229	王有龙	男	机械设计制造及其自动化（专升本）	大连交通大学	机械	
67	201803050230	王震	男	机械设计制造及其自动化（专升本）	辽宁科技大学	机械工程	
68	201803050232	徐姚	男	机械设计制造及其自动化（专升本）	浙江工业大学	机械	
69	201803050234	展邦顺	男	机械设计制造及其自动化（专升本）	青岛科技大学	机械	
70	201803050235	张秋月	女	机械设计制造及其自动化（专升本）	中国地质大学（武汉）	机械	
71	201803050236	张硕	男	机械设计制造及其自动化（专升本）	天津科技大学	机械	
72	201803050237	张瑜	女	机械设计制造及其自动化（专升本）	中国石油大学（华东）	资源与环境	
73	201803050305	葛敏	女	机械设计制造及其自动化（专升本）	天津职业技术师范大学	机械	
74	201803050306	郭慧珍	女	机械设计制造及其自动化（专升本）	南京林业大学	机械	
75	201803050307	季一平	女	机械设计制造及其自动化（专升本）	湖北工业大学	机械	
76	201803050309	李昊	男	机械设计制造及其自动化（专升本）	辽宁科技大学	机械工程	

(续表)

序号	学号	姓名	性别	在校专业	录取院校	录取专业	备注
77	201803050311	李松原	男	机械设计制造及其自动化（专升本）	北京工业大学	电子信息	
78	201803050312	刘冬	男	机械设计制造及其自动化（专升本）	武汉理工大学	机械	
79	201803050314	刘亚凡	男	机械设计制造及其自动化（专升本）	山东理工大学	机械	
80	201803050315	柳金康	男	机械设计制造及其自动化（专升本）	北方工业大学	机械	
81	201803050321	曲雅静	女	机械设计制造及其自动化（专升本）	西安理工大学	机械	
82	201803050322	宋金秋	男	机械设计制造及其自动化（专升本）	青岛科技大学	机械	
83	201803050323	孙博文	男	机械设计制造及其自动化（专升本）	中国矿业大学	机械	
84	201803050325	孙燕楠	男	机械设计制造及其自动化（专升本）	深圳大学	机械	
85	201803050327	王晨雨	男	机械设计制造及其自动化（专升本）	陕西科技大学	机械	
86	201803050328	王通	男	机械设计制造及其自动化（专升本）	天津工业大学	机械	
87	201803050329	王长利	男	机械设计制造及其自动化（专升本）	南昌航空大学	机械	
88	201803050332	杨传明	男	机械设计制造及其自动化（专升本）	中国矿业大学	机械	
89	201803050333	岳耀帅	男	机械设计制造及其自动化（专升本）	青岛理工大学	机械	
90	201803050336	张宜锋	男	机械设计制造及其自动化（专升本）	济南大学	机械	
91	201803050337	张泽飞	女	机械设计制造及其自动化（专升本）	齐鲁工业大学	机械	
92	201803050338	赵波	男	机械设计制造及其自动化（专升本）	山东农业大学	机械工程	
93	201803050339	赵欣悦	女	机械设计制造及其自动化（专升本）	中国矿业大学（北京）	机械	
94	201803050340	周长鹏	男	机械设计制造及其自动化（专升本）	天津工业大学	机械	
95	201603030202	李栋	男	机械设计制造及其自动化	北京工业大学	机械	
96	201603030203	王磊	男	机械设计制造及其自动化	南京航空航天大学	机械	
97	201603030233	袁银	男	机械设计制造及其自动化	贵州大学	机械	
98	201603030201	李连良	男	机械设计制造及其自动化	北京工商大学	机械	
99	201603030215	杨宝坤	男	机械设计制造及其自动化	兰州理工大学	机械	
100	201603030205	杨崇翔	男	机械设计制造及其自动化	中国石油大学（华东）	石油	
101	201608030213	厉秀英	女	机械设计制造及其自动化	辽宁科技大学	机械	
102	201608030225	孙得成	男	机械设计制造及其自动化	北京工业大学	机械	
103	201603030216	毕泽洋	男	机械设计制造及其自动化	北京信息科技大学	机械	
104	201603030305	陈守祺	男	机械设计制造及其自动化	青岛科技大学	机械工程	

(续表)

序号	学号	姓名	性别	在校专业	录取院校	录取专业	备注
105	201620010115	任尊亮	男	机械设计制造及其自动化	中国石油大学（华东）	资源与环境（石油与天然气工程）	
106	201603030327	王从顺	男	机械设计制造及自动化	吉林大学	车辆工程	
107	201603030328	张庆博	男	机械设计制造及其自动化	东北林业大学	机械工程	
108	201603030329	刘天文	男	机械设计制造及其自动化	南开大学	生物化学与分子生物学	
109	201603030341	孙浩铭	男	机械设计制造及其自动化	大连交通	机械工程	
110	201603030319	朱林	男	机械设计制造及其自动化	北京工业大学	机械工程	
111	201603030308	蒋宝强	男	机械设计制造及其自动化	江南大学	机械工程	
112	201803050223	宋英杰	男	机械设计制造及其自动化（专升本）	广西科技大学	机械	
113	201803050239	赵晨浩	男	机械设计制造及其自动化（专升本）	浙江科技学院	机械	
114	201803050208	姜合群	男	机械设计制造及其自动化（专升本）	内蒙古科技大学	机械工程	
115	201803050303	池京银	男	机械设计制造及其自动化（专升本）	青岛理工大学	机械工程	
116	201603010123	王珂	女	飞行器制造工程	宁夏大学	机械工程	
117	201616010208	苗家庚	男	车辆工程	河北工程大学	机械工程	

材料科学与工程学院

序号	学号	姓名	性别	在校专业	录取院校	录取专业	备注
1	201607050219	赵月	女	材料科学与工程（本科）	南开大学	高分子化学与物理	985
2	201607050108	秦静静	女	材料科学与工程（本科）	中科院广州化学所	高分子化学与物理	科研院所
3	201607050212	原琳	女	材料科学与工程（本科）	中国石油大学（北京）	化学工程	985
4	201607050129	刘颖	女	材料科学与工程（本科）	北京化工大学	材料科学与工程	211
5	201607050119	孙晓林	男	材料科学与工程（本科）	青岛大学	材料学	
6	201607050121	赵凯	男	材料科学与工程（本科）	青岛大学	材料学	
7	201607050220	王衡	男	材料科学与工程（本科）	青岛大学	材料与化工	
8	201607050217	韩慧	女	材料科学与工程（本科）	青岛大学	材料学	
9	201607050216	沈军	男	材料科学与工程（本科）	青岛大学	材料科学与工程	
10	201607050211	黄传峰	男	材料科学与工程（本科）	青岛大学	材料科学与工程	
11	201607050132	熊梦圆	男	材料科学与工程（本科）	上海理工大学	材料与化工	
12	201607050208	刘青青	女	材料科学与工程（本科）	宁波大学	材料工程	
13	201607050111	高广豪	男	材料科学与工程（本科）	江苏大学	材料科学与工程	

(续表)

序号	学号	姓名	性别	在校专业	录取院校	录取专业	备注
14	201607050117	袁美玉	女	材料科学与工程（本科）	南京工业大学	材料科学与工程	
15	201607050207	曹帅	男	材料科学与工程（本科）	大连工业大学	材料与化工	
16	201607050105	吕永琪	女	材料科学与工程（本科）	山西师范大学	高等教育学	
17	201607050223	闫瑜	女	材料科学与工程（本科）	天津理工大学	材料与化工	
18	201607050209	张国亮	男	材料科学与工程（本科）	北方民族大学	化学工艺	
19	201607050114	解自奇	男	材料科学与工程（本科）	辽宁石油化工大学	应用化学	
20	201607050230	黄文峻	男	材料科学与工程（本科）	青岛大学	材料工程	
21	201607050123	王子豪	男	材料科学与工程（本科）	青岛大学	材料加工工程	
22	201607050214	宋奇奇	女	材料科学与工程（本科）	内蒙古科技大学	化学工程与技术	
23	201607050215	邵欣	女	材料科学与工程（本科）	北方民族大学	材料物理与化学	
24	201607050110	王东	男	材料科学与工程（本科）	桂林理工大学	材料与化工	
25	201607050206	刘颖	女	材料科学与工程（本科）	山东科技大学	化学工程	
26	201607050229	杨康	男	材料科学与工程（本科）	天津工业大学	材料工程	

自动化与电气工程学院

序号	学号	姓名	性别	在校专业	录取院校	录取专业	备注
1	201509140114	王康	男	电气工程及其自动化	石河子大学	电子信息	211
2	201615020117	孙桂萍	女	电气工程及其自动化	临沂大学	电子信息	
3	201615020123	柏承君	女	电气工程及其自动化	山东科技大学	能源动力	
4	201616030101	乔露	女	电气工程及其自动化	上海电力大学	能源动力	
5	201616030103	汤瑞	男	电气工程及其自动化	哈尔滨工程大学	仪器科学与技术	211
6	201616030104	王岩庆	男	电气工程及其自动化	青岛大学	能源动力	
7	201616030105	张宇辉	男	电气工程及其自动化	东北电力大学	电气工程	
8	201616030108	秦承宇	男	电气工程及其自动化	扬州大学	电机与电器	
9	201616030114	李翼成	男	电气工程及其自动化	东北电力大学	能源动力	
10	201616030118	郭旭	男	电气工程及其自动化	江苏师范大学	电气工程	
11	201616030120	赵燊元	男	电气工程及其自动化	成都理工大学	能源动力	
12	201616030121	魏洪志	男	电气工程及其自动化	山东理工大学	能源动力	
13	201616030122	刘振华	男	电气工程及其自动化	上海电力大学	可再生能源科学与工程	

(续表)

序号	学号	姓名	性别	在校专业	录取院校	录取专业	备注
14	201616030124	李勇	男	电气工程及其自动化	江苏大学	电气专硕	
15	201616030202	谢兆君	男	电气工程及其自动化	山东科技大学	能源工程	
16	201616030207	纪昌杏	女	电气工程及其自动化	上海电力大学	电力电子与电气传动	
17	201616030209	梁细恒	男	电气工程及其自动化	长沙理工大学	电气工程	
18	201616030211	张祥珂	男	电气工程及其自动化	山东理工大学	能源动力	
19	201616030237	刘柳	男	电气工程及其自动化	南京理工大学	能源动力	211
20	201616030316	马兰港	男	电气工程及其自动化	天津工业大学	电气工程	
21	201616030330	许云淞	男	电气工程及其自动化	长春工业大学	能源动力	
22	201616030401	徐玉洁	女	电气工程及其自动化	上海海事大学	电气工程	
23	201616030403	高硕	男	电气工程及其自动化	东北电力大学	电气工程	
24	201616030411	杨凤林	男	电气工程及其自动化	西华大学	能源动力	
25	201616030416	苏慧芳	女	电气工程及其自动化	三峡大学	电气工程及其自动化	
26	201616030420	郑蕾	女	电气工程及其自动化	兰州理工	能源动力	
27	201616030422	陈永立	男	电气工程及其自动化	哈尔滨理工大学	电机与电器	
28	201616030429	伍灿杰	男	电气工程及其自动化	长沙理工大学	能源动力	
29	201616030430	黄禹霆	男	电气工程及其自动化	沈阳工业大学	电子信息	
30	201616060104	胡顺伟	男	自动化	临沂大学	电子信息	
31	201616060105	张斌	男	自动化	大连理工大学	电子信息	985、211
32	201616060114	霍志然	男	自动化	西安理工大学	控制工程	
33	201616060121	林格羽	女	自动化	山东科技大学	控制工程	
34	201616060122	李晨晨	女	自动化	中国石油大学（华东）	控制科学与工程	211
35	201616060126	陶九明	男	自动化	沈阳大学	控制科学与工程	
36	201616060130	徐正军	男	自动化	天津理工大学	控制工程	
37	201616060134	李超	男	自动化	山东建筑大学	控制科学与工程	
38	201616060135	王冠正	男	自动化	临沂大学	电子信息	
39	201616060144	石佳	男	自动化	西北工业大学	电子信息	985、211
40	201616080202	彭祥贞	男	自动化（嵌入式软件外包）	北京工商大学	控制工程	
41	201616080204	张志豪	男	自动化（嵌入式软件外包）	青岛农业大学	水产养殖专业	
42	201616080215	彭源	男	自动化（嵌入式软件外包）	山东师范大学	职业技术教育	

(续表)

序号	学号	姓名	性别	在校专业	录取院校	录取专业	备注
43	201616080218	霍景日	男	自动化（嵌入式软件外包）	广西科技大学	机械（控制工程）	
44	201616080222	渠颖	女	自动化（嵌入式软件外包）	山东师范大学	职业技术教育	
45	201616080227	魏亚飞	男	自动化（嵌入式软件外包）	上海电力大学	控制工程	
46	201616080305	刘恩铮	男	自动化（嵌入式软件外包）	河海大学	电子信息	211
47	201616080313	朱伊囡	女	自动化（嵌入式软件外包）	上海电力大学	控制工程	
48	201616080321	潘宇	男	自动化（嵌入式软件外包）	上海电力大学	控制工程	
49	201616080322	杜保法	男	自动化（嵌入式软件外包）	哈尔滨工程大学	电子信息	211
50	201616080328	卞永鑫	女	自动化（嵌入式软件外包）	天津理工大学	控制工程	
51	201616080320	高明成	男	自动化（嵌入式软件外包）	沈阳理工大学	机械	
52	201616090104	杨行	女	轨道交通信号与控制	华东交通大学	交通信息工程及控制	
53	201616090106	张豪	女	轨道交通信号与控制	杭州电子科技大学	控制科学与工程	
54	201616090109	刘杰鑫	女	轨道交通信号与控制	兰州交通大学	交通运输	
55	201616090110	尹永娟	女	轨道交通信号与控制	山东科技大学	控制科学与工程	
56	201616090116	王璐瑶	女	轨道交通信号与控制	山东师范大学	学科教学（数学）	
57	201616090118	王淼	女	轨道交通信号与控制	大连交通大学	控制科学与工程	
58	201616090119	张菲	女	轨道交通信号与控制	青岛大学	电子信息	
59	201616090124	宋晓艳	女	轨道交通信号与控制	大连交通大学	电子信息	
60	201616090128	林旭宁	女	轨道交通信号与控制	山东科技大学	控制科学与工程	
61	201616090129	尹瀚	男	轨道交通信号与控制	桂林电子科技大学	交通运输	
62	201616090133	严东峰	男	轨道交通信号与控制	临沂大学	电子信息	
63	201616090140	熊维	女	轨道交通信号与控制	大连民族大学	电子信息	
64	201616090142	曾文爱	女	轨道交通信号与控制	兰州理工大学	模式识别与智能控制	
65	201616090144	欧阳昱钊	男	轨道交通信号与控制	深圳大学	电子信息	
66	201616090147	陆洋	男	轨道交通信号与控制	吉林化工学院	电子信息	
67	201816030503	李学增	男	电气工程及其自动化	辽宁工业大学	能源动力	
68	201816030504	赵厚群	男	电气工程及其自动化	安徽理工大学	能源动力	
69	201816030506	王胜利	男	电气工程及其自动化	武汉轻工大学	电子信息	
70	201816030507	柳松林	男	电气工程及其自动化	上海电力大学	电力信息技术	
71	201816030508	刘晨曦	男	电气工程及其自动化	南京工程学院	能源动力	

(续表)

序号	学号	姓名	性别	在校专业	录取院校	录取专业	备注
72	201816030512	李泽阳	男	电气工程及其自动化	山东理工大学	能源动力	
73	201816030513	李阳	男	电气工程及其自动化	济南大学	电子信息	
74	201816030514	宋浩	男	电气工程及其自动化	山东科技大学	控制科学与工程	
75	201816030520	张凯	男	电气工程及其自动化	燕山大学	控制科学与工程	
76	201816030522	张国昌	男	电气工程及其自动化	重庆科技学院	资源与环境	
77	201816030523	孔杰	男	电气工程及其自动化	上海电力大学	电力工程经济与管理	
78	201816030526	王克岩	男	电气工程及其自动化	沈阳工业大学	能源动力	
79	201816030528	徐海洋	男	电气工程及其自动化	天津理工大学	能源动力	
80	201816030530	王海伟	男	电气工程及其自动化	长春工业大学	能源动力	
81	201816030532	李文豪	男	电气工程及其自动化	湖南工业大学	能源动力	
82	201816030533	朱燕萍	女	电气工程及其自动化	华北理工大学	仪器科学与技术	
83	201816030537	高春晓	女	电气工程及其自动化	上海海事大学	电力电子与电力传动	
84	201816030540	朱美媛	女	电气工程及其自动化	河南理工大学	能源动力	
85	201816030541	段修臻	男	电气工程及其自动化	天津职业技术师范大学	机械工程	
86	201816030601	张荣星	男	电气工程及其自动化	昆明理工大学	控制工程	
87	201816030603	董创创	男	电气工程及其自动化	西安石油大学	电力系统及其自动化	
88	201816030606	孔令哲	男	电气工程及其自动化	山东理工大学	能源动力	
89	201816030607	孙维彬	男	电气工程及其自动化	上海电机学院	能源动力	
90	201816030609	曾庆学	男	电气工程及其自动化	武汉科技大学	控制工程	
91	201816030610	郭宗浩	男	电气工程及其自动化	山东科技大学	控制科学与工程	
92	201816030613	段家豪	男	电气工程及其自动化	山东理工大学	能源动力	
93	201816030614	包永峰	男	电气工程及其自动化	天津理工大学	控制工程	
94	201816030618	邵文文	男	电气工程及其自动化	江苏大学	江苏大学	
95	201816030619	史伟超	男	电气工程及其自动化	上海电机学院	能源动力	
96	201816030620	王均高	男	电气工程及其自动化	沈阳工业大学	能源动力	
97	201816030621	孙丰田	男	电气工程及其自动化	山东科技大学	能源动力	
98	201816030622	杨晨光	男	电气工程及其自动化	山东科技大学	能源动力	
99	201816030625	王伟民	男	电气工程及其自动化	湖南工业大学	电气工程	
100	201816030626	魏深	男	电气工程及其自动化	山东科技大学	电子通信	

(续表)

序号	学号	姓名	性别	在校专业	录取院校	录取专业	备注
101	201816030632	田雪松	女	电气工程及其自动化	天津理工大学	电子信息	
102	201816030635	柳欣	女	电气工程及其自动化	辽宁石油化工大学	控制工程	
103	201816030636	魏英华	女	电气工程及其自动化	曲阜师范大学	能源动力	
104	201816030639	孙鸢飞	女	电气工程及其自动化	青岛大学	电子信息	
105	201816030608	聂培青	男	电气工程及其自动化	天津农学院	电子信息	
106	201616060112	张旭	男	自动化	甘肃农业大学	机械	
107	201616030320	王胜强	男	电气工程及其自动化	天津农学院	电子信息	
108	201616060125	杜坤鹏	男	自动化	甘肃农业大学	机械	

信息科学与工程学院

序号	学号	姓名	性别	在校专业	录取院校	录取专业	备注
1	201609060121	孙淑婉	女	计算机科学与技术	安徽师范大学	计算机科学与技术	
2	201609040208	郭延迪	男	计算机科学与技术	北京工商大学	计算机技术	
3	201806070460	周长东	男	计算机科学与技术	大连海事大学	计算机科学与技术	
4	201809070431	秦秋霞	女	计算机科学与技术	大连民族大学	人工智能	
5	201809070437	王祎宸	男	计算机科学与技术	大连民族大学	电子信息	
6	201609060116	任喆	女	计算机科学与技术	哈尔滨理工大学	材料与化工	
7	201809070441	王瑞瑞	女	计算机科学与技术	杭州电子科技大学	计算机科学与技术	
8	201809070445	夏征华	男	计算机科学与技术	杭州师范大学	电子信息	
9	201809070428	吕青苗	女	计算机科学与技术	华北电力大学保定校区	计算机科学与技术	
10	201809070456	张亚楠	女	计算机科学与技术	济南大学	计算机技术	
11	201609100335	李俊燕	女	软件工程	辽宁工业大学	电子信息	
12	201809070418	李晓倩	女	计算机科学与技术	辽宁工业大学	计算机技术	
13	201609100301	刘娈琦	女	软件工程	临沂大学	电子信息	
14	201609100310	李盟	女	软件工程	临沂大学	电子信息	
15	201609100340	段月月	女	软件工程	南京邮电大学	应用统计	
16	201809070401	鲍庆森	男	计算机科学与技术	南京邮电大学	电子信息	
17	201609040219	陈佃迎	男	计算机科学与技术	齐鲁工业大学	电子信息	
18	201609040315	赵菊	女	计算机科学与技术	齐鲁工业大学	计算机技术	

(续表)

序号	学号	姓名	性别	在校专业	录取院校	录取专业	备注
19	201809070442	王雨婷	女	计算机科学与技术	齐鲁工业大学	电子信息	
20	201809070408	迟晓帆	男	计算机科学与技术	青岛大学	计算机技术	
21	201809070419	李宇轩	男	计算机科学与技术	青岛大学	计算机技术	
22	201809070446	徐晓晨	女	计算机科学与技术	青岛科技大学	电子信息	
23	201809070454	张琳	女	计算机科学与技术	青岛科技大学	计算机技术	
24	201609100309	齐甜甜	女	软件工程	青岛理工大学	马克思主义理论	
25	201609040229	武影	女	计算机科学与技术	山东大学	电子信息	
26	201809070412	高学薇	女	计算机科学与技术	山东工商学院	电子信息	
27	201809070455	张硕伟	男	计算机科学与技术	山东科技大学	地质资源与地质工程	
28	201809070403	曹战月	女	计算机科学与技术	山东师范大学	计算机技术	
29	201809070413	蒋玉强	男	计算机科学与技术	山东师范大学	软件工程	
30	201809070416	孔鑫	女	计算机科学与技术	山东师范大学	计算机科学与技术	
31	201809070425	刘杰	女	计算机科学与技术	山东师范大学	计算机技术	
32	201809070447	闫柏诚	男	计算机科学与技术	山东师范大学	计算机技术	
33	201609100345	吴哲	女	软件工程	上海海事大学	电子信息	
34	201809070427	栾小珍	女	计算机科学与技术	上海理工大学	数学	
35	201809070453	张纪庆	男	计算机科学与技术	西安邮电大学	计算机技术	
36	201809070417	李林霞	女	计算机科学与技术	烟台大学	计算机科学与技术	
37	201809070449	尹帅	男	计算机科学与技术	烟台大学	电子信息	
38	201609060120	于潇洁	女	计算机科学与技术	长春理工大学	计算机科学与技术	
39	201809070406	陈正	男	计算机科学与技术	长春理工大学	电子信息	
40	201809070436	孙莹哲	男	计算机科学与技术	长春理工大学	计算机技术	
41	201809070443	王占威	男	计算机科学与技术	中国海洋大学	农业工程与信息技术	
42	201809070438	王嘉文	男	计算机科学与技术	中国矿业大学(北京校区)	计算机技术	
43	201609240128	高亚婷	女	信息工程	中国石油大学	计算机科学与技术	
44	201609040320	王琪	男	计算机科学与技术	中国石油大学(华东)	计算机技术	
45	201809070426	刘久龙	男	计算机科学与技术	辽宁工程技术大学	软件工程	
46	201609060115	庞帅	男	计算机科学与技术	山东工商学院	电子信息	
47	201809070430	庞珍珍	女	计算机科学与技术	安徽大学	电子信息-计算机技术	

(续表)

序号	学号	姓名	性别	在校专业	录取院校	录取专业	备注
48	201609100331	庞春艳	女	软件工程	长春工业大学	电子信息	
49	201609090123	刘超达	男	软件工程	山东师范大学	软件工程	
50	201609090134	王镇	男	软件工程	兰州交通大学	软件工程	
51	201609090135	梁晨	女	软件工程	华中师范大学	现代教育技术	
52	201609090141	刘翠翠	女	软件工程	曲阜师范大学	现代教育技术	
53	201609090143	张硕	女	软件工程	北方工业大学	电子信息专业	
54	201609090144	娄茹珍	女	软件工程	哈尔滨工程大学	电子信息专硕	
55	201609090203	陈海洋	男	软件工程	中国地质大学（北京）	计算机技术	
56	201609090211	张学智	男	软件工程	西北民族大学	电子信息类计算机技术	
57	201609090214	田升	男	软件工程	重庆科技学院	智慧安全	
58	201609090218	刘道群	男	软件工程	河北科技大学	电子信息（计算机应用技术）	
59	201609090219	徐豪杰	男	软件工程	安徽大学	软件工程	
60	201609090221	王金彪	男	软件工程	首都师范大学	电子信息	
61	201609090239	陈壮浩	男	软件工程	中国矿业大学（北京）	电子信息计算机技术专业	
62	201609160104	王健	男	通信工程	中国石油大学（华东）	电子信息	
63	201609160109	战海涛	男	通信工程	西安邮电大学	电子信息	
64	201609160113	刘伟	男	通信工程	深圳大学	电子信息	
65	201609160114	王宇翱	男	通信工程	南京邮电大学	电子信息	
66	201609160116	张祥淼	男	通信工程	山东科技大学	信息与通信工程	
67	201609160125	袁春清	男	通信工程	上海海事大学	电子信息	
68	201609160140	李硕	男	通信工程	哈尔滨工程大学	信息与通信工程	
69	201609160144	张奕雯	女	通信工程	宁波大学	集成电路工程	
70	201609170207	李雯	女	通信工程	中国石油大学（华东）	信息与通信工程	
71	201609170210	刘倩倩	女	通信工程	天津师范大学	小学教育	
72	201609170222	胡君杰	女	通信工程	大连海事大学	信息与通信工程	
73	201609170230	王萌	女	通信工程	辽宁工程技术大学	通信与信息系统	
74	201609170233	杨钥	女	通信工程	临沂大学	电子信息	
75	201609180306	冯满莹	女	通信工程	西南大学	信息与通信工程	
76	201609180317	张云帆	女	通信工程	山东工商学院	计算机技术	

(续表)

序号	学号	姓名	性别	在校专业	录取院校	录取专业	备注
77	201609180320	马明静	女	通信工程	山东科技大学	电子与通信工程	
78	201609180328	高倩倩	女	通信工程	中国石油大学（华东）	电子信息	
79	201609180339	丁丽姣	女	通信工程	临沂大学	电子信息	
80	201609210101	刘峻东	男	网络工程	中国海洋大学	电子信息	
81	201609210104	李宝龙	男	网络工程	内蒙古科技大学	电子信息	
82	201609210122	张瑞	男	网络工程	青岛科技大学	电子信息	
83	201609210124	续宗棠	男	网络工程	青岛大学	电子信息	
84	201609210126	魏宗博	男	网络工程	沈阳化工大学	电子信息	
85	201609210128	郑成浩	男	网络工程	山东科技大学	计算机科学与技术	
86	201609210140	朱浩华	女	网络工程	南京理工大学	软件工程	
87	201609220201	孙振宇	男	网络工程	辽宁工程技术大学	计算机技术	
88	201609220202	张子旭	男	网络工程	北方民族大学	计算机科学与技术	
89	201609220205	张晓宇	男	网络工程	西安科技大学	电子信息	
90	201609220214	张超越	男	网络工程	辽宁大学	电子信息	
91	201609220215	杨青翰	男	网络工程	山东师范大学	计算机技术	
92	201609220228	常乐	男	网络工程	大连民族大学	电子信息	
93	201609220240	刘程	女	网络工程	大连海事大学	计算机科学与技术	

土木工程与建筑学院

序号	学号	姓名	性别	在校专业	录取院校	录取专业	备注
1	201615040221	宋炎峰	男	土木工程	苏州科技大学	桥梁与隧道工程	
2	201615040128	程豪	男	土木工程	昆明理工大学	土木工程	
3	201615040211	杨茂	男	土木工程	昆明理工大学	桥梁与隧道工程	
4	201615040201	王金鹏	男	土木工程	兰州交通大学	土木水利工程	
5	201615040129	吕松峰	男	土木工程	云南农业大学	土木水利	
6	201615040124	杨加兴	男	土木工程	青岛理工大学	土木工程	
7	201615040209	宋成法	男	土木工程	山东科技大学	土木水利工程	
8	201615040203	邓嘉	女	土木工程	北京工业大学	土木水利工程	
9	201615040205	周中冠	男	土木工程	山东建筑大学	桥梁与隧道工程	

(续表)

(续表)

序号	学号	姓名	性别	在校专业	录取院校	录取专业	备注
10	201615040228	赵文斌	男	土木工程	太原理工大学	土木工程	
11	201615040122	祝岳	男	土木工程	青岛理工大学	土木工程	
12	201615040210	杜建行	男	土木工程	宁波大学	土木工程	
13	201615040227	李雪梅	女	土木工程	西安建筑科技大学	土木工程	
14	201615040105	张智勇	男	土木工程	西安建筑科技大学	土木工程	
15	201615040126	王相卿	男	土木工程	武汉工程大学	土木工程	
16	201615040427	杨超群	男	土木工程	南京工业大学	土木水利工程	
17	201615040310	鲍旭东	男	土木工程	江苏科技大学	土木工程	
18	201615040320	吴迪	女	土木工程	河北工业大学	土木水利工程	
19	201615040326	杨文娟	女	土木工程	山东农业大学	土木水利工程	
20	201615040404	李明厚	男	土木工程	太原理工大学	土木水利工程	
21	201615040424	刘庆波	男	土木工程	烟台大学	土木水利工程	
22	201615040414	王潮鑫	男	土木工程	重庆交通大学	土木水利工程	
23	201615040406	郭雅峰	男	土木工程	华侨大学	土木水利工程	
24	201815060101	班燕楠	女	土木工程	伊犁师范大学	土木工程	
25	201815060132	孙得志	男	土木工程	太原理工大学	土木工程	
26	201815060117	姜良金	男	土木工程	山东科技大学	土木工程	
27	201815060129	鲁肃	男	土木工程	内蒙古工业大学	土木工程	
28	201815060107	丁明君	男	土木工程	山东科技大学	土木工程	
29	201815060105	陈颖	女	土木工程	山东科技大学	土木工程	
30	201815060116	黄心硕	男	土木工程	中国矿业大学	土木工程	
31	201815060111	范振成	男	土木工程	南京工业大学	土木工程	
32	201815060112	高萌	男	土木工程	中国石油大学（华东）	土木工程	
33	201815060121	李同帅	男	土木工程	山东科技大学	土木工程	
34	201815060131	宋丹	女	土木工程	青岛理工大学	土木工程	
35	201815060135	王磊	女	土木工程	河北大学	土木工程	
36	201815060118	蒋泽宇	女	土木工程	北京建筑大学	土木工程	
37	201815060128	刘雪婷	女	土木工程	河北大学	土木工程	
38	201815060133	孙晓燕	女	土木工程	北京建筑大学	土木工程	

(续表)

序号	学号	姓名	性别	在校专业	录取院校	录取专业	备注
39	201815060122	李泽浩	男	土木工程	临沂大学	土木工程	
40	201815060103	蔡川	男	土木工程	烟台大学	土木工程	
41	201815060142	尹文雯	女	土木工程	辽宁工业大学	土木工程	
42	201815060114	和西民	男	土木工程	河北工业大学	土木工程	
43	201815060119	冷卓宇	男	土木工程	烟台大学	土木工程	
44	201815060115	胡顺彩	女	土木工程	大连大学	土木工程	
45	201815060113	郭宁	男	土木工程	山东建筑大学	土木工程	
46	201815060141	尹瑞杰	男	土木工程	聊城大学	土木工程	
47	201815060134	田煜	女	土木工程	辽宁工程技术大学	土木工程	
48	201815060150	张志强	男	土木工程	辽宁工程技术大学	土木工程	
49	201815060124	刘骞文	男	土木工程	西北农林科技大学	土木工程	
50	201815060126	刘连栋	男	土木工程	济南大学	土木工程	
51	201815060127	刘旺	男	土木工程	辽宁工程技术大学	土木工程	
52	201815060108	董笛	女	土木工程	山东交通学院	土木工程	
53	201615030115	解中赫	男	建筑学	青岛理工大学	建筑学	
54	201615030116	张亚琳	女	建筑学	青岛理工大学	建筑学	
55	201615030224	史英楠	女	建筑学	苏州大学金螳螂建筑学院	建筑学	
56	201615030211	孙霄笛	女	建筑学	苏州大学金螳螂建筑学院	建筑学	
57	201615030219	秦存升	男	建筑学	苏州科技大学	建筑学	
58	201615030212	邱艳霞	女	建筑学	山东建筑大学	建筑学	
59	201615030107	岳迪	女	建筑学	中国矿业大学	建筑学	

资源环境学院

序号	学号	姓名	性别	在校专业	录取院校	录取专业	备注
1	201718010121	任瑶瑶	女	测绘工程	江苏师范大学	测绘科学与技术	
2	201718010122	时永欣	女	测绘工程	南京信息工程大学	测绘科学与技术	
3	201718010123	唐家玉	女	测绘工程	中国地质大学（武汉）	测绘科学与技术	
4	201718010119	齐聪	男	测绘工程	山东科技大学	测绘工程	
5	201718010117	刘晓彤	女	测绘工程	山东科技大学	地图制图学与地理信息系统	

(续表)

序号	学号	姓名	性别	在校专业	录取院校	录取专业	备注
6	201718010127	王玉真	女	测绘工程	中国地质大学（北京）	资源与环境遥感	
7	201718010128	韦佳	女	测绘工程	桂林理工大学	地图制图学与地理信息工程	
8	201718010112	李薇	女	测绘工程	中国石油大学（华东）	测绘工程	
9	201718010139	周瑞宸	男	测绘工程	山东科技大学	测绘工程	
10	201718010129	吴明慧	女	测绘工程	中国地质大学（武汉）	测绘科学与技术	
11	201718000108	代姗姗	女	人文地理与城乡规划	中国矿业大学	公共管理	
12	201718000202	崔亚菲	女	人文地理与城乡规划	首都师范大学	自然地理学	
13	201718000203	董倩倩	女	人文地理与城乡规划	山东师范大学	人文地理学	
14	201718000204	杜钱坤	男	人文地理与城乡规划	云南大学	城乡规划	
15	201718000235	赵华健	男	人文地理与城乡规划	南京信息工程大学	地理学	
16	201718000414	吕晶晶	女	人文地理与城乡规划	山西师范大学	生态学	
17	201718000417	秦纪法	男	人文地理与城乡规划	鲁东大学	地理学	
18	201718000427	徐会芝	女	人文地理与城乡规划	山东建筑大学	城市规划	
19	201718000432	余鑫鑫	男	人文地理与城乡规划	重庆师范大学	人文地理学	
20	201718040102	曹佃芃	男	环境工程	大连海事大学	环境工程	
21	201718040103	陈飞潼	女	环境工程	南京林业大学	环境工程	
22	201718040105	崔景文	女	环境工程	北京石油化工学院	环境工程	
23	201718040106	董文静	女	环境工程	西北师范大学	环境工程	
24	201718040107	杜凯	男	环境工程	青岛大学	环境工程	
25	201718040108	高传翔	男	环境工程	桂林理工大学	环境工程	
26	201718040110	韩淑蕊	女	环境工程	天津工业大学	环境工程	
27	201718040112	李钰	女	环境工程	天津工业大学	环境工程	
28	201718040113	李中秀	女	环境工程	大连海事大学	环境工程	
29	201718040114	连继晓	女	环境工程	江南大学	环境工程	
30	201718040120	石双欣	女	环境工程	中国石油大学	环境工程	
31	201718040123	万升理	男	环境工程	青岛大学	环境工程	
32	201718040124	王森	男	环境工程	郑州大学	环境工程	
33	201718040126	王亚如	女	环境工程	中国石油大学	环境工程	
34	201718040131	晏语	男	环境工程	江苏大学	环境工程	

(续表)

序号	学号	姓名	性别	在校专业	录取院校	录取专业	备注
35	201718040132	尹晓燕	女	环境工程	天津科技大学	环境工程	
36	201718040135	张俊柳	女	环境工程	齐鲁工业大学	环境工程	
37	201718040136	张梦琦	女	环境工程	江苏大学	环境工程	
38	201718040138	赵文青	女	环境工程	江苏大学	环境工程	
39	201718040139	郑新宇	男	环境工程	青岛大学	环境工程	
40	201718000103	丁妍	女	地理学（本科师范）	中国地质大学（武汉）	构造地质学	
41	201718000331	于建华	女	地理学（本科师范）	曲阜师范大学	学科教学（地理）	
42	201718000323	王倩倩	女	地理学（本科师范）	东北师范大学	学科教学（地理）	
43	201718000418	时文玉	女	地理学（本科师范）	辽宁师范大学	自然地理学	
44	201718000406	黄子轩	女	地理学（本科师范）	辽宁师范大学	学科教学（地理）	
45	201718000222	王辉	女	地理学（本科师范）	哈尔滨师范大学	自然地理	
46	201718000213	刘晓莉	女	地理学（本科师范）	河南大学	地理学	
47	201718000209	李秋梅	女	地理学（本科师范）	北京林业大学	全球变化生态学	
48	201718000337	邹望	女	地理学（本科师范）	首都师范大学	自然地理学	
49	201718000112	刘苏	女	地理学（本科师范）	河海大学	自然地理学	
50	201718000110	李雪	女	地理学（本科师范）	安徽师范大学	学科地理	
51	201718000104	冯妍	女	地理学（本科师范）	辽宁师范大学	自然地理专业	
52	201718000114	毛兴莉	女	地理学（本科师范）	陕西师范大学	自然地理学	
53	201718000126	魏玮	女	地理学（本科师范）	山东师范大学	人文地理学	
54	201718000415	牛少璇	女	地理学（本科师范）	山东师范大学	学科地理	
55	201718000326	吴世嵩	男	地理学（本科师范）	云南师范大学	学科地理	
56	201718000429	杨国威	男	自然地理与资源环境	长安大学	地质学	

生命科学学院

序号	学号	姓名	性别	在校专业	录取院校	录取专业	备注
1	201608030101	房莹莹	女	生物技术	大连海洋大学	海洋生物学	
2	201608030104	时洁	女	生物技术	自然资源部第一海洋研究所	海洋生物学	科研院所
3	201608030106	王晶蕾	女	生物技术	首都师范大学	动物学	
4	201608030107	岳晓敏	女	生物技术	天津医科大学	生物化学与分子生物学	211

(续表)

序号	学号	姓名	性别	在校专业	录取院校	录取专业	备注
5	201608030108	郑岚	女	生物技术	厦门大学	生理学	985
6	201608030110	郭蕾	女	生物技术	中国科学技术大学	生物学	985
7	201608030115	贾曼曼	女	生物技术	北京林业大学	微生物学	211
8	201608030117	冯攀	女	生物技术	华南师范大学	神经生物学	211
9	201608030120	陈喆	女	生物技术	东华大学	生物化学与分子生物学	211
10	201608030121	李斐斐	女	生物技术	天津大学	生物学	985
11	201608030125	杜琦	女	生物技术	中科院上海生物化学与细胞生物学研究所	生物化学与分子生物学	科研院所
12	201608030127	赵琪	女	生物技术	上海大学	生物化学与分子生物学	211
13	201608030201	李妮娜	女	生物技术	厦门大学	生物学	985
14	201608030204	赵文娟	女	生物技术	中南大学	神经生物学	985
15	201608030207	高思琪	女	生物技术	上海生物化学与细胞生物学研究所（分子细胞卓越中心）	生物与医药	科研院所
16	201608030208	赵薇	女	生物技术	河北大学	动物学	
17	201608030215	王钰	女	生物技术	山东师范大学	细胞生物学	
18	201608030220	宋来乐	男	生物技术	南昌大学	鱼类学	211
19	201608030222	赵文慧	女	生物技术	中国海洋大学	生物学	985
20	201608060101	林婧	女	生物科学（师范类）	福建师范大学	生物化学与分子生物学	
21	201608060105	阿尔祖古丽·赛麦提	女	生物科学（师范类）	东北师范大学	细胞生物学	211
22	201608060113	刘文源	女	生物科学（师范类）	吉林大学	生物与医药	985
23	201608060117	邱晓杰	女	生物科学（师范类）	东北农业大学	植物学	211
24	201608060120	袁涵	女	生物科学（师范类）	南昌大学	植物学	211
25	201608060124	邱深	男	生物科学（师范类）	华中农业大学	作物栽培学与耕作学	211
26	201608060132	朱李娟	女	生物科学（师范类）	南京林业大学	林木遗传育种	985
27	201608060137	陈安静	女	生物科学（师范类）	浙江农林大学	森林培育	
28	201608060140	张辉	女	生物科学（师范类）	南京农业大学	植物学	211
29	201608060141	孙重霄	女	生物科学（师范类）	山东师范大学	发育生物学	
30	201608060142	魏君帆	女	生物科学（师范类）	鲁东大学	学科教学（生物）	
31	201608060143	董雨鑫	男	生物科学（师范类）	首都师范大学	植物学	
32	201608060145	王敏	女	生物科学（师范类）	华东师范大学	神经生物学	985

(续表)

序号	学号	姓名	性别	在校专业	录取院校	录取专业	备注
33	201608080103	王硕	女	食品科学与工程	上海理工大学	食品科学与工程	
34	201608080104	王雪	女	食品科学与工程	江苏大学	食品科学与工程	
35	201608080115	高铜韩	女	食品科学与工程	东北农业大学	生物与医药	211
36	201608080118	王乐惠	女	食品科学与工程	上海理工大学	生物与医药	
37	201608080119	王淳玉	女	食品科学与工程	南京工业大学	生物与医药	
38	201608080124	梁晓云	女	食品科学与工程	南京师范大学	生物与医药	211
39	201608080125	王庆芝	女	食品科学与工程	江苏大学	食品科学与工程	
40	201608080126	唐秀华	女	食品科学与工程	西北农林科技大学	生物与医药	985
41	201608080129	潘月影	女	食品科学与工程	渤海大学	食品科学与工程	
42	201608080130	石素素	女	食品科学与工程	吉林大学	食品科学与工程	985
43	201808070301	陈冉	女	生物科学（专升本）	青岛农业大学	生物学	
44	201808070302	程会敏	女	生物科学（专升本）	山东大学	生物化学与分子生物学	985
45	201808070303	程颖	女	生物科学（专升本）	南京农业大学	生物化学与分子生物学	211
46	201808070305	光明甲	男	生物科学（专升本）	青岛科技大学	化学	
47	201808070306	郭娜	女	生物科学（专升本）	青岛农业大学	水产	
48	201808070308	洪冉	女	生物科学（专升本）	中国海洋大学	生态学	985
49	201808070309	胡亚群	女	生物科学（专升本）	南京农业大学	植物学	211
50	201808070310	解薇	女	生物科学（专升本）	烟台大学	药学	
51	201808070311	孔慧翠	女	生物科学（专升本）	浙江理工大学	生物与医药	
52	201808070313	李昌勇	男	生物科学（专升本）	四川农业大学	生物与医药	211
53	201808070315	李丰华	女	生物科学（专升本）	齐鲁工业大学	化学	
54	201808070318	李珍珍	女	生物科学（专升本）	南昌大学	生态学	211
55	201808070320	刘倩倩	女	生物科学（专升本）	山东大学	生物与医药	985
56	201808070321	刘晓萌	女	生物科学（专升本）	四川农业大学	作物遗传育种	211
57	201808070323	刘亚慧	女	生物科学（专升本）	北京林业大学	植物学	211
58	201808070324	卢明	女	生物科学（专升本）	山东农业大学	动物学	
59	201808070325	孟慧	女	生物科学（专升本）	南昌大学	遗传学	
60	201808070326	孟维华	女	生物科学（专升本）	哈尔滨工业大学(威海分校)	海洋生物学	211
61	201808070327	彭洪艳	女	生物科学（专升本）	山东农业大学	生物化学与分子生物学	

(续表)

序号	学号	姓名	性别	在校专业	录取院校	录取专业	备注
62	201808070329	尚硕	女	生物科学（专升本）	济南大学	生物与医药	
63	201808070330	宋丹鸿	女	生物科学（专升本）	新疆大学	生态学	211
64	201808070401	宋慧敏	女	生物科学（专升本）	南京农业大学	生物与医药	211
65	201808070402	孙楠	女	生物科学（专升本）	哈尔滨医科大学	遗传学	
66	201808070406	王立君	女	生物科学（专升本）	东北大学	生物学	985
67	201808070409	徐娇娇	女	生物科学（专升本）	南京工业大学	微生物	
68	201808070412	杨会敏	女	生物科学（专升本）	福建农林大学	生物与医药	
69	201808070413	杨文婷	女	生物科学（专升本）	青岛农业大学	生物学	
70	201808070415	尹晨亮	男	生物科学（专升本）	沈阳药科大学	药学	
71	201808070416	张策	男	生物科学（专升本）	烟台大学	药学	
72	201808070418	张慧梨	女	生物科学（专升本）	浙江理工大学	细胞生物学	
73	201808070421	张文静	女	生物科学（专升本）	浙江海洋大学	农业工程与信息技术	
74	201808070422	张显元	男	生物科学（专升本）	东华大学	生物与医药	211
75	201808070424	张馨元	女	生物科学（专升本）	青岛农业大学	生物学	
76	201808070425	张秀省	男	生物科学（专升本）	北京林业大学	生物化学与分子生物学	211
77	201808070426	郑玉冲	女	生物科学	中国科学院遗传与发育生物学研究所农业资源研究中心	生态学	科研院所
78	201808070428	朱立娜	女	生物科学（专升本）	山东大学	细胞生物学	985
79	201808070429	朱先哲	男	生物科学（专升本）	山东农业大学	发育生物学	
80	201808070430	朱薪蒙	女	生物科学（专升本）	云南大学	生态学	211

农林科学学院

序号	学号	姓名	性别	在校专业	录取院校	录取专业	备注
1	201608010101	张晓梅	女	动物医学	东北农业大学	兽医	
2	201608010103	曹新悦	女	动物医学	东北农业大学	兽医	211
3	201608010104	王一东	男	动物医学	青岛农业大学	畜牧	
4	201608010105	林婷婷	女	动物医学	青岛农业大学	兽医	
5	201608010106	徐翡	女	动物医学	东北农业大学	畜牧	211
6	201608010107	孙有朋	男	动物医学	佛山科学技术学院	小动物临床	
7	201608010110	邓玉倩	女	动物医学	山东农业大学	畜牧	

(续表)

序号	学号	姓名	性别	在校专业	录取院校	录取专业	备注
8	201608010111	张鑫	男	动物医学	东北农业大学	畜牧	211
9	201608010124	董帝呈	男	动物医学	石河子大学	临床兽医学	211
10	201608010125	李鑫	男	动物医学	江西农业大学	畜牧	
11	201608010127	蒲晓华	女	动物医学	山东农业大学	畜牧	
12	201608010129	刘恒晨	男	动物医学	山东农业大学	畜牧	
13	201608010130	潘虹兆	男	动物医学	山东农业大学	畜牧	
14	201608010132	于阿男	女	动物医学	新疆农业大学	畜牧	
15	201608010134	张瑞琨	男	动物医学	新疆农业大学	畜牧	
16	201608100101	徐新凤	女	园林	南京农业大学	蔬菜学	211
17	201608100110	杨旭	男	园林	安徽农业大学	作物生物技术	
18	201608100111	李元雪	女	园林	华中农业大学	作物遗传育种	211
19	201608100112	李静	女	园林	福建农林大学	作物遗传育种	
20	201608100113	李凤飞	女	园林	华中农业大学	农艺与种业	211
21	201608100126	魏僮	女	园林	华中师范大学	植物学	211
22	201608100129	郭元棣	女	园林	山东农业大学	风景园林	
23	201608110201	王叶群	女	园林	东北农业大学	农艺与种业	211
24	201608110203	宫雪	女	园林	江西农业大学	林木遗传育种	
25	201608110204	万小琪	女	园林	河北科技师范学院	农艺与种业	
26	201608110210	翟孟圆	女	园林	山东农业大学	资源利用与植物保护	
27	201608110211	于慧	女	园林	山东农业大学	农艺与种业	
28	201608110214	王亚琼	女	园林	山东农业大学	风景园林	
29	201608110216	袁金超	女	园林	海南大学	农艺与种业（草业）	211
30	201608110217	张巧巧	女	园林	山西农业大学	农艺与种业	
31	201608110220	吴莎莎	女	园林	福建农林大学	农艺与种业（园艺）	
32	201608110226	刘金英	女	园林	山东农业大学	风景园林	
33	201608110230	陈莹	女	园林	山东农业大学	农艺与种业	
34	201608110234	刘敏	女	园林	青海大学	农艺与种业	211
35	201608110235	赵文丹	女	园林	云南农业大学	农艺与种业	
36	201608110237	王威	男	园林	海南大学	农艺与种业（草业）	211

(续表)

序号	学号	姓名	性别	在校专业	录取院校	录取专业	备注
37	201608110238	王雪晴	女	园林	河北农业大学	资源利用与植物保护	
38	201608120101	宋英欣	女	园艺	西北农林科技大学	作物遗传育种	985、211
39	201608120103	刘玉青	女	园艺	山东农业大学	蔬菜学	
40	201608120104	王柬钧	女	园艺	山东农业大学	作物遗传育种	
41	201608120105	王娜	女	园艺	山西农业大学	农艺与种业（作物方向）	
42	201608120106	沈玲玲	女	园艺	福建农林大学	植物保护	
43	201608120108	苗涵	女	园艺	河北科技师范学院	农艺与种业	
44	201608120109	吕玉霞	女	园艺	安徽农业大学	作物栽培与耕作学	
45	201608120110	申颖	女	园艺	浙江农林大学	蔬菜学	
46	201608120111	田青霖	男	园艺	云南大学	农艺与种业	211
47	201608120112	贾竣淇	女	园艺	山东农业大学	农艺与种业	
48	201608120115	周宇洋	女	园艺	浙江师范大学	科学与技术教育	
49	201608120118	宋莹	女	园艺	南京农业大学	农艺与种业	211
50	201608120119	庄新研	女	园艺	中国农业大学	农艺与种业（蔬菜方向）	985、211
51	201608120121	全龙萍	女	园艺	山东农业大学	果树学	
52	201608120122	荆小洁	女	园艺	西南大学	农艺与种业	211
53	201608120123	李秀红	女	园艺	山东农业大学	作物学	
54	201608120124	桑园园	女	园艺	山东农业大学	作物遗传育种	
55	201608120126	鲁芯志	女	园艺	新疆农业大学	农艺与种业	
56	201608120130	李颖	女	园艺	四川农业大学	作物遗传育种	211
57	201608120133	朱媛婷	女	园艺	山东农业大学	森林经理学	
58	201608120134	崔英连	女	园艺	西北农林科技大学	果树学	985、211
59	201808020401	毕文慧	女	动物医学	扬州大学	兽医	
60	201808020402	常丽娟	女	动物医学	河南农业大学	兽医	
61	201808020403	陈诚	男	动物医学	山东农业大学	畜牧	
62	201808020404	崔光华	女	动物医学	山东农业大学	兽医	
63	201808020405	崔艳丽	女	动物医学	青岛农业大学	基础兽医	
64	201808020406	邓聪聪	女	动物医学	河北工程大学	兽医	
65	201808020408	高玲	女	动物医学	山东农业大学	兽医	

(续表)

序号	学号	姓名	性别	在校专业	录取院校	录取专业	备注
66	201808020409	高绍帅	男	动物医学	西南民族大学	兽医	
67	201808020410	顾秀磊	男	动物医学	青岛农业大学	兽医	
68	201808020411	郝双双	女	动物医学	东北农业大学	基础兽医学	211
69	201808020413	华恒	男	动物医学	西北农林科技大学	兽医	985、211
70	201808020414	姜悦才	男	动物医学	西北农林科技大学	兽医	985、211
71	201808020415	康代利	男	动物医学	山东农业大学	畜牧	
72	201808020416	雷明仪	女	动物医学	南京农业大学	兽医	211
73	201808020417	李翠函	女	动物医学	东北农业大学	临床兽医学	211
74	201808020420	李雅文	女	动物医学	扬州大学	临床兽医	
75	201808020421	梁洪坤	男	动物医学	山东师范大学	免疫细胞生物学	
76	201808020422	孟凡丛	女	动物医学	华中农业大学	兽医	211
77	201808020423	亓煜	男	动物医学	吉林农业大学	基础兽医学	
78	201808020425	孙晋坤	男	动物医学	山东农业大学	兽医	
79	201808020426	孙菁	女	动物医学	安徽农业大学	预防兽医学	
80	201808020427	谭贻鸿	女	动物医学	河北科技师范学院	兽医	
81	201808020428	万利涛	男	动物医学	浙江海洋大学	渔业发展	
82	201808020429	王年祥	男	动物医学	河南农业大学	兽医	
83	201808020430	王平	女	动物医学	西北农林科技大学	兽医	985、211
84	201808020431	王维娜	女	动物医学	西北农林科技大学	兽医	985、211
85	201808020432	王莹	女	动物医学	浙江海洋大学	渔业发展	
86	201808020434	徐志昊	男	动物医学	山东农业大学	畜牧	
87	201808020435	杨帆	女	动物医学	山东农业大学	畜牧	
88	201808020437	张昌政	男	动物医学	青岛农业大学	畜牧	
89	201808020440	赵允清	女	动物医学	河北科技师范学院	微生物学	
90	201808020501	曾茂林	女	动物医学	华南农业大学	翻译	
91	201808020502	陈晨	女	动物医学	广西大学	兽医	211
92	201808020503	陈慧	女	动物医学	福建农林大学	渔业发展	
93	201808020504	陈熙	女	动物医学	青岛农业大学	农艺与种业	
94	201808020505	代倍倍	女	动物医学	华中农业大学	兽医	211

(续表)

序号	学号	姓名	性别	在校专业	录取院校	录取专业	备注
95	201808020506	冯琪	女	动物医学	华南农业大学	兽医	
96	201808020507	高飞	女	动物医学	山西农业大学	畜牧	
97	201808020508	高奎鹏	男	动物医学	华南农业大学	兽医	
98	201808020510	韩乐斌	男	动物医学	山东农业大学	兽医	
99	201808020512	贾文莎	女	动物医学	山东农业大学	兽医	
100	201808020514	李彬	男	动物医学	西北农林科技大学	兽医	985、211
101	201808020515	李晨	男	动物医学	扬州大学	兽医	
102	201808020516	李德昕	男	动物医学	山东农业大学	基础兽医学	
103	201808020517	李健	女	动物医学	青岛农业大学	基础兽医	
104	201808020518	李升	男	动物医学	湖南农业大学	兽医	
105	201808020519	李晓静	女	动物医学	青岛农业大学	预防兽医	
106	201808020521	刘国瑞	男	动物医学	天津农学院	兽医	
107	201808020522	刘奎昊	男	动物医学	山东农业大学	兽医	
108	201808020523	庞茂楠	男	动物医学	四川农业大学	预防兽医学	211
109	201808020524	桑运芬	女	动物医学	华南农业大学	预防兽医	
110	201808020525	孙艳	女	动物医学	河北农业大学	临床兽医	
111	201808020526	王栋伟	男	动物医学	山东农业大学	兽医	
112	201808020527	王金超	男	动物医学	山东农业大学	兽医	
113	201808020528	王宪军	男	动物医学	西南民族大学	兽医	
114	201808020529	王志远	男	动物医学	华南农业大学	兽医	
115	201808020531	熊志达	男	动物医学	华中农业大学	兽医	211
116	201808020532	闫丽	女	动物医学	扬州大学	兽医	
117	201808020537	张坤亮	男	动物医学	青岛农业大学	兽医	
118	201808020538	张强	男	动物医学	西北农林科技大学	兽医	985、211
119	201808020539	赵慧	女	动物医学	山东农业大学	兽医	
120	201808020540	周茜	女	动物医学	扬州大学	预防兽医	
121	201808200302	陈雨	女	园林	山东农业大学	生态学	
122	201808200304	王玉鹏	男	园林	聊城大学	风景园林	
123	201808200305	王梦琪	女	园林	中国农业大学	资源环境与植物保护	985、211

(续表)

序号	学号	姓名	性别	在校专业	录取院校	录取专业	备注
124	201808200307	郝淼	男	园林	山东农业大学	资源利用与植物保护	
125	201808200308	韩同宇	男	园林	青岛农业大学	风景园林学	
126	201808200310	吴雯霏	女	园林	广西大学	林学	211
127	201808200311	张雨佳	女	园林	浙江农林大学	林业	
128	201808200313	朱三明	男	园林	山东农业大学	生物学	
129	201808200315	李玉	女	园林	南京林业大学	林业	
130	201808200317	瞿青云	女	园林	海南大学	农艺与种业（园艺）	211
131	201808200318	黄儒雅	女	园林	山东农业大学	资源利用与植物保护	
132	201808200319	孔祥凤	女	园林	北京林业大学	风景园林学（农学）	211
133	201808200325	杨孜竞	女	园林	山东农业大学	风景园林学	
134	201808200332	颜娜	女	园林	山东农业大学	农艺与种业	
135	201808200333	高传俊	女	园林	辽宁工程技术大学	水土保持与沙漠化防治	
136	201808200334	刘安琪	女	园林	博特拉大学	园林	国外
137	201808200336	陈俊婕	女	园林	中南林业科技大学	林学	
138	201808200338	郭王子杰	女	园林	东北林业大学	风景园林学	211

临沂大学 2020 届毕业生名录（11562 名）

马克思主义学院

序号	班级	学号	姓名	学位	层次
1	思想政治教育专业 2016 级本科 01 班	201619010101	吴典泽	法学学士学位	本科
2	思想政治教育专业 2016 级本科 01 班	201619010102	曾婧	法学学士学位	本科
3	思想政治教育专业 2016 级本科 01 班	201619010103	黄瑾琳	法学学士学位	本科
4	思想政治教育专业 2016 级本科 01 班	201619010104	罗洁	法学学士学位	本科
5	思想政治教育专业 2016 级本科 01 班	201619010105	陈鑫	法学学士学位	本科
6	思想政治教育专业 2016 级本科 01 班	201619010106	杨文卷	法学学士学位	本科
7	思想政治教育专业 2016 级本科 01 班	201619010107	陈春艳	法学学士学位	本科
8	思想政治教育专业 2016 级本科 01 班	201619010108	张媛	法学学士学位	本科
9	思想政治教育专业 2016 级本科 01 班	201619010109	韩晶淼	法学学士学位	本科
10	思想政治教育专业 2016 级本科 01 班	201619010110	姬晨曦	法学学士学位	本科
11	思想政治教育专业 2016 级本科 01 班	201619010111	孙希雅	法学学士学位	本科
12	思想政治教育专业 2016 级本科 01 班	201619010112	李丁	法学学士学位	本科
13	思想政治教育专业 2016 级本科 01 班	201619010113	侯家乐	法学学士学位	本科
14	思想政治教育专业 2016 级本科 01 班	201619010114	黄蒙	法学学士学位	本科
15	思想政治教育专业 2016 级本科 01 班	201619010115	伍小念	法学学士学位	本科
16	思想政治教育专业 2016 级本科 01 班	201619010116	陶美	法学学士学位	本科
17	思想政治教育专业 2016 级本科 01 班	201619010117	史航	法学学士学位	本科
18	思想政治教育专业 2016 级本科 01 班	201619010118	印思	法学学士学位	本科
19	思想政治教育专业 2016 级本科 01 班	201619010119	许淋	法学学士学位	本科
20	思想政治教育专业 2016 级本科 01 班	201619010120	贺敏	法学学士学位	本科
21	思想政治教育专业 2016 级本科 01 班	201619010121	洪智	法学学士学位	本科
22	思想政治教育专业 2016 级本科 01 班	201619010122	王鹃	法学学士学位	本科
23	思想政治教育专业 2016 级本科 01 班	201619010123	鹿瑜	法学学士学位	本科
24	思想政治教育专业 2016 级本科 01 班	201619010124	黄森森	法学学士学位	本科
25	思想政治教育专业 2016 级本科 01 班	201619010125	柳芘芘	法学学士学位	本科
26	思想政治教育专业 2016 级本科 01 班	201619010126	赵坤	法学学士学位	本科
27	思想政治教育专业 2016 级本科 01 班	201619010127	孙莹	法学学士学位	本科
28	思想政治教育专业 2016 级本科 01 班	201619010128	刘荣	法学学士学位	本科

(续表)

序号	班级	学号	姓名	学位	层次
29	思想政治教育专业 2016 级本科 01 班	201619010129	袁泽坤	法学学士学位	本科
30	思想政治教育专业 2016 级本科 01 班	201619010130	赵双欣	法学学士学位	本科
31	思想政治教育专业 2016 级本科 01 班	201619010131	隋晓慧	法学学士学位	本科
32	思想政治教育专业 2016 级本科 01 班	201619010132	王丽	法学学士学位	本科
33	思想政治教育专业 2016 级本科 01 班	201619010133	朱孟颜	法学学士学位	本科
34	思想政治教育专业 2016 级本科 01 班	201619010134	马艳艳	法学学士学位	本科
35	思想政治教育专业 2016 级本科 01 班	201619010135	张东霞	法学学士学位	本科
36	思想政治教育专业 2016 级本科 01 班	201619010136	魏艳萍	法学学士学位	本科
37	思想政治教育专业 2016 级本科 01 班	201619010137	娄成凤	法学学士学位	本科
38	思想政治教育专业 2016 级本科 01 班	201619010138	唐钰晴	法学学士学位	本科
39	思想政治教育专业 2016 级本科 01 班	201619010139	董敏	法学学士学位	本科

商 学 院

序号	班级	学号	姓名	学位	层次
1	工商管理专业 2016 级本科 01 班	201404120114	孙志云	管理学学士学位	本科
2	工商管理专业 2016 级本科 01 班	201604020101	王艳	管理学学士学位	本科
3	工商管理专业 2016 级本科 01 班	201604020102	潘静	管理学学士学位	本科
4	工商管理专业 2016 级本科 01 班	201604020103	林祥宸	管理学学士学位	本科
5	工商管理专业 2016 级本科 01 班	201604020104	孙静	管理学学士学位	本科
6	工商管理专业 2016 级本科 01 班	201604020105	姚佳妮	管理学学士学位	本科
7	工商管理专业 2016 级本科 01 班	201604020106	刘为娜	管理学学士学位	本科
8	工商管理专业 2016 级本科 01 班	201604020107	唐金玲	管理学学士学位	本科
9	工商管理专业 2016 级本科 01 班	201604020108	崔雨晴	管理学学士学位	本科
10	工商管理专业 2016 级本科 01 班	201604020109	刘雪莹	管理学学士学位	本科
11	工商管理专业 2016 级本科 01 班	201604020111	曹思轶	管理学学士学位	本科
12	工商管理专业 2016 级本科 01 班	201604020112	刘超	管理学学士学位	本科
13	工商管理专业 2016 级本科 01 班	201604020113	王英	管理学学士学位	本科
14	工商管理专业 2016 级本科 01 班	201604020114	岳雅萍	管理学学士学位	本科
15	工商管理专业 2016 级本科 01 班	201604020115	席文鹏	管理学学士学位	本科
16	工商管理专业 2016 级本科 01 班	201604020116	逄瑞	管理学学士学位	本科
17	工商管理专业 2016 级本科 01 班	201604020117	孙璐瑶	管理学学士学位	本科
18	工商管理专业 2016 级本科 01 班	201604020118	钟志诚	管理学学士学位	本科

(续表)

序号	班级	学号	姓名	学位	层次
19	工商管理专业 2016 级本科 01 班	201604020119	姜超	管理学学士学位	本科
20	工商管理专业 2016 级本科 01 班	201604020120	张瑞	管理学学士学位	本科
21	工商管理专业 2016 级本科 01 班	201604020121	楼阳明	管理学学士学位	本科
22	工商管理专业 2016 级本科 01 班	201604020122	张硕	管理学学士学位	本科
23	工商管理专业 2016 级本科 01 班	201604020123	王宁	管理学学士学位	本科
24	工商管理专业 2016 级本科 01 班	201604020124	刘亚慧	管理学学士学位	本科
25	工商管理专业 2016 级本科 01 班	201604020125	刘慧琳	管理学学士学位	本科
26	工商管理专业 2016 级本科 01 班	201604020126	谭敏	管理学学士学位	本科
27	工商管理专业 2016 级本科 01 班	201604020127	蔡国森	管理学学士学位	本科
28	工商管理专业 2016 级本科 01 班	201604020128	曾佑杨	管理学学士学位	本科
29	工商管理专业 2016 级本科 01 班	201604020129	李京	管理学学士学位	本科
30	工商管理专业 2016 级本科 01 班	201604020130	郭峰	管理学学士学位	本科
31	工商管理专业 2016 级本科 01 班	201604020131	唐金莲	管理学学士学位	本科
32	工商管理专业 2016 级本科 01 班	201604020132	王宁	管理学学士学位	本科
33	工商管理专业 2016 级本科 01 班	201604020133	王广学	管理学学士学位	本科
34	工商管理专业 2016 级本科 01 班	201604020134	李惠娴	管理学学士学位	本科
35	工商管理专业 2016 级本科 01 班	201604020135	周兴寅	管理学学士学位	本科
36	工商管理专业 2016 级本科 01 班	201604020136	郭志颖	管理学学士学位	本科
37	工商管理专业 2016 级本科 01 班	201604020137	张洋	管理学学士学位	本科
38	工商管理专业 2016 级本科 01 班	201604020138	余龙	管理学学士学位	本科
39	工商管理专业 2016 级本科 01 班	201604020139	刘嘉乐	管理学学士学位	本科
40	工商管理专业 2016 级本科 01 班	201604020140	丁宁	管理学学士学位	本科
41	工商管理专业 2016 级本科 01 班	201616010221	周钎莹	管理学学士学位	本科
42	工商管理专业 2016 级本科 02 班	201504120238	张开伟	管理学学士学位	本科
43	工商管理专业 2016 级本科 02 班	201604020201	杨旭	管理学学士学位	本科
44	工商管理专业 2016 级本科 02 班	201604020202	陈淼鑫	管理学学士学位	本科
45	工商管理专业 2016 级本科 02 班	201604020203	范志文		本科
46	工商管理专业 2016 级本科 02 班	201604020204	余滟	管理学学士学位	本科
47	工商管理专业 2016 级本科 02 班	201604020205	边高洁	管理学学士学位	本科
48	工商管理专业 2016 级本科 02 班	201604020206	王永庆	管理学学士学位	本科
49	工商管理专业 2016 级本科 02 班	201604020207	曹品龙	管理学学士学位	本科
50	工商管理专业 2016 级本科 02 班	201604020208	林静	管理学学士学位	本科

(续表)

序号	班级	学号	姓名	学位	层次
51	工商管理专业 2016 级本科 02 班	201604020209	徐立功	管理学学士学位	本科
52	工商管理专业 2016 级本科 02 班	201604020211	张蕊	管理学学士学位	本科
53	工商管理专业 2016 级本科 02 班	201604020212	王蕾	管理学学士学位	本科
54	工商管理专业 2016 级本科 02 班	201604020213	聂琪	管理学学士学位	本科
55	工商管理专业 2016 级本科 02 班	201604020214	孟娜	管理学学士学位	本科
56	工商管理专业 2016 级本科 02 班	201604020215	张清运	管理学学士学位	本科
57	工商管理专业 2016 级本科 02 班	201604020216	公萧蓓	管理学学士学位	本科
58	工商管理专业 2016 级本科 02 班	201604020217	王明晶	管理学学士学位	本科
59	工商管理专业 2016 级本科 02 班	201604020218	刘雨浓	管理学学士学位	本科
60	工商管理专业 2016 级本科 02 班	201604020219	徐勤祥	管理学学士学位	本科
61	工商管理专业 2016 级本科 02 班	201604020220	杨燕娣	管理学学士学位	本科
62	工商管理专业 2016 级本科 02 班	201604020221	韩金梅	管理学学士学位	本科
63	工商管理专业 2016 级本科 02 班	201604020222	张怀伟	管理学学士学位	本科
64	工商管理专业 2016 级本科 02 班	201604020223	刘坤	管理学学士学位	本科
65	工商管理专业 2016 级本科 02 班	201604020226	王奥玉	管理学学士学位	本科
66	工商管理专业 2016 级本科 02 班	201604020227	张宁	管理学学士学位	本科
67	工商管理专业 2016 级本科 02 班	201604020228	刘玉成	管理学学士学位	本科
68	工商管理专业 2016 级本科 02 班	201604020230	陈晓妍	管理学学士学位	本科
69	工商管理专业 2016 级本科 02 班	201604020232	李庆昕	管理学学士学位	本科
70	工商管理专业 2016 级本科 02 班	201604020233	周莹	管理学学士学位	本科
71	工商管理专业 2016 级本科 02 班	201604020234	李佳慧	管理学学士学位	本科
72	工商管理专业 2016 级本科 02 班	201604020235	王数	管理学学士学位	本科
73	工商管理专业 2016 级本科 02 班	201604020236	杨路伟	管理学学士学位	本科
74	工商管理专业 2016 级本科 02 班	201604020237	王仟	管理学学士学位	本科
75	工商管理专业 2016 级本科 02 班	201604020239	吕思凯	管理学学士学位	本科
76	工商管理专业 2016 级本科 02 班	201608100102	周桓宇	管理学学士学位	本科
77	工商管理专业 2016 级本科 03 班	201604020301	肖义	管理学学士学位	本科
78	工商管理专业 2016 级本科 03 班	201604020302	谭颖	管理学学士学位	本科
79	工商管理专业 2016 级本科 03 班	201604020303	陈祥杰	管理学学士学位	本科
80	工商管理专业 2016 级本科 03 班	201604020304	刘进	管理学学士学位	本科
81	工商管理专业 2016 级本科 03 班	201604020305	姜汶君	管理学学士学位	本科
82	工商管理专业 2016 级本科 03 班	201604020306	刘娟娟	管理学学士学位	本科

(续表)

序号	班级	学号	姓名	学位	层次
83	工商管理专业 2016 级本科 03 班	201604020307	程兴兴	管理学学士学位	本科
84	工商管理专业 2016 级本科 03 班	201604020308	唐娇娇	管理学学士学位	本科
85	工商管理专业 2016 级本科 03 班	201604020309	孔志	管理学学士学位	本科
86	工商管理专业 2016 级本科 03 班	201604020310	王帆	管理学学士学位	本科
87	工商管理专业 2016 级本科 03 班	201604020311	隋子建	管理学学士学位	本科
88	工商管理专业 2016 级本科 03 班	201604020312	周琴	管理学学士学位	本科
89	工商管理专业 2016 级本科 03 班	201604020313	卢毅		本科
90	工商管理专业 2016 级本科 03 班	201604020314	王洪斌	管理学学士学位	本科
91	工商管理专业 2016 级本科 03 班	201604020315	赵润涵	管理学学士学位	本科
92	工商管理专业 2016 级本科 03 班	201604020316	吕硕	管理学学士学位	本科
93	工商管理专业 2016 级本科 03 班	201604020318	傅清明	管理学学士学位	本科
94	工商管理专业 2016 级本科 03 班	201604020319	蔡彦平	管理学学士学位	本科
95	工商管理专业 2016 级本科 03 班	201604020320	柳美帅	管理学学士学位	本科
96	工商管理专业 2016 级本科 03 班	201604020321	孙明琦	管理学学士学位	本科
97	工商管理专业 2016 级本科 03 班	201604020322	隋永健	管理学学士学位	本科
98	工商管理专业 2016 级本科 03 班	201604020323	沈国平	管理学学士学位	本科
99	工商管理专业 2016 级本科 03 班	201604020324	罗巍	管理学学士学位	本科
100	工商管理专业 2016 级本科 03 班	201604020325	公莉	管理学学士学位	本科
101	工商管理专业 2016 级本科 03 班	201604020326	陈媛	管理学学士学位	本科
102	工商管理专业 2016 级本科 03 班	201604020327	陈春雷	管理学学士学位	本科
103	工商管理专业 2016 级本科 03 班	201604020328	褚玟	管理学学士学位	本科
104	工商管理专业 2016 级本科 03 班	201604020330	王青竹	管理学学士学位	本科
105	工商管理专业 2016 级本科 03 班	201604020331	张巧汕	管理学学士学位	本科
106	工商管理专业 2016 级本科 03 班	201604020332	王发蕊	管理学学士学位	本科
107	工商管理专业 2016 级本科 03 班	201604020333	李茹	管理学学士学位	本科
108	工商管理专业 2016 级本科 03 班	201604020334	孙利剑	管理学学士学位	本科
109	工商管理专业 2016 级本科 03 班	201604020335	尹素杰	管理学学士学位	本科
110	工商管理专业 2016 级本科 03 班	201604020336	陶文霞	管理学学士学位	本科
111	工商管理专业 2016 级本科 03 班	201604020337	王安香	管理学学士学位	本科
112	工商管理专业 2016 级本科 03 班	201604020338	董仕清		本科
113	工商管理专业 2016 级本科 03 班	201604020339	郭欣	管理学学士学位	本科
114	工商管理专业 2016 级本科 03 班	201604020340	戴伟杰	管理学学士学位	本科

(续表)

序号	班级	学号	姓名	学位	层次
115	工商管理专业 2016 级本科 03 班	201608100115	马克华	管理学学士学位	本科
116	国际经济与贸易专业 2016 级本科 01 班	201504210539	左翔	经济学学士学位	本科
117	国际经济与贸易专业 2016 级本科 01 班	201604050101	林铭璇	经济学学士学位	本科
118	国际经济与贸易专业 2016 级本科 01 班	201604050102	郭艺璐	经济学学士学位	本科
119	国际经济与贸易专业 2016 级本科 01 班	201604050104	王瑞瑞	经济学学士学位	本科
120	国际经济与贸易专业 2016 级本科 01 班	201604050105	郎思佳	经济学学士学位	本科
121	国际经济与贸易专业 2016 级本科 01 班	201604050106	许慧姿	经济学学士学位	本科
122	国际经济与贸易专业 2016 级本科 01 班	201604050107	武善玮	经济学学士学位	本科
123	国际经济与贸易专业 2016 级本科 01 班	201604050108	葛晨	经济学学士学位	本科
124	国际经济与贸易专业 2016 级本科 01 班	201604050109	刘潇	经济学学士学位	本科
125	国际经济与贸易专业 2016 级本科 01 班	201604050110	石晓青	经济学学士学位	本科
126	国际经济与贸易专业 2016 级本科 01 班	201604050111	付嘉玮	经济学学士学位	本科
127	国际经济与贸易专业 2016 级本科 01 班	201604050112	石达精	经济学学士学位	本科
128	国际经济与贸易专业 2016 级本科 01 班	201604050113	张琪	经济学学士学位	本科
129	国际经济与贸易专业 2016 级本科 01 班	201604050114	王士超	经济学学士学位	本科
130	国际经济与贸易专业 2016 级本科 01 班	201604050115	赵凤洁	经济学学士学位	本科
131	国际经济与贸易专业 2016 级本科 01 班	201604050116	丰致宜	经济学学士学位	本科
132	国际经济与贸易专业 2016 级本科 01 班	201604050117	娄爽	经济学学士学位	本科
133	国际经济与贸易专业 2016 级本科 01 班	201604050118	冯晨	经济学学士学位	本科
134	国际经济与贸易专业 2016 级本科 01 班	201604050119	毕晓乐	经济学学士学位	本科
135	国际经济与贸易专业 2016 级本科 01 班	201604050120	陈凝慧	经济学学士学位	本科
136	国际经济与贸易专业 2016 级本科 01 班	201604050121	张庆慧	经济学学士学位	本科
137	国际经济与贸易专业 2016 级本科 01 班	201604050122	孙洁	经济学学士学位	本科
138	国际经济与贸易专业 2016 级本科 01 班	201604050123	林路畅	经济学学士学位	本科
139	国际经济与贸易专业 2016 级本科 01 班	201604050124	王健龙	经济学学士学位	本科
140	国际经济与贸易专业 2016 级本科 01 班	201604050125	刘术杰	经济学学士学位	本科
141	国际经济与贸易专业 2016 级本科 01 班	201604050126	李宇歌	经济学学士学位	本科
142	国际经济与贸易专业 2016 级本科 01 班	201604050127	艾雪文	经济学学士学位	本科
143	国际经济与贸易专业 2016 级本科 01 班	201604050128	任芳莹	经济学学士学位	本科
144	国际经济与贸易专业 2016 级本科 01 班	201604050129	崔坤宁	经济学学士学位	本科
145	国际经济与贸易专业 2016 级本科 01 班	201604050130	王亚丽	经济学学士学位	本科
146	国际经济与贸易专业 2016 级本科 01 班	201604050132	马梦瑶	经济学学士学位	本科

(续表)

序号	班级	学号	姓名	学位	层次
147	国际经济与贸易专业 2016 级本科 01 班	201604050133	宿鑫莉	经济学学士学位	本科
148	国际经济与贸易专业 2016 级本科 01 班	201604050134	蒋雯雯	经济学学士学位	本科
149	国际经济与贸易专业 2016 级本科 01 班	201604050135	杨茂盛	经济学学士学位	本科
150	国际经济与贸易专业 2016 级本科 01 班	201604050136	钟楚红	经济学学士学位	本科
151	国际经济与贸易专业 2016 级本科 01 班	201604050137	程虹雨	经济学学士学位	本科
152	国际经济与贸易专业 2016 级本科 01 班	201604050138	邱佳丽	经济学学士学位	本科
153	国际经济与贸易专业 2016 级本科 01 班	201604050139	马亚威	经济学学士学位	本科
154	国际经济与贸易专业 2016 级本科 01 班	201604050140	白悦	经济学学士学位	本科
155	国际经济与贸易专业 2016 级本科 01 班	201604050141	高杰	经济学学士学位	本科
156	国际经济与贸易专业 2016 级本科 01 班	201604050142	于文俊	经济学学士学位	本科
157	国际经济与贸易专业 2016 级本科 01 班	201604050143	于蕾	经济学学士学位	本科
158	国际经济与贸易专业 2016 级本科 01 班	201607050126	赵红艳	经济学学士学位	本科
159	国际经济与贸易专业 2016 级本科 02 班	201604050201	周杨	经济学学士学位	本科
160	国际经济与贸易专业 2016 级本科 02 班	201604050202	马梦园	经济学学士学位	本科
161	国际经济与贸易专业 2016 级本科 02 班	201604050203	唐丽娟	经济学学士学位	本科
162	国际经济与贸易专业 2016 级本科 02 班	201604050204	杨秀苗	经济学学士学位	本科
163	国际经济与贸易专业 2016 级本科 02 班	201604050205	吴苏君	经济学学士学位	本科
164	国际经济与贸易专业 2016 级本科 02 班	201604050206	姜萍	经济学学士学位	本科
165	国际经济与贸易专业 2016 级本科 02 班	201604050207	罗梦迪	经济学学士学位	本科
166	国际经济与贸易专业 2016 级本科 02 班	201604050208	李菁	经济学学士学位	本科
167	国际经济与贸易专业 2016 级本科 02 班	201604050209	焦文静	经济学学士学位	本科
168	国际经济与贸易专业 2016 级本科 02 班	201604050210	尹思诺	经济学学士学位	本科
169	国际经济与贸易专业 2016 级本科 02 班	201604050211	刘晓露	经济学学士学位	本科
170	国际经济与贸易专业 2016 级本科 02 班	201604050212	覃世欢	经济学学士学位	本科
171	国际经济与贸易专业 2016 级本科 02 班	201604050213	张逍倩	经济学学士学位	本科
172	国际经济与贸易专业 2016 级本科 02 班	201604050214	张英琦	经济学学士学位	本科
173	国际经济与贸易专业 2016 级本科 02 班	201604050215	刘宏伟	经济学学士学位	本科
174	国际经济与贸易专业 2016 级本科 02 班	201604050216	徐岳淇	经济学学士学位	本科
175	国际经济与贸易专业 2016 级本科 02 班	201604050217	牟者儒	经济学学士学位	本科
176	国际经济与贸易专业 2016 级本科 02 班	201604050218	肖兆旭	经济学学士学位	本科
177	国际经济与贸易专业 2016 级本科 02 班	201604050219	刘家旺	经济学学士学位	本科
178	国际经济与贸易专业 2016 级本科 02 班	201604050220	余圣杰	经济学学士学位	本科

(续表)

序号	班级	学号	姓名	学位	层次
179	国际经济与贸易专业 2016 级本科 02 班	201604050221	吴越	经济学学士学位	本科
180	国际经济与贸易专业 2016 级本科 02 班	201604050222	赵梦妮	经济学学士学位	本科
181	国际经济与贸易专业 2016 级本科 02 班	201604050223	黄媛丽	经济学学士学位	本科
182	国际经济与贸易专业 2016 级本科 02 班	201604050224	孙一丹	经济学学士学位	本科
183	国际经济与贸易专业 2016 级本科 02 班	201604050225	卢琳	经济学学士学位	本科
184	国际经济与贸易专业 2016 级本科 02 班	201604050226	王雅慧	经济学学士学位	本科
185	国际经济与贸易专业 2016 级本科 02 班	201604050227	王语佳	经济学学士学位	本科
186	国际经济与贸易专业 2016 级本科 02 班	201604050228	向林慧	经济学学士学位	本科
187	国际经济与贸易专业 2016 级本科 02 班	201604050229	王文彩	经济学学士学位	本科
188	国际经济与贸易专业 2016 级本科 02 班	201604050230	肖威龙	经济学学士学位	本科
189	国际经济与贸易专业 2016 级本科 02 班	201604050231	陈永盛	经济学学士学位	本科
190	国际经济与贸易专业 2016 级本科 02 班	201604050232	邱豪	经济学学士学位	本科
191	国际经济与贸易专业 2016 级本科 02 班	201604050233	王雪燕	经济学学士学位	本科
192	国际经济与贸易专业 2016 级本科 02 班	201604050234	李晓彤	经济学学士学位	本科
193	国际经济与贸易专业 2016 级本科 02 班	201604050235	徐璐璐	经济学学士学位	本科
194	国际经济与贸易专业 2016 级本科 02 班	201604050236	欧阳诗怡	经济学学士学位	本科
195	国际经济与贸易专业 2016 级本科 02 班	201604050237	韩珊珊	经济学学士学位	本科
196	国际经济与贸易专业 2016 级本科 02 班	201604050238	李欣媛	经济学学士学位	本科
197	国际经济与贸易专业 2016 级本科 02 班	201604050239	陈莉花	经济学学士学位	本科
198	国际经济与贸易专业 2016 级本科 02 班	201604050240	李岚	经济学学士学位	本科
199	国际经济与贸易专业 2016 级本科 02 班	201604050241	叶沁沁	经济学学士学位	本科
200	国际经济与贸易专业 2016 级本科 02 班	201604050242	顾天华	经济学学士学位	本科
201	国际经济与贸易专业 2016 级本科 02 班	201604050243	钱莉	经济学学士学位	本科
202	国际经济与贸易专业 2016 级本科 03 班	201604050301	胡慧颖	经济学学士学位	本科
203	国际经济与贸易专业 2016 级本科 03 班	201604050302	张婉怡	经济学学士学位	本科
204	国际经济与贸易专业 2016 级本科 03 班	201604050303	张静雯	经济学学士学位	本科
205	国际经济与贸易专业 2016 级本科 03 班	201604050304	思桥红	经济学学士学位	本科
206	国际经济与贸易专业 2016 级本科 03 班	201604050305	赵丽雯	经济学学士学位	本科
207	国际经济与贸易专业 2016 级本科 03 班	201604050306	王明峰	经济学学士学位	本科
208	国际经济与贸易专业 2016 级本科 03 班	201604050307	王雷	经济学学士学位	本科
209	国际经济与贸易专业 2016 级本科 03 班	201604050308	刘洋	经济学学士学位	本科
210	国际经济与贸易专业 2016 级本科 03 班	201604050309	王雨情	经济学学士学位	本科

(续表)

序号	班级	学号	姓名	学位	层次
211	国际经济与贸易专业2016级本科03班	201604050310	李敏	经济学学士学位	本科
212	国际经济与贸易专业2016级本科03班	201604050311	王宁	经济学学士学位	本科
213	国际经济与贸易专业2016级本科03班	201604050312	张雅娴	经济学学士学位	本科
214	国际经济与贸易专业2016级本科03班	201604050313	李婷婷	经济学学士学位	本科
215	国际经济与贸易专业2016级本科03班	201604050314	周萃婷	经济学学士学位	本科
216	国际经济与贸易专业2016级本科03班	201604050315	孙瑜	经济学学士学位	本科
217	国际经济与贸易专业2016级本科03班	201604050316	姜文君	经济学学士学位	本科
218	国际经济与贸易专业2016级本科03班	201604050317	边成霞	经济学学士学位	本科
219	国际经济与贸易专业2016级本科03班	201604050319	冯媛媛	经济学学士学位	本科
220	国际经济与贸易专业2016级本科03班	201604050320	张玉璐	经济学学士学位	本科
221	国际经济与贸易专业2016级本科03班	201604050321	尚鑫	经济学学士学位	本科
222	国际经济与贸易专业2016级本科03班	201604050322	崔召媛	经济学学士学位	本科
223	国际经济与贸易专业2016级本科03班	201604050323	赵武彬	经济学学士学位	本科
224	国际经济与贸易专业2016级本科03班	201604050324	魏心彤	经济学学士学位	本科
225	国际经济与贸易专业2016级本科03班	201604050325	商震	经济学学士学位	本科
226	国际经济与贸易专业2016级本科03班	201604050326	赵晓晨	经济学学士学位	本科
227	国际经济与贸易专业2016级本科03班	201604050327	李建馨	经济学学士学位	本科
228	国际经济与贸易专业2016级本科03班	201604050328	王喆	经济学学士学位	本科
229	国际经济与贸易专业2016级本科03班	201604050329	赵英琳	经济学学士学位	本科
230	国际经济与贸易专业2016级本科03班	201604050330	王财慧	经济学学士学位	本科
231	国际经济与贸易专业2016级本科03班	201604050331	张加越	经济学学士学位	本科
232	国际经济与贸易专业2016级本科03班	201604050332	王如意	经济学学士学位	本科
233	国际经济与贸易专业2016级本科03班	201604050333	解勇	经济学学士学位	本科
234	国际经济与贸易专业2016级本科03班	201604050335	蒋云峰	经济学学士学位	本科
235	国际经济与贸易专业2016级本科03班	201604050336	向子威	经济学学士学位	本科
236	国际经济与贸易专业2016级本科03班	201604050337	王楠	经济学学士学位	本科
237	国际经济与贸易专业2016级本科03班	201604050338	彭美煊	经济学学士学位	本科
238	国际经济与贸易专业2016级本科03班	201604050340	周天宇	经济学学士学位	本科
239	国际经济与贸易专业2016级本科03班	201604050341	顾菊梅	经济学学士学位	本科
240	国际经济与贸易专业2016级本科03班	201604050342	姜梦娣	经济学学士学位	本科
241	国际经济与贸易专业2016级本科03班	201616090141	李腊聪	经济学学士学位	本科
242	国际经济与贸易专业2016级本科04班	201604050401	周树梅	经济学学士学位	本科

(续表)

序号	班级	学号	姓名	学位	层次
243	国际经济与贸易专业2016级本科04班	201604050402	罗宇	经济学学士学位	本科
244	国际经济与贸易专业2016级本科04班	201604050403	田金婷	经济学学士学位	本科
245	国际经济与贸易专业2016级本科04班	201604050404	杨明月	经济学学士学位	本科
246	国际经济与贸易专业2016级本科04班	201604050405	王楠	经济学学士学位	本科
247	国际经济与贸易专业2016级本科04班	201604050406	韦小芳	经济学学士学位	本科
248	国际经济与贸易专业2016级本科04班	201604050407	陈号号	经济学学士学位	本科
249	国际经济与贸易专业2016级本科04班	201604050408	宋龙菲	经济学学士学位	本科
250	国际经济与贸易专业2016级本科04班	201604050409	韩瑞雪	经济学学士学位	本科
251	国际经济与贸易专业2016级本科04班	201604050410	许传英	经济学学士学位	本科
252	国际经济与贸易专业2016级本科04班	201604050411	赵曼	经济学学士学位	本科
253	国际经济与贸易专业2016级本科04班	201604050412	李明慧	经济学学士学位	本科
254	国际经济与贸易专业2016级本科04班	201604050413	连益伟	经济学学士学位	本科
255	国际经济与贸易专业2016级本科04班	201604050414	张桐	经济学学士学位	本科
256	国际经济与贸易专业2016级本科04班	201604050415	常贵升	经济学学士学位	本科
257	国际经济与贸易专业2016级本科04班	201604050416	李建姝	经济学学士学位	本科
258	国际经济与贸易专业2016级本科04班	201604050417	韩乙莹	经济学学士学位	本科
259	国际经济与贸易专业2016级本科04班	201604050418	陈双双	经济学学士学位	本科
260	国际经济与贸易专业2016级本科04班	201604050420	王一凡	经济学学士学位	本科
261	国际经济与贸易专业2016级本科04班	201604050421	巩鲁	经济学学士学位	本科
262	国际经济与贸易专业2016级本科04班	201604050422	肖莹	经济学学士学位	本科
263	国际经济与贸易专业2016级本科04班	201604050423	王颖	经济学学士学位	本科
264	国际经济与贸易专业2016级本科04班	201604050424	郑玉乐	经济学学士学位	本科
265	国际经济与贸易专业2016级本科04班	201604050425	张书芬	经济学学士学位	本科
266	国际经济与贸易专业2016级本科04班	201604050426	邵童童	经济学学士学位	本科
267	国际经济与贸易专业2016级本科04班	201604050427	杨丽君	经济学学士学位	本科
268	国际经济与贸易专业2016级本科04班	201604050428	刘浩	经济学学士学位	本科
269	国际经济与贸易专业2016级本科04班	201604050429	吴永丽	经济学学士学位	本科
270	国际经济与贸易专业2016级本科04班	201604050430	李程	经济学学士学位	本科
271	国际经济与贸易专业2016级本科04班	201604050431	刘桂英	经济学学士学位	本科
272	国际经济与贸易专业2016级本科04班	201604050432	陈倩倩	经济学学士学位	本科
273	国际经济与贸易专业2016级本科04班	201604050433	吕雪利	经济学学士学位	本科
274	国际经济与贸易专业2016级本科04班	201604050434	丁博雯	经济学学士学位	本科

(续表)

序号	班级	学号	姓名	学位	层次
275	国际经济与贸易专业 2016 级本科 04 班	201604050435	田枝子	经济学学士学位	本科
276	国际经济与贸易专业 2016 级本科 04 班	201604050436	姜薇	经济学学士学位	本科
277	国际经济与贸易专业 2016 级本科 04 班	201604050437	朱俊玲	经济学学士学位	本科
278	国际经济与贸易专业 2016 级本科 04 班	201604050438	胡丽莹	经济学学士学位	本科
279	国际经济与贸易专业 2016 级本科 04 班	201604050439	邱雪	经济学学士学位	本科
280	国际经济与贸易专业 2016 级本科 04 班	201604050440	彭艳玲	经济学学士学位	本科
281	国际经济与贸易专业 2016 级本科 04 班	201604050441	冯春妮	经济学学士学位	本科
282	国际经济与贸易专业 2016 级本科 04 班	201604050442	张研宇	经济学学士学位	本科
283	会计学专业 2016 级本科 01 班	201604020229	贾芸	管理学学士学位	本科
284	会计学专业 2016 级本科 01 班	201604020231	徐玲玲	管理学学士学位	本科
285	会计学专业 2016 级本科 01 班	201608080105	方云颖	管理学学士学位	本科
286	会计学专业 2016 级本科 01 班	201615020125	杨雯	管理学学士学位	本科
287	会计学专业 2016 级本科 01 班	201617040101	田裕	管理学学士学位	本科
288	会计学专业 2016 级本科 01 班	201617040102	王绪正	管理学学士学位	本科
289	会计学专业 2016 级本科 01 班	201617040103	宋晓宁	管理学学士学位	本科
290	会计学专业 2016 级本科 01 班	201617040104	满建滕	管理学学士学位	本科
291	会计学专业 2016 级本科 01 班	201617040105	李宁	管理学学士学位	本科
292	会计学专业 2016 级本科 01 班	201617040106	闫晓丽	管理学学士学位	本科
293	会计学专业 2016 级本科 01 班	201617040107	于倩兰	管理学学士学位	本科
294	会计学专业 2016 级本科 01 班	201617040108	刘文浩	管理学学士学位	本科
295	会计学专业 2016 级本科 01 班	201617040109	赵晓伟	管理学学士学位	本科
296	会计学专业 2016 级本科 01 班	201617040110	李子彤	管理学学士学位	本科
297	会计学专业 2016 级本科 01 班	201617040111	刘泾国	管理学学士学位	本科
298	会计学专业 2016 级本科 01 班	201617040112	李钰	管理学学士学位	本科
299	会计学专业 2016 级本科 01 班	201617040113	于浩	管理学学士学位	本科
300	会计学专业 2016 级本科 01 班	201617040114	解开元	管理学学士学位	本科
301	会计学专业 2016 级本科 01 班	201617040115	梁子文	管理学学士学位	本科
302	会计学专业 2016 级本科 01 班	201617040116	孟潇	管理学学士学位	本科
303	会计学专业 2016 级本科 01 班	201617040117	梁光辉	管理学学士学位	本科
304	会计学专业 2016 级本科 01 班	201617040118	徐资栋	管理学学士学位	本科
305	会计学专业 2016 级本科 01 班	201617040119	刘静	管理学学士学位	本科
306	会计学专业 2016 级本科 01 班	201617040120	刘雯彬	管理学学士学位	本科

(续表)

序号	班级	学号	姓名	学位	层次
307	会计学专业 2016 级本科 01 班	201617040121	徐婉莹	管理学学士学位	本科
308	会计学专业 2016 级本科 01 班	201617040122	刘耀文	管理学学士学位	本科
309	会计学专业 2016 级本科 01 班	201617040123	刘可萱	管理学学士学位	本科
310	会计学专业 2016 级本科 01 班	201617040124	倪熙瑶	管理学学士学位	本科
311	会计学专业 2016 级本科 01 班	201617040125	龚雪	管理学学士学位	本科
312	会计学专业 2016 级本科 01 班	201617040126	刘雪	管理学学士学位	本科
313	会计学专业 2016 级本科 01 班	201617040127	田梅	管理学学士学位	本科
314	会计学专业 2016 级本科 01 班	201617040128	姜少琦	管理学学士学位	本科
315	会计学专业 2016 级本科 01 班	201617040129	燕俊豪	管理学学士学位	本科
316	会计学专业 2016 级本科 01 班	201617040130	马瑶	管理学学士学位	本科
317	会计学专业 2016 级本科 01 班	201617040131	臧慧珍	管理学学士学位	本科
318	会计学专业 2016 级本科 01 班	201617040132	胡慧真	管理学学士学位	本科
319	会计学专业 2016 级本科 01 班	201617040133	李清然	管理学学士学位	本科
320	会计学专业 2016 级本科 01 班	201617040134	曹佑达	管理学学士学位	本科
321	会计学专业 2016 级本科 01 班	201617040135	刘梦凡	管理学学士学位	本科
322	会计学专业 2016 级本科 01 班	201617040136	孙鑫	管理学学士学位	本科
323	会计学专业 2016 级本科 01 班	201617040137	王雪洁	管理学学士学位	本科
324	会计学专业 2016 级本科 01 班	201617040138	杨岗	管理学学士学位	本科
325	会计学专业 2016 级本科 01 班	201617040139	陈思梧	管理学学士学位	本科
326	会计学专业 2016 级本科 01 班	201617040140	王莉晴	管理学学士学位	本科
327	会计学专业 2016 级本科 01 班	201617040141	黄丹丹	管理学学士学位	本科
328	会计学专业 2016 级本科 01 班	201617040142	刘海月	管理学学士学位	本科
329	会计学专业 2016 级本科 02 班	201607040117	石明川	管理学学士学位	本科
330	会计学专业 2016 级本科 02 班	201607040119	高教龙	管理学学士学位	本科
331	会计学专业 2016 级本科 02 班	201615020119	戴双红	管理学学士学位	本科
332	会计学专业 2016 级本科 02 班	201615040422	戴明燕	管理学学士学位	本科
333	会计学专业 2016 级本科 02 班	201617040201	陈凯浩	管理学学士学位	本科
334	会计学专业 2016 级本科 02 班	201617040202	孙晓慧	管理学学士学位	本科
335	会计学专业 2016 级本科 02 班	201617040203	赵新玉	管理学学士学位	本科
336	会计学专业 2016 级本科 02 班	201617040204	郑思洁	管理学学士学位	本科
337	会计学专业 2016 级本科 02 班	201617040205	杨坤涛	管理学学士学位	本科
338	会计学专业 2016 级本科 02 班	201617040206	梁红	管理学学士学位	本科

(续表)

序号	班级	学号	姓名	学位	层次
339	会计学专业2016级本科02班	201617040207	邹婷婷	管理学学士学位	本科
340	会计学专业2016级本科02班	201617040208	王世娇	管理学学士学位	本科
341	会计学专业2016级本科02班	201617040209	董文晓	管理学学士学位	本科
342	会计学专业2016级本科02班	201617040210	李贺文	管理学学士学位	本科
343	会计学专业2016级本科02班	201617040211	代皓任	管理学学士学位	本科
344	会计学专业2016级本科02班	201617040212	周艳群	管理学学士学位	本科
345	会计学专业2016级本科02班	201617040213	辛晓洁	管理学学士学位	本科
346	会计学专业2016级本科02班	201617040214	石晓丽	管理学学士学位	本科
347	会计学专业2016级本科02班	201617040215	肖敏	管理学学士学位	本科
348	会计学专业2016级本科02班	201617040216	霍连群	管理学学士学位	本科
349	会计学专业2016级本科02班	201617040217	姜欢	管理学学士学位	本科
350	会计学专业2016级本科02班	201617040218	庞学鹏	管理学学士学位	本科
351	会计学专业2016级本科02班	201617040219	张京奇	管理学学士学位	本科
352	会计学专业2016级本科02班	201617040220	莫仁燕	管理学学士学位	本科
353	会计学专业2016级本科02班	201617040221	张曼曼	管理学学士学位	本科
354	会计学专业2016级本科02班	201617040222	周志敏	管理学学士学位	本科
355	会计学专业2016级本科02班	201617040223	林鑫润	管理学学士学位	本科
356	会计学专业2016级本科02班	201617040224	王桢桢	管理学学士学位	本科
357	会计学专业2016级本科02班	201617040225	陈天雨	管理学学士学位	本科
358	会计学专业2016级本科02班	201617040226	武军	管理学学士学位	本科
359	会计学专业2016级本科02班	201617040227	马岚	管理学学士学位	本科
360	会计学专业2016级本科02班	201617040228	孙岩青	管理学学士学位	本科
361	会计学专业2016级本科02班	201617040229	孙圣杰	管理学学士学位	本科
362	会计学专业2016级本科02班	201617040230	王晨晓	管理学学士学位	本科
363	会计学专业2016级本科02班	201617040231	柳文璐	管理学学士学位	本科
364	会计学专业2016级本科02班	201617040232	李娜	管理学学士学位	本科
365	会计学专业2016级本科02班	201617040233	吕超	管理学学士学位	本科
366	会计学专业2016级本科02班	201617040234	高威	管理学学士学位	本科
367	会计学专业2016级本科02班	201617040235	刘姝彤	管理学学士学位	本科
368	会计学专业2016级本科02班	201617040236	李梦萍	管理学学士学位	本科
369	会计学专业2016级本科02班	201617040237	惠文静	管理学学士学位	本科
370	会计学专业2016级本科02班	201617040238	王彦涵	管理学学士学位	本科

(续表)

序号	班级	学号	姓名	学位	层次
371	会计学专业 2016 级本科 02 班	201617040239	张卜懿	管理学学士学位	本科
372	会计学专业 2016 级本科 02 班	201617040240	王理华	管理学学士学位	本科
373	会计学专业 2016 级本科 02 班	201617040241	黄态	管理学学士学位	本科
374	会计学专业 2016 级本科 02 班	201617120127	王振瑶	管理学学士学位	本科
375	会计学专业 2016 级本科 03 班	201615020114	杜瑞琳	管理学学士学位	本科
376	会计学专业 2016 级本科 03 班	201617010109	刘馨聪	管理学学士学位	本科
377	会计学专业 2016 级本科 03 班	201617010132	李茜	管理学学士学位	本科
378	会计学专业 2016 级本科 03 班	201617040301	李君一	管理学学士学位	本科
379	会计学专业 2016 级本科 03 班	201617040302	徐杰	管理学学士学位	本科
380	会计学专业 2016 级本科 03 班	201617040303	刘晏宗	管理学学士学位	本科
381	会计学专业 2016 级本科 03 班	201617040304	王慧敏	管理学学士学位	本科
382	会计学专业 2016 级本科 03 班	201617040305	闫守霞	管理学学士学位	本科
383	会计学专业 2016 级本科 03 班	201617040306	王雅轩	管理学学士学位	本科
384	会计学专业 2016 级本科 03 班	201617040307	梁雨晴	管理学学士学位	本科
385	会计学专业 2016 级本科 03 班	201617040308	孙彬然	管理学学士学位	本科
386	会计学专业 2016 级本科 03 班	201617040309	徐行	管理学学士学位	本科
387	会计学专业 2016 级本科 03 班	201617040310	刘贞宇	管理学学士学位	本科
388	会计学专业 2016 级本科 03 班	201617040311	刘西磊	管理学学士学位	本科
389	会计学专业 2016 级本科 03 班	201617040312	于晓辉	管理学学士学位	本科
390	会计学专业 2016 级本科 03 班	201617040313	孙振杰	管理学学士学位	本科
391	会计学专业 2016 级本科 03 班	201617040314	马振兴	管理学学士学位	本科
392	会计学专业 2016 级本科 03 班	201617040315	杨正中	管理学学士学位	本科
393	会计学专业 2016 级本科 03 班	201617040316	东野文博	管理学学士学位	本科
394	会计学专业 2016 级本科 03 班	201617040317	王纪云	管理学学士学位	本科
395	会计学专业 2016 级本科 03 班	201617040318	朱建旭	管理学学士学位	本科
396	会计学专业 2016 级本科 03 班	201617040319	孙明绅	管理学学士学位	本科
397	会计学专业 2016 级本科 03 班	201617040320	钱雨	管理学学士学位	本科
398	会计学专业 2016 级本科 03 班	201617040321	张燕欣	管理学学士学位	本科
399	会计学专业 2016 级本科 03 班	201617040322	陈明瑞	管理学学士学位	本科
400	会计学专业 2016 级本科 03 班	201617040323	但泉缘	管理学学士学位	本科
401	会计学专业 2016 级本科 03 班	201617040324	谭金梅	管理学学士学位	本科
402	会计学专业 2016 级本科 03 班	201617040325	胡一嘟	管理学学士学位	本科

(续表)

序号	班级	学号	姓名	学位	层次
403	会计学专业 2016 级本科 03 班	201617040326	王玉伟	管理学学士学位	本科
404	会计学专业 2016 级本科 03 班	201617040327	吕素	管理学学士学位	本科
405	会计学专业 2016 级本科 03 班	201617040328	高菁	管理学学士学位	本科
406	会计学专业 2016 级本科 03 班	201617040329	王静静	管理学学士学位	本科
407	会计学专业 2016 级本科 03 班	201617040330	姜宾	管理学学士学位	本科
408	会计学专业 2016 级本科 03 班	201617040331	王媛	管理学学士学位	本科
409	会计学专业 2016 级本科 03 班	201617040332	闫莉	管理学学士学位	本科
410	会计学专业 2016 级本科 03 班	201617040333	冯建丽	管理学学士学位	本科
411	会计学专业 2016 级本科 03 班	201617040334	肖秋	管理学学士学位	本科
412	会计学专业 2016 级本科 03 班	201617040335	樊静	管理学学士学位	本科
413	会计学专业 2016 级本科 03 班	201617040336	李嘉琦	管理学学士学位	本科
414	会计学专业 2016 级本科 03 班	201617040337	李慧	管理学学士学位	本科
415	会计学专业 2016 级本科 03 班	201617040338	夏丽婷	管理学学士学位	本科
416	会计学专业 2016 级本科 03 班	201617040339	王彬飞	管理学学士学位	本科
417	会计学专业 2016 级本科 03 班	201617040340	安东梅	管理学学士学位	本科
418	会计学专业 2016 级本科 03 班	201617040341	何巧	管理学学士学位	本科
419	会计学专业 2016 级本科 03 班	201618020115	赵敏捷	管理学学士学位	本科
420	会计学专业 2016 级本科 04 班	201604050318	贾延鑫	管理学学士学位	本科
421	会计学专业 2016 级本科 04 班	201615020122	伊姿儒	管理学学士学位	本科
422	会计学专业 2016 级本科 04 班	201615030222	董岩	管理学学士学位	本科
423	会计学专业 2016 级本科 04 班	201617040401	韩宗霖	管理学学士学位	本科
424	会计学专业 2016 级本科 04 班	201617040402	于浩霖	管理学学士学位	本科
425	会计学专业 2016 级本科 04 班	201617040403	朱厚宇	管理学学士学位	本科
426	会计学专业 2016 级本科 04 班	201617040404	卢雯	管理学学士学位	本科
427	会计学专业 2016 级本科 04 班	201617040405	赵明明	管理学学士学位	本科
428	会计学专业 2016 级本科 04 班	201617040406	卜宪源	管理学学士学位	本科
429	会计学专业 2016 级本科 04 班	201617040407	王懋华	管理学学士学位	本科
430	会计学专业 2016 级本科 04 班	201617040408	赵旖旎	管理学学士学位	本科
431	会计学专业 2016 级本科 04 班	201617040409	解竣杰	管理学学士学位	本科
432	会计学专业 2016 级本科 04 班	201617040410	刘炳豪	管理学学士学位	本科
433	会计学专业 2016 级本科 04 班	201617040411	曹泽香	管理学学士学位	本科
434	会计学专业 2016 级本科 04 班	201617040412	于晓敏	管理学学士学位	本科

(续表)

序号	班级	学号	姓名	学位	层次
435	会计学专业 2016 级本科 04 班	201617040413	赵越	管理学学士学位	本科
436	会计学专业 2016 级本科 04 班	201617040414	于超	管理学学士学位	本科
437	会计学专业 2016 级本科 04 班	201617040415	李欣	管理学学士学位	本科
438	会计学专业 2016 级本科 04 班	201617040416	赵乾	管理学学士学位	本科
439	会计学专业 2016 级本科 04 班	201617040417	孙艳丽	管理学学士学位	本科
440	会计学专业 2016 级本科 04 班	201617040418	王浩	管理学学士学位	本科
441	会计学专业 2016 级本科 04 班	201617040419	梁玉婷	管理学学士学位	本科
442	会计学专业 2016 级本科 04 班	201617040420	龙欣悦	管理学学士学位	本科
443	会计学专业 2016 级本科 04 班	201617040421	方欣	管理学学士学位	本科
444	会计学专业 2016 级本科 04 班	201617040422	胡一凡	管理学学士学位	本科
445	会计学专业 2016 级本科 04 班	201617040423	徐慧宾	管理学学士学位	本科
446	会计学专业 2016 级本科 04 班	201617040424	朱志明	管理学学士学位	本科
447	会计学专业 2016 级本科 04 班	201617040425	牛艺	管理学学士学位	本科
448	会计学专业 2016 级本科 04 班	201617040426	南雪颜	管理学学士学位	本科
449	会计学专业 2016 级本科 04 班	201617040427	曲方园	管理学学士学位	本科
450	会计学专业 2016 级本科 04 班	201617040428	鞠雨含	管理学学士学位	本科
451	会计学专业 2016 级本科 04 班	201617040429	尹晓婷	管理学学士学位	本科
452	会计学专业 2016 级本科 04 班	201617040430	孟冲	管理学学士学位	本科
453	会计学专业 2016 级本科 04 班	201617040431	何晓妍	管理学学士学位	本科
454	会计学专业 2016 级本科 04 班	201617040432	叶鹏	管理学学士学位	本科
455	会计学专业 2016 级本科 04 班	201617040433	刘钊	管理学学士学位	本科
456	会计学专业 2016 级本科 04 班	201617040434	周程前	管理学学士学位	本科
457	会计学专业 2016 级本科 04 班	201617040435	任强	管理学学士学位	本科
458	会计学专业 2016 级本科 04 班	201617040436	岳丽莎	管理学学士学位	本科
459	会计学专业 2016 级本科 04 班	201617040437	王瑜	管理学学士学位	本科
460	会计学专业 2016 级本科 04 班	201617040438	杨淼	管理学学士学位	本科
461	会计学专业 2016 级本科 04 班	201617040439	俞嘉云	管理学学士学位	本科
462	会计学专业 2016 级本科 04 班	201617040440	唐慧楠	管理学学士学位	本科
463	会计学专业 2016 级本科 04 班	201617040441	郑晓柔	管理学学士学位	本科
464	会计学专业 2016 级本科 04 班	201617120126	张莹	管理学学士学位	本科
465	会计学专业 2016 级本科 05 班	201520110528	张凯	管理学学士学位	本科
466	会计学专业 2016 级本科 05 班	201617060501	陈杨杨	管理学学士学位	本科

(续表)

序号	班级	学号	姓名	学位	层次
467	会计学专业2016级本科05班	201617060502	李传旭	管理学学士学位	本科
468	会计学专业2016级本科05班	201617060503	季雨		本科
469	会计学专业2016级本科05班	201617060504	刘少嵩	管理学学士学位	本科
470	会计学专业2016级本科05班	201617060505	张晓丹	管理学学士学位	本科
471	会计学专业2016级本科05班	201617060506	田成	管理学学士学位	本科
472	会计学专业2016级本科05班	201617060507	卜智丹	管理学学士学位	本科
473	会计学专业2016级本科05班	201617060508	付晓丹	管理学学士学位	本科
474	会计学专业2016级本科05班	201617060509	陆斌	管理学学士学位	本科
475	会计学专业2016级本科05班	201617060510	张婉姝	管理学学士学位	本科
476	会计学专业2016级本科05班	201617060511	孙维雨	管理学学士学位	本科
477	会计学专业2016级本科05班	201617060512	张钰煊		本科
478	会计学专业2016级本科05班	201617060513	刘钰洁	管理学学士学位	本科
479	会计学专业2016级本科05班	201617060514	季晓萍	管理学学士学位	本科
480	会计学专业2016级本科05班	201617060515	周安琪	管理学学士学位	本科
481	会计学专业2016级本科05班	201617060516	郑凯	管理学学士学位	本科
482	会计学专业2016级本科05班	201617060517	于心悦	管理学学士学位	本科
483	会计学专业2016级本科05班	201617060518	姜丽	管理学学士学位	本科
484	会计学专业2016级本科05班	201617060519	李敏	管理学学士学位	本科
485	会计学专业2016级本科05班	201617060520	张庆民	管理学学士学位	本科
486	会计学专业2016级本科05班	201617060521	徐丽	管理学学士学位	本科
487	会计学专业2016级本科05班	201617060522	于慧敏	管理学学士学位	本科
488	会计学专业2016级本科05班	201617060523	刘永旭		本科
489	会计学专业2016级本科05班	201617060524	梅晓艳	管理学学士学位	本科
490	会计学专业2016级本科05班	201617060525	高康宁	管理学学士学位	本科
491	会计学专业2016级本科05班	201617060526	刘昭	管理学学士学位	本科
492	会计学专业2016级本科05班	201617060527	岳秀飞	管理学学士学位	本科
493	会计学专业2016级本科05班	201617060528	王娜	管理学学士学位	本科
494	会计学专业2016级本科05班	201617060529	孙誉祯	管理学学士学位	本科
495	会计学专业2016级本科05班	201617060530	刘宝文	管理学学士学位	本科
496	会计学专业2016级本科05班	201617060531	李玉儒	管理学学士学位	本科
497	会计学专业2016级本科05班	201617060532	李航	管理学学士学位	本科
498	会计学专业2016级本科05班	201617060533	张鑫鑫	管理学学士学位	本科

(续表)

序号	班级	学号	姓名	学位	层次
499	会计学专业 2016 级本科 05 班	201617060534	刘镇东	管理学学士学位	本科
500	会计学专业 2016 级本科 05 班	201617060535	周梦	管理学学士学位	本科
501	会计学专业 2016 级本科 05 班	201617060536	魏宁静	管理学学士学位	本科
502	会计学专业 2016 级本科 05 班	201617060537	董新亮	管理学学士学位	本科
503	会计学专业 2016 级本科 05 班	201617060538	邢晓雨	管理学学士学位	本科
504	会计学专业 2016 级本科 05 班	201617060539	刘汝楠	管理学学士学位	本科
505	会计学专业 2016 级本科 05 班	201617060540	杜晓萌	管理学学士学位	本科
506	会计学专业 2016 级本科 05 班	201617060541	吴玉滢	管理学学士学位	本科
507	会计学专业 2016 级本科 05 班	201617060542	王媛	管理学学士学位	本科
508	会计学专业 2016 级本科 05 班	201617060543	张淑娴	管理学学士学位	本科
509	会计学专业 2016 级本科 05 班	201617060544	蒋勇芬	管理学学士学位	本科
510	会计学专业 2016 级本科 05 班	201617060545	刘星宇	管理学学士学位	本科
511	会计学专业 2016 级本科 05 班	201617060546	胡越	管理学学士学位	本科
512	会计学专业 2016 级本科 05 班	201617060547	林辉	管理学学士学位	本科
513	会计学专业 2016 级本科 05 班	201617060548	范晓倩	管理学学士学位	本科
514	会计学专业 2016 级本科 05 班	201617060549	穆琰	管理学学士学位	本科
515	会计学专业 2016 级本科 06 班	201617060601	杨芝迎心	管理学学士学位	本科
516	会计学专业 2016 级本科 06 班	201617060602	于馨凝	管理学学士学位	本科
517	会计学专业 2016 级本科 06 班	201617060603	宋轲	管理学学士学位	本科
518	会计学专业 2016 级本科 06 班	201617060604	侯婷婷	管理学学士学位	本科
519	会计学专业 2016 级本科 06 班	201617060605	李天文	管理学学士学位	本科
520	会计学专业 2016 级本科 06 班	201617060606	梁阔	管理学学士学位	本科
521	会计学专业 2016 级本科 06 班	201617060607	宋乐洋	管理学学士学位	本科
522	会计学专业 2016 级本科 06 班	201617060608	延兴广	管理学学士学位	本科
523	会计学专业 2016 级本科 06 班	201617060609	郎钰莹	管理学学士学位	本科
524	会计学专业 2016 级本科 06 班	201617060610	徐桐	管理学学士学位	本科
525	会计学专业 2016 级本科 06 班	201617060611	刘恺琳	管理学学士学位	本科
526	会计学专业 2016 级本科 06 班	201617060612	于昊	管理学学士学位	本科
527	会计学专业 2016 级本科 06 班	201617060613	高伟耀	管理学学士学位	本科
528	会计学专业 2016 级本科 06 班	201617060614	张露	管理学学士学位	本科
529	会计学专业 2016 级本科 06 班	201617060615	姜亚宁	管理学学士学位	本科
530	会计学专业 2016 级本科 06 班	201617060616	宿钊彬	管理学学士学位	本科

(续表)

序号	班级	学号	姓名	学位	层次
531	会计学专业 2016 级本科 06 班	201617060617	杨华宇	管理学学士学位	本科
532	会计学专业 2016 级本科 06 班	201617060618	赵悦	管理学学士学位	本科
533	会计学专业 2016 级本科 06 班	201617060619	石祥栋	管理学学士学位	本科
534	会计学专业 2016 级本科 06 班	201617060620	刘星辰	管理学学士学位	本科
535	会计学专业 2016 级本科 06 班	201617060621	林芳羽	管理学学士学位	本科
536	会计学专业 2016 级本科 06 班	201617060622	孙庚灿	管理学学士学位	本科
537	会计学专业 2016 级本科 06 班	201617060623	任甘霖	管理学学士学位	本科
538	会计学专业 2016 级本科 06 班	201617060624	高佳豪	管理学学士学位	本科
539	会计学专业 2016 级本科 06 班	201617060625	汪英杰	管理学学士学位	本科
540	会计学专业 2016 级本科 06 班	201617060626	贲平	管理学学士学位	本科
541	会计学专业 2016 级本科 06 班	201617060627	马畅	管理学学士学位	本科
542	会计学专业 2016 级本科 06 班	201617060628	刘慧	管理学学士学位	本科
543	会计学专业 2016 级本科 06 班	201617060629	王耀	管理学学士学位	本科
544	会计学专业 2016 级本科 06 班	201617060630	张鑫	管理学学士学位	本科
545	会计学专业 2016 级本科 06 班	201617060631	曹西仲	管理学学士学位	本科
546	会计学专业 2016 级本科 06 班	201617060632	韩苗苗	管理学学士学位	本科
547	会计学专业 2016 级本科 06 班	201617060633	吕太伟	管理学学士学位	本科
548	会计学专业 2016 级本科 06 班	201617060634	徐鹏程	管理学学士学位	本科
549	会计学专业 2016 级本科 06 班	201617060635	张敏	管理学学士学位	本科
550	会计学专业 2016 级本科 06 班	201617060636	岳金铭	管理学学士学位	本科
551	会计学专业 2016 级本科 06 班	201617060637	张文娴	管理学学士学位	本科
552	会计学专业 2016 级本科 06 班	201617060638	王煜程	管理学学士学位	本科
553	会计学专业 2016 级本科 06 班	201617060639	刘蕾	管理学学士学位	本科
554	会计学专业 2016 级本科 06 班	201617060640	于涵	管理学学士学位	本科
555	会计学专业 2016 级本科 06 班	201617060641	岳秀婷	管理学学士学位	本科
556	会计学专业 2016 级本科 06 班	201617060642	张成鑫	管理学学士学位	本科
557	会计学专业 2016 级本科 06 班	201617060643	尤洪祥	管理学学士学位	本科
558	会计学专业 2016 级本科 06 班	201617060644	刘宇航	管理学学士学位	本科
559	会计学专业 2016 级本科 06 班	201617060645	石雪纯	管理学学士学位	本科
560	会计学专业 2016 级本科 06 班	201617060646	米林杰	管理学学士学位	本科
561	会计学专业 2016 级本科 06 班	201617060647	孙广甫	管理学学士学位	本科
562	会计学专业 2016 级本科 06 班	201617060648	鲍守真	管理学学士学位	本科

(续表)

序号	班级	学号	姓名	学位	层次
563	会计学专业2016级本科06班	201617060649	马菁钗	管理学学士学位	本科
564	金融工程专业2016级本科01班	201604100101	任诗蝶	经济学学士学位	本科
565	金融工程专业2016级本科01班	201604100102	王艺霏	经济学学士学位	本科
566	金融工程专业2016级本科01班	201604100103	严茜楠	经济学学士学位	本科
567	金融工程专业2016级本科01班	201604100104	刘宇	经济学学士学位	本科
568	金融工程专业2016级本科01班	201604100105	杨宝雨	经济学学士学位	本科
569	金融工程专业2016级本科01班	201604100106	杨超	经济学学士学位	本科
570	金融工程专业2016级本科01班	201604100107	贺佰强	经济学学士学位	本科
571	金融工程专业2016级本科01班	201604100108	王庆杰	经济学学士学位	本科
572	金融工程专业2016级本科01班	201604100109	于明明	经济学学士学位	本科
573	金融工程专业2016级本科01班	201604100110	潘倩倩	经济学学士学位	本科
574	金融工程专业2016级本科01班	201604100111	桑晓	经济学学士学位	本科
575	金融工程专业2016级本科01班	201604100112	袁青峰	经济学学士学位	本科
576	金融工程专业2016级本科01班	201604100113	董纪宇	经济学学士学位	本科
577	金融工程专业2016级本科01班	201604100114	郭辰	经济学学士学位	本科
578	金融工程专业2016级本科01班	201604100115	江妍妍	经济学学士学位	本科
579	金融工程专业2016级本科01班	201604100116	李衍齐	经济学学士学位	本科
580	金融工程专业2016级本科01班	201604100117	郭虎	经济学学士学位	本科
581	金融工程专业2016级本科01班	201604100118	万广瑜	经济学学士学位	本科
582	金融工程专业2016级本科01班	201604100119	于晓	经济学学士学位	本科
583	金融工程专业2016级本科01班	201604100120	陈克伟	经济学学士学位	本科
584	金融工程专业2016级本科01班	201604100121	王迪	经济学学士学位	本科
585	金融工程专业2016级本科01班	201604100122	张文凤	经济学学士学位	本科
586	金融工程专业2016级本科01班	201604100123	葛静福	经济学学士学位	本科
587	金融工程专业2016级本科01班	201604100124	李浩楠	经济学学士学位	本科
588	金融工程专业2016级本科01班	201604100125	赵雪	经济学学士学位	本科
589	金融工程专业2016级本科01班	201604100126	赵一蒙	经济学学士学位	本科
590	金融工程专业2016级本科01班	201604100127	冯敏	经济学学士学位	本科
591	金融工程专业2016级本科01班	201604100128	朱振东	经济学学士学位	本科
592	金融工程专业2016级本科01班	201604100129	叶旭	经济学学士学位	本科
593	金融工程专业2016级本科01班	201617120125	陈昕悦	经济学学士学位	本科
594	金融工程专业2016级本科01班	201617120128	李欣泽	经济学学士学位	本科

(续表)

序号	班级	学号	姓名	学位	层次
595	金融工程专业 2016 级本科 02 班	201601110124	彭诗贻	经济学学士学位	本科
596	金融工程专业 2016 级本科 02 班	201604100201	于金玺	经济学学士学位	本科
597	金融工程专业 2016 级本科 02 班	201604100202	李易	经济学学士学位	本科
598	金融工程专业 2016 级本科 02 班	201604100203	张文彬	经济学学士学位	本科
599	金融工程专业 2016 级本科 02 班	201604100204	赵孜豪	经济学学士学位	本科
600	金融工程专业 2016 级本科 02 班	201604100205	王宏鹏	经济学学士学位	本科
601	金融工程专业 2016 级本科 02 班	201604100206	曾玉花	经济学学士学位	本科
602	金融工程专业 2016 级本科 02 班	201604100207	姜坤		本科
603	金融工程专业 2016 级本科 02 班	201604100208	王琪	经济学学士学位	本科
604	金融工程专业 2016 级本科 02 班	201604100209	卞晓辉	经济学学士学位	本科
605	金融工程专业 2016 级本科 02 班	201604100210	谢治企	经济学学士学位	本科
606	金融工程专业 2016 级本科 02 班	201604100211	马强	经济学学士学位	本科
607	金融工程专业 2016 级本科 02 班	201604100212	王巧	经济学学士学位	本科
608	金融工程专业 2016 级本科 02 班	201604100213	黄宁	经济学学士学位	本科
609	金融工程专业 2016 级本科 02 班	201604100214	王明昊	经济学学士学位	本科
610	金融工程专业 2016 级本科 02 班	201604100215	高嘉彤	经济学学士学位	本科
611	金融工程专业 2016 级本科 02 班	201604100216	刘茂田	经济学学士学位	本科
612	金融工程专业 2016 级本科 02 班	201604100217	郑泽原	经济学学士学位	本科
613	金融工程专业 2016 级本科 02 班	201604100218	巩佳奇	经济学学士学位	本科
614	金融工程专业 2016 级本科 02 班	201604100219	许瑞华	经济学学士学位	本科
615	金融工程专业 2016 级本科 02 班	201604100220	汪俊	经济学学士学位	本科
616	金融工程专业 2016 级本科 02 班	201604100221	王天雨	经济学学士学位	本科
617	金融工程专业 2016 级本科 02 班	201604100222	郝春阳	经济学学士学位	本科
618	金融工程专业 2016 级本科 02 班	201604100223	朱兴旺	经济学学士学位	本科
619	金融工程专业 2016 级本科 02 班	201604100224	周玉梅	经济学学士学位	本科
620	金融工程专业 2016 级本科 02 班	201604100225	马艺倬	经济学学士学位	本科
621	金融工程专业 2016 级本科 02 班	201604100227	邵俊杰	经济学学士学位	本科
622	金融工程专业 2016 级本科 02 班	201604100228	狄骁	经济学学士学位	本科
623	金融工程专业 2016 级本科 02 班	201604100229	陆欧杰	经济学学士学位	本科
624	金融工程专业 2016 级本科 02 班	201615020118	卞娜	经济学学士学位	本科
625	国际经济与贸易专业 2018 级本科 03 班	201804090301	陈锋	经济学学士学位	专升本
626	国际经济与贸易专业 2018 级本科 03 班	201804090302	杜黎明	经济学学士学位	专升本

(续表)

序号	班级	学号	姓名	学位	层次
627	国际经济与贸易专业 2018 级本科 03 班	201804090303	范怡文	经济学学士学位	专升本
628	国际经济与贸易专业 2018 级本科 03 班	201804090304	贾莹	经济学学士学位	专升本
629	国际经济与贸易专业 2018 级本科 03 班	201804090305	焦鲁伟	经济学学士学位	专升本
630	国际经济与贸易专业 2018 级本科 03 班	201804090306	李淑玥	经济学学士学位	专升本
631	国际经济与贸易专业 2018 级本科 03 班	201804090307	李维香	经济学学士学位	专升本
632	国际经济与贸易专业 2018 级本科 03 班	201804090308	李耘涵	经济学学士学位	专升本
633	国际经济与贸易专业 2018 级本科 03 班	201804090309	梁昌燕	经济学学士学位	专升本
634	国际经济与贸易专业 2018 级本科 03 班	201804090310	刘诗义	经济学学士学位	专升本
635	国际经济与贸易专业 2018 级本科 03 班	201804090311	刘欣欣	经济学学士学位	专升本
636	国际经济与贸易专业 2018 级本科 03 班	201804090312	刘宇	经济学学士学位	专升本
637	国际经济与贸易专业 2018 级本科 03 班	201804090313	柳成明	经济学学士学位	专升本
638	国际经济与贸易专业 2018 级本科 03 班	201804090314	牛臣娜	经济学学士学位	专升本
639	国际经济与贸易专业 2018 级本科 03 班	201804090315	潘俐	经济学学士学位	专升本
640	国际经济与贸易专业 2018 级本科 03 班	201804090316	尚春蕾	经济学学士学位	专升本
641	国际经济与贸易专业 2018 级本科 03 班	201804090317	时甜甜	经济学学士学位	专升本
642	国际经济与贸易专业 2018 级本科 03 班	201804090318	孙琪	经济学学士学位	专升本
643	国际经济与贸易专业 2018 级本科 03 班	201804090319	邰炜嫄	经济学学士学位	专升本
644	国际经济与贸易专业 2018 级本科 03 班	201804090320	王梦雪	经济学学士学位	专升本
645	国际经济与贸易专业 2018 级本科 03 班	201804090321	王茜	经济学学士学位	专升本
646	国际经济与贸易专业 2018 级本科 03 班	201804090322	王晓	经济学学士学位	专升本
647	国际经济与贸易专业 2018 级本科 03 班	201804090323	王艳青	经济学学士学位	专升本
648	国际经济与贸易专业 2018 级本科 03 班	201804090324	杨欣颖	经济学学士学位	专升本
649	国际经济与贸易专业 2018 级本科 03 班	201804090325	臧婷婷	经济学学士学位	专升本
650	国际经济与贸易专业 2018 级本科 03 班	201804090326	臧昀昊	经济学学士学位	专升本
651	国际经济与贸易专业 2018 级本科 03 班	201804090327	张宗也	经济学学士学位	专升本
652	国际经济与贸易专业 2018 级本科 03 班	201804090328	赵文璐	经济学学士学位	专升本
653	国际经济与贸易专业 2018 级本科 03 班	201804090329	卓铭志	经济学学士学位	专升本
654	国际经济与贸易专业 2018 级本科 03 班	201804090330	左凯凯	经济学学士学位	专升本
655	国际经济与贸易专业 2018 级本科 04 班	201804090401	陈豪	经济学学士学位	专升本
656	国际经济与贸易专业 2018 级本科 04 班	201804090402	陈宏颖	经济学学士学位	专升本
657	国际经济与贸易专业 2018 级本科 04 班	201804090403	陈泉润	经济学学士学位	专升本
658	国际经济与贸易专业 2018 级本科 04 班	201804090404	崔宝峰	经济学学士学位	专升本

(续表)

序号	班级	学号	姓名	学位	层次
659	国际经济与贸易专业 2018 级本科 04 班	201804090405	胡秋月	经济学学士学位	专升本
660	国际经济与贸易专业 2018 级本科 04 班	201804090406	纪梦涵	经济学学士学位	专升本
661	国际经济与贸易专业 2018 级本科 04 班	201804090407	李秋慧	经济学学士学位	专升本
662	国际经济与贸易专业 2018 级本科 04 班	201804090408	李秋雨	经济学学士学位	专升本
663	国际经济与贸易专业 2018 级本科 04 班	201804090409	李永丽	经济学学士学位	专升本
664	国际经济与贸易专业 2018 级本科 04 班	201804090410	李宇	经济学学士学位	专升本
665	国际经济与贸易专业 2018 级本科 04 班	201804090411	刘霞	经济学学士学位	专升本
666	国际经济与贸易专业 2018 级本科 04 班	201804090412	刘筱颖	经济学学士学位	专升本
667	国际经济与贸易专业 2018 级本科 04 班	201804090413	罗静	经济学学士学位	专升本
668	国际经济与贸易专业 2018 级本科 04 班	201804090414	马洪敏	经济学学士学位	专升本
669	国际经济与贸易专业 2018 级本科 04 班	201804090415	潘微康	经济学学士学位	专升本
670	国际经济与贸易专业 2018 级本科 04 班	201804090416	平宝洁	经济学学士学位	专升本
671	国际经济与贸易专业 2018 级本科 04 班	201804090417	任莹莹	经济学学士学位	专升本
672	国际经济与贸易专业 2018 级本科 04 班	201804090418	宋姝琦	经济学学士学位	专升本
673	国际经济与贸易专业 2018 级本科 04 班	201804090419	宋怡宣	经济学学士学位	专升本
674	国际经济与贸易专业 2018 级本科 04 班	201804090420	孙启明	经济学学士学位	专升本
675	国际经济与贸易专业 2018 级本科 04 班	201804090421	王彬汝	经济学学士学位	专升本
676	国际经济与贸易专业 2018 级本科 04 班	201804090422	王俪洁	经济学学士学位	专升本
677	国际经济与贸易专业 2018 级本科 04 班	201804090423	王文婷	经济学学士学位	专升本
678	国际经济与贸易专业 2018 级本科 04 班	201804090424	王翔宇	经济学学士学位	专升本
679	国际经济与贸易专业 2018 级本科 04 班	201804090425	魏铭一	经济学学士学位	专升本
680	国际经济与贸易专业 2018 级本科 04 班	201804090426	杨超	经济学学士学位	专升本
681	国际经济与贸易专业 2018 级本科 04 班	201804090427	张倩	经济学学士学位	专升本
682	国际经济与贸易专业 2018 级本科 04 班	201804090428	张双双	经济学学士学位	专升本
683	国际经济与贸易专业 2018 级本科 04 班	201804090429	赵燕丽	经济学学士学位	专升本
684	国际经济与贸易专业 2018 级本科 04 班	201804090430	周金丽	经济学学士学位	专升本
685	会计学专业 2018 级本科 05 班	201817070501	陈静	管理学学士学位	专升本
686	会计学专业 2018 级本科 05 班	201817070502	程雨	管理学学士学位	专升本
687	会计学专业 2018 级本科 05 班	201817070503	单小良	管理学学士学位	专升本
688	会计学专业 2018 级本科 05 班	201817070504	单一凡	管理学学士学位	专升本
689	会计学专业 2018 级本科 05 班	201817070505	董涵月	管理学学士学位	专升本
690	会计学专业 2018 级本科 05 班	201817070506	冯娜娜	管理学学士学位	专升本

(续表)

序号	班级	学号	姓名	学位	层次
691	会计学专业 2018 级本科 05 班	201817070507	高小晶	管理学学士学位	专升本
692	会计学专业 2018 级本科 05 班	201817070508	侯明至蕙	管理学学士学位	专升本
693	会计学专业 2018 级本科 05 班	201817070509	侯晓琳	管理学学士学位	专升本
694	会计学专业 2018 级本科 05 班	201817070510	蓝倩云	管理学学士学位	专升本
695	会计学专业 2018 级本科 05 班	201817070511	李静茹	管理学学士学位	专升本
696	会计学专业 2018 级本科 05 班	201817070512	梁玉玲	管理学学士学位	专升本
697	会计学专业 2018 级本科 05 班	201817070513	林丹丹	管理学学士学位	专升本
698	会计学专业 2018 级本科 05 班	201817070514	刘恒	管理学学士学位	专升本
699	会计学专业 2018 级本科 05 班	201817070515	刘锦淼	管理学学士学位	专升本
700	会计学专业 2018 级本科 05 班	201817070516	刘婧	管理学学士学位	专升本
701	会计学专业 2018 级本科 05 班	201817070517	刘颖	管理学学士学位	专升本
702	会计学专业 2018 级本科 05 班	201817070518	吕震	管理学学士学位	专升本
703	会计学专业 2018 级本科 05 班	201817070519	栾翔宇	管理学学士学位	专升本
704	会计学专业 2018 级本科 05 班	201817070520	彭苗青	管理学学士学位	专升本
705	会计学专业 2018 级本科 05 班	201817070521	荣唯	管理学学士学位	专升本
706	会计学专业 2018 级本科 05 班	201817070522	苏媛媛	管理学学士学位	专升本
707	会计学专业 2018 级本科 05 班	201817070523	孙绪美	管理学学士学位	专升本
708	会计学专业 2018 级本科 05 班	201817070524	唐紫莹	管理学学士学位	专升本
709	会计学专业 2018 级本科 05 班	201817070525	田野	管理学学士学位	专升本
710	会计学专业 2018 级本科 05 班	201817070526	王静	管理学学士学位	专升本
711	会计学专业 2018 级本科 05 班	201817070527	王瑞圆	管理学学士学位	专升本
712	会计学专业 2018 级本科 05 班	201817070528	王昕	管理学学士学位	专升本
713	会计学专业 2018 级本科 05 班	201817070529	徐小惠	管理学学士学位	专升本
714	会计学专业 2018 级本科 05 班	201817070530	许文琪	管理学学士学位	专升本
715	会计学专业 2018 级本科 05 班	201817070531	严家馨	管理学学士学位	专升本
716	会计学专业 2018 级本科 05 班	201817070532	杨东芳	管理学学士学位	专升本
717	会计学专业 2018 级本科 05 班	201817070533	于明哲	管理学学士学位	专升本
718	会计学专业 2018 级本科 05 班	201817070534	张浚哲	管理学学士学位	专升本
719	会计学专业 2018 级本科 05 班	201817070535	张蕾	管理学学士学位	专升本
720	会计学专业 2018 级本科 05 班	201817070536	张晓菡	管理学学士学位	专升本
721	会计学专业 2018 级本科 05 班	201817070537	张一帆	管理学学士学位	专升本
722	会计学专业 2018 级本科 05 班	201817070538	赵瑞	管理学学士学位	专升本

(续表)

序号	班级	学号	姓名	学位	层次
723	会计学专业 2018 级本科 05 班	201817070539	周红	管理学学士学位	专升本
724	会计学专业 2018 级本科 05 班	201817070540	庄姣	管理学学士学位	专升本
725	会计学专业 2018 级本科 05 班	201817070541	单敬茹	管理学学士学位	专升本
726	会计学专业 2018 级本科 05 班	201817070542	杨瑞雪		专升本
727	会计学专业 2018 级本科 06 班	201817070601	车进	管理学学士学位	专升本
728	会计学专业 2018 级本科 06 班	201817070602	陈爱莉	管理学学士学位	专升本
729	会计学专业 2018 级本科 06 班	201817070603	崔奕	管理学学士学位	专升本
730	会计学专业 2018 级本科 06 班	201817070604	代文杰	管理学学士学位	专升本
731	会计学专业 2018 级本科 06 班	201817070605	杜慧林	管理学学士学位	专升本
732	会计学专业 2018 级本科 06 班	201817070606	段丽彦	管理学学士学位	专升本
733	会计学专业 2018 级本科 06 班	201817070607	高玉卿	管理学学士学位	专升本
734	会计学专业 2018 级本科 06 班	201817070608	郭昱辰	管理学学士学位	专升本
735	会计学专业 2018 级本科 06 班	201817070609	华凯莉	管理学学士学位	专升本
736	会计学专业 2018 级本科 06 班	201817070610	贾雪昌	管理学学士学位	专升本
737	会计学专业 2018 级本科 06 班	201817070611	李海洲	管理学学士学位	专升本
738	会计学专业 2018 级本科 06 班	201817070612	李昊	管理学学士学位	专升本
739	会计学专业 2018 级本科 06 班	201817070613	李梦	管理学学士学位	专升本
740	会计学专业 2018 级本科 06 班	201817070614	李志芳	管理学学士学位	专升本
741	会计学专业 2018 级本科 06 班	201817070615	刘楚潇	管理学学士学位	专升本
742	会计学专业 2018 级本科 06 班	201817070616	刘春慧	管理学学士学位	专升本
743	会计学专业 2018 级本科 06 班	201817070617	刘敏	管理学学士学位	专升本
744	会计学专业 2018 级本科 06 班	201817070618	刘英娇	管理学学士学位	专升本
745	会计学专业 2018 级本科 06 班	201817070619	马天锦	管理学学士学位	专升本
746	会计学专业 2018 级本科 06 班	201817070620	孟令鑫	管理学学士学位	专升本
747	会计学专业 2018 级本科 06 班	201817070621	潘琦	管理学学士学位	专升本
748	会计学专业 2018 级本科 06 班	201817070622	尚慧云	管理学学士学位	专升本
749	会计学专业 2018 级本科 06 班	201817070623	宋世璐	管理学学士学位	专升本
750	会计学专业 2018 级本科 06 班	201817070624	宋涛	管理学学士学位	专升本
751	会计学专业 2018 级本科 06 班	201817070625	谭庆楠	管理学学士学位	专升本
752	会计学专业 2018 级本科 06 班	201817070626	唐秋璇	管理学学士学位	专升本
753	会计学专业 2018 级本科 06 班	201817070627	王孟迪	管理学学士学位	专升本
754	会计学专业 2018 级本科 06 班	201817070628	王瑞莲	管理学学士学位	专升本

(续表)

序号	班级	学号	姓名	学位	层次
755	会计学专业 2018 级本科 06 班	201817070630	王子娇	管理学学士学位	专升本
756	会计学专业 2018 级本科 06 班	201817070631	薛青	管理学学士学位	专升本
757	会计学专业 2018 级本科 06 班	201817070632	闫宏艺	管理学学士学位	专升本
758	会计学专业 2018 级本科 06 班	201817070633	尹丽	管理学学士学位	专升本
759	会计学专业 2018 级本科 06 班	201817070634	于志静	管理学学士学位	专升本
760	会计学专业 2018 级本科 06 班	201817070635	张宁	管理学学士学位	专升本
761	会计学专业 2018 级本科 06 班	201817070636	张倩	管理学学士学位	专升本
762	会计学专业 2018 级本科 06 班	201817070637	张宜心	管理学学士学位	专升本
763	会计学专业 2018 级本科 06 班	201817070638	张智莹	管理学学士学位	专升本
764	会计学专业 2018 级本科 06 班	201817070639	周思雨	管理学学士学位	专升本
765	会计学专业 2018 级本科 06 班	201817070640	朱兆玉	管理学学士学位	专升本
766	会计学专业 2018 级本科 03 班	201804210301	陈萌	管理学学士学位	3+2 本科
767	会计学专业 2018 级本科 03 班	201804210302	陈思瑞	管理学学士学位	3+2 本科
768	会计学专业 2018 级本科 03 班	201804210303	陈晓东	管理学学士学位	3+2 本科
769	会计学专业 2018 级本科 03 班	201804210304	崔榕	管理学学士学位	3+2 本科
770	会计学专业 2018 级本科 03 班	201804210305	董晓倩	管理学学士学位	3+2 本科
771	会计学专业 2018 级本科 03 班	201804210306	付颖	管理学学士学位	3+2 本科
772	会计学专业 2018 级本科 03 班	201804210307	付忠英	管理学学士学位	3+2 本科
773	会计学专业 2018 级本科 03 班	201804210308	高敏	管理学学士学位	3+2 本科
774	会计学专业 2018 级本科 03 班	201804210309	高盼盼	管理学学士学位	3+2 本科
775	会计学专业 2018 级本科 03 班	201804210310	李佳萌	管理学学士学位	3+2 本科
776	会计学专业 2018 级本科 03 班	201804210311	李露	管理学学士学位	3+2 本科
777	会计学专业 2018 级本科 03 班	201804210312	李同哥	管理学学士学位	3+2 本科
778	会计学专业 2018 级本科 03 班	201804210313	蔺静	管理学学士学位	3+2 本科
779	会计学专业 2018 级本科 03 班	201804210314	刘倩	管理学学士学位	3+2 本科
780	会计学专业 2018 级本科 03 班	201804210315	刘思雨	管理学学士学位	3+2 本科
781	会计学专业 2018 级本科 03 班	201804210316	刘伟	管理学学士学位	3+2 本科
782	会计学专业 2018 级本科 03 班	201804210317	刘相鹏	管理学学士学位	3+2 本科
783	会计学专业 2018 级本科 03 班	201804210318	刘雨欣	管理学学士学位	3+2 本科

(续表)

序号	班级	学号	姓名	学位	层次
784	会计学专业2018级本科03班	201804210319	马敬	管理学学士学位	3+2本科
785	会计学专业2018级本科03班	201804210320	牟晓晓	管理学学士学位	3+2本科
786	会计学专业2018级本科03班	201804210321	聂静雯	管理学学士学位	3+2本科
787	会计学专业2018级本科03班	201804210322	孙璇	管理学学士学位	3+2本科
788	会计学专业2018级本科03班	201804210323	孙亚迪	管理学学士学位	3+2本科
789	会计学专业2018级本科03班	201804210324	王佳瑞	管理学学士学位	3+2本科
790	会计学专业2018级本科03班	201804210325	王珍凤	管理学学士学位	3+2本科
791	会计学专业2018级本科03班	201804210326	魏代晗	管理学学士学位	3+2本科
792	会计学专业2018级本科03班	201804210327	徐福东	管理学学士学位	3+2本科
793	会计学专业2018级本科03班	201804210328	杨海洋	管理学学士学位	3+2本科
794	会计学专业2018级本科03班	201804210329	杨坤	管理学学士学位	3+2本科
795	会计学专业2018级本科03班	201804210330	展晓帆	管理学学士学位	3+2本科
796	会计学专业2018级本科03班	201804210331	张灵	管理学学士学位	3+2本科
797	会计学专业2018级本科03班	201804210332	张明雪	管理学学士学位	3+2本科
798	会计学专业2018级本科03班	201804210333	张雅欣	管理学学士学位	3+2本科
799	会计学专业2018级本科03班	201804210334	张玥	管理学学士学位	3+2本科
800	会计学专业2018级本科03班	201804210335	赵利旺	管理学学士学位	3+2本科
801	会计学专业2018级本科03班	201804210336	赵艳艳	管理学学士学位	3+2本科
802	会计学专业2018级本科03班	201804210337	赵永祥	管理学学士学位	3+2本科
803	会计学专业2018级本科04班	201804210401	巴兴彩	管理学学士学位	3+2本科
804	会计学专业2018级本科04班	201804210402	毕医洁	管理学学士学位	3+2本科
805	会计学专业2018级本科04班	201804210403	陈新新	管理学学士学位	3+2本科
806	会计学专业2018级本科04班	201804210404	迟文慧	管理学学士学位	3+2本科
807	会计学专业2018级本科04班	201804210405	迟小博	管理学学士学位	3+2本科
808	会计学专业2018级本科04班	201804210406	董宇	管理学学士学位	3+2本科
809	会计学专业2018级本科04班	201804210407	杜敏	管理学学士学位	3+2本科
810	会计学专业2018级本科04班	201804210408	盖宁宁	管理学学士学位	3+2本科
811	会计学专业2018级本科04班	201804210409	高冠晓	管理学学士学位	3+2本科

(续表)

序号	班级	学号	姓名	学位	层次
812	会计学专业 2018 级本科 04 班	201804210410	韩静静	管理学学士学位	3+2 本科
813	会计学专业 2018 级本科 04 班	201804210411	蓝培意	管理学学士学位	3+2 本科
814	会计学专业 2018 级本科 04 班	201804210412	李敏	管理学学士学位	3+2 本科
815	会计学专业 2018 级本科 04 班	201804210413	李婷	管理学学士学位	3+2 本科
816	会计学专业 2018 级本科 04 班	201804210414	刘成海	管理学学士学位	3+2 本科
817	会计学专业 2018 级本科 04 班	201804210415	刘晗	管理学学士学位	3+2 本科
818	会计学专业 2018 级本科 04 班	201804210416	刘静	管理学学士学位	3+2 本科
819	会计学专业 2018 级本科 04 班	201804210417	刘雪婷	管理学学士学位	3+2 本科
820	会计学专业 2018 级本科 04 班	201804210418	刘艳	管理学学士学位	3+2 本科
821	会计学专业 2018 级本科 04 班	201804210419	刘英帅	管理学学士学位	3+2 本科
822	会计学专业 2018 级本科 04 班	201804210420	梅亚男	管理学学士学位	3+2 本科
823	会计学专业 2018 级本科 04 班	201804210421	孟辰	管理学学士学位	3+2 本科
824	会计学专业 2018 级本科 04 班	201804210422	任斌	管理学学士学位	3+2 本科
825	会计学专业 2018 级本科 04 班	201804210423	任燕飞	管理学学士学位	3+2 本科
826	会计学专业 2018 级本科 04 班	201804210424	石坤	管理学学士学位	3+2 本科
827	会计学专业 2018 级本科 04 班	201804210425	王笑妍	管理学学士学位	3+2 本科
828	会计学专业 2018 级本科 04 班	201804210426	王丽萍	管理学学士学位	3+2 本科
829	会计学专业 2018 级本科 04 班	201804210427	徐首涛	管理学学士学位	3+2 本科
830	会计学专业 2018 级本科 04 班	201804210428	徐欣欣	管理学学士学位	3+2 本科
831	会计学专业 2018 级本科 04 班	201804210429	续颖	管理学学士学位	3+2 本科
832	会计学专业 2018 级本科 04 班	201804210430	颜国政	管理学学士学位	3+2 本科
833	会计学专业 2018 级本科 04 班	201804210431	张晨笑	管理学学士学位	3+2 本科
834	会计学专业 2018 级本科 04 班	201804210432	张籍允	管理学学士学位	3+2 本科
835	会计学专业 2018 级本科 04 班	201804210433	张文婧	管理学学士学位	3+2 本科
836	会计学专业 2018 级本科 04 班	201804210434	张旭	管理学学士学位	3+2 本科
837	会计学专业 2018 级本科 04 班	201804210435	赵兰兰	管理学学士学位	3+2 本科
838	会计学专业 2018 级本科 04 班	201804210436	赵兰文	管理学学士学位	3+2 本科
839	会计学专业 2018 级本科 04 班	201804210437	祝慧苗	管理学学士学位	3+2 本科

(续表)

序号	班级	学号	姓名	学位	层次
840	会计学专业 2018 级本科 04 班	201804210438	祝亚男	管理学学士学位	3+2 本科
841	国际经济与贸易专业 2016 级本科 05 班	201604060502	孙楠	经济学学士学位	高职本科
842	国际经济与贸易专业 2016 级本科 05 班	201604060503	盖淑琪	经济学学士学位	高职本科
843	国际经济与贸易专业 2016 级本科 05 班	201604060504	高文杰	经济学学士学位	高职本科
844	国际经济与贸易专业 2016 级本科 05 班	201604060505	李净净	经济学学士学位	高职本科
845	国际经济与贸易专业 2016 级本科 05 班	201604060506	张雅鑫	经济学学士学位	高职本科
846	国际经济与贸易专业 2016 级本科 05 班	201604060507	孙艺桐	经济学学士学位	高职本科
847	国际经济与贸易专业 2016 级本科 05 班	201604060508	赵洪彩	经济学学士学位	高职本科
848	国际经济与贸易专业 2016 级本科 05 班	201604060509	陈庆贺	经济学学士学位	高职本科
849	国际经济与贸易专业 2016 级本科 05 班	201604060510	刘洪秀	经济学学士学位	高职本科
850	国际经济与贸易专业 2016 级本科 05 班	201604060511	司迎雪	经济学学士学位	高职本科
851	国际经济与贸易专业 2016 级本科 05 班	201604060512	张永兴	经济学学士学位	高职本科
852	国际经济与贸易专业 2016 级本科 05 班	201604060513	杨静	经济学学士学位	高职本科
853	国际经济与贸易专业 2016 级本科 05 班	201604060514	张海燕	经济学学士学位	高职本科
854	国际经济与贸易专业 2016 级本科 05 班	201604060515	王会明	经济学学士学位	高职本科
855	国际经济与贸易专业 2016 级本科 05 班	201604060516	郑梅玉	经济学学士学位	高职本科
856	国际经济与贸易专业 2016 级本科 05 班	201604060517	刘俊锋	经济学学士学位	高职本科
857	国际经济与贸易专业 2016 级本科 05 班	201604060518	张艳伟	经济学学士学位	高职本科
858	国际经济与贸易专业 2016 级本科 05 班	201604060519	王菲	经济学学士学位	高职本科
859	国际经济与贸易专业 2016 级本科 05 班	201604060520	国伟鸣	经济学学士学位	高职本科
860	国际经济与贸易专业 2016 级本科 05 班	201604060521	袁楠楠	经济学学士学位	高职本科
861	国际经济与贸易专业 2016 级本科 05 班	201604060522	张檬	经济学学士学位	高职本科
862	国际经济与贸易专业 2016 级本科 05 班	201604060523	司翠翠	经济学学士学位	高职本科
863	国际经济与贸易专业 2016 级本科 05 班	201604060524	李凯迪	经济学学士学位	高职本科
864	国际经济与贸易专业 2016 级本科 05 班	201604060525	姜楷文	经济学学士学位	高职本科
865	国际经济与贸易专业 2016 级本科 05 班	201604060526	陶志伟	经济学学士学位	高职本科
866	国际经济与贸易专业 2016 级本科 05 班	201604060527	张艺潇	经济学学士学位	高职本科
867	国际经济与贸易专业 2016 级本科 05 班	201604060528	丁淑娟	经济学学士学位	高职本科

(续表)

序号	班级	学号	姓名	学位	层次
868	国际经济与贸易专业 2016 级本科 05 班	201604060529	潘琪琪	经济学学士学位	高职本科
869	国际经济与贸易专业 2016 级本科 05 班	201604060530	张成香	经济学学士学位	高职本科
870	国际经济与贸易专业 2016 级本科 05 班	201604060531	黄盼盼	经济学学士学位	高职本科
871	国际经济与贸易专业 2016 级本科 05 班	201604060532	王雪琴	经济学学士学位	高职本科
872	国际经济与贸易专业 2016 级本科 05 班	201604060533	王晨	经济学学士学位	高职本科
873	国际经济与贸易专业 2016 级本科 05 班	201604060534	付文博	经济学学士学位	高职本科
874	国际经济与贸易专业 2016 级本科 05 班	201604060535	徐艳静	经济学学士学位	高职本科
875	国际经济与贸易专业 2016 级本科 05 班	201604060536	潘悦	经济学学士学位	高职本科
876	国际经济与贸易专业 2016 级本科 05 班	201604060537	孙晓湄	经济学学士学位	高职本科
877	国际经济与贸易专业 2016 级本科 05 班	201604060538	朱艳茹	经济学学士学位	高职本科
878	国际经济与贸易专业 2016 级本科 05 班	201604060539	刘安宁	经济学学士学位	高职本科
879	国际经济与贸易专业 2016 级本科 05 班	201604060540	樊庆雯	经济学学士学位	高职本科
880	国际经济与贸易专业 2016 级本科 05 班	201604060541	曹梦煜	经济学学士学位	高职本科
881	国际经济与贸易专业 2016 级本科 05 班	201604060542	李浩	经济学学士学位	高职本科
882	国际经济与贸易专业 2016 级本科 06 班	201604060601	封向华	经济学学士学位	高职本科
883	国际经济与贸易专业 2016 级本科 06 班	201604060602	刘春豪	经济学学士学位	高职本科
884	国际经济与贸易专业 2016 级本科 06 班	201604060603	王传港	经济学学士学位	高职本科
885	国际经济与贸易专业 2016 级本科 06 班	201604060604	郭训迪	经济学学士学位	高职本科
886	国际经济与贸易专业 2016 级本科 06 班	201604060605	孙晓童	经济学学士学位	高职本科
887	国际经济与贸易专业 2016 级本科 06 班	201604060606	李佳伟	经济学学士学位	高职本科
888	国际经济与贸易专业 2016 级本科 06 班	201604060607	张化志	经济学学士学位	高职本科
889	国际经济与贸易专业 2016 级本科 06 班	201604060608	刘美玲	经济学学士学位	高职本科
890	国际经济与贸易专业 2016 级本科 06 班	201604060609	张惠	经济学学士学位	高职本科
891	国际经济与贸易专业 2016 级本科 06 班	201604060610	王梅	经济学学士学位	高职本科
892	国际经济与贸易专业 2016 级本科 06 班	201604060612	栾志梅	经济学学士学位	高职本科
893	国际经济与贸易专业 2016 级本科 06 班	201604060613	王柯	经济学学士学位	高职本科
894	国际经济与贸易专业 2016 级本科 06 班	201604060614	李芸	经济学学士学位	高职本科
895	国际经济与贸易专业 2016 级本科 06 班	201604060615	丛川林	经济学学士学位	高职本科

(续表)

序号	班级	学号	姓名	学位	层次
896	国际经济与贸易专业2016级本科06班	201604060616	曲建鹏	经济学学士学位	高职本科
897	国际经济与贸易专业2016级本科06班	201604060617	张淑娴	经济学学士学位	高职本科
898	国际经济与贸易专业2016级本科06班	201604060618	张闪闪	经济学学士学位	高职本科
899	国际经济与贸易专业2016级本科06班	201604060619	孙庆敏	经济学学士学位	高职本科
900	国际经济与贸易专业2016级本科06班	201604060620	车梦娜	经济学学士学位	高职本科
901	国际经济与贸易专业2016级本科06班	201604060621	赵晨旭	经济学学士学位	高职本科
902	国际经济与贸易专业2016级本科06班	201604060622	李兮	经济学学士学位	高职本科
903	国际经济与贸易专业2016级本科06班	201604060623	王晓涵	经济学学士学位	高职本科
904	国际经济与贸易专业2016级本科06班	201604060624	张鹏飞	经济学学士学位	高职本科
905	国际经济与贸易专业2016级本科06班	201604060625	李乐康	经济学学士学位	高职本科
906	国际经济与贸易专业2016级本科06班	201604060626	阚玉盈	经济学学士学位	高职本科
907	国际经济与贸易专业2016级本科06班	201604060627	杭帅	经济学学士学位	高职本科
908	国际经济与贸易专业2016级本科06班	201604060628	王春雨	经济学学士学位	高职本科
909	国际经济与贸易专业2016级本科06班	201604060629	李泳丽	经济学学士学位	高职本科
910	国际经济与贸易专业2016级本科06班	201604060630	朱乐瑶	经济学学士学位	高职本科
911	国际经济与贸易专业2016级本科06班	201604060631	王梦茹	经济学学士学位	高职本科
912	国际经济与贸易专业2016级本科06班	201604060632	李文瑶	经济学学士学位	高职本科
913	国际经济与贸易专业2016级本科06班	201604060633	张秋月	经济学学士学位	高职本科
914	国际经济与贸易专业2016级本科06班	201604060634	高福丽	经济学学士学位	高职本科
915	国际经济与贸易专业2016级本科06班	201604060635	栾仪荟	经济学学士学位	高职本科
916	国际经济与贸易专业2016级本科06班	201604060636	李昊楠	经济学学士学位	高职本科
917	国际经济与贸易专业2016级本科06班	201604060637	孙晗	经济学学士学位	高职本科
918	国际经济与贸易专业2016级本科06班	201604060638	薛俊娜	经济学学士学位	高职本科
919	国际经济与贸易专业2016级本科06班	201604060639	牛梦雪	经济学学士学位	高职本科
920	国际经济与贸易专业2016级本科06班	201604060640	刘琳	经济学学士学位	高职本科
921	国际经济与贸易专业2016级本科06班	201604060641	梁庆杰	经济学学士学位	高职本科
922	国际经济与贸易专业2016级本科06班	201604060642	刁秋月	经济学学士学位	高职本科
923	市场营销专业2017级专科01班	201106630439	李锦城		专科

(续表)

序号	班级	学号	姓名	学位	层次
924	市场营销专业2017级专科01班	201504790206	王浩宇		专科
925	市场营销专业2017级专科01班	201604640311	杜钰如		专科
926	市场营销专业2017级专科01班	201604640320	李广振		专科
927	市场营销专业2017级专科01班	201704640102	聂琪玮		专科
928	市场营销专业2017级专科01班	201704640104	李凯伦		专科
929	市场营销专业2017级专科01班	201704640105	曹博文		专科
930	市场营销专业2017级专科01班	201704640106	李乾元		专科
931	市场营销专业2017级专科01班	201704640108	李芃		专科
932	市场营销专业2017级专科01班	201704640109	陈颖		专科
933	市场营销专业2017级专科01班	201704640110	姜凤鸣		专科
934	市场营销专业2017级专科01班	201704640111	林恒旭		专科
935	市场营销专业2017级专科01班	201704640112	刘晓敏		专科
936	市场营销专业2017级专科01班	201704640113	李炳琪		专科
937	市场营销专业2017级专科01班	201704640115	赵婧涵		专科
938	市场营销专业2017级专科01班	201704640116	成永盼		专科
939	市场营销专业2017级专科01班	201704640117	黄珂欣		专科
940	市场营销专业2017级专科01班	201704640118	李文超		专科
941	市场营销专业2017级专科01班	201704640119	窦海天		专科
942	市场营销专业2017级专科01班	201704640120	王磊		专科
943	市场营销专业2017级专科01班	201704640122	孙伟宁		专科
944	市场营销专业2017级专科01班	201704640123	张振慧		专科
945	市场营销专业2017级专科01班	201704640124	刘卓凡		专科
946	市场营销专业2017级专科01班	201704640125	姚柏杨		专科
947	市场营销专业2017级专科01班	201704640126	刘思琦		专科
948	市场营销专业2017级专科01班	201704640127	王飞宇		专科
949	市场营销专业2017级专科01班	201704640128	王轲		专科
950	市场营销专业2017级专科01班	201704640130	汤倩如		专科
951	市场营销专业2017级专科01班	201704640131	李雯		专科
952	市场营销专业2017级专科01班	201704640132	马成龙		专科
953	市场营销专业2017级专科01班	201704640133	王蕾		专科
954	市场营销专业2017级专科01班	201704640135	李绍真		专科
955	市场营销专业2017级专科01班	201704640136	胥奉琪		专科

(续表)

序号	班级	学号	姓名	学位	层次
956	市场营销专业 2017 级专科 01 班	201704640137	糜沛洁		专科
957	市场营销专业 2017 级专科 01 班	201704640138	姬文辉		专科
958	市场营销专业 2017 级专科 01 班	201704640140	王宇豪		专科
959	市场营销专业 2017 级专科 01 班	201704640141	李腾		专科
960	市场营销专业 2017 级专科 01 班	201704640142	苏心雨		专科
961	市场营销专业 2017 级专科 01 班	201704640143	刘洋		专科
962	市场营销专业 2017 级专科 01 班	201704640144	赵浩		专科
963	市场营销专业 2017 级专科 01 班	201704640145	程琳		专科
964	市场营销专业 2017 级专科 01 班	201704640146	刘心茹		专科
965	市场营销专业 2017 级专科 01 班	201704640147	玄承鑫		专科
966	市场营销专业 2017 级专科 01 班	201704640148	张斌		专科
967	市场营销专业 2017 级专科 01 班	201704640149	陈宇航		专科
968	市场营销专业 2017 级专科 01 班	201704640150	孙恩山		专科
969	市场营销专业 2017 级专科 02 班	201704640201	孙燕平		专科
970	市场营销专业 2017 级专科 02 班	201704640203	孙爽		专科
971	市场营销专业 2017 级专科 02 班	201704640204	朱孟杰		专科
972	市场营销专业 2017 级专科 02 班	201704640205	刘欣怡		专科
973	市场营销专业 2017 级专科 02 班	201704640206	高振威		专科
974	市场营销专业 2017 级专科 02 班	201704640207	王洪伟		专科
975	市场营销专业 2017 级专科 02 班	201704640208	王菁煜		专科
976	市场营销专业 2017 级专科 02 班	201704640210	胡佳懿		专科
977	市场营销专业 2017 级专科 02 班	201704640211	薛雨欣		专科
978	市场营销专业 2017 级专科 02 班	201704640212	刘建新		专科
979	市场营销专业 2017 级专科 02 班	201704640213	王天禹		专科
980	市场营销专业 2017 级专科 02 班	201704640214	吴棣		专科
981	市场营销专业 2017 级专科 02 班	201704640215	吴斌		专科
982	市场营销专业 2017 级专科 02 班	201704640216	许素鲁		专科
983	市场营销专业 2017 级专科 02 班	201704640219	刘凤仙		专科
984	市场营销专业 2017 级专科 02 班	201704640220	李璇		专科
985	市场营销专业 2017 级专科 02 班	201704640221	王乾蔚		专科
986	市场营销专业 2017 级专科 02 班	201704640222	秦泰		专科
987	市场营销专业 2017 级专科 02 班	201704640223	韩文		专科

(续表)

序号	班级	学号	姓名	学位	层次
988	市场营销专业 2017 级专科 02 班	201704640224	朱元首		专科
989	市场营销专业 2017 级专科 02 班	201704640225	刘俐君		专科
990	市场营销专业 2017 级专科 02 班	201704640226	李志远		专科
991	市场营销专业 2017 级专科 02 班	201704640227	赵玉宽		专科
992	市场营销专业 2017 级专科 02 班	201704640228	秦丹丹		专科
993	市场营销专业 2017 级专科 02 班	201704640230	宋硕		专科
994	市场营销专业 2017 级专科 02 班	201704640231	王玉弟		专科
995	市场营销专业 2017 级专科 02 班	201704640232	张盼盼		专科
996	市场营销专业 2017 级专科 02 班	201704640233	孙一梦		专科
997	市场营销专业 2017 级专科 02 班	201704640234	田浩正		专科
998	市场营销专业 2017 级专科 02 班	201704640235	张园园		专科
999	市场营销专业 2017 级专科 02 班	201704640236	毛志慧		专科
1000	市场营销专业 2017 级专科 02 班	201704640237	冯鑫		专科
1001	市场营销专业 2017 级专科 02 班	201704640238	王文宣		专科
1002	市场营销专业 2017 级专科 02 班	201704640239	朱一博		专科
1003	市场营销专业 2017 级专科 02 班	201704640240	袭荣昊		专科
1004	市场营销专业 2017 级专科 02 班	201704640241	王秋云		专科
1005	市场营销专业 2017 级专科 02 班	201704640242	毕泗壮		专科
1006	市场营销专业 2017 级专科 02 班	201704640244	孔祯		专科
1007	市场营销专业 2017 级专科 02 班	201704640245	高维豪		专科
1008	市场营销专业 2017 级专科 02 班	201704640246	李明辉		专科
1009	市场营销专业 2017 级专科 02 班	201704640248	张峻衔		专科
1010	市场营销专业 2017 级专科 02 班	201704640249	聂玲玲		专科
1011	市场营销专业 2017 级专科 02 班	201704640250	高中诚		专科

物流学院

序号	班级	学号	姓名	学位	层次
1	电子商务专业 2016 级本科 01 班	201617010101	张倩	管理学学士学位	本科
2	电子商务专业 2016 级本科 01 班	201617010102	高敏	管理学学士学位	本科
3	电子商务专业 2016 级本科 01 班	201617010103	邢苗苗	管理学学士学位	本科
4	电子商务专业 2016 级本科 01 班	201617010104	王宁	管理学学士学位	本科
5	电子商务专业 2016 级本科 01 班	201617010105	吕恒蕊	管理学学士学位	本科

(续表)

序号	班级	学号	姓名	学位	层次
6	电子商务专业 2016 级本科 01 班	201617010106	邹海霞	管理学学士学位	本科
7	电子商务专业 2016 级本科 01 班	201617010107	徐明	管理学学士学位	本科
8	电子商务专业 2016 级本科 01 班	201617010108	石昌城	管理学学士学位	本科
9	电子商务专业 2016 级本科 01 班	201617010110	李政	管理学学士学位	本科
10	电子商务专业 2016 级本科 01 班	201617010111	王冲	管理学学士学位	本科
11	电子商务专业 2016 级本科 01 班	201617010113	管顺祥	管理学学士学位	本科
12	电子商务专业 2016 级本科 01 班	201617010114	商世兰	管理学学士学位	本科
13	电子商务专业 2016 级本科 01 班	201617010115	张晓然	管理学学士学位	本科
14	电子商务专业 2016 级本科 01 班	201617010116	焦晓娟	管理学学士学位	本科
15	电子商务专业 2016 级本科 01 班	201617010117	韩乐	管理学学士学位	本科
16	电子商务专业 2016 级本科 01 班	201617010119	申文静	管理学学士学位	本科
17	电子商务专业 2016 级本科 01 班	201617010120	成书童	管理学学士学位	本科
18	电子商务专业 2016 级本科 01 班	201617010121	王琛锴	管理学学士学位	本科
19	电子商务专业 2016 级本科 01 班	201617010122	徐锋	管理学学士学位	本科
20	电子商务专业 2016 级本科 01 班	201617010123	张美凡	管理学学士学位	本科
21	电子商务专业 2016 级本科 01 班	201617010124	屈昭毅	管理学学士学位	本科
22	电子商务专业 2016 级本科 01 班	201617010125	邓璨	管理学学士学位	本科
23	电子商务专业 2016 级本科 01 班	201617010126	于彤	管理学学士学位	本科
24	电子商务专业 2016 级本科 01 班	201617010127	张楚涵	管理学学士学位	本科
25	电子商务专业 2016 级本科 01 班	201617010128	陈兵	管理学学士学位	本科
26	电子商务专业 2016 级本科 01 班	201617010129	肖称石	管理学学士学位	本科
27	电子商务专业 2016 级本科 01 班	201617010130	赵旭瑞	管理学学士学位	本科
28	电子商务专业 2016 级本科 01 班	201617010131	薛涛	管理学学士学位	本科
29	电子商务专业 2016 级本科 02 班	201617010201	杨冉冉	管理学学士学位	本科
30	电子商务专业 2016 级本科 02 班	201617010202	吴君瑛	管理学学士学位	本科
31	电子商务专业 2016 级本科 02 班	201617010203	郭迎艳	管理学学士学位	本科
32	电子商务专业 2016 级本科 02 班	201617010204	张晨	管理学学士学位	本科
33	电子商务专业 2016 级本科 02 班	201617010205	徐沅梦	管理学学士学位	本科
34	电子商务专业 2016 级本科 02 班	201617010206	王晓欣	管理学学士学位	本科
35	电子商务专业 2016 级本科 02 班	201617010207	常帅	管理学学士学位	本科
36	电子商务专业 2016 级本科 02 班	201617010208	史亚倩	管理学学士学位	本科
37	电子商务专业 2016 级本科 02 班	201617010209	李宝俊	管理学学士学位	本科

(续表)

序号	班级	学号	姓名	学位	层次
38	电子商务专业 2016 级本科 02 班	201617010210	蒋一飞	管理学学士学位	本科
39	电子商务专业 2016 级本科 02 班	201617010211	朱占强	管理学学士学位	本科
40	电子商务专业 2016 级本科 02 班	201617010212	张静	管理学学士学位	本科
41	电子商务专业 2016 级本科 02 班	201617010213	张育铨	管理学学士学位	本科
42	电子商务专业 2016 级本科 02 班	201617010214	滕艳晓	管理学学士学位	本科
43	电子商务专业 2016 级本科 02 班	201617010215	李艳艳	管理学学士学位	本科
44	电子商务专业 2016 级本科 02 班	201617010216	赵燕菲	管理学学士学位	本科
45	电子商务专业 2016 级本科 02 班	201617010217	刘新涛	管理学学士学位	本科
46	电子商务专业 2016 级本科 02 班	201617010218	郑立莹	管理学学士学位	本科
47	电子商务专业 2016 级本科 02 班	201617010219	郭亚男	管理学学士学位	本科
48	电子商务专业 2016 级本科 02 班	201617010221	李丛影	管理学学士学位	本科
49	电子商务专业 2016 级本科 02 班	201617010222	裴健夷	管理学学士学位	本科
50	电子商务专业 2016 级本科 02 班	201617010223	李海兵	管理学学士学位	本科
51	电子商务专业 2016 级本科 02 班	201617010224	罗紫欣	管理学学士学位	本科
52	电子商务专业 2016 级本科 02 班	201617010225	丁洪	管理学学士学位	本科
53	电子商务专业 2016 级本科 02 班	201617010226	刘子煜	管理学学士学位	本科
54	电子商务专业 2016 级本科 02 班	201617010227	孙德地	管理学学士学位	本科
55	电子商务专业 2016 级本科 02 班	201617010228	樊惠娥	管理学学士学位	本科
56	电子商务专业 2016 级本科 02 班	201617010229	强旭	管理学学士学位	本科
57	电子商务专业 2016 级本科 02 班	201617010230	李泽妍	管理学学士学位	本科
58	电子商务专业 2016 级本科 02 班	201617010232	李丹	管理学学士学位	本科
59	物流工程专业 2016 级本科 01 班	201617120101	周家福	工学学士学位	本科
60	物流工程专业 2016 级本科 01 班	201617120102	程悦	工学学士学位	本科
61	物流工程专业 2016 级本科 01 班	201617120103	刘斌	工学学士学位	本科
62	物流工程专业 2016 级本科 01 班	201617120104	盛王丽	工学学士学位	本科
63	物流工程专业 2016 级本科 01 班	201617120105	薛倩	工学学士学位	本科
64	物流工程专业 2016 级本科 01 班	201617120106	谢心慧	工学学士学位	本科
65	物流工程专业 2016 级本科 01 班	201617120107	孙岩岩	工学学士学位	本科
66	物流工程专业 2016 级本科 01 班	201617120108	单继瑶	工学学士学位	本科
67	物流工程专业 2016 级本科 01 班	201617120109	黄婷婷	工学学士学位	本科
68	物流工程专业 2016 级本科 01 班	201617120110	乔相洁	工学学士学位	本科
69	物流工程专业 2016 级本科 01 班	201617120111	原野	工学学士学位	本科

(续表)

序号	班级	学号	姓名	学位	层次
70	物流工程专业 2016 级本科 01 班	201617120112	张成龙	工学学士学位	本科
71	物流工程专业 2016 级本科 01 班	201617120113	王美娟	工学学士学位	本科
72	物流工程专业 2016 级本科 01 班	201617120114	龚宸	工学学士学位	本科
73	物流工程专业 2016 级本科 01 班	201617120116	米强	工学学士学位	本科
74	物流工程专业 2016 级本科 01 班	201617120117	耿庆庆	工学学士学位	本科
75	物流工程专业 2016 级本科 01 班	201617120118	瞿玉玉	工学学士学位	本科
76	物流工程专业 2016 级本科 01 班	201617120119	董建国	工学学士学位	本科
77	物流工程专业 2016 级本科 01 班	201617120120	张波	工学学士学位	本科
78	物流工程专业 2016 级本科 01 班	201617120121	安琪	工学学士学位	本科
79	物流工程专业 2016 级本科 01 班	201617120122	惠梓梁	工学学士学位	本科
80	物流工程专业 2016 级本科 01 班	201617120123	宋庆丰	工学学士学位	本科
81	物流工程专业 2016 级本科 01 班	201617120124	胡宏祥	工学学士学位	本科
82	物流工程专业 2016 级本科 01 班	201617120129	孟亚捷	工学学士学位	本科
83	物流工程专业 2016 级本科 01 班	201617120130	李婕	工学学士学位	本科
84	物流工程专业 2016 级本科 01 班	201617120131	刘敦杰	工学学士学位	本科
85	物流工程专业 2016 级本科 01 班	201617120133	张益铭	工学学士学位	本科
86	物流工程专业 2016 级本科 01 班	201617120134	王桂贤	工学学士学位	本科
87	物流工程专业 2016 级本科 01 班	201617120135	张硕	工学学士学位	本科
88	物流工程专业 2016 级本科 01 班	201617120136	王前春	工学学士学位	本科
89	物流工程专业 2016 级本科 01 班	201617120137	黄海霞	工学学士学位	本科
90	物流工程专业 2016 级本科 01 班	201617120138	卢纤纤	工学学士学位	本科
91	物流工程专业 2016 级本科 01 班	201617120139	罗高菲	工学学士学位	本科
92	物流工程专业 2016 级本科 01 班	201617120140	冯正宇	工学学士学位	本科
93	物流管理专业 2016 级本科 01 班	201617080101	王月洁	管理学学士学位	本科
94	物流管理专业 2016 级本科 01 班	201617080102	牛家学	管理学学士学位	本科
95	物流管理专业 2016 级本科 01 班	201617080103	万明月	管理学学士学位	本科
96	物流管理专业 2016 级本科 01 班	201617080104	张晗	管理学学士学位	本科
97	物流管理专业 2016 级本科 01 班	201617080105	孙靖意	管理学学士学位	本科
98	物流管理专业 2016 级本科 01 班	201617080106	杜滢滢	管理学学士学位	本科
99	物流管理专业 2016 级本科 01 班	201617080107	沙明鑫	管理学学士学位	本科
100	物流管理专业 2016 级本科 01 班	201617080108	李霞	管理学学士学位	本科
101	物流管理专业 2016 级本科 01 班	201617080109	段培钧	管理学学士学位	本科

(续表)

序号	班级	学号	姓名	学位	层次
102	物流管理专业 2016 级本科 01 班	201617080110	吴金玉	管理学学士学位	本科
103	物流管理专业 2016 级本科 01 班	201617080111	史琳	管理学学士学位	本科
104	物流管理专业 2016 级本科 01 班	201617080112	陈梦雨	管理学学士学位	本科
105	物流管理专业 2016 级本科 01 班	201617080113	赵芳洁	管理学学士学位	本科
106	物流管理专业 2016 级本科 01 班	201617080114	付康杰	管理学学士学位	本科
107	物流管理专业 2016 级本科 01 班	201617080115	宁玉欣	管理学学士学位	本科
108	物流管理专业 2016 级本科 01 班	201617080116	赵万婷	管理学学士学位	本科
109	物流管理专业 2016 级本科 01 班	201617080117	罗秋燕	管理学学士学位	本科
110	物流管理专业 2016 级本科 01 班	201617080118	游丽萍	管理学学士学位	本科
111	物流管理专业 2016 级本科 01 班	201617080119	魏行健	管理学学士学位	本科
112	物流管理专业 2016 级本科 01 班	201617080120	韩明月	管理学学士学位	本科
113	物流管理专业 2016 级本科 01 班	201617080121	李巧妹	管理学学士学位	本科
114	物流管理专业 2016 级本科 01 班	201617080122	任峄林	管理学学士学位	本科
115	物流管理专业 2016 级本科 01 班	201617080124	孔梦昕	管理学学士学位	本科
116	物流管理专业 2016 级本科 01 班	201617080125	朱源朝	管理学学士学位	本科
117	物流管理专业 2016 级本科 01 班	201617080126	胡丽	管理学学士学位	本科
118	物流管理专业 2016 级本科 01 班	201617080127	李晓霏	管理学学士学位	本科
119	物流管理专业 2016 级本科 01 班	201617080128	尤勇	管理学学士学位	本科
120	物流管理专业 2016 级本科 01 班	201617080129	杨建	管理学学士学位	本科
121	物流管理专业 2016 级本科 02 班	201617080201	张玉凤	管理学学士学位	本科
122	物流管理专业 2016 级本科 02 班	201617080202	宋晓晨	管理学学士学位	本科
123	物流管理专业 2016 级本科 02 班	201617080203	崔敬朕	管理学学士学位	本科
124	物流管理专业 2016 级本科 02 班	201617080204	赵梓洁	管理学学士学位	本科
125	物流管理专业 2016 级本科 02 班	201617080205	于龙	管理学学士学位	本科
126	物流管理专业 2016 级本科 02 班	201617080206	韩光臣	管理学学士学位	本科
127	物流管理专业 2016 级本科 02 班	201617080207	迟玉卓	管理学学士学位	本科
128	物流管理专业 2016 级本科 02 班	201617080208	王洪金	管理学学士学位	本科
129	物流管理专业 2016 级本科 02 班	201617080209	潘峰	管理学学士学位	本科
130	物流管理专业 2016 级本科 02 班	201617080210	李洪伟	管理学学士学位	本科
131	物流管理专业 2016 级本科 02 班	201617080211	付静	管理学学士学位	本科
132	物流管理专业 2016 级本科 02 班	201617080213	曹培杰	管理学学士学位	本科
133	物流管理专业 2016 级本科 02 班	201617080214	谭海燕	管理学学士学位	本科

(续表)

序号	班级	学号	姓名	学位	层次
134	物流管理专业 2016 级本科 02 班	201617080215	周元雪	管理学学士学位	本科
135	物流管理专业 2016 级本科 02 班	201617080216	鲍灵莉	管理学学士学位	本科
136	物流管理专业 2016 级本科 02 班	201617080217	黄薇婷	管理学学士学位	本科
137	物流管理专业 2016 级本科 02 班	201617080218	韩恩贻	管理学学士学位	本科
138	物流管理专业 2016 级本科 02 班	201617080219	许杉杉	管理学学士学位	本科
139	物流管理专业 2016 级本科 02 班	201617080220	秦雯	管理学学士学位	本科
140	物流管理专业 2016 级本科 02 班	201617080221	杨倩	管理学学士学位	本科
141	物流管理专业 2016 级本科 02 班	201617080222	张娣	管理学学士学位	本科
142	物流管理专业 2016 级本科 02 班	201617080223	王庆聪	管理学学士学位	本科
143	物流管理专业 2016 级本科 02 班	201617080224	李欣	管理学学士学位	本科
144	物流管理专业 2016 级本科 02 班	201617080225	张楠	管理学学士学位	本科
145	物流管理专业 2016 级本科 02 班	201617080226	孙慧敏	管理学学士学位	本科
146	物流管理专业 2016 级本科 02 班	201617080227	王恩成	管理学学士学位	本科
147	物流管理专业 2016 级本科 02 班	201617080228	杨培鹤	管理学学士学位	本科
148	物流管理专业 2016 级本科 02 班	201617080229	郝晗	管理学学士学位	本科
149	物流管理专业 2016 级本科 03 班	201404140324	于军皓	管理学学士学位	本科
150	物流管理专业 2016 级本科 03 班	201617090301	赵雨馨	管理学学士学位	本科
151	物流管理专业 2016 级本科 03 班	201617090302	王祎	管理学学士学位	本科
152	物流管理专业 2016 级本科 03 班	201617090303	刘峰	管理学学士学位	本科
153	物流管理专业 2016 级本科 03 班	201617090304	刘天娇	管理学学士学位	本科
154	物流管理专业 2016 级本科 03 班	201617090305	李林霞	管理学学士学位	本科
155	物流管理专业 2016 级本科 03 班	201617090306	王钰元	管理学学士学位	本科
156	物流管理专业 2016 级本科 03 班	201617090307	燕玉铭	管理学学士学位	本科
157	物流管理专业 2016 级本科 03 班	201617090308	任兼鑫	管理学学士学位	本科
158	物流管理专业 2016 级本科 03 班	201617090309	孙童	管理学学士学位	本科
159	物流管理专业 2016 级本科 03 班	201617090310	文香	管理学学士学位	本科
160	物流管理专业 2016 级本科 03 班	201617090311	张其慧	管理学学士学位	本科
161	物流管理专业 2016 级本科 03 班	201617090312	李伟	管理学学士学位	本科
162	物流管理专业 2016 级本科 03 班	201617090313	赵元科	管理学学士学位	本科
163	物流管理专业 2016 级本科 03 班	201617090314	王瑞浩	管理学学士学位	本科
164	物流管理专业 2016 级本科 03 班	201617090315	王寒寒	管理学学士学位	本科
165	物流管理专业 2016 级本科 03 班	201617090316	朱宏印	管理学学士学位	本科

(续表)

序号	班级	学号	姓名	学位	层次
166	物流管理专业 2016 级本科 03 班	201617090317	张茂丹	管理学学士学位	本科
167	物流管理专业 2016 级本科 03 班	201617090318	靳竹喧	管理学学士学位	本科
168	物流管理专业 2016 级本科 03 班	201617090319	贾文燕	管理学学士学位	本科
169	物流管理专业 2016 级本科 03 班	201617090321	孙铭晨	管理学学士学位	本科
170	物流管理专业 2016 级本科 03 班	201617090322	张雨晨	管理学学士学位	本科
171	物流管理专业 2016 级本科 03 班	201617090323	刘佳慧	管理学学士学位	本科
172	物流管理专业 2016 级本科 03 班	201617090324	李春泓	管理学学士学位	本科
173	物流管理专业 2016 级本科 03 班	201617090325	王学剑	管理学学士学位	本科
174	物流管理专业 2016 级本科 03 班	201617090326	刘刚	管理学学士学位	本科
175	物流管理专业 2016 级本科 03 班	201617090327	崔露雨	管理学学士学位	本科
176	物流管理专业 2016 级本科 03 班	201617090328	陈波	管理学学士学位	本科
177	物流管理专业 2016 级本科 03 班	201617090329	李清婉	管理学学士学位	本科
178	物流管理专业 2016 级本科 03 班	201617090330	陈文静	管理学学士学位	本科
179	物流管理专业 2016 级本科 03 班	201617090331	李梦雪	管理学学士学位	本科
180	物流管理专业 2016 级本科 03 班	201617090332	刘永杰	管理学学士学位	本科
181	物流管理专业 2016 级本科 03 班	201617090333	谢彤	管理学学士学位	本科
182	物流管理专业 2016 级本科 03 班	201617090334	赵荣	管理学学士学位	本科
183	物流管理专业 2016 级本科 03 班	201617090335	付崇磊	管理学学士学位	本科
184	物流管理专业 2016 级本科 03 班	201617090336	范馨泽	管理学学士学位	本科
185	物流管理专业 2016 级本科 03 班	201617090337	宗亚民	管理学学士学位	本科
186	物流管理专业 2016 级本科 03 班	201617090338	刘佳	管理学学士学位	本科
187	物流管理专业 2016 级本科 03 班	201617090339	宋文卓	管理学学士学位	本科
188	物流管理专业 2016 级本科 03 班	201617090340	朱容坤	管理学学士学位	本科
189	物流工程专业 2018 级本科 01 班	201817130101	魏洪鑫	工学学士学位	专升本
190	物流工程专业 2018 级本科 01 班	201817130102	史凯妮	工学学士学位	专升本
191	物流工程专业 2018 级本科 01 班	201817130103	张东阳	工学学士学位	专升本
192	物流工程专业 2018 级本科 01 班	201817130104	杨亚亚	工学学士学位	专升本
193	物流工程专业 2018 级本科 01 班	201817130105	赵童	工学学士学位	专升本
194	物流工程专业 2018 级本科 01 班	201817130106	陈雪	工学学士学位	专升本
195	物流工程专业 2018 级本科 01 班	201817130107	黄金凡	工学学士学位	专升本
196	物流工程专业 2018 级本科 01 班	201817130108	李浩	工学学士学位	专升本
197	物流工程专业 2018 级本科 01 班	201817130109	韩昕颖	工学学士学位	专升本

(续表)

序号	班级	学号	姓名	学位	层次
198	物流工程专业 2018 级本科 01 班	201817130110	杨树瑞	工学学士学位	专升本
199	物流工程专业 2018 级本科 01 班	201817130111	王雪	工学学士学位	专升本
200	物流工程专业 2018 级本科 01 班	201817130112	李月月	工学学士学位	专升本
201	物流工程专业 2018 级本科 01 班	201817130113	房雨	工学学士学位	专升本
202	物流工程专业 2018 级本科 01 班	201817130114	梁鑫	工学学士学位	专升本
203	物流工程专业 2018 级本科 01 班	201817130115	翟文萍	工学学士学位	专升本
204	物流工程专业 2018 级本科 01 班	201817130116	吕国华	工学学士学位	专升本
205	物流工程专业 2018 级本科 01 班	201817130117	周敏	工学学士学位	专升本
206	物流工程专业 2018 级本科 01 班	201817130118	薛兴科	工学学士学位	专升本
207	物流工程专业 2018 级本科 01 班	201817130119	刘玮	工学学士学位	专升本
208	物流工程专业 2018 级本科 01 班	201817130120	张婉茹	工学学士学位	专升本
209	物流工程专业 2018 级本科 01 班	201817130121	李帅林	工学学士学位	专升本
210	物流工程专业 2018 级本科 01 班	201817130122	王芹	工学学士学位	专升本
211	物流工程专业 2018 级本科 01 班	201817130123	李向岩	工学学士学位	专升本
212	物流工程专业 2018 级本科 01 班	201817130124	位长杰	工学学士学位	专升本
213	物流工程专业 2018 级本科 01 班	201817130125	孙文维	工学学士学位	专升本
214	物流工程专业 2018 级本科 01 班	201817130126	翟夏菲	工学学士学位	专升本
215	物流工程专业 2018 级本科 01 班	201817130127	窦耀耀	工学学士学位	专升本
216	物流工程专业 2018 级本科 01 班	201817130128	吴祥云	工学学士学位	专升本
217	物流工程专业 2018 级本科 01 班	201817130129	张邺之	工学学士学位	专升本
218	物流工程专业 2018 级本科 01 班	201817130130	樊继林	工学学士学位	专升本
219	物流工程专业 2018 级本科 01 班	201817130131	吕昕瑶	工学学士学位	专升本
220	物流工程专业 2018 级本科 01 班	201817130132	申莉莉	工学学士学位	专升本
221	物流工程专业 2018 级本科 01 班	201817130133	朱佐君	工学学士学位	专升本
222	物流工程专业 2018 级本科 01 班	201817130134	崔苗苗	工学学士学位	专升本
223	物流工程专业 2018 级本科 01 班	201817130135	黄冬文	工学学士学位	专升本
224	物流工程专业 2018 级本科 01 班	201817130136	鹿亚情	工学学士学位	专升本
225	物流工程专业 2018 级本科 01 班	201817130137	苑园园	工学学士学位	专升本
226	物流工程专业 2018 级本科 01 班	201817130138	张成轩	工学学士学位	专升本
227	物流工程专业 2018 级本科 01 班	201817130139	邵子文	工学学士学位	专升本
228	物流工程专业 2018 级本科 01 班	201817130140	岳海燕	工学学士学位	专升本
229	物流工程专业 2018 级本科 01 班	201817130141	郝莹莹	工学学士学位	专升本

(续表)

序号	班级	学号	姓名	学位	层次
230	物流工程专业 2018 级本科 02 班	201817130201	辛泽华	工学学士学位	专升本
231	物流工程专业 2018 级本科 02 班	201817130202	田瑞雪	工学学士学位	专升本
232	物流工程专业 2018 级本科 02 班	201817130203	杨伟	工学学士学位	专升本
233	物流工程专业 2018 级本科 02 班	201817130204	董飞	工学学士学位	专升本
234	物流工程专业 2018 级本科 02 班	201817130205	李鸿桥	工学学士学位	专升本
235	物流工程专业 2018 级本科 02 班	201817130206	李昌昊	工学学士学位	专升本
236	物流工程专业 2018 级本科 02 班	201817130207	张丽	工学学士学位	专升本
237	物流工程专业 2018 级本科 02 班	201817130208	刘通	工学学士学位	专升本
238	物流工程专业 2018 级本科 02 班	201817130209	刘婷婷	工学学士学位	专升本
239	物流工程专业 2018 级本科 02 班	201817130210	陶明	工学学士学位	专升本
240	物流工程专业 2018 级本科 02 班	201817130211	孙鑫荣	工学学士学位	专升本
241	物流工程专业 2018 级本科 02 班	201817130212	程莹莹	工学学士学位	专升本
242	物流工程专业 2018 级本科 02 班	201817130213	孙艺艺	工学学士学位	专升本
243	物流工程专业 2018 级本科 02 班	201817130214	许路	工学学士学位	专升本
244	物流工程专业 2018 级本科 02 班	201817130216	颜洁	工学学士学位	专升本
245	物流工程专业 2018 级本科 02 班	201817130217	王会金	工学学士学位	专升本
246	物流工程专业 2018 级本科 02 班	201817130218	崔秀娟	工学学士学位	专升本
247	物流工程专业 2018 级本科 02 班	201817130219	王丽	工学学士学位	专升本
248	物流工程专业 2018 级本科 02 班	201817130220	赵喆	工学学士学位	专升本
249	物流工程专业 2018 级本科 02 班	201817130221	王宁	工学学士学位	专升本
250	物流工程专业 2018 级本科 02 班	201817130222	李善瑶	工学学士学位	专升本
251	物流工程专业 2018 级本科 02 班	201817130223	孙帅	工学学士学位	专升本
252	物流工程专业 2018 级本科 02 班	201817130224	房盼盼	工学学士学位	专升本
253	物流工程专业 2018 级本科 02 班	201817130225	田甜	工学学士学位	专升本
254	物流工程专业 2018 级本科 02 班	201817130226	王国宇	工学学士学位	专升本
255	物流工程专业 2018 级本科 02 班	201817130227	吉荣凤	工学学士学位	专升本
256	物流工程专业 2018 级本科 02 班	201817130228	殷萌	工学学士学位	专升本
257	物流工程专业 2018 级本科 02 班	201817130229	常方博	工学学士学位	专升本
258	物流工程专业 2018 级本科 02 班	201817130231	马文阳	工学学士学位	专升本
259	物流工程专业 2018 级本科 02 班	201817130232	孙付晶	工学学士学位	专升本
260	物流工程专业 2018 级本科 02 班	201817130233	周晨	工学学士学位	专升本
261	物流工程专业 2018 级本科 02 班	201817130234	侯芝同	工学学士学位	专升本

附录 413

(续表)

序号	班级	学号	姓名	学位	层次
262	物流工程专业 2018 级本科 02 班	201817130235	李连彩	工学学士学位	专升本
263	物流工程专业 2018 级本科 02 班	201817130236	门天欣	工学学士学位	专升本
264	物流工程专业 2018 级本科 02 班	201817130237	张迪	工学学士学位	专升本
265	物流工程专业 2018 级本科 02 班	201817130238	白雪	工学学士学位	专升本
266	物流工程专业 2018 级本科 02 班	201817130239	孙梦菲	工学学士学位	专升本
267	物流工程专业 2018 级本科 02 班	201817130240	王泽	工学学士学位	专升本
268	物流管理专业 2018 级本科 04 班	201817140401	张彤	管理学学士学位	3+2 本科
269	物流管理专业 2018 级本科 04 班	201817140402	王琪	管理学学士学位	3+2 本科
270	物流管理专业 2018 级本科 04 班	201817140403	姜前	管理学学士学位	3+2 本科
271	物流管理专业 2018 级本科 04 班	201817140404	刘浩然	管理学学士学位	3+2 本科
272	物流管理专业 2018 级本科 04 班	201817140405	安菁菁	管理学学士学位	3+2 本科
273	物流管理专业 2018 级本科 04 班	201817140406	赵俞程	管理学学士学位	3+2 本科
274	物流管理专业 2018 级本科 04 班	201817140407	赵梓烨	管理学学士学位	3+2 本科
275	物流管理专业 2018 级本科 04 班	201817140408	孟浩	管理学学士学位	3+2 本科
276	物流管理专业 2018 级本科 04 班	201817140409	刘新宇	管理学学士学位	3+2 本科
277	物流管理专业 2018 级本科 04 班	201817140410	郭晨飞	管理学学士学位	3+2 本科
278	物流管理专业 2018 级本科 04 班	201817140411	钱晓雨	管理学学士学位	3+2 本科
279	物流管理专业 2018 级本科 04 班	201817140412	李越	管理学学士学位	3+2 本科
280	物流管理专业 2018 级本科 04 班	201817140413	赵伟鹏	管理学学士学位	3+2 本科
281	物流管理专业 2018 级本科 04 班	201817140414	徐欣	管理学学士学位	3+2 本科
282	物流管理专业 2018 级本科 04 班	201817140415	徐文璇	管理学学士学位	3+2 本科
283	物流管理专业 2018 级本科 04 班	201817140416	赵通通	管理学学士学位	3+2 本科
284	物流管理专业 2018 级本科 04 班	201817140417	张伟	管理学学士学位	3+2 本科
285	物流管理专业 2018 级本科 04 班	201817140418	刘晓蕊	管理学学士学位	3+2 本科
286	物流管理专业 2018 级本科 04 班	201817140419	李茏泰	管理学学士学位	3+2 本科
287	物流管理专业 2018 级本科 04 班	201817140420	李娟	管理学学士学位	3+2 本科
288	物流管理专业 2018 级本科 04 班	201817140421	卢凯		3+2 本科
289	物流管理专业 2018 级本科 04 班	201817140422	顾姗姗	管理学学士学位	3+2 本科
290	物流管理专业 2018 级本科 04 班	201817140423	董翱	管理学学士学位	3+2 本科

(续表)

序号	班级	学号	姓名	学位	层次
291	物流管理专业 2018 级本科 04 班	201817140424	牛丽雪	管理学学士学位	3+2 本科
292	物流管理专业 2018 级本科 04 班	201817140425	赵青青	管理学学士学位	3+2 本科
293	物流管理专业 2018 级本科 04 班	201817140426	邢美玲	管理学学士学位	3+2 本科
294	物流管理专业 2018 级本科 04 班	201817140427	袁心	管理学学士学位	3+2 本科
295	物流管理专业 2018 级本科 04 班	201817140428	王蕊	管理学学士学位	3+2 本科
296	物流管理专业 2018 级本科 04 班	201817140429	徐童霜	管理学学士学位	3+2 本科
297	物流管理专业 2018 级本科 04 班	201817140430	代鹏远	管理学学士学位	3+2 本科
298	物流管理专业 2018 级本科 04 班	201817140431	信珊珊	管理学学士学位	3+2 本科
299	物流管理专业 2018 级本科 04 班	201817140432	姜家诺	管理学学士学位	3+2 本科
300	物流管理专业 2018 级本科 04 班	201817140433	李倩	管理学学士学位	3+2 本科
301	物流管理专业 2018 级本科 04 班	201817140434	张田甜	管理学学士学位	3+2 本科
302	物流管理专业 2018 级本科 04 班	201817140435	赵孟飞	管理学学士学位	3+2 本科
303	物流管理专业 2018 级本科 04 班	201817140436	齐艺璇	管理学学士学位	3+2 本科
304	物流管理专业 2018 级本科 04 班	201817140437	张晓娜	管理学学士学位	3+2 本科
305	物流管理专业 2018 级本科 04 班	201817140438	罗皓文	管理学学士学位	3+2 本科
306	物流管理专业 2018 级本科 04 班	201817140439	张敏	管理学学士学位	3+2 本科
307	物流管理专业 2018 级本科 04 班	201817140440	杨青	管理学学士学位	3+2 本科
308	物流管理专业 2018 级本科 04 班	201817140441	王敏	管理学学士学位	3+2 本科
309	物流管理专业 2018 级本科 04 班	201817140442	张鹏飞	管理学学士学位	3+2 本科
310	物流管理专业 2018 级本科 04 班	201817140443	张晨涛	管理学学士学位	3+2 本科
311	物流管理专业 2018 级本科 04 班	201817140444	冯程程	管理学学士学位	3+2 本科
312	电子商务专业 2017 级专科 01 班	201520710144	岳勇岐		专科
313	电子商务专业 2017 级专科 01 班	201717500101	岑明友		专科
314	电子商务专业 2017 级专科 01 班	201717500103	朱缘		专科
315	电子商务专业 2017 级专科 01 班	201717500104	卜钰洪		专科
316	电子商务专业 2017 级专科 01 班	201717500105	陈璟玉		专科
317	电子商务专业 2017 级专科 01 班	201717500106	丛双双		专科
318	电子商务专业 2017 级专科 01 班	201717500107	崔文慧		专科
319	电子商务专业 2017 级专科 01 班	201717500108	董锡琛		专科

(续表)

序号	班级	学号	姓名	学位	层次
320	电子商务专业2017级专科01班	201717500109	段新月		专科
321	电子商务专业2017级专科01班	201717500110	范世清		专科
322	电子商务专业2017级专科01班	201717500111	冯亚静		专科
323	电子商务专业2017级专科01班	201717500113	纪晓栓		专科
324	电子商务专业2017级专科01班	201717500114	姜甜甜		专科
325	电子商务专业2017级专科01班	201717500115	靳文娜		专科
326	电子商务专业2017级专科01班	201717500116	李翠芝		专科
327	电子商务专业2017级专科01班	201717500117	李萍		专科
328	电子商务专业2017级专科01班	201717500118	李云科		专科
329	电子商务专业2017级专科01班	201717500119	刘宏亮		专科
330	电子商务专业2017级专科01班	201717500120	刘洪洋		专科
331	电子商务专业2017级专科01班	201717500121	刘旭		专科
332	电子商务专业2017级专科01班	201717500122	路文萍		专科
333	电子商务专业2017级专科01班	201717500124	随加胜		专科
334	电子商务专业2017级专科01班	201717500125	孙汇峰		专科
335	电子商务专业2017级专科01班	201717500126	孙欣		专科
336	电子商务专业2017级专科01班	201717500127	王景		专科
337	电子商务专业2017级专科01班	201717500128	王姝		专科
338	电子商务专业2017级专科01班	201717500130	王晓南		专科
339	电子商务专业2017级专科01班	201717500132	辛沛海		专科
340	电子商务专业2017级专科01班	201717500133	徐坷		专科
341	电子商务专业2017级专科01班	201717500134	徐鹿		专科
342	电子商务专业2017级专科01班	201717500135	于卉苑		专科
343	电子商务专业2017级专科01班	201717500136	张洪杰		专科
344	电子商务专业2017级专科01班	201717500137	张明		专科
345	电子商务专业2017级专科01班	201717500138	张小明		专科
346	电子商务专业2017级专科01班	201717500139	张晓盟		专科
347	电子商务专业2017级专科01班	201717500140	张燕慧		专科
348	电子商务专业2017级专科01班	201717500141	赵梦雅		专科
349	电子商务专业2017级专科01班	201717500142	赵睿智		专科
350	电子商务专业2017级专科01班	201717500143	邹临冰		专科
351	电子商务专业2017级专科01班	201717500144	康琳欣		专科

(续表)

序号	班级	学号	姓名	学位	层次
352	电子商务专业 2017 级专科 01 班	201717500145	卓明慧		专科
353	电子商务专业 2017 级专科 02 班	201717500201	金思佳		专科
354	电子商务专业 2017 级专科 02 班	201717500202	张婷婷		专科
355	电子商务专业 2017 级专科 02 班	201717500203	卜秋杰		专科
356	电子商务专业 2017 级专科 02 班	201717500204	晁杰		专科
357	电子商务专业 2017 级专科 02 班	201717500205	程晓		专科
358	电子商务专业 2017 级专科 02 班	201717500206	崔杰		专科
359	电子商务专业 2017 级专科 02 班	201717500207	戴俊琪		专科
360	电子商务专业 2017 级专科 02 班	201717500208	段慧怡		专科
361	电子商务专业 2017 级专科 02 班	201717500209	樊新雨		专科
362	电子商务专业 2017 级专科 02 班	201717500210	范潇娟		专科
363	电子商务专业 2017 级专科 02 班	201717500212	高孟佳		专科
364	电子商务专业 2017 级专科 02 班	201717500213	冀哲		专科
365	电子商务专业 2017 级专科 02 班	201717500214	解鹏举		专科
366	电子商务专业 2017 级专科 02 班	201717500215	雷文朋		专科
367	电子商务专业 2017 级专科 02 班	201717500216	李木旭		专科
368	电子商务专业 2017 级专科 02 班	201717500218	林慧		专科
369	电子商务专业 2017 级专科 02 班	201717500219	刘洪瑞		专科
370	电子商务专业 2017 级专科 02 班	201717500220	刘俊希		专科
371	电子商务专业 2017 级专科 02 班	201717500221	刘炫廷		专科
372	电子商务专业 2017 级专科 02 班	201717500222	明月丽		专科
373	电子商务专业 2017 级专科 02 班	201717500223	邵梓贤		专科
374	电子商务专业 2017 级专科 02 班	201717500224	孙海婷		专科
375	电子商务专业 2017 级专科 02 班	201717500225	孙明珠		专科
376	电子商务专业 2017 级专科 02 班	201717500226	万薇		专科
377	电子商务专业 2017 级专科 02 班	201717500227	王晟照		专科
378	电子商务专业 2017 级专科 02 班	201717500228	王腾翔		专科
379	电子商务专业 2017 级专科 02 班	201717500229	王文睿		专科
380	电子商务专业 2017 级专科 02 班	201717500230	王云鹏		专科
381	电子商务专业 2017 级专科 02 班	201717500231	吴佳颖		专科
382	电子商务专业 2017 级专科 02 班	201717500232	徐达		专科
383	电子商务专业 2017 级专科 02 班	201717500233	徐乐聪		专科

(续表)

序号	班级	学号	姓名	学位	层次
384	电子商务专业 2017 级专科 02 班	201717500234	殷文婷		专科
385	电子商务专业 2017 级专科 02 班	201717500235	于亚军		专科
386	电子商务专业 2017 级专科 02 班	201717500236	张靖		专科
387	电子商务专业 2017 级专科 02 班	201717500237	张向勇		专科
388	电子商务专业 2017 级专科 02 班	201717500238	张晓丹		专科
389	电子商务专业 2017 级专科 02 班	201717500239	张鑫		专科
390	电子商务专业 2017 级专科 02 班	201717500240	张云云		专科
391	电子商务专业 2017 级专科 02 班	201717500241	赵盼盼		专科
392	电子商务专业 2017 级专科 02 班	201717500242	郑晓东		专科
393	电子商务专业 2017 级专科 02 班	201717500243	姜小鑫		专科
394	电子商务专业 2017 级专科 02 班	201717500244	周嫚		专科
395	电子商务专业 2017 级专科 03 班	201717500301	毕寅铁		专科
396	电子商务专业 2017 级专科 03 班	201717500302	陈淑娟		专科
397	电子商务专业 2017 级专科 03 班	201717500303	程延丽		专科
398	电子商务专业 2017 级专科 03 班	201717500304	丁爱丽		专科
399	电子商务专业 2017 级专科 03 班	201717500305	杜俊卿		专科
400	电子商务专业 2017 级专科 03 班	201717500306	方正		专科
401	电子商务专业 2017 级专科 03 班	201717500307	高杰		专科
402	电子商务专业 2017 级专科 03 班	201717500308	苟文燕		专科
403	电子商务专业 2017 级专科 03 班	201717500309	胡百成		专科
404	电子商务专业 2017 级专科 03 班	201717500310	景倩男		专科
405	电子商务专业 2017 级专科 03 班	201717500311	李俊菲		专科
406	电子商务专业 2017 级专科 03 班	201717500312	李泽林		专科
407	电子商务专业 2017 级专科 03 班	201717500313	凌萍		专科
408	电子商务专业 2017 级专科 03 班	201717500315	刘军鹏		专科
409	电子商务专业 2017 级专科 03 班	201717500316	刘长泰		专科
410	电子商务专业 2017 级专科 03 班	201717500317	卢圣富		专科
411	电子商务专业 2017 级专科 03 班	201717500318	吕昌赢		专科
412	电子商务专业 2017 级专科 03 班	201717500320	欧阳倩		专科
413	电子商务专业 2017 级专科 03 班	201717500321	曲贝贝		专科
414	电子商务专业 2017 级专科 03 班	201717500322	桑志康		专科
415	电子商务专业 2017 级专科 03 班	201717500323	孙青雪		专科

(续表)

序号	班级	学号	姓名	学位	层次
416	电子商务专业 2017 级专科 03 班	201717500324	王爱斌		专科
417	电子商务专业 2017 级专科 03 班	201717500325	王贺		专科
418	电子商务专业 2017 级专科 03 班	201717500326	王静		专科
419	电子商务专业 2017 级专科 03 班	201717500327	王庆		专科
420	电子商务专业 2017 级专科 03 班	201717500328	王毓琨		专科
421	电子商务专业 2017 级专科 03 班	201717500331	杨澜		专科
422	电子商务专业 2017 级专科 03 班	201717500332	于海滨		专科
423	电子商务专业 2017 级专科 03 班	201717500333	苑永正		专科
424	电子商务专业 2017 级专科 03 班	201717500334	张海涛		专科
425	电子商务专业 2017 级专科 03 班	201717500335	张绍兴		专科
426	电子商务专业 2017 级专科 03 班	201717500336	张心雨		专科
427	电子商务专业 2017 级专科 03 班	201717500337	张洋		专科
428	电子商务专业 2017 级专科 03 班	201717500338	张月馨		专科
429	电子商务专业 2017 级专科 03 班	201717500339	赵昌林		专科
430	电子商务专业 2017 级专科 03 班	201717500340	赵延东		专科
431	电子商务专业 2017 级专科 03 班	201717500341	朱炳旭		专科
432	电子商务专业 2017 级专科 03 班	201717500342	孟星		专科
433	电子商务专业 2017 级专科 03 班	201717500343	郑帅鹏		专科
434	电子商务专业 2017 级专科 04 班	201520710413	姜宇		专科
435	电子商务专业 2017 级专科 04 班	201717500401	常建凤		专科
436	电子商务专业 2017 级专科 04 班	201717500403	仇鑫宇		专科
437	电子商务专业 2017 级专科 04 班	201717500404	丁慧		专科
438	电子商务专业 2017 级专科 04 班	201717500405	杜珂		专科
439	电子商务专业 2017 级专科 04 班	201717500406	冯舒娅		专科
440	电子商务专业 2017 级专科 04 班	201717500407	耿立志		专科
441	电子商务专业 2017 级专科 04 班	201717500408	郭文誉		专科
442	电子商务专业 2017 级专科 04 班	201717500410	李欢		专科
443	电子商务专业 2017 级专科 04 班	201717500411	李伟青		专科
444	电子商务专业 2017 级专科 04 班	201717500412	林春秀		专科
445	电子商务专业 2017 级专科 04 班	201717500413	刘传睿		专科
446	电子商务专业 2017 级专科 04 班	201717500414	刘敬辉		专科
447	电子商务专业 2017 级专科 04 班	201717500415	刘欣雨		专科

(续表)

序号	班级	学号	姓名	学位	层次
448	电子商务专业 2017 级专科 04 班	201717500416	柳洪宽		专科
449	电子商务专业 2017 级专科 04 班	201717500417	陆静		专科
450	电子商务专业 2017 级专科 04 班	201717500419	孟旭		专科
451	电子商务专业 2017 级专科 04 班	201717500420	乔静		专科
452	电子商务专业 2017 级专科 04 班	201717500421	曲善民		专科
453	电子商务专业 2017 级专科 04 班	201717500423	孙杨媚		专科
454	电子商务专业 2017 级专科 04 班	201717500424	王成勇		专科
455	电子商务专业 2017 级专科 04 班	201717500425	王记强		专科
456	电子商务专业 2017 级专科 04 班	201717500426	王蕾		专科
457	电子商务专业 2017 级专科 04 班	201717500427	王瑶楠		专科
458	电子商务专业 2017 级专科 04 班	201717500428	吴学芳		专科
459	电子商务专业 2017 级专科 04 班	201717500429	辛雨璇		专科
460	电子商务专业 2017 级专科 04 班	201717500431	杨倩		专科
461	电子商务专业 2017 级专科 04 班	201717500432	于瑞兴		专科
462	电子商务专业 2017 级专科 04 班	201717500433	湛林		专科
463	电子商务专业 2017 级专科 04 班	201717500434	张全		专科
464	电子商务专业 2017 级专科 04 班	201717500435	张爽		专科
465	电子商务专业 2017 级专科 04 班	201717500436	张亚彤		专科
466	电子商务专业 2017 级专科 04 班	201717500438	张珍珠		专科
467	电子商务专业 2017 级专科 04 班	201717500439	赵修艳		专科
468	电子商务专业 2017 级专科 04 班	201717500440	赵彦红		专科
469	电子商务专业 2017 级专科 04 班	201717500441	侯君		专科
470	电子商务专业 2017 级专科 04 班	201717500442	张博涵		专科
471	物流管理专业 2017 级专科 01 班	201204760445	谢叔泽		专科
472	物流管理专业 2017 级专科 01 班	201717530101	艾云		专科
473	物流管理专业 2017 级专科 01 班	201717530102	陈龙		专科
474	物流管理专业 2017 级专科 01 班	201717530103	褚丰君		专科
475	物流管理专业 2017 级专科 01 班	201717530104	高贺		专科
476	物流管理专业 2017 级专科 01 班	201717530105	郭彪		专科
477	物流管理专业 2017 级专科 01 班	201717530106	黄建华		专科
478	物流管理专业 2017 级专科 01 班	201717530107	李丰东		专科
479	物流管理专业 2017 级专科 01 班	201717530108	李慧		专科

(续表)

序号	班级	学号	姓名	学位	层次
480	物流管理专业2017级专科01班	201717530110	刘聪		专科
481	物流管理专业2017级专科01班	201717530111	刘烁		专科
482	物流管理专业2017级专科01班	201717530112	刘云潇		专科
483	物流管理专业2017级专科01班	201717530113	卢静		专科
484	物流管理专业2017级专科01班	201717530114	罗蓉蓉		专科
485	物流管理专业2017级专科01班	201717530115	吕明轩		专科
486	物流管理专业2017级专科01班	201717530116	吕宗阳		专科
487	物流管理专业2017级专科01班	201717530117	亓宏扬		专科
488	物流管理专业2017级专科01班	201717530118	任则寒		专科
489	物流管理专业2017级专科01班	201717530119	隋红霞		专科
490	物流管理专业2017级专科01班	201717530121	孙宗圣		专科
491	物流管理专业2017级专科01班	201717530122	王凯旋		专科
492	物流管理专业2017级专科01班	201717530123	王群		专科
493	物流管理专业2017级专科01班	201717530124	王鑫雅		专科
494	物流管理专业2017级专科01班	201717530125	王亚美		专科
495	物流管理专业2017级专科01班	201717530126	徐英		专科
496	物流管理专业2017级专科01班	201717530127	杨壮壮		专科
497	物流管理专业2017级专科01班	201717530128	张国珍		专科
498	物流管理专业2017级专科01班	201717530129	张庆良		专科
499	物流管理专业2017级专科01班	201717530131	周静		专科
500	物流管理专业2017级专科02班	201717530201	蔡新宇		专科
501	物流管理专业2017级专科02班	201717530202	陈苗		专科
502	物流管理专业2017级专科02班	201717530203	丁凯		专科
503	物流管理专业2017级专科02班	201717530204	宫传璐		专科
504	物流管理专业2017级专科02班	201717530205	胡晓阳		专科
505	物流管理专业2017级专科02班	201717530206	蒋宗叁		专科
506	物流管理专业2017级专科02班	201717530207	李国栋		专科
507	物流管理专业2017级专科02班	201717530208	李敏		专科
508	物流管理专业2017级专科02班	201717530209	刘程		专科
509	物流管理专业2017级专科02班	201717530210	刘含志		专科
510	物流管理专业2017级专科02班	201717530213	卢欣		专科
511	物流管理专业2017级专科02班	201717530214	吕明伟		专科

(续表)

序号	班级	学号	姓名	学位	层次
512	物流管理专业 2017 级专科 02 班	201717530215	吕玉洁		专科
513	物流管理专业 2017 级专科 02 班	201717530216	马士莲		专科
514	物流管理专业 2017 级专科 02 班	201717530217	任玉环		专科
515	物流管理专业 2017 级专科 02 班	201717530218	尚敏		专科
516	物流管理专业 2017 级专科 02 班	201717530219	隋敏		专科
517	物流管理专业 2017 级专科 02 班	201717530220	孙旭		专科
518	物流管理专业 2017 级专科 02 班	201717530221	王婕		专科
519	物流管理专业 2017 级专科 02 班	201717530222	王蕾		专科
520	物流管理专业 2017 级专科 02 班	201717530223	王鑫		专科
521	物流管理专业 2017 级专科 02 班	201717530224	王雪兰		专科
522	物流管理专业 2017 级专科 02 班	201717530227	岳佳		专科
523	物流管理专业 2017 级专科 02 班	201717530228	张慧茹		专科
524	物流管理专业 2017 级专科 02 班	201717530229	张逸秋		专科
525	物流管理专业 2017 级专科 02 班	201717530230	张悦		专科
526	物流管理专业 2017 级专科 03 班	201717680301	艾艳慧		专科
527	物流管理专业 2017 级专科 03 班	201717680302	曹子桐		专科
528	物流管理专业 2017 级专科 03 班	201717680303	崔茹月		专科
529	物流管理专业 2017 级专科 03 班	201717680304	戴欣燕		专科
530	物流管理专业 2017 级专科 03 班	201717680305	戴振晴		专科
531	物流管理专业 2017 级专科 03 班	201717680306	董存伟		专科
532	物流管理专业 2017 级专科 03 班	201717680307	高阳		专科
533	物流管理专业 2017 级专科 03 班	201717680308	公媛		专科
534	物流管理专业 2017 级专科 03 班	201717680309	顾业飞		专科
535	物流管理专业 2017 级专科 03 班	201717680310	韩作奇		专科
536	物流管理专业 2017 级专科 03 班	201717680311	郝焱		专科
537	物流管理专业 2017 级专科 03 班	201717680312	矫梦迪		专科
538	物流管理专业 2017 级专科 03 班	201717680313	解增源		专科
539	物流管理专业 2017 级专科 03 班	201717680314	李亚楠		专科
540	物流管理专业 2017 级专科 03 班	201717680315	刘复凯		专科
541	物流管理专业 2017 级专科 03 班	201717680316	刘嘉星		专科
542	物流管理专业 2017 级专科 03 班	201717680317	刘文娇		专科
543	物流管理专业 2017 级专科 03 班	201717680318	卢新文		专科

(续表)

序号	班级	学号	姓名	学位	层次
544	物流管理专业 2017 级专科 03 班	201717680319	马子雯		专科
545	物流管理专业 2017 级专科 03 班	201717680320	任煸峰		专科
546	物流管理专业 2017 级专科 03 班	201717680321	石晓峰		专科
547	物流管理专业 2017 级专科 03 班	201717680322	苏倩茹		专科
548	物流管理专业 2017 级专科 03 班	201717680323	田英帅		专科
549	物流管理专业 2017 级专科 03 班	201717680325	王庆帅		专科
550	物流管理专业 2017 级专科 03 班	201717680326	王睿昭		专科
551	物流管理专业 2017 级专科 03 班	201717680327	王睿智		专科
552	物流管理专业 2017 级专科 03 班	201717680328	王文澄		专科
553	物流管理专业 2017 级专科 03 班	201717680329	王占峰		专科
554	物流管理专业 2017 级专科 03 班	201717680331	魏依涵		专科
555	物流管理专业 2017 级专科 03 班	201717680332	杨圣洁		专科
556	物流管理专业 2017 级专科 03 班	201717680333	袁美芹		专科
557	物流管理专业 2017 级专科 03 班	201717680334	翟明旺		专科
558	物流管理专业 2017 级专科 03 班	201717680335	张华		专科
559	物流管理专业 2017 级专科 03 班	201717680336	张凌雪		专科
560	物流管理专业 2017 级专科 03 班	201717680337	张伟		专科
561	物流管理专业 2017 级专科 03 班	201717680338	张亚迪		专科
562	物流管理专业 2017 级专科 03 班	201717680339	赵淳淳		专科
563	物流管理专业 2017 级专科 03 班	201717680340	郑琪		专科

法学院

序号	班级	学号	姓名	学位	层次
1	法学专业 2016 级本科 01 班	201605020101	魏慧源	法学学士学位	本科
2	法学专业 2016 级本科 01 班	201605020102	王璐瑶	法学学士学位	本科
3	法学专业 2016 级本科 01 班	201605020103	赵娅宏	法学学士学位	本科
4	法学专业 2016 级本科 01 班	201605020104	郑玉宁	法学学士学位	本科
5	法学专业 2016 级本科 01 班	201605020105	张杨	法学学士学位	本科
6	法学专业 2016 级本科 01 班	201605020106	张猛	法学学士学位	本科
7	法学专业 2016 级本科 01 班	201605020107	林慧芳	法学学士学位	本科
8	法学专业 2016 级本科 01 班	201605020108	田朝璐	法学学士学位	本科
9	法学专业 2016 级本科 01 班	201605020109	刘晓阳	法学学士学位	本科

(续表)

序号	班级	学号	姓名	学位	层次
10	法学专业 2016 级本科 01 班	201605020110	柏梓恒	法学学士学位	本科
11	法学专业 2016 级本科 01 班	201605020111	王晓雨	法学学士学位	本科
12	法学专业 2016 级本科 01 班	201605020112	安苗方	法学学士学位	本科
13	法学专业 2016 级本科 01 班	201605020113	何苗苗	法学学士学位	本科
14	法学专业 2016 级本科 01 班	201605020114	张展源	法学学士学位	本科
15	法学专业 2016 级本科 01 班	201605020115	徐娜	法学学士学位	本科
16	法学专业 2016 级本科 01 班	201605020116	李玉峰	法学学士学位	本科
17	法学专业 2016 级本科 01 班	201605020117	田柏林	法学学士学位	本科
18	法学专业 2016 级本科 01 班	201605020118	刘西娅	法学学士学位	本科
19	法学专业 2016 级本科 01 班	201605020119	黄畅	法学学士学位	本科
20	法学专业 2016 级本科 01 班	201605020120	刘静晴	法学学士学位	本科
21	法学专业 2016 级本科 01 班	201605020121	刘伊	法学学士学位	本科
22	法学专业 2016 级本科 01 班	201605020122	朴文昊	法学学士学位	本科
23	法学专业 2016 级本科 01 班	201605020123	戴瑞	法学学士学位	本科
24	法学专业 2016 级本科 01 班	201605020124	金小艺	法学学士学位	本科
25	法学专业 2016 级本科 01 班	201605020125	姚钰霖	法学学士学位	本科
26	法学专业 2016 级本科 01 班	201605020126	刘思家	法学学士学位	本科
27	法学专业 2016 级本科 01 班	201605020127	董润泽	法学学士学位	本科
28	法学专业 2016 级本科 01 班	201605020128	魏文韬	法学学士学位	本科
29	法学专业 2016 级本科 01 班	201605020129	许东平	法学学士学位	本科
30	法学专业 2016 级本科 01 班	201605020130	李爱娟	法学学士学位	本科
31	法学专业 2016 级本科 01 班	201605020131	王俊晖	法学学士学位	本科
32	法学专业 2016 级本科 01 班	201605020132	荆宝慧	法学学士学位	本科
33	法学专业 2016 级本科 01 班	201605020133	毛浪	法学学士学位	本科
34	法学专业 2016 级本科 01 班	201605020134	唐华	法学学士学位	本科
35	法学专业 2016 级本科 01 班	201605020135	王彤	法学学士学位	本科
36	法学专业 2016 级本科 01 班	201605020136	孙云燕	法学学士学位	本科
37	法学专业 2016 级本科 01 班	201605020137	周文华	法学学士学位	本科
38	法学专业 2016 级本科 01 班	201605020138	孙洁	法学学士学位	本科
39	法学专业 2016 级本科 01 班	201605020139	谷长帅	法学学士学位	本科
40	法学专业 2016 级本科 01 班	201605020140	曹新茹	法学学士学位	本科
41	法学专业 2016 级本科 01 班	201605020141	赵恺鑫	法学学士学位	本科

(续表)

序号	班级	学号	姓名	学位	层次
42	法学专业 2016 级本科 01 班	201605020143	韩彩玲	法学学士学位	本科
43	法学专业 2016 级本科 01 班	201605020145	周丽	法学学士学位	本科
44	法学专业 2016 级本科 01 班	201605020146	马靖怡	法学学士学位	本科
45	法学专业 2016 级本科 01 班	201605020147	苑霄峰	法学学士学位	本科
46	法学专业 2016 级本科 01 班	201605020148	莫婉莹	法学学士学位	本科
47	法学专业 2016 级本科 01 班	201605040120	董勤芳	法学学士学位	本科
48	法学专业 2016 级本科 02 班	201605020201	郭华芳	法学学士学位	本科
49	法学专业 2016 级本科 02 班	201605020202	谭明凤	法学学士学位	本科
50	法学专业 2016 级本科 02 班	201605020203	刘祥炜	法学学士学位	本科
51	法学专业 2016 级本科 02 班	201605020204	张芷薇	法学学士学位	本科
52	法学专业 2016 级本科 02 班	201605020205	韩智浩	法学学士学位	本科
53	法学专业 2016 级本科 02 班	201605020206	侯晓彬	法学学士学位	本科
54	法学专业 2016 级本科 02 班	201605020207	董玥彤	法学学士学位	本科
55	法学专业 2016 级本科 02 班	201605020208	周广湜	法学学士学位	本科
56	法学专业 2016 级本科 02 班	201605020210	殷方坤	法学学士学位	本科
57	法学专业 2016 级本科 02 班	201605020211	张娇	法学学士学位	本科
58	法学专业 2016 级本科 02 班	201605020212	何明东	法学学士学位	本科
59	法学专业 2016 级本科 02 班	201605020213	张雪	法学学士学位	本科
60	法学专业 2016 级本科 02 班	201605020214	覃泳婵	法学学士学位	本科
61	法学专业 2016 级本科 02 班	201605020215	孙智政	法学学士学位	本科
62	法学专业 2016 级本科 02 班	201605020216	苏朝明	法学学士学位	本科
63	法学专业 2016 级本科 02 班	201605020217	路媛媛	法学学士学位	本科
64	法学专业 2016 级本科 02 班	201605020218	于若	法学学士学位	本科
65	法学专业 2016 级本科 02 班	201605020219	袁犇	法学学士学位	本科
66	法学专业 2016 级本科 02 班	201605020220	苏文静	法学学士学位	本科
67	法学专业 2016 级本科 02 班	201605020221	董芝琳	法学学士学位	本科
68	法学专业 2016 级本科 02 班	201605020222	张雪寅	法学学士学位	本科
69	法学专业 2016 级本科 02 班	201605020223	顾海霞	法学学士学位	本科
70	法学专业 2016 级本科 02 班	201605020224	张馨予	法学学士学位	本科
71	法学专业 2016 级本科 02 班	201605020225	于梦月	法学学士学位	本科
72	法学专业 2016 级本科 02 班	201605020226	张凯	法学学士学位	本科
73	法学专业 2016 级本科 02 班	201605020227	綦畅鑫	法学学士学位	本科

(续表)

序号	班级	学号	姓名	学位	层次
74	法学专业 2016 级本科 02 班	201605020228	宋思源	法学学士学位	本科
75	法学专业 2016 级本科 02 班	201605020229	赵如雪	法学学士学位	本科
76	法学专业 2016 级本科 02 班	201605020230	张黎	法学学士学位	本科
77	法学专业 2016 级本科 02 班	201605020231	姚凤娇	法学学士学位	本科
78	法学专业 2016 级本科 02 班	201605020232	王永芳	法学学士学位	本科
79	法学专业 2016 级本科 02 班	201605020233	张娅琳	法学学士学位	本科
80	法学专业 2016 级本科 02 班	201605020234	夏艺伟	法学学士学位	本科
81	法学专业 2016 级本科 02 班	201605020235	谢婉茹	法学学士学位	本科
82	法学专业 2016 级本科 02 班	201605020236	刘欢	法学学士学位	本科
83	法学专业 2016 级本科 02 班	201605020237	倪琳	法学学士学位	本科
84	法学专业 2016 级本科 02 班	201605020238	李玲	法学学士学位	本科
85	法学专业 2016 级本科 02 班	201605020239	杨衍宝	法学学士学位	本科
86	法学专业 2016 级本科 02 班	201605020240	武帅	法学学士学位	本科
87	法学专业 2016 级本科 02 班	201605020241	蒋大银	法学学士学位	本科
88	法学专业 2016 级本科 02 班	201605020242	梁何璐梦	法学学士学位	本科
89	法学专业 2016 级本科 02 班	201605020243	刘亭	法学学士学位	本科
90	法学专业 2016 级本科 02 班	201605020244	李鑫莹	法学学士学位	本科
91	法学专业 2016 级本科 02 班	201605020245	陶蕊	法学学士学位	本科
92	法学专业 2016 级本科 02 班	201605020247	孙欣	法学学士学位	本科
93	法学专业 2016 级本科 02 班	201605020248	李锦君	法学学士学位	本科
94	法学专业 2016 级本科 02 班	201615020110	李晓雨	法学学士学位	本科
95	法学专业 2016 级本科 03 班	201605020301	王喆	法学学士学位	本科
96	法学专业 2016 级本科 03 班	201605020302	孙强	法学学士学位	本科
97	法学专业 2016 级本科 03 班	201605020303	刘孟林	法学学士学位	本科
98	法学专业 2016 级本科 03 班	201605020304	侯雅欣	法学学士学位	本科
99	法学专业 2016 级本科 03 班	201605020305	孙淑婷	法学学士学位	本科
100	法学专业 2016 级本科 03 班	201605020306	王浩	法学学士学位	本科
101	法学专业 2016 级本科 03 班	201605020307	王呈祥	法学学士学位	本科
102	法学专业 2016 级本科 03 班	201605020308	王雪钰	法学学士学位	本科
103	法学专业 2016 级本科 03 班	201605020309	董鑫	法学学士学位	本科
104	法学专业 2016 级本科 03 班	201605020310	吴阳壮	法学学士学位	本科
105	法学专业 2016 级本科 03 班	201605020311	胡颖	法学学士学位	本科

(续表)

序号	班级	学号	姓名	学位	层次
106	法学专业 2016 级本科 03 班	201605020312	张博	法学学士学位	本科
107	法学专业 2016 级本科 03 班	201605020313	庞银强	法学学士学位	本科
108	法学专业 2016 级本科 03 班	201605020314	李晓栩	法学学士学位	本科
109	法学专业 2016 级本科 03 班	201605020315	王明辉	法学学士学位	本科
110	法学专业 2016 级本科 03 班	201605020316	刘旭	法学学士学位	本科
111	法学专业 2016 级本科 03 班	201605020317	韩楷哲	法学学士学位	本科
112	法学专业 2016 级本科 03 班	201605020318	沈媛媛	法学学士学位	本科
113	法学专业 2016 级本科 03 班	201605020319	黄宇	法学学士学位	本科
114	法学专业 2016 级本科 03 班	201605020320	左碧君	法学学士学位	本科
115	法学专业 2016 级本科 03 班	201605020321	侯天喆	法学学士学位	本科
116	法学专业 2016 级本科 03 班	201605020322	凌耀	法学学士学位	本科
117	法学专业 2016 级本科 03 班	201605020324	宋金宣	法学学士学位	本科
118	法学专业 2016 级本科 03 班	201605020325	李盈	法学学士学位	本科
119	法学专业 2016 级本科 03 班	201605020326	薛朦阳	法学学士学位	本科
120	法学专业 2016 级本科 03 班	201605020327	辛航	法学学士学位	本科
121	法学专业 2016 级本科 03 班	201605020328	马钰帅	法学学士学位	本科
122	法学专业 2016 级本科 03 班	201605020329	钟雪萍	法学学士学位	本科
123	法学专业 2016 级本科 03 班	201605020330	王磊	法学学士学位	本科
124	法学专业 2016 级本科 03 班	201605020331	柳妍	法学学士学位	本科
125	法学专业 2016 级本科 03 班	201605020332	林童	法学学士学位	本科
126	法学专业 2016 级本科 03 班	201605020333	张雯竞	法学学士学位	本科
127	法学专业 2016 级本科 03 班	201605020334	谢晖	法学学士学位	本科
128	法学专业 2016 级本科 03 班	201605020335	周竹林	法学学士学位	本科
129	法学专业 2016 级本科 03 班	201605020336	陈计君	法学学士学位	本科
130	法学专业 2016 级本科 03 班	201605020337	王艺桦	法学学士学位	本科
131	法学专业 2016 级本科 03 班	201605020338	秦雨	法学学士学位	本科
132	法学专业 2016 级本科 03 班	201605020339	孙林康	法学学士学位	本科
133	法学专业 2016 级本科 03 班	201605020340	贾璐茹	法学学士学位	本科
134	法学专业 2016 级本科 03 班	201605020342	陈广	法学学士学位	本科
135	法学专业 2016 级本科 03 班	201605020343	谢明月	法学学士学位	本科
136	法学专业 2016 级本科 03 班	201605020344	胡进	法学学士学位	本科
137	法学专业 2016 级本科 03 班	201605020345	李晨宁	法学学士学位	本科

(续表)

序号	班级	学号	姓名	学位	层次
138	法学专业 2016 级本科 03 班	201605020346	丁春扬	法学学士学位	本科
139	法学专业 2016 级本科 03 班	201605020348	邹云	法学学士学位	本科
140	法学专业 2016 级本科 03 班	201618050128	王一妤	法学学士学位	本科
141	社会工作专业 2016 级本科 01 班	201605040101	张可	法学学士学位	本科
142	社会工作专业 2016 级本科 01 班	201605040102	闫谨	法学学士学位	本科
143	社会工作专业 2016 级本科 01 班	201605040103	郭凯莉	法学学士学位	本科
144	社会工作专业 2016 级本科 01 班	201605040104	梁尚雁	法学学士学位	本科
145	社会工作专业 2016 级本科 01 班	201605040105	刘文佼	法学学士学位	本科
146	社会工作专业 2016 级本科 01 班	201605040106	李雪	法学学士学位	本科
147	社会工作专业 2016 级本科 01 班	201605040107	康成成	法学学士学位	本科
148	社会工作专业 2016 级本科 01 班	201605040108	王莉	法学学士学位	本科
149	社会工作专业 2016 级本科 01 班	201605040109	隋艺璇	法学学士学位	本科
150	社会工作专业 2016 级本科 01 班	201605040110	汤丽媛	法学学士学位	本科
151	社会工作专业 2016 级本科 01 班	201605040111	张丽华	法学学士学位	本科
152	社会工作专业 2016 级本科 01 班	201605040112	岳慧聪	法学学士学位	本科
153	社会工作专业 2016 级本科 01 班	201605040113	孙璇	法学学士学位	本科
154	社会工作专业 2016 级本科 01 班	201605040114	闫志超	法学学士学位	本科
155	社会工作专业 2016 级本科 01 班	201605040115	李泰生	法学学士学位	本科
156	社会工作专业 2016 级本科 01 班	201605040116	彭慧伦	法学学士学位	本科
157	社会工作专业 2016 级本科 01 班	201605040117	张目杰	法学学士学位	本科
158	社会工作专业 2016 级本科 01 班	201605040118	冯永蕾	法学学士学位	本科
159	社会工作专业 2016 级本科 01 班	201605040119	李玉葵	法学学士学位	本科
160	社会工作专业 2016 级本科 01 班	201605040121	郭洪涛	法学学士学位	本科
161	社会工作专业 2016 级本科 01 班	201605040122	王艺蒙	法学学士学位	本科
162	社会工作专业 2016 级本科 01 班	201605040123	付琼	法学学士学位	本科
163	社会工作专业 2016 级本科 01 班	201605040125	温新倩	法学学士学位	本科
164	社会工作专业 2016 级本科 01 班	201605040126	庞迪	法学学士学位	本科
165	社会工作专业 2016 级本科 01 班	201605040127	刘泽慧	法学学士学位	本科
166	社会工作专业 2016 级本科 01 班	201605040128	李楠	法学学士学位	本科
167	社会工作专业 2016 级本科 01 班	201605040129	杨越涵	法学学士学位	本科
168	社会工作专业 2016 级本科 01 班	201605040130	黄娇阳	法学学士学位	本科
169	社会工作专业 2016 级本科 02 班	201605050201	刘义红	法学学士学位	本科

(续表)

序号	班级	学号	姓名	学位	层次
170	社会工作专业2016级本科02班	201605050202	高艺洋	法学学士学位	本科
171	社会工作专业2016级本科02班	201605050203	赵子贡	法学学士学位	本科
172	社会工作专业2016级本科02班	201605050204	高夕钰	法学学士学位	本科
173	社会工作专业2016级本科02班	201605050205	王佳洁	法学学士学位	本科
174	社会工作专业2016级本科02班	201605050206	刘璐瑶	法学学士学位	本科
175	社会工作专业2016级本科02班	201605050207	刘艺璇	法学学士学位	本科
176	社会工作专业2016级本科02班	201605050208	李程程	法学学士学位	本科
177	社会工作专业2016级本科02班	201605050209	张雅慧	法学学士学位	本科
178	社会工作专业2016级本科02班	201605050210	吴蓓蓓	法学学士学位	本科
179	社会工作专业2016级本科02班	201605050211	单晓迪	法学学士学位	本科
180	社会工作专业2016级本科02班	201605050212	辛芃道	法学学士学位	本科
181	社会工作专业2016级本科02班	201605050213	鹿晓琳	法学学士学位	本科
182	社会工作专业2016级本科02班	201605050216	国金鑫	法学学士学位	本科
183	社会工作专业2016级本科02班	201605050217	吴培	法学学士学位	本科
184	社会工作专业2016级本科02班	201605050218	王小凡	法学学士学位	本科
185	社会工作专业2016级本科02班	201605050219	孙鸣瑞	法学学士学位	本科
186	社会工作专业2016级本科02班	201605050220	张昕	法学学士学位	本科
187	社会工作专业2016级本科02班	201605050221	刘成良	法学学士学位	本科
188	社会工作专业2016级本科02班	201605050222	刘硕	法学学士学位	本科
189	社会工作专业2016级本科02班	201605050223	闫文浩	法学学士学位	本科
190	社会工作专业2016级本科02班	201605050224	岳童	法学学士学位	本科
191	社会工作专业2016级本科02班	201605050225	彭倩倩	法学学士学位	本科
192	社会工作专业2016级本科02班	201605050226	张鸿宇	法学学士学位	本科
193	社会工作专业2016级本科02班	201605050227	邵宇辉	法学学士学位	本科
194	社会工作专业2016级本科02班	201605050228	董清瑜	法学学士学位	本科
195	社会工作专业2016级本科02班	201605050229	郭飞雨	法学学士学位	本科
196	社会工作专业2016级本科02班	201605050230	袁亦优	法学学士学位	本科
197	社会工作专业2016级本科02班	201605050231	侯典萌	法学学士学位	本科
198	社会工作专业2016级本科02班	201605050232	吴芳珂	法学学士学位	本科
199	社会工作专业2016级本科02班	201605050233	刘睿明	法学学士学位	本科
200	社会工作专业2016级本科02班	201605050234	鲁达	法学学士学位	本科
201	社会工作专业2016级本科02班	201605050235	王周知	法学学士学位	本科

(续表)

序号	班级	学号	姓名	学位	层次
202	社会工作专业 2016 级本科 03 班	201605050301	郭震	法学学士学位	本科
203	社会工作专业 2016 级本科 03 班	201605050302	魏雪昆	法学学士学位	本科
204	社会工作专业 2016 级本科 03 班	201605050303	韩欣汝	法学学士学位	本科
205	社会工作专业 2016 级本科 03 班	201605050304	王思淇	法学学士学位	本科
206	社会工作专业 2016 级本科 03 班	201605050305	牟睿	法学学士学位	本科
207	社会工作专业 2016 级本科 03 班	201605050306	董春迪	法学学士学位	本科
208	社会工作专业 2016 级本科 03 班	201605050307	毕淑婷	法学学士学位	本科
209	社会工作专业 2016 级本科 03 班	201605050309	李论	法学学士学位	本科
210	社会工作专业 2016 级本科 03 班	201605050310	黄雅雯	法学学士学位	本科
211	社会工作专业 2016 级本科 03 班	201605050311	姜雯	法学学士学位	本科
212	社会工作专业 2016 级本科 03 班	201605050312	窦柯欣	法学学士学位	本科
213	社会工作专业 2016 级本科 03 班	201605050313	杨梦	法学学士学位	本科
214	社会工作专业 2016 级本科 03 班	201605050314	武鑫	法学学士学位	本科
215	社会工作专业 2016 级本科 03 班	201605050315	李玉倩	法学学士学位	本科
216	社会工作专业 2016 级本科 03 班	201605050316	徐珂		本科
217	社会工作专业 2016 级本科 03 班	201605050317	夏美杰	法学学士学位	本科
218	社会工作专业 2016 级本科 03 班	201605050318	平鑫	法学学士学位	本科
219	社会工作专业 2016 级本科 03 班	201605050319	亓冠媛	法学学士学位	本科
220	社会工作专业 2016 级本科 03 班	201605050320	朱怡瑾	法学学士学位	本科
221	社会工作专业 2016 级本科 03 班	201605050321	戴一平	法学学士学位	本科
222	社会工作专业 2016 级本科 03 班	201605050322	徐路	法学学士学位	本科
223	社会工作专业 2016 级本科 03 班	201605050323	刘新颖	法学学士学位	本科
224	社会工作专业 2016 级本科 03 班	201605050324	郑汉祺	法学学士学位	本科
225	社会工作专业 2016 级本科 03 班	201605050325	刘蕾蕾	法学学士学位	本科
226	社会工作专业 2016 级本科 03 班	201605050326	吕坤	法学学士学位	本科
227	社会工作专业 2016 级本科 03 班	201605050327	徐文荣	法学学士学位	本科
228	社会工作专业 2016 级本科 03 班	201605050328	韩聪聪	法学学士学位	本科
229	社会工作专业 2016 级本科 03 班	201605050330	王丛	法学学士学位	本科
230	社会工作专业 2016 级本科 03 班	201605050331	王惠	法学学士学位	本科
231	社会工作专业 2016 级本科 03 班	201605050332	庞远航	法学学士学位	本科
232	社会工作专业 2016 级本科 03 班	201605050333	李璋雨	法学学士学位	本科
233	法学专业 2018 级本科 04 班	201805120401	蔡倩	法学学士学位	专升本

(续表)

序号	班级	学号	姓名	学位	层次
234	法学专业 2018 级本科 04 班	201805120402	陈晓熙	法学学士学位	专升本
235	法学专业 2018 级本科 04 班	201805120403	董吉翠	法学学士学位	专升本
236	法学专业 2018 级本科 04 班	201805120404	范奉娟	法学学士学位	专升本
237	法学专业 2018 级本科 04 班	201805120405	付慧敏	法学学士学位	专升本
238	法学专业 2018 级本科 04 班	201805120406	付宵月	法学学士学位	专升本
239	法学专业 2018 级本科 04 班	201805120407	盖宏	法学学士学位	专升本
240	法学专业 2018 级本科 04 班	201805120408	何素华	法学学士学位	专升本
241	法学专业 2018 级本科 04 班	201805120409	侯宗仁	法学学士学位	专升本
242	法学专业 2018 级本科 04 班	201805120410	霍洁	法学学士学位	专升本
243	法学专业 2018 级本科 04 班	201805120411	姜树村	法学学士学位	专升本
244	法学专业 2018 级本科 04 班	201805120412	姜旋旋	法学学士学位	专升本
245	法学专业 2018 级本科 04 班	201805120413	焦慧	法学学士学位	专升本
246	法学专业 2018 级本科 04 班	201805120414	康建	法学学士学位	专升本
247	法学专业 2018 级本科 04 班	201805120415	李磊	法学学士学位	专升本
248	法学专业 2018 级本科 04 班	201805120416	李晓敏	法学学士学位	专升本
249	法学专业 2018 级本科 04 班	201805120417	李悦	法学学士学位	专升本
250	法学专业 2018 级本科 04 班	201805120418	刘金鑫	法学学士学位	专升本
251	法学专业 2018 级本科 04 班	201805120419	刘倩	法学学士学位	专升本
252	法学专业 2018 级本科 04 班	201805120420	刘庆玲	法学学士学位	专升本
253	法学专业 2018 级本科 04 班	201805120421	刘同心	法学学士学位	专升本
254	法学专业 2018 级本科 04 班	201805120422	刘悦	法学学士学位	专升本
255	法学专业 2018 级本科 04 班	201805120423	刘悦	法学学士学位	专升本
256	法学专业 2018 级本科 04 班	201805120424	孟珠	法学学士学位	专升本
257	法学专业 2018 级本科 04 班	201805120425	亓双双	法学学士学位	专升本
258	法学专业 2018 级本科 04 班	201805120426	齐甜甜	法学学士学位	专升本
259	法学专业 2018 级本科 04 班	201805120427	史凌雪	法学学士学位	专升本
260	法学专业 2018 级本科 04 班	201805120428	苏程洁	法学学士学位	专升本
261	法学专业 2018 级本科 04 班	201805120429	孙梦佳	法学学士学位	专升本
262	法学专业 2018 级本科 04 班	201805120430	孙瑞嘉	法学学士学位	专升本
263	法学专业 2018 级本科 04 班	201805120431	孙雨彤	法学学士学位	专升本
264	法学专业 2018 级本科 04 班	201805120432	王晨	法学学士学位	专升本
265	法学专业 2018 级本科 04 班	201805120433	王纯	法学学士学位	专升本

(续表)

序号	班级	学号	姓名	学位	层次
266	法学专业 2018 级本科 04 班	201805120434	王会芳	法学学士学位	专升本
267	法学专业 2018 级本科 04 班	201805120435	王文慧	法学学士学位	专升本
268	法学专业 2018 级本科 04 班	201805120436	王鑫	法学学士学位	专升本
269	法学专业 2018 级本科 04 班	201805120437	王星晨	法学学士学位	专升本
270	法学专业 2018 级本科 04 班	201805120438	王雪纯	法学学士学位	专升本
271	法学专业 2018 级本科 04 班	201805120439	王娅桐	法学学士学位	专升本
272	法学专业 2018 级本科 04 班	201805120440	武雯	法学学士学位	专升本
273	法学专业 2018 级本科 04 班	201805120442	徐雯	法学学士学位	专升本
274	法学专业 2018 级本科 04 班	201805120443	闫雪洁	法学学士学位	专升本
275	法学专业 2018 级本科 04 班	201805120444	阎航宇	法学学士学位	专升本
276	法学专业 2018 级本科 04 班	201805120445	杨柳青	法学学士学位	专升本
277	法学专业 2018 级本科 04 班	201805120446	杨淑钧	法学学士学位	专升本
278	法学专业 2018 级本科 04 班	201805120447	于晓华	法学学士学位	专升本
279	法学专业 2018 级本科 04 班	201805120448	臧乐乐	法学学士学位	专升本
280	法学专业 2018 级本科 04 班	201805120449	昃炜	法学学士学位	专升本
281	法学专业 2018 级本科 04 班	201805120450	展晓娜	法学学士学位	专升本
282	法学专业 2018 级本科 04 班	201805120451	张栋栋	法学学士学位	专升本
283	法学专业 2018 级本科 04 班	201805120452	张浩	法学学士学位	专升本
284	法学专业 2018 级本科 04 班	201805120453	张相英	法学学士学位	专升本
285	法学专业 2018 级本科 04 班	201805120454	张志欣	法学学士学位	专升本
286	法学专业 2018 级本科 04 班	201805120455	赵雪玉	法学学士学位	专升本
287	法学专业 2018 级本科 04 班	201805120456	赵云彤	法学学士学位	专升本
288	法学专业 2018 级本科 04 班	201805120457	郑亭予	法学学士学位	专升本
289	法学专业 2018 级本科 04 班	201805120458	朱亮洁	法学学士学位	专升本
290	法学专业 2018 级本科 04 班	201805120459	朱婷婷	法学学士学位	专升本
291	法学专业 2018 级本科 04 班	201805120460	庄家斌	法学学士学位	专升本
292	法学专业 2018 级本科 04 班	201805120461	孔一帆	法学学士学位	专升本
293	法律事务专业 2017 级专科 01 班	201204730232	何栎辰		专科
294	法律事务专业 2017 级专科 01 班	201505720423	魏洪森		专科
295	法律事务专业 2017 级专科 01 班	201702630317	原泉		专科
296	法律事务专业 2017 级专科 01 班	201705510101	毕思宏		专科
297	法律事务专业 2017 级专科 01 班	201705510103	曹守红		专科

(续表)

序号	班级	学号	姓名	学位	层次
298	法律事务专业2017级专科01班	201705510104	曹云泽		专科
299	法律事务专业2017级专科01班	201705510105	陈成健		专科
300	法律事务专业2017级专科01班	201705510106	崔洁		专科
301	法律事务专业2017级专科01班	201705510107	陈文		专科
302	法律事务专业2017级专科01班	201705510108	陈相亦		专科
303	法律事务专业2017级专科01班	201705510109	崔富贵		专科
304	法律事务专业2017级专科01班	201705510110	陈金川		专科
305	法律事务专业2017级专科01班	201705510111	崔娜		专科
306	法律事务专业2017级专科01班	201705510112	代烁峰		专科
307	法律事务专业2017级专科01班	201705510113	邓潇玥		专科
308	法律事务专业2017级专科01班	201705510114	丁苒		专科
309	法律事务专业2017级专科01班	201705510117	范文静		专科
310	法律事务专业2017级专科01班	201705510118	范云昊		专科
311	法律事务专业2017级专科01班	201705510119	冯美烁		专科
312	法律事务专业2017级专科01班	201705510122	付华英		专科
313	法律事务专业2017级专科01班	201705510124	付越		专科
314	法律事务专业2017级专科01班	201705510125	高涵		专科
315	法律事务专业2017级专科01班	201705510126	高锦凯		专科
316	法律事务专业2017级专科01班	201705510127	公姿茹		专科
317	法律事务专业2017级专科01班	201705510128	高瑞		专科
318	法律事务专业2017级专科01班	201705510131	高钰钰		专科
319	法律事务专业2017级专科01班	201705510132	高智勇		专科
320	法律事务专业2017级专科01班	201705510133	公茂花		专科
321	法律事务专业2017级专科01班	201705510134	高玲		专科
322	法律事务专业2017级专科01班	201705510135	郭灿灿		专科
323	法律事务专业2017级专科01班	201705510136	郭庆		专科
324	法律事务专业2017级专科01班	201705510138	韩晓婷		专科
325	法律事务专业2017级专科01班	201705510139	李江		专科
326	法律事务专业2017级专科01班	201705510501	吴召丽		专科
327	法律事务专业2017级专科01班	201705510502	徐睿		专科
328	法律事务专业2017级专科01班	201705510503	夏鹏		专科
329	法律事务专业2017级专科01班	201705510504	夏应昊		专科

(续表)

序号	班级	学号	姓名	学位	层次
330	法律事务专业 2017 级专科 01 班	201705510505	谢文静		专科
331	法律事务专业 2017 级专科 01 班	201705510506	徐衡		专科
332	法律事务专业 2017 级专科 01 班	201705510508	徐军		专科
333	法律事务专业 2017 级专科 01 班	201705510510	张文秀		专科
334	法律事务专业 2017 级专科 01 班	201705530106	冯铂涵		专科
335	法律事务专业 2017 级专科 01 班	201710520233	杨松		专科
336	法律事务专业 2017 级专科 02 班	201705510201	韩应鑫		专科
337	法律事务专业 2017 级专科 02 班	201705510202	何晴		专科
338	法律事务专业 2017 级专科 02 班	201705510203	何珊		专科
339	法律事务专业 2017 级专科 02 班	201705510204	姜富贵		专科
340	法律事务专业 2017 级专科 02 班	201705510205	侯均妍		专科
341	法律事务专业 2017 级专科 02 班	201705510206	李新薇		专科
342	法律事务专业 2017 级专科 02 班	201705510207	侯绪浩		专科
343	法律事务专业 2017 级专科 02 班	201705510209	刘晓琳		专科
344	法律事务专业 2017 级专科 02 班	201705510211	黄晓迪		专科
345	法律事务专业 2017 级专科 02 班	201705510212	李文凤		专科
346	法律事务专业 2017 级专科 02 班	201705510213	霍新宇		专科
347	法律事务专业 2017 级专科 02 班	201705510214	纪晓东		专科
348	法律事务专业 2017 级专科 02 班	201705510215	李晓宇		专科
349	法律事务专业 2017 级专科 02 班	201705510216	姜钊阳		专科
350	法律事务专业 2017 级专科 02 班	201705510217	金安娜		专科
351	法律事务专业 2017 级专科 02 班	201705510218	金媚		专科
352	法律事务专业 2017 级专科 02 班	201705510219	徐浩		专科
353	法律事务专业 2017 级专科 02 班	201705510220	康梦雅		专科
354	法律事务专业 2017 级专科 02 班	201705510221	李博		专科
355	法律事务专业 2017 级专科 02 班	201705510222	张洪平		专科
356	法律事务专业 2017 级专科 02 班	201705510224	杨敬莹		专科
357	法律事务专业 2017 级专科 02 班	201705510225	李荆树		专科
358	法律事务专业 2017 级专科 02 班	201705510226	李丽		专科
359	法律事务专业 2017 级专科 02 班	201705510227	刘心悦		专科
360	法律事务专业 2017 级专科 02 班	201705510228	李强		专科
361	法律事务专业 2017 级专科 02 班	201705510229	刘一璇		专科

(续表)

序号	班级	学号	姓名	学位	层次
362	法律事务专业 2017 级专科 02 班	201705510230	吕丽萍		专科
363	法律事务专业 2017 级专科 02 班	201705510231	李文冰		专科
364	法律事务专业 2017 级专科 02 班	201705510232	王鑫淼		专科
365	法律事务专业 2017 级专科 02 班	201705510233	李文晶		专科
366	法律事务专业 2017 级专科 02 班	201705510234	王迪		专科
367	法律事务专业 2017 级专科 02 班	201705510235	李晓斌		专科
368	法律事务专业 2017 级专科 02 班	201705510236	孙静		专科
369	法律事务专业 2017 级专科 02 班	201705510237	孟剑		专科
370	法律事务专业 2017 级专科 02 班	201705510238	李昕怡		专科
371	法律事务专业 2017 级专科 02 班	201705510239	侯明雪		专科
372	法律事务专业 2017 级专科 02 班	201705510511	徐媛		专科
373	法律事务专业 2017 级专科 02 班	201705510512	闫凡坤		专科
374	法律事务专业 2017 级专科 02 班	201705510513	闫书晴		专科
375	法律事务专业 2017 级专科 02 班	201705510514	杨贯霞		专科
376	法律事务专业 2017 级专科 02 班	201705510517	杨梦彬		专科
377	法律事务专业 2017 级专科 02 班	201705510518	朱泽童		专科
378	法律事务专业 2017 级专科 02 班	201705510519	杨苏园		专科
379	法律事务专业 2017 级专科 02 班	201705510521	叶青		专科
380	法律事务专业 2017 级专科 03 班	201705510301	李玉		专科
381	法律事务专业 2017 级专科 03 班	201705510302	梁丽娟		专科
382	法律事务专业 2017 级专科 03 班	201705510303	刘宝程		专科
383	法律事务专业 2017 级专科 03 班	201705510304	刘健		专科
384	法律事务专业 2017 级专科 03 班	201705510305	孙玮		专科
385	法律事务专业 2017 级专科 03 班	201705510306	刘景彪		专科
386	法律事务专业 2017 级专科 03 班	201705510307	刘倩倩		专科
387	法律事务专业 2017 级专科 03 班	201705510308	王莹莹		专科
388	法律事务专业 2017 级专科 03 班	201705510310	刘晓玉		专科
389	法律事务专业 2017 级专科 03 班	201705510311	王茹霞		专科
390	法律事务专业 2017 级专科 03 班	201705510313	刘小洁		专科
391	法律事务专业 2017 级专科 03 班	201705510314	张雪庆		专科
392	法律事务专业 2017 级专科 03 班	201705510315	王四平		专科
393	法律事务专业 2017 级专科 03 班	201705510316	刘璇		专科

(续表)

序号	班级	学号	姓名	学位	层次
394	法律事务专业 2017 级专科 03 班	201705510317	杨润泽		专科
395	法律事务专业 2017 级专科 03 班	201705510318	王艺颖		专科
396	法律事务专业 2017 级专科 03 班	201705510320	刘羽		专科
397	法律事务专业 2017 级专科 03 班	201705510321	吴凯文		专科
398	法律事务专业 2017 级专科 03 班	201705510322	刘子熠		专科
399	法律事务专业 2017 级专科 03 班	201705510324	鲁红蕾		专科
400	法律事务专业 2017 级专科 03 班	201705510325	徐建森		专科
401	法律事务专业 2017 级专科 03 班	201705510326	吕娜如		专科
402	法律事务专业 2017 级专科 03 班	201705510328	马延鑫		专科
403	法律事务专业 2017 级专科 03 班	201705510329	孟函		专科
404	法律事务专业 2017 级专科 03 班	201705510330	牛月红		专科
405	法律事务专业 2017 级专科 03 班	201705510331	孟宇航		专科
406	法律事务专业 2017 级专科 03 班	201705510332	牛永梅		专科
407	法律事务专业 2017 级专科 03 班	201705510333	潘虹云		专科
408	法律事务专业 2017 级专科 03 班	201705510334	潘鸿浩		专科
409	法律事务专业 2017 级专科 03 班	201705510335	王中香		专科
410	法律事务专业 2017 级专科 03 班	201705510336	乔弘		专科
411	法律事务专业 2017 级专科 03 班	201705510337	秦宇		专科
412	法律事务专业 2017 级专科 03 班	201705510338	石晓雨		专科
413	法律事务专业 2017 级专科 03 班	201705510339	史金铭		专科
414	法律事务专业 2017 级专科 03 班	201705510520	张维康		专科
415	法律事务专业 2017 级专科 03 班	201705510523	张洋		专科
416	法律事务专业 2017 级专科 03 班	201705510524	郁莹		专科
417	法律事务专业 2017 级专科 03 班	201705510525	岳文萱		专科
418	法律事务专业 2017 级专科 03 班	201705510526	张怀虎		专科
419	法律事务专业 2017 级专科 03 班	201705510527	张丽亚		专科
420	法律事务专业 2017 级专科 03 班	201705510528	赵晶		专科
421	法律事务专业 2017 级专科 03 班	201705510530	张亚超		专科
422	法律事务专业 2017 级专科 04 班	201705510401	司倩倩		专科
423	法律事务专业 2017 级专科 04 班	201705510402	宋一民		专科
424	法律事务专业 2017 级专科 04 班	201705510403	宋仕钦		专科
425	法律事务专业 2017 级专科 04 班	201705510405	宋笑雪		专科

(续表)

序号	班级	学号	姓名	学位	层次
426	法律事务专业 2017 级专科 04 班	201705510406	孙浩		专科
427	法律事务专业 2017 级专科 04 班	201705510408	王宇		专科
428	法律事务专业 2017 级专科 04 班	201705510409	王峰		专科
429	法律事务专业 2017 级专科 04 班	201705510410	徐一萍		专科
430	法律事务专业 2017 级专科 04 班	201705510411	田苗		专科
431	法律事务专业 2017 级专科 04 班	201705510412	王晨		专科
432	法律事务专业 2017 级专科 04 班	201705510413	王海莲		专科
433	法律事务专业 2017 级专科 04 班	201705510414	杨维丛		专科
434	法律事务专业 2017 级专科 04 班	201705510415	王骞		专科
435	法律事务专业 2017 级专科 04 班	201705510416	王明月		专科
436	法律事务专业 2017 级专科 04 班	201705510417	张苗苗		专科
437	法律事务专业 2017 级专科 04 班	201705510419	朱一淼		专科
438	法律事务专业 2017 级专科 04 班	201705510420	王潇潼		专科
439	法律事务专业 2017 级专科 04 班	201705510421	王效敏		专科
440	法律事务专业 2017 级专科 04 班	201705510422	王馨卉		专科
441	法律事务专业 2017 级专科 04 班	201705510423	卢岩		专科
442	法律事务专业 2017 级专科 04 班	201705510424	徐祥		专科
443	法律事务专业 2017 级专科 04 班	201705510425	张雪		专科
444	法律事务专业 2017 级专科 04 班	201705510428	魏柏秋		专科
445	法律事务专业 2017 级专科 04 班	201705510430	赵倩倩		专科
446	法律事务专业 2017 级专科 04 班	201705510431	文佳璇		专科
447	法律事务专业 2017 级专科 04 班	201705510432	吴国华		专科
448	法律事务专业 2017 级专科 04 班	201705510434	朱文旭		专科
449	法律事务专业 2017 级专科 04 班	201705510436	张美莹		专科
450	法律事务专业 2017 级专科 04 班	201705510438	吴希涛		专科
451	法律事务专业 2017 级专科 04 班	201705510439	赵建彤		专科
452	法律事务专业 2017 级专科 04 班	201705510440	诸葛彤彤		专科
453	法律事务专业 2017 级专科 04 班	201705510529	周豪		专科
454	法律事务专业 2017 级专科 04 班	201705510532	张展广		专科
455	法律事务专业 2017 级专科 04 班	201705510533	张宇		专科
456	法律事务专业 2017 级专科 04 班	201705510534	赵佳怡		专科
457	法律事务专业 2017 级专科 04 班	201705510535	周满		专科
458	法律事务专业 2017 级专科 04 班	201705510537	郑陆芳		专科

(续表)

序号	班级	学号	姓名	学位	层次
459	法律事务专业 2017 级专科 04 班	201705510538	钟一鸣		专科
460	法律事务专业 2017 级专科 04 班	201705510539	周佳洁		专科
461	社会工作专业 2017 级专科 01 班	201605530107	黄文浩		专科
462	社会工作专业 2017 级专科 01 班	201705530101	蔡明雨		专科
463	社会工作专业 2017 级专科 01 班	201705530102	曹亚楠		专科
464	社会工作专业 2017 级专科 01 班	201705530103	陈琳		专科
465	社会工作专业 2017 级专科 01 班	201705530105	董凯		专科
466	社会工作专业 2017 级专科 01 班	201705530107	冯宇		专科
467	社会工作专业 2017 级专科 01 班	201705530108	黄传翔		专科
468	社会工作专业 2017 级专科 01 班	201705530109	高发婷		专科
469	社会工作专业 2017 级专科 01 班	201705530110	国佳		专科
470	社会工作专业 2017 级专科 01 班	201705530111	韩美琪		专科
471	社会工作专业 2017 级专科 01 班	201705530112	贾光越		专科
472	社会工作专业 2017 级专科 01 班	201705530113	菅晓凡		专科
473	社会工作专业 2017 级专科 01 班	201705530114	雷杰晨		专科
474	社会工作专业 2017 级专科 01 班	201705530116	刘洁		专科
475	社会工作专业 2017 级专科 01 班	201705530117	孟春叶		专科
476	社会工作专业 2017 级专科 01 班	201705530118	孟祥来		专科
477	社会工作专业 2017 级专科 01 班	201705530119	秦梦实		专科
478	社会工作专业 2017 级专科 01 班	201705530121	苗宇豪		专科
479	社会工作专业 2017 级专科 01 班	201705530122	孙新莹		专科
480	社会工作专业 2017 级专科 01 班	201705530123	孙玉颖		专科
481	社会工作专业 2017 级专科 01 班	201705530124	王全超		专科
482	社会工作专业 2017 级专科 01 班	201705530125	王璐瑶		专科
483	社会工作专业 2017 级专科 01 班	201705530127	王振宇		专科
484	社会工作专业 2017 级专科 01 班	201705530128	王芝蕾		专科
485	社会工作专业 2017 级专科 01 班	201705530129	相传玉		专科
486	社会工作专业 2017 级专科 01 班	201705530130	张利民		专科
487	社会工作专业 2017 级专科 01 班	201705530131	杨甜甜		专科
488	社会工作专业 2017 级专科 01 班	201705530133	张文杰		专科
489	社会工作专业 2017 级专科 01 班	201705530134	张燕波		专科
490	社会工作专业 2017 级专科 01 班	201705530135	张紫涵		专科
491	社会工作专业 2017 级专科 01 班	201705530137	朱钰		专科

教育学院（教师教育学院）

序号	班级	学号	姓名	学位	层次
1	教育技术学专业 2016 级本科 01 班	201411010104	李逢址	教育学学士学位	本科
2	教育技术学专业 2016 级本科 01 班	201611030101	卓依琳	教育学学士学位	本科
3	教育技术学专业 2016 级本科 01 班	201611030102	吴洁	教育学学士学位	本科
4	教育技术学专业 2016 级本科 01 班	201611030103	邹龙智	教育学学士学位	本科
5	教育技术学专业 2016 级本科 01 班	201611030104	张曙晖	教育学学士学位	本科
6	教育技术学专业 2016 级本科 01 班	201611030105	马汝汐	教育学学士学位	本科
7	教育技术学专业 2016 级本科 01 班	201611030106	杜明月	教育学学士学位	本科
8	教育技术学专业 2016 级本科 01 班	201611030107	袁美华	教育学学士学位	本科
9	教育技术学专业 2016 级本科 01 班	201611030108	韩长杰	教育学学士学位	本科
10	教育技术学专业 2016 级本科 01 班	201611030109	王美玲	教育学学士学位	本科
11	教育技术学专业 2016 级本科 01 班	201611030110	王洪波	教育学学士学位	本科
12	教育技术学专业 2016 级本科 01 班	201611030111	郑莹雪	教育学学士学位	本科
13	教育技术学专业 2016 级本科 01 班	201611030112	文晓洁	教育学学士学位	本科
14	教育技术学专业 2016 级本科 01 班	201611030113	曹家豪	教育学学士学位	本科
15	教育技术学专业 2016 级本科 01 班	201611030114	焦璐瑶	教育学学士学位	本科
16	教育技术学专业 2016 级本科 01 班	201611030115	刘银娑	教育学学士学位	本科
17	教育技术学专业 2016 级本科 01 班	201611030116	张如斐	教育学学士学位	本科
18	教育技术学专业 2016 级本科 01 班	201611030117	程晓宇	教育学学士学位	本科
19	教育技术学专业 2016 级本科 01 班	201611030118	刘艺迪	教育学学士学位	本科
20	教育技术学专业 2016 级本科 01 班	201611030119	王鑫	教育学学士学位	本科
21	教育技术学专业 2016 级本科 01 班	201611030120	宋丽	教育学学士学位	本科
22	小学教育专业 2016 级本科 01 班	201611140101	尹鸽鸽	教育学学士学位	本科
23	小学教育专业 2016 级本科 01 班	201611140102	牛敏	教育学学士学位	本科
24	小学教育专业 2016 级本科 01 班	201611140104	胡云山	教育学学士学位	本科
25	小学教育专业 2016 级本科 01 班	201611140105	张圣宇	教育学学士学位	本科
26	小学教育专业 2016 级本科 01 班	201611140106	迟佳霖	教育学学士学位	本科
27	小学教育专业 2016 级本科 01 班	201611140107	周玉丽	教育学学士学位	本科
28	小学教育专业 2016 级本科 01 班	201611140108	刘欣	教育学学士学位	本科
29	小学教育专业 2016 级本科 01 班	201611140109	孙明霞	教育学学士学位	本科
30	小学教育专业 2016 级本科 01 班	201611140110	于婷	教育学学士学位	本科
31	小学教育专业 2016 级本科 01 班	201611140111	王晓波	教育学学士学位	本科

(续表)

序号	班级	学号	姓名	学位	层次
32	小学教育专业 2016 级本科 01 班	201611140112	雷蕾	教育学学士学位	本科
33	小学教育专业 2016 级本科 01 班	201611140113	杨帆	教育学学士学位	本科
34	小学教育专业 2016 级本科 01 班	201611140114	赵阳	教育学学士学位	本科
35	小学教育专业 2016 级本科 01 班	201611140115	杨扬	教育学学士学位	本科
36	小学教育专业 2016 级本科 01 班	201611140116	刘萌	教育学学士学位	本科
37	小学教育专业 2016 级本科 01 班	201611140117	张婷	教育学学士学位	本科
38	小学教育专业 2016 级本科 01 班	201611140118	冯文靖	教育学学士学位	本科
39	小学教育专业 2016 级本科 01 班	201611140119	姜明月	教育学学士学位	本科
40	小学教育专业 2016 级本科 01 班	201611140120	于富雪	教育学学士学位	本科
41	小学教育专业 2016 级本科 01 班	201611140121	段恒通	教育学学士学位	本科
42	小学教育专业 2016 级本科 01 班	201611140122	杨春晓	教育学学士学位	本科
43	小学教育专业 2016 级本科 01 班	201611140123	崔荣宇	教育学学士学位	本科
44	小学教育专业 2016 级本科 01 班	201611140124	邵文涛	教育学学士学位	本科
45	小学教育专业 2016 级本科 01 班	201611140125	樊文娟	教育学学士学位	本科
46	小学教育专业 2016 级本科 01 班	201611140126	袁丽华	教育学学士学位	本科
47	小学教育专业 2016 级本科 01 班	201611140127	刘悦	教育学学士学位	本科
48	小学教育专业 2016 级本科 01 班	201611140128	李敏	教育学学士学位	本科
49	小学教育专业 2016 级本科 01 班	201611140129	庄蕙媛	教育学学士学位	本科
50	小学教育专业 2016 级本科 01 班	201611140130	冯丹凤	教育学学士学位	本科
51	小学教育专业 2016 级本科 01 班	201611140131	李梦玲	教育学学士学位	本科
52	小学教育专业 2016 级本科 01 班	201611140132	李励之	教育学学士学位	本科
53	小学教育专业 2016 级本科 01 班	201611140133	张绍勇	教育学学士学位	本科
54	小学教育专业 2016 级本科 01 班	201611140134	孙桂荣	教育学学士学位	本科
55	小学教育专业 2016 级本科 02 班	201611140201	张燕	教育学学士学位	本科
56	小学教育专业 2016 级本科 02 班	201611140202	阎梦佳	教育学学士学位	本科
57	小学教育专业 2016 级本科 02 班	201611140203	李文慧	教育学学士学位	本科
58	小学教育专业 2016 级本科 02 班	201611140204	李世同	教育学学士学位	本科
59	小学教育专业 2016 级本科 02 班	201611140205	史欣然	教育学学士学位	本科
60	小学教育专业 2016 级本科 02 班	201611140206	张嘉晖	教育学学士学位	本科
61	小学教育专业 2016 级本科 02 班	201611140207	张玉君	教育学学士学位	本科
62	小学教育专业 2016 级本科 02 班	201611140208	张佰旭	教育学学士学位	本科
63	小学教育专业 2016 级本科 02 班	201611140209	成琛	教育学学士学位	本科

(续表)

序号	班级	学号	姓名	学位	层次
64	小学教育专业 2016 级本科 02 班	201611140210	潘晓婷	教育学学士学位	本科
65	小学教育专业 2016 级本科 02 班	201611140211	朱兆芳	教育学学士学位	本科
66	小学教育专业 2016 级本科 02 班	201611140212	黄训娜	教育学学士学位	本科
67	小学教育专业 2016 级本科 02 班	201611140213	张莹莹	教育学学士学位	本科
68	小学教育专业 2016 级本科 02 班	201611140214	丁雨	教育学学士学位	本科
69	小学教育专业 2016 级本科 02 班	201611140215	董光磊	教育学学士学位	本科
70	小学教育专业 2016 级本科 02 班	201611140217	郑洪悦	教育学学士学位	本科
71	小学教育专业 2016 级本科 02 班	201611140218	李晓晓	教育学学士学位	本科
72	小学教育专业 2016 级本科 02 班	201611140219	袁洁	教育学学士学位	本科
73	小学教育专业 2016 级本科 02 班	201611140220	相书秀	教育学学士学位	本科
74	小学教育专业 2016 级本科 02 班	201611140221	薛守伟	教育学学士学位	本科
75	小学教育专业 2016 级本科 02 班	201611140222	孙秀峰	教育学学士学位	本科
76	小学教育专业 2016 级本科 02 班	201611140223	王德利	教育学学士学位	本科
77	小学教育专业 2016 级本科 02 班	201611140224	凌伟	教育学学士学位	本科
78	小学教育专业 2016 级本科 02 班	201611140225	孟欣	教育学学士学位	本科
79	小学教育专业 2016 级本科 02 班	201611140226	刘利群	教育学学士学位	本科
80	小学教育专业 2016 级本科 02 班	201611140227	杜晓妹	教育学学士学位	本科
81	小学教育专业 2016 级本科 02 班	201611140228	范成敏	教育学学士学位	本科
82	小学教育专业 2016 级本科 02 班	201611140229	赵鑫洁	教育学学士学位	本科
83	小学教育专业 2016 级本科 02 班	201611140230	姜雪莹	教育学学士学位	本科
84	小学教育专业 2016 级本科 02 班	201611140231	姜亚萍	教育学学士学位	本科
85	小学教育专业 2016 级本科 02 班	201611140232	荆玉文	教育学学士学位	本科
86	小学教育专业 2016 级本科 02 班	201611140233	王雪阳	教育学学士学位	本科
87	小学教育专业 2016 级本科 02 班	201611140234	张田一	教育学学士学位	本科
88	小学教育专业 2016 级本科 03 班	201611140301	刘志文	教育学学士学位	本科
89	小学教育专业 2016 级本科 03 班	201611140302	吕玉栋	教育学学士学位	本科
90	小学教育专业 2016 级本科 03 班	201611140303	刘莹莹	教育学学士学位	本科
91	小学教育专业 2016 级本科 03 班	201611140304	李静	教育学学士学位	本科
92	小学教育专业 2016 级本科 03 班	201611140305	杨欣欣	教育学学士学位	本科
93	小学教育专业 2016 级本科 03 班	201611140306	郑晓莉	教育学学士学位	本科
94	小学教育专业 2016 级本科 03 班	201611140307	宋阳	教育学学士学位	本科
95	小学教育专业 2016 级本科 03 班	201611140308	刘晓敏	教育学学士学位	本科

(续表)

序号	班级	学号	姓名	学位	层次
96	小学教育专业 2016 级本科 03 班	201611140310	王敏	教育学学士学位	本科
97	小学教育专业 2016 级本科 03 班	201611140311	李昕	教育学学士学位	本科
98	小学教育专业 2016 级本科 03 班	201611140312	张书琪	教育学学士学位	本科
99	小学教育专业 2016 级本科 03 班	201611140313	马英姿	教育学学士学位	本科
100	小学教育专业 2016 级本科 03 班	201611140314	董振坤	教育学学士学位	本科
101	小学教育专业 2016 级本科 03 班	201611140315	韩佳凝	教育学学士学位	本科
102	小学教育专业 2016 级本科 03 班	201611140316	朱利东	教育学学士学位	本科
103	小学教育专业 2016 级本科 03 班	201611140317	路涵	教育学学士学位	本科
104	小学教育专业 2016 级本科 03 班	201611140318	杨昊	教育学学士学位	本科
105	小学教育专业 2016 级本科 03 班	201611140319	李钰	教育学学士学位	本科
106	小学教育专业 2016 级本科 03 班	201611140320	孙钰鹏	教育学学士学位	本科
107	小学教育专业 2016 级本科 03 班	201611140321	赵婉言	教育学学士学位	本科
108	小学教育专业 2016 级本科 03 班	201611140322	王雨露	教育学学士学位	本科
109	小学教育专业 2016 级本科 03 班	201611140323	彭西雅	教育学学士学位	本科
110	小学教育专业 2016 级本科 03 班	201611140324	王芋入	教育学学士学位	本科
111	小学教育专业 2016 级本科 03 班	201611140325	孟亚林	教育学学士学位	本科
112	小学教育专业 2016 级本科 03 班	201611140326	何杨	教育学学士学位	本科
113	小学教育专业 2016 级本科 03 班	201611140327	王雪梅	教育学学士学位	本科
114	小学教育专业 2016 级本科 03 班	201611140328	李金泽	教育学学士学位	本科
115	小学教育专业 2016 级本科 03 班	201611140329	张桐	教育学学士学位	本科
116	小学教育专业 2016 级本科 03 班	201611140330	马钧	教育学学士学位	本科
117	小学教育专业 2016 级本科 03 班	201611140331	杨晓萌	教育学学士学位	本科
118	小学教育专业 2016 级本科 03 班	201611140332	宋笑伟	教育学学士学位	本科
119	小学教育专业 2016 级本科 03 班	201611140333	田婧瑜	教育学学士学位	本科
120	小学教育专业 2016 级本科 04 班	201611140401	荆延琳	教育学学士学位	本科
121	小学教育专业 2016 级本科 04 班	201611140402	王倩	教育学学士学位	本科
122	小学教育专业 2016 级本科 04 班	201611140403	徐宁	教育学学士学位	本科
123	小学教育专业 2016 级本科 04 班	201611140405	徐世民	教育学学士学位	本科
124	小学教育专业 2016 级本科 04 班	201611140406	宋懿文	教育学学士学位	本科
125	小学教育专业 2016 级本科 04 班	201611140408	袁玉帆	教育学学士学位	本科
126	小学教育专业 2016 级本科 04 班	201611140409	赵雅雯	教育学学士学位	本科
127	小学教育专业 2016 级本科 04 班	201611140411	徐晨阳	教育学学士学位	本科

(续表)

序号	班级	学号	姓名	学位	层次
128	小学教育专业2016级本科04班	201611140412	李俏俏	教育学学士学位	本科
129	小学教育专业2016级本科04班	201611140413	苏文杰	教育学学士学位	本科
130	小学教育专业2016级本科04班	201611140414	马金辉	教育学学士学位	本科
131	小学教育专业2016级本科04班	201611140415	杨丽伟	教育学学士学位	本科
132	小学教育专业2016级本科04班	201611140416	房萧萧	教育学学士学位	本科
133	小学教育专业2016级本科04班	201611140417	张羽	教育学学士学位	本科
134	小学教育专业2016级本科04班	201611140418	于飞	教育学学士学位	本科
135	小学教育专业2016级本科04班	201611140419	吕国梁	教育学学士学位	本科
136	小学教育专业2016级本科04班	201611140420	马东慧	教育学学士学位	本科
137	小学教育专业2016级本科04班	201611140421	管焓璐	教育学学士学位	本科
138	小学教育专业2016级本科04班	201611140422	丛川翔	教育学学士学位	本科
139	小学教育专业2016级本科04班	201611140423	赵兴呈	教育学学士学位	本科
140	小学教育专业2016级本科04班	201611140424	林甜甜	教育学学士学位	本科
141	小学教育专业2016级本科04班	201611140425	马金桂	教育学学士学位	本科
142	小学教育专业2016级本科04班	201611140426	张祝耀	教育学学士学位	本科
143	小学教育专业2016级本科04班	201611140427	田童	教育学学士学位	本科
144	小学教育专业2016级本科04班	201611140428	郭田	教育学学士学位	本科
145	小学教育专业2016级本科04班	201611140429	于紫奕	教育学学士学位	本科
146	小学教育专业2016级本科04班	201611140430	方娜	教育学学士学位	本科
147	小学教育专业2016级本科04班	201611140431	韩志宝	教育学学士学位	本科
148	小学教育专业2016级本科04班	201611140432	李习习	教育学学士学位	本科
149	小学教育专业2016级本科04班	201611140433	娄晓晴	教育学学士学位	本科
150	小学教育专业2016级本科05班	201611140501	周秀娟	教育学学士学位	本科
151	小学教育专业2016级本科05班	201611140502	赵继敬	教育学学士学位	本科
152	小学教育专业2016级本科05班	201611140503	丁晓	教育学学士学位	本科
153	小学教育专业2016级本科05班	201611140504	姜昆昆	教育学学士学位	本科
154	小学教育专业2016级本科05班	201611140505	文明珠	教育学学士学位	本科
155	小学教育专业2016级本科05班	201611140506	隋煜潇	教育学学士学位	本科
156	小学教育专业2016级本科05班	201611140507	秦昌娟	教育学学士学位	本科
157	小学教育专业2016级本科05班	201611140508	沈萍萍	教育学学士学位	本科
158	小学教育专业2016级本科05班	201611140509	陈淑敏	教育学学士学位	本科
159	小学教育专业2016级本科05班	201611140510	张春玲	教育学学士学位	本科

(续表)

序号	班级	学号	姓名	学位	层次
160	小学教育专业 2016 级本科 05 班	201611140511	郑贵文	教育学学士学位	本科
161	小学教育专业 2016 级本科 05 班	201611140512	朱玮	教育学学士学位	本科
162	小学教育专业 2016 级本科 05 班	201611140513	杨玲	教育学学士学位	本科
163	小学教育专业 2016 级本科 05 班	201611140514	李文林	教育学学士学位	本科
164	小学教育专业 2016 级本科 05 班	201611140515	张祯婧	教育学学士学位	本科
165	小学教育专业 2016 级本科 05 班	201611140516	王利敏	教育学学士学位	本科
166	小学教育专业 2016 级本科 05 班	201611140517	黄春婵	教育学学士学位	本科
167	小学教育专业 2016 级本科 05 班	201611140518	裴成林	教育学学士学位	本科
168	小学教育专业 2016 级本科 05 班	201611140519	王海亮	教育学学士学位	本科
169	小学教育专业 2016 级本科 05 班	201611140520	刘鉴	教育学学士学位	本科
170	小学教育专业 2016 级本科 05 班	201611140521	刘佳璐	教育学学士学位	本科
171	小学教育专业 2016 级本科 05 班	201611140522	马晓云	教育学学士学位	本科
172	小学教育专业 2016 级本科 05 班	201611140523	冯小洁	教育学学士学位	本科
173	小学教育专业 2016 级本科 05 班	201611140524	梁好	教育学学士学位	本科
174	小学教育专业 2016 级本科 05 班	201611140525	王启涛	教育学学士学位	本科
175	小学教育专业 2016 级本科 05 班	201611140526	王媛媛	教育学学士学位	本科
176	小学教育专业 2016 级本科 05 班	201611140527	王雪雪	教育学学士学位	本科
177	小学教育专业 2016 级本科 05 班	201611140528	王琳	教育学学士学位	本科
178	小学教育专业 2016 级本科 05 班	201611140529	刘海霞	教育学学士学位	本科
179	小学教育专业 2016 级本科 05 班	201611140530	李璐	教育学学士学位	本科
180	小学教育专业 2016 级本科 05 班	201611140531	辛暖	教育学学士学位	本科
181	小学教育专业 2016 级本科 05 班	201611140532	梁恒硕	教育学学士学位	本科
182	小学教育专业 2016 级本科 05 班	201611140533	胡宵瑜	教育学学士学位	本科
183	小学教育专业 2016 级本科 06 班	201611140601	李莹莹	教育学学士学位	本科
184	小学教育专业 2016 级本科 06 班	201611140602	王维芝	教育学学士学位	本科
185	小学教育专业 2016 级本科 06 班	201611140603	薛佳	教育学学士学位	本科
186	小学教育专业 2016 级本科 06 班	201611140604	马文瑶	教育学学士学位	本科
187	小学教育专业 2016 级本科 06 班	201611140605	蔺全成	教育学学士学位	本科
188	小学教育专业 2016 级本科 06 班	201611140606	王宏艺	教育学学士学位	本科
189	小学教育专业 2016 级本科 06 班	201611140608	张中阳	教育学学士学位	本科
190	小学教育专业 2016 级本科 06 班	201611140609	黄增红	教育学学士学位	本科
191	小学教育专业 2016 级本科 06 班	201611140610	韩晓芳	教育学学士学位	本科

(续表)

序号	班级	学号	姓名	学位	层次
192	小学教育专业 2016 级本科 06 班	201611140611	潘欣	教育学学士学位	本科
193	小学教育专业 2016 级本科 06 班	201611140612	牟丽婷	教育学学士学位	本科
194	小学教育专业 2016 级本科 06 班	201611140613	宁召慧	教育学学士学位	本科
195	小学教育专业 2016 级本科 06 班	201611140614	王蒙思	教育学学士学位	本科
196	小学教育专业 2016 级本科 06 班	201611140615	孙晓娇	教育学学士学位	本科
197	小学教育专业 2016 级本科 06 班	201611140616	周长威	教育学学士学位	本科
198	小学教育专业 2016 级本科 06 班	201611140617	孔新宇	教育学学士学位	本科
199	小学教育专业 2016 级本科 06 班	201611140618	龙晓倩	教育学学士学位	本科
200	小学教育专业 2016 级本科 06 班	201611140619	马书琴	教育学学士学位	本科
201	小学教育专业 2016 级本科 06 班	201611140620	王灿	教育学学士学位	本科
202	小学教育专业 2016 级本科 06 班	201611140621	刘悦	教育学学士学位	本科
203	小学教育专业 2016 级本科 06 班	201611140622	张荣	教育学学士学位	本科
204	小学教育专业 2016 级本科 06 班	201611140623	张英才	教育学学士学位	本科
205	小学教育专业 2016 级本科 06 班	201611140624	李继艳	教育学学士学位	本科
206	小学教育专业 2016 级本科 06 班	201611140625	边昱颖	教育学学士学位	本科
207	小学教育专业 2016 级本科 06 班	201611140626	孙琳	教育学学士学位	本科
208	小学教育专业 2016 级本科 06 班	201611140627	于琳函	教育学学士学位	本科
209	小学教育专业 2016 级本科 06 班	201611140628	兰会	教育学学士学位	本科
210	小学教育专业 2016 级本科 06 班	201611140629	孙宽永	教育学学士学位	本科
211	小学教育专业 2016 级本科 06 班	201611140630	田赢	教育学学士学位	本科
212	小学教育专业 2016 级本科 06 班	201611140631	刘志强	教育学学士学位	本科
213	小学教育专业 2016 级本科 06 班	201611140632	刘慧	教育学学士学位	本科
214	小学教育专业 2016 级本科 06 班	201611140633	白茹月	教育学学士学位	本科
215	应用心理学专业 2016 级本科 01 班	201611120101	吴美洁	教育学学士学位	本科
216	应用心理学专业 2016 级本科 01 班	201611120102	陈欣滢	教育学学士学位	本科
217	应用心理学专业 2016 级本科 01 班	201611120103	刘贺冉	教育学学士学位	本科
218	应用心理学专业 2016 级本科 01 班	201611120104	邹美翠	教育学学士学位	本科
219	应用心理学专业 2016 级本科 01 班	201611120105	孙茜茹	教育学学士学位	本科
220	应用心理学专业 2016 级本科 01 班	201611120107	王丹阳	教育学学士学位	本科
221	应用心理学专业 2016 级本科 01 班	201611120108	戚安朔		本科
222	应用心理学专业 2016 级本科 01 班	201611120109	郑艺	教育学学士学位	本科
223	应用心理学专业 2016 级本科 01 班	201611120110	王薇	教育学学士学位	本科

(续表)

序号	班级	学号	姓名	学位	层次
224	应用心理学专业 2016 级本科 01 班	201611120111	刘颖	教育学学士学位	本科
225	应用心理学专业 2016 级本科 01 班	201611120112	谢经攀	教育学学士学位	本科
226	应用心理学专业 2016 级本科 01 班	201611120113	王俭荣	教育学学士学位	本科
227	应用心理学专业 2016 级本科 01 班	201611120114	苗新煜	教育学学士学位	本科
228	应用心理学专业 2016 级本科 01 班	201611120115	柳倩	教育学学士学位	本科
229	应用心理学专业 2016 级本科 01 班	201611120116	逄子玮	教育学学士学位	本科
230	应用心理学专业 2016 级本科 01 班	201611120118	陈恒超	教育学学士学位	本科
231	应用心理学专业 2016 级本科 01 班	201611120119	刘鹏	教育学学士学位	本科
232	应用心理学专业 2016 级本科 01 班	201611120120	陈蕊	教育学学士学位	本科
233	小学教育专业 2018 级本科 08 班	201811060801	曹现榆	教育学学士学位	专升本
234	小学教育专业 2018 级本科 08 班	201811060802	晁新月	教育学学士学位	专升本
235	小学教育专业 2018 级本科 08 班	201811060803	陈云慧	教育学学士学位	专升本
236	小学教育专业 2018 级本科 08 班	201811060804	董建爽	教育学学士学位	专升本
237	小学教育专业 2018 级本科 08 班	201811060805	高泽慧	教育学学士学位	专升本
238	小学教育专业 2018 级本科 08 班	201811060806	郝俊雪	教育学学士学位	专升本
239	小学教育专业 2018 级本科 08 班	201811060807	胡学敏	教育学学士学位	专升本
240	小学教育专业 2018 级本科 08 班	201811060808	纪光迎	教育学学士学位	专升本
241	小学教育专业 2018 级本科 08 班	201811060809	姜珂珺	教育学学士学位	专升本
242	小学教育专业 2018 级本科 08 班	201811060810	金子湘	教育学学士学位	专升本
243	小学教育专业 2018 级本科 08 班	201811060811	李文秀	教育学学士学位	专升本
244	小学教育专业 2018 级本科 08 班	201811060812	罗怡	教育学学士学位	专升本
245	小学教育专业 2018 级本科 08 班	201811060813	孟思琪	教育学学士学位	专升本
246	小学教育专业 2018 级本科 08 班	201811060814	苗清蕾	教育学学士学位	专升本
247	小学教育专业 2018 级本科 08 班	201811060815	任家宜	教育学学士学位	专升本
248	小学教育专业 2018 级本科 08 班	201811060816	隋浩卿	教育学学士学位	专升本
249	小学教育专业 2018 级本科 08 班	201811060817	孙梦月	教育学学士学位	专升本
250	小学教育专业 2018 级本科 08 班	201811060818	孙子云	教育学学士学位	专升本
251	小学教育专业 2018 级本科 08 班	201811060819	王昂	教育学学士学位	专升本
252	小学教育专业 2018 级本科 08 班	201811060820	王丽真	教育学学士学位	专升本
253	小学教育专业 2018 级本科 08 班	201811060821	王利华	教育学学士学位	专升本
254	小学教育专业 2018 级本科 08 班	201811060822	王帅	教育学学士学位	专升本
255	小学教育专业 2018 级本科 08 班	201811060823	王斯文	教育学学士学位	专升本

(续表)

序号	班级	学号	姓名	学位	层次
256	小学教育专业 2018 级本科 08 班	201811060824	王婷婷	教育学学士学位	专升本
257	小学教育专业 2018 级本科 08 班	201811060825	王雯	教育学学士学位	专升本
258	小学教育专业 2018 级本科 08 班	201811060826	王喆	教育学学士学位	专升本
259	小学教育专业 2018 级本科 08 班	201811060827	王志秀	教育学学士学位	专升本
260	小学教育专业 2018 级本科 08 班	201811060828	魏勇	教育学学士学位	专升本
261	小学教育专业 2018 级本科 08 班	201811060829	郗长慧	教育学学士学位	专升本
262	小学教育专业 2018 级本科 08 班	201811060830	徐晴	教育学学士学位	专升本
263	小学教育专业 2018 级本科 08 班	201811060831	杨海娟	教育学学士学位	专升本
264	小学教育专业 2018 级本科 08 班	201811060832	杨莹	教育学学士学位	专升本
265	小学教育专业 2018 级本科 08 班	201811060833	姚梦珏	教育学学士学位	专升本
266	小学教育专业 2018 级本科 08 班	201811060834	尹凤霞	教育学学士学位	专升本
267	小学教育专业 2018 级本科 08 班	201811060835	尹鑫	教育学学士学位	专升本
268	小学教育专业 2018 级本科 08 班	201811060836	于瑛洁	教育学学士学位	专升本
269	小学教育专业 2018 级本科 08 班	201811060837	余文静	教育学学士学位	专升本
270	小学教育专业 2018 级本科 08 班	201811060838	张文	教育学学士学位	专升本
271	小学教育专业 2018 级本科 08 班	201811060839	张文倩	教育学学士学位	专升本
272	小学教育专业 2018 级本科 08 班	201811060840	周皓滢	教育学学士学位	专升本
273	学前教育专业 2016 级本科 01 班	201611070101	史凯月	教育学学士学位	高职本科
274	学前教育专业 2016 级本科 01 班	201611070102	刘梦宁	教育学学士学位	高职本科
275	学前教育专业 2016 级本科 01 班	201611070103	刘慧敏	教育学学士学位	高职本科
276	学前教育专业 2016 级本科 01 班	201611070104	王娜娜	教育学学士学位	高职本科
277	学前教育专业 2016 级本科 01 班	201611070105	于永翠	教育学学士学位	高职本科
278	学前教育专业 2016 级本科 01 班	201611070106	李麦双	教育学学士学位	高职本科
279	学前教育专业 2016 级本科 01 班	201611070107	张慧如	教育学学士学位	高职本科
280	学前教育专业 2016 级本科 01 班	201611070108	吕奕霏	教育学学士学位	高职本科
281	学前教育专业 2016 级本科 01 班	201611070109	朱晓	教育学学士学位	高职本科
282	学前教育专业 2016 级本科 01 班	201611070110	宋欣	教育学学士学位	高职本科
283	学前教育专业 2016 级本科 01 班	201611070111	门书韵	教育学学士学位	高职本科
284	学前教育专业 2016 级本科 01 班	201611070112	于潇飞	教育学学士学位	高职本科
285	学前教育专业 2016 级本科 01 班	201611070113	江雪	教育学学士学位	高职本科

(续表)

序号	班级	学号	姓名	学位	层次
286	学前教育专业 2016 级本科 01 班	201611070114	宁佳慧	教育学学士学位	高职本科
287	学前教育专业 2016 级本科 01 班	201611070115	崔心悦	教育学学士学位	高职本科
288	学前教育专业 2016 级本科 01 班	201611070116	王孟洋	教育学学士学位	高职本科
289	学前教育专业 2016 级本科 01 班	201611070117	王红	教育学学士学位	高职本科
290	学前教育专业 2016 级本科 01 班	201611070118	张君	教育学学士学位	高职本科
291	学前教育专业 2016 级本科 01 班	201611070119	刘心月	教育学学士学位	高职本科
292	学前教育专业 2016 级本科 01 班	201611070120	曹颖	教育学学士学位	高职本科
293	学前教育专业 2016 级本科 01 班	201611070121	王晓	教育学学士学位	高职本科
294	学前教育专业 2016 级本科 01 班	201611070122	赵凯敏	教育学学士学位	高职本科
295	学前教育专业 2016 级本科 01 班	201611070123	孙玲	教育学学士学位	高职本科
296	学前教育专业 2016 级本科 01 班	201611070124	李美佳	教育学学士学位	高职本科
297	学前教育专业 2016 级本科 01 班	201611070125	杨群	教育学学士学位	高职本科
298	学前教育专业 2016 级本科 01 班	201611070126	王杰	教育学学士学位	高职本科
299	学前教育专业 2016 级本科 01 班	201611070127	郭停停	教育学学士学位	高职本科
300	学前教育专业 2016 级本科 01 班	201611070128	张金铭	教育学学士学位	高职本科
301	学前教育专业 2016 级本科 01 班	201611070129	宋宾	教育学学士学位	高职本科
302	学前教育专业 2016 级本科 01 班	201611070130	唐梦岩	教育学学士学位	高职本科
303	学前教育专业 2016 级本科 01 班	201611070131	王文霄	教育学学士学位	高职本科
304	学前教育专业 2016 级本科 01 班	201611070132	阴文杰	教育学学士学位	高职本科
305	学前教育专业 2016 级本科 02 班	201611070201	徐慧田	教育学学士学位	高职本科
306	学前教育专业 2016 级本科 02 班	201611070202	陈明宇	教育学学士学位	高职本科
307	学前教育专业 2016 级本科 02 班	201611070203	李佳臻	教育学学士学位	高职本科
308	学前教育专业 2016 级本科 02 班	201611070204	韩钶鑫	教育学学士学位	高职本科
309	学前教育专业 2016 级本科 02 班	201611070205	杨玉杰	教育学学士学位	高职本科
310	学前教育专业 2016 级本科 02 班	201611070206	王雨	教育学学士学位	高职本科
311	学前教育专业 2016 级本科 02 班	201611070207	赵洪梅	教育学学士学位	高职本科
312	学前教育专业 2016 级本科 02 班	201611070208	姚罂杰	教育学学士学位	高职本科
313	学前教育专业 2016 级本科 02 班	201611070209	韩明慧	教育学学士学位	高职本科

(续表)

序号	班级	学号	姓名	学位	层次
314	学前教育专业 2016 级本科 02 班	201611070210	尹硕	教育学学士学位	高职本科
315	学前教育专业 2016 级本科 02 班	201611070211	高云霞	教育学学士学位	高职本科
316	学前教育专业 2016 级本科 02 班	201611070212	杨立芳	教育学学士学位	高职本科
317	学前教育专业 2016 级本科 02 班	201611070213	王瑞琪	教育学学士学位	高职本科
318	学前教育专业 2016 级本科 02 班	201611070214	董业静	教育学学士学位	高职本科
319	学前教育专业 2016 级本科 02 班	201611070215	付欣然	教育学学士学位	高职本科
320	学前教育专业 2016 级本科 02 班	201611070216	周悦	教育学学士学位	高职本科
321	学前教育专业 2016 级本科 02 班	201611070217	郭晓佳	教育学学士学位	高职本科
322	学前教育专业 2016 级本科 02 班	201611070219	王佳慧	教育学学士学位	高职本科
323	学前教育专业 2016 级本科 02 班	201611070220	刘方正	教育学学士学位	高职本科
324	学前教育专业 2016 级本科 02 班	201611070221	张凯月	教育学学士学位	高职本科
325	学前教育专业 2016 级本科 02 班	201611070222	董丛	教育学学士学位	高职本科
326	学前教育专业 2016 级本科 02 班	201611070223	刘士琳	教育学学士学位	高职本科
327	学前教育专业 2016 级本科 02 班	201611070224	陈天琦	教育学学士学位	高职本科
328	学前教育专业 2016 级本科 02 班	201611070225	张晓涵	教育学学士学位	高职本科
329	学前教育专业 2016 级本科 02 班	201611070226	于常云	教育学学士学位	高职本科
330	学前教育专业 2016 级本科 02 班	201611070227	仇晨阳	教育学学士学位	高职本科
331	学前教育专业 2016 级本科 02 班	201611070228	刘莹	教育学学士学位	高职本科
332	学前教育专业 2016 级本科 02 班	201611070229	鲍丰婷	教育学学士学位	高职本科
333	学前教育专业 2016 级本科 02 班	201611070230	窦坦硕	教育学学士学位	高职本科
334	学前教育专业 2016 级本科 02 班	201611070231	于淑洁	教育学学士学位	高职本科
335	学前教育专业 2016 级本科 02 班	201611070232	刘雪情	教育学学士学位	高职本科
336	学前教育专业 2016 级本科 03 班	201611070301	门姝含	教育学学士学位	高职本科
337	学前教育专业 2016 级本科 03 班	201611070302	王晓璠	教育学学士学位	高职本科
338	学前教育专业 2016 级本科 03 班	201611070303	刘蔚波	教育学学士学位	高职本科
339	学前教育专业 2016 级本科 03 班	201611070304	王浩兰	教育学学士学位	高职本科
340	学前教育专业 2016 级本科 03 班	201611070305	刘丽娟	教育学学士学位	高职本科
341	学前教育专业 2016 级本科 03 班	201611070306	马雅馨	教育学学士学位	高职本科

(续表)

序号	班级	学号	姓名	学位	层次
342	学前教育专业 2016 级本科 03 班	201611070307	王子涵	教育学学士学位	高职本科
343	学前教育专业 2016 级本科 03 班	201611070308	张静	教育学学士学位	高职本科
344	学前教育专业 2016 级本科 03 班	201611070309	刘慧慧	教育学学士学位	高职本科
345	学前教育专业 2016 级本科 03 班	201611070310	李萍	教育学学士学位	高职本科
346	学前教育专业 2016 级本科 03 班	201611070311	孙梦娜	教育学学士学位	高职本科
347	学前教育专业 2016 级本科 03 班	201611070312	陈文	教育学学士学位	高职本科
348	学前教育专业 2016 级本科 03 班	201611070313	郭瑾	教育学学士学位	高职本科
349	学前教育专业 2016 级本科 03 班	201611070314	马宁	教育学学士学位	高职本科
350	学前教育专业 2016 级本科 03 班	201611070315	田静雯	教育学学士学位	高职本科
351	学前教育专业 2016 级本科 03 班	201611070316	郭永乐	教育学学士学位	高职本科
352	学前教育专业 2016 级本科 03 班	201611070317	苏红羽	教育学学士学位	高职本科
353	学前教育专业 2016 级本科 03 班	201611070318	杨琪	教育学学士学位	高职本科
354	学前教育专业 2016 级本科 03 班	201611070319	来格格	教育学学士学位	高职本科
355	学前教育专业 2016 级本科 03 班	201611070320	薛惠文	教育学学士学位	高职本科
356	学前教育专业 2016 级本科 03 班	201611070321	张文静	教育学学士学位	高职本科
357	学前教育专业 2016 级本科 03 班	201611070322	闫明媚	教育学学士学位	高职本科
358	学前教育专业 2016 级本科 03 班	201611070323	王爽	教育学学士学位	高职本科
359	学前教育专业 2016 级本科 03 班	201611070324	孙润雯	教育学学士学位	高职本科
360	学前教育专业 2016 级本科 03 班	201611070325	杜秋琳	教育学学士学位	高职本科
361	学前教育专业 2016 级本科 03 班	201611070326	杜杨杨	教育学学士学位	高职本科
362	学前教育专业 2016 级本科 03 班	201611070327	徐振羽	教育学学士学位	高职本科
363	学前教育专业 2016 级本科 03 班	201611070328	甄红莲	教育学学士学位	高职本科
364	学前教育专业 2016 级本科 03 班	201611070329	刘成珍	教育学学士学位	高职本科
365	学前教育专业 2016 级本科 03 班	201611070330	毕琳	教育学学士学位	高职本科
366	学前教育专业 2016 级本科 03 班	201611070331	段红燕	教育学学士学位	高职本科

体育与健康学院

序号	班级	学号	姓名	学位	层次
1	社会体育指导与管理专业 2016 级本科 01 班	201414210113	孟浩	教育学学士学位	本科
2	社会体育指导与管理专业 2016 级本科 01 班	201614030101	孙印伟	教育学学士学位	本科
3	社会体育指导与管理专业 2016 级本科 01 班	201614030102	杨坤	教育学学士学位	本科
4	社会体育指导与管理专业 2016 级本科 01 班	201614030103	张严	教育学学士学位	本科
5	社会体育指导与管理专业 2016 级本科 01 班	201614030104	朱林	教育学学士学位	本科
6	社会体育指导与管理专业 2016 级本科 01 班	201614030105	桑培燕	教育学学士学位	本科
7	社会体育指导与管理专业 2016 级本科 01 班	201614030106	杭政		本科
8	社会体育指导与管理专业 2016 级本科 01 班	201614030107	李楠楠	教育学学士学位	本科
9	社会体育指导与管理专业 2016 级本科 01 班	201614030108	赵允铭	教育学学士学位	本科
10	社会体育指导与管理专业 2016 级本科 01 班	201614030109	庄绪文	教育学学士学位	本科
11	社会体育指导与管理专业 2016 级本科 01 班	201614030110	徐庆鹏	教育学学士学位	本科
12	社会体育指导与管理专业 2016 级本科 01 班	201614030111	王超	教育学学士学位	本科
13	社会体育指导与管理专业 2016 级本科 01 班	201614030112	陆岩	教育学学士学位	本科
14	社会体育指导与管理专业 2016 级本科 01 班	201614030113	孙齐岭	教育学学士学位	本科
15	社会体育指导与管理专业 2016 级本科 01 班	201614030114	蓝孝斌	教育学学士学位	本科
16	社会体育指导与管理专业 2016 级本科 01 班	201614030115	董明洋	教育学学士学位	本科
17	社会体育指导与管理专业 2016 级本科 01 班	201614030116	杨克震	教育学学士学位	本科
18	社会体育指导与管理专业 2016 级本科 01 班	201614030117	张凤振	教育学学士学位	本科
19	社会体育指导与管理专业 2016 级本科 01 班	201614030118	侯纪虎	教育学学士学位	本科
20	社会体育指导与管理专业 2016 级本科 01 班	201614030119	高凯	教育学学士学位	本科
21	社会体育指导与管理专业 2016 级本科 01 班	201614030120	张广伟		本科
22	社会体育指导与管理专业 2016 级本科 01 班	201614030121	任婷婷	教育学学士学位	本科
23	社会体育指导与管理专业 2016 级本科 01 班	201614030122	仇国帅	教育学学士学位	本科
24	社会体育指导与管理专业 2016 级本科 01 班	201614030123	梅明瑞	教育学学士学位	本科
25	社会体育指导与管理专业 2016 级本科 01 班	201614030124	朱鑫	教育学学士学位	本科
26	社会体育指导与管理专业 2016 级本科 01 班	201614030125	姚永霞	教育学学士学位	本科
27	社会体育指导与管理专业 2016 级本科 01 班	201614030126	李龙	教育学学士学位	本科
28	社会体育指导与管理专业 2016 级本科 01 班	201614030127	常郝攀	教育学学士学位	本科
29	社会体育指导与管理专业 2016 级本科 01 班	201614030128	高全德	教育学学士学位	本科
30	社会体育指导与管理专业 2016 级本科 01 班	201614030129	屠雯雯	教育学学士学位	本科
31	社会体育指导与管理专业 2016 级本科 01 班	201614030130	朱明月	教育学学士学位	本科

(续表)

序号	班级	学号	姓名	学位	层次
32	社会体育指导与管理专业2016级本科01班	201614030131	白奎栋	教育学学士学位	本科
33	社会体育指导与管理专业2016级本科01班	201614030132	霍硕硕	教育学学士学位	本科
34	社会体育指导与管理专业2016级本科01班	201614030133	薛树杰	教育学学士学位	本科
35	社会体育指导与管理专业2016级本科01班	201614030134	郭兴玉	教育学学士学位	本科
36	社会体育指导与管理专业2016级本科01班	201614030135	陈军	教育学学士学位	本科
37	社会体育指导与管理专业2016级本科01班	201614030136	郑宁宁	教育学学士学位	本科
38	社会体育指导与管理专业2016级本科01班	201614030137	石秋雨	教育学学士学位	本科
39	社会体育指导与管理专业2016级本科01班	201614030138	邵康	教育学学士学位	本科
40	社会体育指导与管理专业2016级本科01班	201614030139	黄远	教育学学士学位	本科
41	社会体育指导与管理专业2016级本科01班	201614030140	李海风	教育学学士学位	本科
42	社会体育指导与管理专业2016级本科02班	201614030201	张云利	教育学学士学位	本科
43	社会体育指导与管理专业2016级本科02班	201614030202	张颜飞	教育学学士学位	本科
44	社会体育指导与管理专业2016级本科02班	201614030203	贾元旭	教育学学士学位	本科
45	社会体育指导与管理专业2016级本科02班	201614030204	云程	教育学学士学位	本科
46	社会体育指导与管理专业2016级本科02班	201614030205	齐德玉	教育学学士学位	本科
47	社会体育指导与管理专业2016级本科02班	201614030206	郝建辉	教育学学士学位	本科
48	社会体育指导与管理专业2016级本科02班	201614030207	臧锟杰	教育学学士学位	本科
49	社会体育指导与管理专业2016级本科02班	201614030208	焦秋发	教育学学士学位	本科
50	社会体育指导与管理专业2016级本科02班	201614030209	孙瑞刚	教育学学士学位	本科
51	社会体育指导与管理专业2016级本科02班	201614030210	徐泽喆	教育学学士学位	本科
52	社会体育指导与管理专业2016级本科02班	201614030211	徐振宇	教育学学士学位	本科
53	社会体育指导与管理专业2016级本科02班	201614030212	蒋兰新	教育学学士学位	本科
54	社会体育指导与管理专业2016级本科02班	201614030213	郑永梅	教育学学士学位	本科
55	社会体育指导与管理专业2016级本科02班	201614030214	金梦	教育学学士学位	本科
56	社会体育指导与管理专业2016级本科02班	201614030215	李冉冉	教育学学士学位	本科
57	社会体育指导与管理专业2016级本科02班	201614030216	李中原	教育学学士学位	本科
58	社会体育指导与管理专业2016级本科02班	201614030217	李诡	教育学学士学位	本科
59	社会体育指导与管理专业2016级本科02班	201614030218	赵应晨	教育学学士学位	本科
60	社会体育指导与管理专业2016级本科02班	201614030219	颜浩勇	教育学学士学位	本科
61	社会体育指导与管理专业2016级本科02班	201614030220	贾成龙	教育学学士学位	本科
62	社会体育指导与管理专业2016级本科02班	201614030221	常祖龙	教育学学士学位	本科
63	社会体育指导与管理专业2016级本科02班	201614030222	刘梦倩	教育学学士学位	本科

(续表)

序号	班级	学号	姓名	学位	层次
64	社会体育指导与管理专业2016级本科02班	201614030223	王金迪	教育学学士学位	本科
65	社会体育指导与管理专业2016级本科02班	201614030224	段现宝		本科
66	社会体育指导与管理专业2016级本科02班	201614030225	华魁	教育学学士学位	本科
67	社会体育指导与管理专业2016级本科02班	201614030226	刘晨	教育学学士学位	本科
68	社会体育指导与管理专业2016级本科02班	201614030227	黄珊	教育学学士学位	本科
69	社会体育指导与管理专业2016级本科02班	201614030228	刘珂嘉	教育学学士学位	本科
70	社会体育指导与管理专业2016级本科02班	201614030229	吴彩鹏	教育学学士学位	本科
71	社会体育指导与管理专业2016级本科02班	201614030230	黄云雷	教育学学士学位	本科
72	社会体育指导与管理专业2016级本科02班	201614030231	辛宇	教育学学士学位	本科
73	社会体育指导与管理专业2016级本科02班	201614030232	王国庆	教育学学士学位	本科
74	社会体育指导与管理专业2016级本科02班	201614030233	何兵	教育学学士学位	本科
75	社会体育指导与管理专业2016级本科02班	201614030234	周桐	教育学学士学位	本科
76	社会体育指导与管理专业2016级本科02班	201614030235	王浩	教育学学士学位	本科
77	社会体育指导与管理专业2016级本科02班	201614030236	邵明辉	教育学学士学位	本科
78	社会体育指导与管理专业2016级本科02班	201614030237	冷明焱	教育学学士学位	本科
79	社会体育指导与管理专业2016级本科02班	201614030238	于文鹏	教育学学士学位	本科
80	社会体育指导与管理专业2016级本科02班	201614030239	赵毅	教育学学士学位	本科
81	社会体育指导与管理专业2016级本科02班	201614030240	赵群	教育学学士学位	本科
82	社会体育指导与管理专业2016级本科03班	201414210220	陈铭浩	教育学学士学位	本科
83	社会体育指导与管理专业2016级本科03班	201614050301	高一迈	教育学学士学位	本科
84	社会体育指导与管理专业2016级本科03班	201614050302	李于荥	教育学学士学位	本科
85	社会体育指导与管理专业2016级本科03班	201614050303	梁赛男	教育学学士学位	本科
86	社会体育指导与管理专业2016级本科03班	201614050305	樊亦章	教育学学士学位	本科
87	社会体育指导与管理专业2016级本科03班	201614050307	邢凯淇	教育学学士学位	本科
88	社会体育指导与管理专业2016级本科03班	201614050308	王丽源	教育学学士学位	本科
89	社会体育指导与管理专业2016级本科03班	201614050310	苏紫微	教育学学士学位	本科
90	社会体育指导与管理专业2016级本科03班	201614050312	陈阳	教育学学士学位	本科
91	社会体育指导与管理专业2016级本科03班	201614050313	李娜盈	教育学学士学位	本科
92	社会体育指导与管理专业2016级本科03班	201614050314	邹春阳	教育学学士学位	本科
93	社会体育指导与管理专业2016级本科03班	201614050315	赵增光	教育学学士学位	本科
94	社会体育指导与管理专业2016级本科03班	201614050316	薛凯杰	教育学学士学位	本科
95	社会体育指导与管理专业2016级本科03班	201614050317	侍海燕	教育学学士学位	本科

(续表)

序号	班级	学号	姓名	学位	层次
96	社会体育指导与管理专业2016级本科03班	201614050318	姜梅	教育学学士学位	本科
97	社会体育指导与管理专业2016级本科03班	201614050319	范雨晨	教育学学士学位	本科
98	社会体育指导与管理专业2016级本科03班	201614050320	陈曦	教育学学士学位	本科
99	社会体育指导与管理专业2016级本科03班	201614050321	臧洁	教育学学士学位	本科
100	社会体育指导与管理专业2016级本科03班	201614050322	纪喆	教育学学士学位	本科
101	社会体育指导与管理专业2016级本科03班	201614050325	贺洪滨	教育学学士学位	本科
102	社会体育指导与管理专业2016级本科03班	201614050326	韩霖	教育学学士学位	本科
103	社会体育指导与管理专业2016级本科03班	201614050329	李正	教育学学士学位	本科
104	社会体育指导与管理专业2016级本科03班	201614050330	宋宝杰	教育学学士学位	本科
105	体育教育专业2016级本科01班	201414010121	王杰伦	教育学学士学位	本科
106	体育教育专业2016级本科01班	201414010305	张惠杰	教育学学士学位	本科
107	体育教育专业2016级本科01班	201614060101	付全志	教育学学士学位	本科
108	体育教育专业2016级本科01班	201614060102	邢本智	教育学学士学位	本科
109	体育教育专业2016级本科01班	201614060103	马安欣	教育学学士学位	本科
110	体育教育专业2016级本科01班	201614060104	郭乐	教育学学士学位	本科
111	体育教育专业2016级本科01班	201614060105	付竹	教育学学士学位	本科
112	体育教育专业2016级本科01班	201614060106	肖新涛	教育学学士学位	本科
113	体育教育专业2016级本科01班	201614060107	阚仲亮	教育学学士学位	本科
114	体育教育专业2016级本科01班	201614060108	刘琮祥	教育学学士学位	本科
115	体育教育专业2016级本科01班	201614060109	魏志鑫	教育学学士学位	本科
116	体育教育专业2016级本科01班	201614060110	纪翔	教育学学士学位	本科
117	体育教育专业2016级本科01班	201614060111	刘友威	教育学学士学位	本科
118	体育教育专业2016级本科01班	201614060112	吴琼	教育学学士学位	本科
119	体育教育专业2016级本科01班	201614060113	蔡翠珍	教育学学士学位	本科
120	体育教育专业2016级本科01班	201614060114	刘召杰	教育学学士学位	本科
121	体育教育专业2016级本科01班	201614060115	田玉方	教育学学士学位	本科
122	体育教育专业2016级本科01班	201614060116	马春磊	教育学学士学位	本科
123	体育教育专业2016级本科01班	201614060117	杨爽爽	教育学学士学位	本科
124	体育教育专业2016级本科01班	201614060118	杜珂	教育学学士学位	本科
125	体育教育专业2016级本科01班	201614060119	陈思伟	教育学学士学位	本科
126	体育教育专业2016级本科01班	201614060120	姜博	教育学学士学位	本科
127	体育教育专业2016级本科01班	201614060121	王晨	教育学学士学位	本科

(续表)

序号	班级	学号	姓名	学位	层次
128	体育教育专业 2016 级本科 01 班	201614060122	褚明慧	教育学学士学位	本科
129	体育教育专业 2016 级本科 01 班	201614060123	朱晓阳	教育学学士学位	本科
130	体育教育专业 2016 级本科 01 班	201614060124	李春清	教育学学士学位	本科
131	体育教育专业 2016 级本科 01 班	201614060125	孙明岩	教育学学士学位	本科
132	体育教育专业 2016 级本科 01 班	201614060126	李浩	教育学学士学位	本科
133	体育教育专业 2016 级本科 01 班	201614060127	蔡相乐	教育学学士学位	本科
134	体育教育专业 2016 级本科 01 班	201614060128	辛金海	教育学学士学位	本科
135	体育教育专业 2016 级本科 01 班	201614060129	王立帅	教育学学士学位	本科
136	体育教育专业 2016 级本科 01 班	201614060130	张凡港	教育学学士学位	本科
137	体育教育专业 2016 级本科 01 班	201614060131	尹进宝	教育学学士学位	本科
138	体育教育专业 2016 级本科 01 班	201614060132	张辉	教育学学士学位	本科
139	体育教育专业 2016 级本科 01 班	201614060133	杨峻	教育学学士学位	本科
140	体育教育专业 2016 级本科 01 班	201614060134	齐观亚	教育学学士学位	本科
141	体育教育专业 2016 级本科 01 班	201614060135	王琪	教育学学士学位	本科
142	体育教育专业 2016 级本科 01 班	201614060136	赵蕾	教育学学士学位	本科
143	体育教育专业 2016 级本科 01 班	201614060137	赵富刚	教育学学士学位	本科
144	体育教育专业 2016 级本科 01 班	201614060138	张帅	教育学学士学位	本科
145	体育教育专业 2016 级本科 01 班	201614060139	匡鹏翔	教育学学士学位	本科
146	体育教育专业 2016 级本科 01 班	201614060140	梁遵宝	教育学学士学位	本科
147	体育教育专业 2016 级本科 01 班	201614060141	王超	教育学学士学位	本科
148	体育教育专业 2016 级本科 01 班	201614060142	焦士响	教育学学士学位	本科
149	体育教育专业 2016 级本科 01 班	201614060143	王艺辰	教育学学士学位	本科
150	体育教育专业 2016 级本科 01 班	201614060144	刘壮	教育学学士学位	本科
151	体育教育专业 2016 级本科 01 班	201614060145	孙乃杰	教育学学士学位	本科
152	体育教育专业 2016 级本科 01 班	201614060146	许魁超	教育学学士学位	本科
153	体育教育专业 2016 级本科 01 班	201614060147	吕康	教育学学士学位	本科
154	体育教育专业 2016 级本科 01 班	201614060148	孙萌	教育学学士学位	本科
155	体育教育专业 2016 级本科 01 班	201614060149	刘舵	教育学学士学位	本科
156	体育教育专业 2016 级本科 02 班	201614060201	谷文壮	教育学学士学位	本科
157	体育教育专业 2016 级本科 02 班	201614060202	马海超	教育学学士学位	本科
158	体育教育专业 2016 级本科 02 班	201614060203	张国栋	教育学学士学位	本科
159	体育教育专业 2016 级本科 02 班	201614060204	盛号号	教育学学士学位	本科

(续表)

序号	班级	学号	姓名	学位	层次
160	体育教育专业 2016 级本科 02 班	201614060205	晋战	教育学学士学位	本科
161	体育教育专业 2016 级本科 02 班	201614060206	张淑霞	教育学学士学位	本科
162	体育教育专业 2016 级本科 02 班	201614060207	张功勋	教育学学士学位	本科
163	体育教育专业 2016 级本科 02 班	201614060208	于金程	教育学学士学位	本科
164	体育教育专业 2016 级本科 02 班	201614060209	党清凯	教育学学士学位	本科
165	体育教育专业 2016 级本科 02 班	201614060210	马明阳	教育学学士学位	本科
166	体育教育专业 2016 级本科 02 班	201614060211	刘东		本科
167	体育教育专业 2016 级本科 02 班	201614060212	张泽帅	教育学学士学位	本科
168	体育教育专业 2016 级本科 02 班	201614060213	齐鲁峰	教育学学士学位	本科
169	体育教育专业 2016 级本科 02 班	201614060214	刘海	教育学学士学位	本科
170	体育教育专业 2016 级本科 02 班	201614060215	陈巍	教育学学士学位	本科
171	体育教育专业 2016 级本科 02 班	201614060216	刘利娟	教育学学士学位	本科
172	体育教育专业 2016 级本科 02 班	201614060217	王报荣	教育学学士学位	本科
173	体育教育专业 2016 级本科 02 班	201614060218	王晓静	教育学学士学位	本科
174	体育教育专业 2016 级本科 02 班	201614060219	李浩	教育学学士学位	本科
175	体育教育专业 2016 级本科 02 班	201614060220	许振鹏	教育学学士学位	本科
176	体育教育专业 2016 级本科 02 班	201614060221	苏克健	教育学学士学位	本科
177	体育教育专业 2016 级本科 02 班	201614060222	田凯文	教育学学士学位	本科
178	体育教育专业 2016 级本科 02 班	201614060223	苗崇峻	教育学学士学位	本科
179	体育教育专业 2016 级本科 02 班	201614060225	赵星	教育学学士学位	本科
180	体育教育专业 2016 级本科 02 班	201614060226	孙光通	教育学学士学位	本科
181	体育教育专业 2016 级本科 02 班	201614060227	张晓鹏	教育学学士学位	本科
182	体育教育专业 2016 级本科 02 班	201614060228	刘丹阳	教育学学士学位	本科
183	体育教育专业 2016 级本科 02 班	201614060229	邢铭成	教育学学士学位	本科
184	体育教育专业 2016 级本科 02 班	201614060230	贺可梅	教育学学士学位	本科
185	体育教育专业 2016 级本科 02 班	201614060231	徐以朋	教育学学士学位	本科
186	体育教育专业 2016 级本科 02 班	201614060232	公健骅	教育学学士学位	本科
187	体育教育专业 2016 级本科 02 班	201614060233	赵德杰	教育学学士学位	本科
188	体育教育专业 2016 级本科 02 班	201614060234	杨佳法	教育学学士学位	本科
189	体育教育专业 2016 级本科 02 班	201614060235	王吉钰	教育学学士学位	本科
190	体育教育专业 2016 级本科 02 班	201614060236	王岩	教育学学士学位	本科
191	体育教育专业 2016 级本科 02 班	201614060237	宋广琪	教育学学士学位	本科

(续表)

序号	班级	学号	姓名	学位	层次
192	体育教育专业2016级本科02班	201614060238	李志伟	教育学学士学位	本科
193	体育教育专业2016级本科02班	201614060239	贾春光	教育学学士学位	本科
194	体育教育专业2016级本科02班	201614060240	张文	教育学学士学位	本科
195	体育教育专业2016级本科02班	201614060241	赵迎冬	教育学学士学位	本科
196	体育教育专业2016级本科02班	201614060242	李培宁	教育学学士学位	本科
197	体育教育专业2016级本科02班	201614060243	杨春财	教育学学士学位	本科
198	体育教育专业2016级本科02班	201614060244	刘顺	教育学学士学位	本科
199	体育教育专业2016级本科02班	201614060245	李绍飞	教育学学士学位	本科
200	体育教育专业2016级本科02班	201614060246	徐明辉	教育学学士学位	本科
201	体育教育专业2016级本科02班	201614060247	刘凯琦	教育学学士学位	本科
202	体育教育专业2016级本科02班	201614060248	张晋豪	教育学学士学位	本科
203	体育教育专业2016级本科02班	201614060249	黄泽祥	教育学学士学位	本科
204	体育教育专业2016级本科02班	201614060250	张和振	教育学学士学位	本科
205	舞蹈表演专业2016级本科01班	201414270229	孟岩	艺术学学士学位	本科
206	舞蹈表演专业2016级本科01班	201614120101	高福阳	艺术学学士学位	本科
207	舞蹈表演专业2016级本科01班	201614120102	薛秋林	艺术学学士学位	本科
208	舞蹈表演专业2016级本科01班	201614120103	李先岗	艺术学学士学位	本科
209	舞蹈表演专业2016级本科01班	201614120104	陈浩	艺术学学士学位	本科
210	舞蹈表演专业2016级本科01班	201614120105	李敏	艺术学学士学位	本科
211	舞蹈表演专业2016级本科01班	201614120106	商先凯	艺术学学士学位	本科
212	舞蹈表演专业2016级本科01班	201614120107	胡原野	艺术学学士学位	本科
213	舞蹈表演专业2016级本科01班	201614120108	田紫萍	艺术学学士学位	本科
214	舞蹈表演专业2016级本科01班	201614120109	刘宁	艺术学学士学位	本科
215	舞蹈表演专业2016级本科01班	201614120110	邢天姿	艺术学学士学位	本科
216	舞蹈表演专业2016级本科01班	201614120111	宁凯	艺术学学士学位	本科
217	舞蹈表演专业2016级本科01班	201614120112	徐静雯	艺术学学士学位	本科
218	舞蹈表演专业2016级本科01班	201614120114	丁保增	艺术学学士学位	本科
219	舞蹈表演专业2016级本科01班	201614120115	周琦善	艺术学学士学位	本科
220	舞蹈表演专业2016级本科01班	201614120116	李茂	艺术学学士学位	本科
221	舞蹈表演专业2016级本科01班	201614120117	尹雨婷	艺术学学士学位	本科
222	舞蹈表演专业2016级本科01班	201614120118	阮士宝	艺术学学士学位	本科
223	舞蹈表演专业2016级本科01班	201614120119	张潇丹	艺术学学士学位	本科

(续表)

序号	班级	学号	姓名	学位	层次
224	舞蹈表演专业 2016 级本科 01 班	201614120120	张洪敏	艺术学学士学位	本科
225	舞蹈表演专业 2016 级本科 01 班	201614120121	李源		本科
226	舞蹈表演专业 2016 级本科 01 班	201614120123	王瑞	艺术学学士学位	本科
227	舞蹈表演专业 2016 级本科 01 班	201614120124	左文超	艺术学学士学位	本科
228	舞蹈表演专业 2016 级本科 01 班	201614120125	宋东爽	艺术学学士学位	本科
229	舞蹈表演专业 2016 级本科 01 班	201614120126	战俊宏	艺术学学士学位	本科
230	舞蹈表演专业 2016 级本科 01 班	201614120127	高荣宝	艺术学学士学位	本科
231	舞蹈表演专业 2016 级本科 01 班	201614120128	张怀宾	艺术学学士学位	本科
232	舞蹈表演专业 2016 级本科 01 班	201614120129	代胜童	艺术学学士学位	本科
233	舞蹈表演专业 2016 级本科 01 班	201614120130	王凯	艺术学学士学位	本科
234	舞蹈表演专业 2016 级本科 01 班	201614120131	孔凡斌	艺术学学士学位	本科
235	舞蹈表演专业 2016 级本科 01 班	201614120132	郭道一		本科
236	舞蹈表演专业 2016 级本科 01 班	201614120133	孙士轩	艺术学学士学位	本科
237	舞蹈表演专业 2016 级本科 01 班	201614120134	肖迎新	艺术学学士学位	本科
238	舞蹈表演专业 2016 级本科 01 班	201614120135	高腾	艺术学学士学位	本科
239	舞蹈表演专业 2016 级本科 01 班	201614120136	董宏伟	艺术学学士学位	本科
240	舞蹈表演专业 2016 级本科 01 班	201614120137	韩孝中		本科
241	舞蹈表演专业 2016 级本科 01 班	201614120138	孙禹	艺术学学士学位	本科
242	舞蹈表演专业 2016 级本科 01 班	201614120139	李希成	艺术学学士学位	本科
243	舞蹈表演专业 2016 级本科 01 班	201614120140	张璐	艺术学学士学位	本科
244	舞蹈表演专业 2016 级本科 01 班	201614120141	宁雪莹	艺术学学士学位	本科
245	舞蹈表演专业 2016 级本科 02 班	201414270327	陈晓雪	艺术学学士学位	本科
246	舞蹈表演专业 2016 级本科 02 班	201614130201	李牧遥	艺术学学士学位	本科
247	舞蹈表演专业 2016 级本科 02 班	201614130202	李硕	艺术学学士学位	本科
248	舞蹈表演专业 2016 级本科 02 班	201614130203	王鹏丞	艺术学学士学位	本科
249	舞蹈表演专业 2016 级本科 02 班	201614130204	王亚琼	艺术学学士学位	本科
250	舞蹈表演专业 2016 级本科 02 班	201614130205	张丽倩	艺术学学士学位	本科
251	舞蹈表演专业 2016 级本科 02 班	201614130206	刘冠华	艺术学学士学位	本科
252	舞蹈表演专业 2016 级本科 02 班	201614130207	仲春	艺术学学士学位	本科
253	舞蹈表演专业 2016 级本科 02 班	201614130208	申亚宁	艺术学学士学位	本科
254	舞蹈表演专业 2016 级本科 02 班	201614130209	马永聪	艺术学学士学位	本科
255	舞蹈表演专业 2016 级本科 02 班	201614130210	徐建坤		本科

(续表)

序号	班级	学号	姓名	学位	层次
256	舞蹈表演专业2016级本科02班	201614130211	孙成丞	艺术学学士学位	本科
257	舞蹈表演专业2016级本科02班	201614130212	齐季	艺术学学士学位	本科
258	舞蹈表演专业2016级本科02班	201614130213	贺永钦	艺术学学士学位	本科
259	舞蹈表演专业2016级本科02班	201614130214	李琨	艺术学学士学位	本科
260	舞蹈表演专业2016级本科02班	201614130215	赵静	艺术学学士学位	本科
261	舞蹈表演专业2016级本科02班	201614130216	孟长城	艺术学学士学位	本科
262	舞蹈表演专业2016级本科02班	201614130217	苏嘉楠	艺术学学士学位	本科
263	舞蹈表演专业2016级本科02班	201614130218	张爱龙	艺术学学士学位	本科
264	舞蹈表演专业2016级本科02班	201614130219	孙国翔		本科
265	舞蹈表演专业2016级本科02班	201614130220	卜银雪	艺术学学士学位	本科
266	舞蹈表演专业2016级本科02班	201614130221	王泽龙	艺术学学士学位	本科
267	舞蹈表演专业2016级本科02班	201614130222	王丽媛	艺术学学士学位	本科
268	舞蹈表演专业2016级本科02班	201614130223	薛佳璐	艺术学学士学位	本科
269	舞蹈表演专业2016级本科02班	201614130225	王晨旭	艺术学学士学位	本科
270	舞蹈表演专业2016级本科02班	201614130226	魏修宸	艺术学学士学位	本科
271	舞蹈表演专业2016级本科02班	201614130227	韩明珠	艺术学学士学位	本科
272	舞蹈表演专业2016级本科02班	201614130228	李青辰	艺术学学士学位	本科
273	舞蹈表演专业2016级本科02班	201614130229	江振伟	艺术学学士学位	本科
274	舞蹈表演专业2016级本科02班	201614130230	李龙昌	艺术学学士学位	本科
275	舞蹈表演专业2016级本科02班	201614130231	任倩	艺术学学士学位	本科
276	舞蹈表演专业2016级本科02班	201614130232	张雨	艺术学学士学位	本科
277	舞蹈表演专业2016级本科02班	201614130233	王姿颖	艺术学学士学位	本科
278	舞蹈表演专业2016级本科02班	201614130234	孙新圆	艺术学学士学位	本科
279	舞蹈表演专业2016级本科02班	201614130235	王殿杰	艺术学学士学位	本科
280	舞蹈表演专业2016级本科02班	201614130236	李阳	艺术学学士学位	本科
281	舞蹈表演专业2016级本科02班	201614130237	李思林	艺术学学士学位	本科
282	舞蹈表演专业2016级本科02班	201614130238	潘琳	艺术学学士学位	本科
283	舞蹈表演专业2016级本科02班	201614130239	刘金枝	艺术学学士学位	本科
284	舞蹈表演专业2016级本科02班	201614130240	常亚鑫	艺术学学士学位	本科
285	舞蹈表演专业2016级本科02班	201614130241	路萍萍	艺术学学士学位	本科
286	舞蹈表演专业2016级本科02班	201614130242	沈婷月	艺术学学士学位	本科
287	舞蹈表演专业2016级本科02班	201614130243	窦晓宇	艺术学学士学位	本科

(续表)

序号	班级	学号	姓名	学位	层次
288	舞蹈表演专业 2016 级本科 02 班	201614130244	吴光起	艺术学学士学位	本科
289	舞蹈表演专业 2016 级本科 03 班	201119840413	刘欢	艺术学学士学位	本科
290	舞蹈表演专业 2016 级本科 03 班	201119840429	郭慧	艺术学学士学位	本科
291	舞蹈表演专业 2016 级本科 03 班	201414270522	刘恒	艺术学学士学位	本科
292	舞蹈表演专业 2016 级本科 03 班	201614150301	张现梅	艺术学学士学位	本科
293	舞蹈表演专业 2016 级本科 03 班	201614150302	刘国晶	艺术学学士学位	本科
294	舞蹈表演专业 2016 级本科 03 班	201614150303	皮美琪	艺术学学士学位	本科
295	舞蹈表演专业 2016 级本科 03 班	201614150304	于菲	艺术学学士学位	本科
296	舞蹈表演专业 2016 级本科 03 班	201614150305	李耀辉	艺术学学士学位	本科
297	舞蹈表演专业 2016 级本科 03 班	201614150306	刘启凡	艺术学学士学位	本科
298	舞蹈表演专业 2016 级本科 03 班	201614150307	鲁巾源	艺术学学士学位	本科
299	舞蹈表演专业 2016 级本科 03 班	201614150308	申明颖	艺术学学士学位	本科
300	舞蹈表演专业 2016 级本科 03 班	201614150309	伦晓倩	艺术学学士学位	本科
301	舞蹈表演专业 2016 级本科 03 班	201614150310	赵金金	艺术学学士学位	本科
302	舞蹈表演专业 2016 级本科 03 班	201614150311	窦有悦	艺术学学士学位	本科
303	舞蹈表演专业 2016 级本科 03 班	201614150312	随涛	艺术学学士学位	本科
304	舞蹈表演专业 2016 级本科 03 班	201614150313	董梦迪	艺术学学士学位	本科
305	舞蹈表演专业 2016 级本科 03 班	201614150314	仇晓晨	艺术学学士学位	本科
306	舞蹈表演专业 2016 级本科 03 班	201614150315	司汶鑫	艺术学学士学位	本科
307	舞蹈表演专业 2016 级本科 03 班	201614150316	汪圣龙	艺术学学士学位	本科
308	舞蹈表演专业 2016 级本科 03 班	201614150317	杨明龙	艺术学学士学位	本科
309	舞蹈表演专业 2016 级本科 03 班	201614150318	刘猛	艺术学学士学位	本科
310	体育教育专业 2017 级专科 01 班	201614540104	张瀚辰		专科
311	体育教育专业 2017 级专科 01 班	201714540103	陈志昊		专科
312	体育教育专业 2017 级专科 01 班	201714540104	樊祥可		专科
313	体育教育专业 2017 级专科 01 班	201714540105	房重阳		专科
314	体育教育专业 2017 级专科 01 班	201714540106	封忠岳		专科
315	体育教育专业 2017 级专科 01 班	201714540107	冯文强		专科
316	体育教育专业 2017 级专科 01 班	201714540108	甘旭		专科
317	体育教育专业 2017 级专科 01 班	201714540109	高中兴		专科
318	体育教育专业 2017 级专科 01 班	201714540110	苟尧奇		专科
319	体育教育专业 2017 级专科 01 班	201714540111	郭明鑫		专科

(续表)

序号	班级	学号	姓名	学位	层次
320	体育教育专业 2017 级专科 01 班	201714540112	国鹏		专科
321	体育教育专业 2017 级专科 01 班	201714540113	韩文轲		专科
322	体育教育专业 2017 级专科 01 班	201714540114	韩翔宇		专科
323	体育教育专业 2017 级专科 01 班	201714540115	贾林		专科
324	体育教育专业 2017 级专科 01 班	201714540116	李超越		专科
325	体育教育专业 2017 级专科 01 班	201714540118	李瑞		专科
326	体育教育专业 2017 级专科 01 班	201714540119	李树达		专科
327	体育教育专业 2017 级专科 01 班	201714540120	李晓彤		专科
328	体育教育专业 2017 级专科 01 班	201714540121	刘厚治		专科
329	体育教育专业 2017 级专科 01 班	201714540122	刘新宇		专科
330	体育教育专业 2017 级专科 01 班	201714540124	卢道明		专科
331	体育教育专业 2017 级专科 01 班	201714540127	马莹		专科
332	体育教育专业 2017 级专科 01 班	201714540129	孟令伟		专科
333	体育教育专业 2017 级专科 01 班	201714540130	施光辉		专科
334	体育教育专业 2017 级专科 01 班	201714540132	孙庆宵		专科
335	体育教育专业 2017 级专科 01 班	201714540133	王鼎凯		专科
336	体育教育专业 2017 级专科 01 班	201714540136	王进		专科
337	体育教育专业 2017 级专科 01 班	201714540137	王经达		专科
338	体育教育专业 2017 级专科 01 班	201714540138	王开锋		专科
339	体育教育专业 2017 级专科 01 班	201714540139	王雪		专科
340	体育教育专业 2017 级专科 01 班	201714540140	王雪超		专科
341	体育教育专业 2017 级专科 01 班	201714540146	臧凯林		专科
342	体育教育专业 2017 级专科 01 班	201714540147	张磊		专科
343	体育教育专业 2017 级专科 01 班	201714540148	张龙		专科
344	体育教育专业 2017 级专科 01 班	201714540149	郑国强		专科
345	体育教育专业 2017 级专科 01 班	201714540150	郑秀哲		专科
346	体育教育专业 2017 级专科 01 班	201714540151	赵金明		专科
347	体育教育专业 2017 级专科 01 班	201714540152	于方成		专科

	音乐学院				
序号	班级	学号	姓名	学位	层次
1	舞蹈学专业 2016 级本科 01 班	201513110102	朱家宁	艺术学学士学位	本科
2	舞蹈学专业 2016 级本科 01 班	201513110103	张晓萱	艺术学学士学位	本科
3	舞蹈学专业 2016 级本科 01 班	201513110117	田佳慧	艺术学学士学位	本科
4	舞蹈学专业 2016 级本科 01 班	201613010101	马宁	艺术学学士学位	本科
5	舞蹈学专业 2016 级本科 01 班	201613010102	陈蓉	艺术学学士学位	本科
6	舞蹈学专业 2016 级本科 01 班	201613010103	张科	艺术学学士学位	本科
7	舞蹈学专业 2016 级本科 01 班	201613010104	张威伟	艺术学学士学位	本科
8	舞蹈学专业 2016 级本科 01 班	201613010105	梁琪琪	艺术学学士学位	本科
9	舞蹈学专业 2016 级本科 01 班	201613010106	宣青苗	艺术学学士学位	本科
10	舞蹈学专业 2016 级本科 01 班	201613010107	张灵莉	艺术学学士学位	本科
11	舞蹈学专业 2016 级本科 01 班	201613010108	李晓芬	艺术学学士学位	本科
12	舞蹈学专业 2016 级本科 01 班	201613010109	郭瑶瑶	艺术学学士学位	本科
13	舞蹈学专业 2016 级本科 01 班	201613010110	刘亚婷	艺术学学士学位	本科
14	舞蹈学专业 2016 级本科 01 班	201613010111	彭芃	艺术学学士学位	本科
15	舞蹈学专业 2016 级本科 01 班	201613010113	郭瑞	艺术学学士学位	本科
16	舞蹈学专业 2016 级本科 01 班	201613010114	李萌萌	艺术学学士学位	本科
17	舞蹈学专业 2016 级本科 01 班	201613010115	丁子钧	艺术学学士学位	本科
18	舞蹈学专业 2016 级本科 01 班	201613010116	白清萍	艺术学学士学位	本科
19	舞蹈学专业 2016 级本科 01 班	201613010117	王淑征	艺术学学士学位	本科
20	舞蹈学专业 2016 级本科 01 班	201613010118	刘凯	艺术学学士学位	本科
21	舞蹈学专业 2016 级本科 01 班	201613010119	赵威	艺术学学士学位	本科
22	舞蹈学专业 2016 级本科 01 班	201613010120	段棋耀	艺术学学士学位	本科
23	舞蹈学专业 2016 级本科 01 班	201613010121	张茜	艺术学学士学位	本科
24	舞蹈学专业 2016 级本科 01 班	201613010122	徐亚文	艺术学学士学位	本科
25	舞蹈学专业 2016 级本科 01 班	201613010123	张姿怡	艺术学学士学位	本科
26	舞蹈学专业 2016 级本科 01 班	201613010124	王永珂	艺术学学士学位	本科
27	音乐学专业 2016 级本科 01 班	201513010142	杨焕宁	艺术学学士学位	本科
28	音乐学专业 2016 级本科 01 班	201613050101	崔紫洋	艺术学学士学位	本科
29	音乐学专业 2016 级本科 01 班	201613050102	徐丽丽	艺术学学士学位	本科
30	音乐学专业 2016 级本科 01 班	201613050103	王诗爽	艺术学学士学位	本科
31	音乐学专业 2016 级本科 01 班	201613050104	郑嘉豪	艺术学学士学位	本科

(续表)

序号	班级	学号	姓名	学位	层次
32	音乐学专业2016级本科01班	201613050105	李桐粒	艺术学学士学位	本科
33	音乐学专业2016级本科01班	201613050106	张琪	艺术学学士学位	本科
34	音乐学专业2016级本科01班	201613050107	李超	艺术学学士学位	本科
35	音乐学专业2016级本科01班	201613050109	李晶	艺术学学士学位	本科
36	音乐学专业2016级本科01班	201613050110	赵莹莹	艺术学学士学位	本科
37	音乐学专业2016级本科01班	201613050111	江文涵	艺术学学士学位	本科
38	音乐学专业2016级本科01班	201613050112	卢晓煜	艺术学学士学位	本科
39	音乐学专业2016级本科01班	201613050113	孙浩	艺术学学士学位	本科
40	音乐学专业2016级本科01班	201613050114	赵智成	艺术学学士学位	本科
41	音乐学专业2016级本科01班	201613050115	陈思羽	艺术学学士学位	本科
42	音乐学专业2016级本科01班	201613050116	王少龙	艺术学学士学位	本科
43	音乐学专业2016级本科01班	201613050117	李明鑫	艺术学学士学位	本科
44	音乐学专业2016级本科01班	201613050118	曹柠琳	艺术学学士学位	本科
45	音乐学专业2016级本科01班	201613050119	范玥含	艺术学学士学位	本科
46	音乐学专业2016级本科01班	201613050120	翟朝晖	艺术学学士学位	本科
47	音乐学专业2016级本科01班	201613050121	王妍	艺术学学士学位	本科
48	音乐学专业2016级本科01班	201613050122	王育锋	艺术学学士学位	本科
49	音乐学专业2016级本科01班	201613050123	王卓	艺术学学士学位	本科
50	音乐学专业2016级本科01班	201613050124	赵杨	艺术学学士学位	本科
51	音乐学专业2016级本科01班	201613050125	王爱敏	艺术学学士学位	本科
52	音乐学专业2016级本科01班	201613050126	丁禄原		本科
53	音乐学专业2016级本科01班	201613050127	姚承志	艺术学学士学位	本科
54	音乐学专业2016级本科01班	201613050128	孙萌	艺术学学士学位	本科
55	音乐学专业2016级本科01班	201613050129	颜廷帅	艺术学学士学位	本科
56	音乐学专业2016级本科01班	201613050130	孙凯龙	艺术学学士学位	本科
57	音乐学专业2016级本科01班	201613050131	张鹏飞	艺术学学士学位	本科
58	音乐学专业2016级本科01班	201613050132	郝新雨		本科
59	音乐学专业2016级本科01班	201613050133	许寅震	艺术学学士学位	本科
60	音乐学专业2016级本科01班	201613050134	徐璇	艺术学学士学位	本科
61	音乐学专业2016级本科01班	201613050135	刘艺潼	艺术学学士学位	本科

(续表)

序号	班级	学号	姓名	学位	层次
62	音乐学专业 2016 级本科 02 班	201513010125	赵静如	艺术学学士学位	本科
63	音乐学专业 2016 级本科 02 班	201613050201	张嫄赟	艺术学学士学位	本科
64	音乐学专业 2016 级本科 02 班	201613050202	潘左萍	艺术学学士学位	本科
65	音乐学专业 2016 级本科 02 班	201613050203	毛杰	艺术学学士学位	本科
66	音乐学专业 2016 级本科 02 班	201613050204	李浩	艺术学学士学位	本科
67	音乐学专业 2016 级本科 02 班	201613050205	王少静	艺术学学士学位	本科
68	音乐学专业 2016 级本科 02 班	201613050206	曹进	艺术学学士学位	本科
69	音乐学专业 2016 级本科 02 班	201613050207	郭松昊	艺术学学士学位	本科
70	音乐学专业 2016 级本科 02 班	201613050208	张雨冉	艺术学学士学位	本科
71	音乐学专业 2016 级本科 02 班	201613050210	王仁洁	艺术学学士学位	本科
72	音乐学专业 2016 级本科 02 班	201613050211	明凤娇	艺术学学士学位	本科
73	音乐学专业 2016 级本科 02 班	201613050212	王俊友	艺术学学士学位	本科
74	音乐学专业 2016 级本科 02 班	201613050213	赵春晓	艺术学学士学位	本科
75	音乐学专业 2016 级本科 02 班	201613050214	刘静文	艺术学学士学位	本科
76	音乐学专业 2016 级本科 02 班	201613050215	刘翔宇	艺术学学士学位	本科
77	音乐学专业 2016 级本科 02 班	201613050216	杨楠	艺术学学士学位	本科
78	音乐学专业 2016 级本科 02 班	201613050217	尚翠萍	艺术学学士学位	本科
79	音乐学专业 2016 级本科 02 班	201613050218	赵津辉	艺术学学士学位	本科
80	音乐学专业 2016 级本科 02 班	201613050219	丁婉婉	艺术学学士学位	本科
81	音乐学专业 2016 级本科 02 班	201613050220	于小飞	艺术学学士学位	本科
82	音乐学专业 2016 级本科 02 班	201613050221	亓雪蕾	艺术学学士学位	本科
83	音乐学专业 2016 级本科 02 班	201613050222	厉晓梦	艺术学学士学位	本科
84	音乐学专业 2016 级本科 02 班	201613050223	潘永超	艺术学学士学位	本科
85	音乐学专业 2016 级本科 02 班	201613050224	王笑雨	艺术学学士学位	本科
86	音乐学专业 2016 级本科 02 班	201613050225	胡逸璇	艺术学学士学位	本科
87	音乐学专业 2016 级本科 02 班	201613050226	陈家成	艺术学学士学位	本科
88	音乐学专业 2016 级本科 02 班	201613050227	王莹莹	艺术学学士学位	本科
89	音乐学专业 2016 级本科 02 班	201613050228	滕浩宇	艺术学学士学位	本科
90	音乐学专业 2016 级本科 02 班	201613050229	何英杰	艺术学学士学位	本科
91	音乐学专业 2016 级本科 02 班	201613050230	侯艳驰	艺术学学士学位	本科

(续表)

序号	班级	学号	姓名	学位	层次
92	音乐学专业 2016 级本科 02 班	201613050231	禚越	艺术学学士学位	本科
93	音乐学专业 2016 级本科 02 班	201613050232	孙开放	艺术学学士学位	本科
94	音乐学专业 2016 级本科 02 班	201613050233	封还雅	艺术学学士学位	本科
95	音乐学专业 2016 级本科 02 班	201613050234	孙梦遥	艺术学学士学位	本科
96	音乐学专业 2016 级本科 02 班	201613050235	尹鹤霏	艺术学学士学位	本科
97	音乐学专业 2016 级本科 03 班	201613070301	张桉康	艺术学学士学位	本科
98	音乐学专业 2016 级本科 03 班	201613070302	刘亚南		本科
99	音乐学专业 2016 级本科 03 班	201613070303	黄翰升	艺术学学士学位	本科
100	音乐学专业 2016 级本科 03 班	201613070304	王敏芬	艺术学学士学位	本科
101	音乐学专业 2016 级本科 03 班	201613070305	李妍君	艺术学学士学位	本科
102	音乐学专业 2016 级本科 03 班	201613070306	张香林	艺术学学士学位	本科
103	音乐学专业 2016 级本科 03 班	201613070307	宋富	艺术学学士学位	本科
104	音乐学专业 2016 级本科 03 班	201613070308	张登杰	艺术学学士学位	本科
105	音乐学专业 2016 级本科 03 班	201613070309	闻芳洁	艺术学学士学位	本科
106	音乐学专业 2016 级本科 03 班	201613070310	杨迪雅	艺术学学士学位	本科
107	音乐学专业 2016 级本科 03 班	201613070311	杨雪丽	艺术学学士学位	本科
108	音乐学专业 2016 级本科 03 班	201613070312	乔舜禹	艺术学学士学位	本科
109	音乐学专业 2016 级本科 03 班	201613070313	戴士庆	艺术学学士学位	本科
110	音乐学专业 2016 级本科 03 班	201613070314	郇瑞	艺术学学士学位	本科
111	音乐学专业 2016 级本科 03 班	201613070315	徐瑞	艺术学学士学位	本科
112	音乐学专业 2016 级本科 03 班	201613070316	薛晓同	艺术学学士学位	本科
113	音乐学专业 2016 级本科 03 班	201613070317	张群	艺术学学士学位	本科
114	音乐学专业 2016 级本科 03 班	201613070318	刘振科	艺术学学士学位	本科
115	音乐学专业 2016 级本科 03 班	201613070319	韩兆晨	艺术学学士学位	本科
116	音乐学专业 2016 级本科 03 班	201613070320	张家毓	艺术学学士学位	本科
117	音乐学专业 2016 级本科 03 班	201613070321	王蕾	艺术学学士学位	本科
118	音乐学专业 2016 级本科 03 班	201613070322	孙喜妹	艺术学学士学位	本科
119	音乐学专业 2016 级本科 03 班	201613070323	李玉光	艺术学学士学位	本科
120	音乐学专业 2016 级本科 03 班	201613070324	张孟瑶	艺术学学士学位	本科
121	音乐学专业 2016 级本科 03 班	201613070325	唐梦珠	艺术学学士学位	本科

(续表)

序号	班级	学号	姓名	学位	层次
122	音乐学专业 2016 级本科 03 班	201613070326	张烁	艺术学学士学位	本科
123	音乐学专业 2016 级本科 03 班	201613070327	宋文政	艺术学学士学位	本科
124	音乐学专业 2016 级本科 03 班	201613070328	翟明月	艺术学学士学位	本科
125	音乐学专业 2016 级本科 03 班	201613070329	闫鑫	艺术学学士学位	本科
126	音乐学专业 2016 级本科 03 班	201613070330	张俊杰	艺术学学士学位	本科
127	音乐学专业 2016 级本科 03 班	201613070331	尹凡	艺术学学士学位	本科
128	音乐学专业 2016 级本科 03 班	201613070332	吴佳盈	艺术学学士学位	本科
129	音乐学专业 2016 级本科 03 班	201613070333	周慧敏	艺术学学士学位	本科
130	音乐学专业 2016 级本科 03 班	201613070334	安佳佳	艺术学学士学位	本科
131	音乐学专业 2016 级本科 04 班	201613040401	刘笑含	艺术学学士学位	本科
132	音乐学专业 2016 级本科 04 班	201613040402	刘璐	艺术学学士学位	本科
133	音乐学专业 2016 级本科 04 班	201613040403	赵东才	艺术学学士学位	本科
134	音乐学专业 2016 级本科 04 班	201613040404	时国静	艺术学学士学位	本科
135	音乐学专业 2016 级本科 04 班	201613040405	姜骁桐	艺术学学士学位	本科
136	音乐学专业 2016 级本科 04 班	201613040406	梁潇	艺术学学士学位	本科
137	音乐学专业 2016 级本科 04 班	201613040407	李添甜	艺术学学士学位	本科
138	音乐学专业 2016 级本科 04 班	201613040408	封亚明	艺术学学士学位	本科
139	音乐学专业 2016 级本科 04 班	201613040409	张玉岷	艺术学学士学位	本科
140	音乐学专业 2016 级本科 04 班	201613040410	高配羽	艺术学学士学位	本科
141	音乐学专业 2016 级本科 04 班	201613040411	贾乐乐	艺术学学士学位	本科
142	音乐学专业 2016 级本科 04 班	201613040412	鲍连春	艺术学学士学位	本科
143	音乐学专业 2016 级本科 04 班	201613040413	甘永举	艺术学学士学位	本科
144	音乐学专业 2016 级本科 04 班	201613040414	张茗荃	艺术学学士学位	本科
145	音乐学专业 2016 级本科 04 班	201613040415	赵敏	艺术学学士学位	本科
146	音乐学专业 2016 级本科 04 班	201613040416	朱凌云	艺术学学士学位	本科
147	音乐学专业 2016 级本科 04 班	201613040417	宋令婕	艺术学学士学位	本科
148	音乐学专业 2016 级本科 04 班	201613040418	杨伟悦	艺术学学士学位	本科
149	音乐学专业 2016 级本科 04 班	201613040419	景志荣	艺术学学士学位	本科
150	音乐学专业 2016 级本科 04 班	201613040420	王璐媛	艺术学学士学位	本科
151	音乐学专业 2016 级本科 04 班	201613040422	李云笑	艺术学学士学位	本科

(续表)

序号	班级	学号	姓名	学位	层次
152	音乐学专业 2016 级本科 04 班	201613040423	孔令虎	艺术学学士学位	本科
153	音乐学专业 2016 级本科 04 班	201613040424	徐钰洁		本科
154	音乐学专业 2016 级本科 04 班	201613040425	李文君	艺术学学士学位	本科
155	音乐学专业 2016 级本科 04 班	201613040426	张羽飞		本科
156	音乐学专业 2016 级本科 04 班	201613040427	陈丽	艺术学学士学位	本科
157	音乐学专业 2016 级本科 04 班	201613040429	王玉萍		本科
158	音乐学专业 2016 级本科 04 班	201613040430	孟子健		本科
159	音乐学专业 2016 级本科 04 班	201613040431	刘子耕	艺术学学士学位	本科
160	音乐学专业 2016 级本科 04 班	201613040432	董燕华	艺术学学士学位	本科
161	音乐学专业 2016 级本科 04 班	201613040433	张译允	艺术学学士学位	本科
162	舞蹈表演专业 2017 级专科 01 班	201713500102	丁启旭		专科
163	舞蹈表演专业 2017 级专科 01 班	201713500103	杜明洋		专科
164	舞蹈表演专业 2017 级专科 01 班	201713500104	樊雨佳		专科
165	舞蹈表演专业 2017 级专科 01 班	201713500105	付陆		专科
166	舞蹈表演专业 2017 级专科 01 班	201713500106	付宇		专科
167	舞蹈表演专业 2017 级专科 01 班	201713500107	姬玉		专科
168	舞蹈表演专业 2017 级专科 01 班	201713500108	贾雨函		专科
169	舞蹈表演专业 2017 级专科 01 班	201713500109	李奥洋		专科
170	舞蹈表演专业 2017 级专科 01 班	201713500110	李欣颖		专科
171	舞蹈表演专业 2017 级专科 01 班	201713500111	刘金滢		专科
172	舞蹈表演专业 2017 级专科 01 班	201713500112	刘璐		专科
173	舞蹈表演专业 2017 级专科 01 班	201713500113	刘彤		专科
174	舞蹈表演专业 2017 级专科 01 班	201713500115	马欣		专科
175	舞蹈表演专业 2017 级专科 01 班	201713500116	聂菲		专科
176	舞蹈表演专业 2017 级专科 01 班	201713500117	秦诗语		专科
177	舞蹈表演专业 2017 级专科 01 班	201713500118	瞿素锦		专科
178	舞蹈表演专业 2017 级专科 01 班	201713500119	沙颖超		专科
179	舞蹈表演专业 2017 级专科 01 班	201713500120	邵建强		专科
180	舞蹈表演专业 2017 级专科 01 班	201713500121	宋彩凤		专科
181	舞蹈表演专业 2017 级专科 01 班	201713500122	孙雁旗		专科

(续表)

序号	班级	学号	姓名	学位	层次
182	舞蹈表演专业 2017 级专科 01 班	201713500123	王倩		专科
183	舞蹈表演专业 2017 级专科 01 班	201713500124	王瑞		专科
184	舞蹈表演专业 2017 级专科 01 班	201713500126	王懿		专科
185	舞蹈表演专业 2017 级专科 01 班	201713500127	韦月		专科
186	舞蹈表演专业 2017 级专科 01 班	201713500128	吴洁		专科
187	舞蹈表演专业 2017 级专科 01 班	201713500131	杨慧珍		专科
188	舞蹈表演专业 2017 级专科 01 班	201713500132	尹欣欣		专科
189	舞蹈表演专业 2017 级专科 01 班	201713500133	张凤娇		专科
190	舞蹈表演专业 2017 级专科 01 班	201713500134	张湘钗		专科
191	舞蹈表演专业 2017 级专科 01 班	201713500135	张馨元		专科
192	舞蹈表演专业 2017 级专科 01 班	201713500137	赵雪琪		专科
193	舞蹈表演专业 2017 级专科 01 班	201713500138	周昱妹		专科
194	舞蹈表演专业 2017 级专科 01 班	201713500139	朱海源		专科
195	舞蹈表演专业 2017 级专科 01 班	201713500140	朱新月		专科
196	音乐教育专业 2017 级专科 01 班	201713510101	高文锦		专科
197	音乐教育专业 2017 级专科 01 班	201713510102	高香凝		专科
198	音乐教育专业 2017 级专科 01 班	201713510103	郭家瑞		专科
199	音乐教育专业 2017 级专科 01 班	201713510104	韩雪婷		专科
200	音乐教育专业 2017 级专科 01 班	201713510105	黄孝滢		专科
201	音乐教育专业 2017 级专科 01 班	201713510106	黄一凡		专科
202	音乐教育专业 2017 级专科 01 班	201713510107	姜淑艺		专科
203	音乐教育专业 2017 级专科 01 班	201713510108	李佳谦		专科
204	音乐教育专业 2017 级专科 01 班	201713510109	李姝璇		专科
205	音乐教育专业 2017 级专科 01 班	201713510110	李玉涵		专科
206	音乐教育专业 2017 级专科 01 班	201713510111	厉羽航		专科
207	音乐教育专业 2017 级专科 01 班	201713510112	刘凯旋		专科
208	音乐教育专业 2017 级专科 01 班	201713510113	娄焕君		专科
209	音乐教育专业 2017 级专科 01 班	201713510114	卢奥		专科
210	音乐教育专业 2017 级专科 01 班	201713510115	马媛媛		专科
211	音乐教育专业 2017 级专科 01 班	201713510116	孟鑫		专科

(续表)

序号	班级	学号	姓名	学位	层次
212	音乐教育专业2017级专科01班	201713510117	密启真		专科
213	音乐教育专业2017级专科01班	201713510118	明子钦		专科
214	音乐教育专业2017级专科01班	201713510121	尚峰正		专科
215	音乐教育专业2017级专科01班	201713510123	宋庆岩		专科
216	音乐教育专业2017级专科01班	201713510124	田鑫		专科
217	音乐教育专业2017级专科01班	201713510127	王金铭		专科
218	音乐教育专业2017级专科01班	201713510128	王雅楠		专科
219	音乐教育专业2017级专科01班	201713510130	杨力恺		专科
220	音乐教育专业2017级专科01班	201713510131	杨茗然		专科
221	音乐教育专业2017级专科01班	201713510132	郁浩然		专科
222	音乐教育专业2017级专科01班	201713510133	展莎		专科
223	音乐教育专业2017级专科01班	201713510135	张凯		专科
224	音乐教育专业2017级专科01班	201713510136	张昆昆		专科
225	音乐教育专业2017级专科01班	201713510137	张宁		专科
226	音乐教育专业2017级专科01班	201713510139	赵常珂		专科
227	音乐教育专业2017级专科01班	201713510140	禚鹏飞		专科

美术学院

序号	班级	学号	姓名	学位	层次
1	动画专业2016级本科01班	201612020101	李铭	艺术学学士学位	本科
2	动画专业2016级本科01班	201612020102	刘会聪	艺术学学士学位	本科
3	动画专业2016级本科01班	201612020103	李海洋	艺术学学士学位	本科
4	动画专业2016级本科01班	201612020104	李治	艺术学学士学位	本科
5	动画专业2016级本科01班	201612020105	夏超	艺术学学士学位	本科
6	动画专业2016级本科01班	201612020106	林荣轩	艺术学学士学位	本科
7	动画专业2016级本科01班	201612020107	李旺	艺术学学士学位	本科
8	动画专业2016级本科01班	201612020108	周东	艺术学学士学位	本科
9	动画专业2016级本科01班	201612020109	杨献明	艺术学学士学位	本科
10	动画专业2016级本科01班	201612020110	顾金杰	艺术学学士学位	本科
11	动画专业2016级本科01班	201612020111	刘晓玥	艺术学学士学位	本科
12	动画专业2016级本科01班	201612020112	顾宗慧	艺术学学士学位	本科

(续表)

序号	班级	学号	姓名	学位	层次
13	动画专业 2016 级本科 01 班	201612020113	王子元	艺术学学士学位	本科
14	动画专业 2016 级本科 01 班	201612020114	郑梦琦	艺术学学士学位	本科
15	动画专业 2016 级本科 01 班	201612020115	姚淑元	艺术学学士学位	本科
16	动画专业 2016 级本科 01 班	201612020116	李凯君	艺术学学士学位	本科
17	动画专业 2016 级本科 01 班	201612020117	陆沛儿	艺术学学士学位	本科
18	动画专业 2016 级本科 01 班	201612020118	毛江旻	艺术学学士学位	本科
19	动画专业 2016 级本科 01 班	201612020119	谢露露	艺术学学士学位	本科
20	动画专业 2016 级本科 01 班	201612020120	吕淑琪	艺术学学士学位	本科
21	动画专业 2016 级本科 01 班	201612020121	魏舒睆	艺术学学士学位	本科
22	动画专业 2016 级本科 02 班	201612020201	付自强	艺术学学士学位	本科
23	动画专业 2016 级本科 02 班	201612020202	燕国鑫	艺术学学士学位	本科
24	动画专业 2016 级本科 02 班	201612020203	许统	艺术学学士学位	本科
25	动画专业 2016 级本科 02 班	201612020204	沈跃翔	艺术学学士学位	本科
26	动画专业 2016 级本科 02 班	201612020205	张轶群		本科
27	动画专业 2016 级本科 02 班	201612020206	李浩	艺术学学士学位	本科
28	动画专业 2016 级本科 02 班	201612020207	刘屹伟	艺术学学士学位	本科
29	动画专业 2016 级本科 02 班	201612020208	宁鹏	艺术学学士学位	本科
30	动画专业 2016 级本科 02 班	201612020209	程阳	艺术学学士学位	本科
31	动画专业 2016 级本科 02 班	201612020210	苗志坤	艺术学学士学位	本科
32	动画专业 2016 级本科 02 班	201612020211	田梦丹	艺术学学士学位	本科
33	动画专业 2016 级本科 02 班	201612020212	赵祥君	艺术学学士学位	本科
34	动画专业 2016 级本科 02 班	201612020213	张志清	艺术学学士学位	本科
35	动画专业 2016 级本科 02 班	201612020214	李婷玉	艺术学学士学位	本科
36	动画专业 2016 级本科 02 班	201612020215	刘银婷	艺术学学士学位	本科
37	动画专业 2016 级本科 02 班	201612020216	孙静	艺术学学士学位	本科
38	动画专业 2016 级本科 02 班	201612020217	许懿雯	艺术学学士学位	本科
39	动画专业 2016 级本科 02 班	201612020218	罗扬帆	艺术学学士学位	本科
40	动画专业 2016 级本科 02 班	201612020219	沈媛媛	艺术学学士学位	本科
41	动画专业 2016 级本科 02 班	201612020220	井冰妍	艺术学学士学位	本科
42	服装与服饰设计专业 2016 级本科 01 班	201612060101	生旭岗	艺术学学士学位	本科
43	服装与服饰设计专业 2016 级本科 01 班	201612060102	徐福泰	艺术学学士学位	本科
44	服装与服饰设计专业 2016 级本科 01 班	201612060103	王月	艺术学学士学位	本科

(续表)

序号	班级	学号	姓名	学位	层次
45	服装与服饰设计专业 2016 级本科 01 班	201612060104	张鑫	艺术学学士学位	本科
46	服装与服饰设计专业 2016 级本科 01 班	201612060105	陈琦	艺术学学士学位	本科
47	服装与服饰设计专业 2016 级本科 01 班	201612060106	胡振港	艺术学学士学位	本科
48	服装与服饰设计专业 2016 级本科 01 班	201612060107	宋淑伟	艺术学学士学位	本科
49	服装与服饰设计专业 2016 级本科 01 班	201612060108	李天牧	艺术学学士学位	本科
50	服装与服饰设计专业 2016 级本科 01 班	201612060109	王韧	艺术学学士学位	本科
51	服装与服饰设计专业 2016 级本科 01 班	201612060110	李想	艺术学学士学位	本科
52	服装与服饰设计专业 2016 级本科 01 班	201612060111	魏征	艺术学学士学位	本科
53	服装与服饰设计专业 2016 级本科 01 班	201612060112	李向阳	艺术学学士学位	本科
54	服装与服饰设计专业 2016 级本科 01 班	201612060113	田郑均		本科
55	服装与服饰设计专业 2016 级本科 01 班	201612060114	刘健	艺术学学士学位	本科
56	服装与服饰设计专业 2016 级本科 01 班	201612060115	陈家焱	艺术学学士学位	本科
57	服装与服饰设计专业 2016 级本科 01 班	201612060116	张幸	艺术学学士学位	本科
58	服装与服饰设计专业 2016 级本科 01 班	201612060117	隋立杰	艺术学学士学位	本科
59	服装与服饰设计专业 2016 级本科 01 班	201612060118	张钰	艺术学学士学位	本科
60	服装与服饰设计专业 2016 级本科 01 班	201612060119	刘容榕	艺术学学士学位	本科
61	服装与服饰设计专业 2016 级本科 01 班	201612060120	孙悦	艺术学学士学位	本科
62	服装与服饰设计专业 2016 级本科 01 班	201612060121	阎昱洁	艺术学学士学位	本科
63	服装与服饰设计专业 2016 级本科 01 班	201612060122	黄笛	艺术学学士学位	本科
64	服装与服饰设计专业 2016 级本科 01 班	201612060123	江萌萌	艺术学学士学位	本科
65	服装与服饰设计专业 2016 级本科 01 班	201612060124	王素	艺术学学士学位	本科
66	服装与服饰设计专业 2016 级本科 01 班	201612060125	李昊月	艺术学学士学位	本科
67	服装与服饰设计专业 2016 级本科 01 班	201612060126	王雪莹		本科
68	环境设计专业 2016 级本科 01 班	201612070101	杜磊	艺术学学士学位	本科
69	环境设计专业 2016 级本科 01 班	201612070103	樊家辉	艺术学学士学位	本科
70	环境设计专业 2016 级本科 01 班	201612070104	孙驰	艺术学学士学位	本科
71	环境设计专业 2016 级本科 01 班	201612070105	孔伟鸣	艺术学学士学位	本科
72	环境设计专业 2016 级本科 01 班	201612070106	赵永	艺术学学士学位	本科
73	环境设计专业 2016 级本科 01 班	201612070107	赵继堃	艺术学学士学位	本科
74	环境设计专业 2016 级本科 01 班	201612070108	钟国民	艺术学学士学位	本科
75	环境设计专业 2016 级本科 01 班	201612070109	岳慧	艺术学学士学位	本科
76	环境设计专业 2016 级本科 01 班	201612070110	许西殿	艺术学学士学位	本科

(续表)

序号	班级	学号	姓名	学位	层次
77	环境设计专业 2016 级本科 01 班	201612070111	吴世强	艺术学学士学位	本科
78	环境设计专业 2016 级本科 01 班	201612070112	李福帅	艺术学学士学位	本科
79	环境设计专业 2016 级本科 01 班	201612070113	相红涛	艺术学学士学位	本科
80	环境设计专业 2016 级本科 01 班	201612070114	陈泽廷	艺术学学士学位	本科
81	环境设计专业 2016 级本科 01 班	201612070115	钱双双	艺术学学士学位	本科
82	环境设计专业 2016 级本科 01 班	201612070116	苏丽萍	艺术学学士学位	本科
83	环境设计专业 2016 级本科 01 班	201612070117	王荣梅	艺术学学士学位	本科
84	环境设计专业 2016 级本科 01 班	201612070118	朱瑞秋	艺术学学士学位	本科
85	环境设计专业 2016 级本科 01 班	201612070119	孙嘉蔚	艺术学学士学位	本科
86	环境设计专业 2016 级本科 01 班	201612070120	袁子惠	艺术学学士学位	本科
87	环境设计专业 2016 级本科 01 班	201612070121	张乐	艺术学学士学位	本科
88	环境设计专业 2016 级本科 01 班	201612070122	宫明圆	艺术学学士学位	本科
89	环境设计专业 2016 级本科 01 班	201612070123	黄凌霄	艺术学学士学位	本科
90	环境设计专业 2016 级本科 01 班	201612070124	魏可	艺术学学士学位	本科
91	环境设计专业 2016 级本科 01 班	201612070125	崔晓	艺术学学士学位	本科
92	环境设计专业 2016 级本科 01 班	201612070126	韩镕泽	艺术学学士学位	本科
93	环境设计专业 2016 级本科 02 班	201612070201	张嘉林	艺术学学士学位	本科
94	环境设计专业 2016 级本科 02 班	201612070202	杨光	艺术学学士学位	本科
95	环境设计专业 2016 级本科 02 班	201612070203	李兆明	艺术学学士学位	本科
96	环境设计专业 2016 级本科 02 班	201612070204	孙晨鸣	艺术学学士学位	本科
97	环境设计专业 2016 级本科 02 班	201612070205	迟霖		本科
98	环境设计专业 2016 级本科 02 班	201612070206	徐同民	艺术学学士学位	本科
99	环境设计专业 2016 级本科 02 班	201612070207	牟德秀	艺术学学士学位	本科
100	环境设计专业 2016 级本科 02 班	201612070208	连仕祥	艺术学学士学位	本科
101	环境设计专业 2016 级本科 02 班	201612070209	韩明	艺术学学士学位	本科
102	环境设计专业 2016 级本科 02 班	201612070210	孙燕冬	艺术学学士学位	本科
103	环境设计专业 2016 级本科 02 班	201612070211	王秀宇	艺术学学士学位	本科
104	环境设计专业 2016 级本科 02 班	201612070212	李孟颖	艺术学学士学位	本科
105	环境设计专业 2016 级本科 02 班	201612070213	徐晓雪	艺术学学士学位	本科
106	环境设计专业 2016 级本科 02 班	201612070214	冯晓	艺术学学士学位	本科
107	环境设计专业 2016 级本科 02 班	201612070215	姜瑜琼	艺术学学士学位	本科
108	环境设计专业 2016 级本科 02 班	201612070216	刘洋	艺术学学士学位	本科

(续表)

序号	班级	学号	姓名	学位	层次
109	环境设计专业2016级本科02班	201612070217	张友梅	艺术学学士学位	本科
110	环境设计专业2016级本科02班	201612070218	李雨桐	艺术学学士学位	本科
111	环境设计专业2016级本科02班	201612070219	李娜	艺术学学士学位	本科
112	环境设计专业2016级本科02班	201612070220	孔一惠	艺术学学士学位	本科
113	环境设计专业2016级本科02班	201612070221	姜春丽	艺术学学士学位	本科
114	环境设计专业2016级本科02班	201612070222	刘新伟	艺术学学士学位	本科
115	环境设计专业2016级本科02班	201612070223	张洁	艺术学学士学位	本科
116	环境设计专业2016级本科02班	201612070224	许红	艺术学学士学位	本科
117	环境设计专业2016级本科02班	201612070225	王艳霞	艺术学学士学位	本科
118	美术学专业2016级本科01班	201612080101	毕仲寅	艺术学学士学位	本科
119	美术学专业2016级本科01班	201612080102	时智文	艺术学学士学位	本科
120	美术学专业2016级本科01班	201612080103	赵淞	艺术学学士学位	本科
121	美术学专业2016级本科01班	201612080104	孙祥祚	艺术学学士学位	本科
122	美术学专业2016级本科01班	201612080105	丁月姣	艺术学学士学位	本科
123	美术学专业2016级本科01班	201612080106	张如莉	艺术学学士学位	本科
124	美术学专业2016级本科01班	201612080107	杜丽君	艺术学学士学位	本科
125	美术学专业2016级本科01班	201612080108	王晴	艺术学学士学位	本科
126	美术学专业2016级本科01班	201612080109	王文洁	艺术学学士学位	本科
127	美术学专业2016级本科01班	201612080110	吴富云	艺术学学士学位	本科
128	美术学专业2016级本科01班	201612080112	陈方	艺术学学士学位	本科
129	美术学专业2016级本科01班	201612080113	左玲	艺术学学士学位	本科
130	美术学专业2016级本科01班	201612080114	雷艳艳	艺术学学士学位	本科
131	美术学专业2016级本科01班	201612080115	秦程	艺术学学士学位	本科
132	美术学专业2016级本科01班	201612080116	李花花	艺术学学士学位	本科
133	美术学专业2016级本科01班	201612080117	韩莉萍	艺术学学士学位	本科
134	美术学专业2016级本科01班	201612080118	方越	艺术学学士学位	本科
135	美术学专业2016级本科01班	201612080119	陈鑫	艺术学学士学位	本科
136	美术学专业2016级本科01班	201612080120	刘秀	艺术学学士学位	本科
137	美术学专业2016级本科02班	201612080201	李想	艺术学学士学位	本科
138	美术学专业2016级本科02班	201612080202	孙钦涛	艺术学学士学位	本科
139	美术学专业2016级本科02班	201612080204	周明瑞	艺术学学士学位	本科
140	美术学专业2016级本科02班	201612080205	陈修慧	艺术学学士学位	本科

(续表)

序号	班级	学号	姓名	学位	层次
141	美术学专业 2016 级本科 02 班	201612080206	杨颖怡	艺术学学士学位	本科
142	美术学专业 2016 级本科 02 班	201612080207	张婷婷	艺术学学士学位	本科
143	美术学专业 2016 级本科 02 班	201612080208	李悦悦	艺术学学士学位	本科
144	美术学专业 2016 级本科 02 班	201612080209	黄可心	艺术学学士学位	本科
145	美术学专业 2016 级本科 02 班	201612080210	李妍	艺术学学士学位	本科
146	美术学专业 2016 级本科 02 班	201612080211	李媛	艺术学学士学位	本科
147	美术学专业 2016 级本科 02 班	201612080212	仇靖	艺术学学士学位	本科
148	美术学专业 2016 级本科 02 班	201612080213	崔凤珠	艺术学学士学位	本科
149	美术学专业 2016 级本科 02 班	201612080214	苏颖	艺术学学士学位	本科
150	美术学专业 2016 级本科 02 班	201612080215	侯奇蓓	艺术学学士学位	本科
151	美术学专业 2016 级本科 02 班	201612080216	丁海燕	艺术学学士学位	本科
152	美术学专业 2016 级本科 02 班	201612080217	魏怡冉	艺术学学士学位	本科
153	美术学专业 2016 级本科 02 班	201612080218	张双妍	艺术学学士学位	本科
154	美术学专业 2016 级本科 02 班	201612080219	刘娜	艺术学学士学位	本科
155	美术学专业 2016 级本科 02 班	201612080220	马爱霞	艺术学学士学位	本科
156	美术学专业 2016 级本科 03 班	201612080301	朱宏伟	艺术学学士学位	本科
157	美术学专业 2016 级本科 03 班	201612080302	樊峻宁	艺术学学士学位	本科
158	美术学专业 2016 级本科 03 班	201612080303	林洪豹	艺术学学士学位	本科
159	美术学专业 2016 级本科 03 班	201612080304	肖为彬	艺术学学士学位	本科
160	美术学专业 2016 级本科 03 班	201612080305	张欣雨	艺术学学士学位	本科
161	美术学专业 2016 级本科 03 班	201612080306	樊冰洁	艺术学学士学位	本科
162	美术学专业 2016 级本科 03 班	201612080307	贾慧敏	艺术学学士学位	本科
163	美术学专业 2016 级本科 03 班	201612080308	朱琳	艺术学学士学位	本科
164	美术学专业 2016 级本科 03 班	201612080309	朱孟慧	艺术学学士学位	本科
165	美术学专业 2016 级本科 03 班	201612080310	魏梅	艺术学学士学位	本科
166	美术学专业 2016 级本科 03 班	201612080311	杜可心	艺术学学士学位	本科
167	美术学专业 2016 级本科 03 班	201612080312	孙梦玥	艺术学学士学位	本科
168	美术学专业 2016 级本科 03 班	201612080313	徐明慧	艺术学学士学位	本科
169	美术学专业 2016 级本科 03 班	201612080314	李娟	艺术学学士学位	本科
170	美术学专业 2016 级本科 03 班	201612080315	张倩华	艺术学学士学位	本科
171	美术学专业 2016 级本科 03 班	201612080316	云钰馨	艺术学学士学位	本科
172	美术学专业 2016 级本科 03 班	201612080317	李应雪		本科

(续表)

序号	班级	学号	姓名	学位	层次
173	美术学专业 2016 级本科 03 班	201612080318	张玉雪	艺术学学士学位	本科
174	美术学专业 2016 级本科 03 班	201612080319	艾常晖	艺术学学士学位	本科
175	美术学专业 2016 级本科 03 班	201612080320	赵小仿	艺术学学士学位	本科
176	美术学专业 2016 级本科 04 班	201612080401	赵楠	艺术学学士学位	本科
177	美术学专业 2016 级本科 04 班	201612080402	杜贞辉		本科
178	美术学专业 2016 级本科 04 班	201612080403	袁德毅	艺术学学士学位	本科
179	美术学专业 2016 级本科 04 班	201612080404	李煜	艺术学学士学位	本科
180	美术学专业 2016 级本科 04 班	201612080405	上官林秀	艺术学学士学位	本科
181	美术学专业 2016 级本科 04 班	201612080406	王雪晶	艺术学学士学位	本科
182	美术学专业 2016 级本科 04 班	201612080407	王莫野	艺术学学士学位	本科
183	美术学专业 2016 级本科 04 班	201612080408	王文倩	艺术学学士学位	本科
184	美术学专业 2016 级本科 04 班	201612080409	陈玉洁	艺术学学士学位	本科
185	美术学专业 2016 级本科 04 班	201612080410	刘芊秀	艺术学学士学位	本科
186	美术学专业 2016 级本科 04 班	201612080411	郑舒心	艺术学学士学位	本科
187	美术学专业 2016 级本科 04 班	201612080412	韩明珠	艺术学学士学位	本科
188	美术学专业 2016 级本科 04 班	201612080413	李艳琳	艺术学学士学位	本科
189	美术学专业 2016 级本科 04 班	201612080414	张璐	艺术学学士学位	本科
190	美术学专业 2016 级本科 04 班	201612080415	张雅涵	艺术学学士学位	本科
191	美术学专业 2016 级本科 04 班	201612080416	王艳秋	艺术学学士学位	本科
192	美术学专业 2016 级本科 04 班	201612080417	李文青	艺术学学士学位	本科
193	美术学专业 2016 级本科 04 班	201612080418	刘颖	艺术学学士学位	本科
194	美术学专业 2016 级本科 04 班	201612080419	郑明月	艺术学学士学位	本科
195	美术学专业 2016 级本科 04 班	201612080420	徐家乐	艺术学学士学位	本科
196	视觉传达设计专业 2016 级本科 01 班	201117810306	张田田	艺术学学士学位	本科
197	视觉传达设计专业 2016 级本科 01 班	201612100101	殷金伟	艺术学学士学位	本科
198	视觉传达设计专业 2016 级本科 01 班	201612100102	徐浩鑫	艺术学学士学位	本科
199	视觉传达设计专业 2016 级本科 01 班	201612100103	曹宸	艺术学学士学位	本科
200	视觉传达设计专业 2016 级本科 01 班	201612100104	李伟	艺术学学士学位	本科
201	视觉传达设计专业 2016 级本科 01 班	201612100105	展峰	艺术学学士学位	本科
202	视觉传达设计专业 2016 级本科 01 班	201612100106	段成才	艺术学学士学位	本科
203	视觉传达设计专业 2016 级本科 01 班	201612100107	逯星	艺术学学士学位	本科
204	视觉传达设计专业 2016 级本科 01 班	201612100109	王子璇	艺术学学士学位	本科

(续表)

序号	班级	学号	姓名	学位	层次
205	视觉传达设计专业 2016 级本科 01 班	201612100110	董硕	艺术学学士学位	本科
206	视觉传达设计专业 2016 级本科 01 班	201612100111	刘威	艺术学学士学位	本科
207	视觉传达设计专业 2016 级本科 01 班	201612100112	陈中磊	艺术学学士学位	本科
208	视觉传达设计专业 2016 级本科 01 班	201612100113	杨晓哲	艺术学学士学位	本科
209	视觉传达设计专业 2016 级本科 01 班	201612100114	陈仁文	艺术学学士学位	本科
210	视觉传达设计专业 2016 级本科 01 班	201612100115	赵睿涵	艺术学学士学位	本科
211	视觉传达设计专业 2016 级本科 01 班	201612100116	张庆鋆	艺术学学士学位	本科
212	视觉传达设计专业 2016 级本科 01 班	201612100117	赵杨	艺术学学士学位	本科
213	视觉传达设计专业 2016 级本科 01 班	201612100118	李琳	艺术学学士学位	本科
214	视觉传达设计专业 2016 级本科 01 班	201612100119	刘广晨	艺术学学士学位	本科
215	视觉传达设计专业 2016 级本科 01 班	201612100120	孙圣楠	艺术学学士学位	本科
216	视觉传达设计专业 2016 级本科 01 班	201612100121	王鑫	艺术学学士学位	本科
217	视觉传达设计专业 2016 级本科 01 班	201612100122	李艺	艺术学学士学位	本科
218	视觉传达设计专业 2016 级本科 01 班	201612100123	王毅	艺术学学士学位	本科
219	视觉传达设计专业 2016 级本科 01 班	201612100124	韦安冉	艺术学学士学位	本科
220	视觉传达设计专业 2016 级本科 01 班	201612100125	尹文静	艺术学学士学位	本科
221	视觉传达设计专业 2016 级本科 01 班	201612100126	杨敏	艺术学学士学位	本科
222	视觉传达设计专业 2016 级本科 01 班	201612100127	房文青	艺术学学士学位	本科
223	视觉传达设计专业 2016 级本科 01 班	201612100128	王艺潜	艺术学学士学位	本科
224	视觉传达设计专业 2016 级本科 01 班	201612100129	郝玉霞	艺术学学士学位	本科
225	视觉传达设计专业 2016 级本科 01 班	201612100130	刘敏	艺术学学士学位	本科
226	视觉传达设计专业 2016 级本科 02 班	201412190121	张辉	艺术学学士学位	本科
227	视觉传达设计专业 2016 级本科 02 班	201612100201	陈明泽	艺术学学士学位	本科
228	视觉传达设计专业 2016 级本科 02 班	201612100202	钟耕辉	艺术学学士学位	本科
229	视觉传达设计专业 2016 级本科 02 班	201612100203	蒋旭	艺术学学士学位	本科
230	视觉传达设计专业 2016 级本科 02 班	201612100204	王智山	艺术学学士学位	本科
231	视觉传达设计专业 2016 级本科 02 班	201612100205	胡茂强	艺术学学士学位	本科
232	视觉传达设计专业 2016 级本科 02 班	201612100206	刘超	艺术学学士学位	本科
233	视觉传达设计专业 2016 级本科 02 班	201612100207	张峻福	艺术学学士学位	本科
234	视觉传达设计专业 2016 级本科 02 班	201612100208	林家兴	艺术学学士学位	本科
235	视觉传达设计专业 2016 级本科 02 班	201612100209	曹士林	艺术学学士学位	本科
236	视觉传达设计专业 2016 级本科 02 班	201612100210	高志岩	艺术学学士学位	本科

(续表)

序号	班级	学号	姓名	学位	层次
237	视觉传达设计专业 2016 级本科 02 班	201612100211	解畅	艺术学学士学位	本科
238	视觉传达设计专业 2016 级本科 02 班	201612100212	李海涛	艺术学学士学位	本科
239	视觉传达设计专业 2016 级本科 02 班	201612100213	吴春阳	艺术学学士学位	本科
240	视觉传达设计专业 2016 级本科 02 班	201612100214	陈力	艺术学学士学位	本科
241	视觉传达设计专业 2016 级本科 02 班	201612100215	于子旋	艺术学学士学位	本科
242	视觉传达设计专业 2016 级本科 02 班	201612100216	刘兆栋	艺术学学士学位	本科
243	视觉传达设计专业 2016 级本科 02 班	201612100217	王祥	艺术学学士学位	本科
244	视觉传达设计专业 2016 级本科 02 班	201612100218	王金环	艺术学学士学位	本科
245	视觉传达设计专业 2016 级本科 02 班	201612100219	董祎雯	艺术学学士学位	本科
246	视觉传达设计专业 2016 级本科 02 班	201612100220	亓晴	艺术学学士学位	本科
247	视觉传达设计专业 2016 级本科 02 班	201612100221	王钰	艺术学学士学位	本科
248	视觉传达设计专业 2016 级本科 02 班	201612100223	韩悦悦	艺术学学士学位	本科
249	视觉传达设计专业 2016 级本科 02 班	201612100224	于美玲	艺术学学士学位	本科
250	视觉传达设计专业 2016 级本科 02 班	201612100225	汤红利	艺术学学士学位	本科
251	视觉传达设计专业 2016 级本科 02 班	201612100226	吴凯悦	艺术学学士学位	本科
252	视觉传达设计专业 2016 级本科 02 班	201612100227	徐秋韵	艺术学学士学位	本科
253	视觉传达设计专业 2016 级本科 02 班	201612100228	卜小青	艺术学学士学位	本科
254	视觉传达设计专业 2016 级本科 02 班	201612100229	朱文慧	艺术学学士学位	本科
255	视觉传达设计专业 2016 级本科 02 班	201612100230	王鑫	艺术学学士学位	本科
256	书法学专业 2016 级本科 01 班	201612110101	王安达	艺术学学士学位	本科
257	书法学专业 2016 级本科 01 班	201612110102	尹宣龙	艺术学学士学位	本科
258	书法学专业 2016 级本科 01 班	201612110103	赵贤丰	艺术学学士学位	本科
259	书法学专业 2016 级本科 01 班	201612110104	雷昊	艺术学学士学位	本科
260	书法学专业 2016 级本科 01 班	201612110105	赵赫	艺术学学士学位	本科
261	书法学专业 2016 级本科 01 班	201612110106	李付春	艺术学学士学位	本科
262	书法学专业 2016 级本科 01 班	201612110107	徐炜竣	艺术学学士学位	本科
263	书法学专业 2016 级本科 01 班	201612110108	杨金可	艺术学学士学位	本科
264	书法学专业 2016 级本科 01 班	201612110109	王成威	艺术学学士学位	本科
265	书法学专业 2016 级本科 01 班	201612110111	王兴超	艺术学学士学位	本科
266	书法学专业 2016 级本科 01 班	201612110113	申博楠	艺术学学士学位	本科
267	书法学专业 2016 级本科 01 班	201612110114	杨新元	艺术学学士学位	本科
268	书法学专业 2016 级本科 01 班	201612110115	吴琼	艺术学学士学位	本科

(续表)

序号	班级	学号	姓名	学位	层次
269	书法学专业 2016 级本科 01 班	201612110116	陈娜	艺术学学士学位	本科
270	书法学专业 2016 级本科 01 班	201612110117	张亚晶	艺术学学士学位	本科
271	书法学专业 2016 级本科 01 班	201612110118	李甜甜	艺术学学士学位	本科
272	书法学专业 2016 级本科 01 班	201612110119	于紫旋	艺术学学士学位	本科
273	书法学专业 2016 级本科 01 班	201612110120	张玺柠	艺术学学士学位	本科
274	书法学专业 2016 级本科 01 班	201612110121	邢珂慧	艺术学学士学位	本科
275	书法学专业 2016 级本科 01 班	201612110122	黄芊慧	艺术学学士学位	本科
276	书法学专业 2016 级本科 01 班	201612110123	王慧	艺术学学士学位	本科
277	书法学专业 2016 级本科 01 班	201612110124	张瑞天	艺术学学士学位	本科
278	书法学专业 2016 级本科 02 班	201612110201	张峰源	艺术学学士学位	本科
279	书法学专业 2016 级本科 02 班	201612110202	王彦	艺术学学士学位	本科
280	书法学专业 2016 级本科 02 班	201612110203	蔚一玄	艺术学学士学位	本科
281	书法学专业 2016 级本科 02 班	201612110204	蒋宗宏	艺术学学士学位	本科
282	书法学专业 2016 级本科 02 班	201612110205	刘庆涛	艺术学学士学位	本科
283	书法学专业 2016 级本科 02 班	201612110206	赵刘伟	艺术学学士学位	本科
284	书法学专业 2016 级本科 02 班	201612110207	张翔	艺术学学士学位	本科
285	书法学专业 2016 级本科 02 班	201612110208	李兴邦	艺术学学士学位	本科
286	书法学专业 2016 级本科 02 班	201612110209	公璟源	艺术学学士学位	本科
287	书法学专业 2016 级本科 02 班	201612110210	张文	艺术学学士学位	本科
288	书法学专业 2016 级本科 02 班	201612110211	昌怡璇	艺术学学士学位	本科
289	书法学专业 2016 级本科 02 班	201612110212	贺小倍	艺术学学士学位	本科
290	书法学专业 2016 级本科 02 班	201612110213	陆海萍	艺术学学士学位	本科
291	书法学专业 2016 级本科 02 班	201612110214	廉欣	艺术学学士学位	本科
292	书法学专业 2016 级本科 02 班	201612110215	卢宁	艺术学学士学位	本科
293	书法学专业 2016 级本科 02 班	201612110216	徐安琪	艺术学学士学位	本科
294	书法学专业 2016 级本科 02 班	201612110217	刘肖君	艺术学学士学位	本科
295	书法学专业 2016 级本科 02 班	201612110218	孙清淼	艺术学学士学位	本科
296	书法学专业 2016 级本科 02 班	201612110219	罗会馨	艺术学学士学位	本科
297	书法学专业 2016 级本科 02 班	201612110220	张凤	艺术学学士学位	本科
298	书法学专业 2016 级本科 02 班	201612110221	刘玲菲	艺术学学士学位	本科
299	书法学专业 2016 级本科 02 班	201612110222	吴素荣	艺术学学士学位	本科
300	书法学专业 2016 级本科 02 班	201612110223	杨淑丽	艺术学学士学位	本科

(续表)

序号	班级	学号	姓名	学位	层次
301	书法学专业 2016 级本科 02 班	201612110224	张凯越	艺术学学士学位	本科
302	书法学专业 2016 级本科 03 班	201612110301	宗学胜	艺术学学士学位	本科
303	书法学专业 2016 级本科 03 班	201612110302	刘畅	艺术学学士学位	本科
304	书法学专业 2016 级本科 03 班	201612110303	李俊良	艺术学学士学位	本科
305	书法学专业 2016 级本科 03 班	201612110304	吴昊	艺术学学士学位	本科
306	书法学专业 2016 级本科 03 班	201612110305	杨欣欣	艺术学学士学位	本科
307	书法学专业 2016 级本科 03 班	201612110306	李智博	艺术学学士学位	本科
308	书法学专业 2016 级本科 03 班	201612110307	贾若愚	艺术学学士学位	本科
309	书法学专业 2016 级本科 03 班	201612110308	伊毅	艺术学学士学位	本科
310	书法学专业 2016 级本科 03 班	201612110309	梁杨	艺术学学士学位	本科
311	书法学专业 2016 级本科 03 班	201612110310	秦雨溪	艺术学学士学位	本科
312	书法学专业 2016 级本科 03 班	201612110311	王艺霖	艺术学学士学位	本科
313	书法学专业 2016 级本科 03 班	201612110312	赵晓涵	艺术学学士学位	本科
314	书法学专业 2016 级本科 03 班	201612110313	王梦鸽	艺术学学士学位	本科
315	书法学专业 2016 级本科 03 班	201612110314	王亚云	艺术学学士学位	本科
316	书法学专业 2016 级本科 03 班	201612110315	侯蕴珊	艺术学学士学位	本科
317	书法学专业 2016 级本科 03 班	201612110316	孙嘉慧	艺术学学士学位	本科
318	书法学专业 2016 级本科 03 班	201612110317	韩怡	艺术学学士学位	本科
319	书法学专业 2016 级本科 03 班	201612110318	桑金奥	艺术学学士学位	本科
320	书法学专业 2016 级本科 03 班	201612110319	陈凌云	艺术学学士学位	本科
321	书法学专业 2016 级本科 03 班	201612110320	赵明明	艺术学学士学位	本科
322	书法学专业 2016 级本科 03 班	201612110321	黄雨晴	艺术学学士学位	本科
323	书法学专业 2016 级本科 03 班	201612110322	姬馨茹	艺术学学士学位	本科
324	书法学专业 2016 级本科 03 班	201612110323	鹿骞方	艺术学学士学位	本科
325	书法学专业 2016 级本科 03 班	201612110324	孙丽丽	艺术学学士学位	本科
326	书法学专业 2016 级本科 04 班	201612110401	陈春飞	艺术学学士学位	本科
327	书法学专业 2016 级本科 04 班	201612110402	周理伟	艺术学学士学位	本科
328	书法学专业 2016 级本科 04 班	201612110403	李懿	艺术学学士学位	本科
329	书法学专业 2016 级本科 04 班	201612110404	孙凯	艺术学学士学位	本科
330	书法学专业 2016 级本科 04 班	201612110405	徐家振	艺术学学士学位	本科
331	书法学专业 2016 级本科 04 班	201612110406	马浩	艺术学学士学位	本科
332	书法学专业 2016 级本科 04 班	201612110407	鲁祥鑫	艺术学学士学位	本科

(续表)

序号	班级	学号	姓名	学位	层次
333	书法学专业 2016 级本科 04 班	201612110408	王帅	艺术学学士学位	本科
334	书法学专业 2016 级本科 04 班	201612110409	王俊杰	艺术学学士学位	本科
335	书法学专业 2016 级本科 04 班	201612110410	李明婕	艺术学学士学位	本科
336	书法学专业 2016 级本科 04 班	201612110411	于荣荣	艺术学学士学位	本科
337	书法学专业 2016 级本科 04 班	201612110412	逯素洁	艺术学学士学位	本科
338	书法学专业 2016 级本科 04 班	201612110413	王赢	艺术学学士学位	本科
339	书法学专业 2016 级本科 04 班	201612110414	韩晓宇	艺术学学士学位	本科
340	书法学专业 2016 级本科 04 班	201612110415	陈苗苗	艺术学学士学位	本科
341	书法学专业 2016 级本科 04 班	201612110416	王昭懿	艺术学学士学位	本科
342	书法学专业 2016 级本科 04 班	201612110417	刘雯杰	艺术学学士学位	本科
343	书法学专业 2016 级本科 04 班	201612110418	李雪	艺术学学士学位	本科
344	书法学专业 2016 级本科 04 班	201612110419	王奕嘉	艺术学学士学位	本科
345	书法学专业 2016 级本科 04 班	201612110420	范晓钰	艺术学学士学位	本科
346	书法学专业 2016 级本科 04 班	201612110421	石小雨	艺术学学士学位	本科
347	书法学专业 2016 级本科 04 班	201612110422	孙毓鸿	艺术学学士学位	本科
348	书法学专业 2016 级本科 04 班	201612110423	马文静	艺术学学士学位	本科
349	动漫制作技术专业 2017 级专科 01 班	201712730101	姜丰冠		专科
350	动漫制作技术专业 2017 级专科 01 班	201712730102	唐瑶瑶		专科
351	动漫制作技术专业 2017 级专科 01 班	201712730105	朱文迪		专科
352	动漫制作技术专业 2017 级专科 01 班	201712730107	付超冉		专科
353	动漫制作技术专业 2017 级专科 01 班	201712730109	江天航		专科
354	动漫制作技术专业 2017 级专科 01 班	201712730110	李治		专科
355	动漫制作技术专业 2017 级专科 01 班	201712730111	王恒		专科
356	动漫制作技术专业 2017 级专科 01 班	201712730112	徐俏		专科
357	动漫制作技术专业 2017 级专科 01 班	201712730113	杨佳祺		专科
358	动漫制作技术专业 2017 级专科 01 班	201712730114	王文杰		专科
359	动漫制作技术专业 2017 级专科 01 班	201712730116	王一宇		专科
360	动漫制作技术专业 2017 级专科 01 班	201712730117	张唐临		专科
361	动漫制作技术专业 2017 级专科 01 班	201712730118	孙铭蔓		专科
362	动漫制作技术专业 2017 级专科 01 班	201712730120	王曼溪		专科
363	动漫制作技术专业 2017 级专科 02 班	201712730202	孙明昊		专科
364	动漫制作技术专业 2017 级专科 02 班	201712730204	宗杰		专科

(续表)

序号	班级	学号	姓名	学位	层次
365	动漫制作技术专业 2017 级专科 02 班	201712730205	李玥		专科
366	动漫制作技术专业 2017 级专科 02 班	201712730206	纪轩		专科
367	动漫制作技术专业 2017 级专科 02 班	201712730208	张洪睿		专科
368	动漫制作技术专业 2017 级专科 02 班	201712730209	窦文倩		专科
369	动漫制作技术专业 2017 级专科 02 班	201712730211	王天鹤		专科
370	动漫制作技术专业 2017 级专科 02 班	201712730212	周文静		专科
371	动漫制作技术专业 2017 级专科 02 班	201712730213	李建业		专科
372	动漫制作技术专业 2017 级专科 02 班	201712730214	刘怡萍		专科
373	动漫制作技术专业 2017 级专科 02 班	201712730216	孟一凡		专科
374	动漫制作技术专业 2017 级专科 02 班	201712730217	杨自斌		专科
375	动漫制作技术专业 2017 级专科 02 班	201712730219	刘荣玉		专科
376	动漫制作技术专业 2017 级专科 02 班	201712730220	杨东翼		专科
377	动漫制作技术专业 2017 级专科 02 班	201712730221	于洋		专科
378	美术教育专业 2017 级专科 01 班	201712550102	韩璐瑶		专科
379	美术教育专业 2017 级专科 01 班	201712550103	秦若情		专科
380	美术教育专业 2017 级专科 01 班	201712550104	陈欢		专科
381	美术教育专业 2017 级专科 01 班	201712550105	赵蔚然		专科
382	美术教育专业 2017 级专科 01 班	201712550106	马杰		专科
383	美术教育专业 2017 级专科 01 班	201712550109	李玉霞		专科
384	美术教育专业 2017 级专科 01 班	201712550111	宫雪		专科
385	美术教育专业 2017 级专科 01 班	201712550112	王玥		专科
386	美术教育专业 2017 级专科 01 班	201712550113	明金波		专科
387	美术教育专业 2017 级专科 01 班	201712550114	冯雪		专科
388	美术教育专业 2017 级专科 01 班	201712550115	王嘉懿		专科
389	美术教育专业 2017 级专科 01 班	201712550116	刘逸凡		专科
390	美术教育专业 2017 级专科 01 班	201712550117	梁茵茵		专科
391	美术教育专业 2017 级专科 01 班	201712550118	孙程程		专科
392	美术教育专业 2017 级专科 01 班	201712550121	范佳玉		专科
393	美术教育专业 2017 级专科 01 班	201712550122	李鑫		专科
394	美术教育专业 2017 级专科 01 班	201712550123	李朝丽		专科
395	美术教育专业 2017 级专科 01 班	201712550124	刘帅		专科
396	美术教育专业 2017 级专科 01 班	201712550125	刘贤贤		专科

(续表)

(续表)

序号	班级	学号	姓名	学位	层次
397	美术教育专业 2017 级专科 01 班	201712550126	周洁		专科
398	美术教育专业 2017 级专科 01 班	201712550127	尤娟		专科
399	美术教育专业 2017 级专科 01 班	201712550128	孙榕		专科
400	美术教育专业 2017 级专科 01 班	201712550129	周艳莲		专科
401	美术教育专业 2017 级专科 01 班	201712550130	赵禹		专科
402	美术教育专业 2017 级专科 02 班	201712550201	张新雨		专科
403	美术教育专业 2017 级专科 02 班	201712550202	马静		专科
404	美术教育专业 2017 级专科 02 班	201712550204	庄严		专科
405	美术教育专业 2017 级专科 02 班	201712550205	程淑雅		专科
406	美术教育专业 2017 级专科 02 班	201712550206	臧晓晓		专科
407	美术教育专业 2017 级专科 02 班	201712550208	张欣		专科
408	美术教育专业 2017 级专科 02 班	201712550209	李克勤		专科
409	美术教育专业 2017 级专科 02 班	201712550210	赵晓妍		专科
410	美术教育专业 2017 级专科 02 班	201712550211	石锦超		专科
411	美术教育专业 2017 级专科 02 班	201712550212	杜晶		专科
412	美术教育专业 2017 级专科 02 班	201712550213	石汶麟		专科
413	美术教育专业 2017 级专科 02 班	201712550215	王先政		专科
414	美术教育专业 2017 级专科 02 班	201712550216	孙梦园		专科
415	美术教育专业 2017 级专科 02 班	201712550218	朱晴文		专科
416	美术教育专业 2017 级专科 02 班	201712550219	史玉强		专科
417	美术教育专业 2017 级专科 02 班	201712550220	班慧		专科
418	美术教育专业 2017 级专科 02 班	201712550221	来秋实		专科
419	美术教育专业 2017 级专科 02 班	201712550222	卜文静		专科
420	美术教育专业 2017 级专科 02 班	201712550223	王岳		专科
421	美术教育专业 2017 级专科 02 班	201712550224	张欣茹		专科
422	美术教育专业 2017 级专科 02 班	201712550225	张婕		专科
423	美术教育专业 2017 级专科 02 班	201712550226	张亚男		专科
424	美术教育专业 2017 级专科 02 班	201712550227	赵玉鑫		专科
425	美术教育专业 2017 级专科 02 班	201712550228	邹爽		专科
426	美术教育专业 2017 级专科 02 班	201712550229	刘善英		专科
427	美术教育专业 2017 级专科 02 班	201712550230	郑曙阳		专科
428	艺术设计专业 2017 级专科 01 班	201712570101	姜小雪		专科

(续表)

序号	班级	学号	姓名	学位	层次
429	艺术设计专业 2017 级专科 01 班	201712570103	孙瑞霞		专科
430	艺术设计专业 2017 级专科 01 班	201712570104	杨璇		专科
431	艺术设计专业 2017 级专科 01 班	201712570105	吴兆坤		专科
432	艺术设计专业 2017 级专科 01 班	201712570106	孙英惠		专科
433	艺术设计专业 2017 级专科 01 班	201712570108	李辰		专科
434	艺术设计专业 2017 级专科 01 班	201712570109	肖瑶		专科
435	艺术设计专业 2017 级专科 01 班	201712570110	李妍		专科
436	艺术设计专业 2017 级专科 01 班	201712570111	蔡宗宏		专科
437	艺术设计专业 2017 级专科 01 班	201712570112	周壮壮		专科
438	艺术设计专业 2017 级专科 01 班	201712570113	尹杰		专科
439	艺术设计专业 2017 级专科 01 班	201712570114	高德志		专科
440	艺术设计专业 2017 级专科 01 班	201712570115	宋汶芯		专科
441	艺术设计专业 2017 级专科 01 班	201712570116	刘潇蔚		专科
442	艺术设计专业 2017 级专科 01 班	201712570117	王恒		专科
443	艺术设计专业 2017 级专科 01 班	201712570119	罗彦彦		专科
444	艺术设计专业 2017 级专科 01 班	201712570120	王谡		专科
445	艺术设计专业 2017 级专科 01 班	201712570122	吴雨		专科
446	艺术设计专业 2017 级专科 01 班	201712570124	宋君蕾		专科
447	艺术设计专业 2017 级专科 01 班	201712570125	丁轩钊		专科
448	艺术设计专业 2017 级专科 02 班	201712570202	刘宁		专科
449	艺术设计专业 2017 级专科 02 班	201712570203	孙嵩		专科
450	艺术设计专业 2017 级专科 02 班	201712570206	唐仁择		专科
451	艺术设计专业 2017 级专科 02 班	201712570207	张楠		专科
452	艺术设计专业 2017 级专科 02 班	201712570210	范明辉		专科
453	艺术设计专业 2017 级专科 02 班	201712570211	贺湲清		专科
454	艺术设计专业 2017 级专科 02 班	201712570212	李昊		专科
455	艺术设计专业 2017 级专科 02 班	201712570213	张亚迪		专科
456	艺术设计专业 2017 级专科 02 班	201712570214	付明慧		专科
457	艺术设计专业 2017 级专科 02 班	201712570215	潘天笑		专科
458	艺术设计专业 2017 级专科 02 班	201712570216	王志辉		专科
459	艺术设计专业 2017 级专科 02 班	201712570217	李恩旭		专科
460	艺术设计专业 2017 级专科 02 班	201712570221	万妮		专科
461	艺术设计专业 2017 级专科 02 班	201712570223	王敬震		专科

(续表)

	文学院				
序号	班级	学号	姓名	学位	层次
1	编辑出版学专业2016级本科01班	201502130155	李言歆	文学学士学位	本科
2	编辑出版学专业2016级本科01班	201602010101	张耀丹	文学学士学位	本科
3	编辑出版学专业2016级本科01班	201602010102	王莹莹	文学学士学位	本科
4	编辑出版学专业2016级本科01班	201602010103	邓灿凤	文学学士学位	本科
5	编辑出版学专业2016级本科01班	201602010104	黄莉婷	文学学士学位	本科
6	编辑出版学专业2016级本科01班	201602010105	张欢颜	文学学士学位	本科
7	编辑出版学专业2016级本科01班	201602010106	王欣然	文学学士学位	本科
8	编辑出版学专业2016级本科01班	201602010107	程萧宇	文学学士学位	本科
9	编辑出版学专业2016级本科01班	201602010108	代玉琳	文学学士学位	本科
10	编辑出版学专业2016级本科01班	201602010109	张翰林	文学学士学位	本科
11	编辑出版学专业2016级本科01班	201602010110	干思雨	文学学士学位	本科
12	编辑出版学专业2016级本科01班	201602010111	戴跃青	文学学士学位	本科
13	编辑出版学专业2016级本科01班	201602010112	易慧婷	文学学士学位	本科
14	编辑出版学专业2016级本科01班	201602010113	周巧莲	文学学士学位	本科
15	编辑出版学专业2016级本科01班	201602010114	王瑾	文学学士学位	本科
16	编辑出版学专业2016级本科01班	201602010115	毕梦圆	文学学士学位	本科
17	编辑出版学专业2016级本科01班	201602010116	张洁	文学学士学位	本科
18	编辑出版学专业2016级本科01班	201602010117	宋敏	文学学士学位	本科
19	编辑出版学专业2016级本科01班	201602010118	侯文豪	文学学士学位	本科
20	编辑出版学专业2016级本科01班	201602010119	李文卓	文学学士学位	本科
21	编辑出版学专业2016级本科01班	201602010120	宋月	文学学士学位	本科
22	编辑出版学专业2016级本科01班	201602010121	耿晨芳	文学学士学位	本科
23	编辑出版学专业2016级本科01班	201602010122	张迪	文学学士学位	本科
24	编辑出版学专业2016级本科01班	201602010123	田海红	文学学士学位	本科
25	编辑出版学专业2016级本科01班	201602010124	王雪	文学学士学位	本科
26	编辑出版学专业2016级本科01班	201602010125	季法	文学学士学位	本科
27	编辑出版学专业2016级本科01班	201602010126	和法瑶	文学学士学位	本科
28	编辑出版学专业2016级本科01班	201602010127	尚春芳	文学学士学位	本科
29	编辑出版学专业2016级本科01班	201602010128	李欣	文学学士学位	本科
30	编辑出版学专业2016级本科01班	201602010129	刘轩	文学学士学位	本科
31	编辑出版学专业2016级本科01班	201602010130	陈浩	文学学士学位	本科

(续表)

序号	班级	学号	姓名	学位	层次
32	编辑出版学专业2016级本科01班	201602010131	孟凡雨	文学学士学位	本科
33	编辑出版学专业2016级本科01班	201602010132	郑宏秀	文学学士学位	本科
34	编辑出版学专业2016级本科01班	201602010133	刘召云	文学学士学位	本科
35	编辑出版学专业2016级本科01班	201602010134	王莹	文学学士学位	本科
36	编辑出版学专业2016级本科01班	201602010135	季发	文学学士学位	本科
37	编辑出版学专业2016级本科01班	201602010136	王晓童	文学学士学位	本科
38	编辑出版学专业2016级本科01班	201602010137	刘金洁	文学学士学位	本科
39	编辑出版学专业2016级本科01班	201602010138	冯晓琳	文学学士学位	本科
40	编辑出版学专业2016级本科01班	201602010139	陈伦虎	文学学士学位	本科
41	编辑出版学专业2016级本科01班	201602010140	杨云宇	文学学士学位	本科
42	编辑出版学专业2016级本科02班	201602010201	侯同辉	文学学士学位	本科
43	编辑出版学专业2016级本科02班	201602010202	张嘉琳	文学学士学位	本科
44	编辑出版学专业2016级本科02班	201602010204	李丽凤	文学学士学位	本科
45	编辑出版学专业2016级本科02班	201602010205	田雨晴	文学学士学位	本科
46	编辑出版学专业2016级本科02班	201602010206	宋思佳	文学学士学位	本科
47	编辑出版学专业2016级本科02班	201602010207	李皓云	文学学士学位	本科
48	编辑出版学专业2016级本科02班	201602010208	朱丹丹	文学学士学位	本科
49	编辑出版学专业2016级本科02班	201602010209	杨凤	文学学士学位	本科
50	编辑出版学专业2016级本科02班	201602010210	罗仙娥	文学学士学位	本科
51	编辑出版学专业2016级本科02班	201602010211	谢慧敏	文学学士学位	本科
52	编辑出版学专业2016级本科02班	201602010212	余乐	文学学士学位	本科
53	编辑出版学专业2016级本科02班	201602010213	蒋诗芸	文学学士学位	本科
54	编辑出版学专业2016级本科02班	201602010214	陈宇鑫	文学学士学位	本科
55	编辑出版学专业2016级本科02班	201602010215	李莹	文学学士学位	本科
56	编辑出版学专业2016级本科02班	201602010216	刘召敏	文学学士学位	本科
57	编辑出版学专业2016级本科02班	201602010217	刘琳	文学学士学位	本科
58	编辑出版学专业2016级本科02班	201602010218	李晓淼	文学学士学位	本科
59	编辑出版学专业2016级本科02班	201602010219	黄玉莹	文学学士学位	本科
60	编辑出版学专业2016级本科02班	201602010220	魏雪婷	文学学士学位	本科
61	编辑出版学专业2016级本科02班	201602010221	门凤妍	文学学士学位	本科
62	编辑出版学专业2016级本科02班	201602010222	刘俊华	文学学士学位	本科
63	编辑出版学专业2016级本科02班	201602010223	李伟	文学学士学位	本科

(续表)

序号	班级	学号	姓名	学位	层次
64	编辑出版学专业 2016 级本科 02 班	201602010224	李岚	文学学士学位	本科
65	编辑出版学专业 2016 级本科 02 班	201602010225	郭文青	文学学士学位	本科
66	编辑出版学专业 2016 级本科 02 班	201602010226	巩龙婷	文学学士学位	本科
67	编辑出版学专业 2016 级本科 02 班	201602010227	白雪	文学学士学位	本科
68	编辑出版学专业 2016 级本科 02 班	201602010228	张百通	文学学士学位	本科
69	编辑出版学专业 2016 级本科 02 班	201602010229	主文领	文学学士学位	本科
70	编辑出版学专业 2016 级本科 02 班	201602010230	张靖	文学学士学位	本科
71	编辑出版学专业 2016 级本科 02 班	201602010231	张倩倩	文学学士学位	本科
72	编辑出版学专业 2016 级本科 02 班	201602010232	王富雪	文学学士学位	本科
73	编辑出版学专业 2016 级本科 02 班	201602010233	袁姿雯	文学学士学位	本科
74	编辑出版学专业 2016 级本科 02 班	201602010234	郭晴晴	文学学士学位	本科
75	编辑出版学专业 2016 级本科 02 班	201602010235	王小洁	文学学士学位	本科
76	编辑出版学专业 2016 级本科 02 班	201602010236	陈琪	文学学士学位	本科
77	编辑出版学专业 2016 级本科 02 班	201602010237	魏红敏	文学学士学位	本科
78	编辑出版学专业 2016 级本科 02 班	201602010238	杨莹	文学学士学位	本科
79	编辑出版学专业 2016 级本科 02 班	201602010239	罗永婷	文学学士学位	本科
80	编辑出版学专业 2016 级本科 02 班	201602010240	刘永梅	文学学士学位	本科
81	汉语国际教育专业 2016 级本科 01 班	201602040101	林诗琦	文学学士学位	本科
82	汉语国际教育专业 2016 级本科 01 班	201602040102	高婷	文学学士学位	本科
83	汉语国际教育专业 2016 级本科 01 班	201602040103	郑丹妮	文学学士学位	本科
84	汉语国际教育专业 2016 级本科 01 班	201602040104	蔡容容	文学学士学位	本科
85	汉语国际教育专业 2016 级本科 01 班	201602040105	潘三梅	文学学士学位	本科
86	汉语国际教育专业 2016 级本科 01 班	201602040107	陈汇	文学学士学位	本科
87	汉语国际教育专业 2016 级本科 01 班	201602040108	岑柳金	文学学士学位	本科
88	汉语国际教育专业 2016 级本科 01 班	201602040109	王畅	文学学士学位	本科
89	汉语国际教育专业 2016 级本科 01 班	201602040110	信心	文学学士学位	本科
90	汉语国际教育专业 2016 级本科 01 班	201602040111	王威	文学学士学位	本科
91	汉语国际教育专业 2016 级本科 01 班	201602040112	杨满	文学学士学位	本科
92	汉语国际教育专业 2016 级本科 01 班	201602040113	何伟	文学学士学位	本科
93	汉语国际教育专业 2016 级本科 01 班	201602040114	谢林	文学学士学位	本科
94	汉语国际教育专业 2016 级本科 01 班	201602040115	杨小海	文学学士学位	本科
95	汉语国际教育专业 2016 级本科 01 班	201602040116	左朋珍	文学学士学位	本科

(续表)

序号	班级	学号	姓名	学位	层次
96	汉语国际教育专业 2016 级本科 01 班	201602040117	王笑	文学学士学位	本科
97	汉语国际教育专业 2016 级本科 01 班	201602040118	何侃	文学学士学位	本科
98	汉语国际教育专业 2016 级本科 01 班	201602040119	孙晓婷	文学学士学位	本科
99	汉语国际教育专业 2016 级本科 01 班	201602040120	王雪薇	文学学士学位	本科
100	汉语国际教育专业 2016 级本科 01 班	201602040121	董天宏	文学学士学位	本科
101	汉语国际教育专业 2016 级本科 01 班	201602040122	郝姝妍	文学学士学位	本科
102	汉语国际教育专业 2016 级本科 01 班	201602040124	周晓苍	文学学士学位	本科
103	汉语国际教育专业 2016 级本科 01 班	201602040125	刘晓芹	文学学士学位	本科
104	汉语国际教育专业 2016 级本科 01 班	201602040126	祝成静	文学学士学位	本科
105	汉语国际教育专业 2016 级本科 01 班	201602040127	林美莹	文学学士学位	本科
106	汉语国际教育专业 2016 级本科 01 班	201602040128	张国英	文学学士学位	本科
107	汉语国际教育专业 2016 级本科 01 班	201602040129	边菊	文学学士学位	本科
108	汉语国际教育专业 2016 级本科 01 班	201602040130	孙利利	文学学士学位	本科
109	汉语国际教育专业 2016 级本科 01 班	201602040131	辛文秀	文学学士学位	本科
110	汉语国际教育专业 2016 级本科 01 班	201602040132	史振菲	文学学士学位	本科
111	汉语国际教育专业 2016 级本科 01 班	201602040133	吕倩	文学学士学位	本科
112	汉语国际教育专业 2016 级本科 01 班	201602040134	刘馨	文学学士学位	本科
113	汉语国际教育专业 2016 级本科 01 班	201602040135	周欣瑶	文学学士学位	本科
114	汉语国际教育专业 2016 级本科 01 班	201602040136	吴旭	文学学士学位	本科
115	汉语国际教育专业 2016 级本科 01 班	201602040137	尤祥云	文学学士学位	本科
116	汉语国际教育专业 2016 级本科 01 班	201602040138	李丽洁	文学学士学位	本科
117	汉语国际教育专业 2016 级本科 01 班	201602040139	石敏	文学学士学位	本科
118	汉语国际教育专业 2016 级本科 01 班	201602040140	孙文慧	文学学士学位	本科
119	汉语言文学专业 2016 级本科 01 班	201502010435	张海菲	文学学士学位	本科
120	汉语言文学专业 2016 级本科 01 班	201602040123	李丹丹	文学学士学位	本科
121	汉语言文学专业 2016 级本科 01 班	201602050101	张心娣	文学学士学位	本科
122	汉语言文学专业 2016 级本科 01 班	201602050102	郑淅	文学学士学位	本科
123	汉语言文学专业 2016 级本科 01 班	201602050103	颜建婷	文学学士学位	本科
124	汉语言文学专业 2016 级本科 01 班	201602050104	黄泳霖	文学学士学位	本科
125	汉语言文学专业 2016 级本科 01 班	201602050106	宋瑞婷	文学学士学位	本科
126	汉语言文学专业 2016 级本科 01 班	201602050107	管倪纯	文学学士学位	本科
127	汉语言文学专业 2016 级本科 01 班	201602050108	娄素依	文学学士学位	本科

(续表)

序号	班级	学号	姓名	学位	层次
128	汉语言文学专业 2016 级本科 01 班	201602050109	毛鹏娜	文学学士学位	本科
129	汉语言文学专业 2016 级本科 01 班	201602050110	李文静	文学学士学位	本科
130	汉语言文学专业 2016 级本科 01 班	201602050111	曹玉虹	文学学士学位	本科
131	汉语言文学专业 2016 级本科 01 班	201602050112	崔晓洁	文学学士学位	本科
132	汉语言文学专业 2016 级本科 01 班	201602050113	刘可心	文学学士学位	本科
133	汉语言文学专业 2016 级本科 01 班	201602050114	王小敏	文学学士学位	本科
134	汉语言文学专业 2016 级本科 01 班	201602050115	杨慧琳	文学学士学位	本科
135	汉语言文学专业 2016 级本科 01 班	201602050116	柴俊良	文学学士学位	本科
136	汉语言文学专业 2016 级本科 01 班	201602050117	姚佳鑫	文学学士学位	本科
137	汉语言文学专业 2016 级本科 01 班	201602050118	聂文芊	文学学士学位	本科
138	汉语言文学专业 2016 级本科 01 班	201602050119	刘鹤	文学学士学位	本科
139	汉语言文学专业 2016 级本科 01 班	201602050120	马萌娜	文学学士学位	本科
140	汉语言文学专业 2016 级本科 01 班	201602050121	杜旭飞	文学学士学位	本科
141	汉语言文学专业 2016 级本科 01 班	201602050123	卢俊欣	文学学士学位	本科
142	汉语言文学专业 2016 级本科 01 班	201602050124	罗敏	文学学士学位	本科
143	汉语言文学专业 2016 级本科 01 班	201602050125	郭芯妤	文学学士学位	本科
144	汉语言文学专业 2016 级本科 01 班	201602050126	杨文凤	文学学士学位	本科
145	汉语言文学专业 2016 级本科 01 班	201602050127	陆杨	文学学士学位	本科
146	汉语言文学专业 2016 级本科 01 班	201602050128	古力格乃·吐尔逊	文学学士学位	本科
147	汉语言文学专业 2016 级本科 01 班	201602050129	穆海热木·麦图送	文学学士学位	本科
148	汉语言文学专业 2016 级本科 01 班	201602050130	武捷宇	文学学士学位	本科
149	汉语言文学专业 2016 级本科 01 班	201602050131	周锦全	文学学士学位	本科
150	汉语言文学专业 2016 级本科 01 班	201602050132	安维	文学学士学位	本科
151	汉语言文学专业 2016 级本科 01 班	201602050133	陈丽情	文学学士学位	本科
152	汉语言文学专业 2016 级本科 01 班	201602050134	刘唱	文学学士学位	本科
153	汉语言文学专业 2016 级本科 01 班	201602050135	张瑞	文学学士学位	本科
154	汉语言文学专业 2016 级本科 01 班	201602050136	谭艳丽	文学学士学位	本科
155	汉语言文学专业 2016 级本科 01 班	201602050137	付仁杰	文学学士学位	本科
156	汉语言文学专业 2016 级本科 01 班	201602050138	王银	文学学士学位	本科
157	汉语言文学专业 2016 级本科 01 班	201602050139	周薇	文学学士学位	本科
158	汉语言文学专业 2016 级本科 01 班	201602050140	宋悦	文学学士学位	本科

(续表)

序号	班级	学号	姓名	学位	层次
159	汉语言文学专业2016级本科01班	201602050141	韩惠贻	文学学士学位	本科
160	汉语言文学专业2016级本科01班	201602050142	徐筱君	文学学士学位	本科
161	汉语言文学专业2016级本科01班	201602050143	李淑	文学学士学位	本科
162	汉语言文学专业2016级本科01班	201602050144	张馨月	文学学士学位	本科
163	汉语言文学专业2016级本科01班	201602050145	刘琳琳	文学学士学位	本科
164	汉语言文学专业2016级本科01班	201602050146	赵宸	文学学士学位	本科
165	汉语言文学专业2016级本科01班	201602050147	刘谭谭	文学学士学位	本科
166	汉语言文学专业2016级本科01班	201602050148	张秀敏	文学学士学位	本科
167	汉语言文学专业2016级本科01班	201602050149	张政	文学学士学位	本科
168	汉语言文学专业2016级本科01班	201602050150	孙胜寒	文学学士学位	本科
169	汉语言文学专业2016级本科01班	201602050151	李玉玉	文学学士学位	本科
170	汉语言文学专业2016级本科01班	201602050152	闫文兰	文学学士学位	本科
171	汉语言文学专业2016级本科01班	201602050153	刘开伦	文学学士学位	本科
172	汉语言文学专业2016级本科01班	201602050154	王小迪	文学学士学位	本科
173	汉语言文学专业2016级本科01班	201602050155	李媛	文学学士学位	本科
174	汉语言文学专业2016级本科02班	201602050201	缪影	文学学士学位	本科
175	汉语言文学专业2016级本科02班	201602050202	林佳眉	文学学士学位	本科
176	汉语言文学专业2016级本科02班	201602050203	叶妍	文学学士学位	本科
177	汉语言文学专业2016级本科02班	201602050204	刘珍	文学学士学位	本科
178	汉语言文学专业2016级本科02班	201602050205	武红娟	文学学士学位	本科
179	汉语言文学专业2016级本科02班	201602050206	蒙海澜	文学学士学位	本科
180	汉语言文学专业2016级本科02班	201602050207	林家双	文学学士学位	本科
181	汉语言文学专业2016级本科02班	201602050208	张凤	文学学士学位	本科
182	汉语言文学专业2016级本科02班	201602050209	杨桂玲	文学学士学位	本科
183	汉语言文学专业2016级本科02班	201602050210	邵卓佳	文学学士学位	本科
184	汉语言文学专业2016级本科02班	201602050211	田薇宁	文学学士学位	本科
185	汉语言文学专业2016级本科02班	201602050212	曲爽	文学学士学位	本科
186	汉语言文学专业2016级本科02班	201602050213	薛凯方	文学学士学位	本科
187	汉语言文学专业2016级本科02班	201602050214	王子媗	文学学士学位	本科
188	汉语言文学专业2016级本科02班	201602050215	赵培琴	文学学士学位	本科
189	汉语言文学专业2016级本科02班	201602050216	赵淑月	文学学士学位	本科
190	汉语言文学专业2016级本科02班	201602050217	杨雪雪	文学学士学位	本科

(续表)

序号	班级	学号	姓名	学位	层次
191	汉语言文学专业 2016 级本科 02 班	201602050218	贾文豪	文学学士学位	本科
192	汉语言文学专业 2016 级本科 02 班	201602050219	张莹	文学学士学位	本科
193	汉语言文学专业 2016 级本科 02 班	201602050220	李熠锒	文学学士学位	本科
194	汉语言文学专业 2016 级本科 02 班	201602050221	王莹	文学学士学位	本科
195	汉语言文学专业 2016 级本科 02 班	201602050222	朱晶晶	文学学士学位	本科
196	汉语言文学专业 2016 级本科 02 班	201602050223	沈俊	文学学士学位	本科
197	汉语言文学专业 2016 级本科 02 班	201602050224	杨涵迪	文学学士学位	本科
198	汉语言文学专业 2016 级本科 02 班	201602050225	李羽欣	文学学士学位	本科
199	汉语言文学专业 2016 级本科 02 班	201602050226	李梦萍	文学学士学位	本科
200	汉语言文学专业 2016 级本科 02 班	201602050227	杨雨	文学学士学位	本科
201	汉语言文学专业 2016 级本科 02 班	201602050228	买苏土然木·阿力米江	文学学士学位	本科
202	汉语言文学专业 2016 级本科 02 班	201602050229	迪丽奴尔·库尔班江		本科
203	汉语言文学专业 2016 级本科 02 班	201602050230	温淑娴	文学学士学位	本科
204	汉语言文学专业 2016 级本科 02 班	201602050232	余俊	文学学士学位	本科
205	汉语言文学专业 2016 级本科 02 班	201602050233	冯卓雅	文学学士学位	本科
206	汉语言文学专业 2016 级本科 02 班	201602050234	唐露露	文学学士学位	本科
207	汉语言文学专业 2016 级本科 02 班	201602050235	孙文美	文学学士学位	本科
208	汉语言文学专业 2016 级本科 02 班	201602050236	吴群	文学学士学位	本科
209	汉语言文学专业 2016 级本科 02 班	201602050237	余星	文学学士学位	本科
210	汉语言文学专业 2016 级本科 02 班	201602050238	凌承琴	文学学士学位	本科
211	汉语言文学专业 2016 级本科 02 班	201602050239	赵蕾	文学学士学位	本科
212	汉语言文学专业 2016 级本科 02 班	201602050240	李方雪	文学学士学位	本科
213	汉语言文学专业 2016 级本科 02 班	201602050241	徐增玉	文学学士学位	本科
214	汉语言文学专业 2016 级本科 02 班	201602050242	孙庆玲	文学学士学位	本科
215	汉语言文学专业 2016 级本科 02 班	201602050243	代明玉	文学学士学位	本科
216	汉语言文学专业 2016 级本科 02 班	201602050244	陈建洋	文学学士学位	本科
217	汉语言文学专业 2016 级本科 02 班	201602050245	杨德艳	文学学士学位	本科
218	汉语言文学专业 2016 级本科 02 班	201602050246	周坤婷	文学学士学位	本科
219	汉语言文学专业 2016 级本科 02 班	201602050247	冯锦秀	文学学士学位	本科
220	汉语言文学专业 2016 级本科 02 班	201602050248	陈方圆	文学学士学位	本科
221	汉语言文学专业 2016 级本科 02 班	201602050249	朱鹤岩	文学学士学位	本科

(续表)

序号	班级	学号	姓名	学位	层次
222	汉语言文学专业 2016 级本科 02 班	201602050250	刘旋	文学学士学位	本科
223	汉语言文学专业 2016 级本科 02 班	201602050251	陈晓凤	文学学士学位	本科
224	汉语言文学专业 2016 级本科 02 班	201602050252	戚钰洁	文学学士学位	本科
225	汉语言文学专业 2016 级本科 02 班	201602050253	姜龙	文学学士学位	本科
226	汉语言文学专业 2016 级本科 02 班	201602050254	化昌营	文学学士学位	本科
227	汉语言文学专业 2016 级本科 02 班	201602050255	朱文锦	文学学士学位	本科
228	汉语言文学专业 2016 级本科 03 班	201602080301	韩文嫱	文学学士学位	本科
229	汉语言文学专业 2016 级本科 03 班	201602080302	刘冉	文学学士学位	本科
230	汉语言文学专业 2016 级本科 03 班	201602080303	刘俊玲	文学学士学位	本科
231	汉语言文学专业 2016 级本科 03 班	201602080304	李楠	文学学士学位	本科
232	汉语言文学专业 2016 级本科 03 班	201602080305	王静	文学学士学位	本科
233	汉语言文学专业 2016 级本科 03 班	201602080306	修珊珊	文学学士学位	本科
234	汉语言文学专业 2016 级本科 03 班	201602080307	宋培蕾	文学学士学位	本科
235	汉语言文学专业 2016 级本科 03 班	201602080308	管晓倩	文学学士学位	本科
236	汉语言文学专业 2016 级本科 03 班	201602080309	毕培文	文学学士学位	本科
237	汉语言文学专业 2016 级本科 03 班	201602080310	王洪粉	文学学士学位	本科
238	汉语言文学专业 2016 级本科 03 班	201602080311	张文豪	文学学士学位	本科
239	汉语言文学专业 2016 级本科 03 班	201602080312	姜雁	文学学士学位	本科
240	汉语言文学专业 2016 级本科 03 班	201602080313	孔燕懿	文学学士学位	本科
241	汉语言文学专业 2016 级本科 03 班	201602080314	白召芳	文学学士学位	本科
242	汉语言文学专业 2016 级本科 03 班	201602080315	程孟杰	文学学士学位	本科
243	汉语言文学专业 2016 级本科 03 班	201602080316	陶慧芸	文学学士学位	本科
244	汉语言文学专业 2016 级本科 03 班	201602080317	卢剑飞	文学学士学位	本科
245	汉语言文学专业 2016 级本科 03 班	201602080318	赵洪淇	文学学士学位	本科
246	汉语言文学专业 2016 级本科 03 班	201602080319	孙英洁	文学学士学位	本科
247	汉语言文学专业 2016 级本科 03 班	201602080320	鞠嘉伟	文学学士学位	本科
248	汉语言文学专业 2016 级本科 03 班	201602080321	葛雨	文学学士学位	本科
249	汉语言文学专业 2016 级本科 03 班	201602080322	李晓彤	文学学士学位	本科
250	汉语言文学专业 2016 级本科 03 班	201602080323	刘旭	文学学士学位	本科
251	汉语言文学专业 2016 级本科 03 班	201602080324	肖笑笑	文学学士学位	本科
252	汉语言文学专业 2016 级本科 03 班	201602080325	胡凤韬	文学学士学位	本科
253	汉语言文学专业 2016 级本科 03 班	201602080326	高菊	文学学士学位	本科

(续表)

序号	班级	学号	姓名	学位	层次
254	汉语言文学专业 2016 级本科 03 班	201602080327	张文君	文学学士学位	本科
255	汉语言文学专业 2016 级本科 03 班	201602080328	闵祥雨	文学学士学位	本科
256	汉语言文学专业 2016 级本科 03 班	201602080329	杜欣	文学学士学位	本科
257	汉语言文学专业 2016 级本科 03 班	201602080330	黄琦雯	文学学士学位	本科
258	汉语言文学专业 2016 级本科 03 班	201602080331	陈云雪	文学学士学位	本科
259	汉语言文学专业 2016 级本科 03 班	201602080332	姚云凯	文学学士学位	本科
260	汉语言文学专业 2016 级本科 03 班	201602080333	崔立飞	文学学士学位	本科
261	汉语言文学专业 2016 级本科 03 班	201602080334	胡星华	文学学士学位	本科
262	汉语言文学专业 2016 级本科 03 班	201602080335	郑欢	文学学士学位	本科
263	汉语言文学专业 2016 级本科 03 班	201602080336	李双双	文学学士学位	本科
264	汉语言文学专业 2016 级本科 03 班	201602080337	相敏	文学学士学位	本科
265	汉语言文学专业 2016 级本科 03 班	201602080338	王莹	文学学士学位	本科
266	汉语言文学专业 2016 级本科 03 班	201602080339	米洁	文学学士学位	本科
267	汉语言文学专业 2016 级本科 03 班	201602080340	张玲	文学学士学位	本科
268	汉语言文学专业 2016 级本科 03 班	201602080341	刘叶	文学学士学位	本科
269	汉语言文学专业 2016 级本科 03 班	201602080342	于明晴	文学学士学位	本科
270	汉语言文学专业 2016 级本科 03 班	201602080343	张纯	文学学士学位	本科
271	汉语言文学专业 2016 级本科 03 班	201602080344	朱玉楠	文学学士学位	本科
272	汉语言文学专业 2016 级本科 03 班	201602080345	李国昊	文学学士学位	本科
273	汉语言文学专业 2016 级本科 03 班	201602080346	王艺瑾	文学学士学位	本科
274	汉语言文学专业 2016 级本科 03 班	201602080347	刘燚	文学学士学位	本科
275	汉语言文学专业 2016 级本科 03 班	201602080348	贾志晴	文学学士学位	本科
276	汉语言文学专业 2016 级本科 03 班	201602080349	时鑫	文学学士学位	本科
277	汉语言文学专业 2016 级本科 03 班	201602080350	王利涛	文学学士学位	本科

外国语学院

序号	班级	学号	姓名	学位	层次
1	阿拉伯语专业 2016 级本科 01 班	201506180120	何思杭	文学学士学位	本科
2	阿拉伯语专业 2016 级本科 01 班	201606010101	姚恒翔	文学学士学位	本科
3	阿拉伯语专业 2016 级本科 01 班	201606010102	孙瑞霞	文学学士学位	本科
4	阿拉伯语专业 2016 级本科 01 班	201606010103	白龙阁	文学学士学位	本科
5	阿拉伯语专业 2016 级本科 01 班	201606010104	梅光华	文学学士学位	本科

(续表)

序号	班级	学号	姓名	学位	层次
6	阿拉伯语专业2016级本科01班	201606010105	张港玲	文学学士学位	本科
7	阿拉伯语专业2016级本科01班	201606010106	李云菲	文学学士学位	本科
8	阿拉伯语专业2016级本科01班	201606010108	刘金	文学学士学位	本科
9	阿拉伯语专业2016级本科01班	201606010109	张晓晴	文学学士学位	本科
10	阿拉伯语专业2016级本科01班	201606010110	于世健	文学学士学位	本科
11	阿拉伯语专业2016级本科01班	201606010111	代伟	文学学士学位	本科
12	阿拉伯语专业2016级本科01班	201606010112	李艳茹	文学学士学位	本科
13	阿拉伯语专业2016级本科01班	201606010113	高燕超	文学学士学位	本科
14	阿拉伯语专业2016级本科01班	201606010114	贾纯琳	文学学士学位	本科
15	阿拉伯语专业2016级本科01班	201606010115	刘璐	文学学士学位	本科
16	阿拉伯语专业2016级本科01班	201606010116	侯琳斐	文学学士学位	本科
17	阿拉伯语专业2016级本科01班	201606010117	张芳红	文学学士学位	本科
18	阿拉伯语专业2016级本科01班	201606010118	彭振宇	文学学士学位	本科
19	阿拉伯语专业2016级本科01班	201606010119	尤晓雨	文学学士学位	本科
20	阿拉伯语专业2016级本科01班	201606010120	刘笑	文学学士学位	本科
21	阿拉伯语专业2016级本科01班	201606010121	刘慧	文学学士学位	本科
22	阿拉伯语专业2016级本科01班	201606010122	王维芹	文学学士学位	本科
23	阿拉伯语专业2016级本科01班	201606010123	李明儿	文学学士学位	本科
24	阿拉伯语专业2016级本科01班	201606010124	夏天	文学学士学位	本科
25	阿拉伯语专业2016级本科01班	201606010125	吕凌	文学学士学位	本科
26	阿拉伯语专业2016级本科01班	201606010126	姚铖炜	文学学士学位	本科
27	阿拉伯语专业2016级本科01班	201606010127	毛晓淇	文学学士学位	本科
28	阿拉伯语专业2016级本科01班	201606010128	张伯祺	文学学士学位	本科
29	阿拉伯语专业2016级本科01班	201606010129	郭海璇	文学学士学位	本科
30	阿拉伯语专业2016级本科01班	201606010130	钟晓君	文学学士学位	本科
31	朝鲜语专业2016级本科01班	201604020225	郑慧敏	文学学士学位	本科
32	朝鲜语专业2016级本科01班	201606020103	王一帆	文学学士学位	本科
33	朝鲜语专业2016级本科01班	201606020104	孙小瑄	文学学士学位	本科
34	朝鲜语专业2016级本科01班	201606020105	张京京	文学学士学位	本科
35	朝鲜语专业2016级本科01班	201606020106	李一凡	文学学士学位	本科
36	朝鲜语专业2016级本科01班	201606020107	秦雪怡	文学学士学位	本科
37	朝鲜语专业2016级本科01班	201606020108	崔佳雪	文学学士学位	本科

(续表)

序号	班级	学号	姓名	学位	层次
38	朝鲜语专业 2016 级本科 01 班	201606020109	宋宗兰		本科
39	朝鲜语专业 2016 级本科 01 班	201606020110	金晓月	文学学士学位	本科
40	朝鲜语专业 2016 级本科 01 班	201606020111	王雨霖	文学学士学位	本科
41	朝鲜语专业 2016 级本科 01 班	201606020112	马诗瑶	文学学士学位	本科
42	朝鲜语专业 2016 级本科 01 班	201606020113	杨妍	文学学士学位	本科
43	朝鲜语专业 2016 级本科 01 班	201606020114	董蕾	文学学士学位	本科
44	朝鲜语专业 2016 级本科 01 班	201606020115	孙奇臻	文学学士学位	本科
45	朝鲜语专业 2016 级本科 01 班	201606020116	周新楠	文学学士学位	本科
46	朝鲜语专业 2016 级本科 01 班	201606020117	李亚男	文学学士学位	本科
47	朝鲜语专业 2016 级本科 01 班	201606020118	张莹	文学学士学位	本科
48	朝鲜语专业 2016 级本科 01 班	201606020119	段婷婷	文学学士学位	本科
49	朝鲜语专业 2016 级本科 01 班	201606020120	刘俊俊	文学学士学位	本科
50	朝鲜语专业 2016 级本科 01 班	201606020121	姜静	文学学士学位	本科
51	朝鲜语专业 2016 级本科 01 班	201606020122	徐津	文学学士学位	本科
52	朝鲜语专业 2016 级本科 01 班	201606020123	宋露钡	文学学士学位	本科
53	朝鲜语专业 2016 级本科 01 班	201606020124	王晨曦	文学学士学位	本科
54	朝鲜语专业 2016 级本科 01 班	201606020125	邢雅丽	文学学士学位	本科
55	朝鲜语专业 2016 级本科 01 班	201606020126	项敏洁	文学学士学位	本科
56	朝鲜语专业 2016 级本科 01 班	201606020128	陈美茵	文学学士学位	本科
57	朝鲜语专业 2016 级本科 01 班	201606020130	杨文莉	文学学士学位	本科
58	朝鲜语专业 2016 级本科 01 班	201616030227	余丹	文学学士学位	本科
59	俄语专业 2016 级本科 01 班	201606030101	武平洋	文学学士学位	本科
60	俄语专业 2016 级本科 01 班	201606030102	王思齐		本科
61	俄语专业 2016 级本科 01 班	201606030103	崔思嘉	文学学士学位	本科
62	俄语专业 2016 级本科 01 班	201606030104	赵娜	文学学士学位	本科
63	俄语专业 2016 级本科 01 班	201606030105	刘瑶	文学学士学位	本科
64	俄语专业 2016 级本科 01 班	201606030106	朱秀芹	文学学士学位	本科
65	俄语专业 2016 级本科 01 班	201606030107	李佳昕	文学学士学位	本科
66	俄语专业 2016 级本科 01 班	201606030108	刘佳艺	文学学士学位	本科
67	俄语专业 2016 级本科 01 班	201606030109	付蓉蓉	文学学士学位	本科
68	俄语专业 2016 级本科 01 班	201606030110	李博雅	文学学士学位	本科
69	俄语专业 2016 级本科 01 班	201606030111	王秀丽	文学学士学位	本科

(续表)

序号	班级	学号	姓名	学位	层次
70	俄语专业 2016 级本科 01 班	201606030112	李冬雪	文学学士学位	本科
71	俄语专业 2016 级本科 01 班	201606030113	顾婧冉	文学学士学位	本科
72	俄语专业 2016 级本科 01 班	201606030114	袁文婷	文学学士学位	本科
73	俄语专业 2016 级本科 01 班	201606030115	杨得雨	文学学士学位	本科
74	俄语专业 2016 级本科 01 班	201606030116	李明明	文学学士学位	本科
75	俄语专业 2016 级本科 01 班	201606030117	安百宇	文学学士学位	本科
76	俄语专业 2016 级本科 01 班	201606030118	张蕊	文学学士学位	本科
77	俄语专业 2016 级本科 01 班	201606030119	潘金铭	文学学士学位	本科
78	俄语专业 2016 级本科 01 班	201606030120	刘亚楠	文学学士学位	本科
79	俄语专业 2016 级本科 01 班	201606030121	于爱莲	文学学士学位	本科
80	俄语专业 2016 级本科 01 班	201606030122	赵文佳	文学学士学位	本科
81	俄语专业 2016 级本科 01 班	201606030124	鲍连欣	文学学士学位	本科
82	俄语专业 2016 级本科 01 班	201606030125	李云	文学学士学位	本科
83	俄语专业 2016 级本科 01 班	201606030126	赵光艳	文学学士学位	本科
84	俄语专业 2016 级本科 01 班	201606030127	佟宝慧	文学学士学位	本科
85	俄语专业 2016 级本科 01 班	201606030128	董玉萍	文学学士学位	本科
86	俄语专业 2016 级本科 01 班	201606030129	韩明慧	文学学士学位	本科
87	俄语专业 2016 级本科 01 班	201606030130	陈明煜	文学学士学位	本科
88	法语专业 2016 级本科 01 班	201506170125	段志松	文学学士学位	本科
89	法语专业 2016 级本科 01 班	201603020145	李泠铖	文学学士学位	本科
90	法语专业 2016 级本科 01 班	201606040101	刘晓华	文学学士学位	本科
91	法语专业 2016 级本科 01 班	201606040102	李春蕾	文学学士学位	本科
92	法语专业 2016 级本科 01 班	201606040103	巩炳辛	文学学士学位	本科
93	法语专业 2016 级本科 01 班	201606040104	董慧慧	文学学士学位	本科
94	法语专业 2016 级本科 01 班	201606040105	武俊	文学学士学位	本科
95	法语专业 2016 级本科 01 班	201606040106	闫秀莹	文学学士学位	本科
96	法语专业 2016 级本科 01 班	201606040107	周思妤	文学学士学位	本科
97	法语专业 2016 级本科 01 班	201606040108	马善善	文学学士学位	本科
98	法语专业 2016 级本科 01 班	201606040109	安志琪	文学学士学位	本科
99	法语专业 2016 级本科 01 班	201606040110	黄梓瑄	文学学士学位	本科
100	法语专业 2016 级本科 01 班	201606040111	刘思诗	文学学士学位	本科
101	法语专业 2016 级本科 01 班	201606040112	刘洋	文学学士学位	本科

(续表)

序号	班级	学号	姓名	学位	层次
102	法语专业 2016 级本科 01 班	201606040113	张明慧	文学学士学位	本科
103	法语专业 2016 级本科 01 班	201606040114	贺贝贝	文学学士学位	本科
104	法语专业 2016 级本科 01 班	201606040115	陈桂龙		本科
105	法语专业 2016 级本科 01 班	201606040116	巩慧	文学学士学位	本科
106	法语专业 2016 级本科 01 班	201606040117	马清清	文学学士学位	本科
107	法语专业 2016 级本科 01 班	201606040118	刘丹	文学学士学位	本科
108	法语专业 2016 级本科 01 班	201606040119	杜宁宁	文学学士学位	本科
109	法语专业 2016 级本科 01 班	201606040120	刘夏纯	文学学士学位	本科
110	法语专业 2016 级本科 01 班	201606040121	胡欣然	文学学士学位	本科
111	法语专业 2016 级本科 02 班	201606040201	师金钊	文学学士学位	本科
112	法语专业 2016 级本科 02 班	201606040202	林淑娟	文学学士学位	本科
113	法语专业 2016 级本科 02 班	201606040203	谢慧芝	文学学士学位	本科
114	法语专业 2016 级本科 02 班	201606040204	赵玉森	文学学士学位	本科
115	法语专业 2016 级本科 02 班	201606040205	梁伟	文学学士学位	本科
116	法语专业 2016 级本科 02 班	201606040206	徐晓雯	文学学士学位	本科
117	法语专业 2016 级本科 02 班	201606040207	刘晴	文学学士学位	本科
118	法语专业 2016 级本科 02 班	201606040208	姜宏宇		本科
119	法语专业 2016 级本科 02 班	201606040209	陈林慧	文学学士学位	本科
120	法语专业 2016 级本科 02 班	201606040210	匡亚玲	文学学士学位	本科
121	法语专业 2016 级本科 02 班	201606040211	王春霞	文学学士学位	本科
122	法语专业 2016 级本科 02 班	201606040212	丁超群	文学学士学位	本科
123	法语专业 2016 级本科 02 班	201606040213	刘思雨	文学学士学位	本科
124	法语专业 2016 级本科 02 班	201606040214	罗丽丽	文学学士学位	本科
125	法语专业 2016 级本科 02 班	201606040215	马玉婷	文学学士学位	本科
126	法语专业 2016 级本科 02 班	201606040216	邱悦	文学学士学位	本科
127	法语专业 2016 级本科 02 班	201606040217	杨继斌	文学学士学位	本科
128	法语专业 2016 级本科 02 班	201606040218	杨美林	文学学士学位	本科
129	法语专业 2016 级本科 02 班	201606040219	杨天君	文学学士学位	本科
130	法语专业 2016 级本科 02 班	201606040220	李彤	文学学士学位	本科
131	法语专业 2016 级本科 02 班	201606040221	边荣秀	文学学士学位	本科
132	法语专业 2016 级本科 02 班	201606140126	邹如意	文学学士学位	本科
133	法语专业 2016 级本科 02 班	201607050107	于继超	文学学士学位	本科

(续表)

序号	班级	学号	姓名	学位	层次
134	商务英语专业 2016 级本科 01 班	201506120535	王淑娟	文学学士学位	本科
135	商务英语专业 2016 级本科 01 班	201606140101	王博	文学学士学位	本科
136	商务英语专业 2016 级本科 01 班	201606140102	朱传昊	文学学士学位	本科
137	商务英语专业 2016 级本科 01 班	201606140103	蔡晋	文学学士学位	本科
138	商务英语专业 2016 级本科 01 班	201606140104	万朋丽	文学学士学位	本科
139	商务英语专业 2016 级本科 01 班	201606140105	李明	文学学士学位	本科
140	商务英语专业 2016 级本科 01 班	201606140106	李欣	文学学士学位	本科
141	商务英语专业 2016 级本科 01 班	201606140107	岳晓雨	文学学士学位	本科
142	商务英语专业 2016 级本科 01 班	201606140108	赵凯婕	文学学士学位	本科
143	商务英语专业 2016 级本科 01 班	201606140109	于文浩	文学学士学位	本科
144	商务英语专业 2016 级本科 01 班	201606140110	徐千惠	文学学士学位	本科
145	商务英语专业 2016 级本科 01 班	201606140112	张煜杰	文学学士学位	本科
146	商务英语专业 2016 级本科 01 班	201606140113	董梦霓		本科
147	商务英语专业 2016 级本科 01 班	201606140114	曲坤娣	文学学士学位	本科
148	商务英语专业 2016 级本科 01 班	201606140115	刘恺	文学学士学位	本科
149	商务英语专业 2016 级本科 01 班	201606140116	刘翔翔	文学学士学位	本科
150	商务英语专业 2016 级本科 01 班	201606140117	吕芳君	文学学士学位	本科
151	商务英语专业 2016 级本科 01 班	201606140118	王天琪	文学学士学位	本科
152	商务英语专业 2016 级本科 01 班	201606140119	杨晨光	文学学士学位	本科
153	商务英语专业 2016 级本科 01 班	201606140120	郭郁文	文学学士学位	本科
154	商务英语专业 2016 级本科 01 班	201606140121	刘双英	文学学士学位	本科
155	商务英语专业 2016 级本科 01 班	201606140122	张新	文学学士学位	本科
156	商务英语专业 2016 级本科 01 班	201606140123	刘柏华	文学学士学位	本科
157	商务英语专业 2016 级本科 01 班	201606140124	贾佳慧	文学学士学位	本科
158	商务英语专业 2016 级本科 01 班	201606140125	崔佳欣	文学学士学位	本科
159	商务英语专业 2016 级本科 01 班	201606140127	张丽平	文学学士学位	本科
160	商务英语专业 2016 级本科 01 班	201606140128	马容敏	文学学士学位	本科
161	商务英语专业 2016 级本科 01 班	201606140129	周梅婷	文学学士学位	本科
162	商务英语专业 2016 级本科 01 班	201606140130	孙可安	文学学士学位	本科
163	商务英语专业 2016 级本科 01 班	201608120125	谯娜	文学学士学位	本科
164	商务英语专业 2016 级本科 02 班	201605040124	张文娟	文学学士学位	本科
165	商务英语专业 2016 级本科 02 班	201606140201	潘睿	文学学士学位	本科

(续表)

序号	班级	学号	姓名	学位	层次
166	商务英语专业 2016 级本科 02 班	201606140202	张宗飞	文学学士学位	本科
167	商务英语专业 2016 级本科 02 班	201606140203	柳玫辰	文学学士学位	本科
168	商务英语专业 2016 级本科 02 班	201606140204	孟凡聪	文学学士学位	本科
169	商务英语专业 2016 级本科 02 班	201606140205	刘鲁意	文学学士学位	本科
170	商务英语专业 2016 级本科 02 班	201606140206	朱建雯	文学学士学位	本科
171	商务英语专业 2016 级本科 02 班	201606140207	张敏	文学学士学位	本科
172	商务英语专业 2016 级本科 02 班	201606140208	贺淑慧	文学学士学位	本科
173	商务英语专业 2016 级本科 02 班	201606140209	金爱玲	文学学士学位	本科
174	商务英语专业 2016 级本科 02 班	201606140210	杨乐	文学学士学位	本科
175	商务英语专业 2016 级本科 02 班	201606140211	张小雾	文学学士学位	本科
176	商务英语专业 2016 级本科 02 班	201606140212	闫欣月	文学学士学位	本科
177	商务英语专业 2016 级本科 02 班	201606140213	丁雨婷	文学学士学位	本科
178	商务英语专业 2016 级本科 02 班	201606140214	解文婕	文学学士学位	本科
179	商务英语专业 2016 级本科 02 班	201606140215	唐玮临	文学学士学位	本科
180	商务英语专业 2016 级本科 02 班	201606140216	毛宇	文学学士学位	本科
181	商务英语专业 2016 级本科 02 班	201606140217	房丽丽	文学学士学位	本科
182	商务英语专业 2016 级本科 02 班	201606140218	韩以晴	文学学士学位	本科
183	商务英语专业 2016 级本科 02 班	201606140219	徐凯瑞	文学学士学位	本科
184	商务英语专业 2016 级本科 02 班	201606140220	孔莹莹	文学学士学位	本科
185	商务英语专业 2016 级本科 02 班	201606140223	尹成真	文学学士学位	本科
186	商务英语专业 2016 级本科 02 班	201606140224	舒欣	文学学士学位	本科
187	商务英语专业 2016 级本科 02 班	201606140225	李博	文学学士学位	本科
188	商务英语专业 2016 级本科 02 班	201606140227	倪卓钦	文学学士学位	本科
189	商务英语专业 2016 级本科 02 班	201606140228	邓丽梅	文学学士学位	本科
190	商务英语专业 2016 级本科 02 班	201607050101	曹玥	文学学士学位	本科
191	商务英语专业 2016 级本科 02 班	201607050115	刘旭晖	文学学士学位	本科
192	商务英语专业 2016 级本科 02 班	201608030119	马欣	文学学士学位	本科
193	商务英语专业 2016 级本科 02 班	201617080123	安顺鑫	文学学士学位	本科
194	商务英语专业 2016 级本科 02 班	201618080110	钟琪	文学学士学位	本科
195	商务英语专业 2016 级本科 03 班	201606030123	李晨	文学学士学位	本科
196	商务英语专业 2016 级本科 03 班	201606140301	赵彩云	文学学士学位	本科
197	商务英语专业 2016 级本科 03 班	201606140302	韩志康	文学学士学位	本科

(续表)

序号	班级	学号	姓名	学位	层次
198	商务英语专业2016级本科03班	201606140303	李丽	文学学士学位	本科
199	商务英语专业2016级本科03班	201606140304	李淑霞	文学学士学位	本科
200	商务英语专业2016级本科03班	201606140305	滕德敏	文学学士学位	本科
201	商务英语专业2016级本科03班	201606140306	周玉妹	文学学士学位	本科
202	商务英语专业2016级本科03班	201606140307	杨琼	文学学士学位	本科
203	商务英语专业2016级本科03班	201606140308	马亚楠	文学学士学位	本科
204	商务英语专业2016级本科03班	201606140309	马媛媛	文学学士学位	本科
205	商务英语专业2016级本科03班	201606140310	曹楠淇	文学学士学位	本科
206	商务英语专业2016级本科03班	201606140311	张益铭	文学学士学位	本科
207	商务英语专业2016级本科03班	201606140312	刘泽营	文学学士学位	本科
208	商务英语专业2016级本科03班	201606140313	马晓冉	文学学士学位	本科
209	商务英语专业2016级本科03班	201606140314	薛树杰	文学学士学位	本科
210	商务英语专业2016级本科03班	201606140315	张悦	文学学士学位	本科
211	商务英语专业2016级本科03班	201606140316	杨晓倩	文学学士学位	本科
212	商务英语专业2016级本科03班	201606140317	王春波		本科
213	商务英语专业2016级本科03班	201606140318	许潇	文学学士学位	本科
214	商务英语专业2016级本科03班	201606140319	李倩倩		本科
215	商务英语专业2016级本科03班	201606140320	陈珊珊	文学学士学位	本科
216	商务英语专业2016级本科03班	201606140321	张勇	文学学士学位	本科
217	商务英语专业2016级本科03班	201606140322	滕蕊	文学学士学位	本科
218	商务英语专业2016级本科03班	201606140323	丁慧	文学学士学位	本科
219	商务英语专业2016级本科03班	201606140324	时润东	文学学士学位	本科
220	商务英语专业2016级本科03班	201606140325	王美钰	文学学士学位	本科
221	商务英语专业2016级本科03班	201606140327	曾艺佳	文学学士学位	本科
222	商务英语专业2016级本科03班	201606140328	李林珊	文学学士学位	本科
223	商务英语专业2016级本科03班	201606140329	钱珉函	文学学士学位	本科
224	商务英语专业2016级本科03班	201608100106	刘彦君	文学学士学位	本科
225	商务英语专业2016级本科03班	201610030110	矫婧菲	文学学士学位	本科
226	商务英语专业2016级本科04班	201603020114	孙鑫玥	文学学士学位	本科
227	商务英语专业2016级本科04班	201606020101	李小晶	文学学士学位	本科
228	商务英语专业2016级本科04班	201606140401	孙旭日	文学学士学位	本科
229	商务英语专业2016级本科04班	201606140402	王会	文学学士学位	本科

(续表)

序号	班级	学号	姓名	学位	层次
230	商务英语专业2016级本科04班	201606140403	陈莹	文学学士学位	本科
231	商务英语专业2016级本科04班	201606140404	韩广坤	文学学士学位	本科
232	商务英语专业2016级本科04班	201606140405	王慧	文学学士学位	本科
233	商务英语专业2016级本科04班	201606140406	刘晓燕	文学学士学位	本科
234	商务英语专业2016级本科04班	201606140407	王思宇		本科
235	商务英语专业2016级本科04班	201606140408	郭琦	文学学士学位	本科
236	商务英语专业2016级本科04班	201606140409	孟璐萍	文学学士学位	本科
237	商务英语专业2016级本科04班	201606140410	杨丽丽	文学学士学位	本科
238	商务英语专业2016级本科04班	201606140411	隋华莲	文学学士学位	本科
239	商务英语专业2016级本科04班	201606140412	杨松	文学学士学位	本科
240	商务英语专业2016级本科04班	201606140413	曾祥欣	文学学士学位	本科
241	商务英语专业2016级本科04班	201606140414	高鲁平	文学学士学位	本科
242	商务英语专业2016级本科04班	201606140415	廉明惠	文学学士学位	本科
243	商务英语专业2016级本科04班	201606140416	张蕙钏	文学学士学位	本科
244	商务英语专业2016级本科04班	201606140417	李妍	文学学士学位	本科
245	商务英语专业2016级本科04班	201606140418	张波	文学学士学位	本科
246	商务英语专业2016级本科04班	201606140419	宫宇雪	文学学士学位	本科
247	商务英语专业2016级本科04班	201606140420	宋志萍	文学学士学位	本科
248	商务英语专业2016级本科04班	201606140421	聂英健	文学学士学位	本科
249	商务英语专业2016级本科04班	201606140422	赵凤娇	文学学士学位	本科
250	商务英语专业2016级本科04班	201606140423	郭伟杰	文学学士学位	本科
251	商务英语专业2016级本科04班	201606140424	赵琳娜	文学学士学位	本科
252	商务英语专业2016级本科04班	201606140425	李文	文学学士学位	本科
253	商务英语专业2016级本科04班	201606140426	马飘飘	文学学士学位	本科
254	商务英语专业2016级本科04班	201606140427	杨惠雁	文学学士学位	本科
255	商务英语专业2016级本科04班	201606140428	王晨	文学学士学位	本科
256	商务英语专业2016级本科04班	201606140429	陈子萍	文学学士学位	本科
257	西班牙语专业2016级本科01班	201605020144	王磊	文学学士学位	本科
258	西班牙语专业2016级本科01班	201606020129	张倩兰	文学学士学位	本科
259	西班牙语专业2016级本科01班	201606050101	汪泽滢	文学学士学位	本科
260	西班牙语专业2016级本科01班	201606050102	袁畅	文学学士学位	本科
261	西班牙语专业2016级本科01班	201606050103	高沁怡	文学学士学位	本科

(续表)

序号	班级	学号	姓名	学位	层次
262	西班牙语专业 2016 级本科 01 班	201606050104	钱苏敏	文学学士学位	本科
263	西班牙语专业 2016 级本科 01 班	201606050105	许培培	文学学士学位	本科
264	西班牙语专业 2016 级本科 01 班	201606050106	郭俊杰	文学学士学位	本科
265	西班牙语专业 2016 级本科 01 班	201606050107	张宇晴	文学学士学位	本科
266	西班牙语专业 2016 级本科 01 班	201606050108	张悦	文学学士学位	本科
267	西班牙语专业 2016 级本科 01 班	201606050109	马西洋	文学学士学位	本科
268	西班牙语专业 2016 级本科 01 班	201606050110	蒋晓惠	文学学士学位	本科
269	西班牙语专业 2016 级本科 01 班	201606050111	娄珊珊	文学学士学位	本科
270	西班牙语专业 2016 级本科 01 班	201606050112	孙奇奇	文学学士学位	本科
271	西班牙语专业 2016 级本科 01 班	201606050113	刘雅静	文学学士学位	本科
272	西班牙语专业 2016 级本科 01 班	201606050114	张锦龙	文学学士学位	本科
273	西班牙语专业 2016 级本科 01 班	201606050115	邹梦甜	文学学士学位	本科
274	西班牙语专业 2016 级本科 01 班	201606050116	高金炎	文学学士学位	本科
275	西班牙语专业 2016 级本科 01 班	201606050117	吴华瑄	文学学士学位	本科
276	西班牙语专业 2016 级本科 01 班	201606050118	叶立颖	文学学士学位	本科
277	西班牙语专业 2016 级本科 01 班	201606050119	汪愉博	文学学士学位	本科
278	西班牙语专业 2016 级本科 01 班	201606050120	高金金	文学学士学位	本科
279	西班牙语专业 2016 级本科 01 班	201606050121	唐慧玲	文学学士学位	本科
280	西班牙语专业 2016 级本科 01 班	201606050122	马佩珊	文学学士学位	本科
281	西班牙语专业 2016 级本科 02 班	201601050122	张龄匀	文学学士学位	本科
282	西班牙语专业 2016 级本科 02 班	201606020127	林琳	文学学士学位	本科
283	西班牙语专业 2016 级本科 02 班	201606050201	徐莉文	文学学士学位	本科
284	西班牙语专业 2016 级本科 02 班	201606050202	俞馨怡	文学学士学位	本科
285	西班牙语专业 2016 级本科 02 班	201606050203	徐梦雅	文学学士学位	本科
286	西班牙语专业 2016 级本科 02 班	201606050204	范家琪	文学学士学位	本科
287	西班牙语专业 2016 级本科 02 班	201606050205	薛钰涵	文学学士学位	本科
288	西班牙语专业 2016 级本科 02 班	201606050206	孙宇	文学学士学位	本科
289	西班牙语专业 2016 级本科 02 班	201606050207	王凯		本科
290	西班牙语专业 2016 级本科 02 班	201606050208	王誉斐	文学学士学位	本科
291	西班牙语专业 2016 级本科 02 班	201606050209	李慧敏	文学学士学位	本科
292	西班牙语专业 2016 级本科 02 班	201606050210	程湘雯	文学学士学位	本科
293	西班牙语专业 2016 级本科 02 班	201606050211	刘申岳	文学学士学位	本科

(续表)

序号	班级	学号	姓名	学位	层次
294	西班牙语专业 2016 级本科 02 班	201606050212	张梦佳	文学学士学位	本科
295	西班牙语专业 2016 级本科 02 班	201606050213	陈志楠	文学学士学位	本科
296	西班牙语专业 2016 级本科 02 班	201606050214	胡嫒	文学学士学位	本科
297	西班牙语专业 2016 级本科 02 班	201606050215	沈骏楠	文学学士学位	本科
298	西班牙语专业 2016 级本科 02 班	201606050216	谢慧钰	文学学士学位	本科
299	西班牙语专业 2016 级本科 02 班	201606050217	陈白雪	文学学士学位	本科
300	西班牙语专业 2016 级本科 02 班	201606050218	章钰	文学学士学位	本科
301	西班牙语专业 2016 级本科 02 班	201606050219	刘胜榕	文学学士学位	本科
302	西班牙语专业 2016 级本科 02 班	201606050220	汤旭	文学学士学位	本科
303	西班牙语专业 2016 级本科 02 班	201606050221	廖焕仪	文学学士学位	本科
304	西班牙语专业 2016 级本科 02 班	201606050222	廖玮	文学学士学位	本科
305	英语专业 2016 级本科 01 班	201506010123	卢敏	文学学士学位	本科
306	英语专业 2016 级本科 01 班	201506010424	李珂馨	文学学士学位	本科
307	英语专业 2016 级本科 01 班	201606090102	丁娟娟	文学学士学位	本科
308	英语专业 2016 级本科 01 班	201606090103	王金雪	文学学士学位	本科
309	英语专业 2016 级本科 01 班	201606090104	刘朝霞	文学学士学位	本科
310	英语专业 2016 级本科 01 班	201606090105	张瑶	文学学士学位	本科
311	英语专业 2016 级本科 01 班	201606090106	李珍	文学学士学位	本科
312	英语专业 2016 级本科 01 班	201606090107	曹佳意	文学学士学位	本科
313	英语专业 2016 级本科 01 班	201606090108	丁琴琴	文学学士学位	本科
314	英语专业 2016 级本科 01 班	201606090109	纪甜甜	文学学士学位	本科
315	英语专业 2016 级本科 01 班	201606090110	杨毓珺	文学学士学位	本科
316	英语专业 2016 级本科 01 班	201606090111	武倩	文学学士学位	本科
317	英语专业 2016 级本科 01 班	201606090112	陈欣	文学学士学位	本科
318	英语专业 2016 级本科 01 班	201606090113	兰琛	文学学士学位	本科
319	英语专业 2016 级本科 01 班	201606090114	于云翔	文学学士学位	本科
320	英语专业 2016 级本科 01 班	201606090115	王远	文学学士学位	本科
321	英语专业 2016 级本科 01 班	201606090116	祝雅洁	文学学士学位	本科
322	英语专业 2016 级本科 01 班	201606090117	刘雨	文学学士学位	本科
323	英语专业 2016 级本科 01 班	201606090118	杜馥宇	文学学士学位	本科
324	英语专业 2016 级本科 01 班	201606090119	冯镜如	文学学士学位	本科
325	英语专业 2016 级本科 01 班	201606090120	魏爽	文学学士学位	本科

(续表)

序号	班级	学号	姓名	学位	层次
326	英语专业 2016 级本科 01 班	201606090121	李文雯	文学学士学位	本科
327	英语专业 2016 级本科 01 班	201606090122	刘影	文学学士学位	本科
328	英语专业 2016 级本科 01 班	201606090123	张静源	文学学士学位	本科
329	英语专业 2016 级本科 01 班	201606090124	宋娜娜	文学学士学位	本科
330	英语专业 2016 级本科 01 班	201606090125	张俊芳	文学学士学位	本科
331	英语专业 2016 级本科 01 班	201611120117	高宇	文学学士学位	本科
332	英语专业 2016 级本科 02 班	201606090201	王清清	文学学士学位	本科
333	英语专业 2016 级本科 02 班	201606090202	陈景宏	文学学士学位	本科
334	英语专业 2016 级本科 02 班	201606090203	王敬敬	文学学士学位	本科
335	英语专业 2016 级本科 02 班	201606090204	王文聪	文学学士学位	本科
336	英语专业 2016 级本科 02 班	201606090205	张文靖	文学学士学位	本科
337	英语专业 2016 级本科 02 班	201606090206	罗云	文学学士学位	本科
338	英语专业 2016 级本科 02 班	201606090207	赵思芸	文学学士学位	本科
339	英语专业 2016 级本科 02 班	201606090208	姜蕾娜	文学学士学位	本科
340	英语专业 2016 级本科 02 班	201606090209	孙玉婷	文学学士学位	本科
341	英语专业 2016 级本科 02 班	201606090210	崔晓丹	文学学士学位	本科
342	英语专业 2016 级本科 02 班	201606090211	钱星灿	文学学士学位	本科
343	英语专业 2016 级本科 02 班	201606090212	巩琪琪	文学学士学位	本科
344	英语专业 2016 级本科 02 班	201606090213	蒋倩	文学学士学位	本科
345	英语专业 2016 级本科 02 班	201606090214	张代鑫	文学学士学位	本科
346	英语专业 2016 级本科 02 班	201606090215	于顺玮	文学学士学位	本科
347	英语专业 2016 级本科 02 班	201606090216	李霞	文学学士学位	本科
348	英语专业 2016 级本科 02 班	201606090217	李明慧	文学学士学位	本科
349	英语专业 2016 级本科 02 班	201606090218	张雪	文学学士学位	本科
350	英语专业 2016 级本科 02 班	201606090219	张旭	文学学士学位	本科
351	英语专业 2016 级本科 02 班	201606090220	沈蕾	文学学士学位	本科
352	英语专业 2016 级本科 02 班	201606090221	邹慧慧	文学学士学位	本科
353	英语专业 2016 级本科 02 班	201606090222	白金鑫	文学学士学位	本科
354	英语专业 2016 级本科 02 班	201606090223	高星	文学学士学位	本科
355	英语专业 2016 级本科 02 班	201606090224	孙春晓	文学学士学位	本科
356	英语专业 2016 级本科 02 班	201606090225	段琦	文学学士学位	本科
357	英语专业 2016 级本科 03 班	201606130301	王淑玥	文学学士学位	本科

(续表)

序号	班级	学号	姓名	学位	层次
358	英语专业 2016 级本科 03 班	201606130302	王译敏	文学学士学位	本科
359	英语专业 2016 级本科 03 班	201606130303	孙静	文学学士学位	本科
360	英语专业 2016 级本科 03 班	201606130304	孙凤颖	文学学士学位	本科
361	英语专业 2016 级本科 03 班	201606130305	王雪婷	文学学士学位	本科
362	英语专业 2016 级本科 03 班	201606130306	吴玉振	文学学士学位	本科
363	英语专业 2016 级本科 03 班	201606130307	朱斐然	文学学士学位	本科
364	英语专业 2016 级本科 03 班	201606130308	王超然	文学学士学位	本科
365	英语专业 2016 级本科 03 班	201606130309	黄丹丹	文学学士学位	本科
366	英语专业 2016 级本科 03 班	201606130310	刘文兴	文学学士学位	本科
367	英语专业 2016 级本科 03 班	201606130311	巩雨	文学学士学位	本科
368	英语专业 2016 级本科 03 班	201606130312	李晓蕾	文学学士学位	本科
369	英语专业 2016 级本科 03 班	201606130313	郑文文	文学学士学位	本科
370	英语专业 2016 级本科 03 班	201606130314	李哲	文学学士学位	本科
371	英语专业 2016 级本科 03 班	201606130315	赵玉君	文学学士学位	本科
372	英语专业 2016 级本科 03 班	201606130316	王继超	文学学士学位	本科
373	英语专业 2016 级本科 03 班	201606130317	张玉	文学学士学位	本科
374	英语专业 2016 级本科 03 班	201606130318	田莹	文学学士学位	本科
375	英语专业 2016 级本科 03 班	201606130319	孔陈	文学学士学位	本科
376	英语专业 2016 级本科 03 班	201606130320	胡文华	文学学士学位	本科
377	英语专业 2016 级本科 03 班	201606130321	杨淑洁	文学学士学位	本科
378	英语专业 2016 级本科 03 班	201606130322	胡宗慧	文学学士学位	本科
379	英语专业 2016 级本科 03 班	201606130323	谢晓晨	文学学士学位	本科
380	英语专业 2016 级本科 03 班	201606130324	公国伟	文学学士学位	本科
381	英语专业 2016 级本科 03 班	201606130325	杨丽梅	文学学士学位	本科
382	英语专业 2016 级本科 03 班	201606130326	徐思敏	文学学士学位	本科
383	英语专业 2016 级本科 03 班	201606130327	王雪婷	文学学士学位	本科
384	英语专业 2016 级本科 03 班	201606130328	邵清华	文学学士学位	本科
385	英语专业 2016 级本科 03 班	201606130329	高璐	文学学士学位	本科
386	英语专业 2016 级本科 03 班	201606130330	何梅	文学学士学位	本科
387	英语专业 2016 级本科 03 班	201606130331	伊庭婷	文学学士学位	本科
388	英语专业 2016 级本科 04 班	201606130401	伊悦	文学学士学位	本科
389	英语专业 2016 级本科 04 班	201606130402	吴金玲	文学学士学位	本科

(续表)

序号	班级	学号	姓名	学位	层次
390	英语专业 2016 级本科 04 班	201606130403	陈爱琪	文学学士学位	本科
391	英语专业 2016 级本科 04 班	201606130404	桑清华	文学学士学位	本科
392	英语专业 2016 级本科 04 班	201606130405	张玉瑶	文学学士学位	本科
393	英语专业 2016 级本科 04 班	201606130406	葛寒	文学学士学位	本科
394	英语专业 2016 级本科 04 班	201606130407	袁旦	文学学士学位	本科
395	英语专业 2016 级本科 04 班	201606130408	郝鲁英	文学学士学位	本科
396	英语专业 2016 级本科 04 班	201606130409	李相君	文学学士学位	本科
397	英语专业 2016 级本科 04 班	201606130410	黄炳君	文学学士学位	本科
398	英语专业 2016 级本科 04 班	201606130411	刘同华	文学学士学位	本科
399	英语专业 2016 级本科 04 班	201606130412	谢吉哲	文学学士学位	本科
400	英语专业 2016 级本科 04 班	201606130413	颜荟赞	文学学士学位	本科
401	英语专业 2016 级本科 04 班	201606130414	于鑫	文学学士学位	本科
402	英语专业 2016 级本科 04 班	201606130415	孙晓媛	文学学士学位	本科
403	英语专业 2016 级本科 04 班	201606130416	隋本秀	文学学士学位	本科
404	英语专业 2016 级本科 04 班	201606130417	张新悦	文学学士学位	本科
405	英语专业 2016 级本科 04 班	201606130418	耿佳帅	文学学士学位	本科
406	英语专业 2016 级本科 04 班	201606130419	张晓晓	文学学士学位	本科
407	英语专业 2016 级本科 04 班	201606130420	梁芳芳	文学学士学位	本科
408	英语专业 2016 级本科 04 班	201606130421	贾飞宇	文学学士学位	本科
409	英语专业 2016 级本科 04 班	201606130422	娄燕昊	文学学士学位	本科
410	英语专业 2016 级本科 04 班	201606130423	吴俊秀	文学学士学位	本科
411	英语专业 2016 级本科 04 班	201606130424	訾郁文	文学学士学位	本科
412	英语专业 2016 级本科 04 班	201606130425	李春姣	文学学士学位	本科
413	英语专业 2016 级本科 04 班	201606130426	张温情	文学学士学位	本科
414	英语专业 2016 级本科 04 班	201606130427	蒋春萌	文学学士学位	本科
415	英语专业 2016 级本科 04 班	201606130428	王静	文学学士学位	本科
416	英语专业 2016 级本科 04 班	201606130429	栾祺	文学学士学位	本科
417	英语专业 2016 级本科 04 班	201606130430	张悦	文学学士学位	本科
418	英语专业 2016 级本科 04 班	201606130431	周艳君	文学学士学位	本科
419	商务英语专业 2017 级专科 01 班	201706500101	艾童		专科
420	商务英语专业 2017 级专科 01 班	201706500102	毕军伟		专科
421	商务英语专业 2017 级专科 01 班	201706500104	程素君		专科

(续表)

序号	班级	学号	姓名	学位	层次
422	商务英语专业 2017 级专科 01 班	201706500105	付雷雷		专科
423	商务英语专业 2017 级专科 01 班	201706500106	高昕		专科
424	商务英语专业 2017 级专科 01 班	201706500107	宫雪		专科
425	商务英语专业 2017 级专科 01 班	201706500108	郭静		专科
426	商务英语专业 2017 级专科 01 班	201706500109	郭玉双		专科
427	商务英语专业 2017 级专科 01 班	201706500110	贺琳娜		专科
428	商务英语专业 2017 级专科 01 班	201706500111	胡蝶		专科
429	商务英语专业 2017 级专科 01 班	201706500112	胡秋悦		专科
430	商务英语专业 2017 级专科 01 班	201706500113	黄秀贞		专科
431	商务英语专业 2017 级专科 01 班	201706500114	纪敏		专科
432	商务英语专业 2017 级专科 01 班	201706500116	李佳星		专科
433	商务英语专业 2017 级专科 01 班	201706500117	刘文文		专科
434	商务英语专业 2017 级专科 01 班	201706500118	亓玉		专科
435	商务英语专业 2017 级专科 01 班	201706500119	曲永政		专科
436	商务英语专业 2017 级专科 01 班	201706500120	宋冠霖		专科
437	商务英语专业 2017 级专科 01 班	201706500121	孙福平		专科
438	商务英语专业 2017 级专科 01 班	201706500122	孙丽		专科
439	商务英语专业 2017 级专科 01 班	201706500123	陶书晨		专科
440	商务英语专业 2017 级专科 01 班	201706500124	滕佳佳		专科
441	商务英语专业 2017 级专科 01 班	201706500125	王宝莹		专科
442	商务英语专业 2017 级专科 01 班	201706500126	王聪聪		专科
443	商务英语专业 2017 级专科 01 班	201706500127	王洁羽		专科
444	商务英语专业 2017 级专科 01 班	201706500129	许婷		专科
445	商务英语专业 2017 级专科 01 班	201706500130	宣玮辰		专科
446	商务英语专业 2017 级专科 01 班	201706500131	张倩		专科
447	商务英语专业 2017 级专科 01 班	201706500132	张赛		专科
448	商务英语专业 2017 级专科 01 班	201706500133	张婷婷		专科
449	商务英语专业 2017 级专科 01 班	201706500134	张晓		专科
450	商务英语专业 2017 级专科 01 班	201706500136	郑莉亚		专科
451	商务英语专业 2017 级专科 01 班	201706500137	钱阳坤		专科
452	商务英语专业 2017 级专科 02 班	201706500201	陈京麟		专科
453	商务英语专业 2017 级专科 02 班	201706500202	陈静		专科

(续表)

序号	班级	学号	姓名	学位	层次
454	商务英语专业 2017 级专科 02 班	201706500203	陈雯		专科
455	商务英语专业 2017 级专科 02 班	201706500204	仇雪萌		专科
456	商务英语专业 2017 级专科 02 班	201706500205	巩怀凤		专科
457	商务英语专业 2017 级专科 02 班	201706500206	顾媛		专科
458	商务英语专业 2017 级专科 02 班	201706500207	郭玉金		专科
459	商务英语专业 2017 级专科 02 班	201706500208	韩焕焕		专科
460	商务英语专业 2017 级专科 02 班	201706500209	姜婷婷		专科
461	商务英语专业 2017 级专科 02 班	201706500210	矫立响		专科
462	商务英语专业 2017 级专科 02 班	201706500211	李琳		专科
463	商务英语专业 2017 级专科 02 班	201706500212	李姝		专科
464	商务英语专业 2017 级专科 02 班	201706500213	李雪		专科
465	商务英语专业 2017 级专科 02 班	201706500214	李玉颖		专科
466	商务英语专业 2017 级专科 02 班	201706500215	林艳艳		专科
467	商务英语专业 2017 级专科 02 班	201706500216	刘欣彤		专科
468	商务英语专业 2017 级专科 02 班	201706500217	马珊珊		专科
469	商务英语专业 2017 级专科 02 班	201706500218	马璇		专科
470	商务英语专业 2017 级专科 02 班	201706500219	缪晓倩		专科
471	商务英语专业 2017 级专科 02 班	201706500220	宋海茹		专科
472	商务英语专业 2017 级专科 02 班	201706500221	苏志扬		专科
473	商务英语专业 2017 级专科 02 班	201706500222	万旭		专科
474	商务英语专业 2017 级专科 02 班	201706500223	王慧		专科
475	商务英语专业 2017 级专科 02 班	201706500224	王倩		专科
476	商务英语专业 2017 级专科 02 班	201706500225	王雪		专科
477	商务英语专业 2017 级专科 02 班	201706500226	王颖		专科
478	商务英语专业 2017 级专科 02 班	201706500227	吴雪		专科
479	商务英语专业 2017 级专科 02 班	201706500228	席艺文		专科
480	商务英语专业 2017 级专科 02 班	201706500229	谢瑶瑶		专科
481	商务英语专业 2017 级专科 02 班	201706500230	颜雪		专科
482	商务英语专业 2017 级专科 02 班	201706500231	殷自童		专科
483	商务英语专业 2017 级专科 02 班	201706500232	张晗		专科
484	商务英语专业 2017 级专科 02 班	201706500233	张洁		专科
485	商务英语专业 2017 级专科 02 班	201706500234	张静静		专科

(续表)

序号	班级	学号	姓名	学位	层次
486	商务英语专业 2017 级专科 02 班	201706500235	张艳伟		专科
487	商务英语专业 2017 级专科 02 班	201706500236	张梓笛		专科
488	商务英语专业 2017 级专科 02 班	201706500237	赵盼盼		专科
489	商务英语专业 2017 级专科 03 班	201706500301	毕莺歌		专科
490	商务英语专业 2017 级专科 03 班	201706500302	陈睿阳		专科
491	商务英语专业 2017 级专科 03 班	201706500303	程艳清		专科
492	商务英语专业 2017 级专科 03 班	201706500304	褚玉		专科
493	商务英语专业 2017 级专科 03 班	201706500305	冯锦		专科
494	商务英语专业 2017 级专科 03 班	201706500306	高金各		专科
495	商务英语专业 2017 级专科 03 班	201706500307	高庆娟		专科
496	商务英语专业 2017 级专科 03 班	201706500308	郭少杰		专科
497	商务英语专业 2017 级专科 03 班	201706500309	韩琪		专科
498	商务英语专业 2017 级专科 03 班	201706500310	韩雪		专科
499	商务英语专业 2017 级专科 03 班	201706500311	何瀚		专科
500	商务英语专业 2017 级专科 03 班	201706500312	胡明丽		专科
501	商务英语专业 2017 级专科 03 班	201706500313	李桂真		专科
502	商务英语专业 2017 级专科 03 班	201706500314	李洪霞		专科
503	商务英语专业 2017 级专科 03 班	201706500315	李倩倩		专科
504	商务英语专业 2017 级专科 03 班	201706500316	李学美		专科
505	商务英语专业 2017 级专科 03 班	201706500317	李衍文		专科
506	商务英语专业 2017 级专科 03 班	201706500318	刘本慧		专科
507	商务英语专业 2017 级专科 03 班	201706500319	刘娟		专科
508	商务英语专业 2017 级专科 03 班	201706500320	刘丽		专科
509	商务英语专业 2017 级专科 03 班	201706500321	刘明月		专科
510	商务英语专业 2017 级专科 03 班	201706500322	刘依晗		专科
511	商务英语专业 2017 级专科 03 班	201706500323	鲁阳		专科
512	商务英语专业 2017 级专科 03 班	201706500324	马天琨		专科
513	商务英语专业 2017 级专科 03 班	201706500325	孙会杰		专科
514	商务英语专业 2017 级专科 03 班	201706500326	谭清华		专科
515	商务英语专业 2017 级专科 03 班	201706500327	王丹		专科
516	商务英语专业 2017 级专科 03 班	201706500328	王丹迪		专科
517	商务英语专业 2017 级专科 03 班	201706500329	王薇		专科

(续表)

序号	班级	学号	姓名	学位	层次
518	商务英语专业 2017 级专科 03 班	201706500330	徐洋		专科
519	商务英语专业 2017 级专科 03 班	201706500331	闫莹莹		专科
520	商务英语专业 2017 级专科 03 班	201706500332	阎盼盼		专科
521	商务英语专业 2017 级专科 03 班	201706500333	张冰倩		专科
522	商务英语专业 2017 级专科 03 班	201706500334	张良薇		专科
523	商务英语专业 2017 级专科 03 班	201706500335	张艳		专科
524	商务英语专业 2017 级专科 03 班	201706500336	赵千姿		专科
525	商务英语专业 2017 级专科 03 班	201706500337	周国鑫		专科
526	商务英语专业 2017 级专科 04 班	201706500401	陈佳佳		专科
527	商务英语专业 2017 级专科 04 班	201706500402	陈彤		专科
528	商务英语专业 2017 级专科 04 班	201706500403	陈兆瑞		专科
529	商务英语专业 2017 级专科 04 班	201706500404	杜倩倩		专科
530	商务英语专业 2017 级专科 04 班	201706500405	房月		专科
531	商务英语专业 2017 级专科 04 班	201706500407	高娅南		专科
532	商务英语专业 2017 级专科 04 班	201706500408	李潘		专科
533	商务英语专业 2017 级专科 04 班	201706500410	李新颖		专科
534	商务英语专业 2017 级专科 04 班	201706500411	李燕		专科
535	商务英语专业 2017 级专科 04 班	201706500412	李源坤		专科
536	商务英语专业 2017 级专科 04 班	201706500413	李泽林		专科
537	商务英语专业 2017 级专科 04 班	201706500414	刘慧敏		专科
538	商务英语专业 2017 级专科 04 班	201706500416	马玉		专科
539	商务英语专业 2017 级专科 04 班	201706500417	米子鑫		专科
540	商务英语专业 2017 级专科 04 班	201706500418	邱蕾		专科
541	商务英语专业 2017 级专科 04 班	201706500419	曲文丽		专科
542	商务英语专业 2017 级专科 04 班	201706500420	孙小杰		专科
543	商务英语专业 2017 级专科 04 班	201706500421	唐嘉潞		专科
544	商务英语专业 2017 级专科 04 班	201706500422	唐梦甜		专科
545	商务英语专业 2017 级专科 04 班	201706500423	万思睿		专科
546	商务英语专业 2017 级专科 04 班	201706500425	王敏		专科
547	商务英语专业 2017 级专科 04 班	201706500426	王妍		专科
548	商务英语专业 2017 级专科 04 班	201706500427	王艺虹		专科
549	商务英语专业 2017 级专科 04 班	201706500428	徐佳静		专科

(续表)

序号	班级	学号	姓名	学位	层次
550	商务英语专业 2017 级专科 04 班	201706500429	徐蒙珊		专科
551	商务英语专业 2017 级专科 04 班	201706500431	殷悦		专科
552	商务英语专业 2017 级专科 04 班	201706500432	于晓秋		专科
553	商务英语专业 2017 级专科 04 班	201706500433	于艺		专科
554	商务英语专业 2017 级专科 04 班	201706500434	张筱田		专科
555	商务英语专业 2017 级专科 04 班	201706500435	张欣		专科
556	商务英语专业 2017 级专科 04 班	201706500436	周慧莹		专科
557	商务英语专业 2017 级专科 04 班	201706500437	周梦真		专科
558	商务英语专业 2017 级专科 05 班	201706500501	鲍盈孜		专科
559	商务英语专业 2017 级专科 05 班	201706500502	程昆明		专科
560	商务英语专业 2017 级专科 05 班	201706500503	崔紫琼		专科
561	商务英语专业 2017 级专科 05 班	201706500504	丁昕		专科
562	商务英语专业 2017 级专科 05 班	201706500505	冯文玲		专科
563	商务英语专业 2017 级专科 05 班	201706500506	付成贵		专科
564	商务英语专业 2017 级专科 05 班	201706500507	高敏华		专科
565	商务英语专业 2017 级专科 05 班	201706500508	高星		专科
566	商务英语专业 2017 级专科 05 班	201706500509	顾宗艳		专科
567	商务英语专业 2017 级专科 05 班	201706500510	姜娜		专科
568	商务英语专业 2017 级专科 05 班	201706500511	李梦蕾		专科
569	商务英语专业 2017 级专科 05 班	201706500512	李淑敏		专科
570	商务英语专业 2017 级专科 05 班	201706500513	李文科		专科
571	商务英语专业 2017 级专科 05 班	201706500514	刘慧茹		专科
572	商务英语专业 2017 级专科 05 班	201706500515	刘梦欣		专科
573	商务英语专业 2017 级专科 05 班	201706500516	刘翔宇		专科
574	商务英语专业 2017 级专科 05 班	201706500517	马嗔		专科
575	商务英语专业 2017 级专科 05 班	201706500518	马丽媛		专科
576	商务英语专业 2017 级专科 05 班	201706500519	潘心雨		专科
577	商务英语专业 2017 级专科 05 班	201706500520	亓雪		专科
578	商务英语专业 2017 级专科 05 班	201706500521	秦娜		专科
579	商务英语专业 2017 级专科 05 班	201706500522	冉艾		专科
580	商务英语专业 2017 级专科 05 班	201706500523	宋君君		专科
581	商务英语专业 2017 级专科 05 班	201706500525	王伯超		专科

(续表)

序号	班级	学号	姓名	学位	层次
582	商务英语专业 2017 级专科 05 班	201706500526	王培娜		专科
583	商务英语专业 2017 级专科 05 班	201706500527	王雪		专科
584	商务英语专业 2017 级专科 05 班	201706500531	辛向阳		专科
585	商务英语专业 2017 级专科 05 班	201706500532	许金羽		专科
586	商务英语专业 2017 级专科 05 班	201706500533	颜雪晴		专科
587	商务英语专业 2017 级专科 05 班	201706500534	张新婷		专科
588	商务英语专业 2017 级专科 05 班	201706500535	赵慧敏		专科
589	商务英语专业 2017 级专科 05 班	201706500537	宗慧		专科
590	商务英语专业 2017 级专科 06 班	201706500601	陈燕		专科
591	商务英语专业 2017 级专科 06 班	201706500602	谌姝		专科
592	商务英语专业 2017 级专科 06 班	201706500603	丁雯		专科
593	商务英语专业 2017 级专科 06 班	201706500604	范文涛		专科
594	商务英语专业 2017 级专科 06 班	201706500605	封雪		专科
595	商务英语专业 2017 级专科 06 班	201706500606	高艺睿		专科
596	商务英语专业 2017 级专科 06 班	201706500607	龚金铭		专科
597	商务英语专业 2017 级专科 06 班	201706500608	巩悦		专科
598	商务英语专业 2017 级专科 06 班	201706500609	郭紫薇		专科
599	商务英语专业 2017 级专科 06 班	201706500610	韩丽		专科
600	商务英语专业 2017 级专科 06 班	201706500611	胡子双		专科
601	商务英语专业 2017 级专科 06 班	201706500612	解文霞		专科
602	商务英语专业 2017 级专科 06 班	201706500613	孔硕		专科
603	商务英语专业 2017 级专科 06 班	201706500614	李丹		专科
604	商务英语专业 2017 级专科 06 班	201706500615	李光霞		专科
605	商务英语专业 2017 级专科 06 班	201706500616	李学宇		专科
606	商务英语专业 2017 级专科 06 班	201706500617	梁凤怡		专科
607	商务英语专业 2017 级专科 06 班	201706500618	刘晨晨		专科
608	商务英语专业 2017 级专科 06 班	201706500619	马锦程		专科
609	商务英语专业 2017 级专科 06 班	201706500621	史凯悦		专科
610	商务英语专业 2017 级专科 06 班	201706500622	孙瑞芳		专科
611	商务英语专业 2017 级专科 06 班	201706500623	孙莹		专科
612	商务英语专业 2017 级专科 06 班	201706500624	汪春燕		专科
613	商务英语专业 2017 级专科 06 班	201706500625	王宏菲		专科

(续表)

序号	班级	学号	姓名	学位	层次
614	商务英语专业 2017 级专科 06 班	201706500626	王思懿		专科
615	商务英语专业 2017 级专科 06 班	201706500627	王一一		专科
616	商务英语专业 2017 级专科 06 班	201706500629	徐英姿		专科
617	商务英语专业 2017 级专科 06 班	201706500630	闫敏		专科
618	商务英语专业 2017 级专科 06 班	201706500631	郁章林		专科
619	商务英语专业 2017 级专科 06 班	201706500632	张可心		专科
620	商务英语专业 2017 级专科 06 班	201706500633	张梦宇		专科
621	商务英语专业 2017 级专科 06 班	201706500635	张轶		专科
622	商务英语专业 2017 级专科 06 班	201706500636	张泽惠		专科
623	商务英语专业 2017 级专科 06 班	201706500637	郑芳		专科
624	商务英语专业 2017 级专科 07 班	201706530701	王翼翔		专科
625	商务英语专业 2017 级专科 07 班	201706530702	吴艺璇		专科
626	商务英语专业 2017 级专科 07 班	201706530703	张韵		专科
627	商务英语专业 2017 级专科 07 班	201706530704	高若宸		专科
628	商务英语专业 2017 级专科 07 班	201706530705	苑春雨		专科
629	商务英语专业 2017 级专科 07 班	201706530706	江欣恬		专科
630	商务英语专业 2017 级专科 07 班	201706530707	刘君光		专科
631	商务英语专业 2017 级专科 07 班	201706530708	张艺		专科
632	商务英语专业 2017 级专科 07 班	201706530709	王凯迪		专科
633	商务英语专业 2017 级专科 07 班	201706530710	刘薇		专科
634	商务英语专业 2017 级专科 07 班	201706530711	尹紫茹		专科
635	商务英语专业 2017 级专科 07 班	201706530712	刘静慈		专科
636	商务英语专业 2017 级专科 07 班	201706530713	王璐瑶		专科
637	商务英语专业 2017 级专科 07 班	201706530714	滕玉婷		专科
638	商务英语专业 2017 级专科 07 班	201706530715	王文钧		专科
639	商务英语专业 2017 级专科 07 班	201706530716	邢梦竹		专科
640	商务英语专业 2017 级专科 07 班	201706530717	徐卉卉		专科
641	商务英语专业 2017 级专科 07 班	201706530718	王崔雯		专科
642	商务英语专业 2017 级专科 07 班	201706530719	安明康		专科
643	商务英语专业 2017 级专科 07 班	201706530720	王雪薇		专科
644	商务英语专业 2017 级专科 07 班	201706530721	刘晓迪		专科
645	商务英语专业 2017 级专科 07 班	201706530722	马海晴		专科

(续表)

序号	班级	学号	姓名	学位	层次
646	商务英语专业 2017 级专科 07 班	201706530723	郭家璇		专科
647	商务英语专业 2017 级专科 07 班	201706530724	胡文萌		专科
648	商务英语专业 2017 级专科 07 班	201706530725	束家傲		专科
649	商务英语专业 2017 级专科 07 班	201706530726	赵继豪		专科
650	商务英语专业 2017 级专科 07 班	201706530727	陈真		专科
651	商务英语专业 2017 级专科 07 班	201706530728	刘旭		专科
652	商务英语专业 2017 级专科 07 班	201706530729	张紫祎		专科
653	商务英语专业 2017 级专科 07 班	201706530730	李德宇		专科
654	商务英语专业 2017 级专科 07 班	201706530731	陈俣彤		专科
655	商务英语专业 2017 级专科 07 班	201706530732	徐文杨		专科
656	商务英语专业 2017 级专科 07 班	201706530733	郭娜		专科
657	商务英语专业 2017 级专科 07 班	201706530735	徐润薇		专科
658	商务英语专业 2017 级专科 07 班	201706530736	周西萍		专科
659	商务英语专业 2017 级专科 07 班	201706530737	刘玉花		专科
660	商务英语专业 2017 级专科 07 班	201706530738	钮雪		专科
661	商务英语专业 2017 级专科 07 班	201706530739	李雪瑶		专科
662	商务英语专业 2017 级专科 07 班	201706530740	包英		专科
663	商务英语专业 2017 级专科 07 班	201706530741	王淇		专科
664	商务英语专业 2017 级专科 07 班	201706530742	徐才淇		专科
665	商务英语专业 2017 级专科 07 班	201706530743	周蕊		专科
666	商务英语专业 2017 级专科 07 班	201706530744	赵晴		专科
667	商务英语专业 2017 级专科 07 班	201706530745	孙黎鑫		专科
668	商务英语专业 2017 级专科 07 班	201706530746	潘璐		专科
669	商务英语专业 2017 级专科 07 班	201706530747	孙宇晴		专科
670	商务英语专业 2017 级专科 07 班	201706530748	焦乐		专科
671	商务英语专业 2017 级专科 07 班	201706530749	林园园		专科
672	商务英语专业 2017 级专科 07 班	201706530750	王莹		专科
673	商务英语专业 2017 级专科 08 班	201706530801	丁维		专科
674	商务英语专业 2017 级专科 08 班	201706530802	韩露		专科
675	商务英语专业 2017 级专科 08 班	201706530803	毕天雨		专科
676	商务英语专业 2017 级专科 08 班	201706530804	王雪		专科
677	商务英语专业 2017 级专科 08 班	201706530805	神静怡		专科

(续表)

序号	班级	学号	姓名	学位	层次
678	商务英语专业 2017 级专科 08 班	201706530806	翟晓晴		专科
679	商务英语专业 2017 级专科 08 班	201706530807	孙梦芮		专科
680	商务英语专业 2017 级专科 08 班	201706530808	庄惠泽		专科
681	商务英语专业 2017 级专科 08 班	201706530809	王维平		专科
682	商务英语专业 2017 级专科 08 班	201706530810	吴越		专科
683	商务英语专业 2017 级专科 08 班	201706530811	吴雯晗		专科
684	商务英语专业 2017 级专科 08 班	201706530812	周荣		专科
685	商务英语专业 2017 级专科 08 班	201706530814	李欣宇		专科
686	商务英语专业 2017 级专科 08 班	201706530815	毕少玮		专科
687	商务英语专业 2017 级专科 08 班	201706530816	徐颖慧		专科
688	商务英语专业 2017 级专科 08 班	201706530817	由佳立		专科
689	商务英语专业 2017 级专科 08 班	201706530818	李维凡		专科
690	商务英语专业 2017 级专科 08 班	201706530819	吕昕昱		专科
691	商务英语专业 2017 级专科 08 班	201706530820	孙传林		专科
692	商务英语专业 2017 级专科 08 班	201706530821	孟蕾		专科
693	商务英语专业 2017 级专科 08 班	201706530823	王雨欣		专科
694	商务英语专业 2017 级专科 08 班	201706530824	史琳		专科
695	商务英语专业 2017 级专科 08 班	201706530825	王璐瑶		专科
696	商务英语专业 2017 级专科 08 班	201706530826	段晓晓		专科
697	商务英语专业 2017 级专科 08 班	201706530827	徐艳茹		专科
698	商务英语专业 2017 级专科 08 班	201706530828	鹿家秀		专科
699	商务英语专业 2017 级专科 08 班	201706530829	吕同帅		专科
700	商务英语专业 2017 级专科 08 班	201706530830	席悦		专科
701	商务英语专业 2017 级专科 08 班	201706530831	吴欣然		专科
702	商务英语专业 2017 级专科 08 班	201706530832	王海美		专科
703	商务英语专业 2017 级专科 08 班	201706530833	马筱寒		专科
704	商务英语专业 2017 级专科 08 班	201706530834	张提提		专科
705	商务英语专业 2017 级专科 08 班	201706530835	曹凯旋		专科
706	商务英语专业 2017 级专科 08 班	201706530836	徐晨		专科
707	商务英语专业 2017 级专科 08 班	201706530837	王茹		专科
708	商务英语专业 2017 级专科 08 班	201706530838	张欢		专科
709	商务英语专业 2017 级专科 08 班	201706530839	刘兆利		专科

(续表)

序号	班级	学号	姓名	学位	层次
710	商务英语专业 2017 级专科 08 班	201706530840	糜玉		专科
711	商务英语专业 2017 级专科 08 班	201706530841	李金媛		专科
712	商务英语专业 2017 级专科 08 班	201706530842	孙高洁		专科
713	商务英语专业 2017 级专科 08 班	201706530843	王莹		专科
714	商务英语专业 2017 级专科 08 班	201706530846	颜廷慧		专科
715	商务英语专业 2017 级专科 08 班	201706530848	陈俊凯		专科
716	商务英语专业 2017 级专科 08 班	201706530849	邵晨晴		专科
717	商务英语专业 2017 级专科 08 班	201706530850	何雯		专科
718	应用西班牙语专业 2017 级专科 01 班	201706520101	安俊陶		专科
719	应用西班牙语专业 2017 级专科 01 班	201706520102	崔梦琪		专科
720	应用西班牙语专业 2017 级专科 01 班	201706520103	董玉青		专科
721	应用西班牙语专业 2017 级专科 01 班	201706520104	管菲		专科
722	应用西班牙语专业 2017 级专科 01 班	201706520105	郭启龙		专科
723	应用西班牙语专业 2017 级专科 01 班	201706520106	郝鑫语		专科
724	应用西班牙语专业 2017 级专科 01 班	201706520108	季莎莎		专科
725	应用西班牙语专业 2017 级专科 01 班	201706520109	蒋月		专科
726	应用西班牙语专业 2017 级专科 01 班	201706520110	李梦迪		专科
727	应用西班牙语专业 2017 级专科 01 班	201706520111	李杨		专科
728	应用西班牙语专业 2017 级专科 01 班	201706520112	刘凯伦		专科
729	应用西班牙语专业 2017 级专科 01 班	201706520113	路宝梁		专科
730	应用西班牙语专业 2017 级专科 01 班	201706520114	潘琳琳		专科
731	应用西班牙语专业 2017 级专科 01 班	201706520115	曲涵羽		专科
732	应用西班牙语专业 2017 级专科 01 班	201706520116	司志瑞		专科
733	应用西班牙语专业 2017 级专科 01 班	201706520117	宋欣桐		专科
734	应用西班牙语专业 2017 级专科 01 班	201706520118	苏殿钰		专科
735	应用西班牙语专业 2017 级专科 01 班	201706520119	唐富钦		专科
736	应用西班牙语专业 2017 级专科 01 班	201706520120	陶菊		专科
737	应用西班牙语专业 2017 级专科 01 班	201706520122	王光晨		专科
738	应用西班牙语专业 2017 级专科 01 班	201706520123	王冉		专科
739	应用西班牙语专业 2017 级专科 01 班	201706520124	王小萍		专科
740	应用西班牙语专业 2017 级专科 01 班	201706520125	王馨月		专科
741	应用西班牙语专业 2017 级专科 01 班	201706520126	王瑛瑱		专科

(续表)

序号	班级	学号	姓名	学位	层次
742	应用西班牙语专业 2017 级专科 01 班	201706520127	吴君		专科
743	应用西班牙语专业 2017 级专科 01 班	201706520128	辛钰		专科
744	应用西班牙语专业 2017 级专科 01 班	201706520130	于欣欣		专科
745	应用西班牙语专业 2017 级专科 01 班	201706520131	苑欣仪		专科
746	应用西班牙语专业 2017 级专科 01 班	201706520132	张虎玉		专科
747	应用西班牙语专业 2017 级专科 01 班	201706520133	张蔚玉		专科
748	应用西班牙语专业 2017 级专科 01 班	201706520134	张文娜		专科
749	应用西班牙语专业 2017 级专科 01 班	201706520136	赵小涵		专科
750	应用西班牙语专业 2017 级专科 01 班	201706520137	赵正阳		专科
751	应用西班牙语专业 2017 级专科 01 班	201706520138	赵梓瑞		专科
752	应用西班牙语专业 2017 级专科 01 班	201706520140	祝静		专科

传媒学院

序号	班级	学号	姓名	学位	层次
1	播音与主持艺术专业 2016 级本科 01 班	201610010101	徐波阳	艺术学学士学位	本科
2	播音与主持艺术专业 2016 级本科 01 班	201610010102	汤佳慧	艺术学学士学位	本科
3	播音与主持艺术专业 2016 级本科 01 班	201610010103	商景秀	艺术学学士学位	本科
4	播音与主持艺术专业 2016 级本科 01 班	201610010104	刘琦	艺术学学士学位	本科
5	播音与主持艺术专业 2016 级本科 01 班	201610010105	卓彦君	艺术学学士学位	本科
6	播音与主持艺术专业 2016 级本科 01 班	201610010106	李秀茹	艺术学学士学位	本科
7	播音与主持艺术专业 2016 级本科 01 班	201610010107	徐艺芳	艺术学学士学位	本科
8	播音与主持艺术专业 2016 级本科 01 班	201610010108	付晓雯	艺术学学士学位	本科
9	播音与主持艺术专业 2016 级本科 01 班	201610010109	马源	艺术学学士学位	本科
10	播音与主持艺术专业 2016 级本科 01 班	201610010110	李可欣	艺术学学士学位	本科
11	播音与主持艺术专业 2016 级本科 01 班	201610010111	张玉鑫	艺术学学士学位	本科
12	播音与主持艺术专业 2016 级本科 01 班	201610010112	宁港澳	艺术学学士学位	本科
13	播音与主持艺术专业 2016 级本科 01 班	201610010113	吴国洋	艺术学学士学位	本科
14	播音与主持艺术专业 2016 级本科 01 班	201610010114	徐嘉艺	艺术学学士学位	本科
15	播音与主持艺术专业 2016 级本科 01 班	201610010115	董文鑫	艺术学学士学位	本科
16	播音与主持艺术专业 2016 级本科 01 班	201610010116	宋清云	艺术学学士学位	本科
17	播音与主持艺术专业 2016 级本科 01 班	201610010117	王安琪	艺术学学士学位	本科
18	播音与主持艺术专业 2016 级本科 01 班	201610010118	魏志霖	艺术学学士学位	本科

(续表)

序号	班级	学号	姓名	学位	层次
19	播音与主持艺术专业2016级本科01班	201610010119	杨光慧	艺术学学士学位	本科
20	播音与主持艺术专业2016级本科01班	201610010120	尹一茗	艺术学学士学位	本科
21	播音与主持艺术专业2016级本科01班	201610010121	秦艺璇	艺术学学士学位	本科
22	播音与主持艺术专业2016级本科01班	201610010123	孙浩程	艺术学学士学位	本科
23	播音与主持艺术专业2016级本科01班	201610010124	刘治	艺术学学士学位	本科
24	播音与主持艺术专业2016级本科01班	201610010125	曲兆俊	艺术学学士学位	本科
25	播音与主持艺术专业2016级本科01班	201610010126	杨涵菲	艺术学学士学位	本科
26	播音与主持艺术专业2016级本科01班	201610010127	张文君	艺术学学士学位	本科
27	播音与主持艺术专业2016级本科01班	201610010128	刘鑫	艺术学学士学位	本科
28	播音与主持艺术专业2016级本科01班	201610010129	邱麗卉	艺术学学士学位	本科
29	播音与主持艺术专业2016级本科01班	201610010130	张奇	艺术学学士学位	本科
30	播音与主持艺术专业2016级本科01班	201610010131	张秋辉	艺术学学士学位	本科
31	播音与主持艺术专业2016级本科01班	201610010132	包欣悦	艺术学学士学位	本科
32	播音与主持艺术专业2016级本科01班	201610010133	李思瑶	艺术学学士学位	本科
33	播音与主持艺术专业2016级本科01班	201610010134	李嘉乐	艺术学学士学位	本科
34	播音与主持艺术专业2016级本科01班	201610010135	秦溪	艺术学学士学位	本科
35	播音与主持艺术专业2016级本科01班	201610010136	赵一婧	艺术学学士学位	本科
36	播音与主持艺术专业2016级本科01班	201610010137	魏冰	艺术学学士学位	本科
37	播音与主持艺术专业2016级本科01班	201610010138	卢奇	艺术学学士学位	本科
38	播音与主持艺术专业2016级本科01班	201610010139	王臣政	艺术学学士学位	本科
39	播音与主持艺术专业2016级本科01班	201610010140	秦铭阳	艺术学学士学位	本科
40	播音与主持艺术专业2016级本科01班	201610010141	姚翰文	艺术学学士学位	本科
41	播音与主持艺术专业2016级本科01班	201610010142	杨汶晓	艺术学学士学位	本科
42	播音与主持艺术专业2016级本科01班	201610010143	李思健	艺术学学士学位	本科
43	播音与主持艺术专业2016级本科01班	201610010144	赵景红	艺术学学士学位	本科
44	播音与主持艺术专业2016级本科02班	201410130138	侯亚茹	艺术学学士学位	本科
45	播音与主持艺术专业2016级本科02班	201610010201	佘晴晴	艺术学学士学位	本科
46	播音与主持艺术专业2016级本科02班	201610010202	戴俊昕	艺术学学士学位	本科
47	播音与主持艺术专业2016级本科02班	201610010203	田心雨	艺术学学士学位	本科
48	播音与主持艺术专业2016级本科02班	201610010204	张海丽	艺术学学士学位	本科
49	播音与主持艺术专业2016级本科02班	201610010205	孙启强	艺术学学士学位	本科
50	播音与主持艺术专业2016级本科02班	201610010207	丁进	艺术学学士学位	本科

(续表)

序号	班级	学号	姓名	学位	层次
51	播音与主持艺术专业 2016 级本科 02 班	201610010208	陈丽	艺术学学士学位	本科
52	播音与主持艺术专业 2016 级本科 02 班	201610010209	黄小宸	艺术学学士学位	本科
53	播音与主持艺术专业 2016 级本科 02 班	201610010210	郑芳	艺术学学士学位	本科
54	播音与主持艺术专业 2016 级本科 02 班	201610010211	赵梦泽	艺术学学士学位	本科
55	播音与主持艺术专业 2016 级本科 02 班	201610010212	吕欣	艺术学学士学位	本科
56	播音与主持艺术专业 2016 级本科 02 班	201610010213	张月	艺术学学士学位	本科
57	播音与主持艺术专业 2016 级本科 02 班	201610010214	朱桐震	艺术学学士学位	本科
58	播音与主持艺术专业 2016 级本科 02 班	201610010215	田孝浩	艺术学学士学位	本科
59	播音与主持艺术专业 2016 级本科 02 班	201610010216	许文婷	艺术学学士学位	本科
60	播音与主持艺术专业 2016 级本科 02 班	201610010217	张永涵	艺术学学士学位	本科
61	播音与主持艺术专业 2016 级本科 02 班	201610010218	孔颜哲	艺术学学士学位	本科
62	播音与主持艺术专业 2016 级本科 02 班	201610010219	周煜雅	艺术学学士学位	本科
63	播音与主持艺术专业 2016 级本科 02 班	201610010220	任萌萌	艺术学学士学位	本科
64	播音与主持艺术专业 2016 级本科 02 班	201610010221	郭庆	艺术学学士学位	本科
65	播音与主持艺术专业 2016 级本科 02 班	201610010222	赵晨	艺术学学士学位	本科
66	播音与主持艺术专业 2016 级本科 02 班	201610010224	韩师	艺术学学士学位	本科
67	播音与主持艺术专业 2016 级本科 02 班	201610010225	张海静	艺术学学士学位	本科
68	播音与主持艺术专业 2016 级本科 02 班	201610010226	胡明月	艺术学学士学位	本科
69	播音与主持艺术专业 2016 级本科 02 班	201610010227	王晨晖	艺术学学士学位	本科
70	播音与主持艺术专业 2016 级本科 02 班	201610010228	许可	艺术学学士学位	本科
71	播音与主持艺术专业 2016 级本科 02 班	201610010229	董文帆	艺术学学士学位	本科
72	播音与主持艺术专业 2016 级本科 02 班	201610010230	赵莹	艺术学学士学位	本科
73	播音与主持艺术专业 2016 级本科 02 班	201610010231	陈静	艺术学学士学位	本科
74	播音与主持艺术专业 2016 级本科 02 班	201610010232	刘岩	艺术学学士学位	本科
75	播音与主持艺术专业 2016 级本科 02 班	201610010233	王炳煜	艺术学学士学位	本科
76	播音与主持艺术专业 2016 级本科 02 班	201610010234	姜英杰	艺术学学士学位	本科
77	播音与主持艺术专业 2016 级本科 02 班	201610010235	郭涵	艺术学学士学位	本科
78	播音与主持艺术专业 2016 级本科 02 班	201610010236	代知瑾	艺术学学士学位	本科
79	播音与主持艺术专业 2016 级本科 02 班	201610010237	李双双	艺术学学士学位	本科
80	播音与主持艺术专业 2016 级本科 02 班	201610010238	韩雅坤	艺术学学士学位	本科
81	播音与主持艺术专业 2016 级本科 02 班	201610010239	沈洪钊	艺术学学士学位	本科
82	播音与主持艺术专业 2016 级本科 02 班	201610010240	宋港	艺术学学士学位	本科

(续表)

序号	班级	学号	姓名	学位	层次
83	播音与主持艺术专业 2016 级本科 02 班	201610010241	孙一诺	艺术学学士学位	本科
84	播音与主持艺术专业 2016 级本科 02 班	201610010242	刘越	艺术学学士学位	本科
85	播音与主持艺术专业 2016 级本科 02 班	201610010243	卢邦策	艺术学学士学位	本科
86	播音与主持艺术专业 2016 级本科 02 班	201610010244	林语晨	艺术学学士学位	本科
87	播音与主持艺术专业 2017 级本科 01 班		王颜玉		本科
88	广播电视编导专业 2016 级本科 01 班	201610020102	泮晶晶	艺术学学士学位	本科
89	广播电视编导专业 2016 级本科 01 班	201610020103	王诗雯	艺术学学士学位	本科
90	广播电视编导专业 2016 级本科 01 班	201610020104	李国贞	艺术学学士学位	本科
91	广播电视编导专业 2016 级本科 01 班	201610020105	郭敬亚	艺术学学士学位	本科
92	广播电视编导专业 2016 级本科 01 班	201610020107	徐翠红	艺术学学士学位	本科
93	广播电视编导专业 2016 级本科 01 班	201610020108	徐凯璇	艺术学学士学位	本科
94	广播电视编导专业 2016 级本科 01 班	201610020109	隋俊英	艺术学学士学位	本科
95	广播电视编导专业 2016 级本科 01 班	201610020110	焦雯雯	艺术学学士学位	本科
96	广播电视编导专业 2016 级本科 01 班	201610020112	王晓全	艺术学学士学位	本科
97	广播电视编导专业 2016 级本科 01 班	201610020113	董宇萍	艺术学学士学位	本科
98	广播电视编导专业 2016 级本科 01 班	201610020114	刘倩	艺术学学士学位	本科
99	广播电视编导专业 2016 级本科 01 班	201610020115	于帅杰	艺术学学士学位	本科
100	广播电视编导专业 2016 级本科 01 班	201610020117	秦丽婷	艺术学学士学位	本科
101	广播电视编导专业 2016 级本科 01 班	201610020118	裴梓涵	艺术学学士学位	本科
102	广播电视编导专业 2016 级本科 01 班	201610020119	王娇	艺术学学士学位	本科
103	广播电视编导专业 2016 级本科 01 班	201610020120	李晗	艺术学学士学位	本科
104	广播电视编导专业 2016 级本科 01 班	201610020122	鹿雪	艺术学学士学位	本科
105	广播电视编导专业 2016 级本科 01 班	201610020123	李倩倩	艺术学学士学位	本科
106	广播电视编导专业 2016 级本科 01 班	201610020125	王玙璇	艺术学学士学位	本科
107	广播电视编导专业 2016 级本科 01 班	201610020127	辛静华	艺术学学士学位	本科
108	广播电视编导专业 2016 级本科 01 班	201610020128	谭玲玲	艺术学学士学位	本科
109	广播电视编导专业 2016 级本科 01 班	201610020129	郑习霞	艺术学学士学位	本科
110	广播电视编导专业 2016 级本科 01 班	201610020130	李鑫	艺术学学士学位	本科
111	广播电视编导专业 2016 级本科 01 班	201610020132	杨子涵	艺术学学士学位	本科
112	广播电视编导专业 2016 级本科 01 班	201610020133	王沙沙	艺术学学士学位	本科
113	广播电视编导专业 2016 级本科 01 班	201610020134	侯雪	艺术学学士学位	本科
114	广播电视编导专业 2016 级本科 01 班	201610020135	杨慧英	艺术学学士学位	本科

(续表)

序号	班级	学号	姓名	学位	层次
115	广播电视编导专业2016级本科01班	201610020137	蓝青	艺术学学士学位	本科
116	广播电视编导专业2016级本科01班	201610020138	郭潇	艺术学学士学位	本科
117	广播电视编导专业2016级本科01班	201610020139	王晴晴	艺术学学士学位	本科
118	广播电视编导专业2016级本科01班	201610020140	王心怡	艺术学学士学位	本科
119	广播电视编导专业2016级本科01班	201610020142	陈旺	艺术学学士学位	本科
120	广播电视编导专业2016级本科01班	201610020143	张一弛	艺术学学士学位	本科
121	广播电视编导专业2016级本科01班	201610020144	李扬	艺术学学士学位	本科
122	广播电视编导专业2016级本科02班	201610020202	胡嘉楠	艺术学学士学位	本科
123	广播电视编导专业2016级本科02班	201610020203	姜涵	艺术学学士学位	本科
124	广播电视编导专业2016级本科02班	201610020204	王凤浩	艺术学学士学位	本科
125	广播电视编导专业2016级本科02班	201610020205	李杰	艺术学学士学位	本科
126	广播电视编导专业2016级本科02班	201610020207	孟凡保	艺术学学士学位	本科
127	广播电视编导专业2016级本科02班	201610020208	李贤虎	艺术学学士学位	本科
128	广播电视编导专业2016级本科02班	201610020209	李勋奇		本科
129	广播电视编导专业2016级本科02班	201610020210	李娜	艺术学学士学位	本科
130	广播电视编导专业2016级本科02班	201610020212	付鑫铭	艺术学学士学位	本科
131	广播电视编导专业2016级本科02班	201610020213	胡心月	艺术学学士学位	本科
132	广播电视编导专业2016级本科02班	201610020214	刘宏志	艺术学学士学位	本科
133	广播电视编导专业2016级本科02班	201610020215	王静琪	艺术学学士学位	本科
134	广播电视编导专业2016级本科02班	201610020217	高靖	艺术学学士学位	本科
135	广播电视编导专业2016级本科02班	201610020218	刘东亮	艺术学学士学位	本科
136	广播电视编导专业2016级本科02班	201610020220	曹雪婷	艺术学学士学位	本科
137	广播电视编导专业2016级本科02班	201610020222	张慧娟	艺术学学士学位	本科
138	广播电视编导专业2016级本科02班	201610020223	徐晓文	艺术学学士学位	本科
139	广播电视编导专业2016级本科02班	201610020225	金德宽	艺术学学士学位	本科
140	广播电视编导专业2016级本科02班	201610020227	韩秀敏	艺术学学士学位	本科
141	广播电视编导专业2016级本科02班	201610020228	孙琦	艺术学学士学位	本科
142	广播电视编导专业2016级本科02班	201610020229	史梦瑶	艺术学学士学位	本科
143	广播电视编导专业2016级本科02班	201610020230	陈嘉伟	艺术学学士学位	本科
144	广播电视编导专业2016级本科02班	201610020232	石庆龙	艺术学学士学位	本科
145	广播电视编导专业2016级本科02班	201610020233	陈芳杰	艺术学学士学位	本科
146	广播电视编导专业2016级本科02班	201610020234	徐广鲁	艺术学学士学位	本科

(续表)

序号	班级	学号	姓名	学位	层次
147	广播电视编导专业 2016 级本科 02 班	201610020235	窦萌萌	艺术学学士学位	本科
148	广播电视编导专业 2016 级本科 02 班	201610020237	蔡蕊蕊	艺术学学士学位	本科
149	广播电视编导专业 2016 级本科 02 班	201610020238	彭雨	艺术学学士学位	本科
150	广播电视编导专业 2016 级本科 02 班	201610020239	陈涵	艺术学学士学位	本科
151	广播电视编导专业 2016 级本科 02 班	201610020240	王蕊	艺术学学士学位	本科
152	广播电视编导专业 2016 级本科 02 班	201610020242	李明明	艺术学学士学位	本科
153	广播电视编导专业 2016 级本科 02 班	201610020243	陈雪伟	艺术学学士学位	本科
154	广播电视编导专业 2016 级本科 02 班	201610020244	巴志超	艺术学学士学位	本科
155	广播电视编导专业 2016 级本科 02 班	201610020246	秦文玉	艺术学学士学位	本科
156	广播电视编导专业 2016 级本科 03 班	201610020302	张睿妍	艺术学学士学位	本科
157	广播电视编导专业 2016 级本科 03 班	201610020303	周慧敏	艺术学学士学位	本科
158	广播电视编导专业 2016 级本科 03 班	201610020304	韩晓	艺术学学士学位	本科
159	广播电视编导专业 2016 级本科 03 班	201610020305	邱晓旭	艺术学学士学位	本科
160	广播电视编导专业 2016 级本科 03 班	201610020307	张晓云	艺术学学士学位	本科
161	广播电视编导专业 2016 级本科 03 班	201610020308	隋娟娟	艺术学学士学位	本科
162	广播电视编导专业 2016 级本科 03 班	201610020309	郑映斐	艺术学学士学位	本科
163	广播电视编导专业 2016 级本科 03 班	201610020310	夏秋霞	艺术学学士学位	本科
164	广播电视编导专业 2016 级本科 03 班	201610020312	邢丽莹	艺术学学士学位	本科
165	广播电视编导专业 2016 级本科 03 班	201610020313	纪爱静	艺术学学士学位	本科
166	广播电视编导专业 2016 级本科 03 班	201610020314	刘雨	艺术学学士学位	本科
167	广播电视编导专业 2016 级本科 03 班	201610020315	吴璇	艺术学学士学位	本科
168	广播电视编导专业 2016 级本科 03 班	201610020317	姬鈺	艺术学学士学位	本科
169	广播电视编导专业 2016 级本科 03 班	201610020318	姜敏	艺术学学士学位	本科
170	广播电视编导专业 2016 级本科 03 班	201610020319	舒昌昊	艺术学学士学位	本科
171	广播电视编导专业 2016 级本科 03 班	201610020320	代日辉	艺术学学士学位	本科
172	广播电视编导专业 2016 级本科 03 班	201610020322	褚艺璇	艺术学学士学位	本科
173	广播电视编导专业 2016 级本科 03 班	201610020323	蔺梓芊	艺术学学士学位	本科
174	广播电视编导专业 2016 级本科 03 班	201610020325	官靖	艺术学学士学位	本科
175	广播电视编导专业 2016 级本科 03 班	201610020327	主父成欣	艺术学学士学位	本科
176	广播电视编导专业 2016 级本科 03 班	201610020328	杨楠	艺术学学士学位	本科
177	广播电视编导专业 2016 级本科 03 班	201610020329	王悦	艺术学学士学位	本科
178	广播电视编导专业 2016 级本科 03 班	201610020330	李敏	艺术学学士学位	本科

(续表)

序号	班级	学号	姓名	学位	层次
179	广播电视编导专业 2016 级本科 03 班	201610020332	候雪	艺术学学士学位	本科
180	广播电视编导专业 2016 级本科 03 班	201610020333	吴美玲	艺术学学士学位	本科
181	广播电视编导专业 2016 级本科 03 班	201610020334	邢晓妍	艺术学学士学位	本科
182	广播电视编导专业 2016 级本科 03 班	201610020335	刘芳	艺术学学士学位	本科
183	广播电视编导专业 2016 级本科 03 班	201610020337	上官文萧	艺术学学士学位	本科
184	广播电视编导专业 2016 级本科 03 班	201610020338	王昭	艺术学学士学位	本科
185	广播电视编导专业 2016 级本科 03 班	201610020339	王苗苗	艺术学学士学位	本科
186	广播电视编导专业 2016 级本科 03 班	201610020340	张路鸿	艺术学学士学位	本科
187	广播电视编导专业 2016 级本科 03 班	201610020342	刘亚薇	艺术学学士学位	本科
188	广播电视编导专业 2016 级本科 03 班	201610020343	周婷	艺术学学士学位	本科
189	广播电视编导专业 2016 级本科 03 班	201610020344	周军鑫	艺术学学士学位	本科
190	广播电视编导专业 2016 级本科 03 班	201610020346	宋绿迪	艺术学学士学位	本科
191	广播电视编导专业 2016 级本科 04 班	201610020101	牛丰隆	艺术学学士学位	本科
192	广播电视编导专业 2016 级本科 04 班	201610020106	张雨祁	艺术学学士学位	本科
193	广播电视编导专业 2016 级本科 04 班	201610020111	李子彬	艺术学学士学位	本科
194	广播电视编导专业 2016 级本科 04 班	201610020116	王爱莲	艺术学学士学位	本科
195	广播电视编导专业 2016 级本科 04 班	201610020121	田浩	艺术学学士学位	本科
196	广播电视编导专业 2016 级本科 04 班	201610020124	苗壬相	艺术学学士学位	本科
197	广播电视编导专业 2016 级本科 04 班	201610020126	卜一冉	艺术学学士学位	本科
198	广播电视编导专业 2016 级本科 04 班	201610020131	王斯纯	艺术学学士学位	本科
199	广播电视编导专业 2016 级本科 04 班	201610020136	朱姗姗	艺术学学士学位	本科
200	广播电视编导专业 2016 级本科 04 班	201610020141	费晓丽	艺术学学士学位	本科
201	广播电视编导专业 2016 级本科 04 班	201610020145	何庆元	艺术学学士学位	本科
202	广播电视编导专业 2016 级本科 04 班	201610020146	杨朝铭	艺术学学士学位	本科
203	广播电视编导专业 2016 级本科 04 班	201610020201	满亚杰	艺术学学士学位	本科
204	广播电视编导专业 2016 级本科 04 班	201610020206	尹秀明	艺术学学士学位	本科
205	广播电视编导专业 2016 级本科 04 班	201610020211	孟丽君	艺术学学士学位	本科
206	广播电视编导专业 2016 级本科 04 班	201610020216	陈雪	艺术学学士学位	本科
207	广播电视编导专业 2016 级本科 04 班	201610020221	王建东	艺术学学士学位	本科
208	广播电视编导专业 2016 级本科 04 班	201610020224	鞠亚璇	艺术学学士学位	本科
209	广播电视编导专业 2016 级本科 04 班	201610020226	李承欣	艺术学学士学位	本科
210	广播电视编导专业 2016 级本科 04 班	201610020231	陈维广	艺术学学士学位	本科

(续表)

序号	班级	学号	姓名	学位	层次
211	广播电视编导专业 2016 级本科 04 班	201610020236	相福玲	艺术学学士学位	本科
212	广播电视编导专业 2016 级本科 04 班	201610020241	卢绮	艺术学学士学位	本科
213	广播电视编导专业 2016 级本科 04 班	201610020245	申文豪	艺术学学士学位	本科
214	广播电视编导专业 2016 级本科 04 班	201610020301	刘悦	艺术学学士学位	本科
215	广播电视编导专业 2016 级本科 04 班	201610020306	张冬梅	艺术学学士学位	本科
216	广播电视编导专业 2016 级本科 04 班	201610020311	王雪	艺术学学士学位	本科
217	广播电视编导专业 2016 级本科 04 班	201610020316	王倩	艺术学学士学位	本科
218	广播电视编导专业 2016 级本科 04 班	201610020321	何锐	艺术学学士学位	本科
219	广播电视编导专业 2016 级本科 04 班	201610020324	魏萌	艺术学学士学位	本科
220	广播电视编导专业 2016 级本科 04 班	201610020326	史苏雨	艺术学学士学位	本科
221	广播电视编导专业 2016 级本科 04 班	201610020331	王琦	艺术学学士学位	本科
222	广播电视编导专业 2016 级本科 04 班	201610020336	高梦洁	艺术学学士学位	本科
223	广播电视编导专业 2016 级本科 04 班	201610020341	芦苗苗	艺术学学士学位	本科
224	广播电视编导专业 2016 级本科 04 班	201610020345	尹敏	艺术学学士学位	本科
225	广告学专业 2016 级本科 01 班	201610030101	王文婷	文学学士学位	本科
226	广告学专业 2016 级本科 01 班	201610030102	陈小燕	文学学士学位	本科
227	广告学专业 2016 级本科 01 班	201610030103	王春红	文学学士学位	本科
228	广告学专业 2016 级本科 01 班	201610030104	田凤珍	文学学士学位	本科
229	广告学专业 2016 级本科 01 班	201610030105	李桐	文学学士学位	本科
230	广告学专业 2016 级本科 01 班	201610030106	袁梦	文学学士学位	本科
231	广告学专业 2016 级本科 01 班	201610030107	王莉	文学学士学位	本科
232	广告学专业 2016 级本科 01 班	201610030108	华暖	文学学士学位	本科
233	广告学专业 2016 级本科 01 班	201610030109	张姿涵	文学学士学位	本科
234	广告学专业 2016 级本科 01 班	201610030111	郝振澳	文学学士学位	本科
235	广告学专业 2016 级本科 01 班	201610030112	张贵芝	文学学士学位	本科
236	广告学专业 2016 级本科 01 班	201610030113	葛雨晴	文学学士学位	本科
237	广告学专业 2016 级本科 01 班	201610030114	杨增航	文学学士学位	本科
238	广告学专业 2016 级本科 01 班	201610030115	杨新雨	文学学士学位	本科
239	广告学专业 2016 级本科 01 班	201610030116	李晓迪	文学学士学位	本科
240	广告学专业 2016 级本科 01 班	201610030117	吴梦雪	文学学士学位	本科
241	广告学专业 2016 级本科 01 班	201610030118	王姿雯	文学学士学位	本科
242	广告学专业 2016 级本科 01 班	201610030119	马欣	文学学士学位	本科

(续表)

序号	班级	学号	姓名	学位	层次
243	广告学专业 2016 级本科 01 班	201610030120	程子轩	文学学士学位	本科
244	广告学专业 2016 级本科 01 班	201610030122	乔晓晨	文学学士学位	本科
245	广告学专业 2016 级本科 01 班	201610030123	孙思梦	文学学士学位	本科
246	广告学专业 2016 级本科 01 班	201610030124	王岩	文学学士学位	本科
247	广告学专业 2016 级本科 01 班	201610030125	焦其婕	文学学士学位	本科
248	广告学专业 2016 级本科 01 班	201610030126	张铖	文学学士学位	本科
249	广告学专业 2016 级本科 01 班	201610030127	张伟	文学学士学位	本科
250	广告学专业 2016 级本科 01 班	201610030128	魏歆然	文学学士学位	本科
251	广告学专业 2016 级本科 01 班	201610030129	于倩	文学学士学位	本科
252	广告学专业 2016 级本科 01 班	201610030130	隋心媚	文学学士学位	本科
253	广告学专业 2016 级本科 01 班	201610030131	龙飞宇	文学学士学位	本科
254	广告学专业 2016 级本科 01 班	201610030132	李淑真	文学学士学位	本科
255	广告学专业 2016 级本科 01 班	201610030133	付佳敏	文学学士学位	本科
256	广告学专业 2016 级本科 01 班	201610030134	周琦	文学学士学位	本科
257	广告学专业 2016 级本科 01 班	201610030135	李尚	文学学士学位	本科
258	广告学专业 2016 级本科 01 班	201610030136	刘艺		本科
259	广告学专业 2016 级本科 01 班	201610030137	舒豪	文学学士学位	本科
260	广告学专业 2016 级本科 01 班	201610030138	王雨薇	文学学士学位	本科
261	广告学专业 2016 级本科 01 班	201610030139	刘彦萱	文学学士学位	本科
262	广告学专业 2016 级本科 01 班	201610030140	高兴萍	文学学士学位	本科
263	广告学专业 2016 级本科 01 班	201610030141	郁亚楠	文学学士学位	本科
264	广告学专业 2016 级本科 01 班	201610030142	唐天妹	文学学士学位	本科
265	广告学专业 2016 级本科 01 班	201610030143	李远哲	文学学士学位	本科
266	广告学专业 2016 级本科 01 班	201610030146	王卓瑾	文学学士学位	本科
267	广告学专业 2016 级本科 01 班	201610030147	高佩钧	文学学士学位	本科
268	广告学专业 2016 级本科 01 班	201610030148	姜榕廷	文学学士学位	本科
269	广告学专业 2016 级本科 01 班	201610030149	鲁林鹭	文学学士学位	本科
270	广告学专业 2016 级本科 01 班	201610030150	刘安然	文学学士学位	本科
271	视觉传达设计专业 2016 级本科 1 班	201610040101	张悦	艺术学学士学位	本科
272	视觉传达设计专业 2016 级本科 1 班	201610040102	盛泉方	艺术学学士学位	本科
273	视觉传达设计专业 2016 级本科 1 班	201610040103	郭兴霖	艺术学学士学位	本科
274	视觉传达设计专业 2016 级本科 1 班	201610040104	张明豪	艺术学学士学位	本科

(续表)

序号	班级	学号	姓名	学位	层次
275	视觉传达设计专业2016级本科1班	201610040105	常振	艺术学学士学位	本科
276	视觉传达设计专业2016级本科1班	201610040106	刘鑫鑫	艺术学学士学位	本科
277	视觉传达设计专业2016级本科1班	201610040107	马腾达	艺术学学士学位	本科
278	视觉传达设计专业2016级本科1班	201610040108	李东宇	艺术学学士学位	本科
279	视觉传达设计专业2016级本科1班	201610040109	宋宜菊	艺术学学士学位	本科
280	视觉传达设计专业2016级本科1班	201610040110	周忠伟	艺术学学士学位	本科
281	视觉传达设计专业2016级本科1班	201610040111	王敏	艺术学学士学位	本科
282	视觉传达设计专业2016级本科1班	201610040112	苑宪梅	艺术学学士学位	本科
283	视觉传达设计专业2016级本科1班	201610040113	庄乾毅	艺术学学士学位	本科
284	视觉传达设计专业2016级本科1班	201610040114	张良粉	艺术学学士学位	本科
285	视觉传达设计专业2016级本科1班	201610040115	刘淑玉	艺术学学士学位	本科
286	视觉传达设计专业2016级本科1班	201610040116	张立状	艺术学学士学位	本科
287	视觉传达设计专业2016级本科1班	201610040117	王雅静	艺术学学士学位	本科
288	视觉传达设计专业2016级本科1班	201610040118	郑永鑫	艺术学学士学位	本科
289	视觉传达设计专业2016级本科1班	201610040119	吴乐冉	艺术学学士学位	本科
290	视觉传达设计专业2016级本科1班	201610040120	尹君	艺术学学士学位	本科
291	视觉传达设计专业2016级本科1班	201610040121	齐雨彤	艺术学学士学位	本科
292	视觉传达设计专业2016级本科1班	201610040122	段一凡	艺术学学士学位	本科
293	视觉传达设计专业2016级本科1班	201610040123	赵莉	艺术学学士学位	本科
294	视觉传达设计专业2016级本科1班	201610040124	王璐	艺术学学士学位	本科
295	视觉传达设计专业2016级本科1班	201610040125	徐建昊	艺术学学士学位	本科
296	视觉传达设计专业2016级本科1班	201610040126	戴行正	艺术学学士学位	本科
297	视觉传达设计专业2016级本科1班	201610040127	庞洪祯	艺术学学士学位	本科
298	视觉传达设计专业2016级本科1班	201610040128	赵书浩	艺术学学士学位	本科
299	视觉传达设计专业2016级本科1班	201610040129	杨伟瀚	艺术学学士学位	本科
300	视觉传达设计专业2016级本科1班	201610040130	郭健		本科
301	视觉传达设计专业2016级本科1班	201610040131	张爽	艺术学学士学位	本科
302	视觉传达设计专业2016级本科1班	201610040132	张海盟	艺术学学士学位	本科
303	视觉传达设计专业2016级本科1班	201610040133	王健	艺术学学士学位	本科
304	视觉传达设计专业2016级本科1班	201610040134	杨雪	艺术学学士学位	本科
305	视觉传达设计专业2016级本科1班	201610040135	宋言	艺术学学士学位	本科
306	视觉传达设计专业2016级本科1班	201610040136	李世林	艺术学学士学位	本科

（续表）

序号	班级	学号	姓名	学位	层次
307	视觉传达设计专业 2016 级本科 1 班	201610040137	卢卓	艺术学学士学位	本科
308	视觉传达设计专业 2016 级本科 1 班	201610040138	宋传传	艺术学学士学位	本科
309	视觉传达设计专业 2016 级本科 1 班	201610040139	杨丰源	艺术学学士学位	本科
310	视觉传达设计专业 2016 级本科 1 班	201610040140	张宝峰	艺术学学士学位	本科
311	数字媒体艺术专业 2016 级本科 01 班	201410200210	杨怡	艺术学学士学位	本科
312	数字媒体艺术专业 2016 级本科 01 班	201610070101	李科新	艺术学学士学位	本科
313	数字媒体艺术专业 2016 级本科 01 班	201610070102	王帅	艺术学学士学位	本科
314	数字媒体艺术专业 2016 级本科 01 班	201610070103	刘雪	艺术学学士学位	本科
315	数字媒体艺术专业 2016 级本科 01 班	201610070104	马晓志	艺术学学士学位	本科
316	数字媒体艺术专业 2016 级本科 01 班	201610070105	刘然	艺术学学士学位	本科
317	数字媒体艺术专业 2016 级本科 01 班	201610070106	穆哲	艺术学学士学位	本科
318	数字媒体艺术专业 2016 级本科 01 班	201610070107	赵康	艺术学学士学位	本科
319	数字媒体艺术专业 2016 级本科 01 班	201610070108	孙恺键	艺术学学士学位	本科
320	数字媒体艺术专业 2016 级本科 01 班	201610070109	温国良	艺术学学士学位	本科
321	数字媒体艺术专业 2016 级本科 01 班	201610070110	辛宁	艺术学学士学位	本科
322	数字媒体艺术专业 2016 级本科 01 班	201610070111	谢艾萍	艺术学学士学位	本科
323	数字媒体艺术专业 2016 级本科 01 班	201610070112	吴守钦	艺术学学士学位	本科
324	数字媒体艺术专业 2016 级本科 01 班	201610070113	何国庆	艺术学学士学位	本科
325	数字媒体艺术专业 2016 级本科 01 班	201610070114	杨振	艺术学学士学位	本科
326	数字媒体艺术专业 2016 级本科 01 班	201610070115	杨海涛	艺术学学士学位	本科
327	数字媒体艺术专业 2016 级本科 01 班	201610070116	解祝廷	艺术学学士学位	本科
328	数字媒体艺术专业 2016 级本科 01 班	201610070117	李孝星	艺术学学士学位	本科
329	数字媒体艺术专业 2016 级本科 01 班	201610070118	刘森橼	艺术学学士学位	本科
330	数字媒体艺术专业 2016 级本科 01 班	201610070119	郭春廷	艺术学学士学位	本科
331	数字媒体艺术专业 2016 级本科 01 班	201610070121	李娇	艺术学学士学位	本科
332	数字媒体艺术专业 2016 级本科 01 班	201610070122	孔治政	艺术学学士学位	本科
333	数字媒体艺术专业 2016 级本科 01 班	201610070123	徐子富	艺术学学士学位	本科
334	数字媒体艺术专业 2016 级本科 01 班	201610070124	张典雨	艺术学学士学位	本科
335	数字媒体艺术专业 2016 级本科 01 班	201610070125	厉鹏	艺术学学士学位	本科
336	数字媒体艺术专业 2016 级本科 01 班	201610070126	张志浩	艺术学学士学位	本科
337	数字媒体艺术专业 2016 级本科 01 班	201610070127	王炜琦	艺术学学士学位	本科
338	数字媒体艺术专业 2016 级本科 01 班	201610070128	赵珊	艺术学学士学位	本科

(续表)

序号	班级	学号	姓名	学位	层次
339	数字媒体艺术专业 2016 级本科 01 班	201610070129	魏高天	艺术学学士学位	本科
340	数字媒体艺术专业 2016 级本科 01 班	201610070130	苏文露	艺术学学士学位	本科
341	数字媒体艺术专业 2016 级本科 01 班	201610070131	国春秀	艺术学学士学位	本科
342	数字媒体艺术专业 2016 级本科 01 班	201610070132	牟玉秋	艺术学学士学位	本科
343	数字媒体艺术专业 2016 级本科 01 班	201610070133	王显东	艺术学学士学位	本科
344	数字媒体艺术专业 2016 级本科 01 班	201610070134	王玉	艺术学学士学位	本科
345	数字媒体艺术专业 2016 级本科 01 班	201610070135	田敏	艺术学学士学位	本科
346	数字媒体艺术专业 2016 级本科 01 班	201610070136	吴仁忠	艺术学学士学位	本科
347	数字媒体艺术专业 2016 级本科 01 班	201610070137	王晓燕	艺术学学士学位	本科
348	数字媒体艺术专业 2016 级本科 01 班	201610070139	刘金璧		本科
349	数字媒体艺术专业 2016 级本科 01 班	201610070140	刘鸿源	艺术学学士学位	本科
350	数字媒体艺术专业 2016 级本科 02 班	201410200432	董建楠		本科
351	数字媒体艺术专业 2016 级本科 02 班	201610060201	房明秀	艺术学学士学位	本科
352	数字媒体艺术专业 2016 级本科 02 班	201610060202	常秀	艺术学学士学位	本科
353	数字媒体艺术专业 2016 级本科 02 班	201610060203	朱毅恒		本科
354	数字媒体艺术专业 2016 级本科 02 班	201610060204	王莉	艺术学学士学位	本科
355	数字媒体艺术专业 2016 级本科 02 班	201610060205	武子曼	艺术学学士学位	本科
356	数字媒体艺术专业 2016 级本科 02 班	201610060206	尚昆	艺术学学士学位	本科
357	数字媒体艺术专业 2016 级本科 02 班	201610060207	张延昭	艺术学学士学位	本科
358	数字媒体艺术专业 2016 级本科 02 班	201610060208	韩春泥	艺术学学士学位	本科
359	数字媒体艺术专业 2016 级本科 02 班	201610060209	王黎新	艺术学学士学位	本科
360	数字媒体艺术专业 2016 级本科 02 班	201610060210	张蝶	艺术学学士学位	本科
361	数字媒体艺术专业 2016 级本科 02 班	201610060211	王翼鹏	艺术学学士学位	本科
362	数字媒体艺术专业 2016 级本科 02 班	201610060212	申中跃	艺术学学士学位	本科
363	数字媒体艺术专业 2016 级本科 02 班	201610060213	王进	艺术学学士学位	本科
364	数字媒体艺术专业 2016 级本科 02 班	201610060214	李忠梅	艺术学学士学位	本科
365	数字媒体艺术专业 2016 级本科 02 班	201610060215	邵晓华	艺术学学士学位	本科
366	数字媒体艺术专业 2016 级本科 02 班	201610060216	陈伊宁	艺术学学士学位	本科
367	数字媒体艺术专业 2016 级本科 02 班	201610060217	唐露露	艺术学学士学位	本科
368	数字媒体艺术专业 2016 级本科 02 班	201610060218	赵景丽	艺术学学士学位	本科
369	数字媒体艺术专业 2016 级本科 02 班	201610060219	王珊珊	艺术学学士学位	本科
370	数字媒体艺术专业 2016 级本科 02 班	201610060220	杨啸	艺术学学士学位	本科

附录　527

(续表)

序号	班级	学号	姓名	学位	层次
371	数字媒体艺术专业 2016 级本科 02 班	201610060221	刘性洲	艺术学学士学位	本科
372	数字媒体艺术专业 2016 级本科 02 班	201610060222	陈英达	艺术学学士学位	本科
373	数字媒体艺术专业 2016 级本科 02 班	201610060223	王玉超		本科
374	数字媒体艺术专业 2016 级本科 02 班	201610060224	王春晓	艺术学学士学位	本科
375	数字媒体艺术专业 2016 级本科 02 班	201610060227	徐丽霞	艺术学学士学位	本科
376	数字媒体艺术专业 2016 级本科 02 班	201610060228	张天成	艺术学学士学位	本科
377	数字媒体艺术专业 2016 级本科 02 班	201610060229	赵婷	艺术学学士学位	本科
378	数字媒体艺术专业 2016 级本科 02 班	201610060230	冯艳静	艺术学学士学位	本科
379	数字媒体艺术专业 2016 级本科 02 班	201610060231	矫帅杰	艺术学学士学位	本科
380	数字媒体艺术专业 2016 级本科 02 班	201610060232	王宇	艺术学学士学位	本科
381	数字媒体艺术专业 2016 级本科 02 班	201610060233	徐杨	艺术学学士学位	本科
382	数字媒体艺术专业 2016 级本科 02 班	201610060234	赵哲	艺术学学士学位	本科
383	数字媒体艺术专业 2016 级本科 02 班	201610060235	王翠霞	艺术学学士学位	本科
384	数字媒体艺术专业 2016 级本科 02 班	201610060236	王哲	艺术学学士学位	本科
385	数字媒体艺术专业 2016 级本科 02 班	201610060237	周坤	艺术学学士学位	本科
386	数字媒体艺术专业 2016 级本科 02 班	201610060238	王秋彤	艺术学学士学位	本科
387	数字媒体艺术专业 2016 级本科 02 班	201610060239	宋建刚	艺术学学士学位	本科
388	数字媒体艺术专业 2016 级本科 02 班	201610060240	乔雨	艺术学学士学位	本科
389	新闻学专业 2016 级本科 01 班	201610090101	陈火芬	文学学士学位	本科
390	新闻学专业 2016 级本科 01 班	201610090102	杨珩	文学学士学位	本科
391	新闻学专业 2016 级本科 01 班	201610090103	宋玲叶	文学学士学位	本科
392	新闻学专业 2016 级本科 01 班	201610090104	柳芊卉	文学学士学位	本科
393	新闻学专业 2016 级本科 01 班	201610090105	张楠	文学学士学位	本科
394	新闻学专业 2016 级本科 01 班	201610090106	王李心玥	文学学士学位	本科
395	新闻学专业 2016 级本科 01 班	201610090107	李秋悦	文学学士学位	本科
396	新闻学专业 2016 级本科 01 班	201610090108	杜晓洁	文学学士学位	本科
397	新闻学专业 2016 级本科 01 班	201610090109	潘紫莹	文学学士学位	本科
398	新闻学专业 2016 级本科 01 班	201610090110	王超	文学学士学位	本科
399	新闻学专业 2016 级本科 01 班	201610090111	薛惠方	文学学士学位	本科
400	新闻学专业 2016 级本科 01 班	201610090112	刘亚楠	文学学士学位	本科
401	新闻学专业 2016 级本科 01 班	201610090113	王富磊	文学学士学位	本科
402	新闻学专业 2016 级本科 01 班	201610090114	寇晓晨	文学学士学位	本科

(续表)

序号	班级	学号	姓名	学位	层次
403	新闻学专业2016级本科01班	201610090115	金世谱	文学学士学位	本科
404	新闻学专业2016级本科01班	201610090116	王雅婷	文学学士学位	本科
405	新闻学专业2016级本科01班	201610090117	刘梦竹	文学学士学位	本科
406	新闻学专业2016级本科01班	201610090118	李坤生	文学学士学位	本科
407	新闻学专业2016级本科01班	201610090119	张祺	文学学士学位	本科
408	新闻学专业2016级本科01班	201610090120	孙敏	文学学士学位	本科
409	新闻学专业2016级本科01班	201610090121	韩双玥	文学学士学位	本科
410	新闻学专业2016级本科01班	201610090122	蔡景超	文学学士学位	本科
411	新闻学专业2016级本科01班	201610090123	宋春雨	文学学士学位	本科
412	新闻学专业2016级本科01班	201610090124	徐秋敏	文学学士学位	本科
413	新闻学专业2016级本科01班	201610090125	郑珂	文学学士学位	本科
414	新闻学专业2016级本科01班	201610090126	王伟	文学学士学位	本科
415	新闻学专业2016级本科01班	201610090127	许灿	文学学士学位	本科
416	新闻学专业2016级本科01班	201610090128	刘浩浩	文学学士学位	本科
417	新闻学专业2016级本科01班	201610090129	刘帅	文学学士学位	本科
418	新闻学专业2016级本科01班	201610090130	肖声远	文学学士学位	本科
419	新闻学专业2016级本科01班	201610090131	裴雪儿	文学学士学位	本科
420	新闻学专业2016级本科01班	201610090132	赵亚利	文学学士学位	本科
421	新闻学专业2016级本科01班	201610090133	杨举溥	文学学士学位	本科
422	新闻学专业2016级本科01班	201610090205	徐可馨	文学学士学位	本科
423	新闻学专业2016级本科02班	201610090201	张进进	文学学士学位	本科
424	新闻学专业2016级本科02班	201610090202	屠纯洁	文学学士学位	本科
425	新闻学专业2016级本科02班	201610090203	周芳倩	文学学士学位	本科
426	新闻学专业2016级本科02班	201610090204	胡启然	文学学士学位	本科
427	新闻学专业2016级本科02班	201610090206	周凡舒	文学学士学位	本科
428	新闻学专业2016级本科02班	201610090207	韩红菊	文学学士学位	本科
429	新闻学专业2016级本科02班	201610090208	凌秋燕	文学学士学位	本科
430	新闻学专业2016级本科02班	201610090209	曹泽星	文学学士学位	本科
431	新闻学专业2016级本科02班	201610090210	王政	文学学士学位	本科
432	新闻学专业2016级本科02班	201610090211	陈慧娟	文学学士学位	本科
433	新闻学专业2016级本科02班	201610090212	朱孟洁	文学学士学位	本科
434	新闻学专业2016级本科02班	201610090213	徐方舟	文学学士学位	本科

(续表)

序号	班级	学号	姓名	学位	层次
435	新闻学专业2016级本科02班	201610090214	韩呈祥	文学学士学位	本科
436	新闻学专业2016级本科02班	201610090215	曲蕾	文学学士学位	本科
437	新闻学专业2016级本科02班	201610090216	刘晓庆	文学学士学位	本科
438	新闻学专业2016级本科02班	201610090217	柯美浩	文学学士学位	本科
439	新闻学专业2016级本科02班	201610090218	秦菽遥	文学学士学位	本科
440	新闻学专业2016级本科02班	201610090219	李添锦	文学学士学位	本科
441	新闻学专业2016级本科02班	201610090220	梁淑莹	文学学士学位	本科
442	新闻学专业2016级本科02班	201610090221	何依蔓	文学学士学位	本科
443	新闻学专业2016级本科02班	201610090222	王凤娇	文学学士学位	本科
444	新闻学专业2016级本科02班	201610090223	黄中慧	文学学士学位	本科
445	新闻学专业2016级本科02班	201610090224	张富玲	文学学士学位	本科
446	新闻学专业2016级本科02班	201610090225	陈杨	文学学士学位	本科
447	新闻学专业2016级本科02班	201610090226	周亚夫	文学学士学位	本科
448	新闻学专业2016级本科02班	201610090227	万晓金	文学学士学位	本科
449	新闻学专业2016级本科02班	201610090228	郑丽媛	文学学士学位	本科
450	新闻学专业2016级本科02班	201610090229	李乐诗	文学学士学位	本科
451	新闻学专业2016级本科02班	201610090230	梁衍聪	文学学士学位	本科
452	新闻学专业2016级本科02班	201610090231	王渤	文学学士学位	本科
453	新闻学专业2016级本科02班	201610090232	李嘉晖	文学学士学位	本科
454	播音与主持专业2017级专科01班	201710650101	程鑫		专科
455	播音与主持专业2017级专科01班	201710650102	丁玮		专科
456	播音与主持专业2017级专科01班	201710650103	公维英		专科
457	播音与主持专业2017级专科01班	201710650104	郭婧		专科
458	播音与主持专业2017级专科01班	201710650105	郭旭冉		专科
459	播音与主持专业2017级专科01班	201710650106	汲鹏飞		专科
460	播音与主持专业2017级专科01班	201710650107	解焙焙		专科
461	播音与主持专业2017级专科01班	201710650108	荆洲		专科
462	播音与主持专业2017级专科01班	201710650109	李秋颖		专科
463	播音与主持专业2017级专科01班	201710650110	李梓仟		专科
464	播音与主持专业2017级专科01班	201710650113	马玉婷		专科
465	播音与主持专业2017级专科01班	201710650114	马源		专科
466	播音与主持专业2017级专科01班	201710650115	苗潇月		专科

(续表)

序号	班级	学号	姓名	学位	层次
467	播音与主持专业 2017 级专科 01 班	201710650116	牟乐		专科
468	播音与主持专业 2017 级专科 01 班	201710650117	聂逸培		专科
469	播音与主持专业 2017 级专科 01 班	201710650118	平珂昕		专科
470	播音与主持专业 2017 级专科 01 班	201710650119	沙鑫		专科
471	播音与主持专业 2017 级专科 01 班	201710650120	石慧		专科
472	播音与主持专业 2017 级专科 01 班	201710650121	苏琪		专科
473	播音与主持专业 2017 级专科 01 班	201710650122	孙伟		专科
474	播音与主持专业 2017 级专科 01 班	201710650123	田东旭		专科
475	播音与主持专业 2017 级专科 01 班	201710650124	王冉		专科
476	播音与主持专业 2017 级专科 01 班	201710650125	王子豪		专科
477	播音与主持专业 2017 级专科 01 班	201710650127	谢皓月		专科
478	播音与主持专业 2017 级专科 01 班	201710650128	徐钰婷		专科
479	播音与主持专业 2017 级专科 01 班	201710650129	玄欣欣		专科
480	播音与主持专业 2017 级专科 01 班	201710650130	杨琛		专科
481	播音与主持专业 2017 级专科 01 班	201710650131	杨红岩		专科
482	播音与主持专业 2017 级专科 01 班	201710650132	杨雪		专科
483	播音与主持专业 2017 级专科 01 班	201710650133	杨亚超		专科
484	播音与主持专业 2017 级专科 01 班	201710650134	于思泓		专科
485	播音与主持专业 2017 级专科 01 班	201710650135	张皓霖		专科
486	播音与主持专业 2017 级专科 01 班	201710650138	周煜昊		专科
487	播音与主持专业 2017 级专科 01 班	201710650140	庄越		专科
488	广播影视节目制作专业 2017 级专科 01 班	201710660101	包正		专科
489	广播影视节目制作专业 2017 级专科 01 班	201710660102	曹晓彤		专科
490	广播影视节目制作专业 2017 级专科 01 班	201710660103	陈恺雯		专科
491	广播影视节目制作专业 2017 级专科 01 班	201710660104	樊佳音		专科
492	广播影视节目制作专业 2017 级专科 01 班	201710660105	冯帅		专科
493	广播影视节目制作专业 2017 级专科 01 班	201710660106	高鸣鸿		专科
494	广播影视节目制作专业 2017 级专科 01 班	201710660107	高续宁		专科
495	广播影视节目制作专业 2017 级专科 01 班	201710660109	何梦影		专科
496	广播影视节目制作专业 2017 级专科 01 班	201710660110	纪晓君		专科
497	广播影视节目制作专业 2017 级专科 01 班	201710660112	靳顺达		专科
498	广播影视节目制作专业 2017 级专科 01 班	201710660113	李茂港		专科

(续表)

序号	班级	学号	姓名	学位	层次
499	广播影视节目制作专业 2017 级专科 01 班	201710660114	梁馨月		专科
500	广播影视节目制作专业 2017 级专科 01 班	201710660115	刘文昕		专科
501	广播影视节目制作专业 2017 级专科 01 班	201710660116	芦梦晨		专科
502	广播影视节目制作专业 2017 级专科 01 班	201710660117	马瑶		专科
503	广播影视节目制作专业 2017 级专科 01 班	201710660118	马跃		专科
504	广播影视节目制作专业 2017 级专科 01 班	201710660119	孙敬智		专科
505	广播影视节目制作专业 2017 级专科 01 班	201710660120	孙立君		专科
506	广播影视节目制作专业 2017 级专科 01 班	201710660121	孙千航		专科
507	广播影视节目制作专业 2017 级专科 01 班	201710660122	孙雯慧		专科
508	广播影视节目制作专业 2017 级专科 01 班	201710660123	王刚		专科
509	广播影视节目制作专业 2017 级专科 01 班	201710660124	王美慧		专科
510	广播影视节目制作专业 2017 级专科 01 班	201710660125	王梦		专科
511	广播影视节目制作专业 2017 级专科 01 班	201710660126	王舒宁		专科
512	广播影视节目制作专业 2017 级专科 01 班	201710660127	王消		专科
513	广播影视节目制作专业 2017 级专科 01 班	201710660128	王玉		专科
514	广播影视节目制作专业 2017 级专科 01 班	201710660129	王张越		专科
515	广播影视节目制作专业 2017 级专科 01 班	201710660131	徐哲		专科
516	广播影视节目制作专业 2017 级专科 01 班	201710660132	闫萧艺		专科
517	广播影视节目制作专业 2017 级专科 01 班	201710660133	殷妮		专科
518	广播影视节目制作专业 2017 级专科 01 班	201710660134	于文婷		专科
519	广播影视节目制作专业 2017 级专科 01 班	201710660136	张美丽		专科
520	广播影视节目制作专业 2017 级专科 01 班	201710660137	张目方		专科
521	广播影视节目制作专业 2017 级专科 01 班	201710660138	赵晓辉		专科
522	广播影视节目制作专业 2017 级专科 01 班	201710660139	赵鑫洁		专科
523	广播影视节目制作专业 2017 级专科 01 班	201710660140	朱璐		专科
524	广告设计与制作专业 2017 级专科 01 班	201510720122	陈福梁		专科
525	广告设计与制作专业 2017 级专科 01 班	201710510101	安琦		专科
526	广告设计与制作专业 2017 级专科 01 班	201710510102	陈丽君		专科
527	广告设计与制作专业 2017 级专科 01 班	201710510103	楚菲		专科
528	广告设计与制作专业 2017 级专科 01 班	201710510105	窦清华		专科
529	广告设计与制作专业 2017 级专科 01 班	201710510106	封常洁		专科
530	广告设计与制作专业 2017 级专科 01 班	201710510107	公睿		专科

(续表)

序号	班级	学号	姓名	学位	层次
531	广告设计与制作专业2017级专科01班	201710510108	韩金玉		专科
532	广告设计与制作专业2017级专科01班	201710510109	郝明慧		专科
533	广告设计与制作专业2017级专科01班	201710510110	季艳雨		专科
534	广告设计与制作专业2017级专科01班	201710510111	荆宁		专科
535	广告设计与制作专业2017级专科01班	201710510112	李成成		专科
536	广告设计与制作专业2017级专科01班	201710510113	李淑娅		专科
537	广告设计与制作专业2017级专科01班	201710510114	厉明安		专科
538	广告设计与制作专业2017级专科01班	201710510115	刘家晨		专科
539	广告设计与制作专业2017级专科01班	201710510116	刘勤		专科
540	广告设计与制作专业2017级专科01班	201710510117	刘学哲		专科
541	广告设计与制作专业2017级专科01班	201710510118	刘尊		专科
542	广告设计与制作专业2017级专科01班	201710510119	吕金英		专科
543	广告设计与制作专业2017级专科01班	201710510120	潘静宜		专科
544	广告设计与制作专业2017级专科01班	201710510121	乔月		专科
545	广告设计与制作专业2017级专科01班	201710510122	邵晓萱		专科
546	广告设计与制作专业2017级专科01班	201710510123	宋进世		专科
547	广告设计与制作专业2017级专科01班	201710510124	苏婧俐		专科
548	广告设计与制作专业2017级专科01班	201710510125	唐美承		专科
549	广告设计与制作专业2017级专科01班	201710510126	王浩		专科
550	广告设计与制作专业2017级专科01班	201710510127	王晓桐		专科
551	广告设计与制作专业2017级专科01班	201710510128	王艳凤		专科
552	广告设计与制作专业2017级专科01班	201710510129	王振鑫		专科
553	广告设计与制作专业2017级专科01班	201710510130	邢雪梅		专科
554	广告设计与制作专业2017级专科01班	201710510131	徐田田		专科
555	广告设计与制作专业2017级专科01班	201710510132	徐燕芸		专科
556	广告设计与制作专业2017级专科01班	201710510133	闫娅琳		专科
557	广告设计与制作专业2017级专科01班	201710510134	杨磊		专科
558	广告设计与制作专业2017级专科01班	201710510135	于蕾		专科
559	广告设计与制作专业2017级专科01班	201710510136	袁兴悦		专科
560	广告设计与制作专业2017级专科01班	201710510138	张如意		专科
561	广告设计与制作专业2017级专科01班	201710510139	张新颖		专科
562	广告设计与制作专业2017级专科01班	201710510140	张宇		专科

(续表)

序号	班级	学号	姓名	学位	层次
563	广告设计与制作专业 2017 级专科 01 班	201710510141	仲一凡		专科
564	广告设计与制作专业 2017 级专科 02 班	201710510201	曹冉		专科
565	广告设计与制作专业 2017 级专科 02 班	201710510203	崔莉		专科
566	广告设计与制作专业 2017 级专科 02 班	201710510204	董琳		专科
567	广告设计与制作专业 2017 级专科 02 班	201710510205	杜芸		专科
568	广告设计与制作专业 2017 级专科 02 班	201710510206	冯钰杰		专科
569	广告设计与制作专业 2017 级专科 02 班	201710510207	郭媚然		专科
570	广告设计与制作专业 2017 级专科 02 班	201710510208	韩舒心		专科
571	广告设计与制作专业 2017 级专科 02 班	201710510209	胡皓月		专科
572	广告设计与制作专业 2017 级专科 02 班	201710510211	景雯雯		专科
573	广告设计与制作专业 2017 级专科 02 班	201710510212	李墨		专科
574	广告设计与制作专业 2017 级专科 02 班	201710510213	李越先		专科
575	广告设计与制作专业 2017 级专科 02 班	201710510216	刘思阳		专科
576	广告设计与制作专业 2017 级专科 02 班	201710510217	刘雪婷		专科
577	广告设计与制作专业 2017 级专科 02 班	201710510218	卢晓静		专科
578	广告设计与制作专业 2017 级专科 02 班	201710510219	吕星缘		专科
579	广告设计与制作专业 2017 级专科 02 班	201710510220	彭坤		专科
580	广告设计与制作专业 2017 级专科 02 班	201710510221	任宏祥		专科
581	广告设计与制作专业 2017 级专科 02 班	201710510222	石俊		专科
582	广告设计与制作专业 2017 级专科 02 班	201710510223	宋路谣		专科
583	广告设计与制作专业 2017 级专科 02 班	201710510224	孙洪浩		专科
584	广告设计与制作专业 2017 级专科 02 班	201710510225	王爱慧		专科
585	广告设计与制作专业 2017 级专科 02 班	201710510226	王嫚		专科
586	广告设计与制作专业 2017 级专科 02 班	201710510227	王学娟		专科
587	广告设计与制作专业 2017 级专科 02 班	201710510228	王莹莹		专科
588	广告设计与制作专业 2017 级专科 02 班	201710510229	吴晴		专科
589	广告设计与制作专业 2017 级专科 02 班	201710510230	胥瑶		专科
590	广告设计与制作专业 2017 级专科 02 班	201710510231	徐伟杰		专科
591	广告设计与制作专业 2017 级专科 02 班	201710510232	许本超		专科
592	广告设计与制作专业 2017 级专科 02 班	201710510234	殷爽		专科
593	广告设计与制作专业 2017 级专科 02 班	201710510235	于绍文		专科
594	广告设计与制作专业 2017 级专科 02 班	201710510236	张凡智		专科

(续表)

序号	班级	学号	姓名	学位	层次
595	广告设计与制作专业 2017 级专科 02 班	201710510237	张敬畏		专科
596	广告设计与制作专业 2017 级专科 02 班	201710510238	张文倩		专科
597	广告设计与制作专业 2017 级专科 02 班	201710510239	张旭		专科
598	广告设计与制作专业 2017 级专科 02 班	201710510240	郑学成		专科
599	广告设计与制作专业 2017 级专科 02 班	201710510241	周莉榕		专科
600	广告设计与制作专业 2017 级专科 03 班	201710510301	常瑞鑫		专科
601	广告设计与制作专业 2017 级专科 03 班	201710510302	迟丽帆		专科
602	广告设计与制作专业 2017 级专科 03 班	201710510303	崔淑华		专科
603	广告设计与制作专业 2017 级专科 03 班	201710510304	董若兰		专科
604	广告设计与制作专业 2017 级专科 03 班	201710510306	高庆芝		专科
605	广告设计与制作专业 2017 级专科 03 班	201710510308	韩雪		专科
606	广告设计与制作专业 2017 级专科 03 班	201710510309	汲生梅		专科
607	广告设计与制作专业 2017 级专科 03 班	201710510310	金亚萍		专科
608	广告设计与制作专业 2017 级专科 03 班	201710510311	雷印栋		专科
609	广告设计与制作专业 2017 级专科 03 班	201710510312	李森		专科
610	广告设计与制作专业 2017 级专科 03 班	201710510313	李子豪		专科
611	广告设计与制作专业 2017 级专科 03 班	201710510314	刘光承		专科
612	广告设计与制作专业 2017 级专科 03 班	201710510315	刘茜林		专科
613	广告设计与制作专业 2017 级专科 03 班	201710510317	刘玉		专科
614	广告设计与制作专业 2017 级专科 03 班	201710510318	卢玉颖		专科
615	广告设计与制作专业 2017 级专科 03 班	201710510319	马冉		专科
616	广告设计与制作专业 2017 级专科 03 班	201710510320	齐国通		专科
617	广告设计与制作专业 2017 级专科 03 班	201710510321	桑子涵		专科
618	广告设计与制作专业 2017 级专科 03 班	201710510322	史英超		专科
619	广告设计与制作专业 2017 级专科 03 班	201710510323	宋振坤		专科
620	广告设计与制作专业 2017 级专科 03 班	201710510324	孙媛媛		专科
621	广告设计与制作专业 2017 级专科 03 班	201710510325	王昌勇		专科
622	广告设计与制作专业 2017 级专科 03 班	201710510326	王同瑶		专科
623	广告设计与制作专业 2017 级专科 03 班	201710510327	王亚瑾		专科
624	广告设计与制作专业 2017 级专科 03 班	201710510328	王玉菡		专科
625	广告设计与制作专业 2017 级专科 03 班	201710510329	邢现超		专科
626	广告设计与制作专业 2017 级专科 03 班	201710510330	徐凤矫		专科

(续表)

序号	班级	学号	姓名	学位	层次
627	广告设计与制作专业2017级专科03班	201710510331	徐潇		专科
628	广告设计与制作专业2017级专科03班	201710510332	许仁政		专科
629	广告设计与制作专业2017级专科03班	201710510333	杨春艳		专科
630	广告设计与制作专业2017级专科03班	201710510334	于建燕		专科
631	广告设计与制作专业2017级专科03班	201710510335	袁玫卿		专科
632	广告设计与制作专业2017级专科03班	201710510336	张贵临		专科
633	广告设计与制作专业2017级专科03班	201710510337	张琳		专科
634	广告设计与制作专业2017级专科03班	201710510338	张雯雯		专科
635	广告设计与制作专业2017级专科03班	201710510339	张瑜		专科
636	广告设计与制作专业2017级专科03班	201710510340	郑晏昌		专科
637	新闻采编与制作专业2017级专科01班	201710520101	曹梦娇		专科
638	新闻采编与制作专业2017级专科01班	201710520102	陈阳		专科
639	新闻采编与制作专业2017级专科01班	201710520103	邓圣贶		专科
640	新闻采编与制作专业2017级专科01班	201710520104	丁越		专科
641	新闻采编与制作专业2017级专科01班	201710520105	范珍珍		专科
642	新闻采编与制作专业2017级专科01班	201710520106	付春婷		专科
643	新闻采编与制作专业2017级专科01班	201710520108	侯立媛		专科
644	新闻采编与制作专业2017级专科01班	201710520110	蒋钰涵		专科
645	新闻采编与制作专业2017级专科01班	201710520111	李明珠		专科
646	新闻采编与制作专业2017级专科01班	201710520112	李晓颖		专科
647	新闻采编与制作专业2017级专科01班	201710520113	郦莹		专科
648	新闻采编与制作专业2017级专科01班	201710520114	刘天姣		专科
649	新闻采编与制作专业2017级专科01班	201710520115	吕锦松		专科
650	新闻采编与制作专业2017级专科01班	201710520116	任齐德		专科
651	新闻采编与制作专业2017级专科01班	201710520117	石瑞雪		专科
652	新闻采编与制作专业2017级专科01班	201710520118	王栋		专科
653	新闻采编与制作专业2017级专科01班	201710520119	王立梅		专科
654	新闻采编与制作专业2017级专科01班	201710520120	王天煜		专科
655	新闻采编与制作专业2017级专科01班	201710520121	王莹莹		专科
656	新闻采编与制作专业2017级专科01班	201710520126	张建薇		专科
657	新闻采编与制作专业2017级专科01班	201710520127	张南		专科
658	新闻采编与制作专业2017级专科01班	201710520128	张雨欣		专科

(续表)

序号	班级	学号	姓名	学位	层次
659	新闻采编与制作专业 2017 级专科 01 班	201710520129	赵文晓		专科
660	新闻采编与制作专业 2017 级专科 01 班	201710520130	郑欣		专科
661	新闻采编与制作专业 2017 级专科 01 班	201710520131	周文函		专科
662	新闻采编与制作专业 2017 级专科 01 班	201710520132	朱虹		专科
663	新闻采编与制作专业 2017 级专科 01 班	201710520133	邹荣莉		专科
664	新闻采编与制作专业 2017 级专科 02 班	201710520202	崔艳凤		专科
665	新闻采编与制作专业 2017 级专科 02 班	201710520203	丁文杰		专科
666	新闻采编与制作专业 2017 级专科 02 班	201710520204	董瑞		专科
667	新闻采编与制作专业 2017 级专科 02 班	201710520205	方婷		专科
668	新闻采编与制作专业 2017 级专科 02 班	201710520206	高照辉		专科
669	新闻采编与制作专业 2017 级专科 02 班	201710520207	韩同政		专科
670	新闻采编与制作专业 2017 级专科 02 班	201710520208	胡育茹		专科
671	新闻采编与制作专业 2017 级专科 02 班	201710520209	黄梦鸽		专科
672	新闻采编与制作专业 2017 级专科 02 班	201710520210	焦钰		专科
673	新闻采编与制作专业 2017 级专科 02 班	201710520211	李宁		专科
674	新闻采编与制作专业 2017 级专科 02 班	201710520212	李振宇		专科
675	新闻采编与制作专业 2017 级专科 02 班	201710520213	刘萌		专科
676	新闻采编与制作专业 2017 级专科 02 班	201710520214	刘晓玉		专科
677	新闻采编与制作专业 2017 级专科 02 班	201710520215	马艳秋		专科
678	新闻采编与制作专业 2017 级专科 02 班	201710520216	任晓萌		专科
679	新闻采编与制作专业 2017 级专科 02 班	201710520217	孙毅梦		专科
680	新闻采编与制作专业 2017 级专科 02 班	201710520219	王硕莹		专科
681	新闻采编与制作专业 2017 级专科 02 班	201710520220	王艺伟		专科
682	新闻采编与制作专业 2017 级专科 02 班	201710520221	王子威		专科
683	新闻采编与制作专业 2017 级专科 02 班	201710520222	夏苗		专科
684	新闻采编与制作专业 2017 级专科 02 班	201710520223	徐凡钧		专科
685	新闻采编与制作专业 2017 级专科 02 班	201710520224	战志敏		专科
686	新闻采编与制作专业 2017 级专科 02 班	201710520225	张董雅		专科

(续表)

序号	班级	学号	姓名	学位	层次
687	新闻采编与制作专业 2017 级专科 02 班	201710520226	张俊彤		专科
688	新闻采编与制作专业 2017 级专科 02 班	201710520227	张雪		专科
689	新闻采编与制作专业 2017 级专科 02 班	201710520228	张悦		专科
690	新闻采编与制作专业 2017 级专科 02 班	201710520229	赵小娜		专科
691	新闻采编与制作专业 2017 级专科 02 班	201710520230	郑仪		专科
692	新闻采编与制作专业 2017 级专科 02 班	201710520232	朱洁		专科

历史文化学院

序号	班级	学号	姓名	学位	层次
1	历史学专业 2016 级本科 01 班	201602060101	陈艳	历史学学士学位	本科
2	历史学专业 2016 级本科 01 班	201602060102	许涵渊	历史学学士学位	本科
3	历史学专业 2016 级本科 01 班	201602060103	郑婉宁	历史学学士学位	本科
4	历史学专业 2016 级本科 01 班	201602060104	刘洋	历史学学士学位	本科
5	历史学专业 2016 级本科 01 班	201602060105	刘明泽	历史学学士学位	本科
6	历史学专业 2016 级本科 01 班	201602060106	宣月美	历史学学士学位	本科
7	历史学专业 2016 级本科 01 班	201602060107	侯慧琴	历史学学士学位	本科
8	历史学专业 2016 级本科 01 班	201602060108	刘雪明	历史学学士学位	本科
9	历史学专业 2016 级本科 01 班	201602060109	马舒祺	历史学学士学位	本科
10	历史学专业 2016 级本科 01 班	201602060111	郭春妮	历史学学士学位	本科
11	历史学专业 2016 级本科 01 班	201602060112	姜华	历史学学士学位	本科
12	历史学专业 2016 级本科 01 班	201602060113	殷秀梅	历史学学士学位	本科
13	历史学专业 2016 级本科 01 班	201602060114	罗文疆	历史学学士学位	本科
14	历史学专业 2016 级本科 01 班	201602060115	杨燕金	历史学学士学位	本科
15	历史学专业 2016 级本科 01 班	201602060116	肖秋洁	历史学学士学位	本科
16	历史学专业 2016 级本科 01 班	201602060117	谈复芝	历史学学士学位	本科
17	历史学专业 2016 级本科 01 班	201602060118	王梦丹	历史学学士学位	本科
18	历史学专业 2016 级本科 01 班	201602060119	杨艳秋	历史学学士学位	本科
19	历史学专业 2016 级本科 01 班	201602060120	薛向晴	历史学学士学位	本科
20	历史学专业 2016 级本科 01 班	201602060121	王敏	历史学学士学位	本科
21	历史学专业 2016 级本科 01 班	201602060122	任豪杰	历史学学士学位	本科
22	历史学专业 2016 级本科 01 班	201602060123	孙小惠	历史学学士学位	本科

(续表)

序号	班级	学号	姓名	学位	层次
23	历史学专业 2016 级本科 01 班	201602060124	韩旻	历史学学士学位	本科
24	历史学专业 2016 级本科 01 班	201602060125	刘珺钰	历史学学士学位	本科
25	历史学专业 2016 级本科 01 班	201602060126	初明柳	历史学学士学位	本科
26	历史学专业 2016 级本科 01 班	201602060127	于新磊	历史学学士学位	本科
27	历史学专业 2016 级本科 01 班	201602060128	史绪一	历史学学士学位	本科
28	历史学专业 2016 级本科 01 班	201602060129	李晓敏	历史学学士学位	本科
29	历史学专业 2016 级本科 01 班	201602060130	汪敬超	历史学学士学位	本科
30	历史学专业 2016 级本科 01 班	201602060131	周丽	历史学学士学位	本科
31	历史学专业 2016 级本科 01 班	201602060132	刘洁	历史学学士学位	本科
32	历史学专业 2016 级本科 01 班	201602060133	王宝华	历史学学士学位	本科
33	历史学专业 2016 级本科 01 班	201602060134	沈润清	历史学学士学位	本科
34	历史学专业 2016 级本科 01 班	201602060135	周梦利	历史学学士学位	本科
35	历史学专业 2016 级本科 01 班	201602060136	赵佳宁	历史学学士学位	本科
36	历史学专业 2016 级本科 01 班	201602060137	类玉峰	历史学学士学位	本科
37	历史学专业 2016 级本科 01 班	201602060138	曹彤彤	历史学学士学位	本科
38	历史学专业 2016 级本科 01 班	201602060139	罗明琦	历史学学士学位	本科
39	历史学专业 2016 级本科 01 班	201602060140	张茹茹	历史学学士学位	本科
40	旅游管理专业 2016 级本科 01 班	201604110101	张晓琪	管理学学士学位	本科
41	旅游管理专业 2016 级本科 01 班	201604110102	郭翠翠	管理学学士学位	本科
42	旅游管理专业 2016 级本科 01 班	201604110103	刘姣君	管理学学士学位	本科
43	旅游管理专业 2016 级本科 01 班	201604110104	张婷	管理学学士学位	本科
44	旅游管理专业 2016 级本科 01 班	201604110106	仲昭燕	管理学学士学位	本科
45	旅游管理专业 2016 级本科 01 班	201604110107	黄钰涵	管理学学士学位	本科
46	旅游管理专业 2016 级本科 01 班	201604110108	侯晓	管理学学士学位	本科
47	旅游管理专业 2016 级本科 01 班	201604110109	徐宏超	管理学学士学位	本科
48	旅游管理专业 2016 级本科 01 班	201604110110	张晓辉	管理学学士学位	本科
49	旅游管理专业 2016 级本科 01 班	201604110111	刘峰	管理学学士学位	本科
50	旅游管理专业 2016 级本科 01 班	201604110112	何怡然	管理学学士学位	本科
51	旅游管理专业 2016 级本科 01 班	201604110113	宋敏	管理学学士学位	本科
52	旅游管理专业 2016 级本科 01 班	201604110114	王腾宇	管理学学士学位	本科
53	旅游管理专业 2016 级本科 01 班	201604110115	高怡	管理学学士学位	本科
54	旅游管理专业 2016 级本科 01 班	201604110116	刘洁	管理学学士学位	本科

(续表)

序号	班级	学号	姓名	学位	层次
55	旅游管理专业 2016 级本科 01 班	201604110117	付玉娇	管理学学士学位	本科
56	旅游管理专业 2016 级本科 01 班	201604110118	徐若雪	管理学学士学位	本科
57	旅游管理专业 2016 级本科 01 班	201604110119	苏媛芳	管理学学士学位	本科
58	旅游管理专业 2016 级本科 01 班	201604110120	时雪	管理学学士学位	本科
59	旅游管理专业 2016 级本科 01 班	201604110121	殷悦	管理学学士学位	本科
60	旅游管理专业 2016 级本科 01 班	201604110123	孟迪	管理学学士学位	本科
61	旅游管理专业 2016 级本科 01 班	201604110124	罗娟	管理学学士学位	本科
62	旅游管理专业 2016 级本科 01 班	201604110125	张珊珊	管理学学士学位	本科
63	旅游管理专业 2016 级本科 01 班	201604110126	李明朴	管理学学士学位	本科
64	旅游管理专业 2016 级本科 01 班	201604110127	谷俊巍	管理学学士学位	本科
65	旅游管理专业 2016 级本科 01 班	201604110128	周昕然	管理学学士学位	本科
66	旅游管理专业 2016 级本科 01 班	201604110129	冯光丰	管理学学士学位	本科
67	旅游管理专业 2016 级本科 01 班	201604110130	屠碧瑶	管理学学士学位	本科
68	文化产业管理专业 2016 级本科 01 班	201502120110	宋一凡	管理学学士学位	本科
69	文化产业管理专业 2016 级本科 01 班	201602070101	张烨	管理学学士学位	本科
70	文化产业管理专业 2016 级本科 01 班	201602070102	陈亚龙	管理学学士学位	本科
71	文化产业管理专业 2016 级本科 01 班	201602070103	何雪敏	管理学学士学位	本科
72	文化产业管理专业 2016 级本科 01 班	201602070104	周嘉圆	管理学学士学位	本科
73	文化产业管理专业 2016 级本科 01 班	201602070105	陆娇娇	管理学学士学位	本科
74	文化产业管理专业 2016 级本科 01 班	201602070106	何宁佳	管理学学士学位	本科
75	文化产业管理专业 2016 级本科 01 班	201602070107	刘向萍	管理学学士学位	本科
76	文化产业管理专业 2016 级本科 01 班	201602070108	蔡艳	管理学学士学位	本科
77	文化产业管理专业 2016 级本科 01 班	201602070109	魏兴美	管理学学士学位	本科
78	文化产业管理专业 2016 级本科 01 班	201602070110	石文娟	管理学学士学位	本科
79	文化产业管理专业 2016 级本科 01 班	201602070111	马玲玲	管理学学士学位	本科
80	文化产业管理专业 2016 级本科 01 班	201602070112	李开贤	管理学学士学位	本科
81	文化产业管理专业 2016 级本科 01 班	201602070113	甘方浩	管理学学士学位	本科
82	文化产业管理专业 2016 级本科 01 班	201602070114	刘思颖	管理学学士学位	本科
83	文化产业管理专业 2016 级本科 01 班	201602070115	李雪	管理学学士学位	本科
84	文化产业管理专业 2016 级本科 01 班	201602070116	戴熙秀	管理学学士学位	本科
85	文化产业管理专业 2016 级本科 01 班	201602070117	单宏琳	管理学学士学位	本科
86	文化产业管理专业 2016 级本科 01 班	201602070118	李可馨	管理学学士学位	本科

(续表)

序号	班级	学号	姓名	学位	层次
87	文化产业管理专业2016级本科01班	201602070119	姜帆	管理学学士学位	本科
88	文化产业管理专业2016级本科01班	201602070120	张喆	管理学学士学位	本科
89	文化产业管理专业2016级本科01班	201602070121	李阳	管理学学士学位	本科
90	文化产业管理专业2016级本科01班	201602070122	李晓岚	管理学学士学位	本科
91	文化产业管理专业2016级本科01班	201602070123	马磊	管理学学士学位	本科
92	文化产业管理专业2016级本科01班	201602070124	何丽娟	管理学学士学位	本科
93	文化产业管理专业2016级本科01班	201602070125	王子	管理学学士学位	本科
94	文化产业管理专业2016级本科01班	201602070126	张莹	管理学学士学位	本科
95	文化产业管理专业2016级本科01班	201602070127	王晶晶	管理学学士学位	本科
96	文化产业管理专业2016级本科01班	201602070128	范自娟	管理学学士学位	本科
97	文化产业管理专业2016级本科01班	201602070129	张洪艳	管理学学士学位	本科
98	文化产业管理专业2016级本科01班	201602070130	刘成程	管理学学士学位	本科
99	文化产业管理专业2016级本科01班	201602070131	徐静	管理学学士学位	本科
100	文化产业管理专业2016级本科01班	201602070132	刘玉玲	管理学学士学位	本科
101	文化产业管理专业2016级本科01班	201602070133	王文浩	管理学学士学位	本科
102	文化产业管理专业2016级本科01班	201602070134	周成宇	管理学学士学位	本科
103	文化产业管理专业2016级本科01班	201602070135	朱美嘉	管理学学士学位	本科
104	文化产业管理专业2016级本科01班	201602070136	韩宇	管理学学士学位	本科
105	文化产业管理专业2016级本科01班	201602070137	蔡炫锋	管理学学士学位	本科
106	文化产业管理专业2016级本科01班	201602070138	吴桐茵	管理学学士学位	本科
107	旅游管理专业2018级本科02班	201804140201	陈晓云	管理学学士学位	专升本
108	旅游管理专业2018级本科02班	201804140202	陈张婷	管理学学士学位	专升本
109	旅游管理专业2018级本科02班	201804140203	程庆黎	管理学学士学位	专升本
110	旅游管理专业2018级本科02班	201804140204	冯雪	管理学学士学位	专升本
111	旅游管理专业2018级本科02班	201804140205	冯怡宁	管理学学士学位	专升本
112	旅游管理专业2018级本科02班	201804140206	韩金芳	管理学学士学位	专升本
113	旅游管理专业2018级本科02班	201804140207	胡文絮	管理学学士学位	专升本
114	旅游管理专业2018级本科02班	201804140208	孔婷婷	管理学学士学位	专升本
115	旅游管理专业2018级本科02班	201804140209	李传凤	管理学学士学位	专升本
116	旅游管理专业2018级本科02班	201804140210	李晓梅	管理学学士学位	专升本
117	旅游管理专业2018级本科02班	201804140211	李妍	管理学学士学位	专升本
118	旅游管理专业2018级本科02班	201804140212	林倩玉	管理学学士学位	专升本

(续表)

序号	班级	学号	姓名	学位	层次
119	旅游管理专业 2018 级本科 02 班	201804140213	林童	管理学学士学位	专升本
120	旅游管理专业 2018 级本科 02 班	201804140214	刘新宇	管理学学士学位	专升本
121	旅游管理专业 2018 级本科 02 班	201804140215	刘鑫	管理学学士学位	专升本
122	旅游管理专业 2018 级本科 02 班	201804140216	吕明飞	管理学学士学位	专升本
123	旅游管理专业 2018 级本科 02 班	201804140217	罗春	管理学学士学位	专升本
124	旅游管理专业 2018 级本科 02 班	201804140218	马宝平	管理学学士学位	专升本
125	旅游管理专业 2018 级本科 02 班	201804140219	马蕾	管理学学士学位	专升本
126	旅游管理专业 2018 级本科 02 班	201804140220	宋倩	管理学学士学位	专升本
127	旅游管理专业 2018 级本科 02 班	201804140221	宋晓妮	管理学学士学位	专升本
128	旅游管理专业 2018 级本科 02 班	201804140222	王常英	管理学学士学位	专升本
129	旅游管理专业 2018 级本科 02 班	201804140223	王士嘉	管理学学士学位	专升本
130	旅游管理专业 2018 级本科 02 班	201804140224	王晓威	管理学学士学位	专升本
131	旅游管理专业 2018 级本科 02 班	201804140225	吴亚男	管理学学士学位	专升本
132	旅游管理专业 2018 级本科 02 班	201804140226	仵婷	管理学学士学位	专升本
133	旅游管理专业 2018 级本科 02 班	201804140227	徐玲玲	管理学学士学位	专升本
134	旅游管理专业 2018 级本科 02 班	201804140228	徐琦	管理学学士学位	专升本
135	旅游管理专业 2018 级本科 02 班	201804140229	杨晨晨	管理学学士学位	专升本
136	旅游管理专业 2018 级本科 02 班	201804140230	杨佳蓉	管理学学士学位	专升本
137	旅游管理专业 2018 级本科 02 班	201804140231	姚圣男	管理学学士学位	专升本
138	旅游管理专业 2018 级本科 02 班	201804140232	袁雪	管理学学士学位	专升本
139	旅游管理专业 2018 级本科 02 班	201804140233	张迪	管理学学士学位	专升本
140	旅游管理专业 2018 级本科 02 班	201804140234	张凡	管理学学士学位	专升本
141	旅游管理专业 2018 级本科 02 班	201804140235	张如静	管理学学士学位	专升本
142	旅游管理专业 2018 级本科 02 班	201804140236	张淑敏	管理学学士学位	专升本
143	旅游管理专业 2018 级本科 02 班	201804140237	赵晓丽	管理学学士学位	专升本
144	旅游管理专业 2018 级本科 02 班	201804140238	郑富源	管理学学士学位	专升本
145	旅游管理专业 2018 级本科 02 班	201804140239	郑笑雨	管理学学士学位	专升本
146	旅游管理专业 2018 级本科 02 班	201804140240	朱禄卿	管理学学士学位	专升本
147	旅游管理专业 2018 级本科 03 班	201804140301	包晓菲	管理学学士学位	专升本
148	旅游管理专业 2018 级本科 03 班	201804140302	陈琳	管理学学士学位	专升本
149	旅游管理专业 2018 级本科 03 班	201804140303	程琪	管理学学士学位	专升本
150	旅游管理专业 2018 级本科 03 班	201804140304	董潇铭	管理学学士学位	专升本

(续表)

序号	班级	学号	姓名	学位	层次
151	旅游管理专业 2018 级本科 03 班	201804140305	范雪滨	管理学学士学位	专升本
152	旅游管理专业 2018 级本科 03 班	201804140306	高超	管理学学士学位	专升本
153	旅游管理专业 2018 级本科 03 班	201804140307	郭怡	管理学学士学位	专升本
154	旅游管理专业 2018 级本科 03 班	201804140308	胡文颖	管理学学士学位	专升本
155	旅游管理专业 2018 级本科 03 班	201804140309	姜庆华	管理学学士学位	专升本
156	旅游管理专业 2018 级本科 03 班	201804140310	李丹丹	管理学学士学位	专升本
157	旅游管理专业 2018 级本科 03 班	201804140311	李晓会	管理学学士学位	专升本
158	旅游管理专业 2018 级本科 03 班	201804140312	李彦	管理学学士学位	专升本
159	旅游管理专业 2018 级本科 03 班	201804140313	梁玉英	管理学学士学位	专升本
160	旅游管理专业 2018 级本科 03 班	201804140314	刘俊卿	管理学学士学位	专升本
161	旅游管理专业 2018 级本科 03 班	201804140315	刘鸣	管理学学士学位	专升本
162	旅游管理专业 2018 级本科 03 班	201804140316	刘晓宇	管理学学士学位	专升本
163	旅游管理专业 2018 级本科 03 班	201804140317	刘尧尧	管理学学士学位	专升本
164	旅游管理专业 2018 级本科 03 班	201804140318	刘玉嫘	管理学学士学位	专升本
165	旅游管理专业 2018 级本科 03 班	201804140319	孟增荣	管理学学士学位	专升本
166	旅游管理专业 2018 级本科 03 班	201804140320	牛晓彬	管理学学士学位	专升本
167	旅游管理专业 2018 级本科 03 班	201804140321	史荣玉	管理学学士学位	专升本
168	旅游管理专业 2018 级本科 03 班	201804140322	孙芙蓉	管理学学士学位	专升本
169	旅游管理专业 2018 级本科 03 班	201804140323	孙天玉	管理学学士学位	专升本
170	旅游管理专业 2018 级本科 03 班	201804140324	王宏聪	管理学学士学位	专升本
171	旅游管理专业 2018 级本科 03 班	201804140325	王玉莹	管理学学士学位	专升本
172	旅游管理专业 2018 级本科 03 班	201804140326	吴甜甜	管理学学士学位	专升本
173	旅游管理专业 2018 级本科 03 班	201804140327	肖瑶	管理学学士学位	专升本
174	旅游管理专业 2018 级本科 03 班	201804140328	徐健健	管理学学士学位	专升本
175	旅游管理专业 2018 级本科 03 班	201804140329	徐任丽颖	管理学学士学位	专升本
176	旅游管理专业 2018 级本科 03 班	201804140330	颜妍	管理学学士学位	专升本
177	旅游管理专业 2018 级本科 03 班	201804140331	杨洁	管理学学士学位	专升本
178	旅游管理专业 2018 级本科 03 班	201804140332	杨宇	管理学学士学位	专升本
179	旅游管理专业 2018 级本科 03 班	201804140333	岳佳佳	管理学学士学位	专升本
180	旅游管理专业 2018 级本科 03 班	201804140334	翟雪宇	管理学学士学位	专升本
181	旅游管理专业 2018 级本科 03 班	201804140335	张欢	管理学学士学位	专升本
182	旅游管理专业 2018 级本科 03 班	201804140336	张敏	管理学学士学位	专升本

(续表)

序号	班级	学号	姓名	学位	层次
183	旅游管理专业 2018 级本科 03 班	201804140337	张童童	管理学学士学位	专升本
184	旅游管理专业 2018 级本科 03 班	201804140338	赵倩倩	管理学学士学位	专升本
185	旅游管理专业 2018 级本科 03 班	201804140339	周守凤	管理学学士学位	专升本
186	旅游管理专业 2018 级本科 03 班	201804140340	朱静	管理学学士学位	专升本
187	旅游管理专业 2018 级本科 04 班	201804140401	毕恩梅	管理学学士学位	专升本
188	旅游管理专业 2018 级本科 04 班	201804140402	曹晶晶	管理学学士学位	专升本
189	旅游管理专业 2018 级本科 04 班	201804140403	崔园园	管理学学士学位	专升本
190	旅游管理专业 2018 级本科 04 班	201804140404	董美娜	管理学学士学位	专升本
191	旅游管理专业 2018 级本科 04 班	201804140405	高甜	管理学学士学位	专升本
192	旅游管理专业 2018 级本科 04 班	201804140406	高小媛	管理学学士学位	专升本
193	旅游管理专业 2018 级本科 04 班	201804140407	贾明明	管理学学士学位	专升本
194	旅游管理专业 2018 级本科 04 班	201804140408	贾永雪	管理学学士学位	专升本
195	旅游管理专业 2018 级本科 04 班	201804140409	李丞浩	管理学学士学位	专升本
196	旅游管理专业 2018 级本科 04 班	201804140410	李生慧	管理学学士学位	专升本
197	旅游管理专业 2018 级本科 04 班	201804140411	李甜梦	管理学学士学位	专升本
198	旅游管理专业 2018 级本科 04 班	201804140412	李艳茹	管理学学士学位	专升本
199	旅游管理专业 2018 级本科 04 班	201804140413	李梓璇	管理学学士学位	专升本
200	旅游管理专业 2018 级本科 04 班	201804140414	刘崇可	管理学学士学位	专升本
201	旅游管理专业 2018 级本科 04 班	201804140415	刘思琪	管理学学士学位	专升本
202	旅游管理专业 2018 级本科 04 班	201804140416	刘晓凤	管理学学士学位	专升本
203	旅游管理专业 2018 级本科 04 班	201804140418	刘玉姣	管理学学士学位	专升本
204	旅游管理专业 2018 级本科 04 班	201804140419	戚倩	管理学学士学位	专升本
205	旅游管理专业 2018 级本科 04 班	201804140420	任高瞻	管理学学士学位	专升本
206	旅游管理专业 2018 级本科 04 班	201804140421	邵童	管理学学士学位	专升本
207	旅游管理专业 2018 级本科 04 班	201804140422	宋熙政	管理学学士学位	专升本
208	旅游管理专业 2018 级本科 04 班	201804140423	孙洁	管理学学士学位	专升本
209	旅游管理专业 2018 级本科 04 班	201804140424	孙萌	管理学学士学位	专升本
210	旅游管理专业 2018 级本科 04 班	201804140425	王子璇	管理学学士学位	专升本
211	旅游管理专业 2018 级本科 04 班	201804140426	温延飞	管理学学士学位	专升本
212	旅游管理专业 2018 级本科 04 班	201804140427	谢辉	管理学学士学位	专升本
213	旅游管理专业 2018 级本科 04 班	201804140428	谢慕云	管理学学士学位	专升本
214	旅游管理专业 2018 级本科 04 班	201804140429	薛笑笑	管理学学士学位	专升本

(续表)

序号	班级	学号	姓名	学位	层次
215	旅游管理专业 2018 级本科 04 班	201804140430	闫成丽	管理学学士学位	专升本
216	旅游管理专业 2018 级本科 04 班	201804140431	杨婕	管理学学士学位	专升本
217	旅游管理专业 2018 级本科 04 班	201804140432	杨钧斐	管理学学士学位	专升本
218	旅游管理专业 2018 级本科 04 班	201804140433	岳彤	管理学学士学位	专升本
219	旅游管理专业 2018 级本科 04 班	201804140434	岳雨姿	管理学学士学位	专升本
220	旅游管理专业 2018 级本科 04 班	201804140435	张洁梅	管理学学士学位	专升本
221	旅游管理专业 2018 级本科 04 班	201804140437	张晓倩	管理学学士学位	专升本
222	旅游管理专业 2018 级本科 04 班	201804140438	张馨予	管理学学士学位	专升本
223	旅游管理专业 2018 级本科 04 班	201804140439	周爽爽	管理学学士学位	专升本
224	旅游管理专业 2018 级本科 04 班	201804140440	周昕	管理学学士学位	专升本
225	公共文化服务与管理专业 2017 级专科 01 班	201702630101	陈肖		专科
226	公共文化服务与管理专业 2017 级专科 01 班	201702630102	陈艳莹		专科
227	公共文化服务与管理专业 2017 级专科 01 班	201702630103	陈泽鑫		专科
228	公共文化服务与管理专业 2017 级专科 01 班	201702630105	褚夫乾		专科
229	公共文化服务与管理专业 2017 级专科 01 班	201702630106	戴崎		专科
230	公共文化服务与管理专业 2017 级专科 01 班	201702630107	戴亚宁		专科
231	公共文化服务与管理专业 2017 级专科 01 班	201702630108	丁美娟		专科
232	公共文化服务与管理专业 2017 级专科 01 班	201702630109	丁一飞		专科
233	公共文化服务与管理专业 2017 级专科 01 班	201702630110	窦琳		专科
234	公共文化服务与管理专业 2017 级专科 01 班	201702630111	范德馨		专科
235	公共文化服务与管理专业 2017 级专科 01 班	201702630112	范玉婷		专科
236	公共文化服务与管理专业 2017 级专科 01 班	201702630113	冯高阳		专科
237	公共文化服务与管理专业 2017 级专科 01 班	201702630114	高子含		专科
238	公共文化服务与管理专业 2017 级专科 01 班	201702630115	耿彤		专科
239	公共文化服务与管理专业 2017 级专科 01 班	201702630116	管艺晓		专科
240	公共文化服务与管理专业 2017 级专科 01 班	201702630117	郭志远		专科
241	公共文化服务与管理专业 2017 级专科 01 班	201702630118	韩旺雨		专科
242	公共文化服务与管理专业 2017 级专科 01 班	201702630119	胡城城		专科
243	公共文化服务与管理专业 2017 级专科 01 班	201702630120	胡艳秋		专科

(续表)

序号	班级	学号	姓名	学位	层次
244	公共文化服务与管理专业2017级专科01班	201702630121	胡致远		专科
245	公共文化服务与管理专业2017级专科01班	201702630123	汲东晓		专科
246	公共文化服务与管理专业2017级专科01班	201702630124	焦佳琪		专科
247	公共文化服务与管理专业2017级专科01班	201702630125	孔鑫月		专科
248	公共文化服务与管理专业2017级专科01班	201702630126	寇菲		专科
249	公共文化服务与管理专业2017级专科01班	201702630127	雷斌斌		专科
250	公共文化服务与管理专业2017级专科01班	201702630128	李继才		专科
251	公共文化服务与管理专业2017级专科01班	201702630129	李家玉		专科
252	公共文化服务与管理专业2017级专科01班	201702630130	李凯琪		专科
253	公共文化服务与管理专业2017级专科01班	201702630131	李梦驰		专科
254	公共文化服务与管理专业2017级专科01班	201702630132	李素玲		专科
255	公共文化服务与管理专业2017级专科01班	201702630135	李鑫		专科
256	公共文化服务与管理专业2017级专科01班	201702630136	李依霖		专科
257	公共文化服务与管理专业2017级专科01班	201702630137	李宜臻		专科
258	公共文化服务与管理专业2017级专科01班	201702630138	李泽		专科
259	公共文化服务与管理专业2017级专科01班	201702630139	梁晨		专科
260	公共文化服务与管理专业2017级专科01班	201702630140	刘娇		专科
261	公共文化服务与管理专业2017级专科01班	201792580136	张帅		专科
262	公共文化服务与管理专业2017级专科02班	201702630201	刘娇		专科
263	公共文化服务与管理专业2017级专科02班	201702630202	刘丽丽		专科
264	公共文化服务与管理专业2017级专科02班	201702630203	刘明琳		专科
265	公共文化服务与管理专业2017级专科02班	201702630204	刘倩倩		专科
266	公共文化服务与管理专业2017级专科02班	201702630205	刘帅		专科
267	公共文化服务与管理专业2017级专科02班	201702630207	刘沿君		专科
268	公共文化服务与管理专业2017级专科02班	201702630208	刘玉莹		专科
269	公共文化服务与管理专业2017级专科02班	201702630209	刘泽琪		专科
270	公共文化服务与管理专业2017级专科02班	201702630210	卢金宝		专科
271	公共文化服务与管理专业2017级专科02班	201702630211	卢姿羽		专科

(续表)

序号	班级	学号	姓名	学位	层次
272	公共文化服务与管理专业 2017 级专科 02 班	201702630212	路秋彦		专科
273	公共文化服务与管理专业 2017 级专科 02 班	201702630213	麻天天		专科
274	公共文化服务与管理专业 2017 级专科 02 班	201702630214	孟国旭		专科
275	公共文化服务与管理专业 2017 级专科 02 班	201702630216	穆姝琪		专科
276	公共文化服务与管理专业 2017 级专科 02 班	201702630217	潘泺如		专科
277	公共文化服务与管理专业 2017 级专科 02 班	201702630218	潘敏		专科
278	公共文化服务与管理专业 2017 级专科 02 班	201702630219	戚停停		专科
279	公共文化服务与管理专业 2017 级专科 02 班	201702630220	齐兆珍		专科
280	公共文化服务与管理专业 2017 级专科 02 班	201702630221	祁洪琳		专科
281	公共文化服务与管理专业 2017 级专科 02 班	201702630223	邵创世		专科
282	公共文化服务与管理专业 2017 级专科 02 班	201702630224	邵玉婕		专科
283	公共文化服务与管理专业 2017 级专科 02 班	201702630225	宋乃宇		专科
284	公共文化服务与管理专业 2017 级专科 02 班	201702630226	隋凯迪		专科
285	公共文化服务与管理专业 2017 级专科 02 班	201702630227	孙梦蕾		专科
286	公共文化服务与管理专业 2017 级专科 02 班	201702630228	孙水银		专科
287	公共文化服务与管理专业 2017 级专科 02 班	201702630229	孙雪琳		专科
288	公共文化服务与管理专业 2017 级专科 02 班	201702630230	田蕾蕾		专科
289	公共文化服务与管理专业 2017 级专科 02 班	201702630231	田儒豪		专科
290	公共文化服务与管理专业 2017 级专科 02 班	201702630233	王方仪		专科
291	公共文化服务与管理专业 2017 级专科 02 班	201702630234	王洁		专科
292	公共文化服务与管理专业 2017 级专科 02 班	201702630235	王凯欣		专科
293	公共文化服务与管理专业 2017 级专科 02 班	201702630236	王克娜		专科
294	公共文化服务与管理专业 2017 级专科 02 班	201702630237	王路瑶		专科
295	公共文化服务与管理专业 2017 级专科 02 班	201702630238	王茂盛		专科
296	公共文化服务与管理专业 2017 级专科 02 班	201702630239	王晓慧		专科
297	公共文化服务与管理专业 2017 级专科 02 班	201702630240	王雪		专科
298	公共文化服务与管理专业 2017 级专科 03 班	201702630301	王媛源		专科
299	公共文化服务与管理专业 2017 级专科 03 班	201702630302	王泽仁		专科

(续表)

(续表)

序号	班级	学号	姓名	学位	层次
300	公共文化服务与管理专业 2017 级专科 03 班	201702630305	邢丽萍		专科
301	公共文化服务与管理专业 2017 级专科 03 班	201702630306	胥冉冉		专科
302	公共文化服务与管理专业 2017 级专科 03 班	201702630308	徐小霜		专科
303	公共文化服务与管理专业 2017 级专科 03 班	201702630310	杨蝶		专科
304	公共文化服务与管理专业 2017 级专科 03 班	201702630311	杨雯慧		专科
305	公共文化服务与管理专业 2017 级专科 03 班	201702630312	杨钰		专科
306	公共文化服务与管理专业 2017 级专科 03 班	201702630313	尹相菲		专科
307	公共文化服务与管理专业 2017 级专科 03 班	201702630314	于慧慧		专科
308	公共文化服务与管理专业 2017 级专科 03 班	201702630315	于长春		专科
309	公共文化服务与管理专业 2017 级专科 03 班	201702630316	庾晗		专科
310	公共文化服务与管理专业 2017 级专科 03 班	201702630318	岳圆		专科
311	公共文化服务与管理专业 2017 级专科 03 班	201702630319	岳泽昊		专科
312	公共文化服务与管理专业 2017 级专科 03 班	201702630320	翟学翠		专科
313	公共文化服务与管理专业 2017 级专科 03 班	201702630321	张春雨		专科
314	公共文化服务与管理专业 2017 级专科 03 班	201702630322	张国玉		专科
315	公共文化服务与管理专业 2017 级专科 03 班	201702630325	张静		专科
316	公共文化服务与管理专业 2017 级专科 03 班	201702630326	张玲		专科
317	公共文化服务与管理专业 2017 级专科 03 班	201702630327	张梅		专科
318	公共文化服务与管理专业 2017 级专科 03 班	201702630328	张茹		专科
319	公共文化服务与管理专业 2017 级专科 03 班	201702630329	张童		专科
320	公共文化服务与管理专业 2017 级专科 03 班	201702630330	张笑笑		专科
321	公共文化服务与管理专业 2017 级专科 03 班	201702630331	张欣彤		专科
322	公共文化服务与管理专业 2017 级专科 03 班	201702630332	张业林		专科
323	公共文化服务与管理专业 2017 级专科 03 班	201702630333	张哲		专科
324	公共文化服务与管理专业 2017 级专科 03 班	201702630334	赵帅		专科
325	公共文化服务与管理专业 2017 级专科 03 班	201702630335	赵望云		专科
326	公共文化服务与管理专业 2017 级专科 03 班	201702630336	赵文杰		专科
327	公共文化服务与管理专业 2017 级专科 03 班	201702630337	赵晓楠		专科

(续表)

序号	班级	学号	姓名	学位	层次
328	公共文化服务与管理专业 2017 级专科 03 班	201702630339	赵泽瑜		专科
329	公共文化服务与管理专业 2017 级专科 03 班	201702630340	周琪		专科
330	公共文化服务与管理专业 2017 级专科 03 班	201702630341	付晓亮		专科

数学与统计学院

序号	班级	学号	姓名	学位	层次
1	数学与应用数学专业 2016 级本科 01 班	201601080101	苏桂兰	理学学士学位	本科
2	数学与应用数学专业 2016 级本科 01 班	201601080102	赵鸿泽	理学学士学位	本科
3	数学与应用数学专业 2016 级本科 01 班	201601080103	孙育梅	理学学士学位	本科
4	数学与应用数学专业 2016 级本科 01 班	201601080104	徐石玮	理学学士学位	本科
5	数学与应用数学专业 2016 级本科 01 班	201601080105	齐美双	理学学士学位	本科
6	数学与应用数学专业 2016 级本科 01 班	201601080106	高俊杰	理学学士学位	本科
7	数学与应用数学专业 2016 级本科 01 班	201601080107	田迎春	理学学士学位	本科
8	数学与应用数学专业 2016 级本科 01 班	201601080108	辛雨星	理学学士学位	本科
9	数学与应用数学专业 2016 级本科 01 班	201601080109	关煜平	理学学士学位	本科
10	数学与应用数学专业 2016 级本科 01 班	201601080110	高竹	理学学士学位	本科
11	数学与应用数学专业 2016 级本科 01 班	201601080111	陶春娟	理学学士学位	本科
12	数学与应用数学专业 2016 级本科 01 班	201601080112	杨佳琦	理学学士学位	本科
13	数学与应用数学专业 2016 级本科 01 班	201601080113	郭嘉兴	理学学士学位	本科
14	数学与应用数学专业 2016 级本科 01 班	201601080114	乔艳辉	理学学士学位	本科
15	数学与应用数学专业 2016 级本科 01 班	201601080115	彭程	理学学士学位	本科
16	数学与应用数学专业 2016 级本科 01 班	201601080116	李雪	理学学士学位	本科
17	数学与应用数学专业 2016 级本科 01 班	201601080117	石乙雯	理学学士学位	本科
18	数学与应用数学专业 2016 级本科 01 班	201601080118	王烁程	理学学士学位	本科
19	数学与应用数学专业 2016 级本科 01 班	201601080119	黄思波	理学学士学位	本科
20	数学与应用数学专业 2016 级本科 01 班	201601080120	阿力米兰·吐合地	理学学士学位	本科
21	数学与应用数学专业 2016 级本科 01 班	201601080121	阿迪力·阿卜杜柯热木	理学学士学位	本科
22	数学与应用数学专业 2016 级本科 01 班	201601080122	妥梓叶	理学学士学位	本科
23	数学与应用数学专业 2016 级本科 01 班	201601080123	余江松	理学学士学位	本科

(续表)

序号	班级	学号	姓名	学位	层次
24	数学与应用数学专业 2016 级本科 01 班	201601080124	王雪	理学学士学位	本科
25	数学与应用数学专业 2016 级本科 01 班	201601080125	李椒	理学学士学位	本科
26	数学与应用数学专业 2016 级本科 01 班	201601080126	滕飞	理学学士学位	本科
27	数学与应用数学专业 2016 级本科 01 班	201601080127	贾冉	理学学士学位	本科
28	数学与应用数学专业 2016 级本科 01 班	201601080128	于悦	理学学士学位	本科
29	数学与应用数学专业 2016 级本科 01 班	201601080129	林贞	理学学士学位	本科
30	数学与应用数学专业 2016 级本科 01 班	201601080130	逄佳洁	理学学士学位	本科
31	数学与应用数学专业 2016 级本科 01 班	201601080131	马梦迪	理学学士学位	本科
32	数学与应用数学专业 2016 级本科 01 班	201601080132	石晓慧	理学学士学位	本科
33	数学与应用数学专业 2016 级本科 01 班	201601080133	祝小迪	理学学士学位	本科
34	数学与应用数学专业 2016 级本科 01 班	201601080134	李心宁	理学学士学位	本科
35	数学与应用数学专业 2016 级本科 01 班	201601080135	张欣宁	理学学士学位	本科
36	数学与应用数学专业 2016 级本科 01 班	201601080136	赵晓凤	理学学士学位	本科
37	数学与应用数学专业 2016 级本科 01 班	201601080137	马云凤	理学学士学位	本科
38	数学与应用数学专业 2016 级本科 01 班	201601080138	周慧惠	理学学士学位	本科
39	数学与应用数学专业 2016 级本科 01 班	201601080139	山珊	理学学士学位	本科
40	数学与应用数学专业 2016 级本科 01 班	201601080140	李玉卿	理学学士学位	本科
41	数学与应用数学专业 2016 级本科 01 班	201601080141	张明珠	理学学士学位	本科
42	数学与应用数学专业 2016 级本科 01 班	201601080142	刘畅	理学学士学位	本科
43	数学与应用数学专业 2016 级本科 01 班	201601080143	刘兆倩	理学学士学位	本科
44	数学与应用数学专业 2016 级本科 01 班	201601080144	魏玉恒	理学学士学位	本科
45	数学与应用数学专业 2016 级本科 01 班	201601080145	卢胜达	理学学士学位	本科
46	数学与应用数学专业 2016 级本科 01 班	201601080146	房璐	理学学士学位	本科
47	数学与应用数学专业 2016 级本科 01 班	201601080147	刘森荣	理学学士学位	本科
48	数学与应用数学专业 2016 级本科 01 班	201601080148	张宏扬	理学学士学位	本科
49	数学与应用数学专业 2016 级本科 01 班	201601080149	宋瑞兰	理学学士学位	本科
50	数学与应用数学专业 2016 级本科 01 班	201601080150	高春晓	理学学士学位	本科
51	数学与应用数学专业 2016 级本科 01 班	201601080151	刘彦慧	理学学士学位	本科
52	数学与应用数学专业 2016 级本科 01 班	201601080153	徐雨薇	理学学士学位	本科
53	数学与应用数学专业 2016 级本科 01 班	201601080154	王硕	理学学士学位	本科
54	数学与应用数学专业 2016 级本科 01 班	201601080155	牛泽旭	理学学士学位	本科
55	数学与应用数学专业 2016 级本科 01 班	201601080156	阚京生	理学学士学位	本科

(续表)

序号	班级	学号	姓名	学位	层次
56	数学与应用数学专业 2016 级本科 01 班	201601080158	吕立伟	理学学士学位	本科
57	数学与应用数学专业 2016 级本科 02 班	201601130201	孙悦	理学学士学位	本科
58	数学与应用数学专业 2016 级本科 02 班	201601130202	潘逸飞	理学学士学位	本科
59	数学与应用数学专业 2016 级本科 02 班	201601130203	张阳	理学学士学位	本科
60	数学与应用数学专业 2016 级本科 02 班	201601130204	范建华	理学学士学位	本科
61	数学与应用数学专业 2016 级本科 02 班	201601130205	宋宇顾	理学学士学位	本科
62	数学与应用数学专业 2016 级本科 02 班	201601130206	马正平	理学学士学位	本科
63	数学与应用数学专业 2016 级本科 02 班	201601130207	王浩	理学学士学位	本科
64	数学与应用数学专业 2016 级本科 02 班	201601130208	陈枫	理学学士学位	本科
65	数学与应用数学专业 2016 级本科 02 班	201601130209	李松峰	理学学士学位	本科
66	数学与应用数学专业 2016 级本科 02 班	201601130210	刘扬	理学学士学位	本科
67	数学与应用数学专业 2016 级本科 02 班	201601130211	吕京天	理学学士学位	本科
68	数学与应用数学专业 2016 级本科 02 班	201601130212	郭振宇	理学学士学位	本科
69	数学与应用数学专业 2016 级本科 02 班	201601130213	张帆	理学学士学位	本科
70	数学与应用数学专业 2016 级本科 02 班	201601130214	张智勇	理学学士学位	本科
71	数学与应用数学专业 2016 级本科 02 班	201601130215	赵榕祚	理学学士学位	本科
72	数学与应用数学专业 2016 级本科 02 班	201601130216	黄志伟	理学学士学位	本科
73	数学与应用数学专业 2016 级本科 02 班	201601130217	王龙双	理学学士学位	本科
74	数学与应用数学专业 2016 级本科 02 班	201601130218	吴秋	理学学士学位	本科
75	数学与应用数学专业 2016 级本科 02 班	201601130219	李天姿	理学学士学位	本科
76	数学与应用数学专业 2016 级本科 02 班	201601130220	宋文杰	理学学士学位	本科
77	数学与应用数学专业 2016 级本科 02 班	201601130221	姜玉超	理学学士学位	本科
78	数学与应用数学专业 2016 级本科 02 班	201601130222	胡文婕	理学学士学位	本科
79	数学与应用数学专业 2016 级本科 02 班	201601130223	路凯	理学学士学位	本科
80	数学与应用数学专业 2016 级本科 02 班	201601130224	张华予	理学学士学位	本科
81	数学与应用数学专业 2016 级本科 02 班	201601130225	吴相松	理学学士学位	本科
82	数学与应用数学专业 2016 级本科 02 班	201601130226	黄伟华	理学学士学位	本科
83	数学与应用数学专业 2016 级本科 02 班	201601130227	周东峰	理学学士学位	本科
84	数学与应用数学专业 2016 级本科 02 班	201601130228	张晓慧	理学学士学位	本科
85	数学与应用数学专业 2016 级本科 02 班	201601130229	许洋	理学学士学位	本科
86	数学与应用数学专业 2016 级本科 02 班	201601130230	朱奕璇	理学学士学位	本科
87	数学与应用数学专业 2016 级本科 02 班	201601130231	张红星	理学学士学位	本科

(续表)

序号	班级	学号	姓名	学位	层次
88	数学与应用数学专业 2016 级本科 02 班	201601130232	李艺	理学学士学位	本科
89	数学与应用数学专业 2016 级本科 02 班	201601130233	丁耀港	理学学士学位	本科
90	数学与应用数学专业 2016 级本科 02 班	201601130234	王义钧	理学学士学位	本科
91	数学与应用数学专业 2016 级本科 02 班	201601130235	田秀岩	理学学士学位	本科
92	数学与应用数学专业 2016 级本科 02 班	201601130236	吴文璇	理学学士学位	本科
93	数学与应用数学专业 2016 级本科 02 班	201601130237	贺小莹	理学学士学位	本科
94	数学与应用数学专业 2016 级本科 02 班	201601130238	杨天晓	理学学士学位	本科
95	数学与应用数学专业 2016 级本科 02 班	201601130239	牟书江	理学学士学位	本科
96	数学与应用数学专业 2016 级本科 02 班	201601130240	曲春雨	理学学士学位	本科
97	数学与应用数学专业 2016 级本科 02 班	201601130241	朱晓妍	理学学士学位	本科
98	信息与计算科学专业 2016 级本科 01 班	201601110101	石杰	理学学士学位	本科
99	信息与计算科学专业 2016 级本科 01 班	201601110102	孙世琦	理学学士学位	本科
100	信息与计算科学专业 2016 级本科 01 班	201601110103	张雪	理学学士学位	本科
101	信息与计算科学专业 2016 级本科 01 班	201601110104	刘航	理学学士学位	本科
102	信息与计算科学专业 2016 级本科 01 班	201601110105	宋文秀	理学学士学位	本科
103	信息与计算科学专业 2016 级本科 01 班	201601110106	张萌尧	理学学士学位	本科
104	信息与计算科学专业 2016 级本科 01 班	201601110107	张钰珂	理学学士学位	本科
105	信息与计算科学专业 2016 级本科 01 班	201601110108	赵硕	理学学士学位	本科
106	信息与计算科学专业 2016 级本科 01 班	201601110109	李爽	理学学士学位	本科
107	信息与计算科学专业 2016 级本科 01 班	201601110110	郑硕	理学学士学位	本科
108	信息与计算科学专业 2016 级本科 01 班	201601110111	郑兰婷	理学学士学位	本科
109	信息与计算科学专业 2016 级本科 01 班	201601110112	胡萍萍	理学学士学位	本科
110	信息与计算科学专业 2016 级本科 01 班	201601110113	马旺涛	理学学士学位	本科
111	信息与计算科学专业 2016 级本科 01 班	201601110114	邹丹丹	理学学士学位	本科
112	信息与计算科学专业 2016 级本科 01 班	201601110116	焦飞	理学学士学位	本科
113	信息与计算科学专业 2016 级本科 01 班	201601110117	辛文霞	理学学士学位	本科
114	信息与计算科学专业 2016 级本科 01 班	201601110118	张登豪	理学学士学位	本科
115	信息与计算科学专业 2016 级本科 01 班	201601110119	李清民	理学学士学位	本科
116	信息与计算科学专业 2016 级本科 01 班	201601110120	牛慧敏	理学学士学位	本科
117	信息与计算科学专业 2016 级本科 01 班	201601110121	周莉莉	理学学士学位	本科
118	信息与计算科学专业 2016 级本科 01 班	201601110122	张常晖	理学学士学位	本科
119	信息与计算科学专业 2016 级本科 01 班	201601110123	杜家康	理学学士学位	本科

(续表)

序号	班级	学号	姓名	学位	层次
120	信息与计算科学专业2016级本科01班	201601110125	沈明春	理学学士学位	本科
121	信息与计算科学专业2016级本科01班	201601110126	李梦	理学学士学位	本科
122	信息与计算科学专业2016级本科01班	201601110127	刘晓	理学学士学位	本科
123	信息与计算科学专业2016级本科01班	201601110128	陈昊东	理学学士学位	本科
124	信息与计算科学专业2016级本科01班	201601110129	史静	理学学士学位	本科
125	信息与计算科学专业2016级本科01班	201601110130	杜鲲鹏	理学学士学位	本科
126	信息与计算科学专业2016级本科01班	201601110131	孙世发	理学学士学位	本科
127	信息与计算科学专业2016级本科01班	201601110132	马环宇	理学学士学位	本科
128	信息与计算科学专业2016级本科01班	201601110133	尹纪鹏	理学学士学位	本科
129	信息与计算科学专业2016级本科01班	201601110134	刘栋	理学学士学位	本科
130	信息与计算科学专业2016级本科01班	201601110135	王广权	理学学士学位	本科
131	信息与计算科学专业2016级本科01班	201601110136	于荣荣	理学学士学位	本科
132	信息与计算科学专业2016级本科01班	201601110137	巩乾坤	理学学士学位	本科
133	信息与计算科学专业2016级本科01班	201601110139	崔玉娇	理学学士学位	本科
134	信息与计算科学专业2016级本科01班	201601110140	李梅	理学学士学位	本科
135	信息与计算科学专业2016级本科01班	201601110141	郭旭雅	理学学士学位	本科
136	信息与计算科学专业2016级本科01班	201601110142	孙凤超	理学学士学位	本科
137	信息与计算科学专业2016级本科01班	201601110143	齐琪	理学学士学位	本科
138	信息与计算科学专业2016级本科01班	201601110144	葛文标	理学学士学位	本科
139	信息与计算科学专业2016级本科01班	201601110145	田平川	理学学士学位	本科

物理与电子工程学院

序号	班级	学号	姓名	学位	层次
1	电子信息工程专业2016级本科01班	201601010101	王顺昕	工学学士学位	本科
2	电子信息工程专业2016级本科01班	201601010102	张彪	工学学士学位	本科
3	电子信息工程专业2016级本科01班	201601010103	赵雯宇	工学学士学位	本科
4	电子信息工程专业2016级本科01班	201601010104	张宇	工学学士学位	本科
5	电子信息工程专业2016级本科01班	201601010105	辛鑫	工学学士学位	本科
6	电子信息工程专业2016级本科01班	201601010106	林聪	工学学士学位	本科
7	电子信息工程专业2016级本科01班	201601010107	马晓丽	工学学士学位	本科
8	电子信息工程专业2016级本科01班	201601010108	陈含笑	工学学士学位	本科

(续表)

序号	班级	学号	姓名	学位	层次
9	电子信息工程专业 2016 级本科 01 班	201601010109	刘同乐	工学学士学位	本科
10	电子信息工程专业 2016 级本科 01 班	201601010110	崔雅琪	工学学士学位	本科
11	电子信息工程专业 2016 级本科 01 班	201601010111	林瑞	工学学士学位	本科
12	电子信息工程专业 2016 级本科 01 班	201601010112	王仁杰	工学学士学位	本科
13	电子信息工程专业 2016 级本科 01 班	201601010113	王子强	工学学士学位	本科
14	电子信息工程专业 2016 级本科 01 班	201601010114	周浩	工学学士学位	本科
15	电子信息工程专业 2016 级本科 01 班	201601010115	葛韵琪	工学学士学位	本科
16	电子信息工程专业 2016 级本科 01 班	201601010116	赵萌	工学学士学位	本科
17	电子信息工程专业 2016 级本科 01 班	201601010117	魏贵延	工学学士学位	本科
18	电子信息工程专业 2016 级本科 01 班	201601010118	张丽娟	工学学士学位	本科
19	电子信息工程专业 2016 级本科 01 班	201601010120	樊亚飞	工学学士学位	本科
20	电子信息工程专业 2016 级本科 01 班	201601010121	耿益民	工学学士学位	本科
21	电子信息工程专业 2016 级本科 01 班	201601010122	邓昊宁	工学学士学位	本科
22	电子信息工程专业 2016 级本科 01 班	201601010123	陈雪	工学学士学位	本科
23	电子信息工程专业 2016 级本科 01 班	201601010124	郑明亮	工学学士学位	本科
24	电子信息工程专业 2016 级本科 01 班	201601010125	段良庆	工学学士学位	本科
25	电子信息工程专业 2016 级本科 01 班	201601010126	于日龙	工学学士学位	本科
26	电子信息工程专业 2016 级本科 01 班	201601010127	孟庆虎	工学学士学位	本科
27	电子信息工程专业 2016 级本科 01 班	201601010128	李贞鑫	工学学士学位	本科
28	电子信息工程专业 2016 级本科 01 班	201601010129	邵明开	工学学士学位	本科
29	电子信息工程专业 2016 级本科 01 班	201601010130	苏丹军	工学学士学位	本科
30	电子信息工程专业 2016 级本科 01 班	201601010132	朱永国	工学学士学位	本科
31	电子信息工程专业 2016 级本科 01 班	201601010133	韩昌通	工学学士学位	本科
32	电子信息工程专业 2016 级本科 01 班	201601010134	王锋	工学学士学位	本科
33	电子信息工程专业 2016 级本科 01 班	201601010135	王明杰	工学学士学位	本科
34	电子信息工程专业 2016 级本科 01 班	201601010136	尹相杰	工学学士学位	本科
35	电子信息工程专业 2016 级本科 01 班	201601010137	石承鑫	工学学士学位	本科
36	电子信息工程专业 2016 级本科 01 班	201601010138	张月	工学学士学位	本科

(续表)

序号	班级	学号	姓名	学位	层次
37	电子信息工程专业 2016 级本科 01 班	201601010139	杨旭	工学学士学位	本科
38	电子信息工程专业 2016 级本科 01 班	201601010140	孙永海	工学学士学位	本科
39	电子信息工程专业 2016 级本科 01 班	201601010141	平佃元	工学学士学位	本科
40	电子信息工程专业 2016 级本科 01 班	201601010142	杨书豪	工学学士学位	本科
41	电子信息工程专业 2016 级本科 01 班	201601010143	耿佃强	工学学士学位	本科
42	电子信息工程专业 2016 级本科 01 班	201601010144	李善华	工学学士学位	本科
43	电子信息工程专业 2016 级本科 01 班	201601010145	李群	工学学士学位	本科
44	电子信息工程专业 2016 级本科 01 班	201601010146	田宁	工学学士学位	本科
45	电子信息工程专业 2016 级本科 01 班	201601010147	赖小红	工学学士学位	本科
46	电子信息工程专业 2016 级本科 01 班	201601010148	黄锦川	工学学士学位	本科
47	电子信息工程专业 2016 级本科 01 班	201601010149	朱洪生	工学学士学位	本科
48	电子信息工程专业 2016 级本科 02 班	201501130202	于光耀		本科
49	电子信息工程专业 2016 级本科 02 班	201601040201	谢新宇	工学学士学位	本科
50	电子信息工程专业 2016 级本科 02 班	201601040202	张悦	工学学士学位	本科
51	电子信息工程专业 2016 级本科 02 班	201601040203	杨蕾	工学学士学位	本科
52	电子信息工程专业 2016 级本科 02 班	201601040204	郭馨泽	工学学士学位	本科
53	电子信息工程专业 2016 级本科 02 班	201601040205	李长城	工学学士学位	本科
54	电子信息工程专业 2016 级本科 02 班	201601040207	王斐	工学学士学位	本科
55	电子信息工程专业 2016 级本科 02 班	201601040208	王乐	工学学士学位	本科
56	电子信息工程专业 2016 级本科 02 班	201601040209	于玲燕	工学学士学位	本科
57	电子信息工程专业 2016 级本科 02 班	201601040210	褚玮	工学学士学位	本科
58	电子信息工程专业 2016 级本科 02 班	201601040211	赵梦莹	工学学士学位	本科
59	电子信息工程专业 2016 级本科 02 班	201601040212	田清印	工学学士学位	本科
60	电子信息工程专业 2016 级本科 02 班	201601040213	吴星霖	工学学士学位	本科
61	电子信息工程专业 2016 级本科 02 班	201601040214	孙浩然	工学学士学位	本科
62	电子信息工程专业 2016 级本科 02 班	201601040215	张乔	工学学士学位	本科
63	电子信息工程专业 2016 级本科 02 班	201601040216	刘庆贺	工学学士学位	本科
64	电子信息工程专业 2016 级本科 02 班	201601040217	姜晓伟	工学学士学位	本科

(续表)

序号	班级	学号	姓名	学位	层次
65	电子信息工程专业 2016 级本科 02 班	201601040218	苏宝震	工学学士学位	本科
66	电子信息工程专业 2016 级本科 02 班	201601040219	马修龙	工学学士学位	本科
67	电子信息工程专业 2016 级本科 02 班	201601040220	柳旭	工学学士学位	本科
68	电子信息工程专业 2016 级本科 02 班	201601040221	亓元龙	工学学士学位	本科
69	电子信息工程专业 2016 级本科 02 班	201601040222	张恒瑞	工学学士学位	本科
70	电子信息工程专业 2016 级本科 02 班	201601040223	李靖玮	工学学士学位	本科
71	电子信息工程专业 2016 级本科 02 班	201601040224	黄立昊	工学学士学位	本科
72	电子信息工程专业 2016 级本科 02 班	201601040225	韩涛	工学学士学位	本科
73	电子信息工程专业 2016 级本科 02 班	201601040226	李汀	工学学士学位	本科
74	电子信息工程专业 2016 级本科 02 班	201601040227	崔颢篷	工学学士学位	本科
75	电子信息工程专业 2016 级本科 02 班	201601040228	于庆利	工学学士学位	本科
76	电子信息工程专业 2016 级本科 02 班	201601040229	冯彭蕾	工学学士学位	本科
77	电子信息工程专业 2016 级本科 02 班	201601040230	邵玉珠	工学学士学位	本科
78	电子信息工程专业 2016 级本科 02 班	201601040231	王继宗	工学学士学位	本科
79	电子信息工程专业 2016 级本科 02 班	201601040232	黄继昌	工学学士学位	本科
80	电子信息工程专业 2016 级本科 02 班	201601040233	冯丽超	工学学士学位	本科
81	电子信息工程专业 2016 级本科 02 班	201601040234	王超	工学学士学位	本科
82	电子信息工程专业 2016 级本科 02 班	201601040235	武煜康	工学学士学位	本科
83	电子信息工程专业 2016 级本科 02 班	201601040236	潘浩	工学学士学位	本科
84	电子信息工程专业 2016 级本科 02 班	201601040237	张宗艺	工学学士学位	本科
85	电子信息工程专业 2016 级本科 02 班	201601040238	李金财	工学学士学位	本科
86	电子信息工程专业 2016 级本科 02 班	201601040239	孙本昆	工学学士学位	本科
87	电子信息工程专业 2016 级本科 02 班	201601040240	李继涛	工学学士学位	本科
88	电子信息工程专业 2016 级本科 02 班	201601040241	胡源镇	工学学士学位	本科
89	电子信息工程专业 2016 级本科 02 班	201601040242	刘华佼	工学学士学位	本科
90	电子信息工程专业 2016 级本科 02 班	201601040243	谢扩鹏	工学学士学位	本科
91	电子信息工程专业 2016 级本科 02 班	201601040244	赵鑫春	工学学士学位	本科
92	电子信息工程专业 2016 级本科 02 班	201601040246	孙圣勇	工学学士学位	本科

(续表)

序号	班级	学号	姓名	学位	层次
93	电子信息工程专业 2016 级本科 02 班	201601040247	黄少特	工学学士学位	本科
94	电子信息工程专业 2016 级本科 02 班	201601040248	李宗义	工学学士学位	本科
95	电子信息工程专业 2016 级本科 02 班	201601040249	庞震华	工学学士学位	本科
96	电子信息工程专业 2016 级本科 02 班	201601040250	穆琳琳	工学学士学位	本科
97	电子信息工程专业 2016 级本科 02 班	201601040251	张硕	工学学士学位	本科
98	电子信息工程专业 2016 级本科 02 班	201601040252	李慧颖	工学学士学位	本科
99	电子信息工程专业 2016 级本科 02 班	201601040253	李胜男	工学学士学位	本科
100	电子信息工程专业 2016 级本科 02 班	201601040254	李世琦	工学学士学位	本科
101	电子信息科学与技术专业 2016 级本科 01 班	201601050101	陈晓斌	工学学士学位	本科
102	电子信息科学与技术专业 2016 级本科 01 班	201601050102	孔锐	工学学士学位	本科
103	电子信息科学与技术专业 2016 级本科 01 班	201601050103	孙海峰	工学学士学位	本科
104	电子信息科学与技术专业 2016 级本科 01 班	201601050104	李金发	工学学士学位	本科
105	电子信息科学与技术专业 2016 级本科 01 班	201601050105	盖世豪	工学学士学位	本科
106	电子信息科学与技术专业 2016 级本科 01 班	201601050106	翟学君	工学学士学位	本科
107	电子信息科学与技术专业 2016 级本科 01 班	201601050107	刘宝	工学学士学位	本科
108	电子信息科学与技术专业 2016 级本科 01 班	201601050108	张娟	工学学士学位	本科
109	电子信息科学与技术专业 2016 级本科 01 班	201601050109	李富康	工学学士学位	本科
110	电子信息科学与技术专业 2016 级本科 01 班	201601050110	曹猛	工学学士学位	本科
111	电子信息科学与技术专业 2016 级本科 01 班	201601050111	李蕊	工学学士学位	本科
112	电子信息科学与技术专业 2016 级本科 01 班	201601050112	徐宁	工学学士学位	本科
113	电子信息科学与技术专业 2016 级本科 01 班	201601050113	郑秀梅	工学学士学位	本科
114	电子信息科学与技术专业 2016 级本科 01 班	201601050114	陈怀浩	工学学士学位	本科
115	电子信息科学与技术专业 2016 级本科 01 班	201601050115	武涛	工学学士学位	本科
116	电子信息科学与技术专业 2016 级本科 01 班	201601050116	费祥东	工学学士学位	本科
117	电子信息科学与技术专业 2016 级本科 01 班	201601050117	李琳	工学学士学位	本科
118	电子信息科学与技术专业 2016 级本科 01 班	201601050118	赵新霞	工学学士学位	本科
119	电子信息科学与技术专业 2016 级本科 01 班	201601050119	李浩然	工学学士学位	本科
120	电子信息科学与技术专业 2016 级本科 01 班	201601050120	高月鹏	工学学士学位	本科

(续表)

序号	班级	学号	姓名	学位	层次
121	电子信息科学与技术专业 2016 级本科 01 班	201601050121	郇玉林	工学学士学位	本科
122	电子信息科学与技术专业 2016 级本科 01 班	201601050123	丁金雨	工学学士学位	本科
123	电子信息科学与技术专业 2016 级本科 01 班	201601050124	刘萍	工学学士学位	本科
124	电子信息科学与技术专业 2016 级本科 01 班	201601050125	李刚	工学学士学位	本科
125	电子信息科学与技术专业 2016 级本科 01 班	201601050126	孙一菲	工学学士学位	本科
126	电子信息科学与技术专业 2016 级本科 01 班	201601050127	刘勇奇	工学学士学位	本科
127	电子信息科学与技术专业 2016 级本科 01 班	201601050128	陈敏	工学学士学位	本科
128	电子信息科学与技术专业 2016 级本科 01 班	201601050129	王加丽	工学学士学位	本科
129	电子信息科学与技术专业 2016 级本科 01 班	201601050130	陈飞	工学学士学位	本科
130	电子信息科学与技术专业 2016 级本科 01 班	201601050131	卞勇	工学学士学位	本科
131	电子信息科学与技术专业 2016 级本科 01 班	201601050132	刘琛玉	工学学士学位	本科
132	电子信息科学与技术专业 2016 级本科 01 班	201601050133	程宏明	工学学士学位	本科
133	电子信息科学与技术专业 2016 级本科 01 班	201601050134	李茂英	工学学士学位	本科
134	电子信息科学与技术专业 2016 级本科 01 班	201601050135	李岩	工学学士学位	本科
135	电子信息科学与技术专业 2016 级本科 01 班	201601050136	王裕达	工学学士学位	本科
136	电子信息科学与技术专业 2016 级本科 01 班	201601050137	邢照杰	工学学士学位	本科
137	电子信息科学与技术专业 2016 级本科 01 班	201601050138	吕洪兵	工学学士学位	本科
138	电子信息科学与技术专业 2016 级本科 01 班	201601050139	付阿敏	工学学士学位	本科
139	电子信息科学与技术专业 2016 级本科 01 班	201601050140	楚思磊	工学学士学位	本科
140	电子信息科学与技术专业 2016 级本科 01 班	201601050141	张思琪	工学学士学位	本科
141	电子信息科学与技术专业 2016 级本科 01 班	201601050142	梁津津	工学学士学位	本科
142	电子信息科学与技术专业 2016 级本科 01 班	201601050144	薄国豪	工学学士学位	本科
143	电子信息科学与技术专业 2016 级本科 01 班	201601050145	凌维翔	工学学士学位	本科
144	电子信息科学与技术专业 2016 级本科 01 班	201601050146	廖静	工学学士学位	本科
145	电子信息科学与技术专业 2016 级本科 01 班	201601050147	付松威	工学学士学位	本科
146	电子信息科学与技术专业 2016 级本科 01 班	201601050148	杨洋	工学学士学位	本科
147	电子信息科学与技术专业 2016 级本科 01 班	201601050149	钱文冰	工学学士学位	本科
148	电子信息科学与技术专业 2016 级本科 01 班	201601050150	胡彦胤	工学学士学位	本科

(续表)

序号	班级	学号	姓名	学位	层次
149	电子信息科学与技术专业2016级本科01班	201601050151	夏沛琰	工学学士学位	本科
150	电子信息科学与技术专业2016级本科01班	201601050152	张增才	工学学士学位	本科
151	电子信息科学与技术专业2016级本科02班	201409130231	刘雨晓	工学学士学位	本科
152	电子信息科学与技术专业2016级本科02班	201601070201	徐坤	工学学士学位	本科
153	电子信息科学与技术专业2016级本科02班	201601070202	孙浩	工学学士学位	本科
154	电子信息科学与技术专业2016级本科02班	201601070204	胡书奎	工学学士学位	本科
155	电子信息科学与技术专业2016级本科02班	201601070205	秦聪	工学学士学位	本科
156	电子信息科学与技术专业2016级本科02班	201601070206	李泓彬	工学学士学位	本科
157	电子信息科学与技术专业2016级本科02班	201601070207	王豪愈	工学学士学位	本科
158	电子信息科学与技术专业2016级本科02班	201601070208	张翔	工学学士学位	本科
159	电子信息科学与技术专业2016级本科02班	201601070209	田永兵	工学学士学位	本科
160	电子信息科学与技术专业2016级本科02班	201601070210	万星辰	工学学士学位	本科
161	电子信息科学与技术专业2016级本科02班	201601070211	陈金霞	工学学士学位	本科
162	电子信息科学与技术专业2016级本科02班	201601070212	魏振亚	工学学士学位	本科
163	电子信息科学与技术专业2016级本科02班	201601070213	刘港	工学学士学位	本科
164	电子信息科学与技术专业2016级本科02班	201601070214	曹明腾	工学学士学位	本科
165	电子信息科学与技术专业2016级本科02班	201601070215	杨航	工学学士学位	本科
166	电子信息科学与技术专业2016级本科02班	201601070216	苏桂雪	工学学士学位	本科
167	电子信息科学与技术专业2016级本科02班	201601070217	李厚震	工学学士学位	本科
168	电子信息科学与技术专业2016级本科02班	201601070220	马秋月	工学学士学位	本科
169	电子信息科学与技术专业2016级本科02班	201601070221	朱宝旺	工学学士学位	本科
170	电子信息科学与技术专业2016级本科02班	201601070222	卢太武	工学学士学位	本科
171	电子信息科学与技术专业2016级本科02班	201601070223	刘阳	工学学士学位	本科
172	电子信息科学与技术专业2016级本科02班	201601070224	丁祥威	工学学士学位	本科
173	电子信息科学与技术专业2016级本科02班	201601070225	项洪荣	工学学士学位	本科
174	电子信息科学与技术专业2016级本科02班	201601070226	魏梦佳	工学学士学位	本科
175	电子信息科学与技术专业2016级本科02班	201601070227	吕逸宁	工学学士学位	本科
176	电子信息科学与技术专业2016级本科02班	201601070228	胥杏文	工学学士学位	本科

(续表)

序号	班级	学号	姓名	学位	层次
177	电子信息科学与技术专业 2016 级本科 02 班	201601070229	王政文	工学学士学位	本科
178	电子信息科学与技术专业 2016 级本科 02 班	201601070230	杜青松	工学学士学位	本科
179	电子信息科学与技术专业 2016 级本科 02 班	201601070231	李群声	工学学士学位	本科
180	电子信息科学与技术专业 2016 级本科 02 班	201601070232	左斌杰	工学学士学位	本科
181	电子信息科学与技术专业 2016 级本科 02 班	201601070233	李士凯	工学学士学位	本科
182	电子信息科学与技术专业 2016 级本科 02 班	201601070234	王菲	工学学士学位	本科
183	电子信息科学与技术专业 2016 级本科 02 班	201601070235	袁艺铭	工学学士学位	本科
184	电子信息科学与技术专业 2016 级本科 02 班	201601070236	刘超	工学学士学位	本科
185	电子信息科学与技术专业 2016 级本科 02 班	201601070237	韩冰	工学学士学位	本科
186	电子信息科学与技术专业 2016 级本科 02 班	201601070238	刘玉栋	工学学士学位	本科
187	电子信息科学与技术专业 2016 级本科 02 班	201601070239	许德建	工学学士学位	本科
188	电子信息科学与技术专业 2016 级本科 02 班	201601070240	张文达	工学学士学位	本科
189	电子信息科学与技术专业 2016 级本科 02 班	201601070241	董延豪	工学学士学位	本科
190	电子信息科学与技术专业 2016 级本科 02 班	201601070242	姚杰	工学学士学位	本科
191	电子信息科学与技术专业 2016 级本科 02 班	201601070243	吴善秀	工学学士学位	本科
192	电子信息科学与技术专业 2016 级本科 02 班	201601070244	徐淑一	工学学士学位	本科
193	电子信息科学与技术专业 2016 级本科 02 班	201601070245	徐梦凡	工学学士学位	本科
194	物理学专业 2016 级本科 01 班	201601100101	洪晓薇	理学学士学位	本科
195	物理学专业 2016 级本科 01 班	201601100102	江国亮	理学学士学位	本科
196	物理学专业 2016 级本科 01 班	201601100103	何毓芬	理学学士学位	本科
197	物理学专业 2016 级本科 01 班	201601100104	杜殿臣	理学学士学位	本科
198	物理学专业 2016 级本科 01 班	201601100105	管文慧	理学学士学位	本科
199	物理学专业 2016 级本科 01 班	201601100106	吴均庆	理学学士学位	本科
200	物理学专业 2016 级本科 01 班	201601100107	郭宁	理学学士学位	本科
201	物理学专业 2016 级本科 01 班	201601100108	杨子江	理学学士学位	本科
202	物理学专业 2016 级本科 01 班	201601100109	姜汉周	理学学士学位	本科
203	物理学专业 2016 级本科 01 班	201601100110	张一鸣	理学学士学位	本科
204	物理学专业 2016 级本科 01 班	201601100111	张芙玮	理学学士学位	本科

(续表)

序号	班级	学号	姓名	学位	层次
205	物理学专业 2016 级本科 01 班	201601100112	崔文颖	理学学士学位	本科
206	物理学专业 2016 级本科 01 班	201601100113	吴业昊	理学学士学位	本科
207	物理学专业 2016 级本科 01 班	201601100114	王金今	理学学士学位	本科
208	物理学专业 2016 级本科 01 班	201601100116	于群	理学学士学位	本科
209	物理学专业 2016 级本科 01 班	201601100117	朱晓梦	理学学士学位	本科
210	物理学专业 2016 级本科 01 班	201601100118	辛政	理学学士学位	本科
211	物理学专业 2016 级本科 01 班	201601100119	孙梓源	理学学士学位	本科
212	物理学专业 2016 级本科 01 班	201601100120	姜晓卫	理学学士学位	本科
213	物理学专业 2016 级本科 01 班	201601100121	王雪	理学学士学位	本科
214	物理学专业 2016 级本科 01 班	201601100122	孙锦山	理学学士学位	本科
215	物理学专业 2016 级本科 01 班	201601100123	苑轩豪	理学学士学位	本科
216	物理学专业 2016 级本科 01 班	201601100124	宋加辉	理学学士学位	本科
217	物理学专业 2016 级本科 01 班	201601100125	张首焱	理学学士学位	本科
218	物理学专业 2016 级本科 01 班	201601100126	杨希康	理学学士学位	本科
219	物理学专业 2016 级本科 01 班	201601100127	焦发义	理学学士学位	本科
220	物理学专业 2016 级本科 01 班	201601100128	赵凯	理学学士学位	本科
221	物理学专业 2016 级本科 01 班	201601100129	杜冰	理学学士学位	本科
222	物理学专业 2016 级本科 01 班	201601100130	刘东威	理学学士学位	本科
223	电子信息工程技术专业 2017 级专科 01 班	201701500101	安士涵		专科
224	电子信息工程技术专业 2017 级专科 01 班	201701500102	陈路		专科
225	电子信息工程技术专业 2017 级专科 01 班	201701500103	邓丽君		专科
226	电子信息工程技术专业 2017 级专科 01 班	201701500104	杜昊阳		专科
227	电子信息工程技术专业 2017 级专科 01 班	201701500105	何雪松		专科
228	电子信息工程技术专业 2017 级专科 01 班	201701500106	鞠恒星		专科
229	电子信息工程技术专业 2017 级专科 01 班	201701500107	孔锐钢		专科
230	电子信息工程技术专业 2017 级专科 01 班	201701500108	李双双		专科
231	电子信息工程技术专业 2017 级专科 01 班	201701500109	李珍		专科
232	电子信息工程技术专业 2017 级专科 01 班	201701500111	马媛雪		专科

(续表)

序号	班级	学号	姓名	学位	层次
233	电子信息工程技术专业 2017 级专科 01 班	201701500112	穆帅丽		专科
234	电子信息工程技术专业 2017 级专科 01 班	201701500113	祁鹏程		专科
235	电子信息工程技术专业 2017 级专科 01 班	201701500114	司秀健		专科
236	电子信息工程技术专业 2017 级专科 01 班	201701500115	宋尚健		专科
237	电子信息工程技术专业 2017 级专科 01 班	201701500116	宋志超		专科
238	电子信息工程技术专业 2017 级专科 01 班	201701500117	孙鹏		专科
239	电子信息工程技术专业 2017 级专科 01 班	201701500118	滕美泰		专科
240	电子信息工程技术专业 2017 级专科 01 班	201701500119	王廷辉		专科
241	电子信息工程技术专业 2017 级专科 01 班	201701500120	王笑		专科
242	电子信息工程技术专业 2017 级专科 01 班	201701500121	王鑫鑫		专科
243	电子信息工程技术专业 2017 级专科 01 班	201701500122	杨菲菲		专科
244	电子信息工程技术专业 2017 级专科 01 班	201701500126	袁靖峰		专科
245	电子信息工程技术专业 2017 级专科 01 班	201701500127	张文强		专科
246	电子信息工程技术专业 2017 级专科 01 班	201701500128	张雨		专科
247	电子信息工程技术专业 2017 级专科 01 班	201701500129	赵文月		专科
248	电子信息工程技术专业 2017 级专科 01 班	201701500130	郑胜迪		专科
249	电子信息工程技术专业 2017 级专科 01 班	201701500131	周玉豪		专科
250	电子信息工程技术专业 2017 级专科 01 班	201701500201	安荣生		专科
251	电子信息工程技术专业 2017 级专科 01 班	201701500202	边敏		专科
252	电子信息工程技术专业 2017 级专科 01 班	201701500204	楚广斌		专科
253	电子信息工程技术专业 2017 级专科 01 班	201701500205	董传磊		专科
254	电子信息工程技术专业 2017 级专科 01 班	201701500206	高明华		专科
255	电子信息工程技术专业 2017 级专科 01 班	201701500207	高瑜		专科
256	电子信息工程技术专业 2017 级专科 01 班	201701500208	高梓毓		专科
257	电子信息工程技术专业 2017 级专科 01 班	201701500209	郭芳		专科
258	电子信息工程技术专业 2017 级专科 01 班	201701500210	何启航		专科
259	电子信息工程技术专业 2017 级专科 01 班	201701500211	胡傲		专科
260	电子信息工程技术专业 2017 级专科 01 班	201701500212	鞠方莱		专科

(续表)

序号	班级	学号	姓名	学位	层次
261	电子信息工程技术专业 2017 级专科 01 班	201701500213	李清孟		专科
262	电子信息工程技术专业 2017 级专科 01 班	201701500214	李世琳		专科
263	电子信息工程技术专业 2017 级专科 01 班	201701500215	刘席		专科
264	电子信息工程技术专业 2017 级专科 01 班	201701500216	路施施		专科
265	电子信息工程技术专业 2017 级专科 01 班	201701500217	马常瑞		专科
266	电子信息工程技术专业 2017 级专科 01 班	201701500218	马宁		专科
267	电子信息工程技术专业 2017 级专科 01 班	201701500219	平致涛		专科
268	电子信息工程技术专业 2017 级专科 01 班	201701500220	唐昆仑		专科
269	电子信息工程技术专业 2017 级专科 01 班	201701500221	王桂林		专科
270	电子信息工程技术专业 2017 级专科 01 班	201701500223	王立志		专科
271	电子信息工程技术专业 2017 级专科 01 班	201701500224	郗文慧		专科
272	电子信息工程技术专业 2017 级专科 01 班	201701500225	徐丽君		专科
273	电子信息工程技术专业 2017 级专科 01 班	201701500226	杨茹茹		专科
274	电子信息工程技术专业 2017 级专科 01 班	201701500227	尹炳禹		专科
275	电子信息工程技术专业 2017 级专科 01 班	201701500229	张勇		专科
276	电子信息工程技术专业 2017 级专科 01 班	201701500230	邹艳		专科

化学化工学院

序号	班级	学号	姓名	学位	层次
1	化学工程与工艺专业 2016 级本科 01 班	201607020101	高雅欣	工学学士学位	本科
2	化学工程与工艺专业 2016 级本科 01 班	201607020102	陈妍	工学学士学位	本科
3	化学工程与工艺专业 2016 级本科 01 班	201607020103	匡永琪	工学学士学位	本科
4	化学工程与工艺专业 2016 级本科 01 班	201607020104	张晓飞	工学学士学位	本科
5	化学工程与工艺专业 2016 级本科 01 班	201607020105	苗长青	工学学士学位	本科
6	化学工程与工艺专业 2016 级本科 01 班	201607020106	王海栋	工学学士学位	本科
7	化学工程与工艺专业 2016 级本科 01 班	201607020107	孙一	工学学士学位	本科
8	化学工程与工艺专业 2016 级本科 01 班	201607020108	刘雪丽	工学学士学位	本科
9	化学工程与工艺专业 2016 级本科 01 班	201607020109	刘颖异	工学学士学位	本科
10	化学工程与工艺专业 2016 级本科 01 班	201607020110	冯志浩	工学学士学位	本科

(续表)

序号	班级	学号	姓名	学位	层次
11	化学工程与工艺专业 2016 级本科 01 班	201607020111	王琳	工学学士学位	本科
12	化学工程与工艺专业 2016 级本科 01 班	201607020112	付楠楠	工学学士学位	本科
13	化学工程与工艺专业 2016 级本科 01 班	201607020113	路博	工学学士学位	本科
14	化学工程与工艺专业 2016 级本科 01 班	201607020114	苏瑞	工学学士学位	本科
15	化学工程与工艺专业 2016 级本科 01 班	201607020115	敬延雯	工学学士学位	本科
16	化学工程与工艺专业 2016 级本科 01 班	201607020116	鲁平	工学学士学位	本科
17	化学工程与工艺专业 2016 级本科 01 班	201607020117	李晨洁	工学学士学位	本科
18	化学工程与工艺专业 2016 级本科 01 班	201607020118	王云	工学学士学位	本科
19	化学工程与工艺专业 2016 级本科 01 班	201607020119	刘妍	工学学士学位	本科
20	化学工程与工艺专业 2016 级本科 01 班	201607020120	李正阳	工学学士学位	本科
21	化学工程与工艺专业 2016 级本科 01 班	201607020121	李畅	工学学士学位	本科
22	化学工程与工艺专业 2016 级本科 01 班	201607020122	徐慧婷	工学学士学位	本科
23	化学工程与工艺专业 2016 级本科 01 班	201607020123	赵蕾	工学学士学位	本科
24	化学工程与工艺专业 2016 级本科 01 班	201607020124	张俐	工学学士学位	本科
25	化学工程与工艺专业 2016 级本科 01 班	201607020125	刘慧敏	工学学士学位	本科
26	化学工程与工艺专业 2016 级本科 01 班	201607020126	张婷婷	工学学士学位	本科
27	化学工程与工艺专业 2016 级本科 01 班	201607020127	刘澄虎	工学学士学位	本科
28	化学工程与工艺专业 2016 级本科 01 班	201607020128	庞茂森	工学学士学位	本科
29	化学工程与工艺专业 2016 级本科 01 班	201607020130	赵艳艳	工学学士学位	本科
30	化学专业 2016 级本科 01 班	201607060101	于水岭	理学学士学位	本科
31	化学专业 2016 级本科 01 班	201607060102	陈鑫森	理学学士学位	本科
32	化学专业 2016 级本科 01 班	201607060103	邵泽庆	理学学士学位	本科
33	化学专业 2016 级本科 01 班	201607060104	冯学梅	理学学士学位	本科
34	化学专业 2016 级本科 01 班	201607060105	牟美蓉	理学学士学位	本科
35	化学专业 2016 级本科 01 班	201607060106	王佳慧	理学学士学位	本科
36	化学专业 2016 级本科 01 班	201607060107	张文硕	理学学士学位	本科
37	化学专业 2016 级本科 01 班	201607060108	李琪	理学学士学位	本科
38	化学专业 2016 级本科 01 班	201607060109	张亚男	理学学士学位	本科
39	化学专业 2016 级本科 01 班	201607060110	王奕凯	理学学士学位	本科
40	化学专业 2016 级本科 01 班	201607060111	孙靖琦	理学学士学位	本科
41	化学专业 2016 级本科 01 班	201607060112	王家虎	理学学士学位	本科
42	化学专业 2016 级本科 01 班	201607060113	范永太	理学学士学位	本科

(续表)

序号	班级	学号	姓名	学位	层次
43	化学专业2016级本科01班	201607060114	曹语桐	理学学士学位	本科
44	化学专业2016级本科01班	201607060115	张悦丽	理学学士学位	本科
45	化学专业2016级本科01班	201607060116	王振婷	理学学士学位	本科
46	化学专业2016级本科01班	201607060117	仝岩	理学学士学位	本科
47	化学专业2016级本科01班	201607060118	郭华	理学学士学位	本科
48	化学专业2016级本科01班	201607060119	李倩	理学学士学位	本科
49	化学专业2016级本科01班	201607060120	王成栋	理学学士学位	本科
50	化学专业2016级本科01班	201607060121	王宁	理学学士学位	本科
51	化学专业2016级本科01班	201607060122	李岳骋	理学学士学位	本科
52	化学专业2016级本科01班	201607060123	邱新凯	理学学士学位	本科
53	化学专业2016级本科01班	201607060124	孙毅	理学学士学位	本科
54	化学专业2016级本科01班	201607060125	唐李洁	理学学士学位	本科
55	化学专业2016级本科01班	201607060126	赵耸	理学学士学位	本科
56	化学专业2016级本科01班	201607060127	高悦	理学学士学位	本科
57	化学专业2016级本科01班	201607060128	解祥栋	理学学士学位	本科
58	化学专业2016级本科01班	201607060129	吕萧	理学学士学位	本科
59	化学专业2016级本科01班	201607060130	杨惠婷	理学学士学位	本科
60	化学专业2016级本科01班	201607060131	门子琳	理学学士学位	本科
61	化学专业2016级本科01班	201607060132	孙海阳	理学学士学位	本科
62	化学专业2016级本科01班	201607060133	韩雨	理学学士学位	本科
63	化学专业2016级本科01班	201607060134	李居婷	理学学士学位	本科
64	化学专业2016级本科01班	201607060135	刘新宇	理学学士学位	本科
65	化学专业2016级本科01班	201607060136	鲁君瑶	理学学士学位	本科
66	化学专业2016级本科02班	201607060201	郭梦娇	理学学士学位	本科
67	化学专业2016级本科02班	201607060202	牟雪婷	理学学士学位	本科
68	化学专业2016级本科02班	201607060203	朱振凯	理学学士学位	本科
69	化学专业2016级本科02班	201607060204	庄路瑶	理学学士学位	本科
70	化学专业2016级本科02班	201607060205	初媛媛	理学学士学位	本科
71	化学专业2016级本科02班	201607060206	韩春晓	理学学士学位	本科
72	化学专业2016级本科02班	201607060207	刘文淑	理学学士学位	本科
73	化学专业2016级本科02班	201607060208	刘爱东	理学学士学位	本科
74	化学专业2016级本科02班	201607060209	王哲	理学学士学位	本科

(续表)

序号	班级	学号	姓名	学位	层次
75	化学专业 2016 级本科 02 班	201607060211	刘广府	理学学士学位	本科
76	化学专业 2016 级本科 02 班	201607060212	王文馨	理学学士学位	本科
77	化学专业 2016 级本科 02 班	201607060213	王蓓蓓	理学学士学位	本科
78	化学专业 2016 级本科 02 班	201607060214	李丽雯	理学学士学位	本科
79	化学专业 2016 级本科 02 班	201607060215	梁东旭	理学学士学位	本科
80	化学专业 2016 级本科 02 班	201607060216	刘欣	理学学士学位	本科
81	化学专业 2016 级本科 02 班	201607060217	任鸿莉	理学学士学位	本科
82	化学专业 2016 级本科 02 班	201607060218	唐晴	理学学士学位	本科
83	化学专业 2016 级本科 02 班	201607060219	徐平	理学学士学位	本科
84	化学专业 2016 级本科 02 班	201607060220	丁相雷	理学学士学位	本科
85	化学专业 2016 级本科 02 班	201607060221	刘睿	理学学士学位	本科
86	化学专业 2016 级本科 02 班	201607060222	石荣欣	理学学士学位	本科
87	化学专业 2016 级本科 02 班	201607060223	张文蕾	理学学士学位	本科
88	化学专业 2016 级本科 02 班	201607060224	程泓缤	理学学士学位	本科
89	化学专业 2016 级本科 02 班	201607060225	鲍传玲	理学学士学位	本科
90	化学专业 2016 级本科 02 班	201607060226	张敬硕	理学学士学位	本科
91	化学专业 2016 级本科 02 班	201607060227	于金蕾	理学学士学位	本科
92	化学专业 2016 级本科 02 班	201607060228	程奕涵	理学学士学位	本科
93	化学专业 2016 级本科 02 班	201607060229	郎璇	理学学士学位	本科
94	化学专业 2016 级本科 02 班	201607060230	方静	理学学士学位	本科
95	化学专业 2016 级本科 02 班	201607060231	杨静	理学学士学位	本科
96	化学专业 2016 级本科 02 班	201607060232	朱桂龙	理学学士学位	本科
97	化学专业 2016 级本科 02 班	201607060233	朱家政	理学学士学位	本科
98	化学专业 2016 级本科 02 班	201607060234	邱健行	理学学士学位	本科
99	化学专业 2016 级本科 02 班	201607060235	李金鹏	理学学士学位	本科
100	化学专业 2016 级本科 03 班	201507010215	张振麟	理学学士学位	本科
101	应用化学专业 2016 级本科 01 班	201607040101	李云峰	工学学士学位	本科
102	应用化学专业 2016 级本科 01 班	201607040102	姜欣	工学学士学位	本科
103	应用化学专业 2016 级本科 01 班	201607040103	咸宁	工学学士学位	本科
104	应用化学专业 2016 级本科 01 班	201607040104	谢召瑞	工学学士学位	本科
105	应用化学专业 2016 级本科 01 班	201607040105	姜雪	工学学士学位	本科
106	应用化学专业 2016 级本科 01 班	201607040106	殷雪松	工学学士学位	本科

(续表)

序号	班级	学号	姓名	学位	层次
107	应用化学专业 2016 级本科 01 班	201607040107	霍孟田	工学学士学位	本科
108	应用化学专业 2016 级本科 01 班	201607040108	焦瑞松	工学学士学位	本科
109	应用化学专业 2016 级本科 01 班	201607040109	史轶群	工学学士学位	本科
110	应用化学专业 2016 级本科 01 班	201607040110	唐巍纳	工学学士学位	本科
111	应用化学专业 2016 级本科 01 班	201607040111	张兴梅	工学学士学位	本科
112	应用化学专业 2016 级本科 01 班	201607040112	胡忠苇	工学学士学位	本科
113	应用化学专业 2016 级本科 01 班	201607040113	田晴晴	工学学士学位	本科
114	应用化学专业 2016 级本科 01 班	201607040114	诸葛霄	工学学士学位	本科
115	应用化学专业 2016 级本科 01 班	201607040115	宋文华	工学学士学位	本科
116	应用化学专业 2016 级本科 01 班	201607040116	张嘉静	工学学士学位	本科
117	应用化学专业 2016 级本科 01 班	201607040118	杜慧欣	工学学士学位	本科
118	应用化学专业 2016 级本科 01 班	201607040120	李子玉	工学学士学位	本科
119	应用化学专业 2016 级本科 01 班	201607040121	孙铭	工学学士学位	本科
120	应用化学专业 2016 级本科 01 班	201607040122	孙小涵	工学学士学位	本科
121	应用化学专业 2016 级本科 01 班	201607040123	张立鹏	工学学士学位	本科
122	应用化学专业 2016 级本科 01 班	201607040124	刘付鹏	工学学士学位	本科
123	应用化学专业 2016 级本科 01 班	201607040125	邓岳超	工学学士学位	本科
124	应用化学专业 2016 级本科 01 班	201607040126	靳文君	工学学士学位	本科
125	应用化学专业 2016 级本科 01 班	201607040127	乔锋	工学学士学位	本科
126	应用化学专业 2016 级本科 01 班	201607040128	安子文		本科
127	应用化学专业 2016 级本科 02 班	201607040201	姜永康	工学学士学位	本科
128	应用化学专业 2016 级本科 02 班	201607040202	明泽	工学学士学位	本科
129	应用化学专业 2016 级本科 02 班	201607040203	李海娟	工学学士学位	本科
130	应用化学专业 2016 级本科 02 班	201607040204	迟宏杰	工学学士学位	本科
131	应用化学专业 2016 级本科 02 班	201607040205	王宝玲	工学学士学位	本科
132	应用化学专业 2016 级本科 02 班	201607040207	周雪梅	工学学士学位	本科
133	应用化学专业 2016 级本科 02 班	201607040208	刘明辉	工学学士学位	本科
134	应用化学专业 2016 级本科 02 班	201607040209	李梦媛	工学学士学位	本科
135	应用化学专业 2016 级本科 02 班	201607040210	夏仲杰	工学学士学位	本科
136	应用化学专业 2016 级本科 02 班	201607040211	李涵	工学学士学位	本科
137	应用化学专业 2016 级本科 02 班	201607040212	王陈晨	工学学士学位	本科
138	应用化学专业 2016 级本科 02 班	201607040213	杜念晖	工学学士学位	本科

(续表)

序号	班级	学号	姓名	学位	层次
139	应用化学专业 2016 级本科 02 班	201607040214	左世梅	工学学士学位	本科
140	应用化学专业 2016 级本科 02 班	201607040215	陈开秀	工学学士学位	本科
141	应用化学专业 2016 级本科 02 班	201607040216	王冠宇	工学学士学位	本科
142	应用化学专业 2016 级本科 02 班	201607040217	张维雪	工学学士学位	本科
143	应用化学专业 2016 级本科 02 班	201607040218	张慧敏	工学学士学位	本科
144	应用化学专业 2016 级本科 02 班	201607040219	彭林	工学学士学位	本科
145	应用化学专业 2016 级本科 02 班	201607040220	吴谛	工学学士学位	本科
146	应用化学专业 2016 级本科 02 班	201607040221	沈美琪	工学学士学位	本科
147	应用化学专业 2016 级本科 02 班	201607040222	李凤艳	工学学士学位	本科
148	应用化学专业 2016 级本科 02 班	201607040223	高培翔	工学学士学位	本科
149	应用化学专业 2016 级本科 02 班	201607040225	马明惠	工学学士学位	本科
150	应用化学专业 2016 级本科 02 班	201607040226	张鹏	工学学士学位	本科
151	应用化学专业 2016 级本科 02 班	201607040227	盛荣	工学学士学位	本科
152	化学工程与工艺专业 2018 级本科 02 班	201807070201	李崇杰	工学学士学位	专升本
153	化学工程与工艺专业 2018 级本科 02 班	201807070202	陈绪元	工学学士学位	专升本
154	化学工程与工艺专业 2018 级本科 02 班	201807070203	王鲁齐	工学学士学位	专升本
155	化学工程与工艺专业 2018 级本科 02 班	201807070204	程波	工学学士学位	专升本
156	化学工程与工艺专业 2018 级本科 02 班	201807070205	周浩	工学学士学位	专升本
157	化学工程与工艺专业 2018 级本科 02 班	201807070206	张博文	工学学士学位	专升本
158	化学工程与工艺专业 2018 级本科 02 班	201807070207	孙磊	工学学士学位	专升本
159	化学工程与工艺专业 2018 级本科 02 班	201807070208	石玉岭	工学学士学位	专升本
160	化学工程与工艺专业 2018 级本科 02 班	201807070209	邵雨晴	工学学士学位	专升本
161	化学工程与工艺专业 2018 级本科 02 班	201807070210	曹青	工学学士学位	专升本
162	化学工程与工艺专业 2018 级本科 02 班	201807070211	丁利	工学学士学位	专升本
163	化学工程与工艺专业 2018 级本科 02 班	201807070212	宋玉洁	工学学士学位	专升本
164	化学工程与工艺专业 2018 级本科 02 班	201807070213	张艳珍	工学学士学位	专升本
165	化学工程与工艺专业 2018 级本科 02 班	201807070214	刘露	工学学士学位	专升本
166	化学工程与工艺专业 2018 级本科 02 班	201807070215	申海方	工学学士学位	专升本
167	化学工程与工艺专业 2018 级本科 02 班	201807070216	吕丽娇	工学学士学位	专升本
168	化学工程与工艺专业 2018 级本科 02 班	201807070217	李万芳	工学学士学位	专升本
169	化学工程与工艺专业 2018 级本科 02 班	201807070218	孔双双	工学学士学位	专升本
170	化学工程与工艺专业 2018 级本科 02 班	201807070219	韩潇佳	工学学士学位	专升本

(续表)

序号	班级	学号	姓名	学位	层次
171	化学工程与工艺专业 2018 级本科 02 班	201807070221	相楠	工学学士学位	专升本
172	化学工程与工艺专业 2018 级本科 02 班	201807070222	田盼盼	工学学士学位	专升本
173	化学工程与工艺专业 2018 级本科 02 班	201807070223	谷双双	工学学士学位	专升本
174	化学工程与工艺专业 2018 级本科 02 班	201807070224	王冉	工学学士学位	专升本
175	化学工程与工艺专业 2018 级本科 02 班	201807070225	周爱华	工学学士学位	专升本
176	化学工程与工艺专业 2018 级本科 03 班	201807070301	孙旭	工学学士学位	专升本
177	化学工程与工艺专业 2018 级本科 03 班	201807070302	曹珩珩	工学学士学位	专升本
178	化学工程与工艺专业 2018 级本科 03 班	201807070303	吴玉龙	工学学士学位	专升本
179	化学工程与工艺专业 2018 级本科 03 班	201807070304	杨茂会	工学学士学位	专升本
180	化学工程与工艺专业 2018 级本科 03 班	201807070305	薛宗浩	工学学士学位	专升本
181	化学工程与工艺专业 2018 级本科 03 班	201807070306	刘启港	工学学士学位	专升本
182	化学工程与工艺专业 2018 级本科 03 班	201807070308	刘旭涛	工学学士学位	专升本
183	化学工程与工艺专业 2018 级本科 03 班	201807070309	杨硕	工学学士学位	专升本
184	化学工程与工艺专业 2018 级本科 03 班	201807070310	徐胜男	工学学士学位	专升本
185	化学工程与工艺专业 2018 级本科 03 班	201807070311	宋媛媛	工学学士学位	专升本
186	化学工程与工艺专业 2018 级本科 03 班	201807070312	方慧	工学学士学位	专升本
187	化学工程与工艺专业 2018 级本科 03 班	201807070313	徐彩萍	工学学士学位	专升本
188	化学工程与工艺专业 2018 级本科 03 班	201807070314	李伟僮	工学学士学位	专升本
189	化学工程与工艺专业 2018 级本科 03 班	201807070315	马秀云	工学学士学位	专升本
190	化学工程与工艺专业 2018 级本科 03 班	201807070316	张立莹	工学学士学位	专升本
191	化学工程与工艺专业 2018 级本科 03 班	201807070317	赵梅	工学学士学位	专升本
192	化学工程与工艺专业 2018 级本科 03 班	201807070318	郭加媛	工学学士学位	专升本
193	化学工程与工艺专业 2018 级本科 03 班	201807070319	赵静	工学学士学位	专升本
194	化学工程与工艺专业 2018 级本科 03 班	201807070320	游祥婷	工学学士学位	专升本
195	化学工程与工艺专业 2018 级本科 03 班	201807070321	李玉	工学学士学位	专升本
196	化学工程与工艺专业 2018 级本科 03 班	201807070322	孙帅琦	工学学士学位	专升本
197	化学工程与工艺专业 2018 级本科 03 班	201807070323	朱文倩	工学学士学位	专升本
198	化学工程与工艺专业 2018 级本科 03 班	201807070324	贾璐	工学学士学位	专升本
199	化学工程与工艺专业 2018 级本科 03 班	201807070325	吴广如	工学学士学位	专升本
200	应用化工技术专业 2017 级专科 01 班	201707520101	蔡娟		专科
201	应用化工技术专业 2017 级专科 01 班	201707520102	陈维娟		专科
202	应用化工技术专业 2017 级专科 01 班	201707520103	陈文杰		专科

(续表)

序号	班级	学号	姓名	学位	层次
203	应用化工技术专业 2017 级专科 01 班	201707520104	付笛		专科
204	应用化工技术专业 2017 级专科 01 班	201707520105	高雁		专科
205	应用化工技术专业 2017 级专科 01 班	201707520106	李阿强		专科
206	应用化工技术专业 2017 级专科 01 班	201707520107	李慧		专科
207	应用化工技术专业 2017 级专科 01 班	201707520108	李佳政		专科
208	应用化工技术专业 2017 级专科 01 班	201707520109	李建智		专科
209	应用化工技术专业 2017 级专科 01 班	201707520111	李硕磊		专科
210	应用化工技术专业 2017 级专科 01 班	201707520112	李一凡		专科
211	应用化工技术专业 2017 级专科 01 班	201707520113	李子涵		专科
212	应用化工技术专业 2017 级专科 01 班	201707520114	林飞		专科
213	应用化工技术专业 2017 级专科 01 班	201707520115	刘海旭		专科
214	应用化工技术专业 2017 级专科 01 班	201707520117	刘晓丽		专科
215	应用化工技术专业 2017 级专科 01 班	201707520118	牛苗苗		专科
216	应用化工技术专业 2017 级专科 01 班	201707520119	秦贝贝		专科
217	应用化工技术专业 2017 级专科 01 班	201707520120	秦显熙		专科
218	应用化工技术专业 2017 级专科 01 班	201707520121	宋紫阳		专科
219	应用化工技术专业 2017 级专科 01 班	201707520122	孙林林		专科
220	应用化工技术专业 2017 级专科 01 班	201707520123	孙启政		专科
221	应用化工技术专业 2017 级专科 01 班	201707520124	孙胜群		专科
222	应用化工技术专业 2017 级专科 01 班	201707520125	孙文晴		专科
223	应用化工技术专业 2017 级专科 01 班	201707520126	田方正		专科
224	应用化工技术专业 2017 级专科 01 班	201707520127	田震		专科
225	应用化工技术专业 2017 级专科 01 班	201707520128	王翠霞		专科
226	应用化工技术专业 2017 级专科 01 班	201707520129	王慧翔		专科
227	应用化工技术专业 2017 级专科 01 班	201707520130	王玉凯		专科
228	应用化工技术专业 2017 级专科 01 班	201707520131	王占杰		专科
229	应用化工技术专业 2017 级专科 01 班	201707520132	杨雨欣		专科
230	应用化工技术专业 2017 级专科 01 班	201707520133	杨媛		专科
231	应用化工技术专业 2017 级专科 01 班	201707520134	尹向磊		专科
232	应用化工技术专业 2017 级专科 01 班	201707520135	于志彬		专科
233	应用化工技术专业 2017 级专科 01 班	201707520136	张瀚午		专科
234	应用化工技术专业 2017 级专科 01 班	201707520137	张鑫昊		专科

(续表)

序号	班级	学号	姓名	学位	层次
235	应用化工技术专业 2017 级专科 01 班	201707520138	张学谦		专科
236	应用化工技术专业 2017 级专科 01 班	201707520139	赵鑫		专科
237	应用化工技术专业 2017 级专科 01 班	201707520140	赵绪明		专科
238	应用化工技术专业 2017 级专科 01 班	201707520141	赵亚楠		专科
239	应用化工技术专业 2017 级专科 01 班	201707520142	周依波		专科
240	应用化工技术专业 2017 级专科 01 班	201707520143	祖吉莎		专科
241	应用化工技术专业 2017 级专科 01 班	201708550135	郭文佳		专科

药学院

序号	班级	学号	姓名	学位	层次
1	药学专业 2016 级本科 01 班	201620020102	刘杉杉	理学学士学位	本科
2	药学专业 2016 级本科 01 班	201620020103	刘基萍	理学学士学位	本科
3	药学专业 2016 级本科 01 班	201620020104	薛俊萍	理学学士学位	本科
4	药学专业 2016 级本科 01 班	201620020105	葛艳艳	理学学士学位	本科
5	药学专业 2016 级本科 01 班	201620020106	杨艳鸿	理学学士学位	本科
6	药学专业 2016 级本科 01 班	201620020107	刘肇云	理学学士学位	本科
7	药学专业 2016 级本科 01 班	201620020108	李国盛	理学学士学位	本科
8	药学专业 2016 级本科 01 班	201620020109	徐善娜	理学学士学位	本科
9	药学专业 2016 级本科 01 班	201620020110	吴敏	理学学士学位	本科
10	药学专业 2016 级本科 01 班	201620020111	张紫茹	理学学士学位	本科
11	药学专业 2016 级本科 01 班	201620020112	盖立萍	理学学士学位	本科
12	药学专业 2016 级本科 01 班	201620020113	李宗超	理学学士学位	本科
13	药学专业 2016 级本科 01 班	201620020114	褚召莉	理学学士学位	本科
14	药学专业 2016 级本科 01 班	201620020115	薛雨欣	理学学士学位	本科
15	药学专业 2016 级本科 01 班	201620020116	张珍惠	理学学士学位	本科
16	药学专业 2016 级本科 01 班	201620020117	吴芳芳	理学学士学位	本科
17	药学专业 2016 级本科 01 班	201620020118	杨倩	理学学士学位	本科
18	药学专业 2016 级本科 01 班	201620020119	刘艳霞	理学学士学位	本科
19	药学专业 2016 级本科 01 班	201620020120	赵青华	理学学士学位	本科
20	药学专业 2016 级本科 01 班	201620020121	朱传涛	理学学士学位	本科
21	药学专业 2016 级本科 01 班	201620020122	孙文倩	理学学士学位	本科
22	药学专业 2016 级本科 01 班	201620020123	马永超	理学学士学位	本科

(续表)

序号	班级	学号	姓名	学位	层次
23	药学专业 2016 级本科 01 班	201620020124	彭圣钧	授予理学学士学位	本科
24	药学专业 2016 级本科 01 班	201620020125	苏培文	授予理学学士学位	本科
25	药学专业 2016 级本科 01 班	201620020126	王家辉	授予理学学士学位	本科
26	药学专业 2016 级本科 01 班	201620020127	张茹涵	授予理学学士学位	本科
27	药学专业 2016 级本科 01 班	201620020128	郭建军	授予理学学士学位	本科
28	药学专业 2016 级本科 01 班	201620020129	张超越	授予理学学士学位	本科
29	药学专业 2016 级本科 01 班	201620020130	张敏	授予理学学士学位	本科
30	药学专业 2016 级本科 01 班	201620020131	丁建营	授予理学学士学位	本科
31	药学专业 2016 级本科 01 班	201620020132	宋亚会	授予理学学士学位	本科
32	药学专业 2016 级本科 01 班	201620020133	安中彩	授予理学学士学位	本科
33	药学专业 2016 级本科 01 班	201620020134	吴丹	授予理学学士学位	本科
34	药学专业 2016 级本科 01 班	201620020135	张丽娜	授予理学学士学位	本科
35	制药工程专业 2016 级本科 01 班	201620010101	宿粉	授予工学学士学位	本科
36	制药工程专业 2016 级本科 01 班	201620010102	季立贺	授予工学学士学位	本科
37	制药工程专业 2016 级本科 01 班	201620010103	梁世超	授予工学学士学位	本科
38	制药工程专业 2016 级本科 01 班	201620010104	王星元	授予工学学士学位	本科
39	制药工程专业 2016 级本科 01 班	201620010105	赵薇	授予工学学士学位	本科
40	制药工程专业 2016 级本科 01 班	201620010106	贾耿	授予工学学士学位	本科
41	制药工程专业 2016 级本科 01 班	201620010107	杨毅	授予工学学士学位	本科
42	制药工程专业 2016 级本科 01 班	201620010108	耿溢佼	授予工学学士学位	本科
43	制药工程专业 2016 级本科 01 班	201620010109	王文丽	授予工学学士学位	本科
44	制药工程专业 2016 级本科 01 班	201620010110	高艺宸	授予工学学士学位	本科
45	制药工程专业 2016 级本科 01 班	201620010111	毛丽娟	授予工学学士学位	本科
46	制药工程专业 2016 级本科 01 班	201620010112	刘文静	授予工学学士学位	本科
47	制药工程专业 2016 级本科 01 班	201620010113	陈华	授予工学学士学位	本科
48	制药工程专业 2016 级本科 01 班	201620010114	张冬霞	授予工学学士学位	本科
49	制药工程专业 2016 级本科 01 班	201620010116	王靖洋	授予工学学士学位	本科
50	制药工程专业 2016 级本科 01 班	201620010117	钟馥羽	授予工学学士学位	本科
51	制药工程专业 2016 级本科 01 班	201620010118	程铄涵	授予工学学士学位	本科
52	制药工程专业 2016 级本科 01 班	201620010119	徐敏敏	授予工学学士学位	本科
53	制药工程专业 2016 级本科 01 班	201620010120	黄鹏	授予工学学士学位	本科
54	制药工程专业 2016 级本科 01 班	201620010121	李慧娟	授予工学学士学位	本科

(续表)

序号	班级	学号	姓名	学位	层次
55	制药工程专业2016级本科01班	201620010122	张蕊	授予工学学士学位	本科
56	制药工程专业2016级本科01班	201620010123	刘庆伟	授予工学学士学位	本科
57	制药工程专业2016级本科01班	201620010124	袁丛丛	授予工学学士学位	本科
58	制药工程专业2016级本科01班	201620010125	张柠	授予工学学士学位	本科
59	制药工程专业2016级本科01班	201620010126	薛雅儒	授予工学学士学位	本科
60	制药工程专业2016级本科01班	201620010127	任晓岑	授予工学学士学位	本科
61	制药工程专业2016级本科01班	201620010128	赵璟璇	授予工学学士学位	本科
62	制药工程专业2016级本科01班	201620010129	桑艳东	授予工学学士学位	本科
63	制药工程专业2016级本科02班	201620010201	公晶	授予工学学士学位	本科
64	制药工程专业2016级本科02班	201620010202	宋廷武	授予工学学士学位	本科
65	制药工程专业2016级本科02班	201620010203	吴荣桢	授予工学学士学位	本科
66	制药工程专业2016级本科02班	201620010204	刘康	授予工学学士学位	本科
67	制药工程专业2016级本科02班	201620010205	李风录	授予工学学士学位	本科
68	制药工程专业2016级本科02班	201620010206	刘芸竹	授予工学学士学位	本科
69	制药工程专业2016级本科02班	201620010207	张宁	授予工学学士学位	本科
70	制药工程专业2016级本科02班	201620010208	卜庆如	授予工学学士学位	本科
71	制药工程专业2016级本科02班	201620010209	韩烁	授予工学学士学位	本科
72	制药工程专业2016级本科02班	201620010210	公爱娟	授予工学学士学位	本科
73	制药工程专业2016级本科02班	201620010211	胡晓宇	授予工学学士学位	本科
74	制药工程专业2016级本科02班	201620010212	王家才	授予工学学士学位	本科
75	制药工程专业2016级本科02班	201620010213	王冠	授予工学学士学位	本科
76	制药工程专业2016级本科02班	201620010214	张鲁燕	授予工学学士学位	本科
77	制药工程专业2016级本科02班	201620010215	孟晨	授予工学学士学位	本科
78	制药工程专业2016级本科02班	201620010216	王军程	授予工学学士学位	本科
79	制药工程专业2016级本科02班	201620010217	邢晓艺	授予工学学士学位	本科
80	制药工程专业2016级本科02班	201620010218	陶晓莎	授予工学学士学位	本科
81	制药工程专业2016级本科02班	201620010219	张鑫	授予工学学士学位	本科
82	制药工程专业2016级本科02班	201620010220	房溪溪	授予工学学士学位	本科
83	制药工程专业2016级本科02班	201620010221	于金英	授予工学学士学位	本科
84	制药工程专业2016级本科02班	201620010222	刘璐	授予工学学士学位	本科
85	制药工程专业2016级本科02班	201620010223	王延妮	授予工学学士学位	本科
86	制药工程专业2016级本科02班	201620010224	张莹	授予工学学士学位	本科

(续表)

序号	班级	学号	姓名	学位	层次
87	制药工程专业 2016 级本科 02 班	201620010225	崔丽华	授予工学学士学位	本科
88	制药工程专业 2016 级本科 02 班	201620010226	孟杰	授予工学学士学位	本科
89	制药工程专业 2016 级本科 02 班	201620010227	兰国栋	授予工学学士学位	本科
90	药学专业 2016 级本科 02 班	201620030201	王太升	授予理学学士学位	高职本科
91	药学专业 2016 级本科 02 班	201620030202	王楠	授予理学学士学位	高职本科
92	药学专业 2016 级本科 02 班	201620030203	曹丽亚	授予理学学士学位	高职本科
93	药学专业 2016 级本科 02 班	201620030204	刘圣林	授予理学学士学位	高职本科
94	药学专业 2016 级本科 02 班	201620030205	梁栋	授予理学学士学位	高职本科
95	药学专业 2016 级本科 02 班	201620030206	陈晓雨	授予理学学士学位	高职本科
96	药学专业 2016 级本科 02 班	201620030207	游梦薇	授予理学学士学位	高职本科
97	药学专业 2016 级本科 02 班	201620030208	赵路瑶	授予理学学士学位	高职本科
98	药学专业 2016 级本科 02 班	201620030209	刘白雪	授予理学学士学位	高职本科
99	药学专业 2016 级本科 02 班	201620030210	齐冉	授予理学学士学位	高职本科
100	药学专业 2016 级本科 02 班	201620030211	姚璐璐	授予理学学士学位	高职本科
101	药学专业 2016 级本科 02 班	201620030212	孙涵	授予理学学士学位	高职本科
102	药学专业 2016 级本科 02 班	201620030213	刘哲	授予理学学士学位	高职本科
103	药学专业 2016 级本科 02 班	201620030214	李静	授予理学学士学位	高职本科
104	药学专业 2016 级本科 02 班	201620030215	刘志	授予理学学士学位	高职本科
105	药学专业 2016 级本科 02 班	201620030216	李晨曦	授予理学学士学位	高职本科
106	药学专业 2016 级本科 02 班	201620030217	籍鸿瑞	授予理学学士学位	高职本科
107	药学专业 2016 级本科 02 班	201620030218	陈丽红	授予理学学士学位	高职本科
108	药学专业 2016 级本科 02 班	201620030219	赵艺凡	授予理学学士学位	高职本科
109	药学专业 2016 级本科 02 班	201620030220	程云霞	授予理学学士学位	高职本科
110	药学专业 2016 级本科 02 班	201620030221	胡振凯	授予理学学士学位	高职本科
111	药学专业 2016 级本科 02 班	201620030222	于高瀚	授予理学学士学位	高职本科
112	药学专业 2016 级本科 02 班	201620030223	韩顺姿	授予理学学士学位	高职本科
113	药学专业 2016 级本科 02 班	201620030224	杨彤	授予理学学士学位	高职本科
114	药学专业 2016 级本科 02 班	201620030225	马浩文	授予理学学士学位	高职本科

(续表)

序号	班级	学号	姓名	学位	层次
115	药学专业2016级本科02班	201620030226	赵梦一	授予理学学士学位	高职本科
116	药学专业2016级本科02班	201620030227	张晨影	授予理学学士学位	高职本科
117	药学专业2016级本科02班	201620030228	李瑞璞	授予理学学士学位	高职本科
118	药学专业2016级本科02班	201620030229	曹玉怡	授予理学学士学位	高职本科
119	药学专业2016级本科02班	201620030230	马方	授予理学学士学位	高职本科
120	药学专业2016级本科02班	201620030231	胡存玉	授予理学学士学位	高职本科
121	药学专业2016级本科02班	201620030232	苏康	授予理学学士学位	高职本科
122	药学专业2016级本科02班	201620030233	张子慧	授予理学学士学位	高职本科
123	药学专业2016级本科02班	201620030234	赵艳玲	授予理学学士学位	高职本科
124	药学专业2016级本科02班	201620030235	赵延睿	授予理学学士学位	高职本科
125	药学专业2016级本科02班	201620030236	王美欣	授予理学学士学位	高职本科
126	药学专业2016级本科02班	201620030237	周志秀	授予理学学士学位	高职本科
127	药学专业2016级本科02班	201620030238	彭媛	授予理学学士学位	高职本科
128	药学专业2016级本科02班	201620030239	程赛赛	授予理学学士学位	高职本科
129	药学专业2016级本科02班	201620030240	朱辉	授予理学学士学位	高职本科
130	药学专业2016级本科02班	201620030241	黄倩玉	授予理学学士学位	高职本科
131	药学专业2016级本科02班	201620030242	李雪	授予理学学士学位	高职本科
132	药学专业2016级本科02班	201620030243	赵雨	授予理学学士学位	高职本科
133	药学专业2016级本科02班	201620030244	刘庆国		高职本科
134	制药工程专业2016级本科03班	201620040301	李瑞阳	授予工学学士学位	高职本科
135	制药工程专业2016级本科03班	201620040302	张欣	授予工学学士学位	高职本科
136	制药工程专业2016级本科03班	201620040303	吕慧	授予工学学士学位	高职本科
137	制药工程专业2016级本科03班	201620040304	李莹	授予工学学士学位	高职本科
138	制药工程专业2016级本科03班	201620040305	郭雨萌	授予工学学士学位	高职本科
139	制药工程专业2016级本科03班	201620040306	朱祯清	授予工学学士学位	高职本科
140	制药工程专业2016级本科03班	201620040307	马鲁霞	授予工学学士学位	高职本科
141	制药工程专业2016级本科03班	201620040308	申洁	授予工学学士学位	高职本科
142	制药工程专业2016级本科03班	201620040309	李佳敏	授予工学学士学位	高职本科

附录 575

(续表)

序号	班级	学号	姓名	学位	层次
143	制药工程专业 2016 级本科 03 班	201620040310	胡秀静	授予工学学士学位	高职本科
144	制药工程专业 2016 级本科 03 班	201620040311	种浩然	授予工学学士学位	高职本科
145	制药工程专业 2016 级本科 03 班	201620040312	冯勤勤	授予工学学士学位	高职本科
146	制药工程专业 2016 级本科 03 班	201620040313	吴旻	授予工学学士学位	高职本科
147	制药工程专业 2016 级本科 03 班	201620040314	徐继康	授予工学学士学位	高职本科
148	制药工程专业 2016 级本科 03 班	201620040315	程士雪	授予工学学士学位	高职本科
149	制药工程专业 2016 级本科 03 班	201620040316	闫一辰	授予工学学士学位	高职本科
150	制药工程专业 2016 级本科 03 班	201620040317	栾星静	授予工学学士学位	高职本科
151	制药工程专业 2016 级本科 03 班	201620040318	鹿文凤	授予工学学士学位	高职本科
152	制药工程专业 2016 级本科 03 班	201620040319	闫魁伟	授予工学学士学位	高职本科
153	制药工程专业 2016 级本科 03 班	201620040320	翟培正		高职本科
154	制药工程专业 2016 级本科 03 班	201620040321	马玉娇	授予工学学士学位	高职本科
155	制药工程专业 2016 级本科 03 班	201620040322	裴海玲	授予工学学士学位	高职本科
156	制药工程专业 2016 级本科 03 班	201620040323	朱政润	授予工学学士学位	高职本科
157	制药工程专业 2016 级本科 03 班	201620040324	许唱唱	授予工学学士学位	高职本科
158	制药工程专业 2016 级本科 03 班	201620040325	张政	授予工学学士学位	高职本科
159	制药工程专业 2016 级本科 03 班	201620040326	徐维乐	授予工学学士学位	高职本科
160	制药工程专业 2016 级本科 03 班	201620040327	郁秀莹	授予工学学士学位	高职本科
161	制药工程专业 2016 级本科 03 班	201620040328	闫小婷	授予工学学士学位	高职本科
162	制药工程专业 2016 级本科 03 班	201620040329	高志天	授予工学学士学位	高职本科
163	制药工程专业 2016 级本科 03 班	201620040330	袁丽欣	授予工学学士学位	高职本科
164	制药工程专业 2016 级本科 03 班	201620040331	杜楠	授予工学学士学位	高职本科
165	制药工程专业 2016 级本科 03 班	201620040332	刘杉杉	授予工学学士学位	高职本科
166	制药工程专业 2016 级本科 03 班	201620040333	李明启	授予工学学士学位	高职本科
167	制药工程专业 2016 级本科 03 班	201620040334	孔庆楠	授予工学学士学位	高职本科
168	制药工程专业 2016 级本科 03 班	201620040335	刘静	授予工学学士学位	高职本科
169	制药工程专业 2016 级本科 03 班	201620040336	王绍正	授予工学学士学位	高职本科
170	制药工程专业 2016 级本科 03 班	201620040337	王庆佳	授予工学学士学位	高职本科

(续表)

序号	班级	学号	姓名	学位	层次
171	制药工程专业 2016 级本科 03 班	201620040338	沈学刚	授予工学学士学位	高职本科
172	制药工程专业 2016 级本科 03 班	201620040339	王富生	授予工学学士学位	高职本科
173	制药工程专业 2016 级本科 03 班	201620040340	程营营	授予工学学士学位	高职本科
174	药品生产技术专业 2017 级专科 01 班	201720510101	杨美婷		专科
175	药品生产技术专业 2017 级专科 01 班	201720510102	樊学东		专科
176	药品生产技术专业 2017 级专科 01 班	201720510103	程明霞		专科
177	药品生产技术专业 2017 级专科 01 班	201720510104	王钰馨		专科
178	药品生产技术专业 2017 级专科 01 班	201720510105	钱冬菊		专科
179	药品生产技术专业 2017 级专科 01 班	201720510106	刘友来		专科
180	药品生产技术专业 2017 级专科 01 班	201720510107	师心国		专科
181	药品生产技术专业 2017 级专科 01 班	201720510108	宋士莉		专科
182	药品生产技术专业 2017 级专科 01 班	201720510109	王晓娜		专科
183	药品生产技术专业 2017 级专科 01 班	201720510110	周立芹		专科
184	药品生产技术专业 2017 级专科 01 班	201720510111	娄凤华		专科
185	药品生产技术专业 2017 级专科 01 班	201720510112	许燕苏		专科
186	药品生产技术专业 2017 级专科 01 班	201720510113	赵秀荣		专科
187	药品生产技术专业 2017 级专科 01 班	201720510114	李浩然		专科
188	药品生产技术专业 2017 级专科 01 班	201720510115	盖文娟		专科
189	药品生产技术专业 2017 级专科 01 班	201720510117	曹振燕		专科
190	药品生产技术专业 2017 级专科 01 班	201720510118	陈旭		专科
191	药品生产技术专业 2017 级专科 01 班	201720510119	李童童		专科
192	药品生产技术专业 2017 级专科 01 班	201720510120	石雪		专科
193	药品生产技术专业 2017 级专科 01 班	201720510121	包汉钰		专科
194	药品生产技术专业 2017 级专科 01 班	201720510122	程小双		专科
195	药品生产技术专业 2017 级专科 01 班	201720510123	杜恩莲		专科
196	药品生产技术专业 2017 级专科 01 班	201720510125	刘旺		专科
197	药品生产技术专业 2017 级专科 01 班	201720510126	宋霞		专科
198	药品生产技术专业 2017 级专科 01 班	201720510127	张晶晶		专科
199	药品生产技术专业 2017 级专科 01 班	201720510129	姜立宏		专科
200	药品生产技术专业 2017 级专科 01 班	201720510130	孙如悦		专科
201	药品生产技术专业 2017 级专科 01 班	201720510131	徐立收		专科
202	药品生产技术专业 2017 级专科 01 班	201720510132	赵修磊		专科

附录　577

(续表)

序号	班级	学号	姓名	学位	层次
203	药品生产技术专业 2017 级专科 01 班	201720510133	李志国		专科
204	药品生产技术专业 2017 级专科 01 班	201720510134	王雪杰		专科
205	药品生产技术专业 2017 级专科 01 班	201720510135	郑梦洁		专科
206	药品生产技术专业 2017 级专科 01 班	201720510136	高月		专科
207	药品生产技术专业 2017 级专科 01 班	201720510137	张童瑶		专科
208	药品生产技术专业 2017 级专科 01 班	201720510138	孟爽爽		专科
209	药品生产技术专业 2017 级专科 01 班	201720510139	王华芳		专科
210	药品生产技术专业 2017 级专科 01 班	201720510140	邹慧瑜		专科
211	药品生产技术专业 2017 级专科 02 班	201720510201	刘士旭		专科
212	药品生产技术专业 2017 级专科 02 班	201720510202	邹琪		专科
213	药品生产技术专业 2017 级专科 02 班	201720510203	蔡雨		专科
214	药品生产技术专业 2017 级专科 02 班	201720510204	滕炎萍		专科
215	药品生产技术专业 2017 级专科 02 班	201720510205	王乐倩		专科
216	药品生产技术专业 2017 级专科 02 班	201720510206	刘美娟		专科
217	药品生产技术专业 2017 级专科 02 班	201720510207	王维亚		专科
218	药品生产技术专业 2017 级专科 02 班	201720510208	韩孟霞		专科
219	药品生产技术专业 2017 级专科 02 班	201720510209	王宁		专科
220	药品生产技术专业 2017 级专科 02 班	201720510210	杜丽荣		专科
221	药品生产技术专业 2017 级专科 02 班	201720510211	张玉娇		专科
222	药品生产技术专业 2017 级专科 02 班	201720510212	李文平		专科
223	药品生产技术专业 2017 级专科 02 班	201720510213	李晓钰		专科
224	药品生产技术专业 2017 级专科 02 班	201720510214	赵冉杰		专科
225	药品生产技术专业 2017 级专科 02 班	201720510215	户莹莹		专科
226	药品生产技术专业 2017 级专科 02 班	201720510216	徐赛丽		专科
227	药品生产技术专业 2017 级专科 02 班	201720510217	张明敏		专科
228	药品生产技术专业 2017 级专科 02 班	201720510218	魏新宇		专科
229	药品生产技术专业 2017 级专科 02 班	201720510220	胡发顺		专科
230	药品生产技术专业 2017 级专科 02 班	201720510221	栾月阳		专科
231	药品生产技术专业 2017 级专科 02 班	201720510222	王朋虎		专科
232	药品生产技术专业 2017 级专科 02 班	201720510223	曹硕		专科
233	药品生产技术专业 2017 级专科 02 班	201720510224	崔晨林		专科
234	药品生产技术专业 2017 级专科 02 班	201720510225	高涵		专科

(续表)

序号	班级	学号	姓名	学位	层次
235	药品生产技术专业 2017 级专科 02 班	201720510227	马玉靖		专科
236	药品生产技术专业 2017 级专科 02 班	201720510228	颜晓阳		专科
237	药品生产技术专业 2017 级专科 02 班	201720510229	张雪		专科
238	药品生产技术专业 2017 级专科 02 班	201720510230	陈欣荣		专科
239	药品生产技术专业 2017 级专科 02 班	201720510231	李艳		专科
240	药品生产技术专业 2017 级专科 02 班	201720510232	芦洪诚		专科
241	药品生产技术专业 2017 级专科 02 班	201720510233	薛勇		专科
242	药品生产技术专业 2017 级专科 02 班	201720510234	李彤彤		专科
243	药品生产技术专业 2017 级专科 02 班	201720510235	齐昊洋		专科
244	药品生产技术专业 2017 级专科 02 班	201720510237	庄莉莉		专科
245	药品生产技术专业 2017 级专科 02 班	201720510238	王昊		专科
246	药品生产技术专业 2017 级专科 02 班	201720510239	陈建志		专科

机械与车辆工程学院

序号	班级	学号	姓名	学位	层次
1	车辆工程专业 2016 级本科 01 班	201403130124	刘忠明	授予工学学士学位	本科
2	车辆工程专业 2016 级本科 01 班	201616010101	宋诗峰	授予工学学士学位	本科
3	车辆工程专业 2016 级本科 01 班	201616010102	张啸林	授予工学学士学位	本科
4	车辆工程专业 2016 级本科 01 班	201616010103	吴轲	授予工学学士学位	本科
5	车辆工程专业 2016 级本科 01 班	201616010104	王天祥	授予工学学士学位	本科
6	车辆工程专业 2016 级本科 01 班	201616010105	娄梦浩	授予工学学士学位	本科
7	车辆工程专业 2016 级本科 01 班	201616010106	秦琳	授予工学学士学位	本科
8	车辆工程专业 2016 级本科 01 班	201616010107	郭星	授予工学学士学位	本科
9	车辆工程专业 2016 级本科 01 班	201616010108	刘庆利	授予工学学士学位	本科
10	车辆工程专业 2016 级本科 01 班	201616010109	许开贺	授予工学学士学位	本科
11	车辆工程专业 2016 级本科 01 班	201616010110	陈达	授予工学学士学位	本科
12	车辆工程专业 2016 级本科 01 班	201616010111	田星星	授予工学学士学位	本科
13	车辆工程专业 2016 级本科 01 班	201616010112	徐乐	授予工学学士学位	本科
14	车辆工程专业 2016 级本科 01 班	201616010113	陈兴昌	授予工学学士学位	本科
15	车辆工程专业 2016 级本科 01 班	201616010114	王帅	授予工学学士学位	本科

(续表)

序号	班级	学号	姓名	学位	层次
16	车辆工程专业 2016 级本科 01 班	201616010115	王国豪	工学学士学位	本科
17	车辆工程专业 2016 级本科 01 班	201616010116	赵杰栋	工学学士学位	本科
18	车辆工程专业 2016 级本科 01 班	201616010117	史煜	工学学士学位	本科
19	车辆工程专业 2016 级本科 01 班	201616010118	王绘昌	工学学士学位	本科
20	车辆工程专业 2016 级本科 01 班	201616010120	汲万政	工学学士学位	本科
21	车辆工程专业 2016 级本科 01 班	201616010121	贾茹	工学学士学位	本科
22	车辆工程专业 2016 级本科 01 班	201616010123	迟洪志	工学学士学位	本科
23	车辆工程专业 2016 级本科 01 班	201616010124	钟慎峰	工学学士学位	本科
24	车辆工程专业 2016 级本科 01 班	201616010125	于浩	工学学士学位	本科
25	车辆工程专业 2016 级本科 01 班	201616010126	陈铎方	工学学士学位	本科
26	车辆工程专业 2016 级本科 01 班	201616010127	崔超	工学学士学位	本科
27	车辆工程专业 2016 级本科 01 班	201616010128	郑茂宽	工学学士学位	本科
28	车辆工程专业 2016 级本科 01 班	201616010129	鲍伟亮	工学学士学位	本科
29	车辆工程专业 2016 级本科 01 班	201616010130	张晓壮	工学学士学位	本科
30	车辆工程专业 2016 级本科 01 班	201616010131	辛亚超	工学学士学位	本科
31	车辆工程专业 2016 级本科 01 班	201616010132	赵禄	工学学士学位	本科
32	车辆工程专业 2016 级本科 01 班	201616010133	王清逸	工学学士学位	本科
33	车辆工程专业 2016 级本科 01 班	201616010134	姚俊彰	工学学士学位	本科
34	车辆工程专业 2016 级本科 01 班	201616010135	周政毅	工学学士学位	本科
35	车辆工程专业 2016 级本科 02 班	201616010201	刘雪超	工学学士学位	本科
36	车辆工程专业 2016 级本科 02 班	201616010202	许克	工学学士学位	本科
37	车辆工程专业 2016 级本科 02 班	201616010203	张强	工学学士学位	本科
38	车辆工程专业 2016 级本科 02 班	201616010204	黄林冲	工学学士学位	本科
39	车辆工程专业 2016 级本科 02 班	201616010205	屈垚	工学学士学位	本科
40	车辆工程专业 2016 级本科 02 班	201616010206	国明松	工学学士学位	本科
41	车辆工程专业 2016 级本科 02 班	201616010207	徐威庆	工学学士学位	本科
42	车辆工程专业 2016 级本科 02 班	201616010208	苗家庚	工学学士学位	本科
43	车辆工程专业 2016 级本科 02 班	201616010209	孙兴亮	工学学士学位	本科

(续表)

序号	班级	学号	姓名	学位	层次
44	车辆工程专业 2016 级本科 02 班	201616010210	宋宜红	工学学士学位	本科
45	车辆工程专业 2016 级本科 02 班	201616010211	李清清	工学学士学位	本科
46	车辆工程专业 2016 级本科 02 班	201616010212	王雅军	工学学士学位	本科
47	车辆工程专业 2016 级本科 02 班	201616010213	鲍守成	工学学士学位	本科
48	车辆工程专业 2016 级本科 02 班	201616010214	蔡嘉豪	工学学士学位	本科
49	车辆工程专业 2016 级本科 02 班	201616010215	黑振栋	工学学士学位	本科
50	车辆工程专业 2016 级本科 02 班	201616010216	石少健	工学学士学位	本科
51	车辆工程专业 2016 级本科 02 班	201616010217	明瑞	工学学士学位	本科
52	车辆工程专业 2016 级本科 02 班	201616010218	刘佳	工学学士学位	本科
53	车辆工程专业 2016 级本科 02 班	201616010219	王喜亭	工学学士学位	本科
54	车辆工程专业 2016 级本科 02 班	201616010220	周成辉	工学学士学位	本科
55	车辆工程专业 2016 级本科 02 班	201616010222	许庆璇	工学学士学位	本科
56	车辆工程专业 2016 级本科 02 班	201616010223	沈学港	工学学士学位	本科
57	车辆工程专业 2016 级本科 02 班	201616010224	曲涛	工学学士学位	本科
58	车辆工程专业 2016 级本科 02 班	201616010225	张小龙	工学学士学位	本科
59	车辆工程专业 2016 级本科 02 班	201616010226	孙伟	工学学士学位	本科
60	车辆工程专业 2016 级本科 02 班	201616010227	董兴鲁	工学学士学位	本科
61	车辆工程专业 2016 级本科 02 班	201616010228	高庆祥	工学学士学位	本科
62	车辆工程专业 2016 级本科 02 班	201616010229	高振国	工学学士学位	本科
63	车辆工程专业 2016 级本科 02 班	201616010230	李凯迪	工学学士学位	本科
64	车辆工程专业 2016 级本科 02 班	201616010231	申建国	工学学士学位	本科
65	车辆工程专业 2016 级本科 02 班	201616010232	蒋鹤天	工学学士学位	本科
66	车辆工程专业 2016 级本科 02 班	201616010233	杨皓	工学学士学位	本科
67	车辆工程专业 2016 级本科 02 班	201616010234	李鹏翼	工学学士学位	本科
68	车辆工程专业 2016 级本科 02 班	201616010235	徐慧	工学学士学位	本科
69	飞行器制造工程专业 2016 级本科 01 班	201603010101	杜晓风	工学学士学位	本科
70	飞行器制造工程专业 2016 级本科 01 班	201603010102	周聪	工学学士学位	本科
71	飞行器制造工程专业 2016 级本科 01 班	201603010103	綦彤	工学学士学位	本科

(续表)

序号	班级	学号	姓名	学位	层次
72	飞行器制造工程专业 2016 级本科 01 班	201603010104	胡文青	工学学士学位	本科
73	飞行器制造工程专业 2016 级本科 01 班	201603010105	王旭	工学学士学位	本科
74	飞行器制造工程专业 2016 级本科 01 班	201603010106	张心茹	工学学士学位	本科
75	飞行器制造工程专业 2016 级本科 01 班	201603010107	樊智贤	工学学士学位	本科
76	飞行器制造工程专业 2016 级本科 01 班	201603010109	王萌瑶	工学学士学位	本科
77	飞行器制造工程专业 2016 级本科 01 班	201603010110	马雪	工学学士学位	本科
78	飞行器制造工程专业 2016 级本科 01 班	201603010111	范鑫	工学学士学位	本科
79	飞行器制造工程专业 2016 级本科 01 班	201603010112	张玉浩		本科
80	飞行器制造工程专业 2016 级本科 01 班	201603010114	姬忠伟	工学学士学位	本科
81	飞行器制造工程专业 2016 级本科 01 班	201603010115	刘延丽	工学学士学位	本科
82	飞行器制造工程专业 2016 级本科 01 班	201603010116	郭伟	工学学士学位	本科
83	飞行器制造工程专业 2016 级本科 01 班	201603010117	王进	工学学士学位	本科
84	飞行器制造工程专业 2016 级本科 01 班	201603010119	赵德鹏	工学学士学位	本科
85	飞行器制造工程专业 2016 级本科 01 班	201603010120	郑丽	工学学士学位	本科
86	飞行器制造工程专业 2016 级本科 01 班	201603010121	包汉旭	工学学士学位	本科
87	飞行器制造工程专业 2016 级本科 01 班	201603010122	宁传鹏	工学学士学位	本科
88	飞行器制造工程专业 2016 级本科 01 班	201603010123	王珂	工学学士学位	本科
89	飞行器制造工程专业 2016 级本科 01 班	201603010124	王展	工学学士学位	本科
90	飞行器制造工程专业 2016 级本科 01 班	201603010125	秦重阳	工学学士学位	本科
91	飞行器制造工程专业 2016 级本科 01 班	201603010126	刘泗栋	工学学士学位	本科
92	飞行器制造工程专业 2016 级本科 01 班	201603010127	吴明臻	工学学士学位	本科
93	飞行器制造工程专业 2016 级本科 01 班	201603010128	李凯亮	工学学士学位	本科
94	飞行器制造工程专业 2016 级本科 01 班	201603010129	黄博	工学学士学位	本科
95	飞行器制造工程专业 2016 级本科 01 班	201603010130	田鑫泉	工学学士学位	本科
96	飞行器制造工程专业 2016 级本科 01 班	201603010131	李敏	工学学士学位	本科
97	飞行器制造工程专业 2016 级本科 01 班	201603010132	梁开祁	工学学士学位	本科
98	飞行器制造工程专业 2016 级本科 01 班	201603010133	杨胜林	工学学士学位	本科
99	飞行器制造工程专业 2016 级本科 01 班	201603010135	张凯林	工学学士学位	本科

(续表)

序号	班级	学号	姓名	学位	层次
100	飞行器制造工程专业 2016 级本科 01 班	201603010136	左家乐	工学学士学位	本科
101	飞行器制造工程专业 2016 级本科 01 班	201603010137	卜子华	工学学士学位	本科
102	飞行器制造工程专业 2016 级本科 01 班	201603010138	任成林	工学学士学位	本科
103	机械电子工程专业 2016 级本科 01 班	201403190109	田照旭	工学学士学位	本科
104	机械电子工程专业 2016 级本科 01 班	201603020101	吕泽森	工学学士学位	本科
105	机械电子工程专业 2016 级本科 01 班	201603020102	邱凯	工学学士学位	本科
106	机械电子工程专业 2016 级本科 01 班	201603020103	刘娱彤	工学学士学位	本科
107	机械电子工程专业 2016 级本科 01 班	201603020104	王泽坤	工学学士学位	本科
108	机械电子工程专业 2016 级本科 01 班	201603020105	胡安宁	工学学士学位	本科
109	机械电子工程专业 2016 级本科 01 班	201603020106	王武	工学学士学位	本科
110	机械电子工程专业 2016 级本科 01 班	201603020107	李心棋	工学学士学位	本科
111	机械电子工程专业 2016 级本科 01 班	201603020108	段捷		本科
112	机械电子工程专业 2016 级本科 01 班	201603020109	王俊杰	工学学士学位	本科
113	机械电子工程专业 2016 级本科 01 班	201603020110	郎咸伟	工学学士学位	本科
114	机械电子工程专业 2016 级本科 01 班	201603020111	窦存超	工学学士学位	本科
115	机械电子工程专业 2016 级本科 01 班	201603020112	王凡	工学学士学位	本科
116	机械电子工程专业 2016 级本科 01 班	201603020113	赵萍	工学学士学位	本科
117	机械电子工程专业 2016 级本科 01 班	201603020115	曹壮	工学学士学位	本科
118	机械电子工程专业 2016 级本科 01 班	201603020116	苏学广	工学学士学位	本科
119	机械电子工程专业 2016 级本科 01 班	201603020117	王贺	工学学士学位	本科
120	机械电子工程专业 2016 级本科 01 班	201603020118	马志忠	工学学士学位	本科
121	机械电子工程专业 2016 级本科 01 班	201603020119	唐晓彤	工学学士学位	本科
122	机械电子工程专业 2016 级本科 01 班	201603020120	杨占元	工学学士学位	本科
123	机械电子工程专业 2016 级本科 01 班	201603020121	赵志敏	工学学士学位	本科
124	机械电子工程专业 2016 级本科 01 班	201603020122	石增波	工学学士学位	本科
125	机械电子工程专业 2016 级本科 01 班	201603020123	王添民	工学学士学位	本科
126	机械电子工程专业 2016 级本科 01 班	201603020124	秦浩	工学学士学位	本科
127	机械电子工程专业 2016 级本科 01 班	201603020125	刘思语	工学学士学位	本科

(续表)

序号	班级	学号	姓名	学位	层次
128	机械电子工程专业2016级本科01班	201603020126	王旭	工学学士学位	本科
129	机械电子工程专业2016级本科01班	201603020128	何秋红	工学学士学位	本科
130	机械电子工程专业2016级本科01班	201603020129	尹宗琦	工学学士学位	本科
131	机械电子工程专业2016级本科01班	201603020130	高强	工学学士学位	本科
132	机械电子工程专业2016级本科01班	201603020131	孙义强	工学学士学位	本科
133	机械电子工程专业2016级本科01班	201603020132	张昆	工学学士学位	本科
134	机械电子工程专业2016级本科01班	201603020133	闫婷婷	工学学士学位	本科
135	机械电子工程专业2016级本科01班	201603020134	张超	工学学士学位	本科
136	机械电子工程专业2016级本科01班	201603020135	李艳楠	工学学士学位	本科
137	机械电子工程专业2016级本科01班	201603020136	吴鹏	工学学士学位	本科
138	机械电子工程专业2016级本科01班	201603020137	邓志军	工学学士学位	本科
139	机械电子工程专业2016级本科01班	201603020138	刘先淼	工学学士学位	本科
140	机械电子工程专业2016级本科01班	201603020139	王整	工学学士学位	本科
141	机械电子工程专业2016级本科01班	201603020140	张洲	工学学士学位	本科
142	机械电子工程专业2016级本科01班	201603020141	方家吉	工学学士学位	本科
143	机械电子工程专业2016级本科01班	201603020142	潘宁锋	工学学士学位	本科
144	机械电子工程专业2016级本科01班	201603020143	刘豪	工学学士学位	本科
145	机械电子工程专业2016级本科01班	201603020144	屠珊珊	工学学士学位	本科
146	机械设计制造及其自动化专业2016级本科01班	201403170306	邵松坤	工学学士学位	本科
147	机械设计制造及其自动化专业2016级本科01班	201603010118	季怀超	工学学士学位	本科
148	机械设计制造及其自动化专业2016级本科01班	201603030101	张子寒	工学学士学位	本科
149	机械设计制造及其自动化专业2016级本科01班	201603030102	刘加旺	工学学士学位	本科
150	机械设计制造及其自动化专业2016级本科01班	201603030103	曹宇	工学学士学位	本科
151	机械设计制造及其自动化专业2016级本科01班	201603030104	王俊先	工学学士学位	本科
152	机械设计制造及其自动化专业2016级本科01班	201603030106	牟志勇	工学学士学位	本科
153	机械设计制造及其自动化专业2016级本科01班	201603030107	吴凯	工学学士学位	本科
154	机械设计制造及其自动化专业2016级本科01班	201603030109	郗宏成	工学学士学位	本科
155	机械设计制造及其自动化专业2016级本科01班	201603030110	张展浩	工学学士学位	本科

(续表)

序号	班级	学号	姓名	学位	层次
156	机械设计制造及其自动化专业 2016 级本科 01 班	201603030111	张庆波	工学学士学位	本科
157	机械设计制造及其自动化专业 2016 级本科 01 班	201603030112	付琛	工学学士学位	本科
158	机械设计制造及其自动化专业 2016 级本科 01 班	201603030113	曹文浩	工学学士学位	本科
159	机械设计制造及其自动化专业 2016 级本科 01 班	201603030114	李修广	工学学士学位	本科
160	机械设计制造及其自动化专业 2016 级本科 01 班	201603030115	张现苗	工学学士学位	本科
161	机械设计制造及其自动化专业 2016 级本科 01 班	201603030116	李壮	工学学士学位	本科
162	机械设计制造及其自动化专业 2016 级本科 01 班	201603030117	潘振祥	工学学士学位	本科
163	机械设计制造及其自动化专业 2016 级本科 01 班	201603030118	刘圣乾	工学学士学位	本科
164	机械设计制造及其自动化专业 2016 级本科 01 班	201603030119	孟晗	工学学士学位	本科
165	机械设计制造及其自动化专业 2016 级本科 01 班	201603030120	邓艳庆	工学学士学位	本科
166	机械设计制造及其自动化专业 2016 级本科 01 班	201603030121	王修民	工学学士学位	本科
167	机械设计制造及其自动化专业 2016 级本科 01 班	201603030122	英明兆	工学学士学位	本科
168	机械设计制造及其自动化专业 2016 级本科 01 班	201603030123	赵有东	工学学士学位	本科
169	机械设计制造及其自动化专业 2016 级本科 01 班	201603030124	刘金东	工学学士学位	本科
170	机械设计制造及其自动化专业 2016 级本科 01 班	201603030125	郁有鑫	工学学士学位	本科
171	机械设计制造及其自动化专业 2016 级本科 01 班	201603030126	张寒	工学学士学位	本科
172	机械设计制造及其自动化专业 2016 级本科 01 班	201603030127	杨骐睿	工学学士学位	本科
173	机械设计制造及其自动化专业 2016 级本科 01 班	201603030128	朱磊	工学学士学位	本科
174	机械设计制造及其自动化专业 2016 级本科 01 班	201603030129	刘更升	工学学士学位	本科
175	机械设计制造及其自动化专业 2016 级本科 01 班	201603030130	余润楠	工学学士学位	本科
176	机械设计制造及其自动化专业 2016 级本科 01 班	201603030131	漆喜元	工学学士学位	本科
177	机械设计制造及其自动化专业 2016 级本科 01 班	201603030132	莫正杆	工学学士学位	本科
178	机械设计制造及其自动化专业 2016 级本科 01 班	201603030133	张涛	工学学士学位	本科
179	机械设计制造及其自动化专业 2016 级本科 01 班	201603030134	陈钊	工学学士学位	本科
180	机械设计制造及其自动化专业 2016 级本科 01 班	201603030135	王昊	工学学士学位	本科
181	机械设计制造及其自动化专业 2016 级本科 01 班	201603030136	何康	工学学士学位	本科
182	机械设计制造及其自动化专业 2016 级本科 01 班	201603030138	胡祺	工学学士学位	本科
183	机械设计制造及其自动化专业 2016 级本科 01 班	201603030139	朱文岩	工学学士学位	本科

(续表)

序号	班级	学号	姓名	学位	层次
184	机械设计制造及其自动化专业2016级本科01班	201603030140	夏浩	工学学士学位	本科
185	机械设计制造及其自动化专业2016级本科01班	201603030141	张鑫	工学学士学位	本科
186	机械设计制造及其自动化专业2016级本科01班	201603030142	郭辉	工学学士学位	本科
187	机械设计制造及其自动化专业2016级本科01班	201603030143	赵紫旭	工学学士学位	本科
188	机械设计制造及其自动化专业2016级本科01班	201603030144	宋顺	工学学士学位	本科
189	机械设计制造及其自动化专业2016级本科01班	201603030145	严佳瑶	工学学士学位	本科
190	机械设计制造及其自动化专业2016级本科01班	201603030146	张诚	工学学士学位	本科
191	机械设计制造及其自动化专业2016级本科02班	201603030201	李连良	工学学士学位	本科
192	机械设计制造及其自动化专业2016级本科02班	201603030202	李栋	工学学士学位	本科
193	机械设计制造及其自动化专业2016级本科02班	201603030203	王磊	工学学士学位	本科
194	机械设计制造及其自动化专业2016级本科02班	201603030204	刘钰琦	工学学士学位	本科
195	机械设计制造及其自动化专业2016级本科02班	201603030205	杨崇翔	工学学士学位	本科
196	机械设计制造及其自动化专业2016级本科02班	201603030206	董俊仓	工学学士学位	本科
197	机械设计制造及其自动化专业2016级本科02班	201603030207	栾鑫	工学学士学位	本科
198	机械设计制造及其自动化专业2016级本科02班	201603030208	唐沉鑫	工学学士学位	本科
199	机械设计制造及其自动化专业2016级本科02班	201603030209	李永涛	工学学士学位	本科
200	机械设计制造及其自动化专业2016级本科02班	201603030210	孙勇	工学学士学位	本科
201	机械设计制造及其自动化专业2016级本科02班	201603030211	张兴滨	工学学士学位	本科
202	机械设计制造及其自动化专业2016级本科02班	201603030212	刘磊	工学学士学位	本科
203	机械设计制造及其自动化专业2016级本科02班	201603030213	马宝昆	工学学士学位	本科
204	机械设计制造及其自动化专业2016级本科02班	201603030214	贾厚明	工学学士学位	本科
205	机械设计制造及其自动化专业2016级本科02班	201603030215	杨宝坤	工学学士学位	本科
206	机械设计制造及其自动化专业2016级本科02班	201603030216	毕泽洋	工学学士学位	本科
207	机械设计制造及其自动化专业2016级本科02班	201603030217	何倍刚	工学学士学位	本科
208	机械设计制造及其自动化专业2016级本科02班	201603030218	蒋雨恒	工学学士学位	本科
209	机械设计制造及其自动化专业2016级本科02班	201603030219	韩金言	工学学士学位	本科
210	机械设计制造及其自动化专业2016级本科02班	201603030220	孙思凯	工学学士学位	本科
211	机械设计制造及其自动化专业2016级本科02班	201603030221	高资鉴		本科

(续表)

序号	班级	学号	姓名	学位	层次
212	机械设计制造及其自动化专业 2016 级本科 02 班	201603030222	赵传浩	工学学士学位	本科
213	机械设计制造及其自动化专业 2016 级本科 02 班	201603030223	孟繁琳	工学学士学位	本科
214	机械设计制造及其自动化专业 2016 级本科 02 班	201603030224	孟志远	工学学士学位	本科
215	机械设计制造及其自动化专业 2016 级本科 02 班	201603030225	孙得成	工学学士学位	本科
216	机械设计制造及其自动化专业 2016 级本科 02 班	201603030226	苏亚超		本科
217	机械设计制造及其自动化专业 2016 级本科 02 班	201603030227	王跃辉	工学学士学位	本科
218	机械设计制造及其自动化专业 2016 级本科 02 班	201603030228	徐青青	工学学士学位	本科
219	机械设计制造及其自动化专业 2016 级本科 02 班	201603030229	蔡杰彤	工学学士学位	本科
220	机械设计制造及其自动化专业 2016 级本科 02 班	201603030230	李小磊	工学学士学位	本科
221	机械设计制造及其自动化专业 2016 级本科 02 班	201603030231	马东红	工学学士学位	本科
222	机械设计制造及其自动化专业 2016 级本科 02 班	201603030232	廖树恒	工学学士学位	本科
223	机械设计制造及其自动化专业 2016 级本科 02 班	201603030233	袁银	工学学士学位	本科
224	机械设计制造及其自动化专业 2016 级本科 02 班	201603030234	王聪择	工学学士学位	本科
225	机械设计制造及其自动化专业 2016 级本科 02 班	201603030235	赵虎	工学学士学位	本科
226	机械设计制造及其自动化专业 2016 级本科 02 班	201603030237	凌灿	工学学士学位	本科
227	机械设计制造及其自动化专业 2016 级本科 02 班	201603030238	彭子良	工学学士学位	本科
228	机械设计制造及其自动化专业 2016 级本科 02 班	201603030239	李红鑫		本科
229	机械设计制造及其自动化专业 2016 级本科 02 班	201603030240	郑燕军	工学学士学位	本科
230	机械设计制造及其自动化专业 2016 级本科 02 班	201603030241	郑金虎	工学学士学位	本科
231	机械设计制造及其自动化专业 2016 级本科 02 班	201603030243	杨艳东	工学学士学位	本科
232	机械设计制造及其自动化专业 2016 级本科 02 班	201603030244	武者新	工学学士学位	本科
233	机械设计制造及其自动化专业 2016 级本科 02 班	201603030245	李晨阳	工学学士学位	本科
234	机械设计制造及其自动化专业 2016 级本科 02 班	201603030246	张晓鹏	工学学士学位	本科
235	机械设计制造及其自动化专业 2016 级本科 02 班	201603030247	蒋德瑜	工学学士学位	本科
236	机械设计制造及其自动化专业 2016 级本科 02 班	201608030213	厉秀英	工学学士学位	本科
237	机械设计制造及其自动化专业 2016 级本科 03 班	201403170308	韩栋	工学学士学位	本科
238	机械设计制造及其自动化专业 2016 级本科 03 班	201603030301	李岳	工学学士学位	本科
239	机械设计制造及其自动化专业 2016 级本科 03 班	201603030302	王志远	工学学士学位	本科

(续表)

序号	班级	学号	姓名	学位	层次
240	机械设计制造及其自动化专业2016级本科03班	201603030303	冷浩	工学学士学位	本科
241	机械设计制造及其自动化专业2016级本科03班	201603030304	郑晓晨	工学学士学位	本科
242	机械设计制造及其自动化专业2016级本科03班	201603030305	陈守祺	工学学士学位	本科
243	机械设计制造及其自动化专业2016级本科03班	201603030306	王田	工学学士学位	本科
244	机械设计制造及其自动化专业2016级本科03班	201603030307	孟令天	工学学士学位	本科
245	机械设计制造及其自动化专业2016级本科03班	201603030308	蒋宝强	工学学士学位	本科
246	机械设计制造及其自动化专业2016级本科03班	201603030309	于明志	工学学士学位	本科
247	机械设计制造及其自动化专业2016级本科03班	201603030310	杨帆	工学学士学位	本科
248	机械设计制造及其自动化专业2016级本科03班	201603030311	刘学三	工学学士学位	本科
249	机械设计制造及其自动化专业2016级本科03班	201603030312	栾学涛	工学学士学位	本科
250	机械设计制造及其自动化专业2016级本科03班	201603030313	杨红旭	工学学士学位	本科
251	机械设计制造及其自动化专业2016级本科03班	201603030314	孔建华	工学学士学位	本科
252	机械设计制造及其自动化专业2016级本科03班	201603030315	沈友祥	工学学士学位	本科
253	机械设计制造及其自动化专业2016级本科03班	201603030316	相杰	工学学士学位	本科
254	机械设计制造及其自动化专业2016级本科03班	201603030317	张智军	工学学士学位	本科
255	机械设计制造及其自动化专业2016级本科03班	201603030319	朱林	工学学士学位	本科
256	机械设计制造及其自动化专业2016级本科03班	201603030320	刘超	工学学士学位	本科
257	机械设计制造及其自动化专业2016级本科03班	201603030321	高飞	工学学士学位	本科
258	机械设计制造及其自动化专业2016级本科03班	201603030322	贺可涛	工学学士学位	本科
259	机械设计制造及其自动化专业2016级本科03班	201603030323	黄杰勋	工学学士学位	本科
260	机械设计制造及其自动化专业2016级本科03班	201603030324	徐柏发	工学学士学位	本科
261	机械设计制造及其自动化专业2016级本科03班	201603030325	徐庆震	工学学士学位	本科
262	机械设计制造及其自动化专业2016级本科03班	201603030326	刘蒙生	工学学士学位	本科
263	机械设计制造及其自动化专业2016级本科03班	201603030327	王从顺	工学学士学位	本科
264	机械设计制造及其自动化专业2016级本科03班	201603030328	张庆博	工学学士学位	本科
265	机械设计制造及其自动化专业2016级本科03班	201603030329	刘天文	工学学士学位	本科
266	机械设计制造及其自动化专业2016级本科03班	201603030330	汪武刚	工学学士学位	本科
267	机械设计制造及其自动化专业2016级本科03班	201603030331	吴铭	工学学士学位	本科

(续表)

序号	班级	学号	姓名	学位	层次
268	机械设计制造及其自动化专业2016级本科03班	201603030332	廖运森	工学学士学位	本科
269	机械设计制造及其自动化专业2016级本科03班	201603030334	齐福年	工学学士学位	本科
270	机械设计制造及其自动化专业2016级本科03班	201603030335	邓邵男	工学学士学位	本科
271	机械设计制造及其自动化专业2016级本科03班	201603030336	张成	工学学士学位	本科
272	机械设计制造及其自动化专业2016级本科03班	201603030337	王思懿	工学学士学位	本科
273	机械设计制造及其自动化专业2016级本科03班	201603030338	倪福生	工学学士学位	本科
274	机械设计制造及其自动化专业2016级本科03班	201603030339	刘振华	工学学士学位	本科
275	机械设计制造及其自动化专业2016级本科03班	201603030340	蒋春晨	工学学士学位	本科
276	机械设计制造及其自动化专业2016级本科03班	201603030341	孙浩铭	工学学士学位	本科
277	机械设计制造及其自动化专业2016级本科03班	201603030342	武伟琦	工学学士学位	本科
278	机械设计制造及其自动化专业2016级本科03班	201603030343	杜晓博	工学学士学位	本科
279	机械设计制造及其自动化专业2016级本科03班	201603030344	王文伟	工学学士学位	本科
280	机械设计制造及其自动化专业2016级本科03班	201603030345	杨欢	工学学士学位	本科
281	机械设计制造及其自动化专业2016级本科03班	201603030346	袁明建	工学学士学位	本科
282	机械设计制造及其自动化专业2016级本科03班	201620010115	任尊亮	工学学士学位	本科
283	机械设计制造及其自动化专业2018级本科02班	201803050201	毕文龙	工学学士学位	专升本
284	机械设计制造及其自动化专业2018级本科02班	201803050202	常智勇	工学学士学位	专升本
285	机械设计制造及其自动化专业2018级本科02班	201803050203	陈永广	工学学士学位	专升本
286	机械设计制造及其自动化专业2018级本科02班	201803050204	杜金源	工学学士学位	专升本
287	机械设计制造及其自动化专业2018级本科02班	201803050205	高志杰	工学学士学位	专升本
288	机械设计制造及其自动化专业2018级本科02班	201803050206	管群	工学学士学位	专升本
289	机械设计制造及其自动化专业2018级本科02班	201803050207	和德榜	工学学士学位	专升本
290	机械设计制造及其自动化专业2018级本科02班	201803050208	姜合群	工学学士学位	专升本
291	机械设计制造及其自动化专业2018级本科02班	201803050209	李臣臣	工学学士学位	专升本
292	机械设计制造及其自动化专业2018级本科02班	201803050210	李佳铭	工学学士学位	专升本
293	机械设计制造及其自动化专业2018级本科02班	201803050211	李如杨	工学学士学位	专升本
294	机械设计制造及其自动化专业2018级本科02班	201803050212	李志成	工学学士学位	专升本
295	机械设计制造及其自动化专业2018级本科02班	201803050213	刘海燕	工学学士学位	专升本

(续表)

序号	班级	学号	姓名	学位	层次
296	机械设计制造及其自动化专业2018级本科02班	201803050214	刘通	工学学士学位	专升本
297	机械设计制造及其自动化专业2018级本科02班	201803050215	刘长安	工学学士学位	专升本
298	机械设计制造及其自动化专业2018级本科02班	201803050216	卢希洁	工学学士学位	专升本
299	机械设计制造及其自动化专业2018级本科02班	201803050217	马硕	工学学士学位	专升本
300	机械设计制造及其自动化专业2018级本科02班	201803050218	马习凯	工学学士学位	专升本
301	机械设计制造及其自动化专业2018级本科02班	201803050219	孟飞	工学学士学位	专升本
302	机械设计制造及其自动化专业2018级本科02班	201803050220	朱新宇	工学学士学位	专升本
303	机械设计制造及其自动化专业2018级本科02班	201803050221	钱保治	工学学士学位	专升本
304	机械设计制造及其自动化专业2018级本科02班	201803050222	时雪飞	工学学士学位	专升本
305	机械设计制造及其自动化专业2018级本科02班	201803050223	宋英杰	工学学士学位	专升本
306	机械设计制造及其自动化专业2018级本科02班	201803050224	孙宏泰	工学学士学位	专升本
307	机械设计制造及其自动化专业2018级本科02班	201803050225	孙启林	工学学士学位	专升本
308	机械设计制造及其自动化专业2018级本科02班	201803050226	孙志伟	工学学士学位	专升本
309	机械设计制造及其自动化专业2018级本科02班	201803050227	王朝磊	工学学士学位	专升本
310	机械设计制造及其自动化专业2018级本科02班	201803050228	王硕	工学学士学位	专升本
311	机械设计制造及其自动化专业2018级本科02班	201803050229	王有龙	工学学士学位	专升本
312	机械设计制造及其自动化专业2018级本科02班	201803050230	王震	工学学士学位	专升本
313	机械设计制造及其自动化专业2018级本科02班	201803050231	谢杰	工学学士学位	专升本
314	机械设计制造及其自动化专业2018级本科02班	201803050232	徐姚	工学学士学位	专升本
315	机械设计制造及其自动化专业2018级本科02班	201803050233	杨文学	工学学士学位	专升本
316	机械设计制造及其自动化专业2018级本科02班	201803050234	展邦顺	工学学士学位	专升本
317	机械设计制造及其自动化专业2018级本科02班	201803050235	张秋月	工学学士学位	专升本
318	机械设计制造及其自动化专业2018级本科02班	201803050236	张硕	工学学士学位	专升本
319	机械设计制造及其自动化专业2018级本科02班	201803050237	张瑜	工学学士学位	专升本
320	机械设计制造及其自动化专业2018级本科02班	201803050238	张子翰	工学学士学位	专升本
321	机械设计制造及其自动化专业2018级本科02班	201803050239	赵晨浩	工学学士学位	专升本
322	机械设计制造及其自动化专业2018级本科02班	201803050240	周坚强	工学学士学位	专升本
323	机械设计制造及其自动化专业2018级本科03班	201803050301	曹方远	工学学士学位	专升本

(续表)

序号	班级	学号	姓名	学位	层次
324	机械设计制造及其自动化专业2018级本科03班	201803050302	陈晋	工学学士学位	专升本
325	机械设计制造及其自动化专业2018级本科03班	201803050303	池京银	工学学士学位	专升本
326	机械设计制造及其自动化专业2018级本科03班	201803050304	付开飞	工学学士学位	专升本
327	机械设计制造及其自动化专业2018级本科03班	201803050305	葛敏	工学学士学位	专升本
328	机械设计制造及其自动化专业2018级本科03班	201803050306	郭慧珍	工学学士学位	专升本
329	机械设计制造及其自动化专业2018级本科03班	201803050307	季一平	工学学士学位	专升本
330	机械设计制造及其自动化专业2018级本科03班	201803050308	孔祥利	工学学士学位	专升本
331	机械设计制造及其自动化专业2018级本科03班	201803050309	李昊	工学学士学位	专升本
332	机械设计制造及其自动化专业2018级本科03班	201803050310	李明烁	工学学士学位	专升本
333	机械设计制造及其自动化专业2018级本科03班	201803050311	李松原	工学学士学位	专升本
334	机械设计制造及其自动化专业2018级本科03班	201803050312	刘冬	工学学士学位	专升本
335	机械设计制造及其自动化专业2018级本科03班	201803050313	刘宁	工学学士学位	专升本
336	机械设计制造及其自动化专业2018级本科03班	201803050314	刘亚凡	工学学士学位	专升本
337	机械设计制造及其自动化专业2018级本科03班	201803050315	柳金康	工学学士学位	专升本
338	机械设计制造及其自动化专业2018级本科03班	201803050316	吕瑞	工学学士学位	专升本
339	机械设计制造及其自动化专业2018级本科03班	201803050317	马天龙	工学学士学位	专升本
340	机械设计制造及其自动化专业2018级本科03班	201803050318	马旭	工学学士学位	专升本
341	机械设计制造及其自动化专业2018级本科03班	201803050319	牛立翔	工学学士学位	专升本
342	机械设计制造及其自动化专业2018级本科03班	201803050320	齐娜	工学学士学位	专升本
343	机械设计制造及其自动化专业2018级本科03班	201803050321	曲雅静	工学学士学位	专升本
344	机械设计制造及其自动化专业2018级本科03班	201803050322	宋金秋	工学学士学位	专升本
345	机械设计制造及其自动化专业2018级本科03班	201803050323	孙博文	工学学士学位	专升本
346	机械设计制造及其自动化专业2018级本科03班	201803050324	孙鲁月	工学学士学位	专升本
347	机械设计制造及其自动化专业2018级本科03班	201803050325	孙燕楠	工学学士学位	专升本
348	机械设计制造及其自动化专业2018级本科03班	201803050326	孙中浩	工学学士学位	专升本
349	机械设计制造及其自动化专业2018级本科03班	201803050327	王晨雨	工学学士学位	专升本
350	机械设计制造及其自动化专业2018级本科03班	201803050328	王通	工学学士学位	专升本
351	机械设计制造及其自动化专业2018级本科03班	201803050329	王长利	工学学士学位	专升本

(续表)

序号	班级	学号	姓名	学位	层次
352	机械设计制造及其自动化专业 2018 级本科 03 班	201803050330	温将云	工学学士学位	专升本
353	机械设计制造及其自动化专业 2018 级本科 03 班	201803050331	宿世贵	工学学士学位	专升本
354	机械设计制造及其自动化专业 2018 级本科 03 班	201803050332	杨传明	工学学士学位	专升本
355	机械设计制造及其自动化专业 2018 级本科 03 班	201803050333	岳耀帅	工学学士学位	专升本
356	机械设计制造及其自动化专业 2018 级本科 03 班	201803050334	张磊	工学学士学位	专升本
357	机械设计制造及其自动化专业 2018 级本科 03 班	201803050335	张士军	工学学士学位	专升本
358	机械设计制造及其自动化专业 2018 级本科 03 班	201803050336	张宜锋	工学学士学位	专升本
359	机械设计制造及其自动化专业 2018 级本科 03 班	201803050337	张泽飞	工学学士学位	专升本
360	机械设计制造及其自动化专业 2018 级本科 03 班	201803050338	赵波	工学学士学位	专升本
361	机械设计制造及其自动化专业 2018 级本科 03 班	201803050339	赵欣悦	工学学士学位	专升本
362	机械设计制造及其自动化专业 2018 级本科 03 班	201803050340	周长鹏	工学学士学位	专升本
363	汽车服务工程专业 2016 级本科 01 班	201616100101	张光营	工学学士学位	高职本科
364	汽车服务工程专业 2016 级本科 01 班	201616100102	满文宏	工学学士学位	高职本科
365	汽车服务工程专业 2016 级本科 01 班	201616100103	洪皓	工学学士学位	高职本科
366	汽车服务工程专业 2016 级本科 01 班	201616100104	崔正凯	工学学士学位	高职本科
367	汽车服务工程专业 2016 级本科 01 班	201616100105	林文祥	工学学士学位	高职本科
368	汽车服务工程专业 2016 级本科 01 班	201616100106	谢逸峰	工学学士学位	高职本科
369	汽车服务工程专业 2016 级本科 01 班	201616100107	曲人民	工学学士学位	高职本科
370	汽车服务工程专业 2016 级本科 01 班	201616100108	刘晓伟		高职本科
371	汽车服务工程专业 2016 级本科 01 班	201616100109	闫丽娜	工学学士学位	高职本科
372	汽车服务工程专业 2016 级本科 01 班	201616100110	王刚	工学学士学位	高职本科
373	汽车服务工程专业 2016 级本科 01 班	201616100111	许钗人	工学学士学位	高职本科
374	汽车服务工程专业 2016 级本科 01 班	201616100112	郭旭	工学学士学位	高职本科
375	汽车服务工程专业 2016 级本科 01 班	201616100113	徐天哲	工学学士学位	高职本科
376	汽车服务工程专业 2016 级本科 01 班	201616100114	魏广庆	工学学士学位	高职本科
377	汽车服务工程专业 2016 级本科 01 班	201616100115	郑国彪	工学学士学位	高职本科
378	汽车服务工程专业 2016 级本科 01 班	201616100116	苏延硕	工学学士学位	高职本科
379	汽车服务工程专业 2016 级本科 01 班	201616100117	李辉	工学学士学位	高职本科

(续表)

序号	班级	学号	姓名	学位	层次
380	汽车服务工程专业 2016 级本科 01 班	201616100118	刘杨	工学学士学位	高职本科
381	汽车服务工程专业 2016 级本科 01 班	201616100119	耿亮	工学学士学位	高职本科
382	汽车服务工程专业 2016 级本科 01 班	201616100120	张书平	工学学士学位	高职本科
383	汽车服务工程专业 2016 级本科 01 班	201616100121	杨兆伟	工学学士学位	高职本科
384	汽车服务工程专业 2016 级本科 01 班	201616100122	张运智	工学学士学位	高职本科
385	汽车服务工程专业 2016 级本科 01 班	201616100123	朱雪瑞	工学学士学位	高职本科
386	汽车服务工程专业 2016 级本科 01 班	201616100124	高克桐	工学学士学位	高职本科
387	汽车服务工程专业 2016 级本科 01 班	201616100125	郝治中	工学学士学位	高职本科
388	汽车服务工程专业 2016 级本科 01 班	201616100126	蒋小虎	工学学士学位	高职本科
389	汽车服务工程专业 2016 级本科 01 班	201616100127	赵岩	工学学士学位	高职本科
390	汽车服务工程专业 2016 级本科 01 班	201616100128	单景宇	工学学士学位	高职本科
391	汽车服务工程专业 2016 级本科 01 班	201616100129	张文哲	工学学士学位	高职本科
392	汽车服务工程专业 2016 级本科 01 班	201616100130	盖倩宁	工学学士学位	高职本科
393	汽车服务工程专业 2016 级本科 01 班	201616100131	孙远参	工学学士学位	高职本科
394	汽车服务工程专业 2016 级本科 01 班	201616100132	袁雷雷	工学学士学位	高职本科
395	汽车服务工程专业 2016 级本科 01 班	201616100133	杨大洲	工学学士学位	高职本科
396	汽车服务工程专业 2016 级本科 01 班	201616100134	赵光锐	工学学士学位	高职本科
397	汽车服务工程专业 2016 级本科 01 班	201616100135	郜效东	工学学士学位	高职本科
398	汽车服务工程专业 2016 级本科 01 班	201616100136	李国帅	工学学士学位	高职本科
399	汽车服务工程专业 2016 级本科 01 班	201616100137	冯金豪	工学学士学位	高职本科
400	汽车服务工程专业 2016 级本科 01 班	201616100138	孙钰凯	工学学士学位	高职本科
401	汽车服务工程专业 2016 级本科 01 班	201616100139	肖怀德	工学学士学位	高职本科
402	汽车服务工程专业 2016 级本科 01 班	201616100140	王雨龙	工学学士学位	高职本科
403	汽车服务工程专业 2016 级本科 01 班	201616100141	褚鸿浩	工学学士学位	高职本科
404	汽车服务工程专业 2016 级本科 01 班	201616100142	孙钰雯	工学学士学位	高职本科
405	汽车服务工程专业 2016 级本科 01 班	201616100143	高浩原	工学学士学位	高职本科
406	机电一体化技术专业 2017 级专科 01 班	201503710119	上官一品		专科
407	机电一体化技术专业 2017 级专科 01 班	201703510101	常兴国		专科

(续表)

序号	班级	学号	姓名	学位	层次
408	机电一体化技术专业 2017 级专科 01 班	201703510102	陈文敬		专科
409	机电一体化技术专业 2017 级专科 01 班	201703510103	丁建鑫		专科
410	机电一体化技术专业 2017 级专科 01 班	201703510104	高以利		专科
411	机电一体化技术专业 2017 级专科 01 班	201703510105	郭浩冉		专科
412	机电一体化技术专业 2017 级专科 01 班	201703510106	黄子超		专科
413	机电一体化技术专业 2017 级专科 01 班	201703510107	李达		专科
414	机电一体化技术专业 2017 级专科 01 班	201703510108	李凯		专科
415	机电一体化技术专业 2017 级专科 01 班	201703510109	李晓东		专科
416	机电一体化技术专业 2017 级专科 01 班	201703510110	李子越		专科
417	机电一体化技术专业 2017 级专科 01 班	201703510111	廖鑫铉		专科
418	机电一体化技术专业 2017 级专科 01 班	201703510112	刘全志		专科
419	机电一体化技术专业 2017 级专科 01 班	201703510113	刘志鹏		专科
420	机电一体化技术专业 2017 级专科 01 班	201703510114	马广宙		专科
421	机电一体化技术专业 2017 级专科 01 班	201703510115	毛洪烨		专科
422	机电一体化技术专业 2017 级专科 01 班	201703510116	邱宗昌		专科
423	机电一体化技术专业 2017 级专科 01 班	201703510117	孙贤志		专科
424	机电一体化技术专业 2017 级专科 01 班	201703510119	王磊		专科
425	机电一体化技术专业 2017 级专科 01 班	201703510120	王明珠		专科
426	机电一体化技术专业 2017 级专科 01 班	201703510121	王占磊		专科
427	机电一体化技术专业 2017 级专科 01 班	201703510122	韦雨馨		专科
428	机电一体化技术专业 2017 级专科 01 班	201703510123	吴显忠		专科
429	机电一体化技术专业 2017 级专科 01 班	201703510124	徐加壮		专科
430	机电一体化技术专业 2017 级专科 01 班	201703510125	闫豫		专科
431	机电一体化技术专业 2017 级专科 01 班	201703510126	于连志		专科
432	机电一体化技术专业 2017 级专科 01 班	201703510128	赵鹏		专科
433	机电一体化技术专业 2017 级专科 01 班	201703510129	赵岩		专科
434	机电一体化技术专业 2017 级专科 01 班	201703510130	周业鹏		专科
435	机电一体化技术专业 2017 级专科 02 班	201703510201	陈腾		专科

(续表)

序号	班级	学号	姓名	学位	层次
436	机电一体化技术专业 2017 级专科 02 班	201703510202	程振赢		专科
437	机电一体化技术专业 2017 级专科 02 班	201703510203	高静静		专科
438	机电一体化技术专业 2017 级专科 02 班	201703510204	葛秀超		专科
439	机电一体化技术专业 2017 级专科 02 班	201703510205	郭梦宇		专科
440	机电一体化技术专业 2017 级专科 02 班	201703510207	李刚		专科
441	机电一体化技术专业 2017 级专科 02 班	201703510208	李宁波		专科
442	机电一体化技术专业 2017 级专科 02 班	201703510210	李宗发		专科
443	机电一体化技术专业 2017 级专科 02 班	201703510211	刘奔		专科
444	机电一体化技术专业 2017 级专科 02 班	201703510212	刘玉玺		专科
445	机电一体化技术专业 2017 级专科 02 班	201703510213	马范超		专科
446	机电一体化技术专业 2017 级专科 02 班	201703510214	马寅		专科
447	机电一体化技术专业 2017 级专科 02 班	201703510215	齐子健		专科
448	机电一体化技术专业 2017 级专科 02 班	201703510216	孙德鑫		专科
449	机电一体化技术专业 2017 级专科 02 班	201703510217	孙自龙		专科
450	机电一体化技术专业 2017 级专科 02 班	201703510218	王虎全		专科
451	机电一体化技术专业 2017 级专科 02 班	201703510219	王敏		专科
452	机电一体化技术专业 2017 级专科 02 班	201703510220	王体京		专科
453	机电一体化技术专业 2017 级专科 02 班	201703510221	王长好		专科
454	机电一体化技术专业 2017 级专科 02 班	201703510222	吴文学		专科
455	机电一体化技术专业 2017 级专科 02 班	201703510223	徐华伟		专科
456	机电一体化技术专业 2017 级专科 02 班	201703510224	徐明跃		专科
457	机电一体化技术专业 2017 级专科 02 班	201703510225	杨春光		专科
458	机电一体化技术专业 2017 级专科 02 班	201703510226	袁崇凯		专科
459	机电一体化技术专业 2017 级专科 02 班	201703510227	赵连恩		专科
460	机电一体化技术专业 2017 级专科 02 班	201703510228	赵圣亚		专科
461	机电一体化技术专业 2017 级专科 02 班	201703510229	郑春兴		专科
462	机电一体化技术专业 2017 级专科 02 班	201703510230	朱翠花		专科
463	机电一体化技术专业 2017 级专科 02 班	201703510231	王路		专科

(续表)

序号	班级	学号	姓名	学位	层次
464	机械制造与自动化专业 2017 级专科 01 班	201203750101	闫圳		专科
465	机械制造与自动化专业 2017 级专科 01 班	201703530101	蔡金涛		专科
466	机械制造与自动化专业 2017 级专科 01 班	201703530102	陈金鑫		专科
467	机械制造与自动化专业 2017 级专科 01 班	201703530103	陈志强		专科
468	机械制造与自动化专业 2017 级专科 01 班	201703530104	丁学征		专科
469	机械制造与自动化专业 2017 级专科 01 班	201703530105	段修方		专科
470	机械制造与自动化专业 2017 级专科 01 班	201703530106	高呈鑫		专科
471	机械制造与自动化专业 2017 级专科 01 班	201703530107	巩贵乐		专科
472	机械制造与自动化专业 2017 级专科 01 班	201703530108	郭方言		专科
473	机械制造与自动化专业 2017 级专科 01 班	201703530109	韩玉伟		专科
474	机械制造与自动化专业 2017 级专科 01 班	201703530110	侯宏瑞		专科
475	机械制造与自动化专业 2017 级专科 01 班	201703530111	黄允龙		专科
476	机械制造与自动化专业 2017 级专科 01 班	201703530112	姜良国		专科
477	机械制造与自动化专业 2017 级专科 01 班	201703530113	姜裕昕		专科
478	机械制造与自动化专业 2017 级专科 01 班	201703530114	景文捷		专科
479	机械制造与自动化专业 2017 级专科 01 班	201703530115	李华金		专科
480	机械制造与自动化专业 2017 级专科 01 班	201703530116	李建辉		专科
481	机械制造与自动化专业 2017 级专科 01 班	201703530117	李润涛		专科
482	机械制造与自动化专业 2017 级专科 01 班	201703530118	李钰晗		专科
483	机械制造与自动化专业 2017 级专科 01 班	201703530119	李志远		专科
484	机械制造与自动化专业 2017 级专科 01 班	201703530120	刘波涛		专科
485	机械制造与自动化专业 2017 级专科 01 班	201703530121	刘德昌		专科
486	机械制造与自动化专业 2017 级专科 01 班	201703530123	刘欣悦		专科
487	机械制造与自动化专业 2017 级专科 01 班	201703530124	马晓静		专科
488	机械制造与自动化专业 2017 级专科 01 班	201703530125	孟浩		专科
489	机械制造与自动化专业 2017 级专科 01 班	201703530126	任宝成		专科
490	机械制造与自动化专业 2017 级专科 01 班	201703530127	司浩琦		专科
491	机械制造与自动化专业 2017 级专科 01 班	201703530128	孙乐翔		专科

(续表)

序号	班级	学号	姓名	学位	层次
492	机械制造与自动化专业2017级专科01班	201703530129	孙运旭		专科
493	机械制造与自动化专业2017级专科01班	201703530130	田昌明		专科
494	机械制造与自动化专业2017级专科01班	201703530133	王清侨		专科
495	机械制造与自动化专业2017级专科01班	201703530134	王森		专科
496	机械制造与自动化专业2017级专科01班	201703530135	王鑫瑞		专科
497	机械制造与自动化专业2017级专科01班	201703530136	王植蔚		专科
498	机械制造与自动化专业2017级专科01班	201703530137	相子行		专科
499	机械制造与自动化专业2017级专科01班	201703530138	徐志伟		专科
500	机械制造与自动化专业2017级专科01班	201703530139	闫俊达		专科
501	机械制造与自动化专业2017级专科01班	201703530140	于杰		专科
502	机械制造与自动化专业2017级专科01班	201703530141	臧传哲		专科
503	机械制造与自动化专业2017级专科01班	201703530142	张端金		专科
504	机械制造与自动化专业2017级专科01班	201703530143	张凯航		专科
505	机械制造与自动化专业2017级专科01班	201703530144	张轲		专科
506	机械制造与自动化专业2017级专科01班	201703530145	张庆宏		专科
507	机械制造与自动化专业2017级专科01班	201703530147	张旭		专科
508	机械制造与自动化专业2017级专科01班	201703530148	张志浩		专科
509	机械制造与自动化专业2017级专科01班	201703530149	赵传宝		专科
510	机械制造与自动化专业2017级专科01班	201703530150	郑作省		专科
511	机械制造与自动化专业2017级专科01班	201703530151	朱杨杨		专科
512	机械制造与自动化专业2017级专科01班	201708630105	郭石磊		专科
513	机械制造与自动化专业2017级专科02班	201703530201	陈保童		专科
514	机械制造与自动化专业2017级专科02班	201703530202	陈梦祥		专科
515	机械制造与自动化专业2017级专科02班	201703530203	崔宗坤		专科
516	机械制造与自动化专业2017级专科02班	201703530204	董桂坤		专科
517	机械制造与自动化专业2017级专科02班	201703530205	范恩召		专科
518	机械制造与自动化专业2017级专科02班	201703530206	耿志豪		专科
519	机械制造与自动化专业2017级专科02班	201703530207	管国昌		专科

(续表)

序号	班级	学号	姓名	学位	层次
520	机械制造与自动化专业2017级专科02班	201703530208	韩沐辰		专科
521	机械制造与自动化专业2017级专科02班	201703530209	郝义涛		专科
522	机械制造与自动化专业2017级专科02班	201703530210	侯顺继		专科
523	机械制造与自动化专业2017级专科02班	201703530212	姜万利		专科
524	机械制造与自动化专业2017级专科02班	201703530213	解浩东		专科
525	机械制造与自动化专业2017级专科02班	201703530214	李春廷		专科
526	机械制造与自动化专业2017级专科02班	201703530215	李华正		专科
527	机械制造与自动化专业2017级专科02班	201703530216	李全赢		专科
528	机械制造与自动化专业2017级专科02班	201703530217	李鑫		专科
529	机械制造与自动化专业2017级专科02班	201703530218	李志勇		专科
530	机械制造与自动化专业2017级专科02班	201703530219	梁博		专科
531	机械制造与自动化专业2017级专科02班	201703530220	刘成亮		专科
532	机械制造与自动化专业2017级专科02班	201703530221	刘瀚林		专科
533	机械制造与自动化专业2017级专科02班	201703530222	刘绍兴		专科
534	机械制造与自动化专业2017级专科02班	201703530223	吕福磊		专科
535	机械制造与自动化专业2017级专科02班	201703530224	马欣		专科
536	机械制造与自动化专业2017级专科02班	201703530225	任安闯		专科
537	机械制造与自动化专业2017级专科02班	201703530226	史继涛		专科
538	机械制造与自动化专业2017级专科02班	201703530227	宋佳宝		专科
539	机械制造与自动化专业2017级专科02班	201703530228	孙烁鑫		专科
540	机械制造与自动化专业2017级专科02班	201703530229	谭延泽		专科
541	机械制造与自动化专业2017级专科02班	201703530230	田晓飞		专科
542	机械制造与自动化专业2017级专科02班	201703530231	王国明		专科
543	机械制造与自动化专业2017级专科02班	201703530232	王剑		专科
544	机械制造与自动化专业2017级专科02班	201703530233	王秋虎		专科
545	机械制造与自动化专业2017级专科02班	201703530234	王世新		专科
546	机械制造与自动化专业2017级专科02班	201703530235	王亚琪		专科
547	机械制造与自动化专业2017级专科02班	201703530236	王忠祥		专科

(续表)

序号	班级	学号	姓名	学位	层次
548	机械制造与自动化专业2017级专科02班	201703530237	谢开山		专科
549	机械制造与自动化专业2017级专科02班	201703530238	徐志旭		专科
550	机械制造与自动化专业2017级专科02班	201703530239	尹钦增		专科
551	机械制造与自动化专业2017级专科02班	201703530240	于忠涛		专科
552	机械制造与自动化专业2017级专科02班	201703530241	翟鑫宇		专科
553	机械制造与自动化专业2017级专科02班	201703530243	张美玲		专科
554	机械制造与自动化专业2017级专科02班	201703530244	张培亮		专科
555	机械制造与自动化专业2017级专科02班	201703530245	张绍伟		专科
556	机械制造与自动化专业2017级专科02班	201703530246	张亚亭		专科
557	机械制造与自动化专业2017级专科02班	201703530247	张泽民		专科
558	机械制造与自动化专业2017级专科02班	201703530248	张子为		专科
559	机械制造与自动化专业2017级专科02班	201703530249	郑金坤		专科
560	机械制造与自动化专业2017级专科02班	201703530250	周文豪		专科
561	汽车运用与维修技术专业2017级专科01班	201616900120	张英		专科
562	汽车运用与维修技术专业2017级专科01班	201716900101	毕宗奇		专科
563	汽车运用与维修技术专业2017级专科01班	201716900102	蔡家伟		专科
564	汽车运用与维修技术专业2017级专科01班	201716900103	曾曦		专科
565	汽车运用与维修技术专业2017级专科01班	201716900104	陈晓		专科
566	汽车运用与维修技术专业2017级专科01班	201716900105	迟涵		专科
567	汽车运用与维修技术专业2017级专科01班	201716900106	丁吉帅		专科
568	汽车运用与维修技术专业2017级专科01班	201716900109	邰嘉琦		专科
569	汽车运用与维修技术专业2017级专科01班	201716900110	李光辉		专科
570	汽车运用与维修技术专业2017级专科01班	201716900111	李鸾涛		专科
571	汽车运用与维修技术专业2017级专科01班	201716900112	李宗辉		专科
572	汽车运用与维修技术专业2017级专科01班	201716900113	林帅		专科
573	汽车运用与维修技术专业2017级专科01班	201716900114	刘本岩		专科
574	汽车运用与维修技术专业2017级专科01班	201716900116	刘楠		专科
575	汽车运用与维修技术专业2017级专科01班	201716900117	刘涛		专科

(续表)

序号	班级	学号	姓名	学位	层次
576	汽车运用与维修技术专业 2017 级专科 01 班	201716900118	逯广撑		专科
577	汽车运用与维修技术专业 2017 级专科 01 班	201716900119	逯文龙		专科
578	汽车运用与维修技术专业 2017 级专科 01 班	201716900120	路佳霖		专科
579	汽车运用与维修技术专业 2017 级专科 01 班	201716900121	马鸿鑫		专科
580	汽车运用与维修技术专业 2017 级专科 01 班	201716900124	宋维儒		专科
581	汽车运用与维修技术专业 2017 级专科 01 班	201716900125	宋维爽		专科
582	汽车运用与维修技术专业 2017 级专科 01 班	201716900126	孙宏凯		专科
583	汽车运用与维修技术专业 2017 级专科 01 班	201716900127	孙晓君		专科
584	汽车运用与维修技术专业 2017 级专科 01 班	201716900129	王朝阳		专科
585	汽车运用与维修技术专业 2017 级专科 01 班	201716900130	王楚		专科
586	汽车运用与维修技术专业 2017 级专科 01 班	201716900131	王维领		专科
587	汽车运用与维修技术专业 2017 级专科 01 班	201716900132	王宇		专科
588	汽车运用与维修技术专业 2017 级专科 01 班	201716900134	徐元天		专科
589	汽车运用与维修技术专业 2017 级专科 01 班	201716900135	徐月新		专科
590	汽车运用与维修技术专业 2017 级专科 01 班	201716900136	徐长春		专科
591	汽车运用与维修技术专业 2017 级专科 01 班	201716900138	闫瑞		专科
592	汽车运用与维修技术专业 2017 级专科 01 班	201716900140	周源生		专科
593	汽车运用与维修技术专业 2017 级专科 02 班	201519710223	王可		专科
594	汽车运用与维修技术专业 2017 级专科 02 班	201716910201	鲍广军		专科
595	汽车运用与维修技术专业 2017 级专科 02 班	201716910202	程松鹤		专科
596	汽车运用与维修技术专业 2017 级专科 02 班	201716910203	杜晨晨		专科
597	汽车运用与维修技术专业 2017 级专科 02 班	201716910205	付一焜		专科
598	汽车运用与维修技术专业 2017 级专科 02 班	201716910206	公鑫		专科
599	汽车运用与维修技术专业 2017 级专科 02 班	201716910207	韩嘉琪		专科
600	汽车运用与维修技术专业 2017 级专科 02 班	201716910208	贺元宇		专科
601	汽车运用与维修技术专业 2017 级专科 02 班	201716910210	寇建庆		专科
602	汽车运用与维修技术专业 2017 级专科 02 班	201716910213	李文琪		专科
603	汽车运用与维修技术专业 2017 级专科 02 班	201716910214	李现		专科

(续表)

序号	班级	学号	姓名	学位	层次
604	汽车运用与维修技术专业2017级专科02班	201716910215	李翔宇		专科
605	汽车运用与维修技术专业2017级专科02班	201716910216	李晓博		专科
606	汽车运用与维修技术专业2017级专科02班	201716910217	李雨		专科
607	汽车运用与维修技术专业2017级专科02班	201716910218	孟全		专科
608	汽车运用与维修技术专业2017级专科02班	201716910219	潘轲		专科
609	汽车运用与维修技术专业2017级专科02班	201716910220	任续强		专科
610	汽车运用与维修技术专业2017级专科02班	201716910221	孙号钦		专科
611	汽车运用与维修技术专业2017级专科02班	201716910223	王凤生		专科
612	汽车运用与维修技术专业2017级专科02班	201716910224	王浩		专科
613	汽车运用与维修技术专业2017级专科02班	201716910225	王迦南		专科
614	汽车运用与维修技术专业2017级专科02班	201716910227	王庆		专科
615	汽车运用与维修技术专业2017级专科02班	201716910228	王瑞阳		专科
616	汽车运用与维修技术专业2017级专科02班	201716910229	王文龙		专科
617	汽车运用与维修技术专业2017级专科02班	201716910230	卫广崇		专科
618	汽车运用与维修技术专业2017级专科02班	201716910231	吴佳		专科
619	汽车运用与维修技术专业2017级专科02班	201716910232	吴清迪		专科
620	汽车运用与维修技术专业2017级专科02班	201716910233	夏龙超		专科
621	汽车运用与维修技术专业2017级专科02班	201716910234	薛凯心		专科
622	汽车运用与维修技术专业2017级专科02班	201716910235	殷允响		专科
623	汽车运用与维修技术专业2017级专科02班	201716910236	禹文洋		专科
624	汽车运用与维修技术专业2017级专科02班	201716910237	张恒鑫		专科
625	汽车运用与维修技术专业2017级专科02班	201716910238	张欢		专科
626	汽车运用与维修技术专业2017级专科02班	201716910239	张金烁		专科
627	汽车运用与维修技术专业2017级专科02班	201716910240	张敬兴		专科
628	汽车运用与维修技术专业2017级专科02班	201716910243	张西旺		专科
629	汽车运用与维修技术专业2017级专科02班	201716910244	张栩嘉		专科
630	汽车运用与维修技术专业2017级专科02班	201716910245	张学健		专科
631	汽车运用与维修技术专业2017级专科02班	201716910248	赵建华		专科

(续表)

序号	班级	学号	姓名	学位	层次
632	汽车运用与维修技术专业 2017 级专科 02 班	201716910249	郑一		专科
633	汽车运用与维修技术专业 2017 级专科 02 班	201716910250	卓政良		专科
634	数控技术专业 2017 级专科 01 班	201703540101	陈泊霖		专科
635	数控技术专业 2017 级专科 01 班	201703540102	陈铃		专科
636	数控技术专业 2017 级专科 01 班	201703540103	程令昆		专科
637	数控技术专业 2017 级专科 01 班	201703540104	代铖		专科
638	数控技术专业 2017 级专科 01 班	201703540105	董瑜		专科
639	数控技术专业 2017 级专科 01 班	201703540106	窦浩鹏		专科
640	数控技术专业 2017 级专科 01 班	201703540107	高明昊		专科
641	数控技术专业 2017 级专科 01 班	201703540109	李昊隆		专科
642	数控技术专业 2017 级专科 01 班	201703540110	李怀富		专科
643	数控技术专业 2017 级专科 01 班	201703540111	李赛		专科
644	数控技术专业 2017 级专科 01 班	201703540112	刘铃文		专科
645	数控技术专业 2017 级专科 01 班	201703540113	刘双双		专科
646	数控技术专业 2017 级专科 01 班	201703540114	刘泽		专科
647	数控技术专业 2017 级专科 01 班	201703540115	孟飞		专科
648	数控技术专业 2017 级专科 01 班	201703540116	齐璐瑶		专科
649	数控技术专业 2017 级专科 01 班	201703540117	石萌萌		专科
650	数控技术专业 2017 级专科 01 班	201703540118	时圣磊		专科
651	数控技术专业 2017 级专科 01 班	201703540119	孙英杰		专科
652	数控技术专业 2017 级专科 01 班	201703540120	孙煜桦		专科
653	数控技术专业 2017 级专科 01 班	201703540121	王存斌		专科
654	数控技术专业 2017 级专科 01 班	201703540122	王大伟		专科
655	数控技术专业 2017 级专科 01 班	201703540123	王铎皓		专科
656	数控技术专业 2017 级专科 01 班	201703540124	王楠楠		专科
657	数控技术专业 2017 级专科 01 班	201703540125	王兴博		专科
658	数控技术专业 2017 级专科 01 班	201703540126	王亚晖		专科
659	数控技术专业 2017 级专科 01 班	201703540127	王钰键		专科

(续表)

序号	班级	学号	姓名	学位	层次
660	数控技术专业2017级专科01班	201703540128	王振汕		专科
661	数控技术专业2017级专科01班	201703540130	于子祥		专科
662	数控技术专业2017级专科01班	201703540131	袁玉禄		专科
663	数控技术专业2017级专科01班	201703540132	张成林		专科
664	数控技术专业2017级专科01班	201703540133	张宏武		专科
665	数控技术专业2017级专科01班	201703540134	张坤宇		专科
666	数控技术专业2017级专科01班	201703540135	张鹏		专科
667	数控技术专业2017级专科01班	201703540137	赵臣浩		专科
668	数控技术专业2017级专科01班	201703540138	赵鹤		专科
669	数控技术专业2017级专科01班	201703540139	朱洪鑫		专科
670	数控技术专业2017级专科01班	201703540140	祝芹壮		专科

材料科学与工程学院

序号	班级	学号	姓名	学位	层次
1	材料科学与工程专业2016级本科01班	201507200133	王斌正	工学学士学位	本科
2	材料科学与工程专业2016级本科01班	201607050102	于龙江	工学学士学位	本科
3	材料科学与工程专业2016级本科01班	201607050103	吕春丽	工学学士学位	本科
4	材料科学与工程专业2016级本科01班	201607050104	姜明远	工学学士学位	本科
5	材料科学与工程专业2016级本科01班	201607050105	吕永琪	工学学士学位	本科
6	材料科学与工程专业2016级本科01班	201607050106	宋晓彤	工学学士学位	本科
7	材料科学与工程专业2016级本科01班	201607050108	秦静静	工学学士学位	本科
8	材料科学与工程专业2016级本科01班	201607050109	王建秀	工学学士学位	本科
9	材料科学与工程专业2016级本科01班	201607050110	王东	工学学士学位	本科
10	材料科学与工程专业2016级本科01班	201607050111	高广豪	工学学士学位	本科
11	材料科学与工程专业2016级本科01班	201607050112	隋玉瑶	工学学士学位	本科
12	材料科学与工程专业2016级本科01班	201607050113	惠晓雨	工学学士学位	本科
13	材料科学与工程专业2016级本科01班	201607050114	解自奇	工学学士学位	本科
14	材料科学与工程专业2016级本科01班	201607050116	吕慧	工学学士学位	本科

(续表)

序号	班级	学号	姓名	学位	层次
15	材料科学与工程专业 2016 级本科 01 班	201607050117	袁美玉	工学学士学位	本科
16	材料科学与工程专业 2016 级本科 01 班	201607050118	胡永健	工学学士学位	本科
17	材料科学与工程专业 2016 级本科 01 班	201607050119	孙晓林	工学学士学位	本科
18	材料科学与工程专业 2016 级本科 01 班	201607050120	刘国军	工学学士学位	本科
19	材料科学与工程专业 2016 级本科 01 班	201607050121	赵凯	工学学士学位	本科
20	材料科学与工程专业 2016 级本科 01 班	201607050122	魏景傲	工学学士学位	本科
21	材料科学与工程专业 2016 级本科 01 班	201607050123	王子豪	工学学士学位	本科
22	材料科学与工程专业 2016 级本科 01 班	201607050127	徐昌源	工学学士学位	本科
23	材料科学与工程专业 2016 级本科 01 班	201607050129	刘颖	工学学士学位	本科
24	材料科学与工程专业 2016 级本科 01 班	201607050130	胡明珠	工学学士学位	本科
25	材料科学与工程专业 2016 级本科 01 班	201607050131	王慧慧	工学学士学位	本科
26	材料科学与工程专业 2016 级本科 01 班	201607050132	熊梦圆	工学学士学位	本科
27	材料科学与工程专业 2016 级本科 01 班	201607050133	施敏	工学学士学位	本科
28	材料科学与工程专业 2016 级本科 01 班	201607050134	李文旭	工学学士学位	本科
29	材料科学与工程专业 2016 级本科 02 班	201607050202	解梦菲	工学学士学位	本科
30	材料科学与工程专业 2016 级本科 02 班	201607050203	王延斌	工学学士学位	本科
31	材料科学与工程专业 2016 级本科 02 班	201607050204	沈振良	工学学士学位	本科
32	材料科学与工程专业 2016 级本科 02 班	201607050205	李保荣	工学学士学位	本科
33	材料科学与工程专业 2016 级本科 02 班	201607050206	刘颖	工学学士学位	本科
34	材料科学与工程专业 2016 级本科 02 班	201607050207	曹帅	工学学士学位	本科
35	材料科学与工程专业 2016 级本科 02 班	201607050208	刘青青	工学学士学位	本科
36	材料科学与工程专业 2016 级本科 02 班	201607050209	张国亮	工学学士学位	本科
37	材料科学与工程专业 2016 级本科 02 班	201607050210	刘天宇	工学学士学位	本科
38	材料科学与工程专业 2016 级本科 02 班	201607050211	黄传峰	工学学士学位	本科
39	材料科学与工程专业 2016 级本科 02 班	201607050212	原琳	工学学士学位	本科
40	材料科学与工程专业 2016 级本科 02 班	201607050213	胡庆英	工学学士学位	本科
41	材料科学与工程专业 2016 级本科 02 班	201607050214	宋奇奇	工学学士学位	本科
42	材料科学与工程专业 2016 级本科 02 班	201607050215	邵欣	工学学士学位	本科

(续表)

序号	班级	学号	姓名	学位	层次
43	材料科学与工程专业 2016 级本科 02 班	201607050216	沈军	工学学士学位	本科
44	材料科学与工程专业 2016 级本科 02 班	201607050217	韩慧	工学学士学位	本科
45	材料科学与工程专业 2016 级本科 02 班	201607050218	常彭飞	工学学士学位	本科
46	材料科学与工程专业 2016 级本科 02 班	201607050219	赵月	工学学士学位	本科
47	材料科学与工程专业 2016 级本科 02 班	201607050220	王衡	工学学士学位	本科
48	材料科学与工程专业 2016 级本科 02 班	201607050221	马升辉	工学学士学位	本科
49	材料科学与工程专业 2016 级本科 02 班	201607050222	丁宁宁	工学学士学位	本科
50	材料科学与工程专业 2016 级本科 02 班	201607050223	闫瑜	工学学士学位	本科
51	材料科学与工程专业 2016 级本科 02 班	201607050224	胡海健	工学学士学位	本科
52	材料科学与工程专业 2016 级本科 02 班	201607050225	王丹	工学学士学位	本科
53	材料科学与工程专业 2016 级本科 02 班	201607050226	文振东	工学学士学位	本科
54	材料科学与工程专业 2016 级本科 02 班	201607050228	刘美茹	工学学士学位	本科
55	材料科学与工程专业 2016 级本科 02 班	201607050229	杨康	工学学士学位	本科
56	材料科学与工程专业 2016 级本科 02 班	201607050230	黄文峻	工学学士学位	本科
57	材料科学与工程专业 2016 级本科 02 班	201607050231	王靖	工学学士学位	本科
58	材料科学与工程专业 2016 级本科 02 班	201607050232	帅银	工学学士学位	本科
59	材料科学与工程专业 2016 级本科 02 班	201607050233	祖红丽	工学学士学位	本科
60	材料科学与工程专业 2016 级本科 02 班	201607050234	丁红宇	工学学士学位	本科

自动化与电气工程学院

序号	班级	学号	姓名	学位	层次
1	电气工程及其自动化专业 2016 级本科 01 班	201409140109	宋姝倩	工学学士学位	本科
2	电气工程及其自动化专业 2016 级本科 01 班	201509140114	王康	工学学士学位	本科
3	电气工程及其自动化专业 2016 级本科 01 班	201509140420	隋宏亮	工学学士学位	本科
4	电气工程及其自动化专业 2016 级本科 01 班	201603010113	王慧颖	工学学士学位	本科
5	电气工程及其自动化专业 2016 级本科 01 班	201616030101	乔露	工学学士学位	本科
6	电气工程及其自动化专业 2016 级本科 01 班	201616030102	赵开元	工学学士学位	本科
7	电气工程及其自动化专业 2016 级本科 01 班	201616030103	汤瑞	工学学士学位	本科

(续表)

序号	班级	学号	姓名	学位	层次
8	电气工程及其自动化专业 2016 级本科 01 班	201616030104	王岩庆	工学学士学位	本科
9	电气工程及其自动化专业 2016 级本科 01 班	201616030105	张宇辉	工学学士学位	本科
10	电气工程及其自动化专业 2016 级本科 01 班	201616030106	亓文章	工学学士学位	本科
11	电气工程及其自动化专业 2016 级本科 01 班	201616030107	何少朴	工学学士学位	本科
12	电气工程及其自动化专业 2016 级本科 01 班	201616030108	秦承宇	工学学士学位	本科
13	电气工程及其自动化专业 2016 级本科 01 班	201616030109	李星辉	工学学士学位	本科
14	电气工程及其自动化专业 2016 级本科 01 班	201616030110	马牧乐	工学学士学位	本科
15	电气工程及其自动化专业 2016 级本科 01 班	201616030111	王星晨	工学学士学位	本科
16	电气工程及其自动化专业 2016 级本科 01 班	201616030112	韩建意	工学学士学位	本科
17	电气工程及其自动化专业 2016 级本科 01 班	201616030113	崔立锋	工学学士学位	本科
18	电气工程及其自动化专业 2016 级本科 01 班	201616030114	李翼成	工学学士学位	本科
19	电气工程及其自动化专业 2016 级本科 01 班	201616030115	张钟方	工学学士学位	本科
20	电气工程及其自动化专业 2016 级本科 01 班	201616030116	马瑞超	工学学士学位	本科
21	电气工程及其自动化专业 2016 级本科 01 班	201616030117	张建喜	工学学士学位	本科
22	电气工程及其自动化专业 2016 级本科 01 班	201616030118	郭旭	工学学士学位	本科
23	电气工程及其自动化专业 2016 级本科 01 班	201616030119	何耀翔	工学学士学位	本科
24	电气工程及其自动化专业 2016 级本科 01 班	201616030120	赵燊元	工学学士学位	本科
25	电气工程及其自动化专业 2016 级本科 01 班	201616030121	魏洪志	工学学士学位	本科
26	电气工程及其自动化专业 2016 级本科 01 班	201616030122	刘振华	工学学士学位	本科
27	电气工程及其自动化专业 2016 级本科 01 班	201616030123	李文东	工学学士学位	本科
28	电气工程及其自动化专业 2016 级本科 01 班	201616030124	李勇	工学学士学位	本科
29	电气工程及其自动化专业 2016 级本科 01 班	201616030125	肖孝敏	工学学士学位	本科
30	电气工程及其自动化专业 2016 级本科 01 班	201616030126	哈雁飞	工学学士学位	本科
31	电气工程及其自动化专业 2016 级本科 01 班	201616030127	王楠	工学学士学位	本科
32	电气工程及其自动化专业 2016 级本科 01 班	201616030128	施银楠	工学学士学位	本科
33	电气工程及其自动化专业 2016 级本科 01 班	201616030129	朴昌毅	工学学士学位	本科
34	电气工程及其自动化专业 2016 级本科 01 班	201616030130	王贵	工学学士学位	本科
35	电气工程及其自动化专业 2016 级本科 01 班	201616030131	潘强	工学学士学位	本科

(续表)

序号	班级	学号	姓名	学位	层次
36	电气工程及其自动化专业2016级本科01班	201616030132	杨航	工学学士学位	本科
37	电气工程及其自动化专业2016级本科01班	201616030133	魏铭	工学学士学位	本科
38	电气工程及其自动化专业2016级本科01班	201616030134	何一钒	工学学士学位	本科
39	电气工程及其自动化专业2016级本科01班	201616030135	李旭	工学学士学位	本科
40	电气工程及其自动化专业2016级本科01班	201616030136	艾克拜尔·艾斯卡尔	工学学士学位	本科
41	电气工程及其自动化专业2016级本科01班	201616030137	李卓颖	工学学士学位	本科
42	电气工程及其自动化专业2016级本科02班	201615020117	孙桂萍	工学学士学位	本科
43	电气工程及其自动化专业2016级本科02班	201616030201	潘悦	工学学士学位	本科
44	电气工程及其自动化专业2016级本科02班	201616030202	谢兆君	工学学士学位	本科
45	电气工程及其自动化专业2016级本科02班	201616030203	李超	工学学士学位	本科
46	电气工程及其自动化专业2016级本科02班	201616030204	刘东平	工学学士学位	本科
47	电气工程及其自动化专业2016级本科02班	201616030205	吕晓宇	工学学士学位	本科
48	电气工程及其自动化专业2016级本科02班	201616030206	王焱栋	工学学士学位	本科
49	电气工程及其自动化专业2016级本科02班	201616030207	纪昌杏	工学学士学位	本科
50	电气工程及其自动化专业2016级本科02班	201616030208	关利鹏	工学学士学位	本科
51	电气工程及其自动化专业2016级本科02班	201616030209	梁细恒	工学学士学位	本科
52	电气工程及其自动化专业2016级本科02班	201616030210	王智森	工学学士学位	本科
53	电气工程及其自动化专业2016级本科02班	201616030211	张祥珂	工学学士学位	本科
54	电气工程及其自动化专业2016级本科02班	201616030212	张风雨	工学学士学位	本科
55	电气工程及其自动化专业2016级本科02班	201616030213	楚梦杰	工学学士学位	本科
56	电气工程及其自动化专业2016级本科02班	201616030214	曹威	工学学士学位	本科
57	电气工程及其自动化专业2016级本科02班	201616030215	耿家龙	工学学士学位	本科
58	电气工程及其自动化专业2016级本科02班	201616030216	曹阳锋	工学学士学位	本科
59	电气工程及其自动化专业2016级本科02班	201616030217	张洪斌	工学学士学位	本科
60	电气工程及其自动化专业2016级本科02班	201616030218	赵志航	工学学士学位	本科
61	电气工程及其自动化专业2016级本科02班	201616030219	李国祥	工学学士学位	本科
62	电气工程及其自动化专业2016级本科02班	201616030220	李鲁超	工学学士学位	本科
63	电气工程及其自动化专业2016级本科02班	201616030221	王旭	工学学士学位	本科

(续表)

序号	班级	学号	姓名	学位	层次
64	电气工程及其自动化专业 2016 级本科 02 班	201616030222	吴立勇	工学学士学位	本科
65	电气工程及其自动化专业 2016 级本科 02 班	201616030223	马文瑞	工学学士学位	本科
66	电气工程及其自动化专业 2016 级本科 02 班	201616030224	刘铭杰	工学学士学位	本科
67	电气工程及其自动化专业 2016 级本科 02 班	201616030226	李越	工学学士学位	本科
68	电气工程及其自动化专业 2016 级本科 02 班	201616030228	陈田辉	工学学士学位	本科
69	电气工程及其自动化专业 2016 级本科 02 班	201616030229	李宗顺	工学学士学位	本科
70	电气工程及其自动化专业 2016 级本科 02 班	201616030230	梁兆旭	工学学士学位	本科
71	电气工程及其自动化专业 2016 级本科 02 班	201616030231	杨俊杰	工学学士学位	本科
72	电气工程及其自动化专业 2016 级本科 02 班	201616030232	刘钧	工学学士学位	本科
73	电气工程及其自动化专业 2016 级本科 02 班	201616030233	王薇	工学学士学位	本科
74	电气工程及其自动化专业 2016 级本科 02 班	201616030234	邹锡林	工学学士学位	本科
75	电气工程及其自动化专业 2016 级本科 02 班	201616030235	王梦昊	工学学士学位	本科
76	电气工程及其自动化专业 2016 级本科 02 班	201616030236	周润发	工学学士学位	本科
77	电气工程及其自动化专业 2016 级本科 02 班	201616030237	刘柳	工学学士学位	本科
78	电气工程及其自动化专业 2016 级本科 03 班	201408010101	刘邦安	工学学士学位	本科
79	电气工程及其自动化专业 2016 级本科 03 班	201509140302	解芮	工学学士学位	本科
80	电气工程及其自动化专业 2016 级本科 03 班	201615020123	柏承君	工学学士学位	本科
81	电气工程及其自动化专业 2016 级本科 03 班	201616030301	孙丽君	工学学士学位	本科
82	电气工程及其自动化专业 2016 级本科 03 班	201616030302	许贞帅	工学学士学位	本科
83	电气工程及其自动化专业 2016 级本科 03 班	201616030303	付新宇	工学学士学位	本科
84	电气工程及其自动化专业 2016 级本科 03 班	201616030304	崔文豪	工学学士学位	本科
85	电气工程及其自动化专业 2016 级本科 03 班	201616030306	杨亚琪	工学学士学位	本科
86	电气工程及其自动化专业 2016 级本科 03 班	201616030307	唐仁哲	工学学士学位	本科
87	电气工程及其自动化专业 2016 级本科 03 班	201616030308	宋杰琛	工学学士学位	本科
88	电气工程及其自动化专业 2016 级本科 03 班	201616030310	王后伟	工学学士学位	本科
89	电气工程及其自动化专业 2016 级本科 03 班	201616030311	韩子豪	工学学士学位	本科
90	电气工程及其自动化专业 2016 级本科 03 班	201616030312	郝欢	工学学士学位	本科
91	电气工程及其自动化专业 2016 级本科 03 班	201616030313	黄洛阳	工学学士学位	本科

(续表)

序号	班级	学号	姓名	学位	层次
92	电气工程及其自动化专业2016级本科03班	201616030314	徐杰	工学学士学位	本科
93	电气工程及其自动化专业2016级本科03班	201616030315	冉德凯	工学学士学位	本科
94	电气工程及其自动化专业2016级本科03班	201616030316	马兰港	工学学士学位	本科
95	电气工程及其自动化专业2016级本科03班	201616030317	刘振祖	工学学士学位	本科
96	电气工程及其自动化专业2016级本科03班	201616030318	沈奎园	工学学士学位	本科
97	电气工程及其自动化专业2016级本科03班	201616030319	刘玉炜	工学学士学位	本科
98	电气工程及其自动化专业2016级本科03班	201616030320	王胜强	工学学士学位	本科
99	电气工程及其自动化专业2016级本科03班	201616030321	魏玉淑	工学学士学位	本科
100	电气工程及其自动化专业2016级本科03班	201616030322	刘学	工学学士学位	本科
101	电气工程及其自动化专业2016级本科03班	201616030323	陈振轲	工学学士学位	本科
102	电气工程及其自动化专业2016级本科03班	201616030324	赵英伟	工学学士学位	本科
103	电气工程及其自动化专业2016级本科03班	201616030325	张宗坤	工学学士学位	本科
104	电气工程及其自动化专业2016级本科03班	201616030326	王欣萌	工学学士学位	本科
105	电气工程及其自动化专业2016级本科03班	201616030327	陈益如	工学学士学位	本科
106	电气工程及其自动化专业2016级本科03班	201616030328	张帅	工学学士学位	本科
107	电气工程及其自动化专业2016级本科03班	201616030329	邓帅	工学学士学位	本科
108	电气工程及其自动化专业2016级本科03班	201616030330	许云淞	工学学士学位	本科
109	电气工程及其自动化专业2016级本科03班	201616030331	孙鹏涛	工学学士学位	本科
110	电气工程及其自动化专业2016级本科03班	201616030332	苑译木	工学学士学位	本科
111	电气工程及其自动化专业2016级本科03班	201616030334	马昌	工学学士学位	本科
112	电气工程及其自动化专业2016级本科03班	201616030335	杨祖沐	工学学士学位	本科
113	电气工程及其自动化专业2016级本科03班	201616030337	张锦辉	工学学士学位	本科
114	电气工程及其自动化专业2016级本科03班	201616030338	金康伟	工学学士学位	本科
115	电气工程及其自动化专业2016级本科03班	201620010228	张铭珂	工学学士学位	本科
116	电气工程及其自动化专业2016级本科04班	201616030401	徐玉洁	工学学士学位	本科
117	电气工程及其自动化专业2016级本科04班	201616030402	祝长进	工学学士学位	本科
118	电气工程及其自动化专业2016级本科04班	201616030403	高硕	工学学士学位	本科
119	电气工程及其自动化专业2016级本科04班	201616030404	朱琳	工学学士学位	本科

(续表)

序号	班级	学号	姓名	学位	层次
120	电气工程及其自动化专业2016级本科04班	201616030405	贺聪	工学学士学位	本科
121	电气工程及其自动化专业2016级本科04班	201616030406	王安凯	工学学士学位	本科
122	电气工程及其自动化专业2016级本科04班	201616030407	谭晓峰	工学学士学位	本科
123	电气工程及其自动化专业2016级本科04班	201616030408	吴坤	工学学士学位	本科
124	电气工程及其自动化专业2016级本科04班	201616030409	董海威	工学学士学位	本科
125	电气工程及其自动化专业2016级本科04班	201616030410	曹杰	工学学士学位	本科
126	电气工程及其自动化专业2016级本科04班	201616030411	杨凤林	工学学士学位	本科
127	电气工程及其自动化专业2016级本科04班	201616030412	赵效柏	工学学士学位	本科
128	电气工程及其自动化专业2016级本科04班	201616030413	郭静文	工学学士学位	本科
129	电气工程及其自动化专业2016级本科04班	201616030414	房祥达	工学学士学位	本科
130	电气工程及其自动化专业2016级本科04班	201616030415	李昭祺	工学学士学位	本科
131	电气工程及其自动化专业2016级本科04班	201616030416	苏慧芳	工学学士学位	本科
132	电气工程及其自动化专业2016级本科04班	201616030417	徐飞宇	工学学士学位	本科
133	电气工程及其自动化专业2016级本科04班	201616030418	杨希国	工学学士学位	本科
134	电气工程及其自动化专业2016级本科04班	201616030419	黄鹏	工学学士学位	本科
135	电气工程及其自动化专业2016级本科04班	201616030420	郑蕾	工学学士学位	本科
136	电气工程及其自动化专业2016级本科04班	201616030421	韩云晓	工学学士学位	本科
137	电气工程及其自动化专业2016级本科04班	201616030422	陈永立	工学学士学位	本科
138	电气工程及其自动化专业2016级本科04班	201616030423	马腾	工学学士学位	本科
139	电气工程及其自动化专业2016级本科04班	201616030424	艾朋伟	工学学士学位	本科
140	电气工程及其自动化专业2016级本科04班	201616030425	陈乃巍	工学学士学位	本科
141	电气工程及其自动化专业2016级本科04班	201616030426	刘月呈	工学学士学位	本科
142	电气工程及其自动化专业2016级本科04班	201616030427	况在滔	工学学士学位	本科
143	电气工程及其自动化专业2016级本科04班	201616030428	姜霖潼	工学学士学位	本科
144	电气工程及其自动化专业2016级本科04班	201616030429	伍灿杰	工学学士学位	本科
145	电气工程及其自动化专业2016级本科04班	201616030430	黄禹霆	工学学士学位	本科
146	电气工程及其自动化专业2016级本科04班	201616030431	蔡振超	工学学士学位	本科
147	电气工程及其自动化专业2016级本科04班	201616030432	李二洋	工学学士学位	本科

(续表)

序号	班级	学号	姓名	学位	层次
148	电气工程及其自动化专业2016级本科04班	201616030433	周磊	工学学士学位	本科
149	电气工程及其自动化专业2016级本科04班	201616030434	赵志明	工学学士学位	本科
150	电气工程及其自动化专业2016级本科04班	201616030435	覃光稳	工学学士学位	本科
151	电气工程及其自动化专业2016级本科04班	201616030436	孟猛	工学学士学位	本科
152	电气工程及其自动化专业2016级本科04班	201616030437	孙利	工学学士学位	本科
153	电气工程及其自动化专业2016级本科04班	201616030438	王望磊	工学学士学位	本科
154	电气工程及其自动化专业2016级本科04班	201616060138	张慧敏	工学学士学位	本科
155	电气工程及其自动化专业2016级本科04班	201616060139	郁雁清	工学学士学位	本科
156	轨道交通信号与控制专业2016级本科01班	201608080108	朱明	工学学士学位	本科
157	轨道交通信号与控制专业2016级本科01班	201616090101	侯玲悦	工学学士学位	本科
158	轨道交通信号与控制专业2016级本科01班	201616090102	于钧有	工学学士学位	本科
159	轨道交通信号与控制专业2016级本科01班	201616090103	赵斌	工学学士学位	本科
160	轨道交通信号与控制专业2016级本科01班	201616090104	杨行	工学学士学位	本科
161	轨道交通信号与控制专业2016级本科01班	201616090105	侯带宇	工学学士学位	本科
162	轨道交通信号与控制专业2016级本科01班	201616090106	张豪	工学学士学位	本科
163	轨道交通信号与控制专业2016级本科01班	201616090107	滕雪	工学学士学位	本科
164	轨道交通信号与控制专业2016级本科01班	201616090108	刘雨欣	工学学士学位	本科
165	轨道交通信号与控制专业2016级本科01班	201616090109	刘杰鑫	工学学士学位	本科
166	轨道交通信号与控制专业2016级本科01班	201616090110	尹永娟	工学学士学位	本科
167	轨道交通信号与控制专业2016级本科01班	201616090111	孙忠杰	工学学士学位	本科
168	轨道交通信号与控制专业2016级本科01班	201616090112	高瑞阳	工学学士学位	本科
169	轨道交通信号与控制专业2016级本科01班	201616090113	肖艳萍	工学学士学位	本科
170	轨道交通信号与控制专业2016级本科01班	201616090114	王倩	工学学士学位	本科
171	轨道交通信号与控制专业2016级本科01班	201616090115	程梦晓	工学学士学位	本科
172	轨道交通信号与控制专业2016级本科01班	201616090116	王璐瑶	工学学士学位	本科
173	轨道交通信号与控制专业2016级本科01班	201616090117	于慧姗	工学学士学位	本科
174	轨道交通信号与控制专业2016级本科01班	201616090118	王淼	工学学士学位	本科
175	轨道交通信号与控制专业2016级本科01班	201616090119	张菲	工学学士学位	本科

(续表)

(续表)

序号	班级	学号	姓名	学位	层次
176	轨道交通信号与控制专业 2016 级本科 01 班	201616090120	何绪洋	工学学士学位	本科
177	轨道交通信号与控制专业 2016 级本科 01 班	201616090121	朱芯萍	工学学士学位	本科
178	轨道交通信号与控制专业 2016 级本科 01 班	201616090122	鲁发宝	工学学士学位	本科
179	轨道交通信号与控制专业 2016 级本科 01 班	201616090123	严文秀	工学学士学位	本科
180	轨道交通信号与控制专业 2016 级本科 01 班	201616090124	宋晓艳	工学学士学位	本科
181	轨道交通信号与控制专业 2016 级本科 01 班	201616090125	田宝斌	工学学士学位	本科
182	轨道交通信号与控制专业 2016 级本科 01 班	201616090126	赵兰美	工学学士学位	本科
183	轨道交通信号与控制专业 2016 级本科 01 班	201616090127	张述杉	工学学士学位	本科
184	轨道交通信号与控制专业 2016 级本科 01 班	201616090128	林旭宁	工学学士学位	本科
185	轨道交通信号与控制专业 2016 级本科 01 班	201616090129	尹瀚	工学学士学位	本科
186	轨道交通信号与控制专业 2016 级本科 01 班	201616090130	宫冰	工学学士学位	本科
187	轨道交通信号与控制专业 2016 级本科 01 班	201616090131	沈士哲	工学学士学位	本科
188	轨道交通信号与控制专业 2016 级本科 01 班	201616090132	周成	工学学士学位	本科
189	轨道交通信号与控制专业 2016 级本科 01 班	201616090133	严东峰	工学学士学位	本科
190	轨道交通信号与控制专业 2016 级本科 01 班	201616090135	沈志文	工学学士学位	本科
191	轨道交通信号与控制专业 2016 级本科 01 班	201616090137	王岭	工学学士学位	本科
192	轨道交通信号与控制专业 2016 级本科 01 班	201616090138	王纪弢	工学学士学位	本科
193	轨道交通信号与控制专业 2016 级本科 01 班	201616090139	李坤鹏	工学学士学位	本科
194	轨道交通信号与控制专业 2016 级本科 01 班	201616090140	熊维	工学学士学位	本科
195	轨道交通信号与控制专业 2016 级本科 01 班	201616090142	曾文爱	工学学士学位	本科
196	轨道交通信号与控制专业 2016 级本科 01 班	201616090143	李智豪	工学学士学位	本科
197	轨道交通信号与控制专业 2016 级本科 01 班	201616090144	欧阳昱钊	工学学士学位	本科
198	轨道交通信号与控制专业 2016 级本科 01 班	201616090145	官考华	工学学士学位	本科
199	轨道交通信号与控制专业 2016 级本科 01 班	201616090146	杨梅花	工学学士学位	本科
200	轨道交通信号与控制专业 2016 级本科 01 班	201616090147	陆洋	工学学士学位	本科
201	轨道交通信号与控制专业 2016 级本科 01 班	201616090148	王懿	工学学士学位	本科
202	自动化专业 2016 级本科 01 班	201616060101	白磊	工学学士学位	本科
203	自动化专业 2016 级本科 01 班	201616060102	程飞	工学学士学位	本科

(续表)

序号	班级	学号	姓名	学位	层次
204	自动化专业2016级本科01班	201616060103	高勇	工学学士学位	本科
205	自动化专业2016级本科01班	201616060104	胡顺伟	工学学士学位	本科
206	自动化专业2016级本科01班	201616060105	张斌	工学学士学位	本科
207	自动化专业2016级本科01班	201616060106	惠国政	工学学士学位	本科
208	自动化专业2016级本科01班	201616060107	刘富豪	工学学士学位	本科
209	自动化专业2016级本科01班	201616060108	邵光浩	工学学士学位	本科
210	自动化专业2016级本科01班	201616060109	王翔润	工学学士学位	本科
211	自动化专业2016级本科01班	201616060110	孙培刚	工学学士学位	本科
212	自动化专业2016级本科01班	201616060111	刘晓凯	工学学士学位	本科
213	自动化专业2016级本科01班	201616060112	张旭	工学学士学位	本科
214	自动化专业2016级本科01班	201616060113	王若尧	工学学士学位	本科
215	自动化专业2016级本科01班	201616060114	霍志然	工学学士学位	本科
216	自动化专业2016级本科01班	201616060115	唐毅	工学学士学位	本科
217	自动化专业2016级本科01班	201616060116	王传豹	工学学士学位	本科
218	自动化专业2016级本科01班	201616060117	于世芹	工学学士学位	本科
219	自动化专业2016级本科01班	201616060118	赵昊然	工学学士学位	本科
220	自动化专业2016级本科01班	201616060119	程航	工学学士学位	本科
221	自动化专业2016级本科01班	201616060120	司维亮	工学学士学位	本科
222	自动化专业2016级本科01班	201616060121	林格羽	工学学士学位	本科
223	自动化专业2016级本科01班	201616060122	李晨晨	工学学士学位	本科
224	自动化专业2016级本科01班	201616060124	孙宏伟	工学学士学位	本科
225	自动化专业2016级本科01班	201616060125	杜坤鹏	工学学士学位	本科
226	自动化专业2016级本科01班	201616060126	陶九明	工学学士学位	本科
227	自动化专业2016级本科01班	201616060128	闫文豪	工学学士学位	本科
228	自动化专业2016级本科01班	201616060129	田龙	工学学士学位	本科
229	自动化专业2016级本科01班	201616060130	徐正军	工学学士学位	本科
230	自动化专业2016级本科01班	201616060131	史泽俊	工学学士学位	本科
231	自动化专业2016级本科01班	201616060132	刘江珊	工学学士学位	本科

(续表)

序号	班级	学号	姓名	学位	层次
232	自动化专业 2016 级本科 01 班	201616060133	杨萌萌	工学学士学位	本科
233	自动化专业 2016 级本科 01 班	201616060134	李超	工学学士学位	本科
234	自动化专业 2016 级本科 01 班	201616060135	王冠正	工学学士学位	本科
235	自动化专业 2016 级本科 01 班	201616060136	陈学智	工学学士学位	本科
236	自动化专业 2016 级本科 01 班	201616060137	郭乃天	工学学士学位	本科
237	自动化专业 2016 级本科 01 班	201616060140	田凯雪	工学学士学位	本科
238	自动化专业 2016 级本科 01 班	201616060141	刘燕	工学学士学位	本科
239	自动化专业 2016 级本科 01 班	201616060142	王川	工学学士学位	本科
240	自动化专业 2016 级本科 01 班	201616060143	赖琪	工学学士学位	本科
241	自动化专业 2016 级本科 01 班	201616060144	石佳	工学学士学位	本科
242	自动化专业 2016 级本科 02 班	201519110224	高智慧	工学学士学位	本科
243	自动化专业 2016 级本科 02 班	201616080201	李思敏	工学学士学位	本科
244	自动化专业 2016 级本科 02 班	201616080202	彭祥贞	工学学士学位	本科
245	自动化专业 2016 级本科 02 班	201616080203	刘晓飞	工学学士学位	本科
246	自动化专业 2016 级本科 02 班	201616080204	张志豪	工学学士学位	本科
247	自动化专业 2016 级本科 02 班	201616080205	张明秋	工学学士学位	本科
248	自动化专业 2016 级本科 02 班	201616080206	马超	工学学士学位	本科
249	自动化专业 2016 级本科 02 班	201616080207	李鹏瑞	工学学士学位	本科
250	自动化专业 2016 级本科 02 班	201616080208	崔金亭	工学学士学位	本科
251	自动化专业 2016 级本科 02 班	201616080209	荣维盛	工学学士学位	本科
252	自动化专业 2016 级本科 02 班	201616080210	陈云飞	工学学士学位	本科
253	自动化专业 2016 级本科 02 班	201616080211	吴岳	工学学士学位	本科
254	自动化专业 2016 级本科 02 班	201616080212	李洪文	工学学士学位	本科
255	自动化专业 2016 级本科 02 班	201616080213	郝凌云	工学学士学位	本科
256	自动化专业 2016 级本科 02 班	201616080214	韩昊天	工学学士学位	本科
257	自动化专业 2016 级本科 02 班	201616080215	彭源	工学学士学位	本科
258	自动化专业 2016 级本科 02 班	201616080216	焦福文	工学学士学位	本科
259	自动化专业 2016 级本科 02 班	201616080217	程大利	工学学士学位	本科

(续表)

序号	班级	学号	姓名	学位	层次
260	自动化专业2016级本科02班	201616080218	霍景日	工学学士学位	本科
261	自动化专业2016级本科02班	201616080219	秦庆源	工学学士学位	本科
262	自动化专业2016级本科02班	201616080220	徐帆	工学学士学位	本科
263	自动化专业2016级本科02班	201616080221	宫旭	工学学士学位	本科
264	自动化专业2016级本科02班	201616080222	渠颖	工学学士学位	本科
265	自动化专业2016级本科02班	201616080223	康加龙	工学学士学位	本科
266	自动化专业2016级本科02班	201616080224	冯晓彤	工学学士学位	本科
267	自动化专业2016级本科02班	201616080225	于相煊	工学学士学位	本科
268	自动化专业2016级本科02班	201616080226	谷海涛	工学学士学位	本科
269	自动化专业2016级本科02班	201616080227	魏亚飞	工学学士学位	本科
270	自动化专业2016级本科02班	201616080228	赵晓荷	工学学士学位	本科
271	自动化专业2016级本科02班	201616080229	李天男	工学学士学位	本科
272	自动化专业2016级本科02班	201616080230	陆谦	工学学士学位	本科
273	自动化专业2016级本科03班	201409150115	刘悦	工学学士学位	本科
274	自动化专业2016级本科03班	201616080301	刘效军	工学学士学位	本科
275	自动化专业2016级本科03班	201616080302	王东威	工学学士学位	本科
276	自动化专业2016级本科03班	201616080303	蔺锐	工学学士学位	本科
277	自动化专业2016级本科03班	201616080304	施凯皓	工学学士学位	本科
278	自动化专业2016级本科03班	201616080305	刘恩铮	工学学士学位	本科
279	自动化专业2016级本科03班	201616080306	袁泽	工学学士学位	本科
280	自动化专业2016级本科03班	201616080307	邓森	工学学士学位	本科
281	自动化专业2016级本科03班	201616080308	王依迪	工学学士学位	本科
282	自动化专业2016级本科03班	201616080309	曹玉增	工学学士学位	本科
283	自动化专业2016级本科03班	201616080310	鹿斌	工学学士学位	本科
284	自动化专业2016级本科03班	201616080311	杜佳奇	工学学士学位	本科
285	自动化专业2016级本科03班	201616080312	王晓燕	工学学士学位	本科
286	自动化专业2016级本科03班	201616080313	朱伊囡	工学学士学位	本科
287	自动化专业2016级本科03班	201616080314	胡兆宇	工学学士学位	本科

(续表)

序号	班级	学号	姓名	学位	层次
288	自动化专业 2016 级本科 03 班	201616080315	孙勇	工学学士学位	本科
289	自动化专业 2016 级本科 03 班	201616080316	马愉程	工学学士学位	本科
290	自动化专业 2016 级本科 03 班	201616080317	郭兆曦	工学学士学位	本科
291	自动化专业 2016 级本科 03 班	201616080318	陈锦鹏	工学学士学位	本科
292	自动化专业 2016 级本科 03 班	201616080319	路希成	工学学士学位	本科
293	自动化专业 2016 级本科 03 班	201616080320	高明成	工学学士学位	本科
294	自动化专业 2016 级本科 03 班	201616080321	潘宇	工学学士学位	本科
295	自动化专业 2016 级本科 03 班	201616080322	杜保法	工学学士学位	本科
296	自动化专业 2016 级本科 03 班	201616080323	王超	工学学士学位	本科
297	自动化专业 2016 级本科 03 班	201616080324	周惠	工学学士学位	本科
298	自动化专业 2016 级本科 03 班	201616080325	陈恩帅	工学学士学位	本科
299	自动化专业 2016 级本科 03 班	201616080326	王鹏成	工学学士学位	本科
300	自动化专业 2016 级本科 03 班	201616080327	石延泉	工学学士学位	本科
301	自动化专业 2016 级本科 03 班	201616080328	卞永鑫	工学学士学位	本科
302	自动化专业 2016 级本科 03 班	201616080329	肖爱成	工学学士学位	本科
303	自动化专业 2016 级本科 03 班	201616080330	石磊	工学学士学位	本科
304	电气工程及其自动化专业 2018 级本科 05 班	201816030501	刘鹏程	工学学士学位	专升本
305	电气工程及其自动化专业 2018 级本科 05 班	201816030502	王帅	工学学士学位	专升本
306	电气工程及其自动化专业 2018 级本科 05 班	201816030503	李学增	工学学士学位	专升本
307	电气工程及其自动化专业 2018 级本科 05 班	201816030504	赵厚群	工学学士学位	专升本
308	电气工程及其自动化专业 2018 级本科 05 班	201816030505	于学文	工学学士学位	专升本
309	电气工程及其自动化专业 2018 级本科 05 班	201816030506	王胜利	工学学士学位	专升本
310	电气工程及其自动化专业 2018 级本科 05 班	201816030507	柳松林	工学学士学位	专升本
311	电气工程及其自动化专业 2018 级本科 05 班	201816030508	刘晨曦	工学学士学位	专升本
312	电气工程及其自动化专业 2018 级本科 05 班	201816030509	张家辉	工学学士学位	专升本
313	电气工程及其自动化专业 2018 级本科 05 班	201816030510	袁野	工学学士学位	专升本
314	电气工程及其自动化专业 2018 级本科 05 班	201816030511	林衡	工学学士学位	专升本
315	电气工程及其自动化专业 2018 级本科 05 班	201816030512	李泽阳	工学学士学位	专升本

(续表)

序号	班级	学号	姓名	学位	层次
316	电气工程及其自动化专业 2018 级本科 05 班	201816030513	李阳	工学学士学位	专升本
317	电气工程及其自动化专业 2018 级本科 05 班	201816030514	宋浩	工学学士学位	专升本
318	电气工程及其自动化专业 2018 级本科 05 班	201816030515	张祥育	工学学士学位	专升本
319	电气工程及其自动化专业 2018 级本科 05 班	201816030516	刘新亚	工学学士学位	专升本
320	电气工程及其自动化专业 2018 级本科 05 班	201816030517	武晓鑫	工学学士学位	专升本
321	电气工程及其自动化专业 2018 级本科 05 班	201816030518	李沣峻	工学学士学位	专升本
322	电气工程及其自动化专业 2018 级本科 05 班	201816030519	李晓文	工学学士学位	专升本
323	电气工程及其自动化专业 2018 级本科 05 班	201816030520	张凯	工学学士学位	专升本
324	电气工程及其自动化专业 2018 级本科 05 班	201816030521	陈修龙	工学学士学位	专升本
325	电气工程及其自动化专业 2018 级本科 05 班	201816030522	张国昌	工学学士学位	专升本
326	电气工程及其自动化专业 2018 级本科 05 班	201816030523	孔杰	工学学士学位	专升本
327	电气工程及其自动化专业 2018 级本科 05 班	201816030524	叶大勇	工学学士学位	专升本
328	电气工程及其自动化专业 2018 级本科 05 班	201816030525	刘原青	工学学士学位	专升本
329	电气工程及其自动化专业 2018 级本科 05 班	201816030526	王克岩	工学学士学位	专升本
330	电气工程及其自动化专业 2018 级本科 05 班	201816030527	孙彦栋	工学学士学位	专升本
331	电气工程及其自动化专业 2018 级本科 05 班	201816030528	徐海洋	工学学士学位	专升本
332	电气工程及其自动化专业 2018 级本科 05 班	201816030529	王源	工学学士学位	专升本
333	电气工程及其自动化专业 2018 级本科 05 班	201816030530	王海伟	工学学士学位	专升本
334	电气工程及其自动化专业 2018 级本科 05 班	201816030531	任爽	工学学士学位	专升本
335	电气工程及其自动化专业 2018 级本科 05 班	201816030532	李文豪	工学学士学位	专升本
336	电气工程及其自动化专业 2018 级本科 05 班	201816030533	朱燕萍	工学学士学位	专升本
337	电气工程及其自动化专业 2018 级本科 05 班	201816030534	代丽	工学学士学位	专升本
338	电气工程及其自动化专业 2018 级本科 05 班	201816030535	吴琪	工学学士学位	专升本
339	电气工程及其自动化专业 2018 级本科 05 班	201816030536	杨翠玲	工学学士学位	专升本
340	电气工程及其自动化专业 2018 级本科 05 班	201816030537	高春晓	工学学士学位	专升本
341	电气工程及其自动化专业 2018 级本科 05 班	201816030538	严晓丽	工学学士学位	专升本
342	电气工程及其自动化专业 2018 级本科 05 班	201816030539	刘庆	工学学士学位	专升本
343	电气工程及其自动化专业 2018 级本科 05 班	201816030540	朱美媛	工学学士学位	专升本

(续表)

序号	班级	学号	姓名	学位	层次
344	电气工程及其自动化专业 2018 级本科 05 班	201816030541	段修臻	工学学士学位	专升本
345	电气工程及其自动化专业 2018 级本科 06 班	201816030601	张荣星	工学学士学位	专升本
346	电气工程及其自动化专业 2018 级本科 06 班	201816030602	黄聿连	工学学士学位	专升本
347	电气工程及其自动化专业 2018 级本科 06 班	201816030603	董创创	工学学士学位	专升本
348	电气工程及其自动化专业 2018 级本科 06 班	201816030604	张守冀	工学学士学位	专升本
349	电气工程及其自动化专业 2018 级本科 06 班	201816030605	米清凯	工学学士学位	专升本
350	电气工程及其自动化专业 2018 级本科 06 班	201816030606	孔令哲	工学学士学位	专升本
351	电气工程及其自动化专业 2018 级本科 06 班	201816030607	孙维彬	工学学士学位	专升本
352	电气工程及其自动化专业 2018 级本科 06 班	201816030608	聂培青	工学学士学位	专升本
353	电气工程及其自动化专业 2018 级本科 06 班	201816030609	曾庆学	工学学士学位	专升本
354	电气工程及其自动化专业 2018 级本科 06 班	201816030610	郭宗浩	工学学士学位	专升本
355	电气工程及其自动化专业 2018 级本科 06 班	201816030611	亓会斌	工学学士学位	专升本
356	电气工程及其自动化专业 2018 级本科 06 班	201816030612	孙传辉	工学学士学位	专升本
357	电气工程及其自动化专业 2018 级本科 06 班	201816030613	段家豪	工学学士学位	专升本
358	电气工程及其自动化专业 2018 级本科 06 班	201816030614	包永峰	工学学士学位	专升本
359	电气工程及其自动化专业 2018 级本科 06 班	201816030615	季相磊	工学学士学位	专升本
360	电气工程及其自动化专业 2018 级本科 06 班	201816030616	田洪阳	工学学士学位	专升本
361	电气工程及其自动化专业 2018 级本科 06 班	201816030617	龚海涛	工学学士学位	专升本
362	电气工程及其自动化专业 2018 级本科 06 班	201816030618	邵文文	工学学士学位	专升本
363	电气工程及其自动化专业 2018 级本科 06 班	201816030619	史伟超	工学学士学位	专升本
364	电气工程及其自动化专业 2018 级本科 06 班	201816030620	王均高	工学学士学位	专升本
365	电气工程及其自动化专业 2018 级本科 06 班	201816030621	孙丰田	工学学士学位	专升本
366	电气工程及其自动化专业 2018 级本科 06 班	201816030622	杨晨光	工学学士学位	专升本
367	电气工程及其自动化专业 2018 级本科 06 班	201816030623	李遥	工学学士学位	专升本
368	电气工程及其自动化专业 2018 级本科 06 班	201816030624	张路明	工学学士学位	专升本
369	电气工程及其自动化专业 2018 级本科 06 班	201816030625	王伟民	工学学士学位	专升本
370	电气工程及其自动化专业 2018 级本科 06 班	201816030626	魏深	工学学士学位	专升本
371	电气工程及其自动化专业 2018 级本科 06 班	201816030627	邱臣	工学学士学位	专升本

(续表)

序号	班级	学号	姓名	学位	层次
372	电气工程及其自动化专业 2018 级本科 06 班	201816030628	张冠通	工学学士学位	专升本
373	电气工程及其自动化专业 2018 级本科 06 班	201816030629	张瑞	工学学士学位	专升本
374	电气工程及其自动化专业 2018 级本科 06 班	201816030630	梁世昌	工学学士学位	专升本
375	电气工程及其自动化专业 2018 级本科 06 班	201816030631	王俊聪	工学学士学位	专升本
376	电气工程及其自动化专业 2018 级本科 06 班	201816030632	田雪松	工学学士学位	专升本
377	电气工程及其自动化专业 2018 级本科 06 班	201816030633	王圆圆	工学学士学位	专升本
378	电气工程及其自动化专业 2018 级本科 06 班	201816030634	韦建萍	工学学士学位	专升本
379	电气工程及其自动化专业 2018 级本科 06 班	201816030635	柳欣	工学学士学位	专升本
380	电气工程及其自动化专业 2018 级本科 06 班	201816030636	魏英华	工学学士学位	专升本
381	电气工程及其自动化专业 2018 级本科 06 班	201816030637	牛淑娟	工学学士学位	专升本
382	电气工程及其自动化专业 2018 级本科 06 班	201816030638	杨蔓	工学学士学位	专升本
383	电气工程及其自动化专业 2018 级本科 06 班	201816030639	孙鸢飞	工学学士学位	专升本
384	电气工程及其自动化专业 2018 级本科 06 班	201816030640	王红叶	工学学士学位	专升本
385	电气自动化技术专业 2017 级专科 01 班	201209740109	周媛媛		专科
386	电气自动化技术专业 2017 级专科 01 班	201209740126	郭士义		专科
387	电气自动化技术专业 2017 级专科 01 班	201716510101	柯晨旭		专科
388	电气自动化技术专业 2017 级专科 01 班	201716510102	路则峰		专科
389	电气自动化技术专业 2017 级专科 01 班	201716510103	尚金鑫		专科
390	电气自动化技术专业 2017 级专科 01 班	201716510104	王志强		专科
391	电气自动化技术专业 2017 级专科 01 班	201716510105	孙玉昊		专科
392	电气自动化技术专业 2017 级专科 01 班	201716510106	文韬		专科
393	电气自动化技术专业 2017 级专科 01 班	201716510107	韩江月		专科
394	电气自动化技术专业 2017 级专科 01 班	201716510108	王家澳		专科
395	电气自动化技术专业 2017 级专科 01 班	201716510109	潘岩峰		专科
396	电气自动化技术专业 2017 级专科 01 班	201716510110	王硕		专科
397	电气自动化技术专业 2017 级专科 01 班	201716510111	杨金善		专科
398	电气自动化技术专业 2017 级专科 01 班	201716510113	张洪杰		专科
399	电气自动化技术专业 2017 级专科 01 班	201716510115	韩铎		专科

(续表)

序号	班级	学号	姓名	学位	层次
400	电气自动化技术专业 2017 级专科 01 班	201716510116	冯忠山		专科
401	电气自动化技术专业 2017 级专科 01 班	201716510117	陈海文		专科
402	电气自动化技术专业 2017 级专科 01 班	201716510118	李瑭冉		专科
403	电气自动化技术专业 2017 级专科 01 班	201716510119	范胜杰		专科
404	电气自动化技术专业 2017 级专科 01 班	201716510120	郭浩东		专科
405	电气自动化技术专业 2017 级专科 01 班	201716510121	程萌		专科
406	电气自动化技术专业 2017 级专科 01 班	201716510122	史德杰		专科
407	电气自动化技术专业 2017 级专科 01 班	201716510123	李阳		专科
408	电气自动化技术专业 2017 级专科 01 班	201716510124	吕宏彬		专科
409	电气自动化技术专业 2017 级专科 01 班	201716510125	路壮		专科
410	电气自动化技术专业 2017 级专科 01 班	201716510127	呼明月		专科
411	电气自动化技术专业 2017 级专科 01 班	201716510128	王金楠		专科
412	电气自动化技术专业 2017 级专科 02 班	201716510201	王超		专科
413	电气自动化技术专业 2017 级专科 02 班	201716510202	刘庆金		专科
414	电气自动化技术专业 2017 级专科 02 班	201716510203	李国栋		专科
415	电气自动化技术专业 2017 级专科 02 班	201716510204	油甲琪		专科
416	电气自动化技术专业 2017 级专科 02 班	201716510205	高贺		专科
417	电气自动化技术专业 2017 级专科 02 班	201716510206	张鑫宇		专科
418	电气自动化技术专业 2017 级专科 02 班	201716510207	贾方宁		专科
419	电气自动化技术专业 2017 级专科 02 班	201716510208	李永欣		专科
420	电气自动化技术专业 2017 级专科 02 班	201716510209	杨鑫焱		专科
421	电气自动化技术专业 2017 级专科 02 班	201716510210	樊凯锐		专科
422	电气自动化技术专业 2017 级专科 02 班	201716510211	韩维泰		专科
423	电气自动化技术专业 2017 级专科 02 班	201716510213	刘统亮		专科
424	电气自动化技术专业 2017 级专科 02 班	201716510216	冯泽伟		专科
425	电气自动化技术专业 2017 级专科 02 班	201716510218	申文旭		专科
426	电气自动化技术专业 2017 级专科 02 班	201716510219	任开海		专科
427	电气自动化技术专业 2017 级专科 02 班	201716510220	蔡鹏杰		专科

(续表)

序号	班级	学号	姓名	学位	层次
428	电气自动化技术专业 2017 级专科 02 班	201716510221	郑鹏祥		专科
429	电气自动化技术专业 2017 级专科 02 班	201716510222	张盛阳		专科
430	电气自动化技术专业 2017 级专科 02 班	201716510223	刘玉强		专科
431	电气自动化技术专业 2017 级专科 02 班	201716510224	赵加宣		专科
432	电气自动化技术专业 2017 级专科 02 班	201716510225	于瑞业		专科
433	电气自动化技术专业 2017 级专科 02 班	201716510226	张良		专科
434	电气自动化技术专业 2017 级专科 02 班	201716510228	聂梦迪		专科
435	电气自动化技术专业 2017 级专科 03 班	201716510303	雷天罡		专科
436	电气自动化技术专业 2017 级专科 03 班	201716510304	胡子杰		专科
437	电气自动化技术专业 2017 级专科 03 班	201716510305	李英顺		专科
438	电气自动化技术专业 2017 级专科 03 班	201716510306	胡正旋		专科
439	电气自动化技术专业 2017 级专科 03 班	201716510307	葛星		专科
440	电气自动化技术专业 2017 级专科 03 班	201716510308	吴善坤		专科
441	电气自动化技术专业 2017 级专科 03 班	201716510309	孔令廉		专科
442	电气自动化技术专业 2017 级专科 03 班	201716510310	张国良		专科
443	电气自动化技术专业 2017 级专科 03 班	201716510311	任星宇		专科
444	电气自动化技术专业 2017 级专科 03 班	201716510312	王明耀		专科
445	电气自动化技术专业 2017 级专科 03 班	201716510313	邵明府		专科
446	电气自动化技术专业 2017 级专科 03 班	201716510314	高聪		专科
447	电气自动化技术专业 2017 级专科 03 班	201716510315	刘希巍		专科
448	电气自动化技术专业 2017 级专科 03 班	201716510316	王正康		专科
449	电气自动化技术专业 2017 级专科 03 班	201716510317	卞均鑫		专科
450	电气自动化技术专业 2017 级专科 03 班	201716510318	李振国		专科
451	电气自动化技术专业 2017 级专科 03 班	201716510319	陈甲恩		专科
452	电气自动化技术专业 2017 级专科 03 班	201716510320	闫新法		专科
453	电气自动化技术专业 2017 级专科 03 班	201716510321	刘心宇		专科
454	电气自动化技术专业 2017 级专科 03 班	201716510323	李欢		专科
455	电气自动化技术专业 2017 级专科 03 班	201716510325	张鹏		专科

(续表)

(续表)

序号	班级	学号	姓名	学位	层次
456	电气自动化技术专业2017级专科03班	201716510327	霍丽辉		专科
457	电气自动化技术专业2017级专科04班	201716510402	化帅文		专科
458	电气自动化技术专业2017级专科04班	201716510403	齐官正		专科
459	电气自动化技术专业2017级专科04班	201716510404	刘茂滨		专科
460	电气自动化技术专业2017级专科04班	201716510405	回培志		专科
461	电气自动化技术专业2017级专科04班	201716510407	李海辰		专科
462	电气自动化技术专业2017级专科04班	201716510408	刘振华		专科
463	电气自动化技术专业2017级专科04班	201716510409	李伟		专科
464	电气自动化技术专业2017级专科04班	201716510410	李强		专科
465	电气自动化技术专业2017级专科04班	201716510411	郑海翔		专科
466	电气自动化技术专业2017级专科04班	201716510412	刘磊磊		专科
467	电气自动化技术专业2017级专科04班	201716510413	许俊庭		专科
468	电气自动化技术专业2017级专科04班	201716510414	刘照振		专科
469	电气自动化技术专业2017级专科04班	201716510415	王龙祥		专科
470	电气自动化技术专业2017级专科04班	201716510416	赵巍		专科
471	电气自动化技术专业2017级专科04班	201716510417	王延喜		专科
472	电气自动化技术专业2017级专科04班	201716510418	陈伟进		专科
473	电气自动化技术专业2017级专科04班	201716510419	李全尧		专科
474	电气自动化技术专业2017级专科04班	201716510420	吴光运		专科
475	电气自动化技术专业2017级专科04班	201716510421	王润之		专科
476	电气自动化技术专业2017级专科04班	201716510422	姜一鸣		专科
477	电气自动化技术专业2017级专科04班	201716510423	刘庆义		专科
478	电气自动化技术专业2017级专科04班	201716510424	王乾新		专科
479	电气自动化技术专业2017级专科04班	201716510425	朱文康		专科
480	电气自动化技术专业2017级专科04班	201716510426	郇荣丽		专科
481	电气自动化技术专业2017级专科04班	201716510427	韩子月		专科

信息科学与工程学院

序号	班级	学号	姓名	学位	层次
1	计算机科学与技术专业2016级本科01班	201409010401	孙宁波		本科
2	计算机科学与技术专业2016级本科01班	201609060101	郑荣		本科
3	计算机科学与技术专业2016级本科01班	201609060102	杜新於	工学学士学位	本科
4	计算机科学与技术专业2016级本科01班	201609060103	陈伟鸿	工学学士学位	本科
5	计算机科学与技术专业2016级本科01班	201609060104	俞淇荣	工学学士学位	本科
6	计算机科学与技术专业2016级本科01班	201609060105	蔡如娴	工学学士学位	本科
7	计算机科学与技术专业2016级本科01班	201609060106	杨星	工学学士学位	本科
8	计算机科学与技术专业2016级本科01班	201609060107	吴东升		本科
9	计算机科学与技术专业2016级本科01班	201609060110	胡康乐	工学学士学位	本科
10	计算机科学与技术专业2016级本科01班	201609060111	尤孝儒	工学学士学位	本科
11	计算机科学与技术专业2016级本科01班	201609060112	彭佳瑞	工学学士学位	本科
12	计算机科学与技术专业2016级本科01班	201609060113	李欢	工学学士学位	本科
13	计算机科学与技术专业2016级本科01班	201609060114	雷浩	工学学士学位	本科
14	计算机科学与技术专业2016级本科01班	201609060115	庞帅	工学学士学位	本科
15	计算机科学与技术专业2016级本科01班	201609060116	任喆	工学学士学位	本科
16	计算机科学与技术专业2016级本科01班	201609060117	胡志勇	工学学士学位	本科
17	计算机科学与技术专业2016级本科01班	201609060118	詹季伦	工学学士学位	本科
18	计算机科学与技术专业2016级本科01班	201609060119	胡明姣	工学学士学位	本科
19	计算机科学与技术专业2016级本科01班	201609060120	于潇洁	工学学士学位	本科
20	计算机科学与技术专业2016级本科01班	201409060121	孙淑婉	工学学士学位	本科
21	计算机科学与技术专业2016级本科01班	201609060122	化政	工学学士学位	本科
22	计算机科学与技术专业2016级本科01班	201609060123	张立超	工学学士学位	本科
23	计算机科学与技术专业2016级本科01班	201609060124	赵清杰	工学学士学位	本科
24	计算机科学与技术专业2016级本科01班	201609060125	陶玉梅	工学学士学位	本科
25	计算机科学与技术专业2016级本科01班	201609060126	高涵	工学学士学位	本科
26	计算机科学与技术专业2016级本科01班	201609060127	董浩	工学学士学位	本科
27	计算机科学与技术专业2016级本科01班	201609060128	魏秀超	工学学士学位	本科

(续表)

序号	班级	学号	姓名	学位	层次
28	计算机科学与技术专业 2016 级本科 01 班	201609060129	李明浩	工学学士学位	本科
29	计算机科学与技术专业 2016 级本科 01 班	201609060130	周得翼	工学学士学位	本科
30	计算机科学与技术专业 2016 级本科 02 班	201409300301	赵钰	工学学士学位	本科
31	计算机科学与技术专业 2016 级本科 02 班	201609040201	吴军娜	工学学士学位	本科
32	计算机科学与技术专业 2016 级本科 02 班	201609040202	崔东路	工学学士学位	本科
33	计算机科学与技术专业 2016 级本科 02 班	201609040203	韩笑	工学学士学位	本科
34	计算机科学与技术专业 2016 级本科 02 班	201609040204	王德兵	工学学士学位	本科
35	计算机科学与技术专业 2016 级本科 02 班	201609040205	顾兴振	工学学士学位	本科
36	计算机科学与技术专业 2016 级本科 02 班	201609040206	郭思宏	工学学士学位	本科
37	计算机科学与技术专业 2016 级本科 02 班	201609040207	王琪	工学学士学位	本科
38	计算机科学与技术专业 2016 级本科 02 班	201609040208	郭延迪	工学学士学位	本科
39	计算机科学与技术专业 2016 级本科 02 班	201609040209	李浩	工学学士学位	本科
40	计算机科学与技术专业 2016 级本科 02 班	201609040210	尚昊	工学学士学位	本科
41	计算机科学与技术专业 2016 级本科 02 班	201609040211	张乐天	工学学士学位	本科
42	计算机科学与技术专业 2016 级本科 02 班	201609040212	王浩文	工学学士学位	本科
43	计算机科学与技术专业 2016 级本科 02 班	201609040213	刘司晨	工学学士学位	本科
44	计算机科学与技术专业 2016 级本科 02 班	201609040214	王雨婷	工学学士学位	本科
45	计算机科学与技术专业 2016 级本科 02 班	201609040215	郭玉娇	工学学士学位	本科
46	计算机科学与技术专业 2016 级本科 02 班	201609040216	王菲	工学学士学位	本科
47	计算机科学与技术专业 2016 级本科 02 班	201609040217	朱崇杰	工学学士学位	本科
48	计算机科学与技术专业 2016 级本科 02 班	201609040218	王洪运	工学学士学位	本科
49	计算机科学与技术专业 2016 级本科 02 班	201609040219	陈佃迎	工学学士学位	本科
50	计算机科学与技术专业 2016 级本科 02 班	201609040220	王梓甄	工学学士学位	本科
51	计算机科学与技术专业 2016 级本科 02 班	201609040221	杨勇	工学学士学位	本科
52	计算机科学与技术专业 2016 级本科 02 班	201609040222	李凯	工学学士学位	本科
53	计算机科学与技术专业 2016 级本科 02 班	201609040223	张浩然	工学学士学位	本科
54	计算机科学与技术专业 2016 级本科 02 班	201609040224	李凯悦	工学学士学位	本科
55	计算机科学与技术专业 2016 级本科 02 班	201609040225	丁雨晴	工学学士学位	本科

(续表)

序号	班级	学号	姓名	学位	层次
56	计算机科学与技术专业2016级本科02班	201609040226	秦鑫	工学学士学位	本科
57	计算机科学与技术专业2016级本科02班	201609040227	任贝贝	工学学士学位	本科
58	计算机科学与技术专业2016级本科02班	201609040228	李克	工学学士学位	本科
59	计算机科学与技术专业2016级本科02班	201609040229	武影	工学学士学位	本科
60	计算机科学与技术专业2016级本科02班	201609040230	王晨	工学学士学位	本科
61	计算机科学与技术专业2016级本科02班	201609040231	任维童	工学学士学位	本科
62	计算机科学与技术专业2016级本科02班	201609040232	严顺	工学学士学位	本科
63	计算机科学与技术专业2016级本科03班	201609040301	张新坤	工学学士学位	本科
64	计算机科学与技术专业2016级本科03班	201609040302	齐志豪	工学学士学位	本科
65	计算机科学与技术专业2016级本科03班	201609040303	伊浩鹏	工学学士学位	本科
66	计算机科学与技术专业2016级本科03班	201609040304	宋倩	工学学士学位	本科
67	计算机科学与技术专业2016级本科03班	201609040305	田鹏飞	工学学士学位	本科
68	计算机科学与技术专业2016级本科03班	201609040306	鲁明	工学学士学位	本科
69	计算机科学与技术专业2016级本科03班	201609040307	梁祺	工学学士学位	本科
70	计算机科学与技术专业2016级本科03班	201609040308	王峰	工学学士学位	本科
71	计算机科学与技术专业2016级本科03班	201609040309	苏加强	工学学士学位	本科
72	计算机科学与技术专业2016级本科03班	201609040310	潘晓	工学学士学位	本科
73	计算机科学与技术专业2016级本科03班	201609040311	田昊	工学学士学位	本科
74	计算机科学与技术专业2016级本科03班	201609040312	吕新成	工学学士学位	本科
75	计算机科学与技术专业2016级本科03班	201609040313	王振	工学学士学位	本科
76	计算机科学与技术专业2016级本科03班	201609040314	王奔	工学学士学位	本科
77	计算机科学与技术专业2016级本科03班	201609040315	赵菊	工学学士学位	本科
78	计算机科学与技术专业2016级本科03班	201609040316	曹译文	工学学士学位	本科
79	计算机科学与技术专业2016级本科03班	201609040317	李天昊	工学学士学位	本科
80	计算机科学与技术专业2016级本科03班	201609040318	杜广坤	工学学士学位	本科
81	计算机科学与技术专业2016级本科03班	201609040319	肖永乐	工学学士学位	本科
82	计算机科学与技术专业2016级本科03班	201609040320	王琪	工学学士学位	本科
83	计算机科学与技术专业2016级本科03班	201609040321	袁豪	工学学士学位	本科

(续表)

序号	班级	学号	姓名	学位	层次
84	计算机科学与技术专业 2016 级本科 03 班	201609040322	赵昶运	工学学士学位	本科
85	计算机科学与技术专业 2016 级本科 03 班	201609040323	刘浩	工学学士学位	本科
86	计算机科学与技术专业 2016 级本科 03 班	201609040324	杨帆	工学学士学位	本科
87	计算机科学与技术专业 2016 级本科 03 班	201609040325	王丹	工学学士学位	本科
88	计算机科学与技术专业 2016 级本科 03 班	201609040326	王庆涛	工学学士学位	本科
89	计算机科学与技术专业 2016 级本科 03 班	201609040327	李芳	工学学士学位	本科
90	计算机科学与技术专业 2016 级本科 03 班	201609040328	尹贻航	工学学士学位	本科
91	计算机科学与技术专业 2016 级本科 03 班	201609040329	宋培东	工学学士学位	本科
92	计算机科学与技术专业 2016 级本科 03 班	201609040330	张蓓蓓	工学学士学位	本科
93	计算机科学与技术专业 2016 级本科 03 班	201609040331	闫龙飞	工学学士学位	本科
94	计算机科学与技术专业 2016 级本科 03 班	201609040332	马广靓	工学学士学位	本科
95	软件工程专业 2016 级本科 01 班	201309270105	李续财	工学学士学位	本科
96	软件工程专业 2016 级本科 01 班	201409160113	颜钰莹	工学学士学位	本科
97	软件工程专业 2016 级本科 01 班	201609090101	王煜杨	工学学士学位	本科
98	软件工程专业 2016 级本科 01 班	201609090102	孟聪	工学学士学位	本科
99	软件工程专业 2016 级本科 01 班	201609090103	宋敏	工学学士学位	本科
100	软件工程专业 2016 级本科 01 班	201609090104	秦欣苑	工学学士学位	本科
101	软件工程专业 2016 级本科 01 班	201609090105	李婉晴	工学学士学位	本科
102	软件工程专业 2016 级本科 01 班	201609090106	谢艳杭	工学学士学位	本科
103	软件工程专业 2016 级本科 01 班	201609090107	孙晓迪	工学学士学位	本科
104	软件工程专业 2016 级本科 01 班	201609090108	刘涛	工学学士学位	本科
105	软件工程专业 2016 级本科 01 班	201609090109	管宝伟	工学学士学位	本科
106	软件工程专业 2016 级本科 01 班	201609090110	闫涛	工学学士学位	本科
107	软件工程专业 2016 级本科 01 班	201609090111	高德学	工学学士学位	本科
108	软件工程专业 2016 级本科 01 班	201609090112	孙艺轩	工学学士学位	本科
109	软件工程专业 2016 级本科 01 班	201609090113	徐德	工学学士学位	本科
110	软件工程专业 2016 级本科 01 班	201609090114	殷永	工学学士学位	本科
111	软件工程专业 2016 级本科 01 班	201609090115	刘皓	工学学士学位	本科

(续表)

序号	班级	学号	姓名	学位	层次
112	软件工程专业2016级本科01班	201609090116	高学义	工学学士学位	本科
113	软件工程专业2016级本科01班	201609090117	张凌霄	工学学士学位	本科
114	软件工程专业2016级本科01班	201609090118	王永尧	工学学士学位	本科
115	软件工程专业2016级本科01班	201609090119	步云旭	工学学士学位	本科
116	软件工程专业2016级本科01班	201609090120	王忠	工学学士学位	本科
117	软件工程专业2016级本科01班	201609090121	赵忠	工学学士学位	本科
118	软件工程专业2016级本科01班	201609090122	刘凡	工学学士学位	本科
119	软件工程专业2016级本科01班	201609090123	刘超达	工学学士学位	本科
120	软件工程专业2016级本科01班	201609090124	张青松	工学学士学位	本科
121	软件工程专业2016级本科01班	201609090125	朱宝粉	工学学士学位	本科
122	软件工程专业2016级本科01班	201609090126	孙文朔	工学学士学位	本科
123	软件工程专业2016级本科01班	201609090127	夏鑫雨	工学学士学位	本科
124	软件工程专业2016级本科01班	201609090128	密善雯	工学学士学位	本科
125	软件工程专业2016级本科01班	201609090129	朱子玉	工学学士学位	本科
126	软件工程专业2016级本科01班	201609090130	李慧	工学学士学位	本科
127	软件工程专业2016级本科01班	201609090133	张玉鑫	工学学士学位	本科
128	软件工程专业2016级本科01班	201609090134	王镇	工学学士学位	本科
129	软件工程专业2016级本科01班	201609090135	梁晨	工学学士学位	本科
130	软件工程专业2016级本科01班	201609090136	韩广善	工学学士学位	本科
131	软件工程专业2016级本科01班	201609090137	王子停	工学学士学位	本科
132	软件工程专业2016级本科01班	201609090138	林洪彬	工学学士学位	本科
133	软件工程专业2016级本科01班	201609090139	沈长凯	工学学士学位	本科
134	软件工程专业2016级本科01班	201609090140	申中浩	工学学士学位	本科
135	软件工程专业2016级本科01班	201609090141	刘翠翠	工学学士学位	本科
136	软件工程专业2016级本科01班	201609090142	胡军营	工学学士学位	本科
137	软件工程专业2016级本科01班	201609090143	张硕	工学学士学位	本科
138	软件工程专业2016级本科01班	201609090144	娄茹珍	工学学士学位	本科
139	软件工程专业2016级本科01班	201609090145	徐兴鹏	工学学士学位	本科

(续表)

序号	班级	学号	姓名	学位	层次
140	软件工程专业 2016 级本科 02 班	201509210126	唐智杰	工学学士学位	本科
141	软件工程专业 2016 级本科 02 班	201609090201	李蕊	工学学士学位	本科
142	软件工程专业 2016 级本科 02 班	201609090202	常园园	工学学士学位	本科
143	软件工程专业 2016 级本科 02 班	201609090203	陈海洋	工学学士学位	本科
144	软件工程专业 2016 级本科 02 班	201609090204	王锐	工学学士学位	本科
145	软件工程专业 2016 级本科 02 班	201609090205	郭凤婷	工学学士学位	本科
146	软件工程专业 2016 级本科 02 班	201609090207	贾修健	工学学士学位	本科
147	软件工程专业 2016 级本科 02 班	201609090208	梁贻萍	工学学士学位	本科
148	软件工程专业 2016 级本科 02 班	201609090209	唐文昊	工学学士学位	本科
149	软件工程专业 2016 级本科 02 班	201609090210	武连鑫	工学学士学位	本科
150	软件工程专业 2016 级本科 02 班	201609090211	张学智	工学学士学位	本科
151	软件工程专业 2016 级本科 02 班	201609090212	贾淮涛	工学学士学位	本科
152	软件工程专业 2016 级本科 02 班	201609090213	王如丛	工学学士学位	本科
153	软件工程专业 2016 级本科 02 班	201609090214	田升	工学学士学位	本科
154	软件工程专业 2016 级本科 02 班	201609090215	李瑞	工学学士学位	本科
155	软件工程专业 2016 级本科 02 班	201609090216	李维帅	工学学士学位	本科
156	软件工程专业 2016 级本科 02 班	201609090217	尹彦江	工学学士学位	本科
157	软件工程专业 2016 级本科 02 班	201609090218	刘道群	工学学士学位	本科
158	软件工程专业 2016 级本科 02 班	201609090219	徐豪杰	工学学士学位	本科
159	软件工程专业 2016 级本科 02 班	201609090220	吕彤	工学学士学位	本科
160	软件工程专业 2016 级本科 02 班	201609090221	王金彪	工学学士学位	本科
161	软件工程专业 2016 级本科 02 班	201609090222	朱强	工学学士学位	本科
162	软件工程专业 2016 级本科 02 班	201609090223	密峰	工学学士学位	本科
163	软件工程专业 2016 级本科 02 班	201609090224	王飞阳	工学学士学位	本科
164	软件工程专业 2016 级本科 02 班	201609090225	王志浩	工学学士学位	本科
165	软件工程专业 2016 级本科 02 班	201609090226	张广斌	工学学士学位	本科
166	软件工程专业 2016 级本科 02 班	201609090227	田晨	工学学士学位	本科
167	软件工程专业 2016 级本科 02 班	201609090229	吕梦超	工学学士学位	本科

(续表)

序号	班级	学号	姓名	学位	层次
168	软件工程专业 2016 级本科 02 班	201609090230	王亚平	工学学士学位	本科
169	软件工程专业 2016 级本科 02 班	201609090231	刘杰	工学学士学位	本科
170	软件工程专业 2016 级本科 02 班	201609090232	刘煜	工学学士学位	本科
171	软件工程专业 2016 级本科 02 班	201609090234	李辉	工学学士学位	本科
172	软件工程专业 2016 级本科 02 班	201609090235	马志强	工学学士学位	本科
173	软件工程专业 2016 级本科 02 班	201609090236	张雪	工学学士学位	本科
174	软件工程专业 2016 级本科 02 班	201609090237	林存忠	工学学士学位	本科
175	软件工程专业 2016 级本科 02 班	201609090238	郑明赟	工学学士学位	本科
176	软件工程专业 2016 级本科 02 班	201609090239	陈壮浩	工学学士学位	本科
177	软件工程专业 2016 级本科 02 班	201609090240	艾冬亚	工学学士学位	本科
178	软件工程专业 2016 级本科 02 班	201609090241	鹿帅	工学学士学位	本科
179	软件工程专业 2016 级本科 02 班	201609090242	苗露	工学学士学位	本科
180	软件工程专业 2016 级本科 02 班	201609090243	张宏志	工学学士学位	本科
181	软件工程专业 2016 级本科 02 班	201609090244	韩莉	工学学士学位	本科
182	软件工程专业 2016 级本科 02 班	201609090245	许彩丽	工学学士学位	本科
183	软件工程专业 2016 级本科 03 班	201609100301	刘奕琦	工学学士学位	本科
184	软件工程专业 2016 级本科 03 班	201609100302	李贤	工学学士学位	本科
185	软件工程专业 2016 级本科 03 班	201609100303	郝增帅	工学学士学位	本科
186	软件工程专业 2016 级本科 03 班	201609100304	王冉	工学学士学位	本科
187	软件工程专业 2016 级本科 03 班	201609100305	鹿继明	工学学士学位	本科
188	软件工程专业 2016 级本科 03 班	201609100306	邵长浩	工学学士学位	本科
189	软件工程专业 2016 级本科 03 班	201609100307	黄华	工学学士学位	本科
190	软件工程专业 2016 级本科 03 班	201609100308	王营营	工学学士学位	本科
191	软件工程专业 2016 级本科 03 班	201609100309	齐甜甜	工学学士学位	本科
192	软件工程专业 2016 级本科 03 班	201609100310	李盟	工学学士学位	本科
193	软件工程专业 2016 级本科 03 班	201609100311	侣淑燕	工学学士学位	本科
194	软件工程专业 2016 级本科 03 班	201609100312	陈新业	工学学士学位	本科
195	软件工程专业 2016 级本科 03 班	201609100313	孔晶晶	工学学士学位	本科

(续表)

序号	班级	学号	姓名	学位	层次
196	软件工程专业 2016 级本科 03 班	201609100314	王莹	工学学士学位	本科
197	软件工程专业 2016 级本科 03 班	201609100315	唐磊	工学学士学位	本科
198	软件工程专业 2016 级本科 03 班	201609100316	张宜轩	工学学士学位	本科
199	软件工程专业 2016 级本科 03 班	201609100317	马庆超	工学学士学位	本科
200	软件工程专业 2016 级本科 03 班	201609100318	隋鹏飞	工学学士学位	本科
201	软件工程专业 2016 级本科 03 班	201609100319	胡雪峰	工学学士学位	本科
202	软件工程专业 2016 级本科 03 班	201609100320	李煜	工学学士学位	本科
203	软件工程专业 2016 级本科 03 班	201609100321	甄学丽	工学学士学位	本科
204	软件工程专业 2016 级本科 03 班	201609100322	邱国泰	工学学士学位	本科
205	软件工程专业 2016 级本科 03 班	201609100323	符浩文	工学学士学位	本科
206	软件工程专业 2016 级本科 03 班	201609100324	安晓雨	工学学士学位	本科
207	软件工程专业 2016 级本科 03 班	201609100326	闫德甲	工学学士学位	本科
208	软件工程专业 2016 级本科 03 班	201609100327	李晓雨	工学学士学位	本科
209	软件工程专业 2016 级本科 03 班	201609100328	胡文朵	工学学士学位	本科
210	软件工程专业 2016 级本科 03 班	201609100330	周涛	工学学士学位	本科
211	软件工程专业 2016 级本科 03 班	201609100331	庞春艳	工学学士学位	本科
212	软件工程专业 2016 级本科 03 班	201609100333	王俊鹏	工学学士学位	本科
213	软件工程专业 2016 级本科 03 班	201609100335	李俊燕	工学学士学位	本科
214	软件工程专业 2016 级本科 03 班	201609100336	杨晓雨	工学学士学位	本科
215	软件工程专业 2016 级本科 03 班	201609100337	刘昕	工学学士学位	本科
216	软件工程专业 2016 级本科 03 班	201609100338	陈晓璐	工学学士学位	本科
217	软件工程专业 2016 级本科 03 班	201609100339	周聪慧	工学学士学位	本科
218	软件工程专业 2016 级本科 03 班	201609100340	段月月	工学学士学位	本科
219	软件工程专业 2016 级本科 03 班	201609100341	杜群群	工学学士学位	本科
220	软件工程专业 2016 级本科 03 班	201609100342	鲁沙沙	工学学士学位	本科
221	软件工程专业 2016 级本科 03 班	201609100343	耿明明	工学学士学位	本科
222	软件工程专业 2016 级本科 03 班	201609100344	张文博	工学学士学位	本科
223	软件工程专业 2016 级本科 03 班	201609100345	吴哲	工学学士学位	本科

(续表)

序号	班级	学号	姓名	学位	层次
224	通信工程专业2016级本科01班	201609160101	亓庠水	工学学士学位	本科
225	通信工程专业2016级本科01班	201609160102	隗孝	工学学士学位	本科
226	通信工程专业2016级本科01班	201609160103	赵一航	工学学士学位	本科
227	通信工程专业2016级本科01班	201609160104	王健	工学学士学位	本科
228	通信工程专业2016级本科01班	201609160105	于峰	工学学士学位	本科
229	通信工程专业2016级本科01班	201609160106	江欣雨	工学学士学位	本科
230	通信工程专业2016级本科01班	201609160107	种法昊	工学学士学位	本科
231	通信工程专业2016级本科01班	201609160108	杜尧	工学学士学位	本科
232	通信工程专业2016级本科01班	201609160109	战海涛	工学学士学位	本科
233	通信工程专业2016级本科01班	201609160110	邹晓宇	工学学士学位	本科
234	通信工程专业2016级本科01班	201609160111	于士程	工学学士学位	本科
235	通信工程专业2016级本科01班	201609160112	许文浩	工学学士学位	本科
236	通信工程专业2016级本科01班	201609160113	刘伟	工学学士学位	本科
237	通信工程专业2016级本科01班	201609160114	王宇翱	工学学士学位	本科
238	通信工程专业2016级本科01班	201609160115	杨昆	工学学士学位	本科
239	通信工程专业2016级本科01班	201609160116	张祥森	工学学士学位	本科
240	通信工程专业2016级本科01班	201609160117	张波	工学学士学位	本科
241	通信工程专业2016级本科01班	201609160118	张子豪	工学学士学位	本科
242	通信工程专业2016级本科01班	201609160119	闫国梁	工学学士学位	本科
243	通信工程专业2016级本科01班	201609160120	丁敏	工学学士学位	本科
244	通信工程专业2016级本科01班	201609160121	李爽	工学学士学位	本科
245	通信工程专业2016级本科01班	201609160122	赵若琳	工学学士学位	本科
246	通信工程专业2016级本科01班	201609160123	赵茂丞	工学学士学位	本科
247	通信工程专业2016级本科01班	201609160124	王子超	工学学士学位	本科
248	通信工程专业2016级本科01班	201609160125	袁春清	工学学士学位	本科
249	通信工程专业2016级本科01班	201609160126	韩发家	工学学士学位	本科
250	通信工程专业2016级本科01班	201609160127	王丽萍	工学学士学位	本科
251	通信工程专业2016级本科01班	201609160128	孙磊	工学学士学位	本科

(续表)

序号	班级	学号	姓名	学位	层次
252	通信工程专业 2016 级本科 01 班	201609160129	井龙海	工学学士学位	本科
253	通信工程专业 2016 级本科 01 班	201609160130	巩加芳	工学学士学位	本科
254	通信工程专业 2016 级本科 01 班	201609160131	韦琳琳	工学学士学位	本科
255	通信工程专业 2016 级本科 01 班	201609160132	刘扬	工学学士学位	本科
256	通信工程专业 2016 级本科 01 班	201609160133	阮洪贺	工学学士学位	本科
257	通信工程专业 2016 级本科 01 班	201609160134	张文平	工学学士学位	本科
258	通信工程专业 2016 级本科 01 班	201609160135	张凌云	工学学士学位	本科
259	通信工程专业 2016 级本科 01 班	201609160136	季增森	工学学士学位	本科
260	通信工程专业 2016 级本科 01 班	201609160137	李保正	工学学士学位	本科
261	通信工程专业 2016 级本科 01 班	201609160138	罗庆华	工学学士学位	本科
262	通信工程专业 2016 级本科 01 班	201609160139	董庆然	工学学士学位	本科
263	通信工程专业 2016 级本科 01 班	201609160140	李硕	工学学士学位	本科
264	通信工程专业 2016 级本科 01 班	201609160142	赵志超	工学学士学位	本科
265	通信工程专业 2016 级本科 01 班	201609160143	程舒德	工学学士学位	本科
266	通信工程专业 2016 级本科 01 班	201609160144	张奕雯	工学学士学位	本科
267	通信工程专业 2016 级本科 01 班	201609160145	诸路瑶	工学学士学位	本科
268	通信工程专业 2016 级本科 02 班	201609170201	高涵	工学学士学位	本科
269	通信工程专业 2016 级本科 02 班	201609170202	杨恒杰	工学学士学位	本科
270	通信工程专业 2016 级本科 02 班	201609170203	潘鑫	工学学士学位	本科
271	通信工程专业 2016 级本科 02 班	201609170204	张旭	工学学士学位	本科
272	通信工程专业 2016 级本科 02 班	201609170205	丁晓冉	工学学士学位	本科
273	通信工程专业 2016 级本科 02 班	201609170206	高鹏飞	工学学士学位	本科
274	通信工程专业 2016 级本科 02 班	201609170207	李雯	工学学士学位	本科
275	通信工程专业 2016 级本科 02 班	201609170208	陈昊	工学学士学位	本科
276	通信工程专业 2016 级本科 02 班	201609170209	王叶腾	工学学士学位	本科
277	通信工程专业 2016 级本科 02 班	201609170210	刘倩倩	工学学士学位	本科
278	通信工程专业 2016 级本科 02 班	201609170211	王笑	工学学士学位	本科
279	通信工程专业 2016 级本科 02 班	201609170212	盖其瑜	工学学士学位	本科

(续表)

序号	班级	学号	姓名	学位	层次
280	通信工程专业2016级本科02班	201609170213	徐少华	工学学士学位	本科
281	通信工程专业2016级本科02班	201609170215	孙凯	工学学士学位	本科
282	通信工程专业2016级本科02班	201609170216	李树雪	工学学士学位	本科
283	通信工程专业2016级本科02班	201609170217	闵雪琦	工学学士学位	本科
284	通信工程专业2016级本科02班	201609170218	陈维佳	工学学士学位	本科
285	通信工程专业2016级本科02班	201609170219	刘珊珊	工学学士学位	本科
286	通信工程专业2016级本科02班	201609170220	郑兴隆	工学学士学位	本科
287	通信工程专业2016级本科02班	201609170221	荣展	工学学士学位	本科
288	通信工程专业2016级本科02班	201609170222	胡君杰	工学学士学位	本科
289	通信工程专业2016级本科02班	201609170223	刘伟	工学学士学位	本科
290	通信工程专业2016级本科02班	201609170224	王倪	工学学士学位	本科
291	通信工程专业2016级本科02班	201609170225	温和	工学学士学位	本科
292	通信工程专业2016级本科02班	201609170226	李银政	工学学士学位	本科
293	通信工程专业2016级本科02班	201609170227	窦威	工学学士学位	本科
294	通信工程专业2016级本科02班	201609170228	刘雯宇	工学学士学位	本科
295	通信工程专业2016级本科02班	201609170229	孙文帅	工学学士学位	本科
296	通信工程专业2016级本科02班	201609170230	王萌	工学学士学位	本科
297	通信工程专业2016级本科02班	201609170232	侍琳琳	工学学士学位	本科
298	通信工程专业2016级本科02班	201609170233	杨钥	工学学士学位	本科
299	通信工程专业2016级本科02班	201609170234	赵凯	工学学士学位	本科
300	通信工程专业2016级本科02班	201609170235	白志友	工学学士学位	本科
301	通信工程专业2016级本科02班	201609170236	韩晓阳	工学学士学位	本科
302	通信工程专业2016级本科02班	201609170237	张增财	工学学士学位	本科
303	通信工程专业2016级本科02班	201609170238	刘伟伟	工学学士学位	本科
304	通信工程专业2016级本科02班	201609170239	开冬岳	工学学士学位	本科
305	通信工程专业2016级本科02班	201609170240	靳道钰	工学学士学位	本科
306	通信工程专业2016级本科03班	201609180301	谷志帅	工学学士学位	本科
307	通信工程专业2016级本科03班	201609180302	宋春阳	工学学士学位	本科

(续表)

序号	班级	学号	姓名	学位	层次
308	通信工程专业 2016 级本科 03 班	201609180303	王璇	工学学士学位	本科
309	通信工程专业 2016 级本科 03 班	201609180304	林峻	工学学士学位	本科
310	通信工程专业 2016 级本科 03 班	201609180305	张廉公	工学学士学位	本科
311	通信工程专业 2016 级本科 03 班	201609180306	冯满莹	工学学士学位	本科
312	通信工程专业 2016 级本科 03 班	201609180307	李国山	工学学士学位	本科
313	通信工程专业 2016 级本科 03 班	201609180308	张浩	工学学士学位	本科
314	通信工程专业 2016 级本科 03 班	201609180309	宇翔	工学学士学位	本科
315	通信工程专业 2016 级本科 03 班	201609180310	郑淑林	工学学士学位	本科
316	通信工程专业 2016 级本科 03 班	201609180311	张圣琦	工学学士学位	本科
317	通信工程专业 2016 级本科 03 班	201609180312	杜成宇	工学学士学位	本科
318	通信工程专业 2016 级本科 03 班	201609180313	赵金凤	工学学士学位	本科
319	通信工程专业 2016 级本科 03 班	201609180314	王雪峰	工学学士学位	本科
320	通信工程专业 2016 级本科 03 班	201609180315	颜超然	工学学士学位	本科
321	通信工程专业 2016 级本科 03 班	201609180316	刘德胜	工学学士学位	本科
322	通信工程专业 2016 级本科 03 班	201609180317	张云帆	工学学士学位	本科
323	通信工程专业 2016 级本科 03 班	201609180318	安骞	工学学士学位	本科
324	通信工程专业 2016 级本科 03 班	201609180319	郭照昕	工学学士学位	本科
325	通信工程专业 2016 级本科 03 班	201609180320	马明静	工学学士学位	本科
326	通信工程专业 2016 级本科 03 班	201609180321	张璐	工学学士学位	本科
327	通信工程专业 2016 级本科 03 班	201609180322	段熙玉	工学学士学位	本科
328	通信工程专业 2016 级本科 03 班	201609180323	李杭璇	工学学士学位	本科
329	通信工程专业 2016 级本科 03 班	201609180324	姚金萍	工学学士学位	本科
330	通信工程专业 2016 级本科 03 班	201609180325	姜小宇	工学学士学位	本科
331	通信工程专业 2016 级本科 03 班	201609180326	李世豪	工学学士学位	本科
332	通信工程专业 2016 级本科 03 班	201609180327	王伟权	工学学士学位	本科
333	通信工程专业 2016 级本科 03 班	201609180328	高倩倩	工学学士学位	本科
334	通信工程专业 2016 级本科 03 班	201609180329	刁乐乐	工学学士学位	本科
335	通信工程专业 2016 级本科 03 班	201609180330	周洁	工学学士学位	本科

(续表)

序号	班级	学号	姓名	学位	层次
336	通信工程专业 2016 级本科 03 班	201609180331	孟琦	工学学士学位	本科
337	通信工程专业 2016 级本科 03 班	201609180332	林佳	工学学士学位	本科
338	通信工程专业 2016 级本科 03 班	201609180333	孔凡昊	工学学士学位	本科
339	通信工程专业 2016 级本科 03 班	201609180334	刘晓娜	工学学士学位	本科
340	通信工程专业 2016 级本科 03 班	201609180335	张洋	工学学士学位	本科
341	通信工程专业 2016 级本科 03 班	201609180336	王艺筱	工学学士学位	本科
342	通信工程专业 2016 级本科 03 班	201609180337	李奉玉	工学学士学位	本科
343	通信工程专业 2016 级本科 03 班	201609180339	丁丽姣	工学学士学位	本科
344	通信工程专业 2016 级本科 03 班	201609180340	吴文波	工学学士学位	本科
345	通信工程专业 2016 级本科 03 班	201609180341	陈雪妹	工学学士学位	本科
346	通信工程专业 2016 级本科 03 班	201609180343	董超	工学学士学位	本科
347	通信工程专业 2016 级本科 03 班	201609180344	秦新尚	工学学士学位	本科
348	通信工程专业 2016 级本科 03 班	201609180345	王仲朴	工学学士学位	本科
349	网络工程专业 2016 级本科 01 班	201609210101	刘峻東	工学学士学位	本科
350	网络工程专业 2016 级本科 01 班	201609210102	吴慧笠	工学学士学位	本科
351	网络工程专业 2016 级本科 01 班	201609210103	丁乐乐	工学学士学位	本科
352	网络工程专业 2016 级本科 01 班	201609210104	李宝龙	工学学士学位	本科
353	网络工程专业 2016 级本科 01 班	201609210105	曲聪聪	工学学士学位	本科
354	网络工程专业 2016 级本科 01 班	201609210106	沈翔	工学学士学位	本科
355	网络工程专业 2016 级本科 01 班	201609210107	范康业	工学学士学位	本科
356	网络工程专业 2016 级本科 01 班	201609210108	王佳	工学学士学位	本科
357	网络工程专业 2016 级本科 01 班	201609210109	王银桥	工学学士学位	本科
358	网络工程专业 2016 级本科 01 班	201609210110	李若菲	工学学士学位	本科
359	网络工程专业 2016 级本科 01 班	201609210111	杨光	工学学士学位	本科
360	网络工程专业 2016 级本科 01 班	201609210112	付一阳	工学学士学位	本科
361	网络工程专业 2016 级本科 01 班	201609210113	张志杰	工学学士学位	本科
362	网络工程专业 2016 级本科 01 班	201609210114	刘殷菌	工学学士学位	本科
363	网络工程专业 2016 级本科 01 班	201609210115	王振南	工学学士学位	本科

(续表)

序号	班级	学号	姓名	学位	层次
364	网络工程专业 2016 级本科 01 班	201609210116	郭文彬	工学学士学位	本科
365	网络工程专业 2016 级本科 01 班	201609210117	刘浩东	工学学士学位	本科
366	网络工程专业 2016 级本科 01 班	201609210118	张舒杰	工学学士学位	本科
367	网络工程专业 2016 级本科 01 班	201609210119	吴苏航	工学学士学位	本科
368	网络工程专业 2016 级本科 01 班	201609210120	朱孟山	工学学士学位	本科
369	网络工程专业 2016 级本科 01 班	201609210121	高嵩	工学学士学位	本科
370	网络工程专业 2016 级本科 01 班	201609210122	张瑞	工学学士学位	本科
371	网络工程专业 2016 级本科 01 班	201609210123	戚腾威	工学学士学位	本科
372	网络工程专业 2016 级本科 01 班	201609210124	续宗棠	工学学士学位	本科
373	网络工程专业 2016 级本科 01 班	201609210125	赵玉迪	工学学士学位	本科
374	网络工程专业 2016 级本科 01 班	201609210126	魏宗博	工学学士学位	本科
375	网络工程专业 2016 级本科 01 班	201609210127	隋学艳	工学学士学位	本科
376	网络工程专业 2016 级本科 01 班	201609210128	郑成浩	工学学士学位	本科
377	网络工程专业 2016 级本科 01 班	201609210130	王晓萌	工学学士学位	本科
378	网络工程专业 2016 级本科 01 班	201609210131	范迎雪	工学学士学位	本科
379	网络工程专业 2016 级本科 01 班	201609210132	邢福来	工学学士学位	本科
380	网络工程专业 2016 级本科 01 班	201609210133	王文壮	工学学士学位	本科
381	网络工程专业 2016 级本科 01 班	201609210134	孙自通	工学学士学位	本科
382	网络工程专业 2016 级本科 01 班	201609210136	胡雨静	工学学士学位	本科
383	网络工程专业 2016 级本科 01 班	201609210137	泮威浬	工学学士学位	本科
384	网络工程专业 2016 级本科 01 班	201609210138	方碧佳	工学学士学位	本科
385	网络工程专业 2016 级本科 01 班	201609210139	金心花	工学学士学位	本科
386	网络工程专业 2016 级本科 01 班	201609210140	朱浩华	工学学士学位	本科
387	网络工程专业 2016 级本科 01 班	201615020111	宋尚鸽	工学学士学位	本科
388	网络工程专业 2016 级本科 02 班	201409170124	彭春霖		本科
389	网络工程专业 2016 级本科 02 班	201609220201	孙振宇	工学学士学位	本科
390	网络工程专业 2016 级本科 02 班	201609220202	张子旭	工学学士学位	本科
391	网络工程专业 2016 级本科 02 班	201609220203	王雪堂	工学学士学位	本科

(续表)

序号	班级	学号	姓名	学位	层次
392	网络工程专业 2016 级本科 02 班	201609220204	郑博鸿	工学学士学位	本科
393	网络工程专业 2016 级本科 02 班	201609220205	张晓宇	工学学士学位	本科
394	网络工程专业 2016 级本科 02 班	201609220206	江超	工学学士学位	本科
395	网络工程专业 2016 级本科 02 班	201609220207	王志昊	工学学士学位	本科
396	网络工程专业 2016 级本科 02 班	201609220208	王娇娇	工学学士学位	本科
397	网络工程专业 2016 级本科 02 班	201609220209	贾鲁齐	工学学士学位	本科
398	网络工程专业 2016 级本科 02 班	201609220210	王玉荣	工学学士学位	本科
399	网络工程专业 2016 级本科 02 班	201609220211	范开宇	工学学士学位	本科
400	网络工程专业 2016 级本科 02 班	201609220212	宗学浩	工学学士学位	本科
401	网络工程专业 2016 级本科 02 班	201609220213	林佳倩	工学学士学位	本科
402	网络工程专业 2016 级本科 02 班	201609220214	张超越	工学学士学位	本科
403	网络工程专业 2016 级本科 02 班	201609220215	杨青翰	工学学士学位	本科
404	网络工程专业 2016 级本科 02 班	201609220216	刘磊	工学学士学位	本科
405	网络工程专业 2016 级本科 02 班	201609220217	刘振振	工学学士学位	本科
406	网络工程专业 2016 级本科 02 班	201609220218	王中雪	工学学士学位	本科
407	网络工程专业 2016 级本科 02 班	201609220219	孙苗苗	工学学士学位	本科
408	网络工程专业 2016 级本科 02 班	201609220220	王凤玲	工学学士学位	本科
409	网络工程专业 2016 级本科 02 班	201609220221	闫林	工学学士学位	本科
410	网络工程专业 2016 级本科 02 班	201609220222	王璐瑶	工学学士学位	本科
411	网络工程专业 2016 级本科 02 班	201609220223	赵秀华	工学学士学位	本科
412	网络工程专业 2016 级本科 02 班	201609220224	张墨林	工学学士学位	本科
413	网络工程专业 2016 级本科 02 班	201609220225	丁鹏程	工学学士学位	本科
414	网络工程专业 2016 级本科 02 班	201609220226	高宇航	工学学士学位	本科
415	网络工程专业 2016 级本科 02 班	201609220227	贺子莹	工学学士学位	本科
416	网络工程专业 2016 级本科 02 班	201609220228	常乐	工学学士学位	本科
417	网络工程专业 2016 级本科 02 班	201609220229	赵佳钧	工学学士学位	本科
418	网络工程专业 2016 级本科 02 班	201609220230	井冉	工学学士学位	本科
419	网络工程专业 2016 级本科 02 班	201609220231	林圣博	工学学士学位	本科

(续表)

序号	班级	学号	姓名	学位	层次
420	网络工程专业 2016 级本科 02 班	201609220232	曾浩	工学学士学位	本科
421	网络工程专业 2016 级本科 02 班	201609220233	陈治良	工学学士学位	本科
422	网络工程专业 2016 级本科 02 班	201609220234	王俊杰	工学学士学位	本科
423	网络工程专业 2016 级本科 02 班	201609220235	吴宜臻	工学学士学位	本科
424	网络工程专业 2016 级本科 02 班	201609220236	张庆港	工学学士学位	本科
425	网络工程专业 2016 级本科 02 班	201609220237	高璇	工学学士学位	本科
426	网络工程专业 2016 级本科 02 班	201609220238	许恒帅	工学学士学位	本科
427	网络工程专业 2016 级本科 02 班	201609220239	吕姿坤	工学学士学位	本科
428	网络工程专业 2016 级本科 02 班	201609220240	刘程	工学学士学位	本科
429	信息工程专业 2016 级本科 01 班	201609240101	于婕	工学学士学位	本科
430	信息工程专业 2016 级本科 01 班	201609240102	许李敏	工学学士学位	本科
431	信息工程专业 2016 级本科 01 班	201609240103	郭姝文	工学学士学位	本科
432	信息工程专业 2016 级本科 01 班	201609240104	赵俊荣	工学学士学位	本科
433	信息工程专业 2016 级本科 01 班	201609240105	鲁秋彤	工学学士学位	本科
434	信息工程专业 2016 级本科 01 班	201609240106	李志玥	工学学士学位	本科
435	信息工程专业 2016 级本科 01 班	201609240107	丁姝含	工学学士学位	本科
436	信息工程专业 2016 级本科 01 班	201609240108	刘永倩	工学学士学位	本科
437	信息工程专业 2016 级本科 01 班	201609240109	丁烁	工学学士学位	本科
438	信息工程专业 2016 级本科 01 班	201609240110	郑楠楠	工学学士学位	本科
439	信息工程专业 2016 级本科 01 班	201609240111	侯磊	工学学士学位	本科
440	信息工程专业 2016 级本科 01 班	201609240112	臧杉	工学学士学位	本科
441	信息工程专业 2016 级本科 01 班	201609240113	姚兴旺	工学学士学位	本科
442	信息工程专业 2016 级本科 01 班	201609240114	陈薇帆	工学学士学位	本科
443	信息工程专业 2016 级本科 01 班	201609240115	卢超	工学学士学位	本科
444	信息工程专业 2016 级本科 01 班	201609240116	王恒香	工学学士学位	本科
445	信息工程专业 2016 级本科 01 班	201609240117	刘爱心	工学学士学位	本科
446	信息工程专业 2016 级本科 01 班	201609240118	高云志	工学学士学位	本科
447	信息工程专业 2016 级本科 01 班	201609240119	刘芊芊	工学学士学位	本科

(续表)

序号	班级	学号	姓名	学位	层次
448	信息工程专业2016级本科01班	201609240120	周慧	工学学士学位	本科
449	信息工程专业2016级本科01班	201609240121	王文华	工学学士学位	本科
450	信息工程专业2016级本科01班	201609240122	周丽	工学学士学位	本科
451	信息工程专业2016级本科01班	201609240123	康咪	工学学士学位	本科
452	信息工程专业2016级本科01班	201609240124	杨继童	工学学士学位	本科
453	信息工程专业2016级本科01班	201609240125	王芹	工学学士学位	本科
454	信息工程专业2016级本科01班	201609240126	王凯迪	工学学士学位	本科
455	信息工程专业2016级本科01班	201609240127	时启开	工学学士学位	本科
456	信息工程专业2016级本科01班	201609240128	高亚婷	工学学士学位	本科
457	信息工程专业2016级本科01班	201609240129	魏璐璐	工学学士学位	本科
458	信息工程专业2016级本科01班	201609240130	谌媛媛	工学学士学位	本科
459	计算机科学与技术专业2018级本科04班	201809070401	鲍庆森	工学学士学位	专升本
460	计算机科学与技术专业2018级本科04班	201809070402	毕远壮	工学学士学位	专升本
461	计算机科学与技术专业2018级本科04班	201809070403	曹战月	工学学士学位	专升本
462	计算机科学与技术专业2018级本科04班	201809070404	陈灿	工学学士学位	专升本
463	计算机科学与技术专业2018级本科04班	201809070405	陈祥泽	工学学士学位	专升本
464	计算机科学与技术专业2018级本科04班	201809070406	陈正	工学学士学位	专升本
465	计算机科学与技术专业2018级本科04班	201809070407	程浩然	工学学士学位	专升本
466	计算机科学与技术专业2018级本科04班	201809070408	迟晓帆	工学学士学位	专升本
467	计算机科学与技术专业2018级本科04班	201809070409	单文	工学学士学位	专升本
468	计算机科学与技术专业2018级本科04班	201809070410	董晓阳	工学学士学位	专升本
469	计算机科学与技术专业2018级本科04班	201809070411	杜晓艳	工学学士学位	专升本
470	计算机科学与技术专业2018级本科04班	201809070412	高学薇	工学学士学位	专升本
471	计算机科学与技术专业2018级本科04班	201809070413	蒋玉强	工学学士学位	专升本
472	计算机科学与技术专业2018级本科04班	201809070414	孔娟	工学学士学位	专升本
473	计算机科学与技术专业2018级本科04班	201809070415	孔玲	工学学士学位	专升本
474	计算机科学与技术专业2018级本科04班	201809070416	孔鑫	工学学士学位	专升本
475	计算机科学与技术专业2018级本科04班	201809070417	李林霞	工学学士学位	专升本

(续表)

序号	班级	学号	姓名	学位	层次
476	计算机科学与技术专业 2018 级本科 04 班	201809070418	李晓倩	工学学士学位	专升本
477	计算机科学与技术专业 2018 级本科 04 班	201809070419	李宇轩	工学学士学位	专升本
478	计算机科学与技术专业 2018 级本科 04 班	201809070420	梁栋	工学学士学位	专升本
479	计算机科学与技术专业 2018 级本科 04 班	201809070421	梁涛	工学学士学位	专升本
480	计算机科学与技术专业 2018 级本科 04 班	201809070422	刘方亚	工学学士学位	专升本
481	计算机科学与技术专业 2018 级本科 04 班	201809070423	刘华增	工学学士学位	专升本
482	计算机科学与技术专业 2018 级本科 04 班	201809070424	刘慧	工学学士学位	专升本
483	计算机科学与技术专业 2018 级本科 04 班	201809070425	刘杰	工学学士学位	专升本
484	计算机科学与技术专业 2018 级本科 04 班	201809070426	刘久龙	工学学士学位	专升本
485	计算机科学与技术专业 2018 级本科 04 班	201809070427	栾小珍	工学学士学位	专升本
486	计算机科学与技术专业 2018 级本科 04 班	201809070428	吕青苗	工学学士学位	专升本
487	计算机科学与技术专业 2018 级本科 04 班	201809070429	庞立超	工学学士学位	专升本
488	计算机科学与技术专业 2018 级本科 04 班	201809070430	庞珍珍	工学学士学位	专升本
489	计算机科学与技术专业 2018 级本科 04 班	201809070431	秦秋霞	工学学士学位	专升本
490	计算机科学与技术专业 2018 级本科 04 班	201809070432	任金花	工学学士学位	专升本
491	计算机科学与技术专业 2018 级本科 04 班	201809070433	孙国放	工学学士学位	专升本
492	计算机科学与技术专业 2018 级本科 04 班	201809070434	孙淑平	工学学士学位	专升本
493	计算机科学与技术专业 2018 级本科 04 班	201809070435	孙腾飞	工学学士学位	专升本
494	计算机科学与技术专业 2018 级本科 04 班	201809070436	孙莹哲	工学学士学位	专升本
495	计算机科学与技术专业 2018 级本科 04 班	201809070437	王祎宸	工学学士学位	专升本
496	计算机科学与技术专业 2018 级本科 04 班	201809070438	王嘉文	工学学士学位	专升本
497	计算机科学与技术专业 2018 级本科 04 班	201809070439	王良雨	工学学士学位	专升本
498	计算机科学与技术专业 2018 级本科 04 班	201809070440	王璐瑶	工学学士学位	专升本
499	计算机科学与技术专业 2018 级本科 04 班	201809070441	王瑞瑞	工学学士学位	专升本
500	计算机科学与技术专业 2018 级本科 04 班	201809070442	王雨婷	工学学士学位	专升本
501	计算机科学与技术专业 2018 级本科 04 班	201809070443	王占威	工学学士学位	专升本
502	计算机科学与技术专业 2018 级本科 04 班	201809070444	吴清华		专升本
503	计算机科学与技术专业 2018 级本科 04 班	201809070445	夏征华	工学学士学位	专升本

(续表)

序号	班级	学号	姓名	学位	层次
504	计算机科学与技术专业 2018 级本科 04 班	201809070446	徐晓晨	工学学士学位	专升本
505	计算机科学与技术专业 2018 级本科 04 班	201809070447	闫柏诚	工学学士学位	专升本
506	计算机科学与技术专业 2018 级本科 04 班	201809070448	闫春阳	工学学士学位	专升本
507	计算机科学与技术专业 2018 级本科 04 班	201809070449	尹帅	工学学士学位	专升本
508	计算机科学与技术专业 2018 级本科 04 班	201809070450	袁菁	工学学士学位	专升本
509	计算机科学与技术专业 2018 级本科 04 班	201809070451	展昭	工学学士学位	专升本
510	计算机科学与技术专业 2018 级本科 04 班	201809070452	战福棣	工学学士学位	专升本
511	计算机科学与技术专业 2018 级本科 04 班	201809070453	张纪庆	工学学士学位	专升本
512	计算机科学与技术专业 2018 级本科 04 班	201809070454	张琳	工学学士学位	专升本
513	计算机科学与技术专业 2018 级本科 04 班	201809070455	张硕伟	工学学士学位	专升本
514	计算机科学与技术专业 2018 级本科 04 班	201809070456	张亚楠	工学学士学位	专升本
515	计算机科学与技术专业 2018 级本科 04 班	201809070457	赵坤颖	工学学士学位	专升本
516	计算机科学与技术专业 2018 级本科 04 班	201809070458	周锐发	工学学士学位	专升本
517	计算机科学与技术专业 2018 级本科 04 班	201809070459	周雯玉	工学学士学位	专升本
518	计算机科学与技术专业 2018 级本科 04 班	201809070460	周长东	工学学士学位	专升本
519	计算机网络技术专业 2017 级专科 01 班	201709510101	安宝芳		专科
520	计算机网络技术专业 2017 级专科 01 班	201709510102	陈金鼎		专科
521	计算机网络技术专业 2017 级专科 01 班	201709510103	崔晨		专科
522	计算机网络技术专业 2017 级专科 01 班	201709510104	丁雅诗		专科
523	计算机网络技术专业 2017 级专科 01 班	201709510105	董丽娜		专科
524	计算机网络技术专业 2017 级专科 01 班	201709510106	付信侠		专科
525	计算机网络技术专业 2017 级专科 01 班	201709510108	高梦俊		专科
526	计算机网络技术专业 2017 级专科 01 班	201709510110	宫俊勇		专科
527	计算机网络技术专业 2017 级专科 01 班	201709510111	郭晓萌		专科
528	计算机网络技术专业 2017 级专科 01 班	201709510113	韩光磊		专科
529	计算机网络技术专业 2017 级专科 01 班	201709510114	胡治隆		专科
530	计算机网络技术专业 2017 级专科 01 班	201709510115	黄诗韵		专科
531	计算机网络技术专业 2017 级专科 01 班	201709510116	景灿		专科

(续表)

序号	班级	学号	姓名	学位	层次
532	计算机网络技术专业 2017 级专科 01 班	201709510117	孔磊		专科
533	计算机网络技术专业 2017 级专科 01 班	201709510118	孔令泽		专科
534	计算机网络技术专业 2017 级专科 01 班	201709510119	孔晓霞		专科
535	计算机网络技术专业 2017 级专科 01 班	201709510120	李贝贝		专科
536	计算机网络技术专业 2017 级专科 01 班	201709510121	李东明		专科
537	计算机网络技术专业 2017 级专科 01 班	201709510123	李新		专科
538	计算机网络技术专业 2017 级专科 01 班	201709510124	李颜		专科
539	计算机网络技术专业 2017 级专科 01 班	201709510125	刘宝鑫		专科
540	计算机网络技术专业 2017 级专科 01 班	201709510126	刘承琳		专科
541	计算机网络技术专业 2017 级专科 01 班	201709510127	刘春雷		专科
542	计算机网络技术专业 2017 级专科 01 班	201709510128	刘丛		专科
543	计算机网络技术专业 2017 级专科 01 班	201709510129	刘艺璇		专科
544	计算机网络技术专业 2017 级专科 01 班	201709510131	倪玉美		专科
545	计算机网络技术专业 2017 级专科 01 班	201709510133	邵明霞		专科
546	计算机网络技术专业 2017 级专科 01 班	201709510134	苏树江		专科
547	计算机网络技术专业 2017 级专科 01 班	201709510136	王传婷		专科
548	计算机网络技术专业 2017 级专科 01 班	201709510137	王翠平		专科
549	计算机网络技术专业 2017 级专科 01 班	201709510138	王建龙		专科
550	计算机网络技术专业 2017 级专科 01 班	201709510139	王剑		专科
551	计算机网络技术专业 2017 级专科 01 班	201709510140	王介辰		专科
552	计算机网络技术专业 2017 级专科 01 班	201709510141	王金凤		专科
553	计算机网络技术专业 2017 级专科 01 班	201709510142	王苗苗		专科
554	计算机网络技术专业 2017 级专科 01 班	201709510144	王霄		专科
555	计算机网络技术专业 2017 级专科 01 班	201709510145	王晓艳		专科
556	计算机网络技术专业 2017 级专科 01 班	201709510146	王钰淞		专科
557	计算机网络技术专业 2017 级专科 01 班	201709510147	吴乔军		专科
558	计算机网络技术专业 2017 级专科 01 班	201709510148	吴顺芳		专科
559	计算机网络技术专业 2017 级专科 01 班	201709510150	许金特		专科

(续表)

序号	班级	学号	姓名	学位	层次
560	计算机网络技术专业 2017 级专科 01 班	201709510151	杨蕾		专科
561	计算机网络技术专业 2017 级专科 01 班	201709510152	杨林琪		专科
562	计算机网络技术专业 2017 级专科 01 班	201709510153	于同帅		专科
563	计算机网络技术专业 2017 级专科 01 班	201709510154	张帅杰		专科
564	计算机网络技术专业 2017 级专科 01 班	201709510155	张天虎		专科
565	计算机网络技术专业 2017 级专科 01 班	201709510156	张秀		专科
566	计算机网络技术专业 2017 级专科 01 班	201709510157	赵世豪		专科
567	计算机网络技术专业 2017 级专科 01 班	201709510158	赵鑫亮		专科
568	计算机网络技术专业 2017 级专科 01 班	201709510159	赵亚鲁		专科
569	计算机网络技术专业 2017 级专科 01 班	201709510160	郑明		专科
570	计算机网络技术专业 2017 级专科 01 班	201709510161	周满		专科
571	计算机网络技术专业 2017 级专科 01 班	201709510162	朱庚鑫		专科
572	计算机网络技术专业 2017 级专科 01 班	201709510164	朱之东		专科
573	计算机网络技术专业 2017 级专科 01 班	201709510165	宗广州		专科
574	计算机网络技术专业 2017 级专科 01 班	201715530241	张栋豪		专科
575	计算机网络技术专业 2017 级专科 02 班	201509800348	杜鹏		专科
576	计算机网络技术专业 2017 级专科 02 班	201709500202	曹子建		专科
577	计算机网络技术专业 2017 级专科 02 班	201709500203	陈俊宇		专科
578	计算机网络技术专业 2017 级专科 02 班	201709500204	陈令懂		专科
579	计算机网络技术专业 2017 级专科 02 班	201709500205	陈茜		专科
580	计算机网络技术专业 2017 级专科 02 班	201709500206	陈岩		专科
581	计算机网络技术专业 2017 级专科 02 班	201709500207	高博远		专科
582	计算机网络技术专业 2017 级专科 02 班	201709500208	高睿		专科
583	计算机网络技术专业 2017 级专科 02 班	201709500209	高尧		专科
584	计算机网络技术专业 2017 级专科 02 班	201709500210	葛文凯		专科
585	计算机网络技术专业 2017 级专科 02 班	201709500211	公云浩		专科
586	计算机网络技术专业 2017 级专科 02 班	201709500212	顾梦琪		专科
587	计算机网络技术专业 2017 级专科 02 班	201709500215	金美玲		专科

(续表)

序号	班级	学号	姓名	学位	层次
588	计算机网络技术专业 2017 级专科 02 班	201709500216	李光磊		专科
589	计算机网络技术专业 2017 级专科 02 班	201709500217	李泓霖		专科
590	计算机网络技术专业 2017 级专科 02 班	201709500218	李金泽		专科
591	计算机网络技术专业 2017 级专科 02 班	201709500219	李玲		专科
592	计算机网络技术专业 2017 级专科 02 班	201709500220	李知谦		专科
593	计算机网络技术专业 2017 级专科 02 班	201709500221	李志鑫		专科
594	计算机网络技术专业 2017 级专科 02 班	201709500222	梁子健		专科
595	计算机网络技术专业 2017 级专科 02 班	201709500223	刘涵		专科
596	计算机网络技术专业 2017 级专科 02 班	201709500224	刘朋朋		专科
597	计算机网络技术专业 2017 级专科 02 班	201709500225	刘世伟		专科
598	计算机网络技术专业 2017 级专科 02 班	201709500226	刘玉振		专科
599	计算机网络技术专业 2017 级专科 02 班	201709500227	卢相宇		专科
600	计算机网络技术专业 2017 级专科 02 班	201709500229	秦一超		专科
601	计算机网络技术专业 2017 级专科 02 班	201709500230	屈昕琳		专科
602	计算机网络技术专业 2017 级专科 02 班	201709500231	荣维壮		专科
603	计算机网络技术专业 2017 级专科 02 班	201709500232	商潇		专科
604	计算机网络技术专业 2017 级专科 02 班	201709500233	上官晓东		专科
605	计算机网络技术专业 2017 级专科 02 班	201709500234	王柄深		专科
606	计算机网络技术专业 2017 级专科 02 班	201709500235	王红		专科
607	计算机网络技术专业 2017 级专科 02 班	201709500236	王洪斌		专科
608	计算机网络技术专业 2017 级专科 02 班	201709500237	王晓钧		专科
609	计算机网络技术专业 2017 级专科 02 班	201709500238	王雪		专科
610	计算机网络技术专业 2017 级专科 02 班	201709500239	王一栋		专科
611	计算机网络技术专业 2017 级专科 02 班	201709500240	王振宇		专科
612	计算机网络技术专业 2017 级专科 02 班	201709500241	徐岱旭		专科
613	计算机网络技术专业 2017 级专科 02 班	201709500242	徐淑鑫		专科
614	计算机网络技术专业 2017 级专科 02 班	201709500243	徐祥		专科
615	计算机网络技术专业 2017 级专科 02 班	201709500244	杨功坤		专科

(续表)

序号	班级	学号	姓名	学位	层次
616	计算机网络技术专业2017级专科02班	201709500245	杨升冉		专科
617	计算机网络技术专业2017级专科02班	201709500246	杨玉璞		专科
618	计算机网络技术专业2017级专科02班	201709500247	张得力		专科
619	计算机网络技术专业2017级专科02班	201709500248	张国凯		专科
620	计算机网络技术专业2017级专科02班	201709500249	张国骁		专科
621	计算机网络技术专业2017级专科02班	201709500250	张静		专科
622	计算机网络技术专业2017级专科02班	201709500251	赵清华		专科
623	计算机网络技术专业2017级专科02班	201709500253	周纪鲁		专科
624	计算机网络技术专业2017级专科02班	201709500254	朱鹏		专科
625	计算机网络技术专业2017级专科02班	201709500255	庄骋旭		专科
626	计算机网络技术专业2017级专科02班	201716910226	王清玉		专科
627	计算机网络技术专业2017级专科03班	201709500301	陈泽文		专科
628	计算机网络技术专业2017级专科03班	201709500302	崔宏嘉		专科
629	计算机网络技术专业2017级专科03班	201709500303	邓丽萍		专科
630	计算机网络技术专业2017级专科03班	201709500304	董庆恩		专科
631	计算机网络技术专业2017级专科03班	201709500305	窦同顺		专科
632	计算机网络技术专业2017级专科03班	201709500306	范小青		专科
633	计算机网络技术专业2017级专科03班	201709500307	付开硕		专科
634	计算机网络技术专业2017级专科03班	201709500308	顾心瑞		专科
635	计算机网络技术专业2017级专科03班	201709500309	韩焕煜		专科
636	计算机网络技术专业2017级专科03班	201709500310	黄宇		专科
637	计算机网络技术专业2017级专科03班	201709500312	姜金雨		专科
638	计算机网络技术专业2017级专科03班	201709500314	李美娜		专科
639	计算机网络技术专业2017级专科03班	201709500315	李敏		专科
640	计算机网络技术专业2017级专科03班	201709500316	李明泽		专科
641	计算机网络技术专业2017级专科03班	201709500317	李仕禧		专科
642	计算机网络技术专业2017级专科03班	201709500318	李杨海川		专科
643	计算机网络技术专业2017级专科03班	201709500319	李震		专科

(续表)

序号	班级	学号	姓名	学位	层次
644	计算机网络技术专业 2017 级专科 03 班	201709500320	李治霖		专科
645	计算机网络技术专业 2017 级专科 03 班	201709500321	刘春磊		专科
646	计算机网络技术专业 2017 级专科 03 班	201709500322	刘坤鹏		专科
647	计算机网络技术专业 2017 级专科 03 班	201709500323	鲁威		专科
648	计算机网络技术专业 2017 级专科 03 班	201709500324	孟令山		专科
649	计算机网络技术专业 2017 级专科 03 班	201709500325	缪雪辰		专科
650	计算机网络技术专业 2017 级专科 03 班	201709500326	庞丽雪		专科
651	计算机网络技术专业 2017 级专科 03 班	201709500327	彭博		专科
652	计算机网络技术专业 2017 级专科 03 班	201709500328	戚琪		专科
653	计算机网络技术专业 2017 级专科 03 班	201709500329	亓文娟		专科
654	计算机网络技术专业 2017 级专科 03 班	201709500330	宋凤坤		专科
655	计算机网络技术专业 2017 级专科 03 班	201709500331	宋毅		专科
656	计算机网络技术专业 2017 级专科 03 班	201709500332	孙淦		专科
657	计算机网络技术专业 2017 级专科 03 班	201709500333	孙浩		专科
658	计算机网络技术专业 2017 级专科 03 班	201709500334	孙凯		专科
659	计算机网络技术专业 2017 级专科 03 班	201709500335	孙亮杰		专科
660	计算机网络技术专业 2017 级专科 03 班	201709500336	孙铭阳		专科
661	计算机网络技术专业 2017 级专科 03 班	201709500337	邰仁政		专科
662	计算机网络技术专业 2017 级专科 03 班	201709500338	田雨		专科
663	计算机网络技术专业 2017 级专科 03 班	201709500339	王子祺		专科
664	计算机网络技术专业 2017 级专科 03 班	201709500340	王子硕		专科
665	计算机网络技术专业 2017 级专科 03 班	201709500341	夏欣		专科
666	计算机网络技术专业 2017 级专科 03 班	201709500342	徐志强		专科
667	计算机网络技术专业 2017 级专科 03 班	201709500343	许宽		专科
668	计算机网络技术专业 2017 级专科 03 班	201709500344	薛晓菲		专科
669	计算机网络技术专业 2017 级专科 03 班	201709500345	闫可盈		专科
670	计算机网络技术专业 2017 级专科 03 班	201709500347	于汉文		专科
671	计算机网络技术专业 2017 级专科 03 班	201709500348	禹瑶		专科

(续表)

序号	班级	学号	姓名	学位	层次
672	计算机网络技术专业 2017 级专科 03 班	201709500349	翟明成		专科
673	计算机网络技术专业 2017 级专科 03 班	201709500350	张铭		专科
674	计算机网络技术专业 2017 级专科 03 班	201709500351	张帅		专科
675	计算机网络技术专业 2017 级专科 03 班	201709500352	张馨月		专科
676	计算机网络技术专业 2017 级专科 03 班	201709500353	张亚群		专科
677	计算机网络技术专业 2017 级专科 03 班	201709500354	赵旭		专科
678	计算机应用技术专业 2017 级专科 01 班	201609700116	范雪丽		专科
679	计算机应用技术专业 2017 级专科 01 班	201709700102	陈祥涛		专科
680	计算机应用技术专业 2017 级专科 01 班	201709700103	程伟航		专科
681	计算机应用技术专业 2017 级专科 01 班	201709700104	程宪迪		专科
682	计算机应用技术专业 2017 级专科 01 班	201709700105	董浩哲		专科
683	计算机应用技术专业 2017 级专科 01 班	201709700108	管文爽		专科
684	计算机应用技术专业 2017 级专科 01 班	201709700109	郭明月		专科
685	计算机应用技术专业 2017 级专科 01 班	201709700110	韩海啸		专科
686	计算机应用技术专业 2017 级专科 01 班	201709700111	韩梦琦		专科
687	计算机应用技术专业 2017 级专科 01 班	201709700113	胡翔		专科
688	计算机应用技术专业 2017 级专科 01 班	201709700114	江帆		专科
689	计算机应用技术专业 2017 级专科 01 班	201709700115	姜乐乐		专科
690	计算机应用技术专业 2017 级专科 01 班	201709700116	蒋长佳		专科
691	计算机应用技术专业 2017 级专科 01 班	201709700117	孔祥硕		专科
692	计算机应用技术专业 2017 级专科 01 班	201709700118	李丰男		专科
693	计算机应用技术专业 2017 级专科 01 班	201709700119	李玮		专科
694	计算机应用技术专业 2017 级专科 01 班	201709700120	李孝营		专科
695	计算机应用技术专业 2017 级专科 01 班	201709700121	李泽宏		专科
696	计算机应用技术专业 2017 级专科 01 班	201709700123	刘鑫		专科
697	计算机应用技术专业 2017 级专科 01 班	201709700124	马海林		专科
698	计算机应用技术专业 2017 级专科 01 班	201709700126	孟鑫		专科
699	计算机应用技术专业 2017 级专科 01 班	201709700127	彭宇		专科

(续表)

序号	班级	学号	姓名	学位	层次
700	计算机应用技术专业2017级专科01班	201709700128	彭玉		专科
701	计算机应用技术专业2017级专科01班	201709700130	史志强		专科
702	计算机应用技术专业2017级专科01班	201709700131	宋宁		专科
703	计算机应用技术专业2017级专科01班	201709700132	苏振京		专科
704	计算机应用技术专业2017级专科01班	201709700133	孙康		专科
705	计算机应用技术专业2017级专科01班	201709700134	孙琪		专科
706	计算机应用技术专业2017级专科01班	201709700136	唐家豪		专科
707	计算机应用技术专业2017级专科01班	201709700137	万兆成		专科
708	计算机应用技术专业2017级专科01班	201709700138	王雅群		专科
709	计算机应用技术专业2017级专科01班	201709700139	王勇		专科
710	计算机应用技术专业2017级专科01班	201709700140	张洪瑞		专科
711	计算机应用技术专业2017级专科01班	201709700141	张齐		专科
712	计算机应用技术专业2017级专科01班	201709700142	张腾飞		专科
713	计算机应用技术专业2017级专科01班	201709700143	张文静		专科
714	计算机应用技术专业2017级专科01班	201709700144	张文硕		专科
715	计算机应用技术专业2017级专科01班	201709700145	张潇		专科
716	计算机应用技术专业2017级专科01班	201709700146	张小燕		专科
717	计算机应用技术专业2017级专科01班	201709700148	赵敬茹		专科
718	计算机应用技术专业2017级专科01班	201709700149	郑旭阳		专科
719	计算机应用技术专业2017级专科01班	201709700150	周忠航		专科
720	软件技术专业2017级专科01班	201708630113	刘旭东		专科
721	软件技术专业2017级专科01班	201709540101	白新磊		专科
722	软件技术专业2017级专科01班	201709540102	陈宇		专科
723	软件技术专业2017级专科01班	201709540103	陈志超		专科
724	软件技术专业2017级专科01班	201709540104	董欣		专科
725	软件技术专业2017级专科01班	201709540105	冯文佳		专科
726	软件技术专业2017级专科01班	201709540106	付晗		专科
727	软件技术专业2017级专科01班	201709540107	高安楠		专科

(续表)

序号	班级	学号	姓名	学位	层次
728	软件技术专业2017级专科01班	201709540108	高翰林		专科
729	软件技术专业2017级专科01班	201709540109	韩建东		专科
730	软件技术专业2017级专科01班	201709540110	侯梦圆		专科
731	软件技术专业2017级专科01班	201709540111	黄彦		专科
732	软件技术专业2017级专科01班	201709540113	晋薇		专科
733	软件技术专业2017级专科01班	201709540114	李昌生		专科
734	软件技术专业2017级专科01班	201709540115	李革言		专科
735	软件技术专业2017级专科01班	201709540116	李佳乐		专科
736	软件技术专业2017级专科01班	201709540117	李璐		专科
737	软件技术专业2017级专科01班	201709540119	李铭钰		专科
738	软件技术专业2017级专科01班	201709540120	李启东		专科
739	软件技术专业2017级专科01班	201709540121	李鑫		专科
740	软件技术专业2017级专科01班	201709540122	梁露晴		专科
741	软件技术专业2017级专科01班	201709540123	刘近焱		专科
742	软件技术专业2017级专科01班	201709540124	刘凯旋		专科
743	软件技术专业2017级专科01班	201709540125	刘清文		专科
744	软件技术专业2017级专科01班	201709540126	刘晓彤		专科
745	软件技术专业2017级专科01班	201709540127	刘燕菲		专科
746	软件技术专业2017级专科01班	201709540128	刘业		专科
747	软件技术专业2017级专科01班	201709540129	刘颖		专科
748	软件技术专业2017级专科01班	201709540131	吕祥坤		专科
749	软件技术专业2017级专科01班	201709540133	牛慧妮		专科
750	软件技术专业2017级专科01班	201709540134	亓玉红		专科
751	软件技术专业2017级专科01班	201709540135	秦岭		专科
752	软件技术专业2017级专科01班	201709540136	宋文静		专科
753	软件技术专业2017级专科01班	201709540137	孙灯鹤		专科
754	软件技术专业2017级专科01班	201709540138	孙振		专科
755	软件技术专业2017级专科01班	201709540139	孙志诚		专科

(续表)

序号	班级	学号	姓名	学位	层次
756	软件技术专业2017级专科01班	201709540140	王坤洁		专科
757	软件技术专业2017级专科01班	201709540141	王兴昌		专科
758	软件技术专业2017级专科01班	201709540142	王轩		专科
759	软件技术专业2017级专科01班	201709540143	武敏		专科
760	软件技术专业2017级专科01班	201709540144	项强		专科
761	软件技术专业2017级专科01班	201709540145	许红剑		专科
762	软件技术专业2017级专科01班	201709540146	于宁		专科
763	软件技术专业2017级专科01班	201709540147	袁富林		专科
764	软件技术专业2017级专科01班	201709540148	臧江艳		专科
765	软件技术专业2017级专科01班	201709540149	张程		专科
766	软件技术专业2017级专科01班	201709540150	张健辉		专科
767	软件技术专业2017级专科01班	201709540151	张金业		专科
768	软件技术专业2017级专科01班	201709540152	张萌		专科
769	软件技术专业2017级专科01班	201709540153	张琪		专科
770	软件技术专业2017级专科01班	201709540154	张麒		专科
771	软件技术专业2017级专科01班	201709540155	张锐		专科
772	软件技术专业2017级专科01班	201709540156	张世臣		专科
773	软件技术专业2017级专科01班	201709540157	张艳秋		专科
774	软件技术专业2017级专科01班	201709540158	赵雲霞		专科
775	软件技术专业2017级专科01班	201709540159	郑海泽		专科
776	软件技术专业2017级专科01班	201709540160	郑双双		专科
777	软件技术专业2017级专科01班	201709540161	朱传冰		专科
778	软件技术专业2017级专科01班	201716900123	任俊健		专科

土木工程与建筑学院

序号	班级	学号	姓名	学位	层次
1	房地产开发与管理专业2016级本科01班	201615020101	韩明越	管理学学士学位	本科
2	房地产开发与管理专业2016级本科01班	201615020102	段顺	管理学学士学位	本科

(续表)

序号	班级	学号	姓名	学位	层次
3	房地产开发与管理专业 2016 级本科 01 班	201615020103	李媛媛	管理学学士学位	本科
4	房地产开发与管理专业 2016 级本科 01 班	201615020104	谭周峰	管理学学士学位	本科
5	房地产开发与管理专业 2016 级本科 01 班	201615020105	张凯旋	管理学学士学位	本科
6	房地产开发与管理专业 2016 级本科 01 班	201615020106	林圣植	管理学学士学位	本科
7	房地产开发与管理专业 2016 级本科 01 班	201615020107	牟盈姝	管理学学士学位	本科
8	房地产开发与管理专业 2016 级本科 01 班	201615020108	于洋	管理学学士学位	本科
9	房地产开发与管理专业 2016 级本科 01 班	201615020109	刘一军	管理学学士学位	本科
10	房地产开发与管理专业 2016 级本科 01 班	201615020112	林梦	管理学学士学位	本科
11	房地产开发与管理专业 2016 级本科 01 班	201615020113	张佳俐	管理学学士学位	本科
12	房地产开发与管理专业 2016 级本科 01 班	201615020115	杨云惠	管理学学士学位	本科
13	房地产开发与管理专业 2016 级本科 01 班	201615020116	张宁欣	管理学学士学位	本科
14	房地产开发与管理专业 2016 级本科 01 班	201615020120	田磊	管理学学士学位	本科
15	房地产开发与管理专业 2016 级本科 01 班	201615020121	尹月	管理学学士学位	本科
16	房地产开发与管理专业 2016 级本科 01 班	201615020124	胡佰贺	管理学学士学位	本科
17	房地产开发与管理专业 2016 级本科 01 班	201615020126	曹爱敏	管理学学士学位	本科
18	房地产开发与管理专业 2016 级本科 01 班	201615020127	公瑞	管理学学士学位	本科
19	房地产开发与管理专业 2016 级本科 01 班	201615020128	李梦颀	管理学学士学位	本科
20	房地产开发与管理专业 2016 级本科 01 班	201615020129	王蕊	管理学学士学位	本科
21	房地产开发与管理专业 2016 级本科 01 班	201615020130	薛良腾	管理学学士学位	本科
22	房地产开发与管理专业 2016 级本科 01 班	201615020131	刘晶博	管理学学士学位	本科
23	房地产开发与管理专业 2016 级本科 01 班	201615020132	李贤亮	管理学学士学位	本科
24	房地产开发与管理专业 2016 级本科 01 班	201615020133	杨妮娜	管理学学士学位	本科
25	房地产开发与管理专业 2016 级本科 01 班	201615020135	王书培	管理学学士学位	本科
26	房地产开发与管理专业 2016 级本科 01 班	201615020136	汪美丽	管理学学士学位	本科
27	房地产开发与管理专业 2016 级本科 01 班	201615020137	范黎萍	管理学学士学位	本科
28	房地产开发与管理专业 2016 级本科 01 班	201615020139	乐紫萱	管理学学士学位	本科
29	房地产开发与管理专业 2016 级本科 01 班	201615020140	宋成	管理学学士学位	本科
30	建筑学专业 2016 级本科 01 班	201615030101	刘维龙	工学学士学位	本科

(续表)

序号	班级	学号	姓名	学位	层次
31	建筑学专业 2016 级本科 01 班	201615030102	刘永光	工学学士学位	本科
32	建筑学专业 2016 级本科 01 班	201615030103	刘伟倩	工学学士学位	本科
33	建筑学专业 2016 级本科 01 班	201615030104	徐飞	工学学士学位	本科
34	建筑学专业 2016 级本科 01 班	201615030105	么利欢	工学学士学位	本科
35	建筑学专业 2016 级本科 01 班	201615030106	尹雅琪	工学学士学位	本科
36	建筑学专业 2016 级本科 01 班	201615030107	岳迪	工学学士学位	本科
37	建筑学专业 2016 级本科 01 班	201615030108	潘欣	工学学士学位	本科
38	建筑学专业 2016 级本科 01 班	201615030109	高文欣	工学学士学位	本科
39	建筑学专业 2016 级本科 01 班	201615030110	陈爽	工学学士学位	本科
40	建筑学专业 2016 级本科 01 班	201615030111	王志伟	工学学士学位	本科
41	建筑学专业 2016 级本科 01 班	201615030112	宋梓艺	工学学士学位	本科
42	建筑学专业 2016 级本科 01 班	201615030113	刘明慧	工学学士学位	本科
43	建筑学专业 2016 级本科 01 班	201615030114	徐怀秀	工学学士学位	本科
44	建筑学专业 2016 级本科 01 班	201615030115	解中赫	工学学士学位	本科
45	建筑学专业 2016 级本科 01 班	201615030116	张亚琳	工学学士学位	本科
46	建筑学专业 2016 级本科 01 班	201615030117	陈风雪	工学学士学位	本科
47	建筑学专业 2016 级本科 01 班	201615030118	李豪	工学学士学位	本科
48	建筑学专业 2016 级本科 01 班	201615030119	刘鉴莹	工学学士学位	本科
49	建筑学专业 2016 级本科 01 班	201615030120	王钰钦	工学学士学位	本科
50	建筑学专业 2016 级本科 01 班	201615030121	曹金洲	工学学士学位	本科
51	建筑学专业 2016 级本科 01 班	201615030122	姜海永	工学学士学位	本科
52	建筑学专业 2016 级本科 01 班	201615030123	刘俊	工学学士学位	本科
53	建筑学专业 2016 级本科 01 班	201615030125	赵强	工学学士学位	本科
54	建筑学专业 2016 级本科 01 班	201615030126	慎文博	工学学士学位	本科
55	建筑学专业 2016 级本科 01 班	201615030127	文艳	工学学士学位	本科
56	建筑学专业 2016 级本科 01 班	201615040229	陈龙	工学学士学位	本科
57	建筑学专业 2016 级本科 02 班	201503140205	李昊田	工学学士学位	本科
58	建筑学专业 2016 级本科 02 班	201615030201	刘雪	工学学士学位	本科

(续表)

序号	班级	学号	姓名	学位	层次
59	建筑学专业 2016 级本科 02 班	201615030202	刘姝君	工学学士学位	本科
60	建筑学专业 2016 级本科 02 班	201615030203	李超	工学学士学位	本科
61	建筑学专业 2016 级本科 02 班	201615030204	张立山	工学学士学位	本科
62	建筑学专业 2016 级本科 02 班	201615030205	赵林旭	工学学士学位	本科
63	建筑学专业 2016 级本科 02 班	201615030206	高旭	工学学士学位	本科
64	建筑学专业 2016 级本科 02 班	201615030207	李学金	工学学士学位	本科
65	建筑学专业 2016 级本科 02 班	201615030208	尹永慧	工学学士学位	本科
66	建筑学专业 2016 级本科 02 班	201615030209	韩梦娇	工学学士学位	本科
67	建筑学专业 2016 级本科 02 班	201615030210	邱坤图	工学学士学位	本科
68	建筑学专业 2016 级本科 02 班	201615030211	孙霄笛	工学学士学位	本科
69	建筑学专业 2016 级本科 02 班	201615030212	邱艳霞	工学学士学位	本科
70	建筑学专业 2016 级本科 02 班	201615030213	陈黎明	工学学士学位	本科
71	建筑学专业 2016 级本科 02 班	201615030214	隋辉仪	工学学士学位	本科
72	建筑学专业 2016 级本科 02 班	201615030215	王文青	工学学士学位	本科
73	建筑学专业 2016 级本科 02 班	201615030216	邹鑫尧	工学学士学位	本科
74	建筑学专业 2016 级本科 02 班	201615030218	杨伟华	工学学士学位	本科
75	建筑学专业 2016 级本科 02 班	201615030219	秦存升	工学学士学位	本科
76	建筑学专业 2016 级本科 02 班	201615030220	孙禛	工学学士学位	本科
77	建筑学专业 2016 级本科 02 班	201615030221	张惠雯	工学学士学位	本科
78	建筑学专业 2016 级本科 02 班	201615030223	王渝	工学学士学位	本科
79	建筑学专业 2016 级本科 02 班	201615030224	李梦菁	工学学士学位	本科
80	建筑学专业 2016 级本科 02 班	201615030225	史英楠	工学学士学位	本科
81	建筑学专业 2016 级本科 02 班	201615030226	赵雄文	工学学士学位	本科
82	建筑学专业 2016 级本科 02 班	201615030227	胡炳灿	工学学士学位	本科
83	土木工程专业 2016 级本科 01 班	201503120127	彭倩	工学学士学位	本科
84	土木工程专业 2016 级本科 01 班	201615040101	呼肖辉	工学学士学位	本科
85	土木工程专业 2016 级本科 01 班	201615040102	谢江瑜	工学学士学位	本科
86	土木工程专业 2016 级本科 01 班	201615040103	徐凯玄	工学学士学位	本科

(续表)

序号	班级	学号	姓名	学位	层次
87	土木工程专业2016级本科01班	201615040104	赵子宁	工学学士学位	本科
88	土木工程专业2016级本科01班	201615040105	张智勇	工学学士学位	本科
89	土木工程专业2016级本科01班	201615040106	侯雪迪	工学学士学位	本科
90	土木工程专业2016级本科01班	201615040107	丁傲秋	工学学士学位	本科
91	土木工程专业2016级本科01班	201615040108	安祝	工学学士学位	本科
92	土木工程专业2016级本科01班	201615040109	吴小云	工学学士学位	本科
93	土木工程专业2016级本科01班	201615040110	张帅杰	工学学士学位	本科
94	土木工程专业2016级本科01班	201615040111	李洪亮	工学学士学位	本科
95	土木工程专业2016级本科01班	201615040112	宋佳琪	工学学士学位	本科
96	土木工程专业2016级本科01班	201615040113	吕梦竹	工学学士学位	本科
97	土木工程专业2016级本科01班	201615040114	陈晓伟	工学学士学位	本科
98	土木工程专业2016级本科01班	201615040115	朱方玮	工学学士学位	本科
99	土木工程专业2016级本科01班	201615040116	王阿佳	工学学士学位	本科
100	土木工程专业2016级本科01班	201615040117	严杰	工学学士学位	本科
101	土木工程专业2016级本科01班	201615040118	张继收	工学学士学位	本科
102	土木工程专业2016级本科01班	201615040119	杜宝文	工学学士学位	本科
103	土木工程专业2016级本科01班	201615040120	王晨旭	工学学士学位	本科
104	土木工程专业2016级本科01班	201615040121	庞振	工学学士学位	本科
105	土木工程专业2016级本科01班	201615040122	祝岳	工学学士学位	本科
106	土木工程专业2016级本科01班	201615040123	闫恩福	工学学士学位	本科
107	土木工程专业2016级本科01班	201615040124	杨加兴	工学学士学位	本科
108	土木工程专业2016级本科01班	201615040126	王相卿	工学学士学位	本科
109	土木工程专业2016级本科01班	201615040127	耿胜男	工学学士学位	本科
110	土木工程专业2016级本科01班	201615040128	程豪	工学学士学位	本科
111	土木工程专业2016级本科01班	201615040129	吕松峰	工学学士学位	本科
112	土木工程专业2016级本科01班	201615040130	聂婷	工学学士学位	本科
113	土木工程专业2016级本科01班	201615040131	陈智良	工学学士学位	本科
114	土木工程专业2016级本科01班	201615040132	刘帆	工学学士学位	本科

(续表)

序号	班级	学号	姓名	学位	层次
115	土木工程专业2016级本科02班	201615040201	王金鹏	工学学士学位	本科
116	土木工程专业2016级本科02班	201615040202	尹春栋	工学学士学位	本科
117	土木工程专业2016级本科02班	201615040203	邓嘉	工学学士学位	本科
118	土木工程专业2016级本科02班	201615040204	高蕾蕾	工学学士学位	本科
119	土木工程专业2016级本科02班	201615040205	周中冠	工学学士学位	本科
120	土木工程专业2016级本科02班	201615040206	张义堃	工学学士学位	本科
121	土木工程专业2016级本科02班	201615040207	黄文杰	工学学士学位	本科
122	土木工程专业2016级本科02班	201615040208	杜密生	工学学士学位	本科
123	土木工程专业2016级本科02班	201615040209	宋成法	工学学士学位	本科
124	土木工程专业2016级本科02班	201615040210	杜建行	工学学士学位	本科
125	土木工程专业2016级本科02班	201615040211	杨茂	工学学士学位	本科
126	土木工程专业2016级本科02班	201615040212	韩玉莲	工学学士学位	本科
127	土木工程专业2016级本科02班	201615040213	王东凯	工学学士学位	本科
128	土木工程专业2016级本科02班	201615040214	上官康琪	工学学士学位	本科
129	土木工程专业2016级本科02班	201615040215	李小萌	工学学士学位	本科
130	土木工程专业2016级本科02班	201615040216	何滨冰	工学学士学位	本科
131	土木工程专业2016级本科02班	201615040217	葛伟	工学学士学位	本科
132	土木工程专业2016级本科02班	201615040218	山文华	工学学士学位	本科
133	土木工程专业2016级本科02班	201615040219	刘永康	工学学士学位	本科
134	土木工程专业2016级本科02班	201615040220	许京栋	工学学士学位	本科
135	土木工程专业2016级本科02班	201615040221	宋炎峰	工学学士学位	本科
136	土木工程专业2016级本科02班	201615040222	张煜	工学学士学位	本科
137	土木工程专业2016级本科02班	201615040223	高阳	工学学士学位	本科
138	土木工程专业2016级本科02班	201615040224	陈长青	工学学士学位	本科
139	土木工程专业2016级本科02班	201615040225	王升臣	工学学士学位	本科
140	土木工程专业2016级本科02班	201615040226	刘浩	工学学士学位	本科
141	土木工程专业2016级本科02班	201615040227	李雪梅	工学学士学位	本科
142	土木工程专业2016级本科02班	201615040228	赵文斌	工学学士学位	本科

(续表)

序号	班级	学号	姓名	学位	层次
143	土木工程专业2016级本科02班	201615040230	韩铭	工学学士学位	本科
144	土木工程专业2016级本科02班	201615040231	骆周颖	工学学士学位	本科
145	土木工程专业2016级本科02班	201615040232	强轶涵	工学学士学位	本科
146	土木工程专业2016级本科02班	201615040233	阿吉木·沙迪尔	工学学士学位	本科
147	土木工程专业2016级本科03班	201615040301	曹晋奕	工学学士学位	本科
148	土木工程专业2016级本科03班	201615040302	杨倩	工学学士学位	本科
149	土木工程专业2016级本科03班	201615040303	张朝轩	工学学士学位	本科
150	土木工程专业2016级本科03班	201615040304	朱孟钊	工学学士学位	本科
151	土木工程专业2016级本科03班	201615040305	刘一鸣	工学学士学位	本科
152	土木工程专业2016级本科03班	201615040306	李清芝	工学学士学位	本科
153	土木工程专业2016级本科03班	201615040307	朱瑞晴	工学学士学位	本科
154	土木工程专业2016级本科03班	201615040308	王杰	工学学士学位	本科
155	土木工程专业2016级本科03班	201615040309	王钰峰	工学学士学位	本科
156	土木工程专业2016级本科03班	201615040310	鲍旭东	工学学士学位	本科
157	土木工程专业2016级本科03班	201615040311	田艳	工学学士学位	本科
158	土木工程专业2016级本科03班	201615040312	李怡洁	工学学士学位	本科
159	土木工程专业2016级本科03班	201615040313	徐胧明	工学学士学位	本科
160	土木工程专业2016级本科03班	201615040314	胡浩南	工学学士学位	本科
161	土木工程专业2016级本科03班	201615040315	马文静	工学学士学位	本科
162	土木工程专业2016级本科03班	201615040316	李咏	工学学士学位	本科
163	土木工程专业2016级本科03班	201615040317	吕瑶瑶	工学学士学位	本科
164	土木工程专业2016级本科03班	201615040318	付民	工学学士学位	本科
165	土木工程专业2016级本科03班	201615040319	王胜东	工学学士学位	本科
166	土木工程专业2016级本科03班	201615040320	吴迪	工学学士学位	本科
167	土木工程专业2016级本科03班	201615040321	王超	工学学士学位	本科
168	土木工程专业2016级本科03班	201615040322	杨树翔	工学学士学位	本科
169	土木工程专业2016级本科03班	201615040323	于启迪	工学学士学位	本科
170	土木工程专业2016级本科03班	201615040324	闫畅	工学学士学位	本科

(续表)

序号	班级	学号	姓名	学位	层次
171	土木工程专业 2016 级本科 03 班	201615040325	周翱翔	工学学士学位	本科
172	土木工程专业 2016 级本科 03 班	201615040326	杨文娟	工学学士学位	本科
173	土木工程专业 2016 级本科 03 班	201615040327	万儒群	工学学士学位	本科
174	土木工程专业 2016 级本科 03 班	201615040328	尹旭飞	工学学士学位	本科
175	土木工程专业 2016 级本科 03 班	201615040329	曹永明	工学学士学位	本科
176	土木工程专业 2016 级本科 03 班	201615040330	程思强	工学学士学位	本科
177	土木工程专业 2016 级本科 03 班	201615040331	闫艳波	工学学士学位	本科
178	土木工程专业 2016 级本科 03 班	201615040332	董潇	工学学士学位	本科
179	土木工程专业 2016 级本科 04 班	201615040401	黄冰冰	工学学士学位	本科
180	土木工程专业 2016 级本科 04 班	201615040402	王争争	工学学士学位	本科
181	土木工程专业 2016 级本科 04 班	201615040403	李洪超	工学学士学位	本科
182	土木工程专业 2016 级本科 04 班	201615040404	李明厚	工学学士学位	本科
183	土木工程专业 2016 级本科 04 班	201615040405	白峰	工学学士学位	本科
184	土木工程专业 2016 级本科 04 班	201615040406	郭雅峰	工学学士学位	本科
185	土木工程专业 2016 级本科 04 班	201615040407	刘佳琦	工学学士学位	本科
186	土木工程专业 2016 级本科 04 班	201615040408	贾立超	工学学士学位	本科
187	土木工程专业 2016 级本科 04 班	201615040409	宫传荣	工学学士学位	本科
188	土木工程专业 2016 级本科 04 班	201615040410	高帅	工学学士学位	本科
189	土木工程专业 2016 级本科 04 班	201615040411	宋焕鑫	工学学士学位	本科
190	土木工程专业 2016 级本科 04 班	201615040412	彭松	工学学士学位	本科
191	土木工程专业 2016 级本科 04 班	201615040413	刘志翔	工学学士学位	本科
192	土木工程专业 2016 级本科 04 班	201615040414	王潮鑫	工学学士学位	本科
193	土木工程专业 2016 级本科 04 班	201615040415	朱海涛	工学学士学位	本科
194	土木工程专业 2016 级本科 04 班	201615040416	唐夫生	工学学士学位	本科
195	土木工程专业 2016 级本科 04 班	201615040417	宋海一	工学学士学位	本科
196	土木工程专业 2016 级本科 04 班	201615040418	邱东亮	工学学士学位	本科
197	土木工程专业 2016 级本科 04 班	201615040420	刘庆丰	工学学士学位	本科
198	土木工程专业 2016 级本科 04 班	201615040421	李自振	工学学士学位	本科

(续表)

序号	班级	学号	姓名	学位	层次
199	土木工程专业 2016 级本科 04 班	201615040423	李泽儒	工学学士学位	本科
200	土木工程专业 2016 级本科 04 班	201615040424	刘庆波	工学学士学位	本科
201	土木工程专业 2016 级本科 04 班	201615040425	邱志杰	工学学士学位	本科
202	土木工程专业 2016 级本科 04 班	201615040426	李欣阳	工学学士学位	本科
203	土木工程专业 2016 级本科 04 班	201615040427	杨超群	工学学士学位	本科
204	土木工程专业 2016 级本科 04 班	201615040428	刘召	工学学士学位	本科
205	土木工程专业 2016 级本科 04 班	201615040429	李亚鸥	工学学士学位	本科
206	土木工程专业 2016 级本科 04 班	201615040430	刘斌	工学学士学位	本科
207	土木工程专业 2016 级本科 04 班	201615040431	杨荣伟	工学学士学位	本科
208	土木工程专业 2016 级本科 04 班	201615040432	覃光览	工学学士学位	本科
209	土木工程专业 2018 级本科 01 班	201815060101	班燕楠	工学学士学位	专升本
210	土木工程专业 2018 级本科 01 班	201815060102	卞航	工学学士学位	专升本
211	土木工程专业 2018 级本科 01 班	201815060103	蔡川	工学学士学位	专升本
212	土木工程专业 2018 级本科 01 班	201815060104	陈常敏	工学学士学位	专升本
213	土木工程专业 2018 级本科 01 班	201815060105	陈颖	工学学士学位	专升本
214	土木工程专业 2018 级本科 01 班	201815060106	成奥维	工学学士学位	专升本
215	土木工程专业 2018 级本科 01 班	201815060107	丁明君	工学学士学位	专升本
216	土木工程专业 2018 级本科 01 班	201815060108	董笛	工学学士学位	专升本
217	土木工程专业 2018 级本科 01 班	201815060109	段崇阳	工学学士学位	专升本
218	土木工程专业 2018 级本科 01 班	201815060110	范广伟	工学学士学位	专升本
219	土木工程专业 2018 级本科 01 班	201815060111	范振成	工学学士学位	专升本
220	土木工程专业 2018 级本科 01 班	201815060112	高萌	工学学士学位	专升本
221	土木工程专业 2018 级本科 01 班	201815060113	郭宁	工学学士学位	专升本
222	土木工程专业 2018 级本科 01 班	201815060114	和西民	工学学士学位	专升本
223	土木工程专业 2018 级本科 01 班	201815060115	胡顺彩	工学学士学位	专升本
224	土木工程专业 2018 级本科 01 班	201815060116	黄心硕	工学学士学位	专升本
225	土木工程专业 2018 级本科 01 班	201815060117	姜良金	工学学士学位	专升本
226	土木工程专业 2018 级本科 01 班	201815060118	蒋泽宇	工学学士学位	专升本

(续表)

序号	班级	学号	姓名	学位	层次
227	土木工程专业 2018 级本科 01 班	201815060119	冷卓宇	工学学士学位	专升本
228	土木工程专业 2018 级本科 01 班	201815060120	李婷婷	工学学士学位	专升本
229	土木工程专业 2018 级本科 01 班	201815060121	李同帅	工学学士学位	专升本
230	土木工程专业 2018 级本科 01 班	201815060122	李泽浩	工学学士学位	专升本
231	土木工程专业 2018 级本科 01 班	201815060123	林鹏飞	工学学士学位	专升本
232	土木工程专业 2018 级本科 01 班	201815060124	刘骞文	工学学士学位	专升本
233	土木工程专业 2018 级本科 01 班	201815060125	刘静茹	工学学士学位	专升本
234	土木工程专业 2018 级本科 01 班	201815060126	刘连栋	工学学士学位	专升本
235	土木工程专业 2018 级本科 01 班	201815060127	刘旺	工学学士学位	专升本
236	土木工程专业 2018 级本科 01 班	201815060128	刘雪婷	工学学士学位	专升本
237	土木工程专业 2018 级本科 01 班	201815060129	鲁肃	工学学士学位	专升本
238	土木工程专业 2018 级本科 01 班	201815060130	庞宁波	工学学士学位	专升本
239	土木工程专业 2018 级本科 01 班	201815060131	宋丹	工学学士学位	专升本
240	土木工程专业 2018 级本科 01 班	201815060132	孙得志	工学学士学位	专升本
241	土木工程专业 2018 级本科 01 班	201815060133	孙晓燕	工学学士学位	专升本
242	土木工程专业 2018 级本科 01 班	201815060134	田煜	工学学士学位	专升本
243	土木工程专业 2018 级本科 01 班	201815060135	王磊	工学学士学位	专升本
244	土木工程专业 2018 级本科 01 班	201815060136	王阳	工学学士学位	专升本
245	土木工程专业 2018 级本科 01 班	201815060137	温晓东	工学学士学位	专升本
246	土木工程专业 2018 级本科 01 班	201815060138	肖立国	工学学士学位	专升本
247	土木工程专业 2018 级本科 01 班	201815060139	阎首辰	工学学士学位	专升本
248	土木工程专业 2018 级本科 01 班	201815060140	姚振华	工学学士学位	专升本
249	土木工程专业 2018 级本科 01 班	201815060141	尹瑞杰	工学学士学位	专升本
250	土木工程专业 2018 级本科 01 班	201815060142	尹文雯	工学学士学位	专升本
251	土木工程专业 2018 级本科 01 班	201815060143	张迪	工学学士学位	专升本
252	土木工程专业 2018 级本科 01 班	201815060144	张豪斌	工学学士学位	专升本
253	土木工程专业 2018 级本科 01 班	201815060145	张嘉嘉	工学学士学位	专升本
254	土木工程专业 2018 级本科 01 班	201815060146	张鹏	工学学士学位	专升本

(续表)

序号	班级	学号	姓名	学位	层次
255	土木工程专业 2018 级本科 01 班	201815060147	张瑞军	工学学士学位	专升本
256	土木工程专业 2018 级本科 01 班	201815060148	张伟	工学学士学位	专升本
257	土木工程专业 2018 级本科 01 班	201815060149	张修升	工学学士学位	专升本
258	土木工程专业 2018 级本科 01 班	201815060150	张志强	工学学士学位	专升本
259	土木工程专业 2018 级本科 01 班	201815060151	赵蓝青	工学学士学位	专升本
260	土木工程专业 2018 级本科 01 班	201815060152	邱晓磊	工学学士学位	专升本
261	房地产经营与管理专业 2017 级专科 01 班	201204750111	韩帅		专科
262	房地产经营与管理专业 2017 级专科 01 班	201204750218	孙若曦		专科
263	房地产经营与管理专业 2017 级专科 01 班	201715680101	陈明慧		专科
264	房地产经营与管理专业 2017 级专科 01 班	201715680102	崔婷婷		专科
265	房地产经营与管理专业 2017 级专科 01 班	201715680103	冯云凤		专科
266	房地产经营与管理专业 2017 级专科 01 班	201715680104	郭瑞战		专科
267	房地产经营与管理专业 2017 级专科 01 班	201715680105	李超		专科
268	房地产经营与管理专业 2017 级专科 01 班	201715680106	李秀美		专科
269	房地产经营与管理专业 2017 级专科 01 班	201715680107	刘家豪		专科
270	房地产经营与管理专业 2017 级专科 01 班	201715680108	马慧		专科
271	房地产经营与管理专业 2017 级专科 01 班	201715680109	牛忻业		专科
272	房地产经营与管理专业 2017 级专科 01 班	201715680111	田晓妍		专科
273	房地产经营与管理专业 2017 级专科 01 班	201715680112	王富凯		专科
274	房地产经营与管理专业 2017 级专科 01 班	201715680113	王静		专科
275	房地产经营与管理专业 2017 级专科 01 班	201715680114	王树峰		专科
276	房地产经营与管理专业 2017 级专科 01 班	201715680115	王宇昊		专科
277	房地产经营与管理专业 2017 级专科 01 班	201715680117	邢立燕		专科
278	房地产经营与管理专业 2017 级专科 01 班	201715680118	许春霖		专科
279	房地产经营与管理专业 2017 级专科 01 班	201715680119	颜敏		专科
280	房地产经营与管理专业 2017 级专科 01 班	201715680120	杨天瑶		专科
281	房地产经营与管理专业 2017 级专科 01 班	201715680121	伊先志		专科
282	房地产经营与管理专业 2017 级专科 01 班	201715680123	袁盛峰		专科

(续表)

序号	班级	学号	姓名	学位	层次
283	房地产经营与管理专业2017级专科01班	201715680124	张登歌		专科
284	房地产经营与管理专业2017级专科01班	201715680126	张巧慧		专科
285	房地产经营与管理专业2017级专科01班	201715680127	张雪菲		专科
286	房地产经营与管理专业2017级专科01班	201715680128	仇茜雅		专科
287	房地产经营与管理专业2017级专科01班	201715680129	赵娜		专科
288	房地产经营与管理专业2017级专科02班	201715680201	陈云昊		专科
289	房地产经营与管理专业2017级专科02班	201715680202	段鹏飞		专科
290	房地产经营与管理专业2017级专科02班	201715680203	耿帅		专科
291	房地产经营与管理专业2017级专科02班	201715680204	何琪		专科
292	房地产经营与管理专业2017级专科02班	201715680205	李诗雯		专科
293	房地产经营与管理专业2017级专科02班	201715680206	李致远		专科
294	房地产经营与管理专业2017级专科02班	201715680207	刘晓		专科
295	房地产经营与管理专业2017级专科02班	201715680208	牟尊飞		专科
296	房地产经营与管理专业2017级专科02班	201715680209	尚斐		专科
297	房地产经营与管理专业2017级专科02班	201715680210	孙超		专科
298	房地产经营与管理专业2017级专科02班	201715680211	王超		专科
299	房地产经营与管理专业2017级专科02班	201715680212	王慧琪		专科
300	房地产经营与管理专业2017级专科02班	201715680213	王璐		专科
301	房地产经营与管理专业2017级专科02班	201715680214	王雪		专科
302	房地产经营与管理专业2017级专科02班	201715680215	王玉玮		专科
303	房地产经营与管理专业2017级专科02班	201715680216	席建利		专科
304	房地产经营与管理专业2017级专科02班	201715680217	徐慧佳		专科
305	房地产经营与管理专业2017级专科02班	201715680218	许光乾		专科
306	房地产经营与管理专业2017级专科02班	201715680219	杨帆		专科
307	房地产经营与管理专业2017级专科02班	201715680220	杨学章		专科
308	房地产经营与管理专业2017级专科02班	201715680221	应钺聪		专科
309	房地产经营与管理专业2017级专科02班	201715680222	余青青		专科
310	房地产经营与管理专业2017级专科02班	201715680223	张晨		专科

(续表)

序号	班级	学号	姓名	学位	层次
311	房地产经营与管理专业 2017 级专科 02 班	201715680224	张迪		专科
312	房地产经营与管理专业 2017 级专科 02 班	201715680225	张金玉		专科
313	房地产经营与管理专业 2017 级专科 02 班	201715680226	张晓晓		专科
314	房地产经营与管理专业 2017 级专科 02 班	201715680227	张玉		专科
315	房地产经营与管理专业 2017 级专科 02 班	201715680229	赵述喆		专科
316	房地产经营与管理专业 2017 级专科 02 班	201715680230	周艳汝		专科
317	房地产经营与管理专业 2017 级专科 03 班	201615690417	孙忠浩		专科
318	房地产经营与管理专业 2017 级专科 03 班	201715690301	曹成宝		专科
319	房地产经营与管理专业 2017 级专科 03 班	201715690302	陈茹洁		专科
320	房地产经营与管理专业 2017 级专科 03 班	201715690303	程晓霞		专科
321	房地产经营与管理专业 2017 级专科 03 班	201715690304	单浩宸		专科
322	房地产经营与管理专业 2017 级专科 03 班	201715690305	高浚凯		专科
323	房地产经营与管理专业 2017 级专科 03 班	201715690306	耿达		专科
324	房地产经营与管理专业 2017 级专科 03 班	201715690307	胡明哲		专科
325	房地产经营与管理专业 2017 级专科 03 班	201715690308	李梦茹		专科
326	房地产经营与管理专业 2017 级专科 03 班	201715690309	李晓倩		专科
327	房地产经营与管理专业 2017 级专科 03 班	201715690312	刘军		专科
328	房地产经营与管理专业 2017 级专科 03 班	201715690313	刘小凡		专科
329	房地产经营与管理专业 2017 级专科 03 班	201715690314	刘胥玟		专科
330	房地产经营与管理专业 2017 级专科 03 班	201715690315	刘志铭		专科
331	房地产经营与管理专业 2017 级专科 03 班	201715690316	吕晨茹		专科
332	房地产经营与管理专业 2017 级专科 03 班	201715690317	穆德鹏		专科
333	房地产经营与管理专业 2017 级专科 03 班	201715690318	穆玉		专科
334	房地产经营与管理专业 2017 级专科 03 班	201715690319	商立超		专科
335	房地产经营与管理专业 2017 级专科 03 班	201715690321	宋烜宇		专科
336	房地产经营与管理专业 2017 级专科 03 班	201715690322	孙文丹		专科
337	房地产经营与管理专业 2017 级专科 03 班	201715690324	田佳烨		专科
338	房地产经营与管理专业 2017 级专科 03 班	201715690326	王振		专科

(续表)

序号	班级	学号	姓名	学位	层次
339	房地产经营与管理专业 2017 级专科 03 班	201715690327	魏东		专科
340	房地产经营与管理专业 2017 级专科 03 班	201715690328	张啸天		专科
341	房地产经营与管理专业 2017 级专科 03 班	201715690329	周聪瑾		专科
342	房地产经营与管理专业 2017 级专科 03 班	201715690330	周蕾洁		专科
343	房地产经营与管理专业 2017 级专科 04 班	201715690401	陈佳豪		专科
344	房地产经营与管理专业 2017 级专科 04 班	201715690402	陈云鹏		专科
345	房地产经营与管理专业 2017 级专科 04 班	201715690403	崔赜		专科
346	房地产经营与管理专业 2017 级专科 04 班	201715690404	付茂谦		专科
347	房地产经营与管理专业 2017 级专科 04 班	201715690405	高祝琪		专科
348	房地产经营与管理专业 2017 级专科 04 班	201715690406	侯卜平		专科
349	房地产经营与管理专业 2017 级专科 04 班	201715690408	李朔		专科
350	房地产经营与管理专业 2017 级专科 04 班	201715690409	李心如		专科
351	房地产经营与管理专业 2017 级专科 04 班	201715690410	李昱萱		专科
352	房地产经营与管理专业 2017 级专科 04 班	201715690411	刘佳皓		专科
353	房地产经营与管理专业 2017 级专科 04 班	201715690413	刘心怡		专科
354	房地产经营与管理专业 2017 级专科 04 班	201715690414	刘云飞		专科
355	房地产经营与管理专业 2017 级专科 04 班	201715690415	鹿芮		专科
356	房地产经营与管理专业 2017 级专科 04 班	201715690416	孟令坤		专科
357	房地产经营与管理专业 2017 级专科 04 班	201715690417	穆航		专科
358	房地产经营与管理专业 2017 级专科 04 班	201715690418	彭皓		专科
359	房地产经营与管理专业 2017 级专科 04 班	201715690419	邵美琪		专科
360	房地产经营与管理专业 2017 级专科 04 班	201715690420	双成		专科
361	房地产经营与管理专业 2017 级专科 04 班	201715690421	苏兰振		专科
362	房地产经营与管理专业 2017 级专科 04 班	201715690422	孙雅琳		专科
363	房地产经营与管理专业 2017 级专科 04 班	201715690423	唐明月		专科
364	房地产经营与管理专业 2017 级专科 04 班	201715690424	王晨泱		专科
365	房地产经营与管理专业 2017 级专科 04 班	201715690425	王麒		专科
366	房地产经营与管理专业 2017 级专科 04 班	201715690426	王志远		专科

(续表)

序号	班级	学号	姓名	学位	层次
367	房地产经营与管理专业 2017 级专科 04 班	201715690427	杨爽		专科
368	房地产经营与管理专业 2017 级专科 04 班	201715690428	张政坤		专科
369	房地产经营与管理专业 2017 级专科 04 班	201715690429	周凯源		专科
370	房地产经营与管理专业 2017 级专科 04 班	201715690430	朱晨旭		专科
371	建筑工程技术专业 2017 级专科 01 班	201204720235	程琳		专科
372	建筑工程技术专业 2017 级专科 01 班	201218710227	王艺霖		专科
373	建筑工程技术专业 2017 级专科 01 班	201518710144	高洪飞		专科
374	建筑工程技术专业 2017 级专科 01 班	201715530101	毕传琦		专科
375	建筑工程技术专业 2017 级专科 01 班	201715530102	陈希超		专科
376	建筑工程技术专业 2017 级专科 01 班	201715530103	丁威		专科
377	建筑工程技术专业 2017 级专科 01 班	201715530104	付紫鹏		专科
378	建筑工程技术专业 2017 级专科 01 班	201715530105	高耀		专科
379	建筑工程技术专业 2017 级专科 01 班	201715530106	郭亚敏		专科
380	建筑工程技术专业 2017 级专科 01 班	201715530107	韩峰		专科
381	建筑工程技术专业 2017 级专科 01 班	201715530108	郝梦哲		专科
382	建筑工程技术专业 2017 级专科 01 班	201715530109	侯慧祯		专科
383	建筑工程技术专业 2017 级专科 01 班	201715530110	厚贵杰		专科
384	建筑工程技术专业 2017 级专科 01 班	201715530111	黄毛毛		专科
385	建筑工程技术专业 2017 级专科 01 班	201715530112	孔令虎		专科
386	建筑工程技术专业 2017 级专科 01 班	201715530113	李成宝		专科
387	建筑工程技术专业 2017 级专科 01 班	201715530114	李凯		专科
388	建筑工程技术专业 2017 级专科 01 班	201715530115	李新梅		专科
389	建筑工程技术专业 2017 级专科 01 班	201715530116	李阳磊		专科
390	建筑工程技术专业 2017 级专科 01 班	201715530117	刘国丰		专科
391	建筑工程技术专业 2017 级专科 01 班	201715530118	刘锦丽		专科
392	建筑工程技术专业 2017 级专科 01 班	201715530119	刘顺		专科
393	建筑工程技术专业 2017 级专科 01 班	201715530120	刘洋		专科
394	建筑工程技术专业 2017 级专科 01 班	201715530121	刘泽栋		专科

(续表)

序号	班级	学号	姓名	学位	层次
395	建筑工程技术专业 2017 级专科 01 班	201715530122	卢晨		专科
396	建筑工程技术专业 2017 级专科 01 班	201715530123	路兴凯		专科
397	建筑工程技术专业 2017 级专科 01 班	201715530124	吕方远		专科
398	建筑工程技术专业 2017 级专科 01 班	201715530126	庞明辉		专科
399	建筑工程技术专业 2017 级专科 01 班	201715530127	邵明泽		专科
400	建筑工程技术专业 2017 级专科 01 班	201715530128	苏庆阳		专科
401	建筑工程技术专业 2017 级专科 01 班	201715530129	孙尧伦		专科
402	建筑工程技术专业 2017 级专科 01 班	201715530130	谭甜甜		专科
403	建筑工程技术专业 2017 级专科 01 班	201715530131	王海鑫		专科
404	建筑工程技术专业 2017 级专科 01 班	201715530132	王凯		专科
405	建筑工程技术专业 2017 级专科 01 班	201715530133	王晓晗		专科
406	建筑工程技术专业 2017 级专科 01 班	201715530134	王永斌		专科
407	建筑工程技术专业 2017 级专科 01 班	201715530135	隗兆友		专科
408	建筑工程技术专业 2017 级专科 01 班	201715530136	谢猛		专科
409	建筑工程技术专业 2017 级专科 01 班	201715530137	许成兵		专科
410	建筑工程技术专业 2017 级专科 01 班	201715530138	杨曼超		专科
411	建筑工程技术专业 2017 级专科 01 班	201715530139	于剑龙		专科
412	建筑工程技术专业 2017 级专科 01 班	201715530141	张春阳		专科
413	建筑工程技术专业 2017 级专科 01 班	201715530142	张福瑜		专科
414	建筑工程技术专业 2017 级专科 01 班	201715530143	张富荣		专科
415	建筑工程技术专业 2017 级专科 01 班	201715530147	张绍钰		专科
416	建筑工程技术专业 2017 级专科 01 班	201715530148	赵民丽		专科
417	建筑工程技术专业 2017 级专科 01 班	201715530149	赵昱宁		专科
418	建筑工程技术专业 2017 级专科 01 班	201715530150	周广镇		专科
419	建筑工程技术专业 2017 级专科 02 班	201715530201	陈君靖		专科
420	建筑工程技术专业 2017 级专科 02 班	201715530202	程天赐		专科
421	建筑工程技术专业 2017 级专科 02 班	201715530203	董倩		专科
422	建筑工程技术专业 2017 级专科 02 班	201715530205	公衍德		专科

(续表)

序号	班级	学号	姓名	学位	层次
423	建筑工程技术专业 2017 级专科 02 班	201715530207	韩新源		专科
424	建筑工程技术专业 2017 级专科 02 班	201715530208	何丹丹		专科
425	建筑工程技术专业 2017 级专科 02 班	201715530209	侯延军		专科
426	建筑工程技术专业 2017 级专科 02 班	201715530210	胡提干		专科
427	建筑工程技术专业 2017 级专科 02 班	201715530211	姜渭		专科
428	建筑工程技术专业 2017 级专科 02 班	201715530212	兰家兴		专科
429	建筑工程技术专业 2017 级专科 02 班	201715530213	李济旭		专科
430	建筑工程技术专业 2017 级专科 02 班	201715530214	李文清		专科
431	建筑工程技术专业 2017 级专科 02 班	201715530215	李鑫乐		专科
432	建筑工程技术专业 2017 级专科 02 班	201715530216	刘第俭		专科
433	建筑工程技术专业 2017 级专科 02 班	201715530217	刘国阳		专科
434	建筑工程技术专业 2017 级专科 02 班	201715530218	刘敬泽		专科
435	建筑工程技术专业 2017 级专科 02 班	201715530219	刘鑫艳		专科
436	建筑工程技术专业 2017 级专科 02 班	201715530220	刘玉		专科
437	建筑工程技术专业 2017 级专科 02 班	201715530221	刘振奥		专科
438	建筑工程技术专业 2017 级专科 02 班	201715530222	卢旭辉		专科
439	建筑工程技术专业 2017 级专科 02 班	201715530223	罗晓雪		专科
440	建筑工程技术专业 2017 级专科 02 班	201715530224	吕家庆		专科
441	建筑工程技术专业 2017 级专科 02 班	201715530225	马轻涛		专科
442	建筑工程技术专业 2017 级专科 02 班	201715530226	亓莹莹		专科
443	建筑工程技术专业 2017 级专科 02 班	201715530227	石礼旭		专科
444	建筑工程技术专业 2017 级专科 02 班	201715530228	孙士富		专科
445	建筑工程技术专业 2017 级专科 02 班	201715530230	田帅		专科
446	建筑工程技术专业 2017 级专科 02 班	201715530231	王浩		专科
447	建筑工程技术专业 2017 级专科 02 班	201715530232	王飒爽		专科
448	建筑工程技术专业 2017 级专科 02 班	201715530233	王欣鹏		专科
449	建筑工程技术专业 2017 级专科 02 班	201715530234	王志航		专科
450	建筑工程技术专业 2017 级专科 02 班	201715530235	魏明		专科

(续表)

序号	班级	学号	姓名	学位	层次
451	建筑工程技术专业 2017 级专科 02 班	201715530236	徐海峻		专科
452	建筑工程技术专业 2017 级专科 02 班	201715530237	杨海燕		专科
453	建筑工程技术专业 2017 级专科 02 班	201715530240	张晨		专科
454	建筑工程技术专业 2017 级专科 02 班	201715530242	张富强		专科
455	建筑工程技术专业 2017 级专科 02 班	201715530244	张建正		专科
456	建筑工程技术专业 2017 级专科 02 班	201715530245	张连军		专科
457	建筑工程技术专业 2017 级专科 02 班	201715530246	张睿		专科
458	建筑工程技术专业 2017 级专科 02 班	201715530247	张宗烜		专科
459	建筑工程技术专业 2017 级专科 02 班	201715530248	赵勇杰		专科
460	建筑工程技术专业 2017 级专科 02 班	201715530249	赵展宏		专科
461	建筑工程技术专业 2017 级专科 02 班	201715530250	朱绍阳		专科
462	建筑工程技术专业 2017 级专科 02 班	201715530251	宋亚东		专科

资源环境学院

序号	班级	学号	姓名	学位	层次
1	测绘工程专业 2016 级本科 01 班	201507170101	王大伟	工学学士学位	本科
2	测绘工程专业 2016 级本科 01 班	201618010101	涂丽君	工学学士学位	本科
3	测绘工程专业 2016 级本科 01 班	201618010102	张馨月	工学学士学位	本科
4	测绘工程专业 2016 级本科 01 班	201618010103	林昱辰	工学学士学位	本科
5	测绘工程专业 2016 级本科 01 班	201618010104	刘政	工学学士学位	本科
6	测绘工程专业 2016 级本科 01 班	201618010106	易立华	工学学士学位	本科
7	测绘工程专业 2016 级本科 01 班	201618010107	柏金金	工学学士学位	本科
8	测绘工程专业 2016 级本科 01 班	201618010108	王敏	工学学士学位	本科
9	测绘工程专业 2016 级本科 01 班	201618010109	张治梅	工学学士学位	本科
10	测绘工程专业 2016 级本科 01 班	201618010110	李增颖	工学学士学位	本科
11	测绘工程专业 2016 级本科 01 班	201618010111	张西步	工学学士学位	本科
12	测绘工程专业 2016 级本科 01 班	201618010112	张晓雁	工学学士学位	本科
13	测绘工程专业 2016 级本科 01 班	201618010113	蔡凤宁	工学学士学位	本科
14	测绘工程专业 2016 级本科 01 班	201618010115	王倩倩	工学学士学位	本科
15	测绘工程专业 2016 级本科 01 班	201618010116	周洋	工学学士学位	本科

(续表)

序号	班级	学号	姓名	学位	层次
16	测绘工程专业 2016 级本科 01 班	201618010117	张瑞	工学学士学位	本科
17	测绘工程专业 2016 级本科 01 班	201618010118	陈思静	工学学士学位	本科
18	测绘工程专业 2016 级本科 01 班	201618010119	林楠	工学学士学位	本科
19	测绘工程专业 2016 级本科 01 班	201618010120	王丹萍	工学学士学位	本科
20	测绘工程专业 2016 级本科 01 班	201618010122	张希琪	工学学士学位	本科
21	测绘工程专业 2016 级本科 01 班	201618010123	张德龙	工学学士学位	本科
22	测绘工程专业 2016 级本科 01 班	201618010124	陈宇	工学学士学位	本科
23	测绘工程专业 2016 级本科 01 班	201618010125	邵光宇	工学学士学位	本科
24	测绘工程专业 2016 级本科 01 班	201618010126	逯遥	工学学士学位	本科
25	测绘工程专业 2016 级本科 01 班	201618010127	鲍建勋	工学学士学位	本科
26	测绘工程专业 2016 级本科 01 班	201618010128	郑晓伟	工学学士学位	本科
27	测绘工程专业 2016 级本科 01 班	201618010129	李永超	工学学士学位	本科
28	测绘工程专业 2016 级本科 01 班	201618010130	徐梦瑶	工学学士学位	本科
29	测绘工程专业 2016 级本科 01 班	201618010131	赵启凯	工学学士学位	本科
30	测绘工程专业 2016 级本科 01 班	201618010132	焦强英	工学学士学位	本科
31	测绘工程专业 2016 级本科 01 班	201618010133	冯旭	工学学士学位	本科
32	测绘工程专业 2016 级本科 01 班	201618010134	孔天宇	工学学士学位	本科
33	测绘工程专业 2016 级本科 01 班	201618010135	黄锟	工学学士学位	本科
34	测绘工程专业 2016 级本科 01 班	201618010136	林龙鹏	工学学士学位	本科
35	测绘工程专业 2016 级本科 01 班	201618010137	毕祥鑫	工学学士学位	本科
36	测绘工程专业 2016 级本科 01 班	201618010138	曹爽	工学学士学位	本科
37	测绘工程专业 2016 级本科 01 班	201618010139	庄前宝	工学学士学位	本科
38	测绘工程专业 2016 级本科 01 班	201618010140	李银	工学学士学位	本科
39	地理科学专业 2016 级本科 01 班	201618020101	李靓	理学学士学位	本科
40	地理科学专业 2016 级本科 01 班	201618020102	刘茂兰	理学学士学位	本科
41	地理科学专业 2016 级本科 01 班	201618020103	程安泰	理学学士学位	本科
42	地理科学专业 2016 级本科 01 班	201618020104	刘玉	理学学士学位	本科
43	地理科学专业 2016 级本科 01 班	201618020105	葛峻杰	理学学士学位	本科
44	地理科学专业 2016 级本科 01 班	201618020106	王帅奇	理学学士学位	本科
45	地理科学专业 2016 级本科 01 班	201618020107	桑冰	理学学士学位	本科
46	地理科学专业 2016 级本科 01 班	201618020108	陈梦	理学学士学位	本科
47	地理科学专业 2016 级本科 01 班	201618020109	王树鑫	理学学士学位	本科

(续表)

序号	班级	学号	姓名	学位	层次
48	地理科学专业 2016 级本科 01 班	201618020110	卜祥凤	理学学士学位	本科
49	地理科学专业 2016 级本科 01 班	201618020111	曲晓倩	理学学士学位	本科
50	地理科学专业 2016 级本科 01 班	201618020112	李文静	理学学士学位	本科
51	地理科学专业 2016 级本科 01 班	201618020113	田金梅	理学学士学位	本科
52	地理科学专业 2016 级本科 01 班	201618020114	王潇然	理学学士学位	本科
53	地理科学专业 2016 级本科 01 班	201618020116	王钰	理学学士学位	本科
54	地理科学专业 2016 级本科 01 班	201618020117	李想	理学学士学位	本科
55	地理科学专业 2016 级本科 01 班	201618020118	刘玉	理学学士学位	本科
56	地理科学专业 2016 级本科 01 班	201618020119	袁宝星	理学学士学位	本科
57	地理科学专业 2016 级本科 01 班	201618020120	李姝蓉	理学学士学位	本科
58	地理科学专业 2016 级本科 01 班	201618020121	丁丽媛	理学学士学位	本科
59	地理科学专业 2016 级本科 01 班	201618020122	马传梅	理学学士学位	本科
60	地理科学专业 2016 级本科 01 班	201618020123	密良旭	理学学士学位	本科
61	地理科学专业 2016 级本科 01 班	201618020124	刘晓敏	理学学士学位	本科
62	地理科学专业 2016 级本科 01 班	201618020125	安娜	理学学士学位	本科
63	地理科学专业 2016 级本科 01 班	201618020126	王俊	理学学士学位	本科
64	地理科学专业 2016 级本科 01 班	201618020127	王凯	理学学士学位	本科
65	地理科学专业 2016 级本科 01 班	201618020128	任佳璇	理学学士学位	本科
66	地理科学专业 2016 级本科 01 班	201618020129	王海琦	理学学士学位	本科
67	地理科学专业 2016 级本科 01 班	201618020130	张桂双	理学学士学位	本科
68	地理科学专业 2016 级本科 02 班	201618020201	徐玉倩	理学学士学位	本科
69	地理科学专业 2016 级本科 02 班	201618020202	徐姗姗	理学学士学位	本科
70	地理科学专业 2016 级本科 02 班	201618020203	马天一	理学学士学位	本科
71	地理科学专业 2016 级本科 02 班	201618020204	黄榕	理学学士学位	本科
72	地理科学专业 2016 级本科 02 班	201618020205	陈晨	理学学士学位	本科
73	地理科学专业 2016 级本科 02 班	201618020206	王英郦	理学学士学位	本科
74	地理科学专业 2016 级本科 02 班	201618020208	郑义	理学学士学位	本科
75	地理科学专业 2016 级本科 02 班	201618020209	黄至芬	理学学士学位	本科
76	地理科学专业 2016 级本科 02 班	201618020210	刘芳颖	理学学士学位	本科
77	地理科学专业 2016 级本科 02 班	201618020211	张辉	理学学士学位	本科
78	地理科学专业 2016 级本科 02 班	201618020212	闫早发	理学学士学位	本科
79	地理科学专业 2016 级本科 02 班	201618020213	李慧	理学学士学位	本科

(续表)

序号	班级	学号	姓名	学位	层次
80	地理科学专业 2016 级本科 02 班	201618020214	崔园超	理学学士学位	本科
81	地理科学专业 2016 级本科 02 班	201618020215	纪孝儒	理学学士学位	本科
82	地理科学专业 2016 级本科 02 班	201618020216	包凌锋	理学学士学位	本科
83	地理科学专业 2016 级本科 02 班	201618020217	张竞	理学学士学位	本科
84	地理科学专业 2016 级本科 02 班	201618020218	杨皓	理学学士学位	本科
85	地理科学专业 2016 级本科 02 班	201618020219	张苗苗	理学学士学位	本科
86	地理科学专业 2016 级本科 02 班	201618020220	吕云鹤	理学学士学位	本科
87	地理科学专业 2016 级本科 02 班	201618020221	牟黎艳	理学学士学位	本科
88	地理科学专业 2016 级本科 02 班	201618020222	张恒宇	理学学士学位	本科
89	地理科学专业 2016 级本科 02 班	201618020223	徐婷婷	理学学士学位	本科
90	地理科学专业 2016 级本科 02 班	201618020224	张计深	理学学士学位	本科
91	地理科学专业 2016 级本科 02 班	201618020225	方钰云	理学学士学位	本科
92	地理科学专业 2016 级本科 02 班	201618020226	陈冰	理学学士学位	本科
93	地理科学专业 2016 级本科 02 班	201618020227	林少璞	理学学士学位	本科
94	地理科学专业 2016 级本科 02 班	201618020228	肖绍成	理学学士学位	本科
95	地理科学专业 2016 级本科 02 班	201618020229	郝晓静	理学学士学位	本科
96	地理科学专业 2016 级本科 02 班	201618020230	焦昆	理学学士学位	本科
97	环境工程专业 2016 级本科 01 班	201603010108	贾佳	工学学士学位	本科
98	环境工程专业 2016 级本科 01 班	201603020127	王晓娇	工学学士学位	本科
99	环境工程专业 2016 级本科 01 班	201618040101	牛臣瀚	工学学士学位	本科
100	环境工程专业 2016 级本科 01 班	201618040102	王齐	工学学士学位	本科
101	环境工程专业 2016 级本科 01 班	201618040103	王浩	工学学士学位	本科
102	环境工程专业 2016 级本科 01 班	201618040104	董晓菲	工学学士学位	本科
103	环境工程专业 2016 级本科 01 班	201618040105	王玮	工学学士学位	本科
104	环境工程专业 2016 级本科 01 班	201618040106	王超云	工学学士学位	本科
105	环境工程专业 2016 级本科 01 班	201618040107	傅敏	工学学士学位	本科
106	环境工程专业 2016 级本科 01 班	201618040108	何树丽	工学学士学位	本科
107	环境工程专业 2016 级本科 01 班	201618040109	卢振磊	工学学士学位	本科
108	环境工程专业 2016 级本科 01 班	201618040110	张鑫	工学学士学位	本科
109	环境工程专业 2016 级本科 01 班	201618040111	邵青娜	工学学士学位	本科
110	环境工程专业 2016 级本科 01 班	201618040112	韩佳林	工学学士学位	本科
111	环境工程专业 2016 级本科 01 班	201618040113	刘榕华	工学学士学位	本科

(续表)

序号	班级	学号	姓名	学位	层次
112	环境工程专业 2016 级本科 01 班	201618040115	隋芳含	工学学士学位	本科
113	环境工程专业 2016 级本科 01 班	201618040116	张淑惠	工学学士学位	本科
114	环境工程专业 2016 级本科 01 班	201618040117	王龙驰	工学学士学位	本科
115	环境工程专业 2016 级本科 01 班	201618040118	于志晓	工学学士学位	本科
116	环境工程专业 2016 级本科 01 班	201618040119	房媛	工学学士学位	本科
117	环境工程专业 2016 级本科 01 班	201618040120	张璐遥	工学学士学位	本科
118	环境工程专业 2016 级本科 01 班	201618040121	张彤	工学学士学位	本科
119	环境工程专业 2016 级本科 01 班	201618040122	武美玲	工学学士学位	本科
120	环境工程专业 2016 级本科 01 班	201618040123	丁文超	工学学士学位	本科
121	环境工程专业 2016 级本科 01 班	201618040124	魏彦浩	工学学士学位	本科
122	环境工程专业 2016 级本科 01 班	201618040125	王祖鑫	工学学士学位	本科
123	环境工程专业 2016 级本科 01 班	201618040126	许志慧	工学学士学位	本科
124	环境工程专业 2016 级本科 01 班	201618040127	孙雨虹	工学学士学位	本科
125	环境工程专业 2016 级本科 01 班	201618040128	王日鑫	工学学士学位	本科
126	环境工程专业 2016 级本科 01 班	201618040129	孟珠	工学学士学位	本科
127	环境工程专业 2016 级本科 01 班	201618040130	曾祥蕊	工学学士学位	本科
128	人文地理与城乡规划专业 2016 级本科 01 班	201610030121	马晓玲	理学学士学位	本科
129	人文地理与城乡规划专业 2016 级本科 01 班	201618050101	何培琳	理学学士学位	本科
130	人文地理与城乡规划专业 2016 级本科 01 班	201618050102	孙荣娜	理学学士学位	本科
131	人文地理与城乡规划专业 2016 级本科 01 班	201618050103	高瑞林	理学学士学位	本科
132	人文地理与城乡规划专业 2016 级本科 01 班	201618050104	李泽	理学学士学位	本科
133	人文地理与城乡规划专业 2016 级本科 01 班	201618050105	韩淑芳	理学学士学位	本科
134	人文地理与城乡规划专业 2016 级本科 01 班	201618050106	张雨洁	理学学士学位	本科
135	人文地理与城乡规划专业 2016 级本科 01 班	201618050107	黄鑫	理学学士学位	本科
136	人文地理与城乡规划专业 2016 级本科 01 班	201618050108	张红宇	理学学士学位	本科
137	人文地理与城乡规划专业 2016 级本科 01 班	201618050109	李晓庆	理学学士学位	本科
138	人文地理与城乡规划专业 2016 级本科 01 班	201618050110	赵孟静	理学学士学位	本科
139	人文地理与城乡规划专业 2016 级本科 01 班	201618050111	张占飞	理学学士学位	本科
140	人文地理与城乡规划专业 2016 级本科 01 班	201618050112	江宇	理学学士学位	本科
141	人文地理与城乡规划专业 2016 级本科 01 班	201618050113	张辉	理学学士学位	本科
142	人文地理与城乡规划专业 2016 级本科 01 班	201618050114	方玉琦	理学学士学位	本科
143	人文地理与城乡规划专业 2016 级本科 01 班	201618050115	李祥	理学学士学位	本科

(续表)

(续表)

序号	班级	学号	姓名	学位	层次
144	人文地理与城乡规划专业 2016 级本科 01 班	201618050116	王欣月	理学学士学位	本科
145	人文地理与城乡规划专业 2016 级本科 01 班	201618050117	亓彤	理学学士学位	本科
146	人文地理与城乡规划专业 2016 级本科 01 班	201618050118	张胜男	理学学士学位	本科
147	人文地理与城乡规划专业 2016 级本科 01 班	201618050119	任慧卿	理学学士学位	本科
148	人文地理与城乡规划专业 2016 级本科 01 班	201618050120	张雯雯	理学学士学位	本科
149	人文地理与城乡规划专业 2016 级本科 01 班	201618050121	张斌	理学学士学位	本科
150	人文地理与城乡规划专业 2016 级本科 01 班	201618050122	何杰莹	理学学士学位	本科
151	人文地理与城乡规划专业 2016 级本科 01 班	201618050123	刘佳茜	理学学士学位	本科
152	人文地理与城乡规划专业 2016 级本科 01 班	201618050124	李阳	理学学士学位	本科
153	人文地理与城乡规划专业 2016 级本科 01 班	201618050125	陈孝玉	理学学士学位	本科
154	人文地理与城乡规划专业 2016 级本科 01 班	201618050126	徐苾苾	理学学士学位	本科
155	人文地理与城乡规划专业 2016 级本科 01 班	201618050127	路梦慧	理学学士学位	本科
156	人文地理与城乡规划专业 2016 级本科 01 班	201618050129	韩冰	理学学士学位	本科
157	人文地理与城乡规划专业 2016 级本科 01 班	201618050130	刘梦	理学学士学位	本科
158	人文地理与城乡规划专业 2016 级本科 01 班	201618050131	崔宇	理学学士学位	本科
159	人文地理与城乡规划专业 2016 级本科 01 班	201618050132	刘超南	理学学士学位	本科
160	人文地理与城乡规划专业 2016 级本科 01 班	201618050133	刘任鹏	理学学士学位	本科
161	人文地理与城乡规划专业 2016 级本科 01 班	201618050134	李士杰	理学学士学位	本科
162	人文地理与城乡规划专业 2016 级本科 01 班	201618050135	许婷婷	理学学士学位	本科
163	人文地理与城乡规划专业 2016 级本科 01 班	201618050136	杜乐庭	理学学士学位	本科
164	人文地理与城乡规划专业 2016 级本科 01 班	201618050137	孙一然	理学学士学位	本科
165	人文地理与城乡规划专业 2016 级本科 01 班	201618050138	庞鑫	理学学士学位	本科
166	人文地理与城乡规划专业 2016 级本科 01 班	201618050139	李杰	理学学士学位	本科
167	人文地理与城乡规划专业 2016 级本科 01 班	201618050140	马彩红	理学学士学位	本科
168	自然地理与资源环境专业 2016 级本科 01 班	201421120109	张政宪		本科
169	自然地理与资源环境专业 2016 级本科 01 班	201618080101	安顺义	理学学士学位	本科
170	自然地理与资源环境专业 2016 级本科 01 班	201618080102	扈晓碟	理学学士学位	本科
171	自然地理与资源环境专业 2016 级本科 01 班	201618080103	李祥凤	理学学士学位	本科

(续表)

序号	班级	学号	姓名	学位	层次
172	自然地理与资源环境专业2016级本科01班	201618080104	楚洁	理学学士学位	本科
173	自然地理与资源环境专业2016级本科01班	201618080105	李瑜婕	理学学士学位	本科
174	自然地理与资源环境专业2016级本科01班	201618080106	庞晓蝶	理学学士学位	本科
175	自然地理与资源环境专业2016级本科01班	201618080107	焦译漫	理学学士学位	本科
176	自然地理与资源环境专业2016级本科01班	201618080108	郭婧	理学学士学位	本科
177	自然地理与资源环境专业2016级本科01班	201618080109	毛爱平	理学学士学位	本科
178	自然地理与资源环境专业2016级本科01班	201618080111	田小雨	理学学士学位	本科
179	自然地理与资源环境专业2016级本科01班	201618080112	付晓宇	理学学士学位	本科
180	自然地理与资源环境专业2016级本科01班	201618080114	李采盈	理学学士学位	本科
181	自然地理与资源环境专业2016级本科01班	201618080115	卢文静	理学学士学位	本科
182	自然地理与资源环境专业2016级本科01班	201618080116	刘哲	理学学士学位	本科
183	自然地理与资源环境专业2016级本科01班	201618080117	赵淑姣	理学学士学位	本科
184	自然地理与资源环境专业2016级本科01班	201618080118	信瑞瑞	理学学士学位	本科
185	自然地理与资源环境专业2016级本科01班	201618080119	王胜男	理学学士学位	本科
186	自然地理与资源环境专业2016级本科01班	201618080120	赵丽君	理学学士学位	本科
187	自然地理与资源环境专业2016级本科01班	201618080121	何雅琪	理学学士学位	本科
188	自然地理与资源环境专业2016级本科01班	201618080123	任倩	理学学士学位	本科
189	自然地理与资源环境专业2016级本科01班	201618080124	吴桐	理学学士学位	本科
190	自然地理与资源环境专业2016级本科01班	201618080125	连一玮	理学学士学位	本科
191	自然地理与资源环境专业2016级本科01班	201618080126	张延梅	理学学士学位	本科
192	自然地理与资源环境专业2016级本科01班	201618080127	岳美如	理学学士学位	本科
193	自然地理与资源环境专业2016级本科01班	201618080128	孙爱华	理学学士学位	本科
194	自然地理与资源环境专业2016级本科01班	201618080129	钟俊杰	理学学士学位	本科
195	自然地理与资源环境专业2016级本科01班	201618080130	冀赫	理学学士学位	本科
196	自然地理与资源环境专业2016级本科01班	201618080131	王岩	理学学士学位	本科
197	自然地理与资源环境专业2016级本科01班	201618080132	刘露	理学学士学位	本科
198	自然地理与资源环境专业2016级本科01班	201618080133	訾金鑫	理学学士学位	本科

	生命科学学院				
序号	班级	学号	姓名	学位	层次
1	生物技术专业 2016 级本科 01 班	201608030101	房莹莹	理学学士学位	本科
2	生物技术专业 2016 级本科 01 班	201608030102	王锡玥	理学学士学位	本科
3	生物技术专业 2016 级本科 01 班	201608030103	孙炜涵	理学学士学位	本科
4	生物技术专业 2016 级本科 01 班	201608030104	时洁	理学学士学位	本科
5	生物技术专业 2016 级本科 01 班	201608030105	戴晓辉	理学学士学位	本科
6	生物技术专业 2016 级本科 01 班	201608030106	王晶蕾	理学学士学位	本科
7	生物技术专业 2016 级本科 01 班	201608030107	岳晓敏	理学学士学位	本科
8	生物技术专业 2016 级本科 01 班	201608030108	郑岚	理学学士学位	本科
9	生物技术专业 2016 级本科 01 班	201608030109	韩帅	理学学士学位	本科
10	生物技术专业 2016 级本科 01 班	201608030110	郭蕾	理学学士学位	本科
11	生物技术专业 2016 级本科 01 班	201608030111	徐民慧	理学学士学位	本科
12	生物技术专业 2016 级本科 01 班	201608030112	牟嘉林	理学学士学位	本科
13	生物技术专业 2016 级本科 01 班	201608030113	王新慧	理学学士学位	本科
14	生物技术专业 2016 级本科 01 班	201608030114	王倩	理学学士学位	本科
15	生物技术专业 2016 级本科 01 班	201608030115	贾曼曼	理学学士学位	本科
16	生物技术专业 2016 级本科 01 班	201608030116	孔新天	理学学士学位	本科
17	生物技术专业 2016 级本科 01 班	201608030117	冯攀	理学学士学位	本科
18	生物技术专业 2016 级本科 01 班	201608030118	蒋慧君	理学学士学位	本科
19	生物技术专业 2016 级本科 01 班	201608030120	陈喆	理学学士学位	本科
20	生物技术专业 2016 级本科 01 班	201608030121	李斐斐	理学学士学位	本科
21	生物技术专业 2016 级本科 01 班	201608030122	崔琦	理学学士学位	本科
22	生物技术专业 2016 级本科 01 班	201608030123	徐榕	理学学士学位	本科
23	生物技术专业 2016 级本科 01 班	201608030124	李蕾	理学学士学位	本科
24	生物技术专业 2016 级本科 01 班	201608030125	杜琦	理学学士学位	本科
25	生物技术专业 2016 级本科 01 班	201608030126	田炳刚	理学学士学位	本科
26	生物技术专业 2016 级本科 01 班	201608030127	赵琪	理学学士学位	本科
27	生物技术专业 2016 级本科 01 班	201608030128	郑攀宏	理学学士学位	本科
28	生物技术专业 2016 级本科 02 班	201608030201	李妮娜	理学学士学位	本科
29	生物技术专业 2016 级本科 02 班	201608030202	蒋友良	理学学士学位	本科
30	生物技术专业 2016 级本科 02 班	201608030203	姜娜	理学学士学位	本科
31	生物技术专业 2016 级本科 02 班	201608030204	赵文娟	理学学士学位	本科

(续表)

序号	班级	学号	姓名	学位	层次
32	生物技术专业 2016 级本科 02 班	201608030205	苏杭	理学学士学位	本科
33	生物技术专业 2016 级本科 02 班	201608030206	肖辰旭	理学学士学位	本科
34	生物技术专业 2016 级本科 02 班	201608030207	高思琪	理学学士学位	本科
35	生物技术专业 2016 级本科 02 班	201608030208	赵薇	理学学士学位	本科
36	生物技术专业 2016 级本科 02 班	201608030209	李晴	理学学士学位	本科
37	生物技术专业 2016 级本科 02 班	201608030210	朱海云	理学学士学位	本科
38	生物技术专业 2016 级本科 02 班	201608030211	薛姗姗	理学学士学位	本科
39	生物技术专业 2016 级本科 02 班	201608030212	李文博	理学学士学位	本科
40	生物技术专业 2016 级本科 02 班	201608030214	张馨方	理学学士学位	本科
41	生物技术专业 2016 级本科 02 班	201608030215	王钰	理学学士学位	本科
42	生物技术专业 2016 级本科 02 班	201608030216	张馨匀	理学学士学位	本科
43	生物技术专业 2016 级本科 02 班	201608030217	刘梦萍	理学学士学位	本科
44	生物技术专业 2016 级本科 02 班	201608030218	张美静	理学学士学位	本科
45	生物技术专业 2016 级本科 02 班	201608030219	吴婧璇	理学学士学位	本科
46	生物技术专业 2016 级本科 02 班	201608030220	宋来乐	理学学士学位	本科
47	生物技术专业 2016 级本科 02 班	201608030221	王晓菲	理学学士学位	本科
48	生物技术专业 2016 级本科 02 班	201608030222	赵文慧	理学学士学位	本科
49	生物技术专业 2016 级本科 02 班	201608030223	崔璐璐	理学学士学位	本科
50	生物技术专业 2016 级本科 02 班	201608030224	周跃	理学学士学位	本科
51	生物技术专业 2016 级本科 02 班	201608030225	何中华	理学学士学位	本科
52	生物技术专业 2016 级本科 02 班	201608030226	孙天丽	理学学士学位	本科
53	生物技术专业 2016 级本科 02 班	201608030227	莫尚军		本科
54	生物技术专业 2016 级本科 02 班	201608120114	孙文丽	理学学士学位	本科
55	生物科学专业 2016 级本科 01 班	201608060101	林婧	理学学士学位	本科
56	生物科学专业 2016 级本科 01 班	201608060102	陈滢滢	理学学士学位	本科
57	生物科学专业 2016 级本科 01 班	201608060103	陆祺	理学学士学位	本科
58	生物科学专业 2016 级本科 01 班	201608060104	其曼古丽·艾尼娃尔	理学学士学位	本科
59	生物科学专业 2016 级本科 01 班	201608060105	阿尔祖古丽·赛麦提	理学学士学位	本科
60	生物科学专业 2016 级本科 01 班	201608060106	阿吉古丽·尼亚孜	理学学士学位	本科
61	生物科学专业 2016 级本科 01 班	201608060107	刘艳	理学学士学位	本科

(续表)

序号	班级	学号	姓名	学位	层次
62	生物科学专业 2016 级本科 01 班	201608060108	简洪山	理学学士学位	本科
63	生物科学专业 2016 级本科 01 班	201608060109	常春艳	理学学士学位	本科
64	生物科学专业 2016 级本科 01 班	201608060110	陈晓青	理学学士学位	本科
65	生物科学专业 2016 级本科 01 班	201608060111	鲁佳慧	理学学士学位	本科
66	生物科学专业 2016 级本科 01 班	201608060112	薛玮琪	理学学士学位	本科
67	生物科学专业 2016 级本科 01 班	201608060113	刘文源	理学学士学位	本科
68	生物科学专业 2016 级本科 01 班	201608060114	王悦	理学学士学位	本科
69	生物科学专业 2016 级本科 01 班	201608060115	孟贤坤	理学学士学位	本科
70	生物科学专业 2016 级本科 01 班	201608060116	薛春玲	理学学士学位	本科
71	生物科学专业 2016 级本科 01 班	201608060117	邱晓杰	理学学士学位	本科
72	生物科学专业 2016 级本科 01 班	201608060118	刘宁宁	理学学士学位	本科
73	生物科学专业 2016 级本科 01 班	201608060119	张铁枭	理学学士学位	本科
74	生物科学专业 2016 级本科 01 班	201608060120	袁涵	理学学士学位	本科
75	生物科学专业 2016 级本科 01 班	201608060121	崔梅静	理学学士学位	本科
76	生物科学专业 2016 级本科 01 班	201608060122	王晓云	理学学士学位	本科
77	生物科学专业 2016 级本科 01 班	201608060123	许文峰	理学学士学位	本科
78	生物科学专业 2016 级本科 01 班	201608060124	邱深	理学学士学位	本科
79	生物科学专业 2016 级本科 01 班	201608060125	刘栋	理学学士学位	本科
80	生物科学专业 2016 级本科 01 班	201608060126	聂文平	理学学士学位	本科
81	生物科学专业 2016 级本科 01 班	201608060127	闫香华	理学学士学位	本科
82	生物科学专业 2016 级本科 01 班	201608060128	孙鲁铭	理学学士学位	本科
83	生物科学专业 2016 级本科 01 班	201608060129	安晓晨	理学学士学位	本科
84	生物科学专业 2016 级本科 01 班	201608060130	牟莹	理学学士学位	本科
85	生物科学专业 2016 级本科 01 班	201608060131	李亚宸	理学学士学位	本科
86	生物科学专业 2016 级本科 01 班	201608060132	朱李娟	理学学士学位	本科
87	生物科学专业 2016 级本科 01 班	201608060133	徐丽萍	理学学士学位	本科
88	生物科学专业 2016 级本科 01 班	201608060134	房凤娟	理学学士学位	本科
89	生物科学专业 2016 级本科 01 班	201608060135	高颖	理学学士学位	本科
90	生物科学专业 2016 级本科 01 班	201608060136	刘志伟	理学学士学位	本科
91	生物科学专业 2016 级本科 01 班	201608060137	陈安静	理学学士学位	本科
92	生物科学专业 2016 级本科 01 班	201608060138	刘唱	理学学士学位	本科
93	生物科学专业 2016 级本科 01 班	201608060139	徐传健	理学学士学位	本科

(续表)

序号	班级	学号	姓名	学位	层次
94	生物科学专业2016级本科01班	201608060140	张辉	理学学士学位	本科
95	生物科学专业2016级本科01班	201608060141	孙重霄	理学学士学位	本科
96	生物科学专业2016级本科01班	201608060142	魏君帆	理学学士学位	本科
97	生物科学专业2016级本科01班	201608060143	董雨鑫	理学学士学位	本科
98	生物科学专业2016级本科01班	201608060144	高斌	理学学士学位	本科
99	生物科学专业2016级本科01班	201608060145	王敏	理学学士学位	本科
100	生物科学专业2016级本科01班	201608060146	陈荣	理学学士学位	本科
101	生物科学专业2016级本科01班	201608060147	于雪	理学学士学位	本科
102	生物科学专业2016级本科01班	201608060148	许文新	理学学士学位	本科
103	生物科学专业2016级本科01班	201608060149	邱晓志	理学学士学位	本科
104	生物科学专业2016级本科01班	201608060150	张新阳	理学学士学位	本科
105	食品科学与工程专业2016级本科01班	201608080101	窦小然	工学学士学位	本科
106	食品科学与工程专业2016级本科01班	201608080102	贾梓涵	工学学士学位	本科
107	食品科学与工程专业2016级本科01班	201608080103	王硕	工学学士学位	本科
108	食品科学与工程专业2016级本科01班	201608080104	王雪	工学学士学位	本科
109	食品科学与工程专业2016级本科01班	201608080106	陈瑞雪	工学学士学位	本科
110	食品科学与工程专业2016级本科01班	201608080107	李莹	工学学士学位	本科
111	食品科学与工程专业2016级本科01班	201608080109	袁芮玲	工学学士学位	本科
112	食品科学与工程专业2016级本科01班	201608080110	蒋慧	工学学士学位	本科
113	食品科学与工程专业2016级本科01班	201608080111	赵茹	工学学士学位	本科
114	食品科学与工程专业2016级本科01班	201608080112	郑舒蒙	工学学士学位	本科
115	食品科学与工程专业2016级本科01班	201608080113	宋明菲	工学学士学位	本科
116	食品科学与工程专业2016级本科01班	201608080114	张云卿	工学学士学位	本科
117	食品科学与工程专业2016级本科01班	201608080115	高铜韩	工学学士学位	本科
118	食品科学与工程专业2016级本科01班	201608080116	卢雪瑶	工学学士学位	本科
119	食品科学与工程专业2016级本科01班	201608080117	张晓倩	工学学士学位	本科
120	食品科学与工程专业2016级本科01班	201608080118	王乐惠	工学学士学位	本科
121	食品科学与工程专业2016级本科01班	201608080119	王淳玉	工学学士学位	本科
122	食品科学与工程专业2016级本科01班	201608080120	李湘	工学学士学位	本科
123	食品科学与工程专业2016级本科01班	201608080121	薛念萍	工学学士学位	本科
124	食品科学与工程专业2016级本科01班	201608080122	张淑贞	工学学士学位	本科
125	食品科学与工程专业2016级本科01班	201608080123	郭方全	工学学士学位	本科

(续表)

序号	班级	学号	姓名	学位	层次
126	食品科学与工程专业2016级本科01班	201608080124	梁晓云	工学学士学位	本科
127	食品科学与工程专业2016级本科01班	201608080125	王庆芝	工学学士学位	本科
128	食品科学与工程专业2016级本科01班	201608080126	唐秀华	工学学士学位	本科
129	食品科学与工程专业2016级本科01班	201608080127	程士云	工学学士学位	本科
130	食品科学与工程专业2016级本科01班	201608080128	娄茗	工学学士学位	本科
131	食品科学与工程专业2016级本科01班	201608080129	潘月影	工学学士学位	本科
132	食品科学与工程专业2016级本科01班	201608080130	石素素	工学学士学位	本科
133	食品科学与工程专业2016级本科01班	201608080131	赵景景	工学学士学位	本科
134	食品科学与工程专业2016级本科01班	201608080132	郭志茹	工学学士学位	本科
135	食品科学与工程专业2016级本科01班	201608080133	陈艳红	工学学士学位	本科
136	食品科学与工程专业2016级本科01班	201608080134	松海柳	工学学士学位	本科
137	食品科学与工程专业2016级本科01班	201608080135	何必英	工学学士学位	本科
138	食品科学与工程专业2016级本科01班	201608080136	莫森	工学学士学位	本科
139	食品科学与工程专业2016级本科01班	201608080137	印帆	工学学士学位	本科
140	食品科学与工程专业2016级本科01班	201608080138	陈云	工学学士学位	本科
141	食品科学与工程专业2016级本科01班	201608080139	王锐	工学学士学位	本科
142	生物科学专业2018级本科03班	201808070301	陈冉	理学学士学位	专升本
143	生物科学专业2018级本科03班	201808070302	程会敏	理学学士学位	专升本
144	生物科学专业2018级本科03班	201808070303	程颖	理学学士学位	专升本
145	生物科学专业2018级本科03班	201808070304	范长秋	理学学士学位	专升本
146	生物科学专业2018级本科03班	201808070305	光明甲	理学学士学位	专升本
147	生物科学专业2018级本科03班	201808070306	郭娜	理学学士学位	专升本
148	生物科学专业2018级本科03班	201808070307	韩旭红	理学学士学位	专升本
149	生物科学专业2018级本科03班	201808070308	洪冉	理学学士学位	专升本
150	生物科学专业2018级本科03班	201808070309	胡亚群	理学学士学位	专升本
151	生物科学专业2018级本科03班	201808070310	解薇	理学学士学位	专升本
152	生物科学专业2018级本科03班	201808070311	孔慧翠	理学学士学位	专升本
153	生物科学专业2018级本科03班	201808070312	雷欣雨	理学学士学位	专升本
154	生物科学专业2018级本科03班	201808070313	李昌勇	理学学士学位	专升本
155	生物科学专业2018级本科03班	201808070314	李春雨	理学学士学位	专升本
156	生物科学专业2018级本科03班	201808070315	李丰华	理学学士学位	专升本
157	生物科学专业2018级本科03班	201808070316	李金铖	理学学士学位	专升本

(续表)

序号	班级	学号	姓名	学位	层次
158	生物科学专业 2018 级本科 03 班	201808070317	李月明	理学学士学位	专升本
159	生物科学专业 2018 级本科 03 班	201808070318	李珍珍	理学学士学位	专升本
160	生物科学专业 2018 级本科 03 班	201808070319	刘曼琦	理学学士学位	专升本
161	生物科学专业 2018 级本科 03 班	201808070320	刘倩倩	理学学士学位	专升本
162	生物科学专业 2018 级本科 03 班	201808070321	刘晓萌	理学学士学位	专升本
163	生物科学专业 2018 级本科 03 班	201808070322	刘星	理学学士学位	专升本
164	生物科学专业 2018 级本科 03 班	201808070323	刘亚慧	理学学士学位	专升本
165	生物科学专业 2018 级本科 03 班	201808070324	卢明	理学学士学位	专升本
166	生物科学专业 2018 级本科 03 班	201808070325	孟慧	理学学士学位	专升本
167	生物科学专业 2018 级本科 03 班	201808070326	孟维华	理学学士学位	专升本
168	生物科学专业 2018 级本科 03 班	201808070327	彭洪艳	理学学士学位	专升本
169	生物科学专业 2018 级本科 03 班	201808070328	齐志豪	理学学士学位	专升本
170	生物科学专业 2018 级本科 03 班	201808070329	尚硕	理学学士学位	专升本
171	生物科学专业 2018 级本科 03 班	201808070330	宋丹鸿	理学学士学位	专升本
172	生物科学专业 2018 级本科 04 班	201808070401	宋慧敏	理学学士学位	专升本
173	生物科学专业 2018 级本科 04 班	201808070402	孙楠	理学学士学位	专升本
174	生物科学专业 2018 级本科 04 班	201808070403	孙晓雪	理学学士学位	专升本
175	生物科学专业 2018 级本科 04 班	201808070404	王栋	理学学士学位	专升本
176	生物科学专业 2018 级本科 04 班	201808070405	王魁	理学学士学位	专升本
177	生物科学专业 2018 级本科 04 班	201808070406	王立君	理学学士学位	专升本
178	生物科学专业 2018 级本科 04 班	201808070407	王志涛	理学学士学位	专升本
179	生物科学专业 2018 级本科 04 班	201808070408	徐晨雨	理学学士学位	专升本
180	生物科学专业 2018 级本科 04 班	201808070409	徐娇娇	理学学士学位	专升本
181	生物科学专业 2018 级本科 04 班	201808070410	薛静		专升本
182	生物科学专业 2018 级本科 04 班	201808070411	杨春雨	理学学士学位	专升本
183	生物科学专业 2018 级本科 04 班	201808070412	杨会敏	理学学士学位	专升本
184	生物科学专业 2018 级本科 04 班	201808070413	杨文婷	理学学士学位	专升本
185	生物科学专业 2018 级本科 04 班	201808070414	杨献敏	理学学士学位	专升本
186	生物科学专业 2018 级本科 04 班	201808070415	尹晨亮	理学学士学位	专升本
187	生物科学专业 2018 级本科 04 班	201808070416	张策	理学学士学位	专升本
188	生物科学专业 2018 级本科 04 班	201808070417	张宸	理学学士学位	专升本
189	生物科学专业 2018 级本科 04 班	201808070418	张慧梨	理学学士学位	专升本

(续表)

序号	班级	学号	姓名	学位	层次
190	生物科学专业 2018 级本科 04 班	201808070419	张凯源	理学学士学位	专升本
191	生物科学专业 2018 级本科 04 班	201808070420	张润琦	理学学士学位	专升本
192	生物科学专业 2018 级本科 04 班	201808070421	张文静	理学学士学位	专升本
193	生物科学专业 2018 级本科 04 班	201808070422	张显元	理学学士学位	专升本
194	生物科学专业 2018 级本科 04 班	201808070423	张潇文	理学学士学位	专升本
195	生物科学专业 2018 级本科 04 班	201808070424	张馨元	理学学士学位	专升本
196	生物科学专业 2018 级本科 04 班	201808070425	张秀省	理学学士学位	专升本
197	生物科学专业 2018 级本科 04 班	201808070426	郑玉冲	理学学士学位	专升本
198	生物科学专业 2018 级本科 04 班	201808070427	周科宇	理学学士学位	专升本
199	生物科学专业 2018 级本科 04 班	201808070428	朱立娜	理学学士学位	专升本
200	生物科学专业 2018 级本科 04 班	201808070429	朱先哲	理学学士学位	专升本
201	生物科学专业 2018 级本科 04 班	201808070430	朱薪蒙	理学学士学位	专升本
202	农业生物技术专业 2017 级专科 01 班	201608630127	彭媛媛		专科
203	农业生物技术专业 2017 级专科 01 班	201708630101	程鹏		专科
204	农业生物技术专业 2017 级专科 01 班	201708630102	崔晨		专科
205	农业生物技术专业 2017 级专科 01 班	201708630103	邸宝佳		专科
206	农业生物技术专业 2017 级专科 01 班	201708630104	高鹤群		专科
207	农业生物技术专业 2017 级专科 01 班	201708630107	解国傲		专科
208	农业生物技术专业 2017 级专科 01 班	201708630108	金世钰		专科
209	农业生物技术专业 2017 级专科 01 班	201708630109	金淑琴		专科
210	农业生物技术专业 2017 级专科 01 班	201708630111	李玉雪		专科
211	农业生物技术专业 2017 级专科 01 班	201708630112	刘玲智		专科
212	农业生物技术专业 2017 级专科 01 班	201708630114	刘洋		专科
213	农业生物技术专业 2017 级专科 01 班	201708630115	秦亚辉		专科
214	农业生物技术专业 2017 级专科 01 班	201708630116	任纪恺		专科
215	农业生物技术专业 2017 级专科 01 班	201708630117	孙士彪		专科
216	农业生物技术专业 2017 级专科 01 班	201708630118	汤智煜		专科
217	农业生物技术专业 2017 级专科 01 班	201708630119	王兵清		专科
218	农业生物技术专业 2017 级专科 01 班	201708630120	王成腾		专科
219	农业生物技术专业 2017 级专科 01 班	201708630121	王莹		专科
220	农业生物技术专业 2017 级专科 01 班	201708630125	于振江		专科
221	农业生物技术专业 2017 级专科 01 班	201708630126	袁子刚		专科

(续表)

序号	班级	学号	姓名	学位	层次
222	农业生物技术专业 2017 级专科 01 班	201708630127	张开		专科
223	农业生物技术专业 2017 级专科 01 班	201708630128	张立敏		专科
224	农业生物技术专业 2017 级专科 01 班	201708630130	周亚琼		专科
225	食品生物技术专业 2017 级专科 01 班	201708640102	董庆燕		专科
226	食品生物技术专业 2017 级专科 01 班	201708640103	窦明星		专科
227	食品生物技术专业 2017 级专科 01 班	201708640104	胡梦鑫		专科
228	食品生物技术专业 2017 级专科 01 班	201708640105	贾梦秋		专科
229	食品生物技术专业 2017 级专科 01 班	201708640106	李凤华		专科
230	食品生物技术专业 2017 级专科 01 班	201708640107	李京蓉		专科
231	食品生物技术专业 2017 级专科 01 班	201708640109	李庆芸		专科
232	食品生物技术专业 2017 级专科 01 班	201708640110	李雪		专科
233	食品生物技术专业 2017 级专科 01 班	201708640112	刘佳		专科
234	食品生物技术专业 2017 级专科 01 班	201708640113	刘敏		专科
235	食品生物技术专业 2017 级专科 01 班	201708640115	刘业盛		专科
236	食品生物技术专业 2017 级专科 01 班	201708640116	刘志政		专科
237	食品生物技术专业 2017 级专科 01 班	201708640117	孟天宇		专科
238	食品生物技术专业 2017 级专科 01 班	201708640118	潘爽爽		专科
239	食品生物技术专业 2017 级专科 01 班	201708640119	亓文辉		专科
240	食品生物技术专业 2017 级专科 01 班	201708640120	宋杰		专科
241	食品生物技术专业 2017 级专科 01 班	201708640121	隋艾珊		专科
242	食品生物技术专业 2017 级专科 01 班	201708640123	孙菲		专科
243	食品生物技术专业 2017 级专科 01 班	201708640124	孙作成		专科
244	食品生物技术专业 2017 级专科 01 班	201708640125	谭福民		专科
245	食品生物技术专业 2017 级专科 01 班	201708640126	王常文		专科
246	食品生物技术专业 2017 级专科 01 班	201708640127	王瀚		专科
247	食品生物技术专业 2017 级专科 01 班	201708640128	王康妮		专科
248	食品生物技术专业 2017 级专科 01 班	201708640129	王瑞欣		专科
249	食品生物技术专业 2017 级专科 01 班	201708640130	王岩		专科
250	食品生物技术专业 2017 级专科 01 班	201708640131	谢珊珊		专科
251	食品生物技术专业 2017 级专科 01 班	201708640132	徐璐		专科
252	食品生物技术专业 2017 级专科 01 班	201708640133	徐同飞		专科
253	食品生物技术专业 2017 级专科 01 班	201708640134	姚璐		专科

(续表)

序号	班级	学号	姓名	学位	层次
254	食品生物技术专业 2017 级专科 01 班	201708640135	张洛		专科
255	食品生物技术专业 2017 级专科 01 班	201708640136	张冉		专科
256	食品生物技术专业 2017 级专科 01 班	201708640137	张帅		专科
257	食品生物技术专业 2017 级专科 01 班	201708640138	周婉茹		专科
258	食品生物技术专业 2017 级专科 01 班	201708640140	邹婧婧		专科

农林科学学院

序号	班级	学号	姓名	学位	层次
1	园林专业 2016 级本科 01 班	201408150110	邢怀庆		本科
2	园林专业 2016 级本科 01 班	201608100101	徐新凤	农学学士学位	本科
3	园林专业 2016 级本科 01 班	201608100103	管文哲	农学学士学位	本科
4	园林专业 2016 级本科 01 班	201608100104	季晓彤	农学学士学位	本科
5	园林专业 2016 级本科 01 班	201608100105	王素云	农学学士学位	本科
6	园林专业 2016 级本科 01 班	201608100108	徐玉晓	农学学士学位	本科
7	园林专业 2016 级本科 01 班	201608100109	程凯龙	农学学士学位	本科
8	园林专业 2016 级本科 01 班	201608100110	杨旭	农学学士学位	本科
9	园林专业 2016 级本科 01 班	201608100111	李元雪	农学学士学位	本科
10	园林专业 2016 级本科 01 班	201608100112	李静	农学学士学位	本科
11	园林专业 2016 级本科 01 班	201608100113	李凤飞	农学学士学位	本科
12	园林专业 2016 级本科 01 班	201608100114	刘晶晶	农学学士学位	本科
13	园林专业 2016 级本科 01 班	201608100116	陶永娟	农学学士学位	本科
14	园林专业 2016 级本科 01 班	201608100117	王妮娜	农学学士学位	本科
15	园林专业 2016 级本科 01 班	201608100118	贾丙迪	农学学士学位	本科
16	园林专业 2016 级本科 01 班	201608100119	刘宗瑞	农学学士学位	本科
17	园林专业 2016 级本科 01 班	201608100120	陈林凤	农学学士学位	本科
18	园林专业 2016 级本科 01 班	201608100121	郑楠楠	农学学士学位	本科
19	园林专业 2016 级本科 01 班	201608100122	季淑婷	农学学士学位	本科
20	园林专业 2016 级本科 01 班	201608100123	唐景美	农学学士学位	本科
21	园林专业 2016 级本科 01 班	201608100124	孙燕妮	农学学士学位	本科
22	园林专业 2016 级本科 01 班	201608100125	朱志凡	农学学士学位	本科
23	园林专业 2016 级本科 01 班	201608100126	魏僮	农学学士学位	本科
24	园林专业 2016 级本科 01 班	201608100127	王亚菲	农学学士学位	本科

农林科学学院					
序号	班级	学号	姓名	学位	层次
1	园林专业 2016 级本科 01 班	201408150110	邢怀庆		本科
2	园林专业 2016 级本科 01 班	201608100101	徐新凤	农学学士学位	本科
3	园林专业 2016 级本科 01 班	201608100103	管文哲	农学学士学位	本科
4	园林专业 2016 级本科 01 班	201608100104	季晓彤	农学学士学位	本科
5	园林专业 2016 级本科 01 班	201608100105	王素云	农学学士学位	本科
6	园林专业 2016 级本科 01 班	201608100108	徐玉晓	农学学士学位	本科
7	园林专业 2016 级本科 01 班	201608100109	程凯龙	农学学士学位	本科
8	园林专业 2016 级本科 01 班	201608100110	杨旭	农学学士学位	本科
9	园林专业 2016 级本科 01 班	201608100111	李元雪	农学学士学位	本科
10	园林专业 2016 级本科 01 班	201608100112	李静	农学学士学位	本科
11	园林专业 2016 级本科 01 班	201608100113	李凤飞	农学学士学位	本科
12	园林专业 2016 级本科 01 班	201608100114	刘晶晶	农学学士学位	本科
13	园林专业 2016 级本科 01 班	201608100116	陶永娟	农学学士学位	本科
14	园林专业 2016 级本科 01 班	201608100117	王妮娜	农学学士学位	本科
15	园林专业 2016 级本科 01 班	201608100118	贾丙迪	农学学士学位	本科
16	园林专业 2016 级本科 01 班	201608100119	刘宗瑞	农学学士学位	本科
17	园林专业 2016 级本科 01 班	201608100120	陈林凤	农学学士学位	本科
18	园林专业 2016 级本科 01 班	201608100121	郑楠楠	农学学士学位	本科
19	园林专业 2016 级本科 01 班	201608100122	季淑婷	农学学士学位	本科
20	园林专业 2016 级本科 01 班	201608100123	唐景美	农学学士学位	本科
21	园林专业 2016 级本科 01 班	201608100124	孙燕妮	农学学士学位	本科
22	园林专业 2016 级本科 01 班	201608100125	朱志凡	农学学士学位	本科
23	园林专业 2016 级本科 01 班	201608100126	魏僮	农学学士学位	本科
24	园林专业 2016 级本科 01 班	201608100127	王亚菲	农学学士学位	本科
25	园林专业 2016 级本科 01 班	201608100128	赵雅男	农学学士学位	本科
26	园林专业 2016 级本科 01 班	201608100129	郭元棣	农学学士学位	本科
27	园林专业 2016 级本科 01 班	201608100130	薛慧芳	农学学士学位	本科
28	园艺专业 2016 级本科 01 班	201608120101	宋英欣	农学学士学位	本科
29	园艺专业 2016 级本科 01 班	201608120102	綦洋	农学学士学位	本科
30	园艺专业 2016 级本科 01 班	201608120103	刘玉青	农学学士学位	本科
31	园艺专业 2016 级本科 01 班	201608120104	王柬钧	农学学士学位	本科

(续表)

序号	班级	学号	姓名	学位	层次
32	园艺专业 2016 级本科 01 班	201608120105	王娜	农学学士学位	本科
33	园艺专业 2016 级本科 01 班	201608120106	沈玲玲	农学学士学位	本科
34	园艺专业 2016 级本科 01 班	201608120107	张莉	农学学士学位	本科
35	园艺专业 2016 级本科 01 班	201608120108	苗涵	农学学士学位	本科
36	园艺专业 2016 级本科 01 班	201608120109	吕玉霞	农学学士学位	本科
37	园艺专业 2016 级本科 01 班	201608120110	申颖	农学学士学位	本科
38	园艺专业 2016 级本科 01 班	201608120111	田青霖	农学学士学位	本科
39	园艺专业 2016 级本科 01 班	201608120112	贾竣淇	农学学士学位	本科
40	园艺专业 2016 级本科 01 班	201608120113	朱孟彤	农学学士学位	本科
41	园艺专业 2016 级本科 01 班	201608120115	周宇洋	农学学士学位	本科
42	园艺专业 2016 级本科 01 班	201608120116	李美珑	农学学士学位	本科
43	园艺专业 2016 级本科 01 班	201608120117	高瑛璐	农学学士学位	本科
44	园艺专业 2016 级本科 01 班	201608120118	宋莹	农学学士学位	本科
45	园艺专业 2016 级本科 01 班	201608120119	庄新研	农学学士学位	本科
46	园艺专业 2016 级本科 01 班	201608120120	杨丽萍	农学学士学位	本科
47	园艺专业 2016 级本科 01 班	201608120121	全龙萍	农学学士学位	本科
48	园艺专业 2016 级本科 01 班	201608120122	荆小洁	农学学士学位	本科
49	园艺专业 2016 级本科 01 班	201608120123	李秀红	农学学士学位	本科
50	园艺专业 2016 级本科 01 班	201608120124	桑园园	农学学士学位	本科
51	园艺专业 2016 级本科 01 班	201608120126	鲁芯志	农学学士学位	本科
52	园艺专业 2016 级本科 01 班	201608120127	石晓玲	农学学士学位	本科
53	园艺专业 2016 级本科 01 班	201608120128	于腾荣	农学学士学位	本科
54	园艺专业 2016 级本科 01 班	201608120129	刘颖	农学学士学位	本科
55	园艺专业 2016 级本科 01 班	201608120130	李颖	农学学士学位	本科
56	园艺专业 2016 级本科 01 班	201608120131	董红星	农学学士学位	本科
57	园艺专业 2016 级本科 01 班	201608120132	解思瑾	农学学士学位	本科
58	园艺专业 2016 级本科 01 班	201608120133	朱媛婷	农学学士学位	本科
59	园艺专业 2016 级本科 01 班	201608120134	崔英连	农学学士学位	本科
60	动物医学专业 2018 级本科 04 班	201808020401	毕文慧	农学学士学位	专升本
61	动物医学专业 2018 级本科 04 班	201808020402	常丽娟	农学学士学位	专升本
62	动物医学专业 2018 级本科 04 班	201808020403	陈诚	农学学士学位	专升本
63	动物医学专业 2018 级本科 04 班	201808020404	崔光华	农学学士学位	专升本

(续表)

序号	班级	学号	姓名	学位	层次
64	动物医学专业 2018 级本科 04 班	201808020405	崔艳丽	农学学士学位	专升本
65	动物医学专业 2018 级本科 04 班	201808020406	邓聪聪	农学学士学位	专升本
66	动物医学专业 2018 级本科 04 班	201808020407	高菲	农学学士学位	专升本
67	动物医学专业 2018 级本科 04 班	201808020408	高玲	农学学士学位	专升本
68	动物医学专业 2018 级本科 04 班	201808020409	高绍帅	农学学士学位	专升本
69	动物医学专业 2018 级本科 04 班	201808020410	顾秀磊	农学学士学位	专升本
70	动物医学专业 2018 级本科 04 班	201808020411	郝双双	农学学士学位	专升本
71	动物医学专业 2018 级本科 04 班	201808020412	何敬龙	农学学士学位	专升本
72	动物医学专业 2018 级本科 04 班	201808020413	华恒	农学学士学位	专升本
73	动物医学专业 2018 级本科 04 班	201808020414	姜悦才	农学学士学位	专升本
74	动物医学专业 2018 级本科 04 班	201808020415	康代利	农学学士学位	专升本
75	动物医学专业 2018 级本科 04 班	201808020416	雷明仪	农学学士学位	专升本
76	动物医学专业 2018 级本科 04 班	201808020417	李翠函	农学学士学位	专升本
77	动物医学专业 2018 级本科 04 班	201808020418	李庚	农学学士学位	专升本
78	动物医学专业 2018 级本科 04 班	201808020420	李雅文	农学学士学位	专升本
79	动物医学专业 2018 级本科 04 班	201808020421	梁洪坤	农学学士学位	专升本
80	动物医学专业 2018 级本科 04 班	201808020422	孟凡丛	农学学士学位	专升本
81	动物医学专业 2018 级本科 04 班	201808020423	亓煜	农学学士学位	专升本
82	动物医学专业 2018 级本科 04 班	201808020424	邵明如	农学学士学位	专升本
83	动物医学专业 2018 级本科 04 班	201808020425	孙晋坤	农学学士学位	专升本
84	动物医学专业 2018 级本科 04 班	201808020426	孙菁	农学学士学位	专升本
85	动物医学专业 2018 级本科 04 班	201808020427	谭贻鸿	农学学士学位	专升本
86	动物医学专业 2018 级本科 04 班	201808020428	万利涛	农学学士学位	专升本
87	动物医学专业 2018 级本科 04 班	201808020429	王年祥	农学学士学位	专升本
88	动物医学专业 2018 级本科 04 班	201808020430	王平	农学学士学位	专升本
89	动物医学专业 2018 级本科 04 班	201808020431	王维娜	农学学士学位	专升本
90	动物医学专业 2018 级本科 04 班	201808020432	王莹	农学学士学位	专升本
91	动物医学专业 2018 级本科 04 班	201808020433	徐继腾	农学学士学位	专升本
92	动物医学专业 2018 级本科 04 班	201808020434	徐志昊	农学学士学位	专升本
93	动物医学专业 2018 级本科 04 班	201808020435	杨帆	农学学士学位	专升本
94	动物医学专业 2018 级本科 04 班	201808020436	杨明亮	农学学士学位	专升本
95	动物医学专业 2018 级本科 04 班	201808020437	张昌政	农学学士学位	专升本

(续表)

序号	班级	学号	姓名	学位	层次
96	动物医学专业 2018 级本科 04 班	201808020438	张董何	农学学士学位	专升本
97	动物医学专业 2018 级本科 04 班	201808020439	张志源	农学学士学位	专升本
98	动物医学专业 2018 级本科 04 班	201808020440	赵允清	农学学士学位	专升本
99	动物医学专业 2018 级本科 04 班	201808020441	刘成龙	农学学士学位	专升本
100	动物医学专业 2018 级本科 05 班	201808020501	曾茂林	农学学士学位	专升本
101	动物医学专业 2018 级本科 05 班	201808020502	陈晨	农学学士学位	专升本
102	动物医学专业 2018 级本科 05 班	201808020503	陈慧	农学学士学位	专升本
103	动物医学专业 2018 级本科 05 班	201808020504	陈熙	农学学士学位	专升本
104	动物医学专业 2018 级本科 05 班	201808020505	代倍倍	农学学士学位	专升本
105	动物医学专业 2018 级本科 05 班	201808020506	冯琪	农学学士学位	专升本
106	动物医学专业 2018 级本科 05 班	201808020507	高飞	农学学士学位	专升本
107	动物医学专业 2018 级本科 05 班	201808020508	高奎鹏	农学学士学位	专升本
108	动物医学专业 2018 级本科 05 班	201808020509	宫云鹏	农学学士学位	专升本
109	动物医学专业 2018 级本科 05 班	201808020510	韩乐斌	农学学士学位	专升本
110	动物医学专业 2018 级本科 05 班	201808020511	韩丽丽	农学学士学位	专升本
111	动物医学专业 2018 级本科 05 班	201808020512	贾文莎	农学学士学位	专升本
112	动物医学专业 2018 级本科 05 班	201808020513	姜旭	农学学士学位	专升本
113	动物医学专业 2018 级本科 05 班	201808020514	李彬	农学学士学位	专升本
114	动物医学专业 2018 级本科 05 班	201808020515	李晨	农学学士学位	专升本
115	动物医学专业 2018 级本科 05 班	201808020516	李德昕	农学学士学位	专升本
116	动物医学专业 2018 级本科 05 班	201808020517	李健	农学学士学位	专升本
117	动物医学专业 2018 级本科 05 班	201808020518	李升	农学学士学位	专升本
118	动物医学专业 2018 级本科 05 班	201808020519	李晓静	农学学士学位	专升本
119	动物医学专业 2018 级本科 05 班	201808020520	林琦	农学学士学位	专升本
120	动物医学专业 2018 级本科 05 班	201808020521	刘国瑞	农学学士学位	专升本
121	动物医学专业 2018 级本科 05 班	201808020522	刘奎昊	农学学士学位	专升本
122	动物医学专业 2018 级本科 05 班	201808020523	庞茂楠	农学学士学位	专升本
123	动物医学专业 2018 级本科 05 班	201808020524	桑运芬	农学学士学位	专升本
124	动物医学专业 2018 级本科 05 班	201808020525	孙艳	农学学士学位	专升本
125	动物医学专业 2018 级本科 05 班	201808020526	王栋伟	农学学士学位	专升本
126	动物医学专业 2018 级本科 05 班	201808020527	王金超	农学学士学位	专升本
127	动物医学专业 2018 级本科 05 班	201808020528	王宪军	农学学士学位	专升本

(续表)

序号	班级	学号	姓名	学位	层次
128	动物医学专业 2018 级本科 05 班	201808020529	王志远	农学学士学位	专升本
129	动物医学专业 2018 级本科 05 班	201808020530	熊玉婷	农学学士学位	专升本
130	动物医学专业 2018 级本科 05 班	201808020531	熊志达	农学学士学位	专升本
131	动物医学专业 2018 级本科 05 班	201808020532	闫丽	农学学士学位	专升本
132	动物医学专业 2018 级本科 05 班	201808020533	杨莉英	农学学士学位	专升本
133	动物医学专业 2018 级本科 05 班	201808020534	杨同辉	农学学士学位	专升本
134	动物医学专业 2018 级本科 05 班	201808020535	张灿灿	农学学士学位	专升本
135	动物医学专业 2018 级本科 05 班	201808020536	张静	农学学士学位	专升本
136	动物医学专业 2018 级本科 05 班	201808020537	张坤亮	农学学士学位	专升本
137	动物医学专业 2018 级本科 05 班	201808020538	张强	农学学士学位	专升本
138	动物医学专业 2018 级本科 05 班	201808020539	赵慧	农学学士学位	专升本
139	动物医学专业 2018 级本科 05 班	201808020540	周茜	农学学士学位	专升本
140	园林专业 2018 级本科 03 班	201808200301	丛明浩	农学学士学位	3+2 本科
141	园林专业 2018 级本科 03 班	201808200302	陈雨	农学学士学位	3+2 本科
142	园林专业 2018 级本科 03 班	201808200303	郭月	农学学士学位	3+2 本科
143	园林专业 2018 级本科 03 班	201808200304	王玉鹏	农学学士学位	3+2 本科
144	园林专业 2018 级本科 03 班	201808200305	王梦琪	农学学士学位	3+2 本科
145	园林专业 2018 级本科 03 班	201808200306	左齐慧	农学学士学位	3+2 本科
146	园林专业 2018 级本科 03 班	201808200307	郝淼	农学学士学位	3+2 本科
147	园林专业 2018 级本科 03 班	201808200308	韩同宇	农学学士学位	3+2 本科
148	园林专业 2018 级本科 03 班	201808200309	李玉婕	农学学士学位	3+2 本科
149	园林专业 2018 级本科 03 班	201808200310	吴雯霏	农学学士学位	3+2 本科
150	园林专业 2018 级本科 03 班	201808200311	张雨佳	农学学士学位	3+2 本科
151	园林专业 2018 级本科 03 班	201808200312	王高阳	农学学士学位	3+2 本科
152	园林专业 2018 级本科 03 班	201808200313	朱三明	农学学士学位	3+2 本科
153	园林专业 2018 级本科 03 班	201808200314	施妍	农学学士学位	3+2 本科
154	园林专业 2018 级本科 03 班	201808200315	李玉	农学学士学位	3+2 本科
155	园林专业 2018 级本科 03 班	201808200316	高范	农学学士学位	3+2 本科
156	园林专业 2018 级本科 03 班	201808200317	瞿青云	农学学士学位	3+2 本科
157	园林专业 2018 级本科 03 班	201808200318	黄儒雅	农学学士学位	3+2 本科

(续表)

序号	班级	学号	姓名	学位	层次
158	园林专业 2018 级本科 03 班	201808200319	孔祥凤	农学学士学位	3+2 本科
159	园林专业 2018 级本科 03 班	201808200320	许雪晴	农学学士学位	3+2 本科
160	园林专业 2018 级本科 03 班	201808200321	张珂欣	农学学士学位	3+2 本科
161	园林专业 2018 级本科 03 班	201808200322	刘皓	农学学士学位	3+2 本科
162	园林专业 2018 级本科 03 班	201808200323	胡未来	农学学士学位	3+2 本科
163	园林专业 2018 级本科 03 班	201808200324	陈正蕾	农学学士学位	3+2 本科
164	园林专业 2018 级本科 03 班	201808200325	杨孜竞	农学学士学位	3+2 本科
165	园林专业 2018 级本科 03 班	201808200326	华泽润	农学学士学位	3+2 本科
166	园林专业 2018 级本科 03 班	201808200327	夏秋实	农学学士学位	3+2 本科
167	园林专业 2018 级本科 03 班	201808200328	鞠鲤懋	农学学士学位	3+2 本科
168	园林专业 2018 级本科 03 班	201808200329	闫媛	农学学士学位	3+2 本科
169	园林专业 2018 级本科 03 班	201808200330	耿聪	农学学士学位	3+2 本科
170	园林专业 2018 级本科 03 班	201808200331	栾秀婷	农学学士学位	3+2 本科
171	园林专业 2018 级本科 03 班	201808200332	颜娜	农学学士学位	3+2 本科
172	园林专业 2018 级本科 03 班	201808200333	高传俊	农学学士学位	3+2 本科
173	园林专业 2018 级本科 03 班	201808200334	刘安琪	农学学士学位	3+2 本科
174	园林专业 2018 级本科 03 班	201808200335	赵荣卿	农学学士学位	3+2 本科
175	园林专业 2018 级本科 03 班	201808200336	陈俊婕	农学学士学位	3+2 本科
176	园林专业 2018 级本科 03 班	201808200337	田恩瑜	农学学士学位	3+2 本科
177	园林专业 2018 级本科 03 班	201808200338	郭王子杰	农学学士学位	3+2 本科
178	动物医学专业 2016 级本科 01 班	201508170101	王骁天	农学学士学位	高职本科
179	动物医学专业 2016 级本科 01 班	201608010101	张晓梅	农学学士学位	高职本科
180	动物医学专业 2016 级本科 01 班	201608010102	韩伟兵	农学学士学位	高职本科
181	动物医学专业 2016 级本科 01 班	201608010103	曹新悦	农学学士学位	高职本科
182	动物医学专业 2016 级本科 01 班	201608010104	王一东	农学学士学位	高职本科
183	动物医学专业 2016 级本科 01 班	201608010105	林婷婷	农学学士学位	高职本科
184	动物医学专业 2016 级本科 01 班	201608010106	徐翡	农学学士学位	高职本科
185	动物医学专业 2016 级本科 01 班	201608010107	孙有朋	农学学士学位	高职本科

(续表)

序号	班级	学号	姓名	学位	层次
186	动物医学专业 2016 级本科 01 班	201608010108	付颖	农学学士学位	高职本科
187	动物医学专业 2016 级本科 01 班	201608010109	甄晴	农学学士学位	高职本科
188	动物医学专业 2016 级本科 01 班	201608010110	邓玉倩	农学学士学位	高职本科
189	动物医学专业 2016 级本科 01 班	201608010111	张鑫	农学学士学位	高职本科
190	动物医学专业 2016 级本科 01 班	201608010112	张冉	农学学士学位	高职本科
191	动物医学专业 2016 级本科 01 班	201608010113	李伟彪	农学学士学位	高职本科
192	动物医学专业 2016 级本科 01 班	201608010114	邵朱锐	农学学士学位	高职本科
193	动物医学专业 2016 级本科 01 班	201608010115	白立明	农学学士学位	高职本科
194	动物医学专业 2016 级本科 01 班	201608010116	王康	农学学士学位	高职本科
195	动物医学专业 2016 级本科 01 班	201608010117	贾梦辰	农学学士学位	高职本科
196	动物医学专业 2016 级本科 01 班	201608010118	连心圆	农学学士学位	高职本科
197	动物医学专业 2016 级本科 01 班	201608010119	李文敏	农学学士学位	高职本科
198	动物医学专业 2016 级本科 01 班	201608010120	荆玉磊	农学学士学位	高职本科
199	动物医学专业 2016 级本科 01 班	201608010121	李聪莹	农学学士学位	高职本科
200	动物医学专业 2016 级本科 01 班	201608010122	王苏阳	农学学士学位	高职本科
201	动物医学专业 2016 级本科 01 班	201608010123	孙晓晨	农学学士学位	高职本科
202	动物医学专业 2016 级本科 01 班	201608010124	董帝呈	农学学士学位	高职本科
203	动物医学专业 2016 级本科 01 班	201608010125	李鑫	农学学士学位	高职本科
204	动物医学专业 2016 级本科 01 班	201608010126	张景怡	农学学士学位	高职本科
205	动物医学专业 2016 级本科 01 班	201608010127	蒲晓华	农学学士学位	高职本科
206	动物医学专业 2016 级本科 01 班	201608010128	张鑫泷	农学学士学位	高职本科
207	动物医学专业 2016 级本科 01 班	201608010129	刘恒晨	农学学士学位	高职本科
208	动物医学专业 2016 级本科 01 班	201608010130	潘虹兆	农学学士学位	高职本科
209	动物医学专业 2016 级本科 01 班	201608010131	吴海宁	农学学士学位	高职本科
210	动物医学专业 2016 级本科 01 班	201608010132	于阿男	农学学士学位	高职本科
211	动物医学专业 2016 级本科 01 班	201608010134	张瑞琨	农学学士学位	高职本科
212	动物医学专业 2016 级本科 01 班	201608010135	张宇青	农学学士学位	高职本科
213	动物医学专业 2016 级本科 01 班	201608010136	卞秀鑫	农学学士学位	高职本科

(续表)

序号	班级	学号	姓名	学位	层次
214	动物医学专业 2016 级本科 01 班	201608010137	门万鹏	农学学士学位	高职本科
215	园林专业 2016 级本科 02 班	201508210212	苗秀清	农学学士学位	高职本科
216	园林专业 2016 级本科 02 班	201508210216	王美宁	农学学士学位	高职本科
217	园林专业 2016 级本科 02 班	201608110201	王叶群	农学学士学位	高职本科
218	园林专业 2016 级本科 02 班	201608110202	张志江	农学学士学位	高职本科
219	园林专业 2016 级本科 02 班	201608110203	宫雪	农学学士学位	高职本科
220	园林专业 2016 级本科 02 班	201608110204	万小琪	农学学士学位	高职本科
221	园林专业 2016 级本科 02 班	201608110205	郭庆主	农学学士学位	高职本科
222	园林专业 2016 级本科 02 班	201608110206	闫威	农学学士学位	高职本科
223	园林专业 2016 级本科 02 班	201608110207	张鹏飞	农学学士学位	高职本科
224	园林专业 2016 级本科 02 班	201608110208	张小芳	农学学士学位	高职本科
225	园林专业 2016 级本科 02 班	201608110209	戈倩	农学学士学位	高职本科
226	园林专业 2016 级本科 02 班	201608110210	翟孟圆	农学学士学位	高职本科
227	园林专业 2016 级本科 02 班	201608110211	于慧	农学学士学位	高职本科
228	园林专业 2016 级本科 02 班	201608110212	李培良	农学学士学位	高职本科
229	园林专业 2016 级本科 02 班	201608110213	宋发财	农学学士学位	高职本科
230	园林专业 2016 级本科 02 班	201608110214	王亚琼	农学学士学位	高职本科
231	园林专业 2016 级本科 02 班	201608110215	邱磊	农学学士学位	高职本科
232	园林专业 2016 级本科 02 班	201608110216	袁金超	农学学士学位	高职本科
233	园林专业 2016 级本科 02 班	201608110217	张巧巧	农学学士学位	高职本科
234	园林专业 2016 级本科 02 班	201608110218	姜天婴	农学学士学位	高职本科
235	园林专业 2016 级本科 02 班	201608110219	扈舒皓	农学学士学位	高职本科
236	园林专业 2016 级本科 02 班	201608110220	吴莎莎	农学学士学位	高职本科
237	园林专业 2016 级本科 02 班	201608110221	李冬梅	农学学士学位	高职本科
238	园林专业 2016 级本科 02 班	201608110222	管志刚	农学学士学位	高职本科
239	园林专业 2016 级本科 02 班	201608110223	郑杰	农学学士学位	高职本科
240	园林专业 2016 级本科 02 班	201608110224	杨璐莹	农学学士学位	高职本科
241	园林专业 2016 级本科 02 班	201608110225	张谱	农学学士学位	高职本科

(续表)

序号	班级	学号	姓名	学位	层次
242	园林专业 2016 级本科 02 班	201608110226	刘金英	农学学士学位	高职本科
243	园林专业 2016 级本科 02 班	201608110227	曹洪照	农学学士学位	高职本科
244	园林专业 2016 级本科 02 班	201608110228	隋鑫宇	农学学士学位	高职本科
245	园林专业 2016 级本科 02 班	201608110229	丁子桐	农学学士学位	高职本科
246	园林专业 2016 级本科 02 班	201608110230	陈莹	农学学士学位	高职本科
247	园林专业 2016 级本科 02 班	201608110231	刘岩	农学学士学位	高职本科
248	园林专业 2016 级本科 02 班	201608110232	张善恒	农学学士学位	高职本科
249	园林专业 2016 级本科 02 班	201608110233	郭倩莲	农学学士学位	高职本科
250	园林专业 2016 级本科 02 班	201608110234	刘敏	农学学士学位	高职本科
251	园林专业 2016 级本科 02 班	201608110235	赵文丹	农学学士学位	高职本科
252	园林专业 2016 级本科 02 班	201608110236	宋璐颖	农学学士学位	高职本科
253	园林专业 2016 级本科 02 班	201608110237	王威	农学学士学位	高职本科
254	园林专业 2016 级本科 02 班	201608110238	王雪晴	农学学士学位	高职本科
255	园林专业 2016 级本科 02 班	201608110239	刘艳玲	农学学士学位	高职本科
256	园林专业 2016 级本科 02 班	201608110240	李彩玲	农学学士学位	高职本科
257	园林专业 2016 级本科 02 班	201608110241	梁倩	农学学士学位	高职本科
258	园林专业 2016 级本科 02 班	201608110242	牛浩杰	农学学士学位	高职本科
259	园林专业 2016 级本科 02 班	201608110243	刘蕊	农学学士学位	高职本科
260	园林专业 2016 级本科 02 班	201608110244	王强	农学学士学位	高职本科
261	动物防疫与检疫专业 2017 级专科 01 班	201708500101	毕庆悦		专科
262	动物防疫与检疫专业 2017 级专科 01 班	201708500102	陈俞任		专科
263	动物防疫与检疫专业 2017 级专科 01 班	201708500103	范新雨		专科
264	动物防疫与检疫专业 2017 级专科 01 班	201708500104	房晨		专科
265	动物防疫与检疫专业 2017 级专科 01 班	201708500105	高涵		专科
266	动物防疫与检疫专业 2017 级专科 01 班	201708500107	李立鹏		专科
267	动物防疫与检疫专业 2017 级专科 01 班	201708500108	孟海		专科
268	动物防疫与检疫专业 2017 级专科 01 班	201708500109	曲蕾		专科
269	动物防疫与检疫专业 2017 级专科 01 班	201708500110	任召浩		专科
270	动物防疫与检疫专业 2017 级专科 01 班	201708500111	宋鹏		专科

附录 691

(续表)

序号	班级	学号	姓名	学位	层次
271	动物防疫与检疫专业 2017 级专科 01 班	201708500112	王帅		专科
272	动物防疫与检疫专业 2017 级专科 01 班	201708500113	王星杰		专科
273	动物防疫与检疫专业 2017 级专科 01 班	201708500114	项艳蕊		专科
274	动物防疫与检疫专业 2017 级专科 01 班	201708500115	辛瑞雪		专科
275	畜牧兽医专业 2017 级专科 01 班	201708530101	蔡博		专科
276	畜牧兽医专业 2017 级专科 01 班	201708530102	刁恩迎		专科
277	畜牧兽医专业 2017 级专科 01 班	201708530103	范晓宁		专科
278	畜牧兽医专业 2017 级专科 01 班	201708530104	郭梦飞		专科
279	畜牧兽医专业 2017 级专科 01 班	201708530105	郭雾晴		专科
280	畜牧兽医专业 2017 级专科 01 班	201708530106	黄文浩		专科
281	畜牧兽医专业 2017 级专科 01 班	201708530108	冷欣磊		专科
282	畜牧兽医专业 2017 级专科 01 班	201708530110	刘娇		专科
283	畜牧兽医专业 2017 级专科 01 班	201708530111	刘强		专科
284	畜牧兽医专业 2017 级专科 01 班	201708530112	刘姗姗		专科
285	畜牧兽医专业 2017 级专科 01 班	201708530113	刘志信		专科
286	畜牧兽医专业 2017 级专科 01 班	201708530114	卢艺琳		专科
287	畜牧兽医专业 2017 级专科 01 班	201708530115	吕佳琦		专科
288	畜牧兽医专业 2017 级专科 01 班	201708530116	孙丰盛		专科
289	畜牧兽医专业 2017 级专科 01 班	201708530117	田成义		专科
290	畜牧兽医专业 2017 级专科 01 班	201708530119	王金		专科
291	畜牧兽医专业 2017 级专科 01 班	201708530120	薛曼		专科
292	畜牧兽医专业 2017 级专科 01 班	201708530122	殷玉昭		专科
293	畜牧兽医专业 2017 级专科 01 班	201708530125	张翠杰		专科
294	畜牧兽医专业 2017 级专科 01 班	201708530127	赵斌		专科
295	畜牧兽医专业 2017 级专科 01 班	201708530129	郑夫晓		专科
296	畜牧兽医专业 2017 级专科 01 班	201708530130	朱娟		专科
297	畜牧兽医专业 2017 级专科 01 班	201708550124	徐心琮		专科
298	园林技术专业 2017 级专科 01 班	201708550101	鲍秋予		专科
299	园林技术专业 2017 级专科 01 班	201708550102	曹艺飞		专科
300	园林技术专业 2017 级专科 01 班	201708550103	丁德志		专科
301	园林技术专业 2017 级专科 01 班	201708550104	高文静		专科
302	园林技术专业 2017 级专科 01 班	201708550105	高云峰		专科

(续表)

序号	班级	学号	姓名	学位	层次
303	园林技术专业 2017 级专科 01 班	201708550106	高振兴		专科
304	园林技术专业 2017 级专科 01 班	201708550107	戈倩倩		专科
305	园林技术专业 2017 级专科 01 班	201708550108	贾秀丽		专科
306	园林技术专业 2017 级专科 01 班	201708550109	姜俊宏		专科
307	园林技术专业 2017 级专科 01 班	201708550110	李宝玉		专科
308	园林技术专业 2017 级专科 01 班	201708550112	梁璐		专科
309	园林技术专业 2017 级专科 01 班	201708550113	刘焕珊		专科
310	园林技术专业 2017 级专科 01 班	201708550114	刘靓		专科
311	园林技术专业 2017 级专科 01 班	201708550115	刘倩倩		专科
312	园林技术专业 2017 级专科 01 班	201708550116	孟倩		专科
313	园林技术专业 2017 级专科 01 班	201708550117	潘美如		专科
314	园林技术专业 2017 级专科 01 班	201708550118	邱善辉		专科
315	园林技术专业 2017 级专科 01 班	201708550119	宋蕾		专科
316	园林技术专业 2017 级专科 01 班	201708550120	孙雪宁		专科
317	园林技术专业 2017 级专科 01 班	201708550121	田琪		专科
318	园林技术专业 2017 级专科 01 班	201708550122	王子一		专科
319	园林技术专业 2017 级专科 01 班	201708550123	邢凯华		专科
320	园林技术专业 2017 级专科 01 班	201708550125	苑欣宇		专科
321	园林技术专业 2017 级专科 01 班	201708550127	张男		专科
322	园林技术专业 2017 级专科 01 班	201708550128	张鑫		专科
323	园林技术专业 2017 级专科 01 班	201708550129	张璇		专科
324	园林技术专业 2017 级专科 01 班	201708550131	赵丹		专科
325	园林技术专业 2017 级专科 01 班	201708550134	朱广童		专科

沂水校区

序号	班级	学号	姓名	层次
1	工商企业管理专业 2017 级专科 01 班	201204720421	张乐宾	专科
2	工商企业管理专业 2017 级专科 01 班	201792540102	蒋一帆	专科
3	工商企业管理专业 2017 级专科 01 班	201792540103	张雪	专科
4	工商企业管理专业 2017 级专科 01 班	201792540104	王晓磊	专科
5	工商企业管理专业 2017 级专科 01 班	201792540105	张娜	专科
6	工商企业管理专业 2017 级专科 01 班	201792540106	孙煜姗	专科

(续表)

序号	班级	学号	姓名	层次
7	工商企业管理专业 2017 级专科 01 班	201792540107	孙悦	专科
8	工商企业管理专业 2017 级专科 01 班	201792540108	董梦飞	专科
9	工商企业管理专业 2017 级专科 01 班	201792540109	张云虹	专科
10	工商企业管理专业 2017 级专科 01 班	201792540110	张秋玉	专科
11	工商企业管理专业 2017 级专科 01 班	201792540111	张爱鲁	专科
12	工商企业管理专业 2017 级专科 01 班	201792540112	周敏	专科
13	工商企业管理专业 2017 级专科 01 班	201792540113	李欣茹	专科
14	工商企业管理专业 2017 级专科 01 班	201792540114	王璐	专科
15	工商企业管理专业 2017 级专科 01 班	201792540115	邹宁	专科
16	工商企业管理专业 2017 级专科 01 班	201792540116	张丽萍	专科
17	工商企业管理专业 2017 级专科 01 班	201792540119	丁雪	专科
18	工商企业管理专业 2017 级专科 01 班	201792540120	刘禹宏	专科
19	工商企业管理专业 2017 级专科 01 班	201792540121	孙紫薇	专科
20	工商企业管理专业 2017 级专科 01 班	201792540122	徐洪丽	专科
21	工商企业管理专业 2017 级专科 01 班	201792540124	王晓雨	专科
22	工商企业管理专业 2017 级专科 01 班	201792540125	郑东娥	专科
23	工商企业管理专业 2017 级专科 01 班	201792540126	吕荣容	专科
24	工商企业管理专业 2017 级专科 01 班	201792540127	樊艳	专科
25	工商企业管理专业 2017 级专科 01 班	201792540128	辛睿杰	专科
26	工商企业管理专业 2017 级专科 01 班	201792540129	孟凡丽	专科
27	工商企业管理专业 2017 级专科 01 班	201792540130	张春梅	专科
28	工商企业管理专业 2017 级专科 01 班	201792540131	李美美	专科
29	工商企业管理专业 2017 级专科 01 班	201792540132	李晓桐	专科
30	工商企业管理专业 2017 级专科 01 班	201792540133	张奇	专科
31	工商企业管理专业 2017 级专科 01 班	201792540137	冯召栋	专科
32	工商企业管理专业 2017 级专科 01 班	201792540138	崔凯	专科
33	工商企业管理专业 2017 级专科 01 班	201792540139	陈朋	专科
34	工商企业管理专业 2017 级专科 01 班	201792540141	闫志康	专科
35	工商企业管理专业 2017 级专科 01 班	201792540143	孟凯迪	专科
36	工商企业管理专业 2017 级专科 01 班	201792540144	李润林	专科

(续表)

序号	班级	学号	姓名	层次
37	工商企业管理专业 2017 级专科 01 班	201792540146	张言鑫	专科
38	工商企业管理专业 2017 级专科 01 班	201792540147	张崇旺	专科
39	工商企业管理专业 2017 级专科 02 班	201792540201	刘雪娇	专科
40	工商企业管理专业 2017 级专科 02 班	201792540202	张佳佳	专科
41	工商企业管理专业 2017 级专科 02 班	201792540205	辛凯莉	专科
42	工商企业管理专业 2017 级专科 02 班	201792540206	张钰	专科
43	工商企业管理专业 2017 级专科 02 班	201792540207	陈晓静	专科
44	工商企业管理专业 2017 级专科 02 班	201792540208	刘洋	专科
45	工商企业管理专业 2017 级专科 02 班	201792540209	常会慧	专科
46	工商企业管理专业 2017 级专科 02 班	201792540210	张晓彤	专科
47	工商企业管理专业 2017 级专科 02 班	201792540211	张子涵	专科
48	工商企业管理专业 2017 级专科 02 班	201792540212	田晓虹	专科
49	工商企业管理专业 2017 级专科 02 班	201792540213	张新媛	专科
50	工商企业管理专业 2017 级专科 02 班	201792540214	燕倩倩	专科
51	工商企业管理专业 2017 级专科 02 班	201792540215	孔辰鑫	专科
52	工商企业管理专业 2017 级专科 02 班	201792540216	刘灵慧	专科
53	工商企业管理专业 2017 级专科 02 班	201792540217	张凤霞	专科
54	工商企业管理专业 2017 级专科 02 班	201792540218	张昱	专科
55	工商企业管理专业 2017 级专科 02 班	201792540219	韩静	专科
56	工商企业管理专业 2017 级专科 02 班	201792540220	胡浩	专科
57	工商企业管理专业 2017 级专科 02 班	201792540221	刘晓瑞	专科
58	工商企业管理专业 2017 级专科 02 班	201792540222	庞翠香	专科
59	工商企业管理专业 2017 级专科 02 班	201792540226	霍玉涵	专科
60	工商企业管理专业 2017 级专科 02 班	201792540227	刘铭	专科
61	工商企业管理专业 2017 级专科 02 班	201792540228	陈鑫	专科
62	工商企业管理专业 2017 级专科 02 班	201792540229	郭双双	专科
63	工商企业管理专业 2017 级专科 02 班	201792540230	李明慧	专科
64	工商企业管理专业 2017 级专科 02 班	201792540231	郭淼兰	专科
65	工商企业管理专业 2017 级专科 02 班	201792540232	张明	专科
66	工商企业管理专业 2017 级专科 02 班	201792540233	张震	专科

(续表)

序号	班级	学号	姓名	层次
67	工商企业管理专业 2017 级专科 02 班	201792540234	李红晨	专科
68	工商企业管理专业 2017 级专科 02 班	201792540237	陈端良	专科
69	工商企业管理专业 2017 级专科 02 班	201792540238	杨庆辉	专科
70	工商企业管理专业 2017 级专科 02 班	201792540239	丁建勇	专科
71	工商企业管理专业 2017 级专科 02 班	201792540240	骆宏凯	专科
72	工商企业管理专业 2017 级专科 02 班	201792540241	耿鹏伟	专科
73	工商企业管理专业 2017 级专科 02 班	201792540242	于康	专科
74	工商企业管理专业 2017 级专科 02 班	201792540243	孙仁虎	专科
75	工商企业管理专业 2017 级专科 02 班	201792540245	王佃坤	专科
76	工商企业管理专业 2017 级专科 02 班	201792540247	宋郁超	专科
77	工商企业管理专业 2017 级专科 03 班	201792540301	李丽媛	专科
78	工商企业管理专业 2017 级专科 03 班	201792540303	丁源	专科
79	工商企业管理专业 2017 级专科 03 班	201792540305	周龙雪	专科
80	工商企业管理专业 2017 级专科 03 班	201792540306	杨娜	专科
81	工商企业管理专业 2017 级专科 03 班	201792540308	孔雨晴	专科
82	工商企业管理专业 2017 级专科 03 班	201792540309	王世昱	专科
83	工商企业管理专业 2017 级专科 03 班	201792540311	张雪梅	专科
84	工商企业管理专业 2017 级专科 03 班	201792540312	李悦	专科
85	工商企业管理专业 2017 级专科 03 班	201792540314	徐丽娜	专科
86	工商企业管理专业 2017 级专科 03 班	201792540315	李晓彤	专科
87	工商企业管理专业 2017 级专科 03 班	201792540316	崔树珍	专科
88	工商企业管理专业 2017 级专科 03 班	201792540317	张婧雯	专科
89	工商企业管理专业 2017 级专科 03 班	201792540319	吴晓娜	专科
90	工商企业管理专业 2017 级专科 03 班	201792540320	张晓娜	专科
91	工商企业管理专业 2017 级专科 03 班	201792540321	陈文焕	专科
92	工商企业管理专业 2017 级专科 03 班	201792540322	刘晓	专科
93	工商企业管理专业 2017 级专科 03 班	201792540323	关亚琳	专科
94	工商企业管理专业 2017 级专科 03 班	201792540325	石肖	专科
95	工商企业管理专业 2017 级专科 03 班	201792540326	张帆	专科
96	工商企业管理专业 2017 级专科 03 班	201792540327	黄亚杰	专科

(续表)

序号	班级	学号	姓名	层次
97	工商企业管理专业 2017 级专科 03 班	201792540330	侯莹莹	专科
98	工商企业管理专业 2017 级专科 03 班	201792540331	邱泽颖	专科
99	工商企业管理专业 2017 级专科 03 班	201792540332	王瑶琳	专科
100	工商企业管理专业 2017 级专科 03 班	201792540333	崔毓虎	专科
101	工商企业管理专业 2017 级专科 03 班	201792540334	陈国良	专科
102	工商企业管理专业 2017 级专科 03 班	201792540335	宁淑意	专科
103	工商企业管理专业 2017 级专科 03 班	201792540336	唐工皓	专科
104	工商企业管理专业 2017 级专科 03 班	201792540338	吕柄良	专科
105	工商企业管理专业 2017 级专科 03 班	201792540339	李棉硕	专科
106	工商企业管理专业 2017 级专科 03 班	201792540340	曹永广	专科
107	工商企业管理专业 2017 级专科 03 班	201792540341	仲光朋	专科
108	工商企业管理专业 2017 级专科 03 班	201792540343	赵书年	专科
109	工商企业管理专业 2017 级专科 03 班	201792540345	徐光晨	专科
110	工商企业管理专业 2017 级专科 03 班	201792540346	陈宏杰	专科
111	国际经济与贸易专业 2017 级专科 01 班	201204730416	刘祥	专科
112	国际经济与贸易专业 2017 级专科 01 班	201560720140	宋艳涛	专科
113	国际经济与贸易专业 2017 级专科 01 班	201792550101	李晴	专科
114	国际经济与贸易专业 2017 级专科 01 班	201792550102	程亚林	专科
115	国际经济与贸易专业 2017 级专科 01 班	201792550103	曾雪	专科
116	国际经济与贸易专业 2017 级专科 01 班	201792550104	李艳娇	专科
117	国际经济与贸易专业 2017 级专科 01 班	201792550105	陈颖	专科
118	国际经济与贸易专业 2017 级专科 01 班	201792550106	杨昊彤	专科
119	国际经济与贸易专业 2017 级专科 01 班	201792550107	蔡若淑	专科
120	国际经济与贸易专业 2017 级专科 01 班	201792550109	刘文静	专科
121	国际经济与贸易专业 2017 级专科 01 班	201792550112	秦硕	专科
122	国际经济与贸易专业 2017 级专科 01 班	201792550113	郭淑月	专科
123	国际经济与贸易专业 2017 级专科 01 班	201792550114	仲明锐	专科
124	国际经济与贸易专业 2017 级专科 01 班	201792550116	付晓静	专科
125	国际经济与贸易专业 2017 级专科 01 班	201792550117	周晓雪	专科
126	国际经济与贸易专业 2017 级专科 01 班	201792550118	王璐瑶	专科

(续表)

序号	班级	学号	姓名	层次
127	国际经济与贸易专业 2017 级专科 01 班	201792550119	郭淑婷	专科
128	国际经济与贸易专业 2017 级专科 01 班	201792550120	黄玉双	专科
129	国际经济与贸易专业 2017 级专科 01 班	201792550121	温晶然	专科
130	国际经济与贸易专业 2017 级专科 01 班	201792550122	臧玉茹	专科
131	国际经济与贸易专业 2017 级专科 01 班	201792550123	初甜甜	专科
132	国际经济与贸易专业 2017 级专科 01 班	201792550124	李新奇	专科
133	国际经济与贸易专业 2017 级专科 01 班	201792550125	张胜男	专科
134	国际经济与贸易专业 2017 级专科 01 班	201792550126	耿睿	专科
135	国际经济与贸易专业 2017 级专科 01 班	201792550127	郭宁	专科
136	国际经济与贸易专业 2017 级专科 01 班	201792550128	王静	专科
137	国际经济与贸易专业 2017 级专科 01 班	201792550129	马晓芹	专科
138	国际经济与贸易专业 2017 级专科 01 班	201792550131	卜令娟	专科
139	国际经济与贸易专业 2017 级专科 01 班	201792550132	郭亚男	专科
140	国际经济与贸易专业 2017 级专科 01 班	201792550133	王蒙	专科
141	国际经济与贸易专业 2017 级专科 01 班	201792550134	张洁	专科
142	国际经济与贸易专业 2017 级专科 01 班	201792550135	李慧颖	专科
143	国际经济与贸易专业 2017 级专科 01 班	201792550136	王沙沙	专科
144	国际经济与贸易专业 2017 级专科 01 班	201792550137	邵爱淇	专科
145	国际经济与贸易专业 2017 级专科 01 班	201792550139	孙成华	专科
146	国际经济与贸易专业 2017 级专科 01 班	201792550141	栾翔翔	专科
147	国际经济与贸易专业 2017 级专科 01 班	201792550143	朱文龙	专科
148	国际经济与贸易专业 2017 级专科 01 班	201792550144	丁浩	专科
149	国际经济与贸易专业 2017 级专科 01 班	201792550145	卢正栋	专科
150	国际经济与贸易专业 2017 级专科 01 班	201792550146	张文杰	专科
151	国际经济与贸易专业 2017 级专科 01 班	201792550147	史建麟	专科
152	国际经济与贸易专业 2017 级专科 01 班	201792550148	李凯	专科
153	国际经济与贸易专业 2017 级专科 01 班	201792550149	姬广伟	专科
154	国际经济与贸易专业 2017 级专科 01 班	201792550151	刘康旭	专科
155	国际经济与贸易专业 2017 级专科 01 班	201792550152	杜科杰	专科
156	国际经济与贸易专业 2017 级专科 01 班	201792550153	刘居正	专科

(续表)

序号	班级	学号	姓名	层次
157	国际经济与贸易专业2017级专科01班	201792550154	孙中辉	专科
158	国际经济与贸易专业2017级专科02班	201792550202	吕美静	专科
159	国际经济与贸易专业2017级专科02班	201792550204	宋为香	专科
160	国际经济与贸易专业2017级专科02班	201792550205	商玲玉	专科
161	国际经济与贸易专业2017级专科02班	201792550206	张英霞	专科
162	国际经济与贸易专业2017级专科02班	201792550207	尹淞	专科
163	国际经济与贸易专业2017级专科02班	201792550208	郑薇	专科
164	国际经济与贸易专业2017级专科02班	201792550210	郭梦硕	专科
165	国际经济与贸易专业2017级专科02班	201792550211	段琳琳	专科
166	国际经济与贸易专业2017级专科02班	201792550213	李玉欣	专科
167	国际经济与贸易专业2017级专科02班	201792550214	于晓蕾	专科
168	国际经济与贸易专业2017级专科02班	201792550215	谢静静	专科
169	国际经济与贸易专业2017级专科02班	201792550216	张炘滢	专科
170	国际经济与贸易专业2017级专科02班	201792550217	侯晓钰	专科
171	国际经济与贸易专业2017级专科02班	201792550218	霰美	专科
172	国际经济与贸易专业2017级专科02班	201792550220	刘霞	专科
173	国际经济与贸易专业2017级专科02班	201792550221	侯红娟	专科
174	国际经济与贸易专业2017级专科02班	201792550222	闫瑞瑞	专科
175	国际经济与贸易专业2017级专科02班	201792550223	贾宇馨	专科
176	国际经济与贸易专业2017级专科02班	201792550224	刘晓洁	专科
177	国际经济与贸易专业2017级专科02班	201792550225	徐宁	专科
178	国际经济与贸易专业2017级专科02班	201792550226	吴丹	专科
179	国际经济与贸易专业2017级专科02班	201792550227	马敬聪	专科
180	国际经济与贸易专业2017级专科02班	201792550228	王文钰	专科
181	国际经济与贸易专业2017级专科02班	201792550229	张晨晨	专科
182	国际经济与贸易专业2017级专科02班	201792550231	陈凤敏	专科
183	国际经济与贸易专业2017级专科02班	201792550232	李银格	专科
184	国际经济与贸易专业2017级专科02班	201792550233	郑涵	专科
185	国际经济与贸易专业2017级专科02班	201792550234	谢银杏	专科
186	国际经济与贸易专业2017级专科02班	201792550235	王秋双	专科

(续表)

序号	班级	学号	姓名	层次
187	国际经济与贸易专业 2017 级专科 02 班	201792550236	耿彤	专科
188	国际经济与贸易专业 2017 级专科 02 班	201792550237	王倩倩	专科
189	国际经济与贸易专业 2017 级专科 02 班	201792550238	于付兰	专科
190	国际经济与贸易专业 2017 级专科 02 班	201792550239	王吉伦	专科
191	国际经济与贸易专业 2017 级专科 02 班	201792550240	金昆	专科
192	国际经济与贸易专业 2017 级专科 02 班	201792550241	吴玉鑫	专科
193	国际经济与贸易专业 2017 级专科 02 班	201792550242	侯泽旭	专科
194	国际经济与贸易专业 2017 级专科 02 班	201792550243	迟昊	专科
195	国际经济与贸易专业 2017 级专科 02 班	201792550244	赵冬	专科
196	国际经济与贸易专业 2017 级专科 02 班	201792550245	韩国浩	专科
197	国际经济与贸易专业 2017 级专科 02 班	201792550246	赵宣义	专科
198	国际经济与贸易专业 2017 级专科 02 班	201792550247	万嗣鑫	专科
199	国际经济与贸易专业 2017 级专科 02 班	201792550248	丁才尧	专科
200	国际经济与贸易专业 2017 级专科 02 班	201792550249	孙政	专科
201	国际经济与贸易专业 2017 级专科 02 班	201792550250	葛汝超	专科
202	国际经济与贸易专业 2017 级专科 02 班	201792550251	周晓杰	专科
203	国际经济与贸易专业 2017 级专科 02 班	201792550254	刘昌林	专科
204	国际经济与贸易专业 2017 级专科 03 班	201792650302	王瑞婷	专科
205	国际经济与贸易专业 2017 级专科 03 班	201792650304	崔洋	专科
206	国际经济与贸易专业 2017 级专科 03 班	201792650307	蔡敏丹	专科
207	国际经济与贸易专业 2017 级专科 03 班	201792650308	李荣秀	专科
208	国际经济与贸易专业 2017 级专科 03 班	201792650310	魏运智	专科
209	国际经济与贸易专业 2017 级专科 03 班	201792650311	王馨宇	专科
210	国际经济与贸易专业 2017 级专科 03 班	201792650312	冯志坤	专科
211	国际经济与贸易专业 2017 级专科 03 班	201792650313	杨美琪	专科
212	国际经济与贸易专业 2017 级专科 03 班	201792650316	闫佳伟	专科
213	国际经济与贸易专业 2017 级专科 03 班	201792650318	侯明智	专科
214	国际经济与贸易专业 2017 级专科 03 班	201792650319	刘一平	专科
215	国际经济与贸易专业 2017 级专科 03 班	201792650320	郑峰	专科
216	国际经济与贸易专业 2017 级专科 03 班	201792650321	杨树超	专科

(续表)

序号	班级	学号	姓名	层次
217	国际经济与贸易专业 2017 级专科 03 班	201792650322	徐珂豪	专科
218	国际经济与贸易专业 2017 级专科 03 班	201792650323	王一尧	专科
219	国际经济与贸易专业 2017 级专科 03 班	201792650325	王昌辉	专科
220	国际经济与贸易专业 2017 级专科 03 班	201792650326	高煦豪	专科
221	国际经济与贸易专业 2017 级专科 03 班	201792650327	王贞耀	专科
222	国际经济与贸易专业 2017 级专科 03 班	201792650328	周广鲁	专科
223	国际经济与贸易专业 2017 级专科 03 班	201792650329	李晓烨	专科
224	会计专业 2017 级专科 01 班	200703610226	黄海龙	专科
225	会计专业 2017 级专科 01 班	201304710229	庞孟泽	专科
226	会计专业 2017 级专科 01 班	201792590101	李知临	专科
227	会计专业 2017 级专科 01 班	201792590103	杜金萍	专科
228	会计专业 2017 级专科 01 班	201792590104	韩新悦	专科
229	会计专业 2017 级专科 01 班	201792590105	卞志杰	专科
230	会计专业 2017 级专科 01 班	201792590107	孙晓晗	专科
231	会计专业 2017 级专科 01 班	201792590108	宋新宇	专科
232	会计专业 2017 级专科 01 班	201792590110	张建民	专科
233	会计专业 2017 级专科 01 班	201792590111	张玉玉	专科
234	会计专业 2017 级专科 01 班	201792590113	朱晓齐	专科
235	会计专业 2017 级专科 01 班	201792590114	李怡然	专科
236	会计专业 2017 级专科 01 班	201792590115	郭依娜	专科
237	会计专业 2017 级专科 01 班	201792590116	赵庆玲	专科
238	会计专业 2017 级专科 01 班	201792590117	郑雯	专科
239	会计专业 2017 级专科 01 班	201792590118	王梦儒	专科
240	会计专业 2017 级专科 01 班	201792590119	刘琪	专科
241	会计专业 2017 级专科 01 班	201792590121	刘琦	专科
242	会计专业 2017 级专科 01 班	201792590123	张晓霞	专科
243	会计专业 2017 级专科 01 班	201792590124	张洪丽	专科
244	会计专业 2017 级专科 01 班	201792590125	王春燕	专科
245	会计专业 2017 级专科 01 班	201792590126	孟腾	专科
246	会计专业 2017 级专科 01 班	201792590127	孙文静	专科

(续表)

序号	班级	学号	姓名	层次
247	会计专业 2017 级专科 01 班	201792590129	周秀娟	专科
248	会计专业 2017 级专科 01 班	201792590132	王辉	专科
249	会计专业 2017 级专科 01 班	201792590133	刘文娇	专科
250	会计专业 2017 级专科 01 班	201792590134	管雯茜	专科
251	会计专业 2017 级专科 01 班	201792590135	孔慧敏	专科
252	会计专业 2017 级专科 01 班	201792590136	袭著坤	专科
253	会计专业 2017 级专科 01 班	201792590137	李国涛	专科
254	会计专业 2017 级专科 01 班	201792590138	韩俊生	专科
255	会计专业 2017 级专科 01 班	201792590139	张旭东	专科
256	会计专业 2017 级专科 01 班	201792590140	薛瑞嵩	专科
257	会计专业 2017 级专科 01 班	201792590141	王小龙	专科
258	会计专业 2017 级专科 01 班	201792590142	李镇甫	专科
259	会计专业 2017 级专科 02 班	201792590201	丁瑶瑶	专科
260	会计专业 2017 级专科 02 班	201792590203	李秀芹	专科
261	会计专业 2017 级专科 02 班	201792590204	陆玉	专科
262	会计专业 2017 级专科 02 班	201792590205	徐巍	专科
263	会计专业 2017 级专科 02 班	201792590207	刘赟	专科
264	会计专业 2017 级专科 02 班	201792590209	孟相严	专科
265	会计专业 2017 级专科 02 班	201792590210	李钧涵	专科
266	会计专业 2017 级专科 02 班	201792590211	孙慧超	专科
267	会计专业 2017 级专科 02 班	201792590212	杨帆	专科
268	会计专业 2017 级专科 02 班	201792590213	孟雪玉	专科
269	会计专业 2017 级专科 02 班	201792590214	李金超	专科
270	会计专业 2017 级专科 02 班	201792590215	解静雯	专科
271	会计专业 2017 级专科 02 班	201792590216	李凡	专科
272	会计专业 2017 级专科 02 班	201792590217	孙晓琪	专科
273	会计专业 2017 级专科 02 班	201792590218	闫爽	专科
274	会计专业 2017 级专科 02 班	201792590219	周树芸	专科
275	会计专业 2017 级专科 02 班	201792590220	杜曼	专科
276	会计专业 2017 级专科 02 班	201792590221	张欣宜	专科

(续表)

序号	班级	学号	姓名	层次
277	会计专业2017级专科02班	201792590222	徐娜	专科
278	会计专业2017级专科02班	201792590224	张亲杰	专科
279	会计专业2017级专科02班	201792590226	李亚楠	专科
280	会计专业2017级专科02班	201792590227	王如兰	专科
281	会计专业2017级专科02班	201792590228	史泽语	专科
282	会计专业2017级专科02班	201792590229	张军霞	专科
283	会计专业2017级专科02班	201792590230	冯硕硕	专科
284	会计专业2017级专科02班	201792590231	李积凤	专科
285	会计专业2017级专科02班	201792590232	杨文华	专科
286	会计专业2017级专科02班	201792590233	张丽媛	专科
287	会计专业2017级专科02班	201792590234	马君君	专科
288	会计专业2017级专科02班	201792590236	宋玺	专科
289	会计专业2017级专科02班	201792590237	魏浩铖	专科
290	会计专业2017级专科02班	201792590238	聂化博	专科
291	会计专业2017级专科02班	201792590239	蒋赐阳	专科
292	会计专业2017级专科02班	201792590241	韩宇	专科
293	会计专业2017级专科02班	201792590242	徐润泽	专科
294	会计专业2017级专科02班	201792590243	王志文	专科
295	会计专业2017级专科02班	201792590245	高宏祥	专科
296	会计专业2017级专科03班	201792590301	王梅	专科
297	会计专业2017级专科03班	201792590303	张晓莹	专科
298	会计专业2017级专科03班	201792590305	由远茹	专科
299	会计专业2017级专科03班	201792590306	崔现杨	专科
300	会计专业2017级专科03班	201792590308	董烨超	专科
301	会计专业2017级专科03班	201792590309	鲁琦	专科
302	会计专业2017级专科03班	201792590310	石海燕	专科
303	会计专业2017级专科03班	201792590311	盖琴	专科
304	会计专业2017级专科03班	201792590312	王文娇	专科
305	会计专业2017级专科03班	201792590313	尚应青	专科
306	会计专业2017级专科03班	201792590314	张珍妮	专科

(续表)

序号	班级	学号	姓名	层次
307	会计专业 2017 级专科 03 班	201792590315	张心迪	专科
308	会计专业 2017 级专科 03 班	201792590317	张霞	专科
309	会计专业 2017 级专科 03 班	201792590318	李明华	专科
310	会计专业 2017 级专科 03 班	201792590319	杜仁静	专科
311	会计专业 2017 级专科 03 班	201792590320	史婷婷	专科
312	会计专业 2017 级专科 03 班	201792590321	于亚楠	专科
313	会计专业 2017 级专科 03 班	201792590322	张莹莹	专科
314	会计专业 2017 级专科 03 班	201792590323	吴玉肖	专科
315	会计专业 2017 级专科 03 班	201792590326	张娜	专科
316	会计专业 2017 级专科 03 班	201792590327	刘晓迪	专科
317	会计专业 2017 级专科 03 班	201792590328	董晓晗	专科
318	会计专业 2017 级专科 03 班	201792590330	王丽雯	专科
319	会计专业 2017 级专科 03 班	201792590331	孟嘉朔	专科
320	会计专业 2017 级专科 03 班	201792590332	张文杰	专科
321	会计专业 2017 级专科 03 班	201792590333	孙希翠	专科
322	会计专业 2017 级专科 03 班	201792590334	韩彦梅	专科
323	会计专业 2017 级专科 03 班	201792590335	徐春梅	专科
324	会计专业 2017 级专科 03 班	201792590336	王禧优	专科
325	会计专业 2017 级专科 03 班	201792590337	张浩	专科
326	会计专业 2017 级专科 03 班	201792590338	胡明禹	专科
327	会计专业 2017 级专科 03 班	201792590339	葛增福	专科
328	会计专业 2017 级专科 03 班	201792590340	程平	专科
329	会计专业 2017 级专科 03 班	201792590342	蔡昱琨	专科
330	会计专业 2017 级专科 03 班	201792590343	赵一丹	专科
331	会计专业 2017 级专科 03 班	201792590344	宋玉梁	专科
332	会计专业 2017 级专科 04 班	201792590403	王晓雪	专科
333	会计专业 2017 级专科 04 班	201792590404	荣庆锟	专科
334	会计专业 2017 级专科 04 班	201792590406	姜仁美	专科
335	会计专业 2017 级专科 04 班	201792590407	修田田	专科
336	会计专业 2017 级专科 04 班	201792590408	朱佳敏	专科
337	会计专业 2017 级专科 04 班	201792590409	高敏	专科

(续表)

序号	班级	学号	姓名	层次
338	会计专业2017级专科04班	201792590410	吴红云	专科
339	会计专业2017级专科04班	201792590411	马晓艳	专科
340	会计专业2017级专科04班	201792590412	沈雪	专科
341	会计专业2017级专科04班	201792590413	张瑞欣	专科
342	会计专业2017级专科04班	201792590414	胡旖铭	专科
343	会计专业2017级专科04班	201792590415	李雪君	专科
344	会计专业2017级专科04班	201792590416	赵茜茜	专科
345	会计专业2017级专科04班	201792590417	李晓琦	专科
346	会计专业2017级专科04班	201792590419	郭貌貌	专科
347	会计专业2017级专科04班	201792590420	杨慧敏	专科
348	会计专业2017级专科04班	201792590421	刘娅斐	专科
349	会计专业2017级专科04班	201792590422	袁雯雯	专科
350	会计专业2017级专科04班	201792590423	杨玲慧	专科
351	会计专业2017级专科04班	201792590424	魏雪纯	专科
352	会计专业2017级专科04班	201792590425	刘福荣	专科
353	会计专业2017级专科04班	201792590426	雷胜男	专科
354	会计专业2017级专科04班	201792590427	宋梦茹	专科
355	会计专业2017级专科04班	201792590428	仝巧荣	专科
356	会计专业2017级专科04班	201792590430	靳颖璞	专科
357	会计专业2017级专科04班	201792590431	胡亚欣	专科
358	会计专业2017级专科04班	201792590432	孔雪	专科
359	会计专业2017级专科04班	201792590434	张娜	专科
360	会计专业2017级专科04班	201792590435	王丽伟	专科
361	会计专业2017级专科04班	201792590436	裘梦男	专科
362	会计专业2017级专科04班	201792590437	谭晓辉	专科
363	会计专业2017级专科04班	201792590438	单国星	专科
364	会计专业2017级专科04班	201792590439	高硕	专科
365	会计专业2017级专科04班	201792590440	武建伟	专科
366	会计专业2017级专科04班	201792590441	尚惠捷	专科
367	会计专业2017级专科04班	201792590443	周中堂	专科

(续表)

序号	班级	学号	姓名	层次
368	会计专业 2017 级专科 04 班	201792590444	卜德亮	专科
369	会计专业 2017 级专科 05 班	201792590503	魏家乐	专科
370	会计专业 2017 级专科 05 班	201792590505	费文敬	专科
371	会计专业 2017 级专科 05 班	201792590506	韩婉钰	专科
372	会计专业 2017 级专科 05 班	201792590507	杨海帆	专科
373	会计专业 2017 级专科 05 班	201792590508	李晓晴	专科
374	会计专业 2017 级专科 05 班	201792590509	张慧	专科
375	会计专业 2017 级专科 05 班	201792590510	赵雪洁	专科
376	会计专业 2017 级专科 05 班	201792590511	张秀琪	专科
377	会计专业 2017 级专科 05 班	201792590512	张桐桐	专科
378	会计专业 2017 级专科 05 班	201792590513	刘雪梦	专科
379	会计专业 2017 级专科 05 班	201792590514	隋绍欣	专科
380	会计专业 2017 级专科 05 班	201792590515	陆娣	专科
381	会计专业 2017 级专科 05 班	201792590516	王新	专科
382	会计专业 2017 级专科 05 班	201792590517	杨建兰	专科
383	会计专业 2017 级专科 05 班	201792590518	郎晓炜	专科
384	会计专业 2017 级专科 05 班	201792590519	孙若男	专科
385	会计专业 2017 级专科 05 班	201792590520	黄席席	专科
386	会计专业 2017 级专科 05 班	201792590521	周淼	专科
387	会计专业 2017 级专科 05 班	201792590523	李如愿	专科
388	会计专业 2017 级专科 05 班	201792590524	刘颖	专科
389	会计专业 2017 级专科 05 班	201792590525	毛琰	专科
390	会计专业 2017 级专科 05 班	201792590526	张秀红	专科
391	会计专业 2017 级专科 05 班	201792590527	刘梦飞	专科
392	会计专业 2017 级专科 05 班	201792590529	朱孟荣	专科
393	会计专业 2017 级专科 05 班	201792590530	张淑婷	专科
394	会计专业 2017 级专科 05 班	201792590531	李明慧	专科
395	会计专业 2017 级专科 05 班	201792590535	侯慧	专科
396	会计专业 2017 级专科 05 班	201792590537	魏佰川	专科
397	会计专业 2017 级专科 05 班	201792590538	孔令源	专科

(续表)

序号	班级	学号	姓名	层次
398	会计专业 2017 级专科 05 班	201792590539	高晟	专科
399	会计专业 2017 级专科 05 班	201792590540	宁浩然	专科
400	会计专业 2017 级专科 05 班	201792590541	吴显浩	专科
401	会计专业 2017 级专科 05 班	201792590543	张宏鑫	专科
402	会计专业 2017 级专科 05 班	201792590544	张立勇	专科
403	会计专业 2017 级专科 06 班	201792590601	刘爱明	专科
404	会计专业 2017 级专科 06 班	201792590602	杨迪	专科
405	会计专业 2017 级专科 06 班	201792590603	季佳	专科
406	会计专业 2017 级专科 06 班	201792590606	田文潇	专科
407	会计专业 2017 级专科 06 班	201792590607	范佳仪	专科
408	会计专业 2017 级专科 06 班	201792590608	米加琪	专科
409	会计专业 2017 级专科 06 班	201792590609	王璐尧	专科
410	会计专业 2017 级专科 06 班	201792590610	李萌夏	专科
411	会计专业 2017 级专科 06 班	201792590611	杨金玲	专科
412	会计专业 2017 级专科 06 班	201792590613	高妍	专科
413	会计专业 2017 级专科 06 班	201792590614	刘洁	专科
414	会计专业 2017 级专科 06 班	201792590615	孔雪宁	专科
415	会计专业 2017 级专科 06 班	201792590616	李姣	专科
416	会计专业 2017 级专科 06 班	201792590617	窦欣欣	专科
417	会计专业 2017 级专科 06 班	201792590618	徐婕	专科
418	会计专业 2017 级专科 06 班	201792590619	王琴	专科
419	会计专业 2017 级专科 06 班	201792590620	孟添	专科
420	会计专业 2017 级专科 06 班	201792590621	贾玉静	专科
421	会计专业 2017 级专科 06 班	201792590622	薄路丽	专科
422	会计专业 2017 级专科 06 班	201792590623	李慧迪	专科
423	会计专业 2017 级专科 06 班	201792590624	綦寒雪	专科
424	会计专业 2017 级专科 06 班	201792590625	陈秋晨	专科
425	会计专业 2017 级专科 06 班	201792590626	袁新梅	专科
426	会计专业 2017 级专科 06 班	201792590627	李婧溢	专科
427	会计专业 2017 级专科 06 班	201792590628	邹炎	专科

(续表)

序号	班级	学号	姓名	层次
428	会计专业 2017 级专科 06 班	201792590629	张亚如	专科
429	会计专业 2017 级专科 06 班	201792590631	许迎雪	专科
430	会计专业 2017 级专科 06 班	201792590633	王咏琪	专科
431	会计专业 2017 级专科 06 班	201792590634	孟欣	专科
432	会计专业 2017 级专科 06 班	201792590636	郭娜	专科
433	会计专业 2017 级专科 06 班	201792590637	孔维军	专科
434	会计专业 2017 级专科 06 班	201792590638	李一凡	专科
435	会计专业 2017 级专科 06 班	201792590641	许志浩	专科
436	会计专业 2017 级专科 06 班	201792590642	姚学成	专科
437	会计专业 2017 级专科 06 班	201792590643	储志发	专科
438	会计专业 2017 级专科 06 班	201792590644	杨卿宇	专科
439	会计专业 2017 级专科 07 班	201792600701	王莹迪	专科
440	会计专业 2017 级专科 07 班	201792600702	林倩	专科
441	会计专业 2017 级专科 07 班	201792600703	王玲玲	专科
442	会计专业 2017 级专科 07 班	201792600705	王姗姗	专科
443	会计专业 2017 级专科 07 班	201792600706	王紫涵	专科
444	会计专业 2017 级专科 07 班	201792600707	杜韦辰	专科
445	会计专业 2017 级专科 07 班	201792600708	刘璐瑶	专科
446	会计专业 2017 级专科 07 班	201792600709	李文暄	专科
447	会计专业 2017 级专科 07 班	201792600710	刘玉皎	专科
448	会计专业 2017 级专科 07 班	201792600711	王珍妮	专科
449	会计专业 2017 级专科 07 班	201792600713	王翠翠	专科
450	会计专业 2017 级专科 07 班	201792600714	刘佳童	专科
451	会计专业 2017 级专科 07 班	201792600715	王冉	专科
452	会计专业 2017 级专科 07 班	201792600716	于文涵	专科
453	会计专业 2017 级专科 07 班	201792600717	周泽瑾	专科
454	会计专业 2017 级专科 07 班	201792600718	刘哲钰	专科
455	会计专业 2017 级专科 07 班	201792600719	侯晓雪	专科
456	会计专业 2017 级专科 07 班	201792600720	徐丽	专科
457	会计专业 2017 级专科 07 班	201792600722	李慧	专科

(续表)

序号	班级	学号	姓名	层次
458	会计专业 2017 级专科 07 班	201792600723	肖淑文	专科
459	会计专业 2017 级专科 07 班	201792600724	范美	专科
460	会计专业 2017 级专科 07 班	201792600725	李佳珉	专科
461	会计专业 2017 级专科 07 班	201792600726	尹子钰	专科
462	会计专业 2017 级专科 07 班	201792600727	尹婷婷	专科
463	会计专业 2017 级专科 07 班	201792600728	孟真	专科
464	会计专业 2017 级专科 07 班	201792600729	陈丽荣	专科
465	会计专业 2017 级专科 07 班	201792600730	邱玉琪	专科
466	会计专业 2017 级专科 07 班	201792600732	冯甜	专科
467	会计专业 2017 级专科 07 班	201792600733	范琳玉	专科
468	会计专业 2017 级专科 07 班	201792600734	赵连发	专科
469	会计专业 2017 级专科 07 班	201792600736	胡顺鹏	专科
470	会计专业 2017 级专科 07 班	201792600737	曲鹏	专科
471	会计专业 2017 级专科 07 班	201792600738	张威	专科
472	会计专业 2017 级专科 07 班	201792600739	卢建	专科
473	会计专业 2017 级专科 07 班	201792600740	袁长坤	专科
474	会计专业 2017 级专科 07 班	201792600741	祝晟珲	专科
475	会计专业 2017 级专科 07 班	201792600742	张浩博	专科
476	会计专业 2017 级专科 07 班	201792600743	徐翌宇	专科
477	会计专业 2017 级专科 07 班	201792600744	刘鹏	专科
478	会计专业 2017 级专科 07 班	201792600745	赵齐瑞	专科
479	会计专业 2017 级专科 08 班	201792600801	刘小爱	专科
480	会计专业 2017 级专科 08 班	201792600802	陈思雨	专科
481	会计专业 2017 级专科 08 班	201792600803	陈敏	专科
482	会计专业 2017 级专科 08 班	201792600804	庄静贤	专科
483	会计专业 2017 级专科 08 班	201792600805	刘丹丹	专科
484	会计专业 2017 级专科 08 班	201792600807	周诗睿	专科
485	会计专业 2017 级专科 08 班	201792600808	张洁	专科
486	会计专业 2017 级专科 08 班	201792600809	高慧静	专科
487	会计专业 2017 级专科 08 班	201792600811	王骈骊	专科

(续表)

序号	班级	学号	姓名	层次
488	会计专业2017级专科08班	201792600812	董琦	专科
489	会计专业2017级专科08班	201792600813	王敏	专科
490	会计专业2017级专科08班	201792600814	陈程程	专科
491	会计专业2017级专科08班	201792600816	高帅	专科
492	会计专业2017级专科08班	201792600817	张慧	专科
493	会计专业2017级专科08班	201792600818	徐小茹	专科
494	会计专业2017级专科08班	201792600819	徐亚莉	专科
495	会计专业2017级专科08班	201792600820	李熙源	专科
496	会计专业2017级专科08班	201792600821	刘金娜	专科
497	会计专业2017级专科08班	201792600822	彭丽琰	专科
498	会计专业2017级专科08班	201792600824	王璐	专科
499	会计专业2017级专科08班	201792600825	石馨淇	专科
500	会计专业2017级专科08班	201792600827	李梦洁	专科
501	会计专业2017级专科08班	201792600828	孟伟茹	专科
502	会计专业2017级专科08班	201792600829	任卉心	专科
503	会计专业2017级专科08班	201792600830	崔延旭	专科
504	会计专业2017级专科08班	201792600831	刘子凡	专科
505	会计专业2017级专科08班	201792600832	程敏	专科
506	会计专业2017级专科08班	201792600833	齐文杰	专科
507	会计专业2017级专科08班	201792600834	潘浩	专科
508	会计专业2017级专科08班	201792600835	冯浩	专科
509	会计专业2017级专科08班	201792600836	成洪祥	专科
510	会计专业2017级专科08班	201792600837	汤华楠	专科
511	会计专业2017级专科08班	201792600839	张方凯	专科
512	会计专业2017级专科08班	201792600840	王天宇	专科
513	会计专业2017级专科08班	201792600841	付昭瀚	专科
514	会计专业2017级专科08班	201792600842	姚明哲	专科
515	会计专业2017级专科08班	201792600843	宋晨旭	专科
516	会计专业2017级专科08班	201792600844	周建业	专科
517	会计专业2017级专科08班	201792600845	刘峰远	专科

(续表)

序号	班级	学号	姓名	层次
518	旅游管理专业 2017 级专科 01 班	201792570102	李鑫鑫	专科
519	旅游管理专业 2017 级专科 01 班	201792570103	张旭	专科
520	旅游管理专业 2017 级专科 01 班	201792570105	张霄	专科
521	旅游管理专业 2017 级专科 01 班	201792570109	余美艳	专科
522	旅游管理专业 2017 级专科 01 班	201792570110	刘悦	专科
523	旅游管理专业 2017 级专科 01 班	201792570111	刘红娜	专科
524	旅游管理专业 2017 级专科 01 班	201792570112	迟政杰	专科
525	旅游管理专业 2017 级专科 01 班	201792570113	高宇	专科
526	旅游管理专业 2017 级专科 01 班	201792570114	曹孟娇	专科
527	旅游管理专业 2017 级专科 01 班	201792570115	董允	专科
528	旅游管理专业 2017 级专科 01 班	201792570117	刘文策	专科
529	旅游管理专业 2017 级专科 01 班	201792570118	袁淑婷	专科
530	旅游管理专业 2017 级专科 01 班	201792570119	王喆	专科
531	旅游管理专业 2017 级专科 01 班	201792570120	刘晓艳	专科
532	旅游管理专业 2017 级专科 01 班	201792570121	刘晓伶	专科
533	旅游管理专业 2017 级专科 01 班	201792570122	刘晓菲	专科
534	旅游管理专业 2017 级专科 01 班	201792570123	吴咏雪	专科
535	旅游管理专业 2017 级专科 01 班	201792570127	王世琪	专科
536	旅游管理专业 2017 级专科 01 班	201792570128	王璐	专科
537	旅游管理专业 2017 级专科 01 班	201792570129	高媛媛	专科
538	旅游管理专业 2017 级专科 01 班	201792570130	李哲因	专科
539	旅游管理专业 2017 级专科 01 班	201792570131	杨淑敏	专科
540	旅游管理专业 2017 级专科 01 班	201792570132	徐希荣	专科
541	旅游管理专业 2017 级专科 01 班	201792570133	胡浩冉	专科
542	旅游管理专业 2017 级专科 01 班	201792570134	孟令奇	专科
543	旅游管理专业 2017 级专科 01 班	201792570135	和焕兰	专科
544	旅游管理专业 2017 级专科 01 班	201792570136	李玉如	专科
545	旅游管理专业 2017 级专科 01 班	201792570137	董欣	专科
546	旅游管理专业 2017 级专科 01 班	201792570138	郑代第	专科
547	旅游管理专业 2017 级专科 01 班	201792570139	程丽莉	专科

(续表)

序号	班级	学号	姓名	层次
548	旅游管理专业2017级专科01班	201792570142	杨立凯	专科
549	旅游管理专业2017级专科01班	201792570143	赵元斌	专科
550	旅游管理专业2017级专科01班	201792570144	郝阳	专科
551	旅游管理专业2017级专科01班	201792570145	叶润泽	专科
552	旅游管理专业2017级专科01班	201792570146	蒋爱辉	专科
553	旅游管理专业2017级专科01班	201792570147	闫鹏	专科
554	旅游管理专业2017级专科01班	201792570148	郭锡斌	专科
555	旅游管理专业2017级专科01班	201792570149	魏小康	专科
556	旅游管理专业2017级专科02班	201792670201	王梦帆	专科
557	旅游管理专业2017级专科02班	201792670202	刘兰静	专科
558	旅游管理专业2017级专科02班	201792670204	刘晓丽	专科
559	旅游管理专业2017级专科02班	201792670205	李文艺	专科
560	旅游管理专业2017级专科02班	201792670206	郭玉莲	专科
561	旅游管理专业2017级专科02班	201792670207	汤倩倩	专科
562	旅游管理专业2017级专科02班	201792670208	李佳航	专科
563	旅游管理专业2017级专科02班	201792670209	孙浩榕	专科
564	旅游管理专业2017级专科02班	201792670210	王盼盼	专科
565	旅游管理专业2017级专科02班	201792670212	杜文清	专科
566	旅游管理专业2017级专科02班	201792670217	张贤哲	专科
567	旅游管理专业2017级专科02班	201792670221	王得鑫	专科
568	旅游管理专业2017级专科02班	201792670222	曾博	专科
569	旅游管理专业2017级专科02班	201792670223	周宝	专科
570	旅游管理专业2017级专科02班	201792670224	朱旭	专科
571	旅游管理专业2017级专科02班	201792670225	盛雍翔	专科
572	旅游管理专业2017级专科02班	201792670226	李捷	专科
573	旅游管理专业2017级专科02班	201792670227	黄秋实	专科
574	旅游管理专业2017级专科02班	201792670228	周成龙	专科
575	旅游管理专业2017级专科02班	201792670231	张翼	专科
576	市场营销专业2017级专科1班	201792580101	李彤彤	专科
577	市场营销专业2017级专科1班	201792580102	张玉	专科

(续表)

序号	班级	学号	姓名	层次
578	市场营销专业 2017 级专科 1 班	201792580103	董佳雯	专科
579	市场营销专业 2017 级专科 1 班	201792580104	左海英	专科
580	市场营销专业 2017 级专科 1 班	201792580105	张晓燕	专科
581	市场营销专业 2017 级专科 1 班	201792580106	乔建琳	专科
582	市场营销专业 2017 级专科 1 班	201792580107	闫梦霞	专科
583	市场营销专业 2017 级专科 1 班	201792580108	刘友蕾	专科
584	市场营销专业 2017 级专科 1 班	201792580109	辛瑜	专科
585	市场营销专业 2017 级专科 1 班	201792580111	朱孟雪	专科
586	市场营销专业 2017 级专科 1 班	201792580113	武盼盼	专科
587	市场营销专业 2017 级专科 1 班	201792580114	张田田	专科
588	市场营销专业 2017 级专科 1 班	201792580115	毕延洁	专科
589	市场营销专业 2017 级专科 1 班	201792580116	张莉	专科
590	市场营销专业 2017 级专科 1 班	201792580117	任相芹	专科
591	市场营销专业 2017 级专科 1 班	201792580118	杨俊杰	专科
592	市场营销专业 2017 级专科 1 班	201792580119	时晓璇	专科
593	市场营销专业 2017 级专科 1 班	201792580120	王文颖	专科
594	市场营销专业 2017 级专科 1 班	201792580121	江凤洁	专科
595	市场营销专业 2017 级专科 1 班	201792580122	李皓	专科
596	市场营销专业 2017 级专科 1 班	201792580125	齐瑞	专科
597	市场营销专业 2017 级专科 1 班	201792580126	储志宏	专科
598	市场营销专业 2017 级专科 1 班	201792580127	韩昌润	专科
599	市场营销专业 2017 级专科 1 班	201792580128	王德承	专科
600	市场营销专业 2017 级专科 1 班	201792580132	商超宇	专科
601	市场营销专业 2017 级专科 1 班	201792580133	刘吉卓	专科
602	市场营销专业 2017 级专科 1 班	201792580134	曹体泽	专科
603	市场营销专业 2017 级专科 1 班	201792580135	李鹏飞	专科
604	市场营销专业 2017 级专科 2 班	201792580203	王海香	专科
605	市场营销专业 2017 级专科 2 班	201792580204	孙青	专科
606	市场营销专业 2017 级专科 2 班	201792580205	谷亚茹	专科
607	市场营销专业 2017 级专科 2 班	201792580206	李秋月	专科

(续表)

序号	班级	学号	姓名	层次
608	市场营销专业2017级专科2班	201792580208	刘岩	专科
609	市场营销专业2017级专科2班	201792580211	刘欣	专科
610	市场营销专业2017级专科2班	201792580212	王斐	专科
611	市场营销专业2017级专科2班	201792580216	谷荣昊	专科
612	市场营销专业2017级专科2班	201792580217	王昊楠	专科
613	市场营销专业2017级专科2班	201792580219	赵欣	专科
614	市场营销专业2017级专科2班	201792580220	李娇	专科
615	市场营销专业2017级专科2班	201792580223	李淼	专科
616	市场营销专业2017级专科2班	201792580224	郑琪	专科
617	市场营销专业2017级专科2班	201792580225	吕浩	专科
618	市场营销专业2017级专科2班	201792580226	邹承儒	专科
619	市场营销专业2017级专科2班	201792580227	刘浩	专科
620	市场营销专业2017级专科2班	201792580228	刘建委	专科
621	市场营销专业2017级专科2班	201792580229	王超	专科
622	市场营销专业2017级专科2班	201792580230	程钊	专科
623	市场营销专业2017级专科2班	201792580231	宿长禄	专科
624	市场营销专业2017级专科2班	201792580232	王全国	专科
625	市场营销专业2017级专科2班	201792580234	崔传利	专科
626	市场营销专业2017级专科2班	201792580235	刘志伟	专科
627	市场营销专业2017级专科2班	201792580236	曹非凡	专科
628	小学教育专业2018级专科01班	201560310134	刘晓斌	专科
629	小学教育专业2018级专科01班	201560310241	刘兆海	专科
630	小学教育专业2018级专科01班	201560310545	马鹏程	专科
631	小学教育专业2018级专科01班	201560310834	杨利鑫	专科
632	小学教育专业2018级专科01班	201660310345	纪文杰	专科
633	小学教育专业2018级专科01班	201850310003	王译萱	专科
634	小学教育专业2018级专科01班	201860310001	李国鑫	专科
635	小学教育专业2018级专科01班	201860310002	刘欣榆	专科
636	小学教育专业2018级专科01班	201860310003	王传敏	专科
637	小学教育专业2018级专科01班	201860310004	陈海欣	专科

(续表)

序号	班级	学号	姓名	层次
638	小学教育专业2018级专科01班	201860310005	王海华	专科
639	小学教育专业2018级专科01班	201860310006	马晓敏	专科
640	小学教育专业2018级专科01班	201860310007	闫好	专科
641	小学教育专业2018级专科01班	201860310008	王友梅	专科
642	小学教育专业2018级专科01班	201860310009	王倩	专科
643	小学教育专业2018级专科01班	201860310010	崔进华	专科
644	小学教育专业2018级专科01班	201860310011	刘玉萍	专科
645	小学教育专业2018级专科01班	201860310012	马洁	专科
646	小学教育专业2018级专科01班	201860310013	高静	专科
647	小学教育专业2018级专科01班	201860310014	辛雨	专科
648	小学教育专业2018级专科01班	201860310015	李萍	专科
649	小学教育专业2018级专科01班	201860310016	刘琰	专科
650	小学教育专业2018级专科01班	201860310017	梅清华	专科
651	小学教育专业2018级专科01班	201860310018	张健秀	专科
652	小学教育专业2018级专科01班	201860310019	阎雪	专科
653	小学教育专业2018级专科01班	201860310020	梅钦钧	专科
654	小学教育专业2018级专科01班	201860310021	田玉发	专科
655	小学教育专业2018级专科01班	201860310022	王一明	专科
656	小学教育专业2018级专科01班	201860310023	李腾龙	专科
657	小学教育专业2018级专科01班	201860310024	马浚然	专科
658	小学教育专业2018级专科01班	201860310025	徐龙兴	专科
659	小学教育专业2018级专科01班	201860310026	陈国豪	专科
660	小学教育专业2018级专科01班	201860310027	张昆余	专科
661	小学教育专业2018级专科01班	201860310028	刘悦	专科
662	小学教育专业2018级专科01班	201860310029	公晨	专科
663	小学教育专业2018级专科01班	201860310030	王炳然	专科
664	小学教育专业2018级专科01班	201860310031	麻宗盛	专科
665	小学教育专业2018级专科01班	201860310032	李程	专科
666	小学教育专业2018级专科01班	201860310033	刘明强	专科
667	小学教育专业2018级专科01班	201860310034	程文超	专科

(续表)

序号	班级	学号	姓名	层次
668	小学教育专业 2018 级专科 01 班	201860310035	杜云龙	专科
669	小学教育专业 2018 级专科 01 班	201860310036	庞圣霖	专科
670	小学教育专业 2018 级专科 01 班	201860310037	丁仁发	专科
671	小学教育专业 2018 级专科 01 班	201860310038	张柏恺	专科
672	小学教育专业 2018 级专科 01 班	201860310039	马浩然	专科
673	小学教育专业 2018 级专科 01 班	201860310040	赵久帅	专科
674	小学教育专业 2018 级专科 01 班	201860310041	孔祥杰	专科
675	小学教育专业 2018 级专科 01 班	201860310042	高鹏程	专科
676	小学教育专业 2018 级专科 01 班	201860310043	王誉霖	专科
677	小学教育专业 2018 级专科 01 班	201860310044	李敏	专科
678	小学教育专业 2018 级专科 01 班	201860310045	傅雨	专科
679	小学教育专业 2018 级专科 01 班	201860310046	王宇杰	专科
680	小学教育专业 2018 级专科 01 班	201860310047	颜晓燕	专科
681	小学教育专业 2018 级专科 01 班	201860310048	陈曦	专科
682	小学教育专业 2018 级专科 01 班	201860310049	高婷婷	专科
683	小学教育专业 2018 级专科 01 班	201860310050	王萌	专科
684	小学教育专业 2018 级专科 01 班	201860310051	李奉晓	专科
685	小学教育专业 2018 级专科 01 班	201860310052	汪敏	专科
686	小学教育专业 2018 级专科 01 班	201860310053	贺荣荣	专科
687	小学教育专业 2018 级专科 01 班	201860310054	杨颖	专科
688	小学教育专业 2018 级专科 01 班	201860310055	郑治倩	专科
689	小学教育专业 2018 级专科 01 班	201860310056	赵文昊	专科
690	小学教育专业 2018 级专科 01 班	201860310057	辛洁	专科
691	小学教育专业 2018 级专科 01 班	201860310058	秦艺桓	专科
692	小学教育专业 2018 级专科 01 班	201860310059	王启敏	专科
693	小学教育专业 2018 级专科 01 班	201860310060	周凯伦	专科
694	小学教育专业 2018 级专科 01 班	201860310061	黄训敏	专科
695	小学教育专业 2018 级专科 01 班	201860310062	宋玉彬	专科
696	小学教育专业 2018 级专科 01 班	201860310063	杜雪晴	专科
697	小学教育专业 2018 级专科 01 班	201860310064	于弋晴	专科

(续表)

序号	班级	学号	姓名	层次
698	小学教育专业 2018 级专科 01 班	201860310065	唐茂全	专科
699	小学教育专业 2018 级专科 01 班	201860310066	肖凯文	专科
700	小学教育专业 2018 级专科 01 班	201860310067	解欣桦	专科
701	小学教育专业 2018 级专科 01 班	201860310068	王政伟	专科
702	小学教育专业 2018 级专科 01 班	201860310069	杜维超	专科
703	小学教育专业 2018 级专科 01 班	201860310070	邱太奖	专科
704	小学教育专业 2018 级专科 01 班	201860310071	高远宽	专科
705	小学教育专业 2018 级专科 01 班	201860310072	赵锦超	专科
706	小学教育专业 2018 级专科 01 班	201860310073	姚继顺	专科
707	小学教育专业 2018 级专科 01 班	201860310074	刘文龙	专科
708	小学教育专业 2018 级专科 01 班	201860310075	冯鹏	专科
709	小学教育专业 2018 级专科 01 班	201860310076	尹昌宙	专科
710	小学教育专业 2018 级专科 01 班	201860310077	武玉龙	专科
711	小学教育专业 2018 级专科 01 班	201860310078	郑文健	专科
712	小学教育专业 2018 级专科 01 班	201860310079	杨超越	专科
713	小学教育专业 2018 级专科 01 班	201860310080	王玉伟	专科
714	小学教育专业 2018 级专科 01 班	201860310081	苏建豪	专科
715	小学教育专业 2018 级专科 01 班	201860310082	王健旭	专科
716	小学教育专业 2018 级专科 01 班	201860310083	杜永强	专科
717	小学教育专业 2018 级专科 01 班	201860310084	尹永健	专科
718	小学教育专业 2018 级专科 01 班	201860310085	何永乐	专科
719	小学教育专业 2018 级专科 01 班	201860310086	石增辉	专科
720	小学教育专业 2018 级专科 01 班	201860310087	韦珊珊	专科
721	小学教育专业 2018 级专科 01 班	201860310088	李娟	专科
722	小学教育专业 2018 级专科 01 班	201860310089	克金娜	专科
723	小学教育专业 2018 级专科 01 班	201860310090	王曼琴	专科
724	小学教育专业 2018 级专科 01 班	201860310091	杨蕾	专科
725	小学教育专业 2018 级专科 01 班	201860310092	陈容	专科
726	小学教育专业 2018 级专科 01 班	201860310093	王萍	专科
727	小学教育专业 2018 级专科 01 班	201860310094	董明月	专科

(续表)

序号	班级	学号	姓名	层次
728	小学教育专业2018级专科01班	201860310095	孙梦瑶	专科
729	小学教育专业2018级专科01班	201860310096	宋云倩	专科
730	小学教育专业2018级专科01班	201860310097	袁雪	专科
731	小学教育专业2018级专科01班	201860310098	代婧	专科
732	小学教育专业2018级专科01班	201860310099	姚贵晓	专科
733	小学教育专业2018级专科01班	201860310100	宋亚楠	专科
734	小学教育专业2018级专科01班	201860310101	王明秀	专科
735	小学教育专业2018级专科01班	201860310102	田媛	专科
736	小学教育专业2018级专科01班	201860310103	尹慧妹	专科
737	小学教育专业2018级专科01班	201860310104	侯淑君	专科
738	小学教育专业2018级专科01班	201860310105	仓溢	专科
739	小学教育专业2018级专科01班	201860310106	张译元	专科
740	小学教育专业2018级专科01班	201860310107	代玉	专科
741	小学教育专业2018级专科01班	201860310108	吴佳臻	专科
742	小学教育专业2018级专科01班	201860310109	李竞泽	专科
743	小学教育专业2018级专科01班	201860310110	张东林	专科
744	小学教育专业2018级专科01班	201860310111	徐立斌	专科
745	小学教育专业2018级专科01班	201860310112	刘祥龙	专科
746	小学教育专业2018级专科01班	201860310113	李永浩	专科
747	小学教育专业2018级专科01班	201860310114	郑焜元	专科
748	小学教育专业2018级专科01班	201860310115	于林鑫	专科
749	小学教育专业2018级专科01班	201860310116	董杨	专科
750	小学教育专业2018级专科01班	201860310117	袁海东	专科
751	小学教育专业2018级专科01班	201860310118	孙玉龙	专科
752	小学教育专业2018级专科01班	201860310119	丁浩	专科
753	小学教育专业2018级专科01班	201860310120	金钰皓	专科
754	小学教育专业2018级专科01班	201860310121	甄文钢	专科
755	小学教育专业2018级专科01班	201860310122	秦健轩	专科
756	小学教育专业2018级专科01班	201860310123	王新超	专科
757	小学教育专业2018级专科01班	201860310124	王启明	专科

(续表)

序号	班级	学号	姓名	层次
758	小学教育专业 2018 级专科 01 班	201860310125	高玮	专科
759	小学教育专业 2018 级专科 01 班	201860310127	张治刚	专科
760	小学教育专业 2018 级专科 01 班	201860310128	孙浚淇	专科
761	小学教育专业 2018 级专科 01 班	201860310129	贾胜超	专科
762	小学教育专业 2018 级专科 01 班	201860310130	江婷婷	专科
763	小学教育专业 2018 级专科 01 班	201860310131	邵雪	专科
764	小学教育专业 2018 级专科 01 班	201860310132	陈一	专科
765	小学教育专业 2018 级专科 01 班	201860310133	田晓宇	专科
766	小学教育专业 2018 级专科 01 班	201860310134	杨晓晴	专科
767	小学教育专业 2018 级专科 01 班	201860310135	徐鑫	专科
768	小学教育专业 2018 级专科 01 班	201860310136	徐青华	专科
769	小学教育专业 2018 级专科 01 班	201860310137	刘沣婵	专科
770	小学教育专业 2018 级专科 01 班	201860310138	竹茂云	专科
771	小学教育专业 2018 级专科 01 班	201860310139	刘晓	专科
772	小学教育专业 2018 级专科 01 班	201860310140	马方艳	专科
773	小学教育专业 2018 级专科 01 班	201860310141	祝鑫	专科
774	小学教育专业 2018 级专科 01 班	201860310142	朱桂垚	专科
775	小学教育专业 2018 级专科 01 班	201860310143	李金凤	专科
776	小学教育专业 2018 级专科 01 班	201860310144	程霞	专科
777	小学教育专业 2018 级专科 01 班	201860310145	张峪凤	专科
778	小学教育专业 2018 级专科 01 班	201860310146	任满	专科
779	小学教育专业 2018 级专科 01 班	201860310147	王坤	专科
780	小学教育专业 2018 级专科 01 班	201860310149	时瑞巧	专科
781	小学教育专业 2018 级专科 01 班	201860310151	陈玉	专科
782	小学教育专业 2018 级专科 01 班	201860310152	李陈	专科
783	小学教育专业 2018 级专科 01 班	201860310153	王纯	专科
784	小学教育专业 2018 级专科 01 班	201860310154	王亚茹	专科
785	小学教育专业 2018 级专科 01 班	201860310155	赵咏诗	专科
786	小学教育专业 2018 级专科 01 班	201860310156	赵向飞	专科
787	小学教育专业 2018 级专科 01 班	201860310157	刘元一	专科

(续表)

序号	班级	学号	姓名	层次
788	小学教育专业2018级专科01班	201860310158	尚金凤	专科
789	小学教育专业2018级专科01班	201860310159	张洁	专科
790	小学教育专业2018级专科01班	201860310160	许瑶	专科
791	小学教育专业2018级专科01班	201860310161	苑光敏	专科
792	小学教育专业2018级专科01班	201860310162	高立洁	专科
793	小学教育专业2018级专科01班	201860310163	徐晓洁	专科
794	小学教育专业2018级专科01班	201860310164	陆玉	专科
795	小学教育专业2018级专科01班	201860310165	徐晓冉	专科
796	小学教育专业2018级专科01班	201860310166	张法超	专科
797	小学教育专业2018级专科01班	201860310167	黄轲钦	专科
798	小学教育专业2018级专科01班	201860310168	赵磊	专科
799	小学教育专业2018级专科01班	201860310169	于德昭	专科
800	小学教育专业2018级专科01班	201860310170	周洪达	专科
801	小学教育专业2018级专科01班	201860310171	宋健	专科
802	小学教育专业2018级专科01班	201860310172	李天宇	专科
803	小学教育专业2018级专科01班	201860310173	熊志鹏	专科
804	小学教育专业2018级专科01班	201860310174	田宗元	专科
805	小学教育专业2018级专科01班	201860310175	张杨	专科
806	小学教育专业2018级专科01班	201860310176	殷云龙	专科
807	小学教育专业2018级专科01班	201860310177	刘子鹏	专科
808	小学教育专业2018级专科01班	201860310178	王洪鑫	专科
809	小学教育专业2018级专科01班	201860310179	夏培莹	专科
810	小学教育专业2018级专科01班	201860310180	公茜	专科
811	小学教育专业2018级专科01班	201860310181	刘丽	专科
812	小学教育专业2018级专科01班	201860310182	王荔琳	专科
813	小学教育专业2018级专科01班	201860310183	高威	专科
814	小学教育专业2018级专科01班	201860310184	李海娟	专科
815	小学教育专业2018级专科01班	201860310185	黄丽丽	专科
816	小学教育专业2018级专科01班	201860310186	朱梦姣	专科
817	小学教育专业2018级专科01班	201860310187	夏雪	专科

(续表)

序号	班级	学号	姓名	层次
818	小学教育专业 2018 级专科 01 班	201860310188	李敏	专科
819	小学教育专业 2018 级专科 01 班	201860310189	吕游	专科
820	小学教育专业 2018 级专科 01 班	201860310190	刘雪	专科
821	小学教育专业 2018 级专科 01 班	201860310191	赵君	专科
822	小学教育专业 2018 级专科 01 班	201860310192	刘惠瑗	专科
823	小学教育专业 2018 级专科 01 班	201860310193	张桂金	专科
824	小学教育专业 2018 级专科 01 班	201860310194	侯晓雪	专科
825	小学教育专业 2018 级专科 01 班	201860310195	李远飞	专科
826	小学教育专业 2018 级专科 01 班	201860310196	东维连	专科
827	小学教育专业 2018 级专科 01 班	201860310197	张利莹	专科
828	小学教育专业 2018 级专科 01 班	201860310198	张兰鑫	专科
829	小学教育专业 2018 级专科 01 班	201860310199	吴丽锋	专科
830	小学教育专业 2018 级专科 01 班	201860310200	任浩淼	专科
831	小学教育专业 2018 级专科 01 班	201860310201	王妍	专科
832	小学教育专业 2018 级专科 01 班	201860310202	姜姗	专科
833	小学教育专业 2018 级专科 01 班	201860310203	王璐瑶	专科
834	小学教育专业 2018 级专科 01 班	201860310204	吕慧	专科
835	小学教育专业 2018 级专科 01 班	201860310205	牟彦欣	专科
836	小学教育专业 2018 级专科 01 班	201860310206	韩雨	专科
837	小学教育专业 2018 级专科 01 班	201860310207	刘胜蕾	专科
838	小学教育专业 2018 级专科 01 班	201860310208	李瑶	专科
839	小学教育专业 2018 级专科 01 班	201860310209	武雪洁	专科
840	小学教育专业 2018 级专科 01 班	201860310210	马嘉睿	专科
841	小学教育专业 2018 级专科 01 班	201860310211	杜笑	专科
842	小学教育专业 2018 级专科 01 班	201860310212	杨晓墨	专科
843	小学教育专业 2018 级专科 01 班	201860310213	段力榕	专科
844	小学教育专业 2018 级专科 01 班	201860310214	朱强	专科
845	小学教育专业 2018 级专科 01 班	201860310215	吴祥飞	专科
846	小学教育专业 2018 级专科 01 班	201860310217	殷宝金	专科
847	小学教育专业 2018 级专科 01 班	201860310218	刘向东	专科

(续表)

序号	班级	学号	姓名	层次
848	小学教育专业 2018 级专科 01 班	201860310219	李强	专科
849	小学教育专业 2018 级专科 01 班	201860310220	武彬	专科
850	小学教育专业 2018 级专科 01 班	201860310221	付兴华	专科
851	小学教育专业 2018 级专科 01 班	201860310222	陈科翰	专科
852	小学教育专业 2018 级专科 01 班	201860310223	武子皓	专科
853	小学教育专业 2018 级专科 01 班	201860310224	李晓彤	专科
854	小学教育专业 2018 级专科 01 班	201860310225	张子涵	专科
855	小学教育专业 2018 级专科 01 班	201860310226	吴进娜	专科
856	小学教育专业 2018 级专科 01 班	201860310227	汲梁飞	专科
857	小学教育专业 2018 级专科 01 班	201860310228	陈军如	专科
858	小学教育专业 2018 级专科 01 班	201860310229	朱嘉琪	专科
859	小学教育专业 2018 级专科 01 班	201860310230	陶玉欣	专科
860	小学教育专业 2018 级专科 01 班	201860310231	娄书瑜	专科
861	小学教育专业 2018 级专科 01 班	201860310232	王凯	专科
862	小学教育专业 2018 级专科 01 班	201860310233	田秀香	专科
863	小学教育专业 2018 级专科 01 班	201860310234	董瑶	专科
864	小学教育专业 2018 级专科 01 班	201860310235	张芹	专科
865	小学教育专业 2018 级专科 01 班	201860310236	吴雪婷	专科
866	小学教育专业 2018 级专科 01 班	201860310237	赵艳	专科
867	小学教育专业 2018 级专科 01 班	201860310238	谢安鑫	专科
868	小学教育专业 2018 级专科 01 班	201860310239	高明雪	专科
869	小学教育专业 2018 级专科 01 班	201860310240	李莉娅	专科
870	小学教育专业 2018 级专科 01 班	201860310241	邹心悦	专科
871	小学教育专业 2018 级专科 01 班	201860310242	张玉璐	专科
872	小学教育专业 2018 级专科 01 班	201860310243	徐晓慧	专科
873	小学教育专业 2018 级专科 01 班	201860310244	杨云蕾	专科
874	小学教育专业 2018 级专科 01 班	201860310245	庄宇	专科
875	小学教育专业 2018 级专科 01 班	201860310246	高存洁	专科
876	小学教育专业 2018 级专科 01 班	201860310247	吴明雪	专科
877	小学教育专业 2018 级专科 01 班	201860310248	董延晓	专科

(续表)

序号	班级	学号	姓名	层次
878	小学教育专业 2018 级专科 01 班	201860310249	田雨	专科
879	小学教育专业 2018 级专科 01 班	201860310250	郝小慧	专科
880	小学教育专业 2018 级专科 01 班	201860310251	曹玉鑫	专科
881	小学教育专业 2018 级专科 01 班	201860310252	张传芝	专科
882	小学教育专业 2018 级专科 01 班	201860310253	黄洁	专科
883	小学教育专业 2018 级专科 01 班	201860310254	宋芸	专科
884	小学教育专业 2018 级专科 01 班	201860310255	石力允	专科
885	小学教育专业 2018 级专科 01 班	201860310256	夏瑜	专科
886	小学教育专业 2018 级专科 01 班	201860310257	许静娜	专科
887	小学教育专业 2018 级专科 01 班	201860310258	戚馨倩	专科
888	小学教育专业 2018 级专科 01 班	201860310259	韩美玲	专科
889	小学教育专业 2018 级专科 01 班	201860310260	申婷婷	专科
890	小学教育专业 2018 级专科 01 班	201860310261	张云燕	专科
891	小学教育专业 2018 级专科 01 班	201860310262	高明超	专科
892	小学教育专业 2018 级专科 01 班	201860310263	刘向润	专科
893	小学教育专业 2018 级专科 01 班	201860310264	李尚	专科
894	小学教育专业 2018 级专科 01 班	201860310265	邱少盛	专科
895	小学教育专业 2018 级专科 01 班	201860310266	陈俊霖	专科
896	小学教育专业 2018 级专科 01 班	201860310267	苏凌辰	专科
897	小学教育专业 2018 级专科 01 班	201860310268	丰昊	专科
898	小学教育专业 2018 级专科 01 班	201860310269	孙文豪	专科
899	小学教育专业 2018 级专科 01 班	201860310270	刘凯	专科
900	小学教育专业 2018 级专科 01 班	201860310271	张志龙	专科
901	小学教育专业 2018 级专科 01 班	201860310272	董士春	专科
902	小学教育专业 2018 级专科 01 班	201860310273	韩润	专科
903	小学教育专业 2018 级专科 01 班	201860310274	王璐	专科
904	小学教育专业 2018 级专科 01 班	201860310275	尹玉洁	专科
905	小学教育专业 2018 级专科 01 班	201860310276	明鑫	专科
906	小学教育专业 2018 级专科 01 班	201860310277	杨格格	专科
907	小学教育专业 2018 级专科 01 班	201860310278	陈曦	专科

(续表)

序号	班级	学号	姓名	层次
908	小学教育专业2018级专科01班	201860310279	冯子然	专科
909	小学教育专业2018级专科01班	201860310280	耿巾媛	专科
910	小学教育专业2018级专科01班	201860310281	任晓云	专科
911	小学教育专业2018级专科01班	201860310282	牛芸	专科
912	小学教育专业2018级专科01班	201860310283	侯兆梅	专科
913	小学教育专业2018级专科01班	201860310284	范冰冰	专科
914	小学教育专业2018级专科01班	201860310285	周洁晨	专科
915	小学教育专业2018级专科01班	201860310286	程梦琪	专科
916	小学教育专业2018级专科01班	201860310287	彭雨	专科
917	小学教育专业2018级专科01班	201860310288	高铭阳	专科
918	小学教育专业2018级专科01班	201860310289	武雪婕	专科
919	小学教育专业2018级专科01班	201860310290	郑媛	专科
920	小学教育专业2018级专科01班	201860310291	王文华	专科
921	小学教育专业2018级专科01班	201860310292	明萌	专科
922	小学教育专业2018级专科01班	201860310293	徐娜	专科
923	小学教育专业2018级专科01班	201860310294	李静	专科
924	小学教育专业2018级专科01班	201860310295	张孟瑶	专科
925	小学教育专业2018级专科01班	201860310296	刘赛	专科
926	小学教育专业2018级专科01班	201860310297	李梦雨	专科
927	小学教育专业2018级专科01班	201860310298	解寓婷	专科
928	小学教育专业2018级专科01班	201860310299	王帅	专科
929	小学教育专业2018级专科01班	201860310300	商秀芳	专科
930	小学教育专业2018级专科01班	201860310301	刘丹丹	专科
931	小学教育专业2018级专科01班	201860310302	李金鑫	专科
932	小学教育专业2018级专科01班	201860310303	王玲珑	专科
933	小学教育专业2018级专科01班	201860310304	甄雯	专科
934	小学教育专业2018级专科01班	201860310305	周燕琦	专科
935	小学教育专业2018级专科01班	201860310306	孟阳	专科
936	小学教育专业2018级专科01班	201860310307	刘姿含	专科
937	小学教育专业2018级专科01班	201860310308	刘晓玉	专科

(续表)

序号	班级	学号	姓名	层次
938	小学教育专业 2018 级专科 01 班	201860310309	徐菁	专科
939	小学教育专业 2018 级专科 01 班	201860310310	田雪	专科
940	小学教育专业 2018 级专科 01 班	201860310312	胡丰驿	专科
941	小学教育专业 2018 级专科 01 班	201860310313	许红生	专科
942	小学教育专业 2018 级专科 01 班	201860310314	包翰林	专科
943	小学教育专业 2018 级专科 01 班	201860310315	刘志健	专科
944	小学教育专业 2018 级专科 01 班	201860310316	王明超	专科
945	小学教育专业 2018 级专科 01 班	201860310317	田硕	专科
946	小学教育专业 2018 级专科 01 班	201860310318	王中华	专科
947	小学教育专业 2018 级专科 01 班	201860310319	李浩	专科
948	小学教育专业 2018 级专科 01 班	201860310320	沈震宇	专科
949	小学教育专业 2018 级专科 01 班	201860310321	高茂轩	专科
950	小学教育专业 2018 级专科 01 班	201860310322	夏爱萍	专科
951	小学教育专业 2018 级专科 01 班	201860310323	高义雪	专科
952	小学教育专业 2018 级专科 01 班	201860310324	郁金玲	专科
953	小学教育专业 2018 级专科 01 班	201860310325	王惠洁	专科
954	小学教育专业 2018 级专科 01 班	201860310326	曹乾鑫	专科
955	小学教育专业 2018 级专科 01 班	201860310327	丁善笑	专科
956	小学教育专业 2018 级专科 01 班	201860310328	刘一洁	专科
957	小学教育专业 2018 级专科 01 班	201860310329	孙敏	专科
958	小学教育专业 2018 级专科 01 班	201860310330	甄晓伟	专科
959	小学教育专业 2018 级专科 01 班	201860310331	张雅静	专科
960	小学教育专业 2018 级专科 01 班	201860310332	黄永华	专科
961	小学教育专业 2018 级专科 01 班	201860310333	张帆	专科
962	小学教育专业 2018 级专科 01 班	201860310334	武泓含	专科
963	小学教育专业 2018 级专科 01 班	201860310335	杜晓华	专科
964	小学教育专业 2018 级专科 01 班	201860310336	陈雨	专科
965	小学教育专业 2018 级专科 01 班	201860310337	王维晴	专科
966	小学教育专业 2018 级专科 01 班	201860310338	程钰	专科
967	小学教育专业 2018 级专科 01 班	201860310339	刘子琳	专科

(续表)

序号	班级	学号	姓名	层次
968	小学教育专业2018级专科01班	201860310340	范林林	专科
969	小学教育专业2018级专科01班	201860310341	任健凤	专科
970	小学教育专业2018级专科01班	201860310342	黄子俊	专科
971	小学教育专业2018级专科01班	201860310343	赵晴	专科
972	小学教育专业2018级专科01班	201860310344	张洁	专科
973	小学教育专业2018级专科01班	201860310345	尹文慧	专科
974	小学教育专业2018级专科01班	201860310346	赵访	专科
975	小学教育专业2018级专科01班	201860310347	刘洁	专科
976	小学教育专业2018级专科01班	201860310348	朱怡燕	专科
977	小学教育专业2018级专科01班	201860310349	王雪	专科
978	小学教育专业2018级专科01班	201860310350	刘存丽	专科
979	小学教育专业2018级专科01班	201860310351	王雅楠	专科
980	小学教育专业2018级专科01班	201860310352	王秀香	专科
981	小学教育专业2018级专科01班	201860310353	谢潇雨	专科
982	小学教育专业2018级专科01班	201860310354	赵玲誉	专科
983	小学教育专业2018级专科01班	201860310355	周静	专科
984	小学教育专业2018级专科01班	201860310356	王萍	专科
985	小学教育专业2018级专科01班	201860310357	薛秀俊	专科
986	小学教育专业2018级专科01班	201860310358	刘晓艺	专科
987	小学教育专业2018级专科01班	201860310359	宋世豪	专科
988	小学教育专业2018级专科01班	201860310360	孙杰	专科
989	小学教育专业2018级专科01班	201860310361	刘庆力	专科
990	小学教育专业2018级专科01班	201860310362	高义博	专科
991	小学教育专业2018级专科01班	201860310363	曾昭力	专科
992	小学教育专业2018级专科01班	201860310365	赵帅	专科
993	小学教育专业2018级专科01班	201860310366	李圣哲	专科
994	小学教育专业2018级专科01班	201860310367	法童	专科
995	小学教育专业2018级专科01班	201860310368	薛玉杰	专科
996	小学教育专业2018级专科01班	201860310369	安晓涵	专科
997	小学教育专业2018级专科01班	201860310370	张晓	专科

(续表)

序号	班级	学号	姓名	层次
998	小学教育专业 2018 级专科 01 班	201860310371	王莎	专科
999	小学教育专业 2018 级专科 01 班	201860310372	周梦瑶	专科
1000	小学教育专业 2018 级专科 01 班	201860310373	杨依	专科
1001	小学教育专业 2018 级专科 01 班	201860310374	魏圣鸿	专科
1002	小学教育专业 2018 级专科 01 班	201860310375	吉长双	专科
1003	小学教育专业 2018 级专科 01 班	201860310376	彭海静	专科
1004	小学教育专业 2018 级专科 01 班	201860310377	于迪	专科
1005	小学教育专业 2018 级专科 01 班	201860310378	秦庆娟	专科
1006	小学教育专业 2018 级专科 01 班	201860310379	杜炊晏	专科
1007	小学教育专业 2018 级专科 01 班	201860310380	蔡雨濛	专科
1008	小学教育专业 2018 级专科 01 班	201860310381	李萍	专科
1009	小学教育专业 2018 级专科 01 班	201860310382	潘嘉琪	专科
1010	小学教育专业 2018 级专科 01 班	201860310383	陆聪婕	专科
1011	小学教育专业 2018 级专科 01 班	201860310384	公宇	专科
1012	小学教育专业 2018 级专科 01 班	201860310385	高立莹	专科
1013	小学教育专业 2018 级专科 01 班	201860310386	殷梦娜	专科
1014	小学教育专业 2018 级专科 01 班	201860310387	邱丽卉	专科
1015	小学教育专业 2018 级专科 01 班	201860310388	刘艳辉	专科
1016	小学教育专业 2018 级专科 01 班	201860310389	高悦	专科
1017	小学教育专业 2018 级专科 01 班	201860310390	王一帆	专科
1018	小学教育专业 2018 级专科 01 班	201860310391	雷燕	专科
1019	小学教育专业 2018 级专科 01 班	201860310392	郝连文	专科
1020	小学教育专业 2018 级专科 01 班	201860310393	许光欣	专科
1021	小学教育专业 2018 级专科 01 班	201860310394	彭杨	专科
1022	小学教育专业 2018 级专科 01 班	201860310395	欧雪雪	专科
1023	小学教育专业 2018 级专科 01 班	201860310396	孙梦	专科
1024	小学教育专业 2018 级专科 01 班	201860310397	韩沁	专科
1025	小学教育专业 2018 级专科 01 班	201860310398	侯凤	专科
1026	小学教育专业 2018 级专科 01 班	201860310399	王晓晴	专科
1027	小学教育专业 2018 级专科 01 班	201860310400	张源	专科

(续表)

序号	班级	学号	姓名	层次
1028	小学教育专业 2018 级专科 01 班	201860310401	张云荣	专科
1029	小学教育专业 2018 级专科 01 班	201860310402	王莹	专科
1030	小学教育专业 2018 级专科 01 班	201860310403	刘子菡	专科
1031	小学教育专业 2018 级专科 01 班	201860310404	郭亚男	专科
1032	小学教育专业 2018 级专科 01 班	201860310405	赵鑫	专科
1033	小学教育专业 2018 级专科 01 班	201860310406	姜超	专科
1034	小学教育专业 2018 级专科 01 班	201860310407	李长江	专科
1035	小学教育专业 2018 级专科 01 班	201860310408	苗琦	专科
1036	小学教育专业 2018 级专科 01 班	201860310409	路程闰	专科
1037	小学教育专业 2018 级专科 01 班	201860310410	李梓昊	专科
1038	小学教育专业 2018 级专科 01 班	201860310411	邴现勇	专科
1039	小学教育专业 2018 级专科 01 班	201860310412	夏学乾	专科
1040	小学教育专业 2018 级专科 01 班	201860310413	吕志康	专科
1041	小学教育专业 2018 级专科 01 班	201860310414	张杰	专科
1042	小学教育专业 2018 级专科 01 班	201860310415	张齐	专科
1043	小学教育专业 2018 级专科 01 班	201860310416	王韵程	专科
1044	小学教育专业 2018 级专科 01 班	201860310417	闫峻豪	专科
1045	小学教育专业 2018 级专科 01 班	201860310418	张烨敏	专科
1046	小学教育专业 2018 级专科 01 班	201860310419	解曾华	专科
1047	小学教育专业 2018 级专科 01 班	201860310420	刘庆美	专科
1048	小学教育专业 2018 级专科 01 班	201860310421	凌一弘	专科
1049	小学教育专业 2018 级专科 01 班	201860310422	孙枫舒	专科
1050	小学教育专业 2018 级专科 01 班	201860310423	田永兵	专科
1051	小学教育专业 2018 级专科 01 班	201860310425	臧亚楠	专科
1052	小学教育专业 2018 级专科 01 班	201860310426	高文倩	专科
1053	小学教育专业 2018 级专科 01 班	201860310427	杨娇	专科
1054	小学教育专业 2018 级专科 01 班	201860310428	庄园	专科
1055	小学教育专业 2018 级专科 01 班	201860310429	孙晓含	专科
1056	小学教育专业 2018 级专科 01 班	201860310430	于淼	专科
1057	小学教育专业 2018 级专科 01 班	201860310431	李庆洁	专科

(续表)

序号	班级	学号	姓名	层次
1058	小学教育专业 2018 级专科 01 班	201860310432	万文慧	专科
1059	小学教育专业 2018 级专科 01 班	201860310433	刘国华	专科
1060	小学教育专业 2018 级专科 01 班	201860310434	董方	专科
1061	小学教育专业 2018 级专科 01 班	201860310435	文靖惠	专科
1062	小学教育专业 2018 级专科 01 班	201860310436	徐忠月	专科
1063	小学教育专业 2018 级专科 01 班	201860310437	韩斐	专科
1064	小学教育专业 2018 级专科 01 班	201860310438	高琳	专科
1065	小学教育专业 2018 级专科 01 班	201860310439	韩琦	专科
1066	小学教育专业 2018 级专科 01 班	201860310440	李佳慧	专科
1067	小学教育专业 2018 级专科 01 班	201860310441	徐路艺	专科
1068	小学教育专业 2018 级专科 01 班	201860310442	于涵	专科
1069	小学教育专业 2018 级专科 01 班	201860310443	李姿含	专科
1070	小学教育专业 2018 级专科 01 班	201860310444	徐淑敏	专科
1071	小学教育专业 2018 级专科 01 班	201860310445	郝文涵	专科
1072	小学教育专业 2018 级专科 01 班	201860310446	韩婧	专科
1073	小学教育专业 2018 级专科 01 班	201860310447	陈晓宇	专科
1074	小学教育专业 2018 级专科 01 班	201860310448	姚芹	专科
1075	小学教育专业 2018 级专科 01 班	201860310449	吴立凤	专科
1076	小学教育专业 2018 级专科 01 班	201860310450	尹智慧	专科
1077	小学教育专业 2018 级专科 01 班	201860310451	孙弋淼	专科
1078	小学教育专业 2018 级专科 01 班	201860310452	王馨晨	专科
1079	小学教育专业 2018 级专科 01 班	201860310453	王淑芹	专科
1080	小学教育专业 2018 级专科 01 班	201860310454	庞子月	专科
1081	小学教育专业 2018 级专科 01 班	201860310455	高菲	专科
1082	小学教育专业 2018 级专科 01 班	201860310456	李子豪	专科
1083	小学教育专业 2018 级专科 01 班	201860310457	李金霏	专科
1084	小学教育专业 2018 级专科 01 班	201860310458	高圣	专科
1085	小学教育专业 2018 级专科 01 班	201860310459	王艳豪	专科
1086	小学教育专业 2018 级专科 01 班	201860310460	曹鑫宇	专科
1087	小学教育专业 2018 级专科 01 班	201860310461	王春霖	专科

(续表)

序号	班级	学号	姓名	层次
1088	小学教育专业 2018 级专科 01 班	201860310462	宋青华	专科
1089	小学教育专业 2018 级专科 01 班	201860310463	张杰	专科
1090	小学教育专业 2018 级专科 01 班	201860310464	公维峰	专科
1091	小学教育专业 2018 级专科 01 班	201860310465	孙晨	专科
1092	小学教育专业 2018 级专科 01 班	201860310466	罗铭昱	专科
1093	小学教育专业 2018 级专科 01 班	201860310467	牛鑫源	专科
1094	学前教育专业 2018 级专科 01 班	201560320829	王钦正	专科
1095	学前教育专业 2018 级专科 01 班	201860320001	刘爽	专科
1096	学前教育专业 2018 级专科 01 班	201860320002	韩思敏	专科
1097	学前教育专业 2018 级专科 01 班	201860320003	宋雅菲	专科
1098	学前教育专业 2018 级专科 01 班	201860320004	邢圆圆	专科
1099	学前教育专业 2018 级专科 01 班	201860320005	周凯丽	专科
1100	学前教育专业 2018 级专科 01 班	201860320006	王君	专科
1101	学前教育专业 2018 级专科 01 班	201860320007	唐艺桐	专科
1102	学前教育专业 2018 级专科 01 班	201860320008	张娜	专科
1103	学前教育专业 2018 级专科 01 班	201860320009	李萍	专科
1104	学前教育专业 2018 级专科 01 班	201860320010	尹永梅	专科
1105	学前教育专业 2018 级专科 01 班	201860320011	彭宝府	专科
1106	学前教育专业 2018 级专科 01 班	201860320012	曹馨方	专科
1107	学前教育专业 2018 级专科 01 班	201860320013	高琨	专科
1108	学前教育专业 2018 级专科 01 班	201860320014	巩文荣	专科
1109	学前教育专业 2018 级专科 01 班	201860320015	王书超	专科
1110	学前教育专业 2018 级专科 01 班	201860320016	穆晓慧	专科
1111	学前教育专业 2018 级专科 01 班	201860320017	赵昊	专科
1112	学前教育专业 2018 级专科 01 班	201860320018	尹艺涵	专科
1113	学前教育专业 2018 级专科 01 班	201860320019	袁安琪	专科
1114	学前教育专业 2018 级专科 01 班	201860320020	罗娅宁	专科
1115	学前教育专业 2018 级专科 01 班	201860320021	刘璐	专科
1116	学前教育专业 2018 级专科 01 班	201860320022	李心洁	专科
1117	学前教育专业 2018 级专科 01 班	201860320023	张晓婷	专科

(续表)

序号	班级	学号	姓名	层次
1118	学前教育专业2018级专科01班	201860320024	范加晓	专科
1119	学前教育专业2018级专科01班	201860320025	李凯乐	专科
1120	学前教育专业2018级专科01班	201860320026	姜凤琳	专科
1121	学前教育专业2018级专科01班	201860320027	邓玉娇	专科
1122	学前教育专业2018级专科01班	201860320028	李琴	专科
1123	学前教育专业2018级专科01班	201860320029	石少童	专科
1124	学前教育专业2018级专科01班	201860320030	陈开心	专科
1125	学前教育专业2018级专科01班	201860320031	王辰月	专科
1126	学前教育专业2018级专科01班	201860320032	宋双	专科
1127	学前教育专业2018级专科01班	201860320033	陈瑶	专科
1128	学前教育专业2018级专科01班	201860320034	曹雪娜	专科
1129	学前教育专业2018级专科01班	201860320035	王涵	专科
1130	学前教育专业2018级专科01班	201860320036	解传臻	专科
1131	学前教育专业2018级专科01班	201860320037	相月	专科
1132	学前教育专业2018级专科01班	201860320038	李雯	专科
1133	学前教育专业2018级专科01班	201860320039	王涵	专科
1134	学前教育专业2018级专科01班	201860320040	秦雪	专科
1135	学前教育专业2018级专科01班	201860320041	宫雪莹	专科
1136	学前教育专业2018级专科01班	201860320042	张凤晓	专科
1137	学前教育专业2018级专科01班	201860320043	胡文萍	专科
1138	学前教育专业2018级专科01班	201860320044	王洁	专科
1139	学前教育专业2018级专科01班	201860320045	杨丹	专科
1140	学前教育专业2018级专科01班	201860320046	李洁	专科
1141	学前教育专业2018级专科01班	201860320047	崔译丹	专科
1142	学前教育专业2018级专科01班	201860320048	张华	专科
1143	学前教育专业2018级专科01班	201860320049	庞雪	专科
1144	学前教育专业2018级专科01班	201860320050	杨旻	专科
1145	学前教育专业2018级专科01班	201860320051	彭祥雪	专科
1146	学前教育专业2018级专科01班	201860320052	杨贵森	专科
1147	学前教育专业2018级专科01班	201860320053	肖迪	专科

(续表)

序号	班级	学号	姓名	层次
1148	学前教育专业2018级专科01班	201860320054	朱孟瑶	专科
1149	学前教育专业2018级专科01班	201860320055	苗泽相	专科
1150	学前教育专业2018级专科01班	201860320056	高铭蔚	专科
1151	学前教育专业2018级专科01班	201860320057	王洪宇	专科
1152	学前教育专业2018级专科01班	201860320058	刘萍	专科
1153	学前教育专业2018级专科01班	201860320059	李扬	专科
1154	学前教育专业2018级专科01班	201860320060	鞠亚娜	专科
1155	学前教育专业2018级专科01班	201860320061	王洪霞	专科
1156	学前教育专业2018级专科01班	201860320062	张晓玉	专科
1157	学前教育专业2018级专科01班	201860320063	马升艳	专科
1158	学前教育专业2018级专科01班	201860320064	张冰	专科
1159	学前教育专业2018级专科01班	201860320065	张筱琦	专科
1160	学前教育专业2018级专科01班	201860320066	孙菊	专科
1161	学前教育专业2018级专科01班	201860320067	张明月	专科
1162	学前教育专业2018级专科01班	201860320068	张政	专科
1163	学前教育专业2018级专科01班	201860320069	冯蕊蕊	专科
1164	学前教育专业2018级专科01班	201860320070	王丽君	专科
1165	学前教育专业2018级专科01班	201860320071	刘洋	专科
1166	学前教育专业2018级专科01班	201860320072	梁双	专科
1167	学前教育专业2018级专科01班	201860320073	王鑫	专科
1168	学前教育专业2018级专科01班	201860320074	秦明帅	专科
1169	学前教育专业2018级专科01班	201860320075	刘洁	专科
1170	学前教育专业2018级专科01班	201860320076	张升华	专科
1171	学前教育专业2018级专科01班	201860320077	赵鑫	专科
1172	学前教育专业2018级专科01班	201860320078	李嘉	专科
1173	学前教育专业2018级专科01班	201860320079	朱晓丽	专科
1174	学前教育专业2018级专科01班	201860320080	陆欣怡	专科
1175	学前教育专业2018级专科01班	201860320081	高雯	专科
1176	学前教育专业2018级专科01班	201860320082	王淑娜	专科
1177	学前教育专业2018级专科01班	201860320083	商祥娜	专科

(续表)

序号	班级	学号	姓名	层次
1178	学前教育专业 2018 级专科 01 班	201860320084	李娜	专科
1179	学前教育专业 2018 级专科 01 班	201860320085	刘馨颉	专科
1180	学前教育专业 2018 级专科 01 班	201860320086	姜敏	专科
1181	学前教育专业 2018 级专科 01 班	201860320087	郝晨	专科
1182	学前教育专业 2018 级专科 01 班	201860320088	王咏琦	专科
1183	学前教育专业 2018 级专科 01 班	201860320089	何雨	专科
1184	学前教育专业 2018 级专科 01 班	201860320090	郭璐涵	专科
1185	学前教育专业 2018 级专科 01 班	201860320091	张笑	专科
1186	学前教育专业 2018 级专科 01 班	201860320092	许文婷	专科
1187	学前教育专业 2018 级专科 01 班	201860320093	韩文静	专科
1188	学前教育专业 2018 级专科 01 班	201860320094	徐衍芳	专科
1189	学前教育专业 2018 级专科 01 班	201860320095	王全强	专科
1190	学前教育专业 2018 级专科 01 班	201860320096	公延	专科
1191	学前教育专业 2018 级专科 01 班	201860320097	张成敏	专科
1192	学前教育专业 2018 级专科 01 班	201860320098	尹相娜	专科
1193	学前教育专业 2018 级专科 01 班	201860320099	庞舒文	专科
1194	学前教育专业 2018 级专科 01 班	201860320100	朱丽	专科
1195	学前教育专业 2018 级专科 01 班	201860320101	王晨	专科
1196	学前教育专业 2018 级专科 01 班	201860320102	周富强	专科
1197	学前教育专业 2018 级专科 01 班	201860320103	高存珏	专科
1198	学前教育专业 2018 级专科 01 班	201860320104	张舒心	专科
1199	学前教育专业 2018 级专科 01 班	201860320105	王文涵	专科
1200	学前教育专业 2018 级专科 01 班	201860320106	侯孟汝	专科
1201	学前教育专业 2018 级专科 01 班	201860320107	姜梦晓	专科
1202	学前教育专业 2018 级专科 01 班	201860320108	张琼文	专科
1203	学前教育专业 2018 级专科 01 班	201860320109	徐亚楠	专科
1204	学前教育专业 2018 级专科 01 班	201860320110	宋雨	专科
1205	学前教育专业 2018 级专科 01 班	201860320111	张为荣	专科
1206	学前教育专业 2018 级专科 01 班	201860320112	石玉	专科
1207	学前教育专业 2018 级专科 01 班	201860320113	孙宇	专科

(续表)

序号	班级	学号	姓名	层次
1208	学前教育专业 2018 级专科 01 班	201860320114	万超莹	专科
1209	学前教育专业 2018 级专科 01 班	201860320115	孙玉娇	专科
1210	学前教育专业 2018 级专科 01 班	201860320116	刘畅	专科
1211	学前教育专业 2018 级专科 01 班	201860320117	杨玉莹	专科
1212	学前教育专业 2018 级专科 01 班	201860320118	于慧敏	专科
1213	学前教育专业 2018 级专科 01 班	201860320119	葛瑞华	专科
1214	学前教育专业 2018 级专科 01 班	201860320120	刘香凝	专科
1215	学前教育专业 2018 级专科 01 班	201860320121	马金煜	专科
1216	学前教育专业 2018 级专科 01 班	201860320122	李冉冉	专科
1217	学前教育专业 2018 级专科 01 班	201860320123	孟芸羽	专科
1218	学前教育专业 2018 级专科 01 班	201860320124	曹世娇	专科
1219	学前教育专业 2018 级专科 01 班	201860320125	薛玉婷	专科
1220	学前教育专业 2018 级专科 01 班	201860320126	尹慧霞	专科
1221	学前教育专业 2018 级专科 01 班	201860320127	薛凌云	专科
1222	学前教育专业 2018 级专科 01 班	201860320128	刘文丽	专科
1223	学前教育专业 2018 级专科 01 班	201860320129	刘懿庆	专科
1224	学前教育专业 2018 级专科 01 班	201860320130	王冠骁	专科
1225	学前教育专业 2018 级专科 01 班	201860320131	石潇华	专科
1226	学前教育专业 2018 级专科 01 班	201860320132	郑友谊	专科
1227	学前教育专业 2018 级专科 01 班	201860320133	张莉	专科
1228	学前教育专业 2018 级专科 01 班	201860320134	翟佳慧	专科
1229	学前教育专业 2018 级专科 01 班	201860320135	巩晓燕	专科
1230	学前教育专业 2018 级专科 01 班	201860320136	张璇	专科
1231	学前教育专业 2018 级专科 01 班	201860320137	陈新雨	专科
1232	学前教育专业 2018 级专科 01 班	201860320138	王娜	专科
1233	学前教育专业 2018 级专科 01 班	201860320139	李敏	专科
1234	学前教育专业 2018 级专科 01 班	201860320140	宋金瑶	专科
1235	学前教育专业 2018 级专科 01 班	201860320141	盛瑞洁	专科
1236	学前教育专业 2018 级专科 01 班	201860320142	李鸽	专科
1237	学前教育专业 2018 级专科 01 班	201860320143	刘悦	专科

(续表)

序号	班级	学号	姓名	层次
1238	学前教育专业 2018 级专科 01 班	201860320144	贾晨希	专科
1239	学前教育专业 2018 级专科 01 班	201860320145	贾梦君	专科
1240	学前教育专业 2018 级专科 01 班	201860320146	刘升平	专科
1241	学前教育专业 2018 级专科 01 班	201860320148	盛文静	专科
1242	学前教育专业 2018 级专科 01 班	201860320149	谭晓雯	专科
1243	学前教育专业 2018 级专科 01 班	201860320150	李怀乐	专科
1244	学前教育专业 2018 级专科 01 班	201860320151	魏雪	专科
1245	学前教育专业 2018 级专科 01 班	201860320152	江树青	专科
1246	学前教育专业 2018 级专科 01 班	201860320153	许畅	专科
1247	学前教育专业 2018 级专科 01 班	201860320154	牟玟羲	专科
1248	学前教育专业 2018 级专科 01 班	201860320155	焦小涵	专科
1249	学前教育专业 2018 级专科 01 班	201860320156	密俊杰	专科
1250	学前教育专业 2018 级专科 01 班	201860320157	冯瑶	专科
1251	学前教育专业 2018 级专科 01 班	201860320158	王颖	专科
1252	学前教育专业 2018 级专科 01 班	201860320160	田凤晓	专科
1253	学前教育专业 2018 级专科 01 班	201860320161	吕馨	专科
1254	学前教育专业 2018 级专科 01 班	201860320162	李敏	专科
1255	学前教育专业 2018 级专科 01 班	201860320163	王雅琪	专科
1256	学前教育专业 2018 级专科 01 班	201860320164	潘雪莲	专科
1257	学前教育专业 2018 级专科 01 班	201860320165	尹绪华	专科
1258	学前教育专业 2018 级专科 01 班	201860320166	郑加雪	专科
1259	学前教育专业 2018 级专科 01 班	201860320167	赵祥玲	专科
1260	学前教育专业 2018 级专科 01 班	201860320168	庄晓雨	专科
1261	学前教育专业 2018 级专科 01 班	201860320169	陈洁玉	专科
1262	学前教育专业 2018 级专科 01 班	201860320170	孙铭	专科
1263	学前教育专业 2018 级专科 01 班	201860320171	陆凤	专科
1264	学前教育专业 2018 级专科 01 班	201860320172	李仁莉	专科
1265	学前教育专业 2018 级专科 01 班	201860320173	伊蕾	专科
1266	学前教育专业 2018 级专科 01 班	201860320174	田志晓	专科
1267	学前教育专业 2018 级专科 01 班	201860320175	李玉	专科

(续表)

序号	班级	学号	姓名	层次
1268	学前教育专业 2018 级专科 01 班	201860320176	石少奇	专科
1269	学前教育专业 2018 级专科 01 班	201860320177	马源	专科
1270	学前教育专业 2018 级专科 01 班	201860320178	秦晗芮	专科
1271	学前教育专业 2018 级专科 01 班	201860320179	马金燕	专科
1272	学前教育专业 2018 级专科 01 班	201860320180	孟祥栋	专科
1273	学前教育专业 2018 级专科 01 班	201860320181	董超文	专科
1274	学前教育专业 2018 级专科 01 班	201860320182	尚明辉	专科
1275	学前教育专业 2018 级专科 01 班	201860320183	王娟	专科
1276	学前教育专业 2018 级专科 01 班	201860320184	汲岚	专科
1277	学前教育专业 2018 级专科 01 班	201860320185	曹君	专科
1278	学前教育专业 2018 级专科 01 班	201860320186	王馨怡	专科
1279	学前教育专业 2018 级专科 01 班	201860320187	李旭	专科
1280	学前教育专业 2018 级专科 01 班	201860320188	赵丽娜	专科
1281	学前教育专业 2018 级专科 01 班	201860320189	刘文晗	专科
1282	学前教育专业 2018 级专科 01 班	201860320190	赵春洁	专科
1283	学前教育专业 2018 级专科 01 班	201860320191	袁萍萍	专科
1284	学前教育专业 2018 级专科 01 班	201860320192	周娜	专科
1285	学前教育专业 2018 级专科 01 班	201860320193	陈昊雪	专科
1286	学前教育专业 2018 级专科 01 班	201860320194	王文瑶	专科
1287	学前教育专业 2018 级专科 01 班	201860320195	秦秀芳	专科
1288	学前教育专业 2018 级专科 01 班	201860320196	赵文婷	专科
1289	学前教育专业 2018 级专科 01 班	201860320197	李洁	专科
1290	学前教育专业 2018 级专科 01 班	201860320198	金瑶	专科

(续表)

序号	班级	学号	姓名	层次
1291	学前教育专业 2018 级专科 01 班	201860320199	苏菲	专科
1292	学前教育专业 2018 级专科 01 班	201860320200	杜媛	专科
1293	学前教育专业 2018 级专科 01 班	201860320201	张金娜	专科
1294	学前教育专业 2018 级专科 01 班	201860320202	安盼	专科
1295	学前教育专业 2018 级专科 01 班	201860320203	路晓琳	专科
1296	学前教育专业 2018 级专科 01 班	201860320204	戚钰浩	专科
1297	学前教育专业 2018 级专科 01 班	201860320205	李泓萱	专科
1298	学前教育专业 2018 级专科 01 班	201860320206	张函	专科
1299	学前教育专业 2018 级专科 01 班	201860320207	吕玉洁	专科
1300	学前教育专业 2018 级专科 01 班	201860320208	宋启琦	专科
1301	学前教育专业 2018 级专科 01 班	201860320210	单若宸	专科
1302	学前教育专业 2018 级专科 01 班	201860320211	苏玥	专科
1303	学前教育专业 2018 级专科 01 班	201860320212	陈宜阳	专科

费县校区

序号	班级	学号	姓名	层次
1	小学教育专业 2018 级专科 01 班	201550321448	梁中一	专科
2	小学教育专业 2018 级专科 01 班	201850310001	谢汶晓	专科
3	小学教育专业 2018 级专科 01 班	201850310002	朱春杰	专科
4	小学教育专业 2018 级专科 01 班	201850310004	彭子涵	专科
5	小学教育专业 2018 级专科 01 班	201850310005	舒晴	专科
6	小学教育专业 2018 级专科 01 班	201850310006	刘若明	专科
7	小学教育专业 2018 级专科 01 班	201850310007	李晓凤	专科
8	小学教育专业 2018 级专科 01 班	201850310008	高一凡	专科
9	小学教育专业 2018 级专科 01 班	201850310009	窦传月	专科
10	小学教育专业 2018 级专科 01 班	201850310010	李青	专科

(续表)

序号	班级	学号	姓名	层次
11	小学教育专业 2018 级专科 01 班	201850310011	孟德荣	专科
12	小学教育专业 2018 级专科 01 班	201850310012	刘国玉	专科
13	小学教育专业 2018 级专科 01 班	201850310013	凌婕	专科
14	小学教育专业 2018 级专科 01 班	201850310014	高庆蕾	专科
15	小学教育专业 2018 级专科 01 班	201850310015	顾家仪	专科
16	小学教育专业 2018 级专科 01 班	201850310016	翟正玲	专科
17	小学教育专业 2018 级专科 01 班	201850310017	杜敏	专科
18	小学教育专业 2018 级专科 01 班	201850310018	杨兆杰	专科
19	小学教育专业 2018 级专科 01 班	201850310019	何平	专科
20	小学教育专业 2018 级专科 01 班	201850310020	贾梦雨	专科
21	小学教育专业 2018 级专科 01 班	201850310021	刘琪	专科
22	小学教育专业 2018 级专科 01 班	201850310022	李泽千	专科
23	小学教育专业 2018 级专科 01 班	201850310023	于祥雪	专科
24	小学教育专业 2018 级专科 01 班	201850310024	赵盈盈	专科
25	小学教育专业 2018 级专科 01 班	201850310025	崔李冬	专科
26	小学教育专业 2018 级专科 01 班	201850310026	杨滢歌	专科
27	小学教育专业 2018 级专科 01 班	201850310027	李爽	专科
28	小学教育专业 2018 级专科 01 班	201850310028	姜瑶瑶	专科
29	小学教育专业 2018 级专科 01 班	201850310029	李若宇	专科
30	小学教育专业 2018 级专科 01 班	201850310030	邵明悦	专科
31	小学教育专业 2018 级专科 01 班	201850310031	王庆顺	专科
32	小学教育专业 2018 级专科 01 班	201850310032	张渝	专科
33	小学教育专业 2018 级专科 01 班	201850310033	胡雨佳	专科
34	小学教育专业 2018 级专科 01 班	201850310034	何杰	专科
35	小学教育专业 2018 级专科 01 班	201850310035	陈美霖	专科
36	小学教育专业 2018 级专科 01 班	201850310036	李倩	专科
37	小学教育专业 2018 级专科 01 班	201850310037	密瑜函	专科
38	小学教育专业 2018 级专科 01 班	201850310038	葛雨辰	专科

(续表)

序号	班级	学号	姓名	层次
39	小学教育专业 2018 级专科 01 班	201850310039	明星	专科
40	小学教育专业 2018 级专科 01 班	201850310040	崔慕涵	专科
41	小学教育专业 2018 级专科 01 班	201850310041	芦旺	专科
42	小学教育专业 2018 级专科 01 班	201850310042	季洁	专科
43	小学教育专业 2018 级专科 01 班	201850310043	王婕	专科
44	小学教育专业 2018 级专科 01 班	201850310044	李辉	专科
45	小学教育专业 2018 级专科 01 班	201850310045	宋淑欣	专科
46	小学教育专业 2018 级专科 01 班	201850310046	高辉	专科
47	小学教育专业 2018 级专科 01 班	201850310047	刘诗雯	专科
48	小学教育专业 2018 级专科 01 班	201850310048	李永顺	专科
49	小学教育专业 2018 级专科 01 班	201850310049	孙磊淼	专科
50	小学教育专业 2018 级专科 01 班	201850310050	张家瑞	专科
51	小学教育专业 2018 级专科 01 班	201850310051	叶馨	专科
52	小学教育专业 2018 级专科 01 班	201850310052	赵新宇	专科
53	小学教育专业 2018 级专科 01 班	201850310053	赵璨	专科
54	小学教育专业 2018 级专科 01 班	201850310054	李建紫	专科
55	小学教育专业 2018 级专科 01 班	201850310055	刘东蒙	专科
56	小学教育专业 2018 级专科 01 班	201850310056	孟媛	专科
57	小学教育专业 2018 级专科 01 班	201850310057	戴丽丽	专科
58	小学教育专业 2018 级专科 01 班	201850310058	苏艳	专科
59	小学教育专业 2018 级专科 01 班	201850310059	王晓敏	专科
60	小学教育专业 2018 级专科 01 班	201850310060	席梦圆	专科
61	小学教育专业 2018 级专科 01 班	201850310061	田士照	专科
62	小学教育专业 2018 级专科 01 班	201850310062	韩欣	专科
63	小学教育专业 2018 级专科 01 班	201850310063	朱蔓青	专科
64	小学教育专业 2018 级专科 01 班	201850310064	黄明朕	专科
65	小学教育专业 2018 级专科 01 班	201850310065	翁常振	专科
66	小学教育专业 2018 级专科 01 班	201850310066	王璇	专科

(续表)

序号	班级	学号	姓名	层次
67	小学教育专业 2018 级专科 01 班	201850310067	李雨峰	专科
68	小学教育专业 2018 级专科 01 班	201850310068	李春霖	专科
69	小学教育专业 2018 级专科 01 班	201850310069	李智文	专科
70	小学教育专业 2018 级专科 01 班	201850310070	张博文	专科
71	小学教育专业 2018 级专科 01 班	201850310071	鲁梅	专科
72	小学教育专业 2018 级专科 01 班	201850310072	张云彤	专科
73	小学教育专业 2018 级专科 01 班	201850310073	黄建宇	专科
74	小学教育专业 2018 级专科 01 班	201850310074	王心怡	专科
75	小学教育专业 2018 级专科 01 班	201850310075	朱琳	专科
76	小学教育专业 2018 级专科 01 班	201850310076	徐瑶	专科
77	小学教育专业 2018 级专科 01 班	201850310077	徐瑞	专科
78	小学教育专业 2018 级专科 01 班	201850310078	麻洪良	专科
79	小学教育专业 2018 级专科 01 班	201850310079	李祥瑞	专科
80	小学教育专业 2018 级专科 01 班	201850310080	姜慧敏	专科
81	小学教育专业 2018 级专科 01 班	201850310081	王文慧	专科
82	小学教育专业 2018 级专科 01 班	201850310082	王恩惠	专科
83	小学教育专业 2018 级专科 01 班	201850310083	徐淑媛	专科
84	小学教育专业 2018 级专科 01 班	201850310084	王香凝	专科
85	小学教育专业 2018 级专科 01 班	201850310085	闵祥帧	专科
86	小学教育专业 2018 级专科 01 班	201850310086	高超	专科
87	小学教育专业 2018 级专科 01 班	201850310087	宋承霞	专科
88	小学教育专业 2018 级专科 01 班	201850310088	孟令飞	专科
89	小学教育专业 2018 级专科 01 班	201850310089	王富霞	专科
90	小学教育专业 2018 级专科 01 班	201850310090	李倩	专科
91	小学教育专业 2018 级专科 01 班	201850310091	赵国富	专科
92	小学教育专业 2018 级专科 01 班	201850310092	寻佳乐	专科
93	小学教育专业 2018 级专科 01 班	201850310093	闫玉盈	专科
94	小学教育专业 2018 级专科 01 班	201850310094	王帅	专科

(续表)

序号	班级	学号	姓名	层次
95	小学教育专业 2018 级专科 01 班	201850310095	晁逸雯	专科
96	小学教育专业 2018 级专科 01 班	201850310096	姜肇薇	专科
97	小学教育专业 2018 级专科 01 班	201850310097	高静	专科
98	小学教育专业 2018 级专科 01 班	201850310098	冯丹迪	专科
99	小学教育专业 2018 级专科 01 班	201850310099	王思媚	专科
100	小学教育专业 2018 级专科 01 班	201850310100	刘沛东	专科
101	小学教育专业 2018 级专科 01 班	201850310101	傅思源	专科
102	小学教育专业 2018 级专科 01 班	201850310102	孟泰令	专科
103	小学教育专业 2018 级专科 01 班	201850310103	蔡微	专科
104	小学教育专业 2018 级专科 01 班	201850310104	徐梦迪	专科
105	小学教育专业 2018 级专科 01 班	201850310105	史尧行	专科
106	小学教育专业 2018 级专科 01 班	201850310106	刘烜春	专科
107	小学教育专业 2018 级专科 01 班	201850310107	王慧	专科
108	小学教育专业 2018 级专科 01 班	201850310108	刘安祺	专科
109	小学教育专业 2018 级专科 01 班	201850310109	宋文艳	专科
110	小学教育专业 2018 级专科 01 班	201850310110	徐金秀	专科
111	小学教育专业 2018 级专科 01 班	201850310112	韩欣窈	专科
112	小学教育专业 2018 级专科 01 班	201850310113	徐臻	专科
113	小学教育专业 2018 级专科 01 班	201850310114	化书轩	专科
114	小学教育专业 2018 级专科 01 班	201850310115	刘一潼	专科
115	小学教育专业 2018 级专科 01 班	201850310116	李可欣	专科
116	小学教育专业 2018 级专科 01 班	201850310117	张广娜	专科
117	小学教育专业 2018 级专科 01 班	201850310118	宋尚杰	专科
118	小学教育专业 2018 级专科 01 班	201850310119	王云凤	专科
119	小学教育专业 2018 级专科 01 班	201850310120	宋清颖	专科
120	小学教育专业 2018 级专科 01 班	201850310121	张玉青	专科
121	小学教育专业 2018 级专科 01 班	201850310122	吕佳航	专科
122	小学教育专业 2018 级专科 01 班	201850310123	王少泽	专科

(续表)

序号	班级	学号	姓名	层次
123	小学教育专业2018级专科01班	201850310124	柏姣	专科
124	小学教育专业2018级专科01班	201850310125	隽洪发	专科
125	小学教育专业2018级专科01班	201850310126	杜文忠	专科
126	小学教育专业2018级专科01班	201850310127	魏一鸣	专科
127	小学教育专业2018级专科01班	201850310128	鲍婕	专科
128	小学教育专业2018级专科01班	201850310129	盖雨杉	专科
129	小学教育专业2018级专科01班	201850310130	张俊娜	专科
130	小学教育专业2018级专科01班	201850310131	孙树兰	专科
131	小学教育专业2018级专科01班	201850310132	丁美真	专科
132	小学教育专业2018级专科01班	201850310133	姜艳冬	专科
133	小学教育专业2018级专科01班	201850310134	陈雪	专科
134	小学教育专业2018级专科01班	201850310135	全宗豪	专科
135	小学教育专业2018级专科01班	201850310136	刘锐	专科
136	小学教育专业2018级专科01班	201850310137	王虹媛	专科
137	小学教育专业2018级专科01班	201850310138	李家璇	专科
138	小学教育专业2018级专科01班	201850310139	张苏萍	专科
139	小学教育专业2018级专科01班	201850310140	胡雨晴	专科
140	小学教育专业2018级专科01班	201850310141	陆薇	专科
141	小学教育专业2018级专科01班	201850310142	张烁	专科
142	小学教育专业2018级专科01班	201850310143	李佳诺	专科
143	小学教育专业2018级专科01班	201850310144	高云启	专科
144	小学教育专业2018级专科01班	201850310145	赵星宇	专科
145	小学教育专业2018级专科01班	201850310146	王腾宇	专科
146	小学教育专业2018级专科01班	201850310147	张小优	专科
147	小学教育专业2018级专科01班	201850310148	杜津	专科
148	小学教育专业2018级专科01班	201850310149	汪义博	专科
149	小学教育专业2018级专科01班	201850310150	秦艺洲	专科
150	小学教育专业2018级专科01班	201850310151	吕雪梅	专科

(续表)

序号	班级	学号	姓名	层次
151	小学教育专业2018级专科01班	201850310152	刘玉宇	专科
152	小学教育专业2018级专科01班	201850310153	马萍	专科
153	小学教育专业2018级专科01班	201850310154	宋立萍	专科
154	小学教育专业2018级专科01班	201850310155	朱恒祥	专科
155	小学教育专业2018级专科01班	201850310156	范慧敏	专科
156	小学教育专业2018级专科01班	201850310157	张实	专科
157	小学教育专业2018级专科01班	201850310158	韦树姣	专科
158	小学教育专业2018级专科01班	201850310159	杜尚珉	专科
159	小学教育专业2018级专科01班	201850310160	张雪	专科
160	小学教育专业2018级专科01班	201850310161	解明轩	专科
161	小学教育专业2018级专科01班	201850310162	陈姝文	专科
162	小学教育专业2018级专科01班	201850310163	秦晓	专科
163	小学教育专业2018级专科01班	201850310164	王骞	专科
164	小学教育专业2018级专科01班	201850310165	施鑫儒	专科
165	小学教育专业2018级专科01班	201850310166	杜薇	专科
166	小学教育专业2018级专科01班	201850310167	曹静	专科
167	小学教育专业2018级专科01班	201850310168	李悦	专科
168	小学教育专业2018级专科01班	201850310169	刘宁	专科
169	小学教育专业2018级专科01班	201850310170	孙悦	专科
170	小学教育专业2018级专科01班	201850310171	王晓阳	专科
171	小学教育专业2018级专科01班	201850310172	刘欣	专科
172	小学教育专业2018级专科01班	201850310173	陈淼	专科
173	小学教育专业2018级专科01班	201850310174	王梓蘅	专科
174	小学教育专业2018级专科01班	201850310175	郭金雨	专科
175	小学教育专业2018级专科01班	201850310176	刘楠	专科
176	小学教育专业2018级专科01班	201850310177	杜佳	专科
177	小学教育专业2018级专科01班	201850310178	宋东睿	专科
178	小学教育专业2018级专科01班	201850310179	姚雪	专科

(续表)

序号	班级	学号	姓名	层次
179	小学教育专业 2018 级专科 01 班	201850310180	陈广妹	专科
180	小学教育专业 2018 级专科 01 班	201850310181	高尚	专科
181	小学教育专业 2018 级专科 01 班	201850310182	马婷	专科
182	小学教育专业 2018 级专科 01 班	201850310183	张金荛	专科
183	小学教育专业 2018 级专科 01 班	201850310184	田野	专科
184	小学教育专业 2018 级专科 01 班	201850310185	刘梦娇	专科
185	小学教育专业 2018 级专科 01 班	201850310186	曹琪琪	专科
186	小学教育专业 2018 级专科 01 班	201850310187	王浩宇	专科
187	小学教育专业 2018 级专科 01 班	201850310188	郭震	专科
188	小学教育专业 2018 级专科 01 班	201850310189	张龙妮	专科
189	小学教育专业 2018 级专科 01 班	201850310190	田笑	专科
190	小学教育专业 2018 级专科 01 班	201850310191	陆瑶	专科
191	小学教育专业 2018 级专科 01 班	201850310192	张禹尧	专科
192	小学教育专业 2018 级专科 01 班	201850310193	高雪雯	专科
193	小学教育专业 2018 级专科 01 班	201850310194	郑鹏	专科
194	小学教育专业 2018 级专科 01 班	201850310195	徐晨	专科
195	小学教育专业 2018 级专科 01 班	201850310196	杨喻竹	专科
196	小学教育专业 2018 级专科 01 班	201850310197	刘悦	专科
197	小学教育专业 2018 级专科 01 班	201850310198	缪玲	专科
198	小学教育专业 2018 级专科 01 班	201850310199	张雪	专科
199	小学教育专业 2018 级专科 01 班	201850310200	栗知秋	专科
200	小学教育专业 2018 级专科 01 班	201850310201	姜璐萍	专科
201	小学教育专业 2018 级专科 01 班	201850310202	谢士婷	专科
202	小学教育专业 2018 级专科 01 班	201850310203	吴青宝	专科
203	小学教育专业 2018 级专科 01 班	201850310204	宋浩男	专科
204	小学教育专业 2018 级专科 01 班	201850310205	魏晓雨	专科
205	小学教育专业 2018 级专科 01 班	201850310206	魏娇	专科
206	小学教育专业 2018 级专科 01 班	201850310207	刘珍如	专科

(续表)

序号	班级	学号	姓名	层次
207	小学教育专业 2018 级专科 01 班	201850310208	冯小萱	专科
208	小学教育专业 2018 级专科 01 班	201850310209	程文静	专科
209	小学教育专业 2018 级专科 01 班	201850310210	赵伟豪	专科
210	小学教育专业 2018 级专科 01 班	201850310211	阚晓真	专科
211	小学教育专业 2018 级专科 01 班	201850310212	孙艳萍	专科
212	小学教育专业 2018 级专科 01 班	201850310213	王巧祯	专科
213	小学教育专业 2018 级专科 01 班	201850310214	陈娟	专科
214	小学教育专业 2018 级专科 01 班	201850310215	张圣洁	专科
215	小学教育专业 2018 级专科 01 班	201850310216	鲁梦雪	专科
216	小学教育专业 2018 级专科 01 班	201850310217	王子懿	专科
217	小学教育专业 2018 级专科 01 班	201850310218	张子怡	专科
218	小学教育专业 2018 级专科 01 班	201850310219	张玉	专科
219	小学教育专业 2018 级专科 01 班	201850310220	厉成钰	专科
220	小学教育专业 2018 级专科 01 班	201850310221	李姿莹	专科
221	小学教育专业 2018 级专科 01 班	201850310222	韩洁	专科
222	小学教育专业 2018 级专科 01 班	201850310223	许小羽	专科
223	小学教育专业 2018 级专科 01 班	201850310224	姜玉洁	专科
224	小学教育专业 2018 级专科 01 班	201850310225	王梦琪	专科
225	小学教育专业 2018 级专科 01 班	201850310226	陈莹	专科
226	小学教育专业 2018 级专科 01 班	201850310227	王晴	专科
227	小学教育专业 2018 级专科 01 班	201850310228	李先豪	专科
228	小学教育专业 2018 级专科 01 班	201850310229	周铭阳	专科
229	小学教育专业 2018 级专科 01 班	201850310230	周丽	专科
230	小学教育专业 2018 级专科 01 班	201850310231	高瑶	专科
231	小学教育专业 2018 级专科 01 班	201850310232	刘欣雨	专科
232	小学教育专业 2018 级专科 01 班	201850310233	刘伟	专科
233	小学教育专业 2018 级专科 01 班	201850310234	聂萍	专科
234	小学教育专业 2018 级专科 01 班	201850310235	马超	专科

(续表)

序号	班级	学号	姓名	层次
235	小学教育专业 2018 级专科 01 班	201850310236	洪蕊	专科
236	小学教育专业 2018 级专科 01 班	201850310237	冯雨	专科
237	小学教育专业 2018 级专科 01 班	201850310238	李梦娇	专科
238	小学教育专业 2018 级专科 01 班	201850310239	姚畅	专科
239	小学教育专业 2018 级专科 01 班	201850310240	刘姿言	专科
240	小学教育专业 2018 级专科 01 班	201850310241	谢春雨	专科
241	小学教育专业 2018 级专科 01 班	201850310242	朱文玉	专科
242	小学教育专业 2018 级专科 01 班	201850310243	颜小超	专科
243	小学教育专业 2018 级专科 01 班	201850310244	朱峰	专科
244	小学教育专业 2018 级专科 01 班	201850310245	王子慧	专科
245	小学教育专业 2018 级专科 01 班	201850310246	王丽园	专科
246	小学教育专业 2018 级专科 01 班	201850310247	赵磊	专科
247	小学教育专业 2018 级专科 01 班	201850310248	王雪	专科
248	小学教育专业 2018 级专科 01 班	201850310249	石贞	专科
249	小学教育专业 2018 级专科 01 班	201850310250	郑佐辉	专科
250	小学教育专业 2018 级专科 01 班	201850310251	解明军	专科
251	小学教育专业 2018 级专科 01 班	201850310252	姜宇	专科
252	小学教育专业 2018 级专科 01 班	201850310253	潘俊宇	专科
253	小学教育专业 2018 级专科 01 班	201850310254	刘欣瑶	专科
254	小学教育专业 2018 级专科 01 班	201850310255	王振	专科
255	小学教育专业 2018 级专科 01 班	201850310256	王思翔	专科
256	小学教育专业 2018 级专科 01 班	201850310257	王洋	专科
257	小学教育专业 2018 级专科 01 班	201850310258	代颖	专科
258	小学教育专业 2018 级专科 01 班	201850310259	杨宁	专科
259	小学教育专业 2018 级专科 01 班	201850310260	高越	专科
260	小学教育专业 2018 级专科 01 班	201850310261	秦杰宇	专科
261	小学教育专业 2018 级专科 01 班	201850310262	王文娇	专科
262	小学教育专业 2018 级专科 01 班	201850310263	尤昊	专科

(续表)

序号	班级	学号	姓名	层次
263	小学教育专业 2018 级专科 01 班	201850310264	臧海琳	专科
264	小学教育专业 2018 级专科 01 班	201850310265	梁雨	专科
265	小学教育专业 2018 级专科 01 班	201850310266	尹桂莲	专科
266	小学教育专业 2018 级专科 01 班	201850310267	郭彦婷	专科
267	小学教育专业 2018 级专科 01 班	201850310268	李心茹	专科
268	小学教育专业 2018 级专科 01 班	201850310269	刘雯	专科
269	小学教育专业 2018 级专科 01 班	201850310270	高悦	专科
270	小学教育专业 2018 级专科 01 班	201850310271	李存悦	专科
271	小学教育专业 2018 级专科 01 班	201850310272	诸葛瑞静	专科
272	小学教育专业 2018 级专科 01 班	201850310273	梁作鑫	专科
273	小学教育专业 2018 级专科 01 班	201850310274	武悦	专科
274	小学教育专业 2018 级专科 01 班	201850310275	贾文雨	专科
275	小学教育专业 2018 级专科 01 班	201850310276	李欣雨	专科
276	小学教育专业 2018 级专科 01 班	201850310277	翟永波	专科
277	小学教育专业 2018 级专科 01 班	201850310278	张丽娜	专科
278	小学教育专业 2018 级专科 01 班	201850310279	邱国富	专科
279	小学教育专业 2018 级专科 01 班	201850310280	高春鑫	专科
280	小学教育专业 2018 级专科 01 班	201850310281	王建磊	专科
281	小学教育专业 2018 级专科 01 班	201850310282	全俊茹	专科
282	小学教育专业 2018 级专科 01 班	201850310283	张淑华	专科
283	小学教育专业 2018 级专科 01 班	201850310284	付炳霖	专科
284	小学教育专业 2018 级专科 01 班	201850310285	彭昕	专科
285	小学教育专业 2018 级专科 01 班	201850310286	贾俊杰	专科
286	小学教育专业 2018 级专科 01 班	201850310287	张佳琪	专科
287	小学教育专业 2018 级专科 01 班	201850310288	刘澳华	专科
288	小学教育专业 2018 级专科 01 班	201850310289	梁磊	专科
289	小学教育专业 2018 级专科 01 班	201850310290	刁家祺	专科
290	小学教育专业 2018 级专科 01 班	201850310291	王东	专科

(续表)

序号	班级	学号	姓名	层次
291	小学教育专业 2018 级专科 01 班	201850310292	王姝然	专科
292	小学教育专业 2018 级专科 01 班	201850310293	冯亮	专科
293	小学教育专业 2018 级专科 01 班	201850310294	高新玲	专科
294	小学教育专业 2018 级专科 01 班	201850310295	潘峰	专科
295	小学教育专业 2018 级专科 01 班	201850310296	王璐瑶	专科
296	小学教育专业 2018 级专科 01 班	201850310297	王浩	专科
297	小学教育专业 2018 级专科 01 班	201850310298	李金城	专科
298	小学教育专业 2018 级专科 01 班	201850310299	赵媛媛	专科
299	小学教育专业 2018 级专科 01 班	201850310300	公雪松	专科
300	小学教育专业 2018 级专科 01 班	201850310301	张彤彤	专科
301	小学教育专业 2018 级专科 01 班	201850310302	王丽	专科
302	小学教育专业 2018 级专科 01 班	201850310303	陈强	专科
303	小学教育专业 2018 级专科 01 班	201850310304	胡玉洁	专科
304	小学教育专业 2018 级专科 01 班	201850310305	马昭明	专科
305	小学教育专业 2018 级专科 01 班	201850310306	付德荣	专科
306	小学教育专业 2018 级专科 01 班	201850310307	刘婷文	专科
307	小学教育专业 2018 级专科 01 班	201850310308	刘诚林	专科
308	小学教育专业 2018 级专科 01 班	201850310309	殷艳萍	专科
309	小学教育专业 2018 级专科 01 班	201850310310	李宇飞	专科
310	小学教育专业 2018 级专科 01 班	201850310311	张素然	专科
311	小学教育专业 2018 级专科 01 班	201850310312	孙瑞松	专科
312	小学教育专业 2018 级专科 01 班	201850310313	于颖涛	专科
313	小学教育专业 2018 级专科 01 班	201850310314	王亚琦	专科
314	小学教育专业 2018 级专科 01 班	201850310315	张玉洁	专科
315	小学教育专业 2018 级专科 01 班	201850310316	魏泽雨	专科
316	小学教育专业 2018 级专科 01 班	201850310317	李昕雨	专科
317	小学教育专业 2018 级专科 01 班	201850310318	陈依轩	专科
318	小学教育专业 2018 级专科 01 班	201850310319	杨霖	专科

(续表)

序号	班级	学号	姓名	层次
319	小学教育专业2018级专科01班	201850310320	杨钦超	专科
320	小学教育专业2018级专科01班	201850310321	黄冠宁	专科
321	小学教育专业2018级专科01班	201850310322	张敏	专科
322	小学教育专业2018级专科01班	201850310323	刘宝珍	专科
323	小学教育专业2018级专科01班	201850310324	殷业敏	专科
324	小学教育专业2018级专科01班	201850310325	赵杨	专科
325	小学教育专业2018级专科01班	201850310326	胡芳旭	专科
326	小学教育专业2018级专科01班	201850310327	姚慧	专科
327	小学教育专业2018级专科01班	201850310328	林琳	专科
328	小学教育专业2018级专科01班	201850310329	刘雪	专科
329	小学教育专业2018级专科01班	201850310330	郭晓艺	专科
330	小学教育专业2018级专科01班	201850310331	厉彦翔	专科
331	小学教育专业2018级专科01班	201850310332	刘奎辰	专科
332	小学教育专业2018级专科01班	201850310333	王清华	专科
333	小学教育专业2018级专科01班	201850310334	张睿	专科
334	小学教育专业2018级专科01班	201850310335	管秀杰	专科
335	小学教育专业2018级专科01班	201850310336	张虹	专科
336	小学教育专业2018级专科01班	201850310337	王宁	专科
337	小学教育专业2018级专科01班	201850310338	张荣才	专科
338	小学教育专业2018级专科01班	201850310339	杨孟	专科
339	小学教育专业2018级专科01班	201850310340	薛文慧	专科
340	小学教育专业2018级专科01班	201850310341	孙琪超	专科
341	小学教育专业2018级专科01班	201850310342	王敏	专科
342	小学教育专业2018级专科01班	201850310343	代腾龙	专科
343	小学教育专业2018级专科01班	201850310344	孙悦	专科
344	小学教育专业2018级专科01班	201850310345	刘超	专科
345	小学教育专业2018级专科01班	201850310346	杜霄	专科
346	小学教育专业2018级专科01班	201850310347	迟建旸	专科

(续表)

序号	班级	学号	姓名	层次
347	小学教育专业 2018 级专科 01 班	201850310348	刘万年	专科
348	小学教育专业 2018 级专科 01 班	201850310349	董振华	专科
349	小学教育专业 2018 级专科 01 班	201850310350	张远	专科
350	小学教育专业 2018 级专科 01 班	201850310351	李心如	专科
351	小学教育专业 2018 级专科 01 班	201850310352	孙畅	专科
352	小学教育专业 2018 级专科 01 班	201850310353	朱炳岣	专科
353	小学教育专业 2018 级专科 01 班	201850310354	王锦浩	专科
354	小学教育专业 2018 级专科 01 班	201850310355	迟雪萌	专科
355	小学教育专业 2018 级专科 01 班	201850310356	李忠徽	专科
356	小学教育专业 2018 级专科 01 班	201850310357	王冠凯	专科
357	小学教育专业 2018 级专科 01 班	201850310358	赵志缘	专科
358	小学教育专业 2018 级专科 01 班	201850310359	彭绪钰	专科
359	小学教育专业 2018 级专科 01 班	201850310360	类承瑞	专科
360	小学教育专业 2018 级专科 01 班	201850310361	化书慧	专科
361	小学教育专业 2018 级专科 01 班	201850310362	周慧敏	专科
362	小学教育专业 2018 级专科 01 班	201850310363	牛嗣玲	专科
363	小学教育专业 2018 级专科 01 班	201850310364	张家铭	专科
364	小学教育专业 2018 级专科 01 班	201850310365	李依洋	专科
365	小学教育专业 2018 级专科 01 班	201850310366	刘梦飞	专科
366	小学教育专业 2018 级专科 01 班	201850310367	尉廷超	专科
367	小学教育专业 2018 级专科 01 班	201850310368	张慧	专科
368	小学教育专业 2018 级专科 01 班	201850310369	邱靓雯	专科
369	小学教育专业 2018 级专科 01 班	201850310370	王晓庆	专科
370	小学教育专业 2018 级专科 01 班	201850310371	潘佳会	专科
371	小学教育专业 2018 级专科 01 班	201850310372	高富雨	专科
372	小学教育专业 2018 级专科 01 班	201850310373	宋映辰	专科
373	小学教育专业 2018 级专科 01 班	201850310374	陈科印	专科
374	小学教育专业 2018 级专科 01 班	201850310375	孟祥林	专科

(续表)

序号	班级	学号	姓名	层次
375	小学教育专业 2018 级专科 01 班	201850310376	王中立	专科
376	小学教育专业 2018 级专科 01 班	201850310377	王浩炎	专科
377	小学教育专业 2018 级专科 01 班	201850310378	李梦	专科
378	小学教育专业 2018 级专科 01 班	201850310379	张鹏飞	专科
379	小学教育专业 2018 级专科 01 班	201850310380	张迈	专科
380	小学教育专业 2018 级专科 01 班	201850310381	刘子超	专科
381	小学教育专业 2018 级专科 01 班	201850310382	巩洁	专科
382	小学教育专业 2018 级专科 01 班	201850310383	盖龙进	专科
383	学前教育专业 2018 级专科 01 班	201550322232	杨传旭	专科
384	学前教育专业 2018 级专科 01 班	201550322257	杜冠林	专科
385	学前教育专业 2018 级专科 01 班	201550322573	闫子豪	专科
386	学前教育专业 2018 级专科 01 班	201850320001	王庆鹏	专科
387	学前教育专业 2018 级专科 01 班	201850320002	米倩	专科
388	学前教育专业 2018 级专科 01 班	201850320003	刘雨	专科
389	学前教育专业 2018 级专科 01 班	201850320004	王柯露	专科
390	学前教育专业 2018 级专科 01 班	201850320005	杜妍霏	专科
391	学前教育专业 2018 级专科 01 班	201850320006	臧俊一	专科
392	学前教育专业 2018 级专科 01 班	201850320007	刘闻	专科
393	学前教育专业 2018 级专科 01 班	201850320008	黄泽洋	专科
394	学前教育专业 2018 级专科 01 班	201850320009	陈璐瑶	专科
395	学前教育专业 2018 级专科 01 班	201850320010	郑静茹	专科
396	学前教育专业 2018 级专科 01 班	201850320011	姚凤山	专科
397	学前教育专业 2018 级专科 01 班	201850320012	胡洋	专科
398	学前教育专业 2018 级专科 01 班	201850320013	袁晨晨	专科
399	学前教育专业 2018 级专科 01 班	201850320014	陈柯宇	专科
400	学前教育专业 2018 级专科 01 班	201850320015	孙晨曦	专科
401	学前教育专业 2018 级专科 01 班	201850320016	王平	专科
402	学前教育专业 2018 级专科 01 班	201850320017	黄珠子	专科

(续表)

序号	班级	学号	姓名	层次
403	学前教育专业 2018 级专科 01 班	201850320018	吴雪婷	专科
404	学前教育专业 2018 级专科 01 班	201850320019	倪娟	专科
405	学前教育专业 2018 级专科 01 班	201850320020	徐潇	专科
406	学前教育专业 2018 级专科 01 班	201850320021	肖丁林薇	专科
407	学前教育专业 2018 级专科 01 班	201850320022	王若雯	专科
408	学前教育专业 2018 级专科 01 班	201850320023	武广颖	专科
409	学前教育专业 2018 级专科 01 班	201850320024	刘晓艳	专科
410	学前教育专业 2018 级专科 01 班	201850320025	王婧	专科
411	学前教育专业 2018 级专科 01 班	201850320026	袁昕	专科
412	学前教育专业 2018 级专科 01 班	201850320027	李洪鑫	专科
413	学前教育专业 2018 级专科 01 班	201850320028	姜丰	专科
414	学前教育专业 2018 级专科 01 班	201850320029	季洪珍	专科
415	学前教育专业 2018 级专科 01 班	201850320030	王笛	专科
416	学前教育专业 2018 级专科 01 班	201850320031	虞泽涵	专科
417	学前教育专业 2018 级专科 01 班	201850320032	刘洋洋	专科
418	学前教育专业 2018 级专科 01 班	201850320033	刘悦	专科
419	学前教育专业 2018 级专科 01 班	201850320034	刘然	专科
420	学前教育专业 2018 级专科 01 班	201850320035	王雪	专科
421	学前教育专业 2018 级专科 01 班	201850320036	崔金凤	专科
422	学前教育专业 2018 级专科 01 班	201850320037	李晓雯	专科
423	学前教育专业 2018 级专科 01 班	201850320038	刘梦园	专科
424	学前教育专业 2018 级专科 01 班	201850320039	田帅	专科
425	学前教育专业 2018 级专科 01 班	201850320040	刘文静	专科
426	学前教育专业 2018 级专科 01 班	201850320041	魏晓红	专科
427	学前教育专业 2018 级专科 01 班	201850320042	李冰夏	专科
428	学前教育专业 2018 级专科 01 班	201850320043	刘金燕	专科
429	学前教育专业 2018 级专科 01 班	201850320044	刘梦瑶	专科
430	学前教育专业 2018 级专科 01 班	201850320045	尹冠群	专科

(续表)

序号	班级	学号	姓名	层次
431	学前教育专业 2018 级专科 01 班	201850320046	丰宇娟	专科
432	学前教育专业 2018 级专科 01 班	201850320047	朱玉慧	专科
433	学前教育专业 2018 级专科 01 班	201850320048	傅建梦	专科
434	学前教育专业 2018 级专科 01 班	201850320049	鞠谨瞳	专科
435	学前教育专业 2018 级专科 01 班	201850320050	胡亚茹	专科
436	学前教育专业 2018 级专科 01 班	201850320051	王艺锦	专科
437	学前教育专业 2018 级专科 01 班	201850320052	孟桂君	专科
438	学前教育专业 2018 级专科 01 班	201850320053	徐培龙	专科
439	学前教育专业 2018 级专科 01 班	201850320054	胡玉妹	专科
440	学前教育专业 2018 级专科 01 班	201850320055	石倩	专科
441	学前教育专业 2018 级专科 01 班	201850320056	闵祥春	专科
442	学前教育专业 2018 级专科 01 班	201850320057	林悦	专科
443	学前教育专业 2018 级专科 01 班	201850320058	张梅	专科
444	学前教育专业 2018 级专科 01 班	201850320059	史纪真	专科
445	学前教育专业 2018 级专科 01 班	201850320060	张倩	专科
446	学前教育专业 2018 级专科 01 班	201850320061	张敏	专科
447	学前教育专业 2018 级专科 01 班	201850320062	尹菲	专科
448	学前教育专业 2018 级专科 01 班	201850320063	吉浩瑜	专科
449	学前教育专业 2018 级专科 01 班	201850320064	李洁	专科
450	学前教育专业 2018 级专科 01 班	201850320065	刘月	专科
451	学前教育专业 2018 级专科 01 班	201850320066	孔晓慧	专科
452	学前教育专业 2018 级专科 01 班	201850320067	滕文珂	专科
453	学前教育专业 2018 级专科 01 班	201850320068	赵媛媛	专科
454	学前教育专业 2018 级专科 01 班	201850320069	刘荣辉	专科
455	学前教育专业 2018 级专科 01 班	201850320070	潘雨婷	专科
456	学前教育专业 2018 级专科 01 班	201850320071	曹玉钰	专科
457	学前教育专业 2018 级专科 01 班	201850320072	刘迎春	专科
458	学前教育专业 2018 级专科 01 班	201850320073	张严	专科

(续表)

序号	班级	学号	姓名	层次
459	学前教育专业 2018 级专科 01 班	201850320074	纪磊	专科
460	学前教育专业 2018 级专科 01 班	201850320075	王啸云	专科
461	学前教育专业 2018 级专科 01 班	201850320076	周铮	专科
462	学前教育专业 2018 级专科 01 班	201850320077	虞召慧	专科
463	学前教育专业 2018 级专科 01 班	201850320078	唐岳	专科
464	学前教育专业 2018 级专科 01 班	201850320079	张晓	专科
465	学前教育专业 2018 级专科 01 班	201850320080	谢淑芳	专科
466	学前教育专业 2018 级专科 01 班	201850320081	董俊汝	专科
467	学前教育专业 2018 级专科 01 班	201850320082	李林洁	专科
468	学前教育专业 2018 级专科 01 班	201850320083	张悦	专科
469	学前教育专业 2018 级专科 01 班	201850320084	汪潇	专科
470	学前教育专业 2018 级专科 01 班	201850320085	王文鑫	专科
471	学前教育专业 2018 级专科 01 班	201850320086	姚蕾	专科
472	学前教育专业 2018 级专科 01 班	201850320087	闵祥营	专科
473	学前教育专业 2018 级专科 01 班	201850320088	陈金月	专科
474	学前教育专业 2018 级专科 01 班	201850320089	丰田	专科
475	学前教育专业 2018 级专科 01 班	201850320090	孙乐坤	专科
476	学前教育专业 2018 级专科 01 班	201850320091	徐淑琪	专科
477	学前教育专业 2018 级专科 01 班	201850320092	李明珠	专科
478	学前教育专业 2018 级专科 01 班	201850320093	孙厚爱	专科
479	学前教育专业 2018 级专科 01 班	201850320094	周梦鑫	专科
480	学前教育专业 2018 级专科 01 班	201850320095	石传静	专科
481	学前教育专业 2018 级专科 01 班	201850320096	王力玉	专科
482	学前教育专业 2018 级专科 01 班	201850320097	张德贤	专科
483	学前教育专业 2018 级专科 01 班	201850320098	王子涵	专科
484	学前教育专业 2018 级专科 01 班	201850320099	徐艺菲	专科
485	学前教育专业 2018 级专科 01 班	201850320100	洪复琳	专科
486	学前教育专业 2018 级专科 01 班	201850320101	朱玉洁	专科

(续表)

序号	班级	学号	姓名	层次
487	学前教育专业 2018 级专科 01 班	201850320102	汤伟	专科
488	学前教育专业 2018 级专科 01 班	201850320103	程旭	专科
489	学前教育专业 2018 级专科 01 班	201850320104	闻欣	专科
490	学前教育专业 2018 级专科 01 班	201850320105	路媛惠	专科
491	学前教育专业 2018 级专科 01 班	201850320106	李照婷	专科
492	学前教育专业 2018 级专科 01 班	201850320107	刘鑫雨	专科
493	学前教育专业 2018 级专科 01 班	201850320108	刘雨纯	专科
494	学前教育专业 2018 级专科 01 班	201850320109	赵富鑫	专科
495	学前教育专业 2018 级专科 01 班	201850320110	胡力铢	专科
496	学前教育专业 2018 级专科 01 班	201850320111	张依娜	专科
497	学前教育专业 2018 级专科 01 班	201850320112	丁潇冉	专科
498	学前教育专业 2018 级专科 01 班	201850320113	韩慧	专科
499	学前教育专业 2018 级专科 01 班	201850320114	刘倩	专科
500	学前教育专业 2018 级专科 01 班	201850320115	董曼琳	专科
501	学前教育专业 2018 级专科 01 班	201850320116	孙畅	专科
502	学前教育专业 2018 级专科 01 班	201850320117	韦静	专科
503	学前教育专业 2018 级专科 01 班	201850320118	王一涵	专科
504	学前教育专业 2018 级专科 01 班	201850320119	张雯竞	专科
505	学前教育专业 2018 级专科 01 班	201850320120	赵美娟	专科
506	学前教育专业 2018 级专科 01 班	201850320121	李荣熹	专科
507	学前教育专业 2018 级专科 01 班	201850320122	李雨竺	专科
508	学前教育专业 2018 级专科 01 班	201850320123	彭欣	专科
509	学前教育专业 2018 级专科 01 班	201850320124	王玥	专科
510	学前教育专业 2018 级专科 01 班	201850320125	陈曦	专科
511	学前教育专业 2018 级专科 01 班	201850320126	牛祥丽	专科
512	学前教育专业 2018 级专科 01 班	201850320127	王鑫	专科
513	学前教育专业 2018 级专科 01 班	201850320128	韦冰淇	专科
514	学前教育专业 2018 级专科 01 班	201850320129	刘恩情	专科

(续表)

序号	班级	学号	姓名	层次
515	学前教育专业 2018 级专科 01 班	201850320130	周雨欣	专科
516	学前教育专业 2018 级专科 01 班	201850320131	刘晴	专科
517	学前教育专业 2018 级专科 01 班	201850320132	邵会媛	专科
518	学前教育专业 2018 级专科 01 班	201850320133	张靓雯	专科
519	学前教育专业 2018 级专科 01 班	201850320134	赵文静	专科
520	学前教育专业 2018 级专科 01 班	201850320135	林双双	专科
521	学前教育专业 2018 级专科 01 班	201850320136	孙建雨	专科
522	学前教育专业 2018 级专科 01 班	201850320137	王萌	专科
523	学前教育专业 2018 级专科 01 班	201850320138	徐荣	专科
524	学前教育专业 2018 级专科 01 班	201850320139	杜俊杰	专科
525	学前教育专业 2018 级专科 01 班	201850320140	张晓璐	专科
526	学前教育专业 2018 级专科 01 班	201850320141	刘骁慧	专科
527	学前教育专业 2018 级专科 01 班	201850320142	李彬彬	专科
528	学前教育专业 2018 级专科 01 班	201850320143	张宁	专科
529	学前教育专业 2018 级专科 01 班	201850320144	刘自华	专科
530	学前教育专业 2018 级专科 01 班	201850320145	张波	专科
531	学前教育专业 2018 级专科 01 班	201850320146	韩莹莹	专科
532	学前教育专业 2018 级专科 01 班	201850320147	乔堃	专科
533	学前教育专业 2018 级专科 01 班	201850320148	李梦华	专科
534	学前教育专业 2018 级专科 01 班	201850320149	韩龙	专科
535	学前教育专业 2018 级专科 01 班	201850320150	张玲瑜	专科
536	学前教育专业 2018 级专科 01 班	201850320151	颜晓雪	专科
537	学前教育专业 2018 级专科 01 班	201850320152	李帛	专科
538	学前教育专业 2018 级专科 01 班	201850320153	王凯笛	专科
539	学前教育专业 2018 级专科 01 班	201850320154	杨清茹	专科
540	学前教育专业 2018 级专科 01 班	201850320155	马笑	专科
541	学前教育专业 2018 级专科 01 班	201850320156	孟宇	专科
542	学前教育专业 2018 级专科 01 班	201850320157	李晓琳	专科

(续表)

序号	班级	学号	姓名	层次
543	学前教育专业 2018 级专科 01 班	201850320158	刘晨	专科
544	学前教育专业 2018 级专科 01 班	201850320159	王晨阳	专科
545	学前教育专业 2018 级专科 01 班	201850320160	李欣	专科
546	学前教育专业 2018 级专科 01 班	201850320161	徐瑶	专科
547	学前教育专业 2018 级专科 01 班	201850320162	朱林	专科
548	学前教育专业 2018 级专科 01 班	201850320163	孙樱文	专科
549	学前教育专业 2018 级专科 01 班	201850320164	杨君慧	专科
550	学前教育专业 2018 级专科 01 班	201850320165	王建凤	专科
551	学前教育专业 2018 级专科 01 班	201850320166	李清蔓	专科
552	学前教育专业 2018 级专科 01 班	201850320167	高志雅	专科
553	学前教育专业 2018 级专科 01 班	201850320168	王眉月	专科
554	学前教育专业 2018 级专科 01 班	201850320169	李艳华	专科
555	学前教育专业 2018 级专科 01 班	201850320170	刘百盛	专科
556	学前教育专业 2018 级专科 01 班	201850320171	曹雪	专科
557	学前教育专业 2018 级专科 01 班	201850320172	孙雯	专科
558	学前教育专业 2018 级专科 01 班	201850320173	袁佳丽	专科
559	学前教育专业 2018 级专科 01 班	201850320174	许诺	专科
560	学前教育专业 2018 级专科 01 班	201850320175	王淑涵	专科
561	学前教育专业 2018 级专科 01 班	201850320176	陈睿	专科
562	学前教育专业 2018 级专科 01 班	201850320177	李依霖	专科
563	学前教育专业 2018 级专科 01 班	201850320178	谭惠文	专科
564	学前教育专业 2018 级专科 01 班	201850320179	邢舒涵	专科
565	学前教育专业 2018 级专科 01 班	201850320180	陈炜	专科
566	学前教育专业 2018 级专科 01 班	201850320181	周卿玉	专科
567	学前教育专业 2018 级专科 01 班	201850320182	薛姗	专科
568	学前教育专业 2018 级专科 01 班	201850320183	许文志	专科
569	学前教育专业 2018 级专科 01 班	201850320184	许珂源	专科

后 记

《临沂大学年鉴（2021卷）》共设学校概况、重要文件、特载、专记、大事记、党建与思想政治工作、教学与科研工作、交流与合作、管理服务与综合保障、学院工作、媒体看临大、表彰与奖励、附录、后记等14个部分。《临沂大学年鉴（2021卷）》的编辑工作得到了学校领导和各部门、各学院及社会各界的关心与支持，各部门、各学院主要负责人和年鉴撰稿人员付出了大量辛勤的劳动，在此表示诚挚感谢！我们将在您的关心和支持下，把年鉴编辑工作继续做好，把临沂大学的发展历程记录好、传承好，为建设"区域一流、省内一流的高水平综合性应用型大学"而不懈奋斗。

临沂大学年鉴编辑部

2020年10月

图书在版编目（CIP）数据

临沂大学年鉴.2021卷/《临沂大学年鉴》编辑部编著.--青岛：中国海洋大学出版社，2021.12
ISBN 978-7-5670-3035-0

Ⅰ.①临… Ⅱ.①临… Ⅲ.①临沂大学—2021—年鉴
Ⅳ.① G649.285.23-54

中国版本图书馆 CIP 数据核字 (2021) 第 256856 号

出版发行	中国海洋大学出版社
社　　址	青岛市香港东路 23 号
邮政编码	266071
出 版 人	杨立敏
网　　址	http://pub.ouc.edu,cn
电子邮箱	cbsebs@ouc.edu.cn
订购电话	0532-82032573(传真)
责任编辑	赵孟欣
电　　话	0532-85901092
印　　制	山东数印网络科技有限公司
版　　次	2022 年 3 月第 1 版
印　　次	2022 年 3 月第 1 次印刷
成品尺寸	210 mm×285 mm
印　　张	49
字　　数	1507 千
印　　数	500
定　　价	210.00 元

发现印装质量问题，请致电 0531-59663963，由印刷厂负责调换。